1984—1988

中国水力发电年鉴

李鹏

中国水力发电年鉴编委会

学 术 书 刊 出 版 社

一九九〇年·北京

中国水力发电年鉴
(1984—1988)
中国水力发电工程学会主办
中国水力发电年鉴编辑部编辑
*
学术书刊出版社出版
(北京海淀区学院南路86号)
毕升信息处理服务部激光照排
(北京海淀区紫竹院南三虎桥)
新华印刷厂印刷
*
开本: 787×1092毫米 1/16 印张: 59
插页: 52面 字数: 1347千字
1990年4月第1版 1990年4月第1次印刷
印数: 1-8 000册 国内定价: 30.00元
ISBN 7-80045-639-0/TV·3

《中国水力发电年鉴》编辑委员会

编辑出版工作人员

主　　编　常　流　　王　波

责任编审　姜　伟

编辑、特约编辑　（按姓氏笔划为序）

于　冰	门光永	王　冰	刘兰桂
叶钟黎	李　荧	李　丰	陈宗梁
陈直哉	宋廷福	杨金栋	赵增凯
张余祥	徐洪亮	倪启香	曹国权

责任编辑　陈　凯　　桂民荣

技术设计　逄春成

封面设计　卫水山

美术设计　李　涛　　莫　测　　庄万和

编　　务　安淑莲

序 言

1984～1988年，在党的改革开放方针的指引下，我国水力发电事业取得了新的进展：至1988年底，全国水电装机容量达3270万kW，年发电量达1092亿kW·h，比1983年分别增长35.4％和26.4％；1987和1988两年每年新增装机容量均超过200万kW，大型、小型水电都有较大发展，中型水电也开始得到重视；单个电站的装机容量超过270万kW，坝高超过170m，库容超过240亿m^3；1987年汛后有3个100万kW以上的大型水电工程同时实现截流，并取得了胜利；大多数新开工的大型水电站施工推行了招标承包制，有些大型工程利用外资贷款；水电的优越性以及必须更多更快地开发水电的必要性、迫切性，在客观事实面前也逐渐为更多的人所认识了解。但至1988年底为止，我国水电资源开发的程度，按年发电量计仅为5.7％，仍然很低；水电在全国电力中所占的比重，按装机为30％左右，按年发电量为20％左右，也是较低的，而且有逐年下降的趋势。根据2000年能源、电力的初步规划，今后每年需要增加的水电装机容量达400～500万kW，更大规模地加快水电开发的要求是十分迫切的，任务也是十分艰巨的，我们必须做出更大的努力。总之，5年来水电建设的发展有喜有忧，《中国水力发电年鉴》第二卷全面反映和记载了这5年来我国水电建设在改革开放中的新发展、新成就和新经验，也记述了当前水电开发建设的形势和存在的问题。

在原水电部及能源部、水利部的关怀和支持下，第二卷年鉴由中国水力发电工程学会牵头，原水电部科技司、水利水电规划设计总院及武装警察部队水电指挥部共同主办，由《中国水力发电年鉴》编辑部编辑，中国科协学术书刊出版社出版。

第二卷年鉴共21个篇目，除保持与第一卷年鉴的连续性外，还具备如下主要特点：(1)为了如实地反映水电的综合利用效益和社会效益，新增加了“水电站综合效益与地区经济发展”和“水电工程经济”两个篇目，通过其中登载的几座大中型水电站的实地调查材料，可以深切地感受到水电在发电、防洪、灌溉、航运、养殖、旅游以及促进地区经济发展等方面所起的巨大作用；(2)水电是我国能源基本结构中的重要组成部分，必须从国家和地区经济发展的战略高度出发，才能更全面地认识加快开发水电的必要性和迫切性，为此，新增加了“水电发展战略研讨”篇目，刊载了黄河上游、乌江、澜沧江等综合经济考察的文件和资料；(3)进一步加强了资料性，扩大了信息量，除与第一卷保持连贯的统计资料外，还分别在“规划”、“勘测”、“水工”、“机电”、“施工”、“科学技术与情报”、“中外技术合作”等篇目中，对5年来进行的重要科技活动和取得的重要成果，都有较全面的记载；(4)首次刊登了40年来水电建设大事纪(1949～1988年)，从中可以看出我国水电建设的发展历程、基本脉络和经验教训，全篇目8万余字，是一分珍贵的资料。总之，第二卷年鉴既是第一卷的续篇，又是相对独立的篇章，是水利水电系统和有关部门工作人员必备的大型文献资料工具书。

《中国水力发电年鉴》有很大的实用价值，并受到广大读者的欢迎，今后一定要继续坚持办下去，而且应该越办越好，更好地为加快发展我国水力发电事业服务，也希望各方面给予更大的支持和帮助。

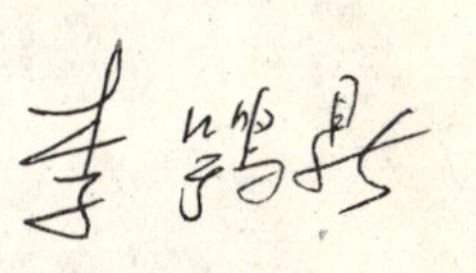

编辑说明

(一)《中国水力发电年鉴》是大型文献资料工具书。编辑本卷年鉴的指导思想是:以党在社会主义初级阶段的基本路线为指针,以改革统揽全局,全面反映1984～1988年我国水电建设在改革开放中的新发展、新成就和新经验,加强资料性,注重科学性、实用性和可读性。

(二)年鉴的时段性规定了年鉴篇目的相对稳定性和内容的连续性,因此第一卷年鉴中的大部分篇目在本卷中仍然保持未变,但为了切合近年来在改革开放中水电建设形势发展的需要或突出某一方面的内容,本卷年鉴增加了"水电站综合效益与地区经济发展"、"水电发展战略研讨"、"水电工程经济"、"技术标准"、"学术团体及主要活动"、"大事纪"、"国外水电资料"7个新篇目,减去了"特载"、"专题选刊"、"中国水能资源"等5个原篇目。

(三)本卷年鉴的框架由"篇目"和"条目"组成。所谓篇目,就是按专业或某一方面内容的科学分类,如"规划"、"勘测"、"水工"、"水电工程经济"……。全书共21个篇目,它是本书的骨架。每一个篇目由若干条目组成。所谓条目,就是某一相对独立事物的具体阐述。全书共240个条目,构成本书的全部内容。

(四)本卷年鉴严格按照1984～1988年时段,全面系统地精选新内容、新资料,凡是第一卷年鉴已登载过的,一律不再重复。但第一卷中未覆盖到的、在本卷中进行追溯补遗的内容,则不受本卷时段的限制。如第一卷中缺大事记,因此本卷年鉴的"大事记"篇目,一直追溯到中华人民共和国成立的1949年,连同本卷的5年时段,共记述了40年的大事记资料。其他还有一些条目,由于阐述事物发展过程衔接的需要,也有追溯到1984年以前的情况。

(五)为了便于读者查阅,本卷年鉴列有详细目录,可按连续的总页码查找。

(六)本卷年鉴在编辑过程中,内容力求全面系统,资料力求准确完整,文字力求简明精炼,但由于编辑人员受水平的限制,错误或遗漏之处在所难免,欢迎读者批评指正。

《中国水力发电年鉴》编辑部

篇　目

目　录

I　水电重要文献

II　改革开放中的我国水电建设

III　水电站综合效益与地区经济发展

IV　大中型水电站

V 小水电与农村电气化

VI 水电发展战略研讨

VII　水电工程经济

VIII　规　　划

IX　勘　　测

X　水　　工

XI 机　电

XII 施　工

XIII　生产运行

XIV　科学技术与情报

XV　技术标准

XVI 教育与出版

XVII 学术团体及主要活动

XVIII 中外技术合作

XIX 大事记

XX　组织机构名录

XXI　国外水电资料

图　片　插　页

小水电站

综合效益

科研成果

勘测、设计活动

中外技术合作

广　告

◁ 李鹏副总理视察鲁布革水电站工地（1986年11月18日）

谢玉良摄

△ 李鹏副总理接见全国100个农村电气化试点县工作会议代表（1986年3月4日）

徐昌俊摄

大中型水电站

△ 葛洲坝大江电站全景

李广全摄

◁ 葛洲坝大江电厂发电机组大厅

李广全摄

△ 葛洲坝水电站500 kV 换流站全景　陈　伟摄

◁ 龙羊峡水电站大坝全景　　郭志伟摄

△　龙羊峡水电站拦河主坝

郭志伟摄

◁

龙羊峡水电站 2 号机组投产。本机组投产后使全国电力装机容量达到 1 亿 kW（1987年12月 4 日）

郭志伟摄

△　鲁布革水电站4号机组投产

谢玉良摄

△　鲁布革水电站引水隧洞

谢玉良摄

▽　东江水电站大坝全景　谭少民摄

△　鲁布革水电站GIS地下开关站

（封闭式、自动化）　谢玉良摄

▽　东江水电站220 kV F_6S 全封闭组合电器安装　谭少民摄

△ 紧水滩水电站大坝全景

▷ 紧水滩水电站厂房内景
胡　夏 聂跃松摄

△ 沙溪口水电站全景　　闽江工程局供稿

△ 红石水电站全景 焦德位摄

▽ 太平湾水电站全景 赵小瑞摄

石塘水电站施工全景　华东水电工程咨询公司供稿

◁
范厝水电站全景
闽江工程局供稿

▷
安康水电站大坝施工
吴俊明供稿

▽ **天生桥二级水电站施工现场** 武警部队水电指挥部供稿

△ **万安水电站施工全景** 武警部队水电指挥部供稿

△ 铜街子水电站截流 刘凤翔摄

▷ 岩滩水电站碾压混凝土围堰施工现场 孙以宏摄

△ 五强溪水电站右岸一期围堰截流 聂策明摄

△ 隔河岩水电站碾压混凝土围堰全貌

王朝阳摄

▽ 水口水电站右岸导流明渠开挖全景 华田工程公司工程部 供稿

△ 漫湾水电站导流洞施工的大跨度组合钢模

谢玉良摄

△ 东风水电站施工夜景 陈元吉摄

△ 宝珠寺水电站右岸施工（冲击钻群） 水电第五工程局科技办供稿

△ 白山水电站二期工程厂区施工全貌　刘长德摄

▽ 潘家口水电站二期工程抽水蓄能机组安装　任中林摄

△ 李家峡水电站大坝透视图 西北勘测设计院供稿

△ 二滩水电站透视图 董必璋摄

△ 广州抽水蓄能电站鸟瞰图

广东省水利电力
勘测设计院供稿

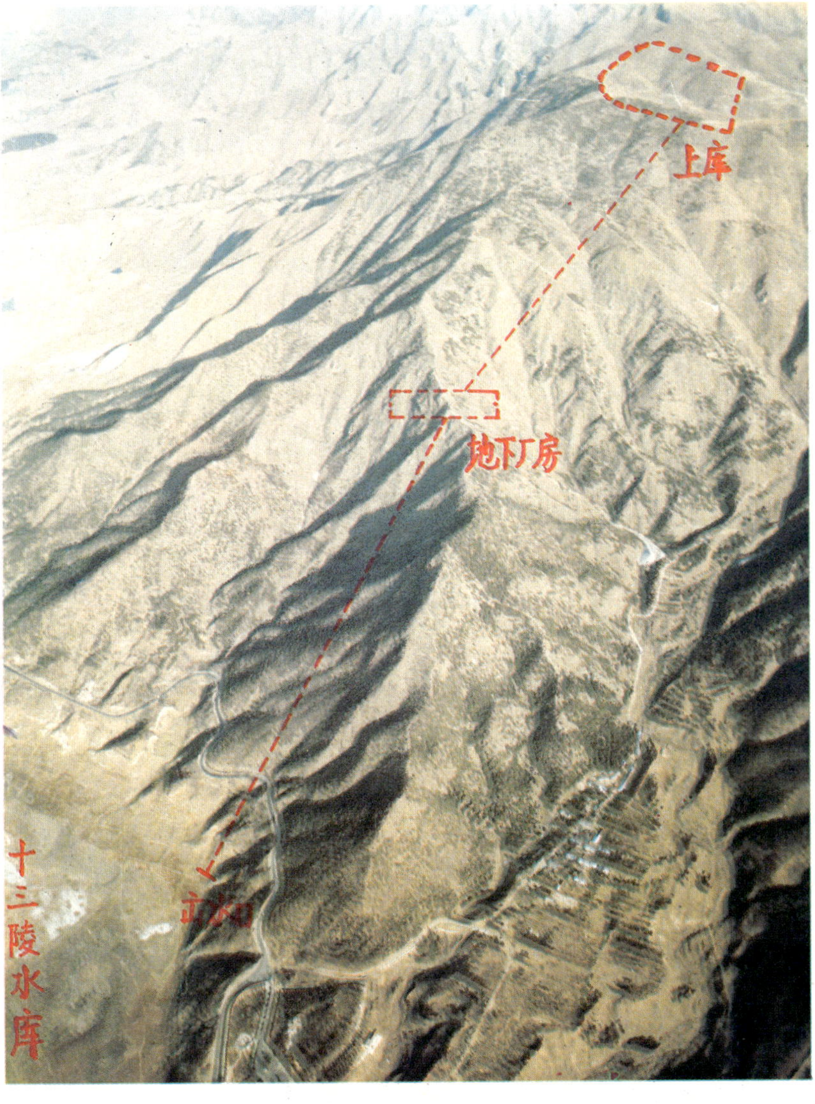

◁
十三陵抽水蓄能电站鸟瞰图

吴俊明摄

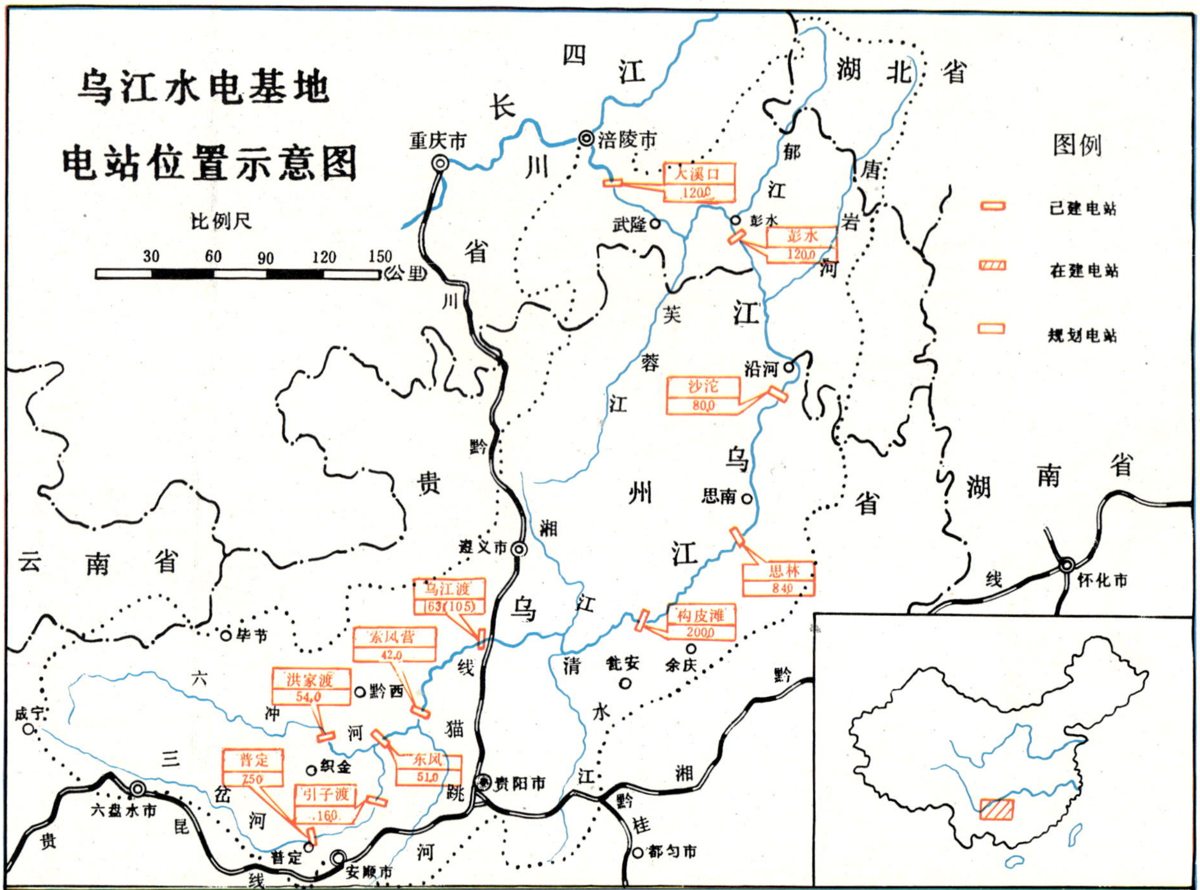

乌江水电基地电站位置示意图

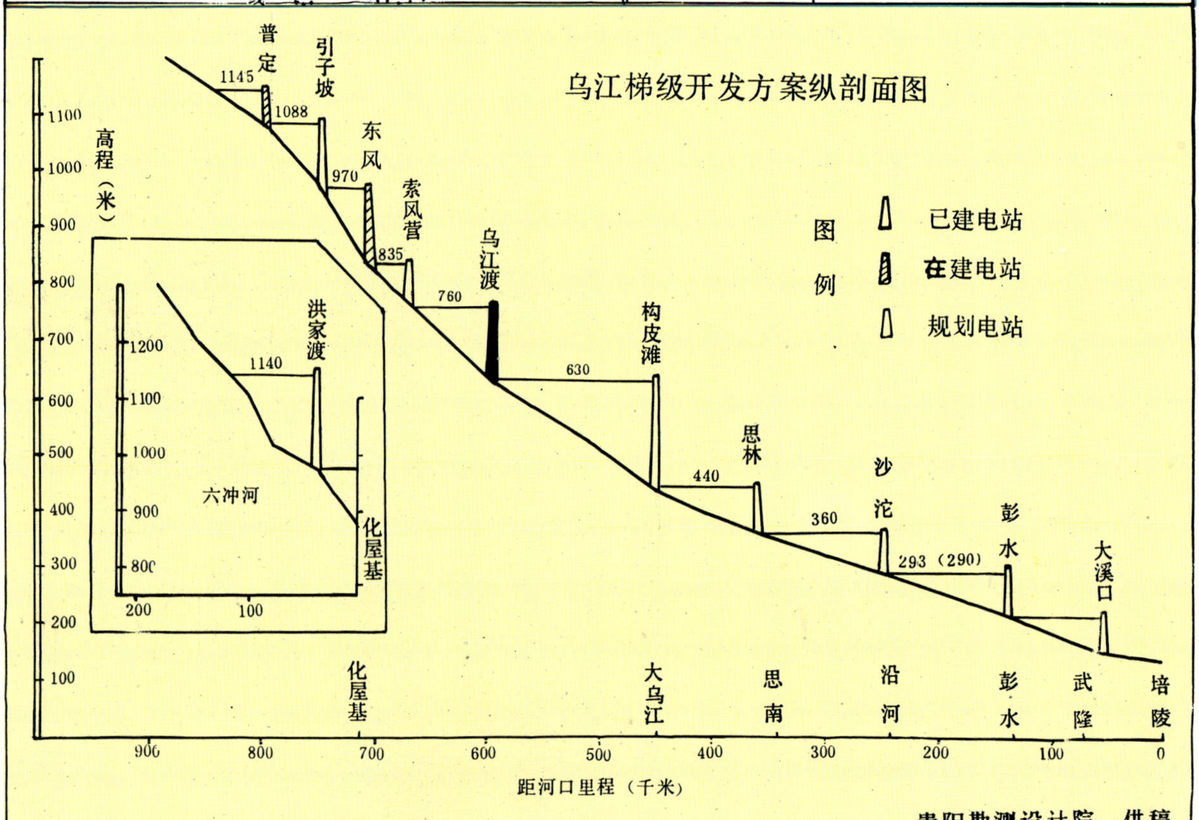

乌江梯级开发方案纵剖面图

贵阳勘测设计院 供稿

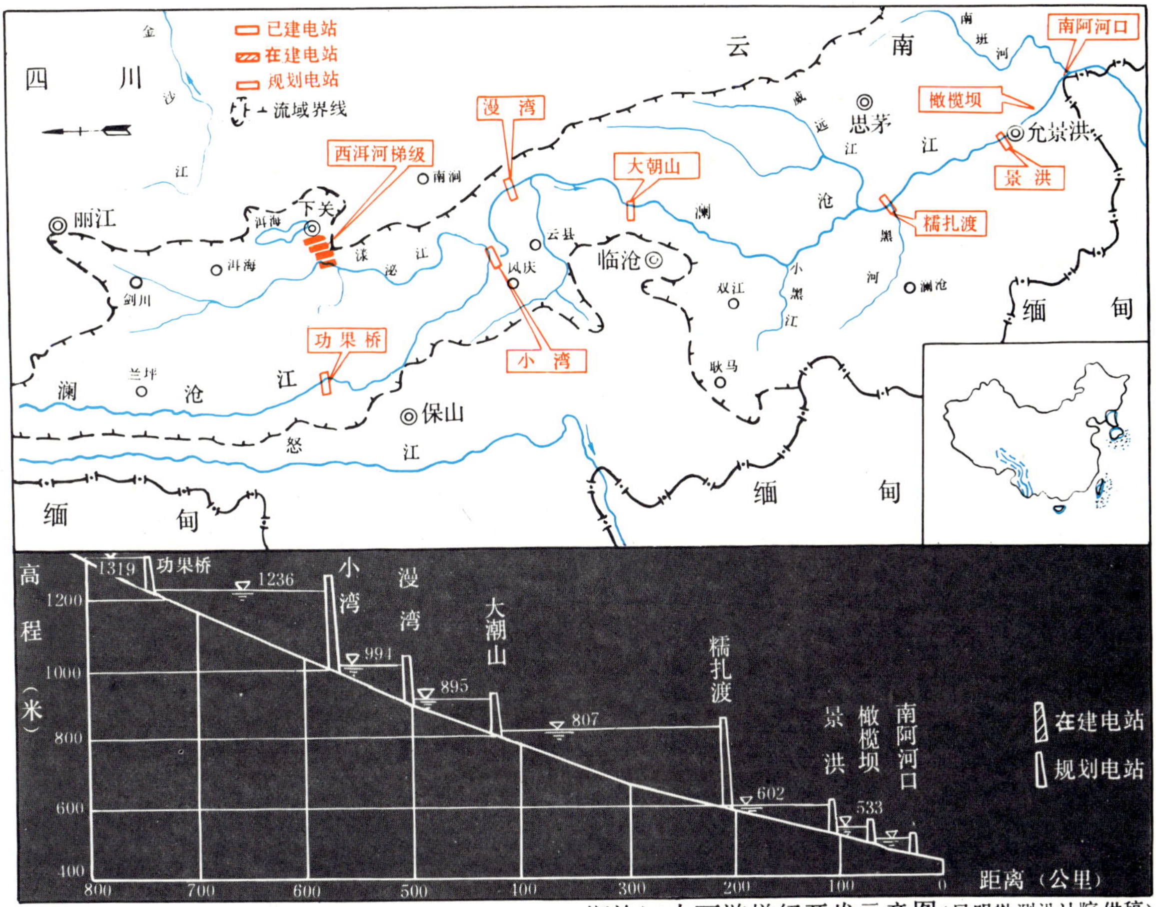

澜沧江中下游梯级开发示意图（昆明勘测设计院供稿）

小水电站

△ 广东乳源县杨溪电站　刘自箴供稿

△ 四川省洪雅县柳新电站　向德贵摄

△ 福建省尤溪县金鸡车电站

林启宇摄

△ 湖南省平江县桃坪水电站 · 刘自箴供稿

▷

湖北省长阳县四方洞水电站

湖北省水利厅农电处供稿

◁ 江西省奉新县仰山三级电站

袁有生供稿

△ 广西灌阳水车电站厂房

刘自箴供稿

△ 贵州省关岭黄果树一级电站 刘自箴供

◁ 天津于桥新型轴伸贯流式机组

天津市水利勘测设计院供稿

△西藏昌都县沙贡电站厂房

武警部队水电独立支队供稿

◁ 新疆和田排孜瓦提水电站

刘自箴供稿

综合效益

△ **发电** 韩三当摄

△ **防洪** 丹江口水利枢纽管理局供稿

△ 库区航运

△ 电灌促进农业丰收　广西电力局、甘肃韩三当　供稿

◁
水库网箱养鱼
唐　英摄

▷
旅　游
丰满水电厂供稿

▽ 水电促进地区经济发展
丹江口水利枢纽管理局供稿

△ 西北口水库混凝土面板堆石坝　水利水电科学研究院供稿

△ 故县水库架空索道工程　薛树道摄

▷ 坑口碾压混凝土坝

福建省水利厅供稿

△ 关门山面板坝滑模施工 韩正海摄

△ 高精度水力机械模型通用试验台

水利水电科学研究院科技管理处供稿

△ 三门峡特种深水钢拱围堰拼装和沉放

潘金漾、王亮德、肖德清摄

◁ 丰满水电厂激光测坝
丰满电厂办公室供稿

△ 鲁布革水电站斜塔 谢玉良摄

△ 葛洲坝至上海±500 kV直流输电工程南桥220 kV交流滤波场

韩永高摄

◁ 化学灌浆

武警水电指挥部供稿

△ 松辽委领导和技术人员在松江河梯级踏勘

松辽水利委员会供稿

△ 广西水电设计院勘测队在岩滩坝址进行地质测绘

孙以宏摄

勘测设计活动

△ 武警水电第一总队在天生桥低坝坝址测量

孙以宏摄

△ 华东勘测设计院设计人员在紧水滩水电站施工工地

华东勘测设计院供稿

△ 岩溶调查　昆明勘测设计院供稿

△ 小口径金刚石钻探

昆明勘测设计院供稿

◁ 物探

西北勘测设计院供稿

△ 白山水电站二期工程设计研讨会 东北勘测设计院科教处供稿

▷ 华东勘测设计院与水口工地技术人员审查水口工程设计

华东勘测设计院供稿

中外技术合作

◁

中、朝两国共同庆祝太平湾水电站建成发电（1987年7月15日）

水电第六工程局供稿

▷

苏联动力电气化部代表团与松辽委会谈

东北勘测设计院科教处供稿

◁

以水电部总工程师李鹗鼎为团长的世界银行咨询团在鲁布革工地

谢玉良摄

△　在喀麦隆拉格都水电站竣工典礼上，喀总统保罗·比亚和我政府代表团团长张劲夫共同视察电站厂房

水利水电对外工程公司供稿

△　亚太地区小水电研究培训中心举办国际培训班会场

亚太地区小水电研究培训中心外事办供稿

I

水电重要文献

振兴中华

篆刻：庄万和

李鹏副总理在全国施工工作会议上的讲话

（1987年6月3日）

同志们：

全国施工工作会议今天是第五天了，会议开始的时候，国家计委于志坚同志汇报了会议的主要议题和准备情况。今天我借这个机会来和大家见见面，也讲一点意见。

施工是一个大行业，对国民经济发展和实现四个现代化都有举足轻重的作用。据说多年没有开过这样的会了，今年召开这样一次会议，目的是为了总结经验，解决存在的问题，深化施工企业的改革，我认为这是十分必要的。

自党的十一届三中全会以来，全国各施工企业做了大量工作。在各部门、各地方的领导下，认真贯彻改革、开放、搞活的方针，完成了大量的基本建设任务，取得了很大的成绩。从1981年到1986年完成基建投资4500多亿元，平均每年近700亿元。这是指全民所有制单位，还有集体所有制和技术改造的大量基本建设投资，建成投产的大中型项目近600个，为国民经济发展做出了很大贡献。施工队伍也有了很大的发展，形成了全民、城镇集体、农村建筑队伍三股力量搞施工的这样一支庞大的施工队伍，人数发展到1800万人，一个600万，一个400万，一个800万。我估计在农村进行基本建设的队伍，包括专业队伍和非专业队伍不只800万人；因为每年完成的农村房屋建设有6～7亿m^2，农村包工队遍布全国，形成了一支很大的力量。在加快工程建设、推进体制改革、改善经营管理、提高企业素质等方面也做了大量工作，取得了很大的成绩，这些都是应该肯定的。借此机会我代表党中央、国务院，向你们并通过你们向战斗在全国基本建设战线上的全体同志表示亲切的慰问！

我们在肯定成绩的同时，也要清醒地看到，目前在施工工作中还存在不少问题，我们的工作在许多方面同整个四化建设的要求和改革、开放、搞活的形势还很不适应，需要我们在今后的工作中努力改进。

我们这次会议要研究和解决的问题，只有一个重点，就是推广鲁布革水电站在工程管理上实行招标制的经验。这个经验，不仅对水电系统适用，也适用于其他重点建设项目和其他基本建设项目。这个经验，最重要的一点是把计划指导下的竞争原则运用到施工上，打破了过去建设项目由行政分配任务的办法，打破了长期以来基本建设吃“大锅饭”的管理模式，从而体现了以公有制为基础的社会主义商品经济的原则在建设工程上的运用。鲁布革工程的实践证明，采用这种方法确实得到了投资省、工期短、质量好的经济效果。还有许多部门的施工企业，实行了招标和各种形式的承包经营责任制，效果也都是好的。当然，鲁布革的经验，不仅仅表现在招标上，还把国外施工的先进技术、先进施工方法和管理经验运用到工程上了。所以说，鲁布革工程是改革、开放、搞活政策在基本建设上的比较全面、综合的体现。今后，我国基本建设任务还很重，要使我国到本世纪末实现翻两番，人民生活达到小康水平，并且继续奋斗，在下个世纪中赶上中等发达国家的水平的宏伟目标，我们还必须完成许多建设项目以增加我们的经济实力和发展的后劲。当然，我们现在要采取挖潜、革新、改造的方法来挖掘现有企业的潜力，这无疑是非常重要的，也确有潜力可以挖，但从整个国民经济的发展战略角度来看，没有一大批新建项目，不扩大再生产，也是难以为继的，不会有发展的后劲。为改善人民生活，也要进行大规模的住宅和城镇基础设施的建设，还有服务网点、旅游事业等，也都要搞基本建设。因此，基本建设任务完成的好环，将是决定我国四化建设进程的一件大事。

要搞好基本建设，首先要搞好宏观控制，当前要进一步调整投资结构，压缩基建战线，把建设的重点放到对国民经济起决定性作用的能源、交通、原材料工业等基础工业和薄弱环节上，决定实行国务院提出的“三保三压”的方针，为重点建设创造一个比较好的投资环境。现在的投资环境还不太好，资金不足，建设材料不够，这都是投资环境。但对每一个项目来说，节约的潜力都很大，重点工程重点浪费的现象还很普遍。我们施工企业不能眼睛只盯着外部条件而忽视自己的问题和潜力。鲁布革工程的经验，都说明了在施工企业内部存在着很大的潜力。而挖掘潜力的一个根本措施就是深化施工管理体制改革，实行招标制和承包经营制。

下面，我就针对深化施工管理体制改革讲三点意见。

（一）逐步创造条件，在全国范围内，首先在重点建设项目上，实行和推广招标制，在所有施工企业中实行各种不同形式的承包经营责任制

招标的范围和形式，我们主张灵活多样，因地、因项目制宜，不一定采取同一个模式。从现在已经实行的情况看，招标形式有三种：一种是实行项目招标，即国家计委在确定项目时招标。根据有关省市或有关部门建设条件的优劣来决定在哪个地区建设，由哪个部门建设。这是大范围的招标。当然并不是所有的项目都要这样招标，有的项目受资源条件限制，有的是布局的需要，必须由那个地区干。但也有一些项目可以由这个省或那个省，这个部门或那个部门承担，这样的项目就可以实行招标。第二种是设计招标。一个工程能否做到真正投资省、效益高，我认为关键在设计，设计上的失误很难通过施工加以弥补。目前不少项目，设计思想保守，技术落后，或者是盲目追求不适合中国国情的先进技术、设备，造成工程造价高、工期长，经济效益不好，这是相当普遍的问题。通过招标，就可以使业主有所选择，也促使设计单位开展竞争促使设计上的进步，包括技术上、经济效益上的提高。第三种是施工招标。施工招标也有几种形式，有的是总招标，有的是单项招标，鲁布革就是对一个隧道进行招标。

要真正做好招标，不是容易的事，会遇到不少阻力。不客气地说，阻力主要来自地方和部门，他们要保护自己的直属企业，不希望外地、外单位参加。今天我们推广鲁布革经验，也不是说水电部工作就做得特别好，事实上也是逼出来的，因为鲁布革工程是世界银行贷款项目，按世界银行的规定必须进行国际招标。象贵州东风水电站，我亲自干预过，想招标也没有招成。水电部和贵州省都对水电九局抱同情态度，他们是水电部一个较困难的企业，干了一辈子水电，还没有拿到一个大项目，结果是只同意承包，没同意招标，没让外地、外单位进来参加。同样是水电部的项目，两个招成了，一个没有招成标，可见实行招标之难。还有一种情况是假招标，走形式，徒有其名。这里名堂多得很，我就不细说了，无非是条件不公平，定标不按条件优劣而是按各种各样的关系确定。所以有的企业对参加招标不太积极，说你们早内定了，我们参加投标不过是陪衬。这就失去了招标的意义。我们的招标是在计划指导下的竞争，如果大家不处在一个公平地位上，搞形式上的招标，就失去了通过投标调动大家积极性的作用。目前值得注意的是，有些单位在投标时就没有准备认真执行标书规定，不准备履行合同，于是投标时把标价压得很低，中了标拿到了项目再涨价，这就是“钓鱼标”。这种情况现在虽然不多，但已有了苗头。

为了克服实行招标制过程中出现的这些问题，使之更加完善，能够使所有施工企业做到在同等条件下开展真正的竞争，我们应该采取立法的、行政的、经济的措施，来保证招标的公正性、合理性，保证严肃认真地履行合同。为此，计委在这次会上已经提出一个文件，还准备把招标列入基本建设程序，这就使招标制度有了行政的法律的保护。

在投标招标过程中，遇到的一个具体问题，就是价格浮动问题，即原材料涨价、工人工资水平提高问题。这个问题影响很大，常常成为超过原标底的因素。这个问题不解决不行。如何解决这个问题,可以有以下几个办法。比如工期短的应该一次定死,盈亏都由施工企业自理;国外的项目也是这样,工期较短的,价格就不浮动。工期长的可以留一定的不可预见费,以适应原材料、工资的上涨,也可以实行对国家指令性计划供应的材料、设备按合同规定的规格、数量,实行浮动价格,其他因素从不可预见费支出,也就是包得有死有活。可以采取这三种形式或其它形式,但都应在合同中加以规定。但总的看还应该包死,不能敞口花钱;如果敞口花钱,就会使招标流于形式。只有真正严格执行合同,才能使企业有压力和动力,才能调动和加强管理的积极性。

(二)全面学习鲁布革施工经验

鲁布革经验的内容是很丰富的,涉及到施工各个环节,包括施工管理、施工技术、劳动力合理配置、分配制度、供应、运输、通讯等各方面,它采用了日本大成公司的先进经验。现在鲁布革工程已基本完成,其造价(除汇率变动影响外)、工期和质量都完成得很好。

据我所知,鲁布革经验主要有这样几条:

第一是在技术上,采用了先进的施工技术和先进的施工方法。如混凝土中的水泥用量,每立方米比我们差不多少用七八十公斤。鲁布革主要是采取了新型外加剂。过去我们一直提倡掺粉煤灰,特别是水电工程,掺粉煤灰不仅可以提高水泥质量,而且可以降低水化热,起到冷却作用,可以加快工程进度,降低造价,好处多得很,但过去一直推广不开。主要原因就是施工单位没有承包,没有积极性。又如打隧道不是用负挖法,而是用光面爆破,用正挖法,多余的岩石用轻便工具铲除,这比负挖法省工又省混凝土。

第二是在劳动组织上,主要是精兵强将上前线。原来十四局在这个工程上准备上 1500 人,日本人只用 500 人,队伍精干,有战斗力,也节省了大量后勤工作。在座的同志们不知去没去过鲁布革,鲁布革是高山峡谷,战场根本摆不开,交通非常困难,如果 1500 人上去,后勤工作量就非常大。精兵强将上前线,是提高施工效率,节省投资的一个主要原因。今后国营施工企业都应实行精兵强将上前线的原则。我们的农村包工队、城镇集体包工队在一些地方干,效率那么高,也是精兵强将上前线,劳动力一个顶一个,能吃苦耐劳。我在黑龙江伊敏河煤矿和白山水电站看到好多江苏队伍。那里天气很冷,施工季节短,他们来这里施工,劳动强度很大,机械化水平也不高,生活也很艰苦,但每个人每年可以挣一千块钱,第二年换一些人。他们就是精兵强将上前线。这样做的好处,一个是不要那么多生活设施;另一个也是帮助农村脱贫致富、改变面貌的一个措施,还改善了和当地的关系。我们过去施工是拖家带口,工地就是一个大社会,效率不会高,投资也很大,一般临建费要占总概算的7%。将来施工企业大体上应该是什么样的?主要是要发展三种力量:一种是技术骨干,包括技术人员和技术工人,他们都是经过技术学校培训的,有一定专业知识。第二种力量是管理人员,这恰恰是现在我们的薄弱环节。要有这样一些管理人员,懂得现代化管理、施工管理、后勤供应管理、材料采购等。第三种力量就是要根据中国的特点,有少量思想政治工作人员,数量不是太大,但也不可缺少。大家担心用农民合同工,技术复杂一点可能就干不了,这也是事实,但是经过训练,农民合同工中有一批人就成为熟练工或半熟练工,然后和他们所在的乡和县订立长期合同,有工程他们就来,没工程时就回家种田。通过几个工程,他们可以学到手艺,可以成为农村的能工巧匠。山东电力建设队伍就是这样做的,他们和县里签订了合同,有一批技术上熟练的工人,工程一结束他们就回去。

第三是在管理上,精简机构,提高指挥机构的效率,成立精干的指挥机构。鲁布革引水系统这样大的工程,日本人只来三四十人,组成一个事务所,把整个施工任务全包下来。事务所的主要任务是组织施工,管理质量和工期,协调解决各环节的矛盾,组织材料、配件供应,为工程服务。这个事务所有职有权,在职权范围内的事,可以当场拍板,不必层层请示。他们对公司本部也实行承包责任制。事务所人员少但信息灵,因此效率高,能够解决问题。鲁布革在云南、贵州、广西三省交界之处,交通闭塞,但他们信息很灵,可以直接和东京、上海、广州通话,通电传,有些问题,比如技术供应、配件供应、技术上的难题,不会超过一个星期就可以得到答复,因此不会产生我们工程施工中经常发生的停工待料、待图纸等现象。他们的经验中特别强调通讯条件,现代化建设必须有好的通讯。

第四是在分配上,做到按劳分配,把第一线工作人员的劳动报酬同完成的工程量和工程质量密切挂起钩来,奖勤罚懒,主要奖励第一线和为第一线配套的工人。我们原来是有点"大锅饭"的,准备上1500人,结果只去500人,为了照顾那没上第一线的千把人,采取了一些平衡的办法,把第一线500人从日本人那里拿来的高额工资,又分配给未上第一线的1000人一部分,减少了矛盾。就是这样也改变了原来的报酬。日本人认为还不行,又从事务所自己掌握的基金中拿一部分出来作为额外奖励。对他们来说,拿出来的是一点小钱,但赢得了工期,对承包者来说,还是合算的。

第五是在劳动组织上也有改进,他们实行的是按工作面的需要混合编组,工种配套，工人实行一专多能。在打隧洞时，一般有钻眼、支撑、装药、点炮、清碴等几道工序，按我们的劳动组织是分工负责、各司其职，其弊病是忙闲不均，人浮于事，效率不高，互相不能交叉，指挥不灵。鲁布革则采用了混合编组，一专多能，大大压缩了第一线工人总数，又提高了工作效率。

我这里只是举出5条，因为到鲁布革去听了他们的汇报，看了现场，工程开始时我也抓了一下，所以我自己体会有这么5条。当然，鲁布革还有其他一些方面值得学习，这次会上也介绍了经验，我希望各施工企业掌握鲁布革经验的基本精神和主要做法，结合自己的实际，扎扎实实进行推广和应用，创造出好的成绩来。当然，每个工程都有每个工程的具体情况，鲁布革是搞水电的，有的是搞码头的，有搞工厂的，情况不一样，必须结合自己的实际情况，不能生搬硬套。

（三）大中型国营施工企业都应该有长远打算，逐步建立起自己的生活基地

我们许多大型施工企业是老企业，曾经为国家立下过汗马功劳，离退休的工人、老弱病残不能上第一线的，还有家属子女比例很大，有的占到了职工总数的1／4～1／3，企业越老，这部分人就越多，这些往往是施工企业效益不高、没有竞争能力的一个重要原因。要解决这个问题，必须逐步建立后方生活基地，改变过去施工到哪里、就把家属带到哪里的作法，把老弱病残、退休工人、家属子女等安置在后方，解除施工队伍的后顾之忧，精兵强将才能上第一线。因此，我认为基地建设已成为施工企业是否具有竞争能力，施工队伍是否能够稳定、甚至是否能够生存下去的一桩大事。我们领导应该从这样的高度来认识基地建设的重要意义，下决心把这件事办好，逐步完成。

后方基地首先应该是生活基地，同时也应该是生产基地和教育基地。施工队伍流动性大，把家属带到第一线去，对第一线来说也是个牵挂，生活很不稳定，有时物价又很高，没有蔬菜供应，施工现场条件很困难，子女受不到良好的教育。建立了基地，使他们有了安定的生活，做到老有所养、幼有所教，也就为前线解除了后顾之忧。所以，基地建设首先要搞好生活设施的建设，盖一些住宅，建立商业网点，并逐步加以改善。

在基地内要搞生产，举办一些第三产业和中小企业，集体所有制、全民所有制都可以，不管什么都要采取不同形式的承包责任制，除了为施工企业本身服务外，也可以为当地社会服务，以生产得来的收入养活自己，安排待业青年等，逐步做到自负盈亏。不少施工企业都有比较强大的机械加工能力和运输能力，要加以发挥。可以搞一些为工程本身服务的零件配件加工，混凝土预制件等等，直接为工程服务，谁也抢不去，还可以发展一些轻工业。施工企业有了这样一个物质基础，如果再加上会经营管理，要逐步做到把老弱病残、待业青年安置好，是完全可以的。这次铁道部第一工程局介绍了这方面的经验，我看了一下很好。铁道部一局是个5万多人的大企业，老弱病残、离退休人员占有很大比重，一个生产人员平均要负担一到二个非生产人员，企业的包袱很重。他们经过两年多的努力，开办了四五十个中小企业和第三产业，上百个小的经营网点，已经转产的工人有4700多人，不但做到了自负盈亏，而且还有300多万元的盈利。我想铁道部一局能够做到的，其它施工企业也能做到。

基地要认真办好各种文化教育事业，办小学、中学、职工培训业余学校等，这不但对提高职工业务文化水平有重大作用，而且也是教育后代的百年大计，是稳定施工队伍的重要措施。各级教育行政部门对此责无旁贷，应帮助施工企业改善办学条件。当然，主要靠施工企业本身，要舍得在这方面投资、下力量。基地建设很重要，但不可能一下子就建起来，必须有计划、有步骤地建设。目前，国家财政还有困难，不可能象大家希望的那样，由国家拿出多少资金来拨款解决。基地建设只能通过工程施工取得的利润逐步进行建设，但是各地方、各主管部门要给予适当的帮助，提供必要的条件。

基地建在什么地方，这很重要，要选择好。大城市一般不要去了，可以结合工程向中小城市靠拢。大瑶山罗尚县现在还是个小城市，但在铁路沿线，将来会有发展前途。在这里施工一干就是五六年，基地也就逐步形成了。在我国，企业办社会虽然不合理，但是在当前还是不可避免的，特别是大型施工企业，如果自己不关心自己，只依靠地方上来给你创造这样一个环境，是不可能的，包袱是背不起的。从长远发展看，职工生活管理要逐步走向社会化，企业管施工，政府管社会，包括退休管理也要社会化。我们现在做的，也就是为社会化创造条件。

施工企业必须打破原来的行业界限，实行一工多能、一专多能。水电队伍不但会修电站，也应该学会修飞机场、修公路、修码头；铁道队伍不但会修铁路，也应学会盖高楼。我们现在专业施工队伍很大一个弱点就是不会搞民用建筑。随着民用住宅商品化，民用建筑将有一个更大的发展。一方面有需要，另一方面现在住宅分配制度极不合理。美国的三大支柱，一个是民用建筑，一个是小汽车，为民用建筑和小汽车服务的就是钢铁。现在，比较困难的是内装修，我认为这个问题也不难，只要下决心学，是可以学会的。可以承包一两个工程，聘请一些内行的技术骨干，或者采取横向联合的办法，经过一两个工程，就可以掌握，可以学会了。地方和部门还可以搞一些内装修的训练班。总之，我认为建筑行业一专多能，应该向民用建筑方向发展，成为多面手，有什么工程干什么工程，大的可以干，小的也可以干。

施工机械要合理应用，充分发挥它的效能。我国施工队伍装备情况，一方面比较落后，水平不高；另一方面又存在机械设备利用率不高的情况，特别是一些大型专用机械利用率很不高。今后，我们一定要坚定不移地采取合理使用大型机械的措施，一是发展横向联合，实行联合投标；一是开办设备租赁公司，为提供设备、技术服务。

再讲讲当前的形势。总的来说，我们国家的形势是好的，政治上安定团结，经济上正在克服前几年追求超高速遗留下来的问题，向保持长期稳定的发展方向努力，改革在进一步深入。建设有中国特色的社会主义有两个基本点：一是坚持四项基本原则，一是坚持改革开放的方针。这两者是一个有机的整体，互相依存，不可偏废。我们今天召开这个会，主要目的是深化施工企业的改革，通过招标制和承包责任制，把施工企业搞活，从而进一步调动企业和职工建设社会主义的积极性和创造性。搞好施工，必须依靠正确的分配政策来调动积极性，必须按劳取酬，这是肯定的。还要改革那些不适应生产力发展的管理体制，还要讲精神文明建设。施工队伍一般环境比较艰苦，工作任务重，生活条件差，我国是一个发展中的社会主义国家，施工条件和生活条件不可能很快得到较大改善，还必须提倡艰苦奋斗、勤俭节约的精神，这是我们的传家宝，这个宝不但不能丢掉，而且还要发扬光大。

李鹏副总理在会见加快电力发展与改革座谈会部分代表时的讲话

(1987年9月14日)

9月14日上午，李鹏副总理会见了出席“加快电力发展与改革座谈会”的部分领导同志，听取了史大桢副部长、江苏省计经委孙海云副主任、四川省计经委刘金龙副主任、华东网局周祥根局长、东北网局郎成伟局长、华北网局张绍贤局长的汇报，询问了有关情况。最后李鹏同志重点就电力体制改革问题作了讲话。

李鹏同志说，水电部是国家政府的职能机构，今后要搞行业管理，对下面具体的人、财、物管理要逐步减少，这是改革的方向。当然省一级电力部门还有不同之处，一是要操办集资办电，第二还有个分电的任务。

李鹏同志说，电力生产是产、供、销同时完成，发展大电网是一个规律，解开大电网不符合电的规律，不符合科学，不符合现代化。现在世界上有的国与国都联网了，更何况我们还是一个中华人民共和国。但现在缺电，要动员各方面集资办电，加上省里要管经济，缺电时有个电力分配问题，在这样一个条件下，联合电网、省为实体这个方面原则上可以肯定下来。至于说每个电网有每个电网的具体情况，那是将来水电部具体实施的问题。国务院常务会议已经作了决定，原则就是省为实体，联合电网，统一调度，集资办电这16个字，这是我们今后一个时期改革的方针。这里面还有一个政企分开的问题。确实，电力局不象钢铁公司那样，它还有一个管理的职能，如果委托另外一个部门去管，恐怕效率不高，造成多头管电，政出多门，所以恐怕还要受省市政府的委托承担一些管电的职能，有的可以列入服务性工作，有的属于监督性质的。如果再加上"政企分开"就是20个字了。要在这个基础上统一思想："政企分开，省为实体，联合电网，统一调度，集资办电。"在具体实施上要因地制宜，组织形式不要强求一致，步骤方面可以第一步先试点，但是省局为实体，政企分开步子要快一点。党的十三大以后，政企要分开，政府各部门的职能主要是行业管理，这是一个重大的体制改革步骤。所以希望华东改革要快点，创造一点经验。但是电力有一个安全问题，特别是已经形成大电网的，我们希望在改革的过程中，决心要大，步子要稳，免得国民经济受到损失，设备受到损失。华东先走个大点的步子，其它先走个小点的步子。西南电网已经走了，贵州、云南已经是实体了。其它几个大电网到1989年就应实现新的体制，但不希望明年一哄而起。

再一个问题，我们改革不要走老路子，从中央管理下放到地方管理，只是换个"婆婆"。改革应该是政企分开，把企业办成一个经济实体，各种形式所有制的联合体。现在我们讲全民所有制，其实全民所有制还分好多种，有的是中央的，有的是地方，有的是企业自已投资的，而企业本身就是国营企业，它不也是全民的吗。当然这个联合体，有松散的，有紧密的，紧密的也就是还要发生经济关系，松散的可能就是送售电关系。将来农电体制还要再研究，农电体制有个很大的问题，最近我们发现农电加价加得很厉害，农民受很大的损失，我们在这里考虑两分钱、三分钱慎重得很，一到有些地区、县电力部门，它是垄断的企业，加了二毛、三毛、四毛的都有；还有偷电、漏收，农村用电管理非常混乱。这个可以在下一步整顿，但总的来讲要成为经济实体。为了维护电网统一调度，电网不能只管调度，而不管企业，否则最后就成为“空调”。我们是有教训的，在中国现在缺电的情况下，电网不掌握一些直接管理的厂子恐怕是不行的。在将来划分的时候，如果东北电网实行“n+1”的模式，或者华东电网实行这个模式，都要把几个骨干电厂能够保证调峰的容量交给网局直接管理。现在国家投资占2／3，将来这个比重会下降。将来我们很可能把一部分国家电力投资直接和省里合办，一部分可能就要交给网局，使得网局有一定的容量。随着电网的发展，网局的容量是会增加的，华东不能老是“新(安江)、富(春江)、望(亭)”，它也得水涨船高，以便维持统一调度。但这个比重不一定太大，至于说多大的比重合适，将来你们写条例的时候，可以一个网一个网的定，一个网一个网由水电部批。

大家还关心一个问题，就是集资办电以后，是否国家就把钱抽回去了?将来国家管理这一部分基本建设实行基金制。所谓实行基金制，就是从财政里划出这么一块，是一个稳定的渠道，不受每年财政开支的影响。这是国务院常务会定了的，是基本建设上一个很大的改革。大家知道，过去是八月十五月光明，上半年不知道下半年有多少投资，我们多少年来就是这么干的。上半年投资情况紧一点，到了下半年情况好一点又放一批，等放下来以后，还花不了这钱，造成很大的浪费，不能按照基本建设自己的规律办事情。所以最近国务院常务会议定下来，重点建设的基本建设投资实行基金制。当然比例保持一个什么水平内部争论比较大，财政部希望少划一点，国家计委希望多划一点。财政部门也确实是有它的困难，现在中央财政有赤字。我们确定了对电力实行倾斜政策，就是电力投资不要减少，和原来的“七五”计划一样，但实际上是减少了，因为有价格上涨的因素，保持原来的钱数所干的事不是就少了吗，不过这个减少不是因为大家集资办电而减少，而是因为整个基数减少了。至于说集资的渠道，不管是九种办法、十种办法，各地可因地制宜。二分钱大体上定下来了。二分钱怎么收，办法就是因地制宜吧，有些地方很困难，怎么办，以二分钱为最高限额就行了。今后国家计委要给你们一个单子，国家提供的这一部分在“七五”是多少，剩下的就自力更生，地方集资，而且国家这一部分主要是保国家的重点项目，已经建设了的，要投产了，不保行吗!譬如说龙羊峡投产后能发不少电，可是那里摆了一个大铝厂，怎么办，能不供电给青海铝厂吗?花了多大的投资哇!所以这次计划会议要把这些数字告诉各个省，其余的就靠各种办法来集资办电解决。

谈到统一调度，我主要担心把网局架空。都说要“联合电网，统一调度”，最后说网局只能那么“八个字”(指“规划、调度、协调、指导”八个字)，那就不称为经济实体了。过去西北有个联办，叫做西北联合电网调度办公室，那谁听它的，你们平心静气地想想，经济法人没有经济实力能够办事吗？缺电情况下那么矛盾重重，能调得动吗？我就是关心这个问题。为什么这几年电力体制改革这么慎重呢，就是怕大电网出问题。大电网一出问题那可不是开玩笑的，搞一个全网崩溃，损失太大。这种事情在美国、法国出现过，在其他发达的资本主义国家都出现过；在中国出现过，在武汉也出现过。所以架空网局的方案我看是不可取的。现在省是个经济实体，一个省、一个市是负责全省经济工作的，它不管电，恐怕它也很难管好经济，所以根据中国的特点，这两方面都要兼顾到。大家来共同维护电网，团结治网。

关于电价问题，将来我们要有一个确定电价的公式或办法。世界很多资本主义国家，他们对公用事业，例如电，是采取保护政策，同时也采取限制政策。保护你，是稳定地有一定利润，有利于自我循环，自我发展，但限制你谋取高利润，因为你是垄断企业，高利润不利于其它产业的发展。所以要有个电力法。象香港等，规定了电价随燃料的价格浮动，它有一套计算办法。因为我们的电价不仅是个经济问题，还影响到市场，影响到整个改革和其它物价，还要影响到煤等各方面。但是我们有一部分借外资项目，象湖南的岳阳，四川的珞璜、江油，为了还款，电价可以高一些。

关于电力生产和施工企业发展方向的问题，就是将来电力企业是否能发展成为一个自我改造、自我发展的企业。我看这个方向是对的，但是现在完全没有地方财政和国家财政的补助，恐怕还不行，在条件许可时，可以逐步向这个方向去过渡，将来成为能够自我改造、自我发展的经济实体。

电力的施工企业要成为施工的经济实体，利用自己的优势，面向电力，面向社会，要打出去，这是一条重要的改革。电力的施工企业日子比其它的施工企业相对来讲是好过些，因为它投资大，是建设的重点，特别是火电、输变电这部分。水电现在的工作量不是太满，有些窝工，特别是水电的包袱背得比较重，要实行招标制和真正的经济承包责任制。经济承包责任制、招标制不是从水电开始的吗？鲁布革工程，世界银行的贷款项目。鲁布革的经验说穿了，就是精兵强将上前线，待遇高，投资省，这是一条重要的经验；另外，运用了一系列外国施工的好经验，管理机构精干，日本人就是二三十人的一个小管理机构。第一线的按施工工作量，按钻进速度、质量等给钱。我们的队伍现在到国外施工，效率是很高的，实行招标以后，带着队伍去承包，那效率也非常高。譬如葛洲坝到岩滩去施工，那就是去一部分人，效率非常高。辽宁省到沙角 B 厂，沙角 B 厂出几个人管理，工作量很满，工资很高，效率也很高。所以，一定要实行招标制和经济承包责任制。

我今天和大家见面很高兴,我们是搞电的,多少年的老朋友了,祝大家回去后勇于改革开拓,促进电力事业的发展。这几年电力是有成绩的,这个成绩是大家共同努力的结果。去年搞了700万千瓦,今年如果能搞到800万千瓦,这在历史上是最高的,速度是快的。我到各个地方都问,头一年投产机组发多少电,有些机组达6000小时,有些机组没达到6000小时。但是现在大家都注意到机组投入后的实效,这就比过去有很大的进步。过去剪了彩后,并网后至少半年、一年还不能好好发电,现在的情况是当年投产的机组当年就能发挥效益,有的还很稳定。

还有个承包责任制问题我没讲,但这个问题很重要。大的电力企业,象省、网局如何承包?这是改革中的一个内容,对这件事水电部要认真总结一下。

李鹏副总理在全国100个农村电气化试点县工作会议上的讲话

(1986年3月14日)

同志们:

今天我参加国家计委、经委、科委和农牧渔业部召开的农村能源工作会议,以及水电部召开的100个农村电气化试点县工作会议,感到很高兴。这两个会都是在总结过去工作经验的基础上,研究部署今后的工作,表彰先进,是开得及时的,开得好的。一些部委的负责同志在会上讲了话,不少单位在会上介绍了经验。借这个机会,我就农村能源建设和农村电气化问题,讲几点意见,供大家参考。

近年来,农村电气化发展形势很好。从1982年中央领导同志视察福建、四川等省的小水电建设后,提出要充分利用我国丰富的水电资源,搞中国式农村电气化,首先在100个小水电资源丰富的县进行试点。经过3年多的工作,应该说100个试点县取得了很大的成绩。试点县的小水电装机容量增加到170万kW,也就是每个县达到1.7万kW,加上现在在建工程63万kW,就可达到233万kW;1985年发电量达47亿kW·h;通电户扩大到73%,其中有40%的县用电户已超过90%。当然，用电有多有少，情况不一样，但这已是很了不起的了。当时，我们制定农村电气化标准的时候，就强调要因地制宜，适合于中国的情况。中国的经济、文化发展很不平衡，要求全国2000多个县一样是不可能的，甚至在一个县内要求每一个乡、每个村都达到一个水平，这也是脱离实际的。所以，我们做工作切忌“一刀切”。

今天，大会表扬了5个县，有福建的光泽，四川的汶川、荥经，广东的仁化、龙门，经过审查、验收、批准，达到了农村电气化初级标准。希望这些县不要骄傲，没有达到的县也不要气馁，要继续努力。我们搞这100个县试点的目的，是为推动全国其它1000多个有较丰富的小水电资源的县，是为了推动全国小水电的发展。从这100个县的试点，国家优惠一点是可以的，但是不能搞得太多。如果投了大量资金，又给了大量材料，把它搞起来，这就是“吃小灶”。“吃小灶”是没有推广价值的，是推广不了的。所以要强调执行“自建、自管、自用”的方针，主要靠自己的力量来建，建起来自管，效益归自己。自用方面，我们应想办法把小水电的市场开拓出来，让农民用上电，并且通过各种方式把季节性电能消化掉，以便节省柴草，节省其他能源。

100个试点县带动了全国小水电的发展，到1985年底，全国小水电累计装机达到952万kW，预计今年年底可望突破1000万kW。现在全国电力装机8500万kW，小水电已占1／9，成为农村的一个重要能源，对大电网也是一个有力的补充，它的作用不可忽视。

我国小水电资源比较丰富的县有1000多个，而这1000多个县大部分是老、山、边、穷地区，经济基础比较薄弱，文化比较落后，很多地区大电网一时还难以达到，用电非常困难，有的山区建国30多年了还没有看见过电。因此，这些地区通过建设小水电，对于发展农村物质文明和精神文明建设，都有积极作用。我去过一些地方，例如广西，沿着红水河看过不少县，那些地方用电完全靠小水电，照明、广播、小化肥以及一些加工工业等，小水电发挥了很好的作用。因此，在这些老、少、山、边、穷地区发展小水电，迈出农村电气化的第一步，从而推动全国整个农村电气化工作的发展。显然，其意义是十分深远的。

下面我谈一谈发展小水电的几个方针政策。

第一，对农村电气化工作已制定了“地方为主、县为实体、统一规划、集中调度、分级管理”的体制，其核心是要有自己的供电区域。小水电如果没有一个供电区，那它就等于没有市场。如果在小水电比较多的地方，或小水电有相当比例的地方，把这个县的供电事业加上小水电、小火电都交给这个县，以地方为主进行经营管理，它就可以形成自己的供电区域。它可以和大电网联网，但是它和大电网的关系是送电和售电的关系。这样就使我们小水电能够比较好的调剂余缺。小水电有它自己的用户，可以有自己的市场。当然，不管电网大小，都要有一个统一规划、集中调度的问题，要符合电网的科学管理规划。所以即使是小电网，也要建立一个科学管理系统。

第二，积极发展小水电，实现农村电气化，要提倡自力更生，主要依靠地方、群众集资办电。实行“自建、自管、自用”的方针。这一条刚才已讲过了。

第三，实行“以电养电”的政策。实践证明：地方为主，县为实体，“自建、自管、自用”的“以电养电”政策，是建设中国式农村电气化的正确方针，也是农村用电体制上的一个改革，改革过去那种过于集中、统得过死的情况。采取“以电养电”，是国家对小水电的一项基本政策。小水电只有采取以电养电，才有生命力，才能得到持续发展。在这个问题上，我们不仅要注意到小水电的本身的经济效益，更重要的是应当看到小水电对整个社会的效益。农村电气化的效益也主要在于社会的效益。因为电力发展了以后，就可以发展工业，可以改善人民的生活，可以向人民群众提供更多的电力，创造更多的财富，所以要保证小水电应有自身发展的能力。为了贯彻“以电养电”政策，可以根据当地情况，在自己的供电区域内合理调整电价，为“以电养电”积累资金。农村用电，政策规定可以自定电价，就是小水电的电可以进入市场调节，小火电也是如此。现在我们农村中有些地方本来有发展小火电的条件，就是因为规定的电价太低，它就发展不起来。当然，有些地方发展小火电不合适，造成能源浪费，但有的地区煤炭资源丰富，电能缺，在这样的条件下发展小火电也是合适的。要因地制宜。可是它的成本太高，所以小水电、小火电都应该经过市场调节进行消化。但也要规定一些杠杠和原则，防止乱加价、乱收费，损害群众利益。总之电价要合理。小水电是贷款建设的，如果电价太低，它就没有还款能力，小水电就发展不起来。

第四，提倡在农村大、中、小并举，量力而行。一个县需要建设一两个骨干的小水电工程，目的是把它的网架搭起来，但是也要注意防止把兴趣主要集中在建设比较大的工程上。当然，工程的大小也是相对而言，主要是应该量力而行。在一个县里也在大、中、小并举，要重点建设那些投资省、建设速度快的工程。至于国家和地方原来已经给小水电安排的补助资金，国家应予以保证。地方也应从项目上予以保证，在财政许可的条件下，应给予更多的支持。

第五，除了新建项目外，对已建的老项目，要在保证安全生产的条件下进行革新挖潜工作。原来装机偏小，可以加大装机容量，增加些季节性电能；有的原来是径流式电站，如果在上游增建有调节性能的水库，效益就能提高。福建永春县我曾做过调查，他们把原来的小水电工程稍微搞一点蓄水工程，小水电的效益就提高很多。现在还有不少水库工程，修了坝没有修水电站，大部分是低水头的，这样的情况也可发展低水头电站，把它利用起来。

第六，进一步理顺小水电与大电网的关系。去年，水电部已经开会提出了大电网对于地方电网实行“扶持、让利”的政策。大电网不要想从小电网那里赚什么钱，而应该是把它应得的利润给它。当然，要求大电网补助小电网，也不可能，都有一个经济核算问题。但是，要把小水电应得到的利益都给它。这样就有利于小水电的发展。现在，大多数以小水电为主的县，都应按照国务院批转的文件，建立县一级的发、供、用电的统一管理的经济实体的农电体制。这样有利于保护和调动地方的积极性，使水电得到合理的利用。考虑到小水电季节性比较强的特点，为了正确理顺大电网和小电网的关系，可以采取大电网负责代购代销的办法，来支持小水电的发展。因为大的用户是电网管理的，小水电自己发了电，必须通过大电网来售出自己的剩余电量，象华东地区有一些加价电的办法，它的电也有销路，因此，大电网采取代购代销的办法，是可行的。但是，我们小水电有两种情况，一种是丰水期，季节性电能多，大电网应大力去代购代销，以减少弃水，丰水期的上网电价可以低一些；在枯水期，卖给大电网的价格可以高一些，灵活一些，可以通过双方协商，实行合同价。总之，大电网要对农村电网采取扶持让利政策，以增强它的活力。

我今天没有满足参加100个农村电气试点县工作会议同志的希望。因为你们的希望：第一是拿到一些钱；第二是能拿到一些材料；第三是政策，政策也是钱。政策给了一些，“以电养电”，将来和财政部和各个地方把这个问题再明确一下：可以自定电价；大电网对小电网采取扶持政策、让利政策；实行代购代销等。其它关于钱和物，没有满足大家的要求。还是你们提的“自建、自管、自用”。自建，就是要你们自已集资办电。我们国家每年拿出1亿元资金，100个县平均每年每个县才100万元，离大家的要求应该说差距还是很大的。

我讲的话就要完了。希望大家在“六五”农村能源建设的基础上，在“七五”期间有一个比较大的发展，以适应农村发展的新形势。经过改革，农村生产发展很快，人民生活水平提高了，在建设精神文明和物质文明方面，都对能源提出更新的要求，农村能源工作者要以优异的成绩，来适应这样一个形势的需要。

李鹏副总理给参加全国水电体制改革座谈会同志的一封信

参加水电体制改革座谈会的全体同志们，由于抽不出时间到会与大家见面，请同志们原谅。你们常年累月在远离城市的深山老林和边远地区，为水电建设进行艰苦辛勤的工作，为社会主义四化建设作出了很大贡献。我谨向你们表示亲切的慰问和致以新年的祝贺。希望你们在党的十二届三中全会精神指引下，勇于改革，大胆创新，为加快水电建设作出更大成绩。

1985年1月10日

李鹏副总理给中国水力发电工程学会第二次全国会员代表大会的贺信

中国水力发电工程学会第二次代表大会：

水力发电工程学会自成立以来，对促进水电建设事业的发展做了大量工作，取得了成绩。希望在认真总结经验的基础上，把今后的工作做得更好！预祝代表大会圆满成功。

1985年11月2日

钱正英部长在水利水电建设工作会议上的讲话摘要

(1984年1月12日)

一、两年来的成绩

两年来,在总公司党委的领导下,由于水利水电战线广大职工的努力,你们确实取得了很大成绩,特别是去年,全公司无一亏损,出现了近年来水利水电建设的最好形势。这些成绩主要表现在四个方面:

(一)胜利完成了国家下达的基建计划

两年来,共完成基建投资27.47亿元,完成土石方3590万m^3,浇筑混凝土550万m^3,投产机组19台、148万kW。几个重点工程都按期或提前完成了国家计划。

(二)前期工作初步摆脱了被动局面

经过两年来的努力,前期工作有了很大进展,已经储备了初步设计23项,计1043万kW。另外,列入国家重点前期工作的三峡、二滩、龙滩、李家峡等工程都按计划进度完成了阶段性的勘测设计任务。三峡、二滩的可行性研究报告已由国家计委进行了审查。在建工程的一些重大技术问题也得到初步解决,基本上满足了施工的需要。

(三)狠抓了企业整顿,加强了队伍的建设

1983年,总公司系统已经有6个局、厂企业整顿验收合格。28个直属单位的领导班子,按照四化要求都已经进行了调整和整顿,职工队伍的思想政治工作也有很大加强。

(四)改革工作开始迈开步子

1983年,已经在葛洲坝、紧水滩工程开始试行投资包干,并且有了一定的进展。红石工程试行统一管理、专业分包办法,组织大流水施工,效果很好。鲁布革、天生桥、沙溪口等工程试行利用外资,也在积极进行。各施工单位推行内部经济责任制已经初见成效。设计院地勘队试点承包经济责任制,也取得比较好的效果。

二、写好“第二篇文章”

我们所取得的成绩,同“翻两番”对我们的要求相比,同世界水平相比,仍然存在着很大差距。差距集中的表现在哪里呢?我看集中表现在耀邦同志给我们提出的要求上,就是在“降低造价,选择最优方案,缩短建设周期”上。在这里我说三点体会。

(一)选择最优方案

在这方面我们有不少成功的经验,但总的说来,我们还存在许多问题:

1.由于缺乏总体规划,对有些项目,有时长期议而不决,有时又仓促进点。

2.由于地质与水工脱节,勘探手段落后,使勘探工作量非常大,时间搞得很长,而方案还是多变,甚至往往在施工中还发生问题。

3.由于长期闭关自守,设计水平落后于世界先进水平。

4.10 年动乱,搞乱了人的思想,许多地方由于设计和施工互不信任,不能选出最优方案。

(二)降低造价

水电建设单位千瓦投资,“二五”以来一直是上升的趋势。从主观方面检查,比较突出的有三个方面:

1.30 年来我们还没有真正学会机械化施工。

2.采用新技术差,物资消耗高。

3.管理落后。

(三)缩短工期

目前,工期延长这么多,除了投资不足和设计方面的原因外,在施工中有没有问题呢?我认为至少有两个方面:

一是现在的水电站两头的时间太长,就是准备时间长,结尾时间长;真正主体工程施工的时间并不算很长。

另一方面,在许多地方我们还没有真正学会科学施工。主体和附属的关系,进度和质量的关系,数量和形象的关系,抓重点和组织均衡生产的关系等等,还不能正确处理好。

三、写好“第二篇文章”的关键

我个人体会要写好“第二篇文章”,从根本上说还是要搞好我们的队伍建设,把我们的队伍真正建成一支现代化的社会主义建设队伍。而搞好队伍建设的关键还是在于搞好我们的领导班子建设，使我们的各级领导班子真正能担负起现代化社会主义建设的重任。

为了写好"第二篇文章"，我向各单位的领导提出三点希望：

(一)胸怀社会主义建设的全局

我们都要从全局来看问题，而不是从小局看问题，要把水利水电看成我们整个队伍的事业，我们的目标是要把全国水利水电搞上去.

(二)面向现代化的水平

我们的目标是建设一支现代化的队伍。因此，每个单位的领导都要研究自己应当达到的现代化水平。你担负这个领导，就应当研究一下我们工作中现代化水平究竟是什么？设计院现代化水平是什么？工程局现代化水平又是什么？担负领导工作的应当心中有数。

(三)定出近期奋斗的目标

写好"第二篇文章"，全篇文章是一个长期的任务，今年、明年怎么写，这是我们必须首先答复的问题。这次水利水电建设总公司发了一个讨论稿，我看到了18个问题，这算文章的一个提纲吧！

我们希望，每个单位都要从选择最优方案、降低造价、缩短工期出发，研究本单位应当有的现代化水平，找出本单位当前应当解决的内部问题，然后定出近几年，特别是今年应当采取的措施和具体要求。

1984年水利水电建设工作会议纪实

1984年1月8日至15日，水利水电建设总公司在天津武清杨村召开了工作会议。会议的主要任务是：贯彻胡耀邦同志关于做好"第二篇文章"(注)的指示，贯彻全国设计工作会议和全国计划会议精神，总结1983年的工作，部署1984年的任务。直属各工程局、公司、工厂、研究所的党委书记，局长或经理、厂长、所长和总工程师；直属各设计院的党委书记、院长、总工程师和计划、勘测处长；长办、黄委院和部分省院的负责同志；以及水电部有关司局和总公司领导及有关处、室的负责同志参加了会议。会议由刘书田同志主持，王干国同志作了工作报告，罗西北同志作了题为"提高经济效益，开创水利水电前期工作新局面"的讲话，钱正英部长作了重要讲话，陈赓仪同志为会议作了总结。

会议的中心议题是：研究水利水电工程如何贯彻胡耀邦同志"一定要降低工程造价，

选择最优方案，缩短建设周期”的指示，讨论总公司草拟的《做好发展水利水电建设的第二篇文章》和《关于保证设计质量，提高规划设计水平，降低工程造价的措施意见》两个专题文件。会议要求各单位根据钱部长的指示和会议精神，进一步研究和制订本单位做好《第二篇文章》的近期目标和具体措施；要求从我做起，从现在做起，扎扎实实去做，一步一步前进。

会议强调在全面完成1984年前期工作和工程施工任务的同时，继续搞好企业整顿和改革工作，全面提高企业素质。要求继续推行和不断完善以承包为中心的内部经济责任制；继续扩大在建工程概算投资包干的试点范围；积极推广工程统一管理，施工专业分包的责任制；按国家计委和水电部的部署，围绕工程质量、工期、成本三大管理目标，开展全面计划管理、全面质量管理和全面经济核算的“三全”管理。强调1984年是企业全面整顿具有决定性的一年，要求作为局、院的中心任务，“十一”前施工单位，年底前设计单位全部达到验收标准。

注：

《第二篇文章》是：1983年9月7日，水电部党组向党中央、国务院报送了“关于提高电力投资比重的报告”，胡耀邦同志看了以后，在写给钱正英同志的信中指示：“在我看来，发展电力问题，要有两篇文章，而且同等重要。一篇是你提的，要提高电力投资比重，这是目前计委要认真考虑的。我赞成你们向总理、国家计委反映，请你们来做。另一篇是一定要降低工程造价，选择最优方案，缩短建设周期。试想想，如果能用这些年建造2个电站的费用建造3个，或3个建造4个，那么总投资不就等于增加了1/3或1/4吗？引滦工程为所有基本建设战线树立了一个又快又好的光辉榜样，电力战线能不能在今后几年出现二三个这样范例（当然不是找过去建成了的，而是从现在起新建立的）？这篇文章全靠你们自己来做了。我相信你们有这样的能人干将，他们有志气、有能力创造出这样的典型，而你们又敢于放手支持他们去干出这样令人敬佩的成绩来”。

（宋廷福供稿）

陆佑楣副部长在水利水电建设管理体制改革座谈会上的讲话摘要

（1985年1月5日）

这次水电建设管理体制改革座谈会，中心议题是改革，讨论水电建设如何贯彻党的十二届三中全会通过的《中共中央关于经济体制改革的决定》。

先讲一下水电建设的形势，也就是我们水电建设的体制要不要改革的问题。从形势上分析是非改不可的。大家知道，我国的水能资源是极为丰富的，到1985年底，已经开发利用的只有2400万kW，占可开发利用总容量的6.5%。水电在全国电力总装机容量中只占21%，在全国能源开发总量中，水能利用也只占很小一部分。这从我们国家的丰富水能资源和国民经济的需要看都是很不相称的。水电发展缓慢的原因是很多的。胡耀邦总书记要求我们做好“两篇文章”，我们部党组在学习过程中感到“第一篇文章”没有做好，“第二篇文章”也没有做好。“第一篇文章”是水电投资不足，有许多电站如果能按照合理工期安排投资的话，那么工期是可以大大缩短的。再看看我们自己，也就是胡耀邦同志给我们指出的“第二篇文章”，我们是否做好了？水电的几顶比较难听的“帽子”还没有摘掉，“工期长”、“投资大”、“技术落后”，等等。咱们有25万人的施工队伍，但工效并不高。一个百万级的电站，工期一般在10年以上。咱们的工程局大都在万人以上，这跟国际上或国内先进水平来比，显然是落后的。我们施工还是属于劳动密集型的，而不是靠技术，不是靠机械化。

最近，国务院领导同志对水电建设的体制也有批示：第一，实行政企分开；第二，要实行贷款、招标和承包制，建设资金的管理体制要拨改贷；第三，不提倡搞全国性的大公司，主张把权放到基层企业；第四，可以考虑组织以设计为主的工程公司；第五，中国这样大，形式可以多样化，但主导思想是要放权和开展竞争。

根据这一精神，我们怎样改？对施工企业来说，要改变工程建设自建自营总承包的形式，适应招标承包制。我们目前工程局的组织形式也要有相应改变，一个工程往往分几个标发包，工程局要考虑如何适应，应组成若干个具有独立完成单项工程施工能力的专业化施工公司，这些专业化的施工公司应该是相对独立并具有法人地位的经济实体，队伍精干，技术先进，有一专多能的本领，具备跨地区、跨部门的竞争能力。为了组织工程项目的建设，代表业主单位在施工现场协调管理和监督工作，要抽调有工程经验的技术经济人员组成独立的工程承包公司。设计单位也可以组成咨询公司，除提供设计图纸外，受甲方委托，接受对工程的技术、经济、质量监督、工程竣工验收等咨询业务。

要实行上述改革，当然还有大量的工作要做。目前，我们的基层企业社会包袱沉重：要解决基地的建设；要解决离退休职工和老弱病残人员的负担；要开展多种经营解决家属子女的就业问题。企业解决了这三个问题，再加上“立足水电，面向社会”的改革方针，我们的企业一定会有活力。

1985年水利水电建设管理体制改革座谈会纪实

1985年1月5日至11日，水利水电建设总公司在北京召开了管理体制改革座谈会。会议的主要任务是：研讨水利水电建设管理体制改革的方向、指导思想、改革内容和方法步骤。直属各工程局长(公司)、设计院的党委书记和局长(经理)、院长，水电部有关司局，总公司领导和有关处室的负责同志参加了会议。陆佑楣同志讲了话，赵庆夫同志代表部党组讲了话，李鹏副总理给座谈会写了信，王干国同志在会议结束时讲了话。

座谈会学习了党的十二届三中全会《关于经济体制改革的决定》，听取了华东、中南勘测设计院，十二工程局、闽江工程局等单位改革试点经验的介绍，围绕改革基建管理体制，探讨了设计、施工单位逐步实行企业化、社会化，发展成为独立核算、自主经营、自负盈亏、具有法人地位的经济实体，"立足水利水电，面向社会，积极参加竞争，努力开展多种经营"的发展方向。设计单位可以发展为工程咨询公司或以设计为主体的工程承包公司；施工单位可以发展为具有一专多能的专业化的建筑安装工程公司。

会议根据国家对基建体制改革的统一部署，为了提高投资效益，打破企业吃国家"大锅饭"、职工吃企业"大锅饭"的弊端，明确施工单位全面推行投资包干和招标承包责任制，内部实行百元产值工资含量包干；设计单位将推行设计收费制，由部试行工资总额包干。会议根据国家进一步扩大国营工业企业自主权的规定，为了使设计、施工单位进一步搞活，讨论了水电部和总公司如何简政放权的问题。会议最后形成了《纪要》和《简政放权的意见》。

座谈会提出，水电建设要从自营方式转变为招标承包，水电施工单位要从生产型转变为生产经营型，迫切需要解决基地建设、劳保负担过重和职工子女就业等问题。会议明确由水电部、总公司和各单位三方筹集资金搞好基地建设，当年水电部和总公司筹集4000万元。会议建议在水利水电系统建立劳保基金制，实行劳保统筹。会议希望各单位大力发展第三产业，解决好职工子女就业问题。

会议强调，要全面完成1985年的前期工作计划和工程施工任务，要继续努力做好"第二篇文章"。企业整顿尚未检查验收的8个单位，上半年要达到标准并检查验收完毕。同时，要积极创造条件，搞好领导制度改革，试行局、院长负责制。

(宋廷福供稿)

中国水力发电工程学会第二次全国会员代表大会关于加快水电建设的建议

(1985年11月13日)

中国水力发电工程学会于1985年11月中旬在广西南宁召开了第二次全国会员代表大会，来自全国各地的水电专家、教授和科技工作者，畅谈我国当前的大好形势、水电建设的成就和光辉前景。但对我国当前缺电严重，电力建设规模太小，势将加剧缺电的形势十分优虑。认为尤其水电，如不抓紧在“七五”期间下决心扩大建设规模，则要贻误时机。

国务院技术经济研究中心主持研究的《2000年的中国》的一系列研究报告，在有关《2000年中国的能源》预测的几个方案中，均阐明了我国2000年能源需求和供应，显然地存在缺口，“中间值为2.2～2.6亿t标准煤，约短缺15％～20％，比目前缺口有所扩大”。报告对能源发展战略和政策的建议中指出：“改善一次能源结构，对提高经济效益意义重大。主要措施是加紧发展水电、核能和天然气，适当减小煤炭的比重。我国水能资源丰富，加快水电建设是改善能源结构的最现实的途径。”

国家科委主持制订的《中国技术政策》蓝皮书，在能源技术政策要点中强调：“水能是可再生的一次能源，必须贯彻优先开发水能的方针”；“大力开发水电是改善一次能源结构的最现实途径，我国可开发的水能资源潜力很大，从前期工作、设计、施工和设备制造等条件看；有可能提高水电在一次能源中的比重，应下决心把水电搞上去”；“建立合理的能源结构，提高水电比重”。

学会曾于去年提出“2000年水电翻两番、达到8000万kW”的目标，大体保持与电力工业同步发展的格局，即维持水电装机容量比重30％上下和发电量比重20％左右的较低水平，尚未考虑提高水电比重。这个目标是应该而且可能达到的，最好能超过。

由于70年代开工建设的大中型水电站较少，从而使得80年代能投产的也较少。1981～1985年，水电装机仅能完成约600万kW(其中大中型327万kW，小型253万kW)，1986～1990年预计可完成约1000万kW(其中大中型800万kW，小型200万kW)。即前10年预计总共只能完成1600万kW左右，还不到一番(在1980年2000万kW的基础上翻一番，需增加2000万kW)。

因此，后10年的任务将更重，势必需要超过一番。但90年代水电能否取得更快的发展，取决于80年代能开工新建的水电站项目的多少。由于“六五”计划在调整基建计划中，水电投资压缩过多，新开工的水电站太少，只有500万kW左右，急需在“七五”计划中补上。据此，应该在“七五”计划中扩大在建规模，下决心上一批大型水电站，加上积极发展中、小型水电站，至2000年实现8000万kW的目标还是可能的。不然，“七五”计划再列不上去，而推迟到“八五”再开工，则一些大型水电站在2000年以前不能投产发挥作用。

据了解，目前正在编制的“七五”计划，初步安排的大中型水电项目仅4项(福建的水口、云南的漫湾、青海的李家峡和西藏的羊卓雍湖)，共437万kW，比“六五”开工的规模还小。照这样安排，不仅到2000年不能完成8000万kW的目标，恐怕连6000万kW也难达到。

在我国，从长远看，一方面是煤炭的供应和运输都将非常紧张，另一方面却有大量可再生的水能资源不去利用。有一批大型水电站，经过20～30年的勘测研究，已完成初步设计或可行性研究，而且有现成的施工力量，但却列不上计划。代表们对此极表关注，甚感着急。为了落实贯彻党中央和国务院关于“大力开发水电”的方针，改善一次能源结构，一致提出如下建议。

一、加快水电建设进度

1.各工程局要大力通过经济改革和技术革新，努力降低造价。对于当前24项在建的水电工程装机容量共计1200余万kW(其中有800余万kW可在“七五”计划时期投产)，争取提前完成，早日发挥效益。

2.对于“七五”计划，除已确定开工的4项和三峡工程，建议再增加新开工大型水电站13项。其中包括湖南的五强溪，湖北的隔河岩，四川的太平驿、二滩和彭水，浙江的珊溪和滩坑，福建的棉花滩，黔桂边境的天生桥高坝，广西的龙滩，黄河的大峡等11座常规水电站；以及华北的十三陵和华东的天荒坪两座抽水蓄能电站(见表)。上述11座常规水电站，都位于水多煤缺地区，理应因地制宜予以开发。两座抽水蓄能电站则是在水电比重低的地区为电网提供迫切需要的调峰容量。目前有的已作过初步设计，有的已完成可行性研究报告，正在进行初步设计，都属于各地区电力发展规划中需要兴建的水电站。这些项目对于开创水电建设新局面，缓解电力供求紧张势态必不可少，需要抓紧提前开工建设。

这13座大型水电站，共计装机容量1650万kW，年发电量610亿kW.h，总投资约200亿元。其中，“七五”期间需要投资35亿元，相当于“七五”计划全国基建总投资3500亿元的1%。建议国家在安排计划时，集中必要的财力物力，给水电增加一定的投资。

3.除安排必要的大型水电站外，还可以由国家扶助地方兴办一批中型水电站，它们具有投资少、工期短、见效快等优点。当前大型水电站由国家安排，小水电站由地方自建，对于兴建1.2万kW以上和10万kW以下的中型水电站，没有引起重视。一些省区的代表提出，对中型水电站如果国家给予贴息贷款每千瓦500元，其余由地方自筹，建成后可同小水电一样实行自建、自管、自用的政策，这样地方上是有积极性的。根据资源条件，今后15年内开工兴建一批总装机容量达到1000万kW左右的中型水电站是有可能的，建议国家每年平均提供贷款3亿元，可以取得很好的效益，填补即将形成的“七五”、“八五”水电增容投产的低谷，是个又快又省的办法。

对于农村小水电，也应继续发展。至今，我国小水电累计装机容量已达900万kW。全国100个农村电气化试点县正在发展中。预计今后15年再发展1000万kW也是可能的。

表　　建议"七五"期间增加建设的水电项目

水电站	河流	装机容量(万 kW)	年发电量(亿 kW·h)	移民(万人)	总投资(亿元)	发电工期(年)	备　注
五强溪	沅　水	120	53.7	8.5	20.0	8	解决缺煤缺电的湖南省用电要求,还有防洪、航运等综合效益
隔河岩	清　江	120	30.6	2.0	13.0	8	与葛洲坝配合解决湖北省调峰任务,还有防洪效益
二　滩	雅砻江	300	165.0	2.0	36.0	10	解决四川用电要求
彭　水	乌　江	120	61.0	1.7	14.8	9	解决川东和重庆地区用电要求
太平驿	岷　江	26	17.0	5	4.3	5	解决四川省用电要求
珊　溪	飞云江	24	4.1	2.9	4.3	5	增加浙江省电源
滩　坑	瓯　江	60	10.3	3.8	9.0	6	增加浙江省电源
棉花滩	汀　江	60	14.0	4.0	7.0	5	解决闽南厦门地区用电要求,并可送电广州
天生桥高坝	南盘江	120	53.0	2.5	20.8	9	改善天生桥低坝发电性能,一起送电两广
龙　滩	红水河	500	187.0	6.4	48.0	10.5	红水河上多年调节水库,为两广和港澳供电的骨干电站,并有改善岩滩、大化等电站发电性能及防洪、灌溉、航运等综合效益
大　峡	黄　河	30	15		4	6	增加黄河上游的电源
十三陵	抽水蓄能电站	72			8.1	6	解决华北电网日益迫切的调峰问题
天荒坪	抽水蓄能电站	120			11.0	7	解决华东电网日益迫切的调峰问题
合　计		1652	610	33.8	200.5		

二、建议制订一套优惠政策

1.降低贷款利率,延长还款期限。建议年息不超过2.4%及从水电投产次年开始25年内还清贷款。

2.实行综合利用投资分摊。建议:规定属于电力部分由水电建设单位负责贷款和还款付息,属于增加水利、航运效益的部分投资由有关部门拨款。

3.比照城市煤气事业,实行大中型水电站节能补贴。每节约1吨标准煤(按水电发电量乘以当年火电标准煤耗),一次性补助300元。

4.水电站向电网售电要分别按峰谷、丰枯期不同的电价来计算,优质优价。

5.国家对开发水电给予一定的战略投资或同意发行一定数额的水电开发债券。鼓励多种形式的集资办电,比照小水电的政策,实行"自建、自管、自用"的原则。同时要充分利用外资开发水电,利用外国的低息信贷,并允许中外合资办水电。

6.据福建代表反映,他们可向华侨集资4000万美元,希望国家银行将这些外汇换成人民币给地方上兴建水电站,地方上用人民币归还外汇。这样,福建一个省2000年内就可多搞100万kW的水电。这对国家、地

中共中央顾问委员会委员李锐关于加快水电建设的意见摘要

(1986年初)

1985年11月7～16日,我应邀参加了全国水力发电工程学会在南宁召开的第二届代表大会。到会的专家、教授和干部有200多人。大家对当前水电发展缓慢,尤其“七五”上的项目太少,将严重影响电力局面,感到十分不安。现就我所了解的情况,对如何加快水电建设提出以下看法,供有关方面参考。

(一)水电增长日趋缓慢。据统计全国水电装机容量年平均增长率如下:1953～1957(“一五”)21.5%;1958～1962(“二五”)18.5%;1963～1965(三年调整)8.3%;1966～1970(“三五”)15.6%;1971～1975(“四五”)16.6%;1976～1980(“五五”)8.6%;1981～1985(“六五”)6.0%。

近10年显著下降,是由于10年动乱时期开工的水电站太少所致。我国水能资源有其特殊优势,经过30多年的实践,应当加快水电建设是世所公认的。国务院领导同志1980年10月在听取原国家能源委员会工作汇报时(当时我在能委工作)指出:“水电跟煤炭、石油不同,是再生能源,不是一次消耗能源,又没有污染,要作为战略措施来搞。这是要有个战略眼光的。不能一年一年地迁就眼前困难,把时间耽误了,将来回头一看,我们犯了一个大错误。”胡耀邦同志1984年曾为白山水电站题词:“中国水力甲天下,电业排头奔四化。”这都说得非常中肯。在电力建设方针上,

---

方都有利,希望国家银行协助。象福建、广东、广西等省区都有可能取得华侨的集资。

三、加速体制改革进程

建议在有条件的地区成立地区性的水电开发公司。如黄河上游水电开发公司、红水河水电开发公司、乌江水电开发公司、澜沧江水电开发公司等等。也可以成立铝电联营、磷电联营等形成的公司。勘测设计单位要企业化,科研实行合同制,施工实行招标承包制。

全体会员一致表示,一定要在党中央、国务院的领导下,贡献全部知识和力量,誓为加快水电建设速度,力争本世纪末实现水电总装机容量达到8000万kW的目标努力奋斗。

也早提出过应逐步把重点放在水电，使水电能有个较快的发展。

但据了解，“七五”计划初步安排新开工的水电项目仅4项，即福建水口、云南漫湾、西藏羊卓雍湖、青海李家峡(共437万kW)，而前3项去年已上马，实际上新开工的只有李家峡1项。水电建设周期较长，为扩大年增长率，有个在建规模问题(在建规模与年投产比一般为10:1)。“六五”转“七五”的在建水电为1100多万kW，预计“七五”将投产800万kW；这样，“七五”转“八五”的将不到800万kW了，入不敷出，水电发展速度将进一步减慢，水电在电力中比重将逐渐下降，这对整个电力局面极为不利。

据最近发表的《2000年中国的能源》研究报告，几个预测方案都将出现缺口，中间方案将短缺2.2～2.6亿t标准煤，占需要量的15%～20%，比当前缺口还有所扩大。该报告政策建议中说：“我国水能资源丰富，加快水电建设是改善能源结构最现实途径。”这也是说得很中肯的。

(二)关于电力2000年的规划，按理应比工农业产值增长稍快(即电力弹性系数要大于1)。即按同步增长，1980年发电量3000亿度，翻两番也得12000亿度，相应装机容量应达到2.5亿kW以上。在此设想上，前几年水电部提出过，2000年水电装机要从2000万kW增加到8000万kW(其他方面则还建议应达到9000万或1亿kW)。如果按8000万kW考虑，则从“六五”开始，就应扩大在建规模，到“九五”，大体每个5年须开工大中型水电2000万kW左右，才能达到这个要求。可是，“六五”开工大中型水电仅550万kW，1985年末水电在建规模仅1140万kW，只比1980年末增加100多万kW。据说，原打算增加到2800万kW。由此产生的过大差距，自然对以后年度水电投产影响极大。“六五”失策已无可挽回。按照现在的安排，“八五”水电投产容量不可能超过500万kW，这就大大低于“七五”的800万kW了。这种马鞍形实不应再次出现。

因此，不论现在投资安排如何捉襟见肘，“七五”也必须千方百计增加水电项目。否则不仅谈不上达到8000万kW，恐怕连6000万kW也成问题。这样，到2000年，扣除小水电容量，水电在电力比重中将下降到15%～16%(现在容量比重为31%)。此种后果之严重，在电网运行中的影响，只有供电系统才能深刻体会得到。

机不可失，时不再来。“七五”如再不扩大水电建设规模，等待“八五”再上，就难以补救了。因此，已具备开工条件的水电大中型项目，应当千方百计地使更多的项目列入“七五”计划。

以下列举三个应在“七五”安排的水电大型项目：

1.湖南五强溪(120万kW,54亿kW·h电量),有防洪、航运效益。1980年已争到日本低息贷款,早已开始施工准备,因淹没损失(移民10几万人)问题而搁浅。降低坝高后,现在只移民8万人,淹地4万亩,湖南已包下全部移民费用。据说最近计委已列为预备项目;应当列为正式项目,马上复工。

2.四川二滩(300万kW,165亿kW·h电量),移民不到2万人,万事俱备。四川愿意担负部分投资。这将是四川(西南)电网的骨干电站。四川水能资源居全国首位,应尽先开发长江在四川境内的干流(淹没损失很小,可拦住泥沙,利于三峡修建)。

3.广西龙滩(500万kW,187亿kW·h电量),移民只6万多人,巨型水库(库容273亿m^3)调节红水河流量后,可彻底改变两广水电枯水期水量不足的被动局面,将成为供电广西、广东和香港的骨干电站,投资少于深圳核电站(180万kW,约40亿美元)。

以上只举三例。其他如隔河岩、大峡等也都具备开工条件,应列入“七五”计划。水电“富矿”甚多(黄河上游、西南和云南水系等),华东与东北的中型水电站,可建的也有几百万千瓦。

(三)我国长期年缺电量400～500亿kW·h,严重影响经济发展和人民生活:如按每度电创工业产值2.8元计算,要损失产值1300亿元左右,少创税利300亿元左右。造成这个难以扭转局面的根本原因,还在于建设资金不足,过去未有按比例的真正先行的长远电力计划。世界各国通例,用于电力工业的投资比其他行业(如机械、石油、冶金等)要大好几倍;它又被当作非赢利性社会公用事业(能以本身积累支持其发展),所以西方国家和苏联、东欧都从未出现过我国此种长期缺电局面。我们过去没有认识到电力投资必须大大高于其他重工业投资这一客观规律(钢铁挂过帅,石油至今吃偏饭,电力却从来后行),导致一方面电力投资不足;另一方面又以电力利税作为财政重要收入,长期以电力积累支持用电行业的发展。于是一短二长,此缺彼盈,一家供电,万家要电,怎能不造成长期缺电局面!资本主义国家市场经济,电力充裕;我们计划经济,反而电力短缺,几十年扭转不过来(照老路下去,21世纪也扭转不过来),其根本原因确实值得深究。关于这个问题,以及如何从经济体制、减轻税收、改变电价、以电养电、多家办电等方面,扭转电力被动局面,相信电力部门同志有充分论证和建议，我只是提出这个问题。往者已矣，来者可追，至少“七五”计划要作些补救（不敢说扭转）才好。

（四）我在50年代和80年代，曾先后主管11年的水电建设，对我国水电长期蜗步，感慨极深。如上所述，过去资金有限，电力老路只能顾眼前；多装、快装火电机组，以应付年度需要，甚至煤炭供应和运输能否满足也难顾及，如70年代就一下发展过1000万kW的油电机组。由于火电来得快，煤炭统配，现在国家安排和地方积极性仍在火电（这是必要的）：如集资办电，煤代油专项资金、节能投资，华能公司等等优惠，仍只能给予火电。所谓“电力建设要把重点转到水电”的方针，不过一句空话；从来也没有具体措施，即国家对水电从来没有任何优惠政策。水电是再生能源；可节省燃料；有综合效益；发电成本比火电低得多；在电网中利于承担变荷（调峰、调频、事故备用等）；基建投资与火电（计及煤炭与运输投资）相差无几；基建可就地取材，土建占投资2／3（火电相反，设备占投资2／3）；无环境污染问题（火电解决污染，要增加投资1／3），且可发展旅游；大水电站对开发新经济区有推动作用……。对于水电这种种优势，我们不仅认识很不够，反而对水电过分苛责（如枯水期问题；工期过长是许多原因造成的，50年代工期很短）。发达国家的水电都开发得差不多了；发展中国家如印度，特别是巴西，水电发展都比我们快或快得多。我们已有雄厚的水电建设力量和丰富的经验，特别是有成批等待开工的“富矿”项目，问题的关键就在对水电没有优惠政策。如综合利用工程，投资没有实行分摊，全部由水电负担。日本贷款给中国搞水电，还款期长，利用率低（世界银行对水电也优惠）；而我国银行贷款，不管水电、火电，一律15年内还清，利率也一样（现在竟还有人用这种不合理的贷款办法来孤立地进行水、火电投资比较，以贬低水电）。在电力部门内部，水电基本折旧与大修折旧也都被“大锅饭”吃掉了。据说为发展城市煤气化，节约1t标准煤，补助300元，为什么对水电不能实行这种节煤补助呢？

为了满足用电要求，少搞水电，必然要多搞火电，现在准备进口1000万发电设备（主要是火电）。进口设备搞火电，每千瓦要1700～2000元，并不比建水电便宜。从长远看，煤炭、运输与环境污染问题会越来越大，包袱会越背越重，只有多搞水电才能缓和这个矛盾。为后人着想，也必须在这15年内加快水电开发。

（五）我的一个主要意见是：必须具体制定加快开发大中型水电站的优惠政策（国家对农村小水电是有补助的），试提以下6条办法：

1．实行综合利用工程的投资分摊，发电以外部分应担负的投资由国家另拨专款，水电只负责电力部分的还贷。

2.对水电投资贷款要比照国外贷款条件(30或40年还清，宽限期5～8年，低利率2.4%)。

3.尽量将政府间和世界银行的低利长期优惠贷款，用于水电。

4.仿照红水河铝电联营公司办法，根据各地条件，实行各种联营(1981年，我和云南副省长赵增益曾联名向计委建议，实行云南水电与磷矿开发联营)，以铝(和其他产品)还贷，积累资金，扩大水电开发规模。

5.鼓励地方以各种形式集资(内资、外资均可)修建大中型水电站。国家给予的优惠条件，要比集资办火电和办小水电的条件更优惠。如按综合利用效益大小，给予补助10%～50%，视具体工程而定。又如比照水电集资条件，火电煤炭由国家解决，水电应按相应节煤数量给以补助(每千瓦年节煤3吨计，每吨煤投资150元，每千瓦可补助450元)。

6.水电基本折旧、大修折旧专门划出，剩余部分用于水电建设。

关于水电的经济效益，还有区别电价的问题(峰谷、丰枯水等)。水电站与电网关系，定要考虑容量效益、电量效益、静态与动态效益等。过去这些差异，在安排计划时都不计及的。

只要下定决心，认识到长期以来水电可快而未能做到之故，相信除这6条外，还可找到其他优惠办法。当然，水电建设本身要做好前期工作，降低造价，缩短工期。如勘测、设计、施工都可实行招标办法，大工程继续聘请国外咨询专家，招标和咨询双管齐下，以做到好快多省地发展水电。

钱正英部长在水利水电建设工作会议上的讲话摘要

(1986年2月21日)

去年是“六五”的最后一年。回顾整个“六五”，我们水利水电建设取得了显著的成绩。从前期工作来说，我们的勘测设计院重新组建以后，做了大量的工作，可以说初步扭转了前期工作的被动局面。在水利方面，我们建成了引滦入津、引滦入唐以及引碧流河到大连这三项大的引水工程。在水电方面,“六五”期间,大、中型水电站的投产容量329万kW,水电发电量从1980年的580亿kW·h增加到1985年的900亿kW·h,翻了将近一番,超额完成了“六五”的计划。其中葛洲坝二、三江工程和机组荣获国家的特等奖,乌江渡水电站等4个项目获得国家一等奖。

在体制改革方面,我们实行了三大改革,这就是投资包干,招标承包,百元产值工资含量包干。我们的许多施工企业,大力开展了“一业为主,多种经营”。去年一年水利水电建设总公司所属单位,对外签订合同的金额是10亿元,完成产值3亿多元。在利用外资和引进技术方面,也取得了很好的成绩。

今年是“七五”计划的第一年。总计“七五”水电将要投产800万kW,这个数字比“六五”投产的容量翻一番还要多。

从我们来讲,重点应当研究如何做好“第二篇文章”。总的看来,关键还是两条:一条是设计工作如何真正做到提前,并且保证质量;另一条就是施工企业要坚决改革。施工企业要进行三项转变,即从生产型转向生产经营型,从单一经营型转向多种经营型,从单一固定工转向多种用工制度。葛洲坝工程局在岩滩左岸导流明渠开挖夺标,我认为,这很能说明我们水电建设在改革中降低造价、缩短工期方面的潜力;水电十二局在改革中面向社会所取得的成绩,也说明我们水利水电施工企业的改革前景。

为了支持改革,我们应当考虑到在水电施工队伍由于历史因素造成的一些困难,这一次水电部决定还是继续按照去年赵庆夫同志代表部党组在这里的表态,继续支持你们的基地建设。另外,我们准备在这次全电会议上提出水利电力全行业劳保统筹的办法,目的是减轻施工队伍的“包袱”。

为了很好地进行改革,在我们主观方面,关键是要坚持“两个端正”:一个是端正改革的指导思想,另外一个是端正党风。首先是端正改革的指导思想,摆正国家、企业、个人三者的关系,坚定明确地把全社会的效益摆到第一位。端正党风是建设精神文明的核心。要教育我们的队伍有理想,我们领导自己首先要有理想;要教育我们的队伍守纪律,在孩子、房子以及用人方面的问题,我们要求各级领导都应当以自己的实际行动,为我们的队伍作出榜样。

陆佑楣副部长在水利水电建设工作会议上的讲话摘要

（1986年2月25日）

从总的来讲，水利水电建设的形势是好的。从投资上看，虽然水电投资在整个电力工业中总投资的比重有所起伏，但是水电投资的绝对值都是在递增的。从投产容量上看，也是历年递增的。第七个五年计划期间将要新开工的项目，已经明确的有5项：水口、漫湾、羊卓雍湖、李家峡和五强溪，总装机容量接近600万kW，加上第六个五年计划结转过来的大约1100万kW，总的在建容量有1700万kW左右。尽管整个形势很好，但我们面临的困难却很多，按照指令性计划，今年就有8万人要窝工。

随着国家经济体制的改革，基本建设的管理体制已开始了改革。过去完全由国家拨款建设的工程，现在改为贷款建设。实行了投资包干、百元产值工资含量包干，并在逐步推行招标承包的管理体制。这些改革对我们来讲还是刚刚开始，在改革过程中还有许多问题要解决，如按照新的管理体制如何组织工程建设？业主、设计院、施工单位相互间的关系如何协调？如招标、招标设计、资格审查、投标、评标、签约、合同管理、工程质量、进度监督等等，如何组织？

目前的施工企业，除了吃劳保的这一部分由劳保统筹安排外，参加投标后，大约有50％的人可以比较高效率地承包工程建设。大约有40％的人是富余人员，我们要调动每个人的积极性面向社会，从事其他产业。总的来说，要想提高效率，就必须要“消肿”；要想提高生活水平，就必须多找门路，多创造财富。

基地建设，去年部里拿出3000万元，总局拿出1000万元，今年也只能维持这个水平。

设计院的改革这几年跨出了较大的步子，实行了技术经济责任制，打破了行业范围界限，外接了一些设计任务，增加了不少收入，今年开始实行设计收费制，所以这几年来设计院稳住了队伍。设计院的另外一个改革，就是更多地参与了工程管理，华东勘测设计院已先走了一步，我认为在整个工程建设过程中，设计院应该充分发挥技术上的控制作用，参与更多的管理工作，逐步提高设计院的地位。

关于党风问题,我们这些党员干部更应该以身作则,真正作到“先天下之忧而忧,后天下之乐而乐”,才能带领广大职工完成我们的事业。

1986年水利水电建设工作会议纪实

1986年2月20日至25日,水利水电建设总公司在北京召开了工作会议。会议的主要任务是:总结1985年的工作,研究、部署1986年的工作任务,提高对端正党风的认识,继续推进体制改革。直属各工程局、设计院、公司、工厂和研究所的局长、院长、经理、厂长、所长和计划处长,水电部有关司、局和总公司有关处、室的负责同志参加了会议。朱尔明同志作了工作报告,钱正英部长、陆佑楣副部长讲了话,王干国同志在会议结束时作了总结讲话。

会议开始,传达学习了邓小平、胡耀邦、陈云同志关于端正党风的重要讲话、批示和姚依林等同志在全国计划会议、全国经济工作会议上的讲话。会议指出,1986年要认真贯彻中央关于“巩固、消化、补充、改善”的改革方针。设计单位全面试行勘测设计收费办法,实行按项目管理,建立明确的技术经济责任制,促进设计单位向企业化管理转变。施工单位继续推行完善投资包干和百元产值工资含量包干,并积极参加投标竞争。要求设计单位和施工单位都要继续努力做好“第二篇文章”。针对设计质量问题,要拟订《设计产品质量评定办法》,在审查设计的同时评定质量。针对施工质量、安全、材料消耗和成本等问题,进一步完善百元产值工资含量包干办法和内部经济责任制。强调继续贯彻“一业为主,多种经营”的方针,一是承包各种基建项目,二是外引内联合资办厂,三是发展第三产业,四是开展技术咨询,五是积极打入国际市场,并加强经济核算,做到统一计划安排,统一财务管理,统一分配。为了扬长避短,要发展多种形式的横向经济联合;要简政放权,划小内部核算单位,实行分层分权管理;要理顺内部分配制度,既要克服平均主义,承认差别,又要瞻前顾后,防止大起大落。会议强调要下决心端正党风,特别在选拔任用干部,子女升学、就业、工种安排和住房等方面,要注意防止和纠正不正之风。直属各单位的企业整顿工作已基本完成,十二局被评为全国企业整顿先进单位,葛洲坝工程局和富春江水工厂被评为水电部企业整顿先进单位。

(宋廷福供稿)

陆佑楣副部长在水利水电勘测设计工作会议上的讲话摘要

(1987年2月17日)

同志们,这次会议开得很好,不但有部直属院的同志参加,也有各委院和省院的同志参加,是部党组对水利水电建设总公司体制改革后的第一次全国性勘测设计行业的工作会议。在这里我想和同志们共同探讨几个问题。

(一)水利水电建设方面的形势问题

最近几年,形势是比较好的。就大中型电站而言,1985年投产只十几万千瓦,去年投产达50多万千瓦,今年准备装机175万kW。从开工项目来看,最近两年水口、漫湾、五强溪、隔河岩4个100万kW级大型水电站已相继开工;还有天生桥一级、李家峡、二滩等大型电站也列入国家计划,近期将要开工。形势是可喜的。值得忧虑的是下一步怎么办?大家都感到前期工作做得比较充分的项目不多了,如果我们现在不及时把前期工作搞上去,那么,在"八五"期间就拿不出足够的项目供国家选择。我们大家都希望水电建设能均衡发展,能够和整个电力工业保持良好的比例,因此,我们不但要看到眼前的喜,还要考虑以后的忧。我国是一个水能资源非常丰富的国家,同时又严重缺电。所以从宏观上看,水利水电事业是一个发展的事业,不是一个萎缩的事业,希望大家共同努力发展这个事业。

(二)关于设计工作的地位问题

回顾一下解放以来我们水电设计工作,大体经历了三个历史阶段。第一阶段叫直接设计法;第二阶段是经验设计法;而现在我们已进入了第三阶段,即系统分析阶段。需要我们设计人员在设计一个工程时,同时要考虑工程问题、经济问题及社会问题。也就是要求我们再不能象以往那样简单地以工程论工程,要求我们的设计人员必须站在国家的整体利益上,从整个国民经济发展的全局出发,我想这就是我们设计工作在基本建设过程中所处的地位吧。目前,国家对基建管理体制进行了一系列改革,资金上,由原来的拨款改为有息贷款,与此同时,设计部门的地位也随之变化。设计院不仅负责出图纸、考虑工程安全等,还要对整个工程的效益负责,要参加整个工程的管理。希望我们设计院的同志要看到这一点。

(三)关于设计院的改革问题

随着我们经济体制改革的逐步深入,部党组去年决定,撤消原来的水利水电建设总公司,分别成立水电建设局和规划设计院。部党组的这个决定,就是为了加强行业管理,实行政企分开。设计院的改革也要向企业化方向发展。设计院改革的另一个方面,就是要“一业为主,多种经营”。所谓多种经营,就是要多学几套本领,为社会多做贡献。从这次会议上可以看出,有些院的工作已经有了起色。但不论什么时候,我们都不能放下我们的主要工作,任何时候都不能忘记这一条,更不能主次颠倒。随着改革的不断深入,设计院必须理顺内部关系,要把设计质量、工程的经济效益与设计院的经济利益挂起钩来。

(四)关于设计招标的问题

国家计委召开的设计工作会议提出了这个问题。我们现在的设计院是“八路神仙、各霸一方”,谁也不愿让别人进入自己的范围,其结果是有的院任务吃不饱,有的院则吃不了,设计没有竞争,设计质量提高不快。要打破这个局面,一个有效的办法就是开展设计招标,愿意参加的院都可以投标。这样可以选择最优的设计方案,取得最优的经济效益,对提高设计水平,促进设计院自身的改革有着积极的意义。设计院要有思想准备,准备参加竞争。

(五)关于增产节约、增收节支的问题

我们搞设计的同志负有很大的责任。大家都知道,我们搞水利水电建设是要花很多钱的,近几年我们新开工的项目有的是国家投资,而大部分是由国家和省里合资兴建的,如漫湾、五强溪、隔河岩等水电站是由国家分别与云南、湖南、湖北省合资的项目。还有一些项目则是靠借外债上马的,将来要还本付息,这些钱来之不易,从前期工作开始我们就必须精打细算。我们要不断总结经验,修改、修订一些已经被实践证明是过时的、保守的规程规范,吸收国外先进的设计思想、工艺流程。根据国家计委设计会议的精神,水利水电规划设计院要对在建的工程建设进行设计复查,使工程取得更好的经济效益。要提高我们的设计工作效率,大力开展计算机辅助设计,缩短设计周期。只要我们把这些工作做好,那就是最大的增产节约。

目前我国正在进行的经济体制改革是一场深刻的革命,遇到的问题很多。我们水利水电建设方面的改革也是如此,面临着许多新问题。这些问题是前进中的问题。不断解决这些问题,我们就能够开创出一个更好的局面来。希望大家共同努力,共同探索,不断前进!

杨振怀副部长在水利水电勘测设计工作会议上的讲话摘要

（1987年2月21日）

同志们，今天的会议我想着重讲两个问题，一是强调设计质量，二是设计改革问题。提高设计质量，首先要端正设计指导思想，结合我们水利水电行业的特点，把质量工作促上去，这样才能以最小的投入，得到最大的效益。要提高设计质量，一方面必须加强我们的技术装备，采用一些先进的设备和手段。我们已给15个省配备了VAX机，而在北京的计算机也不少，大家应该想一个什么办法，把这些设备都联合起来，充分发挥这些先进设备的作用。我认为首先要抓计算机的应用和操作人员的培训。提高设计质量的另一个方面，就是要把系统分析、优化的一些方法引进到我们规划里面来。这方面大专院校、科研单位都做了一些工作，规划设计部门也做了工作，将三者结合起来是很必要的。勘测工作、设计工作、规划工作的质量要改进，不跟教学、科研单位搞联合，我看是不行的，三峡论证工作中充分感到这个问题的重要性。要搞大工程，就必须加强系统分析，我们要以规划设计院为中心，以项目为中心，把这项工作逐步开展起来。提高设计质量还有很重要的一条，就是要重视基础工作。过去我们的设计院，这项工作是较薄弱的，要加强规程规范和定额的管理。现在我们搞一业为主、多种经营，根据全国建筑设计工作会议精神，今后没有建筑师的单位将不发给建筑设计证书，没有建筑师，城建部门就不会让你搞民用建筑。所以，设计院要作这方面的培养工作，如果没有这方面的人才，多种对外经营就成了一句空话。对于薄弱的环节，特别是提高设计质量我看要早下手，应该看得远一些，送出去培养，这项工作确确实实很重要，不然的话，设计质量就缺乏后劲。今后各设计单位总是要搞企业化、社会化，你没有后劲，没有优势，怎么去竞争？提高设计质量主要在自己内部。从部里来讲，从规划院来讲，要评优秀设计，要充分调动广大设计人员的积极性，逐步改进我们的审查工作，以中间审查为主，只有这样，才能使我们的设计质量逐渐上升。这是我谈的第一个问题。

第二个问题是设计改革问题。设计改革主要围绕我们水利水电行业的特点来抓，目的主要是调动各方面的积极性，多快好省地完成国家的任务。因此在改革中要正确处理国家、单位、集体和个人之间的关系。全国经济体制改革的中心是简政放权，搞活企业，抓企业内部的所有权和经营权分离。对我们设计院来说，还是事业单位、企业化经营，但今后我们的设计单位要逐步地向企业化、社会化方向发展。朱承中同志在工作报告中谈了，设计改革要抓院长负责制，要完善设计单位内部的改革，既要提高专业水平，又要加强项目负责制，提高设计负责人的职权，设计负责人不光是协调各个部门工作，也要象项目经理一样，对整个项目实行经济承包。过去我们的设计单位放权还不够。另外我们还要加强地区性的协作配合，前些日子《水利电力报》登载了一个消息，电力部门的三个地区，东北、华北、华东三个网局的设计院跟省里的设计院开展协作，形成一个联络网，相互取长补短，不知我们水利水电的设计院、流域机构的设计院以流域、地区展开一些协作，大家有没有这个积极性？这样相互间可以开展人才培训、经验交流和信息交流等项工作，有利于水利水电行业发展。另外对设计招标，勘测公司和岩土公司的问题也需研究，要很好地借鉴别的部门的经验，只有在竞争中求生存、求发展。华东勘测设计院要继续总结工程承包的经验。最近湖北省成立了清江开发公司，隔河岩电站开始总承包，这些都是很好的形势，为我们的水电开发创造了很好的经验。再有一点，就是希望促进中外设计技术的交流与合作，希望水利水电规划设计能和对外公司合作，把咱们的设计力量加入到国际市场的竞争中去，积极开创新路子，这样才能锻炼队伍，提高素质，搞活企业。

同志们，我们4万多人的勘测设计队伍是一支很重要的力量，对今后水利水电事业的发展起着很大的作用，我们要发扬水利水电勘测设计队伍的好传统，发扬我们艰苦奋斗的好传统，发扬我们过去深入实际和施工、设计结合的好传统，发扬我们联合协作、全面服务的好传统，这样，就能把我们的勘测设计工作真正向前推进一步。

1987年水利水电勘测设计工作会议纪实

1987年水利水电勘测设计工作会议于2月17日至21日在北京举行。部直属勘测设计院、各流域机构及设计院、全国各省（市、自治区）水利（水电）厅（局）的负责同志参加了会议；水电部副部长杨振怀、陆佑楣，水电部总工程师潘家铮、娄溥礼出席了会议。

开幕式上，水利水电规划设计院党组副书记、副院长朱承中做了工作报告。报告中回顾了近几年来水利水电规划设计工作所取得的成就。报告指出，近年来在水利方面，我们开展了7大江河的规划修订补充工作，进行了各地区的水资源供需平衡研究工作和其他河流的规划工作，先后完成了一批水利工程的可行性研究和初步设计，为在“七五”及后10年间，大江大河治理工作和解决重点缺水地区的水源问题能有所进展，打下了良好的基础。在水电规划设计方面，各勘测设计单位以“提高经济效益，开创水利水电前期工作新局面”为目标，围绕保证设计质量，提高规划、勘测、设计水平，降低工程造价，做了大量的工作。截至1986年底，大中型水电项目可行性设计储备达18项、2979万kW(包括正在组织论证的三峡工程)，初步设计储备24项、1278万kW。在建规模28项、1503万kW。由于有了一定的设计储备，为国家提供宏观决策，优选新上项目创造了条件。报告总结了各勘测设计单位在增强效益观念，推动技术进步和开展技术经济立法工作等方面，取得的明显成效。报告还对系统改革工作进行了分析总结。

会议期间，杨副部长、陆副部长在听取了与会代表的发言讲话后，做了重要讲话。

会议由水利水电规划设计院党组书记、院长罗西北作了总结报告。

参加会议的各单位代表对工作报告和部长的讲话进行了讨论。大家认为，我们电力工业的形势是好的，前期工作的形势也是好的。但应看到潜在的问题很大，前期工作的储备已经到了不能再低的程度，设计储备和在建规模的比例已经严重失调。因此，我们必须要有一个紧迫感，千方百计地缩短前期工作周期，加快前期工作速度，为“七五”后期和“八五”的建设做好充分的准备，认真做好规划设计工作，为国家宏观决策提供依据。部党组确定今年为规划年，这就更加突出了规划工作的重要性。我们的设计工作必须要做出以质量好、水平高、效益大为目标的设计。

在谈到设计院的改革问题时，代表们认为，如何进一步深化设计院的改革工作，是这次会议的中心议题，也是摆在我们当前一个重大问题。通过这次会议，明确了以下几个问题：(1)要坚持以一业为主，多种经营，多功能的方针，设计院要逐步向企业化、社会化方面过渡；(2)要进一步完善技术经济责任制，搞好设计收费，不断提高经营管理水平；(3)搞好勘测单位的企业化试点工作；(4)搞好领导体制的改革工作，力争今年各直属院全面实行院长负责制；(5)要搞好设计招标工作，增强竞争意识，勇于创新；(6)要大力推进技术进步，重视和加强业务建设，积极推广新技术的应用。会议还明确了今后行业管理工作主要是统筹规划、组织协调、审查指导、标准立法、信息交流、监督服务等工作。

(徐洪亮、张勇供稿)

杨振怀副部长在水利水电勘测设计工作会议上的讲话摘要

(1988年3月25日)

今天的会议,我想讲三个问题,第一是水电部分部的问题;第二是讲讲《水法》;第三是讲讲当前的形势和对形势的看法。

(一)关于水电部分部的问题

根据中央的决定,中央国家机关要进行精简机构,其中水电部要一分为二,电力部分并到能源部去,水利部分分出来新组建水利部。从国家总体看,也就是把所有搞能源的单位统到一起,便于对能源的全面统筹安排,这是大大加强了电力方面;水利部分组建水利部,对水利无疑也是加强了。现在我们要从改革的角度来探索共同领导、共同管理的新路子。在分部的问题上,开始我的思想也不通,现在通了,这就在于是大家办电,我们从一家办电到大家办电,是一个大的转变。从今年起能看出办电力是三分天下,由电力系统下达的装机容量数,今年是300多万千瓦,地方集资办电数是200多万千瓦,华能公司与其他企业办电数加起来是300多万千瓦,也就是一年共增加装机容量近1000万千瓦。但我们的思想对大家办电方针的认识往往落后于实践,应该明确只有大家办电,整个电力事业才会兴旺,才能在5年左右的时间内缓解全国严重缺电的状况。根据国务院批准的两个部“三定方案”,以后纯发电的项目,以发电为主的项目,由能源部负责搞;以防洪、灌溉、供水为主的大小水电站项目由水利部搞。这就是贯彻大家办电的思想。农村供电问题,两个部都应重视。尽管目前要分部了,但事业仍把大家联系在一起,党的事业、人民的事业是永存的,我们要摆脱局部的狭隘的观念,相互协作支持。我们的设计系统,电力设计院也好,水电设计院也好,中央院也好,地方院也好,至少在一个地区内要相互配合,加强联系与协作,在技术、管理、江河的治理和开发上都要相互配合,那样才能比现在搞得更好,才能前进。

(二)讲讲《水法》

《水法》的核心是要综合开发利用水资源,真正达到除害兴利的目的。《水法》的几个重点,一是要加强河流规划工作,二是要协调各地区、各部门的水利纠纷,三是加强对流域、河道、水环境的保持和移民工作。《水法》是与水有关的部门的根本大法。地下水、城建、地矿、环保部门，只要与水有关，只要用水，就必须按《水法》行事。所以它不仅是水利部门的法，也是国家的基本法，全社会都要重视《水法》。我们的勘测设计部门更应该积极贯彻，做执行《水法》的表率。今年1月25日，全国人大通过了《水法》，这就标志着我们今后的水利工作要进入一个依法治水的时期。贯彻《水法》，具体地要重视几方面工作，一是要建立取水许可证制度，合理地使用水资源。二是要重视河流综合规划工作。去年钱正英部长说1987年是规划年，1988年的规划也很重要。过去规划不吃香，“规划规划，墙上一挂”，对各方面无约束力。《水法》规定，今后的河流综合规划要国家批准，要国务院或各省级政府批准，各部门开发江河，利用水资源要按经政府批准的规划进行。今后我们的规划工作要走上正轨。三是促进水资源综合利用的发展。今后的综合利用我们要以法来加以保证。以前我们对工程综合利用重视得不够，去年我去美国，看到资本主义国家都能促进水资源综合利用，为什么社会主义国家越是综合利用越不干?关键在于关系未理顺。总之，在中国要探索如何促进综合利用的发展，开拓水利水电事业发展的新路子，这是我们贯彻《水法》的实际行动。

(三)讲讲当前形势和对形势的看法

总体来看，水利水电的形势是相当好的，尤其是80年代的这几年形势十分喜人。电力装机容量去年突破1亿kW大关，年增装机800万kW，其中水电装机200万kW，达到历史最高水平。水利已渡过了最艰难的时期。自1983年提出“全面服务，转轨变型”的方针以来，这几年取得了成效。但必须看清目前改革形势，从目前农业生产徘徊的情况来看，形势逼迫我们要重视农业，这就注定了要重视水利。李鹏同志一再强调治水问题是中国特有的问题，国家要兴办水利。兴办水利可广开新的资金来源渠道，可以在国内贷款，也可以引用外资。据初步统计，现全国水利部门大约已使用5亿多美元的外资，各省区正谈判的还有5亿美元。另外可以用土地占用税，要取之于土，用之于土。各省设计院工作的重点要放在农业开发中区域水利开发上。最后一点是，水利水电要一业为主，多种经营。我认为，现在只要对水利有利的项目都可以搞，象海涂开发、对虾养殖，乡镇供水等都可以搞，要以水养水，以电养水，一专多能。在这方面，有很多经验值得我们借鉴的。

在改革的浪潮中，我们水利水电部门做得还不够，主要原因是我们领导的思想转变不够，部里也抓得不力。只有思想认识跟上了，才能更好地发挥大家的聪明才智，把各项工作做的更好。

1988年水利水电勘测设计工作会议纪实

1988年水利水电勘测设计工作会议于2月25日至29日在北京召开。参加这次会议的有部直属勘测设计院、各流域机构及设计院、各省(市、自治区)设计院领导同志;以及国家计委、水电部机关、水利水电勘察设计协会和水利水电规划设计管理局机关的代表共102人。

这次会议,规划设计管理局党组副书记、副局长朱承中代表局党组作了工作报告;水电部杨振怀、陆佑楣副部长作了重要讲话;水电部水资源办公室柯礼丹同志作了学习《水法》的辅导报告。与会代表还学习了《水法》,并交流总结了各院改革的经验。

朱承中同志在题为《深化改革,推进水利水电规划设计工作的进一步发展》的工作报告中,首先回顾了1987年水利水电勘测设计工作的成果。在水利方面,防洪抗洪工作取得了全面胜利,去冬以来,全国农村水利建设出现了新的高潮,开工点、累计完成的劳动工日,完成的土石方和新增、改善和恢复的灌溉面积,都是近几年最多、最好的一年,为粮食和其他农作物的增产增强了后劲。在电力方面,水电装机总容量已突破3000万kW,去年新投产的大中型装机容量230万kW,包括农村小水电在内达到287.5万kW,创造了我国水电发展史上的最好水平。由于几个100万kW以上电站陆续开工,使水电在建规模接近1500万kW,如果包括二滩,在建规模接近1800万kW,也是我国水电发展史上在建规模最大的一年。水利水电前期工作去年也有很大进展,按照部里"规划年"的战略部署,在抓紧进行流域规划、河流、河段规划的同时,对重点河流、河段的开发规划,结合社会经济的发展、电力系统的规划等方面进行了大量的研究工作。在总结过去一年工作时,报告谈了六个方面的意见,(1)设计指导思想有了新的转变;(2)把竞争机制开始引进了设计领域;(3)设计院体制改革有了新的进展;(4)科学技术工作有了新的发展;(5)设计院的经营管理有进一步加强;(6)队伍建设有了进一步加强。在谈到1988年的工作安排时,朱承中同志强调,1988年是贯彻党的十三大精神,深化改革的一年,各单位要围绕学习和贯彻《水法》为中心,抓改革、讲法制,重效益。水利水电规划设计工作,首先要保证全国水利电力任务的完成,确保施工、投产任务的顺利进行,同时要在1987年水电部"规划年"大抓规划的基础上,继续抓好流域规划和河流、河段的规划,根据宏观决策的需要,还要加强水电长期发展规划的编制。为进一步推进设计院向企业化、社会化方向发展,把改革工作更加深入一步。要大力推行全面质量管理,进一步加强科研和技术进步工作。

会上,水电部杨振怀、陆佑楣副部长先后讲了话,他们针对目前改革的形势和水利水电勘测设计工作中存在的问题,提出了要求和意见。

会议由规划设计管理局党组书记、局长朱尔明作总结报告。他着重讲了六个问题。(1)关于学习贯彻《水法》的问题。《水法》是水利水电行业法治建设的一件大事,是从事水利水电建设的法律依据,我们要学好《水法》,用好《水法》,把《水法》的精神实质真正体现到水利水电规划设计的基本工作上，特别是体现到规划工作上。(2)关于设计单位企业化、社会化问题。(3)关于设计实行招标投标的问题。(4)关于设计单位的内部经营管理的问题。(5)关于加强行业管理的问题。(6)关于实行院长负责制问题。报告指出：实行企业化、社会化，这是大势所趋，是改革的必然结果，根据国家基建体制和水利水电基建体制的改革，要搞活设计单位，一是要搞一业为主，多种经营，二是向多功能发展。水利水电行业每一个部门，都必须认清当前的形势，提高认识，增强竞争观念，把竞争机制引进到水利水电工程设计中来，目前要总结设计投标招标的经验。关于设计单位的内部经营管理，首先要理顺各方面的关系，不断完善技术经济责任制，加强内部承包责任制，这样才能使经营者和生产者同设计单位的经济效益挂起钩来，做到责权利的统一。行业管理的工作还有待进一步加强，重点要体现在对水利水电勘测设计行业的指导、立法、监督、检查、服务工作等方面。实行院长负责制是勘测设计单位领导体制的重大改革，各单位要进一步统一思想，如果在思想认识上不弄清楚，没有观念的变革，我国的经济体制、政治体制的改革是很难取得实效的。最后，与会代表一致认为，这次会议开得是及时的，是有收获的，是一次水利水电勘测设计行业统一思想、提高认识的信息交流会，也是一次加快和深化改革的促进会、动员会。

(徐洪亮、张勇供稿)

黄毅诚部长在中国水利水电工程总公司成立大会上的讲话摘要

(1988年10月25日)

关于整个能源发展的一些方针政策，我在能源部成立大会上已经讲过了，这里不再重复，今天只讲讲水电建设问题。

这几年水利水电建设有很大的进展，水电站建设的绝对数量是增长的。现在水电装机容量已达3000多万千瓦，这是我们各工程局辛勤劳动的成果。回过头来总结一下，不管是水电建设，还是整个能源建设，我们都取得了很大的成绩。去年实际上装机是1000多万千瓦，今年也可能搞到1000万kW，这在我们的历史上是发展最快的。最近我去山西、河北转了一圈，看到我们的进步确实很大。山西有个轩岗煤矿，1954年从德国进口了2台1500kW的发电机组，当时我国还生产不了这样大的机组，现在我们正在旁边建50万kW的机组，这是很大的变化。

但是，尽管我们水电、火电和煤炭的开发速度很快，还是不能满足国家经济发展的需要。现在全国没有一个地区不缺电。原来西北地区的兰州、西南的贵州是不缺电的，现在也缺电了。今年电力工业发展速度是10％以上，但电的紧张程度不但没有缓和，而且比过去更严重。我们在一个矿看到他们就为了几千千瓦的电，当着省长、市长的面，吵得脸红脖子粗。因为电不足，很多工业企业停下来了。这说明，我们能源虽然发展很快，进步很大，但经济发展速度更快，能源的发展还是赶不上经济发展的需要。

国家决定成立能源部，很重要的一条，就是要加快能源工业的发展。能源部有两大任务：一是靠改革、靠政策，加快能源的开发；二是靠改革、靠政策，提高能源企业的劳动生产率和经济效益。听刘书田同志讲，你们这次会议对两个方面都进行了充分的讨论。

大家知道，我们的水电资源是十分丰富的，可以开发的是3.78亿kW，现在只开发了3000万kW，连个零头还不到。如果将来我们一年能建成300万kW的水电站，100年也搞不完。写文章、做报告，总是说水电优越性大，是干净的能源、再生的能源，应该大发展。尽管我们水电的发展速度比过去快得多，但在总的电量中占的比例还是在下降。为什么下降？这里有外部原因，也有内部原因。水电不是有几顶“帽子”吗？一个是“周期长”，建个电站7～10年，用电的等不及；二是“投资大、造价高”；还有移民问题难解决。我们要通过改革逐步解决这些问题，把水电发展速度搞快一点。下面我讲几个问题：

(一)关于水电建设资金问题

加快能源建设，首先要有资金做保证，水电也不例外。怎么解决水电建设资金，也有一个改革的问题。过去办水电，都是靠国家拿钱。现在情况不同了，财政部的钱相对数字比过去少。这就要我们动脑筋、想办法。目前，我们国民经济创造的价值大体上可以切三块：一块是中央财政收入，约占1／3；一块是地方计划外收入；另一块是社队企业、个体劳动者和农民的收入。所以资金来源光靠国家是不行的，也动员吸引其他方面拿钱办水电。

现在国家给水电的投资，一年就是20来个亿。我曾经讲过，经过几年努力，能不能搞到60亿？什么事情，都要先提个目标，然后再力争达到。我们提60亿，经过努力达到的结果不是60亿而是50亿，那也好嘛！我想，现在国家拿的20亿不能减少。另外，水电的2分钱，要投在水电上，水电一年是1000亿kW·h，每度2分钱就有20亿，不给20亿，给18亿、15亿也可以。还有，现在地方投资办水电站也有积极性，特别是中小水电站，包括一些大型水电站，如湖北隔河岩，省里同意拿一半；漫湾，地方拿3个亿。所以，搞到60亿不是不可能的。

(二)关于水电建设中的还贷问题

水电站本来是赚大钱的企业。据我所知，整个东北电网一年赚不了多少，也就是3～5亿。四川省一年就上交7亿，而且四川省的发电量并不算多，电力管理也是中等水平。它为什么赚那么多钱？主要是水电占的比重大。但是，去年全国会议上，银行提出不给5个水电站贷款，理由是没有还款能力。这里有个算帐的问题。现在我们电网是个“大锅饭”，那个企业赚，那个企业赔，不清楚，好坏一个样，水电站的优越性显示不出来。这样就造成一种假象：建设水电站还不了贷款。

能源部决定通过改革来解决这个问题。过去水电厂发的电，一度电电网最少的只给1分多钱。葛洲坝我一再干预，提到每度3分8厘。我们现在搞了一个新办法，新投产的水电厂独立核算，与电网是卖电关系，电网只收管理费。这样的话，我想水电厂大部分是有还款能力的。因为水电包括折旧在内，成本不超过1分钱。葛洲坝的电送到上海，每度1角2分不能算是高价，这样，去掉成本、管理费和省市要的钱，每度还可以赚八九分。所以说，不进行改革，水电就不可能发展得快。我们能源部搞了一个电力体制改革方案，经过反复讨论，总算意见比较一致了，将来请国务院发个文件，大家执行。现在看来，阻力不光在外，能源部内部的阻力也很大。这也难怪，老办法几十年了，新办法很难接受。原来水电部提的“新电新价”，大家都害怕，所以这次我们没有提新电新价，只是提新电给一个还款能力，这样大家都接受了，财政部也没有反对。不这样，就不会有还款能力。

(三)关于用好已有资金问题

有了资金怎么用好？可以说，这里面大有文章可做。

首先是缩短建设周期。同志们是搞水电建设的，据说新安江电站主体工程只用了3年，头一台机组就发电了。大家都清楚，那时施工机械是个什么水平?! 我去过红石电站，也是3年发电，速度是比较快的，当然它的机组小一点，4台5万kW机组。能不能再快点呢？能源部决定对水、火电站以及煤矿的建设，把缩短建设周期作为用好现有资金的突破口。这一条，只要我们主观上努力，比较容易见效，也是可以办到的。周期缩短了，整个费用肯定下降，在建规模也可以减小，好处很多。

——缩短工期要有一个好的外部条件，就是要保证资金，保证材料、设备，设计别拉后腿。今后资金不落实就不开工，开了工就要把资金、物资给够，一气呵成。过去由于管理体制问题，基建投资每年定一次，摊子大，各部都争，资金没有保证；现在实行基金制，包干了，就那么多钱，有条件按合理工期安排投资。

——缩短工期也有施工管理问题。管理出效益。我去过鲁布革，现场施工由日本派来的一位所长负责，他下面管几个日本人，每个日本人带几个中国工长，效率高得很。据说那个所长每天晚上回去算帐，看是赚了还是亏了。我们的工程处，处长1名，副处长若干名，还有书记、副书记以及工会主席等；人家就是一个人。这次我到铁法矿务局住了4天，那里有个晓南矿，原来领导班子有16人，承包后减少到6个人,效率反而高了。

——缩短建设周期还需要处理好同地方的关系问题。有的项目,就让地方为主去抓,有许多好处。例如,隔河岩水电站提前1年截流,省长三天两头往那里跑,因为他花了一半的钱。漫湾也提前了1年多。湖北汉川电厂,省长也是经常往那里跑,提出力争24个月发电。

要把现有资金用好,设计工作也很重要。设计上的节约是最大的节约。这次我到上安电厂,那里装了2台35万kW机组,2台吊车是60t的。我把总设计师找来,问他国内设计用多少t的吊车?他说用100t吊车。问他为什么?他说是为了考虑安全。大家知道,吊车一重,厂房的柱子、基础等费用都要加大。当然,在设计上要有一定的安全系数,要保证安全,但是安全系数过大就是浪费。所以,把现有资金用好,有许多问题要抓,既要抓工期,也还要抓设计等等。

(四)关于提高劳动生产率和经济效益的问题

人们改善生活靠什么?靠发票子是不行的,票子越多就越不值钱;主要应靠提高劳动生产率。所以,能源部把提高劳动生产率和经济效益作为两大主要任务来抓。你们都是搞工程的,知道如何计算劳动生产率。过去浇1立方米混凝土花多少工时,现在花多少工时?搞建筑的,一个工人一天砌多少块砖?用这个数字衡量劳动生产率有没有提高。我认为,提高劳动生产率和提高经济效益,不能只按钱和产值来算,因为这里有物价因素的影响。1954年我在哈尔滨时,建造1平方米房子只要80元,现在却要1600元,如果按钱算,劳动生产率就提高了19倍,实际上不是那么一回事。

如何促进劳动生产率和经济效益的提高?我看无非两个方面:一个是用人权;一个是工人收入怎么同他提供的劳动量成比例,也就我们过去在中学就学过的“按劳分配,多劳多得”的原则。这次我到山西平朔煤矿去,那里工人工资高的可拿四五百元。他们就规定工人每天挖多少车煤,机器自动记录,达不到定额的,3个月就辞退。多挖了煤就增加工资。我们反对一切向钱看,但平均主义、“大锅饭”不打破不行,这是个很简单的道理,但是我们办了多少年没办到,不偏左就偏右。当然,有的不能按个人计件,要以小组为单位来计件。总的来说,是要按“干多少活给多少钱”的原则办事,不能搞平均主义。这个问题不解决,我们的效益高不了。

(五)关于精干队伍的问题

机构要精简,简单地说就是干部要少,越少越好。我原在机械厂工作过,当过工程师、厂长,每当开起常委会,9个常委再加上列席的共有10多人,讨论事情不到12点不会完。后来调走了4位常委,开会的人数减少了,时也短多了。总之,领导干部多了有很多坏处,容易扯皮、闹矛盾。平朔煤矿年产量1500万t,哈默就雇了一个叫冈波斯的人负责，干不好就让他下来。我们不行，正的副的好几个，出了问题也只好是一人一板子。我主张一般不设副职，一个处里有一名处长，最多加一个副处长就行了。当然我不是说要你们现在就这么办，我是希望大家有精减机构、提高办事效率的改革精神。去年我在黄陵看了2个矿，一个是地方国营矿；一个是社队矿。两矿相隔不到2km。国营矿生产22万t煤，将近800人，其中脱产干部300多；而社队矿产煤10万t，只有100名工人，3名脱产干部，一个经理，一个会计，一个推销。当然这里有不可比的因素，但我们现在从机关到企业人浮于事的现象还是相当普遍的。

施工队伍也要精干。现在水电施工企业很困难，任务不足，包袱很重。如何渡过难关?我看，一是设法把水电建设任务加上去；二是队伍要精干。不久前我在太原和一个工程公司的同志讲，你们可以多用临时工，临时工的工资可以超过固定工。他说那怎么行?我说可以，临时工一不要我们搞托儿所；二不要我们办中学；三不要我们管劳保，所以临时工工资可以高出固定工。如果固定工有意见，你也可以改成临时工嘛！有些事情说起来比较容易，但做起来还要有个过程，事情太复杂，各种关系都要考虑，但是，我们不走这条路也不行。还有，李鹏总理讲过，建设队伍要搞好基本建设，在一个地方安个窝，拉出去就是精兵强将，这也是好办法。

总的来说，我们国家发展是很快的，但是我们同国外先进水平相比，同我们的需要相比，差距还是很大的。我们不能有丝毫的自满情绪。水电建设40年，装机搞到了3 000万kW，成绩是伟大的，但同我国有3.78亿kW的可开发量比，还是个小数。

这次机构改革，国务院决定成立一个水利水电工程总公司，我认为是很必要的。希望我们公司能够成为一个综合性的建设公司。当然，这不是一下子能办到的，公司内部也要进行改革。怎么能够把我们这个公司搞成综合性的建设公司，还要大家一起想办法。将来各个工程局都要各有特长，就是说要一业为主、多元发展，除了建水电站外，还可盖楼房等等。不但要想办法怎么把水电站、水利工程建快、建好，而且在其他方面也要想办法打出去，要能打入国际市场。

公司刚刚成立会有不少困难，大家要支持。能源部“三定”方案上有这个公司，我们就要把这个公司办好。对公司，我们经济上不摊派，不向你们要钱，主要是为你们服务。至于怎么服务法，大家还可以商量。总之，我们希望把这个公司办好，真正办成一个综合性的建设公司，在全国创出一个牌子来。

杨振怀部长在中国水利水电工程总公司成立大会上的讲话摘要

（1988年10月20日）

建国以来，我们国家的水利水电事业有了很大发展。随着发展，我们的队伍也不断壮大，到目前为止，中央一级的水利水电施工队伍已有20多万人，省属的队伍10万多人。这支队伍几十年如一日，奋战在深山峡谷，高原荒野，风餐露宿，不畏严寒酷暑，为我国丰富的水利水电资源的开发利用和大江大河的治理、除害兴利，做出了重大贡献。保证了社会安定和工农业发展，为人民生活水平的不断提高创造了必要的条件。全体水利水电建设者多年来的辛勤劳动，丰硕成果是应该受到充分肯定的。现在，我们的水利水电事业有这么一个良好的基础，我觉得是跟我们全国人民的努力分不开的，是跟我们各级党委、政府的领导分不开的，也跟各位辛勤的劳动分不开的。

这些年来，特别是党的十一届三中全会以来，水利水电施工企业为了适应国民经济总体改革的需要，企业本身也进行了一系列的改革，转轨变型、多种经营现已初见成效，特别是创造了鲁布革的经验，得到党中央、国务院领导的赞扬，并正在全国的建筑行业中推广。在我们队伍中也出现了一批高效率的施工小分队，他们活跃在各个工地，从红石、岩滩、托海的经验来看，证明这些改革是成功的，施工效率也是高的。但是，今后深化改革的任务相当艰巨，根据国家体制改革的总体要求，国家机关要实行职能的转变，要政企分开，要权力下放。国家对企业的领导要从直接管理转变成间接管理，中国水利水电工程总公司就是在这样一个新的形势之下建立的。按照国务院机构改革的方案，原水电部分解了，电力部分参加了能源部，水利部分单独成立了水利部。我借这个机会向大家简单介绍一下这个过程。从国家来看，50多个部委合并为40多个部委，能够合的尽量合并。新组建的水利部不是原水电部水利部分的简单划出，也不是原水利部的恢复。李鹏总理在今年4月明确：新组建的水利部要负担起国务院水行政主管部门的职能，贯彻执行《水法》，加强对全国的水资源的统一管理。这个任务很重。为了做好这些工作，国务院最近批准了一个非常设机构，就是“全国水资源和水土保持领导小组”，组长是田纪云副总理。主要是对重大的江河规划、地区间的重大水利矛盾、行业之间的关系进行协调。总的说，有这么一个非常设机构，就有可能把全国水资源和水土保持的工作做得更好一些，把水行政主管部门的作用发挥得更好一些。今后水利部的职责要转移到宏观管理上，主要是贯彻《水法》，加强政策、法规、规划以及地区间、行业间的协调、监督。根据实现宏观调节的需要，根据水资源综合开发利用和保护的需要，加强对国民经济各个用水部门的协调和进行行业管理。因此部里有关司局的结构也进行了一些变更，新成立了水政司、水资源司，这是随着国家通过的中华人民共和国水法的实施以及今年7月份国务院通过河道管理条例后，为了加强法令、法规方面的工作而组建的。因此，整个水利部职能要转变，职能要分解，着重研究如何加强宏观方面的管理，加强行业方面的管理。这方面对我们来说也是一项新的工作。从各个司局的工作来说，也有一个从不习惯到习惯的过程。从水利方面来讲，水利工作在我们国家占有重要的位置，这从今年防汛抗旱的工作中大家也能够体会到。前几天李鹏总理在接见民主德国副总理兼环境水利部部长时曾阐述：我们国家的水利工作的重要性是有历史传统的，为什么我们国家的封建社会同欧洲不一样，欧洲有许多国家，中国从秦朝开始一直是统一的。除了抵御外来侵略以外，很重要的一个问题，就是中国的黄河和漕运。黄河的泛滥不统一治理是不行的，不加强中央集权是不行的。因此我们中国封建社会一直是中央集权制的社会，和国外的情况不大一样。水利工作对于减缓洪水威胁，兴利除害起了很大的作用。从今年的防汛和抗旱斗争实践中，大家也能够看出，中央的领导、国务院领导对各地发生的洪涝灾害和干旱问题非常关心，因为水利工作关系到一个地区或一个流域广大人民生命财产的安全。这不光是农村、农民，城市防洪，供水也是非常重要的。今年嫩江和广西柳州发大水的时候，都是李鹏和田纪云同志亲自部署、亲自安排的。国务院领导和各地区的领导对广大人民生命财产的安全，对维持社会安定，保障经济建设的顺利发展负有重大责任。所以，水利工作在我们国家有着特殊的位置。这次国家机关机构改革，其他部有合并的，有裁减的，为什么水利还要独划出来呢？因为水利在国民经济中有它的特殊位置。新中国从1949年建国开始就设立了水利部。另外一个方面，从保证国民经济发展来讲，各行业都离不开水，水利事业得到各方面的重视和关怀。现在的情况和过去不一样了，农业1984年达到8000亿斤以后就是徘徊的局面，今年又受了一些灾，估计要减产，减产的幅度，大家估计不一样。今年美国和非洲干旱，现在全世界的粮食也是紧张的。陈云同志早就说过："无粮不稳"，这是个真理。这次党的十三届三中全会精神总的来说是压缩基本建设，要斧底抽薪，要制止经济过热现象，但是对能源、交通、农业是要保的。农业中包括水利，各省的书记、省长对农业对水利也是十分重视的。我们国家现在面临着通货膨胀的危险，一方面要大力压缩，一方面要把基础设施，特别是农业这个基础稳住。现在可以跟大家讲，我们国家粮食的库存还是充足的，特别是前几年的丰收，加强了库存，今年我们虽然受了一些灾，但减产并不多，"手中有粮，心中不慌"。大家现在都讲，要搞"菜篮子"工程。"菜篮子"工程关键是粮食，如养鸡需要饲料，养猪也需要饲料。所以现在北京市与三江平原的黑龙江省联系，要投资到黑龙江省去搞粮食、搞饲料来发展养鸡业和养猪业。上海市也跟黑龙江省挂钩了。国务院现正在研究11月初召开全国农村工作会议，会上要研究如何加强农业的问题。现在，就全国来讲，黄淮海平原的治理和建设已经开始了，三江平原的大规模开发治理也已经开始了，其它商品粮基地治理开发也要开始。从城市的工业发展来讲，北方的水资源危机也是很严重的。为什么要成立水资源领导小组，为什么要加强水资源的统一管理？从70年代后，北方城市首先是北京市就开始出现了水资源危机。整个北方，华北、东北、西北"三北"地区水资源危机相当严重。从整个城市来看，防洪，这些年不是增强了而是削弱了。另一方面，城市的水资源问题越来越严重。当然这些事不是水利部一家能够包办的。我们要和有关部委联合起来，共同研究，来解决防洪的安全、城市的发展和农业的基础方面的问题。所以在这方面总的来看，水利事业还是要发展的。今冬我们就要大抓防洪抗旱的基础工作，要搞好险工、险段、病险库加固，兴修农村水利，还要大力开展城乡水利建设，要多搞小型的、尽快收效益的、确实是群众需要的和确实是有效益的。解放以来，国家投资固定资产产值1100多亿元。在具备了这么庞大的水利基础的情况下，今后我们的工作还要走以"内涵为主，适当发展"的路子。因此，我们要特别注意加强病库险库的处理，加强防洪的建设，加强现有工程的改造挖潜，扩大效益，如都江堰就要扩大效益，岳城水库需要加固等等。我们大量的投资要向这方面转移。随着整个现代化事业的发展，水利事业要发展，水电事业要发展。能源部黄毅诚部长讲到了水电事业发展的问题。我们要在发展中找到自已应有的位置，起到应有的作用，希望上下要相互配合，做好工作。总的看来，从施工企业来讲，政企分开以后，总公司成立以后，我们各个成员单位今后都要逐渐走上面向社会、独立经营、自负盈亏道路，要走自我积累、自我发展的道路。为了实现商品经济发展这个目标，肯定有一个艰巨的过程。对水利水电企业来讲，欠账很多，现在存在的困难确实不少，对大家面临的这些困难问题，我们深表理解和同情。从水利部来讲，我们的态度一是实事求是，正视这些困难，另外，就是要研究怎样在加强行业管理方面制定对施工企业有利的一些措施，加以扶持。如果有任务，在可能的情况下，我们招标投标首先要考虑我们这支队伍，但不能搞行业保护。总的讲还是需要大家同舟共济，同心协力努力克服前进中的困难，完成机制转换。

这次能源部和水利部上面分开，对下属单位总的原则是上分下不分，这是李鹏总理定的。不要因为上边分开给下边带来困难。上分下不分，我们两家共同研究了三个原则：一个是资产共有，两部共用；第二是大事共商；第三是主要的领导干部任命共同商量一致。为什么要搞个挂靠？主要是考虑劳资、人事等方面的问题在我们国家还不太好办。挂靠一方，并不是说不挂靠的一方就不管了。你们以后找水利部，我们还是要管的，我们要做你们的后盾，给你们撑腰。

总的来说，你们当前困难很多，特别是你们各级领导，当局长的带着1万多人的队伍难度是很大的，黄部长对总公司提出的几条意见我同意，无非是要转换机制，要自力更生。我看这条道路非走不行，工业企业也是走这条道路，各行各业都是如此。因此，早采取措施早主动，黄部长提出的一业为主，面向社会搞多种经营，这条道路是正确的。另外，改变机制，加强专业的配套，向多功能转化，你们在这方面做得也很好，象鲁布革工程管理局走工程承包公司的道路。今后随着建筑体制的逐渐改革，设计院的一部分职能如施工详图等，要逐渐地往施工单位转移，施工单位的技术力量要加强。鲁布革跟大成公司打交道后，你们会看到国外的建筑公司都是走的面向社会、多功能的道路。我们过去学的是苏联的那一套，一个行业都要搞一个行业公司、一个行业的队伍，这个行业的队伍越专业化越好。实际上专业化和综合化之间是不存在天然界限的；当然我们还要保持水电队伍的传统，保持我们专业的优势，如打洞子，浇混凝土，搞土坝土方工程特别是搞土木建筑，土石坝是我们的特长。一方面我们要发挥我们队伍的特长，另一方面要拓宽我们的业务面，向综合道路前进。我们要完成这种机制的转变，早转变比晚转变强，早培养比晚培养强，早加强这方面的工作比晚加强这方面工作要强，要自觉地完成这个转变。当然，现在面临困难，自党十三届三中全会以来，整个基建项目有所压缩，可是减的是楼堂馆所那一部分，真正的能源、交通、农业、水利这些基础设施还是要搞的，特别是引用外资部分基本上影响较小，关键是我们内部的机制转换。

另外有个问题提一下，过去我们因为种种原因，直属的队伍参加国外的工程比较少，各个小分队出去大都是各省的队伍。我们不但要在国内建筑市场，还要在国外的建筑市场大力开拓，这方面我们的老大哥中建公司给我们做了榜样。中国水利电力对外公司，从目前承包的任务来看，工作是很有成绩的，我们要在对外公司统一安排协调下，走联合打出去的道路。但是，这个任务要靠我们的施工力量，靠我们精湛的施工技术，靠我们保证施工质量和按期完成任务来创造信誉。现在我们的队伍要出去，首先，我们要精兵强将，绝不能只想着出去发洋财去。国际市场的竞争是相当激烈的。我们如果没有良好的施工组织,没有精良的施工质量,创造不出信誉是会砸牌子的。所以,一定要把我们出去的队伍搞得非常精良,保证完成任务。最近,我跟中水公司谈了,要加强对外联系,加强同你们的联系,加强同各省的联系,联合对外。

现在国家正在进行改革,各方面正在搞政企分开,你们企业内部也要进行改革,也不能吃“大锅饭”,只要我们搞好内部的改革,跟上外部的改革,迎着困难前进,总会“柳暗花明又一村”的,我们的事业总是要发展的。随着水利水电的发展,事在人为。我们这20多个单位,有多年来的施工经验,有一个坚强有力的久经考验的领导班子,有一支人数众多的技术比较精良的技术队伍,这是我们最大的本钱和优势,再加上已有一定的装备。我们国家在机制方面还存在着问题,转变这种机制是关键。

要依靠党、依靠群众,同心协力,同舟共济,大家来完成机制的转变,把我们的水利水电事业推向一个更高的发展阶段。

Ⅱ

改革开放中的我国水电建设

木刻：莫测

5年来我国水电建设概况

(1984～1988年)

《中国水力发电年鉴》编辑部[①]

自党的十一届三中全会以来，在中央的正确路线、方针、政策指导下，我国经济建设走上了一个新的历史阶段。在水电建设方面，前5年以及过去几十年的基本情况已在本年鉴第一卷“新中国水电建设概况”一文中作了总述；近5年来(1984～1988年)，即在本年鉴第二卷所包括的时段内，水电建设又有了新发展，取得了重大成就。

10年改革和开放解放了生产力，促进了国民经济的发展，也推动了整个水电事业向前发展。现将5年来我国水电建设的发展、成就和改革开放的几个主要方面分述如下。

一、发展与成就

在1984～1988这5年中，在党的改革开放方针指引下，我国的水电建设有了新的发展，在各方面都取得了很大的成绩，现就其中主要情况作一简介。

(一)全国水电总装机容量已超过3000万kW，年发电量超过1000亿kW·h，创历史最高记录

1987年，我国电力总装机容量首次突破了1亿kW，其中水电为3019.3万kW，仅次于美、苏、加拿大、巴西和日本，居世界第六位；全国水电年发电量为1002.3亿kW·h，仅次于加、美、苏、挪威和巴西，也居世界第六位。1987年，水电总装机首次突破3000万kW，总电量首次突破1000亿kW·h，这是我国水电建设持续发展的丰硕成果，是值得庆贺的。1988年，全国水电总装机容量为3269.81万kW，占全国电力总装机容量的28.3%，为1983年的1.35倍；水电年发电量达1091.77亿kW·h，占全国电力总发电量的20%，为1983年的1.26倍。1988年我国水电的总装机容量和年发电量分别居世界第六位和第五位[②]。水电已开发百分比(已建水电站的总装机容量或年发电量与可能开发的总装机容量或年发电量之比)5年来也增长较快：以装机容量计，1983年为6.38%，至1988年已增为8.64%；以年发电量计，1983年为4.49%，1988年增为5.68%。

5年来，水电共发电4831亿kW·h，相当于节约了2.9亿t原煤(按每千瓦小时的煤耗为430g标准煤计算，约合600g原煤)。水电不仅提供了廉价的一次能源和二次能源，为缓解全国普遍缺电作出了重要贡献，而

---

①本文系常流、郑顺炜、宋廷福三同志合写，经征求意见修改后，由郑顺炜同志整理。

②据有关资料报导，挪威的水电年发电量：1986年为959亿kW·h；1987年为1036亿kW·h，仅比我国多2%～3%。1988年我国的水电年发电量已超过上述数字。由于统计资料滞后的缘故，至本文定稿时尚未见到挪威1988年的水电年发电量。这里暂按能源部有关文件的提法，容以后再作进一步的核对。

表 1　1983～1988 年间全国电力和水电的总装机容量和年发电量

序号	项目＼年分	1983 年	1984 年	1985 年	1986 年	1987 年	1988 年
一	全国电力总装机容量(万 kW) 其中:	7644.49	8011.69	8705.32	9381.85	10289.70	11549.71
1	全国水电总装机容量(万 kW)	2416.46	2559.97	2641.50	2754.24	3019.32	3269.81
2	水电装机年增长率(%)	5.25	5.94	3.18	4.27	9.62	8.30
3	全国水电装机占全国电力装机的比重(%)	31.6	32.0	30.3	29.36	29.34	28.3
4	已开发百分比(%)	6.38	6.76	6.98	7.28	7.98	8.64
5	当年新增水电装机容量(万 kW)	120.53	143.51	81.53	112.74	265.08	250.49
6	全国大中型水电站(≥2.5 万 kW)的装机容量(万 kW)	1527.96	1612.48	1642.07	1697.00	1884.0	2062.87
7	全国小型水电站(<2.5 万 kW)的装机容量(万 kW)	888.505	947.49	999.43	1057.24	1135.32	1206.94
二	全国水火电年发电量(亿 kW·h) 其中:	3514.39	3769.91	4106.25	4495.71	4973.21	5450.65
1	全国水电年发电量(亿 kW·h)	863.57	867.84	923.79	944.80	1002.29	1091.77
2	水电年发电量年增长率(%)	16.07	0.49	6.45	2.27	6.06	8.93
3	全国水电年发电量占全国电力年发电量的比重(%)	24.60	23.0	22.5	21.0	20.15	20
4	已开发百分比(%)	4.49	4.51	4.8	4.91	5.21	5.68
5	当年新增水电年发电量(亿 kW·h)	119.58	4.27	55.95	21.01	57.49	89.48
6	全国大中型水电站(≥2.5 万 kW)的年发电量(亿 kW·h)	645.06	648.11	668.40	684.16	700.0	759.85
7	全国小型水电站(<2.5 万 kW)的年发电量(亿 kW·h)	218.51	219.73	255.15	260.64	302.3	331.9

注:表中已开发百分比,系分别按占全国可能开发水能资源 3.78 亿 kW 和 1.92 亿 kW·h 进行计算得出。

且还为电力系统的调峰、调频、调相和事故备用发挥了重大作用。同时,很多水电站还具有多方面的综合利用效益,其国民经济效益比利润和税收总额大得多。现将 1983～1988 年间全国电力和水电的总装机容量和年发电量(包括年增长率、水电占全国电力的比重和水能资源开发程度)等列于表 1 中。

(二)全国水电的投产规模达到了历史最高水平

至 1988 年末,全国已建和部分投产的大型水电站总数已由 1983 年的 20 座[①]增至 26 座,中型水电站总数也由 1983 年的 82 座增至 96 座。小型水电站共约 6 万多座。

①以往将梯极水电站合并作为一座水电站进行统计,现将其各个梯级水电站视作独立的水电站进行统计。

在 1984～1988 年期间，共投产单机容量 6000kW 以上的机组 82.5 台，总容量为 630.2 万 kW。

1987 年，在我国水电建设史上，达到了大中型水电站新增装机容量 197 万 kW，在一座水电站上年新增装机容量 75 万 kW(葛洲坝水电站)和在一座水电站上年装机 6 台(葛洲坝水电站)三个历史最高水平。

5 年中，全国共有 6 座装机容量 25 万 kW 以上的大型水电站开始投产，使大型水电站的总数增加了约 1/3。在此期间，我国最大的水电站——长江干流上的葛洲坝水电站的二期大江电站的 14 台机组已全部胜利投产，使总装机容量达 271.5 万 kW，至此，这座巨型水电站已基本建成；黄河上游的“龙头”电站——青海的龙羊峡水电站(总装机容量 128 万 kW)，1987 年投产 2 台共 64 万 kW，1988 年又投产 1 台 32 万 kW，预期最后 1 台将于 1989 年投产，这在我国已投产的机组中是单机容量最大的机组；与此同时，湖南耒水上的东江(50 万 kW)、浙江的紧水滩(30 万 kW)、福建的沙溪口(近期 22.5 万 kW，预留 1 台，共 30 万 kW)，云南的鲁布革(60 万 kW)等大型水电站均已于 1987、1988 两年内相继开始投产。此外，在 1983 年以前开始投产的一些大型水电站，如吉林的白山一期(90 万 kW)和广西的大化(40 万 kW)等也已全部建成投产。所有这些大型水电站都已成为各地区电网的骨干或主力电站。

在中型水电站方面，5 年内开始投产或建成的有：吉林第二松花江上的红石(20 万 kW)，中朝界河鸭绿江上的太平湾(19 万 kW)，四川的渔子溪二级水电站(16 万 kW)等共 14 座。需要指出的是，位于伊犁哈什河上的托海水电站(5 万 kW)已于 1988 年开始投产，成为祖国边疆——新疆最大的已建水电站。

(三)全国水电的在建规模达到了历史最高水平

大中型水电的在建规模在“七五”头 3 年是逐年增长的。1987 年在建规模为 1688 万 kW，达到了历史最高水平。1988 年由于水电投资不足，一些已经具备开工条件的水电站暂缓开工，而有的在建工程陆续投产，以致在建规模有所减小。

1988 年，在建的大中型水电站近 30 座，总容量为 1533 万 kW。其中，在建的大型水电站共 21 座，总装机容量 1374 万 kW。除了前面已经提到过的葛洲坝、龙羊峡等 7 座大型水电站外，其他在建的大型水电站有：青海黄河上游的李家峡(近期 160 万 kW，预留 1 台，共 200 万 kW)、福建闽江上的水口(140 万 kW)、云南澜沧江上的漫湾(125 万 kW，预留 1 台 25 万 kW，共 150 万 kW)、广西红水河上的岩滩(121 万 kW)、湖南沅水上的五强溪(120 万 kW)、湖北清江上的隔河岩(120 万 kW)、贵州和广西两省(区)界河南盘江上的天生桥二级(近期 88 万 kW，待上游天生桥一级水电站建成后可扩建至 132 万 kW)、陕西汉江上的安康(80 万 kW)、四川白龙江上的宝珠寺(70 万 kW)、吉林第二松花江上的白山二期(60 万 kW，与已建的一期 90 万 kW 合计共 150 万 kW)、四川大渡河上的铜街子(60 万 kW)、贵州乌江上游鸭池河上的东风(51 万 kW)和江西赣江上的万安(近期 40 万 kW，预留 1 台，共 50 万 kW)等。除了上述常规水电站外，在建的还有河北滦河上的潘家口混合式水电站(已建常规水电站 15 万 kW，在建的抽水蓄能电站 27 万 kW，共 42 万 kW)。由此可见，在建的装机容量 100 万 kW 以上的大型水电站共 9 座，数量之多、规模之大，在中国水电建设史上都是从未有过的。此外，还有一批大型水电站已具备开工条件，有的已进行施工准备，但尚未列入国家正式开工计划内。属于这类重要电站的有：四川雅砻江上的二滩（330万kW）和贵州、广西界河南盘江上的天生桥一级（120万kW）等水电站。

除了常规水电站以外，又一种重要的水电站——抽水蓄能电站的建设在过去5年中也取得了较大进展。1983年以前，全国仅有单机容量1.1万kW的抽水蓄能机组3台，即北京市密云2台和河北省岗南1台，均系混合式水电站。5年来，大型抽水蓄能电站发展很快。除了上述在建的我国第一座大型抽水蓄能电站——潘家口水电站将于1989年开始投产以外，广州抽水蓄能电站（共装单机容量30万kW的可逆式的抽水蓄能机组4台，计120万kW）已于1988年7月动工兴建；北京市十三陵抽水蓄能电站（共装单机容量20万kW的可逆式抽水蓄能机组4台，计80万kW）也于1988年开始进行施工准备，已具备开工条件。浙江省天荒坪抽水蓄能电站（共装单机容量30万kW的抽水蓄能机组6台，计180万kW）也正在多方集资、准备建设之中。随着我国电力建设的发展，在经济发展较快的沿海地带，如华北、华东、东北地区和广东省等，随着大容量、高温高压燃煤机组的大量投产和核电站的兴建，电网负荷的峰谷差势必日益增大，鉴于上述地区的可能开发水能资源的利用程度相对较高，而尚未开发利用的水电站又常常受到水库淹没损失较大和技术经济指标较差等条件的制约不能很快建设，因此，为了有效地解决上述地区电力系统调峰填谷的迫切需要，早日兴建一批大中型抽水蓄能电站，不仅是系统的需要，而且随着我国电力工业改革的发展和分部电价制的推行，在经济上也将日益显出其优势。至1988年末，各地正在设计和拟于近期兴建的大中型抽水蓄能电站还有多处。可以预期，今后我国抽水蓄能电站的建设必将取得较大的发展。

（四）水电前期工作取得了很大进展

5年来，在水电规划方面，先后完成了澜沧江、大渡河、乌江、红水河（补充）、南盘江、闽江、白龙江和黄河上、中游等重要河流和河段的规划报告等，为这些河流（或河段）的开发和综合利用提供了重要依据。在由部下达的大中型水电项目可行性研究方面，5年来完成了龙滩（500万kW）、拉西瓦（372万kW）、瀑布沟（330万kW）、构皮滩（200万kW）和天荒坪（180万kW）等共33项计2827万kW（尚未包括三峡的1768万kW在内）。在由部下达的大中型水电项目初步设计方面，5年来完成了二滩（330万kW）、天生桥一级（120万kW）、广州抽水蓄能（120万kW）和万家寨（108万kW）等共47项计1885万kW。此外，在各省（市、区）还完成了一批中型水电站的可行性研究和初步设计。在5年内完成的大中型水利工程的可行性研究和初步设计中，也有一批水电站，如河南省黄河上的小浪底水利枢纽，其电站的装机容量为156万kW；广东飞来峡水利枢纽的装机容量为14万kW等。这些大中型水电站前期工作的完成，为一批水电站的建设创造了必要的条件，不仅为水电在建规模达到历史最高水平提供了基础，而且为今后发展水电提供了必要的设计储备。据1988年末的统计，已完成的大中型水电可行性研究储备项目共31项，总装机容量2580万kW（三峡工程未计入）；已完成的水电初步设计储备项目共61项，总装机容量1319万kW。需要指出的是，目前水电的设计储备仍太少，远远不能满足加快水电建设的要求。

根据1986年6月中共中央和国务院下达的15号文的要求，在原水电部、现水利部、能源部的直接领导下，组织全国各方面400多位专家、学者，在长江流域规划办公室和有关单位的通力合作下，至1988年末已基本完成了长江三峡工程的可行性阶段的14个专题论证工作，为国家审查和决策提供了依据。多年来，国内外一些专家、学者对三峡工程也提出了各种不同意见。

5年来，还完成了鲁布革、水口、漫湾、五强溪、隔河岩、岩滩和二滩等工程的国际或国内招标设计文件以及在建工程的大量技施设计和方案优化工作等，为水电基建体制改革、保证在建工程的顺利进行、降低工程投资和缩短建设周期，以及数百万kW水电站的投产，作出了重要的贡献。

（五）水电科学技术水平有了较大提高

随着我国水电建设的发展，在水电规划、勘测、设计、施工安装、运行管理和科研等方面的技术水平也相应地有了较大的提高，其中主要的有：

1.高拱坝建设发展很快，取得了可喜的成果。在1986年一年中，先后有龙羊峡、东江和紧水滩水电站的3座坝高100m以上的混凝土高拱坝基本建成并下闸蓄水。接着在1987年一年中，这3座大型水电站开始投产、并网发电。这在我国拱坝建设史上是空前的。龙羊峡水电站的混凝土重力拱坝，高178m，不仅在我国已建拱坝中是最高的，而且在我国已建大坝中也是最高的坝。该坝位于高寒缺氧地区，地震烈度高，工程地质条件十分复杂，设计、施工难度都相当大。它是我国目前最大的水库，总库容268亿m^3。这一工程的顺利蓄水发电，标志着我国大型水电站和高坝建设已达到新的水平。与此同时，东风、李家峡和隔河岩3座高150m以上的混凝土高拱坝已于近年内开工兴建，其坝高分别为173、165和151m，这也是建国以来的新记录。需要特别指出的是，二滩水电站的混凝土抛物线双曲拱坝，高240m，是我国第一座坝高超过200m的超高坝，按坝高来说；将居世界已建拱坝的第四位。二滩工程将是一次新的挑战。该工程已于1987年开始进行施工准备并将于近期兴建，这标志着我国的水电站和大坝建设已逐步迈向世界先进水平。迄今，在我国已建和在建(包括正在施工准备的)大坝中，如按坝高排列，则前8名都是拱坝，且这些工程都是大型水电站(装机容量为51～330万kW)。由此可见，高拱坝在我国水电建设和大坝建设中的重要性。

2.碾压混凝土坝和混凝土面板堆石坝这两种新坝型，由于它们具有水泥用量少、施工简便、建设速度快和造价较低等显著优点而在国际上得到了广泛的采用，代表了当前世界坝工建设的新趋势。在这方面，我国虽然起步较晚，但在这5年中却发展很快，且有不少创新。

在碾压混凝土坝方面，1984年开始填筑铜街子水电站的牛日溪沟1号碾压混凝土坝(高27.5m)。1986年6月，福建省大田县坑口水电站的碾压混凝土重力坝基本建成。该坝高56.8m，碾压混凝土量共4.2万m^3，占坝体总方量的70％。在坑口水电站，采用了在低温季节连续快速薄层浇筑高掺粉煤灰的整体式碾压混凝土重力坝，经蓄水和运行考验，基本上是成功的，闯出了我国自己的碾压混凝土筑坝新途径。在1987年至1988年上半年间，建成了岩滩水电站上、下游碾压混凝土围堰，最大堰高52.3m，总混凝土量约30万m^3，是迄今我国已建碾压混凝土工程中总方量最大的一座。施工中创造了日浇筑碾压混凝土8190m^3、月浇筑15.7万m^3、堰体日升高1.5m、最大月上升25.3m的高产记录，达到了国际先进水平。该围堰并已成功地经受了1988年汛期相当20年一遇的超标准洪水(达19000m^3/s)漫顶的考验。在建的高106m的岩滩重力坝，也将于1989年开始填筑主坝碾压混凝土。岩滩重力坝是目前我国最高的碾压混凝土坝。其坝高与世界上已建的最高的碾压混凝土坝处于同一量级上。据统计，至1988年末，全国已有岩滩、铜街子、天生桥二级、大广坝、龙门滩和观音阁等16座已建和在建的工程，采用或部分采用碾压混凝土填筑。位于贵州省乌江支流三岔河上的普定水电站，已确定采用碾压混凝土重力拱坝，高75m。该工程已于1988年开始进行施工准备，建成后将是我国第一座碾压混凝土拱坝，类似的工程实例世界上也是为数不多的。

在现代混凝土面板堆石坝方面，1981年建成了新疆柯柯亚坝，高42m。1988年10月，在辽宁省本溪县太子河支流小汤河上，建成了高58.5m的关门山面板堆石坝。位于湖北省宜昌县长江支流黄柏河上的西北口水电站，坝高95m的面板堆石坝正在施工中，并将于近期内建成。此外，还有几座在建的面板坝。设计中的混凝土面板堆石坝更多。最高的是位于红水河上游南盘江上的天生桥一级水电站，装机120万kW，其初步设计已于1987年批准，确定采用高180m的混凝土面板堆石坝。预计该工程将于近年内动工兴建。按坝高来说，天生桥一级面板堆石坝将超过世界上迄今已建的同类型坝。

3.葛洲坝、龙羊峡、白山一期、东江、紧水滩、鲁布革和大化等大型水电站的全部胜利建成或投产发电，以及东风、李家峡和隔河岩等8座大型水电站在过去5年中先后动工兴建，表明了我国在水电勘测设计、施工安装和科研等方面的技术水平都已有了较大的提高。

1988年，万里长江干流上的第一座大坝——葛洲坝基本建成，水电站全部机组投产发电。该工程规模巨大，地质条件又差，在泄洪消能、基础处理、通航、泥沙、机电和金属结构等方面都存在着技术难题，已在建设过程中得到妥善解决。该工程的主体混凝土量超过1000万m^3，居全国第一位。经过投产以来8年的运行和泄洪考验，证明工程是成功的，这有力地表明了我国在工程技术上是有能力征服大江大河的。

在大坝建设方面，除了前述的高拱坝、碾压混凝土坝和面板堆石坝以外，需要指出的还有：(1)在我国首次采用风化残积土作防渗心墙的高103.5m的鲁布革堆石坝已于1988年基本建成并开始蓄水，电站也已投产发电；(2)位于广东省蕉岭县石窑河上的长潭水电站的拦河坝是最近建成的又一座空腹重力坝。该坝高71.3m，坝内厂房共装有1.5万kW的机组4台，现已全部投产。

在地质勘探方面，近年来采用遥感遥测、物探和钻孔综合测井等先进勘探手段，取得了较好的成果；在复盖层取原状土样和岩石力学测试等方面也已有所突破。

在复杂岩石坝基的勘察、设计和处理方面，结合龙羊峡、安康和铜街子等水电站建设取得了许多新成果。在龙羊峡坝基处理中，采用了传力槽塞、传力洞塞、网格式混凝土置换洞塞和抗剪洞塞等，并辅以中、高压固结灌浆对坝基断层进行综合处理。实际置换洞塞的混凝土量达12万m^3。在1982～1983年试验成功的基础上，1983～1987年对坝肩断层、破碎带进行了高压水泥灌浆，并辅以化学灌浆的防渗和加固处理，取得了成功。在深厚复盖层处理方面，建成了深达74.4m的铜街子水电站左岸导流明渠边墙的承重混凝土防渗墙。此外，在超高压旋喷冲洗灌浆、化学灌浆、预应力锚索、和振冲等基础处理技术方面，也都取得了较好的进展。

在泄洪消能方面，我国工程的特点是洪水峰高量大，因此无论是单宽流量、总泄量，还是总的泄洪功率都居世界前列。据统计，在已建和在建工程中，通过坝身泄洪建筑物(表、中、深孔)下泄流量超过 20000m^3/s的就有葛洲坝、五强溪、岩滩、水口和漫湾等20多座。近年来，通过大量试验研究和方案比较，在安康表孔溢洪道上首次采用了宽尾墩与消力池联合运用的新型消能工；在五强溪水电站的溢流坝上进一步采用了“宽尾墩—底孔—消力池—雷伯克尾槛”的新型联合消能工，为解决了中水头、大泄量、大单宽流量(消力池处为 246m^3/s·m)、低佛氏数的消能防冲问题开辟了新途径，并节约了工程量和投资。继乌江渡坝后厂前挑流取得成功之后，由于这种泄洪布置可以节约工程量和投资，在建的漫湾水电站也采用这种泄洪方式，其堰顶单宽流量达 260m^3/s.m，居世界上采用类似泄洪布置工程的第一位。此外，在高速水流原型观测、掺气减蚀、窄缝式、T形墩、扩散式鼻坎和异形鼻坎等新型消能工、孔板泄洪洞以及下泄水流雾化溅流影响等方面，都取得了新的进展，但尚有待工程实践检验。

在大型地下工程方面，全国最大的白山一期地下厂房(90万kW)已全部建成；鲁布革水电站的地下厂房及直径8m、长约9.4km的引水隧洞也已建成投产；天生桥二级水电站的2条直径8.7m、长约9.5km的引水隧洞，是我国目前最大的长引水洞，沿线岩溶发育、地质条件复杂，正采用钻爆法和掘进机法施工中；漫湾水电站2条15×19m(宽×高)城门洞形导流隧洞，是我国目前最大的导流隧洞，已于1987年建成导流。此外，光面爆破、锚喷、岩壁吊车梁和新奥法等先进技术已日益得到广泛的采用。正在进行施工准备的二滩水电站，其地下工程规模之大，更是国内前所未有的。

在水工建筑物抗震方面，我国已在二滩、龙滩、构皮滩、小浪底和三峡等工程中进行了地震危险性分析。在混凝土坝和土石坝的动力分析、泉水和响洪甸等大坝上进行现场坝体动力特性测试、三向地震模拟震动台的建立和土石坝的抗震，以及水库诱发地震的研究和强震监测等方面，都取得了较好的进展。

在引水钢管方面，在建的五强溪水电站的引水钢管，直径11.2m，设计采用下游坝面背管，岩滩水电站的坝内引水钢管，直径10.8m，拟采用在坝体混凝土和钢管之间不设垫层的方案；水口水电站的直径10.5m的坝内引水钢管，则拟在主要管段的上半部设置垫层。从钢管直径来看，这三个工程的钢管均已在世界上名列前茅。在下游坝面背管方面，5年内建成的有东江和紧水滩，经初步运行考验是成功的。在建的李家峡高拱坝设计也采用背管，建成后将是我国水头最高的背管。

在机电方面，首先是龙羊峡单机容量最大的国产32万kW的水轮发电机组胜利投产，其次是葛洲坝和大化水电站的低水头、大直径机组的全部投产，其直径分别为11.3m、10.2m和8.5m。在龙羊峡、乌江渡等电站上采用了330kV和220kV SF6全封闭组合电器(GIS)，并已投产运行。此外，在大直径转轮分半焊接、水轮机补气、计算机监控和微波通信等方面都有所发展。

在金属结构方面，龙羊峡底孔(宽×高：5×7m)和东江二级放空洞出口(宽×高：6.4×7.5m)的偏心铰高压弧形工作闸门，最大设计工作水头分别为120m和100m(东江弧门的最大挡水水头为124m)，其总水压力分别为64000kN(包括淤沙压力)和74069kN，均系国内的新纪录；在表孔弧门方面，则以在建的五强溪溢流坝的表孔弧门为最大，其尺寸为19×23m(宽×高)。

5年来，电子计算机在我国水电建设中日益得到广泛的应用，并已在勘测、规划、设计、科研、施工、运行和管理等方面都取得了较好的成果。在水工结构分析方面，已编制了符合我国现行设计规范的实体重力坝、宽缝重力坝和拱坝等的优化程序。现已开发了多种拱坝、土石坝以及复杂地基的二维和三维动力和静力分析程序(包括线性和非线性的)，并在计算机辅助设计及水电站设计、施工、运行信息管理系统等方面都已取得了可喜的成果。

综上所述，我国水电科技水平已有了较大的提高，在某些方面正在迈向或已经达到世界水平，但与世界上先进水平相比，总的说来，仍存在着相当大的差距，例如在200m以上高坝建设、大型地下洞室和深埋长隧洞建设、大型机电设备和施工机械设备制造、综合机械化施工、建设工期和全员劳动生产率以及科学管理等方面尚缺乏经验或存在明显的差距，需要我们继续努力，迎头赶上。

(六)小水电达到历史最高水平

在过去5年中，我国小水电继续迅速发展，共投产318.44万kW，平均每年投产63.7万kW，投产规模达到了历史最高水平。在1985年末，全国小水电的总装机容量已接近1000万kW。据1988年末统计，小水电的总装机容量已达1206.94万kW，占全国水电总装机容量的36.9%；年发电量331.9亿kW·h，占全国水电总的年发电量的30.4%。1988年，广东省小水电装机容量达174.1万kW，居全国第一位，其次为四川、湖南和福建等省，都在100万kW以上。就小水电的年发电量来看，则以四川省的55.24亿kW·h为全国第一。全国已有1531个县建起了小水电，其中约有一半的县，也就是说全国约有1/3个县主要靠小水电供电。小水电装机容量超过1万kW的县已有357个。自1986年开始在全国进行100个农村电气化试点县工作以来，至1988年末，已有48个县达到了初级标准。随着小水电的发展，全国已有不少的县和乡形成了独立的发、供、用统一的小电网。在当前全国缺电的情况下，小水电作为国家大电网和省网的重要补充，在发展地方工农牧业和提高当地居民生活水平，以及节约燃料、保护生态环境等方面显得更为重要。同时，近年来，容量20kW以下的微型水电站由于其适用性大，且价格便宜，在有些地区发展十分迅速，如湖南一省就已建成2万多座。

(七)水电站运行管理方面的新成就

5年来，由于加强了水电站防汛、水情测报、大坝安全管理和检查、维护以及监测等方面的工作，对大中型水电站基本做到了安全运行和正常发电。1985年底，成立了水电部水电站大坝安全监测中心。1987年9月，水电部第一次颁发了《水电站大坝安全管理暂行办法》，逐步加强了大坝的安全检查和监测工作，以便及时发现问题，进行必要的加固补强，确保大坝安全。5年中，先后胜利完成了江西洪门、吉林丰满和湖南柘溪等病险坝的加固除险工作以及鸭绿江上云峰水电站大坝坝面补强等大量维修补强工作，消除了潜在的不安全因素。乌江渡水电站，装机63万kW，重力拱坝高165m建于岩溶发育的石灰岩地区，且河谷狭窄，洪水流量大，技术上难度很大，自1983年全部建成以来，运行情况良好，渗漏极少，是在国际上获得好评的一座有较高水平的大坝和水电站。其岩溶处理的成功经验，为东风、隔河岩等岩溶地区修建高坝开辟了道路。

为了保证安全发电和提高水电站的发电效益，5年来，对某些水电站的陈旧机电设备进行了技术改造和更新。据不完全统计，近10年已有30座大中型水电站的63台机组、共240万kW进行了改造增容，取得了很好的效益。在新安江、富春江、桓仁等水电站实现了综合自动化；对水丰和丰满水电站进行了扩建，以满足东北主网调峰和调频等需要；同时，加强了水电站的优化调度等。

(八)对外技术合作的新发展

5年来，在党的开放政策指引下，在水电建设中对外合作发展很快。我国与朝鲜人民民主共和国共同投资，在鸭绿江上建成了老虎哨(渭源)和太平湾水电站，其装机容量分别为39万和19万kW；在已建的水丰水电站上，中朝双方各自在两岸扩建15万kVA的水电站各一座，1988年我方电站已建成投产。我国与朝方正合作进行中朝界河鸭绿江和图们江规划，并分别进行鸭绿江临江和义州水电站的初步设计。我国与苏联合作进行黑龙江规划和新疆额尔齐斯河、伊犁河、阿克苏河三条河流规划。由我国援建的喀麦隆联合共和国的拉格都水电站(装机7.2万kW)已于1987年投产。此外，还有我国援建的位于亚非各国的2座小型水电站先后投产。

自1980年至1988年底，我国向世界银行、日本、加拿大、挪威、法国、澳大利亚和科威特等借到水电贷款共14.59亿美元，主要用于鲁布革、水口、岩滩和沙溪口等大型水电站的建设。继鲁布革引水隧洞施工国际招标以后，我们又进行了水口水电站土建工程的国际招标。为二滩、龙滩、瀑布沟、李家峡以及三峡等大型水电站的前期工作，我们利用加、法等国的政府赠款等请外国咨询公司进行上述工程的可行性研究或专题咨询。在水电站建设过程中，我们也邀请各类外国专家或包括中国专家在内的世界银行特别咨询团进行各种咨询。通过上述咨询活动，解决了我国水电建设中部分技术难题，同时也使我们对国际上的先进水电技术有进一步的了解。

在继续援助亚非各国建设水电的同时，我国也对外承包水电工程的设计和施工。5年来，共为尼伯尔、索马里、伊朗、阿尔及利亚等国完成或进行了19项水电工程的设计和施工。

在国际水电技术交流方面，5年来做了大量工作。1987年6月在北京举行了国际大坝委员会第55届执行委员会会议，这是国际大坝委员会第一次在我国召开会议。我国还积极参加有关水电的国际学术会议，交流水电建设和科研成果。设在北京的国际泥沙研究培训中心和杭州市的亚太地区小水电研究培训中心等国际水利水电机构也为技术交流做出了有益的贡献。

二、改革与开放

5年来，水电建设的新发展，取得的重大成就，是和改革开放分不开的。改革开放促进了水电的发展，水电的发展推动了改革开放向广度和深度拓展。

(一)全面完成了企业整顿任务

按照中共中央、国务院《关于国营工业企业进行全面整顿的决定》，自1982年开始，水电部所有直属工程局和设计院全面开展了“五项整顿”工作：整顿和完善经济责任制，改进企业经营管理，搞好全面计划管理、质量管理和经济核算工作；整顿和加强劳动纪律，严格执行奖惩制度；整顿财经纪律，健全财务会计制度；整顿劳动组织，按定员定额组织生产，有计划地进行全员培训，坚决克服人浮于事、工作散漫的现象；整顿和建设领导班子，加强对职工的思想政治教育。整顿工作历时3年半，于1985年全部结束，并取得了上级颁发的验收合格证。其中，第十二工程局在全国经济工作会议上受到表彰，被评为“全国企业整顿先进单位”；葛洲坝工程局、富春江水工厂和中南勘测设计院、夹江水工厂分别被评为水电部和水电总局“企业整顿先进单位”,并受到通报表扬。

企业整顿工作的全过程大致可分为四个发展阶段:第一年,即1982年,是全面部署整顿任务,派出联络组,蹲点调查研究,探索整顿经验,明确以整顿和建设领导班子为关键,以推行经济责任制为中心,把整顿工作全面带动起来;第二年是初见成效的一年,具体制订了工程局、设计院和水工厂的整顿验收合格标准细则,并按照细则对第十一、十二、三、六工程局,富春江水工厂和葛洲坝工程局进行了检查验收;第三年是取得重大进展的一年,检查验收了第一、二、四、五、七、十、十三工程局,基础处理公司,夹江水工厂,北京、中南、西北和成都勘测设计院;第四年,即1985年,是完成整顿任务,进而推进企、事业管理现代化,这一年检查验收了第九、十四工程局,华东、上海、贵阳、昆明勘测设计院,第八工程局和闽江工程局。检查验收工作一般分预验收、正式检查验收和复查三步,最后才颁发合格证书。在1986年还对少数单位进行了重点抽查。

企业整顿工作能否正常开展,关键在于领导。当时,各直属单位的领导班子,总的来看是好的,但是,存在领导人数偏多、年龄偏大、文化偏低、技术业务干部偏少等问题。党中央、国务院强调,要按照“革命化、年轻化、知识化、专业化”的要求调整和建设领导班子。水利水电建设总局作为部委托的主管单位,首先抓住了调整建设领导班子这个关键,经过民主推荐,组织考核,同地方党政领导机关协商,报上级批准,陆续整顿和调整了29个直属单位领导班子,到1984年底全部完成。调整前,29个直属单位领导班子的总人数为219人,调整后为170人,减少了22.4%;调整前,平均年龄为55.4岁,调整后为51.6岁,下降了3.8岁;大专以上文化程度的人数由原来的79人占36.1%,上升到104人占61.2%;有专业职称的由原来的73人占33.3%上升到117人占68.8%;在整顿和调整领导班子的过程中,各单位对本单位二、三级领导班子也按照“四化”的要求,进行了相应的整顿和调整。同时,还建立了预备干部制度,经过民主推荐,组织考核,建立了预备干部名单和相应的考核制度。在以后几年中,有许多预备干部已被提拔为各级领导。

“五项整顿”工作内容广泛,涉及企业管理工作的各个方面。经过探索,提出了以推行经济责任制为中心,把其它各项整顿工作带动起来。在企业内部推行经济责任制,首先是明确企业对国家承担的经济责任,然后把经济责任进行指标分解,签订包保合同,实行层层包保,层层考核,把责、权、利结合起来,改变企业内部吃“大锅饭”的状况。实践证明,这种作法是正确的,它促进和推动了企业内部经营各项工作的健全和完善,既包括计划管理、劳动管理、生产管理、技术管理、财务管理和物资设备管理等,也包括各项管理工作的基础工作,如各种技术经济指标,各种计量、检测、台帐、统计表报和各种奖罚制度等,全面推动了企业经营管理的建章、建制工作。随着企业内部推行经济责任制,完善企业内部经营机制,以及发展多种经营等,企业的经济效益逐年提高。例如第十二工程局,1985年自行完成的建安工作量为5789.4万元,为整顿前1981年完成2250万元的2.57倍;全员劳动生产率为7291元/人·年,为1981年2212元的3.3倍;实现的利润为786.79万元,为1981年265万元的2.97倍。富春江水工机械厂,1985年完成的工业总产值为2400万元,为整顿前1981年289.9万元的8.28倍;全员劳动生产率

表 2　整顿前后直属、直供水电施工企业经济效益对照表

年　分	完成投资 (亿元)	完成建安工作量 (亿元)	全员劳动生产率 (元 / 人·年)	实现利润 (万元)
1981	10.8	6.55	2866	3039
1982	11.6	7.45	3329	5451
1983	15.7	9.41	3996	9634
1984	17.2	12.28	4650	10265
1985	21.6	12.58	5561	7376*

* 实行投资包干的项目，计算利润的口径发生变化，部分利润转为包干节余。

为 12000 元 / 人 · 年，为 1981 年 2375 元 / 人·年的 5.05 倍；实现利润 470 万元，为 1981 年 101 万元的 4.65 倍。中南勘测设计院，从 1982 年到 1985 年，年年超额完成国家下达的指令性计划，产品优良品率逐年上升，从 1981 年的 85 % 上升到 1984 年的 95 %；全员劳动生产率从 1982 年的 4715 元 / 人 · 年上升到 1985 年的 5522 元 / 人·年；增收节支从 1981 年的 27.5 万元上升到 1985 年的 250 万元。

整顿前后直属、直供工程局完成的经济指标见表 2。

在企业整顿过程中，各单位都十分重视提高职工队伍技术业务素质的工作，通过各种渠道和途径开展了全员培训。据 1985 年统计，全系统培训中层以上领导干部 3047 人，占应参加培训对象的 49 %；培训各类管理干部 10589 人，占应参加培训对象的 56 %；培训技术干部 8891 人，占技术干部总数的 41 %；在职工中中专学习的有 3908 人，大专学习的有 5544 人。青工“双补”工作也有较大进展，文化补课累计合格率达 77 %，技术补课累计合格率达 71.8 %。

经过企业整顿，由于领导班子“四化”程度、企业经营管理水平以及职工队伍技术业务素质等方面的提高，使企业由生产型逐步向生产经营型转变，由传统的经验管理逐步向现代化的管理转变，把企业各项工作开始纳入了以提高经济效益为中心的轨道。

(二)认真进行了管理体制改革

我国水电建设的管理体制，特别是对大中型水电站的建设，长期以来是以条条为主，由部门或部门委托的建设主管单位实行统一管理，由部属或省属设计院负责设计、工程局负责施工；投产后由部门或部门委托的生产管理单位负责经营。资金、材料、设备由国家提供，产品由国家统一分配。这种体制，是以行政管理为主、政企不分、基建生产脱节的管理体制。国家统包工程，行业统包队伍，基建生产两条线，国家统收统支。因此，基层企业缺乏自主权和活力，企业长期吃国家的“大锅饭”，职工长期吃企业的“大锅饭”。通过 1982 年以来的企业整顿，开始理顺了设计单位和施工企业的内部经营机制，初步改变了过去职工吃企业“大锅饭”的状况。这本身就是对企业内部经营机制的改革，也为以后的经济体制改革打了基础、做了准备。

1.推行了以投资包干为主要内容的经济责任制。为了加强基本建设管理，克服敞口花钱，吃国家“大锅饭”的弊端，在对在建工程“五定”(即重新审定建设规模、投资总额、建设工期、经济效益和主要协作条件)的基础上，国家计委对在建工程开始试行投资包干责任制的改革试点。在在建水电工程中，

1983年首先选择了紧水滩水电站工程，1984年又选择了葛洲坝二期工程，由甲方(建设单位)按国家批准的概算投资，承包给乙方(施工单位)，并签订以包、保为主要内容的工程建设合同，由乙方对施工项目实行包建设规模、包工期、包质量、包投资，由甲方对乙方实行保投资、保材料、保设备、保设计等等。

从承包紧水滩水电站工程施工的第十二工程局和承包葛洲坝二期工程施工的葛洲坝工程局的承包实践来看，试行投资包干责任制的改革，效果是显著的，调动了施工企业和广大职工的积极性，劳动生产率大幅度提高，工程质量得到了保证，工程费用没有突破概算，还大大提前了工期，职工的工资收入也有很大提高，并初步改变了企业吃国家“大锅饭”的局面。因此，从1984年以后，对于原已按行政指令安排了施工的在建水电工程项目，都陆续实行了投资包干责任制。

在吉林红石水电站还试行了另一种形式的承包经营责任制，即由第一工程局对红石工程施工实行总承包，并由第一工程局按单项工程实行专业分包，水电三局、六局、十三局和葛洲坝工程局等派专业队伍分别承包了部分单项工程，这也大大加速了红石水电站的建设速度，取得了较显著的效果。

2.对利用外资和国际招标进行了试点，把竞争机制引进水电建设。云南鲁布革水电站长8.8km的引水隧洞工程，是我国第一个利用世界银行贷款，通过国际招标，由日本大成建设公司中标承包施工的单项工程。对于这一试点，当时国内有些同志是存有疑虑的，但实践结果，工程造价比原概算降低40%，工程质量达到设计标准，工程进度比原计划提前完成。试点是成功的，不仅引进了国外先进的施工管理经验，而且还猛烈地冲击了我国水电建设的原有管理体制，同时也直接向我国整个基建管理体制提出了严峻的挑战。它生动有力地证明：要提高基本建设的投资效益，必须建立基建行业市场，引进竞争机制，实行招标承包制。在鲁布革引水隧洞招标承包以后，国家对新批准的水电开工项目，都实行了招标承包制，如石塘、岩滩、漫湾、水口、隔河岩等，也都取得了较好的投资效益。

为了有效地监督和协调工程建设，贯彻政令法规、技术标准和工程合同，保证参与建设各方的合法权益，提高工程的投资效益，在一些水电工程上开始按照国际惯例建立工程监理制度。如1988年，中南勘测设计院承担了广州抽水蓄能电站、广西院承担了海南大广坝水利枢纽和成都院承担了阿坝州甘堡水电站等工程监理任务。

3.试行以设计为主体的工程承包责任制。浙江石塘水电站装机7.8万kW，原批准的概算投资为1.7亿元。按照水电要做好“第二篇文章”的要求，经过设计方案优化，概算投资减为1.4亿元。根据水电部决定，由负责石塘水电站设计的华东勘测设计院组建华东水电工程咨询公司，负责总承包水电站的工程建设。按照改革基建管理体制的精神，工程咨询公司按单项工程分别采用了概算包干议标、邀请招标、公开招标、询价议标、简化公开招标等形式组织工程建设，并分别签订了承包合同。试点的实践表明，以设计为主体的工程总承包也是可行的。当时按框算的1.4亿元概算总投资承包，不少同志是担心的，特别是在水库费用增加、需补贴勘测设计费、工程增建过坝筏道、材料价格上涨等情况下，担心投资包不住，但经过招标投标以后，各分项工程投标总额比工程概算还降低了15%，预计整个工程不会突破总概算，投资的效益是显著的。

4.试行百元产值工资含量包干，探索了

工资制度的改革。所谓百元产值工资含量包干，即把各项工资，包括计时工资、计件工资、奖金和工资性津贴以及用其他形式支付的工资总额，同自行完成的施工总产值挂钩，按比例系数提取，作为计算提取工资的标准。完成的产值高，提取的工资总额就多，反之则少。工资随产值浮动。工资含量包干系数，由企业上级主管部门核定，同时，按照工期、质量、利润指标、材料消耗和安全生产等各项指标完成的情况进行考核，对完成不好的扣减一定比例的工资总额。实行百元产值工资含量包干，初步体现了按劳分配的原则，并把国家、企业和职工三者的利益统一起来，也初步实现了责、权、利相结合。因此，调动了企业和职工为国家多作贡献的积极性，效果是好的。

5.水电勘测设计实行收费制。长期以来，勘测设计单位是按人数由国家核拨事业费的。其主要弊端是完成的工作量越多，经费越紧张，产值和效益完全脱离，不能调动勘测设计单位的积极性。经过企业整顿，设计单位逐步推行了技术经济责任制，实行了按项目管理、预算包干、节余留成的管理制度。随着设计体制的改革，技术经济责任制的完善，设计单位逐步实行事业单位企业化管理，事业费不再按人头核拨，改按承担任务的数量、质量和国家规定的收费标准收取勘测设计费用。这部分事业费(包括资源勘察费)主要用于河流规划和可行性研究阶段的工作；对初步设计项目和已列入年度计划的在建工程的技施设计项目，则需按项目编制概算，经审定后列入工程概算总投资中，由建设单位支付设计费用。

为了开拓水电前期工作的经费渠道，从1988年开始，经过和地方协商，对部分项目采取了集资做前期工作的办法。当年签订集资协议的有河北的张河湾抽水蓄能电站、贵州的的思林水电站、云南的小湾水电站，以及集资修路的湖北水布亚水电站等，共筹集资金300万元；广西长洲、四川东西关等大中型水电站，则靠地方为主集资进行前期工作；此外，还有一些水电站已商定集资比例，待签订合同。集资搞水电前期工作，不仅可以缓解前期工作经费不足问题，有利于增加水电设计储备项目，更主要的是可以调动地方搞水电的积极性。

6.对勘测设计项目试行招标承包制。为了把竞争机制引进水电站勘测设计领域，打破过去按地区划分任务范围，促进水电勘测设计实现高质量、高水平、高效益，1987年首先对海南省大广坝水利枢纽工程设计方案的优化，试行了邀请招标，中南勘测设计院一举夺标。1988年对四川锦屏二级水电站的可行性研究设计，进行了招标投标，成都勘测设计院和华东勘测设计院联合中标。上述两次试点，都取得了较好的效果，也为以后水电勘测设计推行招标承包制进行了有益的探索。

7.发展“一业为主，多种经营”，提高了企业的经济效益。在企业整顿中，结合推行经济责任制，整顿劳动组织，改革企业内部经营机制，企业出现了多余人员，以及为了安置职工家属和待业子女，发展了第三产业，为生产服务，为职工生活服务。

随着改革的深化，实行投资包干、工资含量包干、设计收费制和招标承包等，扩大了企业自主权，逐步实行了独立核算，自负盈亏。

在改革、开放、搞活方针指引下，水电设计单位、施工企业，为了在竞争中求生存求发展，逐步走向了社会，发展了“一业为主，多种经营”；在完成指令性计划的前提下，发挥各自的优势，承包各种基建项目，外引内联合资办厂，大力发展第三产业，积极开展技术咨询，立足国内，打向国外，千方百计提高了企业的经济效益。

8.较好地解决了勘测单位和施工企业的基地问题。人数众多的水电勘测队伍和施工队伍及其家属，长期以来，随着在建工程流动，没有固定的生产、生活基地，队伍开到哪里，家属跟到哪里，哪里就要形成一个“小社会”，因此，工程的临建投资大幅度增加，职工和家属的生活也极不安定，就业和上学等问题也难以解决，队伍越滚越大，包袱越背越重，这对基建体制的改革、对实行招标承包制确是一大障碍。针对上述情况，在水电部和水电总局的支持下，决定采取“三家抬”的办法，即水电部、水电总局和工程局、设计院每年各拿出一部分资金，分别轻重缓急，分期分批建设基地。经过几年努力，这个“老大难”问题，现已经初步解决。

9.初步解决了职工离退休金的统筹问题。水电建设队伍，大部分是50年代和以后年代发展起来的。到了80年代，许多职工陆续达到了离退休的年龄。离退休金要完全由企业自筹。在吃两个“大锅饭”的年代，这部分资金全靠在建工程承担。随着基建体制的改革，工程实行招标投标，企业实行独立核算、自负盈亏，而离退休人员却越来越多。由于过去没有建立这项基金，企业实在负担不起。因此，在水电部的支持下，为推动经济体制改革的发展，进一步增强企业的活力，稳定职工队伍，保障离退休职工的生活，决定实行离退休金统筹的制度。统筹的办法是对生产企业按工资总额的一定比例提取，对施工企业按完成建安工作量的一定比例提取。实行统筹以后，初步解决了水电施工企业另一个“老大难”问题。

10.水电设计、施工单位的领导制度和水电建设的管理体制实行了改革。水电设计和施工单位，除“十年动乱”以外，长期以来实行的是党委领导下的院、局长负责制。党的十一届三中全会以来，随着经济体制改革的发展，技术经济责任制的不断完善，经过试点，各局、院陆续实行了局、院长负责制，即对局、院的各项工作，由局、院长全面负责，党委保证监督，职代会民主管理。

随着基建体制改革的发展，尤其在实行招标承包制以后，要求有明确的建设单位、施工单位和工程监理单位，即甲、乙、丙三方互相制约，互相促进，共同把工程建设搞好。1986年10月，根据水电部的决定，撤消了水利水电建设总公司(即水电总局)，把负责水电直属施工单位的管理职能上划水电部，建立水利水电建设局；把负责水电直属设计单位的管理职能交给水利水电规划设计院(并代部进行水利水电勘测设计工作的行业管理)，从组织机构上，把负责设计和施工的单位分开。

三、问题与思考

5年来，我国水电建设发展和改革开放取得了重大成就，但喜中有忧，喜忧交织，而有些忧已长期存在，并日益严重地影响着水电的发展，对此，我们必须有责任感和紧迫感。下面，我们将坦诚地提出几个有关水电发展的重大问题，供一切关心水电建设的同志们思考、研讨，使问题得以妥善解决。

(一)把缓解全国缺电与火电厂缺煤和落实水电开发方针相提并论问题

在党的领导和广大职工的努力下，电力工业虽然年年增产，但如今却面临着全国全面缺电的严峻形势，且日趋严重。目前电力工业的主力是火电，电实际上就是煤，煤因生产供不应求，加上铁路运输紧张，电厂储煤日益短少，以致发电用煤紧缺。如果深入研讨煤炭和铁路运输的现状及其今后发展情况，则可看出这种缺电短煤和运输紧张状况实非短期可以扭转，长期看来难度也很大。核电在我国刚刚起步。现在来看水电，作为我国基本能源之一，最近四五年来，水电的总装机容量和年发电量在全国电力工业中所占的比重一直呈下降趋势（见表1）。在保证各地电网的正常调度和安全运行方面，水电已很难发挥其应有的作用。再为水电2000年装机达到8000万kW的艰巨任务及其有关重大政策、措施远未落实，“七五”、“八五”投产、在建和准备开工的水电项目的投资和物资安排等也均有待落到实处。因此有必要把考虑电、煤、运问题和开发水电问题相提并论。当前要认真思考如何加快水电建设，具体落实水电发展及其有关政策措施，并实现“以水代煤”，为逐步缓解全国电力紧缺，减轻煤炭生产和运输部门的压力，以及解决煤电的环境污染问题。这的确是急待共同研讨、统一战略对策，并据此求得共识的问题。

（二）增加水电开发资金问题

要从根本上改变和缓解目前电力紧缺和火电用煤紧缺的严峻局势，一条很重要的出路是坚决地大力发展水电，而其关键是解决资金不足问题（从年度计划到五年计划，再到中长期计划）。要按照国家计划管理的改革精神，像对待经济特区那样，对水电采取特殊政策，实行计划单列，以水电养水电，并可以水代煤。与此同时，遵循国家新近公布的产业政策规定，对当前电力工业的薄弱环节——水力发电，不仅需要采取倾斜政策，还要参照对特区的办法，特事特办。对水电投资采取倾斜政策，逐步加大水电在电力工业中的比重。为此，国家需要保证水电发展有一笔相当数量的资金，并批准多渠道集资办电，从中央到地方，从现在起坚持10年、20年不放松，则水电部门可据此调整已制定的年度、五年和中长期计划，逐年付诸实施。目前，中央抓水电的已由原来水电部改为能源部和水利部，一个积极性变成了两个积极性；地方积极性也非常重要。经过中国水力发电工程学会等组织国内著名专家、学者和领导干部，悉心研讨，要把发展水电提高到战略地位来认识，对西北和西南地区大江大河进行了3次实地考察，相继提出一些宝贵意见和建议，其中一项重要建议是，在待开发的重点河流（或河段）和有关省区，积极筹建具有法人地位的水电开发公司，进行河流（或河段）的梯级连续开发。这种具有自我发展能力的经济实体，将责、权、利统一起来，是以水电养水电的新型企业组织形式，已受到中央和地方的一些负责同志的赞同和支持。现在有的地方已着手组建这类公司。我们热诚地希望，一切条件具备的地区、河流（河段）将水电开发公司尽早组建起来，国家给予必要的启动资金，并使公司逐渐完善，走出一条我国大力开发水电的新路来。

（三）制定发展水电优惠政策问题

党的政策是一切事业的生命线。针对目前水电发展情况和存在的问题，国家对发展水电既要实行倾斜政策，还迫切需要制定一系列明确、具体的优惠政策，并采取相应的措施，在实践中不断加以完善。目前有些规定不合理，并未体现政策上优惠。如在信贷政策上，水电既和石油、煤炭同属一次能源，在“拨改贷”利率和银行贷款利率方面，理应同样对待，超过部分由国家贴息。由于水电有其工期长的特殊性，银行规定10年以上贷款的年息为9.36％（1988年），显然太高；同时参照国外做法，还应考虑水电还款的宽限期。在税收政策上，水电本是基础工业，又是社会公用事业，还兼有综合社会效益（防洪、灌溉、工业用水等），为此，国家对水电不能按现行多重税征收，而应该重新核定现税收项目，免交所得税、调节税和耕地占用税，全部电量的产品税减5％（在售电环节缴纳），以促进水电的发展。在电价政策上，由于多年来没有调整过，目前电价极不合理，应实行新电新价，即按成本加利税确定合理电价，使水电具有较好的还本付息和自我发展的能力，这样才能将各方面资金吸引到水电建设上来。再就电价本身而论，现在实行的是平均电价，应该优质优价，把峰荷和基荷电价分开。在投资分摊政策上，应按经济效益和社会效益来分摊水电站建设的投资和费用；实行“谁受益，谁投资”，不能谁建工程，谁包全部投资和费用。

（四）抓紧搞一批新的水电项目储备问题

水电建设，特别是大中型水电站建设，不同于一般工业和民用建筑，它是百年大计、质量第一的工程。众所周知，要做好工程，必须先做好设计，设计是水电建设首要的关键一环。由于过去多年来积累了一大批水电前期储备项目，保证了当前水电事业不断地向前发展。但如今留下的储备项目不多了，已经到了后劲不足的严重地步。面对今后水电大发展的艰巨任务，必须立即着手再抓一批新的大中型水电前期项目。通常所说水电前期工作，是指水电规划选点、项目可行性研究和初步设计，是为国家确定、优选建设项目提供决策上的技术与经济的科学依据。实践表明，在整个水电前期工作中，野外高山峡谷深水中的勘测工作占大部分时间和资金。为做好水电项目的可行性研究和初步设计，需要进行大量繁重、复杂的地质、水文、勘探及试验等工作，需用大量人力、物力和财力，并需要一定的时间。只有这样，才能保证按计划要求提供精确的第一性资料。为此，在水电项目未批准上马之前，要做好前期工作，就需要专门设有基金。目前设计单位经费严重紧缺，无力解决这笔费用。现实办法是从现在发电量中每度电扣2厘钱，作为水电前期工作基金。或由国家先拨付可行性报告以前的费用，由国家作为资源勘探费核销。至于初步设计及其后的勘测设计费用，可列入工程总概算，由工程基建费中支付。根据以往经验，凡确定上马1项工程，需从已做好的2个初步设计项目中优选。据此框算，从目前起，为2000年达到8000万kW水电装机任务，就必须及早做好成百上千个项目的可行性研究报告和初步设计。要之，为了加快水电发展，必须从速编制一个近期全面开展水电前期工作的计划，并保证其所需的资金和物资等，抓紧组织实施。

（五）组织重点科技攻关和普遍提高水电科技和经济管理水平问题

从前述近5年水电建设的重大成就中，人们可以清晰地看出，我国水电科技水平比之过去5年乃至“文革”以前年代，确已有显著提高和重大突破，可是和现代国外先进水平来比，确实还有相当大的差距。再加上面对2000年水电开发艰巨任务和可能出现的新情况、新问题和新困难，都迫切需要尽快缩短这段差距。鉴于今后我国水电建设将向地形地质条件复杂地区修建工程和兴建巨型水电工程方面发展，将会遇到200～300m及更高的大坝（包括混凝土拱坝、重力坝和土石坝）建设、高坝大流量泄洪导流布置、复杂地基（包括深厚复盖层）处理、高边坡稳定、深埋长隧洞、高坝通航、大容量水力发电机组（50～100万kW）以及因地制宜搞好开发性移民安置等一系列重大科技问题。为此，必须组织力量，继续对上述重大科技问题进行攻关，并力争在短期内出成果，以最大限度地缩短水电工程工期、减少投资和妥善搞好移民安置等工作，加快水电开发。同时，从勘测、设计、施工、运行到科研、教育等方面，都需要有相应配套的先进的经济管理办法。因为假如我们依然沿袭采用老一套办法，不论对科技管理或经济管理，肯定是应付不了当前严峻的挑战，更谈不上出色地完成如此紧迫而繁重的任务了。因此，对这支建设大军

(包括工人、科技人员、管理人员和领导干部)要有计划地全面地开展职工教育工作,进行多层次、多专业的教育培训,以保证水电科技水平和经济管理水平的不断提高。

(六)走鲁布革水电施工招标承包制道路问题

自1986年云南鲁布革水电站施工首次采用招标承包制取得重大经验以来,全国各水电设计和施工单位都受到了"冲击"和挑战。不少大型水电工程也都采用了招标承包制。直属的25万水电建设大军也行动起来了,一方面积极地、虚心地学习鲁布革的先进经验,另一方面结合自身并参照国内外其他情况,总结、反思、研究出了一些比较先进的设计、施工措施以及具体办法。他们都先后不同程度地取得了一定的技术和经济方面的成果,但在推行这一新的管理体制中,也遇到了不少新问题。现在的问题是如何使招标承包制更完善,并能更好地适应我国当前的具体情况,如何进一步深化改革水电施工的管理体制,既要很好解决目前工程任务不足、人员窝工问题,又要妥善解决为适应招标承包、优化劳动组合后富余人员安排出路问题,以及如何更好地解决建设、设计和施工三方面的关系问题(包括工程监理问题),以便充分调动水电建设大军的积极性和创造性。与此同时,进一步搞好水电工程质量的问题,也应引起各级领导和全体水电建设者的关注。

(七)加强水电宣传工作的问题

我国水能资源十分丰富,开发水电的优越性又很多,但到1988年末,全国水电总装机容量只占可能开发的8.64%;全国水电总的年发电量只占可能开发的5.68%,不仅远远低于世界经济发达国家,而且也低于一些经济发展中国家。这与我们作为社会主义大国、与实现四化的宏伟目标是极不相称的。大量资料说明,全国已建的100多座大中型水电站(还未计6万多座小型水电站)多年来实际的发电效益和其它综合效益,是很少有其他部门或单位可以比拟的。尽管如此,人们对水电的认识还很不一致,有的人甚至还持相反的意见。这里仅举两个事例:其一,水能本是基本能源之一,又是一次再生能源,然而有人却视之为二次能源,不同于石油和煤炭,长期把水电开发简单地列入电力工业投资计划之内;其二,建设一座大中型水电站,除发电外,其它综合利用(效益)项目投资理应分摊,而长期以来却在编制水电工程项目时,其他综合利用项目的投资和费用总是要水电一家承担,而反过来又总是说水电站的单位千瓦造价高。与此相反,兴建同一规模的火电厂,在其工程概算中一向不列有关煤矿基建、开采费用和铁路修筑、营运费用。因此,相比之下,火电厂投资是低了,工期快了(当然,水电工程本身还应努力降低造价、缩短工期)。这种不科学的指导思想是长期影响水电发展的一个重要原因。象前几年竟有人写文章说,经过他们调查研究的结果,主张今后不要再修水电站,用它的钱来多修火电厂就经济合算了。针对上述情况,几十年来,水电主管单位还是重视宣传水电工作的,也收到了一定的效果。可是水电事业始终是在"夹缝中奋斗",直到今天仍然如此。值得严肃提及的是,如今水电面临的形势和任务既不同于以往几十年,又不同于当前世界上水电开发程度高的国家,真可谓任重而道远。为此,除了水电战线广大职工一如既往、埋头苦干,用实际行动来宣传外,还必须加强对全社会开展宣传水电的工作。这主要是对中央和地方一些有关部门不熟悉水电的同志,以及科技、经济方面的有关科研、生产企事业单位,还有新闻出版和文学艺术等单位和个人。宣传水电,既要从战略意义的高度来宣传,又要注意它的群众性,既强调知识性,又要注重应用性和趣味性；内容上应联系工农业生产、地区经济发展和人民生活等方面；在形式上则应结合水电特点，力求多样化。期望在今后若干年内，从一座电站、一条河流（河段）、一个地区发展到全国，逐渐形成一种认为“水电好，水电要多搞！”的社会舆论环境。

（八）总结历史经验，搞好水电管理体制问题

新中国成立已近40年，水电建设在管理体制方面经历不少曲折与坎坷，但至今还在徘徊、摸索，致使一些重大问题得不到很好研究和妥善解决。就当前的实际情况而言，长期影响我国水电事业发展的：除国家对水电建设投资不足的原因外，水电建设管理体制多变也是重要原因之一。50年代初期，创立了水电建设总局的管理体制，为新中国水电事业的发展打下了良好的基础。10年动乱，彻底地打破了原来水电管理体制，给水电事业造成了严重损失。与水电同属一次能源的石油和煤炭，各有自己统一的管理体制，几十年坚定不移，即使1988年中央政府机构改革，决定成立能源部和水利部，而石油和煤炭的业务仍分属两个总公司统一管理，总的体制机构基本上仍然未变。而水电管理体制，自党的十一届三中全会以来，先是恢复了水利水电建设总局，继而将总局一分为二（建设局和水规院），目前则是除能源部水电开发司和投资公司的水电部门之外，又有新组建的工程总公司和一个水规院，这是一个明显的对比。由于管理水电的机构多变，原来的“拳头”单位没有了，专业技术人员分散了，管理力量削弱了，带给基层单位的是重大问题请示汇报层次增多，再加上面管水电的部门增多，办事效率显然低于过去，这和当前贯彻执地大力发展水电的方针很不相适应。因此，有必要汲取石油、煤炭统一管理的成功经验，结合水电本身几十年来管理体制多变的经验教训，现在是应当把它作为一个重要问题提到议事日程认真研讨的时候了。经过认真研讨后确定的管理机构，至少应坚持10年不变，使它既有相当能力和威信，能统率水电建设大军，早日摆脱目前困境；又有足够的信心和魄力，能领导这支大军勇于为完成8000万kW光荣而艰巨的任务而拼搏！在抓好日常管理工作中，这个新的管理机构应承上启下，敢于负责，切实帮助基层搞好搞活，克服困难，解决问题，使分散在全国各地的、各自独立作战的水电指战员们深切感到在他们上面真正有一个强有力的司令部。

四、简短小结

“人无远虑，必有近忧”，“前事不忘，后事之师”。这两条极富哲理的谚语，对我国水电建设事业的发展是有启迪和教益的。本文所撰述的时段，虽然只是短短的5年，但它既是过去几十年的延续，又是将来几十年或更长时期的开端。5年中取得的重大成就，固然和过去几十年的工作基础提供的有利条件密切相关，同时和全国各方面的支持和帮助也是分不开的，但直接参与水电建设的广大职工竭尽心力，忘我劳动，艰苦奋斗，不怕牺牲，则是最为重要的，是具有决定意义的。要肯定成绩，巩固成绩，并发扬光大，所以说喜是应当的；但要清醒地看到，我国水电建设事业面临的问题还很多，困难还很大。5年中出现的一些问题和困难，有的是随着改革的深入发展出现的新问题、新困难，也必须坦诚地摆出来。因此，我们要面对现实，冷静分析，克服困难，解决问题，所以说忧也是客观存在的。当前水电建设正面临着喜忧交织的局势，全国水电建设者们要坚定不移地贯彻执行党的十一届三中全会以来的路线、方针、政策，坚持四项基本原则，坚持改革开放，在全

各省、自治区、直辖市水电建设概况

北京市水电建设新发展

徐维浩　张锦明

1984～1988年期间，北京市未新建大中型水电站，水电建设重点放在加强技术管理、提高经济效益上，结合本市水资源的实际情况，对现有电站进行挖潜改造，同时新建、改建了一批电站。到1988年年底，全市有大、中、小水电站102座，总装机容量为26.86万kW，发电量为2.09亿kW·h，其中小水电站96座，装机容量为4.8603万kW，发电量为0.592亿kW·h。目前本市已开发利用的水能资源占全市水能资源蕴藏量的77.2%。

1988年2月，国家计委正式批准水电部和北京市人民政府上报的建设北京十三陵抽水蓄能电站项目建议书。该电站设计装机容量80万kW，安装4台20万kW单级混流可逆式水泵水轮机组，利用深夜电网负荷低谷时富裕电力，将低位水池的水抽上高位水池，在电网用电高峰时放水发电，以增加京津唐电网和北京地区电力调峰能力及紧急事故备用电源。目前施工准备工作已经开始，计划1993年底第一台机组投产，1995年全部建成。十三陵抽水蓄能电站将成为我国在建的容量最大的抽水蓄能电站之一。

近年来，北京市在水电开发利用中注重提高经济效益，对规划新建电站进行严格的可行性研究和经济分析，力求经济合理地开发利用现有资源。对已建电站实行行业管理，建立了市、县(区)、乡、电站四级技术经济档案，颁布了小水电生产的《安全规程和运行规程》，加强在岗人员的技术培训，使各级电站的技术管理逐步走向正规化、规范化、制度化。

面深化改革和扩大开放中努力前进。我们深信，身经近40年艰苦奋斗、建设了上百座大中型水电站和成千上万座小型水电站的光荣的水电建设者们一定能够不辜负党和人民的重托，在祖国大好河山上，建设起更多、更大的、直至具有世界先进水平的水电站来，为胜利完成2000年水电装机达到8000万kW的艰巨任务而奋斗。

天津市水电建设新发展

胡 济 民

天津市第一座水电站——于桥水电站于1986年6月开工,1988年12月建成,开始发电并网。修建这座水电站,是天津市政府为城乡人民办的20件实事之一,填补了天津市水力发电项目的空白,使蓟县农村万家灯火闪烁,促进了这个县工农业生产的发展。

于桥水电站位于引滦入津工程的中部,天津市蓟县州河于桥水库下游,系引滦入津综合利用工程之一。装机容量为5000kW(4×1250kW),电站水头7~13m,单机引用流量为$16.3m^3/s$,采用新型轴伸贯流式水轮机:额定转速300r/min,额定电压6300V,采用可控硅静止励磁。设计年平均发电量2600kW·h。

该电站为新型低水头大流量电站,其主要特点如下:

一、采用新型轴伸贯流式水轮发电机组,水轮机转轮直径1.8m,与发电机直联传动。该机型在国内低水头水电站尚系首次采用。其中水轮机转轮(006)及其配合的流道系为天津电气传动研究所新研制的成果,其效率与国外同类型机组比较,达国际先进水平(水轮机效率最高达90.4%)。

二、电站设计自动化程度高。采用美国开发的先进的可变程序控制器(PC),对开停机程序实行监控。并采用先进的封闭式镉镍蓄电池,无有害气体泄漏,放电倍比大,维护简易。

三、与轴伸贯流式机组相应的电站厂房,有如下几个新的特点:

1.机组置放在大容积的水下箱型结构(钢筋混凝土)之中。

2.由高排架与圈梁结为整体的高框架(高22m)厂房上部结构。

3.以水平钢梁、流线型钢支墩为主体,结合钢筋混凝土构成的箱框式新型水轮发电机基础结构。

4.为节约投资,采用框格型的新型调压分水池(高近30m)。

5.为节约投资,并适应低水头大流量的特点,防止压力水渗入原坝体,将原过坝无压涵洞改造为有压引水洞,而设置大直径(5m)压力钢管。

经电站充水与初期运行检验,水工建筑运用正常,机组的温度、振动、摆度与效率均达优良标准。

河北省水电建设新发展

宋 小 岩

河北省水能资源较少,水力发电事业主要是发展小水电。除潘家口(装机15万kW)和岗南(装机4.1万kW)两座中型电站外,其余都是小型水电站。

河北省 1984—1988 年小水电发展情况表

年分	年末装机拥有量				年发电量(亿 kW·h)
	处/台	容量(kW)	其中:装机 500kW 及以上		
			处/台	容量(kW)	
1984	639/797	156834.5	47/120	132257	1.20
1985	622/781	160779.3	52/132	136467	1.09
1986	459/610	164891.9	54/136	143842	1.74
1987	425/588	190972.4	59/149	169762	1.64
1988	411/568	197936.9	60/151	177762	2.98

一、5 年来小水电发展概况

虽然河北省连年干旱少雨和近年来微型电站有一部分逐年报废,但装机容量和发电量仍呈增长趋势,装机容量由 15.68 万 kW 增加到 19.79 万 kW,发电量由 1.20 亿 kW·h 增加到 2.98 亿 kW·h,见表。

全省有小水电的县已经达到 40 个,装机容量达 1 万 kW 的县有三个:即平山、易县和唐县。

二、小水电资源分布特点及开发指导思想

1.集中开发,梯级建站

根据河北省小水电资源较少,但又相对集中在太行、燕山山区的特点,研究了这些县的资源状况,其中可开发资源超过 2.0 万 kW 的县 18 个,其中隆化、界县、平山、涉县的资源又分别集中在滦河、拒马河和“五一”渠、滹沱河和漳河上,开发较易,因此,确定先开发“五一”渠梯级。从 1984 年起,集中了人力、物力、财力首先开发易县,5 年间省在该县投资 1320 万元,县自筹 200 万元,使该县小水电装机由 1014kW 增加到 1.1 万 kW,年发电量从 714 万 kW·h 增加到 3000 万 kW·h,基本上解决了该县的供用电矛盾,促进了地方工业和乡镇企业的发展。

2.小水电布点与地方工业同步发展

小水电是农村重要能源,所以应当和地方工业、乡镇企业同步发展。邯郸地区东武仕电站,装机 6400kW,利用当地资源建成了电石厂、玻璃丝厂、镁粉厂,每年扩大社会效益 30 万元;赤城县隔河寨三级水电站,装机 500kW,利用当地资源建成了硅钙合金厂,每年扩大社会效益 20 万元。

3.优先开发常年发电的电站

为改变我省结合灌溉发电的电站比重大,受灌溉影响年利用小时数低的状况,近年来优先开发常年发电的电站,提高了全省电站设备年利用小时数,由 1984 年的 881 小时提高到 1988 年的 1000 多小时。

三、在建设中引入竞争机制千方百计降低工程造价

1.设计方面

实行设计招标,择优选择设计单位,中标的设计必须突出小水电特点,建筑型式和材料选用要求因地制宜,就地取材,因材设计。

在确保工程技术可行的情况下，要经济合理、运用方便、安全可靠，经济效益显著。

2.工程施工

同样实行招标承包，择优选择施工单位和设备制造厂家。建设单位成立施工指挥机构并实行了监督工程师负责制。

这样，不但保证了施工质量和工期，也为国家节约了资金，自1984年以来到1988年底，我省共投产500kW以上小型水电站12座，单位千瓦投资最低920元／kW，最高2400元／kW，均低于全国平均水平。其中紫荆关三级水电站由于在设计和施工中采取了多种措施，有效地降低了工程造价，创造了80年代全国小型水电站建设的单位千瓦投资最低水平。

四、落实承包责任制提高运行电站的经济效益

河北省现有500kW以上小型水电站60处，为充分发挥其经济效益，绝大多数落实了承包责任制，扩大了电站自主权；全面开展了双百竞赛和创建文明单位活动，到1988年底，由河北省水利厅命名的“文明电站”已达32个，被水电部命名为“全国小水电优秀电站”的3个：西大洋、东武仕和老陡山3个电站。电站经济效益逐年提高，发电量逐年增长。

五、结　束　语

河北省虽然水能资源较少，又遇连年干旱少雨，但由于坚持发展小水电的战略思想正确，管理方法得当，仍得到了健康稳步发展，它已成为覆盖全省大电网的重要补充，为地方工农业生产和乡镇企业的发展提供了廉价动力，为广大农村脱贫致富做出了应有的贡献。

山西省水电建设新发展

王　存　福

1984年以来，山西省水电在改革浪潮的推动下，进入了新的发展阶段。

5年来，山西省未新建大中型水电站，小水电新增装机2.4582万kW；新增变压器6.4115万kVA，其中35kV变压器4.835kVA；新增高压线路1052.65km，其中35kV的163.26km；新增低压线路447.1km；累计发电量6.4936亿kW·h。设备利用小时由1984年的1686h提高到1988年的1907h，为缓解全省电力紧张和工农业的发展起到了积极的作用。

5年来我们圆满解决了多年来的历史遗留问题，并在此基础上开展了多种经营，使多种经营从无到有，从小到大。在此期间，山西省举办了水电系统档案培训班，为了使各类资料不再丢失，并做到失而复生，发动各级电站撰写了“水电站志”。在全省区划报告的基础上，完成了晋城、阳城、陵川、沁水、左权、五台、云县的农村电气化规划。经过协商论证，有关合同部门调整了水电上网电价，大大促进了多方办电的积极性，出现了一批联办电站、户办电站。

平顺县位于太行山南端，县内群山起伏、沟壑纵横，为典型的干石山区，水能资源理论储量为9万多千瓦，其中可开发容量为3万多千瓦，目前已开发1.4879万kW，正常年景发电量达0.42亿kW·h。

随着农村电气化事业的发展和实施，对全县的社会经济有以下几个方面的促进：

1.促进了工农业的发展。1988年全县工农业总产值比1983年增长72%。

2.促进了重点工程的发展。1984年以来，全县先后有四座硅铁厂及炼铁厂、氧化镁厂、电石厂、钢铁厂、选矿厂等投入生产，年创利税数百万元。

3.促进了乡(镇)、村工业的发展。1988年比1983年的乡(镇)、村工业收入增长了16倍。

4.提高了人民生活水平，促进了精神文明建设。全县建起了电视卫星地面接收站及电视差转台；高中档家用电器也在山区落了户。文明村、文明单位、五好家庭显著增多。连续三年被评为爱国卫生红旗县。

5.几年来以电代柴，大约节约木材15万m^3。对保护森林、保持生态平衡、防止水土流失起了积极作用，取得了明显效果。

因此，平顺县已具备了农村电气化试点县的初级阶段标准。

继1983年以来，山西省连续干旱少雨，而在汛期雨量又比较集中，加之大网日丰枯差的限电，使水电发展趋于极为不利的地步，水电带来的社会效益与日俱增，而水电站本身的经济效益极低。为了水电事业的发展，在做好电价调整的同时，发动各级公司、电站利用季节性电能，开发了高耗能的多种项目，如铁合金厂、氧化镁厂、电石厂、钢铁厂、造纸厂、选矿厂、铸造厂、机械加工厂、电器加工厂、农副加工厂及养殖业等等。1988年多种经营收入达666万元，净利润达226.5万元。5年来多种经营收入达2000余万元，实现净利税1000余万元，为小水电发展增添了活力。

根据国家经济委员会、水利电力部、国家物价局(86)水电财字第119号文件和关于小水电电价的几项规定的通知精神，结合山西省实际情况，经过协商论证，由山西省物价局、山西省电力局规定了小水电上网电价实行丰枯季节差价。丰水期上网价格为50元／千kW·h，枯水期为100元／千kW·h；丰枯水期的划分时间：丰水期为每年七、八、九三个月，其余为枯水期；使电价趋于合理，从而使省水电系统多年来无力提取大修折旧资金的局面有了改善，使一些接近破产的电站有了回生的希望。

内蒙古自治区水电建设新发展

赵秀歧　　李肃青

内蒙古自治区是一个干旱、半干旱地区，水能资源比较贫乏，而且分布不均。

到目前为止，内蒙古尚无一处大中型水电站，现已开发建设的均属于小水电范畴。近几年来，水电建设基本上仍处于巩固维持阶段，小水电装机增减相抵呈减少趋势。1984年全区拥有小型水电站37处，装机84台，总容量为3.06万kW。到1988年底，一部分微型水电站报废,只剩下骨干水电站29处、68台,总装机容量为3.01万kW。但由于加强了运行管理,小水电的效益却呈上升趋势。1984年年发电量为0.4亿kW·h,小水电发电设备年利用小时数为1578h;1988年,发电量上升为0.59亿kW·h,年利用小时数为1963h,提高了24%。

内蒙古微型水电站的生命力为什么不强呢?我们认为大致有以下几个原因:一是这些微型水电站多数是合作化时期建成的,至今已运行二三十年,已到了报废时期;二是这些微型水电站都是迳流式电站,没有调蓄能力,发供电保证率极低,与群众生产生活用电要求不相适应;三是群众缺乏这方面的操作技术和管理能力;四是国家和业务部门缺乏资金上的扶持和技术上的指导;五是由于大电网复盖面的扩大,而又不能给予小水电公平合理的上网电价,致使群众荒废了管理工作。

克什克腾旗是内蒙古赤峰市(原昭乌达盟)最西北的一个旗,全旗土地面积为1.89万km^2,总人口为23万人,纯属草原牧区,是一个以蒙古族为主体的少数民族地区。这里海拔高程为2000m,冬季严寒多雪,春夏季干旱少雨,风大沙多,自然条件恶劣,人民生活水平很低。解放初,这个旗几乎没有一个工业,只有寥寥几家手工作坊,家牧业生产也十分落后,更谈不上产电用电。到70年代初,旗政府所在地只有两台小型柴油发电机,供机关和部分居民照明用电。在党的领导下,克旗人民从70年代开始大搞小水电建设,进入80年代,小水电装机已发展到近1万kW,1984年被列为全国一百个农村电气化试点县之一。到1988年已建成小型水电站8座,装机14台,总容量1.0465万kW,年发电量达0.3亿kW·h左右;在电网建设上已具一定规摸,已建成骨干变电站7座,总容量2.523万kVA,配电变压器1369台,总容量为5.5955万kVA。全旗28个苏木(乡)镇全部通电;1192个独贵龙(村民组)中有1033个已通电,占86.7%;农村牧区51700个农牧户中,有48276户已通电,通电率为93.4%。由于水能资源的开发利用,给克旗的工农牧业生产、文教卫生带来了巨大的发展,人民生活水平也有了很大提高,工业从无到有,现在已逐步发展成为一个拥有水泥、制糖、汽车修配、农牧机械制造、肉食加工、纺织、冷冻、乳制品、造纸、印刷、酿造、木村加工;冶炼硅铁、铅锌;砖瓦生产等门类比较齐全的地区工业体系,为全自治区的小水电建设树立了榜样,被誉为草原上的"夜明珠"。

辽宁省水电建设新发展

张　涛　李素云

辽宁省位于我国东北地区南部,根据水系和资源特点,可分为辽河流域、鸭绿江流域和沿海河流等三大部分。水能资源主要集中分布在东部鸭绿江干、支流上。近几年水电建设进一步得到发展,尤其中小型水电站发展较快。到1988年底,全省电力总装机容量已达776.8万kW，年发电量为412.4亿kW·h；其中水电装机为100.19万kW，年发电量为28.5亿kW·h。(500kW以下装机未计)。

辽宁省可能开发水能资源为163.3万kW，年发电量为55.8亿kW·h。至1988年底，全省已建、在建各类水电站共131座(其中装机容量500kW以上的52座)，总装机容量为118.85万kW；其中在建小水电站9座，装机2.38万kW。

1983年随着全国经济体制改革、开放、搞活的政策，采取了集资办电，地方办小水电的办法，推动了中小型水电站的开发建设。1985年12月中朝合营的太平湾水电站第一台机组投产发电(单机4.75万kW)，1987年4台机全部发电(其中朝方2台)。1983年开始筹建的长甸水电站(水丰扩建)，总装机13.5万kW(2台机组)，历经5年，1988年底已全部安装完毕(因枯水未试运行)。

辽宁省的小水电建设继1983年省政府颁发了《关于积极发展小水电的若干规定》和“自建、自营、自行”及“以电养电”的政策后，加快了我省小水电事业的发展；加之又调整了小水电的电价，近几年小水电建设速度较快。1984年至1988年相继投产发电500kW以上小水电11座，总装机17540kW，发电量为5324万kW·h。

截止1988年底，全省共建小水电113处，总装机容量为7.44万kW，年发电量为2.09亿kW·h，利用小时数为2997h，创历史最好水平年。其中装机容量500kW

表1　已建电站

投产时间	电站名称	装机容量(kW／台)	设计年发电量(万kW·h)	所在流域
1984	影壁山电站	1500／3	590	鸭绿江
1984	新开岭二级电站	960／3	279	辽　河
1984	穆家电站	1600／1	547	辽　河
1984	汤河水库电站	3200／1	670	辽　河
1985	刀尔登电站	500／2	200	沿海河流
1985	转角楼水库电站	500／1	100	沿海河流
1985	碧流河水库电站	4000／2	1200	沿海河流
1986	西限子电站	1250／5	470	鸭绿江
1987	河圈电站	890／3	274	鸭绿江
1988	长虹电站	2840／5	914	鸭绿江
1988	榛子岭水库电站	800／1	80	辽　河
合　计	11座	17540／27	5324	

表2　在建电站

投产时间	电站名称	装机容量 (kW／台)	设计年发电量 (万 kW·h)	所在流域
在建工程	凤鸣电站	17500／5	6800	鸭绿江
在建工程	关门山水库电站	1200／2	400	辽　河
在建工程	铁甲水库电站	1600／1	390	鸭绿江
合　计	3座	20300／8	7590	

以上电站共42处，总装机容量为6.08万kW，年发电量为1.89亿kW·h，利用小时数为3150h。目前全省在建小水电9处，总装机2.38万kW。1988年底已建、在建小水电共122处，总装机容量为9.83万kW，占全省可开发小水电资源的21.4%

1983年经国务院批准，桓仁县列为全国一百个农村电气化试点县之一，在浑江上修建一座最终装机2.1万kW的凤鸣水电站，年发电量为7099万kW·h，是实现电气化县的骨干工程。该电站从1984年8月动工，预计1989年初投产2台机组。同时，抓紧了全县电网改造，到1989年底可实现人均占有装机100W，电量300kW·h，全县电力基本平衡。

辽宁省的水能资源开发利用程度比较高，到目前为止已达72.8%。今后开发的重点仍是中小型水电站。浑江干流上的2座中型水电站(金坑、高岭)，初步设计已审查二次，拟采取集资办法开发，近期在建的小水电已有9处，仍由地方负责抓紧建设。

全省500kW以上已建、在建水电站见表1、2。

吉林省水电建设新发展

张凤苑　金明湘

吉林省位于我国东北地区中部，全省有五大水系，即松花江、鸭绿江、图们江、绥芬河、辽河，水能资源较丰富，主要分布在中部第二松花江上游及鸭绿江流域，开发条件较好。截至1988年底，全省电力总装机已达427.7万kW，年发电量为165.4亿kW·h；其中水电装机容量为216.5万kW，年发电量为58.6亿kW·h (500kW以下装机未计)。

1983年随着全国经济体制改革开放，水电建设也得到进一步发展。1983年12月国产第一台30万kW水轮发电机组在白山水电站投产发电。1984年白山水电站又相继投产2台30万kW机组。1985年12月红石水电站第一台5万kW机组发电，到1987年10月红石水电站4台5万kW机组全部投产发电。同时，在国际河流鸭绿江上，中朝联合修建了渭源(老虎哨)水电站，其中中方3台机组已于1988年全部投产发电。渭源水电站总装机39万kW(共6台机组)，

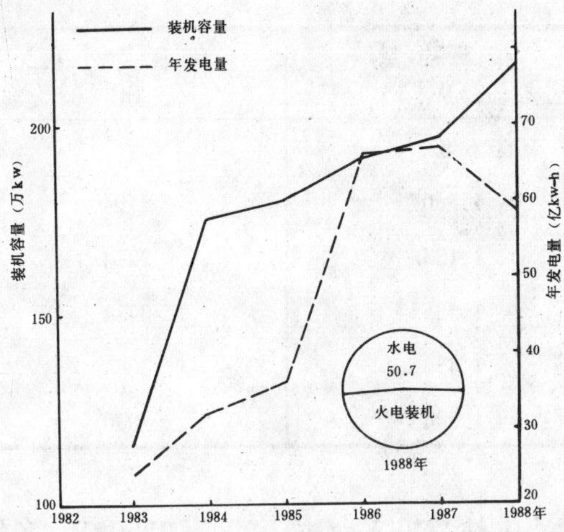

年发电量为6亿kW·h。

目前在第二松花江上丰满水电站正扩建9#、10#机组（单机8.5万kW），预计到1991年可建成。白山水电站二期工程已于1986年开始施工准备工作，1989年厂房可基本建成，计划安装2台30万kW机组，预计1990至1991年投产发电，届时白山水电站总装机将达到150万kW，成为国内100万kW以上大型水电站之一。

吉林省的小水电建设近几年也有较大发展，1984年至1988年净增装机2.04万kW，为实现农村电气化做了很大贡献。至1988年底全省共有小水电站125座，装机314台，总装机容量13.79万kW，年发电量4亿kW·h。

1983年吉林省长白、抚松、安图3县被国务院批准为第一批农村电气化试点县后，更加促进了全省小水电建设的发展。这对开发利用山区资源，发展商品经济，促进两个文明建设起了重要作用。

长白朝鲜族自治县在小水电建设方面的成绩比较突出，经过3年多努力，在1986年就已基本上达到农村电气初级阶段标准，通过了省政府的验收。长白县的主要经验是：(1)县领导重视，体制健全，做到建设管理统一，发、供、用统一。(2)狠抓了小水电工程的续建配套工作，对输变电工程进行了升压改造等合理技术措施。(3)两个效益一起抓，小水电开发扩大了社会效益，社会效益扩大后需要更多电源，既增加了电站盈利，又促进了小水电的进一步发展。

全省历年水电装机容量、年发电量增长情况见图。

吉林省水能资源的开发利用程度比较高，到目前为止已达68%；尚待开发的大中型水电站已不多。但省内小水电资源相当丰富，今后一段时期内，除第二松花江上游的松江河梯级水电站（总装机51万kW）外，应大力开发东部山区的小水电站，以满足县城工农业发展的需要。

黑龙江省水电发展近况

毛 增 贵

黑龙江省1983～1988年水电建设以小水电为主。这个期间全省相继建成晨光和库尔滨两座装机容量分别为10000kW和4800kW的水电站。先后开工修建的有西沟、白石、富拉尔基3座水电站，总装机容量为42875kW。预计到1988年底，全省水电

表 1　黑龙江省小水电装机容量、发电量情况表

年　　分	装机容量 (kW)	年发电量 (亿 kW·h)	年利用小时 (h)
1983	40817	0.823	
1984	45845	1.2807	2794
1985	51180	1.1336	2214
1986	55185	1.5355	2782
1987	60185	1.8336	3047
1988	63140	1.8942	3000

注：1988 年为预计数

装机总容量为 20.65 万 kW，其中已建成水电站装机容量 15.91 万 kW，年发电量为 6.19 亿 kW·h。

1984 年经国务院批准，逊克县被选定为全国 100 个农村初级电气化试点县之一。同年省里成立黑龙江省农村电气化领导小组，办事机构设在省水利厅，经省府批准，在省水利厅成立黑龙江省小水电公司，由省水利厅负责全省小水电的开发建设和管理工作以及逊克县农村初级电气化的建设工作。省电力部门负责大、中型水电站建设工作。

全省 1983～1988 年已经建成的小水电站，装机容量最大的为 10000kW，最小的为 75kW。平均每年增加装机容量 4453kW，增加发电量 2142 万 kW·h。全省小水电装机容量、年发电量见表 1。

1987 年 7 月开工修建的西沟水电站，位于黑龙江中游右侧支流公别拉河上，距黑河市 59Km。电站装机 2 台，总容量为 36000kW，多年平均发电量为 0.96 亿 kW·h。装机容量和发电量在全省水电站中仅次于镜泊湖水电站，居第二位，计划 1990 年建成投产。

1988 年 3 月开工修建的白石水电站，位于逊克县境内库尔滨河一级库尔滨水电站下游。电站装机 3 台，总容量为 3750kW，多年平均发电量 1462 万 kW·h，计划 1990 年建成投产，是逊克县实现农村电气化电源建设的主要一部分，不足部分由电网供给。

库尔滨水电站为坝后式电站，总库容 3.9 亿 m^3，在全省大型水库中仅次于镜泊湖水库，居第二位。电站装机 3 台，总容量为 4800kW，多年平均发电量 1300 万 kW·h。1977 年 7 月开工，1985 年 12 月建成投产。

1988 年建成的富拉尔基热电厂水电站，装机 5 台，总容量 3125kW，是全省火力发电厂利用弃水作水源，修建的第二座小水电站。第一座是牡丹江二发电厂水电站，装机 2 台，总容量 800kW。修建这种水电站，不仅工期短、投资省、效益大，而且可以常年发电。

黑龙江省水电建设，过去已建的水电站大部分是没有调节能力的迳流式电站，多数是季节性发电，只有建在牡丹江干流上的镜泊湖、渤海、石头、晨光等水电站，因有镜泊湖调节，可以做到常年发电。一些具有调节能力的水库电站，因秋后来水量小，来年春、夏灌用水量大，也只能在灌溉期发电。1984 年以后在电站的建设上，开始注意改变这种状况。首先，把财力、物力集中投放在能常年

表2 黑龙江省能常年发电的水电站装机情况表

电站名称	装机容量(kW)	建设地点	所在河流
镜泊湖	96000	宁安县	牡丹江
西沟	36000	黑河市	公别拉河
晨光	12500	依兰县	牡丹江
石头	7000	宁安县	牡丹江
库尔滨	4800	逊克县	库尔滨河
白石	3750	逊克县	库尔滨河
渤海	3200	宁安县	牡丹江
富电厂	3125	齐齐哈尔市	火电厂弃水
阿堡	1000	宁安县	牡丹江
牡电厂	800	牡丹江市	火电厂弃水
青年	750	宁安县	牡丹江
团结	750	穆棱县	穆棱河
红卫	600	宁安县	牡丹江
红农	500	宁安县	牡丹江

注:西沟、白石、晨光(一台机)、富电厂为在建,装机容量共计45375kW。

发电的水电站工程、设备配套和技术改造上;二是从建设计划入手,能常年发电的水电站项目,优先开发。现在,全省能常年发电的水电站总装机容量已达17.07万kW,占水电装机容量的82.6%,其中:已建成装机容量为12.54万kW,占60.7%。全省能常年发电的水电站装机容量见表2。

江苏省水电建设新发展

朱亚生 朱永康

江苏省在1984~1988年期间,为了向全省工农业生产、特别是乡镇企业的发展提供更多的电力,针对江苏省小水电的现状,采取了积极研制新机型,开发零星水能资源,对已建水电站进行技术改造、提高出力等措施,取得了一定的成效。

在江苏省边远偏僻的山区,还有少部分农民用不上电。1984年,江苏省研制了一种水头3~5m、水量150m^3/h、容量500~650W的微型发电机组。这种机组供电距离300~500m,自身带有盒式电调器,随用随发,小巧方便,利用山涧塘坝就可解决农户的照明、烧饭、洗衣机、电视机等的用电。兹将微型发电机照片及有关参数附

微型发电机

微型发电机组

微型发电机主要性能

参数 \ 型号	WS650	WS1000	WS1500	WS2000
额定功率(W)	650	1000	1500	2000
设计水头(m)	2.5 ~ 3.5	3 ~ 4	3 ~ 4	3 ~ 4.5
额定电压(V)	230	230	230	230
外形尺寸(mm)	φ 290 × 850	φ 290 × 880	φ 310 × 880	φ 330 × 890
重　　量(kg)	25	29	36	45

后。

1985 ~ 1988 年，在苏北灌溉总渠，利用淮安运东梯级往总渠下游送水的落差，新建了年利用小时较高的淮安市远东水电站(总装机 2000kW 共 10 台)、沭阳县桑墟水电站(总装机 500kW 共 5 台)、高淳县茅东闸水电站(装机 200kW)。

1984 ~ 1988 年，高良涧水电站(16 × 200kW = 3200kW)在完成水轮机叶片和传动齿轮箱改造后，又完成了控制室的改造，换上了国内先进的控制设备。活动坝水电站(12 × 160kW = 1920kW)完成了 10 台机组的齿轮箱技术改造，同时将160kW发电机组电抗分流器换上了可控硅励磁，提高了机组的出力，又降低了机房的温度和噪声。阜宁水电站(7×200kW＝1400kW)装上了电子计算机和简易闭路电视，做到操作、监控现代化。南偏泓水电站(4×160kW＝640kW)装上了自计水位计和PC—1500计算机，做到了安全发电。句容二圣桥水库将电站(18kW)从灌溉渠搬迁至溢洪道上，做到了小流量常年发电，使电站年满负荷运行小时达6000h以上，保证了水库和乡自来水厂的用电，提高了电站的经济效益。宜兴向山红水电站(175kW)在国际组织爱德基金会的资助下，进行改造翻新，现已建成一座与旅游点结合，能接待外宾对外开放的水电站。1987年，在洪泽高良涧水电站还建立了省小水电电气设备测试中心，使全省水电站的仪器仪表、变压器得到及时的校验测试，为安全生产提供了技术保证。同时配备了电子计算机，建立了全省小水电技术数据库和提高了小水电年报表的准确率。

通过对老电站的技术改造，使全省总装机3万kW水电站的年平均发电量，由5000多万度提高到6000多万度左右。由于新电站的投入运行，全省小水电每年可向大电网输电达7000多万度，为江苏省工农业生产作出了一定的贡献。为了提高水电站的经济活力，我们正在研究利用水电站电能优势及季节性电能，积极开展多种经营，使电站为四化建设创造出更多的财富。

浙江省水电建设新发展

朱浣泉　胡继贤

浙江省截止1988年底，已建成大、中、小型(500kW以上)水电站总装机容量为189.1万kW，年发电量51.48亿kW·h，分别占全省电力总装机容量的46％和年总发电量的27.9％，对促进本省和华东地区经济发展起了很大的作用。与此同时，已建成的大中型水电站还为华东电网的调峰、调相和事故备用起了十分重要的作用。

近5年来，根据中央关于改革开放、搞活经济的方针和集资办电的政策，浙江省采取了多种形式办电，大中小一起上，国家、地方、集体一起上，多层次、多渠道集资办电，并实行浮动电价的政策，促使水电建设特别是中小型水电站开发又有了一定的发展。

从80年代开始，特别是1984年以来，浙江省水电建设的重点是开发瓯江流域的水能资源和发展小水电，建设农村初级电气化试点县。

瓯江流域上紧水滩水电站(装机容量30万kW)，已于1988年12月全部建成投产。

中型水电站在浙江省水能资源中开发条件优越的比重较大，但开发率低。已建成投产的有云和县的石塘(7.8万kW)、开化县的齐溪(1万kW)、龙泉县瑞墙(1.2万kW)水电站。在建的有景宁县上标(1.6万kW)、天台县龙溪(1.6万kW)、文成县高岭头(1.6万kW)、嵊县丰潭(1.26万kW)、缙云县龙宫洞(2万kW)、淳安县枫树岭(3万kW)等水电站。

目前小水电在浙江省各地星罗棋布，截止1988年底，已开发的有65万kW，年发电量16亿kW·h，占可开发小水电水能资源的28%，现有30个县的装机容量达1万kW以上。新昌、天台、仙居、泰顺、庆元、龙泉、云和、缙云、武义、临安及景宁畲族自治县等11个县被国务院批准为全国电气化试点县，其中新昌、庆元、缙云3个县已达到初级电气化标准，其余的县预计在1990年以前可达到初级电气化标准。

浙江省潮汐水能资源极其丰富，居全国首位，约占全国可开发的39%。温岭县江厦潮汐试验电站（共6台机组，总装机容量3200kW），1986年2月竣工，标志着我国建设潮汐电站的技术已进入了先进的行列。

目前，浙江省水能资源尚有2/3未开发，其中具有优越开发条件的中型水电站尚有数十座；还有众多山区可建设高水头抽水蓄能水电站，开发潜力很大，要积极采取措施，尽早开发，为浙江省的电力工业的发展做出应有的贡献。

安徽省水电建设新发展

刘　连　生

安徽省中型水电站（1.2万kW以上）开发程度较高，除1987年初完成了花凉亭水电站续建3、4号机，新增装机2万kW外，1984～1987年没有开发其它新的电站。全省中型水电站至1988年底累计装机37.6万kW，占中型水电站可开发资源的61%。陈村水电站装机15万kW，是安徽省最大的水电站，向电网送电原是110kV线路，为发挥该站在电网中的作用，于1984年增加了220kV线路；花凉亭水电站设计装机4×1万kW，原只装机2台，于1987年初全部续建完成；响洪甸水电站装机4×1万kW，其中4号机于1960～1962年将发电机改为双水内冷发电机，是我国首次试验的双水内冷发电机，运行情况良好。

为了今后的开发，近年对具有防洪、灌溉、发电综合效益水库的电站和抽水蓄能电站进行了可行性研究。

安徽省小型水电站（1.2万kW以下）开发程度大大低于中型水电站，但其开发潜力较大。为此省政府于1983年5月成立了省小水电站建设领导小组，又于同年7月颁发了《安徽省发展小水电若干规定》，从此我省小水电建设进入了健康发展的轨道。为调动地方办小水电的积极性，确定小水电实行“自建、自管、自用”的方针和“谁建、谁有、谁管、谁受益”的政策，并在资金、物资、税收等方面给予支持和优惠。这5年中央和省共安排小水电经费（包括“拨改贷”）6600多万元；对小水电联并网给予支持，调整了小水电上网电价，规定高峰为15分/kW·h，低谷为4.2分/kW·h。由于政策对头，措施得力，5年中安徽省小水电取得了明显的进展，也促进了地方经济和文化的发展。1984～1988年共计建成小水电新增装机4万kW。截止1988年底，全省小水电总装机为10.6万kW，占小水电可开发资源的18%，比1983年底小水电装机容量增加27%；

1988年全省小水电发电1.83亿kW·h,比1983年发电量增加70%。发电量增长速度超过了装机容量增长速度,表明了小水电效益有了提高。1987年小水电利用小时达到2164h,比1983年多750h。

近年来,安徽省在开发小水电方面抓了以下几项工作:

1.以开发100kW以上电站为主;因为这些电站不仅社会效益、环境效益好,电站本身经济效益也好。在此期间,500kW以上电站有了较大的发展,由1983年8座、13323kW增加到1988年的27座、37925kW。这批电站1987年发电平均利用小时为3400h,是我省小水电中骨干电站,起了很好的作用。

2.积极推进小水电联、并网,搞好小水电自供区的巩固和发展。小水电并网后,不仅可以提高自供区供电质量,还可以多发、满发,把多余的电量送往电网,缓解大电网对县城供电不足的矛盾。我省并网小水电由1983年的19%,发展到1988年的50%以上。

3.在已建的水利工程(节制闸、水库、渠道)上开发小水电。在此期间共建10座水电站,装机12810kW,一般可以减少20%～30%的投资。蚌埠闸水电站是淮河干流上一座水电站,装了6台低水头(4.1m)、大流量(单机26.6m^3/s)机组,共4800kW,1988年年发电利用小时达5400h。

4.进行了河流梯级开发。

5.抓了老站技术更新改造。

当前小水电建设面临的问题是:建设的物资价格、费用上涨,电价偏低,盈利水平不高,偿还借款、贷款时间较长,建设资金筹集困难。要使小水电今后能持续发展,必须贯彻行之有效的小水电有关方针政策,搞好规划设计、建设和管理,努力降低造价,增加发电量,进一步调整电价,增加发电收入,开展多种经营,提高工程效益,在此基础上建立小水电基金,有偿使用,使小水电有个稳定发展的经费来源。

福建省水电建设新发展

杨 德 茂

福建省截止到1988年底,水电装机容量为185.4万kW,年发电量为67.45亿kW·h,分别占全省电力总装机容量和年发电量的50.8%和59.1%。

近年来,福建省采用多渠道、多层次集资合办和大中小水电一起上等措施,水电建设有了较大的发展。

目前福建省有两座大型水电站:其一为沙溪口水电站,装机容量30万kW,1983年6月动工,1号机组(7.5万kW)于1987年9月、2号机组于1988年9月15日先后投网运行。其二为水口水电站,装机容量为140万kW,于1987年3月动工,现已完成导流明渠开挖,正在浇筑导流墙混凝土和左岸基础开挖,预计1989年9月底可实现主围堰截流,第一台机组(20万kW)计划在1993年9月投产。

中型水电站有3座:一为范厝水电站,

装机3.6万kW,1号机组于1988年11月30日投网运行,预计2号和3号机组可望于1989年7月初和10月安装完毕,并投网运行。二为1987年5月动工的泰宁县良浅水电站,装机3万kW,已基本完成厂房一期工程和大坝闸墩的混凝土浇筑,计划1990年底前3台机组全部建成投产。三为龙门滩水电枢纽,由三个部分构成:即"龙头"水库、一级和二级水电站。一级水电站装机为1.8万kW,年发电量为7643万kW·h,已于1985年12月动工,预计1989年10月竣工;二级水电站装机为2.6万kW,年发电量为1亿kW·h,正在搞"三通一平",决定1989年4月1日公开招标投标,承包主体工程施工。

到1988年底,全省地方拥有2.5万kW以下小水电站(不含企业自备水电站)有7257处,装机为110.6万kW,年发电量为37.09亿kW·h,其中并入大电网运行的小水电站有1113处,装机容量为55.59万kW,年发电量为24.83亿kW·h。

福建省有10个农村电气化试点县,继光泽县之后,又有尤溪、永春、闽清等3个县达到了全国农村电气化试点县初级阶段电气化标准,领到了国家证书。其中光泽县还参加了在法国举办的世界能源博览会,受到了好评。

近两年来,全省各地大力发展以出口创汇为龙头的工业硅铁企业,利用小水电季节电能达3亿kW·h,增加电费收入2000多万元。

江西省水电建设新发展

刘　坚　黄梦斌

一

在改革、开放、搞活的新形势下,江西省的水电建设取得了较大成绩,为地方工农业生产提供了大量的廉价电能。到1987年底,全省水电总装机为93.87万kW,为可开发水能资源的10.91%;年发电量为23.54亿kW·h,为全省年发电量的22.9%,其中小水电装机60.8万kW,年发电量13.22亿kW·h,占全省水电发电量的56.16%。

目前省内在建的大型水电站有万安水电站,装机容量40万kW,预计1991年第一台机组可投产发电。

近年来,江西省大电网内供需矛盾日趋突出,为此各级政府和有关部门都很重视水电建设,并狠抓了一批条件较好的中型水电站的前期工作,现已完成初步设计的有:龙潭水电站,装机容量4万kW;高湖水电站,装机容量2.5万kW;古亭水电站,装机3万kW;东津水电站,装机6万kW;大坳水电站,装机2.625万kW。另外,还有泰和水电站(装机18万kW)等一批中型水电工程的前期工作也正在抓紧完善,积极为今后动工兴建创造有利的条件。

1984～1987年,全省共新增小型水电站1093座,装机容量为11.28万kW,平均每年新增小水电2.82万kW。小型水电站的前期工作进展更快。过去迳流式电站较多,往往在汛期电能多,而在枯水期电能短缺,又因机组容量较小,不能适应农村经济向较大规模商品化转化的需要，因此目前规划和兴建的小型水电站的装机规模都在100kW以上，尤其是县办电站，一般都在3000kW以上，而且具有“龙头”水库的电站居多数。目前在建的11座小型水电站共计总库容6.16亿m^3，主要为年调节或多年调节水库。这些电站还可为下游梯级电站增加保证出力和发电量，下游农田的灌溉保证率也得到提高，防洪等综合利用效益也有所增加。

江西省重点抓了农村初级电气化试点县的工作，以带动全省小水电的建设和管理。全省列为全国100个农村电气化试点县的有7个县，后又增加了3个县，共计10个县。为了搞好农村初级电气化工作，从1982年至1986年对全省所有的县都要求按照水电部颁发的农村初级电气化县规划大纲的要求，并结合本县的实际情况，编写了农村初级电气化规划。奉新县是农村初级电气化工作进展最快的县，到1987年底，奉新县已建小水电站123座，装机容量20300kW，占全县可供开发水电资源55000kW的36.9%；发电量为6587万kW·h。全县已有99.27%的家庭用上了电，人均年用电量达203.02kW·h；全县已有22.44%的家庭用上了电炊设备；网损率降到11.90%，各项指标均达到了水电部颁发的《一百个农村电气化试点县初级阶段验收条例》中规定的要求，成为全省第一个农村初级电气化的达标县。据不完全统计，从1984到1987年奉新县用于农村初级电气化建设的资金共有2568.2万元，其中部、省、地区补助的有486万元；县、乡、村自筹的788.9万元；群众自筹的475.7万元；代款817.6万元。到1988年底，德兴、务源、靖安、宜丰、大余等县也将达到农村初级电气化县的验收标准。

为了加速江西省水电的建设，全省水电站的设计、施工都已开始采用招标、投标的办法来选择设计和施工单位，并已取得了明显的经济效益，也加快了水电站的建设速度。如铜鼓县大段水电站，设计装机容量为12800kW，就是采用招标方法选择施工单位的。该工程总概算的标底为3560.97万元。参加这次投标的单位最高报价要比标底高出23.50%；水电部葛洲坝开挖分局的报价较低，比标底高出3.8%，最终选定由该分局承担该水电站的施工。该项工程已于1987年9月动工兴建，预计到1990年9月全面完工。

目前由于用电负荷逐日增长，必须抓紧中型水电站的建设，但是近年来江西省中型水电站的建设和发展速度较慢，主要原因是管理体制不明确，资金来源不落实，电价也不尽合理，因此，尽快制订出一套有利于中型水电站发展的方针政策，看来是非常必要的。

山东省狠抓水电建设管理工作

郝　湘　森

近年来，山东省由于水利水电建设投资压缩，只选择水源条件好、群众积极性高的地方兴建100kW以下的微型水电站。在每年50万元的投资中，除个别新建发展外，大部分用于已建水电站的配套挖潜工作。截至1988年底止，全省小水电总装机容量为7.6931万kW，274处，全年产电量为3323.92万kW·h。

近几年，水电建设工作重点已经转移到水电管理上来。现将具体情况分述如下。

一、狠抓小电站运行管理

1982年7月开展小水电"一查五定"工作(即查经济效益；定安全指标、定生产任务、定消耗定额、定规章制度、定人员编制)。其方法是抓典型，后开现场经验交流会，通过以点带面在全省推开。这项工作至1984年冬基本结束。

经过近两年的努力，水电站的厂房、设备焕然一新，经济、技术管理水平大大提高，基本上做到了水库放水即发电，并达到了发供电安全运行。所以1985年全省小水电发电量达到7347万kW·h，创历史最好水平。

二、狠抓小水站职工培训工作

山东省自1980年11月举办第一期小水电培训班以来，至1988年底共举办10期短期培训班，参加的人员共400多人。在此期间，参加水电部短期培训班的有15人。并推广跋山水电站以师带徒、签订师徒合同的办法，使电站职工素质大大提高。

三、应用图表合理调度水库放水提高水电站的效益

根据水电站运行的需要，设计了水库放水发电调度图表。依照水库水位和开机台数，可查知净水头，再以水轮发电机特性曲线的最优效率区，查出机组的出力和相当的单机过水流量等数据，大大提高了电站经济效益。如跋山水电站，1985年应用图表与不用图表的1980年相比，在水库蓄水量、放水量基本相同的条件下，平均每发1kW·h电量，就少耗水5.4m^3，全年多发电332.2万kW·h。

四、进行小水电专业学术研讨

1986年6月26日，在济南成立山东省水利学会小水电专业委员会，并于1987年11月26日在潍坊市峡山水库召开了"小水电专业学术讨论会"，就小水电建设、运行管理、职工培训、技术革新、技术改造等多方面课题进行学术交流，共收到学术论文30多篇，促进了小水电的发展。

五、开展技术革新和科研工作

1.原有水库输水管道大部分没有考虑发电的要求，所以管径细、过水断面小，其管壁多为素混凝土或少筋混凝土，不能承受内水压力。为了适应发电要求，将原埋管拖出来更换钢管。

2.新建的输水管道采用锚喷支护新工艺，效果很好。

3.跋山水电站采用水阻器代替调压塔，获山东省科技成果奖。

4.在费县许家崖水电站3台800kW机组，采用水轮发电机在中性点加装水电阻降压导步启动，作调相运行，成功地解决了发电时间短的问题，充分利用了机组设备。

5.对双绕组电抗分流发电机励磁系统，试行以下改进工作：

(1)采用可控硅自动电压调节器；

(2)发电机副绕组装设TSGC-20/0.5型调压器；

(3)用环氧树脂修补水轮机气蚀部位。

六、开展综合经营，以电促副、以副养电，稳定职工队伍

1984年选择沂源县田庄水电站为典型，

充分利用水电站技术力量和维修设备，开展电器维修业务。在全省推广后，有的水电站对发电、副业层层承包，充分调动了职工的积极性，除发电收入外，还有维修、粮棉加工、纺织厂、乙炔厂等多种经营，其收入逐年增加。1988年全省小水电总收入612.33万元，其中产电收入182.3万元，综合经营收入达430万元，经济效益比较显著，从而稳定住职工队伍。

河南省水电建设发展与改革

夏 时 正

河南省1984～1988年间未建成大中型水电站。在建工程有洛河故县水电站，装机容量6.0万kW(3×2.0万kW)，年平均发电量1.82亿kW·h，预计1990年初步建成。

河南省小水电建设在70年代高速发展以后，进入80年代逐步放慢了速度，趋于稳定发展，从1984年到1988年，5年期间总发展新增装机约2万kW，平均每年递增4000kW。在此期间投产的主要电站或机组有：迎水寺电站(800kW)；彰武水库电站(1600kW/2台)；南河口电站(800kW+630kW)；老君庙电站(1600kW/2台)；新集子电站(1300kW/2台)；刁公岩电站(1000kW/2台+250kW/1台)和曲里村电站(1250kW)。到1988年底，全省累计装机达到23.7287万kW/1202处，5年发电量为18.61亿kW·h，平均每年发电量为3.72亿kW·h，年利用小时1562h。其间，于1985年发电量为4.43亿kW·h，创历史最高水平。但小水电设备利用小时低于全国平均水平，其原因有三个：一是水文资料短缺，一般延长插补推算出来的水文值偏大；二是乡村小水电站多为孤立运行，管理跟不上，而这部分小水电装机达9.7万kW，占总装机41%，降低了全省的利用小时；三是早期投资政策对单机500kW以上水电站补助比较优惠，也促使建设单位人为加大装机。

从1984年到1988年，我省小水电建设速度放慢的主要原因是投资减少，加之“三材”价格成倍上涨，劳务费用大大增加，这使得小水电的发展更加困难。

小水电并网电价是我省多年来未能合理解决的一个大问题。1985年河南省计经委、物价、电力、水利四家，根据国务院和原水电部有关指示精神，将小水电上网最低电价定为每度5分，这在当时是一个进步，然而时间不久，由于全国物价迅速上涨，这一价格很快已不适应。况且有些电站并网电价至今还不到5分一度(如陆浑水库电站并网电价每度仅3.45分)，使得不少电站尽管社会效益很好，有效地缓和了当地供电紧张的情况，促进了乡镇企业的发展，但自身却难以维持，大大影响了一些地方办电的积极性。

1984年至1988年河南省和全国一样，处于全面改革时期。首先，在小水电资金使用办法上进行了改革，1984年以后基建经费改为“拨改贷”，1988年以后又改为贷款。事业费先是改为“支农周转金”，以后改为省借款，而1988年开始又变为有偿借款，并由省水利厅和用款的地、市直接签订合同，直接拨款。这无疑对促使电站经济效益的发挥有好处。另外，在管理体制方面也进行了改革，以前主管全省小水电规划、建设、管理等方面业务是省水利厅水电处，1984年以后该处撤消，改由河南省水利水电实业开发公司主管。由于该机构为企业，需抽出大量人力搞设计或其它技术服务，以便自我维持，从而削弱了管理方面的力量，这一问题有待今后深化改革中去解决。

为了更好地发挥小水电的经济效益，充分利用水能资源，1984年以来，一些县和电站自已建成了小水电网，自发自供，效益较好，其中以灵宝县水电公司的小水电网规模最大。全县联网运行的大小水电站33处，装机48台，总容量1.26万kW，35kV线路66km，10kV线路263km，变电站3座，1985年联网后的第一年发电3147万kW·h，比联网前增加1倍。

根据国务院国发〔1983〕190号文，河南省卢氏县被批准为全国100个电气化试点县之一。该县经省计委批准的建设规划是：电源工程6处，装机1.13万kW，工程投资4856万元(包括线路配套)，1990年完成。主要电源工程之一的曲里村电站(装机5000kW)于1985年8月开工，计划1987年10月完成，但1987年5月渠首坝被洪水冲垮，仅采取临时措施，使电站作了试运行。计划1989年完成渠首坝复建工程。

另一个主要电源工程——石墙根电站(装机3×1600kW)，位于曲里村电站的上游，1988年12月开工，要求1990年6月底以前建成。

1987年4月在河南省洛阳陆浑管理局召开了“全国北方地区小水电工作座谈会”，有北方17个省、市水电处负责同志、8个农村电气化试点县的代表参加了会议，根据北方小水电特点研究发展小水电的问题，并就电价改革、乡村电站管理、试点县建设等进行了专题讨论。

1988年7月在博爱县青天河水库电站召开的“全省小水电工作会议”上，宣布了对全省推荐的优秀骨干电站(单机500kW或总装机1000kW)的评比结果，还着重研究电站多种经营以及办耗能冶炼企业等问题，以搞活电站经济，求得在目前电价和价值严重脱节情况下的生存和发展。

总之，1984年到1988年河南省小水电事业取得了一定的发展，但存在问题也不少，还需要我们在今后的工作中，将改革深入进行下去，使河南省小水电事业以更快的速度发展。

湖北省水电建设新发展

王春暖

湖北省境内水能资源丰富。至1988年底，全省水电装机456.45万kW(其中小水电23.27万kW)，为可开发水电资源2852.16万kW的16%。

湖北省重视水电资源的开发。1988年5月，省长向省七届人民代表大会所作的政府工作报告中，谈到今后13年的战略部署，明确提出要加强以电力为中心的能源建设，要把重点放在开发水电资源上，实行水、火并举，以水补火的方针。

近5年来，全省在建的大型水电站有：葛洲坝大江水电站，该电站装机容量175万kW，装有14台单机12.5万kW的大型轴流转桨式水轮发电机组，主体工程1981年下半年开始开挖基础，到1986年6月第一台机组投产发电，最后一台机组于1988年12月14日正式并网发电。清江隔河岩水电站装机容量为120万kW，有4台单机30万kW的混流式水轮发电机组，该工程已于1987年1月15日开工，预计到1992年开始发电。省委、省政府十分重视隔河岩工程的建设，与水电部合资兴建，工程所需设资、材料由水电部与湖北省各承担一半，建成后按投资比例分电。为了带动清江干流梯级水电站的建设，湖北省已成立了清江水电开发公司。

近几年来，全省也狠抓了一批中型水电站的前期工作和建设。装机容量24万kW的高坝州水电站是清江干流上的一个梯级电站，将由省内集资兴建，计划与隔河岩电站同时发电。王甫洲水电站位于汉江丹江口水利枢纽以下约30km处，电站设计装设4台灯泡贯流式水轮发电机组，装机容量10.9万kW，年发电量5.88亿kW·h，1987年12月华能国际电力开发公司与湖北省计委达成了关于合资建设的原则协议。电站主要机电设备将从国外招标采购，工程近期可望开工兴建。位于恩施市的天楼地枕水电站，装机容量2.52万kW，年发电量1.34亿kW·h，该工程由自治州和恩施市合办，已于1987年12月5日开工兴建，计划在1991年建成，所发电力由州电网统一调度。

葛州坝至恩施的输变电工程于1988年7月24日建成送电，从此结束了鄂西土家族、苗族自治州与全省电网不相联的历史，也推动了这个州的中型水电站的建设。

全省小水电建设贯彻了“开辟多种水源、建立骨干电站、完善管理机制、攻克技术难关”的指导思想，小水电得以稳步发展。5年间全省共投产小水电站287处，装机容量23.27万kW。新投产的电站中较大的骨干电站占55.55%，其中单站装机5000kW以上者有14处，为总投产容量的31.92%，最大的鹤峰县桃花水电站水头600m，装机1.2万kW。

湖北省水库工程较多，仅大、中型水库即达275座。为了提高水资源的利用率，对具有发电条件的水库工程都计划兴建电站，这样花钱少，效益大，还给水库管理增加了活力。如建始县于70年代初修水库42座，总库容为1100万m^3，在下游可建5个梯级水电站，总装机容量可达15260kW，已于80年代初建成了2个梯级，1985～1988年3年间又建成3个梯级，平均每年投产1个梯级。

神农架林区，林茂、树大、根深而雨水又多，因此土壤含水丰富，其四周的河流水量均匀，是建小水电站的理想条件。如兴山、巴东两县投产的猴子包，苍坪河，潭口等水电站，年利用小时数均在5000～6000h。

鄂西武陵山区是喀斯特发育区，这里雨量充沛，落差大，地下水能丰富，但是开发难度较大，为了充分发掘岩溶地区的水能资源，自1984年起先后在咸丰、五峰两县进行了试验性开发，并已取得了成效。如咸丰县丁寨水电站，，开凿隧洞2650m，引水渠1600m，获得水头170m，装机容量5000kW。五峰县洞河水电站，隧洞长1500m，将地下河水引出岩洞，得到140m的水头，装机4100kW。

在高水头小水电方面也取得了突破性进展，长阳县四方洞电站，为一试验性高水头电站，设计水头855m，流量0.76m³/s，是引用泉水发电的，装机两台单机2500kW的冲击式水轮发电机组，该电站已于1988年9月投入运行，运行情况良好。

湖北省已建的一批骨干小水电站分布在22个县，这样就增加了这些县级电网的供电可靠性，也有利于区、乡电站效益的充分发挥，提高了小水电的设备利用率。目前全省小水电装机容量在1万kW及以上的县共有24个，1987年发电量达14.28亿kW·h。

全国第一批农村电气化试点县在湖北省有7个，全省以试点带一般，通过改革逐步理顺和健全了小水电站的管理机制，推动了小水电事业的巩固与发展。

"七五"期间，全省每年筹资1亿元作为小水电建设基金，并以县为单位建立小水电经济实体。县水电（水利）局下设水电公司，采取建、管统一，发、供，用统一。各县逐步建设110kV的变电站与国家电网联结，使电量得到交换，互补余缺。

当前，全省的农村水电建设正朝着双向经济发展，即在搞好本地供电的基础上，充分利用本地矿产资源和季节性电能，创办冶炼工业。现在已有10个县（市）兴办了电石、铁合金、黄磷、工业硅等13个厂（矿），年产量为27960t，产品畅销全国，少数产品已销往海外，使发电利润大幅度上升。这样更激发了开发小水电的积极性。

湖南省水电建设新发展

曾国桢　李德寿

湖南省把电力建设当作战略重点来抓，在1984年至1988年的5年中，全省电力建设不但在改革和建设方面积累了宝贵的经验，在建设规模和增长速度方面，也是建国以来最好时期之一。水电建设的重大成就主要表现在以下五个方面：

一、水电装机有较大增长

1983年底湖南省水电总装机容量为205.76万kW，至1988年底达到271.5万kW，5年中共增装机65.74万kW，平均每年增加13.1万kW。其中大型电站增加37.5万kW，小型电站增加28.24万kW。发展速度是比较快的。

湖南省1980年以来历年年末拥有的水电装机容量与当年发电量见下表。

年　份	1980	1983	1984	1985	1986	1987	1988
年末装机容量（万kW）	190.43	205.76	211.11	212.6	221.39	238.41	271.5
年发电量（亿kW·h）	58.59	78.97	70.95	74.7	72.81	82.37	90.35

二、大型水电建设稳步发展

湖南省的大型水电站，60年代建成柘溪，70年代建成凤滩，80年代建成东江，90年代将建成五强溪，尚有江垭、敷溪口、碗米坡、淋溪河等处待建。

东江水电站总库容 81.2 亿 m^3，拦河坝最大坝高 157m，是我国目前已建成的最高双曲拱坝。该电站 1978 年复工后，1987 年 10 月第一台机组并网发电，1988 年 6 月和 12 月第二、三台机组投产，预计 1989 年全部竣工。该电站的建成不但在一定程度上缓解了湖南省的电力紧张局面，并且在电力系统中将发挥重要的调峰补偿作用。

五强溪是湖南省的最大水电站，1988 年 6 月主体工程施工公开招标，选定由水电部第八工程局承包，11 月已下河开始右岸基坑开挖。

三、出现了地方兴建中型水电站的好势头

湖南省中型水电站点多面广量大，据最新调查资料，全省共有可能开发的 2.5 ～ 25 万 kW 中型水电站 57 座(其中大于 10 万 kW 的 10 座)，规划总装机容量 460 万 kW，年发电量约 210 亿 kW · h，前景十分广阔。过去由于水电建设的管理体制问题，形成"大型国家办、小型地方办，中型无人办"的局面，致使湖南省的中型水电站长期停滞不前，在 1983 年以前的 30 年中，只建成双牌(13.5 万 kW)等少数几处。近年来，湖南省电力供应日趋紧缺，地方工业和乡镇农村用电尤为紧张，已严重障碍着全省的工农业发展。省政府除了抓紧大型水电站的建设和继续加速小水电开发外，根据中央提出的多层次、多渠道集资办电方针，并把加速小水电开发行之有效的政策措施推广到中型水电开发，激发了地方办电的积极性，出现了地方集资筹建中型水电站的好势头。1985 年石门三江口(5 × 1.25 万 kW)与来阳遥田(4 × 1.25 万 kW)复工建设，将于 1989 年初第一台机组投产发电；祁阳内下二级(3 × 0.8 万 kW)经过几年施工，于 1986 年底投产；小东江(2 × 2.05+2 × 0.7 万 kW) 1986 年动工，预计 1989 年上半年 2 台 0.7 万 kW 机组并网发电；郴县石面坦(3 × 0.93 万 kW)与浏阳株树桥(3 × 0.8 万 kW)1986 开工，预计 1990 年发电；零陵南津渡(3 × 2 万 kW)1987 年开工，由奥地利提供设备贷款，预计 1991 年发电。这些电站建成后，对该地区的经济振兴无疑将起重要作用。但目前中型水电站的建设仍有一定困难，主要为无明确的开发政策和缺资金渠道。

四、小水电在调整中继续前进

1988 年底，全省小水电装机容量在 1 万 kW 以上的县共有小水电 5151 处，计 97.6356 万 kW，年发电量 27.2397 亿 kW · h。

湖南全省 107 个县(市)、区中已经有 94 个用上了小水电，其中 60 个县(市)的工农业用电主要由小水电供给。全省有 52 个县水电装机容量超过 1 万 kW，其中有 12 个县超过 2 万 kW。平江、慈利、郴县、江华、黔阳等 5 个县已超过了 3 万 kW。酃县、黔阳和城步县已达到农村电气化试点县初级阶段的要求。全省有 99 % 的乡(镇)、83 % 的村和 45 % 的农户用上了小水电。

五、葛常株 500kV 超高压输变电工程竣工

葛常株输变电工程包括 404.3km 500kV 超高压输电线路与常德岗市和株州云田两座变电站。本工程于 1985 年 5 月动工建设，1986 年 8 月葛常段 194.4km 架通，先降压为 220kV 运行，每天由葛洲坝向湖南省输送电量 700 ～ 900 万 kW · h。1988 年 6 月葛常株全线贯通，云田变电站建成，6 月 15 日 500kV 试运结束正式移交生产。从此，

葛洲坝水电站的强大电力源源不断直送株州，送电负荷一般为 50 万 kW，最高达 70 万 kW，日送电量为 1000 ~ 1400 万 kW · h。1988 年共送电 27.3 亿 kW · h，对缓解目前湖南省的电力紧张局面，起了重要作用。

广东省水电建设新发展

孙国惠　钟继尧

广东省水电建设发展迅速，从 1984 年至 1988 年，全省新建成中小型水电站 630 座，增加装机容量 40 多万千瓦。至此，全省已建成投产的水电站 7029 座，总装机容量 256 万 kW，架设高低压线路 21 万 km，与大电网相配合，使得 95 % 以上的城乡和 80 % 以上的农户用上了电，城乡用电覆盖率居全国之首。

广东省是能源严重短缺的省分之一，缺煤少油，积极发展水电成为一项关系到国计民生的重要课题。鉴此，除准备开工的广州抽水蓄能电站(120 万 kW)外，本省各有关部门把发展中小水电建设当作解决广东能源的一条重要途径列入国民经济发展规划，从政策、资金、设备和技术等方面积极扶持地方和乡镇办电。近 5 年来，仅银行给予小水电建设的贷款达 5 亿多元，占工程费的 47 %。省里每年还在农水费中安排了 1000 万元左右补助乡村小水电建设，省政府从 1985 年起每年拨出 2000 万元专款发展县办小水电建设，使小水电建设以平均每年增加装机 10 万 kW 左右的速度发展。目前，全省小水电装机达 160 多万 kW，占全省水电总装机容量的 63 %，年发电量 45kW · h，约占全省水电年发电量的 60 %。在全省 110 个县市中，已有 102 个县市兴建了小水电站，有的县还组成了农村区域性电网。阳山、阳春、信宜、梅县、广宁、龙门、南雄和台山等 33 个县办的小水电站，装机容量都在 2 万 kW 以上；装机容量在 1 万 kW 以上的县有 60 个，其中有 44 个县主要靠小水电提供能源，成为全省电力工业的重要组成部分。此外，这 5 年期间，装机 1.2 万 kW 以上的水电站也得到了发展，先后全部建成投产的电站有白盘珠(2.4 万 kW)、长潭(6 万 kW)、白垢(2.0 万 kW)，装机容量合计 10.4 万 kW；在建的水电站有青溪(14.4 万 kW)、八乡(4 万 kW)和枕头寨(1.25 万 kW)。

广东省大力发展中小水电建设，减轻了大电网的供电压力，对繁荣山区经济，提高人民的物质和文化生活水平起了重要作用。如地处粤西山区的罗定县，过去年年遭受旱灾，现在全县建起了小水电站 160 多座，电力提灌站 600 多处，大半个县形成了以水发电，以电提水的水利水电网，使 80 % 的“望天田”变成了旱涝保收田。又如位于粤北地区的仁化县，过去工业一片空白，随着水电建设的发展，建起了氮肥厂、水泥厂、铁合金厂和结晶硅厂等一批企业。被人们称为“山中山”的大埔县，由于大办小水电，使 90 % 以上的乡村通了电，各乡镇都建起了文化中心、电影院、放影室。全县建起了 8 座电视差转台，绝大部分自然村都能收看电视节目。龙门县发展小水电使 50 % 的城乡家庭实现了电气化。

广东省水电站的主要特点是以中小型为主,水头低、库容小、调节性能差。除新丰江、南水、潭岭、流溪河等骨干水电站属于年调节外,其余多半是属于季调节、日调节和迳流电站。据初步统计,装机1万kW以上的电站保证出力与装机容量的比值为0.2左右,因而枯水期供电比较紧张。展望广东的电力事业,应充分发挥水能资源的优势,实行水电、火电、核电并举的方针,搞好中小水电建设,以解决广大城乡用电和补充全省大电网目前用电的需要。因此,水电建设应在加强现有电站管理和技术改造的基础上,继续发展,做到不断提高,稳步前进。同时,要充分利用丰水季节电能,做好"以电代柴"的试点及推广工作,从而进一步发挥设备的利用率,增加季节性电能。另一方面要设法增加蓄水能力,特别是"龙头"水库,提高枯水期出力,进一步发挥中小水电的经济效益。

广西壮族自治区水电建设新发展

彭文藻　　玉升扬

广西壮族自治区完成了横贯自治区中部的红水河干流综合利用规划后,在珠江水利委员会领导和各有关单位的配合下,在以往工作的基础上,又完成了浔江、郁江、桂江、贺江等主要河流综合利用规划。

1981年国务院批准了红水河综合利用规划。近年来,水电部按国务院要求,集中了部属昆明、贵阳、中南、东北勘测设计院以及广西电力局勘测设计院进行红水河上天生桥一、二级,以及龙滩、岩滩、大化、大藤峡等5个梯级,总装机容量为1092万kW的设计和可行性研究。还集中了武警水电一总队、水电部第九工程局、葛洲坝工程局部分队伍以及广西水电工程局等施工队伍,在红水河上进行大化、天生桥二级、岩滩等3个总装机容量为313万kW的电站施工。大化水电站第一期装机40万kW,1985年已全部投产。

随着城乡经济体制改革的深入和生产的发展,中小水电在地方经济建设中的重要作用日渐为广大群众所认识,在中央"自建、自管、自用"和"以电养电"的方针政策贯彻执行,以及广西壮族自治区《关于加速发展我区小水(火)电的若干规定》的推动下,各级地方政府、部门和群众集资办小水电的资金逐年有所增加。装机容量为4.65万kW的马骝滩水电站正在施工。小水电也取得可喜的成就,1984～1988年新增装机22.69万kW,扣除各年报废机组后,净增装机16.6万kW,发电量增加4.33亿kW·h,详见表。

广西恭城、灌阳、全州、贺县、昭平、岑溪、容县、大新等8个县被列入全国100个农村电气化试点县后,虽然电气化建设1985年才付诸实施,但一般建设进度较快,恭城、大新两县于1986年,灌阳、贺县分别于1987和1988年,提前达到了农村电气化的初级标准。

由于坚持大、中、小并举办电方针,落实了多层次、多渠道集资办电,1984～1988年广西全区水电共新增装机52.69万kW(其中小水电净增16.6万kW),到1988年底水电总装机达181.3万kW,占全自治区电力装机277.8万kW的65.26%;水电年发电

表 1984～1988年广西自治区小水电建设投资及新增装机表

投资来源及装机、电量 \ 年分	1984年	1985年	1986年	1987年	1988年	合计	备注
水电部农村电气化专用款及其它补助(万元)		750	750	740	740	2980	电气化专用款为“拨改贷”
自治区人民政府各类经费(万元)		150	2301	678	1178	4307	包括周转金
水利经费(万元)	1698.0	1819.74	2185.7	2321.8	1993	10018.24	
各银行贷款(万元)	685.5	2033.8	3596.8	4396.5	3721	14433.6	
县及县以下地方自筹(万元)		2771.74	3100.0	4200.0	5135.0	15206.74	包括以电养电资金
合计(万元)	2383.5	7525.28	11933.5	12336.3	12767	46945.58	
当年总装机(万kW)	67.38	70.62	74.21	77.41	82.28		已扣除年内报废容量
当年总发电量(亿kW·h)	16.84	17.7	17.6	18.81	20.68		
当年新增装机容量(万kW)	2.81	4.7669	4.98	4.35	5.75	22.6969	
当年增长的发电量(亿kW·h)	0.49	0.33	0.43	1.21	1.87	4.33	

注：1984～1988年还相应建成：35～110kV高压线路2707km，变电容量66.7万kVA；10kV配电线路14665km，配电变压器容量87.05万kVA；低压线路21776km

量为60.51亿kW·h，占全区电力总发电量102.44亿kW·h的59.06%；其中小水电装机82.28万kW，年发电量20.68亿kW·h，分别占全区电力总装机和总发电量的29.62%和20.19%。

随着农村经济的发展和广大农民生活水平的改善、提高，边远山区少数民族也纷纷自筹资金办微型水电站。到1988年，边远山区群众自建了0.6～20kW机组7800多处，装机2500多kW。如金秀瑶族自治县，地处桂中的大瑶山区，全县11个乡镇除头排、三江、桐木、三角、金秀等5个乡镇靠县办小水电外，其余山区乡村都是用微型小水电解决壮乡瑶寨居民的照明和农副产品加工，结束了千百年照明靠点松明枝的落后状态。

海南省水电近况

海南省电力公司计划处

海南省水能资源丰富，水能理论蕴藏量为99.5万kW。到1988年止，已建成的水电总装机容量25万kW，占全省电力总装机的50%。历史最高年（1986年）发电量为7.76亿kW·h，占全省总发电量的83.44%。1987年逢上十几年来的少见干旱，水力发电量大为减少，但仍占全省发电总量的68%。单机6000kW及以上的水电站计有牛路岭（装机4×2万kW）、南丰（2×1万kW）、小广坝（2×6500kW）等3处，装机容量及发电量各占全省的近一半。

在管理上，单机6000kW及以上的划归电力部门，以下的划归水电部门管理。近几年来贯彻了中央关于小水电谁建设、谁管理、谁收益的方针，调动了地方建设小水电的积极性。近年由琼海县自筹资金开发的烟园小型水电站正在施工中，装机容量为2×3350kW；今年初新开工的有五指山水电站第一期工程，装机容量4000kW。

1988年中央决定海南建省，成为全国最大经济特区。电力先行，正在加快开发步伐。筹备多年、正待开发建设的大广坝水利水电枢纽工程主体电站总装机为24万kW（4×6），现正在加紧前期工作，计划1989年第一季度开工，第一、二号机组计划1991年投产，另两台于1992年完成。该工程水库为多年调节，多年平均发电量5.2亿kW·h。上述工程完成后，我省水电装机容量将比目前翻一番，将为海南电力系统增加新的调峰能力，发挥应有的效益。

四川省水电建设新发展

郭嘉仁

四川省河流众多，由于特殊的地势，形成落差集中、水量丰沛，不仅具有建设大型水电工程的优越条件，而且建设中小水电站更是点多面广。

5年来，四川省建设的大型水电站有4座，其中有渔子溪二级水电站，装机容量为16万kW(4×4万kW)，于1988年6月投产发电；在建的铜街子水电站，装机60万kW，工程进度较快；宝珠寺水电站装机64万kW，于1984年复工，正进行施工准备工作。二滩水电站设计装机容量为330万kW，经国家有关部门和专家论证，认为地质条件好、装机容量大、淹没损失小，水库有一定的调节能力，航运、泥沙环境影响等制约因素小，动能经济指标优越，对外交通方便，建成投产后，将有助于缓和四川缺电状况，有利于促进四川经济的发展，国家计委已批准兴建。

目前，全省已建成中小水电站6413处，总装机容量为136.34万kW，占全省水电装机容量289.8万kW的47%；其中电站装机在500kW及以上的有565处，共93.3万kW；单机在500kW以上的有206处，共65万kW；年发电量为47亿kW·h。全省210个市、县中，有193个建有中小水电站，有38个县水电站装机超过1万kW，其中洪雅、武隆、灌县3个县都超过了3万kW。1984～1988年期间，建成装机1万kW以上的水电站有键为谭罐窑电站、渠县南阳滩电站、潼南三块石电站、灌县谭家坝电站、江油青莲电站、高县油罐口电站、汶川草坡电站等。5年中电站装机容量持续增长，共计55.8万kW，平均每年增加11万多千瓦。另外，以中小水电站供电为主的地方电网有了较快发展，5年中建成输电线路16.4万km，其中高压线路2.7万km。

四川省中小水电站的基本建设规模逐年增大，现已超过58万kW，在建的中型水电站有5座，装机19万kW，预计将在1990年左右投产。

1983年全国确定了100个农村电气化试点县，四川省有大邑、洪雅、峨眉、荥经、汶川、叙永、大竹、遂宁、平昌、灌县10个县作为全国的试点县，还有甘洛、盐边两个县作为四川省的试点县。已有荥经、汶川、大邑、灌县达到农村初级电气化的标准，并通过了省和国家的验收。

这4个县近几年来主要是大力发展中小水电站建设，新增装机容量一般在3万kW左右，比试点前增长1～2倍，除满足全县工农业生产和城镇生活用电外，还向国家电网送电。全年供电均在330天以上，供电保证率为90%～95%。4个县城乡居民用电面达95%～98%，人均用电量均超过200kW·h，生活电炊用电户已占20%以上。

四川省中小水电事业，近几年有了较快发展，现中小水电站装机规模和发电量相当于1970年全省所有电力的水平，其主要经验和作法是：(1)认真贯彻“大中小并举”、国家办电与地方办电相结合的方针，在抓好大型水电建设的同时，也十分重视中小水电的发展。(2)采取多渠道、多层次集资，多家办电的形式，坚持“谁建、谁投资、谁所有、谁受益”及“自建、自管、自用”的政策。对集资办的电站，其所有权和管理权权属不变。(3)实行“以电养电”政策，凡地方兴办的中小水电发、供电所得利润，除生产费用和按计划归还贷款外，不纳入各级财政，继续用于电力建设。(4)积极发展地方电网，在管理体制上实行“建设和管理统一”、“发电和供电统一”，以中小水电站为主的县，地方电网和供电区由县统一管理。

四川省中小水电站建设，促进了全省国民经济的发展，特别是对地方工农业生产和人民生活带来巨大的经济效益和社会效益，表现在：(1)促进了地方工业和社队企业的发展，增加地方财政收入。如阿坝藏族自治州，大力开发水能资源，兴建中小水电站，装机达9万kW，如今办起了煤炭、冶金、化工、机械、建材、农药、造纸、皮革、奶粉等工业，以及木材、粮食、畜产品加工，工业总产值达5亿多元。(2)促进了农村电力提灌的发展，加速了农业机械化的进程。目前，全省电灌装机设备容量有117万kW，电灌面积不断扩大，对提高农田抗旱能力，保证农业增产发挥了一定作用。(3)开展以电代柴，积极发展民用生活用电，四川省甘孜、阿坝、凉山州民族地区及全省1/4的县，已在城镇和农村居民中安装了生活电炉，代替了群众的烧柴问题，节省了大量木材，有利于保护森林、保持水土及生态平衡。(4)丰富了城乡人民物质文化娱乐生活，促进了精神文明建设，特别是贫困山区有了电，不仅结束了用松脂照明、点灯用油的状况，还使广大农牧民家庭添置了电视机、洗衣机、电冰箱等电气设备。

云南省水电建设新发展

郭进贤

云南省水能资源十分丰富，可供开发利用的大小河流600余条。1984～1988年，云南省建成大中型水电站两处。西洱河三级水电站装机5万kW(2×2.5万kW)，年平均发电量2.12亿kW·h，自1980年开工后已于1987年发电，至此西洱河四个梯级共25.5万kW已全部开发。位于昭通地区的洛泽河水电站，装机容量2.5万kW(2×1.25)，年平均发电量1.486亿kW·h，1983年复工，1988年竣工。

在建的鲁布革水电站是南盘江支流黄泥河上最下游一级的电站，装机容量60万kW(4×15万kW)，当上游阿岗水库建成后，年平均发电量可达29.4亿kW·h。该电站1982年开工后，1985年大江截流，1988年底第一台机组已投产发电。漫湾水电站是澜沧江上第一座大型电站，初期装机容量125万kW(5×25万kW)，年平均发电量63.03亿kW·h，1985年开始施工准备工作，1987年冬大江截流，现正在紧张施工中。

云南省128个县(市)中，可开发水电资源大于1万kW的有104个县，其中5万kW以上的有57个县；小于1万kW的

23个县，几乎每个县都有小水电资源。

云南全省9个地、州靠小水电供电，并入省以上电网的小水电98座，计13.3万kW；有小水电县119个，其中主要由小水电供电的县占87个。因此，发展小水电在云南农村电气化建设中，具有十分重要的意义。自党的十一届三中全会以来，小水电在水利水电部门的领导下，得到了较快的发展。到1987年末，有小水电4378座，装机74.9298万kW，约占水电总装机144万kW的1/2，其中500kW以上的骨干电站有340座、60.2856万kW；农村总用电量29.2934亿kW·h，其中小水电占22.1491亿kW·h(包括小火电)，约为总发电量的1/4；全省县通电面100%，乡通电面78.03%，村通电面54.45%，农户通电面58.25%；装机达1万kW以上的有元江、凤庆等19个县(市)。

云南省经国务院批准的7个电气化试点县中，1987年验收了华宁县，1988年验收陆良、元江、泸西3个县。试点县首先进行了电气化的实践，带动和促进了全省小水电的迅速发展，引导和推进了农村电气化的进程。如1988年7月竣工验收的陆良县大铁水电站，建效快、质量好、投资省，单位千瓦造价仅为997元。

陆良县自电气化试点建设以来，以电为"龙头"，积极发展地方经济，大力支持县办工业、乡镇工业，尤其是载能工业的兴起和发展，到1987年全县已有机械、电力、化工、建材、造纸、食品、丝绸、皮革等现代工业，工农业总产值达到20511万元，财政收入2332.7万元。

小水电还确保"两山"防御作战部队的供电。麻栗坡县与越南毗邻，是祖国的国防前线。该县主要靠小水电供电，有电站15座，装机12201kW，年发电量3064.27万kW·h，基本做到部队驻守那里，电就送到那里，不仅保证了部队帐蓬照明、山洞取暖、山头抽水及军事设施的用电，而且还为部队普遍开放了生活用电，被指战员们赞之为"南疆小水电支前功如天"。

在小水电负荷富余的县，适量开展"以电代柴"，使遭受破坏的森林覆盖得到一定恢复。例如元江县1958年森林覆盖率为60.3%，到1982年下降到19.3%；自实施"以电代柴"计划以来，电炊发展到12411户，占总户数的37.4%，减少了木材的消耗，使森林覆盖率逐渐回升。

贵州省水电建设新发展

祝　华　贵

贵州省水电建设1984～1988年间，已建成的中小水电站装机容量有所增加，达44.18万kW，大型水电站无新机组投产。截止1988年末，全省已建成水电站装机容量达131.542万kW。目前在建水电站装机容量143万kW，其中大型125万kW，计有南盘江天生桥二级水电站，装机容量88万kW(贵州省为44万kW)；黄泥河鲁布革水

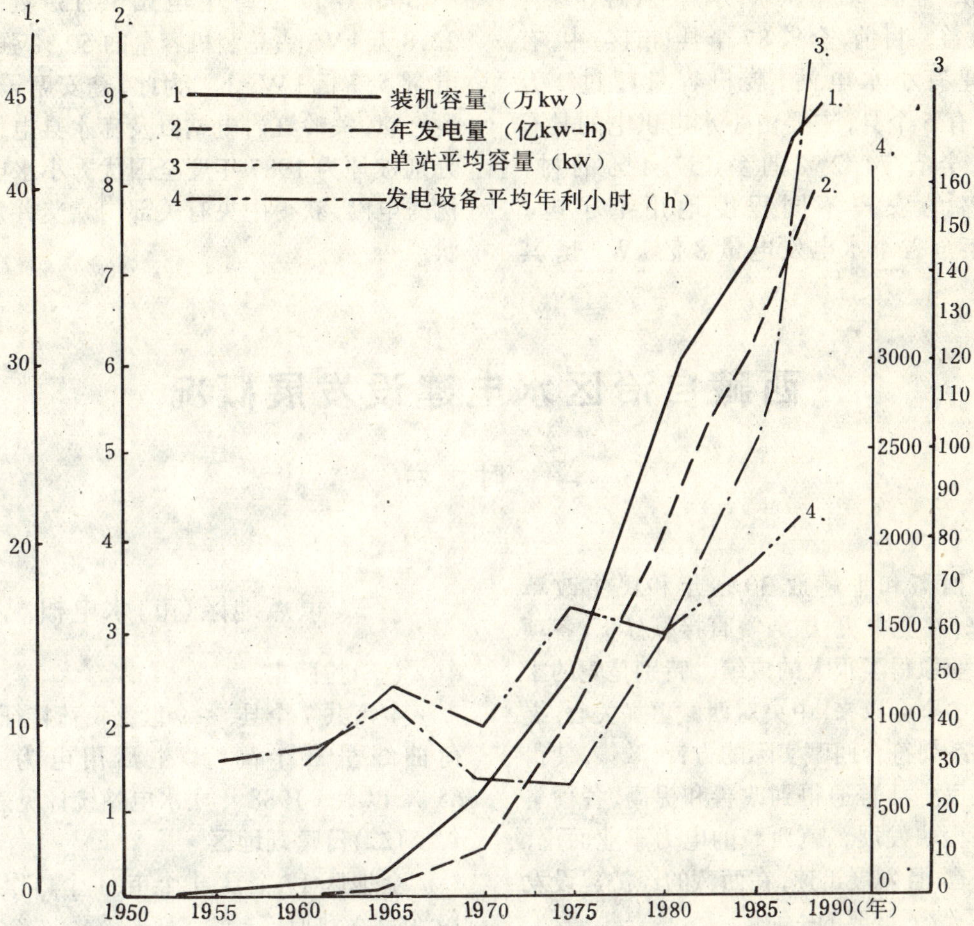

图 贵州省 *1984—1988* 年小水电增长情况图

电站，装机容量 60 万 kW(贵州省为 30 万 kW)；乌江东风水电站，装机容量 51 万 kW。另外，中小型水电站有 18 万 kW。水电发电量 41.7 亿 kW · h，为全省年总发电量 79.25 亿 kW · h 的 51％。

5 年来，为满足贵州地方经济发展的需要，中小水电加快了建设步伐。在“全面规划、择优开发、确保重点、量力而行、加强管理、讲求实效，切实把工作重点转移到管理上来，转移到以提高经济效益为中心的轨道上来”和“自建、自管、自用”的办电方针指导下，贯彻执行“以电养电”政策，与实行“地方为主、县为实体、统一规划、集中调度、分级管理”的办法，进一步调动了建设小水电站的积极性。5 年间新增小水电装机 16.0105 万 kW，平均每年新增 3.2 万 kW，年发电量由 1983 年的 5.5 亿 kW · h 上升到 1988 年的 8.1 亿 kW · h，年均递增 8％(见图)。5 年新增高压线路 9874km，年平均增加 1975km，总计达到 35940km；新增低压线路 11398km 总计达到 51543km；新增变压器容量 60 万 kVA，达到了 182kVA。此外，由于地、县骨干电站大幅度增加，并成功地进行了 20 多条中小河流的梯级开发，收到了发电、防洪、灌溉、城市供水、水产、旅游等综合利用效益。目前，全省87个县(市区)中，有82个建有小水电站，装机容量超过1万kW的有5个县，主要由小水电供电的县有56个；全省74.2%的乡、57.4%的村、46.3%的农户不同程度地用上了电。1987年全省小水电发电量8亿kW·h，其中500kW以上骨干电站共139处，容量22.8万kW，占总装机容量的50%强，年发电量5.7亿kW·h。为此，瓮安席子河、镇运红旗、关岭红岩电站以及赤水县电力公司分别被评为1987年度全国优秀小水电站和优秀电网，获得中央有关部门嘉奖并发给奖状。

西藏自治区水电建设发展概况

谭　时　祥

自西藏和平解放30多年和民主改革30年来，在党中央、国务院直接领导下，各项建设事业取得了很大的成绩。特别是党的十一届三中全会以来，中央对西藏更加关心，提出了一系列符合西藏实际的方针、政策，使得西藏人民生活普遍得到改善和提高，各项事业得到很快发展。就西藏的电力事业而论，从无到有，且发展迅速，在西藏的经济建设发展史上，留下重要的一页。

西藏的大型水电站，到目前为止尚未兴建，但其前期工作已开展很久。如羊卓雍湖水电站由成都勘测设计院负责的前期工作，已进行了10多年；直孔水电站由西藏院和成都院进行前期工作也在10年以上。另外，江当水电站由湖南院勘测设计，查龙水电站由北京院勘测设计。这些工程，将为西藏的电力工业增加新的光彩。

一、1984～1988年水电建设情况

5年来全区新建水电站51座，扩建水电站3座，总装机容量为50635.95kW，详见表1。全区到1988年底，报废小水电站(乡村电站)约320座，容量共约6000kW。

二、重点地区(市)水电概况

(一)拉萨市

全市共7个县、一个区。负荷特征：日负荷曲线呈三个高峰，生活用电为主，占65%以上。1988年底水电站统计见表2。

(二)日喀则地区

全地区17个县、1个市、1个口岸，共计19个县级政府。

到1988年底止，总共有水电站186座，总装机17100kW；现已报废93座，容量为2298.5kW。

除地区所在县外，7个县级电站装机5879kW，年发电量2600kW·h，机组年利用小时数为4429h。

目前还有11个县级政府所在地，没有县级水电站。

三、较好的县级水电站介绍

那曲地区巴青县水电站，位于益曲河支流阿丹河上，离巴青县城5km。1962年先建成1座30kW小水电站，运行16年后报废。1978年11月建成1座2×160kW水电站

表 1 西藏自治区 1984 ~ 1988 年水电建设统计表

地区(市)名称	1984 年		1985 年		1986 年		1987 年		1988 年		合 计	
	座	容量(kW)	座	容量(kW)	座	容量(kW)	座	容量(kW)	座	容量(kW)	座	容量(kW)
拉萨市	4	325	2	251.3			2	1620			8	2196.3
林芝地区	6	610	3	141	3	485			1	3200	13	4436
昌都地区	8	2641	3	2105	1	250			1	3200	13	8196
山南地区	4	982	2	500.65	1	4000	2	575	1	50	10	6107.65
那曲地区	1	320			1	1200					2	1520
阿里地区			1	2000							1	2000
日喀则地区	2	2000									2	2000
厅 管			扩 2	7000	1	3180			扩 1 1	14000	扩 3 2	24180
合 计	25	6878	扩 2 11	11997.95	7	9115	4	2195	扩 1 4	20450	扩 3 51	50635.95

表 2 拉萨市 1988 年底水电站统计表

项 目	电站座数	装机容量(kW)	年发电量(万 kW·h)	机组年利用小时数(h)	备 注
全市共计	119	8663	3272.5	3777	不包括厅直属水电站
其中:					
正常运行	64	7587	2880	3796	
带病运行	19	1076			
报 废	36				

接替,运行至今。由于阿丹河上游有一小温泉,使得河水冬季不结冰,电站有全年运行的自然条件。

多年来,巴青县 2 座电站仅因检修而暂停发电 2 次,在很长的时间内,保证了县城机关和居民的生活用电,发、供电的可靠性大,各机关也就没有购置备用柴油发电机。这在高寒的、条件较差的西藏高原,是很难做到的。巴青县水电站,共有藏族职工 11 名,除设备大修和全面维修水工建筑物外,其他检修或处理一般事故,都是职工自己干,真正成为电站的主人。20 多年来,把这样一个藏北高原小水电站管理得井井有条,劳动纪律、生产秩序一直处在较好的水平上,确实是西藏小水电运行管理的好典型。

四、全区水电站建设状况

全区共有县(办事处)75 个,有县级电站的 55 个,其中 14 个县装机容量不能满足负荷要求,24 个县水电站装机容量不足 300kW。20 个县未建县级水电站,其中有 9 个县无水能资源。

陕西省水电建设新发展

何　明　堂

1984年以来，陕西省水力发电事业取得了一定的发展。在此期间，在建大型项目有安康水电站(80万kW)，没有中型水电项目，地方水电建设新发展主要在小水电方面。先从筹措建设资金上来看，打破了以往由地方各级政府部门包下来的单一格局，呈现了多渠道集资、多层次办电的喜人局面，出现了股份集资和个人出资办水电的形式。

再从地域分布上来看，1984～1988年间，开始从长江流域的秦巴山区向黄河流域的关中地区扩展。近几年来大电网出现了严重缺电的局面，而关中地区的水电站比较靠近负荷中心，一般都可就地平衡。国家对发展小水电实行了种种鼓励和保护政策，客观上也促成了关中水电的发展。经过这几年的努力，小水电工程在建规模已从1983年底的1万kW上升到现在的4.6万kW。

为了确保水电工程质量，缩短工期，降低造价，对设计和施工招标，已取得了明显的经济效果。

从1985年开始，经省财政厅批准，陕西小水电实行了“以电养电”的政策，将所有国营小水电企业实现的利润收入退出财政预算，并免征工商所得税，全部作为发展小水电的专项资金，对增强小水电发展后劲和企业活力，都起着很重要的作用。

据统计，全省总装机500kW以上的水电站，发电设备利用小时已从1983年的2600h提高到1987年的3105h；全员劳动生产率也由人均6600元提高到人均7900元的水平。

5年来，改革促进了水电事业的发展。1983年，陕西省小水电年投产2800kW，1987年年投产容量为6900kW，是1983年的2.5倍，使全省中小水电的装机达到29.3万kW(未含天桥6.4万kW)，平均每年递增5000kW；1987年全省中小水电的发电量达到9.22亿kW·h(未含天桥电站)，平均每年增加0.17亿kW·h。

甘肃省水电建设新发展

潘　玉　婵

甘肃省水能资源较为丰富，开发利用程度也较高，1980年以前电力供应充裕。近几年随着国民经济的发展，用电负荷急剧增加，从1980年开始就出现了季节性缺电，

1985年起不得不开始限电，1986年全省缺电3.3亿kW·h，1987年缺电7亿kW·h，而1988年由于龙羊峡水电站蓄水，刘家峡、盐锅峡、八盘峡3个大中型水电站发电量大幅度下降，全省缺电竟达到23亿kW·h，严重地制约了甘肃省经济的发展。为缓和缺电状况，1985年以来，甘肃省修建了清远火电厂(装机80万kW)、兰州第二热电厂(装机15万kW)，扩建永登连城电厂(装机40万kW)，并着手筹建黄河干流的大峡水电站(装机30万kW)。与此同时，全省小水电建设也有了较大的发展，中央有关小水电“自建、自管、自用”的方针调动了地方、企业、集体、个人办电的积极性，各地纷纷采取多渠道、多层次集资办电。1984至1988年，全省共兴建单机容量500kW以上的骨干电站11座，扩建3座，装机规模3.776万kW。截至1988年底，全省共有小水电站437座，装机容量14.37万kW，全年发电量4.02亿kW·h。小水电在全省电力总装机和总发电量中的比重虽小，但全省仍有1/4的县主要由小水电供电，可见小水电在大电网“鞭长莫及”的地方，仍是一种不可忽视的地方主要能源。

为了进一步摸清全省水电资源，尤其是小水电资源，1987年省水利厅委托甘肃省水利水电勘测设计院在进行全小水电区划的同时，对1979年8月国家颁布的《中华人民共和国水能资源普查成果(甘肃省)》进行了复核，复核结果如表1、2。

表1　水能资源理论蕴藏量　　(万kW)

国颁成果	本次复核成果	增加量	增加率(%)
1426.40	1724.15	297.75	20.8

表2　可开发水能资源　　(万kW)

国颁成果	本次复核成果		增加量	增加率(%)
910.97	1021.05	其中：小水电 220.24	110.08	12.1

1983年，经国务院批准，甘肃原有1个县列为全国农村电气化试点县，1987年4月根据水电部召开的北方地区小水电座谈会要求，将供用电条件较好的临夏市列为本省农村电气化替补县。临夏市是本省临夏回族自治州州政府所在地，经济条件较好，水能资源较丰富，而煤炭资源缺乏，全市用电以地方小水电供电为主，且已与大电网联网，互补余缺。估计1989年底可以达到电气化验收标准。

近年来，本省水电建设战线各级领导和职工，在全国经济体制改革形势的鼓舞与推动下，围绕以提高经济效益这个中心，自觉地以改革统揽水电建设和管理工作，取得了一定的成绩，也积累了一些经验：(1)在工程建设方面，对电站基建实行了设备订货和工程施工公开招标，以降低造价、提高质量、缩短工期。(2)多层次、多渠道集资办电。近几年甘肃省小水电建设资金来源就有十几个之多，其中银行贷款和地方自筹比例逐年增大，如1988年这两项资金共占了投资总数的近1/3，这也显示了地县群众办电的积极性与迫切性。(3)小水电经营管理全面推行招标承包。(4)积极发展地方负荷，建立以小水电为主的地方电网及小电网并入大电网运行。(5)加强了小水电行业的智力投资，提高职工技术文化素质，建立和完善各种规章制度，提高了小水电的运行管理水平。

青海省水电建设的重大发展

青海省电力局计划处

青海省水利厅水利志办公室

5年来，青海省大型和小型的水电站建设均取得了重大发展。截止1988年底，全省水电装机102.5309万kW，年发电量30.45亿kW·h。

1988年，龙羊峡水电站3台32万kW机组相继投产发电，使得青海的水电建设出现了历史性的转折。按容量500kW以上水电站统计，总装机容量已由1984年的5.6973万kW增至1988年底的101.1246万kW，年发电量也由1.5612亿kW·h增至30.3853亿kW·h。1987年，黄河上又一大型电站李家峡水电站(装机200万kW)开工。“三通一平”工程进展顺利，导流洞工程也已动工。

青海省的小水电建设在“自建、自管、自用”的方针指导下，主要抓了三方面的工作：一是重视经济效益，解决小水电冬季发电问题；二是重点解决牧区缺电和消灭无电县；三是电气化试点县的建设工作。

1984至1988年5年间，全省投资9818.5万元，共建成小水电站25座，装机42台，总容量9676kW，其中500kW以上的电站6座，装机14台，总容量7290kW。

沙柯河水电站(3×630kW)对冰害采取以防为主、防排结合的原则，首先将流冰滞留在调节水库内，入渠的剩余冰凌在前池通过正向有电热设施的舌瓣闸门排除，电站采用侧向进水方式，有效地解决了冬季安全运行问题。对巴沟、香加、大团、江让等21座水电站进行了更新改造和维修配套，改善了运行条件，延长了冬季发电的时间，提高了经济效益。又如都兰香加水电站(2×320kW)，打井提取地下水使发电水温升高至零度以上；玛沁县江让水电站(3×630kW)，因海拔高，气温很低，为此改建了输水渠，增加排水设施，利用机组带冰凌运行，做到了常年发电。

甘德水电站(2×320kW)的建成，结束了甘德县无电的历史。西航水电站(2×1250kW)建成后，改变了玉树藏族自治州首府所在地电力长期紧张的局面。

为了推动农村电气化事业，成为全国第一批试点的同仁县，从1984年开始了电网改造，至1988年新建和扩建35kV变电所5座，计20650kVA，新建高压线路236.34km，改造10kV线路128km，促进了该县工农(牧)业生产的发展和改善了人民生活，乡镇企业产值增加了40%以上。

在电源建设的同时，全省小水电电网建设也有了新发展，县以上地方小电网有20个。截止1988年底，全省拥有小水电升压变压器170台，计82420kVA，比1983年增加7865kVA；35kV供电降压变电所17座、27台，计74730kVA，比1983年增加4座、8台、12400kVA；安装了10kV配电变压器

1362台计128685kVA，比1983年增加358台计16080kVA；架设高压输电线路3154.83km(其中35kV 407.96km)，比1983年增加677.58km(其中35kV100.16km)；拥有0.4kV线路1652.06km，比1983年增加179.20km。

青海省现有小水电的县(市)共36个，其中主要靠小水电供电的县(市)19个，分别为全省的90%和47.5%。供电的乡(镇)120个，占有电乡(镇)的37.6%，供电的村1065个，占有电村36.8%。

截止1988年底，全省共有小水电站166座，装机261台，总容量6.5064万kW，年发电量1.65亿kW·h，占全省农村用电量的38%，比1983年增加0.44亿kW·h，增长36.2%。平均利用小时约2500h。

目前，青海省正在兴建的中小型水电站有3座，装机6台，总容量为3.58万kW。其中格尔木河上的小甘沟水电站(4×8000kW)已于1987年开工，1988年完成了截流工程。这是与青海海西地区石油三项工程有关的配套工程，建成后也将为格尔木地区的工农业生产及生活用电提供廉价的电力，并将有力地促进青海省少数民族地区经济的发展。

宁夏回族自治区水电建设新发展

王信铭

宁夏自治区水能资源的特点是量少而集中，大中型水电站主要在黄河干流，特别是青铜峡以上至黑山峡河段之间，而小水电则集中在少数县分，主要在泾源县境内。

自党的十一届三中全会以来，宁夏水电建设进入了新的发展阶段，除已建成的青铜峡大型水电站和泾源县境内的4座小型水电站外，1984至1987年间又建成6座小型水电站，详见下表。

电站名称	地　点	建成时间	装机容量(kW)	年发电量(万kW·h)
泉眼站水电站	中宁县	1987	3200	900
龙潭二级水电站	泾源县	1987	1050	200
土窑水电站	泾源县	1986	60	18
先进水电站	泾源县	1987	75	22
沿川子水电站	泾源县	1986	36	10
小坝水电站	青铜峡市	1987	200	60
合　计			4621	1210

连同已建的大型青铜峡水电站以及龙潭一级、西峡、南梁、沙南4座小型水电站，截止1987年底，共有水电装机27.8201万kW，年发电量10.3548亿kW·h。

随着电力工业的发展，电网建设也取得了显著成绩。青铜峡至甘肃靖远县330kV联网工程已于1985年11月投产(初期按220kV运行)，从而结束了宁夏孤立电网的历史。全区110kV以上线路已达1600余公里，主变容量达200万kVA。70年代后期以来，电力灌排和农业机械化的发展，促进了10kV以下农电线路的建设。目前宁夏全区已有90%的乡镇和75%以上的行政村通了电。泾源县小水电和泉眼山七星渠渠道水电站已与大电网并网运行，为进一步扩大小水电的经济效益创造了有利条件。

宁夏全区由于工农业、乡镇企业以及电力灌排等不断发展，对电力的需求更加迫切，供求矛盾日益尖锐。为此，近期拟采取兴建大中型水电站、在青铜峡水电站扩装机组和加快小水电建设等办法来求得解决。

新疆维吾尔自治区水电建设新发展

夏 航 彭

1984年以来，新疆各地继续发扬多渠道、多层次、多种形式集资办电的优良传统，水电建设连续保持了较高速度发展的新局面。水电建设由迳流式水电站逐步转入了有调节能力的水电站。阿克苏西大桥水电站（4 × 6500kW），调节库容2300万 m^3，1985年12月和1986年7月1号和2号机分别投产发电。1984年7月，在新疆伊犁喀什河上动工建设托海水电站，揭开了开发伊犁喀什河18个梯级水电站的序幕。托海水电站装机容量4 × 12500kW，调节库容1750万 m^3，拦河大坝是我区第一座混凝土重力拱坝，1988年11月1号和2号机正式并网发电。开都河上的大山口水电站，装机容量为4 × 20000kW，调节库容2870万 m^3，1985年7月开工，是我区目前最大的水电站。具有防洪、灌溉、发电等综合效益的克孜尔水库水电站，装机容量为4 × 6500kW，库容6.4亿 m^3，也于1984年动工建设。另外，还有喀什二级（3 × 8800kW）等一批中小水电站正在建设之中。5年内全区集资和投劳折资共计1.75亿元，中小水电建设规模33.2万kW，投产装机容量9.9万kW。其中1988年已投产的水电装机容量为3.47万kW，累计水电装机容量达43.7万kW。

5年来，在水电建设中实行了招标、承包、投资包干等办法，加快了水电建设，降低了工程造价。1985年1月30日，自治区人民政府为加快新疆的水电开发建设，以新政字〔1985〕22号文批准成立了新疆水电开发公司。托海水电站工程指挥部、新疆水电开发公司以9700万元的包干投资，总承包了托海水电站的建设任务，单位千瓦造价控制在2000元以内，是新疆近期中型水电站造价较便宜的一座。在此期间，沙湾县青年水电站工程（2 × 630kW+1 × 320kW），实行投资包干，1986年当年开工，当年建成投产，单位千瓦投资仅1114元；玛纳斯县塔西河水电站（3 × 500kW），包干投资200万元，建设周期也仅10个月，单位千瓦投资为1333元，为其他水电站建设提供了降低造价的经验。

为了认真贯彻李鹏总理关于“小水电如果没有供电区，那它等于没有市场”的指示，克服过去“重电源建设，轻电网配套”的思想，从新疆区有大小不等的片片绿洲的地理特点出发，依据电源条件、用电性质、负荷大小和输电距离等不同情况，因地制宜地把发展与水电站配套的电网建设放在首位。5年内架设110kV线路277km；变电容量4.82万kVA；35kV线路1711km，变电容量17.3万kVA；10kV线路8064km，配电变压器容量32.2万kVA。1988年高压线路长度比

1983年增长40.7%，变电配电设备容量拥有量比1983年增长37.5%，形成了以水电为主要电源的喀什、库尔勒、阿克苏、石河子、伊力地市110kV电网5个；和田、情乐、库车、莎车、于田、策勒、洛甫、皮山、叶城、泽普、英吉沙、疏附、伽师、阿图什、阿克陶、疏勒、阿瓦提、温宿、乌什、沙雅、新和、且末、鄯善、木垒、奇台、吉尔莎尔、阜康、精河、温泉、巩留、新源、霍城、沙湾、乌苏、塔城、额敏、裕民、布尔津、北屯、阿勒太、福海、富蕴等地州县市35kV电网42个，遍布天山南北，覆盖着块块绿州。

为贯彻落实"地方为主、县为实体、统一规划、集中调度、分级管理、"的地方电力管理体制，按照国务院国发〔1983〕190号文的精神，在以水电供电为主的县市，建立完善了县一级"发、供、用电"统一管理的经济实体。5年来，全区各地的水电部门和水电企业，加强了水电管理工作，逐步地克服了"重建设、轻管理"的思想，以国家经济体制改革的方针政策为指针，以提高经济效益为中心，普遍推行了划小核算单位，实行利润包干、费用包干、租赁等多种形式的经济承包责任制；重视工程配套挖潜，发展负荷；开展以电为主、多种经营，使水电企业由生产型向生产经营型转变等工作，取得了很大的经济效果和社会效益。1988年水电发电量达到12.0256亿kW·h，比1983年的7.544亿kW·h增长59.4%；发电设备利用小时达到2918h，比1983年提高638h。水力发电为全新疆53%的地州、80%的县(市)、71%的有电乡、76%的有电村提供了廉价的电力，为新疆的工农牧业生产和各族人民的物质文化生活做出了贡献。

台湾省的水力发电事业

汝　乃　华

一、概　　述

台湾省面积共35961km^2，约1/4为可耕地，人口近2000万。地处亚热带，雨量充沛，年平均降雨量为2430mm，但分布不均匀，经常发生台风、洪水和地震。省内大小河流152条，都是既短且陡，不能通航，雨季水流汹涌，旱季则流量枯小。水力发电蕴藏量约500万kW，但可以经济开发的不足50%。

台湾的水利事业早在14世纪已经开始，主要是灌溉和防洪，水力发电则到本世纪初才开始发展。1904年在淡水河支流新店溪上建成最早的一座龟山水电站，装机容量500kW。进入30年代，水电有较大发展，1934年和1937年，在浊水溪上游的日月潭畔建成两座较大水电站。第一发电站为大观电厂，为高水头引水式，从日月潭水库引水经3km左右长的隧洞和圆筒式调压井进入厂房，利用有效落差304.85m，装有5台2万kW的冲击式水轮发电机组，总装机容量10万kW。第二发电站为钜工电厂，也是引水式，利用的效落差123.64m，装有2台2.175万kW法兰西斯式水轮发电机组，总装机容量为4.35万kW。两电站供电台北、台中和高雄等市。40年代陆续建成新龟山水电站(淡水溪上)、万大水电站(浊水溪上)、

表 1　1953–1987 年各期电力建设增长表

期　次	时　期	增长容量(万 kW)
1	1953 ～ 1956	18.6
2	1957 ～ 1960	18.4
3	1961 ～ 1964	43.0
4	1965 ～ 1968	81.1
5	1969 ～ 1972	158.3
6	1973 ～ 1976	163.0
7	1977 ～ 1981	480.0
8	1982 ～ 1987	650.0

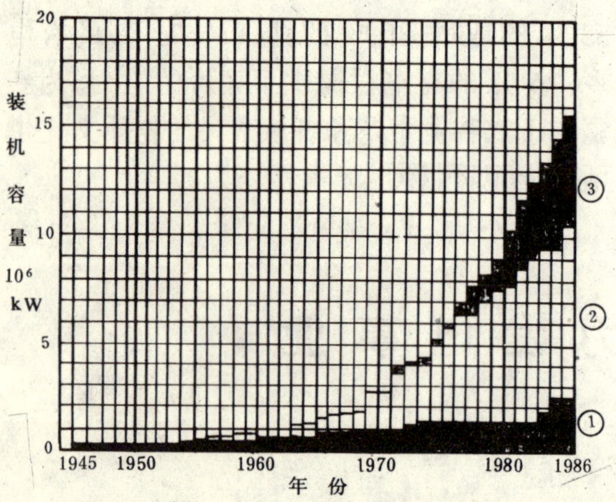

图 1　台湾电力发展图

1– 水电；　2– 火电；　3– 核电

清水 1 号水电站(木瓜溪上)以及立雾水电站(立雾溪上)。到第二次世界大战结束前，全省水电装机容量为 22.1065 万 kW，占总装机容量 27.5255 万 kW 的 80 %，水电占有明显的优势。

台湾光复后，全省电力建设和生产由台湾电力公司接管，由于经过战争破坏，当时实际可供发电容量仅 3.5 万 kW。因此，1953 年前主要致力于修复原有设备，同时也着手兴建乌来、阿玉、罗好、天轮等中小型水电站以应付急需。1953 年起，开始实施长远电力开发计划，从 1953 ～ 1987 年共经历 6 个四年计划、2 个六年计划，台湾的水电得到全面开发。各期增建的发电装机容量，以及水电、火电、核电的比重，详见表 1 和图 1。

从图中可见，台湾的水电开发从 50 年代起逐步发展，60 年代和 70 年代上半期有较大发展，而从 1975 年以后趋于停滞，这是因为适合于经济而合理地修建水电站的地点已开发殆尽。进入 80 年代，随着核电站的兴建，抽水蓄能电站开始发展，作为水能的一个组成部分，水电的装机容量又得到新的增长。到 1986 年底，全省总装机容量为 1659.5 万 kW，其中水电 255.6 万 kW，火电 889.5 万 kW，核电 514.4 万 kW。

台湾的水电建设中常规水电站以大甲溪梯级电站群的开发最有代表性，而抽水蓄能电站则全部集中在日月潭畔。现分别介绍如下。

二、　大甲溪梯级水电站

大甲溪位于台湾中西部(见图 2)，是全省水能资源最丰富的溪流，发源于中央山脉，向西注入南海。全长 124km，平均坡降 1∶60，控制流域面积 1272km^2，年雨量在 1500 ～ 2500mm 之间。流域地形可以分成三区：上游段开扩平坦，森林茂密；中游段多山，河道在狭谷中穿行，对水电开发十分有利；下游段为大片肥沃平原，有台中市等工业城市，需要灌溉和供水。大甲溪自 20 世纪 50 年代初开始得到重点开发，到 70 年代末，全溪流已建成 4 座梯级水电站和 1 座供工农业用水的水库(见图 2)，其主要特性指标列于表 2。

溪流第四级天轮电站，由于交通方便，靠近下游工农业区和规模适中，首先于 20 世

表 2

梯级名称	控制流域面积(km^2)	正常高水位(m)	有效库容(万 m^3)	装机容量(万 kW)	建设年份(起/迄)	业主
德基	514.0	1408.0	17500.0	23.4	1969.12/1974.9	台湾电力公司
青山	517.3	1245.0	59.0	36.0	1964.7/1970.12	台湾电力公司
谷关	707.7	950.0	903.0	18.0	1957.9/1961.12	台湾电力公司
天轮	796.6	747.8	75.4	10.0	1950/1952	台湾电力公司
石岗	1061.0	267.1	270.0		1975/1977	台湾省水利局

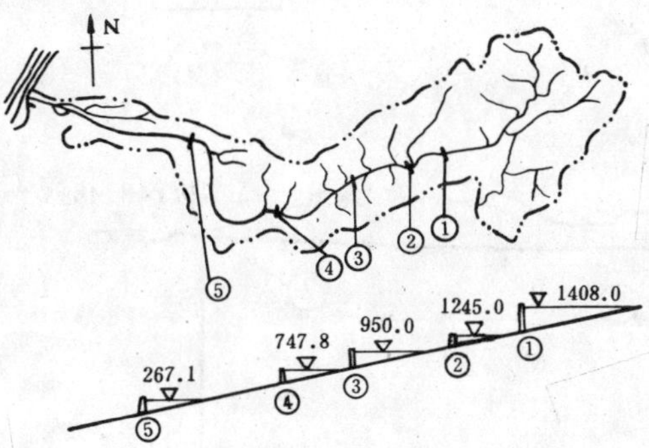

图 2　大甲溪流域及梯级开发

1- 德基电站；2- 青山电站；3- 谷关电站；4- 天轮电站；5- 石岗水库；

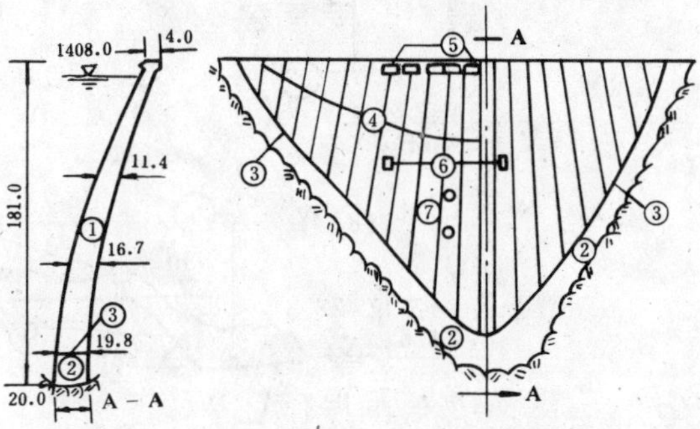

图 3　德基双曲拱坝(单位：m)

1- 坝体；2- 底座；3- 周边缝；4- 横缝；5- 溢洪道；6- 泄水孔；7- 放水管

纪 50 年代初开发，电站装机容量 10 万 kW，有混凝土重力坝一座，最大坝高 59m，水库总容为 82.4 万 m^3。

20 世纪 50 年代末 60 年代初，在其上游建造第三级谷关电站，装设 4 台 4.5 万 kW 机组，总装机容量 18 万 kW。有一座混凝土拱坝，呈圆筒形，高 85.1m 上游面半径 92m，坝体厚度从顶部 4m 变化到底部 10m，坝的上部设有 4 个泄水孔，设计泄洪量 $5760m^3/s$，水库总容量为1710万m^3。

60 年代后期继续兴建第二级青山电站，装有 4 台 9 万 kW 机组，混凝土重力坝高 45m，总库容为 72.5 万 m^3，库水通过压力隧洞和钢管引到地下厂房发电。

大甲溪最上游的第一级德基水电站，是梯级中工程量最大的电站，控制流域面积 $514km^2$。坝址河谷狭窄，山坡陡峻，水面宽仅 20m。坝址地质系由石英砂岩和板岩组成。岩石节理发育，但无重大断层，修建了高 181m 的双曲薄拱坝，坝顶长约 290m，平面上呈三心圆弧，中心角 80°～130°，坝的长高比仅 1.6。坝体厚度从顶部 4m 增加到底部为 20m，厚高比为 0.11。坝和地基连接处设有周边缝和底座，坝体分缝和分块见图 3。坝体混凝土量 45.6 万 m^3。

设计洪水为 $6400m^3/s$，泄洪设施包括：(1)坝顶 5 孔溢洪堰，泄水量 $1400m^3/s$；(2)坝内 2 条泄水管，泄水量 $1600m^3/s$；(3)左岸一条龙抬头式泄洪隧洞，泄水量

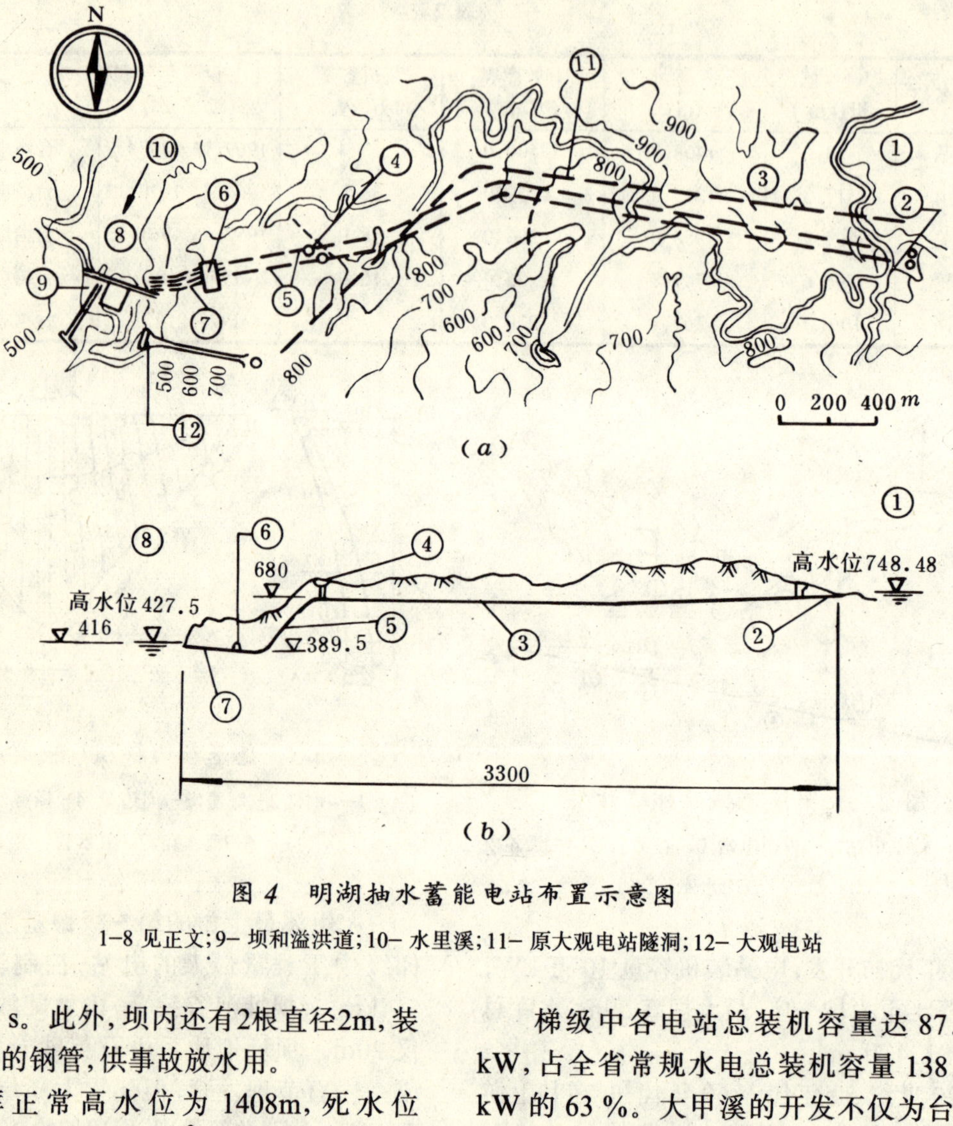

图 4　明湖抽水蓄能电站布置示意图

1-8 见正文;9- 坝和溢洪道;10- 水里溪;11- 原大观电站隧洞;12- 大观电站

$3400m^3/s$。此外,坝内还有2根直径2m,装有锥形阀的钢管,供事故放水用。

水库正常高水位为 1408m,死水位 1350m 总库容 2.32 亿 m^3,主要供发电用,也兼有灌溉、防洪和旅游效益。

厂房设在左岸地下,内装有 3 台 7.8 万 kW 机组,发电机出线经过一条竖井上升到地面,然后再升压输出。

整个工程施工历时 4 年 10 个月,于 1969 年 12 月 8 日开工,1974 年 9 月竣工。

梯级最下游一级石岗水库于 1977 年竣工,有混凝土重力坝一座,高 27m,水库主要供下游农田灌溉和城市给水用。

梯级中各电站总装机容量达 87.4 万 kW,占全省常规水电总装机容量 138.7 万 kW 的 63%。大甲溪的开发不仅为台湾工农业提供大量电力,并为地区防洪、农田灌溉和城市供水发挥重大作用。

三、明湖、明潭抽水蓄能电站

台湾的电力生产在受到第一次石油危机的冲击后,开始认识到发展核能的必要性,乃从 70 年代初开始建设核能电站。到 1986 年底,总装机容量已占总容量的 31%,而年发电量在总发电量中的比重已高达 61%。与此同时,为了提高机组效率,降低发电成本，所装的发电机组也逐渐大型化，并开始兴建抽水蓄能电站。

台湾在70年代以来的电力发展策略是：开发核电同时相应建设抽水蓄能电站。

1.第一座抽水蓄能电站——明湖，装机总容量100万kW，于1985年8月全部联网发电，建设工期52个月，工程布置见图4。主要建筑物包括：(1)上水库为原日月潭水库，总库容1.59亿m^3，有效库容1.49亿m^3；(2)进水口结构，进口高程718m，由喇叭形取水口渐变段隧洞及闸门井三部分组成；(3)两条圆形引水隧洞；(4)调压井两座分别位于隧洞末端，(5)压力钢管两条，以50°倾角自调压井通向厂房；(6)地下厂房长127.2m，宽21.2m，高45.5m，位于左岸距下水库约250m处，内装4台25万kW可逆式机组；地下变电站位于厂房下游，与厂房平行，内装4台28万kVA主变压器；(7)尾水隧洞4条；(8)下水库紧靠大观电厂上游，由一座高57.5m的混凝土重力坝拦蓄形成，库容740万m^3。水轮机引用流量380m^3/s，水泵引用流量328m^3/s，最大毛水头321m，电站总造价为6.5亿美元。

2.第二座抽水蓄能电站——明潭，装机容量160万kW，于1987年7月动工，预计到1993年9月全部投产。明潭电站布置与明湖电站相似，上水库仍为日月潭水库，下水库也在水里溪上，在明湖下水库下游约4km的车埕村附近。工程布置图见图5，主要建筑物包括：

进水口②位于日月潭①西南岸，由引水渠、钢筋混凝土进口结构和闸门竖井组成，引水流量492m^3/s。

引水隧洞③两条，用钢筋混凝土衬砌，中途穿过一条溪谷段改用钢管⑨，每条隧洞的引水流量为246m^3/s。

调压井④位于引水隧洞下游端，为直井阻抗式。

压力钢管⑤两条，埋置在倾角48°的斜井内，每条钢管下游端又分叉为三条支管进

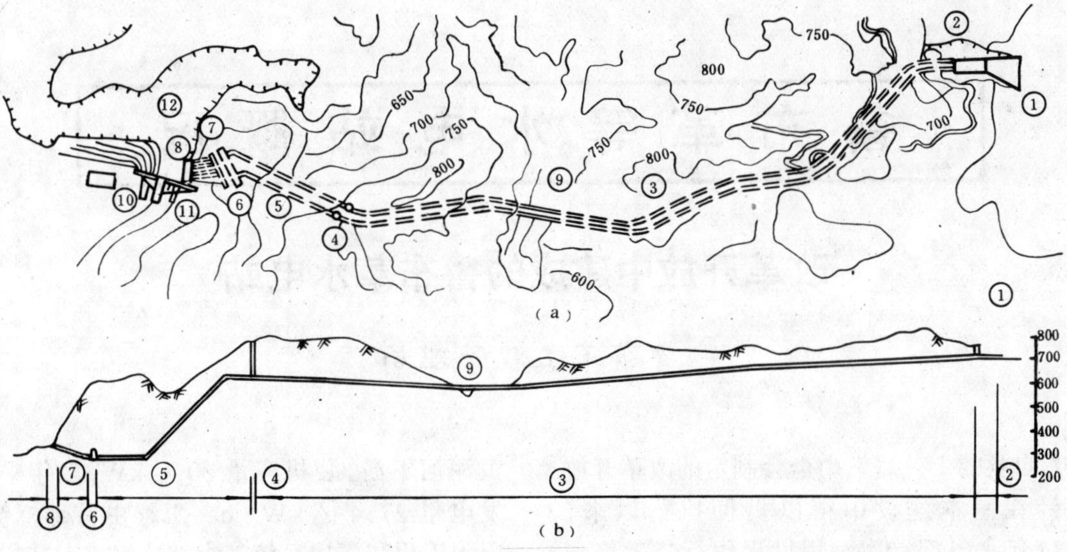

图5 明潭抽水蓄能电站布置示意图

(1-12见正文)

入厂房。

厂房⑥位于下水库坝址左岸山体内，长156m，马蹄形断面，宽20m，高46m，内装6台机组，发电水量每台$82m^3/s$，设计水头380m，抽水量$71m^3/s$，转速400r/min。

变压器室与厂房平行，也在地下山体内，6台主变压器，每台额定容量为30万kVA。

尾水隧洞⑦为有压式，呈圆形，共6条。将尾水经出水口泄入下水库。

下水库⑧由一座设在水里溪⑫与头社溪汇合点下游的混凝土重力坝拦蓄形成，库容1200万m^3，坝高$61.5m^3$，坝内设有4个泄砂孔，溢洪道设在坝顶，有3道弧形闸门。

开关站⑩位于下水库坝右岸。在坝的右侧还有一座小水电厂⑪，内装1台1.289万kW机组，利用下水库水发电，并兼作抽水蓄能电站的备用电源。

电站总造价50.8亿新台币，投资回收年限为14.91年。

明湖、明潭电站均位于台湾中部日月潭与水里溪之间，其特点是：

1.上水库利用原有日月潭水库，库容巨大，可使电站具有足够的装机容量和运行上的灵活性，如遇台风或丰水季节或系统事故，都可转为常规发电运行，效益较高。

2.地处台湾两大负荷中心——台北和高雄的中央，离开联接两个电网的354kV主干输电线路仅11km，可以减少电力传输量和线路损耗。

四、台湾的电力营建机构

台湾的电力开发、运行、供应和销售，统一由台湾电力公司负责。该公司成立于1946年5月，到1982年底共有工作人员20132名，负责管理29座水电站，17座火电站和2座核电站，以及超高压变电所6座(700万kVA)，一次变电所37座(1250.2万kVA)和二次变电所245座(848.5万kVA)，年发电量382亿kW·h。公司从接管时起由孙运璇主持工作18年，现在总经理为朱春麟，副总经理肖炯昌，总工程师为王忠汉。

鲁布革等水电站概况

改革开放中建成的鲁布革水电站

鲁布革工程管理局

自党的十一届三中全会制定的改革开放方针在基本建设中得以贯彻执行以来，1984年水电部首次利用世界银行贷款修建鲁布革水电站。该电站位于云、贵两省间的黄泥河下游，装机容量60万kW，多年平均发电量27.4亿kW·h。工程由首部枢纽、引水工程和厂房系统三大部分组成。其主要技术特征见表。

鲁布革工程主要技术特征表

项目		内容	数量	备注
水库		正常高水位(m)	1130	
		死水位(m)	1105	
		总库容(亿 m^3)	1.11	正常高水位以下
		有效库容(亿 m^3)	0.74	
首部枢纽	风化料心墙堆石坝	坝顶高程(m)	1138	
		最大坝高(m)	103.5	
		坝顶(m)(长×宽)	216 × 10	
		坝　坡	1:1.8	
		心墙厚度(m)	5 ~ 39.65	
	泄洪建筑物	开敞式溢洪道堰顶高程(m)	1112.6	
		开敞式溢洪道长度(m)	520	
		开敞式溢洪道最大泄洪能力(m^3/s)	6459	
		右岸泄洪洞最大泄洪能力(m^3/s)	1638	
		左岸泄洪洞最大泄洪能力(m^3/s)	1995	
		右岸泄洪洞长度(m)	628	
		左岸泄洪洞长度(m)	771	
引水系统	圆形压力隧洞	长度(m)	9382.0	纵坡 3‰
		内径(m)	8.0	
		最大流速(m/s)	4.58	
		衬砌厚度(m)	0.4	
	地下埋藏式斜井	主管长度(m)	500 及 543	共 2 条
		主管内径(m)	4.6	
		最大水头(m)	430	斜井坡度 48°,包括 15% 动水压力。
		钢板最大厚度(mm)	38	
	上室差动式调压井	井筒内径(m)	13	
		井　深(m)	64	
		上室长度(m)	262.5	
		上室宽度(m)	16 ~ 22	
		上室容积(m^3)	33900	
地下厂房		主、副厂房(m)(长×宽×高)	125 × 18 × 39.4	系开挖尺寸
		主变室、开关室(m)(长×宽×高)	82.5 × 12.5 × 25.6	系开挖尺寸
装机容量		(kW)	4 × 15 万	
年发电量		(亿 kW·h)	27.4	阿岗水库建成后将提高到 29.4 亿 kW·h

该电站的建设系多渠道利用外资，包括：世行贷款1.454亿美元；挪威政府赠款9000万克朗；澳大利亚政府赠款790万澳元；以及国家自由外汇约4000万美元。同时，多层次聘请了外国咨询专家，有世界银行高级咨询团和常驻现场的挪、澳两个咨询专家组。引进了先进技术和管理经验。其引水工程，采用国际竞争性招标方式，引入日本大成公司承包施工，按国际承包合同管理程序修建，开创了水电建设中质量高、速度快、造价低的新局面。

鲁布革电站1982年6月被列为国家重点建设项目。由昆明水电勘测设计院负责设计，水电第十四工程局负责前期施工准备和首部枢纽、厂房系统的施工。为适应改革开放的要求，1984年水电部组建了新型的项目管理机构——鲁布革工程管理局，对外代表业主并作为工程师单位，对内作为建设单位，全面负责电站的建设管理。

1982年11月导流隧洞工程正式开工，1985年11月实现截流，1988年12月27日第一台机组投产发电，较国家原定计划提前一个季度。从截流至第一台机组投产发电仅用了3年时间，是近年来我国大型水电站建设周期较短的工程之一。

其中，日本大成公司承建的引水工程，1984年6月中标，7月末下达开工命令，10月正式开工，1988年8月中全部竣工，较合同规定的工期提前4个月。其投标价为8463万元，（标底为14958万元），扣除免去的海关税金后，合同价为7436.8万元，实际结算价，包括物价浮动、索赔补偿、合同和设计变更以及额外追加工程和计日工资等在内，按开标时汇率计算为8102.7万元，仅为合同价的108.9%。如计入大成公司在完工后赠送业主的施工设备所收回的资金，则引水工程净支付额与合同价基本相同，即使把几年来日元、美元大幅度升值，人民币大幅度政策性贬值的汇率风险因素考虑进去，大成公司承建的引水工程的总支付费用仍接近标底数，说明其造价是低的；且其施工质量优良，得到了国内外专家的一致称赞，长9.4km的引水隧洞平均超挖为18.3mm，隧洞混凝土设计标号为200号，根据4045个试件统计，其平均抗压强度为26.2MPa，离差系数0.135，强度保证率96%。

日本大成公司在引水工程承建中，还创造了不少高速度、高效率和低消耗的施工记录。例如，其劳动生产率为49360元／人·年；直径8.8m圆形隧洞采用全断面钻爆法开挖，单面掘进最高月进尺为373.7m；整个开挖期综合平均单面月进尺为231m；直径8m的圆形隧洞采用全断面混凝土衬砌的工艺，单面一次成型最高月进尺为270m；两年开挖施工期中，施工设备完好率高，因设备故障造成停工仅20余小时；采用先进的混凝土配合比和外加剂，泵送200号混凝土的水泥用量仅为270kg；等等。

鲁布革实践取得了比较显著的成效，给人们以新的启示，1986年11月李鹏同志视察工地时曾指出："鲁布革工程是抓得好的，要很好研究总结水电建设这方面成功的经验"。

为什么30来个日本人雇用了几百名中国工人，在鲁布革能以4倍于我们的劳动生产率，两倍于我们的施工进度和约为我们的2／3的造价拿下了引水工程！？他们采用的并非都是尖端技术和设备，雇用的是中国劳务，使用的是同样的建筑材料，与我们最大不同点是管理方式和管理体制。中央领导同志视察鲁布革时的指示作了科学概括："原因不在于工人，而在于管理，中国工人可以出高效率"。大成公司正是靠科学的项目法管理，把资金、设备、人员、材料和技术在限定的时间和空间内，加以科学的计划、组织、协调和控制，从而取得了奇迹般的效果。一句话，就是他们遵循客观规律，用项目法管理基建工程。

所谓项目法，就是根据工程项目的规模、特点和工期要求，对生产力要素进行优化组合，严密地组织和合理投入。项目管理要求施工内部各生产力要素协调有序，并能实现与外部环境的平衡，符合生产力要素运动的规律。例如：大成建设株式会社作为一个多功能、智力密集的综合性企业集团，投标时对项目所必须的生产要素进行认真、严谨的优选和结合，按需要配套各类专业管理人员，组建精干的现场管理班子，授予能决定人、财、物的充分权力；选用适用的方案，制定周密切实可行的施工计划与措施，优化选配施工设备，合理配套，一机多用；对项目需要的人力、物资及周转资金精打细算，即优化配置生产力诸要素。施工时，前方精干高效有职有权的项目管理班子——现场工事所严格按项目法管理的内容、要求和方法组织施工；各项业务联合办公，综合管理，协调有序，严格遵守一整套科学化、规格化的方法；从系长、课长到所长，人人必须经常计算成本，进行经济动态分析，他们的科学态度和经济观念渗透到每个管理环节；东京本部还随时为现场提供设计、技术、科研、采购等多种服务，作为前方项目管理的坚强后盾。前方协调有序，后方密切配合，前后方互相依存，以项目为中心，注重投入产出，从而能够优质高效地完成工程任务。

水电建设缩短周期、降低造价，必须从项目法上找出路。项目建设需对资金、人力、设备、时间、空间、管理、技术作全面统筹。此外还要特别注意制订能体现按劳分配的分配制度，使“人力”这一能动的最活跃的生产力因素最终促成其它因素的潜力得以最大限度发挥，就会产生数倍于旧管理体制的经济效果。这一客观规律在鲁布革和日本大成公司的项目管理中已得到充分证实。

鲁布革建设中并行着两种管理体制：一种是在首部和厂房枢纽实行的投资包干合同制，另一种是在引水工程实行的国际招标承包合同制。实践证明：两种管理体制有着明显的差异，相应产生不同的效果。

招标承包合同制以具有法律约束力的合同文件为承包责权利关系的基础。项目实施中的一切活动严格、认真，有章可循，有利于项目建设缩短周期，节省资金；有利于提高施工企业的活力；有利于发展社会主义商品的经济；有利于项目建设中合同各方重视投入产出，提高经济效益。

为全面推行招标承包合同制，必须治理经济环境，整顿经济秩序，深化基建体制改革。当前迫切需要参照国际行之有效的方法，编制出适合我国国情的承包合同通用法规和条款，并在实践中不断完善。

建立具有中国特色的工程项目现场管理机构，是大型水电工程实行项目法管理的组织保证。世界银行曾指出：“强有力的工程项目现场管理机构对工程的完成至关重要”，而且它“应有相当的权威性”。根据国际惯例和世界银行贷款的要求，1984 年水电部组建的鲁布革工程管理局就是这样的现场工程管理机构。根据鲁布革的试点，建设单位既作为业主代表，又作为“工程师单位”，对承包商的工作，从进度、质量、投资进行综合管理和监督，所有和承包商打交道的工作都只通过这个唯一的渠道进行。这种作法是可行的，在国外也有先例。日本大成公司鲁布革工事所所长泽田先生在回顾引水工程的合同实施过程时曾指出：引水工程能够顺利完成是和水电部设置管理局这种机构分不开的。

鲁布革多层次聘请的外国专家对该项目

的设计、施工和管理提出了大量优化建议，对节省投资，简化施工，加快进度取得明显效果。经专家建议的厂房岩壁吊车梁、溢洪道垂直高边坡、砂页岩风化料作大坝心墙料、优化坝基帷幕灌浆布置，缩小厂房跨度、大量洞室开采用喷锚作为永久支护等，不仅在鲁布革，而且有的在全国基建系统得到推广。从鲁布革项目的实践中，促使我们更深刻认识到我们的设计工作需要配套改革，设计有必要纳入市场经济，参予竞争。

在深化基建体制改革中，全面总结鲁布革经验是十分有意义的。包括：引进外资和对外经济技术合作的经验；国际招标的经验；外国技术咨询的经验；大成公司管理的经验；昆明水电勘测设计院的勘测设计经验；水电十四局内部管理体制改革试点经验；鲁布革工程管理局合同管理的经验；等等。并在此基础上密切结合中国的实际，发展创造更多更好的经验，以促进我国水电建设的加快发展。

鲁布革水电站勘测设计的主要经验

吴 奠 清

鲁布革水电站位于南盘江左岸支流黄泥河上，在滇东罗平县及黔西南兴义县境内，是黄泥河梯级的最下游一级，装机容量60万kW，平均年发电量约27.4亿kW·h。电站为混合式开发，拦河坝为心墙堆石坝，高103.8m，压力引水道长约10km，共集中利用落差372m；厂房为地下式，安装4台单机容量为15万kW的竖轴混流式水轮发电机组。第一台机组已于1988年12月投入运行，整个工程计划于1992年竣工。电站的勘测设计和施工走过了一段很长的道路。但是，进入80年代以后，在中央改革开放方针指引下，工程进展顺利，勘测设计工作也提高到了一个新的水平。现将主要经验综述于下。

一、勘测设计主要经过

电站的勘测设计工作由水电部昆明勘测设计院负责进行。1957年昆明院对黄泥河进行了几次查勘和初步规划，1966、1972年先后提出了河流开发报告及补充报告。鲁布革电站的初步设计工作于1974年开始。初设过程中，用了较长的时间对电站所在河段开发方案作了进一步研究。1976年10月审定，对于长约10km的鲁布革峡谷河段采用一级混合式开发，以代替原规划的两级开发方案。对于坝高，即水库正常蓄水位问题，研究了高35m左右的低坝、80m左右的中坝及150m的高坝3个方案。1978年6月决定采用中坝方案，8月完成了初设报告，同年10月审查确定正常蓄水位为1130m，坝高约100m；1979年11月设计院又完成了《首部枢纽布置及堆石坝设计专题报告》。至此，鲁布革的开发方案及规模乃完全确定，并在此基础上进行了技施设计阶段的勘测试验及设计工作。1981年春，国家决定在鲁布革工程上引用世界银行贷款。从此，鲁布革的勘测设计工作以改革开放的精神，跨入了一个新的时期，结下了新的丰硕的果实。

二、适应引进外资及建设体制改革学会项目准备及招标评标工作

由于使用世行贷款，必须按世行惯例进行项目评估和采用国际竞争性招标。为此，昆明院于1981年6月提出了鲁布革工程初步设计英文版，作为可行性报告的代替文件提交世行进行项目初步评估，并于同年9月配合世行专家到工地进行评估工作。这次评估结果基本确定世行对鲁布革工作的引水道系统及输变电工程贷款。同年11月，水电部和世行邀请了3家外国工程公司来工地了解情况，1982年2月，昆明院和上级领导人员与世行共同研究，选择了澳大利亚雪山工程公司作为咨询单位，由该公司派出专家到昆明院分三阶段协助工作。第一阶段在复核原设计的基础上，按照国际上较通用的办法和要求，共同编制鲁布革工程施工规划及工程概算，以作为下阶段工作的准备，并为世行的项目评估提供进一步的资料。

第二阶段，按照国际竞争性招标的要求，编制了引水道系统全套招标文件及水轮发电机组招标文件，后者因后来决定不用世行贷款采购，故未使用。鲁布革工程是我国水电系统第一个引进外资并实行国际招标的工程，其引水系统土建工程招标文件(合同号LUB／C1)也是我国第一套土建工程国际招标文件。在编制过程中，我们一方面加深设计，使之尽可能达到技施阶段深度，进一步编制施工规划，明确采用的技术规范，决定合同种类及招标文件的基本格式；同时，在水电部的领导和有关部门的配合下，及时解决有关的法律、商务、经济等具体问题，例如关于提供外商中方劳动力的办法及工资数额、可在国内采购的材料设备价格、运输费用、进口关税和税务、各种保险办法和费用以及争议和仲裁机构等等。这些问题在我们都是第一次碰到，它们的逐个解决，为我国土建工程国际招标跨出了第一步。

第三阶段的工作，主要为编制“工程师”概算(即标底)、回答投标商问题和发出补充通知、参与评标和合同谈判工作。昆明院和雪山公司共同编制了评标报告。上述各阶段的主要文件和报告均经水电部和世行审查，并得到同意和好评。

在第三阶段中，昆明院还单独与雪山公司合作编制了大部分机电设备的国际招标文件。

鲁布革工程由于采用国际招标，按定标时的外汇兑换率计算，投资有较大的减少，而且由于有了较严密细致的合同文件，使工程能按计划顺利进行，取得了较好的经济效益。只是后来由于汇率变化较大，工程投资有了较大的增长。

通过鲁布革工程，使我们基本上弄清了利用世行贷款的程序和配合世行的项目准备工作，学会了编制国际招标文件及评标和合同管理等工作。这些经验后来也用到了漫湾工程和其它工程上，取得了较好的效果。

三、做好调查研究和科学试验积极采用先进技术

鲁布革工程由于地形陡峻，地质条件复杂，而工程规模又较大，所以从初设阶段起就十分注意做好地质勘测及岩土力学试验工作。技施阶段又继续加深了这方面的工作和水力学试验等工作，特别是结合国家“六五”科技攻关项目中的高土石坝和地下工程两项，与国内有关科研单位和高等学校合作进行了大量的科研试验工作。另一方面，根据世行建议，在施工阶段聘请了3个咨询组，即每年到工地一至二次的特别咨询组和常驻工地的雪山公司咨询组及挪威咨询组。咨询组

尤其是特别咨询组对工程技术问题提出过很多建议及我们将国内大量科研试验和设计工作与外国专家的建议及国外先进经验相结合，经过认真研究，采用了咨询组的大部分好的建议，进一步优化了设计，降低了造价，解决了很多工期矛盾和施工困难。例如采用砂页岩风化料作大坝防渗心墙问题，过去国内也有同志提出过建议，但未能采用。1983年7月特别咨询组美国坝工专家Sherard先生建议对下寨料场进行勘探试验，并认为很可能可以使用。经过认真工作，最后选用了该料场。这样使运距由13.2km缩至4km，避免了原料场所需的掺料及翻晒工艺，可节约投资300万元。

又如简化坝基防渗帷幕。由于坝基为白云岩，且有溶蚀现象，地下水位低，因此初设和技施阶段对防止坝基及绕坝渗漏进行了细致的研究，技施阶段还进行了现场帷幕灌浆试验及室内二维和三维电网络试验。特别咨询组根据现场情况及已做的大量研究工作，建议简化帷幕设计。我们采用了专家建议，改双排帷幕为单排，左岸帷幕不再接至与正常高水位等高的枯期地下水位，右岸亦不接至相对隔水岩层，河床及两岸帷幕均只延伸至单位吸小率$\omega \leqslant 0.03l/min.m \cdot m$的基岩，同时还将幕体的$\omega$值放宽至0.05。修改后的帷幕延伸长度为17800m，减少约60％。加上省去部分灌浆廊道等措施，共可节约投资700余万元。

又如地下厂房设计的优化。在技施阶段，结合“六五”国家科技攻关项目对厂区的地质岩石力学问题进行了系统的研究试验工作。在此基础上，由于挪威咨询组和水轮机制造厂的合作，经研究提高了机组转速，减小了机组尺寸；水轮机采用逆时针方向旋转且进水钢管以60°角进入厂房；发电机墩紧贴厂房上游岩壁，厂房顶拱边墙均采用喷锚加固，并采用锚固式岩壁吊车梁。采用这些新技术的结果，使主厂房的跨度由24m减至18m，不仅节约了投资，而且有利于加快施工，抢回失去的工期，为提前发电作出了贡献。

鲁布革工程由于深入做好科研试验，认真研究并采用咨询专家建议，不断优化设计，共节约投资2000余万元，取得了很好的效益。

四、更新设计观念，不断优化设计

在鲁布革工程上贯彻改革开放方针以来，通过请进外国专家和派遣我院技术人员出国考察培训的做法，使我们在共同工作中学到不少新的东西，包括具体技术观点和设计观念，因而大大推动了我们的设计工作，提高了设计水平。这方面主要的有如下几点。

1.加强了经济观点，克服了单纯的安全可靠观点。例如初设中对于长约9km的引水隧洞，根据施工单位的意见，考虑了6个施工支洞，后来逐步减少，特别是通过招标文件编制阶段的工作，采用了较先进的施工方法和指标，最后只用两个支洞，总长490m，减少约1km。在建筑物布置及结构设计上，事例就更多了。

2.比较地增强了动的观点，相应地克服或减少了静止的观点。我们在英文版初设中，第一次对鲁布革作了较详细的动态经济分析；更主要的是通过几年来的实践，大部分设计人员认识到水电建设是一个很大的系统工程，这个系统不仅复杂而且它随时都在发生变化，特别是施工现场随时都在变化，人们的认识也在变化。因此设计必须根据客观变化作必要的修改或改变，必须不断优化，克服了一般不愿修改设计的缺点。

3.理论分析与实践经验判断相结合。对于水工建筑物，特别是重要的、大型的建筑物，必须进行理论分析计算，但是对其中一些问题或整个方案的决策，也必须根据实践经验特别是类似工程的经验作出判断，以便作出最终的决策，对地下工程和基础处理尤须如此。

4.增强时间观念。外国咨询专家和施工安装人员在工程问题上时间观念很强，对施工进度非常关心，急工地所急，尽可能缩短工期或抢回已损失的时间。“时间就是金钱”，而且能否保证计划进度直接关系到合同的规定。几年来我们的设计人员，特别是在设代组工作较长的同志都增强了时间观念，急工地所急。

5.善于接受新的技术观点。咨询专家提出的简化大坝防渗帷幕等建议中有着一种新的观点，即帷幕并不需要封闭所有裂隙，只要做到大坝安全和不致产生过大的渗漏即可；同时认为帷幕钻孔可以起到勘探作用，宁肯加密单排幕孔而不要做两排帷幕。我们接受这一观点，因而采用了前述的帷幕修改。鲁布革电站有大量的地下建筑物，通过研究和实践，使我们更增强了充分利用岩体自身承载能力的观点。因此在采用锚喷支护上就较前广泛和更有信心了。溢洪道上采用垂直岩石边坡就是一突出例子。

以上这些观点或观念并非是孤立的，它们的综合作用再加上扎实细致的科研试验，就是能够采用先进技术和先进指标的基础，是不断优化设计的动力。

五、设计、设备采购、施工技术和施工管理相互配套，是采用新技术、获致经济效益的好办法

只有先进的设计而无相应的设备、施工技术和管理，则这一设计是无法实现的；反之，有先进的设备和施工技术，没有相应的设计和管理，则前二者的先进性不能发挥。过去的一些事例说明，设计担心施工达不到先进设计要求而不敢采用先进技术；施工认为设计保守，潜力很大，所以不重视施工质量，因而形成恶性循环。这种情况在鲁布革工程中有了较好的改变。引水道系统的设计和施工就是一例，这主要当然是由于采用了国际招标、严格执行合同的结果。此外，前述的厂房枢纽的设计优化也是一个突出的例子。由于通过比选，采购了先进的机组设备，施工单位进口了比较配套的先进可靠的开挖和喷锚设备，同时还有咨询专家组代为培训技工和进行施工监督，因而设计能在已有工作的基础上采用多种先进技术和措施，而这些先进技术也确实得以实现，获致很好的经济效益。

六、发扬实事求是精神虚心向外国专家学习

执行改革开放政策以来，我们在鲁布革工程的工作中接触过10多个国家和地区的专家和技术人员，与有的专家长期连续共事达二三年之久。在工作中我们注意向专家虚心学习，同时也坚持实事求是原则，有不同意见时进行充分讨论。对于那些我们已做过很多工作，说明专家的建议是可行的，我们就很快采纳并积极施行。对于工作还不够的，我们就抓紧补充工作，工作结果说明可行的，立即采纳实行。对于不能采纳的建议，则予以充分说明，并提出或坚持我们的方案，通过充分商讨，取得谅解或达到一致意见。我们始终相信对于工地的和中国的条件和情况我们毕竟了解得更多、更深、更细。实践说明这样的态度是正确的，效果是好的。

总之，鲁布工程的勘测设计走过了一段很长的道路，由于国内有关各方的共同努力及外国专家的协助和合作，解决了不少新问题，引进了不少新技术，学到了不少新观点，培养和锻炼了设计队伍，使勘测设计工作提

高到一个新的水平。但是我们的工作做得还不够，还需不断努力改进；特别是工程还尚待完建，很多技术还待运行实践考验，有待今后深入总结。

鲁布革改革促进了施工企业现代化

王开弼

1988年12月27日零点35分，鲁布革水电站第一台机组提前95天完成72小时试运转并网发电，标志着我国第一个对外开放、引进外资的水电工程改革试点获得成功。5年多来，水电第十四工程局作为鲁布革工程的施工主体，坚持以改革开放方针为指导，结合施工实践，对国外水电建设的先进经验博采众长、兼收并蓄，取得了富有实效的成功经验。本文拟概括回顾第十四工程局在鲁布革改革实践中的收获与体会。

一、引进先进技术和先进设备努力提高企业素质

鲁布革建设聘请世界银行特别咨询团和挪威、澳大利亚等国专家，为工程设计、施工及施工管理提供技术咨询。十四局在承建首部枢纽和厂房枢纽工程中，充分利用这种多国、多学科、多专业、多层次咨询服务的有利条件，积极消化吸收各国先进施工技术，积累了宝贵的经验。如首部溢洪道初设1∶0.3的高边坡改为垂直边坡后，我们根据不同岩质节理发育状况，分别采取不同钻爆参数的预裂爆破、深孔梯段爆破和保护层开挖一次爆破获得成功，保证了边坡整体稳定性，为我国垂直高边坡施工提供了有益的经验。在首部堆土坝采用风化土料作心墙料的施工中，我们针对料场自上而下5个层次的不同风化程度，采用推土机平采与正铲立采相结合的方式，使上下层土料混合均匀符合含水量标准。铺土方式优选后退法每层铺土25cm，用凸块振动碾碾压12遍，满足了设计要求，为我国首次采用风化土料作大坝心墙料闯出了一条新路。在外国咨询专家的指导下，十四局在地下厂房洞室群施工中，根据Q系统围岩分类法选取支护参数，取得了用喷锚支护代替混凝土衬砌，以岩壁式吊车梁取代立柱式吊车梁的实践经验。这些新技术新工艺的应用，极大地提高了十四局的施工技术水平。

在鲁布革实践中，十四局并非消极地接受外国先进技术和设备，而是在消化掌握的基础上，进一步发展成企业自身的特长。5年间，十四局通过世行贷款、挪威赠款等途径，引进了7个国家的先进设备500多台，原值达1.4亿元。我们充分利用这些先进施工手段，积极探索一条地下工程大断面长隧洞快速施工的路子，取得了初步成效。鲁布革右岸泄洪洞直径10m，长649.95m，我们组织67名职工，采用挪威全液压三臂凿岩台车、1641型装载机及25吨“莫克西”出渣车等机械；学习外国施工管理经验，坚持开挖与支护并行，改进布孔及装药结构，提高爆破效率，压缩工序循环时间，创造了断面为65m^{2}的隧洞下部扩挖月进尺245m的记录。

先进技术和设备的引入，也促进了十四局技术革新和技术改造。近几年，我们结合

鲁布革施工需要，成功地研制出可变钢模台车、6 × 12m 蝴蝶式钢模台车和 5.8m 自行式全断面针梁钢模等液压控制设备。5.8m 针梁钢模在鲁布革尾水洞全断面浇筑中，劳动工效比组合钢模提高 25 倍以上，同时提高了混凝土的整体性和表面的平整度，减少了糙率。“右泄”工作闸门井全高 82m，使用十四局设计并制造的滑模施工，滑升 20 天，共浇筑混凝土 $2252m^3$，滑升高度 57.3m，平均每天滑升高度 2.87m，日滑升最大高度 4.2m，顺利解决了大型高耸水工建筑物的施工难题。

二、学习国外管理经验 大胆探索新的管理体制

鲁布革改革的实践使我们深深体会到，先进的技术手段必须辅以科学的施工管理，才可能最大程度地获得综合经济效益。

鲁布革厂房枢纽由主副厂房、主变开关室、尾水闸门室等 42 个大小洞室组成，总长 3.12km。整个洞室群呈平面立体交叉布置，跨度大、边墙高、开孔多、间距近，对围岩稳定不利，施工难度大。由于种种原因，1984 年 10 月开挖工程动工后进展缓慢，工期至少相差 3 个月，影响预期发电计划的实现。但与此相邻，由日本大成公司中标承包、十四局提供约 400 名劳务人员的引水隧洞工程，开挖记录却不断刷新。

为了学习大成公司的施工管理经验，1985 年 11 月将厂房工程作为改革试点。为此，十四局从三公司抽调出 400 多名职工组建了厂房指挥所，结合开挖工程探索新的管理体制。主要改革措施是，实行项目经理承包合同制，签定承包协议书；指挥所设所长、主任、工长、组长和工人五个管理层次，实行所长负责制，各级不设副职；建立开挖、混凝土、机电三个系统，实行生产、机电、技术和经营管理；实行进度目标管理，按网络计划组织施工；分配上实行产值工资含量加效益分成，即基本工资加津贴再加浮动工资，超产进度奖与质量、安全、成本挂钩，浮动工资计入成本；强调现场第一，一专多能；指挥所有给予警告、扣奖、免职、降级、甚至辞退的权力等。

厂房试点历时 13 个月，不仅夺回 3 个月工期，而且提前 4 个半月结束整个开挖工程。指挥所平均人数 429 人，比试点目标减少 121 人；完成的产值月均 67 万元，为试点目标的 120 %，为“五定”月均 42 万元的 160 %；全员劳动生产率为试点目标的 141 %；工程质量合格率 100 %，喷混凝土和锚杆优良率为 80 % 以上；整个地下工程施工期间没有发生重大伤亡事故。实践证明，施工管理体制一经改革，就可以较大程度地调动人的积极性，发挥机械效率，产生显著的技术、经济与社会效益。

前两年，我们将鲁布革改革经验应用到漫湾电站 1 号导流洞，并深入一步实行切块承包法，结果创造了上半部洞挖月进尺 271.9m，下部扩挖月进尺 201m 的好成绩；洞挖月强度破鲁布革 2.5 万 m^3的记录，达到 $3.7m^3$；混凝土月浇筑强度为$18543m^3$，比鲁布革翻了一番。

1988 年，在确保鲁布革第一台机组提前发电的关键时期，我们彻底改变以往单纯依靠行政组织生产的老办法，大胆实行“个人承包组阁”的改革试点安装机组各系统。根据总体目标，由工程局分别同各单位承包人签定了 40 多份包括任务、工期、质量、安全指标内容的单项工期承包合同，保证了首部下闸蓄水和厂房机组安装的顺利进行。结果，与大成公司提前 122 天完成引水道工程相比，我们也并不示弱，也提前了 95 天实现第一台机组投产发电。

三、走出封闭的狭小天地 开拓企业发展前景

鲁布革改革试点给十四局最大的收获，就是促使全体职工彻底解放了思想，转变了观念，促进企业走出了自我封闭的狭小天地，在社会竞争中开辟了可喜的发展前景。

1984年6月，鲁布革竞争机制的引入，十四局在引水道工程国际投标中失利，五国八方以多种方式展开的实力、技术、装备和信誉上的竞争，对长期处于封闭状态的十四局职工产生了极大的冲击和心理上的震动，也激发了我们强烈的竞争意识。从此，十四局以鲁布革为起点，以改革开放方针为指导，以积极进取不甘落后的姿态，参加社会竞争，开展各种外向型经营，取得了突破性进展，也为企业创立了牌子。5年来，十四局通过投标竞争共承揽了34项工程，累计合同标价达6亿元以上。至今，全局对外承包经营的范围，已经从云南扩展到广东、福建、广西、贵州乃至非洲喀麦隆和中非共和国。鲁布革竞争不仅增强了十四局的社会竞争能力，也促进了企业主要经济指标逐年上升。从1983年以来，十四局连续6年完成总投资年均增长22％、全员劳动生产率年均增长27.5％，从而开创了建局34年来少有的兴旺发展时期。尤其是1987、1988两年，全局每年完成总投资超过1.8亿元，创造了历史最好水平。

去年初，我们在总结鲁布革经验的基础上，进一步深化企业内部改革，在全局范围内实行内部经济承包合同制、流动资金有偿占用和进口设备内部租赁制，改革管理机构，把竞争机制引入企业内部，取得了实效。为了使企业全面发展，今年，我们又确立了全局大力发展多种经营，兴办第二、三产业的经营指导方针，拟定经过3年努力，建成一批以各种产品打入市场的中小型工业企业，既消化一大批富余人员，又形成企业的第二经济支柱，走企业自我改造、自我积累、自我发展的道路。

部、省合资建设的隔河岩水电站

徐 洪 亮

隔河岩水电站位于湖北长阳县境内，是清江干流上兴建的第一个工程。该电站装机120万kW，年发电量为30.4亿kW·h，总库容34亿m^3，它建成后将成为华中电网中的骨干电站，不仅具有发电效益，而且防洪、航远等综合效益也很显著。

隔河岩水电站1986年12月国家计委批复了工程设计任务书，1987年元月，施工准备工作开工，1987年底截流，1993年第一台机组发电，1994年建成。该工程由清江开发公司负责建设和管理工作。经过各方面的努力，隔河岩水电站建设取得了当年开工、当年截流、当年开挖、当年浇筑混凝土的胜利。他们的主要经验是：

(一)充分发挥了国家与地方两个办电的积极性

为了探索加快水电建设的新路子，国家确定隔河岩水电站由湖北省和水电部合资建

设，按投资比例分电分利，并由湖北省负责按审定概算包干建设，这极大地调动了湖北省办电的积极性，在省财政比较困难的情况下，但是为了工程尽快开工，省里首先承担了工程前两年建设所需的全部资金。为此，省委、省政府采取了压缩全省“七五”计划建设项目，并且通过引进国外贷款，全省大力增收节支等综合措施，积极筹集资金，保证工程建设的顺利进行。湖北省委、省政府对该工程的建设十分重视，作为全省的重点项目来抓，有力地加强了对工程建设的领导。同时，全省动员各方面的力量，大力支援和服务工程，及时主动解决工程建设中的问题。这与国内以往的水电工程建设形成了鲜明的对照。

(二)实行工程建设招投标，坚持择优选定施工队伍

他们的主要做法是：一是注意发挥不同专业施工队伍的优势。隔河岩水电站的施工前期准备工作时间短，项目多，专业性强，他们采取专业对口，招小标的办法。在整个施工前期准备工程中，先后签订了大小65项施工发包合同，选定了21个中标单位。这些单位分别隶属于8个部，来自于10个省市，大多数都是所在行业的优秀企业，具有技术、装备等方面的优势。二是对场外交通工程注意发挥地方施工队伍的优势。由于场外交通工程与地方、群众的利益联系较多，涉及到征地、搬迁、安置等问题，在同等的条件下，优先将这类项目发包给县里组织施工，并严格施工规定和质量监督，其结果不仅扯皮少，进度快，而且既支持了地方经济发展，也密切了与地方的联系。三是对主体工程注意发挥水电行业施工队伍的优势。葛洲坝工程局是国内水电骨干企业，队伍素质好，施工水平高，机械设备强，距离施工工地近，他们积极主动地邀请葛洲坝工程局参加投标或议标。除工程的部分洞挖外，主体工程均由葛洲坝工程局所承包。实践也证明，葛洲坝工程局的施工速度和质量做到了高速优质。

(三)科学组织工程建设

清江开发公司对该工程的管理以合同为中心，采取以目标管理、项目管理、系统管理的形式，科学地组织工程建设。按照工程建设的总目标，合理地确定年、季、月的目标，设计、施工、征地搬迁、资金和物资提供等都编制年、季、月的计划，形成了上下左右的网络目标管理体系。在公司内部实行了工程项目负责制，对一般项目落实到了科、个人，对重点项目，由专人组成项目责任组，实行全方位、全过程的项目管理。按照工程建设管理的需要，建立健全了计划、技术、质量、物资等业务系统管理的制度，对工程建设的各项业务工作实行系统的管理。

在对施工单位的关系上，力求做到主动地落实好施工外部条件。同时搞好施工现场的协调，及时解决施工单位间的矛盾，组织好各施工单位之间、施工与设计之间、施工与地方之间的工作衔接和相互配合。并且充分尊重设计单位的意见，坚持按设计要求组织工程建设，保证了工程建设中没有出现大的失误。

(四)工程服务社会化

隔河岩工程建设中，坚持实行工程服务社会化，取得了可喜的成绩。他们的主要做法：一是充分利用社会设施，不搞“大而全”。如对工程建设中的大量物资的运输和储存，没有设置一个运输队，没建一个仓库，全是采取承包的形式，委托社会上闲置的货场代为装卸储管，组织地方运输力量进行中转。二是利用社会技术力量，不搞“事必躬亲”。如在科研和施工水文气象测报方面，大量的工作是靠委托大专院校、有关科研部门来完成的，既发展了横向联合，又取得了事半功倍的效果。三是发挥施工单位的加工生产能力，施工辅助设施不搞“成龙配套”。如对临建工程费用实行包干办法，由于葛洲坝工程局负责主体工程，这部分临建费用也由该局包干使用，多建不补，少建归已，这样，葛洲坝工程局积极地发挥了葛洲坝基地设施的作用，更好更快地为工程建设服务。四是依靠地方政府，生活物资供应不搞“大后勤”。在施工工地，建设单位和施工单位都没有设立一个专门机构，开办一个网点，省、地调拨的商业服务设施资金和供应指标，均由长阳县负责增设商品供应和生活服务网点。

（五）征地移民由地方政府包干解决

为了很好地吸取过去水电站、水库建设中征地移民方面的经验和教训，隔河岩工程对库区移民和施工征地移民采取了由地方政府包干解决的办法，收到了很好的效果。在库区移民方面，由库区移民领导小组对县实行分项包干，把移民经费和物资直接拨到县，由县里统一安排使用，县里保证移民分批安置与工程进度同步，移民的生活安置与生产安置同步，移民的生活、生产安置与公益设施建设同步，从而保证了工程的顺利进行。

多渠道集资兴建的漫湾水电站

徐　洪　亮

漫湾水电站是国家重点工程，位于云南省云和县和景东县交界处，为澜沧江开发的第一期工程。电站初期装机容量为125万kW，保证出力35.2万kW，年发电量63亿kW·h。待后期上游小湾电站建成后，电站总装机容量达150万kW，保证出力78.5万kW，年发电量达77.6亿kW·h。该工程1984年10月国家审批初设确定总工期为9年，投资总概算为10.48亿元，并经云南省和水电部商定由部、省合资兴建。

1985年9月漫湾水电站开始施工准备；1986年5月主体工程泄洪洞、导流洞正式开工；1987年12月完成大江截流，比原计划工期提前了一年。按照这个进度，1992年第一台机组发电，并将总工期9年缩短为8年。漫湾水电站建设的高质量、高速度十分引人注目，它给人们以深刻的启迪。

（一）改革投资环境，发挥中央和地方办电的两个积极性

长期以来，我国水电建设投资一直是中央拿钱，地方用电，投资渠道单一。而漫湾电站的建设，云南省在地方财力紧张的情况下，毅然拿出3亿元，再由水电部投资7亿多元，来共同合资兴建。这样充分调动了地方办电的积极性，增强了地方办电的责任感，云南省的领导同志在省里经常强调，漫湾电站不是中央要我们建，而是我们云南要争建这个电站，因此我们要扭转过去那种中央出钱，地方出题目,农民吃大户、刮肥肉这么一个老的对重点基建工程的观念,而是要把这个工程当作我们自己的事,省政府专门成立了支援漫湾建设办公室,与电站有关的县成立了"援漫办",云南省的领导及有关部门的领导经常深入工地,在现场帮助解决问题。征地移民一般是水电建设中的难题,漫湾建设中由于地方政府重视,使这项工作做得又快又好。

(二)引入竞争机制,实行工程招标承包

经部、省商定,为了加快漫湾的建设,对于施工单位的选择,全部采用招投标的方式确定,把主体工程分为导流洞、泄洪洞工程;坝基开挖与围堰工程;大坝混凝土浇筑与金属结构安装工程;人工砂石料系统工程四大标。经过评(议)标后,分别确定水电十四局、水电三局、葛洲坝工程局和水电八局中标。水电十四局拥有国内一流的开挖设备,具备鲁革布工程引水隧洞开挖的经验,经过奋战,提前完成了导流洞,为提前一年截流赢得了时间。水电三局中标报价合理,具备有黄河、汉江截流的经验。葛洲坝工程局中标承担大坝主体工程,报价合理,实力雄厚。水电八局具备人工砂石料系统工程的专长,有建设乌江渡水电站的成功经验。这样形成多家精兵良将同上阵,相互竞争,相互促进,施工速度快,质量有保证,队伍精干。按常规漫湾电站要进队伍上万人,而现在职工只有3000多人,大大减轻了生活供应的压力,减少了施工现场的临建工程,节约了资金,加快了电站建设速度。

(三)地方的重视和大力支援,促进了工程的顺利建设

对于澜沧江的开发,云南省人民政府提出了"电力先行,矿电结合,对外开放,综合开发"的方针。漫湾作为首期工程,它直接关系着澜沧江和其它矿产的开发,关系着流域内广大人民脱贫致富,因此部、省合资建设漫湾,不仅是解决一个资金来源问题,更重要的是转变观念,立足改革,加快水电开发。为了加强领导,由部、省领导参加组建领导小组,云南省朱奎副省长任组长,水电部陆佑楣副部长任第一副组长,领导小组定期开会检查督促和安排任务。省政府还召集地州、厅局的领导协商如何支援漫湾建设,号召各地州县各族人民都要认真履行协议中规定的应尽的一切责任,实行层层领导,层层负责,切实做到把电站建设作为自己的事来办。工程开工后,《云南日报》、云南人民广播电台开辟专版和专题节目进行连续报导,新华社、《中国水利电力报》、云南电视台等新闻单位也都及时地进行了报导,云南人民都知道云南有个漫湾电站。与电站建设相关的县、乡领导和人民都能以实际行动支援电站的建设,在征地移民、生活物资供应等方面作出了很大贡献,顾全了大局,保证了工程建设的顺利进行。

漫湾电站的建设,为我国水电建设体制改革创出了一条新路,为水电工程建设全面实行招标以及多渠道集资办电积累了经验。随着进一步深化改革,将会取得更好的成效。

设计单位进行工程总承包的尝试

——石塘工程建设总承包试点

徐　洪　亮

为了探索加快水电工程建设的途径，1984年11月，经水利电力部批准，以水利电力部华东勘测设计院为依托，成立华东水电工程咨询公司。该公司受浙江省电力局为业主的委托，实行以设计为主体，承担浙江省石塘水电站工程建设总承包的试点工作，直接承担从石塘工程的设计、设备选购、材料订货、工程施工至投产的全过程总承包。采取合同管理的方式，试行国内公开招投标，择优选择施工、制造、安装单位。他们在探索水电工程建设管理体制等方面的改革进行了大胆的尝试。

石塘水电站位于浙江省云和县境内瓯江支流大溪上，装机容量7.8万kW，年发电量1.89亿kW·h，是以发电为主，兼有通航过木效益的中型水电站。原来经部审定的工程概算投资为1.7亿元，工期为5年，1984年通过设计优化，工程投资概算降为1.4亿元，工期缩短为4年半。工程在实行1.4亿元投资总承包后，在投资额度不变的情况下，还要承担工程中新列项目和有关费用支出共约1000万元的自行消化。

该工程1985年3月开工，1986年底开始进行浇筑主体工程混凝土，1987年11月截流，1988年12月第一台机组发电，确保了工程如期投产的目标要求，主体工程的投资没有突破投资包干的额度。

在石塘水电站主体工程建设总承包工作中，设计单位作为工程总承包单位，虽属初次尝试，但是收到了很好的成效。

(一)发挥了以设计为主体的作用

设计单位既是工程的设计者，又是工程的承包管理者；既负责设计，又参加合同管理，增强了设计人员的质量意识和经济观念，保证了技术和经济的统一，促进了设计水平的提高，避免了设计与施工相脱节的矛盾。

(二)推行招标承包制，增添了竞争机制

石塘工程建设采用招标承包的方式，将主体工程分为5个单项工程标，其中土建工程、金属结构制作、水轮发电机组制造、机电设备安装和坝头库区改线公路施工，采取公开招标或邀请招标；对电站除了主机以外的其它一些主要机电设备，采取询价议标。经过招标竞争，5个单项工程分别由水电部十二局、三门峡水工机械厂、杭州发电设备厂和仙居县第二建筑公司中标。他们从招标文件的编制到全部招标业务完成，历时仅1年零4个月。在此期间他们坚持认真编标，合理分标，公正评标，从而合理地选择了承包单位。

(三)加强了对工程质量的管理

石塘工程以设计为主体进行总承包，不仅从设计方案上进行了设计优化，提高设计质量，而且通过直接参加工程建设中的质量监督，完善和强化了监督工程师和施工单位之间的质量组织保证体系、质量监督体系和质量信息反馈体系，较好地体现了设计意图，使建设单位对质量的自查和设计单位的复查相配套。在确保质量的前题下，他们借助于系统工程网络技术实施全过程的管理，按照国家规定的发电竣工日期，合理确定各阶段的控制工期，统一协调各单项工程的进度衔接，及时制订和落实资金筹集、材料供应、设计图纸供给等计划。这样既保证了工程质量，又加快了施工进度。

(四)为施工单位提供了良好的服务

石塘工程在以设计为主体总承包的过程中，在注重经济效益，加强监督管理的同时，努力按合同的规定，履行应尽的责任和义务，主动为施工单位提供良好的服务。在图纸供应上，基本上做到提前供给；在物质供应上，为了满足施工对材料的要求，多方帮助疏通供应渠道；在资金使用上，采用按月结算支付，合理制定资金周转计划，以满足施工用款要求；在施工征地方面，他们竭尽全力，积极协调，疏通关系，排除施工干扰。

总之，通过以设计为主体的总承包实践说明，这一方向是正确的，达到了降低工程造价，提高工程质量和缩短建设周期的目的。这对促进水电建设体制的改革，确是一个有益的探索。

大广坝——水电行业设计首次招标

徐洪亮　　吴亚军

海南大广坝原由中南勘测设计院为主承担勘测设计，并已完成了初步设计工作。为了进一步提高水电工程的设计质量，降低造价，缩短工期，1987年上半年，水电部决定以大广坝水利水电枢纽工程作为勘测设计招标试点，由水利水电规划设计院主持招标工作。中南、华东、北京和天津勘测设计院被邀请参加了投标。

大广坝位于海南岛东方县境内的广坝村，设计装机容量为24万kW，年发电量5.2亿kW·h，灌溉面积99.5万亩，它不仅是海南岛最大的水电工程，而且是综合利用效益十分显著的工程。

1987年4月6至7日，水利水电规划设计院在北京召开了大广坝设计招标会议。中南院在会上介绍了勘测设计的进展情况，经过协商，会议明确了投标须知、设计依据、资料提供的要求及开标的日期，同时决定请中国水利水电工程咨询公司负责编制设计标底。会后4家设计院向水利水电规划设计院递交了投标保证书，并签订了有关合同。随后，水利水电规划设计院组织4家设计单位的有关人员到长沙参观了大广坝水工模型，到海南岛昌化江考察了大广坝的坝址。在此基础上，仅用4个月的时间，于1987年8月30日以前，4家设计院都按时递交了大广坝水利水电枢纽工程设计标书。

1987年8月30日，大广坝设计招标在

北京开标。开标结果是:中南院、华东院、北京院和天津院标书标明的工程投资额(人民币现值)分别为3.6亿元、4亿元、4.3亿元、4.6亿元。会后由水电专家组成的评委会、评标顾问同志,经过9天的评比论证,最后确定由中南院中标。

大广坝设计招标是水电行业设计招标的首次尝试,主办单位和设计单位都缺乏经验,但是只用6个月的招标时间,却产生了较为明显的经济效益。大广坝的设计招标证明,设计单位通过招标竞争,可以达到进一步优化设计方案,提高设计质量,降低工程造价,缩短工期的目的。中南院中标的设计方案与原来1984年初步设计修改报告相比,工程投资可节约1300万元,第一台机组发电时间可提前半年,工程建设工期可缩短1年。

岩滩水电站的基建管理体制改革

广西岩滩水电站工程建设公司

广西岩滩水电站是一座超双百(坝高106m、装机121万kW)的国家大型重点建设项目。1983年经国务院审查批准初步设计;1984年列入国家建设计划,并开始进场施工准备,1985年主体工程开工,批准的合理工期为12年;控制性进度为1988年截流。1993年第一台机组发电,1995年竣工,总投资为16.32亿元;并定为基本建设管理体制改革的试点工程。

为确立新的基建管理体制,经广西壮族自治区批准,于1984年10月成立了"广西电力开发公司",随后经水电部批准,于1986年3月成立了"广西岩滩水电站工程建设公司",明确负责组织岩滩水电站的工程建设。

作为建设单位的岩建公司,按照统筹法原理,制定了提前1年截流、发电和竣工的总目标和具体措施。勇于改革,大胆探索。主体工程采取分单项在国内公开招标形式,择优选择施工队伍,并主动为乙方创造条件,共同克服了施工中的困难,有效地控制住了质量;取得了提前1年于1987年完成截流任务的胜利,将用4年的时间和投资,达到了5年的工程面貌。

Ⅲ

水电站综合效益与地区经济发展

中国水力甲天下

篆刻：李涛

水电站的巨大综合利用效益

赵 毓 昆

水能是一次再生能源,又是能源结构的重要组成部分。由于水电有与其他能源不同的特性,在其建设和生产以及效益等方面也自然会显示它的优越性。近年来,许多书报杂志在理论上对此进行科学阐述的有一些,而在实践上开展学术研讨的并不多。

值得欣喜的是,《中国水力发电年鉴》办了一桩很有实际意义的事情,即决定在第二卷本中增设"水电站综合效益与地区经济发展"一个篇目,从早期建成的一批大中型水电站中征得稿件5篇,虽不能完全反映新中国已建成上百座大中型水电站的全部情况和成就,但是还有它们一定的代表性。这几座电站通过实地调查,以其建厂几十年来实际情况,具体证明了水力发电的优越性,则是无可置疑和争辩的事实。

从本书中介绍的几篇文章中,读者可以窥见新中国成立以来早期兴建的一批大中型水电站,不但为电力系统提供了大量廉价而强大的电力,而且还由于其具有巨大的综合效益,促进了地区经济发展,在许多方面对社会主义现代化建设起到了重大作用。

一、发 电 效 益

新中国成立以来,水电站不仅为工农业生产及人民生活提供了大量电能,而且由于其运行的灵活性,能够适应电力负荷的大幅度急剧变化,在电力系统中承担着调峰、调频任务,使电力系统能够保证用户在不同时间的电力需求,并使燃煤火电站处于稳定高效运行工况而节约了燃料。在近年来高参数大容量火电机组大量投产后,这一效益越来越显著。由于水电站的水轮发电机组具有起动快的特点,在电力系统中还可以承担事故备用。当电力系统中某些电站或某些环节发生事故而大量减少电力供应时,由于水电站事故备用容量及时投入运行,避免了事故的进一步扩大,保证电力系统的正常运行和电力供应。因此,水电站发电效益不仅反映在其本身的发电量,其容量效益也是十分重要的。

二、防 洪 效 益

一些具有调节水库的水电站在防止或减轻洪水灾害方面发挥了巨大作用,尤其是在重要河流上兴建的大型水电站,在这方面的效益更为突出。黄河上的刘家峡、第二松花江上的丰满、汉江上的丹江口以及新安江上的新安江等水电站,在遇到较大洪水时都显著地削减了洪峰流量,保护了下游城市、工矿企业及大片村镇、农田和交通设施,大大减少了洪灾可能造成的损失。

黄河上游宁蒙河段及下游山东河段由于流向跨大纬度地由南向北,下游融冰滞后于上游而造成特殊的融冰期凌灾问题;虽然不属于汛期洪水,但亦往往造成城镇及农田受淹,较讯期洪水更为棘手。刘家峡及三门峡两座枢纽建成后,采取结冰期加大放水流量,使河道在高水位情况下结冰，以加大过水断面，融冰期减少流量，以防止产生冰塞、冰坝，从而解决了凌灾问题。

此外，在许多河流上由于水电站的水库调蓄作用，汛期流量大幅度减小，提高了下游河道一些滩地的利用机率。

三、灌溉及城市工业供水效益

我国许多干旱或半干旱地区过去农业受气候条件制约，生产不稳定，水平低，即使开渠引水灌溉，也往往由于灌水期适逢河流枯水季节而不能适时适量地灌溉。水电站建成后，由于有水库调节，不仅使枯水流量增加，而且放水流量还可以得到控制，从而提高了农田灌溉的保证率，灌水适时适量，使新灌区的开发与老灌区的扩大成为可能。如刘家峡与青铜峡两座枢纽的建成，就使历史上著名的黄河宁蒙灌区得到发展，供水有了保证。这两个灌区过去由于降雨量少，历史上完全仰赖引黄灌溉，没有灌溉就难以从事农业生产；目前由于供水量与供水时间由上游水库给予保证，农业已走上稳产高产的道路。

此外，许多地方田高水低，过去无法发展灌溉事业，现在由于有了廉价的水电站供电而发展了高扬程灌溉，使大片原来农业生产处于无保证的地区、甚至无法从事农业生产的地区改变了面貌。例如甘肃景泰扬水灌区与宁夏海固扬水灌区近年来都得到了发展。

由于水库对径流的调节及对泥沙的拦截，使得枯水期流量增加，汛期含沙量减少，从而提高了城市及工业供水的保证率，优化了水质，使水电站下游的城市及工矿企业受益。

四、航 运 效 益

我国河流众多，虽然有些河流历史上即有舟楫之利，但还有不少河道滩多流急，通航船只吨位受到限制，且遇较大洪水及枯水流量时均需停航。随着水电站的建设，通航条件得到了改善。水电站库区河段水位抬高，淹没了滩险，航深加大，水面加宽，有可能行驶大吨位船舶，有些过去无法通航的河段也具备了通航条件而兴起了航运事业；形成水库后，流速减缓，可以减小船舶所需动力，从而使库区通航条件大为改善。对于水电站下游的河道，则由于削减了洪峰流量，增加了枯水流量，而使通航期加长，枯水期水深加大，通航保证率提高。

虽然由于在河道上建坝而增加了船舶过坝的环节，但只要水电和航运两个部门根据实际需要和可能，确定经济合理的过坝建筑物型式和规模，就能保证航道畅通。从总体上看，兴建水电站仍然为航运带来显著的效益。

五、渔 业 效 益

水电站建成后，坝上游形成较天然情况大得多的水面，加大了水体，创造了水产养殖条件，已建成的许多水电站库区渔业发展很快，水面得到了很好的利用。有些水库已养殖一些优质品种鱼类，颇受消费者欢迎。

六、旅 游 效 益

水电站的水库改变了当地的自然景观，使原来自然状态下有些观赏价值的历史古迹；或无观赏价值的荒山秃岭成为湖光波影、满目苍翠、水陆交通方便的旅游胜地。有些水电站虽然远离城市，但由于景色秀美而吸引大量游客，被誉为“千岛湖”、“红枫湖”而广为人知，较其本来的新安江水电站和红枫湖水电站名称传播更广。由于旅游事业的发展，还给库区周边地区的经济注入了活力。

七、环 境 效 益

有些水电站由于水库库容较大，水面大

幅度增加，因而对库区周边的小气候产生一定影响。一般来说，湿度增加，气温变幅减小，冬季气温升高，夏季气温下降，无霜期延长。不仅有利于种植业的发展，甚至有可能改变当地的种植结构，使原来不能生长的果木和经济林木可以大量发展，有些库区周边已形成了柑桔、茶叶、桑蚕等生产基地，加大了库周移民安置的环境容量，提高了库周群众的生产、生活水平。

八、促进新城镇的兴建和发展

水电站向电力系统提供电力，保证广大城乡工农业生产及群众生活用电所显示的巨大经济与社会效益是公认的。此外，还应着重提及的是，水电站的建设对于当地地区经济发展的促进作用也是十分显著的。在兴建水电站过程中，在当地投入大量资金、改善交通运输条件，以及投产后当地供电条件的改善，使一些水电站周围形成了新的城镇及工业区，促进了当地乡镇工业的发展；有些县市迁往水电站所在地，形成新的政治、经济中心，例如刘家峡水电站所在地的永靖县；有的则由于水电站的兴建而使城市发展十分迅速，例如葛洲坝所在地的宜昌市；有的甚至新建了建制，例如河南省的三门峡市及广西自治区的大化县。由于水库周边供水、供电的便利条件，猫跳河梯级水电站的“龙头”梯级——红枫水电站库周已经成为贵州省相当重要的新兴工业区。

总之，虽然兴建水电站要淹没土地资源，并需要安置移民，是会带来一些损失和困难，但实践证明，在权衡利弊得失之后，它在经济、社会、环境等方面效益还确是显著的。其中有些效益在工程论证的经济效益中难以计算与反映，但在工程建成后受益地区与受益部门却都能明显地感受到这些水电站给他们带来的重大效益和机会。

新安江水电站综合利用效益的调查

粟　运　华

新中国成立后，我国第一座自己设计和自行制造设备大型水电站——新安江水电站(装机容量66.25万kW)，经过三年时间的紧张施工，于1960年4月第一台机组并网发电。电站全部投资加上近几年国家追补的移民补偿费共6.3亿元，其中电站投资3.9亿元已在投产发电的最初4年内收回。至1986年底止，电站向国家上缴的税利可建设同样的电站6.35座。电站的其它综合利用效益，也非常显著。

本文系笔者1983年开始调查，1985年在水电界老前辈的关心下整理而成。限于本年鉴篇幅，现为存真求实缩写如下。

一、发电效益

新安江水电站是华东电网中的一座大型水电站，以发电为主。其发电效益除体现在发电成本，上缴利税诸方面外，更重要的是为电力系统提供大量的调峰、调频及事故备用容量，对系统的安全经济运行起了重要的保证作用。

(一)发电成本低

水电的成本比火电的成本低,这是世界一致公认的事实。在我国缺煤、少油而经济发达的华东地区,新安江水电厂已成为华东电网的主力电厂之一。从1960～1983年的24年统计中,华东电网上海部分火电厂的年平均发电成本每千kW·h为37.46元,而同期新安江水电厂的年发电成本每千kW·h仅为6.02元,发电成本火电比水电高6.2倍。我国煤炭燃料价格严重地背离了价值规律,过于偏低,若按反映实际价值的煤炭价格计,则火、水电发电成本相差的倍数还要大得多。

(二)上缴利税多

从上缴利税的经济效益来看,同样是水电比火电高得多。从1969年8月以后,新安江电站开始向国家上缴利润。按中国人民建设银行所要求的10%利率来偿还水电站建设投资,经计算得1970～1986年平均上缴利税约0.9亿元,其中最高一年达1.4亿元。16年累计上缴利税14.7亿元,比同等火电站高出1倍以上。电厂从1960～1986年底共发电381.4亿kW·h,发电成本1.2分(包括计入移民成本费)售电电价7.7分,若以6.5分1度电的利润计,共创税利24.79亿元,等于6.35座电站投资。

(三)节省大量原煤

据华东电管局在闸北发电厂12.5万kW机组上所做的出力试验表明,每分钟负荷仅上升1%,1台机从生火到满载需120min,而煤耗比正常运行高25%～40%。从试验可知,火电机组调峰、调频不如水电机组启动灵活(从开机到送电仅需2～3min),而且煤耗多。因此,要适应华东电网目前的200万kW左右的峰谷差,应以水电站担负调峰、调频,火电担任基荷,联合运行才是最经济安全的。新安江水电站建成运行26年多,平均担任全系统的峰荷容量的1/3左右,这就相对地降低了火电厂的煤耗,节省了原煤。按华东电网内的火电厂平均煤耗为397g/kW·h,如果用火电机组调峰,煤耗就提高到486～511g/kW·h,增加煤耗22%～29%,若以新安江电厂机组顶替早、中、晚三个时段内的峰荷(按6h计),一年就可为国家节省15万t以上的原煤;以50元/t计,每年约节省750万元。

(四)事故备用

电力系统的事故往往具有很大的偶然性,因此要求系统有一定的事故备用容量,国内外经验证明,这部分备用容量也是由水电担任最为适合。自新安江水电站运行以来,据不完全统计,减少和避免电网事故达111次之多。例如:1980年华东电网共发生13次事故,其中由于新安江电厂机组立即启动而减少了事故损失达12次。又如,1983年2月,华东最大的火电厂因220kV母线事故,使30万kW机组突然停机,电网周波下降到49.6Hz以下,新安江电厂机组立即启动,3min内出力从20万kW猛增到58万kW,周波很快恢复正常,避免了许多行业的损失。再如1986年,仅头6个月统计,新安江电厂就减少和避免了电网18次事故。据初步估算,仅111次事故备用减少经济损失4亿元以上。随着我国大电网容量的增加,水电站的机组利用小时数还要降低。比如最近就有许多专家提出:考虑华东电网中秦山核电站不久要投产发电,长江葛洲坝水电站将给华东电网输送大量电力(约120万kW),为了有更多的调峰容量和事故备用,准备将新安江电厂再扩机增容60～80万kW,为的并不是获得电量,而是为了获得调峰、事故备用容量,这样新安江电站的设备利用小时数将降低到3000小时以下。这完全是电网经济运行和调度的需要。

(五)电量价值

火电与水电生产的电量价值是不相同的,不能把基荷和峰荷及事故备用电量采用同一个价格。根据英、法、美等国的电价,最近很多电力工作者建议将我国电价也作些改革,即峰荷电价是基荷电价的3倍,事故备用电价是基荷电价的9倍。若按此价格计算,平均每天顶峰时间6小时,日顶峰电量200万kW·h,一年仅峰荷就多创造利润6500万元(交纳6%的工商税后,按70%作发电利润),那么仅调峰一项,26年来新安江水电厂为国家创造利润多达16亿元。加上事故备用电量,一年以年平均10次事故计的事故电量0.1亿kW·h计算,每年可多创造450万元,26年来累计达1.1亿元。以上两项共计达17.1亿元。若再加上其它时间的发电量价值,26年来累计上缴利税31.7亿元,这决非火电所能及的。

二、防洪效益

新安江历年来水量分布不均,河水骤涨陡落。解放前,洪涝灾害频繁,灾情严重,人民过着"火盆当棉袄,辣椒当油炒"的贫困艰难生活。

新安江与兰江的洪水主要威胁地区是建德、桐庐、富阳3个县城,以及七里垅的富春江水电站和富春江沿江两岸30万亩农田。新安江水电站建成后,水库总库容178.4亿m^3,在水库正常运行情况下,汛期防洪限制水位为106.5m,相应该水位以上的9.5亿m^3的库容均为防洪库容。由于兰江流域干流没有调节性能较好的建库地形,因此下游的防洪主要依靠新安江水库对兰江洪水的错峰调洪来实现。新安江水库虽只控制富春江水电站以上流域面积的1/3强,但凡发生20年到1000年一遇的洪水,经新安江水库调节或错峰调节后,其洪峰流量将比天然洪峰流量削减22%～28%,就可使下游20余万亩农田免除20年一遇的洪水灾害;对两岸河滩地上不能筑堤防护的10万亩农田亦可减免洪灾所受到的损失。为保障下游建德、桐庐、富阳等城市的防洪安全,可提高抗洪能力到100年一遇的洪水,在发生特大洪水时也可减轻洪涝灾害的程度。

据农业部门提供的材料表明:新安江一带早稻有良好的生长环境,阳光充足,气温适宜,但夏至(阳历6月22日前后)往往受暴雨洪水的威胁,造成减产。新安江水库自1960～1986年共拦蓄3500～5000m^3/s的洪水10次,大于10000m^3/s的洪水11次,共计85次。据统计,只要新安江流量超过10000m^3/s,下游3个县就将损失粮食近2.5万t,加上冲毁房屋、公路、桥梁以及其他公共设施,其损失达人民币1000万元以上。按水库拦蓄大于10000m^3/s的洪水11次计算,避免的直接经济损失达1.1亿元以上。

新安江水库自1959年蓄水后,除1966年7月中旬进行过一次试验性泄洪和1983年6月30日～7月15日泄过一次洪水外,其它时间从未泄洪;就是1983年那次泄洪,洪峰流量也被控制在5000m^3/s以内,这就大大减轻了洪水对下游地区的危害,使下游3个县的农业产量连续稳产高产。

三、航运效益

新安江水库在正常高水位108m情况下,有580km^2水面,使坝址上游原来九曲十八弯、多急流浅滩的河流变成一碧平湖,客货运航线增多,促进了航运事业的发展。

(一)对上游航运的改善

由于航运条件的改善,上游的客货运航线由原来的1条增加到目前的14条。据不完全统计，目前水库区有船939艘(不包括5t以下的船只)，总吨位20168.5t，其中功率为8825W(12P)以上的机动船210艘，最大吨位货船为83t，最大吨位客船为300t。据近年统计，货运量从建库前5～8万t增加到90万t以上，还不包括乡镇船只和个体户的短途运输。客运量也逐年增大，每年以10%的速度增加。从1960年水库蓄水初期的50万人次增加到1988年的330万人次。

(二)对下游航运的改善

水库蓄水后，下游河道流量经过水库调节，日平均流量为200～400m^3/s，为开展航运事业创造了有利条件。据1986年8月一次调查统计：实有机动船只33艘，总功率93万W(1260P)；客船15艘，总载客量1125个座位；驳船165只，总吨位4054t。年货运量和客运量分别为32.7万t和67.3万人次，均比建库前增加8倍以上，客、货运总收入达131万元。如果算上民办乡镇企业的船只客、货运量，还可以增加20%左右。

(三)木排、竹筏流放迅速，费用大为减少

新安江流域上游盛产木材，每年流放量20万m^3左右。水库建成以后，木排、竹筏流放运输畅通无阻，运输费大大减少。建电站前，从深度到大坝(140km)木排流放1次要10天以上，还随时有触礁、搁浅的危险；水库建成后，上千立方米的木(竹)筏，用拖轮运输，时间仅一天多，运输费用仅为火车的1/15、汽车的1/20；如采用人工流放，1m^3木材运费仅为1元，加上过坝起重机的吊装费用，也只有3元，则更为便宜。

四、水产养殖业的发展

新安江水库鱼产量、捕捞量和经济效益在全国8大水库中名列榜首。电站建成前，新安江自然鱼产量只有50t，最高也只有105t。自1960年建成蓄水后，鱼产量逐年增加，至1982年，平均年产量1150t，其中1966年最高捕捞量达2560t。1985年以后，鱼产量又有新的增长，年平均产量稳定在3500t以上，年收入达800万元。分析其原因，在自然条件方面：(1)库水温度适宜，据30多年观测资料表明，新安江水库区表层平均水温为20.3℃，是鱼类胚胎发育最理想的温度。(2)有丰富的鱼食营养。在新安江水库流域面积10442km^2内的60%的地表有植被覆盖，在梅雨季节，降雨形成的径流，挟带大量的枯枝败叶和其他腐植质，经细菌矿化后成为鱼类摄食的饵料。(3)有良好的产卵场所。水库水位一般从干旱季节开始下降，植物在露出的大片土地上迅速生长，到涨水后又被淹没，既给自然繁殖的经济鱼类提供产卵、栖息的场所，又为草鱼等鱼类提供饲料。除上述良好的自然环境和优越的养鱼条件外，还由于采取了国家、乡镇、群众相结合的养鱼政策，建立了各种形式的渔业生产责任制，做到国营、集体、个人一起养，鼓励千家万户养鱼。目前仅在淳安县就有24个乡镇成立了养捕队，59个乡镇(村)有网箱养鱼场，持证捕鱼专业户有133户计266人，因而壮大了养、管、捕的队伍，产量显著提高。

发展网箱养鱼是新安江水库发展渔业生产的一条重要途径。根据淳安县59个乡(镇)村网箱养鱼场的资料，200亩网箱平均每亩鱼产量为2.5t，其中有的乡村、个人鱼产量达4.5t，收入年年超万元。因此，今后只要拿出水库水面的1%，即6000～7000亩水面发展网箱养鱼，每亩鱼产量按2.5t计，年产量将可达1.5万t，即使其它水面维持现有的产量，也可以使鱼产量进一步大幅度地提高。

五、库区小气候的改善

由于新安江水库形成巨大的人造湖泊水

面，使水库周围地区小气候有明显的改善。

(一)对降水量的影响

根据资料分析，水库对降水量的影响有以下几点：(1)由于新安江水库地处浙皖山区，地形复杂，水库区为亚热带湿润气候，在下半年受西太平洋副热带高压的影响较大，副高的南北摆动和西伸东退对本地区的影响很大，为此，从在水库区以外的东、南、西三个方向选取了3个年代较长的建德、巨县、屯溪雨量站与水库区中心的淳安雨量站作年雨量相关分析，其结果是：年降雨量变化主要在水库区，对流域则影响不大。(2)以季节的雨量来分析，发现冬季在流域内的雨量分配比较均匀，而夏季在水库中心是一个少雨中心，库区中心雨量有季节性变化。(3)从流域内1960～1985年51次暴雨统计分析可以看出，水库区雨量少主要是由于暴雨量小，平均只占月雨量的32%以下，流域内雨量大，主要是由于暴雨量大，平均占月雨量的54.8%以上。6～8月正值梅汛期，水库区暴雨减少，雨量相对比过去小，说明降水量更加调匀。

(二)对气温变化的影响

经过资料分析，水库建成后对气温的影响只限于水库中心区的淳安县。变化情况是：(1)夏季不象过去那样热，冬季不象过去那样冷，温度年变幅比过去小，但年平均气温略有升高。(2)无霜期延长，初霜推迟，终霜提早。水库建成前29年，平均无霜期为238天；水库建成以后，1966～1985年平均无霜期为263.2天。以上这些库区小气候的显著改变，对林木和果树的生长，对水产养殖业，旅游业的发展均有积极意义。

(三)天气现象的一些变化

由于水库在夏季是一个冷源，在冬季又是一个热源，导致一些天气现象的增加和减少。(1)冬夏季的湖上雾和浅雾明显增加，出现时间约占冬季的2/3和夏季的1/2。雾已成为水库上下游山间、湖面、水面的一种蔚为壮观的奇景，成为游客们喜爱的风景之一。(2)夏季暴雨日明显减少。夏季水库水体为一个冷源，水温比气温低10℃左右，形成一个稳定层，使雷暴沿山地走，不能越过水库中心。雷暴少，可以减少雷雨大风，对林业特别是经济林以及水果生长有利。

六、促进林果业发展

(一)促进马尾松等林木的生长

为了揭示水库对促进林木生长的影响，我们在新安江流域内选取10个点，从研究其生长发育的状况中可见，水库未建成前，流域内的松林年际之间的年轮直径相差不大，从1930～1959年，每10年的平均年轮直径一般为0.44～0.73cm/年，这说明在新安江流域面积内的气候差异不大，同属亚热带季风湿润气候区。自1959年9月水库建成蓄水后，由于水库水体对小气候有调节作用，从而促进松林的迅速生长，每年直径达0.86～1.06cm之间，比原来的生长速度快30%～90%。但这种影响是有一定限度的，超过一定的水平距离和垂直高度就不起作用，与水库影响区外流域内的马尾松林生长趋势一致。

据水库区气候观测哨材料的分析，水库水体影响库周的山林面积有80万亩，每亩材积量以中幼马尾松林计算，由于小气候调节，使材积量一年多增加16万m^3，按国家1985年收购木材牌价计算，一年可增加经济收入1600万元。另外还有约10万亩杉柏木，它们的经济价值更高，是松木的3～4倍，增加的收入更为可观。

水库区的经济林木也因小气候条件改善长势良好。如1975年开始培育的桑树，当年栽植，第二年就可摘桑叶养蚕，现在已有2万多养蚕户，1986年春蚕产量达627t，产值267.9万元，平均每户收入134元；东亭乡因动手早，全乡有779户栽桑养蚕，户茧收入每户在500元以上。

（二）促进经济果林的发展

新安江水库区在1960年水库蓄水前无法种植的柑桔，近年也开始大面积发展起来。这是因为过去这一带的极端最低温度为-12.0℃，任何品种的柑桔在这样的温度下都要冻死。自水库建成以后，1961～1985年极端最低温度已上升到-7.9℃或以上，靠近水库边一般年分只有-3～-5℃，从而为库区上下游大力种植柑桔创造了良好条件。至1988年种植的柑桔果林已达5万亩，年产量达1500万kg。目前正计划建成以新安江水库为中心的柑桔商品基地，使库区农民走上脱贫致富的宽广大道，也为国家出口创汇。

七、旅游事业的经济效益

新安江是国家44个重点风景名胜区之一。新安江水库因为由大大小小的山峰形成1078个岛屿，又有“千岛湖”之称，自然环境优美，新安江畔名胜古迹又多，加上冬天不冷，夏天不热，气候宜人，是一处旅游胜地。

新安江水库水质极为纯净，据有关卫生部门的化验结果：细菌总数不超过100个／ml，氨氮量也普遍减少，完全符合国家饮用水标准，透明度大大超过30cm，达5m左右，悬浮物质的自然沉降作用非常大，上游排放少量混浊污水，很快就能自净。由于库区周围工矿企业很少，空气也未被污染，噪声很小，环境宁静。

水库区烟波浩淼，千岛湖波光粼粼，库中放养了青、草、鳙、鲢、鲤五大家鱼，并有河鳗、桂鱼、甲鱼，还有名目繁多的野生鱼类。水库中的众多岛屿上有野兔、野猪、山麂、豺狗、还辟有鹿岛，驯养大批梅花鹿，湖面上冬天还有成群的野鸭、大雁、水鸟、草鹗等，这些为游人的垂钓，狩猎、游泳等娱乐提供宽广的场所。

新安江畔名胜古迹甚多：东汉时代的严子陵钓鱼台；唐初农民起义女英雄号称文佳皇帝的陈硕真，在淳安县梓桐乡有她的墓地，马目山上有传说的竹叶鱼和再生松；北宋方腊起义前秘密练武的方腊洞、点将台；伍子胥为避楚难，至今还留有胥村、胥岭洞、歌舞岭、子胥渡；唐宋著名诗人杜牧、刘长卿、陆游、范仲淹等都在这一带当过郡守、刺吏、司马，留有诗词墨迹，此外，海瑞在这里当过知县，朱熹在淳安县郭村乡讲过学；等等。

新安江的风光还有著称的地下溶洞“灵栖洞”，洞内有琳琅满目的石磬、石琴、石钟以及石笋等石钟乳石为特色的景观，玲珑剔透，奇特入胜。

新安江水库区旅游事业日益发展，经济效益以每年50％以上的速度增长。1982年刚开始的时候，地处新安江水库区的安徽省歙县、浙江省建德县、淳安县仅有三家风景旅游办公室，1988年已发展到19家旅游服务社，旅游船从7艘增加到19艘，旅馆饭店等设施增加3倍以上，达27家之多，仅水电站所在地的建德县就有12家旅游公司，近年还建造了一批供外宾使用的高级客房500间。自1982～1985年接待的国内外人士3万人。1985年的旅游总收入达2400万元以上。更可喜的是：香港丽园投资公司与新安江开发公司合资兴建的杭州千岛湖宾馆已于1988年4月开始接待港澳及国外游客。此外，由外资及林业部投资，已确定在新安江水库内筹建杭州市千岛湖国家森林公园。

八、顶潮冲淡、改善杭州的城市供水条件

钱塘江潮汐因受河口喇叭形状和河口沙

坎的作用形成独特的涌潮而闻名于世界。下游江水受潮汐的影响，潮区界可上溯到距河口(海宁盐官)140km的富春江水电站坝下(七里垅水文站)。由于潮区界上溯，水中含氯度甚大。据调查，新安江水库未建成之前，钱塘江水含氯度大于300p.p.m的天数(以闸口为代表)年年发生，影响生活与生产。另据河口海岸研究所的研究成果表明：在大潮水时，要求日平均流量大于360m^3/s，才能达到顶潮冲淡的目的；当潮水小时，也要求日平均流量在100～150m^3/s之间，才能使杭州市人民避免喝咸水。但据芦茨埠水文站1961～1985年的日平均流量统计的结果，天然来水量小于100m^3/s的天数平均达28天，最多的1978年达134天。这就是说，若没有新安江水库的调节，1978年杭州市人民很可能大量的时间要喝咸水。但由于有了水库调节顶潮冲淡，使平常年分可避免喝咸水了。不仅如此，还大量避免和减少了工业生产的经济损失。根据调查材料测算，新安江水电站建成以后，由于合理调度，加上与富春江水电站密切协作配合，开机放水顶托咸潮，使杭州市工业生产减少和避免的经济损失可达3.25亿元。

九、促进地方城镇建设和工矿企业的发展

新安江水电站的建设，共淹没了淳安县、遂安县2座5000～7000人的县城，及淳安县所属茶园、港口、威坪和安徽省歙县所属街口等4个小城镇，移民达30万人，淹没农田30万亩。为了调查水电站淹没的经济问题，我们对邻近淳安、建德、桐芦、富阳、金华、兰溪及安徽省歙县等地方的城镇建设和工矿企业、乡镇企业的发展作了多次的调查，主要情况是：新城镇大量涌现，工矿企业蓬勃发展。

(一)促进了两座新县城和10个小城镇的建设

建德县城在1957年以前，是一个只有几户人家的普通村庄，由于电站建设需要才发展成为白沙镇。建德县党政机关于1960年从梅城迁往该处。新安江水电站施工期间共有工人、工程技术人员、管理干部、服务人员2万余人，4000户职工家属。为配合电站的开工兴建，相应地建立了一些服务性的辅助企业以及交通运输、医疗卫生、文化教育设施和服务性行业等，也吸引了个体商贩集居于此。水电站建成发电后，工业也从无到有，发展迅速，先后建有：新安江水泥厂，无线电厂、化肥厂、电器厂、酿造厂、皮革厂、矿机厂等企业，原有的建德铜矿也扩大了规模。1966年以后，又先后建有中央、省市属8个工矿企业，安排就业人数6400人，工业总产值达1.6亿元，全员劳动生产率从1956年的人均2112元增加到1986年以后10610元。目前已成为全县政治、文化、商业和交通中心。

淳安县城原为排岭镇，1957年也只有十几户人家、100多人口的村庄，电站建成发电后，淳安县人民政府才决定迁移此地。由于开辟了淳安到杭州的公路交通线和通往新安江、汾口、临岐、安徽省歙县等14条水上航线；以后电站逐步向淳安县城和农村送电，也使一些省属企业迁移来此，人口增加到3万人，成为全县政治、经济、文化、交通的中心，也成为一个拥有三四千工人的新兴工业县城，年生产的工业总产值达5000万元以上，产值比以前增加近40倍。

此外，由于新安江水库提供了水运条件，库内水运交通发展到14条航线，一些小城镇成了水陆交通转运站，城镇人口从几百人发展到成千上万人，并逐步建立了一批农产品、粮油、食品、服装加工厂和农机、造纸、建材、化工、钢铁、矿产、国防等工业。

(二)促进了一批乡镇工矿企业的建设

新安江水电站先后架设了220kV、110kV、35kV、13.8kV高压输电线路分别向上海、杭州、金华、兰溪、巨县、建德、桐庐、淳安等地区输送电力。这就使水库区周围100%的城镇、94.5%以上的农村地区都用上了电，而且电价比过去降低3/4，为城镇和农村的照明和生产提供了廉价的电力，促进了工业生产的迅速发展。据粗略统计，建在淳安、建德、兰溪、金华、巨县、桐庐、富阳等7县市的24个中央、省、市属企业，为当地提供就业机会为31000多人，各县市每年的工业产值均在1亿元以上，为国家上交利润达1.1亿元；加上县属企业产值超过100万元的工厂在内，共增加89个企业，就业的职工人数达1～5万人，工业产值比未建电站前增加5～7倍。

在乡镇工业的发展中，凡是新安江电厂能供应电力的地区，其发展速度比送不到电的地区发展速度快得多，如以建德县和开化县相比为10:1，便是例证。

十、灌溉效益

新安江水库上、下游约有6.2万亩农田靠江水灌溉，其中电站上游有1.2万亩，下游有5万亩。此外，下游还有5万亩农田，自新安江供电系统建成后，由于农灌电费每千瓦小时仅4.2分，从而为发展电灌创造了有利条件。据调查，电站上游淳安县的1.2万亩农田，从原来设备差、效益低、动力不稳定的柴油机和木炭机等抽水灌溉设备大部已更换为电灌，平均每亩耗电20kW·h、电费仅0.84元，加上人力，设备折旧等费用，每亩农田的灌溉水费仅1～2元，比用柴油机抽水便宜3～4倍，节省了大量开支，降低了农业成本。对电站下游地区的农田也因有了可靠的电源，大大改变了新安江、兰江、富春江等两岸农田灌溉设施面貌，使沿江两岸农田排灌自如，推动了改田造田和单季稻改双季稻的二熟制改革，建成了高产稳产田，旱涝保收，每亩产量达750kg以上。下游农田除利用江水抗旱外，还利用发电机组下泄的低温水（水温一般在14～16℃）灌溉农田，以防止晚稻青枯死苗。此外，用江中低温水灌溉早稻，对防止早稻高温逼熟也有显著效果，可提高早稻产量。

黄河上游水电站的经济效益

万景文　石瑞芳

为开发利用黄河上游水资源，1958年刘家峡、盐锅峡、青铜峡3工程先后开工兴建。1960年青铜峡工程开始发挥灌溉受益；1961年11月盐锅峡电站投产发电；刘家峡电站工程1961～1963年曾停缓建，1964年复工，1969年3月第一台机组发电；八盘峡电站工程于1968年10月开工，1975年6月开始发电。到1980年3月，刘、盐、八、青4个工程全部竣工。除青铜峡是以灌溉为主、结合发电外，其余3个工程均以发电为主，兼有灌溉等综合利用效益。4座电站的设计装机总容量为202.9万kW，移交生产时核定的装机总容量为194.4万kW，年发电量103.7亿kW·h。4个工程包括发电、防洪和灌溉的枢纽投资在内，总投资为12.29亿元，平均每千瓦投资632元，每度电投资0.12元，比同期修建的西固、永昌和连城火电厂经济得多。1977年底开工的龙羊峡，是以发电为主，兼顾防洪、灌溉等综合利用的工程，1986年10月下闸蓄水，1987年9月开始发电，至1988年底已装机3台，预计1989年4月4台机组、128万kW将全部安装完毕。现将这5个工程已经取得的社会、经济效益作一简单介绍。

一、发电效益

(一)电量效益

从1961年11月盐锅峡第一台机组发电起到1988年底，5座水电站累计发电量1474.96亿kW·h其中龙羊峡刚投产，其效益尚未充分发挥出来，其余4座水电站累计发电量1441.54亿kW·h，提供利税共73.58亿元，为其投资的6倍。1984年至1988年5座水电站共发电445.66亿kW·h，获得利税20.43亿元。5座水电站主要经济指标及效益情况见表，历年的装机容量和发电量见图。

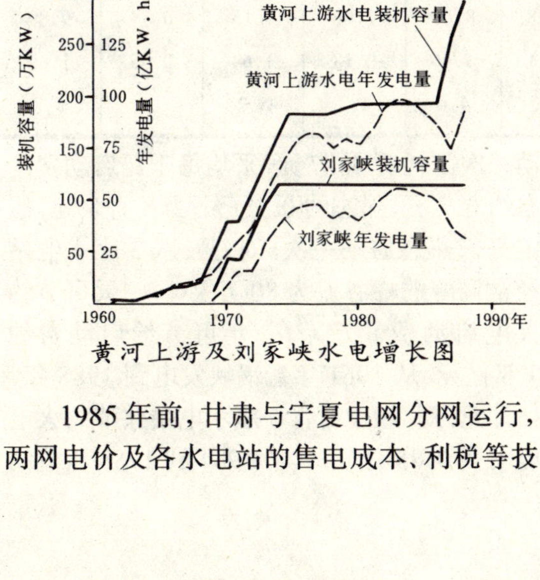

黄河上游及刘家峡水电增长图

1985年前，甘肃与宁夏电网分网运行，两网电价及各水电站的售电成本、利税等技术经济指标不同，但经分析，1987年甘肃刘、盐、八3水电站每千度的利润为23.3元，与1980～1984年5年平均利润23.84元基本相同，还有青铜峡是以灌溉为主，其发电量不到刘、盐、八3座水电站的13%；龙羊峡1987年才发电，电量更少。因此为简化工作，本文采用刘、盐、八3座水电站1980～1984年的平均指标进行5座水电站多年发电效益的计算。

甘肃1980～1984年5年平均每千度售电价为53.83元，税金8.81元，水、火电和输变电总销售成本为15.74元，其中水电售电成本为4.99元，火电售电成本28.4元，输变电成本为5.97元，扣除水电、输变电售电成本和税金后，3座水电站每千度的利润为34.06元，按甘肃发电与输变电固定资产比例7∶3来计算它们之间的利润分成，则每千度水电应分利润为23.84元，输变电利润为10.22元。5座水电站从投产到1988年底共发电量1474.96亿kW·h，提供电量利润32.73亿元，税金12.1亿元。其中1984～1988年5水电站共发电量445.66亿kW·h，提供电量利润9.89亿元，税金3.65亿元。

(二)容量效益

电网既要电站提供电量，还要电站提供一定容量，以适应负荷的不断变化和电网事故时的紧急需要。水电站具有启停快、运行灵活的优势，枯水期最适宜承担电网的调峰、调频、调相和事故备用等任务。据有关文献介绍，1985年陕甘青电网峰谷差约100万kW，加上西南电网的20万kW，总计要承担120万kW的峰谷差，并且主要靠刘、盐、八等几座水电站来承担。因为火电机组调峰将带来设备的加速损坏；同时启停增加人员频繁操作和劳动强度，以及增加煤、油、水消耗等一系列问题。在实际运行中，往往

表 1　黄河上游水电站经济指标表

项目		甘肃				宁夏	合计	青海	总计
		刘家峡	盐锅峡	八盘峡	小计	青铜峡		龙羊峡	
电站、水库规模	核定装机容量(万 kW)	116.0	35.2	16.0	167.2	27.2	194.4	128.0	322.4
	保证出力(万 kW)	51.9	15.2	8.4	75.5	8.76	84.26	58.98	143.24
	年发电量(亿 kW·h)	55.8	22.8	11.6	90.2	13.5	103.7	59.42	163.12
	原始总库容(亿 m^3)	57.0	2.2	0.49	59.69	5.65	65.34	247.0	312.34
	原始调节库容(亿 m^3)	41.5	0.07		41.57	2.66	44.23	193.5	237.73
建设情况	开工时间(年·月)	1958.9	1958.9	1968.10		1958.8		1977.12	
	第一台机组发电时间(年·月)	1969.3	1961.11	1975.6		1968.12		1987.9	
	竣工时间(年·月)	1975.4	1975.11	1980.3		1978.1			
	总投资(亿元)	6.33	1.54	1.76	9.63	2.66	12.29	23.72	36.01
	每千瓦投资(元 /kW)	546	438	1100	576	978	632	1853	1117
到一九八八年底总效益	累计发电量(亿 kW·h)	773.34	395.91	106.81	1276.06	165.48	1441.54	33.42	1474.96
	总产值(亿元)	50.27	25.73	6.94	82.94	10.76	93.70	2.17	95.87
	利税合计(亿元)	43.9	13.39	3.57	60.86	12.72	73.58	1.06	74.64
	其中:税金(亿元)	6.34	3.25	0.88	10.47	1.36	11.83	0.27	12.10
	电量利润(亿元)	17.16	8.79	2.37	28.32	3.67	31.99	0.74	32.73
	调峰利润(亿元)	4.4	1.35	0.32	6.07	0.73	6.80	0.05	6.85
	灌溉效益(亿元)	16.0			16.0	6.96	22.96		22.96
一九八四至一九八八年效益	累计发电量(亿 kW·h)	227.6	92.71	44.34	364.65	47.59	412.24	33.42	445.66
	总产值(亿元)	14.79	6.03	2.88	23.70	3.09	26.79	2.17	28.96
	利税合计(亿元)	12.02	3.07	1.45	16.54	2.83	19.37	1.06	20.43
	其中:税金(亿元)	1.87	0.76	0.36	2.99	0.39	3.38	0.27	3.65
	电量利润(亿元)	5.05	2.06	0.98	8.09	1.06	9.15	0.74	9.89
	调峰利润(亿元)	1.10	0.25	0.11	1.46	0.18	1.64	0.05	1.69
	灌溉效益(亿元)	4.0			4.0	1.2	5.2		5.2

设备停下来就启动不起来,形成事故,所以火电厂运行人员都不愿意经常启停机炉。5 万 kW 以上的机组不启停机炉参与调峰;5 万 kW 以下的机组虽可以启停机组,但消耗是很大的。以户县火电厂 5 万 kW 机组为例,冷态启动到带满负荷需 6h,启动 1 次需耗煤、电、油和水费 9372 元。热态启动(停机炉在 8 ~ 10 小时内)到带满负荷需 4.5h,启动一次需耗费 5087 元,平均每千瓦启动费冷态约 0.2 元,热态约 0.1 元。为留有余地,假定每天热态启动一次,刘、盐、八 3 座水电站经常调峰的峰谷差为 80 万 kW,一天可节约火电启动费 8 万元,一年可节约启动费约 0.3 亿元,从 1961 年盐锅峡发电到 1988 年,估计龙、刘、盐、八、青 5 座水电站共节约火电启动费 6.85 亿元,其中 1984 到 1988 年节约

火电启动费1.69亿元。

陕甘青电网在正常情况下，负荷波动在10万kW左右。这么大的波动，火电机组是承担不了的，还有水电厂启动快，只需4分钟就可启动起来带上负荷，为此5座水电站担任了电网大部分事故备用，对电网安全、经济运行做出了重要贡献。

(三)刘家峡水电站的发电效益

目前黄河上游已建的5座水电站中，刘家峡的装机容量和调节库容都是最大的，从1969年投产起到1988年底，刘家峡共发电773.34亿kW·h，其中1984～1988年发电227.6亿kW·h，占5座水电站发电量的50%以上，是电网主力调峰电站，一般要调60万kW的峰谷差。其创造的利税(包括灌溉效益在内)共43.9亿元，为其投资的6.9倍。其中1984～1988年为12.02亿元，约占5座水电站总利税的60%。此外刘家峡还是电网中第一位的调频水电站，保证电网周波维持在±0.2Hz之间；而当刘、天、关330kV线路检修、陕西电网单独运行时，陕西电网的周波变幅却在49.5～50.3Hz之间。还有，刘家峡分担的事故备用容量最多，作用也最大。如1980年12月26日16时45分，秦岭电厂3号机(20万kW)由于过热器漏汽，紧急拉闸停机，这时晚高峰即将到来，当时立即启动刘家峡4号机，维持了电网出力平衡，保证了对外正常供电，没有限电，这也是火电机组难以做到的。

1986年以前，刘、盐、八、青4座电站的联合调度，是以刘家峡水库为"龙头"进行梯级和综合利用补偿调节的。刘家峡除了本身已取得上述直接的发电效益外，还与盐、八、青以及石泉、碧口等水电站进行梯级和跨流域迳流电力补偿调节，增加了这些水电站的保证出力约15万kW，其经济效益也是很大的。

二、综合利用效益

5座水电站除了发电外，均有一定的综合利用效益，其中刘家峡、青铜峡和龙羊峡最为显著。

(一)刘家峡的综合利用效益

1.扩大灌溉面积，保证农业丰收

宁夏、内蒙古的黄河两岸土地平整连片，光热资源丰富，适宜发展农业，但雨量稀少，年雨量仅200mm左右，而年蒸发量却在2000mm以上。因此，这些地区没有灌溉就没有农业。虽然远在秦汉时代就开始修渠引黄河水灌溉，但水源无保证，灌溉事业发展缓慢。刘家峡水库1969年蓄水运用后，每年预留8～12亿m^3水量为宁夏、内蒙古灌区补水，使兰州5月份平均流量由建库前的641m^3/s，增加到近几年的994m^3/s，净增353m^3/s；特别是用水高峰的5月中旬，其流量由667m^3/s增加到1090m^3/s，增长63%，充分、适时、适量地满足了灌溉用水的需要，使宁蒙灌区用水保证率由天然的65%提高到100%，从而使各灌区引入水量大量增加。如青铜峡灌区1959年全年引水量为34.5亿m^3，近年来稳定在70亿m^3以上(其中浇地实耗水量约40亿m^3，回归到黄河水量约30亿m^3)。由于灌溉用水量得到可靠保证，促进了土地的开发利用和粮食单产、总产量的大幅度增加，灌溉面积由1968年的350万亩增加到1987年的420万亩；粮食单产由过去的100kg左右增加到380kg以上，其中水稻亩产超过500kg；总产量由1968年的约40万t增加到1987年的110万t以上，使宁夏由过去的缺粮户到目前可以自给。

内蒙古河套灌区解放初农田灌溉面积近300万亩，年灌溉用水量50年代平均为32亿m^3，1981年以后增加到49亿m^3左右，灌溉面积达 722 万亩，其中农田灌溉面积 616 万亩。过去粮食单产长期徘徊在 100kg 上下，总产一直在 40 万 t 左右浮动，到 1984 年粮食总产上升到 100 万 t。

除了上述两大灌区和宁夏卫宁等自流灌区外，随着刘家峡、青铜峡等廉价水电的供应，甘肃和宁夏等省区在黄河干流沿岸都兴建了多处大面积的电力扬水灌区。甘肃有景太一期、靖会、皋兰西岔、榆中三角城、靖远兴堡子川等电灌工程 23 处，设计提水流量 66.3m^3/s，装机 37.24万 kW，灌溉面积 146.1 万亩，1987 年实灌 108.2 万亩；宁夏修建了流量为 50m^3/s、灌地50万亩的同心、固海扬水等工程。这些扬水灌溉工程的建成，使粮食产量大幅度增加，昔日的不毛之地，今日都变成了米粮川，为解决 3 省、区黄河沿岸干旱缺水，粮食增产及农、林、牧、副业全面发展和人民脱贫致富提供了良好条件。

总之，由于刘家峡水库的调蓄，使甘、宁、蒙 3 省区灌溉水源得到保证，灌溉面积增加，1984 年达 1400 ～ 1600 万亩(其中甘肃约 100 万亩，宁夏 332.3 ～ 500 万亩，内蒙 926 ～ 1000 万亩)，比 1968 年增加约 400 ～ 600 万亩。3 省区年增产粮食约 150 万 t，其中甘肃 25 万 t，宁夏 65 万 t，内蒙 60 万 t。发展灌溉所取得的经济效益是十分显著的。据宁夏、内蒙有关同志估算，春灌期每立方米补水可增加收入约 0.1 元，刘家峡水库每年春灌补水按 8 亿 m^3计算，20年来共增加收入 16 亿元，其中 1984 ～ 1988 年增收 4.0 亿元。

2.基本解决了黄河上游洪水灾害

刘家峡水库承担了兰州市的防洪任务，使兰州百年一遇洪水由天然的 8080m^3/s削减到河道安全泄量 6500m^3/s。自1969年刘家峡水库运行以来，兰州天然流量大于 4000m^3/s的，除1981年外，经刘家峡水库调蓄，都控制在 4000m^3/s以内。1981年9月黄河上游发生了有实测水文资料以来的最大洪水，兰州天然最大洪峰流量 7000m^3/s，超过其安全泄量，由于龙羊峡围堰和刘家峡水库的调蓄，使兰州最大流量降至 5600m^3/s，削峰 1400m^3/s，并且使最大流量出现时间推迟了 5 ～ 6 天，为下游防洪抢险赢得了时间，保障了黄河上游两岸人民生命财产的安全和包头至兰州铁路畅通无阻。如果没有水库调节，兰州部分市区和滩地将被淹没；宁夏将出现与 1904 年相近的特大洪水。据地方有关人士估计，淹没面积将达 80 万亩，并将严重威胁着内蒙古 13 个县旗 728.6 万亩耕地、136.3 万人和三盛公总干渠的安全，同时北京通往西北的唯一铁路——包兰铁路亦将被冲坏(当时陇海铁路已被洪水冲断停运)，其造成的社会经济损失将是极其严重的。

3.基本消除了冰凌灾害

黄河上游由西向东流到兰州后折向东北，至内蒙古地区，由于下游纬度比上游高了 4°37′，冬季月平均气温则低于上游 5 ℃以上，过去每年 3 月前后开河时，兰州河道融冰化雪的冰水流到宁夏、内蒙，而那里还封冻未开河，因而大量壅高水位，水鼓冰裂，强行解冻，节节卡冰结坝，造成河堤溃决，形成凌灾。从 1951 年至 1983 年的 32 年中，总共结冰坝 287 道，其中 1951 年至 1968 年(刘家峡水库投入运行以前)共结冰坝 267 道，占总冰坝的 93 %；由于武开河造成的损失平均两年一次。1969 年刘家峡等水电建成后，由于封河流量增大并较均匀，发电后的水温提高，封冻的河段长度和封冻时间缩短，冰厚减薄，河道槽蓄冰量减少，冰盖下河道行洪能力加大，特别是开河期间刘家峡控制下泄流量，使兰州流量不超过 500m^3/s，宁蒙河段来水减少，河槽蓄水量一部分在开河前已排到下游，一部分于开河时缓慢释放，开河日期推后，冰盖充分受热力的作用解冻，就地消融，河道内流冰量减少，卡冰结坝很少，凌灾只在小范围内发生过5次。

4.其他效益

刘家峡水库建成后，枯水季节黄河的最小流量由天然的100m^3/s增加到200～300m^3/s，多沙时期通过加大刘家峡下泄流量进行稀释，降低了含沙量，从而改善了兰州、石咀山和包头等城市工业用水条件。

水库养鱼也有一定发展。截止1984年底，累计捕鱼量已达500t，近几年鱼的年产量已稳定在50t以上。

刘家峡库区还发展了航运、旅游事业，通航47km，可通过150客位的客轮供旅游用，每年都有大量的中外游客到刘家峡水电站、库区和炳灵寺旅游，这对繁荣、活跃甘肃的经济，也有一定的促进作用。

(二)青铜峡的灌溉效益

上面提到宁夏劳动人民在秦汉时代就开始修渠道引黄河水灌溉农田，但那时各渠均为无坝引水，每遇大水时便冲毁渠道，小水时又严重不足，许多土地灌不上水，大片庄稼旱死，灌溉事业发展缓慢，到1949年青铜峡灌区灌溉面积仅150万亩。无坝引水不仅灌溉水量得不到保证，而且岁修工程量也很大。以河西干渠渠首为例，每年从3月20日到5月5日前后必须进行岁修，仅麦草一项就需30多万公斤，还要用大量块石和其它材料，用工约7万工日，估计当时两个渠首岁修费用每年在40万元以上。

青铜峡枢纽工程1960年开始发挥灌溉效益，1967年水库建成蓄水，从而结束了无坝引水的历史。自此以后，不仅免除了千百年来渠首岁修的艰苦劳动，节约大量柴草和资金，而且渠道引水得到保证，灌溉面积不断扩大，粮食单产和总产量大幅度提高：从1957年至青铜峡枢纽发挥灌溉效益前的1959年，青铜峡灌区粮食产量平均约28万t，1960～1962年由于其他原因减产，从1963年至刘家峡水库建成前的1968年，平均年产粮约39万t，每年增产粮食约11万t，其中青铜峡枢纽分摊的粮食增产效益为50%。以每吨粮食价440元计，则每年青铜峡枢纽的灌溉效益为0.24亿元，到1988年底的总收益达6.96亿元。

(三)龙羊峡的综合利用效益

龙羊峡在蓄水和装机阶段，其发电和灌溉等方面的效益尚未充分发挥出来，但目前也已开始显露出其巨大的综合利用效益。

1.提高黄河上游已建水电站的防洪标准，减少了在建的李家峡工程泄洪、导流规模

龙羊峡围堰与刘家峡共同调蓄，将1981年9月兰州天然7000m^3/s洪水削减到5600m^3/s，为确保兰州市和宁蒙地区黄河两岸人民生命财产安全做出了重大贡献。

由于龙羊峡大水库的调节，可将其千年稀遇洪水削峰15%～43%，从而可大幅度地提高下游刘、盐、八3电站的防洪标准：刘家峡可由目前的3000年一遇至5000年一遇，提高到可能最大洪水标准；盐锅峡可由目前的1000年一遇提高到2000年一遇洪水标准；八盘峡可由目前的300年一遇提高到1000年一遇洪水标准。

龙羊峡水库的调洪作用还可为李家峡1000年一遇至可能最大洪峰削减1070～4500m^3/s，其施工导流洪峰由4500降到2000～2500m^3/s，从而大大简化了枢纽布置，缩短了工期，粗估可节约投资约1.0亿元。

2.改善了防凌期陕甘青宁电网安全运行条件

过去每年3月防凌期间，刘家峡要按宁蒙防凌要求减少发电流量，使刘、盐、八、青4座水电站减少出力约25万kW。自龙羊峡水电站投入后，可进行梯级间补偿调节，加大龙羊峡出力，使5座水电站在防凌期总的出力基本不变，从而缓解了防凌期电力供需间的矛盾，同时改善了电网安全经济运行条件。

三、社会效益

5座水电除了有上述发电和综合利用效益外，并为甘肃、宁夏、陕西和青海四省区提供了巨大的社会效益。

（一）增加地方财政收入

按照甘肃省电力工业局经济政策研究室统计的1985年前刘、盐、八3水电站累计上交地方财政税金和利润资料，推算出5座水电站到1988年底累计上交地方税利约21.7亿元，其中1984～1988年为5亿元。刘、盐、八3座水电站到1988年底给甘肃省上交税利为18.9亿元，同时，从1983年以后，还交纳了大量的能源、交通重点建设基金、城市维护建设税和教育费附加，为促进地方经济和教育事业的发展做出了重大贡献。

（二）实行优待电价，给高耗能工、农业和有关省区让利

由于水电站给有色冶金、铁合金、电石、化工等高耗能工业和高扬程提灌供电，以及给邻近省区送电实行了优待电价的办法，使1984年甘肃每千度平均电价仅54.5元，比同年陕西电价78.0元低23.5元，即低43％。据此推算出5座水电站到1988年底共让利34.7亿元，其中1984至1988年让利10.5亿元。在这些让利中，高耗能工业约占50％，给相邻省区的让利约占40％，大大促进了高耗能工业、高扬程灌溉事业以及相邻省区经济的发展。

（三）节约煤耗，改善生态环境

5座水电站到1988年底共发电1474.96亿kW·h，相当于节约原煤8200万t，其中龙、刘、盐、八4水电站共发电1309.48亿kW·h，相当节约原煤7250万t。目前煤炭短缺，交通运输紧张，特别是甘肃、青海两省煤炭资源不多，用煤要从外省区调入，1985年两省共调入原煤494万t。5座水电站的先后发电，为缓解煤炭供需矛盾和铁路运输压力，起到重大作用。

还有火电烧煤，产生大量二氧化硫等有害气体，污染环境；而水电是干净能源，5座水电站对改善生态环境条件，也起到重要作用。

综合利用效益显著的丹江口水利枢纽

周绍德

丹江口水利枢纽位于湖北省丹江口市的汉江与支流丹江汇合口处，是一座具有防洪、发电、灌溉、航运、养殖等综合效益的大型水利工程，也是开发和治理汉江的关键性工程。工程全部建成后，坝顶高程175m，正常蓄水位170m，总库容332.7亿m^3，有效库容163.6～190.5亿m^3，可进行多年调节。枢纽目前为初期规模：坝顶高程162m，正常蓄水位157m、总库容209.7亿m^3，有效库容102.2亿m^3，是一座能进行年调节的水库；电厂为坝后式厂房，装机容量90万kW，保证出力24.7万kW，多年平均发电量

38.3亿kW·h;升船机可通过150t驳船;鄂、豫两省引水渠首可引用流量600m³/s。

工程始建于1958年9月1日,1967年11月下闸蓄水,1968年10月1日第一台机组投产发电,1973年初期工程建成。自枢纽投入运行以来,在防洪与兴利方面已发挥了巨大的综合效益,为促进华中地区,特别是鄂、豫两省的工农业生产和国民经济的发展有着重大影响。

一、解决汉江洪水灾害的关键工程

汉江中下游的防洪问题,是汉江流域规划和建设丹江口水利枢纽初期工程的首要任务。汉江中下游直接受洪水威胁的有23个县市的1280万人口及1860万亩耕地。

汉江由于受流域地形和气候条件的影响,上、中游特别是上游往往处于同一暴雨区内,加之支流呈扇形向干流汇流,使洪水沿程逐渐加大并有恶性集中的现象,形成极大的洪峰流量。而中下游两岸全靠堤防御水,泄洪能力愈往下游愈小,在无法渲泄上游洪水的情况下就破堤成灾。据近代资料统计,从1931年至1955年的25年中就有15年发生溃堤决口,达到“三年两溃”、“十年九淹”的地步。汉江洪水灾害之甚,给人们留下的创伤是十分深刻的。

解放后,党和政府开始对汉江进行治理。1956年在下游兴建了杜家台分洪工程,1958年开始修建丹江口水利枢纽工程。枢纽建成后能控制洪水期集水面积的67%,控制汉江水量的75%,配合其它防洪措施,可以解决1935年型洪水的防洪安全,基本上满足汉江中下游防洪要求。实践证明,丹江口水库建成后,其防洪效益是巨大的。如1983年10月3日~6日,汉江发生了特大洪水,坝址最大洪峰流量达34300m³/s,7天洪水量达94.7亿m³。这次洪水虽然发生在汛末,正值丹江口水库蓄水时期,库水位较高,但仍发挥了显著的防洪效益,水库拦蓄了25.3亿m³的洪水,大大减轻了中下游的洪水灾害。据1968~1987年统计,在20年中,由于水库的拦蓄,杜家台分洪闸分洪次数减少了23次,累计减少淹没耕地377万亩;民垸分洪减少了16次,累计减少淹没耕地194万亩,减少了河滩耕地淹没面积603万亩。这3项统计共计减免耕地淹没面积1174万亩,匡算减免农田损失的经济效益达39.7亿元。至于防洪在保护城镇工业、交通运输等方面的效益将会更大。

二、华中电网中的主力电厂

丹江口水利枢纽除防洪之外,发电是近期第二重要任务。由于丹江口坝址地形地质条件优越,故此处既可修高坝大库,又能建大型电站,而且距重要工业区武汉、襄樊、十堰、洛阳、郑州适中。丹江口水电厂现有6条220kV输电线路北送豫中,南达武汉,8条110kV输电线路至南阳、襄阳、郧阳3个地区。

丹江口水电厂自1968年第一台机组投产发电至1988年底,累计发电量723.2亿kW·h,创产值47亿元,取得了很好的经济效益。华中电网建网前,丹江口电厂以发电为主,分别向湖北、河南两省供电。1979年华中电网建网后,逐渐扩大到湖南、江西两省。随着系统容量的增长和电网用电结构的变化,系统调频、调峰任务逐年加重,丹江口电厂也逐步由考核电量为主的基荷电厂转变为考核电力为主的调节电厂,担负着电网繁重的调频、调峰任务,成为华中电网的主力调节电厂。调峰率从1977年的9.07%上升到1988年的50.44%,日平均最大调峰容量由1977年9月的21万kW上升到1987年6月的55.68万kW,最大日调峰容量达77.5万kW(1985年2月23日)。与无调节能力的葛洲坝电厂进行补偿,将可提高电力系统水电群容量效益和保证出力，对改善系统周波，提高电网的供电质量起到了很大的作用。

近几年来，华中电网相继投产了一批大型火电机组，由于这些大机组存在着一些缺陷，事故频繁发生。如1986年3月5日，姚孟电厂机组事故跳闸，系统周波下降到49.6Hz；丹江口电厂除立即将旋转备用机组加满负荷外，还迅速开启备用机组，全厂出力由22万kW增至64万kW，使系统周波迅速恢复到49.8Hz以上。又如1986年9月27日，葛洲坝电厂10号主变差动保护误动，向系统少送出力45万kW，丹江口电厂迅速将备用机组加满负荷，并增开2号机组补充。据1978年至1984年12月的不完全统计，丹江口电厂共承担事故备用87次，平均每年13.4次，每次担负时间1～2天，最长达2个月。如果以每次承担负荷30万kW、担负时间按1.5天计算，则一次就可挽回直接经济损失70.2万元。

由上述可见，多年来丹江口电厂一直承担着华中电网的调频、调峰及事故备用，为保证电网安全可靠供电，改善电网的供电质量，作出了重大的贡献。

三、保证了汉江中下游灌溉用水

灌溉在丹江口水利枢纽的水利任务中，占很重要的地位。近期灌溉是以汉江中游的唐白河流域为主，远期则可向华北地区送水，以解决华北地区农田灌溉及工业城市用水。

唐白河地区包括南阳盆地及襄阳、枣阳地区，共有耕地面积100多万亩。该地区由于雨量少，水源奇缺，常常发生旱灾，历史上流传有"滴水贵似油，种田为水愁"的农谚。修建丹江口水库是解决和发展唐白河地区的农业灌溉用水的根本措施，为该地区的灌溉提供了优越条件，改变了过去"种田靠天收"的历史。如湖北的老河口、襄阳灌区，1981年发生了125年一遇的严重大旱，降雨量比正常年景少2/3，由于水库水位较高，渠系通水220天，引水4.5亿m^3，从而使灌区夺得了丰收，粮食产量创历史最高纪录。河南的邓县、新野两县，1981年8月，遭遇了连续45天的大旱，由于水库满足了灌溉用水，主要农作物如小麦、玉米、棉花、大豆等平均比1980年增产了11～12%，芝麻增产37.5%。

丹江口水库的建成，对汉江中下游两岸的农田灌溉也起了很大作用。中下游耕地面积约1135万亩，可直接开闸引水及提水灌溉的达948万亩。如1972年8月汉江两岸大旱，丹江口水库开闸放水，一次就灌溉襄阳、荆州、孝感3地区耕地800万亩，对促进汉江中下游的农业增产丰收，已起了显著的作用；随着灌区配套面积的不断扩大及管理水平的不断提高，灌溉效益将会更加充分地发挥出来。

四、改善和促进了航运事业的发展

汉江，自古以来就是联结华中和西北地区的水上通道，也是湖北省的一条主要水运干线。干流通航里程为1463km，占汉江全长的90%以上。但在解放前，汉江由于没有治理，滩多水急，航道窄险。"上游滩多，下游弯多，闯过滩绕过弯，才算出了鬼门关"的民谣，概括了汉江航道的基本特征。解放后，对汉江河道进行了整治，但从根本上改善汉江航运条件，使航道起了本质的变化，还是在丹江口枢纽工程建成以后。自1967年水库蓄水以来，航运效益是显著的。水库上游，丹江口至郧县建库后航道由建库前的150km缩短为102km，水深达10～60m，成为优良的深水航道，大客轮可昼夜航行，完全改变了蓄水前那种滩多流急，航道窄浅的艰难境地。当库水位蓄到150m以上时，深水航道还可以延伸到距坝170km的天河口，大大提高了汉江航道的通航能力。汉江中下游，由于水库的调节，洪峰被大幅度削平，中水期的持续时间增长，枯水期流量加大，因而水位变幅显著减少，水流归槽，航深增加，浅滩也显著减少。历史上每年至少有一个月的停航时间，现在这种情况已基本消除，航道的技术经济指标得到了提高。过去汉口至襄樊航运约需半个月，现在大约只要一周时间，而中间不再需要转载，货运量较建库前增加了十几倍。航道的通航能力也有很大的提高，500t 级驳船从武汉可直抵沙洋；350t 级可达襄樊；300t 级可达丹江口。总之，丹江口枢纽的建成，大大促进了汉江航运事业的发展。

五、为发展水产养殖业提供条件

丹江口水库建成，上游形成 105 万亩(水位 155m 时)广阔的水面，为发展养殖业提供了有利条件。水库蓄水后，改变了鱼类的生态环境，鱼类饵料生物也有明显的变化，喜流性鱼类逐渐减少，适合于静水或缓流中生活的鱼类形成优势种群。一些经济鱼类的原产卵场，虽被破坏，但在库区上游重新形成十余处新的产卵场，规模也成倍地扩大，促进了库区鱼类资源的增加和发展，捕捞量逐年增加，由 1969 年的不到 10 万 kg 上升到 1987 年的 231.5 万 kg，若加上网箱养鱼，年捕捞量可达 400 多万 kg。

汉江中下游，在建库以后，一些最重要的经济鱼类仍保持繁殖。虽然夏季水温有所降低，鱼类产卵场向下推移，规模有所缩小；但冬季水温提高，枯水流量和水深增加，水面扩大，水位变幅减小，有利于鱼类越冬和粘性卵的正常发育，鱼产量也有较大增加。

六、促进了旅游事业的发展

随着丹江口枢纽工程的建成，丹江口地区发生了巨大的变化。昔日的荒谷，如今已经变成闻名全国的水电城。雄伟的丹江大坝和电厂厂房以及库区风光，每年都吸引着数万中外游客来参观、游览。如遇大坝开闸放水，景色更加壮观，巨大的水舌从 60 多米的高处飞泻而下，发出轰轰的吼声，白色的水雾，直冲云霄，天水相连。此时如逢晴天日出，江面上即会映出一道彩虹，鲜艳夺目，景色分外绚丽。

为了治理库区环境，丹江口水利枢纽管理局先后投资 560 多万元，用于库区绿化，共营造水土保持林和用材林 53.4 万亩，使库区临水面的宜林荒山基本上已植树绿化，美化了库区环境。同时还根据群众的要求及库区的特点，结合绿化栽种了 15.4 万亩的柑桔、油桐、山楂、核桃、板栗、油橄榄、生漆等经济林，不仅绿化了荒山，而且增加了库区群众的经济收入，仅丹江口地区每年的柑桔产量就达 40 ~ 50 万 kg，已成为丹江口地区的一种名产。

如今游人到这里，可以在坝前乘座游艇进入库区观光，整个库区满目葱绿，花果飘香，湖光山色，秀丽多姿，呈现出一派生机盎然的景象。随着武当山风景区的开放，库区绿化事业的日臻完善，丹江口地区的旅游事业将进一步发展。

七、促进了“三阳”地区城镇工业的发展

丹江口水电厂处于湖北的襄阳、郧阳和河南的南阳 3 个地区的供电中心。从 1968 年 10 月至 1988 年底，电厂共发电量 723.2 亿 kW · h，其中供“三阳”地区 246 亿 kW · h，占总发电量的 30 % 以上，为 3 个地区的工农业生产提供了足够的电力。

襄阳地区包括襄樊、随州、枣阳、老河口 4 个市，以及襄阳、谷城、南漳、保康、宜城 5 个县。1968 年以前，仅襄樊市有一座火力发电厂，装机容量 11500kW，年发电量 5000 多万

kW·h，主要供给丹江口枢纽工程施工用电。丹江口水电厂发电后，强大电流输向襄阳地区，到1987年底，全地区拥有变电站95座，年供电量近21亿kW·h，其中80%是丹江口电厂供给的。由于解决了电力问题，襄樊地区发生了巨大变化；特别是党的十一届三中全会以来，城市建设以襄樊为“龙头”，以随州和老河口为两翼，展开了腾飞的翅膀，呈现出日新月异的局面，过去以消费为主的襄樊市，一举跨入全国重点工业城市的行列，并享有“明星”城市之誉。工业发展，以城市为中心，市县一体，星罗棋布，形成众星拱月的格局。目前全市已建成轻纺、电子、机械、化工、建材等40多个工业门类，拥有3000多个企业。据1987年统计，全地区的工农业总产值是1968年的6.2倍，其中工业总产值是1968年的22.3倍。

郧阳地区位于鄂西北崇山峻岭之间，现有丹江口市和郧县、郧西、房县、竹山、竹溪5个县。十堰市也在这个地区的中心地带。十堰市原是郧县的一个区，丹江口市也是原来均县的一个村庄，过去农业产值都很低，工业只有手工作坊。自1968年丹江口电厂发电后，由于有了强大的电力，郧阳地区也发生了巨大变化。1969年闻名全国的第二汽车制造厂在十堰兴建，并自成一个体系，把昔日偏僻荒凉的山沟变成了工厂遍布，高楼林立，交通方便，经济繁荣的一个新型工业城市。目前地区与市级主要工业企业有汽车配件、橡胶制品、冶金、机械、化工、电子、水泥、化肥、造纸、制药、棉纺、针织、服装等门类，共有1270家，到1985年，郧阳地区和十堰市的用电量已达到15亿kW·h，工农业总产值达到46亿元，其中工业总产值38.5亿元，占84%在工业总产值中，第二汽车厂总产值29亿元，占63%。

南阳地区，供电范围包括该地区13个县市和地区外的泌阳、栾川两个县。从1949年到1969年这20年中，最多一年的供电量也只有6070万kW·h(1965年)。自1970年丹江口水电厂向南阳地区输送电力以后，南阳地区输变网络开始进入建设高潮。1969年底全地区仅有35kV变电站10座，变电站容量为17600kV·A；到1986年，35kV以上的变电站已有110座，变电站的总容量达到123万kV·A，供电量达16.5亿kW·h，为1969年的23倍(其中绝大部分电量来自丹江口电厂)。电力工业的发展，带来百业兴举。目前全地区已有机械、冶金、石油、化工、食品、电子、医药、建材等门类，形成了比较齐全的工业体系。1986年工农业总产值已达到54亿元，其中工业总产值38亿元，为1969年以前最好一年9.3亿元(1965年)的5.8倍。

(上接第162页)

达17m^3/s；另外红枫、百花水库工农业用水增加也是一个主要因素。椐贵阳勘测设计院调查，1983年两库的工农业耗水量已达4.238m^3/s，占红枫水库多年平均流量的14%。

从远景来看，猫跳河梯级电站的综合效益还会越来越大。水产养殖事业已经开始起步，必定会在不远的将来达到或超过设计水平。旅游事业也会获得更大的发展。工农业用水的需求仍在不断增长，预计1990年工农业耗水量将达到5.93m^3/s。虽然这将使猫跳梯级电站的发电量逐年减少，但其综合利用效益并不会降低。猫跳河梯级电站将继续在贵州电力系统中发挥其应有的作用，为贵州国民经济的发展作出更大的贡献。

丰满水电站的综合利用效益

高 官 堂

丰满水电厂始建于1937年，1942年11月蓄水，1943年3月第一台机组发电。1948年3月解放，1959年全厂8台主机55.4万kW投入电网发电。40多年来，该电厂在发电、防洪、灌溉、城市供水等多方面发挥出巨大的综合效益，对促进东北地区、特别是吉林地区的工农业发展起着推动作用。

一、发　　电

从1943年至1988年的46年期间共发电676亿kW·h，创发电厂供电产值34.3亿元，是发电厂原造价的12倍。平均每年发电14.7亿kW·h，年平均创产值7463万元，其中解放前的1943年到1948年6年间发电27亿kW·h，每年发电只有4.5亿kW·h；而解放后40年发电649亿kW·h，平均每年发电16.2亿kW·h。1960年发电量是最多的一年，为27.5亿kW·h。从1984年到1988年，水库来水量较多，发电机组处于良好状态，5年共发电100.6kW·h，平均每年发电20.12亿kW·h，是多年发电量的1.3倍；平均每年创产值1亿多元。丰满水电厂的电力分别送向吉林、蛟河、长春、哈尔滨、鞍山、沈阳等地，在建国初期是东北工农业建设的主要供电基地。东北电网就是由丰满水电厂为主的水电厂发展起来的。在50年代，东北地区成为全国重工业基地，是与丰满水电厂发出充足的电力分不开的。丰满水电厂发电单位成本不到1分钱，成为东北电网的主要创利单位。

丰满水电厂是东北电网的主要调峰、调频电厂之一，在保证东北电网安全稳定运行，保证电网供电质量方面发挥重要作用。电厂工作容量为42万kW，除保证吉林工业用水担负6.0万kW的基荷外，都可投入电网的调峰、调频。在50年代和60年代东北电网的调峰、调频主要靠丰满水电厂。进入80年代东北电网总容量不断增加，丰满水电厂的调峰容量仍占水电厂调峰容量的20%(占东北电网最大峰谷差的12.8%)，仍是东北电网主力调峰、调频电厂之一。自1959年全部机组投产以来，共发电506亿kW·h，其中担负峰荷电量约225亿kW·h。这期间发电中有近半数是峰荷电量。

丰满水电厂还是东北电网主要事故备用电厂，对消除电网事故影响，保证电网安全起着特殊作用。多年来8台发电机组处于良好工作状态，自动化水平高，都可在电网发生事故时短时间内以自同期或准同期方式并网发电。从1946年到1988年的不完全统计，丰满水电厂投入电网事故发电共376次，平均每年8.7次。近几年来电网扩大，新机增加，电网事故增多，电厂的事故开机次数和容量增加。从1984年到1988年丰满水电厂投入电网事故发电次数108次，平均每年21.6次，投入事故开机容量1839.7万kW，占电网事故总容量的57.8%。为保证东北电网的安全，在稳定电网周波，防止电网振荡方面发挥特殊作用，为东北工农业安全生产做出了突出的贡献。

丰满水电厂是东北电网北部网的电压监视点和控制点。为满足电网电压的稳定要求，从50年代就开始参加东北电网的调相，在70年代电网经常处于低周波运行，调相任务重，有时出现4台机组参加调相，单机年调相时间增加4000多小时，在防止电网电压事故方面起了重要作用。

为了提高发电效益，挖掘潜力，多向电网供电，丰满水电厂采用几项有力措施，现已取得明显效果。

(一)合理调度水库，增加发电用水

丰满水库从50年代就开始人工调节，在水库流域中设水文站，汛期派出电台报汛，建立气象台和水务班，进行天气预报和来水预报，实现预报与调度图相结合的方式，合理调度水库。在汛期来水前掌握好大发电时机，及时大发电，腾出库容尽量减少弃水量。汛末在做好预报、保证安全的基础上，拦蓄洪水尾巴，尽量多蓄水。丰满水库在多年洪水调节过程中，提高水量利用率。据初步统计多蓄水120多亿立方米，可多发电20多亿千瓦小时。

(二)发电机组增容改造，多发季节电量

从70年代开始就对发电机组进行增容改造，消除设备隐患，增加发电机组的出力，提高电厂的调峰能力和事故备用能力，到1987年汛前已完成6台机组的改造，当年汛期全厂最大发电容量达63.4万kW，增加机组出力8万kW，相当增加一台发电机组。1988年又完成了3号发电机组的增容改造，设计发电容量由6.0万kW增加到7.25万kW。经增容改造后的发电机组，运行都是可靠的，从没有发生过设备事故。据统计从1975年到1988年在汛期共多发季节电量2.17亿kW·h，创发电厂供电产值1100万元，相当于增容改造投资的总费用。其中1984年到1988年增发季节电量共1.25亿kW·h创发电厂供电产值637万元。尤其是1986年水库来水形势好，一年汛期6台增容机组多发季节电量0.89亿kW·h，创发电厂供电产值452万元。

(三)清挖电厂尾水河道，降低发电尾水位，增加机组发电能力

从1982年起到1988年对电厂尾水区的河道进行清理，消除了施工期间和运行期间造成的大量石渣、滩地，共清除约36万m^3。据模型试验和现场实测结果分析，清挖后可降低发电尾水位0.5～0.8m，每年可多发电约2000万kW·h。

二、防洪效益

丰满水库是松花江上的最大水库，也是松花江上主要的洪水调节水库，最大库容为107.8亿m^3，其中防洪库容为26.7亿m^3，约占总库容的1/4。控制流域面积42500km^2，占松花江流域面积的12%。实测最大年降雨量为1011mm，最大洪峰流量为17200m^3/s。丰满水库下游有吉林和哈尔滨两个全国重点防洪城市，沿江有11个县，土地300万亩，村庄1000多个，1000多万人口，以及两条铁路干线、4座铁路桥、两岸近千公里的堤防等都需要保护。

从1953年到1988年，丰满水库来水超过下游堤防安全泄量5500m^3/s以上的洪水共有11次，其中相当于设计频率10%到1%的有5次，经过洪水调节，开闸泄洪20次，只有两次最大泄量超过下游河道的安全泄量，最大削减入库洪峰的达80%，减轻了下游的洪水灾害，较好地完成了丰满水库的防洪任务。但是丰满水库的调节能力是有一定限度的，近一些年来下游河道障碍增多，严重阻碍河道的正常行洪，加上河道堤防年久失修，增加了丰满水库的防洪负担，影响了丰满水电厂正常的效益发挥。

三、其它效益

丰满水库的形成和丰满水电厂发电，提供了充足的水源和电力，对丰满水库上下游的国民经济的发展起着巨大的促进作用，工业、农业、交通、旅游、养鱼等各项事业近几年来迅速发展起来。

（一）城市供水

水是城市发展的必要条件。经丰满水库的调节，不论丰水年还是枯水年，不论夏季还是冬季，丰满水库的下泄流量，一般都不低于 $120m^3/s$，就是连续枯水年也不低于 $80m^3/s$，满足了下游24km吉林市工业和居民生活用水。促使全国第一个大型化学工业基地—吉林化学工业公司、第一个大型铁合金企业—吉林铁合金厂、第一个大型炭素企业—吉林炭素厂，以及吉林造纸厂、吉林热电厂等用水量大的企业相继建成；近几年来又促进吉林市的汽车、轻工、电子、食品等工业的迅速发展。另外，正规划从松花江引水到长春，促进长春市工农业生产的发展。

（二）农田灌溉

丰满水库建成后，为满足下游灌溉的要求，在农田灌溉期间，丰满水库的发电出流量一般年份都达到 $350m^3/s$。近几年来下游灌区增多，仅吉林地区就有7个。大量旱田改成水田，灌溉面积逐年增加，据有关部门统计已达347万亩，多数是抽水式灌区，有的条件好的地方，甚至采用自流灌溉。丰满水库下游的农业发展很快，已成为吉林省重要的水稻产区。

（三）养鱼

丰满水库库面积达 $500km^2$，最大水深达70多米，水草肥美，水质清洁，是理想的天然渔场。主要产白鱼、鲤鱼、鲢鱼，还有鳌花、鳊花等名贵鱼种。现库区已形成4个较大的渔场，最近几年又发展了网箱养鱼，人工饲养红鲤等优良鱼种，活跃了沿库区的桦甸、蛟河、永吉和吉林等市县的市场，增加了库区居民的收入，改善了人民生活。

（四）旅游

松花湖蜿蜒曲折长约200km，湖水清澈，秀木参天。两岸玄武岩台地奇峻多姿，空气新鲜，水产丰富，是理想的旅游胜地。每当夏季，游人集聚，湖上游船、游艇往返不断。冬季也有许多港澳同胞滑雪、滑冰，在冰雪世界畅游。松花湖与太湖、洞庭湖同被列为中国重点开发的三大湖泊，1988年被国家列为全国重要风景区。

在隆冬季节，经发电厂放出的水，温度达4～6℃，流淌50～60km内不结冰，热气蒸腾，云雾弥漫，在沿江两岸冰冷的垂柳和青松的枝叶上形成晶莹洁白、千姿百态的霜花，俗称树挂，颇为壮观，与云南石林、桂林山水、长江三峡被誉为中国四大自然景观，吸引着大批中外游人。近几年来随着对外开放、搞活经济，人民生活的提高，吉林市的旅游事业以松花湖为中心蓬勃地发展起来。

（五）航运

丰满水库建成后，沿库区形成100多公里的优良航道，成为两岸居民的主要交通通道，运送大批的木材、农副产品和生活用品。水库下游河道，在开航季节里，水量均匀充沛。松花江干流已成为两岸的粮食、木材、煤炭、生活用品的重要运输航道。每当松花江下游的开航季节，水库下放流量 $300m^3/s$，以满足开航要求，经丰满水库的调节，下游松花江干流的航道加深，水量增多，成为吉林、黑龙江两省的主要水上交通，促进吉、黑两省工农业生产的发展。

* * *

为了进一步提高丰满水电厂的发电效益

猫跳河梯级水电站的综合利用效益

吴　秉　庆

猫跳河位于贵州省中部，是乌江南岸的一级支流。该河全长181km，落差549m，流域面积3195km^2。由于其地理位置适中，距供电负荷中心很近，开发条件也非常优越，故在50年代初期就进行了全面的河流规划，决定以发电为主，结合灌溉、工业供水、水产养殖等综合利用为开发方针，按6个梯级电站进行开发。第一级红枫电站于1958年正式开工，1960年蓄水发电。其余5个梯级电站随后也相继建成投产，至1980年全部竣工。全梯级总装机容量23.9万kW，设计保证出力6.189万kW，多年平均发电量9.184亿kW·h(见表1)。

猫跳河梯级电站的开发成功，不仅为贵州省提供了廉价的电力，促进了工业农业生产的发展，而且还发挥了灌溉、工业供水、旅游等综合效益，为繁荣贵州省的国民经济作出了贡献。

一、发　电

猫跳河6个梯级电站现由红枫发电总厂经营管理，加上小修文电站，全厂共有装机容量24.05万kW，占贵州电力系统1987年总装机容量150万kW的16.0%，在系统中主要担任峰荷及负载、事故备用，是该系统的主力电厂之一。值得一提的是猫跳河梯级电站在开发初期对贵州电力工业及工农业生产的发展，所起的作用更大。1960年第一级红枫电站建成投产时，红枫发电总厂总装机容量2.15万kW(包括小修文电站以下均同)，就占系统总装机容量7.35万kW的29.3%。1961年第三级修文电站竣工后，该厂总装机容量4.15万kW，在系统中的比重上升到42.8%。1962年至1965年期间，全厂共发电5.43亿kW·h，占系统总发电量的65.3%。贵州工业的落后状况，就是从此

和综合效益，现又采取了如下一系列措施：(1)加强洪水调度的领导，成立以吉林省、黑龙江省、东北电管局和丰满水电厂等组成的丰满水库防洪调度领导小组(从1987年开始松辽委也参加丰满水库的防洪领导工作)，并设置了防汛办公室，处理日常工作。(2)在洪水调节过程中使用洪水预报，参照短期天气预报，分析可能发生的洪水规模。(3)1984年开始在丰满水库流域引进美国SM公司研制的先进的水情自动测报设备，提高水文测报速度。(4)充分利用上游兴建的白山水库的调洪能力，逐步发挥梯级水库联合防洪效益。(5)加高、加固丰满大坝，提高丰满大坝的防洪能力，预计到1992年丰满可达到千年设计、万年校核的标准。

表 1　猫跳河梯级电站主要指标

梯级名称	总库容（亿 m^3）	装机容量（万 kW）	保证出力（万 kW）	年发电量（亿 kW·h）
红　枫	6.42	2.0	0.490	0.689
百　花	1.91	2.2	0.556	0.804
修　文	0.136	2.0	0.556	0.819
窄巷口	0.0926	4.5	1.070	1.612
红　林	0.0191	10.2	2.570	3.830
红　岩	0.380	3.0	0.945	1.430
合　计		23.9	6.189	9.184

表 2　猫跳河梯级电站累计发电量（亿 kW·h）

	红　枫	百　花	修　文	窄巷口	红　林	红　岩	梯级小计	全　厂
发电量	16.95	15.41	19.87	13.09	21.54	10.35	97.21	99.58
投产年月	1960.5	1966.6	1961.6	1971.1	1979.12	1974.8		

时开始改变的。

1. 发电是猫跳河梯级电站开发的主要目标。虽然该梯级电站全部建成还只有 7 年时间，但已经取得了很大的发电效益。从 1960 年至 1987 年底止，全厂已累计发电 99.58 亿 kW·h（见表 2），创工业产值 6.29 亿元。扣除生产成本 1.59 亿元后，利润达 4.70 亿元，为该厂固定资产原值 3.21 亿元的 1.47 倍。

2. 由于有红枫、百花这两个调节性能好的“龙头”水库，距离负荷中心又近等优越条件，故在贵州电力系统中一直担任调峰任务。目前贵州电力系统的峰谷差为 30 万 kW 左右，红枫及乌江渡两电厂担负了调峰任务的 90％～100％，其中红枫发电总厂又占 50％～70％，减少了燃煤机组承担调峰任务的设备损耗和燃料费用，提高了电力系统的整体经济效益。

3.1986 年以来，猫跳河梯级电站按照贵州电力系统的要求，经常以进相方式运行，为提高贵州电网的电能质量又作出了新的贡献。

4.猫跳河梯级电站在贵州电力系统中还担负着系统事故备用的任务，在系统发生事故时发挥了重要作用。如 1988 年 8 月 6 日 220kV 鸡江Ⅱ回发生两相接地，鸡场变保护动作跳闸，加上鸡场变 220kV 母差保护Ⅰ段误动作，致使乌江渡电厂和贵阳主网相联的两回线路中断，造成贵阳主网出力严重不足，周波低至 45Hz 以下，但由于猫跳河一至四级备用机组及时开机先带地区负荷后又与系统并列，使主网很快恢复了正常运行，减少了事故损失。

二、灌　溉

红枫水库具有灌溉效益，设计灌溉面积为 5.29 万亩。目前已在库区周围建成小河、条子场、大冲、九龙等 10 余座电力提灌站，实际灌溉面积已达 4 万余亩，接近了设计水平。这些受益的农田，粮食亩产量由过去的 150—200kg 上升到 500kg 以上。灌区粮食产量的提高，不仅使农民的生活水平普遍得到改善，而且缓和了贵州省的缺粮程度，具有很大的经济效益和社会意义。

三、工 业 供 水

红枫、百花水库都是大型水库，分别具有不完全多年调节和年调节的良好性能，是工业用水可靠的优质水源，设计工业耗水量为 $1.0m^3/s$。这两座水库建成后，水库周围相继兴建了一大批大中型工矿企业，其中红枫湖畔已成为贵州省重要的工业区，其发展速度比预想的情况更快。这些工厂的年产值约占全省工业年产值的3.5%，比重十分可观。目前从红枫水库取水的工厂主要有清镇发电厂、贵州有机化工厂、贵州化肥厂、第七砂轮厂、清镇冶炼厂及贵州洗衣粉厂等；从百花水库取水的工厂主要有贵州铝厂和清镇纺织印染厂等。这些工厂1983年的引水流量已达 $13m^3/s$，实耗 $2.37m^3/s$，大大超过了原设计指标。

四、水 产 养 殖

红枫及百花水库都具有广阔的水域，正常高水位时水面面积分别为57.2和 $14.5km^2$，有较好的水产养殖条件。水库建成后，其所产的鱼类已经使清镇、贵阳地区的居民受益；但由于管理和技术方面均还存在一些问题，致使水产养殖效益未充分发挥出来。目前省农业厅正在两库开展网箱养鱼及鱼种场的开发试验，工作已经开始起步，在今后的几年内水产养殖事业将会有较大的发展。

五、旅　　游

红枫及百花水库山青水秀、烟波浩渺、孤岛林立，景色如画，是游览和开展娱乐活动的好场所。1981年，红枫湖风景区被列为贵州省的自然保护区之一，1983年辟为对外开发的旅游点，1987年，红枫、百花都被列为省级风景名胜区，1988年8月，红枫湖又被国务院列为国家级重点风景名胜区。这两个自然风景区不仅集山、水、岛、洞于一体，形成了山中有湖、湖中有岛、岛中有洞、洞中有水的“四绝”景观，而且地理位置适中，交通十分方便，因此，虽然旅游事业起步较晚，但发展速度却很快，1985年到红枫湖旅游的人数已超过30万人次。最近贵、黄公路贵阳至清镇段的一级公路即将通车，必将吸引更多的中外游客到红枫湖旅游，旅游事业将更加兴旺发达。

六、促进当地乡镇企业的发展

猫跳河梯级电站的综合效益，除上述之外，还对当地乡镇企业的发展有很大的推动作用，这在红枫水库所在的清镇县特别明显。该县由于猫跳河梯级电站的开发和红枫湖畔工业区的形成，以及能源、水源及技术的优势，因而乡镇企业从1979年开始蓬勃发展。1980年底，全县乡镇企业就达597个，年产值1200多万元。1982年后，乡镇企业的行业更多、规模更大，至1987年底，全县乡镇企业发展到5730个，实现产值8400多万元，占全省乡镇企业总产值的2.95%。乡镇企业的发展，改变了农业的产业结构，增加了农民和国家的收入，促进了清镇县的经济发展。

*　*　*

总的来看，猫跳河梯级电站的综合效益是十分显著的。但若与原设计要求相比，仍存在不足之处，除上述水产养殖没有充分发挥效益外，年发电量也没有达到设计标准。1983年红枫发电总厂发电8.13亿kW·h，其中6个梯级发电8.05亿kW·h，为历史最高水平，但仍只有设计值的87.6%。究其原因，主要是第四级窄巷口水库漏水严重，

(下转第156页)

Ⅳ 大中型水电站

木刻：莫测

说　明

一、本篇目由两部分组成：一为工程简介（附图），二为全国新开工及投产的*1.2*万*kW*以上水电站主要指标表；

二、本篇目中介绍的二期工程、扩建工程及潘家口蓄能电站，图均略去，查阅时可参见第一卷（表中所列指标以本卷为准）；

三、本篇目水电站主要指标表与第一卷年鉴不同之处是增加了淹没指标；

四、本篇目文、图、表均为能源部、水利部水利水电规划设计总院计划处根据历年统计资料及各有关单位提供资料，并经广泛征求意见后汇编；

五、参加本篇目资料整理编写的有倪启香、何根寿、郭丁平、翁新雄等同志。

工　程　简　介

李家峡水电站

李家峡水电站位于青海省尖扎县和化隆县交界处的黄河干流上，上距龙羊峡水电站110km，与西宁市直线距离为55km，距兰州160km，距西安650km。电站建成后供电青海省，并与西北电网联网运行。

坝址以上控制流域面积136747km^2，多年平均流量664m^3／s，年迳流量209.4亿m^3。经上游龙羊峡水电站水库调节后，20年一遇洪水流量2000m^3／s，千年一遇洪水4100m^3／s，万年一遇及最大可能洪水6300m^3／s。多年平均悬移质含沙量0.61kg／m^3。

坝址区河谷断面呈“V”型，两岸基本对称，右岸谷坡约50°，左岸约45°，河槽宽约50m。坝址区基岩裸露，岩性为前震旦系变质岩，主要由较坚硬的条带状混合岩、斜长片岩相间组成，并穿插有花岗伟晶岩脉。坝址左岸下游存在深切的左坝沟，上部2160m高程以上岩体比较单薄，且受平缓断层F_{34}（倾向上游偏岸里）的切割，上盘岩石较破碎。坝址区扭性、扭张性的高倾角的顺河断裂较为发育，其中河床F_{20}、F_{20-1}、F_{50}，和左岸上部的F_{26}及右岸中部的F_{27}贯穿河床及左、右两岸；其次为压性、压扭性的顺层挤压破碎带；再次为张性、张扭性高倾角断裂；近坝库区右岸存在1$^{\#}$滑坡，左岸存在2$^{\#}$滑坡。因此，近坝库区滑坡的稳定及处理，左、右两岸坝肩的稳定、变形及其处理，河床断层的处理，以及大尺寸窑洞厂房设计与施工的研究等，是李家峡工程设计和施工中必须认真解决的重要技术问题。

水库周边的岩体为弱透水层及相对隔水层，两岸地下水分水岭高于正常蓄水位且向黄河排泄，无低于水库水位的邻谷及排水低地，不存在永久渗漏问题。当正常蓄水位2180m时，水库面积31.58km²，长约41.5km。水库淹没涉及青海省化隆、尖扎和贵德3个县。按20年一遇洪水标准，需迁移人口3214人，按5年一遇洪水标准征地，淹没耕地5039亩。

李家峡水电站以发电为主，当正常蓄水位2180m时，总库容16.5亿m^3，装机容量200万kW，保证出力58.1万kW，年平均发电量59亿kW·h，还可发展农田灌溉约10万亩。

电站枢纽建筑物由拦河坝、泄水和引水建筑物、坝后及地下窑洞式厂房，以及左、右岸灌溉渠首等组成。拦河坝为三圆心拱坝，最大坝高165m，坝顶弧长460m（包括重力墩长30m）。泄水建筑物设2个中孔、1个底孔，其中1个中孔设于右岸，另一个中孔及底孔布置于左岸。通过整体模型试验，调整各泄水建筑物挑流水舌的落点横向错开，并沿河槽纵向拉开，以减小最大冲刷深度。厂房内安装5台单机容量40万kW水轮发电机组，其中坝后河床式厂房内设3台，右岸窑洞式地下厂房内设2台。安装间位于坝后与地下厂房之间；左、右岸灌溉渠首的设计引水流量分别为5.0m^3/s和3.0m^3/s，最大设计引水流量分别为8.0m^3/s和5.0m^3/s。电站枢纽平面布置见图。

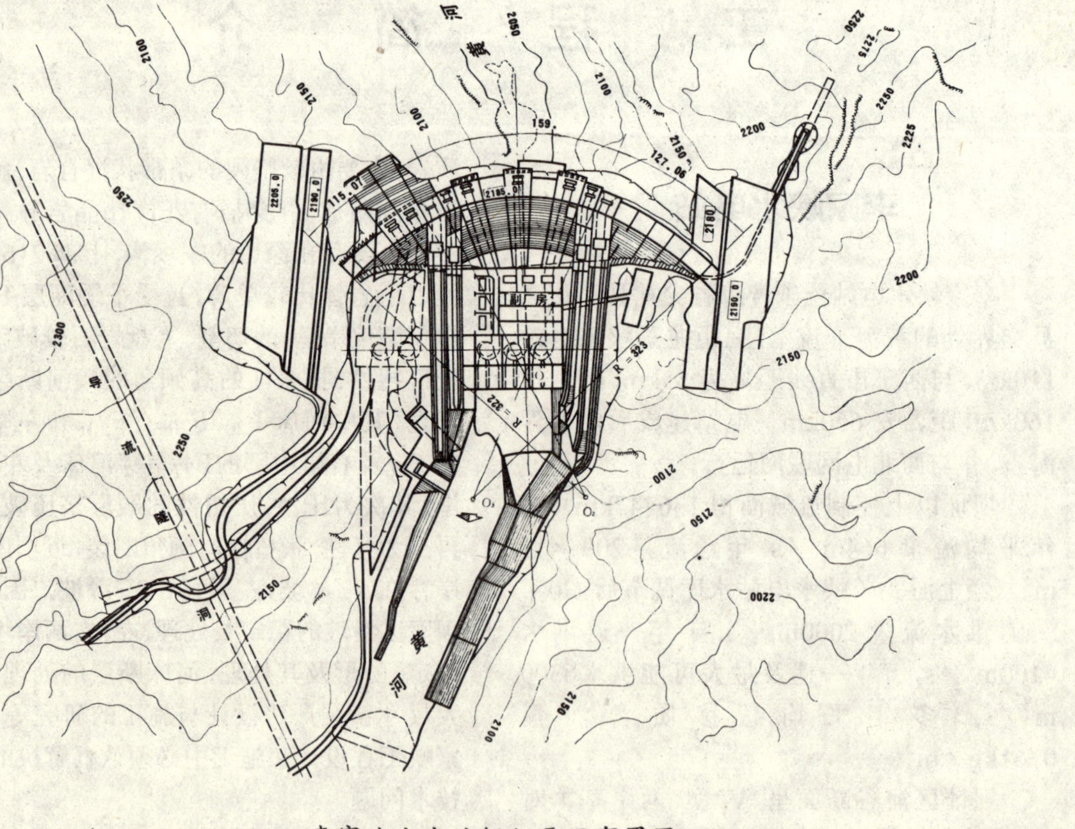

李家峡水电站枢纽平面布置图

李家峡水电站对外交通采用公路方案。施工导流采用围堰一次断流、隧洞泄流、基坑全年施工的导流方式。导流标准采用20年一遇洪水设计，50年一遇洪水校核。

由于拦河坝投资约占枢纽永久工程土建投资的一半，因此进行坝体体型优化设计，选择重力拱坝的合理体型，对保证工程安全，减少坝体混凝土量，节省工程投资，加快施工进度，极为重要。经多方案比较后，最终采用三心圆拱的拱坝。这个方案与初步设计比较，约可节约：开挖量20万m^3，混凝土约75万m^3，投资约1.08亿元。

李家峡水电站由水电部西北勘测设计院设计。经过投标招标，导流工程及砂石混凝土系统标已选定水电部第四工程局承担施工任务。其他标将陆续进行投标招标工作。

漫湾水电站

漫湾水电站位于云南省西部云县与景东县境、澜沧江干流上，距昆明直线距离约240km，距兰坪县(全国最大的铅锌矿)约200km，距渡口市约250km。电站建成后主要供电云南电网，并送电渡口与四川电网联网。

漫湾水电站坝址以上控制流域面积11.45万km^2。坝址处多年平均降雨量1027.6mm，多年平均流量1230m^3/s，多年平均年迳流量388亿m^3。多年平均含沙量为1.21kg/m^3，年输沙量4704万t。库区无可溶岩地层，澜沧江是地区内最低的排泄基面，与邻谷的距离远，并有结晶岩相隔，不存在渗漏问题。坝址河谷狭窄，河道曲折，冲积层薄，仅4～7m。坝区主要岩层为中三迭统流纹岩，岩性较均一，没有原生的软弱夹层，构造断裂大部分平行河流，倾角较陡，缓倾角断层不发育，且延伸不长，坝基不致有大范围的沿软弱面滑动的问题；但局部坝基存在着缓倾角结构面，设计和施工单位应认真采取措施，确保工程安全。坝区基岩透水性小。坝基内发现的裂隙承压水有一定水头，并有碳酸性侵蚀和分解性侵蚀，但由于其上岩层厚度较大，承压水的流量小，预计不致对工程产生危害。区域地质构造背景复杂，经云南省地震局鉴定地震基本烈度为7度，设防烈度为8度。

正常蓄水位994m时，水库淹没面积23.9km^2，干流回水长度70km。淹没区涉及云县、凤庆、景东和南涧等4个县。淹没征地标准按5年一遇，居民、工矿和交通迁移按20年一遇洪水标准计算，经实地调查淹没耕地4670亩，其中水田2918亩；需迁移人口3042人。

漫湾水电站以发电为主，目前无防洪、灌溉和航运等方面的要求。水库正常蓄水位994m时，总库容9.2亿m^3；死水位982m时，死库容6.63亿m^3；有效库容2.57亿m^3，具有不完全季调节性能。电站装机容量初期125万kW，小湾水电站投入后，最终达150万kW。初期保证出力35.2万kW，年发电量63.03亿kW·h；后期保证出力78.5万kW，年发电量77.95亿kW·h。

漫湾水电站属一等工程。经初设审定采用混凝土重力坝、坝后厂房、厂顶溢洪枢纽布置方案。枢纽由混凝土重力坝、泄洪建筑物、坝后溢流式厂房及500kV开关站等组成。重力坝最大坝高126m，坝顶高程999m，坝顶全长421m，共分20个坝段，其中河床部分布置溢流坝段，两岸布置非溢流坝段；泄洪方式以坝顶表孔为主，并辅以左岸泄洪隧洞和左岸泄洪底孔泄洪；左、右岸底孔排砂和放空水库，兼作常年洪水泄洪之用。溢流坝顶设表孔5孔，每孔设有13×20m(宽×高)弧形闸门；表孔坝段旁边两岸各设冲砂底孔1个，

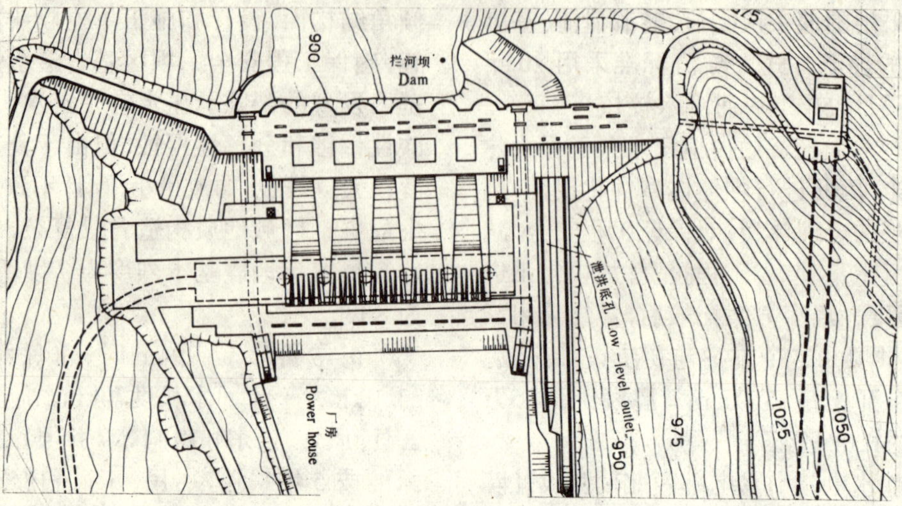

漫湾水电站枢纽平面布置图

左、右底孔底板高程分别为910.5m和896m，内径6m，出口处各设3.5×3.5m弧形工作门1扇，最大工作水头分别为83.5m和90.5m；左岸紧靠左冲砂底孔设置泄洪底孔2个，兼作排砂用，孔口底板高程930m，孔口断面(宽×高)5×8m；左岸泄洪洞采用有压孔口进水，无压隧洞泄流，进口堰顶高程965.5m，采用1孔12×12m弧形工作闸门，下接无压泄洪洞，长313m，纵坡为0.08，方圆形断面(宽×高)为12×15m；上述泄洪方式均采用挑流消能。厂房布置在溢流坝坝后，共装有6台单机容量25万kW水轮发电机机组；引水钢管采用坝内埋管，内径7.5m，长109m；主厂房总长162m、宽32m、高59.6m；主变压器室布置在主厂房上游侧坝体内，长约215.23m，宽20m，高19.75m；安装间布置于主厂房右侧，长50.5m，宽32m，高26.75m；进厂公路采用运输洞，长425m、宽8.5m、高9m。开关站采用户内式，布置在右岸坝后。电站枢纽平面布置见图。

对外交通采用公路运输方案，国家干线公路从坝址右岸通过。施工导流采用全年隧洞导流，渡讯标准前期为20年一遇洪水，流量9500m^3/s；后期为50年一遇洪水，流量为11600m^3/s。两条导流隧洞布置于左岸山脊泄洪隧洞的两侧，净空尺寸(宽×高)均为15×18m；1$^{\#}$隧洞进口底板高程890.0m，长458m，为有压泄流；2$^{\#}$隧洞进口底板高程895.2m，长423m，为有压短管明流。上游围堰高58.5m，下游围堰高39.5m，均采用钢筋混凝土刚性心墙堆石坝。

本工程由水电部昆明勘测设计院设计；经投标招标，已选定水电部第十四工程局承担施工导流隧洞工程，第三工程局承担左右岸开挖工程，第八工程局承担人工砂石料系统，葛洲坝工程局承担主体工程混凝土浇筑及机电安装工程。主体工程已于1986年5月开工，1987年12月提前1年截流。

水口水电站

水口水电站位于福建省闽清县境内的闽江干流上，上游距离南平市94km，下游距离闽清县城 14km，距福州市 84km。电站建成后向华东电网和福建电网供电。

水口水电站坝址控制流域面积 52438km^2，占闽江全流域面积的86%。流域内雨量丰沛，年平均降雨量达 1758mm，坝址多年平均流量为 1728m^3／s，年迳流总量 545 亿 m^3，实测最大流量30200 m^3／s，最小流量 196 m^3／s。调查历史最大洪峰流量为 38500 ～ 41600m^3／s。坝址千年一遇入库洪峰流量 46700m^3／s，万年一遇入库洪峰流量 55400m^3／s。坝址处年平均含沙量0.143 kg／m^3，年平均悬移质输沙量718万t。库区周围均由非可溶性岩浆岩、碎屑岩等组成，不存在永久渗漏问题，也无重大库岸失稳现象。坝址为中生代燕山期黑云母花岗岩，岩性坚硬完整，平均湿抗压强度一般在 100MPa 以上。坝址区未发现大的构造断裂，仅河床有几条小断层及挤压破碎带、风化破碎带，规模较小，倾角较陡，还有顺河走向的缓倾角节理，但发育不深，对工程影响不大。坝址覆盖层一般厚 5 ～ 10m，河床存在基岩深槽，冲积层最厚达 29m，深槽下基岩新鲜完整，未发现有构造断裂现象。根据福建省地震局鉴定，坝区地震基本烈度为 7 度。水库正常蓄水位 65m 时，库区淹没涉及闽清、古田、尤溪 3 个县和南平市。按 20 年一遇洪水标准移民，需迁移人口 63495 人；按 20 年一遇洪水征地，需征用耕地 31394 亩。

水口水电站是一座以发电为主、兼有航运效益的工程。水库正常蓄水位 65m，汛期(4 ～ 7 月)运行限制水位 61m。本电站装机容量 140 万 kW，保证出力 26 万 kW，多年平均发电量 49.5 亿 kW · h，是华东地区最大的水电站。其发电效益相当于一座 100 万 kW 的火电厂和与之配套的年产原煤 240 万 t 的大型煤矿。它与新安江、富春江水电站进行补偿调节后，可增加系统保证出力 5 万 kW 以上。华东电网以火电为主，调峰能力不足，水口水电站可承担 100 万 kW 的峰荷，因此，可以充分发挥水、火电联合运行的经济效益。水口至南平段河道长 94km，航道狭窄弯曲，多礁石浅滩，目前仅能通航 60 ～ 80t 轮船；电站建成后，配合整治下游河道，可使 500t 级货船从马尾直达南平。闽江干流按四级航道设计，枢纽布置设船闸 1 座，升船机 1 座，年通行能力货物 400 万 t，竹木 200 ～ 250 万 m^3。

水口水电站属一等工程。枢纽由大坝、厂房、过坝建筑物和溢洪道组成。主要建筑物按千年一遇洪水设计，万年一遇洪水校核。大坝为混凝土重力坝，最大坝高 100m，坝顶长 783m。过坝建筑物布置在右岸，溢洪道为河床式布置，有 12 个表孔，孔口尺寸(宽 × 高) 15 × 22m；2 个底孔，孔口尺寸(宽 × 高) 5 × 8m。船闸为 3 级，每级闸室长 160m，宽 12m，吃水深 3.0m。升船机布置在船闸右边，船厢有效尺寸为长 124m、宽 12m、水深 2.5m。厂房布置在左岸，为坝后式，内安装 7 台单机容量 20 万 kW 的轴流式水输发电机组。电站枢纽布置见图。

水口水电站对外交通方便，外福铁路从坝址左岸通过，古田至闽清的公路从坝址右岸通过，目前闽江已能通航 60 ～ 80t 轮船。施工导流采用明渠导流方式。导流明渠位于右岸航运过坝建筑物和永久泄水底孔坝段位置，导流明渠底宽 75m，进出口呈喇叭形；明渠进口高程 5.0m。水口水电站业主为福建省电力局，并组建水口工程建设公司管理该电站的建设工作。工程设计由水电部华东勘测设计院承担。经过国际招标，确定由华田联营公司承担水口水电站土建工程施工。本电站为世界银行贷款建设的项目，于 1985 年列入国家基本建设项目，开始进行施工前期准备工作。主体工程于 1987 年 3 月 9 日开工，计划 1989 年 9 月主河道截流。

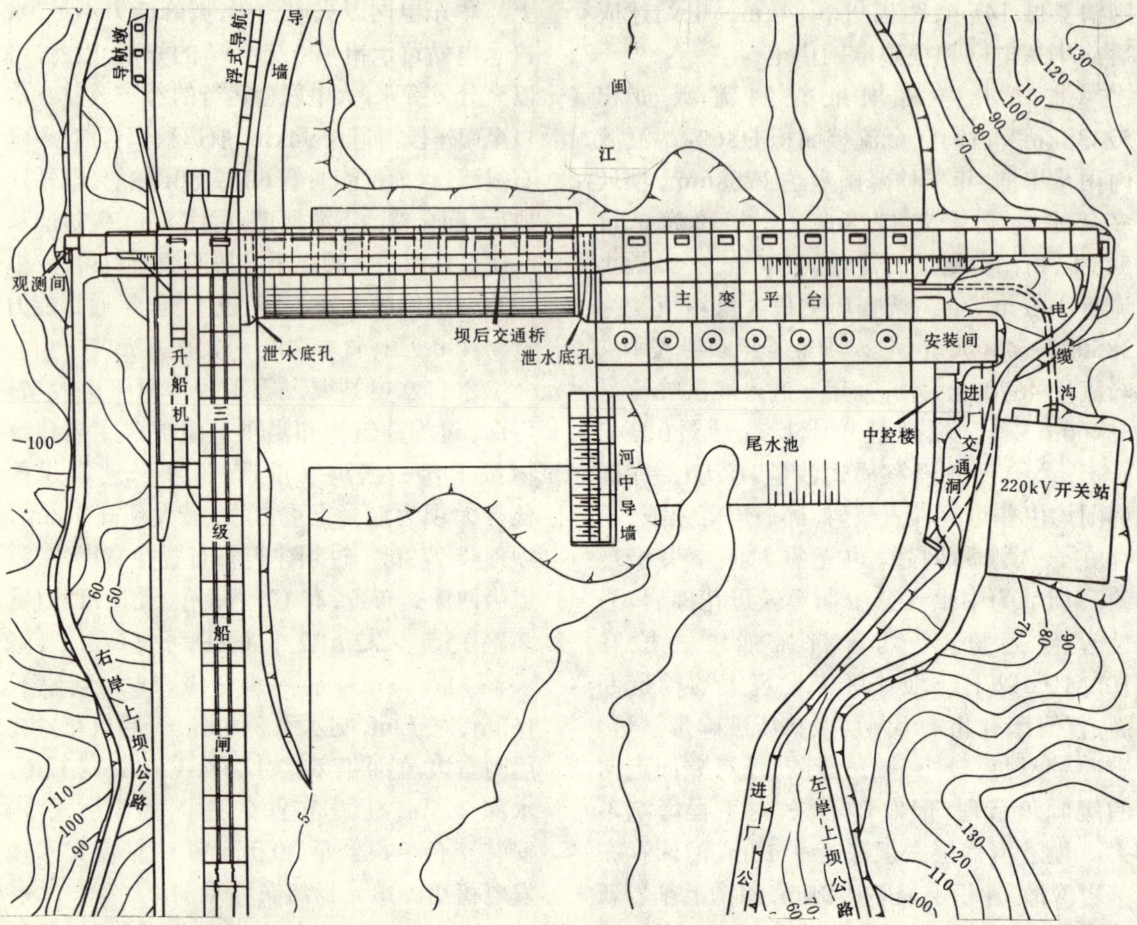

水口水电站枢纽平面布置图

五强溪水电站

五强溪水电站位于沅水下游、湖南省沅陵县境内，距常德 130 km，距长沙约 300 km。本电站以发电为主，兼有防洪及航运等综合利用效益。电站建成后主要供电湖南省，并与华中电网联网运行。

坝址以上控制流域面积 83800km^2，占整个沅水流域面积的 93 %。流域内雨量充沛，年平均降水量为 1000 ～ 1730mm。坝址处多年平均流量为 2040m^3 / s，多年平均迳流量为 643 亿 m^3，主要集中在4～8月，占年迳流量的 69.5 %。流域内植被情况良好，多年平均含砂量仅为 0.27kg / m^3，多年平均输砂量为 1660 万 t。坝址区地层属前震旦纪板溪群砂岩、页岩、板岩和千枚状板岩等，岩性坚硬，具备修建高坝的条件。但坝址区岩层软硬相间，存在层间软弱带及泥化夹层，断裂发育，特别是左岸因分布有倾向河床的板岩，又有背斜轴及较大断层通过，岩石较为破碎，在设计和施工时应予慎重对待。河床相对不透水层埋藏较深，一般为 120 ～ 150m，最大达 180 ～ 190m。坝址区地震基本烈度为 6 度。

库区为相对不透水的板溪群砂页岩为

主，仅在库尾出露白垩纪红色砂砾岩。当正常蓄水位 108m 时，水库面积 170km^2，干流回水长约 160km。水库淹没涉及沅陵、辰溪和泸溪 3 个县。城镇及工矿交通移民按 20 年一遇洪水标准，农村移民按 10 年一遇标准，总计迁移人口 96600 人，其中农业人口 59500 人；耕地淹没按 2 年一遇洪水标准，淹没耕地 44000 亩。

五强溪水电站效益显著。当正常蓄水位 108m 时，库容 29.9 亿 m^3，死水位 90.0m 时，库容 9.7 亿 m^3，有效库容 20.2 亿 m^3，具有季调节性能。电站内装5台单机容量 24 万 kW 的水轮发电机组，总装机容量 120 万 kW，保证出力 25.5 万 kW，年发电量 53.7 亿 kW · h；与华中电网联网运行，还可得到补偿出力 16.5 万 kW。水库预留防洪库容 13.6 亿 m^3，并在凤滩水电站2.8亿 m^{3}防洪库容的配合下，可将沅水尾间堤垸防洪标准从 5 年一遇提高到 20 年一遇。电站建成后，坝址至沅陵间险滩全被水库淹没，下游枯水流量可加大到 390m^3 / s，再配合航道整治，上下游共改善航道 220km。

五强溪水电站枢纽建筑物包括混凝土重力坝、发电厂房、泄洪和通航建筑物等。大坝最大坝高 87.5m，坝顶长 724m；溢洪道前沿长 247m，布置在河床左侧主河槽，采用“宽尾墩——挑射底孔——消力池”联合消能工；厂房布置在右岸浅滩，为坝后式；通航建筑物布置在左岸岸边，拟采用船闸方案，按通过 2 × 500t 驳船队设计，并可过木，设计年过坝货运量 250 万 t，其中下行 200 万 t，设计年过木量 54 万 m^3。电站枢纽布置见图。

五强溪水电站对外交通采用公路运输及水路运输相结合的方案。施工导流采用分期导流方式：第一期先围右岸厂房坝段、泄水中孔坝段和部分溢流坝段，采用不过水围堰，利

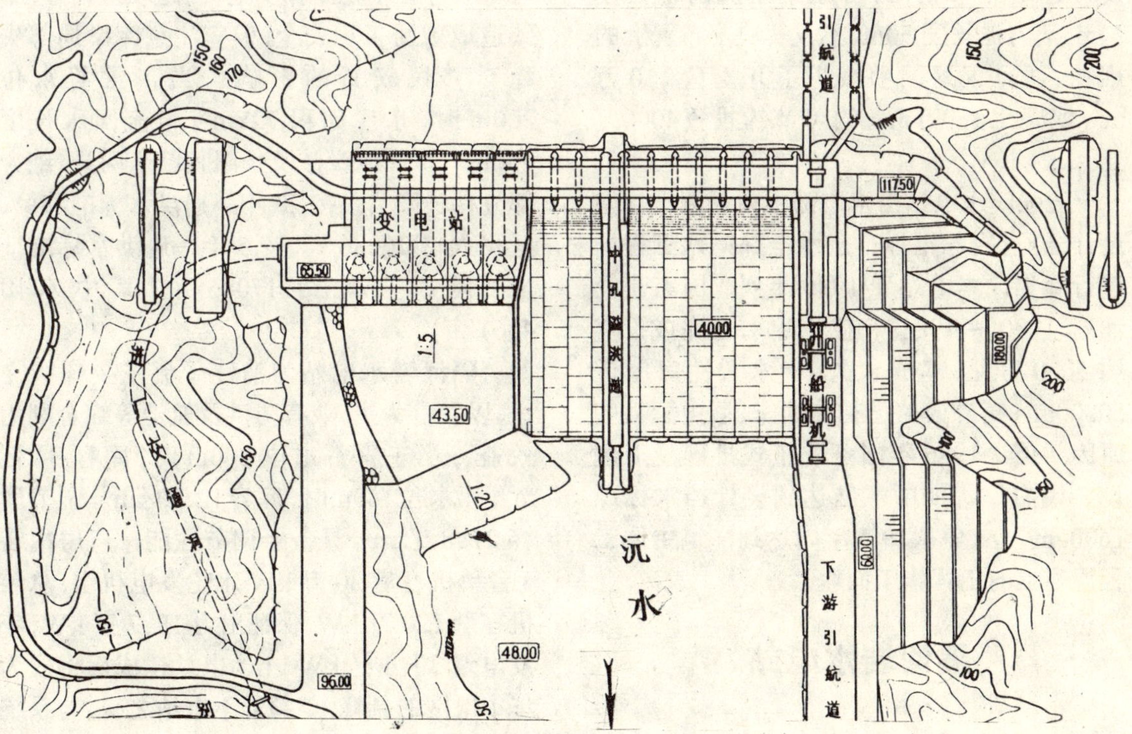

五强溪水电站枢纽平面布置图

用左侧河床导流；第二期围右岸，利用右岸坝体缺口导流，并采用过水围堰；第三期封堵右岸缺口，利用左岸坝体底孔导流；最后封堵左岸底孔蓄水发电。施工期通航：第一期利用左侧主河槽通航；第二期在河床中间泄洪中孔坝段设置临时船闸，平时通航，汛期兼作导流。主体工程开挖主要用 3 ~ 4m^{3}装载机配合 4m^{3}挖掘机装碴，20t自御汽车出碴。大坝、厂房等混凝土施工主要采用 4 台单机起重量 20t 的缆机进行浇捣。

五强溪水电站河床较窄，一列式布置坝后厂房、泄洪消能及通航建筑物等，其中泄洪消能建筑物占据了河床的大部分位置，如何减小溢流前缘及工程量，确保工程安全运行，是枢纽布置中的一个关键问题。水电部中南勘测设计院在有关单位的协作配合下，进行了大量的试验研究工作，选定“宽尾墩——挑射底孔——消力池”联合消能工方案，与初步设计选定方案相比，可减小溢流前缘长度 24m、消力池长度 50m，不仅解决了布置上的难题，而且仅这两项减少了开挖量 110 万 m^3，混凝土4.0万m^3，约可节约投资4000万元。

五强溪水电站由水电部中南勘测设计院设计，经过投标招标选定水电部第八工程局进行施工。本电站于 1980 年列入国家建设计划，1980 ~ 1981 年施工期间，已完成投资约 5000 万元，建成永久、半永久性房屋近 50000m^2，对外公路已初步通车，后由于某些原因暂停。1986 年国务院正式批准复工建设。现右岸一期围堰已达到设计挡水标准 16000m^3／s，争取1989年内达到浇筑主体工程混凝土的工程施工面貌。

隔河岩水电站

隔河岩水电站位于湖北省长阳县城附近的清江干流上，距葛洲坝电站约 50km，距武汉约 350km。电站建成后主要供电华中电网，并配合葛洲坝电站运行。

隔河岩水电站坝址控制流域面积 14430km^2，占清江全流域面积的85%。流域内雨量丰沛，坝址处多年平均流量 390m^3／s，年水量123亿m^3。清江含砂量较少，多年平均含砂量为 0.744kg／m^3，坝址处多年平均输砂量约 1020 万 t。坝址岩层为寒武系石龙洞组灰岩，岩层厚 148 ~ 185m，断层及裂隙发育，又有不同程度的溶蚀洞穴存在，因此应注意岩溶渗漏及两岸拱座部位的稳定问题，但经处理后可满足修建高坝的要求。坝址地震基本烈度为 6 度。库区两岸山体雄厚，绝大部分库段无水库渗漏问题，仅罗家坳河间地块的石龙洞组灰岩，存在溶隙性渗漏，通过多年地质勘探分析，不存在贯穿分水岭的岩溶管道，不会产生危害性渗漏。库区岸坡存在不稳定体多处，因距坝址较远，不致造成威胁工程安全，但应注意库岸局部失稳对移民安置的影响。当正常蓄水位 200m 时，水库面积 72km^2，干流回水长度 95km。水库淹没涉及长阳和巴东两县，绝大部分在长阳县。按 20 年一遇洪水标准移民，迁移人口 26086 人；按 5 年一遇洪水标准征地，淹没耕地约 17086 亩（其中水田 4361 亩）。

隔河岩水电站为清江干流主要梯级之一，以发电为主，兼有防洪及航运等综合利用效益。当正常蓄水位 200m 时，库容 34 亿 m^3，死水位160m时，库容12.2亿m^3，调节库容 21.8 亿 m^3，具备年调节性能。厂房内装 4 台单机容量 30 万 kW 水轮发电机组，总装机容量 120 万 kW，保证出力 18.7 万 kW，年发电量 30.4 亿 kW · h。电站建成后将成为华中电网的调峰、调频骨干电站之一，与系统内葛洲坝、丹江口及其他水电站补偿调节，可发挥更大的效益。水库正常蓄水位以下预留5亿m^3防洪库容,对提高荆江河道的防洪能力将产生有利的影响。目前通过坝址的货运量为20万t,另有木材5万m^3,常年可通航15～20t船只,待隔河岩及下游高坝洲建成后,可形成长约150km的5级航道直通长江。

隔河岩水电站为一等工程,枢纽由混凝土重力拱坝、泄洪建筑物、引水式地面厂房、开敞式开关站及斜坡式升船机等组成。大坝最大坝高151m,坝顶弧长648m;溢流坝段布置在河床中部,坝顶表孔5孔,孔口尺寸(宽×高)14×19.6m,4孔深孔,孔口尺寸(宽×高)6×8m,采用底流消能方案;厂房及开关站布置在右岸,厂房尺寸(长×宽)144×44.5m;两级垂直升船机布置在左岸,按5级航道,最大船舶吨位300t及年运输能力270万t进行设计。电站枢纽平面布置见图。

隔河岩水电站对外交通采用公路交通方案。施工导流采用枯水期隧洞导流、汛期围堰和基坑过水的导流方式,导流标准3000m^3/s。导流隧洞布置在左岸,全长951m,其中进出口明渠分别为128m和199m,洞身段624m,隧洞断面尺寸(宽×高)13×16m。

本工程由长江流域规划办公室设计,经过投标招标选定葛洲坝工程局和铁道部第十八工程局等施工。1986年10月主体工程开工,至1988年底导流工程已完工,两岸(包括厂房高边坡)开挖正在进行,并已进行混凝土浇筑。预计1992年开始发电,1993年工程竣工。

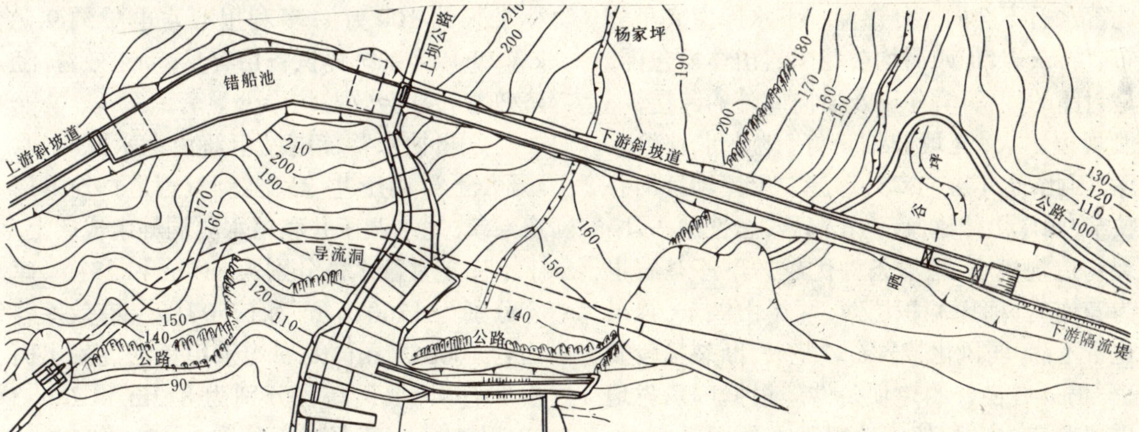

隔河岩水电站枢纽平面布置图

广州抽水蓄能电站

广州抽水蓄能电站位于广东省丛化县境内，距广州市直线距离约90km。电站建成后供电广东电网。

上、下水库均属流溪河水系。上水库位于召大水上游的陈禾洞盆地，坝址以上集雨面积5km^2，多年平均流量0.209m^3/s，多年平均迳流量660万m^3；下水库位于九曲水上游的小杉盆地，坝址以上集雨面积13km^2，多年平均流量0.544m^3/s，多年平均年迳流量1716万m^3。上水库地形是一个天然库盆，组成库底及库岸的基岩绝大部分为花岗岩，仅右库尾的东南角分布有少量的砂页岩，两者呈侵入紧密接触；断层绝大部分宽度不大，充填胶结较好的构造岩；地下水补给水库，因此蓄水后不会向库外渗漏。下水库库底虽分布有石灰岩，但四周均被花岗岩山体所包围，是封闭的残留体；库周及通向库外的断层，一般规模不大，充填胶结良好；地下水补给水库，因此，也不会向库外渗漏。上库坝址河谷狭窄，两岸山体雄厚，为花岗岩，岩性单一，断裂构造规模小，地质条件优越。下库基石也为花岗岩，河库冲积层薄，两岸山坡全、强风化带不深，弱风化带岩石较坚硬，断裂虽较发育，仍具有良好的建坝条件。根据广东省地震局鉴定本电站地区地震基本烈度为6度。引水系统岩性主要为中粗粒黑云母花岗岩，还夹有少量煌斑岩脉及细粒花岗岩脉等。规模较大的有北西向断层如F_2、F_4、F_{109}、F_{110}等。引水洞地质条件主要是受断层和蚀变岩控制，沿线可分为四段，其中以第二段(2+010～2+500)和第四段(2+910至下库进出口处)。地下厂房岩性也为花岗岩，布置时应尽量避开F_4断层及旁侧F_{179}和较密集的蚀变带。

广东省自实行特殊的经济政策后，工农业生产发展较快，电力负荷急剧增长，峰谷差悬殊，最小负荷率低(B=0.51)；广东电网以火电为主，而大多数火电机组为最小技术出力很高的高温高压凝汽式燃煤机组，只宜安排在基荷运行；同时，大亚湾核电站投产后，从安全经济出发也只适宜于基荷运行。因此，为了增加网内调峰容量，配合核电和大容量火电站建设，迫切需要在靠近负荷中心的广州附近兴建抽水蓄能电站。经论证，蓄能电站装机120万kW是适宜的。电站投入系统后起到调峰、填谷的作用，使核电站长年满载运行，可把低谷电量变为调峰电量(2000年水平可将31.38亿kW·h低谷电量变为23.8亿kW·h高峰电量)，可增加售电收入；比火电调峰经济；还能改善系统经济运行条件(2000年水平可节约年运行费折合标准煤约100万t，多利用弃水电量约9亿kW·h)，为系统提供备用容量，动态效益、经济效益和社会效益均十分显著。

广州抽水蓄能电站枢纽由上水库、引水隧洞、上游调压井、高压隧洞(管道)、地下厂房系统、尾水调压井和尾水隧洞等组成。上、下水库正常蓄水位分别为810m和283m，库容分别为1700万m^{3}和1750万m^3，有效库容均为1000万m^3；大坝均采用钢筋混凝土面板堆石坝，坝顶高程分别为813m和286.3m，坝轴线处最大坝高分别为60m和37m，坝顶宽8m，上、下游坝坡均采用1∶1.4。上水库采用侧槽式岸边溢洪道，侧堰宽40m，堰顶高程与正常蓄水位齐平，不设闸门，自由溢流；下水库右坝头设两孔每孔宽9m的有闸门控制的侧槽式岸边溢洪道，堰顶高程281m，在溢洪道左侧设置直径为1m的放水底孔。水道系统采用1洞4机的供(排)水方式；引水隧洞自进水口至上游调压井长约925m，衬砌内径9m；上游调压井采

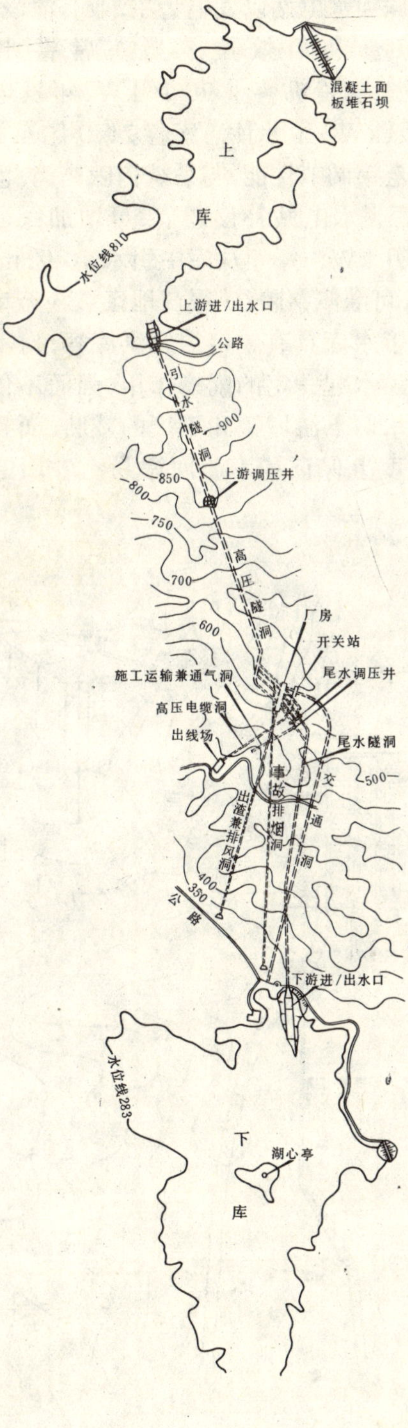

广州抽水蓄能电站枢纽平面布置图

用阻抗式、大井内直径 18m，连接管内直径 9m，最高涌浪 825m，最低涌浪 787.31m；压力隧洞在调压井后采用斜井布置，进厂前 1 洞分岔为 4 支洞，总长度 1395.4m，主管内直径 8.5 ~ 8m；4 条尾水管合为 1 条进入尾水调压井，尾水调压井也为阻抗式，大井内直径 20m，连接管内直径 9m，井顶高程 313m，井底高程 250m；尾水隧洞自尾水调压井至下游出口长约 1230.7m，衬砌内直径 9m。电站枢纽平面布置见图。

广州抽水蓄能电站由广东省水利水电勘测设计院设计；经过投标招标，选定水电部第十四工程局等承担施工任务，由中国水利水电建设工程咨询公司中南分公司承担工程监理。本工程于 1988 年 3 月由广东省计委批准进行开工准备。

宝珠寺水电站

宝珠寺水电站位于白龙江下游四川省广元县境内。电站至绵阳直线距离约 140km，至南充约 220km，至成都约 270km。电站建成后供电四川省。

坝址控制流域面积 28428km^2。坝址多年平均流量 335m^3/s，年迳流量105亿m^3。坝址下游三磊坝水文站实测最大流量 8960m^3/s，实测最小流量85m^3/s；调查历史最大流量 18600m^3/s。多年平均输沙量 2160 万 t，多年平均含沙量 2.04kg/m^3。水库两岸山势较高，山体雄厚，且库底两岸多为不透水岩层组成，地形封闭条件较好，不存在永久渗漏问题。坝址基岩为奥陶系砂岩及志留系页岩。筑坝岩体主要为坚硬砂岩，湿抗压强度 186MPa。坝址主要工程地质问题是由层间泥化夹层和其他软弱结构面组合切割而引起的岩体稳定问题；经过地勘工作，特别是河底平硐的揭示，认为左岸高边坡及河床深层滑动问题通过一般工程措施是可以妥善解决的。坝址区地震基本烈度为 6 度。

当正常蓄水位 588m 时，水库面积 $61.2km^2$，干流回水长度67km。水库淹没涉及四川的广元和青川、陕西的宁强、甘肃的文县等 4 个县，主要淹没损失在四川省，约占 90 %。水库淹没迁移标准，采用 30 年泥沙淤积水平，耕地征用标准采用 5 年一遇洪水，居民房屋标准采用 20 年一遇洪水，主要公路淹没标准采用 25 年一遇洪水。按上述标准核定的淹没实物指标：迁移人口 29239 人，其中农业人口 26203 人；淹没耕地 31222 亩，其中水田、坝地 22552 亩；淹没影响甘肃至四川公路 70km，青川至昭化公路 16km。

宝珠寺水电站以发电为主，兼有灌溉、防洪等综合利用效益。当正常蓄水位 588m 时，总装机容量 70 万 kW，年发电量 22.78 亿 kW · h；水库总库容 21.0 亿 m^3，具有不完全年调节性能，与系统内映秀湾、渔子溪、龚嘴等水电站补偿调节，可增加保证出力约 8 万 kW。每年从库中引水 10 亿 m^3用于灌溉，可灌溉嘉陵江、渠江地区 233 万亩土地。由于水库具有一定的调洪库容，对不同频率的洪水起一定的削峰作用，因而不仅可减轻洪水对下游城镇和工厂的威胁，而且在一定程度上保证了下游两岸易淹农田的稳

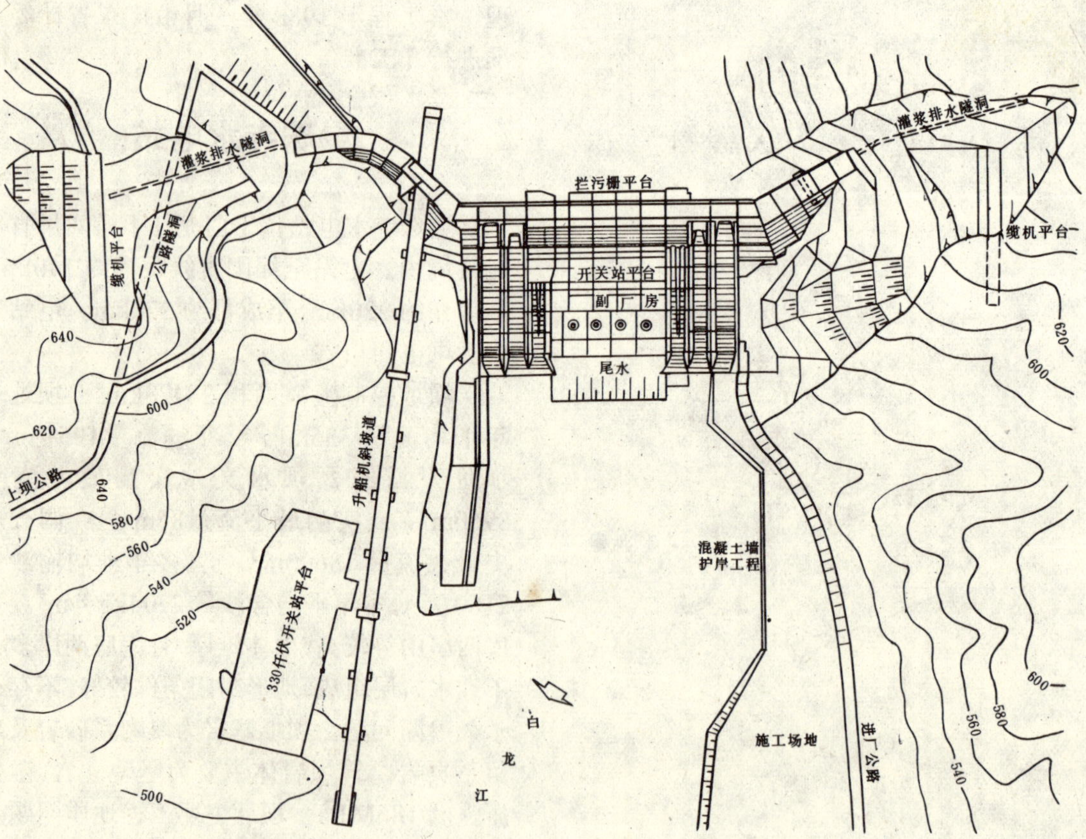

宝珠寺水电站枢纽平面布置图

产、高产。白龙江上游林区木材采用水运方式，建坝后需组织木材过坝，年过坝量50万m^3。

宝珠寺水电站属一等工程。枢纽由混凝土实体重力坝、坝后式厂房、敞开式开关站、过木道、工业和灌溉取水口等组成。经比较论证，采用中间坝后式厂房布置方案，泄洪建筑物全部布置在河床厂房两侧，计有2个16×16.3m非常表孔，2个13×1.5m中孔，4个4×8m底孔。过木道布置在右岸山坡上，采用3条纵向传送机过木方案。厂房内装4台单机容量17.5万kW的竖轴混流式水轮发电机组。电站枢纽布置见图。

电站对外交通有甘川公路在坝址左岸通过。施工导流采用右岸明渠方案，导流标准按20年一遇洪水设计。混凝土骨料采用人工砂石料，料场位于坝址下游约3km的飞鹅峡左岸。

宝珠寺水电站由水电部西北勘测设计院设计，水电部第五工程局施工。电站于1984年列入国家基本建设计划，并进行施工准备。

白山水电站二期工程

白山水电站位于吉林省桦甸县境内的第二松花江上。该电站为目前东北地区在建工程最大的水电站，总装机150万kW，分两期建设：一期工程装机90万kW(3×30)，位于右岸地下，已建成投产；二期工程装机60万kW(2×30)，位于左岸。

白山水电站二期工程利用已建成的水库及大坝，两个进水口已预留在28#及29#坝块上。整个工程布置在左岸。由于地面厂房及开关站位于左岸大平沟中，需在此沟内设置拦洪措施工程(堆石坝及泄洪洞)。大平沟暴雨洪水计算成果如下：500年一遇设计洪水流量291m^3/s，2000年一遇校核洪水流量357m^3/s。引水道及厂区出露地层主要为前震旦纪混合岩，岩质坚硬，饱和抗压强度达125MPa。引水道距岸边较近，上复岩体较薄，且受构造及岩脉切割，工程地质条件较为复杂；但混合岩新鲜坚硬，沿洞线未遇大的断裂，且洞径在10m左右，采取工程措施，具备成洞条件。地面厂房可避开较复杂的高边坡问题。因此，从工程地质情况看，具备修建引水系统及厂房的条件。

白山水电站二期装机60万kW，可提供系统可用容量50万kW，并增加年发电量3400万kW·h。二期装机主要不是电量效益，而是容量效益。由于白山水库调节性能好，下游又有红石及丰满两水库反调节，因而在系统中运行比较灵活，只要运行调度得当，均可充分发挥调峰、调频及事故备用等容量效益，并可减少系统煤耗及年运行费用，是经济合理的。

白山水电站二期工程属二等工程，由引水系统、主副厂房、开关站和大平沟防洪措施工程(包括堆石坝及泄洪洞)等组成。两条引水洞长约470m，钢衬内径8.6m。主厂房位于左岸，平面尺寸长为110m，宽为26m，内设2台30万kW水轮发电机组。大平沟防洪措施工程：堆石坝，坝高21m；无压泄水洞，长约350m，城门洞型，衬砌内尺寸宽为3.8m，高为4.5m。

白山水电站由水电部东北勘测设计院设计，水电部第一工程局施工。二期工程已于1984年9月开工。

东风水电站

东风水电站位于贵州省清镇和黔西两县交界的乌江干流上，系乌江干流第一个梯级，距贵阳市90km。电站建成后主要向贵州省电网供电，并与四川电网联网运行。

东风水电站坝址控制流域面积18100km^2，流域内雨量丰沛，年平均降水量达1102mm。坝址实测最大流量8410m^3/s，实测最小流量44.8m^3/s，多年平均流量345m^3/s，年水量为108.8亿m^3。调查历史洪水最大流量为10300m^3/s。500年一遇设计洪峰流量10300m^3/s，5000年一遇校核洪峰流量14400m^3/s。坝址多年平均输砂量为1260万t，多年平均悬沙含量1.13kg/m^3。水库为深切峡谷型。库盘为可溶岩与非可溶岩相间分布，经多次调查，和大量的地质勘探(仅查漏钻探工作量达12000多米)，以及堵洞与查漏试验等工作，并邀清国内有关专家多次研究，认为不存在向邻谷大范围的渗漏问题；仅库首右岸存在由鱼洞暗河地带向凉风洞小范围绕坝渗漏，但可采取防渗处理工程措施解决，帷幕灌浆孔总深度约30万m。库区不存在严重的坍岸问题，仅局部地段存在小规模的崩塌问题，也无重要矿藏被淹。坝址位于石灰岩峡谷中，正常水位河面宽约50～60m，两岸山坡较陡，约75°～85°。坝址基岩为三迭系下统永宁镇组灰岩，岩层缓倾上游，构造简单，岩溶发育弱，岩体强度高，只是坝基有小深槽，坝肩有小断层等不利地质条件，可在具体工程设计和施工中予以处理。坝址防渗条件较好，岩体透水性不大，河床与右岸有一层厚约40m的隔水层。地下厂房围岩完整，强度足够，岩体透水性小，地下水位低，地应力不高，建厂条件较好。据云南省地震局的鉴定意见，地震基本烈度不大于6度。

水库正常蓄水位970m时，库区淹没涉及清镇、织金和黔西3个县。经1981年初步调查，需迁移人口8081人，淹没耕地8454亩(其中水田1954亩)，淹没林地2124亩。

本电站是一个发电工程，当正常蓄水位970m时，水库库容8.64亿m^3，调节库容4.9亿m^3。电站装有3台单机容量17万kW的水轮发电机组，总装机容量51万kW，保证出力11万kW，年发电量24亿kW·h。电站建成后，可增加乌江渡水电站保证出力约3万kW，年发电量约0.7亿kW·h。

东风水电站属二等工程。电站枢纽由双曲拱坝、地下厂房和泄水建筑物等组成。大坝为混凝土双曲拱坝，最大坝高173m，坝顶弧长259.35m；溢洪道布置在左岸，并在坝身开孔联合泄洪；厂房布置在右岸，为地下式，发电隧洞采用一机一洞布置，共3条，每条平均长约为192m；尾水隧洞1条，长210m；主变压器及220kV开关站设在地下。电站枢纽布置见图。

东风水电站对外交通采用公路运输。施工导流采用隧洞导流方案。导流标准为枯水期10年一遇流量1.350m^3/s设计，过水围堰高约26m；导流隧洞为方圆形，断面12×14.13m，长610m。

东风水电站由水电部贵阳和中南勘测设计院设计(前者总体设计和大坝，后者引水系统和地下厂房)，水电部第九工程局施工。自1984年以来，贵阳院在清华大学、成都院、水电部第九工程局等大力协作配合下，从“扁平、减薄、少嵌”等方面入手，对拱坝体型不断进行优化，拟选定抛物线双曲拱坝方案，坝顶厚6m，底厚27m，厚高比约为0.176，属薄拱坝范围。该方案较好地适应了坝址的地形地质条件，满足了应力、变形及稳定的要求，并有利于施工，与原初步设计方案比较，可节省混凝土约16万m^3，石方开挖约7万m^3，初步估算可节省投资1470万元。设计单位还准备在此基础上进一步优化，以进一步节省工程量，改善应力条件，确保工程安全。

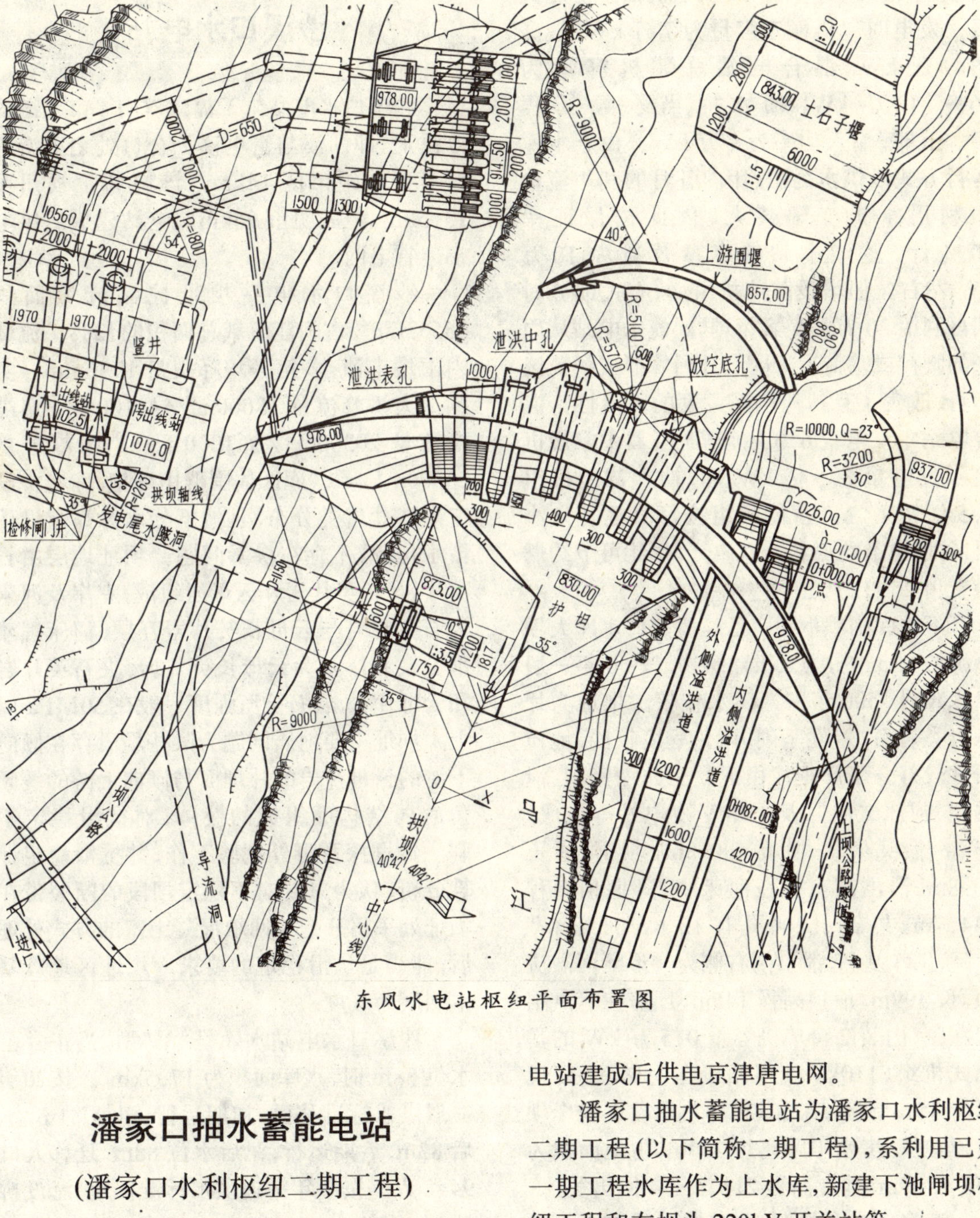

东风水电站枢纽平面布置图

潘家口抽水蓄能电站

(潘家口水利枢纽二期工程)

潘家口抽水蓄能电站位于河北省迁西县境内的滦河干流上，距北京直线距离约175km，距天津约165km，距唐山约85km。电站建成后供电京津唐电网。

潘家口抽水蓄能电站为潘家口水利枢纽二期工程(以下简称二期工程)，系利用已建一期工程水库作为上水库，新建下池闸坝枢纽工程和右坝头220kV开关站等。

一期工程已建厂房内已安装1台单机15万kW常规水轮发电机组，二期工程还需要安装3台从意大利引进的混流式水泵/水轮机——电动/发电机抽水蓄能机组。发电时单机额定容量为7万kW，最高达9万kW，混合电站总装机容量为36～42万kW；抽水时当水泵扬程61.4m时，输入功率为9万kW。由于水库运行方式以供水为主，年内各月的利用流量和利用水头变辐甚大，因此按保证率90%计，蓄能电站的容量效益为10万kW左右。但增设蓄能机组后，有大部分时间可利用20万kW容量调峰，使水电站从原来的腰荷或基荷运行区上升到峰荷或腰荷区运行，改善了京津唐电网调度的灵活性。混合电站年发电量6.0亿kW·h，其中常规机组年发电量3.5亿kW·h，抽水蓄能机组2.5亿kW·h。蓄能机组按每日运行4小时，每度电节约燃料费0.1元，每年可节约燃料费用2500万元。

下水库闸坝枢纽在已建潘家口水库大坝下游约6km处，为三级建筑物，按50年一遇洪水设计，500年一遇洪水校核。坝址为片麻岩类岩石，岩性坚硬，风化程度较浅，地质条件较好。下库枢纽由混凝土非溢流坝、泄洪闸、河床式电厂及110kV变电站等组成。非溢流坝最大坝高28.8m，坝顶总长1098m；泄洪闸布置在河床中部，堰顶高程134.7m，共20孔，每孔有12×10.5m（宽×高）工作闸门；泄洪闸右侧为梯形断面溢流坝，长399m，堰顶高程145m；厂房在泄洪闸的左侧，内装2台单机容量0.5万kW的贯流式机组；110kV变电站设在左岸，平面尺寸为45×55m。220kV开关站设于右岸坝头，与主厂房水平距离约200m，占地面积为158×69m，地坪高程211.0m，4回出线。

潘家口水利枢纽一、二期工程均由水电部天津勘测设计院设计、原基建工程兵第61支队（现改名为武警部队水电第一总队）施工。

沙溪口水电站

沙溪口水电站位于福建省南平市上游的西溪上（即沙溪与富屯溪汇合口处之下游约5.5km），距市区14km。该电站距福州市13.5km，距三明市95km。电站建成后供电福建省电网。

沙溪口水电站坝址控制流域面积25562km^2，占闽江流域总面积的42%。流域内雨量丰沛，多年平均降雨量1776mm。实测最大洪峰流量18000m^3/s，100年一遇洪峰流量20300m^3/s，1000年一遇洪峰流量26300m^3/s。库区周围群山环抱，库盆中没有碳酸盐岩类分布，且地下分水岭高于设计蓄水位，故不存在渗漏问题。坝址地层由石英片岩、长英片岩和云母岩组成，左岸及河床为石英片岩与云母长英片岩互层，河床礁滩部分及右岸则为云母长英片岩、夹石英片岩和云母片岩，岩石抗压强度一般在50MPa以上。坝址主要地质问题为某些坝段存在倾向下游的云母片岩的片理面与倾向上游的缓倾角软弱结构面组成的棱体，对抗滑稳定不利。经勘探及野外试验工作，并抗滑稳定计算分析，认为只要对不稳定坝段的断裂带在坝址处采用开挖与回填混凝土塞的方式处理后，能满足抗滑稳定的要求。坝址区地震基本烈度为6度。

沙溪口水电站水库呈"丫"型，当正常蓄水位88m时，水库面积为17.5km^2。按20年一遇洪水标准移民，初期运行，汛期81m，汛后83m；后期运行，汛后水位88m，迁移人口9442人。按2年一遇洪水标准征地，淹没耕地6389亩。

本电站以发电为主，兼有航运、过木效益。总装机容量30万kW，单机容量7.5万kW。初期运行时汛期限制水位及设计洪水位均为 81m，设计蓄水位 83m，初期装机容量 22.5 万 kW，保证出力 3.88 万 kW，多年平均发电量 7.42 亿 kW · h；后期运行时汛期限制水位及设计洪水位均为 85m，设计蓄水位 88m，后期装机容量 30 万 kW，保证出力 5.0 万 kW，多年平均发电量 9.6 亿 kW · h。电站设 300t 级船闸，除通航外，兼作放竹木用，年运输能力为 329.1 万 t。

本电站属二等工程。电站枢纽由拦河(闸)坝、河床式发电厂房、开关站和通航建筑物等组成。溢流坝位于河床中间偏左岸，最大坝高 40m，堰顶高程初期(10 孔)69.6m，后期 74.3m，设 16 孔开敞式溢流堰，孔口尺寸(宽×高)17 × 14.8m，采用消力戽戽池式消能方式。厂房位于右岸，主厂房尺寸长 160m，宽 69m，高 61m。船闸设于左岸主河槽中，采用一级船闸，船闸闸室有效尺寸为 130m × 12m × 2.5m。110kV 及 220kV 开关站均为户外式，设于右岸。电站枢纽布置见图。

本电站对外交通方便，外福铁路从坝址右岸通过，公路从左岸通过。施工导流采用分期导流方案，并利用二期围堰发电；一期先围右岸厂房及 10 孔溢流坝，二期围左岸。一期围堰采用挡水围堰，挡水围堰标准按全年 10 年一遇，洪水流量 13900m^3/s 设计；二期上游与下游围堰采用挡水围堰，标准分别按全年 50 年和 20 年一遇，洪水流量分别为 18500m^3/s 和15900m^3/s。

本电站由水电部华东勘测设计院设计，水电部闽江工程局施工。电站于 1980 年列入国家基建计划，1983 年 3 月正式筹建，于 1987 年 12 月第一台机组投产发电。

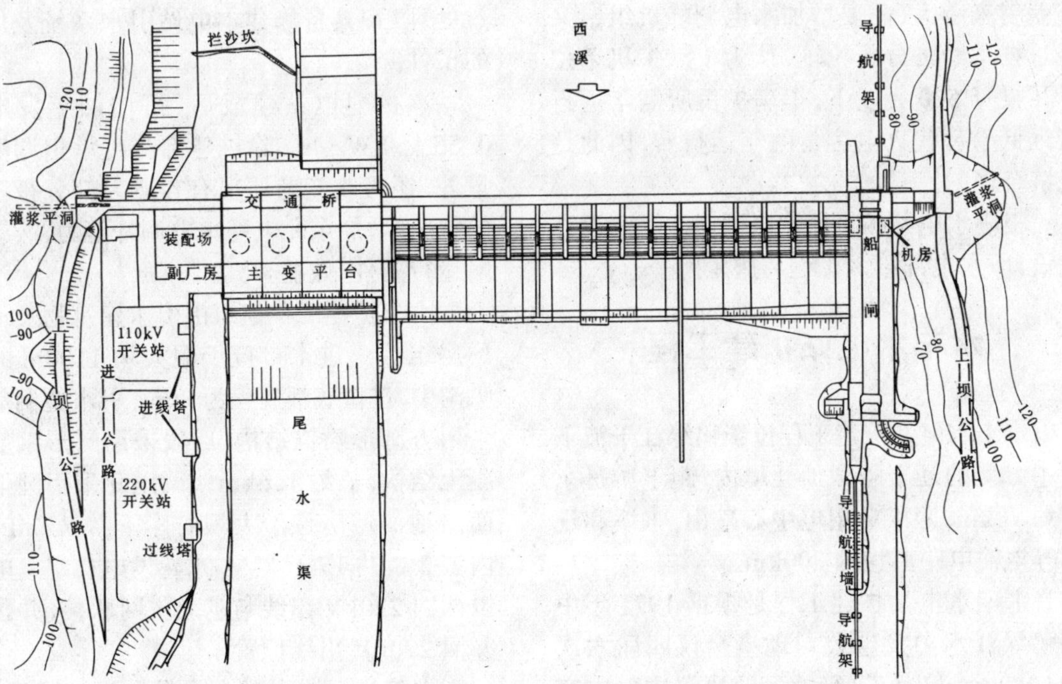

沙溪口水电站枢纽平面布置图

丰满水电站扩建工程

丰满水电站位于吉林省吉林市境内的第二松花江干流上，目前总装机为 55.4 万 kW，电厂内装 8 台水轮发电机组。

丰满水电站扩建工程为利用大坝内原预埋的 9#、10#两条压力钢管，厂房已开挖了部分基础后用虚渣回填，扩建条件较好。厂区工程地质条件较好，基岩为二迭系深灰色或灰绿色变质砾岩，抗风化能力较强，扩建地段无风化岩石。主要工程量：土石方开挖与填筑约 9 万 m^3，旧混凝土开挖0.66万m^3，混凝土浇筑量 3.4 万 m^3，水下清基0.1万m^3。

扩建规模为 17 万 kW，单机 8.5 万 kW。由于丰满水库库容大，在此处扩机，能充分发挥调峰、调频、事故备用等方面的作用。随着东北电网用电负荷的迅速增长，峰谷差越来越大，需要增加水电调峰机组。又经过技术经济分析论证，认为丰满扩机单位千瓦投资 500 元以下，丰满扩机所需年运行费远低于替代火电容量的年运行费，因此是经济合理的。

丰满水电站扩机由水电部东北勘测设计院设计，水电部第六工程局施工。

水丰水电站扩建工程

水丰水电站扩建工程位于鸭绿江干流下游中方侧的辽宁省宽甸县境内，距下游丹东市约 70km，距工业用电中心鞍山、本溪和辽阳等地输电距离均约 200km。

水丰水电站扩建工程是根据 1971 年中朝鸭绿江水力发电公司理事会议四届六次(24 次)会议决议进行的。该决议主要内容为：(1)中朝双方在自己境内各自修建 1 座装机容量 15 万 kVA 的地下电站；(2)地下电站由中、朝两国各自投资，两个地下电站建成后也不纳入公司财产；(3)地下电站建成后有关运行问题，另行商定。

本工程系利用已建成的水丰水电站水库、大坝及泄洪设施等进行扩机的。坝址以上控制流域面积 47586km^2，流域内雨量丰沛，考虑朝方跨流域引水及各项损失后，计算时段多年平均流量为 755.6m^3/s，百年一遇洪峰入库流量 41400m^3/s，千年一遇洪峰入库流量为 56200m^3/s。坝址以上多年平均输砂量为 535 万 t 。该扩建工程位于左岸，进水口需在已建水库中施工。引水系统前段通过花岗岩，后段为片麻岩，洞线与主要构造线及片麻理交角较大，除个别地段外，埋藏较深，进水口及厂房后山坡地形低缓，未发现不稳定岩体，地面厂房建在新鲜基岩上。对于进水口岩石风化，构造组合不利，洞身穿过较多断层及地下水位较高等不利地质问题，经过处理后，具备修建本电站引水系统及厂房的条件。

本扩建电站建成后，可增加年发电量 0.85 亿 kW·h。除扩建部分可承担调峰容量外，还可改变老厂现有容量大部分带基荷的状况，增加东北电网水电调峰能力，改善电网运行条件，效益较大。

水丰扩建工程枢纽由引水建筑物及地面厂房组成。进水口位于距大坝 1100m 的哑叭沟中，进口底板高程为 80m，引水隧洞前段采用方圆形喷锚结构，后段采用圆形钢筋混凝土结构，长约 1.6km。调压井采用圆形断面。地面厂房位于大坝右岸下游 750m 处，内装 2 台共 15 万 kVA 水轮发电机组。电站以两回 220kV 出线与东北主网联接，并预留一回 220kV 出线位置。

本工程由水电部东北勘测设计院设计，水电部第六工程局施工。工程已于 1988 年建成投产。

青溪水电站

青溪水电站位于广东省大埔县境内汀江干流上，是上杭以下的第二个梯级，距梅县直线距离约60km，距汕头约135km，建成后主要供电这两个地区。

坝址控制面积9157km^2。坝基为燕山三期粗粒斑状花岗岩及燕山四期中粒花岗闪长岩。工程地质条件较复杂。

本电站为河床式布置，主要建筑物由非溢流重力坝、挡水厂房、混凝土溢流坝及户外开关站组成。重力坝最大坝高51m。溢流坝设5个表孔泄流，孔口尺寸（宽×高）为14×18.8m，以钢弧门控制，采用面流消能。河床式厂房内装4台3.6万kW轴流转桨式机组，总装机容量14.4万kW，单级运行保证出力1.19万kW，年发电量3.729亿kW·h，待上游棉花滩水电站水库建成后，梯级运行保证出力2.45万kW，年发电量4.4亿kW·h。电站枢纽布置见图。

施工采用河床一次拦断，上、下游设土石过水围堰，右岸明渠导流方案。围堰最大坝高16m，堰体采用粘土斜墙防渗，基础采用高压定向喷灌混凝土防渗墙。堰面以混凝土板及钢筋石笼保护，设计泄量6370m^3/s，最大堰面流速12m/s。

本工程由广东省水电设计院设计，广东省水电第二工程局施工，于1987年9月进场，计划1991年底第一台机投产，1992年底竣工。自动化系统按无人值班设计，近期由少数人值班。系统包括厂内运行、水情测报、大坝监测三个部分。其设计按双机双网络分层分布计算机监控系统设置，由水电部南京自动化研究所为主承担实施任务。

（刘振威供稿）

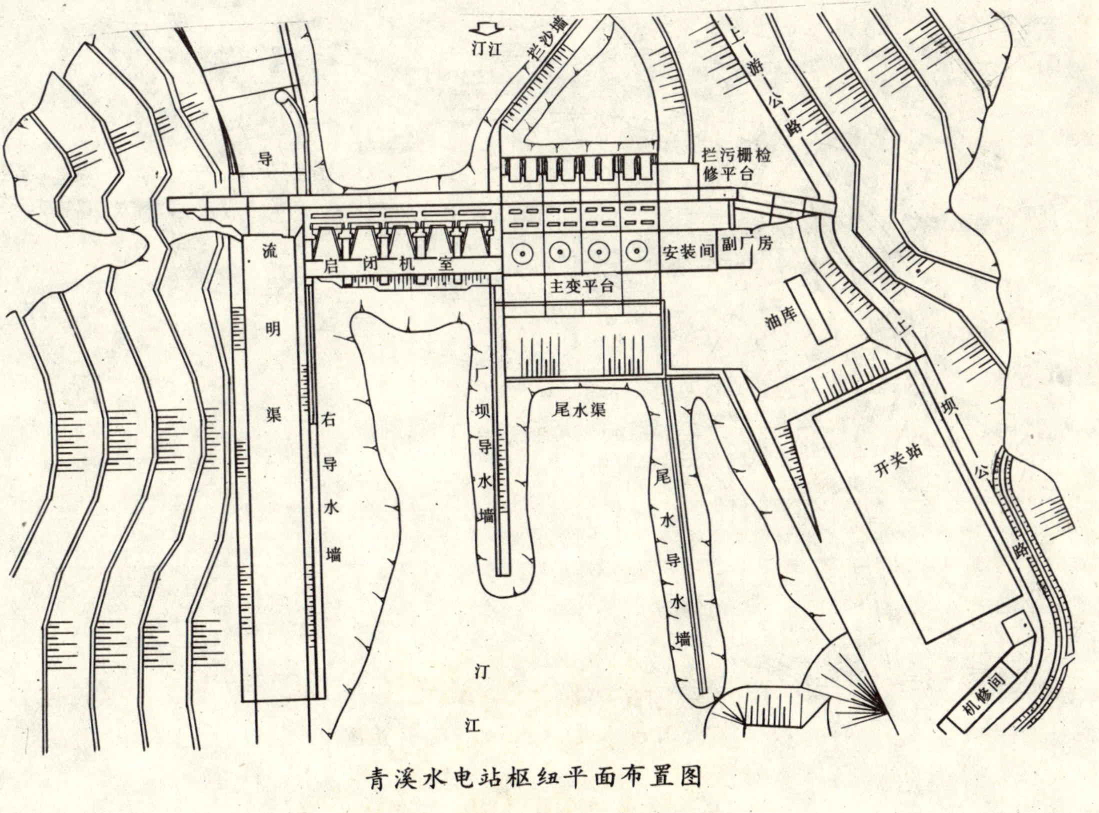

青溪水电站枢纽平面布置图

大山口水电站

大山口水电站位于新疆维吾尔自治区和静县境、开都河中游干流上，距巴音格楞蒙古族自治州州府库尔勒市120km。电站建成后供电巴音格楞州铁门关系统。

坝址控制流域面积1800km^2，占开都河(博斯腾湖以上)流域总面积的86.7%。据大山口水文站水文观测资料，坝址多年平均流量为109m^3/s，多年平均迳流量34.4亿m^3；实测最大流量883m^3/s，百年一遇设计洪峰流量1490m^3/s，千年一遇校核洪峰流量2520m^3/s(加20%安全保证值)。坝址多年平均输沙量58.2万t，多年平均含沙量0.169kg/m^3，泥沙多集中于6～8月洪水期。开都河上中游山间盆地与峡谷区气候严寒，年平均气温−5.1℃，最低气温−40.5℃；流冰期长达180天左右，11月初结冰，次年3月开始解冻。大山口水文站1966年实测总流冰量达869万m^3。水库正常蓄水位1405m，为峡谷河道地形；库岸为石灰岩、白云质灰岩、泥质灰岩及凝灰岩等，无渗漏问题。只在坝址上游约1.4和4km处有两处滑坡，初步估算塌方量分别约为6万m^{3}和3.75万m^3，其稳定性及对主要建筑物安全运行的影响待研究，必要时可采取工程措施处理。坝址基岩为厚层灰岩，岩溶发育微弱，岩石质地较好，平均湿抗压强度在50MPa以上。坝址区岩层挤压强烈，断层带形成挤压片理，并分布有泥质灰岩和少量粉细砂岩，强度和变形不均一，层间存在挤压错

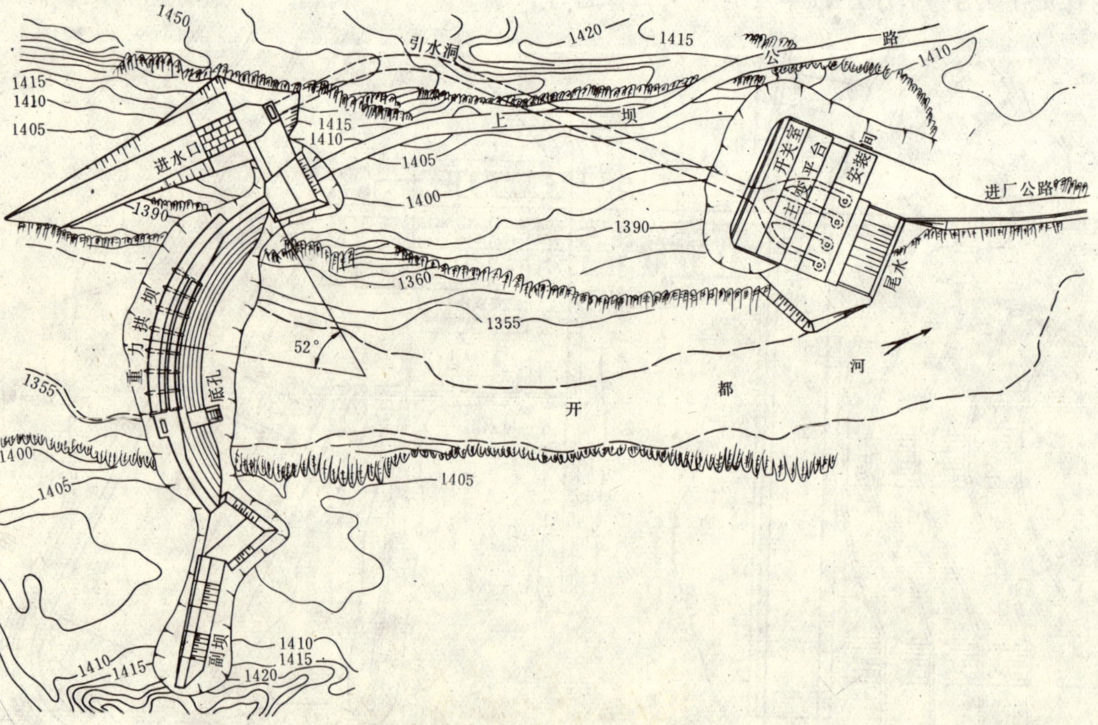

大山口水电站枢纽平面布置图

动现象，且两岸分布有主要断层 F_1、F_9等，因此，对两岸坝肩不利的滑裂面组合需进行稳定分析和验算，必要时并对 F_1和F_9采取工程措施处理。根据新疆地震局的鉴定意见，坝区地震基本烈度为 8 度。

大山口水电站的任务为发电，电站装机容量 8 万 kW，保证出力 1.78 万 kW，年发电量 3.1 亿 kW·h，承担巴音格楞州及铁门关系统的调峰、调频及事故备用任务。无耕地淹没及施工征地，也不需迁移人口。

本电站主要建筑物按二等工程设计。枢纽由混凝土重力拱坝、导流兼泄洪隧洞、升压变电站、引水系统及左岸地面厂房组成。按初步设计成果，大坝为定圆心等半径拱坝，最大坝高 71m，最大底宽 25m，厚高比为 0.352。左、右岸为混凝土重力坝副坝。坝顶中央设 7 孔敞开溢流式表孔，每孔净宽 10m。偏右岸表孔旁设一孔口尺寸 4×4m 的底孔，底板高程 1365m，不参加泄洪。导流泄洪洞洞身长约 413.8m，衬砌内径 9m，进口底板高程 1355m，出口底板高程 1351m，均采用挑流式消能。引水式发电厂房布置在左岸，明渠至进水口段长 155.4m，洞身段长约 312.7m，衬砌内径 8m，不设调压井。厂房为地面式，内装 4 台单机容量 2 万 kW 的水轮发电机组。电站枢纽平面布置见图。

大山口水电站对外交通采用公路。施工导流采用全年隧洞导流方案。导流标准为 5 年一遇洪水设计，流量 $695m^3/s$。

本电站工程由新疆区水利水电勘测设计院设计，武警交通五支队等承担施工任务。国家计委明确为地方建设项目，要求总投资控制在 1.6 亿元以内，原水电部补助 5000 万元，安排银行贷款 5000 万元，其余由新疆区自筹，并包干建设。本工程于 1987 年 4 月开工建设。

石塘水电站

石塘水电站位于浙江省丽水县城上游瓯江支流大溪上，距上游紧水滩水电站约 25km，建成后主要供电浙江，并与华东电网联网运行。

坝址控制流域面积 $3234km^2$，占瓯江流域面积的 18.1%。流域内雨量丰沛，年平均降水量达 1789mm。坝址多年平均流量为 $109m^3/s$，年迳流总量为34.4亿m^3。库区岩石为火成岩类，且地下水位均在正常高水位以上，无渗漏问题。坝址为侏罗系上统磨石山组第一段地层，河床部分为晶屑熔结凝灰岩，两岸为晶屑浆屑凝灰岩，均夹有岩性软弱强度较低的凝灰岩夹层。坝址区未发现大的构造断裂，坝址基坑开挖后揭露的主要工程地质问题为河床 11$^{\#}$坝段处P_{40}、P_{41}破碎带组成不利岩体，已作专门基础处理。当水库正常蓄水位 102.5m 时，库区淹没涉及云和、丽水两个县。按 20 年一遇洪水标准移民，迁移人口 5030 人；5 年一遇洪水征地，征用耕地 2905 亩。

石塘水电站以发电为主，兼有航运、过木等效益。水库总库容 0.83 亿 m^3，为日调节水库。装机容量 7.8 万 kW，保证出力 1.14 万 kW，年发电量 1.93 亿 kW·h。紧水滩、石塘两梯级联合运行，由紧水滩水库调节，石塘反调节，可获得梯级最大电能，并可发挥紧水滩较大的调峰效益。石塘水库形成后，将与紧水滩尾水位衔接，约 25km 的河道成为深水航道，为山区航运创造有利条件。

石塘水电站属三等工程。枢纽由混凝土重力坝、坝面溢洪道、河床式厂房、变电站和通航过木(竹)建筑物等组成。大坝最大坝高 38.9m，坝顶总长 255m。厂房布置在左岸，通航过木(竹)建筑物布置在右岸。主要

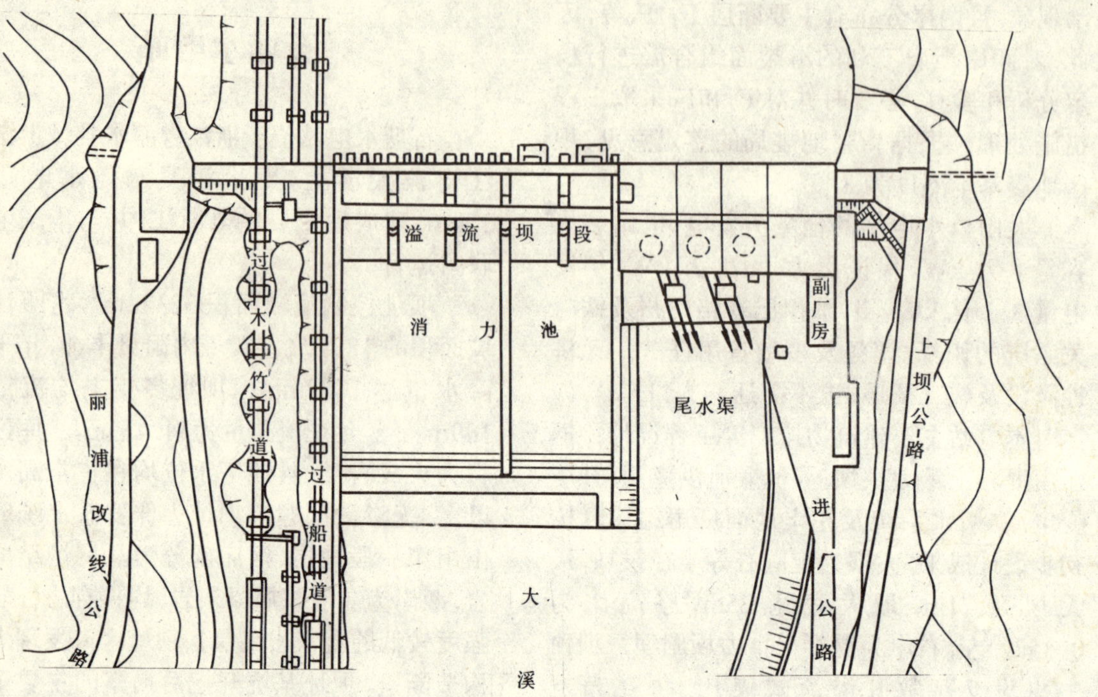

石塘水电站枢纽平面布置图

建筑物洪水标准与上游紧水滩梯级协调，按100年一遇洪水设计，1000年一遇洪水校核。通航放木(竹)建筑物的设计通过能力与规模同紧水滩水电站，过坝货运量近期15万t，远景30万t；过坝船舶吨位近期30t，远景50t；过坝木材(竹)20～25万m^3。电站枢纽布置见图。

为探索水电施工管理体制改革，加快水电站建设，水电部决定以浙江省电力局为业主，由华东勘测设计院组建华东水电工程咨询公司进行石塘水电站主体工程总承包试点。以设计为主体对水电站建设实行总承包，在水电系统尚属首次。设计单位在有关单位支持配合下进行了优化设计，从初设审定概算1.7亿元下降到1.4亿元总承包。

本工程由华东勘测设计院设计，华东水电工程咨询公司承担主体工程建设总承包，对工程施工、设备制造和安装实行三大控制，即质量、进度、造价控制。本工程主体工程施工采用5种招标承包方式：土建工程采用国内公开招标，选定水电部第十二工程局承担施工；水轮发电机组制造采用询价议标，选定浙江省杭州市发电设备厂承担；金属结构制作采用邀请招标，选定第十一工程局三门峡水工机械厂承担；机电设备安装采用简化的国内公开招标，选定水电部第十二工程局承担；库区改线公路采用省内邀请招标，选定仙居县第二建筑公司承建。本工程于1985年列入国家基本建设计划，1985年7月主体工程开工，1988年12月第一台机组发电，将于1989年3台机组全部投产，1990年上半年工程全部竣工。

托海水电站

托海水电站位于新疆维吾尔自治区尼勒

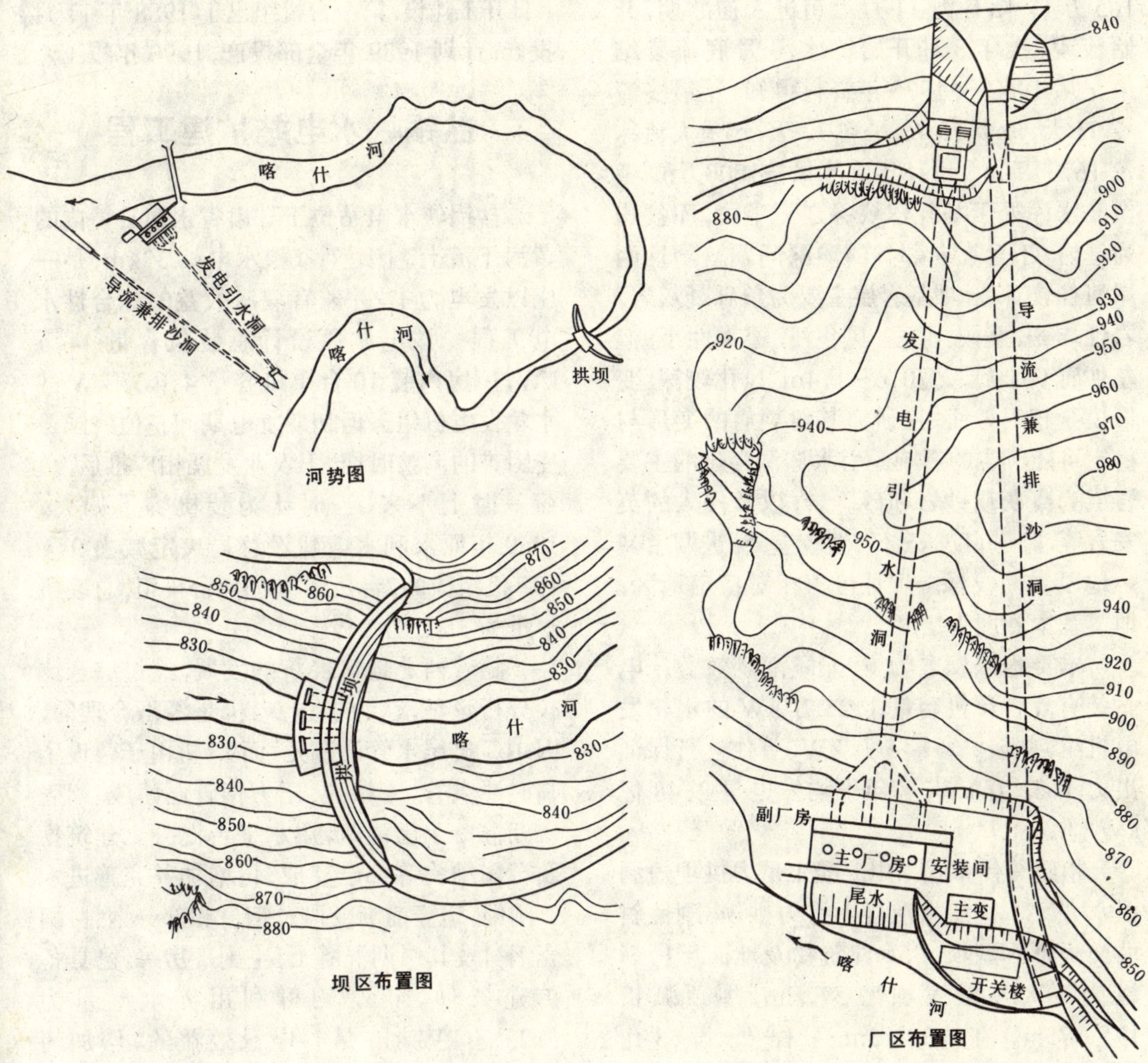

托海水电站枢纽平面布置图

克县境内的伊犁喀什河中游马扎尔峡的出口处，距伊犁哈萨克自治州州府伊宁市约51km。电站建成后供电伊犁州。

喀什河是伊犁河支流，发源于天山西部依林哈比尔尕山冰川地带，自河源至雅玛渡全长296km，落差1988m；自乔尔玛大桥至托海大桥长234.7km，落差1485.4m。梯级电站总装机153万kW，年发电量69.6亿kW·h，选择地形地质条件较好的吉林台和玛扎尔两峡谷段优先开发，第一期工程托海水电站就在玛扎尔峡谷段的出口处。坝址控制流域面积8656km^2，坝址多年平均流量120m^3/s，多年平均迳流量37.8亿m^3。多年平均含沙量0.404kg/m^3，洪水期实测最大含砂量达 19.5kg／m^3，多年平均输砂量165万t。喀什河11月上旬进入初冰期，开始流凌，次年3月开始解冰，3月底流凌结束。从1962～1975年资料得知，年最多流凌93天，最小55天，平均77天，年最大流冰量1670万m^3，设计年流冰量按1000万m^3考虑。水库处于马扎尔峡谷之下半段，库盆均为基岩，不存在向邻谷的渗漏问题。坝址两岸河谷较对称，坝基岩层主要为角砾凝灰岩，岩性均一、坚硬、完整、风化浅、透水性小，但左坝肩F_{20}断层，宽0.6～1.4m，风化较深，变形模量相对较小，应研究其对坝肩的变形与稳定可能产生的影响。引水隧洞穿过的主要岩层为凝灰质砂岩和砂砾岩，以及侵入的英安岩等，除进口英安岩岩性较差外，进洞后其余地段岩性较好。坝址位于相对稳定地区，地震基本烈度为7度。

本工程以发电为主，兼顾灌溉效益。电站装有4台单机容量1.25万kW的水轮发电机组，总装机容量5万kW，单独运行保证出力1.22万kW，多年平均发电量2.48亿kW·h。

枢纽总体布置采用混凝土重力拱坝短洞引水方案。枢纽由混凝土重力拱坝、刚性斜墙面板堆石副坝、引水建筑物及地面厂房等组成。大坝最大坝高57.2m，坝顶弧长175.75m，在839.5m高程处设3孔5×5m泄洪兼排沙中孔，在820m高程处设1孔3×3m放空底孔。左岸设引水发电洞，长约250m，洞径7m，进口高程844m；刚性斜墙面板堆石坝最大坝高10m，坝顶长70m；为确保发电洞进口“门前清”，左岸又设洞径3m的排沙洞，长约435m。厂房为地面式，主厂房尺寸（长×宽×高）为74×16×28m。电站枢纽布置见图。

本工程由新疆维吾尔自治区水利水电勘测设计院设计，新疆维吾尔自治区水利厅水利水电工程队施工。工程于1984年7月1日开工建设，第一台机组已于1988年11月投产，计划1989年全部投产，1990年竣工。

盐锅峡水电站扩建工程

盐锅峡水电站位于甘肃省永靖县境内的黄河干流上，上距刘家峡水电站33km，是一座以发电为主，并兼有灌溉效益的综合性水电工程。该电站原设计总装机容量44万kW，厂房内装10台单机容量4.4万kW的水轮发电机组。但初期发电期间正值我国遭受困难的调整时期，工农业发展相应推后，负荷一时上不来，当时认为装机容量偏大，1959年原水利水电建设总局决定减去9#、10#机组段的2台机组，成为8台机组，总装机容量为35.2万kW。

随着西北地区经济的发展，经过综合比较分析论证，认为扩建9#机是经济合理的；因10#机尾水管已塞死，而9#机由于暂设了临时泄洪管，未堵死，压力钢管已建成，蜗壳一期混凝土已浇筑，尾水平台混凝土建筑物及金属结构等都已建成，再增加并完善进水口闸门、蜗壳前渐变段及钢衬和部分钢管、蜗壳钢衬及其二期混凝土、主副厂房等，已具备扩建条件；年平均可利用弃水电量为1.23亿kW·h，是有电量效益的；增加的1台机组是电网所需要的，能够起到替代火电装机的作用，年运行费远低于火电装机；总投资3164万元，单位千瓦投资719.1元，投资偿还年限不足6年，投资收益率（或资金利润率）为14％（静态）。

扩建工程主要工程量：混凝土浇筑5650m^3，混凝土拆除量2670m^3；主要材料：木材855m^3，钢筋265t，水泥1830t。旧混凝土及板梁结构拆除时应采取妥善的处理措施，注意未拆除部分的上部结构梁、板、柱的修复及接头问题;还要特别研究解决新老混凝土的结合问题。

本扩机工程由水电部西北勘测设计院设计,甘肃省电力局水检公司承担施工任务。这个工程已于1987年列入国家基本建设计划,并进行施工准备,1988年3月主体工程开工,预计于1990年9月投入运行。

范厝水电站

范厝水电站位于福建省将乐县境、闽江支流金溪上,是一座以发电为主,兼有过木、通航等综合效益的工程。电站建成后供电福建省电网。

本电站坝址控制流域面积5819km^2,多年平均流量193.1m^3/s,平均年迳流量60.9亿m^3。当正常蓄水位161m时,水库面积3.86km^2,干流回水长度约20km。坝址河床左侧基岩裸露,右侧主河槽为砂卵石覆盖,厚5~7m,基岩为云母石英片岩夹石英云母片岩,虽较软弱,但抗压强度可满足闸坝(最大坝高小于30m)承载力的要求。地震基本烈度为6度。

范厝水电站枢纽由挡水坝、泄洪闸、水筏道、电站厂房和开关站等组成。坝顶交通桥顶高程165.6m,坝顶总长约302m。泄洪闸为敞顶式,布置在河床中部,共10孔,孔口宽12m,采用消力戽消能。水筏道布置在左岸岸边,水槽宽度5m,总长度570m,坡度2%~5%,按远景年过木能力30万m^{3}设

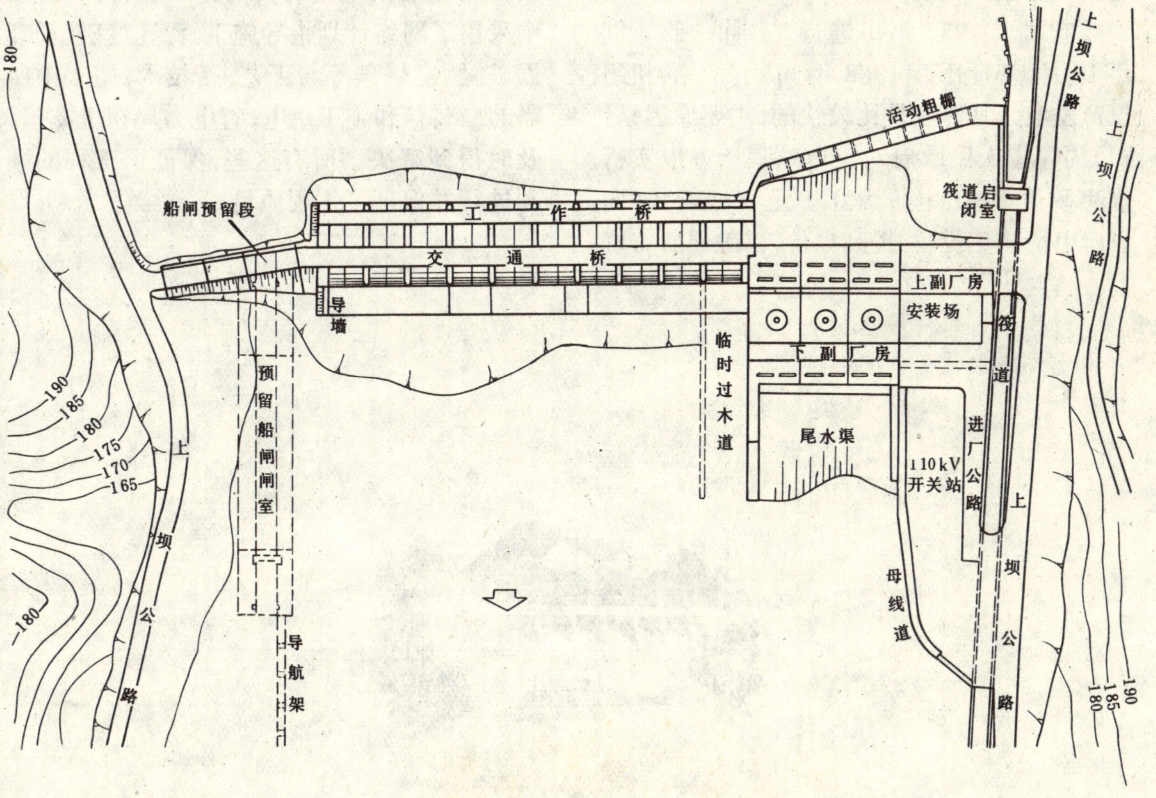

范厝水电站枢纽平面布置图

计。河床式厂房布置在左岸，内设3台单机容量1.2万kW水轮发电机组，总装机3.6万kW，年发电量1.58亿kW·h。电站枢纽平面布置见图。

施工导流采用分期导流方式，一期先围左岸，二期围右岸。围堰为枯水期(9月至次年3月)挡水、汛期基坑过水的导流方式。

范厝水电站由福建省水利水电勘测设计院设计。该电站建设由福建省电力局、将乐县人民政府和水电部闽江水电工程局三方集资兴建，集资比例分别为50%、35%和15%。为保证工程顺利进行，成立了董事会，同时按集资三方各自的优势进行了分工：闽江工程局负责施工；将乐县人民政府负责征地及移民；省电力局负责送变电工程、配套建设和电站的运行调度。

电站于1985年初进行“三通一平”，同年10月17日开工，1988年11月第一台机组投产发电。其速度是比较快的，主要原因是：(1)福建省人民政府对该电站集资办电实行优惠政策：输出电价为0.1元/kW·h；向省府申请减免税收、提高电价，以确保所有资金在10年内还本付息；以后，再按小水电收税，纯利润由三方共享；30年后产权归国家所有。这些优惠政策调动了三方的积极性。(2)集资三方分工、责任明确，发挥各自的优势，同心协力，克服种种困难，从而加快了电站建设。如将乐县负责移民和征地，因为把淹没补偿和移民征地费作为集资的一部分，使库区人民认识到电站建成后有利于脱贫致富，自然得到当地政府和库区人民的支持。又如电站施工明确由闽江工程局负责，他们组织精干队伍进场，千方百计节省投资，降低成本，加快进度，施工征地由原设计200亩降为120亩，节省征地费用；发电厂房由原布置在右岸移至左岸，为提前安装及投产创造了条件；企业内部挖潜，合理调配穿插使用沙溪口与范厝两电站的大型施工设备；在施工中采用了网络计划指导施工、深孔爆破、预裂爆破、腾空爆破等新工艺、新技术；施工中所需的“三材”和施工用电，省电力局积极支援，及时得到解决。所有这些，保证了工程的顺利进行并保证了工程质量。

全国新开工及投产的1.2万kW以上水电站主要指标表

所在省、市、自治区	河北省	山西省	内蒙古自治区
项目 \ 电站名称	潘家口抽水蓄能	拴驴泉	察尔森水库
建设地点、所在河流	迁西、滦河	晋城县、沁河	科尔沁右翼前旗、洮儿河
控制流域面积(km^2)	33700	9060	7780
多年平均流量(m^3/s)	77.8	47.47	26.3
坝型	宽缝重力坝(上库) 混凝土闸坝(下库)	混凝土、浆砌石重力坝	粘土心墙土坝
最大坝高 / 坝顶高程(m)	上 107.5/230.5 下 28.5/151.5	21.5/366.5	39.7/371.3
正常高水位 / 死水位(m)	上库 222/180 下库 144/139	357/	365.4/342.0
总库容 / 调节库容(亿 m^3)	上 29.3/19.5 下 0.1469/0.1	0.027/	13.65/10.33
设计 / 校核洪水标准(P- %)	上 0.1 %/0.02 % 下 2 %/0.2 %	2 %/0.5 %	2 %/0.01 %
设计 / 校核洪水流量(m^3/s)	上 40400/54500 下 10000/28000	5150/7600	3360/4330
主要泄洪设施 / 孔数－宽×高(m)	上库坝顶表孔 18-15 × 15 下库坝顶表孔 20-12 × 10.5 自由溢流堰前缘长 399m	/3-4 × 5 溢流坝:5.154 4孔 -9 × 12.4	4-9 × 12.4
隧洞长度 / 洞径(m)		1194/5.0 ~ 5.3	392.0/6,6.7
厂房型式	上库坝后式,下库河床式	引水式	地面式
厂房尺寸(长×宽×高)(m)	上库 128.5 × 26.2 × 56.8	38.8 × 14.5 × 25.81	50.82 × 12.94 × 22.87
水头:最大 / 设计 / 最小(m)	上 85/63.5/35.5 下 9.6/6.1/4	59.3/55.75/	32/30.5 ~ 22/20 ~ 14
主要机组型号	HL702-LJ-550,CZ(F02)混流式 水泵/水轮机—电动/发电机	水轮机 HL220-LJ-140 发电机 TSL260/10T-14	HL240-LJ-180 HL123-LJ-140
机组台数×单机容量(万 kW)	常规 1× 15, 蓄能 3×(7 ~ 9),常规贯流式 2 × 0.5	2 × 0.875	4 × 0.32
装机容量(万 kW)	常规 16,蓄能 21 ~ 27	1.75	1.28
保证出力(万 kW)/年发电量(亿 kW·h)	/6.3(其中常规 3.8,蓄能 2.5)	1.5/0.9461	/0.266
综合利用	供水、防洪、发电	发电	防洪、发电、灌溉
淹没耕地(亩)/迁移人口(人)	730/600 ~ 800		125300/6500
开挖土石方(万 m^3)	38.9	30(石方)	
填筑土石方(万 m^3)	1.0	8	813
混凝土总量(万 m^3)	30.4	6	12
总投资(万元)	内资 10000,外资 5000 万美元	3900	2500
单位千瓦投资(元)		2280	1953
开工(停工、复工)年月	1984.4	1986	1973(1980、1987)
开始发电 / 竣工年月			
设计单位	天津勘测设计院	山西省水利勘测设计院	吉林省水科勘测设计院、东北勘测设计院
施工单位	武警水电第一总队	山西省水利水电工程局	吉林省水利工程局、内蒙古自治区辽河工程局、水电部第六工程局

续 表

所在省、市、自治区	辽	宁	省
项目 \ 电站名称	太平湾	水丰电站扩建	凤鸣
建设地点、所在河流	宽甸县、鸭绿江	宽甸县、鸭绿江	桓仁县、浑江
控制流域面积(km^2)	53576	45860	11426
多年平均流量(m^3/s)	800	755.6	155.2
坝型	混凝土重力坝	混凝土重力坝	闸坝式
最大坝高 / 坝顶高程(m)	31.5/36.50	104/126.4	19.64/243.14
正常高水位 / 死水位(m)	29.5/28.8	123.3/95	237.0/236.64
总库容 / 调节库容(亿 m^3)	2.8/0.18	139/77.5	0.50/0.0137
设计 / 校核洪水标准(P- %)	0.2 %/0.02 %	2 %/0.2 %	2 %/0.2 %
设计 / 校核洪水流量(m^3/s)	44600/56100	32800/44100	8388/15410
主要泄洪设施 / 孔数 - 宽×高(m)	溢流坝 /28-14 × 13.6		平板闸门 /18-12 × 9.5
隧洞长度 / 洞径(m)		1499.29/10.3 × 9.45 D8.6	
厂房型式	河床式	地面式	河床式
厂房尺寸(长×宽×高)(m)	159 × 71.25 × 62.6	64 × 20.50 × 44	89.7 × 30.88 × 12.66
水头:最大 / 设计 / 最小(m)	15.5/12.6/12.3	93.50/76.10/62.00	11.17/7.6/5.4
主要机组型号	ZZ560a-LH-800	HL200-LJ-380 SF75-40/854	ZZ600-LH-330
机组台数×单机容量(万 kW)	4 × 4.75	2 × 7.5*	6 × 0.35
装机容量(万 kW)	19/2	15*	2.10
保证出力(万 kW)/ 年发电量(亿 kW·h)	5.75/2/7.2/2	/0.855	0.5/0.74 ~ 0.81
综合利用	发电、灌溉、供水	发电	
淹没耕地(亩)/ 迁移人口(人)	9004/4254	0/600	1734/
开挖土石方(万 m^3)	300.08	73.50	45.13
填筑土石方(万 m^3)	221.94	22.80	0.52
混凝土总量(万 m^3)	76.82	13.90	7.04
总投资(万元)	44317	12586	4250
单位千瓦投资(元)	2332	546	2024
开工(停工、复工)年月	1982.10.27	1981	1984.9
开始发电 / 竣工年月	1985.12/1988		1988.12/
设计单位	东北勘测设计院	东北勘测设计院	东北勘测设计院
施工单位	水电部第六工程局	水电部第六工程局	辽宁省工程局

* 装机容量单位 kVA

续 表

所在省、市、自治区	辽宁省	吉林省	
项目 \ 电站名称	观音阁	白山一期	白山二期
建设地点、所在河流	本溪市小市、太子河	桦甸县、第二松花江	靖宇县、第二松花江
控制流域面积(km^2)	2795	19000	19000
多年平均流量(m^3/s)	35.2	239	239
坝型	混凝土重力坝	三心圆重力拱坝	重力拱坝
最大坝高 / 坝顶高程(m)	82/267	149.5/423.5	149.5/423.5
正常高水位 / 死水位(m)	255.2/207.7	413/372	413/380
总库容 / 调节库容(亿 m^3)	21.68/13.85	64.31/48.59	52.9/36.8
设计 / 校核洪水标准(P- %)	0.1 %/0.01 %	0.2 %/0.02 %	0.2 %/0.02 %
设计 / 校核洪水流量(m^3/s)	15700/22000	13100/26200	13100/26200
主要泄洪设施 / 孔数 - 宽×高(m)	滚水坝 /12-12 × 8.7	表孔 4-12 × 13 中孔 3-6 × 7	
隧洞长度 / 洞径(m)	83.74/2.2	250.38 ~ 327.31/8.6	389/8.8
厂房型式	坝后式	地下式	地面式
厂房尺寸(长×宽×高)(m)	36.74 × 12.12 × 22.81	121.5 × 25 × 54.25	89.5 × 25.5 × 56.8
水头:最大 / 设计 / 最小(m)	61/51/29.2	126/110/81	126/112/86
主要机组型号	HL220-LJ-140	HL200-LJ-550 SF1230/275-48	HL200-LJ-550 SF1230/275-48
机组台数×单机容量(万 kW)	3 × 0.65	3 × 30	2 × 30
装机容量(万 kW)	1.95	90	60
保证出力(万 kW)/ 年发电量(亿 kW·h)	0.55/0.7274	16.7/20.03	/0.34
综合利用	工业用水、防洪、发电	发电、防洪、灌溉	发电
淹没耕地(亩)/ 迁移人口(人)	34794/23446	26500/10300	
开挖土石方(万 m^3)	206.50	1520.641	59
填筑土石方(万 m^3)	57.70		4.7
混凝土总量(万 m^3)	220.73	1876.919	17
总投资(万元)	2109	95402	20000
单位千瓦投资(元)	1082	1060	333
开工(停工、复工)年月	1988.7	1975.5.1	1984.9
开始发电 / 竣工年月		1983.12.31/	
设计单位	辽宁省水利勘测设计院	东北勘测设计院	东北勘测设计院
施工单位	铁道部第十六工程局(基础开挖)	水电部第一工程局	水电部第一工程局

续 表

所在省、市、自治区	吉	林	省
项目 \ 电站名称	老虎哨(渭源)	红 石	丰满扩机
建设地点、所在河流	集安县、鸭绿江	桦甸县、第二松花江	吉林市、第二松花江
控制流域面积(km^2)	26276	1300	42500
多年平均流量(m^3/s)	407	258	440
坝型	混凝土重力坝	混凝土重力坝	混凝土重力坝
最大坝高 / 坝顶高程(m)	55/171	46/298	90.5/266.5
正常高水位 / 死水位(m)	164/ 变动 0.7	290/289	261/242
总库容 / 调节库容(亿 m^3)	6.26/	1.49/0.13	107.8/53.5
设计 / 校核洪水标准(P- %)	0.2 %/0.02 %	1 %/PMF	0.1 %/0.01 %
设计 / 校核洪水流量(m^3/s)	30500/40200	9000/16300	26000/33700
主要泄洪设施 / 孔数 - 宽×高(m)	溢流坝 /18-12 × 13	溢流坝 /8-12 × 11.3	
隧洞长度 / 洞径(m)			
厂房型式	坝后式	河床式	坝后式
厂房尺寸(长×宽×高)(m)	133.5 × 20 × 41	122 × 60 × 52	51 × 22 × 47.13
水头:最大 / 设计 / 最小(m)	42/39/	25.6/23.3/22.8	71.5/60.55/49.2
主要机组型号	HL-240	ZDA190-LH-600	HLA296-LJ-420
机组台数×单机容量(万 kW)	6 × 6.5	4 × 5	2 × 8.5
装机容量(万 kW)	39/2	20	17
保证出力(万 kW)/ 年发电量(亿 kW·h)		3.5/4.4	/0.5
综合利用	发电、灌溉、航运	发电	发电
淹没耕地(亩)/ 迁移人口(人)	36924/16759	8249/2910	
开挖土石方(万 m^3)	125.4	121.7	1.6+2.9(石碴)
填筑土石方(万 m^3)		36.4	
混凝土总量(万 m^3)	95.93	49.4	3.3
总投资(万元)	24500	32367	7174
单位千瓦投资(元)	628	1618.35	422
开工(停工、复工)年月	1979	1982.9	1988
开始发电 / 竣工年月	1987.10/	1985.12/1988.12	
设计单位	中朝联合设计	东北勘测设计院	东北勘测设计院
施工单位	朝鲜施工	水电部第一工程局红石分局	水电部第六工程局

续 表

所在省、市、自治区	黑龙江省	浙江省	
项目 \ 电站名称	西沟	紧水滩	石塘
建设地点、所在河流	黑河市、公别拉河	云和县、龙泉溪	云和县、龙泉溪
控制流域面积(km^2)	1668	2761	3234
多年平均流量(m^3/s)	9.92	100	109
坝型	沥清混凝土心墙堆石坝	三心双曲变厚混凝土拱坝	混凝土重力坝
最大坝高 / 坝顶高程(m)	33.3(36.3)/345.8	102/194	38.9/104.9
正常高水位 / 死水位(m)	343.5/327	184/160	102.5/101.1
总库容 / 调节库容(亿 m^3)	1.48/1.22	13.93/5.53	0.83/0.09
设计 / 校核洪水标准(P- %)	0.2 %/0.05 %	0.1 %/0.01 %	1 %/0.1 %
设计 / 校核洪水流量(m^3/s)	1239/1361	11700/14900	8800/12000
主要泄洪设施 / 孔数 - 宽×高(m)	岸坡开敞式溢洪道 /3-10 × 7.5	浅孔 /2-8.6 × 8 中孔 /2-7.5 × 7	溢洪道 /5-16 × 12.5
隧洞长度 / 洞径(m)	6800/4.2 × 4.3 城门型	72 ~ 79/4.5	
厂房型式	地面式	坝后式	河床式
厂房尺寸(长×宽×高)(m)	39.04 × 15.8 × 25.43	108.35 × 18 × 35.8	74 × 19 × 45
水头:最大 / 设计 / 最小(m)	172.84/142.56/131.43	85/69/60.5	24.2/22.2/14.6
主要机组型号	HLA194-LJ-140	HL220-LJ-300 SF-K50-30/6400	ZZ500-LH-420
机组台数×单机容量(万 kW)	2 × 1.8	6 × 5	3 × 2.6
装机容量(万 kW)	3.6	30	7.8
保证出力(万 kW)/ 年发电量(亿 kW·h)	0.76/0.95	3.03/4.9	1.12/1.9
综合利用		发电、防洪、过木(竹)	发电、航运、过木
淹没耕地(亩)/ 迁移人口(人)	355/	16862/21767	2905/5030
开挖土石方(万 m^3)	30	74	39.6
填筑土石方(万 m^3)	45.3		3.0
混凝土总量(万 m^3)	5.7	75	27.6
总投资(万元)	6700	55365	14000
单位千瓦投资(元)	1861	1845	1795
开工(停工、复工)年月	1987.7	1981	1985.7
开始发电 / 竣工年月		1986.12/	1988.12/
设计单位	东北勘测设计院	华东勘测设计院	华东勘测设计院
施工单位	黑河市西沟水电站工程处	水电部第十二工程局	水电部第十二工程局

续 表

所在省、市、自治区 / 电站名称 / 项目	浙	江	省
	枫树岭	龙宫洞	龙溪
建设地点、所在河流	淳安县、新安江支流枫林港	缙云县、方溪、盘溪	天台县、始丰溪
控制流域面积(km^2)	227.0	65.03*	76.0
多年平均流量(m^3/s)	8.25	2.34	1.154
坝型	混凝土砌块石重力坝	混凝土溢流底缝拱坝	钢筋混凝土斜墙堆石坝
最大坝高 / 坝顶高程(m)	64.5/242.0	20/823.5	56.4/401.4
正常高水位 / 死水位(m)	240/210	820/812	398.0/372.0
总库容 / 调节库容(亿 m^3)	0.5748/0.453	0.00242/0.00143	0.2558/0.2006
设计 / 校核洪水标准(P- %)	1 %/0.1 %	3.3 %/0.33 %	2 %/0.1 %
设计 / 校核洪水流量(m^3/s)	1837/2450	162/243	394/529
主要泄洪设施 / 孔数 - 宽×高(m)	坝顶溢流 /7-8 × 6	溢流堰 / 开敞	溢洪道 /3-6 × 5
隧洞长度 / 洞径(m)	1333/3.5	2164/2.6	1700/2.0
厂房型式	地面式	地面引水式	地面引水式
厂房尺寸(长×宽×高)(m)		27.82 × 12.1 × 24.3	45.82 × 12.30
水头:最大 / 设计 / 最小(m)	135.5/119.4/100.1	509.74/480.35	269/234/226.4
主要机组型号	HLD062-LJ-130 SF-K15-10/3000	CJ20-L-140/2 × 14 SF10000-10/2600	HL100-LJ-100 SF8000-6/2600
机组台数×单机容量(万 kW)	2 × 1.5	2 × 1.0	2 × 0.8
装机容量(万 kW)	3.00	2.00	1.60
保证出力(万 kW)/ 年发电量(亿 kW·h)	0.345/0.718	0.3073/0.4777	0.3370/0.3814
综合利用	发电	发电	发电
淹没耕地(亩)/ 迁移人口(人)	960/1010	20/	571/668
开挖土石方(万 m^3)		11.03	11.8
填筑土石方(万 m^3)		1.27	39.76
混凝土总量(万 m^3)		0.95	2.6
总投资(万元)	6987	2100	4300
单位千瓦投资(元)	2329	1050	2687
开工(停工、复工)年月	1988.9	1987.10	1986.4
开始发电 / 竣工年月			
设计单位	浙江省水电设计院	浙江省水电设计院	浙江省水电设计院
施工单位	金华、温州水电工程处	缙云县小水电建筑公司	浙江省水电工程局二处

* 其中:方溪 6.43,大洋水库及引水 58.6。

续 表

所在省、市、自治区	浙	江	省
项目 \ 电站名称	上　标	高　岭　头	丰　潭
建设地点、所在河流	景宁县、小溪支流上标溪	文成县、飞云江支流小溪	嵊　县
控制流域面积(km^2)	31.1	32.6	69
多年平均流量(m^3／s)	1.471	1.434	1.88
坝型	混凝土双曲拱坝	混凝土双曲拱坝	细骨料混凝土砌块石重力坝
最大坝高 ／ 坝顶高程(m)	50／999.0	65.4／797.4	68.5／357
正常高水位 ／ 死水位(m)	994／962	792.0／758.0	355／315
总库容 ／ 调节库容(亿 m^3)	0.1972／0.1698	0.1825／	0.1482／0.1322
设计 ／ 校核洪水标准(P－ %)	2 %／0.2 %	2 %／0.2 %	2 %／0.2 %
设计 ／ 校核洪水流量(m^3／s)	432／	532／684	684.3／926.6
主要泄洪设施 ／ 孔数 － 宽×高(m)	溢洪道 ／60(堰长)	坝顶溢流 ／3－10 × 5	溢流堰 ／5－8 × 10.5
隧洞长度 ／ 洞径(m)	556／2.0	4824／2.5	2675／2.8
厂房型式	地面式	地面式	地面双层长条形
厂房尺寸(长×宽×高)(m)	44 × 11.6	28 × 17	25.72 × 11.9
水头:最大 ／ 设计 ／ 最小(m)	／482／	455.8／425	229／205／181.5
主要机组型号	CJ26－W－125／1 × 12.1 TSW173／86－10	CJ20－L－140／2 × 13 SF8000－10／2600	HL90－LJ－110 SF6300－8／2600
机组台数×单机容量(万 kW)	2 × 0.80	2 × 0.80	2 × 0.63
装机容量(万 kW)	1.60	1.60	1.26
保证出力(万 kW)／ 年发电量(亿 kW · h)	0.4040／0.4822	0.350／0.4146	
综合利用	发电	发电	发电、灌溉、养殖
淹没耕地(亩)／ 迁移人口(人)	350／700	／194	60／11
开挖土石方(万 m^3)	29.86	19.53	36.87
填筑土石方(万 m^3)		0.543	59.9
混凝土总量(万 m^3)	2.19	9.543	2.83
总投资(万元)	1900	2945	2355
单位千瓦投资(元)	1484	1840	1869
开工(停工、复工)年月	1986.6／	1987.9	1986.6
开始发电 ／ 竣工年月			
设计单位	浙江省水电设计院	浙江省水电设计院	浙江省水电设计院
施工单位	金华市水电工程处	丽水地区水电工程处	温州市水电工程处

续 表

所在省、市、自治区 / 项目 \ 电站名称	浙江省		福建省
	北岙坑	瑞墙	水口
建设地点、所在河流	仙居县永安溪	龙泉县	闽清县、闽江
控制流域面积(km^2)	157.1	58.3	52438
多年平均流量(m^3/s)	4.533	2.01	1728
坝型	浆砌块石重力坝	混凝土双曲拱坝	混凝土重力坝
最大坝高 / 坝顶高程(m)	57.4 / 212.4	54.5 / 881.5	101 / 74
正常高水位 / 死水位(m)	210 / 188	877.5 / 850.0	65 / 55
总库容 / 调节库容(亿 m^3)	0.1075 / 0.0685	0.1088 / 0.0808	26 / 7
设计 / 校核洪水标准(P- %)	2 % / 0.2 %	2 % / 0.2 %	0.1 % / 0.01 %
设计 / 校核洪水流量(m^3/s)	1265 / 1909	376 / 514	43600 / 51800
主要泄洪设施 / 孔数 - 宽×高(m)	坝顶溢流 / 3-10 × 8	坝顶溢流 / 35.1(宽)	表孔 / 12-15 × 22 底孔 / 2-5 × 8
隧洞长度 / 洞径(m)	2582 / 2.8 和 3.8	3012.85 / 2.0	
厂房型式	地面式	地面引水式	坝后式
厂房尺寸(长×宽×高)(m)	12.8 × 25.9	48.6 × 12.0	297.2 × 34.5 × 63.55
水头:最大 / 设计 / 最小(m)	110 / 89 / 77	335 / 318 / 297	58 / 45.3 / 30
主要机组型号	HL200-LJ-100 SF-K6300-10 / 2600	CJ22-W-110 / 2 × 10 SFW-K-3000-10 / 1730	(待定)
机组台数×单机容量(万 kW)	2 × 0.63	2 × 0.6	7 × 20
装机容量(万 kW)	1.26	1.2	140
保证出力(万 kW) / 年发电量(亿 kW·h)	0.1688 / 0.28003	0.2311 / 0.4408	26 / 49.5
综合利用	发电	发电、养鱼	发电、航运、过木
淹没耕地(亩) / 迁移人口(人)	45 / 35	297 / 395	31394 / 63495
开挖土石方(万 m^3)	15.52	68.00	882
填筑土石方(万 m^3)	0.14	0.7	280
混凝土总量(万 m^3)	8.54	6.5	348
总投资(万元)	3200	2607.52	181800
单位千瓦投资(元)	2540	2173	1286
开工(停工、复工)年月	1987.4	1984.6	1987.3.9
开始发电 / 竣工年月			
设计单位	浙江省水电设计院	丽水地区水电设计院	华东勘测设计院
施工单位	仙居县水电工程队	丽水地区水电工程处	华田联营公司

续 表

所在省、市、自治区 / 电站名称 / 项目	福	建	省
	沙溪口	范厝	良浅
建设地点、所在河流	南平、西溪	将乐县、金溪	泰宁县、金溪
控制流域面积(km^2)	25562	5819	4800
多年平均流量(m^3/s)	778	193.1	153.36
坝型	混凝土重力坝	混凝土重力坝	混凝土重力坝
最大坝高 / 坝顶高程(m)	40 / 93	28.5 / 164.0	13.1 / 214.3
正常高水位 / 死水位(m)	88 ~ 85 / 83.5	161 / 160	211.2 / 209.2
总库容 / 调节库容(亿 m^3)	1.54 / 0.8	0.3180 / 0.0400	0.1795 / 0.0326
设计 / 校核洪水标准(P– %)	1 % / 0.1 %	2 % / 0.2 %	2 % / 0.2 %
设计 / 校核洪水流量(m^3/s)	20300 / 26300	6220 / 9580	5118 / 8187
主要泄洪设施 / 孔数 – 宽×高(m)	溢洪道 / 16–17 × 14.3	坝顶 / 10–12 × 12.3	坝顶 / 8–12 × 13
隧洞长度 / 洞径(m)			
厂房型式	河床式	河床式	河床式
厂房尺寸(长×宽×高)(m)	160 × 67.9 × 62.2	52.7 × 17.6 × 37	51.3 × 16.1 × 36
水头:最大 / 设计 / 最小(m)	24 / 17.5 / 7.0	12.85 / 11.2 / 6.0	13.22 / 11.2 / 3.7
主要机组型号	ZZ(F01)–LH–800	ZZ560A–LH–450 SF12–56 / 7000	ZZ560A–LH–410 SF10–48 / 5000
机组台数×单机容量(万 kW)	4 × 7.5	3 × 1.2	3 × 1.0
装机容量(万 kW)	30	3.6	3.0
保证出力(万 kW) / 年发电量(亿 kW · h)	5.0 / 9.6	0.99 / 1.58	0.869 / 1.233
综合利用	发电、航运、过木	发电、过木、航运	发电、过木
淹没耕地(亩) / 迁移人口(人)	6389 / 9442	1604 / 591	211 / 195
开挖土石方(万 m^3)	98	20.81	33
填筑土石方(万 m^3)	90		4
混凝土总量(万 m^3)	86	12.67	9.4
总投资(万元)	53000	6630	4890
单位千瓦投资(元)	1756	1840	1630
开工(停工、复工)年月	1981.1	1985.10	1987.11
开始发电 / 竣工年月	1987.12 /	1988.12	
设计单位	华东勘测设计院	福建省水电设计院	福建省水电设计院
施工单位	闽江工程局	闽江工程局	武警部队水电独立支队

续　表

所在省、市、自治区 / 项目　电站名称	福	建	省
	龙门滩引水一期工程二级	玉　山	南　一
建设地点、所在河流	德化县、晋江支流锦溪	建瓯县、建溪支流小桥溪	南靖县、西溪支流船场溪
控制流域面积(km^2)	11.81+ 引水 360	191.5	522
多年平均流量(m^3/s)	0.42 + 引水 16.02	7.26	18.6
坝型	混凝土重力坝	双曲砌石拱坝	混凝土重力坝
最大坝高 / 坝顶高程(m)	18.5／361	38／398	90／308
正常高水位 / 死水位(m)	360／356	392／380	305／275.0
总库容 / 调节库容(亿 m^3)	0.007／0.0042	0.0476／0.0317	1.58／0.524
设计 / 校核洪水标准(P– %)	2 %／0.2 %	3,33 %／0.33 %	1 %／0.02 %
设计 / 校核洪水流量(m^3/s)	173／247	708／1133	2640／5220
主要泄洪设施 / 孔数 – 宽×高(m)	底孔 ／1–5 × 6.5。	坝顶 ／1–50 × 4	坝顶 ／2–13 × 14.4
隧洞长度 / 洞径(m)	3202／4.2	2010.5／2.5 ～ 3.0	
厂房型式	地面式	地面式	地面式
厂房尺寸(长×宽×高)(m)	32 × 13.3 × 26	40.5 × 12.5 × 18.15	32.3 × 13 × 27.5
水头:最大 / 设计 / 最小(m)	110.7／99.8／96.8	225／210／207	75／54／45
主要机组型号	HLA153–LJ–120 SF–K–13–10／2820	HL100–LJ–110 SF8000–8／2600	HLA286–LJ–160 SF10–16／3100
机组台数×单机容量(万 kW)	2 × 1.3	3 × 0.8	2 × 1.0
装机容量(万 kW)	2.6	2.4	2.0
保证出力(万 kW) / 年发电量(亿 kW·h)	0.55／1.0	0.602／0.975	0.347／0.676
综合利用	发电	发电	防洪、发电
淹没耕地(亩) / 迁移人口(人)	107.4／15	0／0	4091／5459
开挖土石方(万 m^3)	12.86	4.16	47.44
填筑土石方(万 m^3)	4.42	0.16	19.46
混凝土总量(万 m^3)	2.36	1.05	31.3
总投资(万元)	2630	1230	8950
单位千瓦投资(元)	985	512	1405(发电部分)
开工(停工、复工)年月		1985.10	1987.12
开始发电 / 竣工年月			
设计单位	福建省水电设计院	福建省水电设计院	福建省水电设计院
施工单位	福建省水电工程局	玉山县水电工程队等	水电部第十四工程局

续 表

所在省、市、自治区	福建省		江西省
项目 \ 电站名称	龙门滩引水一期工程一级	富泉溪二级	万安
建设地点、所在河流	德化县、大樟溪	永泰县、大樟溪支流富泉溪	万安县、赣江
控制流域面积(km^2)	360	120	36900
多年平均流量(m^3/s)	14	2.44	947
坝型	碾压混凝土重力坝	渠道引水(接一级尾水)	重力坝、粘土心墙沙壳坝
最大坝高 / 坝顶高程(m)	57.5/455	51/537	56/105
正常高水位 / 死水位(m)	453/432	535/	100/90
总库容 / 调节库容(亿 m^3)	0.5251/0.3861	0.1406/0.128	21.2/10.2
设计 / 校核洪水标准(P- %)	2%/0.2%	2%/0.2%	0.1%/0.01%
设计 / 校核洪水流量(m^3/s)	1850/2960	950/1430	27800/40000
主要泄洪设施 / 孔数 - 宽×高(m)	坝顶 /3-12×10.3	坝顶 /3-10×7	坝顶表孔 /10-14×17
隧洞长度、洞径(m)	2856.5/4.0	618/2.4～1.8	
厂房型式	地面式	地面式	河床式
厂房尺寸(长×宽×高)(m)	56.7×14.5×23	31.2×11.6×19.3	197×72×64
水头:最大 / 设计 / 最小(m)	96.4/79.35/63.6	220.5/215/210.1	32.3/22.3/15
主要机组型号	HLA153-LJ-120 SF-K-9000-12/2600	HL90-LJ-110 SF6300-8/2600	ZZ440-LH-850
机组台数×单机容量(万 kW)	2×0.9	2×0.63	4×10
装机容量(万 kW)	1.8	1.26	40
保证出力(万 kW) / 年发电量(亿 kW·h)	0.403/0.7447	0.2337/0.3154	5.0/10.5
综合利用	发电	发电	发电、防洪、灌溉、航运
淹没耕地(亩) / 迁移人口(人)	1919/1890	20/	53902/29490
开挖土石方(万 m^3)	22.58	10.2	245
填筑土石方(万 m^3)	1.61	5.0	115
混凝土总量(万 m^3)	11.9	0.4	134
总投资(万元)	5230	836	90000
单位千瓦投资(元)	2905.56	660	2250
开工(停工、复工)年月	1986.1	1987.8(79.12,83.2)	1978
开始发电 / 竣工年月			
设计单位	福建省水电设计院	永泰县水电局等	长江流域规划办公室
施工单位	福建省水电工程局	永泰县水电工程队等	武警部队水电二总队

续 表

所在省、市、自治区 / 电站名称 / 项目	江西省	河南省	湖北省
	大塅	故县	葛洲坝
建设地点、所在河流	铜鼓县、山口水	洛宁、洛河	宜昌、长江
控制流域面积(km^2)	610	5370	1000000
多年平均流量(m^3/s)	20.7	40	14300
坝型	浆砌块石重力坝	重力坝	闸坝
最大坝高 / 坝顶高程(m)	43.4/215.2	121/553	47/70
正常高水位 / 死水位(m)	212/197	540/500	66/62.5
总库容 / 调节库容(亿 m^3)	1.146/0.773	11.6/5.78	15.8/
设计 / 校核洪水标准(P- %)	1%/0.1%	0.1%/0.01%	0.83%/0.024%
设计 / 校核洪水流量(m^3/s)	2770/4069	11400/15300	86000/110000
主要泄洪设施 / 孔数 - 宽×高(m)	坝顶表孔 /5-12 × 9	溢洪道 5-12 × 9	二江闸 /27-12 × 24
隧洞长度 / 洞径(m)	435.7/4.4	110/3	
厂房型式	地面式	坝后、地面式	河床式
厂房尺寸(长×宽×高)(m)	43 × 18.3 × 18.64	42 × 27.7 × 43.1	二江 256 × 110 × 77 大江 494.2 × 105.7 × 76
水头:最大 / 设计 / 最小(m)	37.7/30.5/21.9	90.1/65/44.1	27/18.6/8.3
主要机组型号	HL240-LJ-140 TS325/36-20	HL220-LJ-200	ZZ560-LH-1130 ZZ500-LH-1020
机组台数×单机容量(万 kW)	4 × 0.32	3 × 2	2 × 17,19 × 12.5
装机容量(万 kW)	1.28	6	271.5
保证出力(万 kW) / 年发电量(亿 kW·h)	0.303/0.433	0.27/1.82	76.8/141
综合利用	发电	防洪、发电、灌溉、供水	发电、航运
淹没耕地(亩) / 迁移人口(人)	3878/2476		
开挖土石方(万 m^3)	34.2		6462
填筑土石方(万 m^3)	2.2		3379
混凝土总量(万 m^3)	21.3(其中浆砌石 13.3)	147	1248
总投资(万元)	4095	44990	484800
单位千瓦投资(元)	3199		1786
开工(停工、复工)年月	1987.9	1958(1960、1978.7)	1971.5(1972.11;1974.10)
开始发电 / 竣工年月			1981.10/1988.12
设计单位	江西省水利规划设计院	黄委设计院	长江流域规划办公室
施工单位	葛洲坝工程局	水电部第十一工程局	葛洲坝工程局

续 表

所在省、市、自治区 / 项目 \ 电站名称	湖	北	省
	隔河岩	熊 度	龙 洞
建设地点、所在河流	长阳、清江	宜都县、渔洋河	宣恩县、忠建河
控制流域面积(km^2)	14430	1015	735
多年平均流量(m^3/s)	403	32.3	26.6
坝型	重力拱坝	混凝土拱坝	双曲拱坝
最大坝高 / 坝顶高程(m)	151/206	74/148	75.6/557.6
正常高水位 / 死水位(m)	200/160	145/127	550/535.5
总库容 / 调节库容(亿 m^3)	34/21.8	0.9508/0.324	0.6823/0.2723
设计 / 校核洪水标准(P- %)	0.1 %/0.01 %	1 %/0.2 %	1 %/0.2 %
设计 / 校核洪水流量(m^3/s)	22800/27800	3630/4770	2878/3402
主要泄洪设施 / 孔数 - 宽×高(m)	坝顶表孔 /5-14 × 19.6 深孔 /4-6 × 8	表孔 /6-10 × 9	两岸滑雪道加两底孔 2-12 × 6.5+2-4 × 4.5
隧洞长度 / 洞径(m)	约 400/7.5 ~ 8.0	左岸 246.9/4.6 右岸 408/3.2	551.4/6.1
厂房型式	引水式	左岸坝后引水地面式右岸渠首电站	引水式地面厂房
厂房尺寸(长×宽×高)(m)	144 × 44.5	左岸 38.9 × 13.5 × 13.9 右岸 20.56 × 10.78	36.5 × 14 × 13.72
水头:最大 / 设计 / 最小(m)	121.5/99/80.7	左岸 55/46.6/37 右岸 22/13.6/4	58.34/47/43.9
主要机组型号	HL200-LJ-600 SF300-46/1280	左岸 HLA112-LJ-140 右岸 HL310-LJ-100	HLA244-LJ-140 SF6500-16/3300
机组台数×单机容量(万 kW)	4 × 30	3 × 0.65+2 × 0.08	3 × 0.65
装机容量(万 kW)	120	2.11	1.95
保证出力(万 kW)/ 年发电量(亿 kW · h)	18.7/30.4	0.319/0.98	0.3461/0.81
综合利用	发电、防洪、航运	防洪、发电、灌溉	防洪、发电、灌溉等
淹没耕地(亩)/ 迁移人口(人)	17086/26086	1260/841	721/291
开挖土石方(万 m^3)	614	13.37	12.11
填筑土石方(万 m^3)	65		
混凝土总量(万 m^3)	325	17.43	14.96
总投资(万元)	165971	4807.4	4578
单位千瓦投资(元)	1383	1981	1881
开工(停工、复工)年月	1986.10	1986.12	1987.10
开始发电 / 竣工年月			
设计单位	长江流域规划办公室	湖北省水利勘测设计院	湖北省水利勘测设计院
施工单位	葛洲坝工程局等	葛洲坝工程局	葛洲坝工程局

续 表

所在省、市、自治区 / 项目 \ 电站名称	湖北省	湖南省	
	西北口	五强溪	东江
建设地点、所在河流	宜昌县、黄柏河	沅陵、沅水	资兴、耒水
控制流域面积(km^2)	865	83800	4719
多年平均流量(m^3/s)	12.32	2040	144
坝型	混凝土面板堆石坝	混凝土重力坝	双曲拱坝
最大坝高 / 坝顶高程(m)	95/330.5	87.5/117.5	157/294
正常高水位 / 死水位(m)	322/285	108/90	285/237
总库容 / 调节库容(亿 m^3)	2.1047/1.3332	42/20	81.2/66.98
设计 / 校核洪水标准(P- %)	1 %/0.01 %	0.1 %/0.01 %	0.1 %/0.01 %
设计 / 校核洪水流量(m^3/s)	2900/6060	55900/67300	13900/18600
主要泄洪设施 / 孔数 - 宽×高(m)	溢洪道 2-12 × 14 表孔 1-10 × 12	坝顶表孔 /9-19 × 23 中 1-9 × 12 底 5-3.5 × 7	左、右溢洪道 12-10 × 7.5
隧洞长度 / 洞径(m)	泄洪隧洞 502/8 × 13.1 发电隧洞 490/5		584.3/8
厂房型式	地面式	坝后式	坝后厂房
厂房尺寸(长×宽×高)(m)	48 × 20.4 × 29	247 × 38 × 68.3	106 × 23 × 56.3
水头:最大 / 设计 / 最小(m)	80.4/62/41	60.6/44.5/37.4	139/118.5/81
主要机组型号	HLA185-LJ-140 SF8000-14/3000		HL160-LJ-410
机组台数×单机容量(万 kW)	2 × 0.8	5 × 24	4 × 12.5
装机容量(万 kW)	1.6	120	50
保证出力(万 kW)/ 年发电量(亿 kW·h)	0.52/0.55	25.5/53.7	12.3/13.2
综合利用	防洪、发电	发电、航运、防洪	发电、防洪、航运
淹没耕地(亩)/ 迁移人口(人)	1914/1424	44000/84600	57359/47113
开挖土石方(万 m^3)	132.25	553.75	229
填筑土石方(万 m^3)	180.85	19.20	0.5
混凝土总量(万 m^3)	12.74	307.26	146
总投资(万元)	7586	200000	83600
单位千瓦投资(元)		1667	1672
开工(停工、复工)年月	1979 春(1980、1984)	1986.7	1958(1961、1978)
开始发电 / 竣工年月			1987.11.13/
设计单位	湖北省水利勘测设计院	中南勘测设计院	中南勘测设计院
施工单位	葛洲坝工程局 宜昌地区水利局工程团	水电部第八工程局	水电部第八工程局

续 表

所在省、市、自治区	湖	南	省
项目 \ 电站名称	三江口	南津渡	小东江
建设地点、所在河流	石门县、澧水	永州市、潇水	资兴县、耒水
控制流域面积(km^2)	15260	11791	4766
多年平均流量(m^3/s)	480.9	325	144
坝型	混凝土重力坝	混凝土重力坝	混凝土重力坝
最大坝高 / 坝顶高程(m)	33/78	25.4	34/152
正常高水位 / 死水位(m)	71/63	114.0/110.2	148/143
总库容 / 调节库容(亿 m^3)	2.2/1.18	/1972	0.1054/0.0510
设计 / 校核洪水标准(P- %)	1%/0.1%	2%/0.2%	1%/0.1%
设计 / 校核洪水流量(m^3/s)	24400/32200	9790/13500	3500/5490
主要泄洪设施 / 孔数 - 宽×高(m)	坝顶表孔 /32-10×8	溢流坝 /18-10×10	坝顶表孔 /3-12×12.5
隧洞长度 / 洞径(m)		引水渠 /3944	
厂房型式	河床式	河床式	河床式
厂房尺寸(长×宽×高)(m)	71×45.7×38.7	71.0×17.2×42.8	100×21.6×22.3
水头:最大 / 设计 / 最小(m)	21/13.5/9	17.8/14.5/10.5	17.3/14.6/9.0
主要机组型号	ZZ580-LH-410 TS-650/63-44	灯泡式	ZZ560-LH-500 ZZ560-LH-300
机组台数×单机容量(万 kW)	5×1.25	3×2	2×2.05,2×0.7
装机容量(万 kW)	6.25	6	5.5
保证出力(万 kW)/ 年发电量(亿 kW·h)	1.6/3.25	1.16/2.93	3/1.54
综合利用	发电、航运	发电、航运	发电、灌溉、供水
淹没耕地(亩)/ 迁移人口(人)	6533/3345	6528/3870	35/155
开挖土石方(万 m^3)	192.92	189.6	28.5
填筑土石方(万 m^3)	72.82	89.3	
混凝土总量(万 m^3)	29.1	16.2	15
总投资(万元)	9893	12658	6614
单位千瓦投资(元)	1583	2110	1200
开工(停工、复工)年月	1976.10(1979.9,1985.9)	1986.9	1985.4.15
开始发电 / 竣工年月	1988.12/		
设计单位	湖南省水电设计院	湖南省水电设计院等	中南勘测设计院
施工单位	水电部第八工程局	(坝)中建五局,(厂房)待定	水电部第八工程局

续　表

所在省、市、自治区 电站名称 项　目	湖	南	省
	遥　田	株树桥	石面坦
建设地点、所在河流	遥田、耒水	浏阳县、小溪河	郴县、耒水
控制流域面积(km^2)	10470	564	5992
多年平均流量(m^3/s)	268	17.8	175
坝型	混凝土重力坝	钢筋混凝土面板堆石坝	混凝土重力坝
最大坝高 / 坝顶高程(m)	21.5/78.5	78/171	28.4/132.4
正常高水位 / 死水位(m)	/67.50	165/136	125/123
总库容 / 调节库容(亿 m^3)	径流电站	2.873/1.905	/1560
设计 / 校核洪水标准(P- %)	2 %/0.2 %	1 %/0.01 %	2 %/0.2 %
设计 / 校核洪水流量(m^3/s)		2980/5540	4594/6990
主要泄洪设施 / 孔数 - 宽×高(m)	坝顶表孔 /-10 × 6	溢洪道 /3-10 × 13	坝顶表孔 /12-10 × 9
隧洞长度 / 洞径(m)		326.83/5.2	
厂房型式	河床式	引水式	河床式
厂房尺寸(长×宽×高)(m)	77 × 16.5 × 38.5	60.14 × 20.7 × 27.74	68 × 16.9 × 39
水头:最大 / 设计 / 最小(m)	15.64/11.8/6.6	64.32/58/38.02	10/8/5
主要机组型号	ZZ560A-LH-410 TS640/66-44	HL220-LJ-140 SF8000-16/3300	CZ995-WP-425
机组台数×单机容量(万 kW)	4 × 1.25	3 × 0.8	3 × 0.94
装机容量(万 kW)	5	2.4	2.82
保证出力(万 kW) / 年发电量(亿 kW · h)	1.05/2.00	0.535/0.726	0.3328/1.1157
综合利用	发电、航运	发电	发电、航运
淹没耕地(亩) / 迁移人口(人)	1754/977	3740/3978	2694/627
开挖土石方(万 m^3)	571.6	101	29.47
填筑土石方(万 m^3)	242.5	99.87(包括围堰)	3.5+ 浆砌石 3.56
混凝土总量(万 m^3)	24.9	6.7	9.27
总投资(万元)	9960	5208	4550
单位千瓦投资(元)	1992	2170	1613.48
开工(停工、复工)年月	1976.10(1980, 1985)	1986.9	1986.9
开始发电 / 竣工年月	1988.12.31/		
设计单位	湖南省水电设计院	湖南省水电设计院	湖南省水电设计院
施工单位	湖南省水电工程管理局	葛洲坝工程局	中建五局、水电部第八工程局

续 表

所在省、市、自治区 / 项目 \ 电站名称	湖南省	广东省	
	湾塘	广州抽水蓄能	青溪
建设地点、所在河流	龙山、酉水	从化县、流溪河	大埔县、汀江
控制流域面积(km^2)	3060	上库 5,下库 13	9157
多年平均流量(m^3/s)	98.6	上库 0.21,下库 0.54	268
坝型	混凝土砌石坝	混凝土面板堆石坝	混凝土重力坝
最大坝高 / 坝顶高程(m)	43.4/427	上库 60/813 下库 37/286.3	51/78
正常高水位 / 死水位(m)	423/413	上库 810/797 下库 283/275	73/
总库容 / 调节库容(亿 m^3)	0.553/0.238	上库 0.10/0.03 下库 0.10/0.025	0.688/
设计 / 校核洪水标准(P- %)	3.3 %/0.33 %	上下库 0.1 %/0.01 %	1 %/0.2 %
设计 / 校核洪水流量(m^3/s)	5350/7820	上库 308/372 下库 849/1040	10200/12900
主要泄洪设施 / 孔数 - 宽×高(m)	坝顶表孔/7-10 × 9.3	侧槽式岸边溢洪道 上库 1-40(宽),下库 2-9(宽)	表孔溢流坝/5-14 × 18
隧洞长度 / 洞径(m)		3751/9 ~ 8	
厂房型式	坝后式	地下式	河床式
厂房尺寸(长×宽×高)(m)	54.5 × 13.9 × 34.95	145 × 21 × 45.6	74 × 20 × 48.8
水头:最大 / 设计 / 最小(m)	34/26/23	522.85/500.61/500.61	25/20.5/10
水泵扬程:最大 / 最小(m)		542.8/523.11	
主要机组型号	HL310-ZJ-230	立式三相可逆式同步电机	ZZ500-LH-500 SF36-48/8540
机组台数×单机容量(万 kW)	3 × 0.78	4 × 30	4 × 3.6
装机容量(万 kW)	2.34	120	14.4
保证出力(万 kW)/ 年发电量(亿 kW · h)	0.4794/1.169	抽水耗电量 31.38/ 发电电量 23.8	1.19(2.45)/3.7(4.4)(括号内为梯级运行)
综合利用	发电	发电	发电
淹没耕地(亩)/ 迁移人口(人)	810/626	1211/1004	1663/4554
开挖土石方(万 m^3)	24.24	215.63	211.6
填筑土石方(万 m^3)	1.79	80.72	38.3
混凝土总量(万 m^3)	混凝土 10.26,砌石 13.2	18.49	36.6
总投资(万元)	4160	132000	29886*
单位千瓦投资(元)	1848	1100	1944
开工(停工、复工)年月	1984	1988 年开始施工准备	1987
开始发电 / 竣工年月			
设计单位	中南勘测设计院	广东省水利水电勘测设计院	广东省水电勘测设计院
施工单位	湖南省水利水电建设公司	水电部第十四工程局等	广东省水电二局

* 青溪初步设计投资审定值,当时为 3 台机,现增为 4 台机

续　表

所在省、市、自治区 / 电站名称 / 项目	广东省		广西、贵州
	长　潭	南　告	天生桥二级
建设地点、所在河流	蕉岭县、石窟河	陆丰县	广西隆林、贵州安龙　南盘江
控制流域面积(km^2)	1990	152.7	50194
多年平均流量(m^3/s)	55.8	9	615
坝型	空腹重力坝	浆砌石重力坝	混凝土重力坝
最大坝高 / 坝顶高程(m)	71/156.3	78/347	58.7/658.7
正常高水位 / 死水位(m)	148/136.5	345/307	645/637
总库容 / 调节库容(亿 m^3)	1.69/0.565	0.787/0.711	0.26/0.184
设计 / 校核洪水标准(P- %)	1 %/0.01 %	1 %/0.1 %	1 %/0.1 %
设计 / 校核洪水流量(m^3/s)	4160/7890	3660/5120	13500/19400
主要泄洪设施 / 孔数 - 宽×高(m)	弧形闸门 / 5 × 8 × 13	坝顶泄洪 /5-12 × 12	坝顶溢流 / 9.12 × 13.7
隧洞长度 / 洞径(m)		3121.5/3，明钢管 885/3-2.2	3 × 9555/8.7,9.8,10.4
厂房型式	坝内式	地面式	河岸式
厂房尺寸(长×宽×高)(m)	82 × 21.3 × 29.1	41.52 × 15 × 10.2	157.2 × 26.8 × 60.64
水头:最大 / 设计 / 最小(m)	46.7/43/34.1	291.7/269.3/247	204/176/174
主要机组型号	HL-250-LJ225 TS550/79-28	TSL-260/116-8	HLD10-LJ-450 FS220-30/90
机组台数×单机容量(万 kW)	4 × 1.5	3 × 1.5	一期 4 × 22，最终 6 × 22
装机容量(万 kW)	6.0	4.5	一期 88,最终 132
保证出力(万 kW)/ 年发电量(亿 kW·h)	0.56/1.54	1.314/1.66	一期 19.9/49.2,最终 73/82
综合利用	发电、灌溉、航运	发电	发电
淹没耕地(亩)/ 迁移人口(人)	1555/2718	1710/1994	889/1209
开挖土石方(万 m^3)	129.8	122.7	856.83
填筑土石方(万 m^3)		42.4	
混凝土总量(万 m^3)	34.65	10.4	157.9
总投资(万元)	19240	9310	一期 141740，最终 158740
单位千瓦投资(元)	3207	2069	一期 1610,最终 1202
开工(停工、复工)年月	1978.3	1974.10	1982.1
开始发电 / 竣工年月	1987.4.27/1988.8	1981.10/1985.12	
设计单位	广东省水电设计院	广东省水电勘测设计院	贵阳勘测设计院
施工单位	广东省水电厅工程二局	广东省第二工程局等	武警部队水电第一总队

续 表

所在省、市、自治区	广西壮族自治区		
电站名称 项 目	岩 滩	大 化	力金滩
建设地点、所在河流	巴马县、红水河	大化、红水河	三江县、古宜河
控制流域面积(km^2)	106580	112200	4010
多年平均流量(m^3/s)	1760	1990	164
坝型	混凝土重力坝	混凝土空腹重力坝	闸 坝
最大坝高 / 坝顶高程(m)	106/233	74.5/174.5	9.0/
正常高水位 / 死水位(m)	223/204	155/153	161/158
总库容 / 调节库容(亿 m^3)	33.8/15.7	9.64/0.43	0.38/0.06
设计 / 校核洪水标准(P- %)	0.1 %/0.02 %	1 %/0.1 %	2 %/0.33 %
设计 / 校核洪水流量(m^3/s)	30500/34800	23200/31000	8600/12030
主要泄洪设施 / 孔数 - 宽×高(m)	混凝土溢流坝 / 7-15 × 21	混凝土溢流坝 / 13-14 × 14	表孔 /7-10 × 9 7-10 × 3
隧洞长度 / 洞径(m)			
厂房型式	坝后式	河床式	河床式
厂房尺寸(长×宽×高)(m)	200 × 60 × 72.39	175 × 75.6 × 83.28	60.52 × 11.5 × 32.08
水头:最大 / 设计 / 最小(m)	69.2/59.4/37	39/22/13	10/8.4/3.5
主要机组型号	HLA286A-800	ZZ440-LH-850	ZZ560A-LH-300 SF3600-40/425
机组台数×单机容量(万 kW)	4 × 30.25	4 × 10	4 × 0.36
装机容量(万 kW)	121(一期)	40(远景 60)	1.44
保证出力(万 kW)/ 年发电量(亿 kW·h)	24.5/56.6(单独运行)	10.68/21.05(单独运行)	0.32/0.724
综合利用	发电、航运	发电、航运	
淹没耕地(亩)/ 迁移人口(人)	47139/36435	7338.2/1688	41/156
开挖土石方(万 m^3)	913.04(其中主体 496.91)	747.21	9.85
填筑土石方(万 m^3)	182.19(临建工程)	113.21(土方)	4.34
混凝土总量(万 m^3)	331.31(其中主体 278.24)	146.22	3.70
总投资(万元)	163200	62798.16	2522
单位千瓦投资(元)	1348.76	1570	1751
开工(停工、复工)年月	1985.2	1975.10	1987
开始发电 / 竣工年月		1983.12/1986.6	
设计单位	广西电力局勘测设计院	广西电力局勘测设计院	柳州地区水电设计院
施工单位	广西水电工程局 葛洲坝工程局	广西水电工程局	广西大化工程局

续 表

所在省、市、自治区	广西壮族 自治区		海 南 省
项 目 \ 电站名称	爽 岛	四 滩	大广坝
建设地点、所在河流	苍梧县、东安江	岑溪县、黄华河	东方县、昌化江
控制流域面积(km^2)	588	1575	3498
多年平均流量(m^3/s)	20	55	97.2
坝型	双曲拱坝	溢流重力坝	混凝土重力坝、均质土坝
最大坝高 / 坝顶高程(m)	61.0/93	34.8/132.8	55/混凝土重力坝144,土坝143.7
正常高水位 / 死水位(m)	90.0/69.0	129/120	140/116
总库容 / 调节库容(亿 m^3)	2.12/1.45	0.28/0.156	17.1/13.15
设计 / 校核洪水标准(P-%)	1%/0.1%	2%/0.33%	1%/PMF
设计 / 校核洪水流量(m^3/s)	3120/4770	3449/4648	31800/46000
主要泄洪设施 / 孔数-宽×高(m)	中孔 /3-6×6.7	坝顶表孔 /6-10×9	坝顶表孔 /16-16×14.5
隧洞长度 / 洞径(m)			
厂房型式	坝后式	坝后式	地下式
厂房尺寸(长×宽×高)(m)	30.5×28.2	50.05×12.5×24.9	87×14×35.7
水头:最大 / 设计 / 最小(m)	49.5/35/26	26.4/24.2/17	87.4/73/62.9
主要机组型号	HLA244-LJ-150 SF6000-16/3300	HL240-LH-180 SF4000-28/3250	HL258-LJ-310
机组台数×单机容量(万 kW)	2×0.6	3×0.4	近期 3×6,最终 4×6
装机容量(万 kW)	1.2	1.2	24
保证出力(万 kW)/ 年发电量(亿 kW·h)	0.62/0.55	0.31/0.64	3.42/5.2
综合利用			发电、灌溉
淹没耕地(亩)/ 迁移人口(人)	2387/4412	522/756	28265/18564
开挖土石方(万 m^3)	12.79	5.6	107.62
填筑土石方(万 m^3)	4.7	7.59	611.56
混凝土总量(万 m^3)	7.35	2.57	91.22
总投资(万元)	3255.36	3013	52000
单位千瓦投资(元)	2713	2511	1889
开工(停工、复工)年月	(1977、1988)	1988	1988 年四季度施工准备
开始发电 / 竣工年月			
设计单位	梧州、玉林水电设计院	玉林地区水电设计院	中南勘测设计院
施工单位	葛洲坝工程局		

续 表

所在省、市、自治区 / 电站名称 / 项目	四川省		
	二 滩	宝珠寺	铜街子
建设地点、所在河流	攀枝花、雅砻江	广元、白龙江	乐山、大渡河
控制流域面积(km^2)	116400	28428	76400
多年平均流量(m^3/s)	1640	335	1490
坝型	双曲拱坝	混凝土实体重力坝	重力坝
最大坝高 / 坝顶高程(m)	240/1205	132/595	80/479
正常高水位 / 死水位(m)	1200/1155	588/558	474/469
总库容 / 调节库容(亿 m^3)	58/33.7	25.5/13.4	2/0.53
设计 / 校核洪水标准(P-%)	0.1%/0.02%	0.1%/0.01%	0.2%/0.01%
设计 / 校核洪水流量(m^3/s)	20600/23900	10350/16060	13100/16400
主要泄洪设施 / 孔数-宽×高(m)	坝顶表孔 /7-11×11 坝顶中孔 /6-6×5	表孔 /2-16×16.3 中孔 /2-13×15	表孔 /5-14×17.5
隧洞长度 / 洞径(m)	泄洪洞 1#887/2-13×13 2#1151/2-13×13	底孔 /4-4×8	
厂房型式	地下式	坝后式	河床式
厂房尺寸(长×宽×高)(m)	280.29×25.5×63.9	122×26×46	130×24.6×70
水头:最大 / 设计 / 最小(m)	187/165/135	103/84.4/68.5	40/31/26.5
主要机组型号	HLD48-LJ-660 SF550-44/1300	HLD89-LJ-500 SF175-44/10350	ZZ440-LH-850
机组台数×单机容量(万 kW)	6×55	4×17.5	4×15
装机容量(万 kW)	330	70	60
保证出力(万 kW) / 年发电量(亿 kW·h)	100/170.35	15.6/23	13/32.12
综合利用	发电兼顾漂木	发电、灌溉、防洪	发电兼顾漂木
淹没耕地(亩) / 迁移人口(人)	24841/21917	31222/29239	11934/6703
开挖土石方(万 m^3)	1293	206	414
填筑土石方(万 m^3)	114	7.1	264
混凝土总量(万 m^3)	725	231.97	271
总投资(万元)	371862	93800	117100
单位千瓦投资(元)	1126	1340	1952
开工(停工、复工)年月	1988 施工准备	1985.1	1985.1
开始发电 / 竣工年月			
设计单位	成都勘测设计院	西北勘测设计院	成都勘测设计院
施工单位	施工准备:国内招标 主体工程:国际招标	水电部第五工程局	水电部第七工程局

续 表

项目 \ 所在省、市、自治区 / 电站名称	四	川	省
	渔子溪二级	江口	马回
建设地点、所在河流	汶川、渔子溪	宣汉县、洲河	蓬安、嘉陵江
控制流域面积(km^2)	1611	6364	74645
多年平均流量(m^3/s)	53.0	163	843
坝型	闸	钢筋混凝土护面条石重力坝	闸坝
最大坝高 / 坝顶高程(m)	31.5/1502.5	53/334.2	闸 31.2/303.2 墩顶 坝 11.7/292.7
正常高水位 / 死水位(m)	1501/1481	330/314	292.7/
总库容 / 调节库容(亿 m^3)	0.00695/0.00657	2.77/1.48	～0.8/
设计 / 校核洪水标准(P-%)	1%/0.2%	1%/0.1%	2%/0.2%
设计 / 校核洪水流量(m^3/s)	1110/1550	12500/15800	28200/38600
主要泄洪设施 / 孔数-宽×高(m)	闸 /2-7×7、 1-2.5×10	坝顶表孔 / 7-14×12、 冲沙闸 /3-4×8	闸 /9-12×11.2 坝 /-314
隧洞长度 / 洞径(m)	7750/5～6.5		
厂房型式	窑洞式	河床式	引水式地面厂房
厂房尺寸(长×宽×高)(m)	56.4×18×31.9	61.5×14.7×40.54	66.8×18.6×47
水头:最大 / 设计 / 最小(m)	302/260/259	32.5/26/16	13/11.4/6.85
主要机组型号	HL100-LJ-210	ZZ587A-LJ-330 SF17-28/5500	灯泡型贯流式
机组台数×单机容量(万 kW)	4×4	3×1.7	2×2.305
装机容量(万 kW)	16	5.1	4.61
保证出力(万 kW)/ 年发电量(亿 kW·h)	3.8/8.9	0.863/2.11	2.8976/3.532
综合利用	发电	发电、防洪、灌溉	发电、航运
淹没耕地(亩)/ 迁移人口(人)	734/	3221/361.5	
开挖土石方(万 m^3)	231	33.63	135+277
填筑土石方(万 m^3)	7	12.49(条块石)	7
混凝土总量(万 m^3)	32	26.16	28+2
总投资(万元)	32472	10600	9800+ 外资 1.97 亿先令
单位千瓦投资(元)	2029	2079	电 / 电航 =2631/3238
开工(停工、复工)年月	1978.10	1987	1987.9
开始发电 / 竣工年月	1986/1988		
设计单位	成都勘测设计院	四川省水利水电勘测设计院	四川省水利水电勘测设计院
施工单位	水电部第十工程局	铁路十二工程局	电建二局

续 表

所在省、市、自治区	四	川	省
项目 ＼ 电站名称	螺丝池	文峰	草坡
建设地点、所在河流	射洪县、涪江	三台县、涪江	汶川县、岷江支流草波河
控制流域面积(km^2)	33410	17411	348
多年平均流量(m^3/s)	441	336	10.6
坝型	溢流闸坝	闸坝	混凝土重力坝
最大坝高 / 坝顶高程(m)	24.28 / 345.23	15.5 / 374.5	17.3 / 1561.1
正常高水位 / 死水位(m)	337.7 / 325	365.5 / 364.5	1544 / 1541.8
总库容 / 调节库容(亿 m^3)	0.58 /	0.3 /	13.5 / 11.7
设计 / 校核洪水标准(P- %)	3.33 % / 0.33 %	2 % / 0.2 %	2 % / 0.2 %
设计 / 校核洪水流量(m^3/s)	22400 / 33100	19600 / 27600	99 / 154
主要泄洪设施 / 孔数 - 宽×高(m)	泄水闸 / 18-12 × 13.5	泄水闸 / 19-12 × 22.5 ~ 23.5	泄水闸 / 3-6 × 3.6
隧洞长度 / 洞径(m)			
厂房型式	河床式	河床式	地面式
厂房尺寸(长×宽×高)(m)	74.49 × 18.9 × 41.965	65.1 × 15.5 × 40	41.02 × 25.51 × 28.4
水头:最大 / 设计 / 最小(m)	14.73 / 11.5 / 5.2	12.1 / 10 / 7	391.7 / 391 / 388.8
主要机组型号	ZZ500-LH-410 SF10.5-48 / 6400	ZZ580-LH-410 TS650 / 63-64	CT20-L-215 / 2 × 19 SF15-16 / 3640
机组台数×单机容量(万 kW)	3 × 1.05	3 × 1	2 × 1.5
装机容量(万 kW)	3.15	3.00	3.0
保证出力(万 kW) / 年发电量(亿 kW · h)	0.95 / 1.8038	0.97 / 1.66	1.64 / 2.12
综合利用	发电、航运	发电、航运	发电
淹没耕地(亩) / 迁移人口(人)	493.62 / 2033	450 / 207	
开挖土石方(万 m^3)	202	186.33	65
填筑土石方(万 m^3)	41	9.8	3.4
混凝土总量(万 m^3)	16.7	10.55	8.8
总投资(万元)	8040.86	9133	4787.62
单位千瓦投资(元)	2983	3044	1596
开工(停工、复工)年月	1987.10	1988	1985
开始发电 / 竣工年月			1988 / 1988
设计单位	四川省水利水电勘测设计院	绵阳市水利电力建筑勘察设计院	四川省水利水电勘测设计院
施工单位	水电部第三工程局	水电部第八工程局	水电部第七工程局、天津基础处理公司

续　表

所在省、市、自治区 / 项目 \ 电站名称	四川省		
	安居	渭沱	甘堡
建设地点、所在河流	铜梁县、涪江	合川县、涪江	理县、杂谷脑河
控制流域面积(km^2)	29610	34375	2608
多年平均流量(m^3/s)	493	537	63.6
坝型	闸坝	闸坝	闸
最大坝高／坝顶高程(m)	11.5／216	13.4／206	8.7／1785.7
正常高水位／死水位(m)	216／215	206／205	1784.5
总库容／调节库容(亿 m^3)	1.91／0.0718	0.26／	
设计／校核洪水标准(P－%)	2%／0.2%	2%／0.2%	2%／0.33%
设计／校核洪水流量(m^3/s)	26300／39000	25200／36800	434／499
主要泄洪设施／孔数－宽×高(m)	泄洪闸／16－12×10	泄洪闸／14－10×10.5	泄洪冲沙闸／3－6×4.5, 2－3.5×5.5
隧洞长度／洞径(m)			841／5×7.14
厂房型式	开敞地面式	河床式	地面式
厂房尺寸(长×宽×高)(m)	60.4×15.7×19.09	64.8×30.6×26.96	28.87×16.24×25.55
水头:最大／设计／最小(m)	9.6／8.0／4	11／9.4／3.0	71.4／69.4／68.8
主要机组型号	GZ990－WP－550 SFWG15－68／5700	奥地利灯泡贯流式	HL200－LJ－140
机组台数×单机容量(万 kW)	2×1.5	2×1.5	3×0.85
装机容量(万 kW)	3.0	3.0	2.55
保证出力(万 kW)／年发电量(亿 kW·h)	0.74／1.7019	0.8／1.56	1.26／1.839
综合利用	发电、航运	发电、航运	发电
淹没耕地(亩)／迁移人口(人)	1556／300	1403／	30／31
开挖土石方(万 m^3)	187.5	51.7	22.437
填筑土石方(万 m^3)	4.5	19.5	2.195
混凝土总量(万 m^3)	33.61(包括砌石 1.61)	18.9	4.980
总投资(万元)	8138.07	10640	4332
单位千瓦投资(元)	2712.69	3547	1699
开工(停工、复工)年月	1987.12.1	1988.11	1988.5.1
开始发电／竣工年月			
设计单位	重庆市水电勘测设计院	重庆、永川设计院	成都勘测设计院
施工单位	水电部第七工程局	铁道部第十一工程局	水电部第十工程局

续 表

所在省、市、自治区	四	川	省
项目 \ 电站名称	红石桥	青蓬	小高桥
建设地点、所在河流	彭县、蒲阳河	江油县、通口河	德昌县、安宁河
控制流域面积(km^2)	147.6	4166	7170
多年平均流量(m^3/s)	89	104	158
坝型	闸	混凝土溢流重力坝	闸
最大坝高 / 坝顶高程(m)		13.5/527	15/1342
正常高水位 / 死水位(m)	649/644	526.4/	1337
总库容 / 调节库容(亿 m^3)			0.0057
设计 / 校核洪水标准(P- %)	3.3 %/0.33 %	2 %/0.2 %	2 %/0.33 %
设计 / 校核洪水流量(m^3/s)	661/907	6410/9770	2810/3740
主要泄洪设施 / 孔数－宽×高(m)	闸 /6-10 × 5	溢流坝加泄洪闸 /1-8 × 15.95, 2-10 × 15.95	泄洪闸 /5-14 × 7
隧洞长度 / 洞径(m)			渠道 7277.8/4.8(底宽)
厂房型式	引水地面式	引水式	地面式
厂房尺寸(长×宽×高)(m)	50.36 × 17.54 × 39	39.82 × 15.9 × 17.3	58.2 × 13.4 × 24.3
水头:最大 / 设计 / 最小(m)	20.2/19.3/15.3	26/24.4/18.15	30.95/29.5/29.3
主要机组型号	ZZ500-LH-330 SF10-32/5500	ZZ105-LH-300 TS425/79-32	HL240-LJ-156
机组台数×单机容量(万 kW)	2 × 1.0	2 × 0.88	4 × 0.4
装机容量(万 kW)	2.0	1.76	1.6
保证出力(万 kW)/ 年发电量(亿 kW · h)	0.8229/1.3	0.66/1.12	0.3534/1.0216
综合利用	发电	发电、灌溉	系铁合金厂自备电源
淹没耕地(亩)/ 迁移人口(人)		8000/9000	
开挖土石方(万 m^3)	139		145
填筑土石方(万 m^3)	71	43.46	28.2
混凝土总量(万 m^3)	9.8	10.81	5.1
总投资(万元)	3756.69	3909	3850
单位千瓦投资(元)	1878	2221	2410
开工(停工、复工)年月	1988.6	1985	1987.12
开始发电 / 竣工年月		1987.5/1988.1	
设计单位	四川省水利水电规划设计院		成都勘测设计院
施工单位	水电部第十工程局		水电部第十工程局、铁路十五局

续　表

所在省、市、自治区 / 电站名称 / 项目	四川省		
	九龙滩	黄果浩	坛罐窑
建设地点、所在河流	金堂、沱江	富顺县、沱江	四川犍为、马边河
控制流域面积(km^2)	6624	23336	3300
多年平均流量(m^3/s)	249	398	138.4
坝型	闸坝	溢流重力坝	重力坝
最大坝高 / 坝顶高程(m)	9.5／440	11.2／	54／364
正常高水位 / 死水位(m)	437／430.4	260.8／259	351／341.5
总库容 / 调节库容(亿 m^3)	0.185／0.134	0.265／0.06	0.352／0.046
设计 / 校核洪水标准(P- %)	2％／0.2％	2％／0.2％	2％／0.5％
设计 / 校核洪水流量(m^3/s)	7300／9580	16400／22900	8020／9860
主要泄洪设施 / 孔数 - 宽×高(m)	泄洪闸 ／8-14 × 10.5	溢流坝加泄洪冲沙闸 ／4-6 × 4	表孔 ／4-12 × 9.5 2-12 × 12
隧洞长度 / 洞径(m)			
厂房型式	河床式	河床式	河床式
厂房尺寸(长×宽×高)(m)	67 × 15 × 35	74.6 × 40.55 × 33.06	25 × 13.5 × 33.52
水头:最大 / 设计 / 最小(m)	12.66／10.5／6	9／7.58／4.6	19.2／18.5／16.2
主要机组型号	ZZ560-LH-300	ZZ600-LH-300 SF3200-48／5100	ZD560-LH-250
机组台数×单机容量(万 kW)	3 × 0.45	4 × 0.32	2 × 0.6
装机容量(万 kW)	1.35	1.28	1.2
保证出力(万 kW) / 年发电量(亿 kW·h)	0.362／0.861	0.37／0.7732	0.66／0.84
综合利用	灌溉、通航	发电、航运、灌溉	发电兼航运
淹没耕地(亩) / 迁移人口(人)		225／170	1958 年征用
开挖土石方(万 m^3)	29.35	32.32	38
填筑土石方(万 m^3)	25.87	5.86	12(条石)
混凝土总量(万 m^3)	7.1	11.06	6(未含开挖已浇混凝土2)
总投资(万元)	4607	4269.94	2676(含输配电等)
单位千瓦投资(元)	3412.59	3335.9	2230(含输配电)
开工(停工、复工)年月	1977(1978、1986)	1986.11	1958(1962、1987)
开始发电 / 竣工年月	1988.9／	1988.10／	1984.10／1985.6
设计单位	四川省水利水电规划设计院	四川省水利水电规划设计院	成都勘测设计院
施工单位	水电部第十工程局，市建三公司，成都铁路局省建六公司	水电部第七工程局	四川省建一公司、水电部第七工程局等

续 表

所在省、市、自治区 / 项目 \ 电站名称	贵州省		
	东 风	普 定	关 脚
建设地点、所在河流	清镇、黔西，鸭池河	普定、梭筛，三岔河	安顺、打邦河
控制流域面积(km^2)	18161	5871	2297
多年平均流量(m^3/s)	345	123	45
坝型	双曲率抛物线拱坝	碾压混凝土重力拱坝	闸坝
最大坝高 / 坝顶高程(m)	166 / 978	75 / 1150	13.8 / 634.8
正常高水位 / 死水位(m)	970 / 936	1145 / 1126	628.5 / 625
总库容 / 调节库容(亿 m^3)	10.25 / 4.9	3.77 / 2.653	0.006 / 0.0018
设计 / 校核洪水标准(P- %)	0.2 % / 0.02 %	1 % / 0.1 %	2 % / 0.2 %
设计 / 校核洪水流量(m^3/s)	13400 / 16800	5100 / 6610	2615 / 3860
主要泄洪设施 / 孔数 - 宽×高(m)	左岸溢洪道 / 2-12 × 18，左岸泄洪洞 / 1-12 × 12，坝身泄洪中孔 / 3-6 × 6.5，坝身表孔 / 2-10 × 6	泄流表孔 / 4-12.5 × 11	水闸 / 5-10 × 5，坝顶表孔 / 3-10 × 2
隧洞长度 / 洞径(m)		155.44 / 8	180+620 / 5 × 5.85
厂房型式	地下式	河岸式	地面式
厂房尺寸(长×宽×高)(m)	105.5 × 21.5 × 51.91	79.6 × 28.9 × 39.5	56 × 23.1 × 26.1
水头：最大 / 设计 / 最小(m)	132 / 117 / 95	55.6 / 44.5 / 32.9	137 / 132 / 128
主要机组型号	HLD06A-LJ-450，SF170-36 / 920	HL260-LJ-290，SF25-32 / 520	HLD06A-LJ-130，SF-K16-10 / 3000
机组台数×单机容量(万 kW)	3 × 17	3 × 2.5	3 × 1.6
装机容量(万 kW)	51	7.5	4.8
保证出力(万 kW) / 年发电量(亿 kW · h)	11 / 24.2	1.54 / 3.401	0.922 / 1.845
综合利用	发电、灌溉	发电、灌溉、供水	发电兼旅游
淹没耕地(亩) / 迁移人口(人)	8454 / 8018	7600 / 5466	18.8 / 0
开挖土石方(万 m^3)	213.34	26.156	24.4
填筑土石方(万 m^3)			6.6
混凝土总量(万 m^3)	114.4	19.837	2.96
总投资(万元)	65953.87	14139.31	3300(不含送变电)
单位千瓦投资(元)	1293.21	1885	687.5
开工(停工、复工)年月	1986.4	1988	1988.3
开始发电 / 竣工年月			
设计单位	贵阳勘测设计院	贵阳勘测设计院	贵州省水利水电设计院
施工单位	水电部第九工程局	水电部第八工程局等	

续 表

所在省、市、自治区	贵	州	省
项目 \ 电站名称	角口	漾头	李官
建设地点、所在河流	湄潭、湘江	铜仁、锦江	清镇、猫跳河
控制流域面积(km^2)	4583	3780	2095
多年平均流量(m^3/s)	70.9	108	39.7
坝型	浆砌石单曲拱坝	浆砌石拱形重力坝	浆砌石重力坝
最大坝高 / 坝顶高程(m)	53.5/696.5	39/240.4	40.23/1159.23
正常高水位 / 死水位(m)	693/683	230.3/227.3	1151.5/1148
总库容 / 调节库容(亿 m^3)	0.5359/0.1920	0.847/0.119	0.0235/0.0089
设计 / 校核洪水标准(P- %)	2%/0.2%	2%/0.2%	2%/0.5%
设计 / 校核洪水流量(m^3/s)	3960/5530	7180/10800	1400/1610
主要泄洪设施 / 孔数 - 宽×高(m)	坝顶表孔 / 5-12×9.5	坝顶表孔 / 7-12×6	溢流坝自由溢流 / 净宽 40
隧洞长度 / 洞径(m)			
厂房型式	坝后式	地面式	河床式
厂房尺寸(长×宽×高)(m)	41.74×24.18×22.06	42.3×12.5×15 (18.4)	36.5×15×29.73
水头:最大 / 设计 / 最小(m)	46/42/36	20.05/18/16.78	21.2/18.5/15.6
主要机组型号	HLA244-LJ-150 SF6300-18/3250	ZZF01-LH-300 SF800-20/4250	ZZF01-LH-250 SF6500-24/4250
机组台数×单机容量(万 kW)	3×0.63	2×0.8	2×0.65
装机容量(万 kW)	1.89	1.6	1.3
保证出力(万 kW) / 年发电量(亿 kW·h)	0.488/1.049	0.276/0.888	0.45/0.445
综合利用		发电、航运、灌溉等	发电
淹没耕地(亩) / 迁移人口(人)	376/10	941.5/738	38.6/0
开挖土石方(万 m^3)	6.84	20.126	8.893
填筑土石方(万 m^3)	12.78	16.56	
混凝土总量(万 m^3)	3.18	4.6	3.726
总投资(万元)	4331(不含送变电)	3020(不含送变电)	1983.74
单位千瓦投资(元)	2292	1888	1526
开工(停工、复工)年月		1986	1988
开始发电 / 竣工年月			
设计单位	贵州省水利水电设计院	贵州省水利水电设计院	贵阳勘测设计院
施工单位		贵州省水利基建处	水电部第九工程局

续 表

所在省、市、自治区	贵	州	省
电站名称 / 项目	红 旗	石门坎	观音岩
建设地点、所在河流	镇远县、舞阳河	罗甸县、蒙江	施秉、舞阳河
控制流域面积(km^2)	2300	4800	941
多年平均流量(m^3/s)	35.2	88.8	16.1
坝型	混凝土双曲拱坝		浆砌石双曲拱坝
最大坝高 / 坝顶高程(m)	53.8/514	20.6/	81.9/601.9
正常高水位 / 死水位(m)	508/499	394.55/	599/577
总库容 / 调节库容(亿 m^3)	0.58/0.204		1.15/0.613
设计 / 校核洪水标准(P-%)	2%/0.2%		1%/0.1%
设计 / 校核洪水流量(m^3/s)	2400/3850		1120/1760
主要泄洪设施 / 孔数-宽×高(m)	坝顶表孔 /6-10×5		坝顶表孔 /5-8×6
隧洞长度 / 洞径(m)	90/4.2		265/4.4
厂房型式	地面式	引水式	地面式
厂房尺寸(长×宽×高)(m)	43.8×28.3×23.9		32.58×21.1×22.5
水头:最大 / 设计 / 最小(m)	40/35/28		70/49/40
主要机组型号	HL123-LJ-140 TSL260/40-20		HL220-LJ-140 SF6300-16/3250
机组台数×单机容量(万 kW)	4×0.32		2×0.63
装机容量(万 kW)	1.28	1.28	1.26
保证出力(万 kW)/ 年发电量(亿 kW·h)	0.372/0.606	0.46/0.72	0.373/0.551
综合利用	发电、旅游		发电、防洪
淹没耕地(亩)/ 迁移人口(人)	377/222		508/283
开挖土石方(万 m^3)	21.03		11.73
填筑土石方(万 m^3)			8.15
混凝土总量(万 m^3)	4.63		2.78
总投资(万元)	2313.9(不含送变电)	1879	2400(不含送变电)
单位千瓦投资(元)	1807.7		1905
开工(停工、复工)年月	1971.6		1987.10
开始发电 / 竣工年月	1981.3 初投产, 1987.5 全投产		
设计单位	贵州省水利水电设计院		贵州省水利水电设计院
施工单位	黔东南州水电局工程队		广西水电工程局

续表

所在省、市、自治区	云南省	云南省、贵州省	云南省
项目 \ 电站名称	漫湾	鲁布革	腊庄
建设地点、所在河流	云县、景东县，澜沧江	云南罗平、贵州兴义，黄泥河	罗平县、黄泥河
控制流域面积(km^2)	114500	7300	1940
多年平均流量(m^3/s)	1230	164	33.3
坝型	混凝土重力坝	风化料心墙堆石坝	重力坝
最大坝高 / 坝顶高程(m)	126／999	103.8／1138	47／
正常高水位 / 死水位(m)	994／982	1130／1105	1684／
总库容 / 调节库容(亿 m^3)	9.2／2.57	1.1／0.74	0.06／
设计 / 校核洪水标准(P- %)	0.1 %／0.02 %	0.2 %／0.02 %	
设计 / 校核洪水流量(m^3/s)	18500／22300	6460／9210	
主要泄洪设施 / 孔数 - 宽×高(m)	坝顶表孔 ／5-13 × 20	溢洪道 ／2-13 × 18，泄洪洞 ／1-7.5 × 7，1-8.5 × 9	
隧洞长度 / 洞径(m)		9382／8	2935
厂房型式	坝后式	地下式	
厂房尺寸(长×宽×高)(m)	215 × 32 × 59.6	125 × 18 × 38.4	
水头：最大 / 设计 / 最小(m)	98.13／88.12／69.3	372.5／312／295.1	／183.7／
主要机组型号	HL231-LJ-550 SF250-48／12200	混流式(进口)	
机组台数×单机容量(万 kW)	6 × 25	4 × 15	3 × 2.0
装机容量(万 kW)	150	60	6
保证出力(万 kW) / 年发电量(亿 kW · h)	78.5／77.95	7.49／28.21	3.69／3.3
综合利用	发电	发电	
淹没耕地(亩) / 迁移人口(人)	4670／3042	2170／1470	231／
开挖土石方(万 m^3)	1280.7	216.88	23.5
填筑土石方(万 m^3)	71.71	213.11	
混凝土总量(万 m^3)	210.5	55.48	1.36
总投资(万元)	104383	89200	6650
单位千瓦投资(元)	696	1486.51	1108
开工(停工、复工)年月	1986.5.1	1983.12	1987.11
开始发电 / 竣工年月		1988.12／	
设计单位	昆明勘测设计院	昆明勘测设计院	
施工单位	葛洲坝工程局、水电部第三、八、十四工程局	水电部第十四工程局	

续 表

所在省、市、自治区	云	南	省
项目 \ 电站名称	西洱河三级	洛泽河	西洋江
建设地点、所在河流	下关市、西洱河	彝良县、洛泽河	广南县、西洋江
控制流域面积(km^2)	2583	2435	2456
多年平均流量(m^3/s)	28.2	28.60	36
坝型	钢筋混凝土扶壁式堆碴坝	驼峰堰拦河闸(弧门)	重力坝
最大坝高 / 坝顶高程(m)	21.7/1611.7		11.25/722.75
正常高水位 / 死水位(m)	1610/1605.5	1122/1115.5	
总库容 / 调节库容(亿 m^3)	0.00177/0.00113	0.002/0.0019	无调节
设计 / 校核洪水标准(P- %)	2 %/0.5 %	5 %/0.5 %	2 %/0.667 %
设计 / 校核洪水流量(m^3/s)	257/559	1780/3150	817/1067
主要泄洪设施 / 孔数 - 宽×高(m)	底孔 /2-5 × 3.5	露顶式弧门 /3-12 × 8	溢流坝
隧洞长度 / 洞径(m)	3266/4.3	1965/3.8	2392/2.4
厂房型式	地面式	窑洞式	地面式
厂房尺寸(长×宽×高)(m)	43.72 × 15.6 × 30	46.1 × 13.1 × 26.2	32.6 × 13.5 × 12.3
水头:最大 / 设计 / 最小(m)	120/101/97	113/109/104.5	122/118/115
主要机组型号	HL160-LJ-210 SF25-18/4360	HL160-LJ-140 TS286/115-12	HL160-LJ-120 SF10-10/2600
机组台数×单机容量(万 kW)	2 × 2.5	2 × 1.25	2 × 1
装机容量(万 kW)	5	2.5	2
保证出力(万 kW) / 年发电量(亿 kW · h)	2.23/2.23	1.02/1.486	0.67/1.31
综合利用	发电		
淹没耕地(亩) / 迁移人口(人)	25.5/26		
开挖土石方(万 m^3)	39	18.48	
填筑土石方(万 m^3)	6.7	0.30	
混凝土总量(万 m^3)	11.3	3.25	
总投资(万元)	18225	概算 3208.56, 决算节省 300	2750
单位千瓦投资(元)	3645	1283	1375
开工(停工、复工)年月	1980	1977.7(1979.6、1983.1)	1986.10
开始发电 / 竣工年月	1987.10/1988.6	1987.12.6/1988.3	
设计单位	昆明勘测设计院	昆明勘测设计院地电处	云南省水电设计院、文山设计队
施工单位	水电部第十四工程局	昭通地区洛泽河电站指挥部	

续　表

所在省、市、自治区	云	南	省
项　目　　电站名称	槟榔江	冲江河	小河沟
建设地点、所在河流	盈江县、槟榔江	中甸县、硕多岗河	西畴县、盘龙河
控制流域面积(km^2)	2160	1671.5	3915
多年平均流量(m^3／s)	120	25.1	34.36
坝型	混凝土外壳浆砌石重力坝	闸坝(弧门)	圬工砌石重力坝
最大坝高 ／ 坝顶高程(m)	12.2／884.2	22.3(闸坝总高)／2475	14.4／1024
正常高水位 ／ 死水位(m)	884.156／	2472.6／2470.1	1024／
总库容 ／ 调节库容(亿 m^3)		0.0002／	
设计 ／ 校核洪水标准(P- %)	2 %／0.33 %	2 %／0.33 %	2 %／0.33 %
设计 ／ 校核洪水流量(m^3／s)	2955／3901	558／821	719／910
主要泄洪设施 ／ 孔数 - 宽×高(m)	坝顶自由溢流	露顶式弧门 ／3-10 × 7	坝顶溢流
隧洞长度 ／ 洞径(m)	2000(明渠)	2543／ 方圆形 2.5	723／4
厂房型式	地面式	地面式	地面式
厂房尺寸(长×宽×高)(m)	42.9 × 13.8 × 25.79	43.02 × 13.74 × 21.9	36 × 12.8 × 19.64
水头:最大 ／ 设计 ／ 最小(m)		201.8／201／198.8	71.5／71／
主要机组型号	HL240-LJ-160 SF-K6300-20／5250	HL100-LJ-120 TS260／58-8	HLA153-LJ-140 SF-7000-12／2860
机组台数×单机容量(万 kW)	3 × 0.63	3 × 0.63	2 × 0.7
装机容量(万 kW)	1.89	1.89	1.4
保证出力(万 kW)／ 年发电量(亿 kW · h)	0.9193／1.377	1.32／1.495	0.64／1
综合利用			发电
淹没耕地(亩)／ 迁移人口(人)			
开挖土石方(万 m^3)	101.79	26.8	32.25
填筑土石方(万 m^3)	回填 1.4,砌筑 6.5	1.70	5.91
混凝土总量(万 m^3)	3.12	3.58	1.6
总投资(万元)	3894.9(电站 380)	2436.7	1834
单位千瓦投资(元)	1900	1289	1298.17
开工(停工、复工)年月		1985.3	1985.5.20
开始发电 ／ 竣工年月	1988.3.1／1988.6		
设计单位	昆明勘测设计院地电处	昆明勘测设计院地电处	文山县水电局
施工单位	水电部第十四工程局五公司、槟榔江电站指挥部等	水电部第十四工程局	省建四公司等

续 表

所在省、市、自治区	云南省		陕西省
项目 \ 电站名称	冒烟洞二级	南果河	石头河
建设地点、所在河流	泸西县、南盘江支流—小江	景洪县、南果河	眉县、石头河
控制流域面积(km^2)	1000	1200	836
多年平均流量(m^3/s)	6.75	23	14.2
坝型	闸坝式	浆砌石重力坝	粘土心墙堆石坝
最大坝高 / 坝顶高程(m)	14/1413	9/689	114/808
正常高水位 / 死水位(m)	1412.5/1406	689/	801/728
总库容 / 调节库容(亿 m^3)	0.0005/0.0004		1.25/1.2
设计 / 校核洪水标准(P- %)	0.33 %/0.1 %	2 %/1 %	1 %/PMF
设计 / 校核洪水流量(m^3/s)	149/189	990/1230	2690/8000
主要泄洪设施 / 孔数 - 宽×高(m)	坝顶表孔 /2-5 × 4.5	坝顶自由泄洪	溢洪道 /3-11.5 × 17
隧洞长度 / 洞径(m)	300/2.5 × 2.8	8500(明渠)	534.22/4
厂房型式	地面式	地面式	地面式
厂房尺寸(长×宽×高)(m)	34 × 13.8 × 20.3	29.7 × 12.3 × 22.02	33 × 12 × 23.6
水头:最大 / 设计 / 最小(m)	234/230/228	/94/	88/80/60
主要机组型号	CJ461-L-145/3 × 19 SF-6300-14/2800	HL200-LJ-100 SF-K6300-10/2600	TS260/52-10 TS330/61-16
机组台数×单机容量(万 kW)	2 × 0.63	2 × 0.63	2 × 0.5,1 × 0.65
装机容量(万 kW)	1.26	1.26	1.65
保证出力(万 kW) / 年发电量(亿 kW·h)	0.209/0.718	0.396/0.879	0.43/0.6
综合利用	发电		发电、灌溉
淹没耕地(亩) / 迁移人口(人)	17.3/		
开挖土石方(万 m^3)	21	133.87	7.54(电站)
填筑土石方(万 m^3)	6	0.419	
混凝土总量(万 m^3)	0.8	0.83	1.5(电站)
总投资(万元)	1400	概算 2260	807.64(电站)
单位千瓦投资(元)	1111	1790	490(电站)
开工(停工、复工)年月	1985.4	1984.10.17	1988.1 复工
开始发电 / 竣工年月	1988.10/		
设计单位	泸西水电勘测设计队	昆明勘测设计院地电处	陕西省水电设计院
施工单位			陕西省水电工程局

续 表

所在省、市、自治区 / 电站名称 / 项目	陕西省	甘肃省	青海省
	安 康	盐锅峡扩建	李家峡
建设地点、所在河流	安康县、汉江	永靖县、黄河	化隆、尖扎县，黄河
控制流域面积(km^2)	35700	17300	136747
多年平均流量(m^3/s)	608	823	208.8
坝型	重力坝	混凝土宽缝重力坝	混凝土拱坝
最大坝高 / 坝顶高程(m)	128/338	55/1622	165/2185
正常高水位 / 死水位(m)	330/300	1619/1618.5	2180/2178
总库容 / 调节库容(亿 m^3)	25.85/16.70	2.2/0.07	16.5/0.64
设计 / 校核洪水标准(P- %)	0.2 %/0.01 %	0.5 %/0.1 %	0.1 %/0.01 %
设计 / 校核洪水流量(m^3/s)	35700/48000	7020/7500	4100/6300
主要泄洪设施 / 孔数 - 宽×高(m)	表孔 /5-15 × 17.5		中孔 /2-8 × 10 底孔 /1-5 × 7
隧洞长度 / 洞径(m)			压力管道 2-147/8
厂房型式	坝后式	坝后式	坝后式及窑洞式
厂房尺寸(长×宽×高)(m)	132.6 × 22.9 × 52.9	30 × 18.4 × 40.03	87 × 28.5 × 62.5 62 × 29 × 71
水头:最大 / 设计 / 最小(m)	88/76.2/57	39.5/38/35.5	135.6/122/116
主要机组型号	HL200-LJ-550	P0-123-BБ-410	HL200-LJ-600
机组台数×单机容量(万 kW)	4 × 20	1 × 4.4	5 × 40
装机容量(万 kW)	80	4.4	200
保证出力(万 kW)/ 年发电量(亿 kW · h)	17.5/28	15.2/22.8	58.1/59
综合利用	发电、防洪、灌溉、航运	发电	发电、灌溉
淹没耕地(亩)/ 迁移人口(人)	46350/56700		5039/3196
开挖土石方(万 m^3)	793	0.267	308(608)
填筑土石方(万 m^3)	793		355
混凝土总量(万 m^3)	297.86	0.565	234
总投资(万元)	147383	3164	166300
单位千瓦投资(元)	1842	719.1	831.5
开工(停工、复工)年月	1976.11	1988.3	1988.1
开始发电 / 竣工年月			
设计单位	北京勘测设计院	西北勘测设计院	西北勘测设计院
施工单位	水电部第三工程局	甘肃省电力局水检公司	(施工招标)

续 表

所在省、市、自治区	青海省		新疆维吾尔自治区
项目 \ 电站名称	龙羊峡	小干沟	大山口
建设地点、所在河流	贵南、共和县,黄河	格尔木市、格尔木河	和静县、开都河
控制流域面积(km^2)	131420	18648	18002
多年平均流量(m^3/s)	650	24.3	109
坝型	重力拱坝	钢筋混凝土面板堆石坝	混凝土重力拱坝
最大坝高 / 坝顶高程(m)	178 / 2610	55 / 3260	71 / 1408
正常高水位 / 死水位(m)	2600 / 2560	3258 / 3254.8	1405 / 1401.5
总库容 / 调节库容(亿 m^3)	247 /	0.106 / 0.02	0.278 / 0.03
设计 / 校核洪水标准(P- %)	0.1 % / PMF	2 % / 0.1 %	1 % / 0.1 %
设计 / 校核洪水流量(m^3/s)	7040 / 10500	563 / 1066	1490 / 2520
主要泄洪设施 / 孔数 - 宽×高(m)	溢洪道 / 2-12 × 17 中孔 / 1-8 × 9, 底孔 / 1-5 × 7; 深孔 / 1-5 × 7	溢洪道 / 3-8 × 7.8, 冲沙洞 / 1- 内径 4	表孔 / 7-10 × 7, 底孔 / 1-5 × 5, 泄洪洞 / 1- 内径 9
隧洞长度 / 洞径(m)	661 / 15 × 16 ~ 18	7620 / 4	183 / 7
厂房型式	坝后式	地面式	地面式
厂房尺寸(长×宽×高)(m)	97.5 × 51 × 61	主厂房 54.9 × 13 × 24 副厂房 54.9 × 12 × 12.6	79.74 × 17.8 × 30.35
水头:最大 / 设计 / 最小(m)	148.5 / 122 / 75.5	131 / 124 / 113	54 / 49 / 44
主要机组型号	HLD06A-LJ-6000 SF320-48 / 12800	HL110-LJ-140 SE8000-12 / 2600	HLA208-LJ-250 SF20-28 / 550
机组台数×单机容量(万 kW)	4 × 32	4 × 0.8	4 × 2
装机容量(万 kW)	128	3.2	8
保证出力(万 kW) / 年发电量(亿 kW · h)	59 / 60	1.77 / 1.94	1.78 / 3.10
综合利用	发电、防洪、灌溉	发电	发电
淹没耕地(亩) / 迁移人口(人)	86700 / 29700	/ 5	
开挖土石方(万 m^3)	327	137.5	55.3
填筑土石方(万 m^3)		55	20.1
混凝土总量(万 m^3)	316	8.7	25.4(包括喷混凝土 1.2)
总投资(万元)	201700	8369	16400
单位千瓦投资(元)	1576	2615.3	2050
开工(停工、复工)年月	1979.12	1987.8	1985.10.11
开始发电 / 竣工年月	1987.9 /		
设计单位	西北勘测设计院	青海省水电设计院	新疆水利水电勘测设计院
施工单位	水电部第四工程局	青海省水电工程局 水电部第四工程局	武警交通第五支队

续 表

所在省、市、自治区	新疆维吾尔自治区	
项目 ＼ 电站名称	托海	黑孜
建设地点、所在河流	尼勒克、伊犁喀什河	拜城县、黑孜河
控制流域面积(km^2)	8656	16637
多年平均流量(m^3/s)	120	60.5
坝型	混凝土重力拱坝	粘土厚心墙砂砾石坝
最大坝高 / 坝顶高程(m)	57.2/867.2	41/1154
正常高水位 / 死水位(m)	865/860	1149.6/1135
总库容 / 调节库容(亿 m^3)	0.175/0.047	6.07/4.77
设计 / 校核洪水标准(P- %)	1 %/0.2 %	0.1 %/0.01 %
设计 / 校核洪水流量(m^3/s)	1066/1580	5860/8310
主要泄洪设施 / 孔数 - 宽×高(m)	中孔 /3-5 × 5 泄洪洞 /1- 内径 9	溢洪道 /6-10 × 9
隧洞长度 / 洞径(m)	248.55/7	
厂房型式	地面式	
厂房尺寸(长×宽×高)(m)	73.7 × 16.1 × 28.15	69.9 × 26.32 × 29.35
水头:最大 / 设计 / 最小(m)	46.17/38.3/33.36	37/25.2/21
主要机组型号	HL250-LJ-225 TS12.5 ~ 28/550	HL310-LJ-210 SF6.5-25/425
机组台数×单机容量(万 kW)	4 × 1.25	4 × 0.65
装机容量(万 kW)	5	2.6
保证出力(万 kW) / 年发电量(亿 kW·h)	1.22/2.48(单独)	0.64/1.34
综合利用	发电、灌溉	灌溉、防洪、发电
淹没耕地(亩) / 迁移人口(人)		11000/2178
开挖土石方(万 m^3)	40.8	442
填筑土石方(万 m^3)	8.9	135
混凝土总量(万 m^3)	11.86(包括砌石 2)	18.52
总投资(万元)	9772.2	26912
单位千瓦投资(元)	1954	10351
开工(停工、复工)年月	1984.7.1	1985.10
开始发电 / 竣工年月		
设计单位	新疆维吾尔自治区水利水电勘测设计院	新疆维吾尔自治区水利水电勘测设计院
施工单位	新疆维吾尔自治区水利厅水利水电工程队	陕西省水电工程局 新疆维吾尔自治区水利厅水电二处

V 小水电与农村电气化

明珠闪烁

篆刻：庄万和

我国小水电进入一个新的发展时期

邓秉礼　　李　荧

（一）

我国小水电自1984年到1988年间，进入了一个新的发展时期，主要表现在以下几方面。

1.超额完成“六五”发展计划

在“六五”期末的1985年，我国小水电装机达952.10万kW，年发电量为241.34亿kW·h，高低压线路达182.15万km，变电容量达3721万kVA，各项指标全部超额完成了“六五”计划。在“六五”期间，各级水利水电部门认真贯彻中央提出的“以提高经济效益为中心的调整、整顿、改革、提高”方针，加强经营管理，提高经济效益，重视电站水源配套、输变电配套，使全国小水电发电设备年平均利用小时数，由1980年的2058h增长到1985年的2460h，增长了19.5%。年发电量净增114.15亿kW·h，增长了89.74%，取得了显著成绩，同时，各地还重点地调整了小水电供电区内的电源结构和电网布局，增加了供电保证率，提高了供电质量。

“六五”期间各项主要指标完成情况见表1。

2.装机容量突破1000万kW，占全国水电总装机容量的1/3

截至1986年底，全国小水电装机容量达到1009.53万kW，占当年全国水电总装机容量的1/3。自1984年到1988年，全国小水电装机净增328.79万kW，达到1179.21万kW（此数字不包括全国电力系统直属管理的2.5万kW以下水电站23处，容量27.63万kW，相应年发电量为8.11亿kW·h），超过了“六五”计划规定的增长数。在这5年内，由于在小水电供电区内建设100个农村电气化试点县，在规划中普遍认识到迳流电站比重过大，供电保证率差，电力电量平衡困难，需要调整电源及电网结构。因此各地都重视发展有调蓄能力的电站。浙

表1　全国小水电“六五”期间各项指标完成情况

项　目	单　位	1980年基数	1985年达到	“六五”净增值	“六五”增长率%	“六五”计划净增	“六五”超计划%
装机容量	万kW	692.95	952.10	259.15	37.33	250	3.66
年发电量	亿kW·h	127.19	241.34	114.15	89.74	100	14.15
年平均利用小时数	h	2058	2656	598	29.06	400	49.50
高压输电线路	万km	38.85	59.28	20.43	52.59	15	36.20
低压配电线路	万km	91.48	122.87	31.39	34.31	25	25.56
35kV以上变电站容量	万kVA	691	1033	342	49.49	300	14.00
10kV配电变压器容量	万kVA	1988	2688	700	35.21	600	16.67

江省新昌县有调蓄性能的装机容量达到占全网装机容量的 49.1 %。很多县注意建设梯级电站的“龙头”水库，或在引水式电站扩建调节池，抽水蓄能电站也开始在小水电网内列入建设日程。目前全国小水电在建规模接近 300 万 kW，为小水电配套的小火电在建规模亦达 70 万 kW。

3.全国有 1/3 的县主要依靠小水电供电

我国小水电从单站运行、分散供电，发展到多站联网运行。全国已有 1029 万 kW 的小水电联成县级电网，还有许多乡镇也形成了自己的独立小电网。到 1988 年底，全国有 1531 个县办起了小水电；主要由小水电供电的县达 717 个，约占全国区划数的 31 %；主要靠小水电供电的乡 20138 个，占全国行政区划数的 36 %；在小水电供电区内建有高压线路 68 万 km，低压线路 152 万 km；110kV 变电站 172 处、368 万 kVA；35kV 变电站 2937 处、1038 万 kVA；10kV 配电变压器 3035 万 kVA。基本上形成了具有一定供电能力的网架结构。这些小水电供电区，大都是山区、老区、少数民族地区、边远地区与经济不发达地区，是国家重点扶持地区。这些地区多数是国家电网未到，而水能资源又丰富。小水电利用就地开发资源、就近供电的优势，实行“自建、自管、自用”的方针，担负起面积大约有 560 万 km^2，人口约3 亿，近 800 多个县的城乡供电任务。小水电的发展已经成为我国电力工业的重要组成部分，不仅填补了国家电网覆盖面的不足，而且减轻了国家电网供电的负担，缓解了用电矛盾，促进了近 1/3 地区工农业生产的发展。

4.有 48 个县达到初级农村电气化标准

自 1983 年国务院批准在全国建设 100 个小水电为主的农村电气化试点县以来，在各级地方政府的领导下，把农村电气化试点工作作为一件大事来抓，积极开展工作，取得了不少成绩。到 1988 年人均装机达 65.4W，人均年用电量达 184.5kW·h，有 90.85 % 的家庭用上了电，有 48 个县经过省人民政府组织有关部门，按照水电部规定的标准，逐项验收，确认达到初级农村电气化的标准。这些县的实践表明，充分发挥中、小河流水能资源的优势，实行就地开发，就地供电，地方为主，县为实体，以电养电的方针自办电源，用小水电辅以其他能源，带动农村电气化，以电气化促进农业现代化，对于帮助贫困县建立和增强造血机能、经济起飞、脱贫致富具有重大意义。

5.促进了农村工农业生产的发展

到 1988 年底，地方中、小水电及配套火电发电量为 354.5 亿 kW·h，其中小水电为 316.1 亿 kW·h，5 年内净增 116.8 亿 kW·h，增长 58.61 %。在小水电供电区内，年用电量达 461 亿 kW·h，增长 57.1 %。通电户由 1983 年的 59 % 增长到 1988 年的 76 %。供电区内用电的普及，促进了工农业生产的飞速发展。有了电，带动了农村、城镇百业兴旺，乡镇企业产值和人均纯收入成倍增加。

(二)

全国小水电出现了持续发展的好形势。1984 年到 1988 年，净增装机容量 328.79 万 kW，在建规模接近 300 万 kW；另外在小水电网内，在建中型水电站 98 万 kW，火电站 70 万 kW，共计 468 万 kW。更重要的是：各级领导及广大群众已经认识到，电已成为制约当地国民经济发展的因素之一，从而激发了办电的热情。根据新的形势及小水电行业中出现的问题，这几年主要抓了以下几方面的工作。

1.继续贯彻行之有效的方针政策

多年来，国家对小水电制定了正确的方针，实行了一系列优惠政策。主要有“自建、自管、自用”的方针，以及“谁建、谁有、谁管、谁受益”、“以电养电”、“减税免税”、“多渠道、多层次集资办电”、“大网对小网扶持让利”、“地方为主、国家适当扶持”等政策。这些方针政策经过多年实践，证明对发展小水电十分有利，对调动地方办电行之有效。这些年来，各级水利（水电）部门做了大量的工作，落实这些政策，取得了巨大的成绩。但是还有少数地区，对某些政策仍然贯彻不力，需要进一步做工作。

2.调整电价

小水电的电价，从50年代开始，国家就明确为地方自定，但受国家电网价格的影响，一直未执行自定电价规定，再加上受“小水电是农村福利事业”的传统观念的影响，有些地方小水电的电价低于国家电网的价格。从1985年起，小水电的主要投资转入银行信贷渠道，其年利率从1983年的2.16％提高到1984年的4.32％、1985年的7.92％、1987年的10.8％、1988年的16.56％，连续上升；与此同时，设备、材料价格也提高了1～2倍，而电价仍维持在50年代的水平，小水电已经面临着破产的边缘。为了调动地方办电的积极性，以增强小水电企业的自我发展能力，水电部与国家经委、国家物价局曾在1986年联合发了(1986)水电财字119号文，明确规定小水电的电量属计划外电量，可以进入市场调节。其电价由当地物价部门根据发电成本加适当利润确定，其上国家电网电量以代购代销方式，在上网电价的基础上加供电成本、适当供电利润来确定销售电价。在1987年又发了水电财字101号文，实行新电新价，即以电站按合同偿还贷款本息、发电成本及企业适当留利确定电价，而且实行税前还贷。调整电价的政策，调动了单位、企业、集体及个人办电的积极性，使许多缓建项目重新开工。但是，有些地区对于调整小水电的电价仍有阻力。1988年底，水电部与中国农业银行联合发文规定，目前有小水电项目欠贷的县，如果不调整电价，又不归还贷款，将不给新的贷款。

3.充分利用季节性电能，发展载电体工业

小水电在电价低，而造价、贷款利率翻番的情况下，要求自我发展已经十分困难。当前，电价严重背离价值，电的利润已经转移到用电部门。小水电要走出峡谷，必须实行“自建、自管、自用”的方针，在用电上做文章，从用电所产生的利润中，偿还发电的投资。中央领导在1985年提出，要扶持山区开发小水电，发展载电体工业，促进山区脱贫致富。这几年，福建、云南、湖南、吉林、四川、湖北等省都有开拓小水电的载电体工业（电石、工业硅、铁合金、黄磷、金钢砂等）。这种工业不仅投资少、技术简单、原料方便，而且还可以为小水电电网调整负荷；因为这些载电体工业为电炉负荷，可以根据调度命令调整用电量，而其产品质量不受影响，适用于利用季节性电能，从而可以提高小水电的负荷率，减少弃水。有些省（如福建、江西、湖北、云南等）采取电站或电网与载电体工业联营的方式，使每度电的利润由2分提高到0.2元，大大增强了电站偿还贷款能力。有些地方经过批准，还可以为国家创收外汇。这种站厂联营的方式，是实现小水电企业自我发展、自我积累、自我改造的重要措施，是搞活小水电企业，走出困境的有效途径之一。

4.全面推行经营承包责任制

推行经济承包责任制，对于巩固与发展小水电企业具有极为重要的意义。这是深化改革、完善企业经营机制，理顺所有者、经营者和生产者之间的关系，达到提高经济效益的有效措施。全国小水电行业,在1985年开始,先从四川省试行,逐步推广到全国。实践证明,在小水电企业推行经济承包责任制,采取企业工资总额与实现利税、上交以电养电资金、提高劳动生产率、降低生产成本、安全生产、固定资产增值、服从调度、优质服务等多指标挂钩的形式和办法,积极引入竞争机制,实行承包招标、厂长招聘,并执行厂长负责制。做到经营外部承包与职工内部承包相配套,由经营者承包进到全体职工承包,充分发挥企业全体职工的积极性等措施,使小水电企业的效益迅速提高。据初步统计,四川省国营小水电企业,全面推行经济承包责任制之后,2年利润增长了41.2%,发电设备年利用小时数增长了700h以上,达到1988年的4840h。

5.提高管理人员及职工素质

加强管理的关键,是提高管理人员的素质;因为好的政策、好的规章制度都需要通过管理人员执行贯彻的。1984年国务院决定对企业经理、厂(站)长分批分期进行国家统一考试。经过国家经济干部培训考试指导委员会的批准,小水电企业经理、厂(站)长被纳入行业特点参加国家统考。到1988年共计培训了1612人,参加国家统一考试共有1601人,除2人外,全部及格。实践证明,小水电企业经理、厂(站)长参加国家统考,按国家的标准要求,迅速提高了小水电企业领导者和管理者的素质,加强了行业领导和管理,带动了整个职工教育培训工作,深化了企业改革,改善了企业素质,促进了管理水平。

在小水电企业经理、厂(站)长统考的带动下,全国小水电系统职工教育培训工作迅速展开。据不完全统计,5年内各企业选送大专院校定向学习的人数超过3000名;各种专业培训班达6.6万人次;农村电工培训考试,发合格电工证书达12.8万人。小水电系统职工的素质有了一定程度的提高。但小水电系统职工文化水平起点低,提高职工素质的任务,仍需要继续努力。

(三)

加速发展中、小水电,促进农村电气化进程,关系到农村经济的全面振兴,和8亿农民的精神文明建设。随着农村改革的深入,农村商品经济迅猛发展,工农业产值大幅度增长,人民生活水平日益提高,人们对电的需求更加迫切。近期国家电网供电十分紧张,发展中的小水电是客观发展的必然趋势。虽然我国小水电建设已进入新的发展时期,但在许多小水电供电区内还缺乏骨干电站和配套网架,电能质量较低,有部分设备老化,装备水平差,管理力量薄弱。如何巩固和发展这项事业,促进农村电气化进程,已成为各级水利电力部门的一项重要职责。最近,水利部杨振怀部长在全国农村水电工作会议上,要求全国各级水利(水电)部门,都要把发展地方中、小水电作为一项重要任务来抓,要有专管水电的厅长,要成立相应管电的机构,不仅要在规划上、设计方面给以重视,而且要在技术力量、资金、材料方面给以支持,要求认真贯彻发展中、小水电的方针政策,抓好电站及电网的管理工作,努力提高经济效益,为发展中、小水电事业做出贡献。

我国小水电事业在十年的改革中带来了蓬勃发展的局面。现在,党中央和国务院提出治理整顿和深化改革的方针,又为小水电事业的改革和发展提供了新的机遇。我们相信,在中央的方针指引下,振奋精神,勇于进取,齐心协力,扎实工作,正确引导地方群众办电的积极性,就一定能够把小水电事业再向前推进一步,作出新的贡献。

1984～1988年全国小水电累计装机容量统计表

地区	1984年	1985年	1986年	1987年	1988年	备注
全国总计	906.64	952.10	1009.53	1110.63	1179.21	1. 本表单位均为万kW
北京	4.59	4.61	4.81	4.86	4.87	
天津					0.50	2. 年开始小水电范围:按总容量2.5万kW以下进行统计。1.2万kW与2.5万kW的容量为33.17万kW。
河北	10.23	10.63	11.04	11.49	12.18	
山西	7.46	7.38	8.15	9.06	9.16	
内蒙古	3.07	3.12	3.12	3.07	3.01	
辽宁	6.47	6.96	7.08	7.16	7.46	
吉林	12.11	13.21	13.66	13.67	13.85	
黑龙江	4.57	5.12	5.52	6.02	6.33	3. 1988年全国总计1179.21万kW中,含水利部直属小水电2处,共2.16万kW。
江苏	3.02	3.02	3.07	3.07	3.07	
浙江	62.68	64.25	65.34	65.69	70.34	
安徽	8.22	8.69	9.63	10.02	10.71	
福建	84.01	89.24	92.87	104.27	110.60	
江西	54.15	56.68	58.51	60.80	63.38	
山东	7.78	7.71	7.68	7.70	7.69	
河南	23.27	23.44	23.51	23.61	23.85	
湖北	56.52	60.25	65.02	70.12	75.03	
湖南	89.55	92.87	104.70	111.19	116.87	
广东	141.16	151.32	159.04	172.48	174.13	
广西	67.44	70.62	74.21	77.41	82.29	
海南				11.04	18.29	
四川	103.09	109.47	120.67	136.34	148.52	
贵州	34.74	36.02	38.54	41.20	43.20	
云南	60.61	64.05	66.29	74.93	89.24	
西藏	9.06	9.06	9.06	11.91	11.91	
陕西	10.33	10.85	11.45	12.09	12.66	
甘肃	13.79	13.87	14.01	14.14	14.37	
青海	5.70	5.71	5.86	6.33	6.47	
宁夏	0.16	0.19	0.30	0.62	0.60	
新疆	22.86	23.76	26.30	40.34	36.47	

马宝英编

农村电气化试点县的经验与效果

李　荧

一、基 本 情 况

(一)农村社会经济发展迫切需要电气化

全国建设100个以小水电供电为主的农村电气化试点县,是在1982年底提出的。

当时,我国广大农村,在党的十一届三中全会后,实现了具有深远意义的伟大转折,农村改革取得了举世瞩目的成功。我国广大农村从农产品长期短缺发展到自给有余,广大农民以满足温饱的需求开始向小康型转化,由封闭的、半自给的自然经济开始向开放的商品经济转化,从简单再生产开始向扩大再生产转化,农村的产业结构已由单一的农业经济转向农林牧副渔、工商运建服,即第一、第二、第三产业同时发展的新阶段。经济的发展,生活的改善,乡镇企业的崛起,对电的要求越来越迫切,农村电气化已成为农村现代化的必要条件。因此,建设具有中国特色的农村电气化,有特殊的战略意义。

我国从60年代以来开始缺电,到80年代由局部缺电发展为全国性缺电,农村缺电更为严重,有人估计全国县及县以下缺电量达300亿kW·h,缺电力800万kW。邓小平同志指出:中国人口的80%在农村,如果不解决80%人口的生活问题,社会就不会是安定的。工业的发展,商业和其它的经济活动不能建立在80%人口贫困的基础上。电是基础工业,以发展电力为先导,带动农村百业的发展,搞活经济,促进农村脱贫致富。对农村无计划的拉闸限电,群众说:"拉掉了经济效益,拉掉了国家政策,拉掉了政府威信,拉掉了安定团结。"因此,探索一条符合中国实际的,具有中国特色的建设农村电气化的路子,是广大农民的迫切需要。

(二)农村发展小水电方向已经明确

实现我国农村电气化有两条途径:一是由国家办大电,由大网从城市逐步延伸到农村;二是地方和乡村办小水电,逐步联网,由点到片、就近供电给农村。1982年底,胡耀邦总书记到南方农村考察,视察了四川、福建的小水电,了解到农村经济发展落后,能源紧缺。乡村工业由于电力不足,影响生产发展的状况,屡见不鲜。而在小水电资源丰富的山区,农民发展小水电,以就地开发、就近供电的方式,解决了农村用电难的问题,因此提出:"在水电和煤炭资源丰富的县分,解决人民生产和生活的能源问题,要集中力量搞小水电站和小火电站,而不要将有限的物力、财力、人力分散搞别的,即使搞电时间长一点,也应该不动摇地坚持下去。因为搞别的,到头来几年后,还要再搞电。电气化是人类社会必然要经过的阶段,哪一个国家都要实现的,有些已经实现了,下一个世纪,全世界大概都会实现。""要搞与我们的小康生活水平相一致的中国式的农村电气化,从现在起,先搞100个农村电气化试点县。"我国搞农村电气化,应从小水电开始,这个方向已经明确了。

(三)选择试点县考虑的条件

1983年水电部党组根据上述形势,组织力量到福建、广东、湖南、四川等省进行调查,对建设农村电气化县,进行了可行性研究,认为搞试点县至少应具备以下几个条件。

1.小水电资源丰富,适于农村开发。据普查资料,我国小水电资源的理论蕴藏量为1.5亿kW,年发电量为13000亿kW·h;其可能开发资源为7500万kW,年发电量为2500～3000亿kW·h。当前已开发的仅占11%,待开发的资源潜力很大,在全国2300多个县中,有1104个县的小水电资源超过1万kW,全国将近半数的县可以立足于开发当地小水电资源,辅以其它能源,解决本地的初级电气化用电。

2.小水电的发展已具有相当基础。建国以来,特别是党的十一届三中全会以来,小水电发展较快,到1982年底,全国已建成小水电8万余处,总装机容量为808万kW。长江以南10个省区及新疆、西藏的小水电已成为农村用电的主力。全国有1531个县开发了小水电资源,主要由小水电供电的县有717个,占全国县数的1/3;主要由小水电供电的乡有20138个,约占全国乡数的36%。小水电从过去的单站运行,分散供电,逐步发展到多站联网运行,全国已有552万kW的小水电站并入县以上电网运行,还有许多乡已形成了自已的独立小电网。1982年全国小水电发电量为127亿kW·h,相当于同年全国农业用电量的1/3。另外,尚有余电102亿kW·h未利用。

3.有较丰富的建设实践与管理经验。到1982年,在小水电比较集中的县,都能靠本县力量从事小水电勘测、规划、设计、施工和运行管理。有的省区还承担了国外小水电的建设任务。在小水电的设计、施工、生产、管理等方面都制定了一套方针、政策、规程、规范,对500kW以上的电站及35kV输变电工程都有了一整套严密的建设审批程序。在设备方面,也拥有相当制造能力,全国已有100余家小水电主机设备制造厂,每年可生产小水电的机组100万kW以上,并制定了统一系列标准,共有水轮机标准型号26个系列83个品种,适用于水头2.5m至400m,单机容量由几个kW至10000kW。我国的小水电建设经验引起了国际上的重视和好评,联合国两次在杭州召开国际小水电会议,并在我国建立亚太地区国际小水电培训中心,传授我国小水电的实践经验。

4.小水电经济可靠,效益显著。在水能资源丰富的县,选用小水电为主要电源是经济的。小水电可以就地开发,就近供电,适用于农村分散用电的需要,其单位千瓦造价虽然比大电站高20%～30%,但如果考虑加上100km输变电的投资,其造价反而低。据四川省1983年统计分析,189个小水电站总容量47.6万kW,其平均售电成本为53.88元/MW·h,国家电网供电所42个,其变电容量21.1万kVA,平均售电成本达80.27元/MW·h。

5.发展小水电的经验为建设农村电气化闯出了路子。我国农村电气化事业是8亿农民的事业,涉及千家万户,政策性很强。我国小水电30多年来,能够有较大发展,主要是党和国家及时制定了符合我国国情的方针、政策。根据多年实践,行之有效的经验是:在国家扶持下,以自力更生,地方为主,实行多渠道、多层次集资的方式办电、管电,执行“自建、自管、自用”、“以电养电”、“减免税收”、“低息优惠贷款”等方针政策。国家花少量投资,把农村用电问题交给地方和群众自己解决,是符合党的十一届三中全会制定的“对内搞活经济、对外实行开放”的总方针的。发展小水电的经验,不仅为建设具有中国特色的农村电气化闯出了路子，而且也为整个电力工业打破独家办电，实行大中小结合、多家办电提供了宝贵的经验。

(四)建设中国式农村电气化试点县的部署

1983年10月，水电部在北京召开了由省计委主任、省水电厅长、县长参加的“6省10县农村电气化试点县座谈会。”会议讨论了什么是中国式农村电气化的问题，初步概括是：电源上要因地制宜，建设小水电为主，减轻城乡争电矛盾；建设上要自力更生，地方自筹资金为主；用电水平上要实事求是，与小康生活水平相适应；在管理上实行地方管理体制，以调动地方办电的积极性。

李鹏副总理参加了会议。会议确定了建设中国式农村电气化试点县的方针、政策及措施，形成了《关于积极发展小水电，建设中国式农村电气化试点县的报告》。1983年底，国务院以国发〔1983〕190号文，批转了这个报告，同时批转了“全国100个农村电气化试点县名单”。国务院在批转报告中指出：农村电气化是8亿农民的大事，在国家兴办大中型电力建设的同时，应当在那些水能资源较丰富的地方，提倡以地方和群众自力更生为主，积极发展小水电，实现农村电气化。

各试点县在1984年进行了农村电气化规划，1985年全面进入实施阶段，各级地方党政部门，把农村电气化试点工作做为大事来抓，到1988年底，试点县累计完成装机222.3万kW，为规划的73.4%；包括在建电站72.3万kW，共计294.6万kW，为规划的97.2%；高低压线路累计完成31.3万km，为规划的91.5%；变电容量累计完成600.9万kVA，为规划需要的75.8%；人均年用电量达184.5kW·h，为规划数的87.9%。有48个县经过逐项验收合格，被批准为“初级农村电气化县”。

二、措施与经验

(一)结合实际，合理选点

为了探索建设中国式农村电气化的路子，在选点时尽可能选择具有比较广泛代表性的县，具体提出了以下选点条件。

1.有较丰富的小水电资源，全县人均占有可开发的水能资源超过100W。

2.有自力更生办电能力，县领导比较重视。

3.过去办电已有一定的基础，一般要求现有装机人均30W以上。

4.管理体制上能自成经济实体，原则上不和大电网争电。

5.照顾老、少、山、边、穷地区，考虑面的平衡，避免过于集中。

选点结果，按各种情况分类，参见表1。

(二)制定标准，明确目标与任务

农村电气化标准，是试点县的奋斗目标和任务。而制定电气化的标准，是建设电气化试点县的首要工作。水电部组织力量，进行广泛的调查研究，提出了中国农村电气化县初级阶段用电水平标准。其要点如下：

1.全县应有90%以上的家庭用上电能。满足在照明、电风扇降温、电褥取暖、电鼓风助燃，以及使用电视、收录机等方面的生活用电需要。其用电保证率应达85%以上。

2.满足全县农副产品加工和农牧业生产方面的用电需要。

3.基本满足县办工业、乡村企业和专业户的用电需要。

4.争取全县有20%家庭利用丰水季节性电能，做到“以电代柴”。

以上综合用电水平，全县总用电量每人每年平均200kW·h，对于牧区、林区、山区、少数民族等地区可适当降低到150kW·h，全县户均年生活用电量，包括公共照明、文化

表 1 全国 100 个试点县选点情况分类表

序号	情况分类	县(个)
1	按人均占有可开发小水电资源分:	
	100 ~ 200W	42
	200W 以上	58
2	按当年全县人口数分:	
	50 万人以上	16
	20 ~ 50 万人	61
	20 万人以下	23
3	按当年人均纯收入分:	
	200 元以上	12
	200 元以下	78
4	按当年人均年用电量分:	
	100kW · h 以上	36
	100kW · h ~ 50kW · h	39
	50kW · h 以下	25
5	中央及省级重点扶贫县占总数(%)	36
6	老革命根据地的县占总数 (%)	25
7	少数民族县占总数 (%)	25
8	边疆县占总数 (%)	7
9	牧区县占总数 (%)	2

娱乐用电在内为 150kW · h 以上。

这个用电标准,1983 年 6 月李鹏副总理在接见新华社记者谈话时发表,并向全世界公布。

水电部为了使试点县建设在严格的要求下进行,对试点县的体制、机构、电源、电网、用电水平、经营管理、经济效益及试点县的验收,都做了较为具体的规定。经过认真讨论、修改,形成了《100 个农村电气化试点县初级阶段验收条例》(SD178- 86),于 1986 年 3 月首次发布施行。《条例》的发布对非试点县的农村电气化发展,也有很大的促进作用。

(三)加强规划,克服盲目性

建设农村电气化试点县,重要任务是要搞好规划。水电部在 1983 年初编制了规划提纲,指出规划的目的是加强宏观控制,克服盲目性,以最优的方案、最省的投资,按期完成电气化的目标。各省举办了规划研讨班,各试点县组织有关部门进行了一次以电气化规划为主导,各行业为辅的全县经济发展总规划。以利用资源最优为前提,实行全县电力总需求与总供给相平衡,在实现电气化总目标的前提下,实行全县经济发展速度与财力相平衡。到 1984 年底,各县均先后做出了电气化规划,并经省计委审查批准,开始全面实施。

通过规划,明确以下问题:

1. 小水电的电源和电网结构需要合理调整。在规划中,主要抓了水量平衡、电力电量平衡和动能经济计算。首先,在调整电源结构上,各县都重视兴建有调节能力的骨干电站和水源配套工程,在有煤炭资源的县,也相应建一些火电站,以补偿枯水期出力。浙江省新昌县,近几年增建有调蓄能力的电站容量占总装机容量的 47 %,大大改善了电源结构。其次,各县重视电源规模结构合理化,小水电网内无骨干电站,难以保证电能质量及稳定性,网内无小容量的电站,又不能有效地利用分散的水能资源及调动多层次办电的积极性。第三,各县重视调整电网的网架结构,合理选择变电站位置,增建 35kV 变电站,完善配套,减小网损。第四,调整需求结构,根据小水电网丰枯矛盾,积极发展季节性负荷,妥善处理好电能输送与吸收环节中的种种不合理因素。第五,各县重视完善小水电企业的经营机制。

2. 要研究科学技术问题,明确技术规定

与办法。科学技术工作者要围绕规划中亟待解决的问题,开展研究工作。如通过多次实测、推算、验证来预测电炊用电的负荷。为了做好电力电量平衡,研究兴建小型抽水蓄能电站;在筑坝技术上,采用新材料、新技术、新坝型,以降低造价;采用薄膜防渗,跨流域引水扩大效益;为了解决丰水电能的出路,研究电炼铝炉及其它季节性高耗能负荷;还对小水电地区多电源点网损计算方法、电话优化调度,以及机组系列化、定型化、电站运行自动化等进行了研究。为了进行可行性分析,编制了《小水电经济评价暂行条例》。通过规划,带动了科学技术的进步;科学技术的进步又推动了试点县的建设。

100个试点县规划成果汇总表见表2。

(四)制定和明确发展小水电的政策

农村电气化建设,是直接关系农村脱贫致富,增强农业后劲的大问题,关系着农村两个文明建设和改革的深入。根据我国多年来的实践及世界各国经验,在实现农村电气化的过程中,国家需要给以一定的支持,特别是在政策上给以优惠。

在国家计委、财政部、农业银行、物价总局、税务总局等有关部门的大力支持下,进一步制定和明确了一些新的优惠政策,并由国务院以国发〔1983〕190号文下达执行。以

表2　100个农村电气化试点县规划汇总主要指标

项　目	单　位	规划前(1982年)	规划期末(1990年)	规划期净　增
人　口	万人	3369	3542	173
户　数	万户	703	740	37
面　积	万亩	54907	54907	
可开发小水电资源装机	万 kW	1138	1138	
可开发小水电资源年发电量	亿 kW·h	435	435	
户通电率	%	60.6	90.8	30.2
人均年用电量	kW·h/人	81.8	210	128.2
发电装机容量	万 kW	146	304	158
年发电量	亿 kW·h	36.5	111	74.5
电炊户	万户		159	159
电炊户占总户数	%		21.4	21.4
户均年生活用电量	kW·h/户	59	308	249
高低压输电线路	万 km	19.3	33	13.7
供电配电变压器容量	万 kVA	391	792	401
实现规划需要投资	亿元		35	35

后，对农行贷款、调整电价等问题又单独下达了文件。归纳起来，主要有以下政策：

1.实行“以电养电”政策。小水电的利润和电网趸售给县所产生的利润，不纳入地方财政预算，其全部收入除生产费用(包括人员工资、材料及固定资产折旧，大修费用等)和按计划还贷外，全部用于发展小水电站和地方电网。

2.实行减税免税政策。根据国务院国办发〔1983〕73号文规定，可给小水电定期减征税的照顾，有些省规定对小水电免征所有税收，有些省规定除产品税(及营业税)、教育税外的税赋全部免征。

3.调整电价。小水电的电价，可根据国家有关规定，结合当地情况，由县水电部门提出方案，报请物价主管部门核定，也可以根据供电情况实行浮动电价。1986年底，国家经委、水电部、国家物价局联合下文进一步明确小水电电量属计划外电量，可参与市场调节，其电价可根据成本加适当利润自行制订，其上网电量，大电网以代购代销的方式，加适当的转供利润，按计划外电量销售。1987年底又下文明确小水电的电价可以按要求年限归还贷款本金和利息，再加企业留利推算电价。

4.进一步明确管理体制。小水电及其地方电网，由地方和群众自己建设、自己管理、自己使用。小水电供电为主的县，建立县一级的“发、供、用”统一管理的经济实体，全面负责电气化工作。

5.国家电网支持小电网。小水电和国家电网相联，是发展的必然趋势。大小电网均应本着团结治网的精神，签订合同，共同遵守。枯水期大电网应按计划指标向小水电网供电，各级水利、电力部门都要根据水电部和四川省政府联合制定的(82)水电农电字第21号文件有关规定，处理好大小电网的矛盾，以加快小水电的发展。

6.地方办电不受容量规模及电压等级的限制。为了调动地方办电的积极性，在统一规划下，地方可以建设容量大于2.5万kW的水电站，小电网输变电工程的电压等级，在其供电范围内，可以高于35kV。

7.小水电纳入地方建设计划。为了有利于小水电建设持续稳定发展，县以上建设的小水电要列入地方基本建设计划，以保证必要的物资、材料和设备的供应。凡由集体或农民自建、自管、自用的小水电，可不纳入国家计划渠道。

8.国家在资金上给以必要的扶持。小水电建设资金，应以地方自筹为主，实行多渠道、多层次集资办电，国家给予必要的扶持。从1985年起，国家明确每年由电力基建投资中(后改为“拨改贷”)，划出1亿元支持发展小水电，在农业银行贷款方面，也给小水电以优惠条件。

(五)加强人才培训，提高职工队伍的素质

在培养人才充实技术力量和提高企业职工队伍的文化技术素质方面，做了四项的工作：

1.定向培养大专学生。1983年及1984年，经教育部同意，委托全国12所高等院校，为100个农村电气化试点县定向培养大专学生，每年招收400名，毕业后返回本县，从事电气化工作。这是一项带有战略性的大事。两年共培养近800名左右大专学生，平均每县8名，比原有每县平均拥有2.6名大专水平的技术人员，增加了2倍多。

2.小水电企业经理、厂长参加全国统考培训。1983年国务院决定对工业企业的经理、厂长实行国家统考，这对改善企业素质有重要意义。1985年开始，小水电企业主动申请参加统考,并举办了培训班,100个县的小水电企业经理率先参加培训统考,全部成绩及格,对提高企业经营管理水平,起到了很大的作用。

3.中等技工学校培训。几年来,各县有计划地选送职工到本省或外省中等技工学校培训已超过千名。

4.举办短期培训班。各省、地、县举办了各种短期专业培训班及职工业余文化补习班。对县、乡、村电站职工及农村电工,进行分批分期轮训、定期考核,并发给电工合格证,使试点县的电力职工文化技术水平迅速提高。

(六)千方百计调动各级办电的积极性

依靠地方、群众办电是建设电气化县的根本方针。在如何有利于发挥各级办电积极性方面,主要采取了以下措施:

1.权利与责任同时下放。将试点县的选点权给省人民政府,试点县的规划审批权、验收权交给省计委,国家补助试点县的"拨改贷"资金,也按县数切块交给省计委,由省计委根据各县建设速度、需要的时间,统筹安排。权利下放后,责任也同时下放,试点县的规划审批,包括电源、电网、负荷建设的立项,建设及资金安排,骨干工程列入年度计划,贷款、材料、设备的供应等等均需落实,对试点县建设速度,用电负荷的同步增长,完成任务时间均应负有责任。辽宁省人民政府,对桓仁试点县不仅支持了建设资金的40%,而且还在材料上给以保证,省政府秘书长亲自率领各有关厅、局长到现场办公,解决建设中的具体问题。四川、广西、湖南、云南、福建、江西、浙江、湖北、广东、黑龙江等10余个省(自治区)人民政府在省长(自治区主席)办公会议上,都曾多次研究讨论农村电气化试点县建设中的问题。

2.实行任务包干。省计委批准电气化规划后,明确不"鞭打快牛",鼓励提前达标,在规划期内,国家及省补助的资金总额,不因提前完成任务而变化。各县根据当地财力、物力、人力情况,统筹安排,力争加快速度。

3.投资与效益同时兑现。实行"自建、自管、自用",投资与用电、投资与利润紧密相联。使投资者有用电权、有收益,能够得到真正的实惠。

4.切断"等靠要"渠道,激发自力更生的精神。在试点中,首先将中央和地方支持的财物框定,其余靠自力更生。四川省大邑县把主干线架通到乡,而村、户的线路全部由受益单位负担,在19个月内,户通电率由38.1%提高到90.8%。

三、试点效果

从试点前到1988年底,各试点县都产生了重大变化,主要表现在以下几方面。

(一)经济迅速增长,农村产业结构发生了变化

过去,100个县的工业产值仅占工农业总产值的32.7%,是属于农业为主体的产业结构。现在,随着电气化的进展,用电的普及,人均年用电量由81kW·h提高到184.5kW·h,增长了1.28倍。由于电力的保证,100个县的工农业总产值达到246.2亿元,比试点前增长了95.1%,其中:工业产值增长了2.26倍,乡镇企业产值增长了4.48倍,工业产值占工农业总产值的比重,上升到54.82%,有51个县的工业产值超过了工农业总产值的一半,有力地促进了农村产业结构的变化。四川省灌县(1988年改为都江堰市),5年总产值增长了1.7倍,乡镇企业产值增长了7.7倍,乡镇企业产值为农作物产品产值的134%,县财政收入达到3900万元,为试点前的2倍,农村商品率由14.9%上升到31.8%,全县工业产值及乡村企业产值占总产值的 71.2 %。

(二)由封闭的半自给自然经济向开放的商品经济转化

在农村改革开放的浪潮中,电气化为农村经济从温饱型向小康型转变提供了条件。电力的普及促进了百业兴旺,为商品生产提供了广阔天地,农村商品率普遍大幅度提高,据不完全统计,100 个县的农村商品率由试点前的 8.4 % 提高到 28.6 %。人均纯收入从试点前的 199.18 元提高到 500.95 元,增长了 1.51 倍。

(三)劳动力结构发生了变化

100 个县已有 92.75 % 的村通上了电,在农副业生产中,脱粒、磨面、碾米、小型灌溉、灭虫、饲料粉碎等可用电代替,解放了大量的劳动力,随着乡村企业的发展,农村中由单一的农业经济转向农、林、牧、副、渔、工、商、建、运、服多种经济,促使劳动力向第二、第三产业转移。据初步统计,5 年来,100 个县农业劳动力转移了 302 万余人。浙江省新昌县转移了 5.2 万人,成了离土不离乡的新型工人,约占全县农村劳动力的 23 %。

(四)农业生产由依赖自然向稳定生产转化

过去,100 个县大多数为落后山区,农业生产受自然条件因素影响很大。现在,由于电力供应充足,用电普及,电力排灌面积增加,在修建小水电的同时,普遍与治水相结合。防洪、排涝、引水灌溉统筹规划,使耕地增强了抗旱能力,据统计,5 年内增加了电灌面积 20 %。特别是化肥生产在 100 个县中,有 76 % 的县有小化肥厂,由于电力供应有保证,化肥生产正常,为农业增产提供了有利的条件。另外,乡村企业兴起,普遍实行了"以工补农",增加了农业的投入,使农业生产由依赖自然向稳定生产转化。福建省光泽县,人均占有粮食由试点前的 310kg,提高到 722kg。湖南省衡东县由于有电力做后盾,正满怀信心地向吨粮基地县迈进。

(五)农村人民生活发生了深刻变化

在过去农村封闭式的经济中,电是可有可无的,近年,农民逐步认识到,电是最方便、经济、应用最广的能源,对两个文明建设有着不可估量的推动作用。100 个县有 678.69 万户通上了电,占总户数的 90.85 %,有 72 个县农户通电率已超过 90 %。5 年中有 1008 万偏僻农民,结束了油灯照明,手工磨面、打米的历史,电视、收录机、电冰箱、洗衣机开始进入农民家庭。中、朝边境的吉林省长白县有 99.99 % 的农户用上了电,平均每 2 户有 1 台电视机。农村中"娱乐靠酒"的状况,逐步被电视、电影、录相所代替。信息的灵便,眼界的开阔,增加了致富的途径。电炊进入农民家庭,改善了农村环境卫生条件,电气化大大缩小了城乡差别。5 年中有 84 万农户使用电炊,节省了木柴,保护了森林。

(六)电力企业发生了重大变化

首先,电力企业在国民经济中的作用日显突出。据统计,100 个县的电力企业拥有固定资产 39 亿元,平均每县 3900 万元,成为全县的基础工业。各行各业对电的依赖程度日益增长,电已成为人民生活中不可缺少的组成部分。

其次,在经营方式上也发生了变化。由原来县电网统一核算的"大锅饭",变为分级分项核算,普遍实行承包责任制,工资、奖励与效益挂钩,调动了职工的积极性。同时,又重视职工文化技术素质的提高,增加了智力投资。湖北省通城县,5 年内选送了 41 名职工到大专院校学习。

其三,经济效益增加。要达到初级农村电气化的标准,电力企业不仅应增加电源装机,发展输变电设施,而且要有较高的管理水平，较好的经济效益。各县首先扭转了重建设、轻管理，不抓用电的倾向。在供用电上抓好计划用电和调荷节电工作。针对小水电丰水电能多的特点，发展一部分电石、铁合金、金钢砂、工业硅等高耗能“载电体”工业负荷。经过多方面采取措施，100个县的小水电发电设备年平均利用小时数，由试点前的2506h提高到3482h，比同年全国平均2820h高658h，1988年的利润达到1.88亿元，平均每县188万元，增长了1.29倍。

四、体会与问题

1.100个试点县经过5年的努力，有48个县建成了初级农村电气化县。这些县的实践证明：在水能资源丰富的地区，以地方为主，开发当地小水电，坚持依靠地方和群众，自力更生建设农村初级电气化是可行的。试点县的建设，为全国各县农村电气化建设，提供了宝贵经验，这是建设具有中国特色的农村电气化的一条好路子。

2.电具有商品及社会福利事业的双重性。它既是发展农村商品经济的前提，又是为农民造福的源泉，因此，在建设试点县一开始，就以普及用电为首要任务，以发展农村经济为目的，坚持面向农村、服务农村的方向。浙江省新昌县5年消灭无电村，通电户翻番，乡村企业产值增长11倍，1988年乡镇企业产值占全县工业产值的47.8%，提供利税3500万元，全县人均纯收入达609元，比试点前增长了4.42倍，从而摘掉了贫困县的穷帽子。当地农民说：“若要富、电开路，电气化、富加富”。

3.100个县试点以来，共投资28亿元，其中：补助“拨改贷”资金4亿元，占14.28%，其余为多方集资解决。建设小水电，具有时间短、速度快、投资少、收益大的特点，在我国处于社会主义初级阶段条件下，是开发农村能源，发展农村经济一条实际可行的途径。

4.过去的传统观念是各行各业、千家万户要电，电力部门办电。在试点中，普遍认识到只靠水电部门一家积极，很难完成。因此，各试点县均成立了电气化领导小组，由县领导任组长，计委、财政、水电、物资、工交等有关部门参加，统筹安排，通力合作，各区、乡也相应成立了电气化领导小组。要求各方更新办电的观念，由等电、要电转到积极办电。实践证明，只有领导重视，办电观念更新，在各方面的支持下，农村电气化县才能建成。

5.近几年来，由于小水电建设的设备和材料价格连续上涨，使工程预算屡遭突破，增加了资金筹集的负担，同时，银行贷款率又连续上升，5年来小水电贷款利率上升了6.67倍，而电价变动不大。到1988年底，100个县累计欠贷款达14.8亿元，年利息1.62亿元，而电力企业的利润总额仅为1.88亿元，难以偿还贷款本息。因此，调整电价，搞活小水电已刻不容缓。

6.目前，国家电网给联网县的供电，实行按过去基数分配指标，供应平价电。但是，试点县自办电源装机增多，自供能力强，而各地对试点县的统配电量分配指标却相应减少，枯水期返供电量，按议价计费，影响了自办电源的积极性。例如浙江省天台县，自办小水电2万余千瓦，为系统调峰，近年来，电气化建设负荷增长，因分配平价电的基数不足200万kW·h，需购议价电，每年多支400余万元，而其相邻的黄岩县未办小水电，其资金用于发展工业，其平价供电基数为1.6亿kW·h，每年可从平价电中获利2000多万元。目前的分电办法及区分议价电的状况，不利于调动地方办电的积极性，亟待制定出对自办电源的县实行优惠的政策。

小 水 电 在 四 川 崛 起

刘 泽 楷

一、小水电是四川电力工业的一个方面军

党的十一届三中全会以来,四川大力发展以小水电为主体的地方电力工业,不仅有力地缓解了四川电力供需矛盾,而且为农村电气化作出了巨大贡献,小水电已成为四川电力工业的一个重要方面军。

1988 年地方电站装机容量达 165.21 万 kW,年发电量达 61.38 亿 kW·h。其中小水电站装机容量为 151.5 万 kW,年发电量 57.1 亿 kW·h。

兹将 1988 年四川省电力工业结构列表如下。

1988 年四川省电力工业结构表

网别 \ 项目		年末装机容量		全年净增		全年发电量	
		容量(万 kW)	%	装机容量(万 kW)	%	电量(亿 kW·h)	%
全省电网	合计	603.27	100.0	42.67	100.0	297.24	100.0
	水电	304.99	100.0	15.19	100.0	131.50	100.0
	火电	298.28	100.0	27.48	100.0	165.74	100.0
国家电网	小计	393.30	65.2	18.60	43.6	217.50	73.2
	水电	146.35	48.0	−0.35	−2.3	70.60	53.7
	火电	246.95	82.8	18.95	67.0	146.90	88.6
地方电网	小计	165.21	27.4	18.21	42.7	61.38	20.6
	水电	151.52	49.7	15.22	100.2	57.08	43.4
	火电	13.69	4.6	2.99	10.9	4.30	2.6
厂矿自备电厂	小计	44.76	7.4	5.86	13.7	18.36	6.2
	水电	7.12	2.3	0.32	2.1	3.82	2.9
	火电	37.64	12.6	5.54	20.1	14.54	8.8

1988年，全省地方电站建设规模达105万kW，其中，水电站建设规模78万kW，当年新投产装机容量19.9万kW(净增18.2万kW)；水电投产16.6万kW(净增15.2万kW)。

在建设地方电源的同时，地方电网也得到蓬勃发展。1988年，全省地方电网拥有：供电变压设备容量308万kVA，配电变压设备容量697万kVA；输电线路73.5万km，其中，3～110kV高压线路13.9万km。全省200个农业县(市、区)中，有193个县建有小水电站，装机容量超过1万kW的县有56个，其中，超过3万kW的县6个。有132个县全部或主要由地方小电网供电。目前，四川省小水电在建设规模、年发电量、年投产装机容量、发电设备年利用小时、变电设备容量、输电线路和以小水电为主的供电县等7个方面居全国首位。

二、四川省小水电的发展趋势

改革十年，给四川省小水电建设注入了新的活力，其趋势是，逐步由小型电站向骨干电站发展，再向中型电站发展。1988年，全省在建的105万kW中，单站装机容量在1万kW以上的有65万kW，占2/3左右，其中，2.5万kW以上的中型电站有8座，装机总容量为27万kW。最大的江口电站装机5.1万kW，由达县地区和宣汉县联合兴建。

目前，四川省小水电已不是50年代仅供农村照明、加工的孤立小电站，而是具有众多的用户，比较完整的网络，有广泛的供电区的地方电站电网，是县办工业、乡镇工业、农业生产用电和城乡人民生活用电的主要电源，是地、县的能源工业。有的电站、电网还向大中城市和大型工业供电，为大电网补充电力。

三、开发小水电资源
加快了农村电气化进程

1.农村用电面逐年扩大，加快了农村电气化进程。1988年，全省100％的县、95％的乡、83％的村、69％的农户用上了电。1983年国务院下达10个农村电气化试点县的任务，到1988年已有汶川、荥经、大邑、灌县(现都江堰市)、洪雅、峨边(现峨眉山市)6个县达到了农村初级电气化县标准。

2.农业和县办工业用电设备迅速发展。1988年，全省县镇农村用电设备装机容量达到850万kW，比1978年154万kW增长了4.5倍。其中，农业排灌用电设备129万kW，乡镇企业用电设备212万kW，县办工业及其它用电设备399万kW，农副加工业及农业生产用电设备183万kW。小水电建设有力地促进了县办工业和乡镇企业的迅速发展。

3.农村用电量迅速增长。1988年，全省农村和县镇用电量达104.4亿kW·h，比1978年用电量增长3.6倍。

4.开发小水电资源，可以转变为巨大的社会效益。1988年，全省小水电和小火电发电61.4亿kW·h，如果以80％用于县办工业和乡镇工业生产，可创社会产值140多亿元，创税利20～30亿元。同时，小水电企业自身经营产值5亿多元，利润1.5亿多元，上交税金3870多万元。开发小水电的效益是十分巨大的。

5.小水电是县镇农村致富的基础工业和

龙头工业。小水电量大面广,可以带动农村城镇百业兴起。例如试点县灌县6年来新投产小水电装机容量2.02万kW,总装机容量已达4.42万kW,架设输电线路3568km,全县按户计算的用电面由试点前的53%上升到1988年的98.5%,电炊用户占总户数的20.2%,其它考核指标都达到了农村电气化初级阶段标准。6年来,全县用电量增长306%,工农业总产值增长216%。1988年,全县乡镇企业产值达到4.4亿元,比试点前增长11.94倍。又如试点县洪雅县,积极开发小水电资源,装机容量达到4.3万kW,1988年发电量达1.99亿kW·h,乡镇企业产值和利润连续4年平均递增76%和45%。

四、发展小水电的主要经验

四川省开发小水电资源出现了持续发展的好形势。1979～1988年这10年中,共投产装机容量119万kW,扣除更新改造和自然淘汰的机组和电站外,净增装机容量104.4万kW。这样好的形势,主要来自中央、省委和省政府制定的一系列扶持小水电的方针政策。各地在贯彻方针政策中,主要抓了以下工作:

1.认真贯彻中央和省委制定的“谁建、谁有、谁管、谁受益”、“自建、自管、自用”、“大、中、小一齐上”和“县为实体”等发展小水电的方针以及“以电养电”和“大小电站联网”等扶持政策,用政策调动了地方政府和群众办电的积极性。

2.建立健全地方电力管理机构,切实加强对小水电发展工作的领导。60年代省水电厅就设农电处;70年代后期,省水利电力厅设地方电力管理处,地(市、州)、县水电局设农电(地电)科、股,加强了各级政府对小水电的建设和生产经营的管理工作。

3.多渠道、多层次集资,狠抓电源建设。1977年以来,省里从财政、基本建设统筹资金、能源交通基金等方面拿出一部分作小水电建设补助费;从“以电养电”、地县财政和群众投劳、投资等方面筹集了大量建设资金;省里几家银行在贷款上给予大力支持。近几年,每年用于地方电站、电网建设的资金都在2～3亿元,1988年列入基建项目的投资已超过6亿元。

4.建、管并重,重视网络建设。省里要求各地办电的目的在于用电,必须把电站、电网建设同步进行,协调发展,以提高小水电的经济效益和社会效益。每个县凡是列入省计划管理的第一座新建电站,由省里补助一条35kV的输电线路送电到县城。110kV的跨县线路也由省里补助投资,以促进地县电网快速发展。目前,凡是小水电开发利用较多的县都有县电网,有发、供、用统一管理的县电力公司,形成了“县为实体”的管理体制。

5.狠抓前期工作,摆脱被动局面。省水利电力厅从1984年起把装机5000kW及以下电站的前期工作和初设审批任务下放给地区(市、州)承担,省厅直属设计院承担5000kW以上水、火电站及110kV线路的前期工作,从而使地方电站、电网的规划设计走在施工建设的前面,年年有一批前期工作成熟的项目,可供计划部门列项时择优安排。

福建省尤溪县农村电气化建设成就

赖进梧　　郑明挺

一、装机容量超过4万kW 发电量翻两番

我县自1984年实施农村电气化规划以来，首先，在电源上，重视建设有调节性能的电站，努力调整电源结构，在青印溪梯级建了库容为4400万m^3的“龙头”水库。到1988年底，全县小水电装机达40718kW，具有年调节能力的容量为17280kW，占总容量的42.44％。其次，在电网上调整了网架结构，将全县13个乡电网联成全县1个电网，拥有高低压线路3898km，覆盖全县252个行政村，使乡乡、村村都通了电。电源、电网结构改善后，全县发电设备年平均利用小时数，由试点前的1900h提高到3438h，1988年发电量达1.40亿kW·h，比试点前翻了两番。全县电网独立运行，供电保证率达90％以上，电力电量基本达到平衡。

二、农村人民生活水平迅速提高

到1986年，我县各方面的水平均达到“初级农村电气化县”的标准，经过省人民政府组织有关方面进行验收，并经水电部复核批准，到1988年，有99.5％的户通了电，而且全年保证供电超过328天，人均用电量达351kW·h，户均生活用电为255kW·h。用电的普及，给农村人民在物质及精神文明上带来了明显的变化。首先，电视机、录相机、电扇、电冰箱、洗衣机等，大量进入农民家庭，电视覆盖率达90％，平均每户拥有2.6件家用电器，全县90％的村兴建了影剧院，电气化使农村与城市的差距大为缩小。其次，全县有29％的家庭使用小水电丰水期电能烧水、煮饭，保护了森林，节约了木材，从而促进生态平衡。例如，在试点前，森林蓄积量为1400万m^3，到1988年，达到了1621万m^3，每年砍伐量为70万m^3，而森林蓄积逐年增加。其三，电气化给农村千家万户送去了致富动力，1987年全县60％的村、2万多户农户大搞食用菌生产，从原料加工、温室栽培及烘焙烤制都使用电能，全县袋培香菇达3000多万袋，蘑菇60万m^2，还种植金针菇、白木耳、毛木耳，产值达6000多万元，利润3000多万元，全县15个贫困村一年就摘掉“贫困帽”。

三、促进了工农业生产的发展

农村电气化的发展给全县工农业生产带来了生机，星罗棋布的“明珠”把尤溪3411km^2的大地点缀，密集如网的银线将城

乡紧紧相连，使全县工业、乡镇企业，农林牧副渔各业得到大幅度增长，1988年全县工农业总产值达4.3亿元，比试点前增长了170.44％，其中工业产值1.36亿元，比试点前增长了1倍。1988年又筹建3万t纸浆厂、瓦楞板厂、烧碱厂、白水泥厂、纤维板厂、松木脱脂厂、外资合营“腾达木业公司”等，县委提出1989年县办工业产值要达到2.56亿元，比1988年增加1.7亿元。

乡镇企业在改革、开放、搞活的方针政策指引下，乡镇工、企业实行了县乡联营、外资合营、乡村联营、独资经营，各类厂(场)犹如雨后春笋般涌现出来。1988年乡镇企业总收入达2.41亿元，比试点前增长了2.2倍。

农、林、牧、副、渔各业生产趋向电力机械化，全县农副产品各类加工机械达2900多台、2.04万kW，年加工粮食2.1亿斤，各种饲料加工8000多万斤，木材深加工7万多m^3。

农牧业上基本满足小型排灌、脱粒、灭虫、育秧、孵化、养猪、家禽饲养等。现有电力抽水站55处、121台、814kW，灌溉农田8500亩；果树喷灌11处、19台、380kW，灌果园1500多亩；电动脱粒机1800台，脱谷面积达3万亩。

农业逐步走向电气化、机械化，促进粮食增产增收，1988年全县粮食产量达18374万kg，比1987年增产5743万kg，人均占有粮食530kg，被评为全省粮食增产先进县。

四、今后发展设想

从我县经济发展远景规划，到本世纪末，全县工农业总产值要实现12亿元，水电装机要从现在的4万kW增加到1995年的10万kW；发电量要从1.4亿kW·h发展到3.4亿kW·h，需增加电量2亿kW·h。从目前我县电力状况看，小水电规模小，必须有中型电源投入，为此，当前正着手积极筹建尤溪水东水电站，该站装机容量为7.6万kW，计划工期3年。现已着手架设110kV高压线与省网相联，力争在1990年前建成，以解决水东水电站施工用电和弥补尤溪工、企业发展用电不足的问题。

尤溪县的水力蕴藏量有70万kW，除尤溪干流街面一级由省规划开发外，属县开发的有30万kW，年发电量达6亿kW·h，现在的开发量为总量的1／8，到本世纪末，争取开发15万kW以上，那末，对尤溪这样一个缺煤县来说，就完全可以“以电代煤”，建立一个水力能源基地。除满足本地区需要外，每年还可以向国家输送一部分电能。

农村电气化的成果鼓舞了人心，展望未来，前景光辉灿烂，那些丰富的水力“宝矿”急待去开发、挖掘。我县今后的水电建设是任重而道远，必须坚持不懈，继续努力，为登上更高电气化水平的新台阶而奋斗！

浙江省新昌县小水电促进了乡镇企业的发展

王少华　　黄志益

“白天马达响，农村大变样，有电就有厂，产值年年长”。这是新昌县2700多家乡镇企业对该县大办小水电，使乡镇企业走上兴旺发达之路，振兴了新昌县经济的高度赞誉。

新昌县地处浙东山区的偏僻小县，是个“山上光，溪水黄，三年两头闹灾荒”的穷山窝。在党的十一届三中全会以后，特别是1983年该县被国务院列为全国100个农村电气化试点县之后，当地党政领导总结了开发本地水能资源发展经济的经验，进一步下决心带领全县人民大力开发小水电，经过3年多的努力，无论在体制改革，电源、电网、用电水平，经营管理和经济效益等方面，都达到部颁验收标准。于1986年底经浙江省有关部门验收合格，水电部批准，成为浙江省第一个农村初级电气化县。在此基础上，向高一级农村基本电气化迈进。到1988年底，全县累计建成小水电站231座、33222kW，年发电量9266万kW·h，供电量达10798万kW·h，创历史最高水平；全年供电保证率工业（包括乡镇企业）达99.1%，农村达98.22%，居全省第一，成为浙东山区的一颗明珠。

由于新昌县小水电的发展，给农村提供了丰富的能源，大大加快了地方工业和乡镇企业发展的步伐，使全县工业产值直线上升。1988年全县工业产值达80648万元，比试点前增长了4.38倍，尤其是乡镇企业，如雨后春笋，蓬勃地发展起来，乡、村、联户、个体一起上，达2711家，增长了6倍多。乡镇企业产值达38566万元，比试点前增长11倍；上交利税3500万元。从1984年以来，该县的乡镇企业产值、利润上升幅度居绍兴市首位。1987年乡镇企业总产值占全县工业产值的54.3%，成为农村经济的支柱。昔日贫穷落后的乡村呈现一派繁荣景象。全县有5万多个农业劳动力，成为乡镇企业离土不离乡的新型工人，农民开始脱贫致富。乡镇企业的发展，大大缩小了城乡差别、工农差别，加速四化建设步伐，使农村发生了深刻而可喜的变化。

明珠生辉　双龙腾飞

新昌县境内气候温和，土壤肥沃，山地广阔，为名优土特产生长提供了优越的条件。传统产品就有茶叶、蚕茧、白术、香料、烟等，尤其是茶叶、兔毛被当地群众称为“两宝”。可是过去该县山区能源缺乏，既无煤又无油，长期来无法加工成品，处于单纯卖原料的境地，有的地方交通不便，原料运不出去，财富变为废品。由于小水电的发展，使县内8个区的48个乡镇，所有的村都通了电，为新兴企业加工当地产品创造了必要条件，这些产品加工后，不仅有市场、有销路，而且有的还出口创汇，大大提高了经济效益。

新昌县是浙江省重点产茶县之一，年产茶叶10万担，以前由于许多山村没有电，只好用柴、用煤手工炒制，这样劳动强度大，又不卫生，影响茶叶质量。随着小水电的发展，采取以电代煤、以电代柴的办法，改革了制茶燃料。历来用柴、用煤的传统习惯，在县内43个乡的600多个产茶村，兴办了4个精制茶厂和570个初制茶厂，并安装2570座计7710kW的电炉灶，每年提供近300万kW·h季节性优惠电能，真正达到了制茶机械化、炒干电气化的制作过程。这一改革，每年可节约木柴12万担，原煤4800多吨，既保护了生态环境，又使茶叶卫生条件大为改善，炒制质量明显提高，博得国内外顾客的好评。1984年在西班牙举行的第23届世界优质食品评选大会上获得国际金质奖的“天坛牌”珠茶，新昌县是加工单位之一。这样全县以“天坛牌”出口珠茶为“龙头”，以4个精制茶厂为“龙身”，以570个初制茶厂为“龙尾”，形成了加工一条龙，年产干茶4000多吨，畅销国内外，获得利润1000多万元。

新昌县农民爱养长毛兔。过去光靠卖兔毛，风险很大，一旦兔毛无人收购，价格就一落千丈，农民不但无利可图，甚至破产，为此曾刮过几阵杀兔风，养兔户忧心忡忡。但近几年来，新昌县农民养兔积极性长盛不衰，越来越高，连联邦德国专家到新昌县考察后认为，在中国德型长毛兔养得最多、养得最好的是新昌县。究竟奥妙何在呢？原来又是小水电帮了忙，支持这个县的乡镇企业办起了107家毛纺厂和兔羊毛衫厂，年产兔羊毛衫500万件，成为新昌县一大新兴产业。如地处穷乡僻境的小将区，过去不要说用电办厂，就是群众日常生活照明也是用“桐油灯”或“松枝灯”。小水电的蓬勃发展，使这个区的六乡一镇都通了电，山区农民不但日常生活用上了电，而且还利用当地优质兔毛，在国家帮助下，购置了大批电动织机和大型毛纺织设备，办起了24家兔羊毛衫厂，下图即为小将镇兔羊毛衫厂一角。这些厂用电带动，机械操作，工人只要站在旁边用电钮操作就行了。这些厂年产值发展到4500万元，产品畅销国内20个省、市、自治区。

乡镇企业——新昌县小将镇兔羊毛衫厂一角

胶丸之乡　名闻遐迩

小水电的发展，不仅为创办以本地资源为原料的乡镇企业提供了广阔天地，而且还为发展新兴行业提供了条件。近3年来，新昌县的胶囊工业迅速发展，建成胶丸厂190多家，1987年全县空心硬胶囊总产量达40亿粒，占全国产量的1/3，产品畅销全国20多个省、市、自治区的各大药厂。生产胶丸品种从单一空心胶丸，研制发展了硬胶囊、肠溶胶丸、清真胶丸等8个新品种。供应范围越来越广，从国内各大城市制药厂扩销到国外信奉伊斯兰教的国家和地区。

新昌县还利用小水电优势，积极攻克胶丸生产技术难关。以前生产胶丸用煤、用柴烘胶丸，成本高，又有煤味，很不卫生，1984年以后，全县胶丸厂推广电热胶丸的新工艺，既省工、既省柴，无煤味，又卫生，质量显著提高；同时根据国际上胶丸用人工灌装药品即将淘汰的情况，积极试制成功了符合出口标准的机用灌装，上机率达98％，目前已被列为上海、广州、天津、无锡等地大药厂的免检产品。

水电开花　穷乡变样

新昌县在发展小水电能源建设时，把扶持贫困乡村的小水电建设，作为脱贫致富，振兴山区经济来抓。以前有些贫困乡由于受到资金、交通、技术和资源的限制，发展工业有许多困难。针对这种情况，4年内县里拨出小水电专项资金和贷款951万元，水泥2万多吨，钢材1500余吨，帮助贫困乡村办起了一大批电站。

有水有电，百业兴旺。全县有小水电的200多个乡村用小水电的积累资金，普遍办起了布厂、袜厂、手套厂、兔羊毛等厂，还安装了自来水，修建公路等福利事业。如该县灵川乡左于村，原是个“前面是沙滩，后面是岩山，翻身难上难”的穷山村，1982年以来，先后建成2座小水电站后，有了电，他们办起了3个抽水站，把靠天田变成了保收田，将沙滩开垦成450亩良田。他们以电代柴，使全村350多户农民普遍用电煮饭、烧水。他们有了小水电，不但改变农村生产、生活条件，而且用发电的收入，办了茶叶初制厂、粮食加工厂和砂轮厂，每年还提供小水电上网电量100多万度，全村年收入达10万余元，既支援了国家建设，又增加了农民收入，使人均收入成倍增长，从1983年的200多元提高到1988年的700多元，农、工、副各行各业呈现了欣欣向荣景象。当地农民深有体会地说：“若要富，电开路”。

综上所述，发展小水电，建设农村电气化，为发展山区经济，促进乡镇企业蓬勃发展，作出了重大贡献。企业家们说得好：工厂要办，产值要上，新昌县小水电是我们的命根子。该县被列为全国农村电气化试点县的4年中，乡镇企业从无到有，从小到大，迅速壮大发展起来，形成了纺织、机械、化工、竹编、水泥、冶炼等行业，无论是兴办数量、产值产量、上交利税或就业人员等的增长，都一年比一年快，贡献一年比一年多。乡镇企业发展及产值增长情况见下表。

年度	装机(kW)	发电量(kW·h)	乡镇企业家数	乡镇企业产值		上交税利		企业就业人员(人)
				产值(万元)	比上年增％	税利(万元)	比上年增％	
1983	28212	7503	382	5951.86		843.6		17729
1984	30077	7993	1292	9273.23	55.8	1173.11	39.1	30174
1985	30747	6014	1353	15980.59	72.3	1878.88	60.2	34301
1986	31067	6036	2125	21807	36.5	1992	6.0	44395
1987	32542	7529	2680	32612	49.5	3066	53.9	50156
1988	33222	8266	2711	38566	18.5	3500	14.2	

广东省博罗县小金河梯级开发效益显著

博罗县水电局

在博罗县境，可开发的水能资源为3.45万kW，至1988年底，已开发2.32万kW，年发电量为6590万kW·h，占全县总用电量的54%。

小金河是东江下游的一条小支流，全长24km，其中山区段河道长13.6km，总落差却达704m，蕴藏着丰富的水能资源。目前，小金河干流上的梯级电站及其配套水库已全部建成投产(见下表)，经济效益显著。在这小块仅占全县面积1%的高山上，已能供应当前全县总用电量的40%。采取多种形式外引内联，在电站近区办起了8个厂矿，实行以电为主，综合发展，以林保水，以水发电，以电促工，以工养电，产业结构合理，互相促进，开拓了新的发展前景。

抓好规划和电站建设

小金河的水能资源，经过规划选点，在其山区河段的干流上，修建电站7处，装机9090kW，支流建电站装机1045kW，合计装机10135kW，在干流上建水库3座，支流上建山塘、水库10座，总库容为1073万m^3。从

小金河梯级电站情况表

名称	水头(m)	流量(m^3/s)	装机(kW)	发电量(万kW·h)		投产日期(年)	备注
				迳流情况下	建调节库后		
小金河一级	20	0.216	160	24.25	39.66	1988·12	已建范家田一级水库(404万m^3)、东洞引水及水库工程
小金河二级	30	0.351	250	52.23	93.4	1984	已建范农田二级水库233万m^3
小金河三级	160	0.051	320	48	97.4	1985	已建鸡公田水库136.5万m^3已建亚公髻，蟹塘引水工程
小金河四级	236	0.574	2000	609.09	1053	1983	
小金河五级	184	0.78	2400	626.91	1081.4	1982	
小金河六级	125	1.22	3000	582.65	867.2	1980	
小金河七级	36	1.46	960	211.7	290.4	1985	
合计			9090	2154.83	3522.46		

1976年开始分期实施规划,至1988年,大致经历了改革前后两个建设阶段。

1.首期工程包括第六级电站和范家田一级水库,1980年建成,当时是组织群众性专业施工队为主进行施工的,建设工期长,投资大,单位千瓦造价为1280元,单位电能投资为0.41元。

2.党的十一届三中全会后,县水电局改革施工形式,实行承包合同制,小水电建设引入竞争机制后,从1981年到1988年的8年间,连续建成了6个电站和3座水库,做到了工期短、造价低、效益好。如五级电站的建设工期未超过1年,单位千瓦造价为1215元,单位电能投资为0.32元。

在建设期间,由于注意到建成一处,管好一处,效益十分显著。该电站目前已上缴税利及还贷付息在1000万元以上。水库控制了洪水,调节了迳流量,改善了下游1.4万亩农田灌溉水源,减轻了洪水冲刷威胁。如1986年第7号台风带来的500年一遇24天大暴雨534.3mm,在山口处洪水位竟达23.87m,比查测的历史最高洪水位仅低0.79m,但下游农田没有受到大的损失。

搞好管理提高效益

小金电站管理局,多年来坚持改革,从实际出发大胆探索,不断总结提高。在电力生产上,主要抓了以下三方面:

1.抓山林、水电统一管理。水是水电站的生命线。要护林保水,建立起千万个含蓄水源的地下微型水库。因此,县政府决定由电站与原林场组成林工商联合公司,共同管理山林,公司在行政上归管理局领导。几年来,种植杉树5万株,其它林木3万株,水果近万株。既可获得直接产品,又能保水发电,一举两得。

2.电力生产管理抓两个责任制,实行“以水定电,按电计酬”的单位经济承包责任制和岗位责任制,抓安全操作规程和奖罚制度,抓好考评,提高了生产管理水平。

3.抓挖潜、改革和配套。由于在规划、设计和施工中十分重视上游“龙头”水库和跨流域引水的作用,做到电站和蓄、引水工程建设同步进行,成效甚大,增加电量1368多万度。特别是增加枯水期的发电量,以第六级电站为例,枯水期发电量占全年发电量的比例,从1980年仅占7.68%,到1985年增加到26.44%。整个梯级电站枯水期的发电量约占35%。

发展横向经济联合

几年前,管理局曾为解决多余职工的工作安排和寻找用电出路而大伤脑筋。近年,成立了工业开发公司,采取多种形式,外引内联办企业。由于电力供应有保证,又可提供现成的生产、生活基地和交通方便等有利条件,加上在管理局内部实行奖励措施,发动职工联络各自的亲朋好友,引进项目、资金和技术,对外实行在互利互惠的原则下,给投资联营的伙伴提供优惠条件,吸引了大批外商和外单位前来洽谈,共办起了8个经济实体,获得了三方面的效益:一是电站的电费增值,年收益30多万元,及年收入工缴费约20万元;二是安排了多余职工58人的工作,和解决职工家属50多人就业;三是将增收节支所得,再用于开发蓄、引水工程,增加发电量。

电价改革给辽宁小水电带来了生机与活力

李　素　云

辽宁省共有可开发小水电资源46万kW,到1988年底,已建成电站111处,装机容量7.46万kW,1988年发电量为1.73亿kW·h。另有在建电站11处,装机2.46万kW,已建和在建电站共122处,装机9.92万kW,占可开发资源的21%。

我省目前已有100%的县、99%的乡、98%的农户通上了电,大网覆盖率高,因此我省小水电的特点就是全部联网运行,虽然也有几处电站有自供负荷区,但也都和大网实行互供。联网运行,给电站的满发、稳定、安全带来了一系列好处,但同时也出现了小水电上网电价受大网售电价制约的问题。

长期以来,东北电网售电价偏低,而且多年没有变化。1978年长春会议上,将总容量小于6000kW电站的电价由每度3分改为4分,电价偏低,致使小水电无力偿还贷款,无力维修水工建筑物和更新改造设备,多数电站不能提折旧费,甚至有的连维持简单再生产也十分困难,小水电几乎到了无以为继的程度。

1985年春,水电部决定小水电上网保护电价由每度4分提到5分,但仍无济于事。几年来,我们一直和东北电管局、省政府有关部门研究协商提价方案,但因东北电网售电价未发生变化,所以小水电提价问题长期未能解决。

通过深入的调查研究,我们发现,为解决电力不足,省有关部门每年组织大量的议价油、煤加工议价电,各市、县在每年秋、冬、春季,在从省内分得平价电的同时,都购进相当数量的议价电。如我省小水电重点市丹东市(小水电装机和发电量约占全省1/3),1984年购进议价电4813万kW·h,同年小水电年发电量为4377万kW·h(参见表1)。

由于小水电电量属计划外电量,即说明可以和省内组织的议价电同时销售,实行高来高去,市、县工业有能力承担。我们根据系统各月缺电及小水电发电情况,提出每年枯水期8个月售议价电。根据我省小水电投资、偿还贷款年限,经过动态经济分析,确定了合理的电价调整幅度,经东北电管局、省计经委、物价局等单位协商,最后形成了“关于调整部分小水电价格的意见”,即辽政办发(1985)110号文。该文的主要内容是:(1)小水电丰水期(6、7、8、9月)以外的电量全部按议价出售,各级计经委或电力办在销售议价电时,要求先安排小水电电量。(2)小水电售议价电的加价额,除国家规定电价外,原则上

表 1　丹东地区电网售议价电和小水电发电情况表

单位: 万 kW·h

时　间	1984 年		1985 年	
月　分	售议价电	发电	售议价电	发电
1	744	40	1460	137
2	672	81	1954	126
3	775	132	1364	121
4	510	351	510	458
5	341	522	530	703
6	210	395	630	577
7	0	722	248	547
8	0	757	0	662
9	0	664	0	897
10	0	329	620	668
11	310	239	500	240
12	1251	145	1500	134
合　计	4813	4377	9316	5270

按省计经委组织的带料加工的价额，即每度电向用户收取 1 角 1 分，并随之浮动。(3) 小水电丰水期电量仍按现行电价和结算方式销售给电力部门，待东北电网调价时再行调整。(4) 购买小水电议价电的用户，由各级计经委和电力办本着“先近后远”的原则安排，即县内需要，优先安排县内，县内不需要，由市统一安排。(5) 对电力部门转售议价电过程中消耗的费用，由电站承担，采取每度电回扣 1.0 分～ 1.2 分的办法，一次算清。

电价改革给我省小水电带来了生机和活力，出现了前所未有的好形势，主要表现如下。

(一) 经济效益有较大增长。

从 1986 年 1 月 1 日开始销售议价电，到当年年底，全省共销售议价电 9000 万 kW·h，增加收入约 900 万元；1987 年销售议价电 12000 万 kW·h，增加收入 1200 万元。仅省水电厅直属柴河水库电站，两年增加收入 274 万元，改变了过去长期亏损靠补贴过日子的局面。从全省来看，容量越大，调蓄能力越强的电站，增加收入越多。对容量较小的电站，每年也能增收几万元。电站直接经济效益增加，增强了“以电养电”能力，全省 1987 年 1000kW 以上电站售议价电增收情况见表 2。

(二) 发电量有较大提高

售议价电政策，激发了小水电发电积极性，各电站都想办法增加枯水期发电量，有力地支援了当地的工农业生产和人民生活用电。1986 年在来水较丰的情况下，虽然装机只比上年增加 2300kW，但是电量达 2 亿 kW·h，增加 30 %。1987 年属平水年，在装机只比上年增加 1500kW，发电量达 2.09 亿 kW·h，年利用小时达 2997h，名列全国第五位，创我省历史最好水平年。省水电厅直属六大水库(以灌溉为主，结合发电)，溉灌期实行联合调度，既保证了灌溉，又充分利用水资源发电，取得了综合效益。大连碧流河水库电站，利用调蓄库容，丰水期蓄水，枯水期发电，取得了供水、发电双重效益。

(三) 报废电站恢复了生机

近些年我省有一批“大跃进”时期和“文革”时期修建的电站，由于防洪标准低和设备质量差，曾陆续报废。电价改革调动了这些电站的积极性，一些县、乡不惜花工本，主动对这些电站进行修复改造，使部分已宣布报废和将要报废的电站的机组又转动起来。如锦州老龙口电站，建成 10 多年，因无资金处理尾工，一直未投产，最近电站自筹资金而发电了。清原县东砬门电站，已列入报废名单上，最近又主动修复了。电价改革，使电站的自我改造能力增强了。

(四) 小水电建设出现了新高潮

全省有小水电资源的县有 30 多个，但在前两年，由于造价高、电价低，要求兴建电站的寥寥无几。1987 年以来，出现了新局面，

表 2 辽宁省 1987 年总装机 1000kW 以上小水电站售议价电情况表

电 站	主管单位	装机容量 (kW)	年发电量 (万 kW·h)	发电总收入 (万元)	其中售议价电增加收入 (万元)	全年平均售电价(元 / 千 kW·h)	备 注
土门子水库电站	县水利局	2860	589	65	41	109	
中兴电站	县水利局	1500	534	36	15	68	
高龙泡电站	太平哨乡	1140	335	28	15	83	
三大步电站	县水利局	1250	454	39	21	87	
铁甲水库电站	县水利局	1600	280	28	17	102	
罗圈背水库电站	县水利局	1600	240	23	13	95	
影壁山电站	石湖沟乡	1500	600	49	25	82	
西限子电站	石 城 乡	1250	475	24	5	52	(当年投产)
东方红电站	县水利局	2750	553	55	33	99	
松树台电站	县水利局	1280	656	49	23	82	
新开岭一级电站	车营房乡	1630	615	69	44	86	
木家电站	县水利局	4800	1760	213	143	121	
榛子岭水库电站	县水利局	1600	507	48	28	95	
宫山嘴水库电站	县水利局	1320	205	13	5	70	
蟒挡坝电站	县水利局	1440	199	12	40	62	
乌金塘水库电站	县水利局	1280	154	17	11	128	
转角楼水库电站	县水利局	1660	422	44	27	103	
碧流河水库电站	市供水办	4000	1950	263	185	130	
石门水库电站	县水利局	1500	489	49	29	100	
柴河水库电站	省水电厅	6400	3062	270	178	88	基础电价每度 3 分
汤河水库电站	省水电厅	3830	1074	91	48	84	基础电价每度 3 分

每年有 10 几个县的 20 几处站点要求兴建。清原县有一处电站，经县局批准未向省里申请资金，主动开发了。有些电站主动要求增容改造；桓仁县还出现了个体办电站；一些在建工程出现了提前投产的好势头。电价改革使电站建设速度加快了。

(五)积极归还贷款，提取折旧费

据统计，前几年仅丹东、本溪、抚顺三市的 68 处电站中，就有 26 处欠贷款，欠款金额达 900 多万元。1985 年以前，每年几乎很少有还贷款的。1986 年开始，逐渐还贷。近两年共还贷款 300 多万元，约占总数 30 %。新宾县木家电站(装机 4800kW)，1983 年投产时，欠银行贷款 530 万元，1984、1985 两年没还款能力，1986 ～ 1988 年上半年，共还贷款 250 万元。与此同时，各电站都主动提取基本折旧费，增强了自我积累、自我发展的能力。

云南省麻栗坡县小水电在边防中的作用

胡 显 能

麻栗坡县地处祖国南疆，国境线长277km，老山、东山、者阴山、扣林山都在县境内。县内群山起伏，海拔高差悬殊，达2472m，水能资源蕴藏量为102万kW，可开发利用的为43.9万kW。“两山”防御作战以来，全县电力工业，特别是小水电事业得到了空前的发展。到1988年底止，全县已建成小水电站11座，总装机容量为11890kW，年发电量5240万kW·h，拥有35kV输电线路136.9km，10kV线路720.9km，低压线路657.4km。全县已有31个部队指挥机关及所属部队、11个乡(镇)、68个办事处、949个自然村用上了电。随着小水电事业的发展，对全县边防建设起着越来越重要的作用。

(一)小水电对搞好边防斗争、巩固边防起到了应有的作用

地处战区的曼棍水电站(总装机为7000kW)，是“两山”防御作战的主要供电基地，越军千方百计妄图炸掉它。1984年以来，越军先后向电厂炮击18次，厂区中弹493发，到处弹痕累累。电站的职工宿舍被炸毁，发电机被震坏，输电线路被炸断，电源不时被切断。然而，职工们用钢板架起掩护体抢修机器，冒着炮火抢修线路，先后16次修复电厂，保证了参战部队及其前沿指挥所、通讯载波、雷达、情报、坑道、医院等部队的用电。部队指战员夸赞说：“南疆小水电，支前功如天”。1984年11月，文山州人民政府授予电厂为支前模范单位。同年12月，曼棍电站出席水电部召开的劳模表彰大会，被评为先进集体。1986年元月，省水电厅又授予先进集体的光荣称号。

1984年以来，全县共架设输电线路172km，基本上做到了部队驻到那里，线路就架到那里，电就送到那里。使老山、东山、扣林山、者阴山等前线战区的坑道和各哨位的猫耳洞里灯火通明，为防御作战的胜利作出了应有的贡献。1984年6月18日，部队要求架设一条3km的10kV线路，任务紧急，职工们只用一天半的时间，提前5小时完成任务，保证了某部队指挥机关和军事设施的用电，对7月12日某高炮部队粉碎敌人7个营的连续进攻起到了一定作用。

在战区，时常可以看到电业职工们抢修输电线路的场面。据不完全统计，1984年以来，职工白天、夜间出去抢修达1029人次，修复被越军炮火击毁的各种线路164次。前方要用电，刻不容缓，职工们冒着越军炮火，出没在大山之巅，奔忙于壑沟之畔，一次又一次地把线路修好，及时地把电送到了前线。部队指战员在赠送的锦旗上写着：“送光明保打胜仗，支前线鱼水情深。”

(二)对县、乡(镇)工农业的发展起了积极作用

麻栗坡县是云南省26个特困县之一，贫困面比较大，工农业总产值、财政收入、国民收入均很低，人民生活比较困难。1984年以来，县委、县人民政府制定了“决不放松粮食生产，抓好林、矿、电，积极开发热作区和温凉山区，努力发展乡、镇企业，因地制宜地开展多种经营，使全县人民尽快富裕起来”的发展方针。明确指出，电力是全县三大优势之一，电力工程是全县经济建设的基础工程。1984年以来，兴建了曼棍二级电站(2×2500kW)，安装了南令电站二号机(1000kW)，修复了天生桥电站(2×200kW)。有了小水电，建起了排灌站，改变了农业水利条件，安装了碾米机、磨面机、粉碎机等农副产品加工机具，解放了大批农村劳动力，投入农业精耕细作，科学种田，促进了农业增产。1988年工农业总产值完成了6648万元，比1983年增长26.46%；农业总产值完成5057万元，比1983年增长26.17%；粮食产量完成5037.6万kg，比1983年增长13.4%；全县实现人均产粮215.4kg，人均纯收入203元。

随着农村经济体制改革的深化和发展，小水电促进了乡镇企业的发展，至1988年底累计，全县共有乡镇企业2627个，从业人员6266人，主要产品产量完成钨精矿201.5t，比1983年增长104%；精矿含锡237t，比1983年增长16.8%；机制砖621万块。曼棍二级电站投产后，很快发展了电石、砖瓦、硅铁、铅矿等地方工业，使全县工业总产值由1983年的522万元增长到1988年的1591万元，增长了2.04倍。

(三)以电代柴，保护了森林，改善了群众和部队的生活条件

1984年以来，全县小水电事业发展较快，装机容量达11890kW，并入州、县电网的有9400kW，除满足战区部队和县内工农业生产、照明、加工用电外，还有1/6多的电力外供西畴及文山。该县水电部门充分发挥电力这一优势，早在1980年曼棍一级电站投产后，经县委、县政府批准，在县城机关和城镇街道居民中开放了生活电炉，近几年来，又逐步铺开到其它乡镇和战区部队。该县供电部门本着“经济效益和社会效益兼顾”的原则，以每度5分的优惠价格供给已批准的以电代柴户。据不完全统计，到1988年底，全县已有8个乡(镇)的2650户机关、居民、部队基本实现煮饭、炒菜、烧水全用电，总容量3200kW，每年可节约木柴6400多立方米。仅某部队试点，安装生活电炉总容量近100kW，每年可节约煤48t、油300kg。不仅开辟了剩余电力的途径，而且还保护了县城和乡镇附近的山林，改善了群众和部队的生活条件。

(四)丰富了部队和群众的文化生活

有了小水电，全县普及了有线广播，建起了6个电视差转台，除少数地区外，广大指战员和群众都能听到广播、看到电视，丰富了战士和群众的文化生活，对于安定团结，巩固边防起到了一定积极作用。战士们反映说：“原只想，到了老山战区后，除了执行任务，就只能听听蟋蟀叫了，万万没想到，来到战区后，还能点上电灯，作战间隙，还可以听听广播，看看电视，真是其乐无穷。”

江西省奉新县农村电气化带来新发展

袁 有 生

奉新县地处江西省西北部，是一个山区县，水能资源较为丰富，可供开发利用的小水电资源为5.5万kW。

该县自1983年列为全国100个农村电气化试点县之一以来，经过全县人民艰苦努力，于1987年底达到农村电气化初级标准。到1988年底止，全县已建成小水电站131座，装机容量达2.0435万kW；建成35kV变电站3座，容量13310kVA；架设35kV线路124.6km、6～10kV线路998km、低压干线1630km；安装配电变压器513台，容量为17342kVA；联网电站16座，装机29台，容量为1.699万kW，基本形成了以老愚公电站和仰山电站为骨干电站的发、供、用统一调度的县独立电力系统，满足了全县工农业生产和城乡人民生活用电的需要。全县100％的乡（镇）和村民小组、99.27％的家庭用上了电，人均装机84W，人均年用电量211.8kW·h，户均年生活用电量274.4kW·h，发展以电代柴电炊户12824户，占全县总户数的23％，用电保证率达98.15％。

（一）农村电气化促进了县办工业和乡镇企业的蓬勃发展

电气化建设前，由于电力不足，工业发展比较缓慢，工业底子相当薄弱，全县工业总产值只有4388.08万元。电气化建设中，由于认真贯彻发、供、用电同步发展的方针，先后办起了年产万吨的水泥纸板厂、年产千吨的碳素厂，另外还兴办了要求电压、周波稳定，供电可靠性和连续性都很高的化工工业。电力优势促进了横向联合，许多外地企业，瞄准该县充足的电力市场，纷纷带资金、带技术来联营办厂，加快了我县工业发展速度。1988年县办工业总装机达到1.3174万kW，用电2186万kW·h，工业总产值达到18154万元，比试点前增长3.14倍。

乡镇企业在电气化建设中蓬勃兴起，规模由小到大，产品种类由少到多，生产方式由手工操作到机械化、自动化。全县乡镇企业已发展到3510个，从业人员19017人，占农村劳力的27.13％。1988年乡镇企业总装机达到5150kW，用电量540万kW·h，创产值7294万元，实现税利1021万元，比试点前增长 4.8 倍。

(二)农村电气化促进了农业现代化和农村经济的发展

随着农村电气化的发展,农村电力不断增加,变配电设备和输电线路得到全面整顿和改造,兴建和改造乡级标准变电站 5 座,改造二线一地 70kV 线路 531km,整顿农村低压线路 1300 余公里,使农村供电设备和线路达到标准要求,确保了农业灌溉、排涝、抗旱的用电需要。全县修建电力排灌站 113 座,装机容量达到 4713kW,设计灌溉能力为 5.67 万亩。每个平原乡镇都有 15～20 座固定电灌站,移动电灌站遍及田头地角,在农业抗旱中发挥了重要作用。1988 年粮食总产达 22343 万 kg,人均有粮 1000kg,比试点前增长 30 %。农村电力供应的增加,还有力地促进了农村多种经营的发展,各个乡镇都有农副产品加工基地,全县基本实现了脱粒、磨面、榨油、碾米、磨粉、饲料加工均以电力为动力带动机械作业,大大提高了工作效率和经济效益,发展了农村经济。如 1988 年仅粮食和饲料加工一项,加工量为 10000 万 kg,增创产值 2000 万元。1988 年,农业总产值达到 15607 万元,比试点前增长 67.7 %,农村人均纯收入达到 647 元,比 1982 年增长 66.75 %。

(三)农村电气化促进了人们物质、文化生活的提高

农村电气化的实现,使人民生活水平显著改善,已从温饱型向小康型转变。农村人均收入从电气化前的 388 元,提高到现在的 647 元,增长 66.75 %;全民单位职工年平均工资由 632 元提高到现在的 1377 元,增长 1.17 倍;城乡人民储蓄现达到 6761.1 万元,人均 270.8 元,比 1982 年增长 5.1 倍。60 % 的农户建了新房,大多数家庭有了自行车、收音机、电视机,有不少家庭还增添了彩电、冰箱等高档商品。全县建立了 3 个电视差转台,电视复盖面达 95 %。各乡镇都建立了文化站、文化中心,有 8 个集镇建立了农村电影院,还有 26 个电影放映队,常年在农村巡回放映,极大地丰富了农民的文化生活,农民群众从此结束了“白天扛锄头,晚上抱枕头”的干巴巴生活。

(四)农村电气化促进了小水电自身的发展

我县小水电企业,在电气化建设中不断巩固、发展和壮大,在国民经济中的地位和作用日益突出。1988 年,小水电企业通过深化改革,实行承包经营,加强经营管理,大力开展挖潜、革新、改造,千方百计提高设备利用率,使发电设备年利用小时数由试点前的 3087h,提高到现在的 3596h;1988 年发电量达 7030 万 kW·h,产值达到 553.43 万元,收入达到 702.5 万元,实现利润 195 万元,比 1982 年增长 1.64 倍;上交税金由试点前的 21 万元增加到现在的 53.55 万元,增长 1.55 倍。与此同时,我们还利用本行业电力的优势,积极开展多种经营,兴办了电机制造厂、机电修理厂、仪表厂、人造宝石厂及水泥预制厂等。

全国最高水头的湖北省四方洞水电站

湖北省水利水电厅农电处

四方洞水电站是我国目前水头最高的一座电站，系清江支流响石溪流域梯级开发的首级工程，位于湖北省长阳县麻池区石城乡，距县城104km。电站设计水头855.07m，设计流量0.76m^3／s，装机容量2×2500kW，多年平均发电量为1806万kW·h，年利用小时为3612h。

整个电站由取水枢纽、引水建筑物、压力前池、压力管道、电站厂房、升压站等组成。

取水枢纽共两处：一处在城五河上游，筑坝引四方洞泉水，最大坝高2.8m，坝长33m，坝址以上流域面积14.7km^2，实测泉水最大流量为5.29m^3／s，最枯流量0.046m^3／s，年平均流量为0.496m^3／s；另一处在中溪河上筑坝取水，库容15万m^3，引用流量0.5m^3／s。城五河引水渠道总长1394m，中溪河引水渠道总长4675m。压力前池建筑面积220×45m^2，有效容积5.7万m^3。

压力管道、电站厂房及升压站均布置在中溪河的右岸。压力管道全长1620m，基本上沿山脊布置，最大坡度40°，最小5.5°。电站厂房轴线与压力管道轴线平行，地面高程483m，主厂房长×宽×高＝23.1×10.7×11.4m，副厂房为11.45×10.75×11.4m，厂房内装设两台冲击式卧式水轮发电机组。电气主结线为单元结线，高压侧35kV出线一回，经23.5km线路投入桃山110kV变电站，导线型号为LGJ-150。

电站生活区布置在中溪河左岸。

1988年10月电站1号机组投产发电，运行基本正常。四方洞电站的建成，将对国内高水头水电站的建设和设备制造提供一定的经验。其主要的特点有：

1．电站最大工作水头为896.4m，压力管道下、中段采用无缝钢管，上段采用焊接管。

2．水轮机型号为CJ20A-W-115／1×7，是哈尔滨电机厂10多年来的研制成果，填补了我国千米水头级转轮空白，制造工艺采用高强度耐冲刷材料整体铸造并精磨而成。

3．发电机型号为SFWY2500-6／1430，采用新型箱式结构，此产品于1984年获国家科委五等奖。

4．电站控制系统按单站综合自动化原则，采用微机监控。

长阳县是我国100个农村电气化试点县之一，四方洞水电站具有日调节性能，作为县小网中的调频电站，对电网的稳定与提高供电的可靠性，将起着一定的作用。

我国积极参与国际小水电技术交流

朱 效 章

80年代初，我国政府有关部门与联合国开发计划署议定，在杭州成立了亚太地区小水电研究培训中心（以下简称“中心”），作为我国小水电对外窗口，积极参与了国际特别是亚太地区小水电技术交流活动，作出了显著成绩。

由于我国小水电建设在国际上享有声誉，以及积极参与各种国际活动的结果，近年来，许多国际组织举行的有关小水电或农村电气化会议，纷纷发来邀请，甚至主动承担一切费用。

1986年4月1日～4日，由世界著名的英国《国际水力发电与坝工建设》期刊与“中心”在杭州共同举办了第二次国际小水电会议。出席会议的有38个国家和地区及联合国有关方面的专家和官员共181人，还有中国代表96人。水电部杨振怀副部长、浙江省吴敏达副省长和英国驻华大使伊文思先生出席了开幕式并讲了话。大会共宣读了34篇论文，其中中国论文15篇。会后分5路到我国各地进行参观考察。我国小水电建设受到外国代表的好评；我国自力更生、因地制宜发展农村电气化的成就给各国代表留下了深刻的印象。会议广泛交流了世界小水电发展的情况和各方面的经验，系统而又具体生动地介绍了中国建设小水电的成就和经验教训，并使一些国家的代表，得到一次机会具体了解中国在小水电建设方面的能力与需求，以及可能的技术市场，为以后开展各种形式的双边合作创造了条件。通过会议，还增进了各国代表对中国的广泛了解和人民之间的友谊。这次会议也使我国专家充分听取各国的先进经验和技术。

1988年4月25日～29日，由《国际水力发电与坝工建设》期刊在墨西哥坎昆城单独举办了第三次国际小水电会议。来自42个国家、共约200名专家参加了会议，包括大、小水电的设计、制造、科研、大学等行业，来自亚洲、拉美、北美、澳大利亚和欧洲。会上共宣读了42篇论文，并进行了广泛的讨论。大会分8次进行，由世界著名专家分别主持，其中包括：联合国技术顾问戈特施密斯先生（英国人），拉美国际银行水电部主任金姆波利先生（美国人），朱效章（亚太地区小水电中心主任，教授级高级工程师，中国人），墨西哥电力委员会高级代表巴罗先生（东道主），以及拉美能源组织和巴西等国的著名教授。朱效章主持了小水电会议（全体代表参加)，并在国家实例研究会议上发表了题为“小水电是中国重要农村能源”的报告，受到热烈欢迎。我国水电部农电司司长邓秉礼也应邀出席了会议。

自1983年起，由“中心”承担了亚太小水电网的秘书处工作。主要进行了以下几项工作:

国际培训。从1983～1988年共举办了14次国际小水电培训讨论班，大部分均由“中心”在杭州举办，参加学员近180名，来自亚太地区18个成员国，以及阿拉伯地区和拉美等6个国家。学员为各国小水电工程师，也有些负责官员。除讲课外，还对小水电站和有关制造厂进行考察、参观，使学员不仅从理论上和技术上了解中国小水电建设的经验和特点，还有直观感性认识，提高培训效果，得到很好的评价。

国际会议。1987年5月18～29日，“中心”受联合国委托，在杭州主办了国际小水电设备标准化会议，参加国家25个，代表48人。会议目的是在发达国家与发展中国家间交流小水电设备的设计及制造、运行经验，探讨设备标准化问题，以及如何协助发展中国家建立本国的设备制造能力等。在会上，瑞典、中国和拉美国家提出的标准化系列，受到代表们重视。1987年6月25～27日在杭州召开了亚太地区小水电高级决策人会议，会议通过了12条有关小水电发展规划的建议。从1982～1988年上半年，我国先后派出22名技术人员在国外参加了17次各种小水电国际会议活动，宣读了10余篇论文。

情报。由“中心”主编的《小水电通讯》(英文季刊)，从1984年到1988年上半年，已发行15期。该刊登载世界技术专著和各国小水电发展情况，及网内动态和消息，受到国际小水电界广泛欢迎，现已发行到近百个国家和地区，上千个小水电单位与专家。为系统介绍我国小水电建设经验，中心编写了《中国小水电——历史的回顾》(英文版)，由英国中间技术出版公司在1985年出版，向世界发行，影响较大。

此外，在80年代，我国在国际上发行，影响较大的书刊还有:

英国《国际水力发电与坝工建设》期刊1985年2月号《中国小水电专辑》;

联合国工发组织编辑的联合国小水电丛书第二集《中国小水电经验》。

咨询。从1983年到1988年上半年，“中心”先后17次派出专家赴亚太及拉美国家参与各种咨询活动(包括提水工具、水轮泵的技术咨询活动6次)。又如亚太小水电网的建网和运行经验，受到非洲等地区重视。1985年11月在埃塞俄比亚召开的讨论非洲建立区域小水电网的高级顾问专家小组会上，专门请中国代表作了介绍。

Ⅵ 水电发展战略研讨

木刻：莫测

开展水电战略研讨促进水电开发

梁 益 华

自新中国成立以来，我国能源开发有很大发展，水电也有了较大发展。至1988年底，全国一次能源产量达到9.57亿t标准煤；发电装机容量达到11550万kW，年发电量5450亿kW·h，其中水电分别为3270万kW、1092亿kW·h(不包括台湾，下同)。但是，长期以来能源工业的发展落后于国民经济的发展，尤其是持续缺电17年的状况，严重制约着国民经济的发展，影响人民的生活。而且，能源短缺、电力不足的局面越来越紧张，形势十分严峻。

世界各国能源开发的经验都是优先开发水电。按可开发资源的年发电量计算，目前全世界已开发20％以上，发达国家超过40％，苏联为21％，印度为19％；而我国水能资源居世界之首，却仅开发5.7％，远落后于发达国家，也落后于印度等发展中国家。对此，有识之士尖锐地提出：我国长期缺电，迫切要求增加电力，大力发展火电，给煤炭、运输和环境造成很大压力，而丰富的水能资源，为什么不优先开发利用?甚至在水能资源富集的四川，也在大力发展火电，造成发电用煤紧缺，需从外省运入，给原来就很紧张的铁路运输增加压力，感到不可理解。我们认为，造成这种局面的主要原因，是对水能是可再生的一次能源及其在国民经济发展中的地位与作用认识不足，导致在能源发展战略决策方面和国家投资政策方面的某些失误。此外，电价和税收政策不合理，使水电的优越性显示不出来；电力管理体制上的弊端，不利于水电事业的发展；不能像煤炭、石油那样国家给水电拨给一次能源的资源勘探经费，以致水电前期工作经费长期不足，影响了工程项目的储备和开发。为此，经中国水力发电工程学会张铁铮与中国电机工程学会毛鹤年商讨，一致认为很有必要开展水电开发战略的研讨，把水电开发同整个能源的开发利用、同电力工业的发展、同水能资源的综合开发利用、同国土整治和地区经济发展结合起来，提高到战略高度来考虑，阐明其在国民经济发展中的地位和作用，使水电的优越性能为更多的人所认识，以促进水电事业的发展。据此，中国水力发电工程学会于1986年11月，联合中国能源研究会、中国水利经济研究学会、中国国土经济学研究会和中国电机工程学会，在北京召开了“水电经济开发战略研讨会”；并连续3年，应有关省(区)人民政府的邀请，组织有水电、水利、能源、电力、化工、冶金、农业、经济、生态等方面专家参加的考察团，先后对黄河上游、乌江、澜沧江中下游进行了水电经济开发综合考察。其中对乌江流域的综合开发战略还组织了专题研究。1989年还准备接受四川省人民政府的邀请，组织对金沙江、雅砻江、大渡河的水电经济综合考察。这些研讨和考察活动，打破行业、部门的界限，发展了横向联系和多学科的共同研讨，改变了过去就电力论电力、就水电论水电的作法，收到博采众议、广纳各家言的效果，提出的意见和建议受到有关方面的重视，并受到有关省(区)的欢迎和赞赏。贵州省省长王朝文同志说："考察团同志从乌江的实际情况和我国国民经济发展的需要出发，深刻阐明了开发乌江对国家经济建设的重大意义。同时就流域资源的综合开发、地区经济振兴等重大问题，从体制、政策、布局及开发程序等方面提出了宝贵的意见和建议，使我们耳目一新，受益非浅，这对我们今后的工作有很好的指导意义。"云南省省长和志强同志说："考察团同志跋山涉水，取得了珍贵的第一手资料。专家们指出，实行电力先行、矿电结合、对外开放、综合开发，将为开发云南的有色金属、稀有金属、非金属矿产和发展橡胶、茶叶、森工等提供有利条件，为国家作出更大的贡献。因此，澜沧江水能资源的开发将是云南资源开发的关键一步。这次考察超出了澜沧江水电开发，而是研讨了云南经济发展的路子问题，考察团的意见非常宝贵，对我们有很大启发，开发澜沧江将是我们今后工作的重点之一。"三次综合考察报告均报送国务院，国务院领导作了批示，并转有关部门研究处理。另外，中国水力发电工程学会还对加快开发中型水电进行了专题研究，提出了加快开发的建议，已为有关决策部门所重视，并制定了积极发展中型水电的战略措施。

在上述研讨和考察活动中，各方面的专家发表了精辟的论述，提出了贵宝的意见。能源专家从能源发展战略角度，分析了发展水电对改善能源生产结构和能源合理利用的重要意义和加快开发水电的迫切性；电力专家从动力资源条件和水电在电力系统中的作用，分析了水电在我国电源开发中的作用和加快水电建设的必要性；煤炭专家通过分析我国煤炭生产发展前景和运输条件，要求尽快开发水能资源，多建水电，以减轻煤炭供应和运输的压力；生态专家从环境现状及发展趋势分析，希望尽多开发无污染的水能资源，以减轻环境进一步恶化；经济专家认为很有必要把水电在国民经济发展中的战略地位及其社会效益进一步分析清楚，使更多的人认识开发水电的优越性和它的重要意义。最后专家们一致认为，水能资源是我国能源的重要组成部分，加快开发水电，对改善我国能源生产结构，减轻环境污染，带动江河综合治理开发和国土整治，促进国民经济发展，具有重大的战略意义，并对今后深入研讨水电开发战略问题应采取的战略对策，提出了以下几点带原则性的意见。

战略目标

到 2000 年，水电装机容量将由 1980 年的 2030 万 kW 增至 8000 万 kW，年发电量由 582 亿 kW · h 增至 2300 亿 kW · h。设想到 2015 年装机容量达到 15000 ～ 16000 万 kW，年发电量达到 4500 ～ 5000 亿 kW · h，水电开发程度达到 25 % 左右。

战略指导思想

水电开发要同国民经济发展与地区经济振兴密切结合；要按江河水资源综合开发利用原则；要依据能源资源条件及其生产合理布局，电力系统平衡和充分发挥水能资源效益进行综合规划。

开发重点

1.水电开发以大型为骨干，大、中、小型相结合。大型水电站是电力系统的主力，是改善电力能源结构的主要因素；中型水电站一般具有工程量小、工期短、投资少、见效快的特点，并有利于促进地区经济的发展；小水电资源分布广，可就地建站，就近供电，县、乡可办，是实现农村电气化的主力。

2.在水能资源富集的西南、西北等地区，优先开发，实行梯级连续建设，建立水电能源基地，除满足本地区用电外，还向东部地区送电，以改善我国能源生产结构和工业布局。

3.在水能资源较少的沿海、华北、东北等地区，充分开发尚未利用的水能资源，抓紧建设抽水蓄能电站，以适应电力系统发展的需要。

措施

1.改革电力管理体制，调动各方办电的积极性；建立流域或地方的水电开发公司，使其具有自我发展的能力，实行滚动发展，推行河流梯级连续开发。

2.调整投资和贷款政策，实行投资分摊。国家对水电实行倾斜政策，提高投资比重，要同煤炭、石油等一次能源开发贷款一样，对水电实行低息；征收的电力建设资金，水电部分集中使用于水电建设；综合利用的水电站，防洪、灌溉、航运等部分，应由国家给予投资。

3.实行合理的税收、电价政策，调整当前不合理的过高的电力税率，豁免水电建设的耕地占用税；调整过低的电价，实行优电优价。

4.重视能源、电力系统和水电开发规划的编制工作；建立前期工作基金，加强前期工作，增加工程项目储备。

5.依靠科学技术进步，提高水电技术水平。

6.加强水电队伍建设，提高职工素质，改革经营管理，降低工程造价，缩短建设工期。

对我国水电经济开发的战略设想

罗　西　北

水能资源是我国能源的一个重要组成部分，充分利用这一资源，对于改善我国能源结构，带动江河治理和国土整治，促进国民经济持续增长，具有重要意义。在当前全国既缺电又缺水的情况下，大力开发水能资源，加快水电建设，是摆在我们面前的一项十分紧迫的战略任务。

一、现　　状

目前，我国已建成大、中、小型水电站共8万多座(其中大、中型84座)，遍布全国各地。1949年，我国水电装机只有16.3万kW，截止1985年底，已增长到2641.5万kW，年发电量为923.8亿kW·h。水电的装机容量和发电量，从解放初期分别占世界的第25位和23位提高到第8位和第7位。水电建设取得了较大的成绩，显示出巨大的优越性，主要表现在：

(一)为国家积累了资金

截止1985年底，水电已累计发电9873.6亿kW·h，实现税利395亿元，比同期国家投资283亿元超过112亿元。1985年实现税利为36.9亿元，相当于国家对水电投资24亿元的154%。

(二)发电成本低

注：本文系1986年11月在全国水电经济开发战略研讨会上的发言，发表时经作者修改删节

1985年全国水电平均每度电成本1.08分，仅为火电厂平均发电成本3.8分的28％；1985年水电发电量923.8亿kW·h，与等量的火电相比，为国家节约成本25.1亿元。

(三)提高了电力系统供电的可靠性和经济性

由于水电发电设备启动灵活，能适应电力系统负荷的突变。因而在电力系统中，水电站除担负基本负荷外，一般多担负调峰调频和事故备用，从而提高了电力系统供电的可靠性和经济性，降低了火电厂的煤耗。

据统计近20年来，在华东电网仅新安江水电站为减轻和避免电网事故达93次之多，避免造成经济损失1亿元以上。

(四)发挥了巨大的综合效益

建设水电站除发电外，还带动了江河治理，水资源的综合利用和地区经济的发展。一般具有调节库容的大、中型水电站，都兼有防洪(防凌)、灌溉(排涝)、航运、城市和工业给水、水产养殖、旅游等综合利用效益。刘家峡、盐锅峡、八盘峡、青铜峡、新安江、丹江口、新丰江、丰满等一大批水电站建成以后，不仅提供了强大的电力，而且其综合利用效益都十分显著。

(五)促进了电网建设

大中型水电站的修建，对于电网的发展和扩大，推动输电技术的提高，发挥了重要作用。目前我国已形成7个大区的电力系统。

(六)减少了环境污染

发展水电对于改善局部地区的气候条件，改善人民的生活环境等，都具有显著的社会效益。

(七)带动了农村电气化的发展

我国已建成小水电1000万kW，在全国2300多个县中，有70％办了小水电，其中有近800个县主要靠小水电供电。小水电的发展促进了农村电气化的进程，带动了乡镇企业的繁荣，改善了农村文化生活，成为一些贫困地区脱贫致富的重要门路。

(八)壮大了水电队伍，提高了技术水平

随着水电事业的发展，不仅提高了水电的科技水平，而且造就了一支能吃苦耐劳的水电建设队伍。目前部属队伍约20多万人，从规划、勘测、设计、科研到施工安装，专业配套，工种齐全，并拥有一定数量的技术装备，完全可以依靠我们自己的力量，建设各种类型的大型和特大型的水电工程。

总之，开发水电一举多得，综合经济效益和社会效益巨大，这已为无数事实所证明。但是，我国的水电建设和国民经济发展的需要，以及十分优越的水能资源条件相比，还是很不适应的。

二、当前的主要问题

(一)水电开发程度太低

由于水能资源比其它能源具有显著的优越性，国外无论是经济发达的国家，还是发展中国家都是优先发展水电。目前发达国家水电平均开发程度约为40％，发展中国家平均为8％。水电开发程度超过90％的有法国、意大利等；超过60％的有西德、挪威、日本、埃及等；美国已达40％以上；起步较晚的印度和巴西也分别达到17％和12％；目前苏联也正在大力开发东部地区水能资源。相比之下，我国水能资源居世界之首，理论蕴藏量为6.8亿kW，可能开发的水能资源有3.7亿kW，年发电量1.9万亿kW·h。但是截止1985年底，开发程度尚不足5％，其发电量在电力工业的比重中仅占20％左右。一些主要江河还是未开垦的处女地，许多优越的河段，如黄河上中游、红水河、乌江、澜沧江等，被称之为水能资源的“富矿”，亦未能充分开发。

(二)水电投资不足,增长率日趋下降

水电投资在电力工业中"四五"占35%;"五五"还占34.3%,基本维持在1/3的水平。但是,"六五"期间水电投资比重开始下降,到1985年已下降到25.3%;"七五"国家计划安排的电力投资中水电只占24.9%,水电部建议安排的水电投资比重仅为22.9%。因此水电装机增长率呈不断下降的趋势。据统计,"一五"水电增长率为21.5%;"二五"为18.5%;三年调整时期(1963～1965年)为8.3%;"三五"为15.6%;"四五"为16.6%;"五五"为8.6%;"六五"为6.0%。1985年全国大、中型水电投产总容量只有19.25万kW,只相当于当年全国大、中型电站投产总容量的3.7%。这种状况是值得深思的。

(三)水电在建规模太小

全国水电"五五"结转"六五"的建设规模为1000万kW,"六五"结转"七五"建设规模为1140万kW,"六五"新开工的大中型项目只有550万kW,"七五"按目前安排的开工项目为1200万kW,仍然太低。这种情况应引起高度重视,必须从现在起就采取有力措施,尽快上一批新项目。我们认为,"七五"开工规模不应少于2500万kW,否则,到2000年水电装机达到8000万kW的目标势将落空。

(四)由于资金的限制,严重影响前期工作的进展

由于费用不足,许多开发条件很好的项目也无法进行勘探(如金沙江等),每年实际能做的前期准备工作仍然太少,水电前期项目的储备不足,可供国家选择建设的项目不多。

造成上述问题的主要原因有:

一是对水能资源是一次再生能源的认识不统一。火电是二次转换能源,而水电与石油、煤炭同是一次能源。在我国正是由于在这个问题上没有统一认识,所以在能源政策和投资分配上,没有把水电与石油、煤炭放在同一位置上,却把水电投资放在火电一起切块分配,同时水电的利、税率都高于石油、煤炭。因此,在电力投资不足的情况下,主管部门为了缓解缺电局面,势必要多上火电,挤水电,因而造成水电在电力工业中的比重必然下降。

二是对主要江河开发利用缺乏统一的长远规划。科学的长远规划,是指导水电前期工作、科研试验以及合理安排建设项目的基础。但是,过去我国对主要江河均缺少全面的河流规划,加上"左"的思想影响,在开发程序上没有坚持梯级连续开发,在选择开发方案上考虑长远和整体上的经济合理不够。同时在相当长的时期内没有按基建程序办事,而是以长官意志行事,致使有些项目上马下马反复不定,造成了人力、物力的巨大浪费,人为地拖长了水电建设周期,,影响了水电的声誉。

三是由于现行电力管理体制上弊端,极不利于水能资源的开发。长期以来,电力工业强调电网的集中管理,水电、火电放在一起统收统支,水电成本低,积累高,但反馈远小于收益,阻碍了水电的自我发展。而且在资金借贷和使用上缺乏自主权,水电开发的必要投资也得不到保证,更谈不上按合理工期组织施工,不仅影响了水电投资效益的发挥,而且挫伤了水电职工的积极性。

三、目标与布局

能源工业是国民经济的基础工业。水电作为一次能源的重要组成部分,其增长的快慢,对于发展水利事业,带动江河治理和国土整治,促进国民经济的建设有着重大的影响。我国严重缺电的局面,已经持续16个年头，到“六五”期末，全国还缺电500～600亿kW·h，全国许多地区缺水的情况也日趋严重。为了尽快扭转缺电、缺水的局面，我们认为，从我国的国情出发，吸取国外有益的经验，需要尽快制定水电开发战略和有关政策，采取积极有效的措施，以保证水电战略目标的实现。

制定我国水电经济开发战略目标的依据是：

首先，我国可能开发的水能资源每年可替代火电燃煤10亿t或5亿t原油，按水工建筑物寿命100年计算，可替代1000亿t原煤。在我国煤炭已探明7800亿t的保有储量中，动力用煤约3900亿t，可采量约1950亿t。可开发的水能资源约相当于动力煤的1/3以上，而目前在能源消耗总量中只占4.8%，所以，水能开发的潜力巨大。煤炭、石油属于不可再生能源，用途广泛，用来作为燃料烧掉十分可惜，且又污染环境。而水能是再生能源，可永复利用，既经济又干净，如不大力开发，终年将白白流入大海，这是对资源的极大浪费。加快水电开发是改善我国能源结构，缓解电力供需矛盾的既现实又经济的有效途径。

其次，为了实现中央提出的到2000年力争工农业总产值翻两番的奋斗目标，水电部提出，我国电力工业至少应翻两番，电力装机容量将从1980年的6590万kW增加到2000年的25000～27000万kW，年发电量由3000亿kW·h增加到12000～13000亿kW·h。

经测算，煤电约占9000～10000亿kW·h，需燃料煤约5亿t，发电用煤需要从现在占煤产总量的18%，提高到2000年占煤炭产量12亿t的39%～44%，届时国家统配煤79%以上将用于火电，这是否可行，尚待研究。

水电按规划需要，至少应同步。到2000年，水电装机将由1980年的2030万kW增加到8000万kW，即新增装机6000万kW；年发电量由582亿kW·h增加到2400亿kW·h。届时开发程度仅达到12.1%。

设想到2015年，工农业总值以15年翻一番测算，水电装机容量将达到15000～16000万kW，年发电量达4500～5000亿kW·h，水电开发程度可达到25%左右。

按照上述预测，在1986年以后的30年中，水电需新增装机容量13000～14000万kW。届时我国水电将居于世界前列，这一任务是十分艰巨的。

再次，我国是一个严重缺水的国家，全国人均占有水量为2700m^3，为美国的24.5%，为苏联的20.18%，目前在国民经济发展中，水资源已成为一个薄弱环节。因此，改变水流时、空分布上的状况，增加可用水量，也是一项迫切的任务。

为了实现上述战略目标，应在我国水能资源丰富的西南、西北、中南等地区，坚持优先开发水电，重视水资源的综合利用，以及大中小型相结合的方针，实行梯级连续开发；在水能资源较少的华东、华北、东北地区，要充分利用尚未开发的水能资源，并抓紧安排建设一批抽水蓄能电站，以适应电力系统发展的需要。开发布局、建设重点设想如下（见表）。

（一）西北（包括新疆）

1985年已有水电装机315万kW，其中大中型264万kW。目前正在建设黄河龙羊峡、汉江安康等电站。今后应集中力量开发黄河龙羊峡至青铜峡河段，到2000年建成龙羊峡、李家峡、拉西瓦、公伯峡、大峡、黑山峡河段等梯级水电站，新增装机640万kW；同时，积极开发白龙江；结合航运开发汉江上游。新疆近期开发中、小型电站，就近解决用电需要，重点开发伊犁哈什河、开都河。到2000年水电累计装机1110万kW，其中大中型1040万kW；2015年水电累计装机1920万kW，其中大中型1600万kW。

(二)西南(包括西藏)

1985年底已有水电装机510万kW，其中大中型283万kW。目前正在建设大渡河铜街子、乌江东风、南盘江鲁布革、澜沧江漫湾等电站；近期应重点开发乌江、大渡河、澜沧江、雅砻江。2000年前建成乌江东风、构皮滩、洪家渡等投产237万kW；大渡河铜街子、南桠河梯级等投产90万kW；澜沧江漫湾、小湾或大朝山等投产225万kW；雅砻江二滩投产200万kW。同时积极开发岷江上游，结合航运开发嘉陵江梯级电站。远景开发金沙江虎跳峡到宜宾河段。西藏近期开发中小型电站，重点开发拉萨河。到2000年水电累计装机1620万kW，其中大中型1270万kW；2015年水电累积装机4250万kW，其中大中型3780万kW。到2000年，西南川、滇、黔三省将形成以水电为主的电力系统。

(三)华南

1985年底已有水电装机422万kW，其中大中型177万kW。目前正在建设红水河南盘江天生桥、岩滩等电站；今后，重点继续开发红水河。到2000年，建成红水河南盘江天生桥一、二级，岩滩、龙滩等梯级，新增装机462万kW，同时开发西江干流及郁江。在广东继续建设中型电站，并兴建抽水蓄能电站。到2000年水电累计装机1200万kW，其中大中型装机840万kW；2015年水电累计装机2000万kW，其中大中型装机1440万kW。

(四)华中

1985年底已有水电装机627万kW，其中大中型385万kW。目前正在建设葛洲坝、东江、五强溪、万安等水电站；今后应继续开发长江干支流、沅水、赣江，并开发清江、澧水，结合航运开发湘江等。同时，还需积极发展中型水电站。到2000年，建成沅水五强溪和凌津滩、耒水东江、清江隔河岩和高坝洲、赣江万安和泰和等水电站，水电累计装机1530万kW，其中大中型1140万kW；2015年水电累积装机3250万kW，其中大中型2700万kW。

(五)华东

1985年底已有水电装机390万kW，其中大中型210万kW。目前正在建设水口、沙溪口、紧水滩等水电站。今后，在福建要继续开发闽江水系，积极开发汀江棉花滩及闽东北水系；在浙江建设一些中型电站，并在近期建设天荒坪抽水蓄能电站。到2000年水电累计装机1090万kW，其中大中型装机760万kW；2015年水电累计装机1720万kW，其中大中型1240万kW。

(六)东北

1985年已有水电装机294万kW，其中大中型电站269万kW。目前正在建设第二松花江白山二期、红石和鸭绿江太平湾等电站。今后，应继续开发第二松花江，和朝鲜共同开发鸭绿江；并开发牡丹江及嫩江，积极发展抽水蓄能电站。远景和苏联共同开发黑龙江。到2000年，要建成白山二期、松江河梯极、松江河抽水蓄能电站以及鸭绿江临江、牡丹江莲花泡等电站，累计水电装机达683万kW，其中大中型装机628万kW；2015年水电累计装机1303万kW，其中大中型1218万kW。

(七)华北

1985年已有水电装机85万kW，其中大中型53万kW。今后结合水资源利用，要抓紧开发黄河北干流，并积极建设抽水蓄能电站。2000年建成十三陵抽水蓄能电站，以及黄河万家寨电站，累计水电装机290万kW，其中大中型254万kW；到2015年，水电累计装机616万kW，其中大中型564万kW。

(八)关于长江三峡工程

举世瞩目的长江三峡工程涉及面广，它对社会、政治、经济的影响重大，目前水电部正在积极组织各方面的力量进行论证。对这样的特大型工程，采取既积极又慎重的方针是恰当的。它兴建时间的早晚，影响到整个水、火电布局和国家投资的安排，因此，需要听取各方面的意见，尽早地慎重决策。

开发水电，在以大型为骨干的同时，要积极发展中小型水电站。我国中型电站可开发6400万kW，目前仅开发624万kW。它与大型水电站相比，投资少，工期短，见效快，便于集资，有利于促进地区经济和乡镇企业的发展。因此，不仅要在中南、华东、东北、华北开发中型水电站，而且在水能资源丰富的西南、西北地区也应加速开发。我国小型水电站(2.5万kW以下)分布很广，它作为农村电气化的主力，应鼓励地方积极兴办。

水电装机分地区投产设想表 (单位：万kW)

地区(电网)	1980年底	20		年		再15年
		1985年底	1990年底	1995年底	2000年底	2015年底
全国水电总装机	2032	2642	3642	5060	7540	15063
其中：大中型	1302	1642	2442	3660	5940	12843
小型(2.5万kW以下)	730	1000	1200	1400	1600	2200
一、华北	65	85	109	184	296	616
大中型	38	53	74	146	254	564
小　型	27	32	35	38	42	52
二、东北	184	294	417	504	683	1303
大中型	169	269	382	459	628	1218
小　型	15	25	35	45	55	85
三、华东(包括福建)	343	389	498	783	1092	1717
大中型	210	210	270	505	764	1239
小　型	133	178	228	278	328	478
四、华中(包括江西)	460	627	927	1149	1529	3245
大中型	282	385	635	807	1137	2703
小　型	178	242	292	342	392	542
五、华南	299	422	510	787	1208	1997
大中型	123	177	225	462	843	1512
小　型	176	245	285	325	365	485
六、西南(包括西藏)	389	510	646	1023	1619	4254
大中型	227	283	379	716	1272	3787
小　型	162	227	367	307	347	467
七、西北(包括新疆)	292	315	535	630	1113	1911
大中型	253	264	477	565	1042	1820
小　型	39	51	58	65	71	91

四、政策和措施

为了实现加快开发水电的战略目标，发挥我国水能资源的优势，努力服务于“四化”建设，需要认真采取改革措施，制订和完善各项有关的经济政策。

（一）改革水电经济管理体制，调整投资分配政策

国家应把水电与煤炭、石油一样对待，在计划体制上，实行单列。改变多年来水、火电统收统支的办法，赋予水电自我改造和自我发展的条件。建议从“七五”开始，新投产的水电，除上交必要的产品税外，其余收入全部留下，作为建设水电的补助资金来源。今后应在国家对水电进行重点投资的基础上，充分调动地方、企业、集体、个人办电的积极性，打破地区、部门界限，以形成多层次、多种摸式的办电局面。国家宜对办电者给予开发权和经营权。可按河流、河段或地区成立若干个水电开发公司，如黄河上游水电开发公司、乌江水电开发公司、红水河水电开发公司、澜沧江水电开发公司以及不同形式的综合开发公司等，使水电行业成为具有独立经营、自负盈亏、多方联合的经济实体。关于中型水电站的开发，可以地方为主，成立地区性的开发公司。建议国家采取“放权、让利、扶植”的政策。

（二）制订和完善有关的各项经济政策

30多年的实践表明，由于经济政策不够合理，阻碍了水电的发展。因此亟待制订和完善有利于促进水电发展的经济政策。

1.应制订投资合理分担政策。开发水电，能带动水资源的综合利用，受益部门和地区进行投资分担，这在世界各国早已普遍实行，我国应当尽早制订合理的投资分担政策和偿还政策，改变目前综合利用的投资全部计入水电、吃水电“大锅饭”的状况。对于有防洪等社会效益的这部分投资，应由国家拨专款解决。

2.基于水电是一次再生能源，且水电站有运行寿命比火电站长的特点，国家应制定对水电的优惠政策。如拨改贷的利率、贷款利率、偿还年限、宽限期等，应参照对煤炭、石油的政策进行调整，即利率不高于2.4％，贷款偿还年限延长到25～30年，宽限期5～8年。对发行债券和股票，也需制订相应的政策，以利于吸引开发水电的投资。在利用国外资金技术方面，对水电应开放直接对外的“窗口”。

3.制订合理的税收和利益分配政策。对发电所在地和售电所在地的税收比例和发、供电利润的分配比例应适当调整，使发电地区和投资者、经营者能得到较多的实惠。

4.制订合理的电价政策。目前电价偏低（平均每度电6分5厘），而且电价结构很不合理，峰荷、基荷一个价，不利于电力特别是水电自身的积累和发展，也不利于国家预算外资金投向水电。因此，应当按照价值规律、供求关系和优质优价的原则，制订峰荷、基荷、季节电能和事故备用电量等不同等级的电价。这也是能否实行多家办电、联合办电的关键之一。

5.水电站建成以后与电网建立经济合同关系，并服从电网的统一调度，以求达到水、火电联合运行的最佳经济效益。

（三）认真制定长远规划，切实加强科研和前期工作

水电工程，地处深山狭谷，人烟稀少，交通不便，自然条件较差，工程地质勘探要求很高.必须做到万无一失；特别是大型电站，工程浩大，任务艰巨，技术复杂，从规划设计到施工安装，建设周期较长。因此，国家应制定10年、20年、30年的远景规划。长远规划要和五年计划、年度计划密切结合，以保证长远规划目标的实现。

适当增加水电资源勘探费和前期工作费用,是开展河流规划、科研、勘测设计工作,优选建设项目的重要条件,上级有关部门应予以足够的重视,设法帮助解决。

(四)加强水电队伍的建设

水电部门应当不断提高经营管理水平,大力推进技术进步,把创新和引进结合起来。目前水电队伍严重老化,应当立足当前,着眼长远,搞好人才开发,提高队伍的素质,以适应大规模开发水电的需要。

中央和国务院领导同志非常重视加快水电建设。国务院领导在1980年10月听取原国家能源委员会关于能源规划汇报时曾指出:"能源问题,从长远看,我国要把水电多搞一些。这个好处太大了,也是给子孙后代做了一件好事。水电跟煤炭、石油不同,水电是再生能源,不是一次消耗能源,又没有污染,要作为战略措施来搞。欧美各国水电开发的程度都很高。我们国家水能资源这么好,要每年克服一些困难,给水电挤出一点投资,甚至影响一些别的也要上,并把方针政策落实到年度计划上来。10年能有看得见的变化,20年有个大变化。这是要有个战略眼光的。不能一年一年地迁就眼前困难,把时间耽误了,将来回头一看,我们犯了一个大错误。"这一讲话,十分中肯,切中要害,回过头来看,时间已过去了6个年头,这个问题仍然未能得到妥善解决。我们千万不能再迁就眼前困难,白白耽误时间了。

我们相信,我国水能资源十分丰富,它是发展能源工业的一大优势,只要制定正确的发展战略,合理进行部署,在不久的将来,就一定能够开创出发展水电的新局面。

国家计委、水电部关于成立黄河上游水电开发公司的请示

国务院:

黄河上游是国家计划开发的主要水电基地之一,从龙羊峡到青铜峡共长1023km,跨青、甘、宁三省区,落差1465m,可建15个梯级电站,总装机1369.4万kW,年发电量489.34亿kW·h,具有调节性能好、淹没损失少、相对造价低等经济技术优势。除在甘肃、宁夏已建成的刘家峡、盐锅峡、八盘峡和青铜峡4个电站(共196.4万kW)外,其余为在建、待建工程,大部分位于青海省境内。

位于青海省的龙羊峡水电站已开始投产,是黄河上游的"龙头"水库,具有多年调节性能,为发挥梯级电站优势提供了极为有利的条件。李家峡水电站装机160万kW,也在青海省境内,今年开工建设,计划1994年建成投产。这两座电站的建设将为缓和西北电力紧张局势,促进西北地区的经济发展,加快黄河上游水电的开发发挥积极作用。为了深化水电体制改革,探

索加快水电建设的新路子，更好地筹集资金，加快黄河上游水电的开发，建议以青海省境内黄河上游河段水电开发为试点，成立黄河上游水电开发公司。初步方案是：

一、成立黄河上游水电开发公司。该公司为自主经营、独立核算、自负盈亏的经济实体，具有法人资格，实行计划单列。

鉴于龙羊峡水库调度运行关系到整个西北的电力乃至黄河中下游调水问题的大局，水库及电站的运行必须实行统一调度，由水电部黄河水利委员会和西北电管局统一调度，以便协调有关事宜，发挥最大经济效益。

二、黄河上游水电开发公司的开发范围，暂定在青海省境内，即从龙羊峡到积石峡5座梯级电站，总装机845万kW(见表)。

黄河上游青海省段水电站开发情况简表

项 目	地 点	装机容量(万kW)	年发电量(亿kW·h)	总投资(亿元)	第一台机组发电工期（年）	设 计 深 度
龙羊峡	共和县	128	60.3	19.04	9	技设，1987.10发电
拉西瓦	贵德县	372	97.8	35.0	8	可行性研究已完，正在进行初设
李家峡	尖扎县	160	58.3	17.10	7	技设，1987年开工
公伯峡	循化县	110	41.8	15.10	7	正在进行可行性研究
积石峡	循化县	75	28.4	11.0	6.5	正在进行可行性研究
合 计		845	286.6	97.24		

三、开发公司以新建电站投产所得的利润作为开发基金，实行以电养电、自我积累、自我发展的经营方针，即国家将建成投产的龙羊峡电站交付黄河上游开发公司直接经营，以龙羊峡电站的发电所得利润，再给予一定的优惠政策和必要的贷款，用于李家峡电站建设，继后连续滚动，择优开发青海省境内黄河上游其他梯级电站。开发公司根据长远规划需要，负责安排黄河上游各梯级的前期工作。

与电站建设配套的电网规划，由西北电管局统一考虑。

四、为了实现上述方案，同时照顾到黄河上游开发公司初创阶段需要有一个衔接过程，建议国家批准以下政策给予支持：

1.龙羊峡电站投资中，属于“拨改贷”的部分豁免本息；由建设银行提供的贷款仍按现行规定还本付息。

2.支持公司按合理工期建成李家峡水电站。电站建设所需投资，除龙羊峡水电站的收入外，国家按工程需要给公司一定数量的优惠贷款。

3.对开发公司实行减免税收政策，包括：免交所得税、调节税和耕地占用税；全部电量的产品税减为5%(在发电环节缴纳)。

4.黄河上游水电开发公司经营管理的电站应按计划发电，服从电网统一调度，与电网是供购电关系。开发公司与电网以及购电单位签订售购电经济合同,其电价既要考虑水电开发公司发展的需要,又要考虑用电企业的承受能力,实行新电新价。

5.在开发公司连续开发青海省境内各级电站投入后,要按现行政策保证青海省应得的留成电量,以及执行国家规定的其他有关地方留利政策。

以上妥否,请批示。

中华人民共和国国家计划委员会
中华人民共和国水利电力部
1987年10月23日

抄送:国家经委、财政部

关于成立黄河上游水电联合开发公司加快黄河上游水电开发的建议

李鹏同志:

最近,我们组织中国国土经济学研究会、中国水力发电工程学会、中国水利经济研究会等单位的有关专家、教授和工程技术人员等各方面人士,对黄河上游水电资源开发问题进行了实地考察。

黄河上游龙羊峡至青铜峡河段,全长1023km,集中落差1465m,规划分14或15个梯级开发(黑山峡河段一级或二级开发未定),可装机1370万kW,发电500亿kW·h,是一个全国少有的水电"富矿",而且开发条件优越。

1.地质条件较好。本河段多处于高山峡谷,坡陡流急,许多峡谷由花岗岩或古老变质岩组成,利于建坝。

2.水库淹没损失小,移民安置条件较好。15个梯级电站除已经建设的5座电站外,其余待建的10座电站共1000多万千瓦,尚需迁移人口76400多人,淹没土地76100多亩。青海、甘肃、宁夏三省区土地较多,且可提黄河水灌溉,移民安置比较容易解决。

3.工程量小,工期短,投资省。15个梯级电站,平均每千瓦混凝土量1.72m^3,每千瓦投资800~1000元,与全国其他地区相比是较低的。建设期限,如安排得当,组织2至3个电站的流水作业,每个电站的主体工程可在5年内建成。此外,交通条件也较便利。

目前,本河段15个梯级电站已建成4个,龙羊峡水电站也将于1987年开始发电,这就会给下游各梯级电站的开发带来巨大方便,有利于减少泄洪和导流的工程量,缩短工期,节约投资。在勘测设计工作方面,待建的9个或10个梯级电站中,有2个已有初步设计,有5个可在

1987年提出可行性报告和初步设计，只有3个还处于勘测阶段。因此，我们认为，加快开发龙羊峡至青铜峡河段剩下的1000多万千瓦的水电站的条件已经成熟。这一水电“富矿”的开发，将为发展西北地区工农业生产，特别是有色金属工业提供优质、廉价的电力，将为根本改变西北地区贫穷面貌创造有利的条件，并且还可以向华北送电。

为此，我们建议成立“黄河上游水电联合开发公司”，并给一些政策，使其成为具有自我发展能力的经济实体，实行国家计划单列。其主要任务是在2000年前后，基本完成黄河上游龙羊峡至青铜峡河段1000多万千瓦水电站的开发工作。其每千瓦投资控制在800～1000元(不包括高压输电线的投资)。

1.“七五”国家计划内安排给龙羊峡、李家峡两座水电站的投资10.7亿元，除今年已用的2.1亿元外，全部划拨给该公司，每年投资保持今年水平不变。“八五”、“九五”国家计划内也要安排必要的投资。同时，豁免龙羊峡水电站建设期间所有“拨改贷”的本息。

2.今后本河段新建成的电站(包括即将建成的龙羊峡电站)，其售电收益，除按规定向国家上缴税收外，其余应全部划拨给该公司，作为该公司的发展资金。在龙羊峡水电站建成投产后，由于有龙羊峡巨大水库的调节，使下游已经建成的4座梯级电站，保证出力得到提高，其增加发电量的所得收益，也划拨给该公司。

3.可以向国内外筹资，在条件允许时，可多利用一些国外贷款。

4.建议水电部抽调一名身体好、有开拓能力的干部，来担任“黄河上游水电联合开发公司”的筹组工作。

以上意见，是否可行；请批示。

林　华　　钱思潮

1986年10月8日

黄河上游水电经济综合考察情况概述

1986年7月10日至8月4日，应青海省、甘肃省、宁夏回族自治区的邀请，由中国国土经济学研究会、中国水力发电工程学会、中国能源研究会、中国水利经济研究会共同组织有关专家、学者和新闻工作者共40余人，对黄河上游(龙羊峡至青铜峡河段进行了以水电经济综合开发为目标的实地考察。考察团的团长由原国家计委副主任林华担任，水利水电规划设计院院长罗西北任副团长。

黄河上游是水电“富矿”，已建的水电站发挥了巨大的经济效益，对促进西北地区工农业的发展起到很大的作用。待建的10个梯级水电站，可装机1000多万千瓦，各项经济指标都很优越，而且前期工作比较扎实。因此，通过这次考察，大家一致认为，加快开发黄河水电的条件已经成熟。加速开发黄河上游水电，可以大力促进西北地区经济腾飞；可以促进西北与华北、西南(四川)联网，充分发挥黄河上游水电的优势，起到扬长避短，事半功倍的作用；可以为我国西北地区发展有色金属工业，特别是铝工业的发展，提供长期可靠、优质、廉价的电力。总之，加速黄河上游水电的开发，对西北地区的国民经济发展是非常重要的。

为了加速开发黄河上游水电，考察团及青、甘、宁三省区的领导一致认为，必须坚持改革，加强联合。只有改革，才能为开发黄河上游水电筹集更多的资金，才能切实降低工程造价，加快建设速度，提高工程效益。也只有加强联合，成立"黄河上游水电联合开发公司"，统一规划部署，统一集资建设，统一发电供电，统一经营管理，统一经济核算，才能从体制上保证黄河上游水电的加速开发。

为此，考察团在征得青、甘、宁三省区同意的基础上，向国家有关部门正式提出建议，尽快成立"黄河上游水电联合开发公司"。该公司为自主经营、独立核算、自负盈亏的实体，具有法人资格，国家实行计划单列。并建议国家在赋予该公司对黄河上游水电开发的开发权和经营权的同时，要尽量多安排一些建设资金，要在政策上给予必要的支持。经过预测，如能成立"黄河上游水电联合开发公司"的方案，经过努力，用20年的时间，即可完成黄河上游龙、青段待建的10座梯级水电站的建设任务。

(徐洪亮供稿)

国家计委、水电部、贵州省人民政府关于成立乌江水电开发公司的请示

国务院：

根据李鹏同志的批示(国务院传字2892号)，我们认真研究了乌江流域水电开发问题，现将有关情况和我们的意见报告如下：

乌江是我国的水电"富矿"之一，全长985km，集中落差992m，规划开发9座梯级水电站，装机容量856万kW，保证出力341万kW，年发电量421亿kW·h。乌江干流梯级电站具有地理位置适中，开发条件优越，电站规模适当，相对工程量和水库淹没损失都较小，便于连续开发的特点，并有较好的前期工作基础，开发方案明确。乌江流域内矿产资源丰富，工业虽有一定基础，但经济发展较慢，大部分地区处在贫困落后状态，加速开发乌江水能资源，对带动该地区铝、磷等资源的综合开发，对贵州省的经济振兴和川东地区的经济发展，都具有重大意义。

目前，我国水电建设主要是靠国家投资，由于国家财力有限，水电发展受到一定影响。要加快水电建设，重要的措施之一，就是要使水电建设有一个比较稳定的资金来源。因此，水电的管理体制和投资体制必须改革。成立水电开发公司，有利于推行以承包为中心的经济责任制，符合深化改革的方向。为了加快乌江流域的开发，探索水电建设的新路子，促进水电体制

改革，建议以贵州省为主，组建乌江水电开发公司。初步设想是：

1.国家授于乌江水电开发公司对乌江干流贵州省境内河段水电站的开发权和经营权，即从洪家渡到沙沱共7个梯级电站，总装机容量616万kW(包括已建成的乌江渡水电站一期63万kW和在建的东风水电站51万kW)。

2.乌江水电开发公司为自主经营，收支挂钩，独立核算，自负盈亏的经济实体，具有法人资格，实行计划单列。

3.国家将已建成的乌江渡水电站和在建的东风水电站划给乌江水电开发公司作为初始资本，考虑到公司成立初期，经济实力较弱，除乌江渡水电站的收益外，国家可按核定的基数和合理工期的需要，每年给公司提供优惠贷款，支持公司按合理工期建成东风水电站。尔后，公司将靠自行筹集资金(包括引进外资、国内集资和银行贷款等)，择优开发其余梯级水电站。开发公司根据自身的能力、电站前期工作情况以及用电需要，确定开发程序和进度，并负责安排乌江各梯级的前期工作。

4.公司所属电站按计划发电，服从电网统一调度，与电网是售购电关系。开发公司与电网以及购电单位签订售购电经济合同，新电实行协商价格。

5.国家对开发公司实行减免税收政策，包括免交所得税、调节税。全部电量的产品税为5%(在发电环节缴纳)。

以上设想如可行，我们即请有关部门具体研究落实，妥否，请示。

国家计划委员会
水利电力部
贵州省人民政府
*1988*年*1*月*5*日

国家计委办公厅关于乌江流域水电开发问题办理情况的报告

国务院办公厅：

根据李鹏副总理对乌江流域水电经济开发综合考察报告的指示(国务院传2892号)，我们对乌江流域水电开发问题进行了研究，我委黄毅诚同志主持召开了专题座谈会，参加会议的有水电部副部长陆佑楣、国家计委顾问吕克白，以及林华、罗西北、中国国际工程咨询公司、中国能源研究会、水利水电规划院和国家计委有关局的同志。会议认为，乌江干流梯级电站具有地理位置适中，开发条件优越，电站规模适当，相对工程量和水库淹没损失都较小，便于连续开发的特点。目前有较好的前期工作基础，开发方案明确。乌江流域内矿产资源丰富，工业虽有一定基础，但发展较慢，大部分地区处在贫困落后状态。加速开发水能资源，带动铝、磷等资源的综合开发，对贵州省的经济振兴和川东地区的经济发展，都具有重大的意义。

会议研究了乌江流域成立水电开发公司的有关问题。会后，又征求了贵州省的意见。一致认为：水电要发展，必须实行改革。乌江流域大部分处于贵州省境内，有条件以省为主组建乌江流域水电开发公司。公司实行独立核算，自负盈亏，计划单列。建议国家将已建成的乌江渡水电站和在建的东风水电站划给公司作为初始资本，并在税收、电价上给予优惠政策。在公司成立初期，国家可按核定的基数，投资一部分。公司主要靠自行筹集资金，自我发展。公司根据自身的能力、电站前期工作情况以及用电的需要，确定开发程序和进度。

我们已请水电部、贵州省对成立公司的方案进行具体测算和研究，然后再就组建开发公司的有关问题向国务院提出报告。

国家计划委员会办公厅

1987 年 *11* 月 *18* 日

抄送：贵州省计委、水利电力部。

乌江流域水电经济开发综合考察报告

万里、姚依林、李鹏副总理：

应贵州省人民政府邀请，中国国土经济学研究会、中国水力发电工程学会、中国能源研究会和中国水利经济研究会，组织有关专家、教授、记者、水利水电工作者和贵州省代表共40余人，于1987年4月20日至5月16日，对乌江流域进行了以促进水电开发为主，振兴流域和地区经济发展的综合考察。

考察期间，听取了贵州省和乌江流域综合开发研究领导小组以及水电部贵阳勘测设计院、长江流域规划办公室等单位对乌江流域资源、经济及干流主要梯级水电站的情况介绍，并进行了实地考察。沿途还听取了所经12个地、市、县关于经济发展情况的介绍，考察了贵州铝厂、开阳磷矿等10几个重点工矿企业。大家认为：乌江的水能资源是我国又一水电“富矿”，开发条件十分优越，流域内矿产资源丰富，工业已有一定基础，但开发程度较低，缺电非常严重，大部分地区仍处在贫穷落后状态。加速开发利用乌江水能资源，带动铝、磷等资源的综合开发，对贵州省的经济振兴和川东地区的经济发展具有重大的战略意义。建议用20年到25年的时间，完成乌江梯级水电站的开发任务，推动地区经济的发展，建设好乌江经济开发区。现将主要意见和建议报告如下。

一、乌江水能资源开发条件优越，已建电站效益显著

乌江是长江上游右岸最大的支流，全长985km，集中落差992m，规划布置9个梯级水电站，装机容量856万kW，保证出力341万kW，年利用小时4921h，年发电量421亿kW·h(详见表)。

乌江水能资源开发条件十分优越，主要有以下几点：(1)乌江年迳流比较稳定，上游有兴建洪家渡水电站"龙头"水库的条件，可进行多年调节，中游有乌江渡水电站和构皮滩水电站可进行年调节，各梯级水电站联合运行后保证出力还可由341kW提高到410万kW，因此，电能质量较高，全年能均衡发电；(2)地形、地质条件较好，属峡谷型水库、电站，淹地、移民少(每千瓦装机移民数约为全国在建大型水电站平均数的16%)，工程量相对较少(每千瓦装机所需混凝土方量约为全国在建大型水电站平均数的80%)，工期较短，投资较省，每千瓦投资为1400元；(3)地理位置适中，距用电负荷中心较近，送电贵州和川东，供电距离不过300km，是解决重庆电力紧缺的理想电源；(4)流域内矿产资源丰富，品种多，品位高，储量大，目前生产已具一定规模，亟需廉价电能促进加速开发；(5)可以带动水资源的综合利用，发展乌江的航运事业和扩大农灌面积；(6)对开发乌江已做了大量的前期工作，乌江规划报告已经完成，洪家渡、构皮滩、思林、彭水等水电站正在进行可行性研究报告设计；(7)技术上经过猫跳河梯级和乌江渡水电站建设，已取得在岩溶地区建坝的成功经验，并培养锻炼了一支水电勘测、设计、施工和科研队伍，为全面开发乌江积累了经验，储备了力量，创造了条件。

已建的在乌江支流猫跳河6个梯级水电站和干流乌江渡水电站，总装机容量86.9万kW，总投资9.36亿元，至1986年底累计发电243.85亿kW·h，相当于代替原煤1393万t，创造产值15.85亿元，向国家交纳利税13.41亿元，超过国家投资4.05亿元，今后每年可继续为国家创造产值2.77亿元。

已建水电站，除发电效益外，还带动了流域工农业的发展，矿山开采、金属冶炼、电力、化工、军工、轻纺等大型工矿企业相继建立，同时，还扩大了灌溉面积，保证了农灌用水，灌区粮食单产由400来斤提高到1000多斤，经济效益和社会效益都极为显著。

乌江渡水电站建成以后，不仅保证了贵州电网用电，从1983年到1986年还向四川电网送电25亿kW·h，向云南电网送电3亿kW·h，支持了邻近省(区)的经济建设。

二、加速开发乌江水电，促进乌江经济开发区的建设

乌江干流在建的有东风水电站(51万kW)，待建的还有洪家渡(54万kW)、索风营(42万kW)、乌江渡扩机(42万kW)、构皮滩(200万kW)、思林(84万kW)、沙沱(80万kW)、彭水(120万kW)和大溪口(120万kW)等水电站，总装机742万kW，年发电量387亿kW·h，预计总投资107.28亿元。

乌江流域的自然资源，具有得天独厚的优势，铝、磷、锰矿保有储量，分别占全国的18%、19%和11%，还有丰富的煤炭，是我国长江以南的一个重要资源宝库，具备综合开发的优越条件。但是，当前开发程度较低，产业结构不尽合理，大部地区仍处于贫穷落后的状态。新中国成立以来，国家对乌江流域的资源开发，如铝、磷、煤炭、化工、铁合金和稀有金属等，虽然已

乌江干流主要梯级水电

项目	洪家渡	东风	索风营	乌江渡 现状	乌江渡 扩机后
集水面积(km^2)	9900	18161	21862	27790	
距乌江口里程(km)	753.7	704.1	664.8	593.9	
多年平均流量(m^3/s)	152	355	427	511	
天然最枯流量(m^3/s)	11.8	40.5	45.6	53.7	
正常蓄水位(m)	1140	970	835	760	
死水位(m)	1080	936	813	720	
正常蓄水位时总库容(亿 m^3)	45.89	8.63	1.57	21.40	
调节库容(亿 m^3)	32.23	4.90	0.85	13.50	
水库性能	多年调节	季调节	日调节	年调节	
调节流量(m^3/s)	139	211	246		354
保证出力(万 kW)	16.5	20.9	13.8	20.2	34.9
装机容量(万 kW)	54	51	42	63	105
年发电量(亿 kW·h)	15.4	29.1	20.1	33.4	43.8
年利用小时(h)	2852	5706	4786	5302	4171
淹没耕地 总数(亩)	21404	8454	250	20488	
淹没耕地 每万 kW 装机(亩)	396	166	6	325	195
迁移人口 总数(人)	24062	8018	52	10630	
迁移人口 每万 kW 装机(人)	446	157	1	169	101
最大水头(m)	162.4	133.0	75.9	133.1	
坝型	混凝土拱坝	混凝土拱坝	混凝土重力坝	混凝土拱形重力坝	
最大坝高(m)	185	168	113.4	165	
土石方工程量(万 m^3)	302.8	213.3	232.7	267	315.1
混凝土工程量(万 m^3)	212.6	113.0	98.9	242	256.2
总投资(万元)	107210	65954	66023	59885	81655
每千瓦装机投资(元)	1985	1293	1572	951	778
每度电投资(元)	0.696	0.227	0.328	0.179	0.186
总工期(年)	8.5	7.5	7		
研究工作阶级	可行性	正建	规划	已建成	可行性

站技术经济指标表

构皮滩	思林	沙沱	彭水	大溪口	合计
43251	48558	54508	70000	85360	
454.9	365.8	250.8	136.0	30.6	
742	863	953	1320	1640	
87.9	119	135	175	221	
630	440	360	293(290)	210	
570	420	340	278	205	
56.90	12.05	6.24	13.71	8.64	175.03
36.60	6.21	3.80	5.60	1.61	105.30
年调节	季调节	季调节	季调节	日调节	
590	660	723	814	912	
83.8	36.9	35.5	55.6	43.4	341.3
200	84	80	120	120	856
94.8	40.9	41.6	73.2	62.3	421.2
4740	4869	5200	6100	5192	4921
26877	9045	5986	10141	15027	117672
134	108	75	85	125	137
11337	7865	10298	17030	22661	111953
57	94	129	142	189	131
197.1	74.1	70.6	87.5	58.3	992.0
混凝土拱坝	混凝土重力拱坝	混凝土重力坝	混凝土重力坝	混凝土重力坝	
225	122	88.5	119	90	
1041.6	382.9	428.0	1185.0	944.3	5045.7
539.7	126.0	175.8	290.8	208.9	2021.9
299382	124548	113649	183148	157049	1198618
1497	1483	1421	1526	1309	1400
0.316	0.305	0.273	0.250	0.252	0.285
10	8～9	8	11	10	
可行性	可行性	规划	初设	规划	

投入了一定的资金，具备了一定的生产能力，但多数厂矿企业属于原料开采和初级加工性质，磷的生产只开采磷矿石，铝的生产只冶炼铝锭，磷矿石和铝锭运到东部地区深加工，这不仅加剧了东部地区电力的紧缺，增加了运输的压力，而且影响了本地区经济的发展，也不能带来应有的活力。例如，在沿海地区每生产一吨黄磷需矿石 8 ～ 10 t，还要为发电运煤约 10 t，因此，亟需合理配置资源，合理调整产业结构，并以开发乌江水电为突破口，有计划有步骤地进行资源综合开发，促进商品经济的发展，逐步把乌江经济开发区建设好。

目前，贵州省和四川省缺电情况日趋严重。贵州电网内自 1985 年以来，枯水期已日限电 300 万 kW · h，网外地方工业更是大量缺电。四川省已连续缺电 15 年之久，重庆市因电力紧缺，工矿企业已无法维持正常生产，不得不冒着加剧环境污染的风险发展煤电（重庆市大气烟尘污染已相当严重）。所以，无论是从当前还是从长远来看，都迫切需要加快乌江水电的开发。

对乌江的开发程序，本着投入少、产出快、效益高的原则，继东风电站之后，应先开发洪家渡和乌江渡扩机，争取“七五”末开工，“八五”投产；中下游的构皮滩、思林、彭水，应在“八五”陆继开工，争取 2000 年前相继投产。

乌江梯级连续开发的进度安排，按照以东风水电站作为初始建设资金，测算了用 20 年、即到 2008 年全部建成方案。按 1986 年的价格计算，国家在 2002 年以前，要支付 63.81 亿元的“拨改贷”资金，年平均需投入 4.94 亿元，最高年分需投入 8.79 亿元。如采取用户集资办法，按乌江各水电站所发电量，每度电增收建设基金 0.02 元，在 20 年内可集大量资金，可大量减少国家投入的“拨改贷”资金。随着乌江各水电站陆续投产，在遵义、清镇一带可建成铝工业的重要基地；利用开阳、瓮福的优质磷矿，发展磷的精加工产品，并结合煤、硫资源，发展氮、磷复合肥料的生产，供应西南、华南等地区，加上铁合金等工业和乌江航运的发展，形成新兴的乌江经济开发区。

三、改革水电建设管理体制，赋予合理的经济政策

目前，水电建设的管理体制，不能适应加速开发水电的要求，必须在改革中求得发展。贵州省提出组建乌江水电开发公司，对乌江梯级水电开发实行投入产出包干。我们认为，这种组织形式，有利于推行以承包为中心的经营责任制，符合深化改革的方向和要求，建议予以大力支持。

开发公司，是一个独立经营、自负盈亏、自我发展、具有法人资格的经济实体。近期任务是，承包乌江梯级水电开发，尔后，通过横向经济联合，如发展铝电联营、磷电联营等，形成大型联合企业，条件具备时，还可发展跨地区的经济联合，形成企业联合体。

为此，我们建议，赋予开发公司对乌江的开发权和经营权，在国家计划指导下，实行计划单列，并把“拨改贷”资金和公司的自筹资金统一纳入国家计划。乌江水电开发公司的建设资金，初期以国家投资为主，多方集资；中后期以集资为主，国家扶持。根据乌江的具体情况，为了不影响国家预算内财政收入，宜把在建的东风水电站划归开发公司经营，作为开发公司的开办基金。建设东风的贷款，只付息暂不还本，待乌江梯级水电站全部建成后再还本。在此基础上，国家可按 800 ～ 1000 元 / kW 控制贷款。

在信贷政策上，水电应按一次能源对待，贷款利率与煤炭、石油一样定为 2.4 %，超过部分由国家贴息。偿还期适当延长到 15 ～ 20 年。

在税收政策上，梯级电站全部建成投产归还本息期间，按新投产项目交 5 % 的产品税，豁免所得税、调节税，同铁路、机场一样豁免耕地占用税。

在电价政策上，应允许电价适当浮动，在现行电价的基础上，实行结构电价制度，优质优价，即按不同的用电时间分峰价，平价和谷价。

总之，加速乌江水能资源的开发，建设乌江经济开发区的条件已基本具备，建议国家有关部门组织力量，进行专题研究。我们坚信，只要得到国家的支持，搞好乌江的开发战略，改革管理体制，调整经济政策，对乌江丰富的水能资源和矿产资源的开发，必将闯出一条资金周转快，建设工期短，投资效益高，符合我国国情的新路子。

当否，请批示

于光远、林华、罗西北、何仁仲

1987 年 7 月 30 日

抄送：国家计委、国家科委、国家体改委、中国科协、水利电力部、交通部、化工部、有色金属公司、贵州省人民政府、重庆市人民政府。

乌江流域水电经济开发综合考察情况概述

1987 年 4 月 20 日至 5 月 16 日，应贵州省人民政府的邀请，中国国土经济学研究会、中国水力发电工程学会、中国能源研究会和中国水利经济研究会，以著名经济学家、中国国土经济学研究会理事长于光远为顾问，全国政协经济建设组副组长、国家计委咨询小组副组长林华为团长，中国水力发电工程学会副理事长，水电部水利水电规划设计院院长罗西北和贵州省原副省长、贵州省经济社会发展研究中心总干事何仁仲为副团长，中国水力发电工程学会副理事长梁益华、中国能源研究会副理事长雷树萱、中国水利经济研究会副理事长王平和贵州省建设厅厅长汪有盛为秘书长，以及原水利部副部长刘兆伦，原中国驻苏大使杨守正等有关专家教授、记者和水利水电工作者，组成了 40 余人的考察团，对乌江流域进行了以水电开发为主、振兴流域和地区经济发展的综合考察。

考察期间，听取了贵州省和乌江流域综合开发研究领导小组以及水电部贵阳勘测设计院、长江流域规划办公室和中南勘测设计院等单位对乌江流域的资源、经济发展和干流梯级水电站的情况介绍，并进行了实地考察。沿途还听取了毕节、安顺、遵义、铜仁、涪陵和重庆等 12 个地、市、县经济发展情况的介绍，考察了青镇电厂、贵州铝厂，开阳磷矿、乌江渡水电厂、风华机械厂、贵州铁合金公司，遵义钛厂等 10 几个重点工矿企业。

实地考察以后，考察团和贵州省同志在贵阳、贵州省和中国经济团体联合会同志在北京先后召开了“乌江流域水电和综合经济开发战略研讨会”，对加速开发乌江水电，带动乌江流域的资源开发和地区经济的发展进行了论证。研讨会以后，编制了《乌江流域水电经济开发综合考察报告》，并于1987年7月30日以考察团顾问和团长、副团长的名义上报国务院领导同志。李鹏副总理9月25日批示："请黄毅诚同志认真研究处理"。国家计委副主任黄毅诚于11月11日在国家计委主持召开了专题座谈会。会后，国家计委办公厅11月18日以计办燃〈1987〉478号文向国务院办公厅上报了《关于乌江流域水电开发问题办理情况的报告》。国家计委、水电部和贵州省人民政府1988年1月5日以计燃〈1988〉009号文向国务院上报了《关于成立乌江水电开发公司的请示》。

乌江流域水能资源和矿产资源都极为丰富，是我国西南地区的资源宝库之一，也是发展能源工业和原材料工业、支援全国四化建设的后盾之一。对乌江的考察和对流域内资源综合开发的研讨，为按河流、河段连续开发乌江梯级水电站，降低工程造价，缩短建设工期，加速我国水能资源开发带动其它资源开发，促进高耗能工业的发展；为发挥我国水资源的多种功能，实现一水多用，综合利用，带动地区经济和其它事业的发展；为调整我国工业布局，把沿海的经济发展和内地的经济开发紧密结合起来，实现东西部协调发展的一次预可行性研究；以及从宏观上为国家决策等，提供了科学依据。

（宋廷福）

云南省人民政府请求批准澜沧江中下游水电资源综合开发的报告

国务院：

澜沧江是我国西部的一条重要河流，在云南境内约1300km，横贯7个地、州的40多个县、流域面积9万多km^2，人口1000多万，分别约占全省总面积和总人口的1/4。该流域水能、矿产、生物等自然资源十分丰富，境内中下游河段规划的8个梯级电站可开发装机容量为1370万kW，总调节库容230亿m^3，保证出力713万kW，年发电量708亿kW·h；有色金属等矿产蕴藏量大，铅锌矿保有储量居全国之首；已建成初具规模的橡胶、茶叶、紫胶基地，珍禽异兽、稀有林木众多，属国家级自然保护区。因此，这条河流的综合开发，对云南西部地区的经济发展、群众致富、民族团结、边防巩固，都具有十分重要的意义，有利于促进云南经济发展和为国家作出更多的贡献。

要全面开发澜沧江流域，充分发挥这一地区的资源优势，必须坚持"电力先行、矿电结合、对外开放、综合发展"的方针，以水能资源开发为"龙头"带动其它资源的综合开发和加工工业的发展。该区域水能资源储藏量大，流域植被良好，水量充沛稳定，淹地移民少，施工条件优越，具有投资省、产出多、效益大的特点。逐步实现澜沧江水电梯级开发后，不仅能满足云南对电能的需要，促进工农业生产的发展，而且还可云电外送，支援国家建设。

今年5月，应我省邀请，以于光远同志为顾问、林华同志为团长，组织了国内有关专家、学者，对澜沧江流域进行了全面综合考察，经过论证，向党中央、国务院领导同志上报了《澜沧江流域水电经济开发综合考察报告》。我们完全同意这个报告。

在国家的关怀和中央有关部委的支持下，由水电部和云南省合资建设的漫湾电站，从1986年开工以来，进展顺利，1987年12月已胜利实现大江截流，预计可提前1年于1991年第一台机组发电，为澜沧江下一步的连续开发，奠定了基础。为了加速澜沧江水电资源乃至整个流域的开发，我省将继续举全省之力，争取实现这一目标。但是，光靠云南自己的力量是不够的，还需要国家的支持。为此，特提出如下请求。

一、建议国家将澜沧江水电综合开发纳入规划

澜沧江流域的开发已做了大量的前期工作，中下游河段规划报告已经原水电部和云南省审查批准，大朝山、小湾水电站的可行性研究正在加紧进行，糯扎渡和景洪水电站的前期工作，能源部已同意安排，可以满足梯级连续开发的需要。国家计委在《全国国土规划纲要》中，已把澜沧江水电和有色金属基地列为全国19片综合开发的重点地区之一。今年7月分，中国经团联又在北京邀请各方面专家对云南澜沧江流域经济综合开发进行了研讨和论证。为此，请求国家将澜沧江水电开发正式纳入规划，逐年组织实施。

二、改革管理体制，组建澜沧江水电开发公司

为了使澜沧江连续开发有稳定的资金来源，以利于按河流、河段进行梯级开发，建议组建澜沧江水电开发股份公司。公司的性质是一个独立经营、自负盈亏、具有自我积累、自我发展能力和法人地位的经济实体。请求国家将漫湾水电站划归公司经营，其收益作为公司的创业基金；赋予公司对澜沧江(包括干流和支流)的水电开发权和经营权，实行计划单列，由云南省管理；允许公司在国家贷款扶持的同时，通过各种渠道筹集资金，包括其它行业和地区投资入股以及引进外资和技术。公司以漫湾水电站为基础组建，并适当吸收设计单位及其他单位的人员参加。公司与施工单位是招标承包关系，与电网是趸售电的经济合同关系，服从电网的统一调度。公司的组织领导，由云南省牵头，会同有关投资各方组建董事会，实行董事会领导下的总经理负责制。总之，加速云南澜沧江中下游水能资源的开发，对云南的发展，对国家四化建设，都将起到积极的推动作用。只要得到国家的支持，搞好以电力为中心的发展规划，改革管理体制，在20多年时间内完成澜沧江中下游水能资源的开发，是完全可能的。恳请国家批准我们的报告。

当否，请批示。

云 南 省 人 民 政 府

1988年8月22日

抄送：国家计委、国家科委、国家体改委、中国科协、能源部、水利部、交通部、化工部、财政部、国家能源投资公司、国务院经济技术社会发展研究中心。

能源部、中国能源投资公司、广东省人民政府、云南省人民政府关于合作开发云南能源资源向广东送电的协议

1988年6月6日至7日，广东省匡吉副省长、能源部陆佑楣副部长、国家能源投资公司负责人姚振炎等同志在云南考察期间，听取了云南省计委、省电力局、省煤炭厅的汇报，并就合作开发云南能源资源、向广东送电的问题，和云南省和志强省长、保永康副省长进行了坦率而诚挚的会谈，表示了良好的合作愿望，取得了满意的结果。

云南有丰富的能源资源，水电理论蕴藏量1亿多千瓦，可开发利用的装机容量7100万kW，煤炭保有储量176亿t，具有西水东煤的优势格局。云南的战略发展设想是走电力先行，电矿结合，发展载能工业的路子，在国家的支持下，把云南建成为全国的能源、原材料基地之一。电力发展方针是：水火协调发展，大中小结合，充分发挥水电优势，积极争取“云电外送”。云南热忱欢迎广东省参加开发云南能源，并愿意提供优惠的政策和条件，使投资合作者的利益依法得到保障。

广东方面对云南能源优势表示了极大的兴趣，愿意和云南进行能源战略合作。广东考虑将与云南合作开发能源问题列入本省的长远规划。

两省都希望能源部牵头，国家能源投资公司大力支持，将两省合作开发能源问题纳入全国能源发展的总体规划。能源部和国家能源投资公司对此表示支持。

本着“互利互惠，共同发展”的合作原则，着眼于长远战略目标，立足于近期的合作项目，具体达成以下协议。

一、关于合资建设白水电厂和云南丰水期电量东送广东的问题

为发挥滇东地区的煤炭资源优势，充分利用500kV天广线输送能力，广东省、云南省、国家能源投资公司决定合资建设云南白水电厂。

1、建设规模。按最终容量80万kW设计，第一期规模3×20万kW。

2、投资分担。第一期工程3×20万kW及其相应的220kV送出工程的全部投资按下列比例分担：广东省：全部投资的60%；云南省：全部投资的20%；能源投资公司：全部投资的20%。

3、产权和电量分配。产权、容量和电量按上述投资比例分别占有。

4、白水电厂的燃煤由云南省供应，价格按届时云南省内平等煤价执行。

5、建设进度。争取第一期工程1989年底开工，1992年并力争1991年底投产。

6、经营方式。成立白水电厂董事会,由投资各方组成。董事会,委托云南省电力局管理;聘任厂长,实行厂长负责制。

7、本项目属于合资电厂,在还款期间,上网电价按国发(85)72号文规定,实行新电新价。

8、上述条款的实施细则由投资各方另行签订合同,还贷以后电站收益在合同中另行议定。云南省、广东省人民政府负责保证上述条款和企业之间签订的合同的执行。

9、云南电网在1991年将可能提供20万kW的丰水季电能,利用500kV天广线的输送能力向广东送电。其电价另议。

二、关于合作开发澜沧江中下游梯级电站和加快小湾电站前期工作的问题

澜沧江中下游有丰富的水电资源,开发条件十分优越,大朝山、小湾、糯扎渡和景洪等4座梯级电站装机容量近1000万kW。广东省对此表示极大的兴趣,打算联合云南省、国家能源投资公司用20至25年左右的时间完成上述梯级电站的开发建设,作为向广东远距离直流输电的后续能源基地。对此,云南表示欢迎;能源部和国家能源投资公司表示支持,并报请国家计委列入国家计划。能源部在加快大朝山和小湾电站前期工作的同时,将尽快安排糯扎渡和景洪的前期工作。共同商定:先从小湾电站着手,争取1996年或更早一点时间开工,2004年第一台机组投产。为此必须加快小湾电站的前期工作,要求1990年上半年完成可行性研究报告。广东省同意承担该电站尚需可行性研究费用的40%,能源部承担60%。要求昆明水电勘测设计院加快前期工作,由能源部督促并及时组织审批;初步设计可按1994年完成考虑,所需费用广东省表示分担一部分。具体将在可行性报告审查后另行议定。

三、关于开发余家老厂煤炭资源的问题

云南余家老厂矿区无烟煤储量37.5亿t,已提出精查储量9.7亿t,灰分、硫分低,发热量高,距南(宁)昆(明)铁路威舍站15km,储量集中,开采条件好;现有小井产量约30万t,公路、输电线已通,规划矿区初期规模700万t/年。广东省提出建坑口电站就地发电,或以无烟煤供广东。云南对此表示欢迎,待南昆铁路确定立项建设后,双方将加快合作开发的进程,具体合作方式另行商定。

四、本协议责成两省计委和电力局组织实施

上述合作只是初步的,除此之外,还要积极探索其它能源项目和资源开发方面的合作。

能源部代表　　　　　　　　　国家能源投资公司代表

广东省人民政府代表　　　　　云南省人民政府代表

1988年6月7日于昆明

澜沧江流域水电经济开发综合考察报告

李鹏总理、姚依林副总理:

应云南省人民政府邀请,中国国土经济学研究会、中国水力发电工程学会、中国能源研究会和中国水利经济研究会,组织有关专家、教授、新闻工作者会同云南省同志,于4月19日至5月16日,对澜沧江流域中下游的资源情况进行了综合考察,研讨了富民兴滇的战略和措施。

考察期间,云南省计委和有关厅、局、院介绍了澜沧江流域的资源情况和开发规划;沿途听取了玉溪、思茅、西双版纳、临沧、保山、大理、楚雄和昆明等地、州、市经济发展情况介绍;实地考察了澜沧江干流水电梯级6个坝址、正在建设中的漫湾水电站工地、已建成的西洱河水电站,和兰坪铅锌矿、安宁磷肥基地厂址、昆明三聚磷酸纳厂、海口磷矿,以及开发利用林业、热作资源的部分生产、科研单位。经过考察,大家认为:云南特殊的自然地理环境,赋予它得天独厚的水能、矿产、生物和旅游等资源,尤其是澜沧江的水能资源,具有突出的优势。但是这些资源的开发利用程度很低,大部分地区仍处于贫困落后状态。应以开发澜沧江水能资源为"龙头",带动其它资源的综合开发,建设澜沧江经济开发区,把资源优势转化为经济优势,促进滇西地区脱贫致富,推动云南经济的发展,为我国"四化"建设作出贡献。

现将主要意见和建议报告如下。

一、澜沧江流域丰富的自然资源,是发展云南经济的巨大优势

云南素有"有色金属王国"、"天然地质宫"、"植物王国"、"药物宝库"等美誉。

磷矿,是全国三大磷矿基础之一。特点是:"浅、近、富、易",即埋藏浅,距交通干线近,高品位富矿集中,易于开采。全国磷矿资源总储量的78%分布在滇、黔、鄂、川、湘5省,以云南的磷矿比较集中。仅滇池地区已探明储量就有41.87亿t,含五氧化二磷高于30%的储量有4亿t,均居全国第一位,80%可以露天开采。去年云南的磷矿产量为326万t,居全国第二位,供应24个省(区);高浓度磷肥产量10万t,黄磷产量3.2万t,均居全国首位。磷化工产品已批量出口创汇。

盐矿,全省已探明氯化钠保有储量276亿t,居全国第二位,集中分布在思茅和昆明的安宁。其中安宁的盐矿保有储量达137亿t,是一个储量大、盐层稳定、埋藏浅、交通方便、易于开采的特大型盐矿。在江城已探明氯化钾保有储量1216万t,并在石盐层中伴生氯化钾1629万t,其储量仅次于青海,居全国第二位。根据云南盐矿的条件,可建成氯碱工业基地,为国家提供烧碱、电石和聚氯乙烯等化工原料及其它氯产品。

铅锌矿,质优量大,相对集中,有益伴生组分多,保有储量2165万t,占全国总储量的20%。

植物资源也具有特殊优势，种类占全国的51.6％，有100多种被列为国家重点保护的珍稀植物。烟、茶、甘蔗、橡胶、紫胶、南药等，有重要的经济价值。

最丰富的是水能资源，理论蕴藏量1亿kW，占全国的15.3％，可开发装机约为7000万kW，年发电量3900亿度，仅次于四川，居全国第二位。云南可开发的水能资源82％集中在金沙江、澜沧江和怒江，其中金沙江干流为3260万kW，澜沧江干流为1800万kW，怒江干流为1000万kW。从地理位置、地质条件、交通状况和建设规划等方面比较分析，以优先开发澜沧江中下游河段最为有利。

二、实行电力先行，矿电结合，对外开放，综合开发，把资源优势转化为经济优势

云南是一个地处边疆、多民族的山区省。全省面积39.4万km^2，94%是山区；人口3500万，其中1100万是少数民族。它是资源大省，又是经济穷省，滇西是较典型的“老、少、边、山、穷”地区。如何把资源优势转化成经济优势，是这次考察的中心课题。

考察团所到地、州、市、县各级政府和厂矿、企业都一致反映，能源、资金、人才制约着他们的经济发展。自新中国成立以来，到1987年末，全省发电总装机234万kW，其中水电144万kW，火电90万kW，年发电量94亿kW·h，电网覆盖率很低，全省17个地、州、市，只有8个由省网供电，其余靠无调节性能的小水电供电，保证率低，省网内外缺电都十分严重。如果电力有保证，工业产值可在现有基础上提高1／3～1／2。

云南煤碳资源主要集中在东部，西部极为贫乏，工农业生产和人民生活所需燃料，主要靠木柴。如加工1kg烟、茶需干柴5kg，加工1kg糖需干柴7kg。由于以林木作燃料，加上毁林开荒等，使森林砍伐量大大超过生长量，致使森林覆盖率从建国初期的57％下降到现在的24％，目前仍呈下降趋势，有些地区水土流失已十分严重。地球上在同一纬度带，即北纬20度到25度的非洲撒哈拉大沙漠，由草原到沙海的演变；沙特阿拉伯鲁卜哈利沙漠的出现等情况，很值得警惕和借鉴。

云南是粮食调入省，要做到粮食自给，关键是靠水、肥和科学技术提高单产，不能靠毁林造田，扩大耕地面积。云南水资源很丰富，年人均占有量近6000m^3，为全国人均占有2700m^3的2.2倍，只要搞好生态环境保护，发展提水灌溉，水是不难解决的。肥料，主要靠化肥。全国化肥构成中，最突出的是缺磷肥，而云南又具有发展磷肥的优势，考察团的专家们指出，“我国磷肥寄希望于云南。”解决水和肥的问题都离不开电。云南的廉价水能同质优量大的磷矿资源相结合，不仅对发展本省农业，而且对全国粮食增产，都具有重要意义。

因此，及早开发澜沧江水能资源，获得大量的廉价电能，是一项重要措施。应注意支流中、小水利、水电的开发，全面规划，择优选点，尤其在电网覆盖不到的地方，优先开发，以取得水利水电的综合效益。

澜沧江水电开发带来的廉价的季节性电能，可以同火电互济、互补，也可根据资源和高耗能产品的特点，做出全面的规划，调整生产格局，安排黄磷、电石、铁合金、硅铁、结晶硅以及可季节性加工的其它工业和农副产品的生产。同时，开发水电有条件扩大电网覆盖面，向滇西、滇南有关专、州供电，促进少数民族地区商品经济的发展，扩大边境国际贸易，增强民族团结，巩固祖国西南边防。

开发澜沧江水电，将给发展下游航运创造良好条件，改善景洪以下航道，可同下游国际河流湄公河通航，成为我国西南的国际航道，对发展西南国际贸易有重要意义。

云南省提出的“电力先行、矿电结合、对外开放、综合开发”的方针，尤其是以开发澜沧江中下游水电为突破口，是具有远见卓识的、非常正确的。

1985年云南省和原水电部合资兴建澜沧江漫湾水电站，按投资比例，云南将所得电量廉价用于安宁草铺磷肥生产，促进了年产18万t黄磷、120万t重钙项目的建设，迈出了电力先行、矿电结合、化电结合的第一步，收到了一举两得之效。将来还可以把矿、化的收益，部分再投入水电建设，实现矿电、化电滚动发展，良性循环。

总之，以开发澜沧江水电为“龙头”，促进滇西经济建设的意义，绝不限于一个地区、一个省，它对我国生产力的布局将产生深远的影响。最近，能源部、国家能源投资公司、广东省和云南省的负责同志，本着“互利互惠，共同发展”的原则，达成了合作开发云南能源资源，包括开发澜沧江中下游梯级水电站的协议，这是一项西电东送、调整能源布局的战略措施。

三、加速开发澜沧江水电的条件已经具备，序幕已经拉开

澜沧江是一条国际河流，在云南省境内的中下游河段，从功果桥到南阿河口，河道全长772km，落差882m，流域面积16万km^2，出境处多年平均流量2180 m^3/s，年径流量为688亿m^3，规划了功果桥、小湾、漫湾、大朝山、糯扎渡、景洪、橄榄坝、南阿河口8座梯级水电站，总装机容量1370万kW，总调节库容230亿m^3，保证出力713.3万kW，年发电量708.6亿kW·h。8个梯级电站技术经济指标见表。

澜沧江中下游河段水能资源开发条件优越，其主要特点是：(1)有良好的地形地质条件，属峡谷类型水库，岩性多为火成岩和变质岩，岩石坚硬完整，能满足建坝成库要求，河床冲积层较薄，工程量较小，平均每千瓦装机所需混凝土量为0.91m^3，仅为“六五”全国在建大中型水电站平均数的31%。(2)淹地移民少，平均每万千瓦淹地71.6亩，移民42.6人，分别为“六五”全国在建大中型水电站平均数的16%和14.8%。(3)径流比较稳定，能量效益较好，因有冰雪融水补给，年际径流变幅不大，一般在2倍以下。上、中、下游都有建大库调节径流的条件，电站保证出力高，电能质量好，年利用小时平均在5000以上。(4)交通较方便，施工条件较好。目前到各梯级坝址均已修通公路，经加固改造都可作为施工公路。各坝址附近都有较平缓的山坡或台地，能满足施工场地需要。(5)经济指标优越，经济效益显著，平均单位电度投资只有0.231元/kW·h，为“六五”全国在建大中型水电站平均数的88%。(6)对澜沧江中下游的开发已做了大量的前期工作，该河段的开发规划报告，1987年已经原水电部和云南省审查批准。漫湾水电站已经开工，大朝山、小湾水电站的可行性研究设计正在加紧进行，可以满足梯级连续开发的需要。

在建的漫湾水电站，装机150万kW(一期125万kW)，年发电量78.84亿kW·h(一期67.1亿kW·h)，概算总投资10.48亿元，是我国第一个由部、省合资兴建的大型水电站。从1985年开始施工准备，1986年开工，1987年提前一年截流，预计1991年可提前一年发电。漫湾水电站的经济指标优越，单位千瓦投资697元，单位电度投资0.133元，发电单位成本0.53分/kW·h，具有较强的资金积累和还贷能力，按现行政策，10年内可归还贷款本息。漫

澜沧江中下游河段梯级电站主要指标表

项目＼电站	功果桥	小湾	漫湾	大朝山	糯扎渡	景洪	橄榄坝	南阿河口	合计
建设地点(县)	云龙	风庆、南涧	云县、景东	云县、景东	思茅、澜沧	景洪	景洪	景洪、勐腊	
流域面积(万 km^2)	9.72	11.33	11.45	12.10	14.47	14.91	15.18	16.00	
多年平均流量(m^3/s)	985	1220	1230	1340	1570	1840	1880	2020	
多年平均水量(亿 m^3)	310.6	384.7	387.9	422.6	551.9	580.3	592.9	637.0	
壅水高(m)	77	248	99	80	205	67	10	28	
正常蓄水位(m)	1319	1236	994	895	807	602	533	519	
死水位(m)	1311	1162	982	887	756	595	533	519	
总库容(正常蓄水位以下)(亿 m^3)	5.1	145.5	9.2	9.6	227	10.4	—	—	460.8
调蓄库容(亿 m^3)	1.2	98	2.58	2.4	124	2.3	—	—	230.48
调节性能	季	多年	季	季	多年	季	无	无	
装机容量:单独(万 kW)	75	360	125	100	450	90	10	40	1250
联合(万 kW)	75	360	150	125	450	135	15	60	1370
保证出力:单独(万 kW)	17	174	31.4	27.6	210	30	2.7	11.2	503.9
联合(万 kW)	38.95	176.51	79.61	68	232.21	76.49	7.84	33.66	713.3
年发电量:单独(亿 kW·h)	40.63	182.07	67.1	55.0	223.96	55.7	5.87	24.17	654.5
联合(亿 kW·h)	40.63	174.58	78.84	65.0	213.07	76.86	7.77	33.83	708.6
坝型	重力坝	堆石坝	重力坝	重力坝	堆石坝	重力坝	闸	重力坝	

续表

电站 项目	功果桥	小湾	漫湾	大朝山	糯扎渡	景洪	橄榄坝	南阿河口	合计
最大坝高(m)	130	300	126	110	254	118			
淹没土地(亩)	5147	35406	4670	9800	36000	6000	180	875	98078
其中:水田(亩)	3146	26021	2918	3740	17519	2268		32	55644
迁移人口(人)	4596	28748	3042	5200	14800	1700	58	230	58374
工程量:混凝土(万 m^3)	186.37	194.93	210.5	198.93	209.66	251.50			
土石方开挖(万 m^3)	226.55	2466.93	71.71	244.78	2910.64	271.41			
土石方填筑(万 m^3)	55.89	4967.98	1280.7	64.58	3096.88	62.38			
建成(发电)工期(年)	8 (6)	15 (12)	9 (7)	9 (7)	14 (10)	9 (7)			
总投资(亿元)	10.91	54.31	10.48	13.37	51.28	14.94	1.8	6.6	163.65
单位千瓦投资(元 / kW)	1455	1552	696.7	1070	1139	1107	1200	1100	1195
单位电度投资(元 / kW·h)	0.269	0.311	0.133	0.206	0.222	0.194	0.232	0.195	0.231
发电成本(分 / kW·h)	0.969	1.098	0.529	0.766	0.819	0.729	0.581	0.732	0.847
装机利用小时(h)	5420	4850	5260	5200	5130	5690	5180	5640	5170
装机容量 / 保证出力	1.92	2.04	1.88	1.84	1.94	1.76	1.91	1.78	1.92
坝址岩性	板岩、千枚岩	花岗片麻岩	流纹岩	玄武岩、安山岩	花岗岩	角闪斜长变粒岩	玢岩、变质砂岩夹片岩	闪长玢岩	
河床冲积层厚(m)	20 ~ 26	17 ~ 32.5	4 ~ 7	5.3 ~ 17.5	小于 30	小于 10			

注:漫湾指标采用 1984 年初步设计成果,淹没田地为习惯亩。

湾水电站的建设，不仅创造了部、省合资，充分调动地方积极兴建大型水电站的经验，而且在工程建设管理上引进了竞争机制，打破了“大锅饭”，分项目实行了招标承包，使建设速度和工程质量，相互促进、提高；工地的职工人数和房屋建筑面积只有以往类似工程的1／5，为水电建设创造了经验。

四、改革水电管理体制，调整经济政策，组建澜沧江水电开发股分公司

近年来，在国家实行拨改贷、投资有偿使用，施工采取投标招标以后，水电管理体制已初步改善。但是在电力经营管理上，统一核算，统收统支的状况尚未根本改变，水电建设还没有稳定的资金来源，不利于按河流、河段进行梯级连续开发。

考察团建议，尽快组建澜沧江水电开发股分公司。公司的性质是一个独立经营，自负盈亏，具有自我积累、自我发展能力和法人地位的经济实体。国家赋予公司对澜沧江(包括干流和支流)水电开发权和经营权，在国家计划指导下，实行计划单列，由云南省管理。允许公司在国家贷款扶植之外，通过各种途径筹集资金，包括其它行业和地区投资入股以及开辟对外“窗口”，引进外资和技术。公司可以漫湾水电站为基础组建，为充分体现“设计是工程建设的灵魂”，可吸收设计单位参加。公司与施工单位是招标承包关系，与电网是趸售电的经济合同关系，服从电网的统一调度。公司的组织领导，可由云南省牵头，会同有关投资各方组建董事会，实行董事会领导下的总经理负责制。

澜沧江中下游河段的开发，离不开国家在资金上的支持，建议把漫湾水电站划归公司经营，其收益作为公司的创业基金。用漫湾的积累建设大朝山，再用漫湾、大朝山的积累建设小湾，等等。根据航运发展的需要，也可以同时建设橄榄坝，及早形成景洪到南阿河口的水运通道。在澜沧江开发初期，由于梯级之间施工衔接的需要，会出现资金使用上的时间差，希望国家给予限额贴息贷款，公司按期还本付息。

总之，加速澜沧江中下游水能资源的开发，建设澜沧江经济开发区的条件已基本具备。我们坚信，只要得到国家的支持，搞好以电力为中心的发展规划，改革管理体制，利用20多年的时间，完成澜沧江中下游水能资源的开发是完全可能的，也一定能够开创一条符合我国国情的开发西部地区的新路子。

当否，请批示。

于光远　高治国　林　华　罗西北　朱　奎

1988年7月20日

抄送：国家计委、国家科委、国家体改委、中国科协、能源部、水利部、交通部、化工部、财政部、国家能源投资公司、国务院技术经济研究中心、云南省人民政府

澜沧江流域综合开发考察情况概述

1988年4月19日至5月16日，应云南省人民政府邀请，以于光远、高治国同志为顾问，林华同志为团长，罗西北、朱奎同志为副团长，梁益华、雷树萱、王平、岳世华、杨健强同志为秘书长，中国国土经济学研究会、中国水力发电工程学会、中国能源研究会和中国水利经济研究会联合组成了澜沧江流域综合开发考察团，对澜沧江中下游的水能资源和其它资源进行了综合考察。杨守正、刘兆伦、李文林等50多位同志参加了考察。

实地考察以后，考察团的同志和云南省领导同志以及有关专家在昆明召开了澜沧江流域水电经济开发论证会，并在考察论证的基础上，集中各方面意见，由考察团编写了《澜沧江流域水电经济开发综合考察报告》，上报李鹏总理、姚依林副总理。同年7月，云南省政府的领导同志和中国经济团体联合会的同志又在北京召开了澜沧江流域综合开发战略研讨会，广泛地听取了经济界和有关方面的领导同志和专家们的意见和建议，为制订澜沧江流域的经济开发战略和方针政策奠定了基础。

澜沧江地处我国西南边陲，其特殊的自然地理环境赋予它得天独厚的水能、矿产、植物资源和旅游资源，尤其是中下游的水能资源，具有突出的优势。特别对煤炭资源缺乏的西部地区，大力开发澜沧江水电，可以带动其它资源的开发，促进云南西部地区工农业和其它建设事业的发展，进而实现“云电外送”，支援省外。考察团的同志普遍认为：在云南实行“电力先行，矿电结合，对外开放，综合开发”的方针，是完全正确的。加速开发澜沧江，建设澜沧江经济开发区的条件已经具备，澜沧江规划已经国家批准，漫湾水电站已经开工兴建；广东、云南、国家能源投资公司已经签订了合作开发澜沧江中下游梯级电站的协议，说明开发澜沧江的序幕已经拉开。云南省人民政府也向国务院写了《请求批准澜沧江中下游水电资源综合开发的报告》，因此，只要坚持改革开放的方针，搞好体制改革，国家在政策上予以支持，利用20多年的时间，完成澜沧江中下游水电站的梯级连续开发是完全可能的。

(宋廷福)

加速开发我国的中型水电资源

中国水力发电工程学会水能规划及动能经济专业委员会，联合福建省水力发电工程学会和全国水能技术经济情报网于1988年5月26日至31日在福建省福州市召开了全国中型水电资源开发技术经济政策研讨会。这次会议是在1986年9月18日至21日全国水力发电工程学会在长沙主持召开的“开发中型水电站技术经济研讨会”以后，在全国水能技术经济咨询部提出了《我国中型水电资源合理开发利用》阶段研究报告，和有关单位做了大量调查研究工作的基础上，进一步研讨了全国中型水电资源开发技术经济政策。现将有关情况及建议综述如下。

(一)

我国可能开发的中型水电站共900多座，规划装机总容量6700万kW，年发电量3200亿kW·h，其中单站容量为2.5～5.0、5.0～10.0、10.0～25.0万kW的电站容量分别占可开发总量的21.5％、29.2％和49.3％。各省(区)中型水电资源分级统计见附表。

截至1986年底，全国已开发中型水电站109座，总装机800万kW，年发电量344亿kW·h，资源开发率分别占其可开发总量的11.9％和10.6％，开发程度较低。

现在，全国尚有820座，平均单站容量为7.2万kW，共计总装机5900万kW，年发电量2900亿kW·h的中型水电资源，有待开发，潜力很大。

在全国水能资源中，中型水电资源比重占12％左右，但在经济发达，水能资源相对较少或十分紧缺的中南、东北、华东、华北地区分别占当地水能资源的15.9％、27％、37.2％及32.8％。而且实际上，在有些省区大型电站开发殆尽，今后水电建设的主攻方向也只能是中型水电。

(二)

中型水电站规模适中，具有工期短、见效快的显著优点，征地移民易于就地分散解决，输变电配套工程较近便等；既可为地区电网的骨干电源，改善其进行调度的安全稳定，也可以成为大电网的补充电源，有的还有防治洪水、发展航运和灌溉、供水之利。

中型水电的另一个特点是，适宜于开拓多模式、多层次、多渠道集资办电，有利于充分调动各地区、各部门、各企业和个人合股集资办电的积极性，补充国家水电建设基金的不足。

(三)

据60～80年代已建的69座中型和25座大型水电站实际资料初步分析，中型水电单位千瓦投资1291元，发电工期3.8年；大型水电单位千瓦投资1103元，发电工期7.9年。据在建的15座大型和6座中型水电统计，中型每千瓦1769元，大型1521元，中型水电站单位千瓦投资比大型高约20％，投产工期较大型短50％。若大中型水电站均能以综合利率8％集资兴建，并假定其年利用小时数和单位电量的利润水平相同，经测算，如需要在15年内偿清债务，则由于两者工期的差别，容许中型水电站的投资为大型的1.3倍，若贷款利率再提高和工期的差别更大，则中型水电站建设的经济可行性愈明显。

(四)

本世纪内水电建设的奋斗目标，原水电部的规划和中国水力发电工程学会的研究都设想到2000年总装机容量达到8000万kW，力争同整个电力工业同步增长，实现翻两番，为国家振兴经济做出应有的贡献。据此，水电建设必需以大型、巨型水电站为骨

* 本文系根据全国中型水电资源开发技术经济研讨会纪要改写，由朱铁铮执笔。

干。根据当前国家财力物力紧张状况，有的大、巨型水电站的兴建时间势需推延，在本世纪内难以发挥作用，因此下决心抓紧兴建一批中型水电站，势在必行；小型水电站建设也不要放松。也只有这样才能达到预期的目标。经会议研讨认为：只要国家扶持一部分长期低息贷款，加上有关政策落实，力争本世纪末新增中型水电1000万kW以上是可能的。

中型水电站主要由地方筹资兴建，若国家扶持每千瓦500元，吸引其他资金筹措，给予优惠政策，不少省区，如湖南、福建等省的代表表示可以包干建设。这样国家计划中今后10年内拨出50多亿元，每年拿出5亿多元，就可以又省力、又省钱的拿到1000万kW以上的中型水电装机，成为翻两番的有力支柱。

目前按国家计委的规定，凡是装机在2.5万kW以上到25万kW以下的电站，称为中型电站，考虑到地方财力可能，我们建议当前地方为主、国家扶持兴办的中型水电站定为10万kW以下的电站，10～25万kW的电站一般由国家与地方合资兴建为宜。

（五）

兴建中型水电要因地制宜。当前不少省已经成为地方办电的主要力量，因为地方上搞大型，一时困难较多，仅兴建小型水电站，已经不能满足地方企业蓬勃发展和人民生活用电日益增长的需要，有的县小型水电资源所剩无几，只有开发中型。中型水电站，在我国农村电气化事业发展中，将日益显出其重要作用，兴建后将成为一些地区振兴经济脱贫致富的重要途径。

当前各地由于用电需要纷纷要求兴建中型水电，根据1986年9月10日以前不完全统计资料，全国有14个省区要求兴建111座中型水电项目，其中指标比较全的有107项，总装机451万kW，年发电量197亿kW·h，平均年设备利用小时数4365h，总投资88亿元，平均每个水电站为8232万元，每个电站装机4.2万kW，单位千瓦投资1950元，单位电量投资0.45元／kW·h。

（六）

当前已经出现多种集资形式兴建中型水电的好势头。如四川省铜梁县安居水电站装机3万kW，县自筹2600万元（把已建成的小水电“以电养电”筹资1000万元，县财政拿出300万元，超收能源交通基金留成拿出1300万元），另外通过工商银行发行集资债券，向城乡居民集资700万元，重庆市补助2000万元，中央补助1500万元，再加上一些别的门路，筹足了7500万元。蓬安县马回水电站装机4.6万kW，由国家和省补助一部分资金外，地县多方集资，正在兴建。又如福建省近年来兴建3座中型电站，其中范厝为我国第一座由地方集资兴建的中型水电站，龙门滩、良浅水电站也正在兴建。良浅水电站装机3万kW，国家计划内贷款1500万元。这3座水电站主要投资由省、市、县电力企业和施工企业等集资，集资单位成立董事会和开发公司管理电站。省政府给予优惠政策：投产后3年内免征产品税，以后按小水电交纳5%；还贷期免征所得税；免征耕地占用税；在电站还本付息期间（控制在10～12年），电站投产后作为计划外供电，实行浮动电价。由于有了国家扶持；省给了优惠政策；集资单位发挥各自优势，各负建设之责，从而加速了电站的建设，范厝，龙门滩水电站装机分别为3.6万kW和4.2万kW，于1985年底主体工程动工，将分别于1988年和1989年上半年第一台机组投产；

良浅水电站正在施工。此外，尤溪县水东水电站，装机6万kW左右，正在积极多方集资，准备兴建。

“厂电”结合，发展外向型企业，引用外资，利用企业产品出口补偿归还外汇，是可以进一步探索的好模式。最近，福建省南平市峡阳水电站装机3.9万kW，福安县黄兰溪水电站装机3万kW，正在与外商洽谈并进行可行性研究。

在上游有水库调节的情况下，下游修建低水头电站，电航结合，综合开发，也是一种模式。如福建沙溪规划已经审定，共有6个梯级、总装机23.58万kW，正在集资先准备修建贡川、沙县、高砂3座水电站。四川省嘉陵江亭子口以下有13个梯级电站，总装机约120多万千瓦，规划即将提出；渠河、涪江正在结合梯级电站的建设，逐步实现渠化。

（七）

水电建设是投资风险小的事业，只要利率适当，资金本利偿还由银行信用保证，政策对路，中型水电可能筹集的资金渠道可以多种多样。

——地方超额完成的国家能源交通重点建设基金的留用部分；

——地方财政收入中的多种目的税和税外的附加收入；

——有关的建设公债和地方债券；

——国家下拨地方的多种扶助基金的有关部分；

——企事业单位预算外自有资金；

——工业用电加价(2分 /kW·h)专项资金；

——企业能承受用电的加价:

——企业提取的各项专项基金，如水电基本折旧基金等；

——未纳入预算管理的代煤、节油、超产等发展基金；

——可能投入中型水电的劳务物资，土地等相应资金；

——城乡居民和集镇企业等社会闲散资金；

——当地工商银行、建设银行的贷款；

——外资或华侨投资。

（八）

为了加速中型水电资源的开发，建议国家把对小型水电站行之有效的政策体系适用范围进一步扩大到中型水电，加以延伸。

1.中型水电站建设要根据“自建、自管、自用”的原则，认真贯彻中央提出的“省为实体、联合电网，统一调度，集资办电”的十六字方针。放权给地方开发，由集资单位成立管理委员会进行管理，所发电量以合同方式分配用电权，首先照顾当地需求。

2.税收政策。在电站投产一定时间内，仿照小水电待遇，产品税降为5%，对其他税种实行税前还贷，“以电养电”，在还贷期间免交能源交通及城市建设税，免交土地占用税。

3.实行“以电养电”，发电利润除偿还投资外，全部专款用于发展电力建设，逐步扩大办电基金。

4.电价政策。贯彻执行“新电新价”，按照偿还本息的原则及地区承受能力，制定自销和上网浮动电价。

5.投资政策。中型水电站主要强调地方政府集资兴建。

“七五”期间，国家计委在电力建设计划基金中，列有中型水电扶持专项资金，大大调动了地方兴建的积极性，但最近时期，渠道已经不通。希望国家重新研究，恢复原有专款扶持政策，并在计划内切块列出。根据当地财力的具体情况，择优选择项目予以补助。

附表　各省(区)中型水电资源分级统计表

全国地区省(区)	中型水电资源					中型水电资源分级范围统计											
	可开发装机容量		可开发年电量			2.5～5万kW				5～10万kW				10～25万kW			
	数量(万kW)	比重(%)	数量(亿kW·h)	比重(%)	座数(座)	装机容量(万kW)	占比重(%)	年电量(亿kW·h)	座数(座)	装机容量(万kW)	占比重(%)	年电量(亿kW·h)	座数(座)	装机容量(万kW)	占比重(%)	年电量(亿kW·h)	座数(座)
全国合计	6712.765	100	3237.61	100	929.5	1444.32	21.52	677.85	415	1956	29.14	966.21	294.5	3312.448	49.35	1953.54	220
华北地区	278.2	4.14	78.95	2.4	43	82.55	29.67	23.79	24	62.35	22.41	14.19	10	133.3	47.92	40.97	9
北京、天津、河北	121.3	1.81	24.48	0.76	23	4.695	38.71	11.56	15	39.35	32.44	6.59	6	35.0	28.85	0.33	2
山西	38.6	0.58	15.40	0.48	6.5	16.5	42.75	5.42	5	0	0	0	0	22.1	57.25	9.88	1.5
内蒙	118.3	1.76	39.07	1.21	13.5	19.1	16.55	6.81	4	23.0	19.44	7.6	4	76.2	64.44	24.66	5.5
东北地区	351.08	5.23	104.7	3.23	48	90.69	25.85	29.5	26	75.69	21.56	26.42	12.5	184.7	52.61	48.78	9.5
辽宁	85.92	1.28	24.17	0.75	9	10.92	12.71	2.25	3	20.7	24.09	6.6	3	54.3	63.2	15.32	3
吉林	105.63	1.57	35.28	1.09	19.5	10.09	47.42	18.46	14	24.04	22.76	8.34	3.5	31.5	29.82	8.48	2
黑龙江	119.53	2.38	45.25	1.40	19.5	29.68	18.6	8.79	9	30.95	19.4	11.48	6	98.9	61.99	24.98	4.5
华东地区	661.94	9.86	265.28	8.19	104	208.91	31.56	83.81	59	119.45	24.09	71.32	25	293.58	44.35	110.15	20
上海、江苏	0	0	0	0	0	0	0	0	0	0	0	0	0	0	0	0	0
浙江	126.37	1.88	37.76	1.17	18	30.62	24.33	9.56	9	28.25	22.55	8.64	5	67.5	53.41	19.56	4
安徽	45.05	0.67	11.93	0.37	9	24.5	54.38	7.66	7	5.55	13.32	1.12	1	115	33.3	3.15	1
福建	256.03	3.81	127.54	3.94	43	85.56	33.42	39.98	24	73.45	28.69	41.06	11	97.02	37.89	46.5	8
江西	234.49	3.49	88.05	2.72	34	68.23	29.1	26.61	19	52.2	22.23	20.5	8	114.06	48.64	40.94	7
山东	0	0	0	0	0	0	0	0	0	0	0	0	0	0	0	0	0

续附表

全国地区省(区)	中型水电资源					中型水电资源分级范围统计											
	可开发装机容量		可开发年电量			2.5～5万kW				5～10万kW				10～25万kW			
	数量(万kW)	比重(%)	数量(亿kW·h)	比重(%)	座数(座)	装机容量(万kW)	占比重(%)	年电量(亿kW·h)	座数(座)	装机容量(万kW)	占比重(%)	年电量(亿kW·h)	座数(座)	装机容量(万kW)	占比重(%)	年电量(亿kW·h)	座数(座)
中南地区	1097.52	16.35	503.16	15.54	162	289.09	26.34	125.06	82	319.75	29.18	143.97	46	488.68	44.13	234.13	34
河南	52.25	0.76	18.97	0.59	7	3.6	6.89	1.05	1	18.25	34.93	5.12	3	30.4	58.18	12.8	3
湖北	169.51	2.53	86.97	2.69	25	46.05	27.17	20.99	14	38.7	22.83	19.58	5	84.76	50.0	46.4	6
湖南	364.43	5.43	179.3	5.54	54	99.13	27.20	47.44	27	11.7	32.11	56.46	17	148.3	40.69	75.4	10
广东、海南	249.93	3.72	89.55	2.77	43	98.75	39.51	35.42	28	63.5	25.41	22.97	9	87.68	35.08	31.16	6
广西	261.4	3.89	128.37	3.96	33	41.56	15.9	20.16	12	82.3	31.48	39.84	12	137.54	52.62	68.37	9
西南地区	2863.635	42.51	1531.18	47.29	371	495.4	16.82	273.3	144	859	29.06	464.2	126	1499.239	54.12	493.68	101
四川	1454.535	21.67	817.08	25.24	193	290.6	19.98	164.8	82	422.9	29.08	239.3	60	741.035	56.14	412.98	51
贵州	394.1	5.87	198.72	6.14	54.4	75.6	16.69	40.02	23	139.9	35.26	67.1	20.5	178.7	45.33	91.6	11
云南	765.1	11.4	396.4	12.24	103	114.7	14.99	61.8	35	237.5	31.04	129.7	39.0	412.9	53.97	204.9	29
西藏	239.8	3.57	118.98	37.6	20.5	14.5	6.05	6.68	4	56.7	24.48	28.1	6.5	166.6	69.47	84.2	10
西北地区	1470.39	21.9	754.34	23.3	202.5	277.68	18.88	142.4	80	479.76	32.63	246.11	75	712.95	48.49	365.83	47.5
陕西	172.4	2.57	72.52	2.24	27.0	41.83	24.26	17.22	12	50.37	29.22	20.85	9	80.2	46.52	34.45	6
甘肃	262.56	3.91	138.17	4.27	31	32.15	12.24	17.98	9	100.31	38.2	54.64	14.5	130.1	49.55	65.55	7.5
青海	300.86	4.48	145.11	4.48	37.5	50.51	16.79	26.22	15	80.54	26.77	40.15	12.5	169.81	56.44	78.74	10
宁夏	5.5	0.08	3	0.09	1	0	0	0	0	5.5	100	3	1	0	0	0	0
新疆	729.07	10.86	395.14	12.21	106	153.19	21.01	80.98	44	243.04	33.34	127.47	38	332.84	45.65	187.09	24

对有条件利用外资的工程企业，建议国家(包括地方政府)规定可征收出口产品用电的外汇额度，或由政府给予外资结算的方便，也可由国家准予先兑换内资使用，而后将发电或企业收入兑换外资偿还。

地方自建的中型水电，建议国家不减少原有配电指标和其他扶助资金。

6.信贷政策。目前农业贷款最低利率为7.9%，希国家有关银行设立中电信贷额，或由农行扩大农电贷款范围，10万kW以下的电站，信贷利率给予优惠。

7.投资分摊政策。对具有防洪、灌溉和发展航运等综合利用效益的中型水电站，应实行各部门分担工程投资和年运行费。这些部门分担的投资和费用由地方有关部门拨付。以航运、灌溉为主结合发电的工程，发电只应负担本身所需要的投资。

(九)

建议抓紧中型水电的前期工作，中型水电的建设也要在做好河流规划、地区选点，优化设计的基础上进行。目前中型水电的前期工作尤其属于水电建设的薄弱环节，因此建议地方计划财政部门安排必需的前期工作费用，尽快尽好做好规划勘测设计工作，以便择优开发，避免投资失误。

建议能源部、水利部指定专门部门统管中型水电资源开发工作，制定政策、统一筹划和管理国家扶持资金等，由地方政府、银行、专业主管部门组成中型水电开发基金会，总筹建设与管理之责。中型水电站多的省分，必要时可以建立中型水电开发公司，组成经济实体。

(十)

尽快兴建一批中型水电站，对于改善地区能源结构，振兴地区经济，提高人民物质文化生活，具有重要意义，因此必须引起各级政府的重视，从战略角度采取必要措施，切实抓紧抓好中型水电资源的开发。

修建抽水蓄能电站势在必行

朱铁铮　董述春

我国抽水蓄能电站的兴建，早在60年代初至70年代中，主要研究建设混合式抽水蓄能电站，利用已建的水电站增加或改换抽水蓄能机组，如岗南与密云。之后，又修建了潘家口混合式抽水蓄能电站。70年代中至今，随着我国工农业的发展，缺电局面严重，为了满足电力日益增长的需要，加速兴建工期相对较短的火电厂，在水能资源不太丰富的地区，如华北、华东、广东形成了以火电为主的电力系统。由于电力负荷峰谷差距愈来愈大，为了解决好调峰问题，不少地区开展了抽水蓄能的规划选点、可行性研究工作，有些高水头、大容量的纯抽水蓄能电站的初步设计业已完成，为开工兴建创造了条件。

目前，在我国建设抽水蓄能电站的必要性，已越来越多地为人们所认识。这主要是上述以火电为主的电网，如不修建抽水蓄能电站，电业管理部门要做到经济调度，并保证对用户供电质量是难以作到的。近年来,上述电网峰谷差很大,但由于缺调峰容量,强迫火电机组调峰,除不经济外,仍满足不了调峰需要,致使拉路限电的现象日趋严重。负荷结构的变化,使现有的火电机组已远远不能适应调峰要求,如京津唐电网的北京地区,1980 年工业用电占总用电量的 73.4 %,市政生活用电为 14.1 %;1985 年工业用电降到 67.2 %,市政生活用电上升到 20 %。最小日负荷率在计划用电情况下为 65 % 左右。根据负荷预测,到 2000 年,北京地区的峰谷差约为 190 万 kW,只靠单一的火电厂的有限调峰能力,拉路限电的情况将比现在还要恶化。兴建十三陵抽水蓄能电站,可调峰填谷合计为 156 万 kW,可基本解决北京地区的调峰问题,同时也可缓和京津唐电网缺调峰容量的局面,并可大大改善电网的运行条件,提高经济效益。

随着改革开放的深入发展,广东自实行特殊经济政策后,广东地区工业及乡镇企业发展很快,市政生活用电更是突飞猛进,目前广东电网的最小日负荷率为 40 %～50 %,预测 2000 年的峰谷差约为 600 万 kW,高峰和低谷是大起大落,急需调峰电源。另外,大亚湾核电站将于 1993 年投产,考虑其安全和经济性,只适宜基荷运行。这样,兴建广州抽水蓄能电站既是电网急需,又堪称是一座经济的调峰电站。

华东地区工业发达,电度产值较高。电网中水电比重逐年下降,现水电仅占总装机容量的 14.8 %。而峰谷差将逐渐增大,根据远景规划,华东电网到 1995 和 2000 年,峰谷差分别为 904 万 kW 和 1380 万 kW。而该地区水能资源有限,那时水电比例将由现在的 14 % 降到 8 %,而新增的火电厂大都是燃煤的高温高压大容量的机组,还将投入一座核电站,为缓和调峰的紧张局面,必须兴建一定容量的抽水蓄能电站,才可保证电网安全稳定运行。

工业在发展,能源趋于多种开发,抽水蓄能电站和火电厂、核电站、径流式水电站联合运行,可充分发挥各自的优点,所以以火电为主、峰谷差大的电网,电度产值一般较高,兴建抽水蓄能电站十分必要,并对电网的作用非常显著。主要表现在:

(1)调峰填谷可起双倍的容量作用,如图所示,发电和抽水的阴影部分之和,即是调峰容量,这是任何一种电站所起不到的作用。

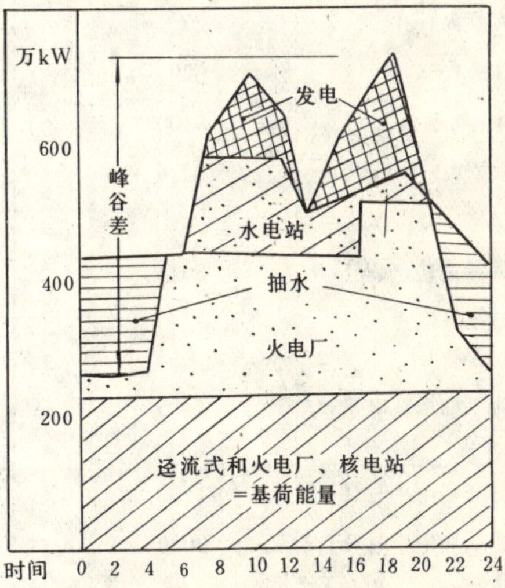

图　日负荷曲线

(2)抽水蓄能电站投入电网后,改变和改善了火电厂的运行位置及核电站的运行工况,从而节省了燃料。据初算,十三陵、天荒坪抽水蓄能电站投产后,可分别为电网节省标准煤 22 万 t 和 40 万 t。广州抽水蓄能电站可使大亚湾核电站每年多发电 25 亿 kW · h。

(3)开机、停机和负荷跟踪性等灵活、可靠,是优越的保安电源和事故备用电源。

(4)具有调频、调相性能,其动态效益也很显著。

十三陵、广州、天荒坪 3 电站技术经济指标表

项目 \ 电站名称	十三陵抽水蓄能电站	广州抽水蓄能电站	天荒坪抽水蓄能电站	备注
上水库				1. 总投资不含输变电部分投资 2. 总投资均引用 1988 年报告中的数据 3. 十三陵抽水蓄能电站的下水库为已建的十三陵水库广州、天荒坪抽水蓄能电站的上、下水库都要新建
坝型	沥青混凝土面板堆石坝	混凝土面板堆石坝	钢筋混凝土面板堆石坝	
最大坝高(m)	74	60	85.5	
坝顶长(m)	463.9	290.5	453.70	
总库容(万 m^3)	400	1830	804.91	
有效库容(万 m^3)	381	1000	774.19	
下水库				
坝型	斜墙土坝	混凝土面板堆石坝	钢筋混凝土面板堆石坝	
最大坝高(m)	29	37	98.5	
坝顶长(m)	629	115	238.9	
总库容(万 m^3)	8100	2040	854.19	
有效库容(万 m^3)	3336	1000	774.19	
电站				
装机容量(万 kW)	80(4 × 20)	120(4 × 30)	180(6 × 30)	
平均年发电量(亿 kW·h)	12.0	23.80	25.3	
平均年抽水耗电量(亿 kW·h)	16.5	31.38	36.14	
年发电利用小时(h)	1500	1983	1408	
年抽水利用小时(h)	2020	2615	2008	
水轮机额定水头(m)	430	500.61	510	
单机过流量(m^3/s)	54.21	68.25	70.3	
电站综合效率(%)	73	75.84	70	
引水系统				
引水道总长(m)	2347	3751	1334	
L/H	4.4		2.36	
淹没耕地(亩)	50	1211	15.24	
迁移人口(人)	37	1004		
施工期(年)	6	5 年 10 个月	6	
总投资(万元)	89241 其中外资:95.33 亿日元	145812 其中:外资 21411 万美元	161870 其中:外资 17045 万美元	
单位千瓦投资(元)	1115.5	1215.1	899.0	
设计阶段	初步设计	初步设计	可行性	

5.水库淹没少,环保问题比火电、核电要少得多。

抽水蓄能电站,目前无论是设计、机组制造、施工及运行,国外一些国家都积累了一定的经验,值得我们借鉴。我国虽然起步较晚,但自60年代至今也20多年了,做了大量的前期工作,有了一定的基础。近年来选出了一批较优越的站址,如北京的十三陵抽水蓄能电站,装机容量80万kW,位于北京市昌平县,距负荷中心北京市区仅40km。下水库利用已有的十三陵水库,上水库在蟒山之上,需人工挖筑1座400万m^3的水库。额定水头430m,可逆式机组由国外引进。建设资金由原水电部和北京市集资。电站的主要任务是担负北京电网调峰,故以高峰电价销售。内、外资的贷款由电站利润偿还,现正作开准备。广州抽水蓄能电站位于从化县,距广州90km,装机120万kW,额定水头500.61m,机组由国外引进,建设资金由原水电部、原核工业部、广东省集资兴建。现正做开工准备,预计1993年发电。位于浙江省安吉县境内的天荒坪抽水蓄能电站,装机容量180万kW,由能源投资公司、上海市、江苏省、浙江省、安徽省集资兴建,是一个多方集资、跨省联营的企业。这些电站的修建为我国抽水蓄能电站的建设拉开了序幕(见十三陵、广州、天荒坪3电站技术经济指标表)。

总之,随着经济振兴、负荷增长及电网调峰经济运行的迫切需要,不少地区、不少电网总会积极修建抽水蓄能电站。加快抽水蓄能电站的建设,是客观需要,势不可挡,前景广阔。

因地制宜地研究开发我国潮汐资源

朱铁铮　　陆德超

(一)

我国海域辽阔,港湾栉比,海岸线迂回曲折,潮汐河流众多,潮汐能的蕴藏量极为丰富。据1982年前后全国潮汐资源普查统计全国156个海湾、33个河口的资料表明,我国沿海(未包括台湾省)在500kW以上的站点共191处,可开发总容量为2158万kW,年发电量为619亿kW·h。

我国沿海潮汐资源主要集中在华东沿海,其可开发容量及年发电量分别占全国的92.5%和92.8%,其中福建、浙江两省最为丰富,可开发装机容量分别占全国的47.9%和40.8%。全国潮汐能资源统计见表。

(二)

我国沿海地区工农业发达,交通便利,能源的需求量愈来愈大,但总的特点是人多地少,缺煤、少油,水能资源也不丰富。按2000年产值翻两番以及远景发展的要求,能源的缺口很大。如华东地区工农业总产值约占全国的1/3,但一次常规能源资源占全国的比重,煤炭只占6.8%,陆上石油只占16%,水能只占3.6%,一次能源人均拥有量为124.2 t标煤,仅为全国平均值的

中国沿海潮汐能资源统计表

项　目	装机容量(万 kW)	占全国比重(%)	年发电量(亿 kW·h)	占全国比重(%)	备　注
全国合计	2157.52		618.68		
华东合计	1994.82	92.45	574.33	92.83	
其中:山东	11.78	0.55	3.63	0.59	
江苏	0.08		0.04		
长江北支	70.40	3.26	22.80	3.68	另列,应分属江苏省及上海市
浙江	880.16	40.79	264.04	42.68	
福建	1032.40	47.85	283.82	45.88	
辽宁	58.62	2.72	16.14	2.61	
河北	0.47		0.09		
广东	64.88	3.01	17.20	2.78	南海诸岛(除海南岛外)暂缺
广　西	38.73	1.80	10.92	1.77	
台　湾					暂缺

7.9%。为了解决这个矛盾,沿海地区除了强化区内煤炭开采,争取区外输入能源,继续发展火电、常规水电外,潮汐能源是一种重要的补充能源。

(三)

潮汐能开发具有一定优越性。潮汐能是可靠的再生能源,取之不尽,用之不竭。潮汐电站不消耗燃料,不污染环境,运行费用低廉。潮汐电站与系统中水电站、抽水蓄能电站、火电站联合运行,可提高系统的保证出力,节省煤耗,取长补短,相辅相成,更好地发挥它在电力系统和国民经济中的作用。潮汐能循环往复,年内年际变化不大,无洪枯水区别,出力和电能可以预报。潮汐电站水库水量一般在一日内就变换2次,库容利用率高,建设不大的水库可取得较大的电能。水库不仅无淹地移民问题;而且可结合海涂围垦,增加农田,并发展水库水产养殖,改善港口、河口间的交通,开发旅游等综合利用。

潮汐能开发利用也有缺点。一般来讲,利用水头不高,水轮机、发电机体积大,耗钢量多,机电投资贵;厂房如布置在软基上,基础处理和海工建筑物施工都比较复杂;有些电站,特别是河口电站泥沙淤积较为严重,常危及电站寿命,海水腐蚀及海生物附着,常引起海工建筑物中钢筋和金属设备的锈蚀;潮汐涨落与日月运行有关,因而电站出力日内起伏较大,而且有间歇(双库连续发电除外)。因此装机容量难以替代系统的必需容量,需要与其他电站互为补偿。

(四)

潮汐资源的开发利用,目前在世界上还不多。1968年法国建成了世界上第一座朗斯大型潮汐电站,装机容量24万kW,采用六种工况的贯流灯泡式机组;同期苏联建成了容量仅800kW的基斯洛试验性潮汐电站;加拿大为了研究开发芬地湾大型潮汐电站作准备,现已建成容量为2万kW的安纳波利斯试验性潮汐电站,采用全贯流式机组。我国自50年代中后期开始,兴建了一些小型潮汐电站，如广东、浙江、江苏、山东等地，主要依靠地方力量自行筹建。其中一些电站至今运行良好，如浙江的沙山、海山、鹤浦电站，广东的甘竹滩、洪湖电站，以及山东的白沙口电站等。这些电站对促进地方经济发展起了一定的推动作用，受到群众欢迎。为了开展科学试验，我国已建成江厦双向发电潮汐试验电站，装机总容量3900kW，第一台机组已于1980年5月发电，目前已装机5台，容量3200kW，是世界上第三个规模较大的潮汐电站。它的建成与运行实践为我国潮汐能的稳步开发，开拓了前景。

(五)

以往潮汐电站发展不快，主要是认为单位千瓦投资较高，但随着世界能源的出现危机，燃料价格成倍地上涨，以及有关国家对潮汐电站的研究和实践，目前对潮汐能的开发已有新的动向。加拿大继安娜波利斯潮汐试验电站1984年发电之后，对芬地湾又进行了可行性研究，提出坎伯兰潮汐电站装机108.5万kW，认为在经济上是合算的。苏联近几年来提出要把潮汐能的利用工作放在重要地位，采取了从小到大，从试验到大工程稳步开发的方式，提出加速建设克尔斯卡雅潮汐试验电站(装机3.8万kW)的建议，并正在设计装机50万kW的白海海峡潮汐电站，另外还对巨型潮汐电站正在进行了规划设想。英国正在进行塞汶河河口大型潮汐电站的设计，美国、澳大利亚、法国、阿根廷、印度、南朝鲜、日本、巴西都在根据本国的能源结构、潮汐蕴藏量等具体情况，积极研究开发。

潮汐电站的经济性不应以单位千瓦投资来衡量，而应以社会经济效益来衡量。潮汐电站有较大的综合利用效益，如江厦电站实际单位千瓦投资为2451元，除年发电1000万kW·h外，尚可围垦5600亩土地。据1987年调查已耕种4700亩，种植柑桔、水稻、薯豆类、甘蔗等作物；围垦区部分水面养殖对虾，每年纯利约200万元；水库养殖牡蛎、花蛤、鲻鱼等水产，每年纯利70万元；如水库区水面进行统一规划，改善生产经营条件，产量还可成倍增加。

(六)

为了因地制宜地研究开发我国的潮汐能源，需要把它作为一个战略性措施来对待。为此，建议目前着手作好以下几件工作。

1.进一步开展规划选点工作，以便摸清建设条件。把逐步开发建设潮汐能纳入沿海地区经济开发总体规划之中。

2.继续做好潮汐电站的科研工作，以降低造价和解决某些技术难题。最好以华东勘测设计院为科研中心，统一开展工作，求得事半功倍之效。

3.进行万千瓦级潮汐电站的中间试验，并开展勘测设计和可行性研究，争取“八五”或“九五”期间投产。如福建省的大官坂，厦门市的马銮湾等，工程基础条件好，海堤和水闸已基本建成，工程又都比较靠近负荷中心，交通条件、施工条件好，只需设置厂房及开关站，及另作些扩建工程，即可建成潮汐电站。通过统筹规划，尚可围垦部分海涂，进行水产养殖，取得综合经济效益。据悉该两地目前均已开展了规划设计工作。

4.在边远地区及海岛发展小型潮汐电站，以解决当地用电问题。这些地区由于缺煤少水，缺电严重，经济发展缓慢，工农业落后，群众盼望电的愿望十分强烈。柴油发电价格昂贵，每千瓦小时电高达1元以上，因此，因地制宜兴建小型潮汐电站，以解决工农业生产及人民生活的迫切需要，又可节煤节油，经济上也是可行的。

三峡工程论证情况综述

一、历史回顾

三峡是我国长江上著名的水能资源点之一。1919年孙中山先生在《建国方略》之二“实业计划”中曾提出开发三峡以利航运和发电的设想。1932年，国民党政府派恽震、曹瑞芝、宋希尚等在三峡地区进行查勘测量，提出《扬子江上游水力发电查勘报告》，草拟了在葛洲坝和黄陵庙修建低水头水电站的方案。1944年资源委员会邀请美国高坝专家萨凡奇来华，由中国工程师陪同查勘三峡，编拟了在南津关修建高坝，以发电为主，兼顾航运、防洪、灌溉的综合利用计划。1946年资源委员会派出54名工程师去美国垦务局合作研究三峡高坝方案，并进行了部分勘探、测量和设计研究工作，1947年8月中止。

新中国成立后，党和国家领导人十分关心长江的治理。1954年中下游大洪水之后，根据中央人民政府的指示，1955年开始，水利部长江水利委员会(后改为长江流域规划办公室，简称长办)在地质、电力、交通、水产等部、中国科学院、国防科工委和有关高等院校的协同下，并聘请苏联专家协助，开展了长江流域规划工作，同时开始了三峡工程的勘测设计和研究。1956年长办根据长江规划的初步成果，认为三峡工程能控制川江洪水，曾设想修建235m的高坝，淹及重庆大部地区，取得1000多亿m^3防洪库容，根本解决两湖平原的水灾，并可装机2300万kW以上。李锐等同志则认为当时三峡工程根本不具备现实性和可行性，认为长江的防洪，首先要加强堤防泄洪和利用湖泊洼地蓄洪，再结合综合利用陆续兴建支流和干流水库，逐步提高防洪标准。同时，电力要求也是逐步发展的，不宜于一下子建一座特大型水电站。

1958年1月党中央南宁会议，听取了林一山和李锐同志对三峡工程的不同意见。同年2月26日至3月5日，周总理率领有关部委、省市负责人和中外专家百余人查看了荆江大堤和三峡，又开展了不同意见的讨论，周总理作了总结讲话。3月下旬党中央成都会议，根据周总理的报告，通过《关于三峡水利枢纽和长江流域规划的意见》，提出对三峡工程“应当采取积极准备和充分可靠的方针，进行各项有关的工作。”正常高水位控制在200m高程，还应当研究更低的方案；并提出了长江流域规划工作的基本原则，应当是统一规划，全面发展，适当分工，分期进行。1959年长办在有关单位科研成果的基础上，先后提出《三峡水利枢纽初步设计要点报告》、《长江流域综合利用规划要点报告》，当时推荐三峡工程正常蓄水位200m，拟于1959年或1960年开工，1967年竣工。

1960年中央提出调整、巩固、充实、提高的方针，决定放慢三峡工程的建设进程。当年8月周总理在北戴河主持会议，调整了三峡工程的工作部署，并作了“雄心不变，加强科研、加强人防”的指示。以后，长办根据毛主席、周总理的指示，进一步加强了泥沙和人防的研究工作，并研究了分期开发的方案。

---

* 本文系根据几篇稿件综合整理

1969年水电部军管会和湖北省革委会向中央提出《关于修建三峡水利枢纽设想的报告》，同年9月张体学同志向毛主席请示时，毛主席指示，在目前战备时期不宜做此设想，要研究四川境内长江支流的开发利用。1970年底中央和国务院批准先兴建三峡水利枢纽下游的葛洲坝工程。

三峡坝址原选定为三斗坪，后来长办从有利于人防考虑，推荐河谷较窄的太平溪。根据国务院领导同志指示，1979年5月和9月，原水利部约请有关部门召开了三峡选坝会，决定仍以三斗坪坝址进行初步设计。并向国务院报送了《关于三峡水利枢纽的建议》，建议争取90年代建成。

1982年秋，中央领导和原水电部考虑到三峡工程淹没损失太大，要求长办研究低蓄水位的方案。长办于1983年提出正常蓄水位150m，坝顶高程165m方案的可行性报告。同年5月，国家计委组织了350多位专家和有关领导同志参加的会议进行审查后原则同意。1984年4月国务院原则批准，但坝顶高程提高到175m，以备特大洪水时超额拦蓄，减轻长江中下游灾害；并批准进行一些前期准备工作，为争取主体工程1986年正式开工创造条件。

1984年5月，交通部向国务院报送《关于三峡水利枢纽建设航运问题的报告》，提出三峡工程尚未获得解决的疑难问题：(1)库尾淤积使航道恶化；(2)坝区淤积影响通航；(3)三峡和葛洲坝两坝间不稳定流问题；(4)清水下泄冲刷影响葛洲坝船闸下闸槛水深；(5)施工期通航问题。

1984年9月，重庆市人民政府向国务院建议将正常蓄水位提高到180m，以便万吨船队直达重庆港。国务院遂委托国家计委、科委对水位进一步组织论证。

1985年开始，两委组织14个部门的科研、设计单位近200位专家和科技人员，分8个专题进行了大量科研、论证工作。

1979年至1984年间，李锐同志曾多次向中央领导上书，后来有3次答记者问，对三峡工程是否修建提出不同意见。国家计委的燃料动力局、经济研究所，电力工业部的成都、中南、华东勘测设计院，水利水电科学研究院和一些有关院校，也有同志写报告或文章，主张先开发支流后建三峡特大工程。

二、三峡工程的重新论证工作

对兴建三峡工程，早在50年代就有不同意见。1984年以来，各界人士的各种不同意见又日趋活跃。1984～1988年，各次全国人民代表大会都有代表提出关于三峡工程的提案或建议；全国政协各次会议的大会、小组发言和提案，许多委员对三峡工程提出了不同意见。这些不同意见，广泛涉及三峡工程方案、作用、技术可行性、经济合理性以及修建时机等问题。

中央和国务院对三峡工程采取了积极而又十分慎重的态度。1986年6月中共中央、国务院发出《中共中央、国务院关于长江三峡工程论证工作有关问题的通知》(中发〔1986〕15号，简称15号文)，要求水电部从经济上、技术上对原来的可行性报告进一步补充论证，重新提出可行性报告。文件主要内容是：

1.由水电部广泛组织各方面的专家，进一步论证修改原来的三峡可行性报告。要注意吸收有不同观点的专家参加，发扬技术民主，充分展开讨论，得出有科学根据的结论意见，分阶段、分专题向中央书记处、国务院和人大常委汇报，并及时向政协通报情况。在广泛征求意见，深入研究论证的基础上，重新提出三峡工程可行性报告。

2.成立国务院三峡工程审查委员会，负责审查水电部提出的三峡工程可行性报告，提请中央和国务院批准，最后提交全国人民代表大会审议。委员会由国家计委、经委、科委、中国科学院、财政部、水电部、城乡建设环境保护部、交通部以及有关方面人员组成,由李鹏同志任主任,宋平、宋键同志任副主任(1988年改由姚依林同志任主任)。

3.为了加强这一工作的领导,中央指定李鹏、薄一波、王任重、程子华同志负责协调三峡工程的论证工作。

根据15号文的精神,水电部做了如下组织部署:

1.成立三峡工程论证领导小组集体领导论证工作。领导小组由水电部部长、有关的副部长、正副总工程师和其他领导同志组成,钱正英部长任组长,陆佑楣副部长任副组长,潘家铮总工程师任副组长兼技术总负责人。

2.为了接受各方面的指导和监督,领导小组商请全国人大财经委员会、全国政协经济建设委员会、国务院技术经济社会发展研究中心、国家计委、国家科委、财政部、交通部、机械电子工业部、中国科学院、中国社会科学院、中国科协、国务院三峡地区经济开发办公室、湖北省、四川省推荐,陆续聘请了21位特邀顾问。

3.论证工作先分专题论证,再综合研究。根据各方面对三峡工程提出的问题和意见,研究确定了10个专题,成立了地质地震、枢纽建筑物、水文、防洪、泥沙、航运、电力系统、机电设备、移民、生态与环境、施工、投资估算、综合规划与水位、综合经济评价等14个专家组。专家组成员包括两委组织水位论证时聘请的100多位专家,由各专家组顾问、组长协商、推荐、增聘的专家和中国科协推荐的11个全国性学会的25位专家,共412人。其中中科院学部委员15人,教授、副教授、研究员、副研究员、高级工程师355人。水电系统以外的专家213人,来自国务院17个部门、单位,总参工程兵部,中国科学院及所属12个研究所和分院,28所高等学校和8个有关省市。

4.论证工作分两步进行。由于各方面对三峡工程的要求和对蓄水位及开发方式的意见不同,因此,第一步先通过初步论证,初选一个可以满足各部门的基本要求的方案,第二步再围绕初选方案,由14个专家组分别深入论证其可行性和经济合理性,并研究相应的替代方案,分析比较建或不建、早建或晚建三峡工程的利弊得失,提出专题论证报告,经领导小组扩大会议审议通过后,最后由长办按照14个专题论证报告的内容和结论重新编制可行性报告,提交领导小组扩大会议审议通过,上报国务院三峡工程审查委员会审查。

三、重新论证的主要结论

截至1988年11月,14个专家组都已经陆续提出了专题论证报告,其中9个是专家组全体成员签字通过;生态与环境、防洪、电力系统、综合规划与水位及综合经济评价等5个专题论证报告,分别有1～3位专家对报告有不同意见未予签字,并提出了书面意见做为论证报告的附件。14个专题论证报告已由领导小组扩大会议分批审议,原则通过或接受。

归纳起来,14个专题论证报告的主要结论如下。

(一)基本方案

绝大多数专家推荐坝顶高程185m,最终正常蓄水位175m,初期蓄水位156m的“一级开发、一次建成、分期蓄水、连续移民”的方案做为可行性研究阶段的基本方案,初步设计时可对各种特征水位再进一步优化。这个方案可以基本满足防洪、发电、航运的基本要求,综合效益较好;可以降低移民工作的强度和难度;初期回水末端不超过铜锣峡口,泥沙淤积不影响重庆港区和嘉陵江口,可以对库区泥沙淤积情况进行观测,验证科研试验成果。

(二)综合效益

上述基本方案，有防洪库容 221.5 亿 m^3。荆江河段的防洪标准可由10年一遇提高到 100 年一遇，遇 1000 年一遇洪水或类似 1870 年洪水，配合分蓄洪工程，可避免荆江河段两岸发生毁灭性灾害；遇 1931、1935、1954 年型洪水也可大量减少分蓄洪量和淹没损失；并可为治理洞庭湖、延长洞庭湖寿命创造条件。发电方面，可装机 26 台 68 万 kW 机组，共 1768 万 kW，保证出力 499 万 kW，年发电量 840 亿 kW · h，供应华东、华中和川东地区，每年可替代煤炭 4000 ~ 5000 万 t。航运方面，万吨级船队渝汉直达保证率一般可达 45 % ~ 50 %，出川货运能力有可能达到 5000 万 t，渝宜段船舶运输成本可降低 35 % ~ 37 %。还可以增加下游枯水期流量，改善航运和南水北调的条件。

(三)投资和工期

施工总工期包括准备工程共 18 年，第 12 年第一批机组发电，以后 6 年每年投入 4 台机组。移民工程 20 年完成。工程静态总投资，包括水库移民和送变电工程，按 1986 年价格计算，共 361.1 亿元，第 12 年开始发电前 169.2 亿元。

(四)技术可行性

枢纽建筑物和大型机电设备方面，有关专家组认为，技术上基本可行。泥沙方面，泥沙专家组认为，三峡水库是河道型水库，采用蓄清排浑的运用方式，80 % 以上的防洪库容和 90 % 以上的调节库容可以长期保留；坝区及变动回水区的泥沙淤积问题已经基本研究清楚，是可以解决的；不考虑上游建水库拦沙和调节洪水的有利影响，三峡水库运用 100 年后，重庆市 100 年一遇最高洪水位约 199m，变化幅度约 1 ~ 3m；对河口也不致有明显影响。地质地震方面，有关专家组认为，三峡坝区地壳稳定、基岩完整，地震活动水平不高；水库诱发地震影响到坝区的地震烈度不超过 6 度，小于设计烈度 7 度，不影响工程安全；库岸总体稳定性较好，少数可能失稳的大型崩塌、滑坡，距大坝最近的也有 26km，涌浪试验和计算表明，崩坍滑坡体入江引起的最大涌浪衰减到坝址，最高为 2.7m，不致危及围堰和大坝安全。

(五)移民和生态环境

经调查，1985 年底库区淹没线以下人口为 72.25 万人，假定 2008 年迁移安置完毕，推算规划安置人口为 113.18 万人；淹没耕地和柑桔地 43.13 万亩。从可利用的土地资源看，大部分农村移民可以不出乡安置，只要在进行移民安置规划的同时，重视搞好环境规划，库区生态环境可以逐步向良性循环。淹没处理补偿投资估算为 110.61 亿元。专家组的结论是：三峡水库移民安置任务艰巨，但有解决的途径；如果推迟兴建，由于人口和淹没实物日益增多，移民费用将急剧增长，安置难度将显著加大。生态环境方面，生态与环境专家组总的认为，大坝兴建对生态与环境的有利影响主要在中游，不利影响主要在库区，其中，库区移民环境容量问题是工程决策中比较敏感的制约因素，在移民安置规划中，需要认真对待，慎重处理。并对当前工程决策和今后的规划设计提出了建议。

(六)战时安全问题

过去曾做过大量试验研究。这次论证中，枢纽建筑物专家组又邀请国家人防委员会、总参工程兵部、国防科技大学等单位的专家，根据溃坝试验成果多次讨论认为，由于三峡工程设有低高程、大泄量的泄水底孔，战时可迅速降低水位运行，再加水库下游有 40km 狭谷河段限制，万一大坝遭受袭击而溃决，坝址到下游沙市地区损失严重，但仍属于局部地区性的灾害。因此，人防问题不致成为三峡工程决策的决定性因素。

(七)关于替代方案的研究

防洪专家组分析了上游16座干支流水库对中下游防洪的作用以及进一步加高中下游堤防、开辟分洪道以扩大泄洪能力的现实性,结论是,长江中下游防洪体系由堤防、干支流水库和分蓄洪区相互配合组成,各类工程措施均有其特定的作用。如果不建、缓建三峡工程,为提高长江中游,特别是荆江河段的防洪标准,还找不到与三峡工程接近等效的替代方案。只能在完成1980年所定的中下游防洪工程设施的基础上,进一步加固堤防、完善分蓄洪区安全建设和修建进洪泄洪闸,以提高分蓄洪的可靠性。在超过100年一遇洪水时,需紧急扒口、扩大分洪,防汛困难形势没有明显改变,特别是遭遇类似1870年特大洪水时,荆江河段南北溃决、造成人口大量伤亡的毁灭性灾害的威胁依然存在。因此,修建三峡工程是必要的。

电力系统专家组根据与三峡工程对华中、华东和川东地区提供同样电力、电量的前提,研究了纯水电、纯火电和水火电混合的5个比较方案,认为三峡工程是最优方案,应该早上。

航运专家组预测2000年和2030年川江下水运量分别为1550万t和5000万t。目前天然航道下水通过能力约为1000万t,通过整治航道,估计可达到4300万t。因此,提出以水运3000万t加铁运2000万t和水运4300万t加铁运700万t两组替代方案。但替代方案不能根本改善川江水流条件,不能实现万t级船队渝汉直达,航运成本不能大幅度降低。

综合规划与水位专家组分析了长江流域治理开发的任务和流域规划的总体布局,三峡工程在长江流域规划中的地位、作用以及上中游支流工程的开发条件和任务后认为,三峡工程与上游干支流工程各有不同的作用、任务,互为补充,既难互相代替,也不互相排斥,都应根据国民经济的需要和工程建设条件进行建设。三峡工程的任务主要是提高荆江河段防洪能力,向华中、华东和川东地区供电以及为万吨级船队渝汉直达创造条件。如不建三峡工程。为了解决这一特定任务,专家组在防洪、电力系统和航运三个专题论证报告的基础上,研究计算了两组综合比较方案:(1)金沙江的溪落渡、向家坝;(2)溪落渡加乌江的构皮滩、彭水和华中的3座水电站,认为在经济上都不如三峡工程有利,而且在防洪和航运方面未能与三峡工程等效。

(八)关于综合经济评价

1.财务评价。按假定1989年开工,工程静态总投资361.1亿元计算,资金来源设想主要是:(1)自有资金。根据以电养电方针,除国家已明确葛洲坝电厂收入除还贷外留用做三峡工程投资以外,三峡工程施工期发电收入也做为自有资金;(2)工程投资除输变电工程外,防洪航运共分摊25%,由国家投资,申请豁免本息;(3)国内贷款,按年息9.36%计算;(4)国外贷款,按年息8%计算。建设期共需资金约510亿元。如三峡电站上网电价按每千瓦小时9.3分计算,工程建成后第二年可还清贷款本息。因此,三峡工程的财务指标是好的。

2.国民经济评价。按照国家计委颁发试行的《建设项目经济评价方法与参数》的规定,做了两种分析计算:一是三峡工程本身的国民经济效益;二是三峡工程早建(假定1989年开工)、晚建(假定2001年开工)和不建三个方案的经济差别,三个方案都是经过电源优化数学模型优选的同样满足华中、华东电网电力需求的电源建设组合方案,并计算了防洪损失的差别和川江航运的替代措施费用。前一种计算表明,三峡工程的经济内部收益率为14.5%,大于国家规定的社会折现率10%的评价标准,经济效益是好的。后一种计算表明,早建方案费用总现值最少,晚建方案费用现值大于早建方案，但小于不建方案。

3. 国家承受能力分析。据分析计算，三峡工程投资占施工期国民生产总值、国民收入的比例为0.73‰和1.23‰，低于宝钢一期工程和攀枝花钢铁基地建设所占的比例，认为国家完全有能力建设三峡工程。

综合经济评价的结论是，三峡工程建比不建好，早建比晚建有利。

在论证领导小组第九次扩大会议审议综合经济评价论证报告时，进行了热烈讨论，提出了许多意见和问题。绝大多数同志认为，尽管对这样的大型项目的综合经济评价经验不多，但专家组所做的大量有益工作，可以做为可行性报告中经济与财务评价的基础，并同意其结论。

对于提出的某些问题，会议决定在可行性报告中进一步分析。其中主要的有：(1)早建、晚建的假定开工期是在论证开始时商定的，由于论证工作延长，1989年开工事实上不现实，决定在可行性报告中增加一个假定1992年开工的早建方案；(2)经济评价中采用1986年底价格，绝大多数同志认为做为经济评价还是可以的，但为了估计近两年物价上涨对工程造价的影响，在可行性报告中应对1988年价格进行补充分析。

四、对重新论证成果的主要不同意见

对水电部组织三峡工程重新论证的结论和长办据此编写的可行性报告，也有不少同志提出了各种不同意见。主要问题有：

(一)兴建三峡工程在经济上是否合理的问题

有些同志认为，三峡工程现在提出的静态投资，按1986年价格为361亿元，如按1988年价格即达470亿元，而三峡工程的工期很长，仅仅考虑静态投资是很不够的，必须考虑施工期利息和物价上涨所需动态投资，要比静态投资大得多。这非当前国力所能承担，势必将导致更严重的通货膨胀，与我国当前的经济形势和党提出的治理整顿方针相违背。

三峡工程从开工起要12年才能利用围堰发电，20年才能全部生效。不论如何早建，在本世纪内只有投入而不能发挥作用，还将挤占近期建设的投资，对我国经济建设战略部署现在最重要的走好第二步不利。因此，三峡工程近期不宜上，建议到下个世纪再定。

对于长江流域的治理和开发，不能单论一个三峡工程，应从全流域、干支流、上中下游、大中小型全面安排，分期进行。为了长江的防洪，首先要抓紧清理河湖障碍，加固堤防，做好分蓄洪区的安全设施，大力加强水土保持工作。为发电，应抓紧在建水电站的施工进度，并兴建规模适当、工期较短的支流水电站和火电厂，以便及时缓解当前严重的缺电局面。为航运，应积极进行干支流的整治，以适应水运发展的需要。这些才是当务之急。

(二)三峡水库需大规模移民是否可行的问题

现在提出的三峡正常蓄水位175m方案，按1989年开工，至2008年所需动迁的人口为113万人，尚未包括因泥沙淤积而抬高水位所需增加的移民在内；如推迟建设，因人口自然增长移民数还要增加；而且规定坝顶高程为185m，安置移民的高程定在182m以上，将来或有可能将蓄水位提高到180m，移民数还将进一步增加；最终的移民数要达到多少人还不清楚。

有些同志认为，这样大量的移民要在三峡库边后靠，在这些山丘地区要安置一百几十万人将受环境容量的限制，其困难程度是非常大的。既是严重的环境问题、经济问题、社会问题，甚至可能导致政治问题，需慎重考虑。

(三)三峡工程的防洪作用究竟有多大

有些同志对三峡工程的首要任务防洪作用提出疑问。因为长江的洪水来自多方面，包括上游的川江和中下游的洞庭湖四水、清江、汉江、赣江等。三峡工程仅能控制上游川江的洪水，对中下游许多支流的洪水都无法控制。

例如长江受灾极严重的1954年洪水，中下游各支流的暴雨洪水都很大。据长办计算，按计划加高加固堤防后，需利用分蓄洪区500亿m^3；兴建三峡工程后仅能代替其中100～200亿m^3，还要分蓄洪300～400亿m^3，受淹损失仍然相当大，沿江洪水位还是那样高，防汛仍然非常紧张；而且当地暴雨造成的巨大涝灾也难消除。

对于1870年那种相当于1000年一遇的非常洪水，当年荆江大堤在监利以上并未溃决，现在荆江大堤经过多次加固加高，比当年坚固多了，可有计划地在南岸分蓄洪，荆江大堤更不致溃决。兴建三峡工程后，可减少分蓄洪量，但仍需利用荆江分洪区等蓄洪；荆江河段的洪水位还是那样高，仍需荆江大堤保卫荆北安全。而三峡水库拦洪，却将增加上游重庆地区和嘉陵江的洪水灾害。

如上所述，三峡工程的防洪作用并非如想象的那么大。

(四)三峡工程的一些难题

各方面特别关注的有泥沙问题，包括变动回水区和重庆港区的淤积将碍航；库尾和嘉陵江口的淤积将壅高洪水位，增加四川的洪水灾害；以及出库沙量减少对下游发生侵蚀和沿江冲淤变化等。还有水库诱发地震和库岸崩坍滑坡等安全问题。战时大坝如果遭受突然袭击，来不及降低库水位，将对下游两湖地区广大人民造成严重威胁。还有，大型多级船闸的运行可靠性和超世界水平升船机的技术可行性等问题，有些同志仍存在疑虑。

(五)三峡工程的建设规模

有些专家从减少水库移民、大坝战时安全和变动回水区淤积较易处理等方面考虑，主张采用较低的蓄水位如160m方案；有的主张两级开发方案，三峡采用150m或160m蓄水位，在上游涪陵附近再建一级坝。另一方面，有些专家从利于上游梯级衔接和重庆港通航条件更好考虑，主张蓄水位180m方案；也有专家从更好地利用水资源，主张更高的200m方案。总之对三峡工程的建设规模还存在各种不同意见。

(六)三峡工程的生态环境问题

中国科学院三峡工程生态与环境科研项目领导小组曾提出过论证报告，其结论是："三峡工程对生态与环境将产生广泛复杂、深刻长久的影响。这种影响利弊交叉，相互制约，但纵观流域，权衡全面，系统分析，综合评价，工程对生态与环境的影响，作出弊大于利的结论是明确的、无疑的。从生态与环境角度考虑，对工程应持十分慎重的态度。"

五、现在不必继续讨论

1989年4月3日，在国务院总理和副总理召开的记者招待会上，姚依林副总理作为兼任国务院三峡工程审查委员会主任讲话如下：

"三峡工程现在有争论。主张建三峡工程的人是有道理的，反对上三峡工程的人也是有道理的，因此这个问题还需要经过详细的论证。我认为，三峡工程在今后5年之内是上不去的。在现在治理整顿期间的计划以及将来的'八五'计划都不会有大规模上三峡工程的计划。因此现在不必花很大的精力去争论。将来如果要上三峡工程，肯定是要经过人大批准的。所以我建议现在这个问题不必继续讨论。"(见《人民日报》1989年4月4日)。

Ⅷ

水电工程经济

木刻：莫测

《水电建设项目经济评价实施细则》简介

朱　铁　铮

近10年来，水电建设项目经济评价工作在总结过去经验的基础上，借鉴了国外的作法，加强了理论、实践与研究工作，推行了动态分析法，积累了经验。随着经济体制改革的逐步深化，特别是从1985年起，国家实行“拨改贷”、“利改税”以来，水电建设项目的财务评价工作也有所加强。水利电力部门先后编制了《电力工程经济分析暂行条例》(1982年)、《水力发电工程经济分析暂行规定》(1983年)、《水利经济计算规范》(1986年)、《水电站财务分析方法》(1987年)，从而使水电建设项目经济评价工作逐步作到了有章可循，水电建设项目的科学决策有了良好的开端。

1987年9月1日，国家计委颁布了《建设项目经济评价方法与参数》(以下简称《方法与参数》)，并要求各部门可以结合具体情况制定实施细则，水利水电规划设计管理局于1987年12月开始组织有关单位及直属设计院进行工作，经过1年多的努力，完成了《水电建设项目经济评价实施细则》(以下简称《细则》)。现将其要点简介如下：

(一)

《细则》是《方法与参数》结合水电建设项目特点的延伸，采用与《方法与参数》相同的编排格局。

《细则》共分7章，即总则、财务评价、国民经济评价、不确定分析、方案比较方法、改扩建项目经济评价、中外合资经营项目经济评价，附有基本报表与参考报表(格式)、评价参数及现行财税制度的若干规定；并编制了水电建设项目设计阶段成本计算暂行规定、水电建设项目国民经济评价投入物的影子价格及费用计算办法作为附录，还编制了案例，以便实际工作者掌握和运用《细则》。

(二)

《细则》强调用复利方法计算时间因素，进行价值判断，即将不同时间内资金流入与流出量换算成同一时间的“现值”(称为现值法)，为不同方案比较提供了同等基础。针对水电建设项目一次投资大、经常性投入的经营成本低、长期效益显著等特点，这样做能反映出未来时期的发展变化情况，使设计者、投资者、决策者树立资金周转观念、利息观念、投入产出观念，对正确选择电源开发时序，规划、设计方案，合理利用水能资源，避免决策失误，提高投资经济效果，具有重要的意义。

考虑到静态分析方法比较简单、直观、使用起来也较方便，《细则》除规定了一些静态指标作为整个项目评价的辅助指标外，还规定了在多方案筛选阶段也可采用静态指标进行分析。

(三)

《细则》规定项目经济评价分为国民经济评价与财务评价两个层次，当国民经济评价可行，而财务评价不可行时，要提出采取优惠措施，使财务也可行，项目才能通过。

国民经济评价是从国家国民经济综合平衡的角度，分析测算项目对国民经济的净贡献。针对水电建设项目的特点，《细则》规定要从“有”“无”原则（即修建与不修建该项目），从电力系统整体出发进行评价。水电建设项目国民经济评价中有些问题，如影子价格、外部效果等，尚需通过实践进行深入研究。为此，《细则》规定除用影子电价计算发电效益外，还规定可以采用以同等程度满足电力、电量要求的替代方案的费用做为本项目发电效益的传统作法。

财务评价是根据国家现行财税制度和现行价格，分析测算项目的实际收入与支出，考察项目的获利能力、清偿能力等财务状况，以判别水电建设项目财务上的可行性。近年来在水电建设项目的决策过程中，财务评价已日臻重要。

（四）

《细则》强调把项目经济评价的出发点和归宿点放在全过程的分析上，对于水电建设项目来说，不但要考虑施工期投资多少、工期长短、造价高低，还要考虑生产期流动资金多少、经营成本高低和经济效益如何，从而采用反映项目整个计算期的内部收益率、净现值、净现值率等作为项目取舍的判别指标。

（五）

水电建设项目经济评价以预测分析为主，《细则》强调要加强电力市场供需预测；并规定要考虑规划期内其他水、火电建设项目投入的相互影响。对于水电建设项目计算期内使用同一价格，对反映水电建设项目真实的经济性是不够的，但是引起水电建设项目整个计算期内价格变动的因素很多，很难作出几十年的预测，采用同一价格是为了简化计算，并不意味着计算期内产品实际价格不变。

（六）

水电建设项目的效益与费用涉及许多方面，对于诸多复杂的效益与费用不可能全部作出定量分析。因此《细则》对水电建设项目效益与费用的分析，规定为三个层次，即尽量换算为货币量表示；不能以货币量表示的，要作实物指标分析；不能定量的，则应作定性描述。《细则》还规定了效益与费用计算口径对应的原则。

（七）

水电建设项目经济评价所采用的评价指标、基本报表及其相互关系如表所示。

（八）

随着改革的逐步深化，多模式、多渠道集资兴建的水电建设项目将会愈来愈多，水电部门加强投资分摊的计算与研究是必要的。因此，《细则》规定在进行财务评价时，按投资分摊与不分摊两种情况进行。国民经济评价原则上要进行总体评价，计算其总效益与总费用。

（九）

在水电建设项目财务评价中，发电财务收入除计算电量效益外，还应计算容量效益，以充分体现水电建设项目的特点。据此，《细则》规定所采用的现行电价系指多种电价。其中峰谷分时电价可以部分体现容量效益的财务价值。对于按还款条件或资金利润率要求测算的新电新价，也应根据该电站所发电量的峰谷或丰枯特性，分析该电价的现实性与可行性。

表　评价指标与基本报表关系表

经济分析	基本报表	财务评价指标		国民经济评价指标	
		静态指标	动态指标	静态指标	动态指标
现金流量分析	全部投资现金流量表	全部投资回收期	财力内部收益率 财务净现值 财务净现值率	投资净效益率	经济内部收益率 经济净现值 经济净现值率
	国内资金(或自有资金)现金流量表		财务内部收益率 财务净现值		经济内部收益率 经济净现值
财务平衡分析	利润表	投资利润率 投资利税率			
	财务平衡表 借款偿还平衡表	固定资产投资借款偿还期			
其他分析		价值指标		价值指标或实物指标	

(十)

《细则》是过去水电建设项目经济评价工作的继承与发展,是《方法与参数》在水电行业的具体体现,但它毕竟是一套新的方法体系,尚不够成熟,有待今后在实践中不断发展、补充与完善。

水电工程建设利用外资概况

张　建　贤

随着我国对外开放方针的深入贯彻和发展,进入80年代部分水电站建设开始利用外资。实践证明,利用外资不仅可以弥补当前国内建设资金的不足,而且在引进国外先进技术,提高管理水平,加快建设速度,提高工程质量,节约工程投资以及促进建设管理体制改革等方面,也取得明显效果。现将水电工程建设利用外资情况作简要介绍。

一、利用外资的概况

我国水电站建设利用外资是从1980年开始,与欧美、日本等国及世界金融机构如世界银行发生经济联系,结束了过去长期闭关自守的状况。到1988年底,共有8个水电站建设项目使用了外资,其贷款总额为14.67亿美元。装机容量合计744万kW,占同期在建大中型水电站总装机容量的40%左右。项目如表1。

继之,"七五"初期国家又批准一批新的利用外资项目(如表2),目前正在进行贷款成立前的准备工作。装机容量合计674万kW,拟利用外资约12亿美元。

表 1

序号	项目名称	装机容量(万 kW)	外资来源	贷款数		贷款协议签字日期(年.月)		贷款使用期限(年)	说明
				单位	金额				
1	湖南五强溪水电站	120	日本海外协力基金会	亿日元	1.37	六五期间	1980	1980 ~ 1982	第一期贷款 2 年后因故停止
				亿美元	2		1988 ~ 1989	1990 ~ 1994	第二期余款和第三期贷款
2	云南鲁布草水电站	60	世界银行	亿美元	1.454		1984.3	1984 ~ 1990	
3	红水河南盘江天生桥二级水电站	132	日本海外协力基金会	亿日元	1540		1984.5	1984 ~ 1994	原金额
				亿日元	773				调整后金额
4	福建沙溪口水电站	30	科威特阿拉伯发展基金	万第纳尔	900		1985.1	1985 ~ 1989	
				亿美元	0.3				折合美元
5	河北潘家口抽水蓄能电站	21	意大利混合贷款	亿美元	0.387	七五期间	1986.5	1986 ~ 1992	
6	广西岩滩水电站	121	世界银行	亿美元	0.52		1986.7	1986 ~ 1992	
7	福建水口水电站	140	世界银行	亿美元	1.4		1987.1	1987 ~ 1991	第一期
					1.6		1991	1991 ~ 1995	第二期
8	湖北隔河岩水电站	120	加拿大政府贷款	亿美元	1.08		1988.11	1989 ~ 1994	
	合　计	744		亿美元	14.67				

注：合计栏所示金额为折算美元数；水口二期和五强溪三期贷款额及时间均为预计。

表 2

序号	项目名称	装机容量(万 kW)	外资来源	预计外资贷款金额(亿美元)	预计贷款成立时间(年)
1	四川二滩水电站	330	世界银行	5 ~ 6	1989 ~ 1990
2	广东广州抽水蓄能电站	120	法国政府	2.0	1989
3	北京十三陵抽水蓄能电站	80	日本海外协力基金会	0.6 ~ 0.8	1989 ~ 1990
4	红水河南盘江天生桥一级水电站	120	日本海外协力基金会	3.0	1988-1990
5	海南大广坝水利水电工程	24	世界银行	0.67	1989
	合　计	674		11.3 ~ 12.5	

以上工程，大部分是国家投资或以国家投资为主，省、市合资建设的大中型骨干项目。所用的外国贷款主要是贷款利率较低、还款期较长、综合条件较优惠者。

用得较多的是日本海外协力基金会贷款(以下简称日元贷款),共4个项目约12亿美元。其年利率一般为2.5～3.5%,还款期为30年,包括宽限期10年。宽限期后开始分年偿还本息。日元贷款对水电项目有较好的经济适用性,它的使用范围一般为通过国际招标采购施工机械、建筑材料(主要为钢材、木材和水泥),其中有限的国际招标对象一般为向日本、中国和发展中国家采购永久机电设备,以及适用于设计和施工方面的技术咨询。近年来除咨询外,设备材料均可通过国际招标采购。

其次为世界银行贷款,共5个项目,约10亿美元,由财政部转贷给项目业主,目前年利率为8～8.5%,随国际市场利率浮动,还款期20年,其中包括宽限期(只还利息后还本金)5年。它对水电项目也较有利。其特点是可以通过国际竞争性招标用于土建工程和设备、三大材料采购,招标的范围大,竞争性强,并着眼于改善和提高用贷国同类建设项目的技术和管理水平,具有较广泛的现实和潜在的综合经济效益。

此外,还有科威特阿拉伯发展基金贷款和外国政府出口信贷性质贷款或混合贷款。前者使用范围和条件与世界银行基本相同,年利率约4.5%左右;后者只能在贷款国范围内采购机电设备和材料,价格的竞争性较差,贷款年利率一般8%以下,还款期一般少于20年。

表1、表2各项目所用外资,绝大部分由我国政府统借,但外资偿还的外汇额度的承担者却不同。隔河岩、大广坝、十三陵和广州抽水蓄能电站,由其所在省、市负责解决,其余项目由国家承担,各电站以其发电收益将贷用的外资以规定的汇率折成等值人民币还给国家。根据国家规定,今后项目利用外资的外汇偿还,将更多地由地方负责。

近几年来地方出资建设的少数中型水电站也开始利用外国贷款,如重庆的渭沱水电站装机3万kW,四川蓬安县马回水电站装机4.6万kW。各项目贷款额较小,一般在1500万美元左右,主要用欧洲国家的政府贷款购买灯炮式机组。所用外资本息全部由地方自行偿还外汇。

二、各类外资的利用效果

(一)利用日元贷款的项目

五强溪水电站是最早使用日元贷款的水电项目。1980年开工建设,至1982年用第一期日元贷款1.37亿日元,采购了少量施工机械。由于水库移民问题未解决好,1982年国家决定暂停建设,日元贷款相应中止。后经各方深入工作,反复论证,重新审定了移民安置规划,并于1986年经国家批准复工建设,1988年又批准为新的日元贷款项目。预计电站和500kV送出工程用外资约2亿美元,主要用于采购钢材、施工设备、部分主机和电气设备及输变电设备器材等。为了适应1990年以前电站的施工需要,经中日双方协商同意,先从天生桥二级项目的日元贷款余额中分解85亿日元,为五强溪工程从国外采购大跨度高速缆式起重机等关键设备,对保证工程建设将会起到良好的作用。

较系统地利用日元贷款的项目是天生桥二级水电站,包括送电到两广和贵阳的500kV送出工程。属第二批日元贷款项目,贷款额为773亿日元,其中电站约445亿日元,送出工程约328亿日元。使用范围主要为采购钢材、施工机械、水轮发电机组和电气设备器材以及聘请以日本专家为主的技术咨询。通过5年实践,由于能广泛采购,程序简便灵活,对引进先进的设计施工经验,加快工程建设起了积极作用,使用效果较好。

1988年中、日政府又确定五强溪、天生

桥一级和十三陵抽水蓄能等电站为第三批日元贷款项目。使用范围和使用方式与天生桥二级电站类同。

(二)利用世界银行贷款,实行国际公开招标的土建施工项目

鲁布革水电站是我国电力工业第一个使用世界银行贷款的水电项目。贷款额1.454亿美元.其中包括送电昆明的220kV输变电工程。电站的贷款主要用于以建设引水隧洞、调压井和压力管道组成的引水系统土建工程,还包括鲁布革其他枢纽建筑物施工用的进口机械和三大建筑材料、电站的电气控制设备、变电站设备、电站至昆明的微波通讯和中心调度控制设备,以及施工、生产运行和电网经营管理方面人员培训、国外技术咨询费等。范围广泛,使贷款项目形成较完整配套的生产能力,达到全面提高现实的和潜在的经济效益的目的。正因是第一个贷款项目,借贷双方互不了解,贷款使用面广些,能起到加快熟悉使用外资的方法,积累各种经验的作用。选定引水系统土建工程实行国际招标,是基于我国水电站施工既无国内招标经验,更无国际招标知识,而且劳务和当地材料没有自由选购的市场,利益均等国际竞争性经营的投资环境较差,而引水系统施工用人、用料少,施工条件较为单纯,与外界干扰少、风险小、成功把握大,容易取得经验。

鲁布革电站的外资贷款1984年开始使用,在各方努力下,已取得超过预期目标的效果。用贷款进口的设备材料,解决了国内供应不足,从物资供应上起到了加快电站建设的保证作用;随着世界银行贷款带来了联合国发展总署、挪威和澳大利亚政府数量可观的赠款(挪威约1200万美元、澳大利亚约630万美元),增购了施工机械,并提供了从编制招标到工程建成的长期咨询和人员培训,还附带对其水电站进行了技术咨询,在水电建设中传授了技术,提高设计、工程施工管理水平起了良好作用;利用贷款还能聘请国际上高水平专家,对工程重大专题,如岩石开挖中高边坡处理,大坝防渗心墙料由高含水量粘土改为页岩风化料等,帮助取得合宜的解决办法,引进世界先进技术。尤其突出的是引水系统由日本大成株式会社中标,其精良的施工技术和高效能的施工管理,创造了直径8.8m的引水洞开挖单头平均月进尺230m,最高月进尺373.7m先进水平,平均超挖仅17cm,使工程比合同工期1597天提前120天完工,质量符合国际优良标准,结算标价8100万元,接近合同价8460万元,比原概算价14900万元低45%,所用劳力日方最高人员33人,中方劳务500余人,比我国旧自营模式减少好几倍。其效果,不仅优质、高速、低成本地建成了引水系统,更重要的是使我们实实在在地看到了水电建设体制、管理方法、施工技术和设计等与国外的巨大差距,引进了有强大生命力的竞争机制,推动水电建设实行招投标新体制和全面深化改革的进程。因此,它对水电建设管理旧体制的冲击和改革的催化意义是非常深远的。

1986年水口水电站开始用世界银行贷款。使用范围包括主体工程土建施工,两台20万kW容量的卡普兰型水轮发电机,以及部分电气控制设备和500kV开关站设备器材。主体工程包括混凝土大坝、坝后厂房、过船过木的2×500t级船闸和过木设施各一座。通过国际公开招标,日本前田株式会社和我国水电第十二、四、闽江工程局组成的华田联营公司中标。施工第一年,由于中、日企业合作了解和适应性较差,联营协调不好,形成关系不顺,工效甚低,进度严重推迟。1988年7月经国务院有关部委会同福建省政府共同协调,简化联营组织,强化指挥,明确责权，理顺合作关系，施工效率得到明显提高，合同规定1989年9月截流的控制目标可望实现。由于水口水电站轴流式水轮发电机组单机容量大（20万kW），最大水头高达58m，国内制造水平与国际水平尚有一定差距，利用贷款采购前两台，以借鉴技术，提高国内制造水平。

四川二滩水电站1988年开始做用世界银行贷款的准备工作。工程包括一座高240m的双曲拱坝，装机规模330万kW（单机容量为55万kW）的巨大地下厂房系统，均居当今世界巨型水电站前5名之列，具有世界高技术水平，拟通过国际招标引进先进筑坝、地下工程施工和大容量水轮发电机组的制造技术，既满足二滩工程建设的需要，也为今后西南地区众多的特大型水电站开发打下基础。

（三）利用外资贷款进行专项采购

岩滩、沙溪口和隔河岩3个水电站分别用世界银行、科威特和加拿大国家贷款，主要用以采购国内短缺的钢材，补充大型高效施工机械及部分水轮发电机组；潘家口抽水蓄能电站用意大利贷款，引进3台容量7万kW变极变速抽水蓄能机组。虽然每个项目所用外资不多，但对缓解国内资金不足，补充紧缺设备材料起到显著作用。最近两年国家还批准十三陵和广州两座抽水蓄能电站利用日元和法国政府贷款引进国内尚不能制造的单机为20～30万kW、水头为420～530m的大容量高水头抽水蓄能机组及必要的配套设备，为这批项目近期开工建设创造了条件。

水电站建设利用外资虽已取得一些成绩，但就建设体制和管理模式改革的总体而言，目前仍处在摸索经验、通过实践学习提高的阶段，在选择外资项目，加强外资项目管理方面，还有不少需要改进和提高的地方。随着改革开放政策的进一步贯彻，结合我国紧迫的电力开发要求和丰富的水能资源，以及30多年来积累的设计、施工经验和雄厚的实力，通过利用外资，加强国际经济合作，必将促进水电工程技术水平和管理水平的提高。今后，将着重在选好项目、优化经济效果、明确长远目标、进一步借鉴国外现代水电建设技术和管理方面下功夫，以期有更多的水电站建设项目利用外资，用好外资，推动水电建设事业的发展。

水利水电概预算工作概况

李 治 平

过去，由于我国长期实行产品经济，水利水电工程投资造价的控制和管理基本上是沿袭苏联的模式。工程建设项目的概预算工作，一直局限在按照设计图纸、施工方案，被动地静态地反映工程造价，并在过去历次政治运动冲击下，工程造价的控制和管理名存实亡，定额制度不全，概预算专业人员流失严重，决算超预算、预算超概算、概算超估算的"三超"现象非常突出。自党的十一届三中全会以后，国家把工作的重点转移到以经济建设为中心的轨道上来，大力发展有计划的商品经济，建立“国家调控市场，市场引导企业”的运行机制，把工程造价的管理和控制提到了应有的高度。另外，过去概、预算的编制方法也不能适应国家对水利水电建设项目决策时项目经济评价的要求。根据国家计委的统一部署和安排，结合水利水电工程的特点，近年来，在概预算专业工作上，主要从两个方面进行工作：一是按照投资造价的控制和管理，实现由静态到动态、由微观调控为主到宏观调控为主、由自营建设到实行招标承包制的三个转变，使技术为经济服务，下大力气建立和健全各项规章、制度、定额，并进行概预算工作的立法。二是对在建的工程项目，凡已经定建设规模、定总投资、定建设工期、定投资效益、定外部协作条件的“五定”的工程，均统一按国家计委计字2008号文的规定，从1982年开始，对工程因物价上涨、国家计划变动、国家政策调整和设计重大变动等原因而增加的投资进行追加，审查确定追加概算，作为各工程投资的最终控制额度。现将自从1985～1988年来的实施情况与意见分述如下。

一、规章制度定额建立情况

1.制定了可行性研究阶段和初步设计阶段的投资编制规定。主要有《水利水电工程投资估算编制简则》、《设计概算编制规定》和《水利水电工程设计概算编制简则》。对可行性研究投资估算和初步设计概算的编制依据、编制原则、编制方法等均作出了明确的具体规定。工程投资估算总投资是工程建设项目的最高限额，设计概算的总投资不得超过投资估算，而设计概算是国家安排基本建设计划，实行建设项目投资包干，考核工程建设成本的依据。

2.制定了《水利水电工程项目投入物投资费用编制办法》。它是根据国家计委制定的《建设项目经济评价方法与参数》的规定和要求，结合水利水电工程的特点编制的，作为计算水电项目影子估算的准则，统一国民经济评价财务分析的投资依据，提高项目经济评价的一致性和可靠度。

3.制定了《水利水电工程执行概算编制办法》。执行概算是在总结工程造价控制和管理的经验教训的基础上，根据工程管理与投资的支配权限，按照管理单位及分标项目的划分，有针对性地进行项目划分和临时工程与费用的摊销，以利于概算投资与招标报价同口径对比，利于投资的归口管理，作为项目主管部门与建设单位签订工程总承包合同的主要依据。

4.制定了预算定额、概算定额、投资估算指标，形成了水利水电工程定额体系，满足了标底编制、设计概算编制、投资估算编制各个设计阶段。定额按社会必要劳动量确定定额水平，按适应国内、国际招标要求划分子目，按照设计断面计算的工程量作为计算价格依据，按典型施工方法确定分部分项工程的活劳动和物化劳动消耗量，较好地适应推行招标承包制度，反映现阶段的施工工艺水平，鼓励施工企业提高施工水平，降低工程造价。

5.制定了工程设计各项费用标准，如间接费用标准、其他费用标准、工程费用标准等。与前述的概算预算编制规定、简则、办法、定额等，构成了水利水电工程管理的一个较为完整的体系。在近几年概算、估算投资审查编制标底以及施工企业投标报价等各项投资的报价、审核、管理过程中，发挥了其应用有的作用。

二、对工程项目进行投资的审查工作

对工程的投资审查工作，共包括了三个

水利水电工程概算投资变化表(五定工程)

序号	工程名称	装机		年平均发电量	总投资(亿元)			单位投资	电能投资	五定概算批文时间	(8)、(7)两项变化情况
		台数	万 kW	(亿 kW·h)	原概算	五定概算	终审概算	(元/kW)	(元/kW·h)		
(1)	(2)	(3)	(4)	(5)	(6)	(7)	(8)	(9)=(8)÷(4)	(10)=(8)÷(5)	(11)	(12)=(8)−(7)
1	红石	4	20	4.4	1.93	2.76	3.24	1620	0.74	(82)水电水建字99号	+0.48
2	紧水滩	4	30	4.9	3.19	4.81	5.54	1847	1.13	(82)水电水建字54号	+0.73
3	太平湾	4	19	7.7	3.76	4.40	5.15	2711	0.67	(83)水电水建字80号	+0.75
4	渔子溪二级	4	16	8.9	1.60	2.60	3.15	1969	0.35	(83)水电水建字106号	+0.55
5	大化	4	40	20.6	4.96	6.28	6.68	1670	0.32	计−〔1984〕137号	+0.40
6	葛洲坝	21	271.5	141	35.56	48.48	48.48	1786	0.34	计−〔1984〕816号	0
7	白山一期	3	90	20	6.34	9.03	9.54	1060	0.48	计−〔1984〕983号	+0.51
8	龙羊峡	4	128	59.8	9.50	19.04	23.72	1853	0.40	计−〔1984〕1699号	+4.68
9	东江	4	50	13.2	4.05	8.9	10.79	2158	0.82	(84)水电水建字47号	+1.89
10	水丰扩机	2	15	0.855	1.13	1.26	1.83	1220	2.14	(84)水电水建字48号	+0.57
11	沙溪口	4	30	10.24	4.35	5.14	6.11	2220	0.65	(84)水电水建字52号	+0.97
12	四洱河三级	2	5	2.12	0.86	1.50	1.68	3260	0.79		+0.18
	1988年前审查项目 小计	60	714.5	293.715	77.23	114.2	126.46	1770	0.43		
13	鲁布革	3	60	27.5	7.6	8.92				(84)水电水建字57号	
14	天生桥二级	6	132	49.2	6.53	15.87				(84)水电水建字28号	
15	万安	4	40	11.5	4.2	7.85				(80)水电水建字30号	
16	安康	4	80	28	4.5	14.3				计−〔1984〕1700号	
17	铜街子	4	60	32.1	7.66	11.70				计−〔1984〕1716号	
18	岩滩	4	110	53.7	15.0	16.32				计−〔1984〕1408号	
19	故县	3	6	1.04	3.0	4.50				(84)水电水建字54号	
	13～19项小计	28	488	203.04	48.39	79.50					
	1～19项合计	88	1202.5	496.76	125.62	193.66					

部分。第一是对已经在 1982 ～ 1985 期间进行了“五定”的工程，遵照国家计委 2008 号文的规定和项目主管部门与自营施工企业签订的承包合同，在工程合同执行期间，由于物价上涨，国家计划变动，国家政策变动和重大的设计变动而增加的投资进行追加，编制追加概算。从“五定”的工程已编制追加概算并进行了审查的工程共 12 个，装机 714.5 万 kW，追加投资 12.26 亿元，单位千瓦投资由 1 598 元增加至 1 770 元，比原“五定”概算投资 114.2 亿元增加 10.7 %。余下的 6 项工程，将在 1989 年和 1990 年相继完成。

第二是正在建设、开工期较晚、没有进行“五定”的一批工程项目，计有李家峡、二滩、隔河岩、水口、东风、宝珠寺、五强溪、漫湾、岩滩等 9 项。由于这些工程大部分是按静态投资核定，如五强溪、水口、二滩、东风、宝珠寺等工程；有的大量利用外资，如水口、五强溪、隔河岩、二滩、漫湾工程，其中水口已进行国际招标，二滩已准备进行国际招标。各方面的条件变化较大，投资均有不同程度的增加，须逐项进行研究，对工程投资作必要的修改。第一批已选定东风、宝珠寺、水口和漫湾 4 个工程进行投资的修编工作。

第三是近期准备开工和后备工程项目的审查工作，如甘肃的大峡、新疆的吉林台、福建的穆阳溪和棉花滩、北京的十三陵等工程。

此外还有浙江的石塘工程，是我国水电建设项目上第一个以设计为主体进行工程总承包的工程，现工程第一台机组已经发电、余下的第二、三台机电将相继在 1989 年 10 月和 12 月发电。该工程通过设计部门承包，全面节约了工程量，降低了工程造价。现最后审定投资为 1.85 亿元，与原概算批准投资 1.85 亿元基本相当。近些年来，初步设计概算投资能基本包下来的工程是很少见的。从而可以看出以设计为主体总承包，实行招标投标制，是建设水电工程的一个较好的模式，值得总结和推广。

“五定”工程概算投资变化表见表。

三、深化改革和完善几方面工作

随着改革的深化，和吸取招标承包工作中一些值得总结的经验和教训，投资的控制和管理工作必须进一步改革和完善。主要是关于工程量的增加、国家政策的变动和地方上的不合理摊派等几个方面。解决的办法，工程量的增加，从制约设计量的增加和施工报量的增加入手。前者我们正在制定关于限额设计的规定，通过行政的经济的手段，用立法形式要求设计单位优化设计和加强经济观念，达到防止设计工程量增加的目的。从石塘工程的承包经验看是完全可以达到的。其施工报量的增加，已通过对定额的修改，改按设计断面作为计算工程量的依据，彻底解决过去施工企业超挖超填、施工附加量越多越大、越会给企业带来“效益”的怪现象，转变到越少超少填、越给企业带来效益，走上有利节约工程投资的正常轨道上来。关于价格上涨问题，我们已经制定并出台和即将出台的规定，已经完成了由静态向动态的转变，用价格调差办法，合理解决了物价上涨造成的投资突破问题。关于国家政策的调整，在国家经济体制改革尚未完成、价格关系尚未理顺、供不应求的供求关系还非常突出的情况下，国家政策的调整是会较多的。这方面增加的投资，一方面用基本预备费适当加大予以解决，另一方面却因政策调整导致投资大量增加时，还得投资部门开口解决，这既是合理的，也不能因此而归罪于管理不善造成投资的突破。总之，必须调动各方面的积极性，共同努力，以达到控制投资、节约费用、降低造价的总目标。

关于水利水电工程费用分摊问题及分摊方法的研究

董述春　宋廷福　邱言文

一、费用分摊的意义和目的

开发利用水能资源和防治水害，建设水利水电工程，一般都具有防洪、发电、灌溉、航运、水产养殖、城镇和工业用水等多方面的任务，实行综合利用，取得综合效益，发挥水资源的多种功能。单一任务的甚少。但是对工程任务的安排，是按照全面规划、统筹兼顾的原则，有主有次、有先有后，而不是互相平列的。

在我国的工程实践中，建设费用包括投资和年运行费，长期以来，是由国家按水利或水电项目，即按工程的主要任务进行拨款，国家投资，多方受益。60～70年代建设的刘家峡水电站，主要任务是发电，兼有防洪、防凌和灌溉等任务，国家按水电项目拨款；丹江口水利枢纽工程，主要任务是防洪，兼有发电、灌溉、航运等任务，国家按水利项目拨款。这在各部门不单独进行核算，各受益部门一起吃国家"大锅饭"的情况下，是过得去的。自1980年以来，国家对投资体制进行了改革，由国家拨款改为由建设单位贷款，实行资金有偿使用，就出现了"多家受益，一家还贷"的不合理现象。例如：在建的龙羊峡水电站，主要任务是发电，兼有灌溉、防洪等任务，建设资金的筹集有国家拨款、银行贷款，主要是"拨改贷"。按规定"拨改贷"15年还清，银行贷款10年还清，据有关专家按财务分析估算，龙羊峡要还清贷款需要28.8年。信贷部门不会同意，建设部门也承受不了。所以综合利用水利水电工程，特别是大型、特大型工程的建设，资金筹集是一个十分突出的问题。不解决投资分摊问题，水利水电工程建设将受到严重影响。解决投资费用分摊的问题，不仅对综合利用工程筹集资金有重要的作用，而且对决定产品的成本、贷款的偿还能力、财务的可行性等也有重要的作用。它可为国家决策提供科学依据，也使各受益部门明确经济责任，提高投资效果。1985年国务院批转国家经委《关于开展资源综合利用若干问题的暂行规定》中指出："在开展综合利用时，实行'谁投资，谁受益'的原则"。虽然国家明确规定了受益部门应当分摊工程的投资费用，但是综合利用工程的效益如何计算？投资费用如何分摊？仍是一个比较复杂的问题。

过去，国内外有关方面和专家对综合利用水利水电工程投资费用分摊的原则和方法，做过许多研究和探讨，在国外也有过不少工程实践经验；在我国虽然结合具体工程也曾研究探讨过，但由于各受益部门一起吃国家"大锅饭"的投资体制，实际上没有分摊的必要，所以尚未实践过。为了促进综合利用水利水电工程的开发，实行"谁受益，谁投资”，从1987年以来，水利水电规划设计院和北京勘测设计院，在过去工作的基础上，研究了费用分摊的计算方法问题，试图在进一步研究的基础上，提出一个比较简单、明确、可行、并为各方公认的方法、规定，供国家批准试行。

二、费用分摊研究的发展趋势

50年代，我国在黄河、长江流域规划和部分工程的规划设计中，对费用分摊问题进行了初步尝试，提出了一些建议和方法，对水利水电建设起了一定的作用。1955年7月，邓子恢副总理在《关于根治黄河水害，发展黄河水利的综合利用的报告》中明确提出，刘家峡水电站投资2/3由电力负担，1/3由水利负担，这样单位千瓦投资由分摊前的521元可降低到分摊后的370元，电站的其他技术经济指标也进一步得到改善。1958年长江流域规划办公室在《汉江流域规划要点节要》报告中，对丹江口水利枢纽工程进行了费用分摊，提出了按替代方案投资比例分摊总费用。当时的分摊结果表明，水电分摊50%、防洪和灌溉分摊50%，使丹江口水利枢纽显示了优越的技术经济指标，对以后丹江口工程的建设打下了一定的基础。60年代和70年代，国民经济建设基本不讲经济效果，因此对费用分摊问题的研究探索也停止了。党的十一届三中全会以来，强调研究经济效益、提高投资效果以后，工程项目的经济评价开始走上正轨。1982年《电力工程经济分析暂行条例》中提出对具有综合利用效益的水电工程实行投资分摊的条款，1983年水利水电建设总局制定的《水力发电工程经济评价暂行规定》，对费用分摊的意义、方法作了一些规定。在此期间一些高等院校举办技术经济培训班，讲授有关工程中进行费用分摊的知识，一些勘测设计院在有关工程中进行费用分摊研究，如对河北的潘家口、山西的万家寨、北京的张坊水库等都作了费用分摊计算。除此之外，水利水电规划设计院开始制定《水利经济计算规范》。该规范对费用分摊方法、费用划分做了相应的规定。在最近几年里，有关学者、专家纷纷撰文探讨费用分摊的方法，呼吁政府实施费用分摊政策，特别是1980年建设资金实行“拨改贷”后，费用分摊显得更为迫切。近几年，除从理论方法研究外，也用在水电工程设计中。如1986～1988年三峡工程综合经济评价专家组对三峡工程的综合效益和费用分摊进行了专题研究，采用效益比例分摊法、替代方案折算费用等四种方法进行了分摊计算，结果表明，防洪和航运可以分摊总费用的20～30%，相应地发电成本、单位千瓦投资都显著下降。黄河水利委员会勘测设计院，根据黄河小浪底水利枢纽工程的开发任务，并适当考虑效益大小因素，测算了费用分摊情况，结果为发电分摊枢纽工程总投资的35%左右，防洪、防凌、减淤和供水分摊65%左右。东北地区太子河流域观音阁水库，是一座城市及工业供水、防洪、灌溉、发电及养鱼多用途的综合利用水利工程，辽宁省水电勘测设计院采用库容、水量比例、效益比例、可分离费用剩余效益等分摊方法，对该工程进行了费用分摊测算，防洪、供水、灌溉分摊共用费用的比例分别为26%、52%、22%，发电仅分摊其专用工程费用。对其他工程项目也进行过测算。我国过去对费用分摊理论研究较少，多集中在普及应用阶段，但近几年来也提出了一些新的方法，如系统分析法、层次分析法、综合评价法等，对费用分摊的目的、性质等基本理论问题做了一些有益的探讨。

国外对费用分摊问题研究起步较早，特别是美国，30年代田纳西流域管理局研究综合利用工程时，就提出了费用分摊问题及分摊方法，以后逐步得到发展完善，并出现在法律文件中。如1950年在政府文件中提出了可分离费用剩余效益分摊法，60年代和70年代《水土资源规划的原则和标准》以及80年代里根总统批准实施的《水和有关土地资源实施研究的经济和环境原理和指南》，都对费用分摊作了专门的规定；在设计手册、设计规范中也把费用分摊列为专门一章。联邦政府和非联邦政府都十分关注此问题，并把分摊结果付诸实施。苏联70年代就制定了《综合性水利工程各部门费用分摊规范》；日本、印度等国家也有相应的规定。特别是近10年来，随着计算技术的迅速发展，费用分摊问题的研究又取得较大进展。纵观国外发展趋势，可以概括成两个方面，一方面是注重政策的研究，一方面是用现代计算手段及系统工程等方法研究如何合理分摊“剩余共用费用”。

三、费用分摊方法研究

由于费用分摊问题十分复杂，涉及面很广，分摊意见不统一，到目前为止，还没有一种公认的可适用于各国、各种综合利用工程情况的费用分摊方法，各国对费用划分亦不完全相同。国内外先后提出了20几种分摊方法，归纳起来看，可分成四大类。

1.按比例分摊综合利用工程的总费用，计算公式为：

$$TC_i = C \cdot \alpha_i \qquad (\sum_{i=1}^{n} \alpha_i = 1)$$

式中：TC_i——i用途分摊的总费用

C——工程总费用

α_i——i用途的分摊系数

计算上述分摊系数有很多方法，如按水量、效益、替代方案费用、专用工程费用、耗用的水能资源比例等。

2.按比例分摊综合利用工程的共用费用，计算公式为：

$$TC_i = C_o \alpha_i + PC_i + NC_i$$

式中：C_o——共用工程费用

PC_i——i用途专用工程费用

NC_i——i用途配套工程费用

可按第一类相同的方式计算分摊系数。

3.分摊综合利用工程的不可分离费用，计算式为：

$$TC_i = NSC \cdot \alpha_i + SC_i$$

式中：NSC——不可分离费用

SC_i——i用途的可分离费用

对分摊系数α_i，国内外学者进行了很多研究，提出了很多计算方法，如按剩余效益比例分摊，平均分摊，按效益、水量、库容比例分摊，按效益与可分离费用之差值的比例分摊，按替代方案费用比例分摊等，甚至可以完全由优先使用的用途分摊全部不可分离费用，也可采用最小费用剩余资金法、不可分离费用间隙法分摊。

4.其他分摊方法，如优先使用权法、附加费用法、抵偿年限和年计算支出法，以及重要的立法。

费用分摊方法很多，根据我国的实际情况、科学技术发展水平，参考国内外有关的实践经验，本着直观、方便简单、可行灵活的原则，建议在费用分摊计算中采用以下四种分摊方法。

（一）按各用途利用枢纽工程的指标比例分摊法

这种方法既可分摊静态投资、年运行费用，也可分摊折算后的投资和年运行费用。此法是按水量、库容等指标比例分摊，较简单易懂，概念直观清楚，但由于枢纽工程是为几种用途服务的，是一个有机的整体，各种利用指标相互联系，相互依赖，因此缺点也比较明显。如发电后的水用于灌溉、航运等水量重复利用，单位库容投资变化，不同时间水的价值不同等问题。使用该法时应着重研究水量、库容的合理划分，和其他方法结合起来使用，并尽可能地计算一些时间因素。

(二)按各用途获得的经济效益比例分摊法

水利水电综合利用工程的正常运行依靠于共用工程、专用工程和配套工程的正常运行，每一用途的效益是有几种设施共同创造的，每一设施都创造一定的价值。应按经济计算期内毛效益折现总值比例分摊工程的总费用，至少应分摊枢纽工程的费用。此法体现了投入产出的概念，容易被接受，但关键问题是各种用途设施的单位费用是否创造同等的效益，同一用途的不同设施是否创造相同的效益。这种方法采用了不同工程设施单位费用创造同等效益的概念，掩盖了投入产出的内在联系，所以这种方法也存在一些问题。发电设施单位投入产生的效益比较大，效益比较容易计算，且有电量等实物指标，而防洪、航运等设施单位投入是清楚的，但效益很难计算清楚，特别是这些设施具有巨大的社会效益，因而好定性，不易定量。这样在发电和防洪之间分摊时，发电用途难免要多分摊一些费用，因此今后应加强效益计算方法的研究。此外，这种方法可能发生费用转移，掩盖效益小的用途不值得开发的缺点。

(三)按各用途等效最优替代方案折现费用比例分摊法

使用此方法时要求替代方案和本方案的费用计算范围、口径一致，也应具备基本相同的设计深度，如本设计方案发电用途的费用包括输电到主网的输变电设施的费用，那么选用的发电用途的替代方案的费用也应计及相应配套工程费用，这样才好参与比较计算，如果替代方案的费用包括配套工程费用，那么应该分摊总费用，否则分摊枢纽工程的费用。总之要求分摊的费用范围和替代方案的费用范围基本一致。

关于替代方案选择问题。替代方案应是在没有综合利用工程时能够解决同样的或在经济上等效的问题。替代工程可以是工程性措施，也可以为非工程性措施。如防洪用途的替代措施可以修建防洪专用水库，或修建在经济上能减少同样淹没损失的堤防，或把保护对象迁出可能被淹没的地区，或在其他地区增产农副产品以补偿损失，甚至可以采用防洪保险等。总之，拟定的替代方案不一定要求是“单目标”的。至于“最优”是对可能的几个方案初步评价后求得的较优或次优方案，由于时间、空间、费用的限制，非经济因素的差异，真正的最优等效替代方案难以求得。

综合利用各用途的替代方案费用流程不一样，有的投资小，年运行费用较大。如发电用途的替代方案为火电站时，投资小，但年运行费用占总费用的比例很大，与水电情况相反，因此按替代方案的投资分摊费用是不够合理的。应该把费用计算的着眼点放在整个经济计算期，按替代方案费用现值比例进行分摊计算。

(四)可分离费用剩余效益法

此法应用了边际费用原理，具有一定的理论基础，也比较合理。采用这种方法，首先要计算出各用途的可分离费用，然后求出剩余共用费用，按剩余效益的比例分摊剩余共用费用。由于各用途的可分离费用大于相应的专用工程和配套工程的费用，剩余共用费用小于共用工程费用；另一方面，由于剩余效益小于原来的计算效益，因而缩小了费用和效益的范围，避免了不同分摊方法而引起较大的差别。

从计算效益中直接减去可分离费用，这是不合理的，因为可分离费用也产生一定的效益。此外这种方法涉及因素较多，需要做若干工程的设计，在实际应用中也存在一定的问题和困难。现阶段可采用较简化的形式计算，随着计算技术的发展，将来仍应按理论要求严格计算。

总之，实行综合利用水利水电工程投资费用分摊，是一个比较复杂的问题。由于计算方法不同，所得分摊的结果也不同。所以到目前为止，虽然国内外对此都做过许多研究探讨，但是还没有提出一个公认的、统一的、合理的计算方法。各种计算方法都有合理的部分，也都有不尽完善之处。本文推荐的四种方法，是经过近几年调研，试图经过工程测算，提出不同工程对象在不同的条件下应采用的计算方法，以达到分摊计算的相对合理性。要达到既能在工程实践中应用，又能够得到公认，还需要继续研究、测算，提出法规草案，经国家批准立法。

计算机在水利水电工程概算编制中的应用

杨　玉　林

电子计算机是一种强大的数据处理工具，它的产生标志着本世纪科学技术的重大进步，其应用范围正在迅速扩大；尤其是微型计算机，由于其价格低廉、操作使用方便、速度快、功能强、易于维护，现已在我国各个领域中得到广泛应用。目前最为流行的机种就是IBM微机。现将水利水电行业应用微机编制初步设计概算概述如下。

一、概算软件的研制与应用

设计概算是初步设计文件的重要组成部分。设计概算经批准后，是国家确定和控制基本建设投资，编制基本建设计划，筹集建设资金，实行建设项目各层次经济管理（包括招投标）和考核工程建设成本的依据。

长期以来，我国的水利水电工程初步设计概算编制，一直采用手工方法进行。由于数据来源广，处理量大，计算工作繁杂、重复，因而造成概算编制周期长、误差大，使概算工作很难适应当前改革开放和经济管理工作的需要。因此，用计算机编制概算已成为概算工作者的迫切需要。

为了尽快推动水利水电工程概算软件的研制和应用，原水电部水利水电规划设计管理局于1988年1月11日至15日，在京召开了水利水电工程概算软件成果研讨会，对原水利水电建设总局所安排四家重点研制单位（东北、华东、中南、天津勘测设计院）的概算软件成果进行了评议。

会议认为：四单位的概算软件目标都能较好地实现，概算软件中的各项功能各有特点，这说明四单位的计算机和概算工作者，经过一年多的辛勤劳动，都取得可喜的成果，为概算软件的推广奠定了基础。但从行业通用软件角度考虑，DBASE Ⅲ数据库管理系统是专门用于进行数据处理的，非常适合概算软件编制，它主要具有数据处理功能强、使用简单灵活、维护功能好等优点。维护功能主要是指增加、删除、插入、调换、修改等，维护功能好，能较方便地解决水利水电工程差异性问题，以及满足不同层次经济管理工作的需要。

根据大家要求，为了使大多数单位少走弯路，少做重复工作，原水利水电规划设计管理局以(88)水规定字第6号文推荐试用华东、天津勘测设计院两家的概算软件，因为他们都是DBASE Ⅲ编程。随即被推荐的两家都举办了学习班，华东院举办的学习班共有41个单位、52人参加，天津院举办的学习班共有48个单位、61人参加。

通过华东、天津两院及各单位研制的概算软件在部分工程项目概算编制中的应用，原用手工编制一个中型水电工程项目概算，一般需2～3个月，现用微机仅需5～7天，并可免去大量繁琐的计算校核和印刷校对工作，质量高、速度快，工作环境和劳动强度都得到极大的改善，深受广大概算工作者的欢迎。

二、推荐试用概算软件简介

(一)系统运行环境

1.系统的硬件环境

机　型：IBM－PC／XT及其兼容机

内　存：512KB或640KB

打印机：9针或24针

2.系统的软件环境

整个系统由DOS操作系统的批命令进行自举引导，汉字采用中国科学院CCDOS2.1汉字系统，DBASE Ⅲ采用电子工业部六所C-DBASE Ⅲ系统。

(二)系统的特点

系统的主要特点是，程序量少，数据存贮空间小，实现的功能强，输入的数据少，通用性好，具有很强的可靠性、可改性、可扩性，修改补充方便，为用户提供了较好的工作条件。

(三)华东院概算软件系统结构图(见附图)

三、存在问题及今后工作安排

水利水电工程概算软件，经过2年多的研制和试用，从总结经验中看出存在问题主要有：(1)水利水电工程概算编制规定文件稳定性差，特别是部分内容、参数、计算方法变动频繁，这给概算软件维护带来麻烦；(2)相当一部分设计院的概算室(组)没有微机，工作不便。由于以上原因，致使利用微机编制概算还未得到普及。

现根据建设部标准定额司对概算编制文件规定的新方案，水利水电行业即将由新更名的能源部、水利部水利水电规划设计总院来修改水利水电工程概算编制规定，并在总结前阶段各单位概算软件开发的基础上，尽快研制出水利水电工程概算标准软件，强化推广利用微机编制概算，以适应改革开放和经济管理工作的需要。

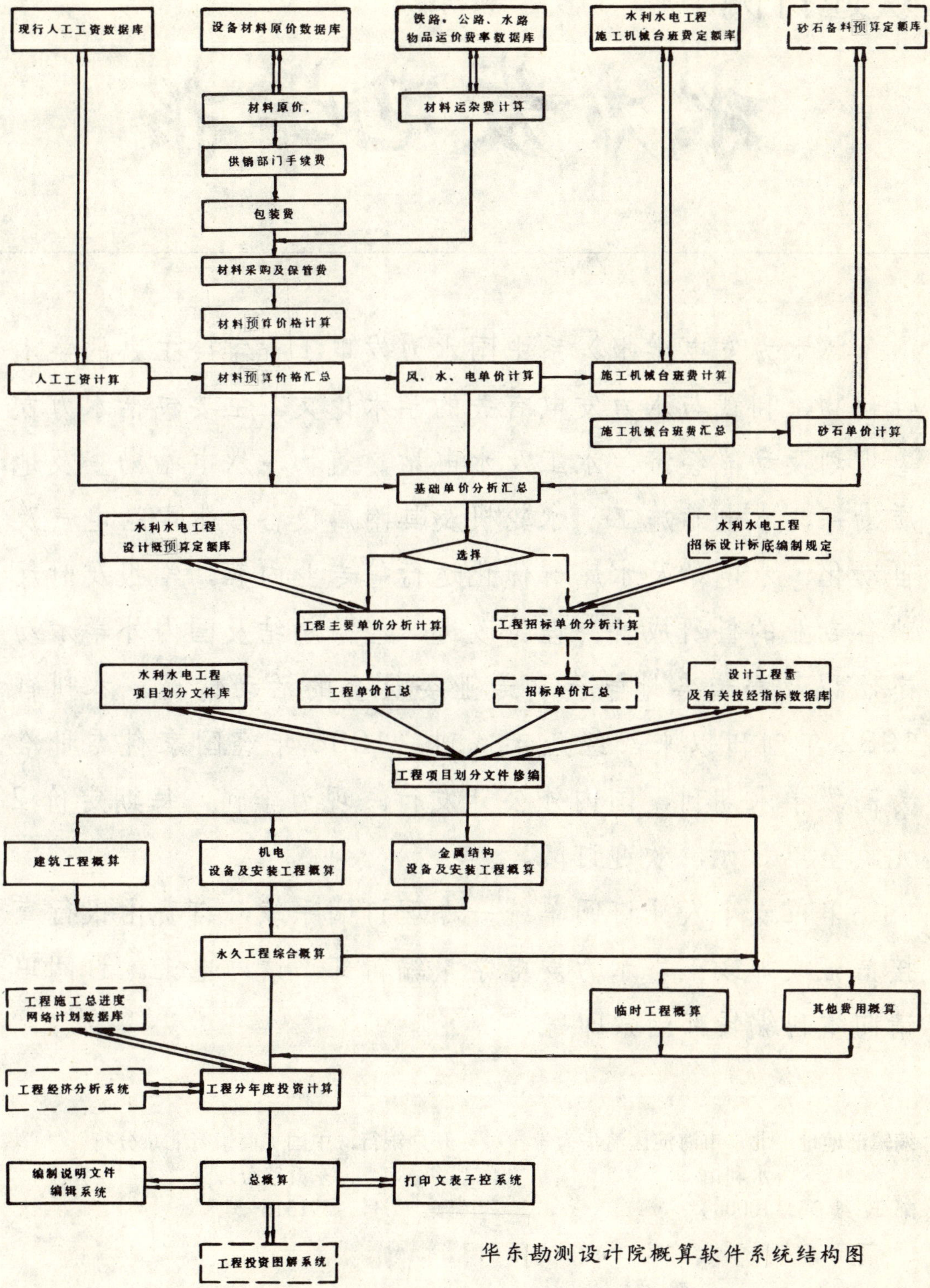

华东勘测设计院概算软件系统结构图

Ⅷ

规　　划

流域规划

篆刻：庄万和

1984～1988年水电河流规划工作情况简述

朱　铁　铮

1984～1988年期间，随着国民经济的发展需要，以水电为主的大江、大河综合利用规划和河段规划工作也迅速开展，先后完成了黄河上游、黄河中游、大渡河、赣江、闽江、乌江干流、岷江上游、清水江（贵州境内，沅水上游）、西水、白龙江、黑山峡河段、嘉陵江苍溪—合川段等河流（段）规划，取得了重要成果。

（一）

这段期间水电河流（段）规划的一个重要特点，是更认真地贯彻了水资源综合利用的原则。广大规划、勘测、设计人员做了大量艰苦细致的工作，广泛收集基本资料，重视基础工作，深入研究水文、气象、地形、地质、水库淹没、环境影响等自然地理与环境特性，认真调查流域或地区国民经济发展的需要，积极地、实事求是地协调各方面的要求，统筹兼顾，突出重视了水库淹没问题。不少河流（段）通过规划，考虑到淹没的制约，调整了原规划的梯级布局，在尽量避免过多淹没的前提下，因地制宜地选择具有较大调节库容的梯级，争取较好的调节性能，以充分发挥水电在电力系统的灵活性，并提高防洪、灌溉、航运、供水等方面的效益；重视经济评价，通过多种组合方案的技术经济比较，研究选择梯级开发方案，推荐第一期（或第一批）开发工程；通过反复查勘，经过中间审议，与有关部门反复磋商，逐步完善规划报告，以求审查顺利通过。因此，这段时间所编制的规划报告一般都具有一定的工作深度，满足了规划阶段的要求，质量较以往有较大提高，可以对下一步勘测设计、安排水电建设布局以及研究流域资源的综合开发起到指导作用。

（二）

这段期间水电河流（段）规划的另一个特点，是把地质勘探工作作为首要任务来抓。各勘测设计单位在以往资料的基础上，认真依照规划阶段工程地质勘察工作深度和质量的要求，分河段、抓重点，由点到线地开展了大量工作。如在乌江干流的规划中，除进行各种比例尺的大量地质测绘工作外，曾研究过12个坝址，共打钻孔14万m、平洞1.26万m，基本摸清了灰岩广布的岩溶发育基本规律。又如大渡河规划，在规划河段内共完成区域地质图校编1.6km^2，各种比例尺坝区地质测绘41km^2，钻孔7万余米（其中河床覆盖层钻探2万余米），洞探0.7万余米，物探2.4万多标准点，坑槽探5.6万多立方米，并进行了相应的试验，从而对区域构造稳定性及河床覆盖层厚度和结构组成等基本查清。再如地处西南边陲的澜沧江中下游规划，共累计钻探2.7万多米，平洞0.8万多米，坑槽探12万多立方米，以及大量的测量、地质测绘和物探资料，查明了澜沧江深大断裂的展布，和坝段（址）的地形、地质条件。这些大量的地勘资料，成为保证规划质量的基础。当然，上述累计完成的地勘工作量也不完全是编制规划报告的时期内所作的工作，而是多少年来累计完成的。经验证明，没有足够深度的地勘工作，河流(段)规划只能是“纸上谈兵”；梯级开发方案与近期工程的正确决策，地质是基础，是关键的先决条件。

(三)

这期间水电河流(段)规划工作的第三个特点，是抓紧了河流规划的审查工作。1987年5月11日至14日，水电部水利水电规划设计院和云南省计委共同主持召开了《澜沧江中、下游河段规划报告》审查会。根据澜沧江的实际情况，会议同意采用梯级衔接并布置两座大库的8级开发方案，其中除漫湾工程正在施工外，还推荐大朝山、小湾和糯扎渡为近期工程。随后水电部于1987年6月10日批转了该会议纪要，并报国家计委。1988年8月25日至26日在北京召开了乌江干流规划报告的审查会议，这个会议是在水利水电规划设计管理局与贵州省计委共同主持召开的预审会议的基础上，由水利部、能源部、交通部、国家能源投资公司，以及贵州省、四川省和重庆市负责同志组成的审查委员会，对乌江干流规划报告进行正式审查。通过审查，会议同意乌江干流开发任务以发电为主，其次为航运，兼顾防洪、灌溉等；同意规划报告推荐的11级开发方案；同意洪家渡、构皮滩、彭水列为近期工程。随后于1988年11月23日拟文报送国务院。此外，还对四川的岷江上游，福建闽江支流的沙溪、富屯溪、大樟溪、尤溪，以及湖南沅水支流的酉水等多项规划进行了审查；对黄河上、中游以及黑山峡河段的规划成果进行了座谈与审议。通过审查的实践证明，规划不是无法审查，而是可以和必须审查的。要把审查规划的工作形成制度，只有这样，才能调动规划人员的积极性，加强行业管理人员的责任感，体现规划工作的严肃性。当然，对河流(段)规划不是通过一次工作、一次审查，就能把所有的问题全部解决定案，而是该肯定的肯定，作到有章可循。对有些一时难以解决和肯定的问题，还可以通过进一步工作，随着人们对客观认识的深化和科学技术的进步，逐步求得解决。

水能利用优化研究和应用新进展

伍　宏　中

我国水能利用优化研究起步较早，早在50年代末、60年代初即对三峡和狮子滩电站的水电群补偿调节及水库调度开展了探索性的工作。但以后十几年，由于受“左”的干扰和当时计算手段的限制(当时计算机尚未广泛使用)，没有得到应有的发展。直到70年代初以后，开始向先进国家学习，这门科学才开始在我国复苏，逐步走上健康发展的道路。首先从应用电子计算机开始。从1972年起，应用计算机进行径流调节、洪水调节和水力学的计算，加快了规划、设计的速度，提高了质量，同时为专业人员研究系统工程理论和优化方法在水能利用中的应用提供了有力的手段。随着改革、开放形势的发展，国外先进的经济理论、系统工程理论和优化方法逐渐引入我国，为发展和彻底革新我国水能利用科学开辟了道路。从1979年初开始，由水电部规划设计院主持，组织了全国直属勘测设计院、部分流域机构和有关省设计院、有关大专院校和研究机构，开始了水能利用优化的研究。经过10年的努力，我国水能利用科学有很大的发展，取得了一批有价值的成果。我国水能利用优化研究有两个特点：(1)科学研究始终和应用紧密结合；(2)科研是有组织有分工地配合进行的。

这些成绩的获得，是与原水电部科技司的领导与支持分不开的。在这项工作中，作出较突出贡献的单位有：水利水电规划设计院、成都勘测设计院、中南勘测设计院、长江流域规划办公室、水利水电科学研究院、北京水利电力经济研究所，以及清华大学、华中理工大学、河海大学、武汉水利电力学院等。

一、水电站水库优化调度

80年代初期开始，以随机动态规划和马尔科夫决策理论为基础，以发电量最大为目标函数，对柘溪、狮子滩、新丰江等水电站开展了研究工作，实现了水电站水库的优化调度，取得了显著的经济效益，一般可增加发电量3%左右。接着，又进一步实现了以保证出力及保证率为约束的(引进罚因子为手段)、水电站发电量极大化为目标的单库优化调度；近年来，又由单库优化发展到库群优化(虽然考虑时、空相关尚有待于完善)。在方法上也有所改进，如增量动态规划、逐步优化算法(POA)及最优搜索技术等方法的应用，在克服“维数灾”及加速优化方面起到积极的作用。另外，在综合利用水库优化调度及模糊数学在优化调度中的应用也在进行探索。在这个领域，我国具有较高水平，有的(如库群优化调度方面)已接近国际水平。

二、革新了水能技术经济评价的准则和方法

在规划设计方面，80年代初期，以整顿和发展常规的水能利用规划设计为主，并积极组织对系统工程及优化方法的学习，从而开始进行了优化的探索性的工作。对常规的水能利用规划设计，引进了西方充分考虑资金时间价值的经济理论，革新了水能技术经济评价的准则和方法，相应用逐年核算水电站效益和技术经济指标的方法，代替过去以“设计水平年”进行核算的方法。在规划、设计计算手段方面，普遍推广应用计算机，在径流调节水能计算、调洪计算、水力学计算、电力系统电力电量平衡和水电站效益计算以及经济分析等方面，基本实现了计算机化，编制出了一批比较好的应用软件，应用于不同的机型，成功地解决了水电规划、设计中计算量大的问题；电力系统电力电量平衡及水电站效益计算、水电站(群)径流调节计算两个领域的软件，都经过评审，其中一部分已逐渐应用优化方法。由于新的经济评价准则、方法和计算机的广泛应用，水能利用的常规规划设计达到了新的水平。

三、规划设计优化模型的建立

水能利用规划设计优化的研究，主要是针对红水河，澜沧江，长江上中游干、支流及乌江等水能资源的开发利用而进行的。由于水电站投资的非线性(建坝及水库以后才能装机)、水电站梯级和跨流域补偿调节带来的

“群”的效益，以及水电站建设、运行决策和水电能量计算的复杂性，给水能利用规划、设计带来很大困难。国外(主要是西方国家)虽然有许多优秀的电力规划和水资源规划的模型，但都不能很好地描述水电站的特性，以圆满解决水能利用规划的问题，因此，必须根据我国国情和需要建立自己的模型。几年来一些单位研制了一批模拟和整体优化模型。

1.模拟模型。主要有水电站补偿调节的优化和电力系统电力电量平衡的优化。前者的基本思想是在满足各种约束条件的前提下，使水电站群的总保证出力及年发电量极大化。已完成的模型及软件有线性规划、非线性规划、动态规划及逐步优化算法等，现在已作为整体规划模型的子模型得到广泛应用。后者是考虑了系统中各电站机组检修的合理安排、各电站备用容量的合理分配、各电站周调节系数的合理分配及各电站在日负荷图上的最优工作位置(运行方式)和分系统间的电力电量潮流分布等，是线性规划或整数规划与线性规划相结合的模型，并已成功地用于整体优化模型中。

2.整体优化模型。主要有动态规划、类梯度筛选模型和混合整数规划－线性规划模型。动态规划和类梯度筛选模型主要用于水电站建设的排序，为了避免“维数灾”的问题，不得不作了相当多的简化，常常将水电站投入顺序与水电站规模的优选分为两个问题来求解；有的模型为了简化，将规划阶段变量由时序改为水电站投入的个数。利用这些模型分别对红水河、澜沧江及乌江进行了研究。由于对某些问题作了较多的简化，还有待于修正和完善。混合整数规划－线性规划模型的代表是“多分区电力长期规划模型(IRELP)”*。它是一个层次模型：第一层为整体优化模型(EGLOB)，功能为进行系统电源优选，相应确定水电站开发的时序(不是“顺序”)，是混合整数规划模型(MIP)；第二层为规模优化模型(CGO)，功能为进行水、火电站系统网架及相应动力煤矿规模的优选，是线性规划(LP)模型；第三层为运行模拟模型(OSM)，进行中水年运行模拟，从而确定电力系统各组成部分的附加容量，是线性规划模型。三层模型间相互迭代，以达到全系统整体最优。该模型有如下主要特点：(1)模型包括了从一次能源开发到二次能源转换、输送和消费所有主要环节，并从全系统最优出发进行优化；(2)水电能量是在模型中生成的，全面考虑了水电群梯级和跨流域径流和电力的补偿调节，系统中水－水、水－火联合运行及分系统间电力电量潮流交换对水电能量生成的影响，故能充分反映水电站的特性；(3)各水电站的开发时序及其装机容量和装机程序的决策，是在一个统一模型中完成的。其不足之处是对某些问题作了线性近似，而且需要较大的计算机内存容量和计算速率。该模型成功地应用于四川省电力系统20年长期电力规划，提出了四川省水电发展长期战略决策的意见，为有关主管及领导部门采纳，并被世界银行确认为进行四川省电力行业规划的模型之一。现该模型已移植到VAX-11／780(750)机，进行水电长期规划。

* 该模型由水利水电规划设计院牵头，由清华大学经济管理学院、成都勘测设计院主办，西南电力设计院参加，原西南电管局指导研制的。中南勘测设计院参加了部分工作。该模型已于1987年9月经水电部组织鉴定，认为很有特色，达到国际先进水平。其成果获水电部科技进步二等奖。

水文计算工作进展情况

夏 方 佐

1984～1988年间，我国水利水电工程水文计算工作取得新的进展。现简介如下。

一、编制并颁发了水文计算规范

在1979年颁发的《水利水电工程设计洪水计算规范》中明确了洪水计算的基本原则和有关技术规定，但对径流、泥沙等尚未编制计算规范。为此，原电力部水力发电建设总局和原水利部规划设计管理局于1980年初，委托长江流域规划办公室和东北勘测设计院编制《水利水电工程水文计算规范》。这项编制任务历时3年多完成，经水电部批准为部标准，于1984年5月1日起颁发试行。本规范包括总则、基本资料、径流、泥沙、水面蒸发和水温及冰情、厂和坝区水位流量关系曲线、水文预报站网规划等7章，以及径流还原计算、岩溶地区径流分析计算、冰雪融水补给的河流径流分析计算、水库水面蒸发计算、水库水温分析计算与冰情分析计算等6个附录。本规范具有以下特点：(1)重视基本资料，强调计算所依据的水文资料应进行重点复核；(2)强调各项计算必须以可靠的实测资料为依据，当设计河流的基本水文站过少时，要设法早设站；(3)内容比较广泛，包括与水电站设计有关的计算项目；(4)附录部分均结合实际，论述比较细致。

二、探索了古洪水调查研究的途径

建国以来，很多单位进行了大量的历史洪水调查工作，积累了丰富的资料，在洪水频率分析计算中起到延展系列和增进系列代表性及提高设计洪水精度的重要作用。但从总的情况看，调查年代久远的洪水还为数不多，特别是在推断、确定远年洪水重现期方面还存在很多困难和问题。从70年代末、80年代初起，有些单位通过文物考古方法探索了研究远年洪水的途径。例如：黄委设计院根据中科院考古研究所在三门峡人门岛南端岩石平台上发现唐、宋时代的灰层及该处1843年洪痕水位推断，1843年洪水可认为是唐、宋以来的大洪水，其重现期约为千年；天津勘测设计院、广西电力局勘测设计院、广西师范学院等单位分别在漳河、红水河上的一些河段，根据地貌学、地质学原理研究河流阶地、河漫滩形成和地貌变化，通过文物考古和对洪水沉积层中滞留的有机质利用 C_{14} 同位素衰变年龄的测定等方法，得出的研究。结果认为：形成一级阶地的洪水流量均接近频率法分析的万年一遇洪水(见表)。

表 漳河阶地洪水与频率洪水比较

河 流	阶地位置	一级阶地洪水流量(m^3/s)	万年一遇洪峰流量(m^3/s)
清 漳	部 庄	16200	15700
浊 漳	故 城	18500	19000
清漳干流	小王庄	28400～32000	31400
清漳干流	石 梯	27800～31200	31400

红水河都安河段一级阶地洪水为

$33000 \sim 34000m^3/s$，频率计算万年一遇洪峰流量为$37200m^3/s$，两者也大体接近。

淮委设计院和河海大学水文系也采用类似方法研究响洪甸古洪水平流沉积，认为该河段近3000年来至少发生两次特大洪水：一次发生在1736 ± 73年前；另一次发生在2700 ± 143年前。其流量估算分别为$20790m^3/s$和$18225m^3/s$（均换算为入库洪水）。

从上述情况看，古洪水研究取得的初步成果，对频率洪水计算有重要的参证作用，但其中还有不少问题尚需进一步探索。

三、开展了入库洪水计算方法的研究

水库建成后的入库洪水，由于库区范围内天然河道及坡面被淹没，产流、汇流条件发生明显变化，与建库前坝址洪水比较，洪峰增高、涨洪段洪量增大、洪峰出现时间提前，因此，用坝址洪水作为防洪设计的依据是不尽合理的。《水利水电工程设计洪水计算规范》规定："当库区回水较长、水库面积较大、水库建成后流域内产流、汇流条件有显著改变且对调洪有较大影响时，应以入库洪水作为设计依据"。但入库洪水计算方法尚不够成熟，有待进一步完善。自1983年以来，一些单位在入库洪水的观测研究和计算方面作了大量工作，取得了新的进展。"长办"、湖南省水文总站重点研究的涔天河水库，加强了水位、流量测验，研究区间沿程入库洪水的计算方法，对几种入库洪水及调洪计算方法进行检验比较。中南勘测设计院在柘溪水库观测库区沿程水位，并在库区深水库段设立水文站施测流量，研究流速在断面内的分布规律，通过实测资料来检验入库洪水计算方法，探讨水库动库容与静库容调洪的差别。东北勘测设计院曾借助广西郁江西津水库的观测资料，研究黔江大藤峡水库的入库洪水。华东勘测设计院协同富春江水电厂在富春江库区收集水文资料，分析库区洪水演进计算。通过上述各单位的工作，提高了对入库水流特性的认识，并为进一步改进入库洪水的计算方法积累了实测资料和初步经验。这些经验主要包括：(1)入库洪水计算必须与调洪（或库区洪水演进）计算方法相配合。(2)在几种入库洪水计算方法中，目前以同时流量叠加法（或称合成流量法）比较合理。过去采用的马斯京干法或槽蓄曲线法把坝址洪水反演得到入库洪水的方法，虽然抓住了主要影响因素，但没有考虑建库后洪水组成的改变，不完全符合入库洪水的基本概念，但在基本资料不足的情况下，仍可使用。(3)在入库洪水计算中存在的主要问题，是缺乏区间洪水实测资料，计算困难较多。目前采取的办法是根据入库点的洪水演进到坝址，与坝址洪水相减，得到坝址的区间洪水过程线；再将这个过程线反演到库区某个地点作为入库洪水的区间部分。这个方法同样由于没有考虑到建库前后汇流条件的改变，所以也不够完全合理。总之，对入库洪水计算方法的研究尚处在发展阶段，需要加强开展水库观测工作，为进一步研究积累实测资料。

四、开展了梯级水库设计洪水计算方法的研究

过去采用的设计洪水计算方法主要适用于单独水库，在目前一些河流已逐步形成梯级水库或水库群的情况下，已逐渐不能适应，出现一些新的问题。例如：水库下游防洪断面洪水的概率分布问题；上、下游水库串联或干、支流并联式水库群和梯级水库施工设计洪水如何计算，以及区间设计洪水与梯级水库群的概率组合等问题，都是目前迫切需要研究解决的问题。1984年以来，西北勘测设

计院与南京水文水资源研究所协作，以黄河上游龙羊峡、刘家峡、盐锅峡、八盘峡等梯级电站，结合下游兰州市的防洪为实例，先后提出洪水地区组成、随机模拟和概率组合等三种方法，分析计算兰州受梯级水库影响后的流量频率曲线。1986年4月水利水电规划设计院曾组织有关专家对其成果进行讨论评审，认为所提几种方法的基本思路是正确的，对与黄河上游条件相同的地区可以推广使用。但鉴于国内各地情况复杂，为扩大其适用范围，还存在一些问题，如：(1)当用同频率地区组成法计算设计洪水对下游断面不够安全时应如何处理？(2)当峰、量关系不是单一线性关系，规划设计阶段上游梯级水库的防洪调度函数未知时，如何应用概率组合法确定最优的防洪调度原则和所需防洪库容？(3)对随机模型选择及生成的洪水过程线出现不符合水文统计特性等问题。这些问题尚需从理论上和方法上进行研究。

五、积极准备《水利水电工程设计洪水计算规范》的修订工作

《水利水电工程设计洪水计算规范》自1979年颁发试行以来，已历时10年。据大多数单位反映，该规范对水利水电工程设计洪水计算起到统一技术要求、提高计算精度的作用。但在这10年中，水文工作已取得了新的进展和新的经验，如前述的古洪水调查研究、入库洪水计算方法研究以及梯级水库洪水计算研究等，都需要补充进去；同时对某些不适应新形势和新技术发展要求的部分，也要加以适当的修改。目前正在进行修订该规范的准备工作，计划在2年内完成。

水库淹没处理与移民情况概述

刘　兰　桂

一、水库淹没及移民的简况

开发水资源同兴建水库是密切相关的，而修建水库势必带来淹没损失和移民问题。新中国成立以来，全国共建成大、中、小型水库(水电站)8.6万余座，按建设时间统计，动迁移民总人数约1000万人。按装机容量1.2万kW以上的水利水电工程统计，共建成160座，总装机容量1976万kW，设计年发电量846亿kW·h，淹没耕地共约447万亩，移民共约280万人(此为设计数，实际有所增加)，平均每万千瓦淹田2262亩，移民1407人；每亿千瓦小时淹田5284亩，移民3286人。但单就水电项目统计，远低于这个平均数。总装机容量1683万kW，年发电量736亿kW·h，淹没耕地191万亩，移民140万人，平均每万千瓦淹田1135亩，移民832人；每亿千瓦小时淹田2595亩，移民1902人。在这160项工程中，移民人数超过1万的有51项，总计移民265万人，其中三门峡、丹江口、新安江为最多，分别为32万、33万和27万人(实际动迁分别为41万、39万和30.9万人)，超过或接近10万人的还有柘溪、新丰江及柘林水库。

1987年在建的装机容量2.5万kW以上的大、中型水电站共44座，总装机容量1911万kW，设计年发电量806亿kW·h，淹

没耕地约53万亩，移民约54万人，平均每万kW淹田277亩，移民283人；每亿kW·h淹田657亩，移民670人。显然，这些淹没的平均指标比上述已建工程要低得多。

以发电为主且正在进行前期工作(可行性研究和初步设计)的18个大型项目，总计装机容量约4000万kW，初步统计淹没耕地约57万亩，移民59万人。其中移民数量以红水河的龙滩、大渡河的瀑布沟和金沙江的向家坝三者居多，均在7～8万人以上。此外，长江三峡综合利用工程，按论证推荐的175m正常蓄水位方案，淹没线以下1985年底的户籍人口为72.55万人，估计将来实际动迁人口在100万人以上；黄河小浪底水利枢纽的移民人数将在14万人左右。

从以上数字看，水库移民的数量正呈日趋减少。但由于我国人多地少的矛盾愈来愈突出，以及水库淹没和移民很集中的特点，妥善安置移民的困难则愈来愈大。因此，水库淹没问题已成为水电建设的一个制约因素。制约的主要表现在：(1)不少河流的开发方式及水库正常蓄水位的选择受到淹没的限制，难以合理利用水能资源；(2)有些工程因为淹没损失和移民数量过大，不能适时开发；(3)有的项目，水库移民投资占到全部工程投资的比例达到25%～30%以上，影响其经济效益。总之，移民问题已成为当前水利水电建设中的突出矛盾。

二、水库淹没处理和移民工作的进展情况

(一)端正对水库工作的认识、指导思想和工作方针

通过总结经验，普遍认为50年代后期至70年代中期这段时间内，水库移民之所以存在不少遗留问题，是在“左倾”思潮影响下带来的三方面原因：(1)领导上对征地移民问题不重视，“重工程、轻水库”，到了必须移民之时，又只重迁不重安；(2)缺少可行的移民安置规划作为准绳，即使有了规划，或因草率从事，或因轻易变动，或因措施不力，以致移民群众的生产生活长期得不到恢复；(3)国家规定补偿标准本来就不高，而在执行过程中又一再扣压，实际补偿费用偏低，甚至过低，使移民群众在经济上蒙受了很大损失。因此，在党的十一届三中全会之后，本着拨乱反正的精神，按照国务院领导的指示，水利水电部门端正了水库移民的认识、指导思想和工作方针。

1986年7月国务院办公厅转发了水电部《关于抓紧处理水库移民问题的报告》。1987年4月水电部又专门发了《关于加强水库移民工作的通知》。根据这些报告、通知和其他文件的内容，总的要求是：

1.必须重视水库移民工作。指出水库移民工作是水利水电建设的重要环节，妥善安置好移民是工程顺利实施和正常运用的必要条件；移民费用在工程投资中占有相当比重，对水库的方案选择和经济效益有显著影响；移民问题涉及千家万户和各行各业，关系到当地的经济建设和社会的安定团结。

2.必须端正指导思想。彻底扭转重工程建设而忽视移民安置的思想，应将水库淹没处理和移民安置列为工程建设的组成部分。在工程规划上，宜根据我国人多地少的实际状况，尽量少淹没土地、少迁移人口，将水库征地移民问题作为工程规划方案比较的一项重要内容。在移民安置上，应本着对国家和人民高度负责的精神，坚持实事求是、因地制宜的原则，正确处理国家、集体、个人三者的利益，妥善安置移民的生产和生活，不降低他们原有的收入水平，并能逐步

有所改善。在工程建设时，应将移民安置与主体工程同步进行。

3.必须改革移民的工作方针。要从单纯安置补偿的传统做法中解脱出来，改消极赔偿为积极创业，变救济生活为扶助生产，要使移民安置与库区建设结合起来，合理使用移民经费，提高投资效益，走开发性移民的路子。

(二)加强水库淹没处理的规划设计

实践证明，做好水库淹没处理的规划设计是妥善安置移民和切实贯彻移民工作方针的首要环节。现在，淹没处理的规划设计已成为国家对水电项目决策的一个前提条件。因此，这10年来着重抓了库区淹没损失调查、移民安置规划和投资概算三个步骤。

1.水库淹没损失调查是水库工作一项最繁重的基本工作，而又必须做好。由于水利水电工程的前期工作周期较长，还必须按照不同设计阶段反复进行核实，使工程规模的选择和淹没处理设计建立在可靠的基础上。

2.安置移民是水库淹没处理最重要的任务。吸取以往的教训，现在要求务必编制一个切实可行的移民安置规划，作为工程初步设计的组成部分。移民安置规划应包括移民去向、地点、方式的选择，恢复和发展生产的措施，新居民点的布设，主要设备材料的供应和投资概算等内容。并且要求移民安置不落实就不能批准初步设计。

3.水库淹没处理的投资概算常是有关部门十分关心的问题。现在采用的编制原则是：征地部分费用，依照国家政策和工程所在省、区的规定而定；移民住房、迁移等部分费用，主要依据其原面积、原质量、实际损失与实际需要而定。特别是现在淹没补偿包括的内容和项目扩大了，考虑的细致且日趋完善。例如，人口的自然增长，农田单产的提高，山林果木等非耕地的损失，库区交通、供水、供电的恢复，移民安置带来的种种影响，以及城镇新址的征用等等，都是过去未曾考虑或不这样分门别类计算的。现在对水库移民概算，基本上有了统一遵循的程序和规格。概算反映到移民人均补偿指标，有了很大的提高。根据设计概算，农村人均补偿指标：50年代在500元左右，60年代在600～700元，70年代在800～1000元，进入80年代则上升到3000元左右了。从1984年以来，由于国家政策的调整和物价的上涨，至1987年农村移民人均指标有的超过4000元，如果包括专项改建的费用以求人均扩大指标，大体上在4000～6000元之间(因各库区专项设施差别较大)，个别的达到8000～9000元(因有县城搬迁)。这大体上同当时国家的财力和人民的生活水平相适应，但近一年多来，由于国家物价的改革和通货膨胀的加剧，人均补偿标准势必随之增加和调整。

此外，从1980年以来，国家和有的省、区对移民还在不同方面、不同程度上实行一些优惠政策，作为必要的配套性补充。原电力工业部与财政部商定从1981年1月1日起从直属水电站每供1度电提取一厘钱作为库区维护基金，用于库区移民的生产和生活的困难补助，以及人畜饮水、提水灌溉工程、交通设施、防护工程的维护。湖南省对东江水电站移民给予了如下优惠政策：对后靠移民实行平价粮食定销，提前给库区减购粮食，在一定时期内免征12项税收，以及招工、招生和供应木材等方面的优惠照顾。1988年11月还专门为五强溪水库颁发了移民安置若干优惠政策的暂行规定。陕西省对安康库区移民也实行了一些优惠政策。福建省对水口水电站在1987年颁发了库区移民安置17条优惠政策。四川省人民政府于1988年

12月发出了《关于铜街子、宝珠寺、二滩水电站移民安置若干具体问题的通知》。

（三）建立规章制度，改进工作方法和管理制度

1.重视了应有的规章制度的建立。1985年由水电部颁发了《水利水电工程淹没处理设计规范》。对水库淹没处理的技术标准、补偿标准、水库工作的程序、库区的综合利用开发均作了原则规定。1986年，由水利水电规划设计院颁发了《水库淹没实物指标调查细则》，由水电部颁布了《水库库底清理办法》。同时，按照1982年颁发的《国家建设征用土地条例》和1986年颁发的《土地管理法》的规定，水电部现已拟定了《大中型水利水电工程建设征地补偿和移民安置条例》报请国务院审批。

2.依靠了省（区）、地、县各级人民政府的积极性和责任心。从前期工作开始，就请地方人民政府配合设计单位进行库区淹没损失调查，并常以地方人民政府为主、设计单位参加配合进行移民安置规划。当工程动工兴建之时，移民的搬迁工作由地方人民政府实行承包责任制，具体组织实施，负责投资包干。因此，许多省（区）相继成立了移民专管机构，由省级领导分管水库移民工作，在组织领导上为做好移民工作有了切实可靠的保证。

3.依靠了各专业部门对库区公路、铁路、电信、电力、广播、工矿企业和城镇等专项的改建、搬迁实行承包责任制，负责设计与施工。

4.注重了库区移民搬迁工作与枢纽工程的施工同步进行，即必须按照整个工程的施工总进度，同时安排移民和专项设施搬迁的进度，按进度安排投资和材料。

5.建立验收制度。要求以省（区）移民迁建主管机构为主，建设银行、工程设计、施工、运行单位和移民代表参加定期检查移民迁建工作，分阶段进行验收，最后进行全面总验收。移民未得到妥善安置，工程不能进行竣工验收。

（四）成立水库经济专业委员会，团结广大水库专业人员，振兴水库工作

鉴于水库专业工作长期没有应有的地位，不少水库专业人员不安心本职工作，已成为水利水电建设中的一个薄弱环节。为此，中国水力发电工程学会于1987年12月成立了水库经济专业委员会。该专业委员会自成立以来，通过两次学术交流讨论会，创办刊物《水库经济动态》，成立咨询服务部接受业务咨询，开展专题研究，举办祝贺老水库专业工作者以及表扬先进促进人才培养等活动，调动了广大水库工作者的积极性和开拓精神，活跃了学术空气，提高了对本职工作的自尊与自信，从而为做好水库工作增添了活力。

三、移民遗留问题概况和进行处理的方针措施

（一）遗留问题简况

如前所述，全国建成的大中小型水库的移民总计约1000万人。据水电部移民办公室资料，按工程隶属关系划分，水电部直属工程的移民约300万人，地方所属工程的移民约700万人。据1986年摸底调查，在此1000万老移民中，约有300万人的温饱问题没有解决（按年人均收入不低于150元计）。存在的主要问题，一是生产条件比搬迁前差，耕地少，口粮标准和收入水平下降。例如，人均耕地，丹江口库区一般为0.5～0.6亩，有的只有0.2亩；新安江库区只有0.2～0.3亩；岳城库区也只0.7亩。二是祖祖辈辈靠种地为生的农民，耕地一旦减少，生产环境改变之后，仍然固守单一农业，基本上处于经济不活、生产无路、致富无门的境

地。三是不少地区程度不同地存在着交通难、用水难、用电难、上学难、就医难等困难。

(二)解决遗留问题采取的措施和效果

1.为解决水库移民遗留问题,从1980年以来,国家采取了一系列措施。首先是制定了正确的方针原则,确定了资金的来源和相应的组织机构。1985年水电部重新成立了移民办公室,主要管理移民遗留问题的处理。1986年国家明确处理移民遗留问题的方针是:不能简单地算老帐、搞退赔,更不是按新标准重新补偿,而应帮助移民调整产业结构,因地制宜地发展种植业、养殖业、工副业等多种经营,提高移民自身发展能力,支持他们开发创业,并且明确谁主管谁负责、谁受益谁承担的原则。其次是水电部直属水库的移民遗留问题由水电部负责协调规划,提供经费资助,由地方政府组织实施。资金的来源,除1981年已定的库区维护基金外,于1985年8月经中央财经领导小组决定从1986年起建立库区建设基金,集中用于直属水库的库区维护、扶持库区移民发展生产和处理移民遗留问题。

2.从1984年开始,除国务院先后批准了丹江口、新安江、三门峡三大工程移民遗留问题处理方案,专项安排了5亿多元资金外,还用库区建设基金安排了东平湖、柘林、西津、黄龙滩、官厅、岳城、潘家口、大黑汀、陈村、佛子岭、磨子潭及响洪甸等20多座大型水库移民遗留问题的处理。至1988年已安排处理的人数约220万人,占部属项目移民总数的2/3强,力争“七五”期间解决绝大多数移民的温饱问题,达到一定目标后要“摘帽”脱钩。

3.经过扶持的库区,因能结合当地实际调整产业结构,从单一的农业经济中解脱出来,开展多种经营,拓宽解决移民遗留问题的路子,已取得较好的效果。如丹江口库区的郧县、南障县,新安江库区的淳安县等,绝大多数移民的收入,至1988年已接近或超过非库区群众,并高于全县人均收入水平,开始走上脱贫致富之路。

四、新建水电站的移民情况

近10年来,完成了葛洲坝、乌江渡、潘家口、白山、红石、太平湾、大化、龙羊峡、紧水滩、沙溪口等工程的库区移民,东江、安康、铜街子、万安、岩滩等工程库区的移民已搬迁了大部分或近半数,总的进展情况和工作效果是好的或比较好的,其中白山、红石、龙羊峡的移民,均已通过验收,包括移民群众在内各方面都是满意的。移民安置点的“三通一平”和住房条件普遍有很大改善和提高,做到了移民群众生产有出路、生活有保障,很少有遗留问题。紧水滩、沙溪口、东江等库区移民,都按计划迁出库区并有了安置,保证了工程按时截流和蓄水发电,大部分移民已经稳定下来安居乐业,有一部分移民的经济收入和生活水平已较前有所提高。有的工程库区移民在搬迁过程中存在一些问题,不外乎以下四个方面:一是原来淹没损失实物调查有所遗漏;二是移民安置去向或地点选择不当,或对环境容量考虑不周,后靠安置的条件差,造成移民温饱一时有困难;三是工作上的疏忽,有的移民的安置地点仍选在库内,有的对浸没、坍岸的影响估计不足;四是政策性与方针性的变化,特别是物价的调整带来的新问题。对这些问题,有关部门及时进行了研究,加以解决。如紧水滩库区位于浙江省云和、龙泉两县境内,移民安置的难度较大,群众的生产生活存在实际困难。水电部和华东电网领导小组根据省领导的要求,决定采取按每千瓦小时电加价2分钱,分6年,筹足6000万元资金,建立移民开发基金,扶持移民发展生产,解决其遗留问题。这实是一个

附表　1984–1988 年已建、在建大型和

序号	水电站名称	水库特征值				淹没主	
		正常蓄水位(m)	总库容(亿 m^3)	水面积(km^2)	回水长度(km)	称民(人)	耕地(亩)
1	葛洲坝	66	15.8	62.4	209	23460	19000
2	大化	155	3.54	18.8	86.8	2141	10680
3	白山	413	53.1	128	93	16681 (实移 22993)	43534
4	红石	290	1.49	14.8	36	2910	8248
5	太平湾	29.5	1.70	25.8	29	4254(中方)	8343(中方)
6	龙羊峡	2600	247	382	106	29700	76900
7	东江	285	81.2	160	73	53521	57359
8	紧水滩	184	10.4	34.4	57	21700	16804
9	沙溪口	88	1.54	19.5	33	10009	8712
10	鲁布革	1130	1.10	4.1	19.7	1587	1911
11	石塘	102.5	0.73	6.7	19.4	5363	2905
12	老虎哨	164	6.26			3271(中方)	8895(中方)
13	安康	330	25.85	77.5	128	56444	46850
14	万安	96(初期)	10.8	107	86	51168	46188
15	岩滩	223	24.3	107.5	166	41026	47139
16	故县	540	8.12	32	34	15642	23263
17	天生桥(坝索)	645	0.26	3.4	20	1026	889
18	铜街子	474	2.0	11	33	5037	6287
19	漫湾	994	9.2	29.3	71	3331	4670
20	东风	970	8.63	19.1	43	8018	8454
21	宝珠寺	588	21	61.2	72	29100	31050
22	隔河岩	200	34	72	93.6	26698	22241
23	五强溪	108	29.9	170	152	96639	47864
24	水口	65	23.4	93.5	110	63495	31394
25	李家峡	2180	16.48	31.6	41.5	3214	5039
26	二滩	1200	58	104	150	27738	24841

部分中型水电站水库淹没主要指标表

要　指　标		水　库　投　资			建设年分 开工－1#机组投产
房　屋 (万 m^2)	其　他	投　资 (万元)	占工程总投资比重(%)	说　明	
		9126	1.9	1984 年“五定”数	1972－1981
5.3		1262	2.0	1983 年“终审”数	1975－1983
15.5	公路 12km	5670.7	6.2	1988 年“终审”数	1975－1983
3.7		1067	3.3	1986 年“终审”数	1982－1986
6.0	铁路 1.3km	3485.9	5.1	1988 年“终审”数	1982－1987
	公路 8.1km				
56.9	公路 152km	13069	5.5	1987 年“终审”数	1976－1987
192	山林 9.4 万亩	25500	23.6	1988 年“终审”数	1979－1987
	公路 155km				
82.3	山林 3.4 万亩	10947.5	19.8	1986 年“终审”数	1981－1986
	公路 79.3km				
31.0	铁路影响 19km	13999	21.0	1987 年“终审”数	1983－1987
	公路 43km				
4.4		956.2	1.1	1988 年“终审”数	1983－1988
10	公路 12.5km	3392		1987 年“终审”数	1985－
		1245.6	5.1		1985－
86.5	紫阳县城被淹 1／3	29661	20.2	1987 年“终审”数	1976－
	公路 113km				
153	公路 153km	20000	22.5	1987 年“终审”数	1981－
110	公路 151km	19530	12.0	1983 年“审定”数	1984－
28	公路 59km	7352	16.3	1986 年“审定”数	1978－
		364.2			1982－
11.9	公路 15km	3062	2.6	1983 年“审批”数	1978－
10.3	林地 8422 亩	1760	1.9	1984 年“审查”数	1985－
11.67	公路 18.5km	2822.7	4.4	1984 年“审批”数	1985－
55.8	公路 86km	15563	16.3	1985 年“审批”数	1984－
118	公路 283km	21000		1988 年“审批”数	1987－
263	县城 2 座	70000		1988 年省审定数	1986－
	公路 140.5km				
265	铁路改建 62km	41000	22.6	1984 年“审批”数	1986－
	公路 166km	(不含铁路)			
9.8	公路 25.7km	2000	1.2	1984 年“审批”数	1987－
96	县城 1 座	26000	8.0	1984 年“审批”数	1987－
	公路 385km				

创举。

五、几点经验体会

通过最近几年几个水电站的移民工作，普遍有如下经验和体会：

1.一定要重视移民安置规划。在规划中必须突出移民去向和生产门路，概括起来，就是要充分考虑环境容量。根据过去和现在的经验，移民就近后靠或外迁安置，其成功与失败的例子都有，因此，移民的去向不能一概而论，成败主要取决于能否为移民找到基本的生产出路。

2.一定要实事求是地贯彻开发性移民方针。开发性移民方针在1984年提出以后，得到了有关部门和广大移民群众的积极拥护，认为这是解决当前和今后移民安置问题的一条新路子。但在贯彻过程中，由于人们的理解不同，也走过一些弯路。现在比较一致地认为，由于我国许多地区商品经济不发达，交通和信息不灵通，移民群众文化素质低，移民资金有一定限制，如主要从开工厂、办农场、搞商业和交通运输业来安置移民，或过多地“农转非”，并不能取得预期的效果。对农村移民还是要有一分基本土地作依托，搞农、林、牧、副、渔，使之有比较稳定可靠的经济收入，而后再去从事其他经营和寻找致富门路为好。

3.实行优惠政策，对妥善安置移民，促进早日恢复库区经济，照顾到水库移民量大、集中、周期长等特点，以及减轻国家一时的财政压力，都是必要和有效的。优惠政策的内容，如前面所述，除按国家统一规定减免农业税和征购任务以及建立库区维护基金外，各省、区的规定不尽一致。但大体上包括：在一定时期内补供口粮，对生产建设项目免征建筑税、产品税、营业税、所得税和免交能源交通建设基金；定量用电指标；优价供应木材；优先分配招工、招生指标；对搬迁新址用地免征耕地占用税等方面。

1984～1988年我国已建、在建大型和部分中型水电工程水库淹没主要指标见附表。

水库环境影响评价

刘　一　辛

一、已开展的环境影响评价工作

环境保护是工业建设中的重要组成部分，世界各国都十分重视环境影响评价工作。美国是最先将环境影响评价制度定为法律的国家，其他许多国家也先后以不同形式确立各自的环境影响评价制度。我国近10年来对环境保护工作也很重视，1979年颁布了《环境保护法》，1981年和1986年先后颁发了《基本建设项目环境保护管理办法》和《建设项目环境保护管理办法》，明确规定“凡从事对环境有影响的建设项目都必须执行环境影响报告书的审批制度”。根据国家上述规定，水利水电部门也从1979年起开展了一系列有关环境影响评价的工作。

1.1979年至1982年期间，在水电部环境保护办公室组织下，华东水利学院、黄河水利委员会、长江流域规划办公室等单位先后开展了对新安江、三门峡、丹江口等水库的环境影响回顾评价。四川省水利学会组织成都勘测设计院等13个单位的专业人员进行了狮子滩水库环境影响的考察。

2.水电部华东勘测设计院于1981年开展了对水口水电站环境影响问题的调查研究。研究的内容主要有：对渔业和下游农业的影响，对水质和泥沙的影响，以及对南平市的影响等。1982年7月国家科委还专门召开了“水口水电站环境影响讨论会”，参加会议的有关专家、教授50余人。

3.水电部成都勘测设计院于1981年开展了对西藏羊卓雍湖水电站的环境影响评价工作。1982年12月召开了有21个单位的专家、科技人员参加的“羊卓雍湖水电站水量平衡计算及环境影响座谈会”；1983年在西藏科委、水利局、地质局、卫生防疫站等单位配合下进行了专题调查；1984年又进一步组织10个单位的30多名专业科技人员，分8个专题组进行了为期8个月的实地综合考察。在上述工作基础上，1985年编制了《西藏羊卓雍湖水电站环境影响报告书》。

4.水电部西北勘测设计院针对宝珠寺水电站建成后是否引起局部地区逆温层升高、影响有毒废气排放的问题，委托水电部大气环境测试研究中心在该电站上游的碧口水库进行现场测试，并请中国科学院大气物理研究所进行数值模拟实验，然后于1984年4月提出了《宝珠寺水库建成后对局地风、温场结构影响论证报告》。

5.关于三峡建坝对环境影响的研究，长江流域规划办公室从1979年起开始工作，1980年提出了三峡工程正常蓄水位200m方案的环境影响研究报告，1983年完成了《三峡建坝对环境的影响》，列入三峡水利枢纽可行性研究报告第8章，1985年7月提出了《三峡水利枢纽环境影响报告书》。1984年国家科委将“三峡工程对生态与环境的影响及其对策”的研究列为重大科研项目，1985年国家科委专家组提出了《长江三峡工程对生态与环境影响的初步论证（正常蓄水位150m和180m方案）》。1986年6月，水电部三峡工程论证领导小组成立了“长江三峡工程生态与环境专题论证专家组”，由生态、环境、环境水利等方面的55名专家组成。在中国科学院和长江流域规划办公室分别组织的科研、院校及沿江省、市等60多个单位的研究成果基础上，专家组于1987年12月提出了《长江三峡工程对生态与环境影响及对策的论证报告》。这个报告对三峡工程修建引起生态系统结构、功能的变化以及由此引起的生态系统的整体效应进行全面的评价，重点阐述了库区移民搬迁带来的生态与环境问题及其对策和建议。

6.水电部水利水电规划设计院于1983年3月召开了水利水电工程环境影响评价工作座谈会。会后发出通知，要求各直属设计院、流域机构和各省（市、区）水利水电设计院在进行建设项目可行性研究的同时，必须编制环境影响报告书，并建议采取措施，调配专业人员，组建环境评价机构。1986年国家环保局颁发了《建设项目环境影响评价证书管理办法》，各设计院又进一步加强环评专业力量。部属设计院和部分流域机构及省属设计院的环评机构的名称、组建时间、专业人员人数以及完成环评的工程项目，详见表。

7.为适应环评事业的迅速发展，水利水电规划设计院先后组织了5期环评研习班：1983年10月委托葛洲坝水电工程学院

表

单位名称	环评机构名称	组建时间	专业人员人数	已编环境影响报告书的工程
长江流域规划办公室	长江水资源保护科研所	1979	84	彭水、构皮滩、隔河岩、三峡、王甫洲、丹江口
松辽水利委员会	松辽水利电力建设环境评价中心	1987	72	松江河梯级、大藤峡、太平湾、莲花泡
天津勘测设计院	环保室	1986	15	万家寨
昆明勘测设计院	水库环保室	1981	15	天生桥一级、漫湾、阿岗
西北勘测设计院	环保研究室	1982	18	龙羊峡、拉西瓦、李家峡、公伯峡、紫兰坝
中南勘测设计院	环评室	1983	34	东江、大广坝、碗米坡
北京勘测设计院	环保室	1985	11	十三陵抽水蓄能电站、安康
上海勘测设计院	环保室	1987	15	永定(棉花滩)
贵阳勘测设计院	环评室	1987	17	天生桥二级、洪家渡、东风
成都勘测设计院	水库环评室	1983	16	狮子滩、二滩、羊湖、龚嘴、瀑布沟、铜街子、东西关、太平驿
华东勘测设计院	环保室	1984	12	水口、天荒坪
广西自治区电力工业局勘测设计院	环评室	1985	20	岩滩、长洲
新疆自治区水利水电勘测设计院	环评组	1984	16	吉林台
广东省水利水电勘测设计院	环评室	1987	4	青溪、广州抽水蓄能电站、天堂山
福建省水利水电勘测设计院	环评室	1986	30	街面

注：此表统计到 1988 年 6 月止

在宜昌举办首届研习班，来自全国各设计院的学员 63 人，学期 3 个月；1985 年 10 月委托中国水利学会环境水利研究会在武汉举办领导干部研习班，有 50 人参加，学期 10 天；1986 年 11 月委托葛洲坝水电工程学院于宜昌举办综合评价方法研习班，学员 74 人，学期 20 天；1987 年 6 月委托武汉水电学院于武汉举办环境水利研习班，学员 42 人，学期 40 天；1988 年 4 月委托同济医科大学于武汉举办环境医学研习班，学员 44 人，学期 30 天。

8．为使环评工作有章可循，1981 年中国水利学会环境水利研究会曾举办研究班，起草了《关于水利工程环境影响评价的若干规定(草案)》，1982 年 1 月经水利部审定颁发试行。1985 年应广大设计人员要求，水利水电规划设计院组织成都勘测设计院、长江水资源保护局、中南勘测设计院、葛洲坝水电工程学院，在《若干规定(草案)》基础上开展《水利水电工程环境影响评价规范》的编制工作。1988年该规范编制工作已经完成，并已报部待批。

二、东江水电站环评实例介绍

东江水电站是耒水流域的控制性骨干工程。该电站的环评工作由水电部中南勘测设计院承担，葛洲坝水电工程学院、国防科技大学等26个单位参加协作。水利水电规划设计院要求中南勘测设计院在完成生产任务的同时，对工程环评的内容、方法、步骤进行探索研究，以便为其他工程环评提供经验。1984年3月中南勘测设计院提出环评工作大纲；1985年6月完成重点因子的分析预测工作，提出了11份成果报告；1986年2月完成综合评价工作，提出了《东江水电站环境影响评价研究报告》和《东江水电站环境影响报告书》。1986年3月水利水电规划设计院于湖南郴州组织专家、教授、科技人员共71人对上述研究报告进行了鉴定，认为“本课题研究中运用了现代模型技术和计算机技术，对重点环境因子进行了定量描述和分析预测；在综合评价中运用了系统分析方法和模糊评审技术，为我国水利水电工程环境影响综合评价开拓了新的途径。”该研究报告获水电部1988年科技进步三等奖。

东江水电站环评工作分为环境状况调查、重点环境因子分析预测和综合评价三个阶段。调查工作分水质、气候、地理环境、水生生物、陆生生物、移民安置、库周经济、旅游资源、人群健康等9个专业组进行，历时40天，取得资料数据达33.9万组。根据调查成果，从诸多影响因子中筛选出26个重点因子，并采用定性和定量方法预测工程建成后这些因子的变化情况。综合评价是把工程建设对各因子产生的影响进行综合分析和评价。本工程采用环境质量指标法和模糊综合评判法进行综合评价，结论是：东江水电站建成后环境总体状况是良好的；26个重点因子中有73％的因子处于好、较好和一般状态，有27％的因子则处于差和较差状态，但经采取措施，如限制库周厂矿排污、改善库周植被、发展库周经济等，环境状况可以得到改善。

三、今后的任务

环境影响评价是一项多学科、跨部门、综合性很强的工作，工作较为复杂。而我国水利水电工程环评工作又起步较晚，因此，今后需要进行的工作还很多。

1.组织力量，继续开展环境影响预测方法和综合评价方法的研究，并探索适用的环境影响经济损益分析方法。

2.在全国不同地区选择有代表性的水库，开展环境影响回顾评价，通过调查测试，取得资料，作为拟建工程环境影响预断评价的类比依据。

3.继续举办环评研习班，继续做好环评规范的配套工作。

4.加强环境影响评价科技情报资料的收集和交流。

IX 勘测

风餐露宿绘新图

篆刻：庄万和

水文勘测管理工作改革与技术发展概况

夏 方 佐

在改革开放形势的促进下，1984～1988年在水文勘测管理和发展新技术方面，都取得了可喜的进展。

一、水文勘测管理方面

（一）制定了水文测验计量标准及折算办法

水文测验工作是水电建设前期工作的重要组成部分，它包括水位、流量、泥沙等项测验，有的测站还兼测降水、蒸发和其它气象要素。过去由于没有一个综合的计量标准，长期以来只能按“人头费”(2500元／人年)核拨年度经费，工作完成数量无法统计核算，实质上是吃“大锅饭”，因此必须进行改革。近几年来经多次酝酿研究，于1984年确定以“标准站年”为水文测验标准工作量的计量单位，即一个标准水文站全年测验及资料在站初步整编工作量的总和。所谓标准水文站须具备以下基本条件：(1)测站控制良好，水位、流量关系稳定，河宽小于250m；(2)测验项目为水位、流量，电动缆道测流；(3)定员7人；(4)测站所在地交通较方便。当测站的工作条件及其测验项目与标准水文站不同时，则另定有换算系数，按规定的换算系数折算成标准工作量。此项改革成果经批准已纳入水利水电规划设计院制定的《水利水电勘测标准工作量折算办法》。与此同时，又以各直属设计院1981～1985年水文观测事业费支出水平为基础，通过测算、分析制定出标准工作量的单价，与其它勘测标准工作量单价一起报经国家计委同意，水文测验标准工作量的单价为40000元／标准站年。列入1985年国家计委颁发的《工程设计收费标准》(试行)第三册，与《水利水电勘测标准工作量折算办法》一并于1986年1月1日起在部属勘测设计单位内试行。

（二）初步拟定了水利水电工程专用水文测验控制工作量定额

为编制设计项目计划和概算，需要提出各设计阶段相应的专用水文测验工作量。专用水文测验工作量的多少，与设计河流现有基本水文站的布设及其测验工作情况有关。通过对近期部属勘测设计院各设计项目的实际调查剖析，根据1986年兰州水文勘测工作会议酝酿意见，经过讨论修改，初步制定《水利水电工程专用水文测验控制工作量定额》，于1987年7月发送部属勘测设计院并省属设计院，在试行中进一步测算。计算控制工作量的公式为：

$$\text{水文测验控制工作量} = (A \pm B) \times T$$

式中：A——年均基本工作量

B——增、减工作量

T——设计周期(年)

年均基本工作量(A)根据工程所在河流

现有基本水文站的布设和测验情况划分为5个等级。变化范围为0.84～3.4标准站年。增减工作量(*B*)是根据设计要求和测验工作条件,按《水利水电勘测标准工作量折算办法》核定的工作量。

制定水文测验工作的计量单位,便于了解和掌握每一项工程在各设计阶段所进行的专用水文测验工作的具体工作量。而确定标准工作量的单价,不仅可以使水文测验工作的基本经费得到保证,并可鼓励多做工作。拟定各设计阶段水文测验控制工作量定额,则使勘测设计计划的编制得到进一步完善。这两项管理上的改革措施,有利于促进水利水电建设专用水文测验工作的开展。

二、水文技术发展方面

(一)滇池海埂蒸发试验站建成

为研究分析水库、湖泊等水体的水量平衡均需水面蒸发资料。蒸发资料是在蒸发站气象站利用蒸发器皿观测的。目前在自然水体的蒸发量无法直接测定的情况下,一般认为大型蒸发池(口径面积20m^2)观测的蒸发量,可近似代表自然水体的蒸发量。利用其他类型蒸发器(皿)与大型蒸发池进行同步观测,求得一般蒸发器(皿)的折算系数,再将其蒸发量折算为相当大型蒸发池的蒸发量。为此,1981年电力部水力发电建设总局委托昆明勘测设计院,在滇池选择站址筹建水面蒸发试验站,经查勘,站址设在滇池海埂村,观测场距湖边10余米,滇池常年水位1885.5m,观测场地面高程为1886.3m。蒸发站由陆上蒸发场与水上漂浮蒸发场两部分组成。陆上蒸发场于1983年建成,1984年1月1日起观测;水上蒸发场于1985年1月1日起观测。

陆上蒸发场设置20m^{2}大型蒸发池及E-601型、E-601改进型、E-601$_{地}$、ГГИ-3000型、φ 80cm带套盆和φ 20cm蒸发皿等大、小7种不同类型蒸发器同步观测蒸发量,研究各种蒸发器所测蒸发量与大型蒸发池所测蒸发量的折算关系。同时观测降水、气温、湿度、风、日照、水温、地温等项目,分析蒸发与气象要素的关系,以建立计算蒸发量的经验公式。漂浮蒸发场设在距湖边730m的漂浮筏上。漂浮筏以锚固定在湖面上,可以随风转动,旋转半径50m,水深大于2.5m。筏上设有3000型蒸发器和同口径雨量器,还有φ 20cm蒸发皿及自记雨量计,同时观测气温、湿度、风、蒸发器内水温及湖水温度等项目。据最近三四年观测情况,工作基本正常。待进一步积累观测资料,即可进行各种蒸发器折算系数及蒸发规律分析。

(二)建立了白沙推移质试验站

50年代中期曾有少数单位在河流上施测推移质,但由于测验技术难度大,问题较多,其中采样器效率系数的确定是主要问题之一,迄今尚未得到圆满解决。为创建适合进行采样器效率试验的场地,水电部成都勘测设计院于1979年即在岷江支流白沙河口左侧原为水磨房的引水渠进行了初步试验工作。1982年电力部水力发电建设总局与部科技司共同委托该院将其改建为推移质试验水槽。改建工作分两阶段进行:第一阶段进行现有水槽的改建和试验条件的测定,工程于1984年1月全部建成,进行了水槽单项功能试验和综合功能试验;第二阶段进一步完善。目前试验基地已初具规模,水槽全长85.4m,宽3m,槽深1.3m,有效试验段长40m,槽底纵坡4‰,过流能力5m^3/s,加沙率0.03～1.0kg/m^3,加沙最大粒径

70mm。该站是目前国内最大的推移质试验站。其主体设施、量测仪器、辅助设备等均运转正常，1987年10月已由水电部科技司和水利水电规划设计院组织鉴定验收，唯机械化、自动化程度尚需改进完善。

(三)开展入库洪水观测研究

关于入库洪水的计算在"规划"篇内《水文计算工作新进展》一文中已有专题叙述，这里不再重复。本文仅就湖南柘溪水库入库洪水观测工作有关站网布设和坪口水文站实现测流自动化的情况作些介绍。

柘溪水库坝址控制面积22640km^2，库区有3条主要支流。从研究入库洪水及库区水流特性出发，需要掌握：(1)干、支流入流过程；(2)区间洪水过程；(3)库区洪水水面线；(4)库区流量变化过程及断面流速分布；(5)出库流量过程以及水库运行等方面的观测资料。柘溪水库水文观测系统有一定基础，干流现有渣洋滩、大埠溪水文站可分别代表干流入库站和出库站，区间3条支流上的金滩、邹家滩和杨德溪3个水文站可作为支流进库站。水库区间现有雨量站25个，平均每站代表256km^2，可供研究区间降雨及洪水径流。库区现有水位站4个，为掌握库区洪水水面线变化和了解深水库段洪水变化过程及断面流速分布情况，中南勘测设计院于1981年以后在库区延程又增设5个水位站，其中2个站设置自记水位计；1986年在深水库段砰口建立水文站，施测洪水流量。从以上情况看，柘溪水库的水文观测系统是比较健全的，但问题是这些站不是属于一个部门管，而是分别由省水文总站、水库运行单位和设计部门分管。因此在观测内容、技术要求方面有不够完善、不尽协调之处，资料交流上存在不及时不方便的问题，有待今后改进。

砰口水文站是1986年6月开始建立的。其测流装置系采用水文缆道及齐齐哈尔无线电厂生产的测流控制台，当年7～8月间安装调试。为适应水库水流受入流、泄洪影响变化快的特点，又对原控制台进行了技术改造。在计算机专业人员的配合下，利用PC-1500计算机控制，将流量测验全过程编成固定程序存入计算机，只要一个操作人员启动计算机，从出车到指定测速垂线测点位置停车，按给定的历时测速，自动记录测速数据，计算测点流速、垂线和断面平均流速，绘制流速分布图，以及两垂线间部分流量和断面平均流量的计算等项工作，全部由计算机独立控制完成，实现水文缆道测流自动化。1987年9月～1988年9月1年中施测157次流量，实测流量变幅为133～6120m^3/s。76次自动测流成果与同步用人工计时、计数的流量成果比较，相差均在2%以内，其中相差在1%以内的占88%，说明测验成果可以满足精度要求，而且变化稳定。

1988年12月12日至16日水利水电规划设计院在长沙组织鉴定，鉴定结果认为：中南勘测设计院研制的"PC-1500计算机控制水文缆道测流系统"，成功地实现以一个起动命令完成测流全过程，目前在国内处于领先地位。该系统具有根据需要选定测线、测点、测速历时和中断恢复及容错等功能，运行可靠，技术先进，操作简便，使用Basic语言，实用性较强，易于掌握，便于推广，具有较好的社会经济效益。系统的软、硬件尚可进一步优化、完善，以提高其通用性。

测量技术新发展

赵元昌

一、设备更新情况和效果

从1979年以来,我国在水利水电测量技术方面着重进行了仪器设备更新,使作业方法、作业速度和作业精度都得到了改进和提高,取得了较好的成绩。

1.引进了一批电磁波测距仪,改变了一些传统的作业和方法,提高了测量作业的速度和精度。从1979年起,水利水电系统各单位先后引进了EOT2000、DI4L、DM503、ME3000等电磁波测距仪,由于这种仪器具有测距和测角装置,因此,在测量外业工作中得到充分而广泛的使用,深受测量人员的欢迎。现在,用电磁波测距仪测距已基本上取代了钢尺量距,平面控制测量网由过去的测角网发展成为测边网、边角网甚至导线网,并应用优化理论改善控制测量网的布置结构。在施工测量中,由过去的钢尺量距和交会法定点,改变为大量利用电磁波测距仪以极坐标法定位。水电部东北、华东、昆明、中南勘测设计院和江苏省水利勘测设计院等进行了电磁波测高代替等级水准测量的试验,大部分试验是探讨用电磁波测高代替三四等水准测量的可能性,个别也有代替二等水准测量的,取得了一些经验和收获。由于这项试验要受到大气折光、垂直角观测精度、仪器常数测定、地区垂线偏差和数据处理等方面的影响,还没有得到肯定的结论。到目前为止,一般认为只要在作业中采取相应的妥善措施,电磁波测高是有可能代替三四等水准测量的。此外,短程电磁波测距仪在地形测量中的应用,也显示出快速、方便的优点。

2.引进了一些航空摄影测量仪器,壮大了航测成图的能力。目前,天津勘测设计院、黄河水利委员会和长江流域规划办公室都已具备每年生产几百幅航测内业成图的能力,并且已从过去的主要测制小比例尺地形图转变为测制大比例尺地形图。1985年天津勘测设计院购进了国产HT型解析测图仪,1986年贵阳勘测设计院引进了瑞士威特厂生产的BC2型解析测图仪,由于这两种解析测图仪都是由主机、电子计算机和数控绘图桌等组成,适用于各种规格的航空摄影、地面摄影和近景摄影的像片,可以进行空中三角测量作业,测制各种不同比例尺地形图,绘制不同方向的纵横断面图等,功能多样,用途广泛,一台仪器可代替几种仪器使用,但价格较昂贵。

3.1987年,珠江水利委员会引进了一套瑞士威特厂生产的GEOMAP人机对话测量与制图系统(简称GEOMAP系统),由于这种系统能在野外自动或半自动地获得大量的地形数据,通过计算机处理,进行图形编辑,调用有关制图软件,在自动绘图机上迅速而精确地绘制出各种比例尺地形图,因而特别适用于测区面积不大的大比例尺地形图的测制。GEOMAP系统和MRS-Ⅲ型或鹰Ⅳ型自动定位测深系统相结合,可以自动或半自动地测制各种比例尺的水下地形图。因此，GEOMAP系统能够实现地形(或水下地形)测量和制图的自动化或半自动化，既减轻测量人员的劳动强度，又能提高成图速度和精度。

4．研制了一些新的设备，使大坝变形观测技术有了新的进展。东北勘测设计院科研所，在1984年9月建成并投入运行的丰满水电站真空激光测坝变形半自动化系统的基础上，增加安装了由X－Z两用激光坐标仪、两用巡回检测仪、微机主机和显示屏、打印机、磁带机等组成的自动探测仪器，实现了观测自动化，使室外人工现场操作变为室内作业，改善了作业条件，减轻了劳动强度，提高了作业效率，避免了人工观测、记录、计算中可能出现的差错，1988年通过了技术鉴定，是当前国内外先进的大坝变形观测手段之一。长江流域规划办公室勘测总队和华中精密仪器厂合作于1985年研制成功JZB－800型激光准直仪，是又一种用于大坝变形观测的高精度仪器，它由激光点光源、波带板、光电跟踪接收靶和单板机组成，具有自动搜捕并跟踪激光目标、波带板自动翻转、现场收集、贮存、处理观测数据、打印准直测量成果等功能，准直距离为800m，准直精度为10^{-6}D(D以km为单位)，而其所需费用比上述真空激光测坝变形系统要节省许多，是一种很有推广价值的大坝变形观测仪器。

5．遥感技术的应用有了新的进展。天津勘测设计院从1984年起利用陆地卫星像片、国土普查卫星像片等资料，采用目视解译方法先后编制了1∶250000和1∶500000海滦河流域土壤侵蚀图、1∶500000云南省土壤侵蚀图和云南省17个地、州、市的1∶250000土壤侵蚀图等。珠江水利委员会应用遥感技术编制了1∶500000珠江流域土壤侵蚀图，研究伶仃洋的泥沙沉积，估计分析地表水资源，并且利用彩红外像片进行水库淹没调查。湖北省水利勘测设计院利用遥感卫星像片分析研究湖泊变迁，取得了良好效果，其成图周期短、速度快、效率高。

二、地面摄影测量和低空摄影的应用

1．1986年以后，大多数直属勘测设计院和一部分工程局有了地面摄影测量外业仪器，少数单位还置备了内业仪器。地面摄影测量方法在规划设计阶段和施工阶段都得到了应用，利用它测制陡峭地段大比例尺地形图已经普遍，有的工程局还利用它进行施工开挖断面的验方和收方等工作。不少单位还应用近景摄影测量原理和方法进行水力模型观测、截流时龙口表面流速流态、大坝坝面平整度、大坝溢流面破损程度、高层建筑物稳定性等的测定，以及绘制古建筑立面图和古文物等值线图等。

2．华东勘测设计院从1985年起利用民主德国蔡司厂生产的UMK20／1318摄影镜箱在直升飞机上先后对深圳、吉林长白山林区和福建建溪进行了3次低空摄影试验，拍摄了1∶1000～1∶4000的大比例尺像片，并用摄得的像片测制了1∶500～1∶2000比例尺地形图。通过试验取得了一些有用的成果和经验，为水利水电大比例尺测图工作开辟了一条新的途径。

三、电子计算机的应用进一步深入、广泛

电子计算机在水利水电测量工作中的应用在60年代即已开始，当时主要是利用电子计算机以航线网法进行航空摄影测量中的空中三角测量加密工作。进入80年代以来，航线网法已很少采用，目前大都采用区域网法进行空中三角测量加密，使加密工作的速度

钻探技术新发展

段　文　钰

一、金刚石钻探技术新发展

自1984年以来，我国金刚石钻探有了长足的进展，已成为水电工程钻探的主要手段。截止1988年底，部直属系统共开动岩心钻机约200台，其中金刚石钻探占70％左右（1983年以前共开动120台钻机，金刚石钻探只占41％），每台钻机年钻探进尺可达2000m左右（包括水文地质测试工作），岩心采取率一般可达95％以上。在软弱夹层及断层破碎带中采用了特种取心工具以后，岩心采取质量也基本满足了要求。由于金刚石钻探技术的大面积推广，钻探科研工作也取得了丰硕成果，主要有以下几个方面：

1．推广应用了金刚石绳索取心钻探技术。截止1988年，全国共开动绳索取心钻机15台，占金刚石钻探的10％左右，累积钻探进尺约10000m。水电部东北、西北勘测设计院于1986年将绳索取心钻具改装成内管超前（即内管超出钻头）式钻具，并研究成功单动三层半合式内管钻具及冲洗液报警装置等，基本解决了过去存在的软弱夹层和断层

和精度都得到了较大的提高。目前，小型电子计算器和微机已在测量工作中广泛应用，除了用于测量平差计算工作外，还用于进行测量外业观测成果的记录，取代了以往的手工记录方法，不但使记录的速度加快，还能减少差错。天津勘测设计院用电子计算机进行图上面积量算，并和电子绘图机相结合，实现了地形图图廓和控制点的同时自动展绘。

四、水准网的改造

1．1976～1988年，长江流域规划办公室、黄河水利委员会和黑龙江省水利勘测设计院参加了由国家测绘局、总参谋部测绘局、国家地震局和水电部共同组织的国家一二等水准网的外业测量工作。由于在一等水准的外业测量中发现地球磁场对水准测量成果有系统性影响，为了证实这种影响和探讨消除这种影响的可能性，由国家测绘局发起组织了一次地球磁场对用自动安平水准仪施测一等水准测量影响问题的试验，长江流域规划办公室参加了这次试验，并获得了某些有用的结果。

2．由于海河流域和淮河流域原有的水准网的施测时间已久，且流域内采用的高程系统不一，水准标石破坏丢失严重。为了统一流域内的高程系统，以便于水利、水文工作的开展，海河水利委员会从1985年开始组织实施海河流域的水准网改造工作，计划在1990年完成。治淮委员会从1988年开始组织实施淮河流域的水准网改造工作，计划在1991年完成。

破碎带复杂地层取心的难题，而且提高了生产效率和减轻了劳动强度。其中，东北勘测设计院于1984年还研制成功用于绳索取心钻探不提钻进行压水试验的气压栓塞（如图1），为浅孔钻探推广绳索取心钻探先进技术创造了条件，首创国内先进水平。

2. 黄河水利委员会于1985年研究成功了金刚石套钻取心和随钻岩心定向钻进技术。这是专门研究坝基软弱夹层及断层破碎岩层结构产状和岩石性质较有效的方法，属国内先进水平。

3. 长江流域规划办公室于1985年研制成功了EPL-1型液动阀式双作用冲击器。这种冲击器主要用于金刚石钻进坚硬打滑地层，可提高钻进效率30％～40％。其特点是启动泵压低，容易推广，属国内同类产品先进水平。

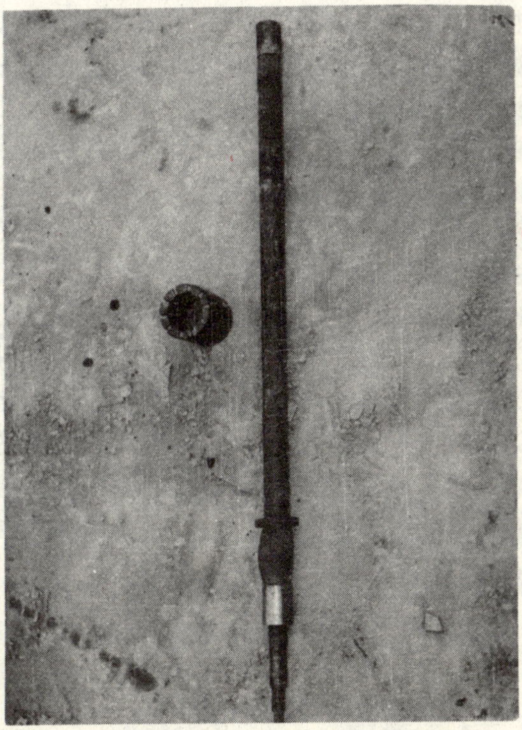

图 1

二、砂卵石覆盖层钻探、取样技术新发展

1. 河床砂卵石覆盖层钻探与取样，是水电工程钻探技术的一大难题。水电部成都勘测设计院在承担国家“六五”重点科技攻关项目——《深厚覆盖层建坝研究》中，经过几年的努力，于1985年研究成功了SM和MY-1A植物胶冲洗液金刚石钻进与取样新技术，基本上解决了这个难题，1987年获国家级科技进步二等奖。其特点是，由于该冲洗液具有润滑减振作用，为金刚石钻头在砂卵石层中高转速钻进创造了条件，使成柱的松弱岩心能较快地进入到钻具内管中，且岩心表面被植物胶冲洗液包裹着一层具有一定强度的薄膜，使岩心在短时间内不致溃散，从而获得近似原状的岩样（如图2）。所采取的岩心，在粒径较小的卵石层中的取心率可达60％以上，粒径较大的漂卵石层可达80％以上，薄砂层、夹泥层可达100％。

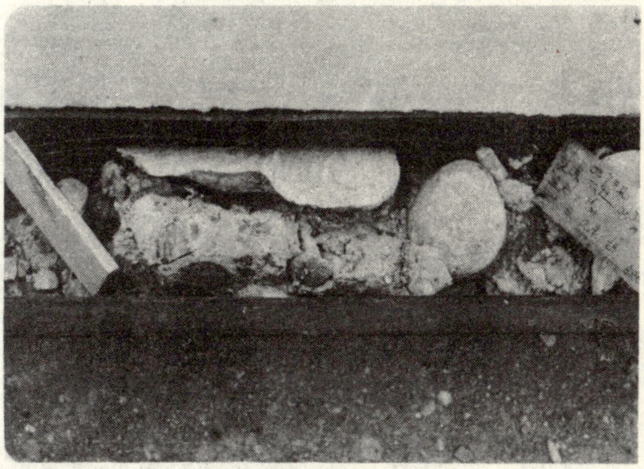

图 2

2. 套管击进法钻进取样，是近几年来一些单位经过不断改进，效果较好的一种取样方法。采用的是半合式取样器，上部连接套管，用吊锤打击套管迫使取样器进入砂砾石

中，适用于砾石直径小于100mm和含土质的砂砾石层中取样。这种取样器结构较简单，是用长度为1m、直径不小于150mm的套管割成两半，然后合拢并在两端车成外丝扣，用异径接箍和管靴内丝扣将两半套管组合成一个整体，就成为半合式取样器。取样时，将取样器打入砂砾石层中深约0.5m，然后再将取样器起拔到地面，卸掉异径接箍和管靴，并打开半合管，即可得到圆柱状的原状岩样。

三、大口径全断面钻进技术新发展

长江流域规划办公室于1985年研究成功的1.2m大口径竖井全断面钻进技术，是水电工程大口径钻井技术的进一步发展。采用的是长江流域规划办公室自己研制的FH-1200型大口径全断面钻井机和国产BH24型楔形焊齿破岩滚刀组合而成的，直径为940～1200mm全断面钻头(如图3)，适用于中硬岩石中钻进，采用孔底加压和空气反循环钻进工艺，钻进深度一般达60m左右。其优点是：(1)钻进效率比旧方法(取心钻进)高1倍左右；(2)钻进深度超过取心钻进的深度；(3)能够保证井身的垂直度；(4)避免了工人到井下捞取岩心的繁重劳动。大口径钻井技术为直观地下地质构造、坝基岩体力学测试、基础处理效果检查、地下水开采以及隧洞通风等创造了条件。

图3

四、钻孔水文地质试验测试技术新发展

水电工程钻孔压水、抽水试验及地下水观测等，是搜集坝基地下水渗透情况的重要工作。过去因测试设备的限制，长期以来不能直接监测试验段的水头压力值，因而难以对资料作出可靠的评价。针对这一问题，昆明勘测设计院经过几年的努力，于1987年研制成功了SCY-1型钻孔压水试验测压仪。1988年成都勘测设计院又研制成功了ZS-1000钻孔水文地质综合测试仪。前者只能监测试段水头压力值，后者可监测抽水试验、压水试验和地下水观测等全部参数(如试段压力值、流量、试段位置、地下水动态监测等)，能定时自动监测记录、数据处理打印及储存数据等，经鉴定属国内先进水平。上述测试技术的成功，为提供可靠的钻孔水文地质资料创造了条件，是水电工程钻探水文地质测试技术的一大进步。

物探技术新发展

何育才　马春祥

1984年以前，各种物探方法如电法勘探、地震勘探、声波测试、地球物理测井、重力勘探、孔内无线电波透视等，已在国内水电工程中开展应用。但由于仪器设备比较陈旧、落后，应用效果不够理想。随着改革开放方针的深入贯彻，从美、日、法等国引进了一批仪器设备，如信号增强地震仪、信号增强声波仪、地层剖面仪、综合测井仪、电阻率仪和微伽重力仪等，加上我们自己研制的一批新的仪器设备，为新技术、新方法的研究和应用，加快勘探速度，扩大应用领域，提高探测成果的质量等提供了条件，使我国水利水电工程物探进入一个新的发展时期。

一、浅层反射法的试验研究及初步应用

为了克服过去地震勘探中初至折射波法应用的局限性，1983年7～9月，水电部西北、成都、北京、东北等勘测设计院和长江流域规划办公室物探队派员组织了联合调研组，广泛搜集国内外资料，分析了在水利水电系统开展浅层反射法的可能性。1984年6～8月，联合试验组在龙羊峡水电站工地进行了首次试验。结果表明：在地震地质条件有利的情况下，应用现有的信号增强型地震仪器设备，可以得到比较完整可靠的、深度在40～70m的基岩顶板和覆盖层中的地质介面的反射波。1985年5～7月，联合试验组进一步在吉林省镇西坝址和松山洞线进行了试验，获得了清晰可靠的、深度为4～6m的地下水面的反射波，以及埋深为10～70m的半胶结卵砾石层顶板和花岗岩顶板的反射波，并且克服了高速屏蔽的影响，获得了用折射波法无法取得的速度倒转层安山岩顶板埋深的可靠资料，显示出浅层反射地震勘探法的优越性。1985年10月，长江流域规划办公室物探队利用浅层反射波法进行新滩滑坡体的勘探，取得了新堆积物与老堆积物之间、灰岩块石与粘土夹碎石之间，以及基岩顶板的界面，地质效果良好。1986年，松辽水利委员会东北勘测设计院物探队在广西大藤峡地质勘探中也成功地应用了浅层反射波法，取得了良好效果。目前，我国水利水电系统对于浅层反射地震勘探的研究，除进一步使数据采集工作日臻完善外，重点已转入对原始资料的计算机数据处理方面，为普遍推广应用创造条件。

二、测井方法的完善与运用

过去，水电工程中开展的测井方法主要是电测井、声波点测和自然放射性测井，由于钻孔电视受到孔径的限制，因而未能得到普及，密度测井缺少校验设备，还有些新的测井方法因设备问题没有开展，以致不能很好地满足水电工程勘测的需要。为了进一步完善测井技术，近年来做了以下几项工作。

1.1984年水利水电建设总局，委托华东勘测设计院科研所监制φ 53mm小口径钻孔

黑白电视设备 9 台，于 1986 年分配给直属设计院和部分流域机构勘测单位，以缓解对小口径钻孔进行电视观察的迫切要求。与此同时，长江流域规划办公室物探队在 φ 91 mm 钻孔彩色电视的基础上，进一步研制成功 φ 53mm 钻孔彩色电视，经一年多的实地检验，证明对岩性及某些地质现象的分辨率较钻孔黑白电视有明显的提高，并于 1985 年 6 月通过部级鉴定。

2.1986 年成都勘测设计院在瀑布沟工地完成了由 5 种密度、6 种不同钻孔直径的 29 块标准密度块的制作，每块高 1m，外径 0.6～0.7m，可供 3000 系列测井仪密度测井和国产 r–r 测井仪的校验和标定，克服了过去对密度测井的实际精度心中无数的现象，同时提高了资料的精度。

3.由日本引进的 3000 系列测井仪不具备声测井功能，为弥补这一缺陷，西北勘测设计院在不对主机作任何改动的前提下，利用研制成的井下探头和插入主机的声测井控制器，即可进行连续声速测井记录，还配有示波器可进行波形观测。该设备也可配用于国产电测井仪。1986 年在公伯峡工地首次实地试用，基本上达到了预期目的。

4.成都勘测设计院于 1986 年首次应用国产 JSX–2 型超声成像测井仪了解砂砾石层的级配情况，取得初步成效，并为在浑水和泥浆钻孔中作孔壁观察、进行岩性研究增添了有效方法。此外，长江流域规划办公室物探队于 1987 年配备国产电磁波测井仪，为开展干孔测井创造了条件。

三、微重力勘探技术的运用

70 年代由于高精度微伽重力仪的出现，使重力勘探在工程勘察上的应用得到扩展。根据报道，国外用其探测岩溶洞穴、废矿井、地下管道等很有成效。水利水电建设总局于 1984 年由美国拉柯斯特—隆贝格公司引进 D 型微伽重力仪 2 台，配备给地处岩溶地区的贵阳、昆明两院。1987 年在对已知条件下的洞穴进行微重力测量，在平坦地区洞径与埋深比大于 1∶4 条件下有较明显的重力异常；1988 年在地下隧洞中探测下部隐伏的岩溶洞穴也收到了较好的效果。

四、电子计算机技术的应用

水利水电系统采用电子计算机技术进行物探资料处理起步于 70 年代末，先是东北、昆明、成都勘测设计院使用 DJS–6 型电子计算机对电测深曲线进行定量解释。随着可编程序袖珍计算机的普及，1981 年成都勘测设计院应用 HP–97 计算机进行地震勘探资料解释的研究，开发了应用程序 17 个。1982 年在成都举办了培训班进行推广。

1984 年底，水利电力物探情报网在长沙召开了电算情报座谈会，交流了应用 HP–97、HP–41CV、Ti–59、PC–1500 计算机进行物探资料处理的 30 多个程序。会后选编出版了 PC–1500 工程物探应用程序专辑，并录制了软件包。1987 年下半年开始，东北勘测设计院在浅层反射数据处理工作中，利用便携式微机 Z181 对展开排列资料进行带通滤波或作动平衡处理，提高了记录信噪比和分辨率；对水平叠加资料在现场作初步处理和提出中间资料，再在基地使用 IBM/PC286 微机处理，提出水平叠加时间剖面图和波动方程偏移剖面图。1988 年 3 月北京勘测设计院研制成 E_s 磁盘数字采集装置和相应的软件系统，使 ES–1210 信号增强地震仪可以用微机在现场进行数据采集和处理。

五、其它新技术的引进和试验

应用常规的物探方法，在地形复杂的地区进行地面物探工作或定量探测岩溶洞穴等

岩石试验技术新发展

张　性　一

岩石试验是研究岩体力学特性的重要手段之一。随着我国岩体力学理论的发展，工程地质评价的日趋定量化，以及工程实践的需要，在党的改革开放方针的指引下，引进和研制了一批先进的测试仪器和设备，发展和采用了一些新的测试方法，水利水电工程岩石试验技术有较大的发展和提高。本文着重介绍 1984 ～ 1988 年的发展情况。

一、在设备更新方面

为了加快岩石试验技术的发展，我们在收集研究国外资料的基础上，经过选型，从法国、美国、日本、奥地利、瑞士、瑞典等国家引进了一批先进的岩石试验测试仪器设备，包括钻孔弹模计、收敛计、多点位移计、测斜仪、挠度计、深孔水下岩体三向应力量测装置等。这些仪器设备在生产实际应用中发挥了一定的作用，同时在引进消化的基础上，我们已仿造并有新的发展。我们研制的主要仪器设备见表。

为了统一岩石测试仪器设备的技术标准，便于测试资料的对比分析和工程应用，在总结经验的基础上，于 1984 年颁发了《水利水电工程岩石测试仪器系列型谱（SD124－84）》。《型谱》包括了静态、动态和制样等三大类的 67 种仪器设备的主要规格和技术要求。

二、在测试技术方面

1．钻孔变形试验。钻孔变形试验是在钻孔中运用钻孔压力计（或膨胀计）给孔壁施加径向压力，直接（或间接）测得孔壁径向位移，按弹性力学平面应变问题的厚壁圆筒公式，求得岩体深部变形特性指标的一种试验方法。其主要特点是：设备轻，操作简便；可在同一钻孔中进行多点试验，获得不同深度岩体的变形参数；钻孔钻进时，对岩体扰动小，试验成果能较真实地反映岩体的变形特性；

局部的地质现象，往往得不到理想的结果。为了解地质雷达探测岩溶的效果，1984 年 4 月在贵州东风水电站工地用日本 $YL-R_2$型仪器进行了实地试验，证明利用地质雷达在地下洞室探查洞壁附近隐蔽的地质现象（岩溶洞穴、断层破碎带）是有效果的，也可为隧洞掘进作近距离的超前预报。1986 年澳大利亚雪山公司在鲁布革工地，以及 1988 年黄河水利委员会科技办在天生桥工程中利用美国 SIR－8 型地质雷达做了这方面的工作，都收到较好的效果。

1985 年，美国国际地球物理公司推出"岩性探测仪"，为了解决地形复杂地区的水电地质勘测，尤其是岩溶和断层破碎带及地下水探查，1986 年请该公司先后在贵州东风和天生桥二级水电站进行为期 12 天的现场试验，效果较好。例如对天生桥隧洞线上两处较大岩溶的预报，已被后来的施工开挖所证实。

我国研制的主要仪器设备表

类型	名　　称	主要性能	研制单位
岩石试验仪器	岩石膨胀仪		黄委规划勘测设计院
	岩石崩解仪		黄委规划勘测设计院
	岩石弹性常数测定仪		黄委规划勘测设计院
岩体测试仪器	ZT-1 型钻孔弹模计	探头外径 135mm，最大试验压力 3.5MPa	长江科学研究院 南京水工仪表厂
	ZY-76 型钻孔压力计	探头外径 76mm，最大试验压力 20.0MPa	水利水电科学研究院
	钻孔压力计	探头外径 56mm，最大试验压力 10.0MPa	长江科学研究院
原位观测仪器	SLJ-1 型钢尺式收敛计	最大测距 15m	东北勘测设计院
	CSY-82 型钢尺式收敛计	最大测距 20m	昆明勘测设计院
	YSJ-Ⅱ铟钢丝收敛计	最大测距 50m	成都勘测设计院
	GDW 杆式钻孔多点位移计	探头外径 42mm 最大测深 5m	东北勘测设计院
	SWZ 悬臂梁式钻孔多点位移计	探头外径 56mm 最大测深 20m	昆明勘测设计院
	YDW 机械式钻孔多点位移计	探头外径 56mm 最大测深 50m	昆明勘测设计院
	CD-1 型电感式钻孔多点位移计	探头外径 56mm 最大测深 15m	成都勘测设计院
	SDJ 型电感式钻孔多点位移计	探头外径 46 ～ 60mm 最大测深 10 ～ 15m	水利水电科学研究院
	KDY 型振弦式钻孔多点位移计	探头外径 56，130mm 最大测深 15m	长江科学研究院
	DWJ-1 型钢弦式钻孔多点位移计	探头外径 76 ～ 56mm，最大测深 50m	成都勘测设计院
	JRJ-1 型钻孔挠度计	最大测深大于 100m，深点 8 个	成都勘测设计院
	电感式挠度计	最大测深小于 100m，测点 8 个	长江科学研究院

试验的影响范围小，其成果的代表性较差。这种方法已在葛洲坝、隔河岩、二滩、小浪底、鲁布革、龙羊峡等工程中采用。试验资料证明：岩体的变形特性主要受结构面的制约，变形特性参数随深度增大而变化的规律性不太明显，其试验成果一般比其他变形试验方法偏高。但由于其试验条件简便，如结合钻孔进行大范围的试验，则其成果的地质代表性较好，能反映岩体各向异性对变形特性的影响，为设计提供有用的变形参数，因此在国际岩石力学学会的建议方法中，把此法列为必做的项目。我国也将此方法增列入《水利水电工程岩石试验规程》中。

2.柔性承压板中心孔法变形试验。承压板法是了解岩体变形特性的主要试验方法，但一般只能测量岩体表面的变形，为了解坝基应力范围内岩体的变形模量，最好采用能测量岩体深部变形的试验方法。柔性承压板中心孔法就是在承压板下中心钻孔，孔内埋设多点位移计，测量垂直于承压板下岩体不同深度的轴向位移，计算岩体的变形参数。水电部东北、成都勘测设计院和长江科学研究院曾在大藤峡、小浪底、二滩、漫湾、三峡等工程采用过此法。测试结果表明：中心孔中岩体的应力分布和位移，与承压板的尺寸、荷载的大小和地基岩体的特性有关，孔深为 3 倍承压板直径范围的位移占总沉陷量的 93 ～ 97 %，这和按均质弹性介质的理论计算结果不一致。配合孔内电视和声波测试，有助于提高试验成果的质量和便于成果的解释。这是近年来发展的一种新的试验方法，为正确评价和选择坝基岩体的变形参数提供了新的途径。

3.岩体沿软弱结构面直剪试验方法的改进。近年来，在直剪试验过程中，注意了因试样开挖卸荷和浸水膨胀影响软弱结构面试验成果的问题，黄委规划勘测设计院科研所，在小浪底水库进行了限制软弱结构面中夹泥膨胀的现场直剪试验，并研制了一套限制夹泥膨胀的直剪试验设备。试验结果得出了软弱夹层具有峰值强度和残余强度的剪应力位移曲线，抗剪强度也有一定程度的提高，峰值摩擦系数比未限制夹泥膨胀的直剪试验所得的结果提高21％。水电部东北、西北勘测设计院分别在大藤峡和龙羊峡水电站进行过类似的试验，均得出了相同的结果。现已将这种改进后的方法补列入《水利水电工程岩石试验规程》中。

4.岩体应力测试技术。岩体应力测试方法有孔壁法、孔径法和孔底法，近年来孔壁法有新的发展，它是直接在钻孔孔壁表面粘贴电阻丝片，了解解除前后钻孔孔壁的应力变化，可在单孔中确定空间应力场。目前用此法测试的最大深度为20～30m，其主要问题是应变计粘贴和防潮处理较困难。1984年长江科学研究院从瑞典引进了深孔水下岩石三向应力量测装置，经在三峡工程和广州抽水蓄能电站进行测试，其最大测试深度分别达304m和307m，测试结果的线性较好，岩体应力与埋藏深度呈直线关系。深孔水下法的理论与孔壁法是一样的，但它可在充水的深孔中进行测试，操作比较简便，试验周期比较短，可适用于深山峡谷地区或深埋地下建筑物地段的岩体全应力场测试。

5.岩体原位观测技术。岩体原位观测包括岩基、地下洞室围岩及岩质边坡的原位岩体在外部荷载或受力条件下的变形(位移)和应力等观测。由于岩体经历过长期地质演变，经受不同时期和不同性质的构造作用和风化作用，其内部残留有复杂的构造形迹，因而采用一般的试验方法是不容易真实和准确地了解其特性的；且原位观测的测试范围大，地质代表性强，实际上是1：1的试验。对这种复杂的各向异性岩体的观测，近年来无论是仪器设备的研制，还是测试技术应用，均取得了新的发展。目前观测的主要项目有：(1)收敛观测。它是采用收敛计量测两个测点之间的距离变化，在地下洞室中应用较多，通常与钻孔多点位移计观测配合使用，已在西洱河三级、鲁布革、二滩、隔河岩、小浪底、引滦、引黄等水利水电工程和十三陵抽水蓄能电站的地下洞室中应用，取得可喜的成果。(2)钻孔多点位移计观测。它是将多点位移计安装在钻孔中，量测沿钻孔轴向不同深度岩体的相对位移。在鲁布革水电站地下厂房试验洞观测结果为：围岩松弛区一般为0～2m，10m以外位移很小，基本处于稳定，即原岩应力区；顶拱的位移约1～2cm，边墙的位移大，且内边墙的位移大于外边墙。通过这些资料可说明围岩基本是稳定的。在西洱河三级、二滩、小浪底、隔河岩、十三陵抽水蓄能电站和引滦、引黄等工程地下洞室的测试中，均取得了有价值的资料，对建立地下洞室计算模型有很好的作用。(3)钻孔倾斜仪观测。用倾斜仪观测岩体沿钻孔横向发生的位移，一般只能在铅直钻孔内使用，在边坡工程中应用较多，已在铜街子、二滩、天生桥、三峡、小浪底、龙羊峡等工程进行过观测。(4)钻孔挠度计观测。在钻孔内埋设挠度计观测与钻孔轴向垂直的位移，可以在任意方向的钻孔内使用。在以礼河三级电站苏家坪滑坡区进行过观测，为评价该滑坡的稳定性和研究处理措施提供了资料。

6.原位试验洞模拟试验及其反演。利用

工程地质技术新发展

张　性　一

自实行改革开放政策以来，随着科学技术的发展和工程地质评价从定性走向定量，水利水电工程地质技术和手段有了新的发展。

一、遥感技术的应用

遥感技术的视域广阔，并且有一定的透视能力，可获取大范围的多种信息；图象的直观性强；探测速度快。此外，还能减少野外调查工作的时间，减轻地质人员的体力劳动。它为工程地质勘察提供了新的技术方法，是缩短勘察周期，提高成果质量，节省资金的有效手段。在我国水利水电工程地质勘察中，从70年代后期开始进行试验性的应用，到1983年，全国有9个单位在28项工程的地质调查中，使用了遥感技术。1984年水电部天津勘测设计院成立了航测遥感大队，各流域机构、直属勘测设计院和一些省的水利水电勘测设计院也相继成立了遥感地质组，或配备了一定的技术人员和设备，开展遥感技术的研究和应用。到1988年，全国约有60多个工程的地质调查中应用了遥感技术。

应用遥感技术研究区域地质构造，分析区域稳定性和地震地质背景等具有显著的效果，方法也比较成熟。天津勘测设计院利用遥感图象解释，查明了穿越潘家口水库的喜峰口和燕子峪两条断层的复合关系及其活动性，进一步阐明了区域地质构造的背景，为

原位开挖的试验洞埋设观测仪器，量测围岩的应力和位移，并进行地应力和力学参数的反算。这种试验能获得包括地质因素、空间效应、时间因素、施工影响等在内的围岩特性参数，其最大优点是测试范围大，取得的数据多。鲁布革、二滩和天生桥一级水电站进行过此类试验。为了研究洞室开挖的时空效应，掌握开挖释放变形的全过程，在试验洞开挖之前，先在其顶部和两侧埋设多点位移计。鲁布革试验洞的观测资料：开挖掌子面尚未达到观测断面时，预埋孔中的多点位移计就显示岩体产生了位移；当开挖掌子面超过观测断面0.5倍洞高时，位移释放占总位移的80%～90%；当开挖掌子面离观测断面1倍洞高时，位移基本释放完毕，位移趋于稳定。多点位移计观测的位移值与收敛计量测的收敛值基本是一致的。利用实测的位移值，采用回归计算方法，反演建筑物地区的岩体初始应力和岩体的弹性模量。鲁布革试验洞的反演结果，回归的应力值与实测的地应力值比较一致，岩体综合弹性模量小于室内和现场的试验值，与设计采用值比较相近。

选择潘家口水库坝址提供了资料。长江流域规划办公室在研究丹江口水库诱发地震时，使用航天遥感技术，查证了控制该区地震的主要构造是北西西向活动性断裂，而前人争议较大的南北向断裂，实际上并不很发育。水电部昆明勘测设计院在鲁布革水电站区域地质调查中，从卫片上发现原来的地质图上所画的北东、北西和东西向3条断层，与北部3条不同方向的断裂正好构成一个典型的涡轮状构造，改变了以前认为该区是3条不同方向断裂交汇区的概念，从而为研究近代地应力场情况提供了资料，说明该区处于相对稳定地区。

在大江大河规划选点和跨流域引水工程选线的工程地质调查中，应用遥感技术能迅速提供有关资料。山西省引沁入汾工程，利用航天遥感结合地质调查，完成比例尺为1∶10000工程地质测绘，比常规的方法节省投资48％，工效提高1.28倍。长江流域规划办公室在清江招徕河水利枢纽选坝中，应用遥感技术进行比例尺为1∶50000工程地质测绘，比常规方法节省工日53％，节约费用10000多元。天津勘测设计院在黄河万家寨水电站，应用遥感技术完成比例尺为1∶100000区域地质调查，比常规方法提高工效约3倍，节省投资约40000元。遥感技术在大比例尺工程地质成图中的应用，从1987年开始，天津院、北京院在石匣里工程飞行、解译成1∶2000地形地质图，长江勘测科研所对高坝洲工程飞行、解译成1∶500地形地质图，都获得较好效果。

二、简易测试仪器的应用

简易测试仪器一般具有体积较小、重量较轻、携带方便、操作简易、对测试样品规格和加工制备要求低等特点，可在室内或原位进行岩石（体）强度和动力参数的测试，工程地质人员可直接掌握使用。目前已得到较广泛的应用。

1.回弹仪的应用。回弹仪是测定岩石表面强度的简易测试仪器，50年代主要用于测定混凝土的强度，国外于60年代开始大量应用于测定岩石的强度，我国是70年代后期开始应用于测定岩石的强度的，主要用于确定岩石力学参数，进行岩石质量分级和风化带划分等。在大量对比试验和生产应用的基础上，于1986年开始编制的国家标准《水利水电工程地质勘察规范》中，拟规定利用回弹值进行坝基岩体质量分级和地下洞室围岩稳定性分级。

2.点荷载仪。在我国的水利水电工程地质勘察中使用点荷载仪，是从70年代后期开始的。点荷载仪是测定岩石强度的一种简易测试仪器，可在大范围内进行测试，获得较多的测试数据，其成果的地质代表性较好。点荷载强度指数与岩石单轴抗压强度、抗拉强度和弹性波速等具有相关关系，可利用它推算岩石的单轴抗压强度和抗拉强度。根据点荷载强度指数可进行岩石强度的分级、岩体质量的分类、岩石风化带的划分和岩石各向异性的研究。在总结生产应用情况的基础上，于1985年将点荷载试验补充列入《水利水电工程岩石试验规程》中，在1987年开始编制的国家标准《岩石试验方法标准》中，拟将点荷载试验列为正式的试验项目。

3.微地震仪的应用。1981年从美国引进的ES-125单道地震仪，可在现场探测覆盖层厚度，划分地层界线，测试岩体波速和研究动力弹性参数。现在地质人员已广泛应用它进行坝基可利用基岩面的确定和基坑地质验收等。在《水利水电工程地质勘察规范》中,拟将弹性波速作为岩石风化带分级的主要参数。

三、地 质 模 型

地质模型能形象地综合反映地层、断裂、岩体结构的状态和规律,是布置工程地质勘察工作、评价工程地质条件、研究基础处理措施等的很好手段和依据,还可供陈列参观之用。在制作地质模型前要仔细收集有关地质资料,绘制一定比例尺的纵横剖面图和平切面图。80年代初,长江流域规划办公室制作了葛洲坝工程的地质模型。1983年开始,中南勘测设计院相继制作了龙滩、五强溪、上犹江等水电站坝址地质模型。二滩和龙羊峡等工程也制作了地质模型。

四、压水试验方法的改进

压水试验是了解岩体渗透性的一种常用试验方法。我国从50年代中期开始,基本上是采用苏联1952年规程推荐的方法。该方法的特点是低压力、多阶段,稳定时间长。我国于1978年颁发的《水利水电工程钻孔压水试验规程》,对苏联的方法进行了较大的简化,把多阶段改为单阶段,水位观测和流量观测的稳定时间缩短了。但它还有不足之处:一是不能全面了解岩体在不同压力下渗透性的变化;二是成果表达方式与国际上通用的标准不同。目前国际上比较通用的是吕荣压水试验方法,它的主要特点是:一是大压力、多阶段循环试验,能了解在不同压力下及大压力前后同一压力下岩体渗透性的变化情况,据此可以了解裂隙及充填物在试验压力下的变化,分析岩体的渗透特性;二是能获得多组数据,可以互相校核,使成果更加可靠;三是在成果整理时,强调以试验时实际情况为依据,舍弃了片面追求流态上合理性的要求。为了便于国际间的工程合作和技术交流,水电部东北勘测设计院于1985年开始,收集和研究了国外有关压水试验规程和资料,并在我国有关工地进行了吕荣方法的试验。1988年提出的新的压水试验规程中推荐采用吕荣方法。为配合压水试验方法的改进,提高压水试验成果的质量,昆明勘测设计院和成都勘测设计院分别研制了试段压力计和水文地质综合测试仪,1988年通过了鉴定。

五、电子计算技术的应用

随着电子技术的普及,工程地质与水工设计的相互渗透,电子计算技术从70年代后期,开始运用于水利水电工程地质领域。自1984年以来,其应用范围逐步推广。岩土物理力学试验数据、水文地质试验资料、物探测试成果的整理等方面的数理统计,都应用了电子计算技术。影响工程地质条件的因素比较多,边界条件也比较复杂,电子计算技术能发挥其优势,对多因素进行分析,并能给出数值结论,对进行工程地质评价能起显著的作用。不少单位应用电子计算技术,进行了边坡岩体稳定、坝基岩体稳定、地下洞室围岩稳定和渗漏等工程地质问题的评价分析。天津、成都勘测设计院等单位已成功地利用电子计算机绘制钻孔柱状图。

区域构造稳定性研究新进展

李　祖　信

我国水利水电工程区域构造稳定性研究,从50年代末即注意了这个课题,特别是1960年新丰江水电站发生水库地震以后,把它作为工程地质问题之一进行研究。80年代以来,在地震部门的协作配合下,这项研究工作取得了较大的进展。

一、活动断裂研究

活动断裂亦称活动断层或活断层(以下统称活断层)。70年代以来,随着工程建设的发展和地震活动所造成的灾害,促进了对活断层的研究。由于研究者的着眼点不同,至今对活断层的含义尚未统一。目前倾向于是指第四纪以来有活动的、至今仍有活动显示的断层。为了工程建设的需要,提出对活断层分类如表1。

表1　活动断层分类

断层名称	地层时代	绝对年龄(万年)
最新活动断层	全新世	< 1.1
新活动断层	晚更新世	< 12.5
活动断层	早更新世	<240

活断层主要鉴别标志有:(1)第四纪地层被错断或褶皱变形;(2)沿断层带地形面被错断或变形;(3)沿断层带有强震分布或有地震断层、地震裂缝、形变带存在;(4)控制河曲发育。

关于确定活断层年龄的方法有地质法和年龄法。地质法是:(1)根据活断层上覆盖的第四纪地层未受构造变动影响的时代来确定;(2)根据阶地位相资料,用未变形的阶地时代来确定。年龄法是用断层充填物、断层形成物或断层错动后的充填物质测定其绝对年龄加以判定。绝对年龄常用的测定方法有放射性同位素碳法(^{14}C)、天然热释光法(TL)、裂变径迹法(FT)、铀的衰变系列法(U系)、电子自旋共振(ESR)和石英表面显微结构法等。我国水利水电工程的库坝区及外围的断层活动性研究中,大都采用年龄法,其部分成果见表2。

二、古地震研究

古地震研究是70年代后期在国内外十分重视的课题。古地震一词至今也没有确切的含义,一般系指史前地震,即历史记载年代前发生的地震。如何鉴别古地震?其地貌标志是:具有多期错动地貌,存在断塞塘、堵塞湖,倒石堆错开,松散地层中存在断层崖;构造标志是:断层具有多期(次)活动及其构造变形;沉积物标志是:沉积物发生揉皱,有断层楔状堆积和断塞塘沉积;震动破坏标志是:基岩酥裂,砂土液化,有线状分布的崩塌、滑坡和地滑。其它古建筑、古墓或古树被错动或拉开,也是鉴别古地震的标志之一。应注意的是,鉴别古地震应从以上几方面深入分析,切忌只顾一点,不及其余。现将水利水电工程附近的古地震遗迹的几个实例介绍如下。

表 2 部分工程绝对年龄测试成果

采样地点	样品名称	测定方法	绝对年龄(年)	测试单位
小观音翠柳沟断层	断层泥	热释光	$76.5 \pm 4.5 \times 10^4$	中科院地质所
大柳树坝区 F_3	断层泥	热释光	$56.2 \pm 3.37 \times 10^4$	中科院地质所
大柳树坝区 F_7	断层泥	热释光	$110 \pm 5.5 \times 10^4$	中科院地质所
中卫下河沿断层	断层泥	热释光	$47.3 \pm 2.83 \times 10^4$	中科院地质所
岩滩坝区 F_{48}	断层泥	热释光	$92.7 \pm 4.63 \times 10^4$	中科院地质所
龙羊峡坝区 F_7	断层泥	热释光	$15 \times 0.72 \times 10^4$	中科院贵阳地化所
龙羊峡东龙沟断层	断层泥	热释光	$11.1 \pm 0.55 \times 10^4$	中科院贵阳地化所
拉西瓦断层	糜稜岩	热释光	$24.3 \pm 1.9 \times 10^4$	地震局地壳应力所
天生桥一级 F_8	方解石	热释光	$21.5 \pm 0.16 \times 10^4$	地震局地质所
百色坝区 F_4	方解石	热释光	$31.0 \pm 0.23 \times 10^4$	地震局地质所
瀑布沟河中孔	木块	同位素碳	10375 ± 170	地震局地质所
石门坎Ⅱ级阶地	泥灰岩	同位素碳	13900 ± 145	地震局地质所
唐家顺河断层	断层泥	电子自旋共振	1.2×10^4	日本山口大学

(一)宁夏大柳树水库

1.孟家湾。探槽揭露孟家湾东 F_{201}断层的活动过程。断层产状为北西 275°倾向南西,倾角 80°,断层面弯曲并直通地表,第四纪地层被错断,沿断层面砾石成定向排列,有断层构造楔和堆积楔等。综合孟家湾几个探槽剖面(见图 1、2),有 4 次古地震事件,据^{14}C年龄,第一次距今28290±590年,第二次距今 22090 ± 450 年,第三次距今 17240 ± 260 年,第四次在 12960 ± 150 年前。

2.大堆堆沟。马路滩东有沟谷、山嘴、山脊被错断现象。在马路滩东 1.5km 高漫滩挖槽揭示,第四纪地层被错断,断层北侧有砾石堆积楔(见图 3)。从剖面看有 3 次古地震事件,第一次 F_1断层发生逆冲活动,造成大于 0.5m 的断层崖,产生断层崖堆积楔;第二次 F_2断层活动,产生大于0.6m的断层崖,断层下盘形成堆积楔;第三次 F_2断层再次活动,使亚砂土与砾石层呈断层接触,砾石沿断层面呈定向排列。据^{14}C年龄,第一次发生在 4840 ± 60 年前,第二次早于 2690 ± 60 年,第三次在 1709 年。

(二)云南漫湾水电站

在漫湾水电站西南的云县朱家村,南桥河西岸二级基座阶地堆积第四纪砂砾层和含砾粘土层,第四纪沉积物中发育一系列北东 20°的断层,使第四纪地层发生错断,最大垂直断距 1m 左右(图 4),为古地震所造成。

(三)云南小湾水电站

在小湾水电站南偏西 45km 的勐撒盆地古湖积平台东侧,有长达 8km 的断层陡崖,在同一直线上有一大滑坡分布。滑坡由灰岩组成,从山坡滑到湖滨平原有一明显转折,系滑坡形成后被错断,并左旋扭动达 100m;滑坡堆积物中,有 3 条大致平行的斜列凹槽和乱石垅,亦显示左旋扭动,滑坡体反映多次古地震的产物。从坑槽剖面(见图 5)揭露,第四纪沉积物被 F_1、F_2等断层多次错断,含砾砂层液化,断层错断早期液化层,但表层为黄土状土层覆盖,未见受断层影响,表明古地震发生在晚更新世。上述情况说明勐撒盆地的古地震事件至少有 2 次。

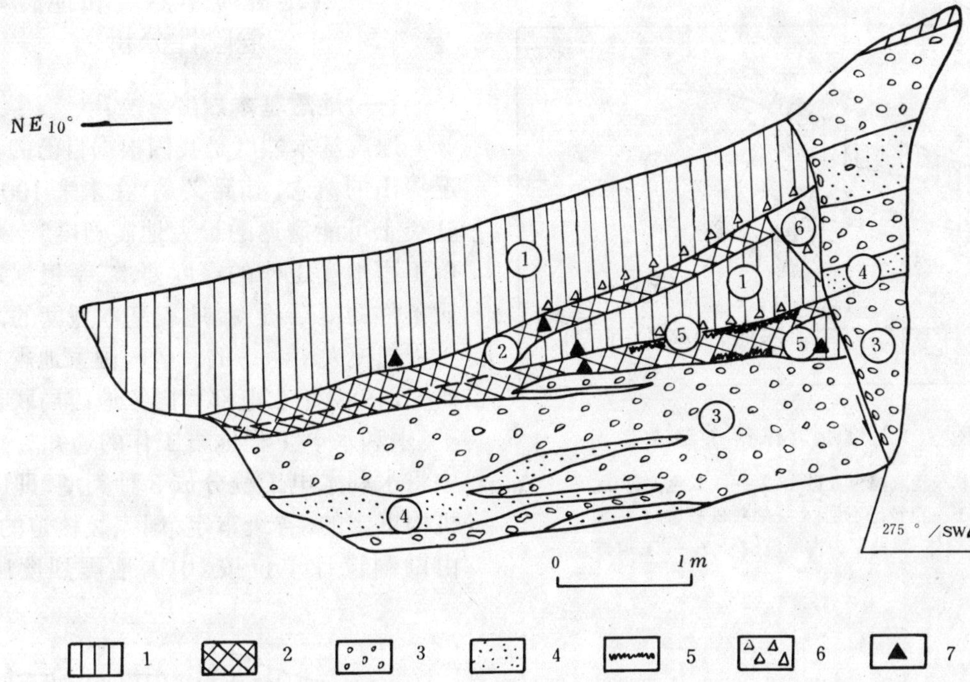

图 *1*　孟家湾 *1* 号探槽东壁素描图

1—黄土；2—古土壤；3—冲洪积砾石层；4—粉细砂层；5—石膏沉淀；6—崩坡积砾石；7—^{14}C取样点

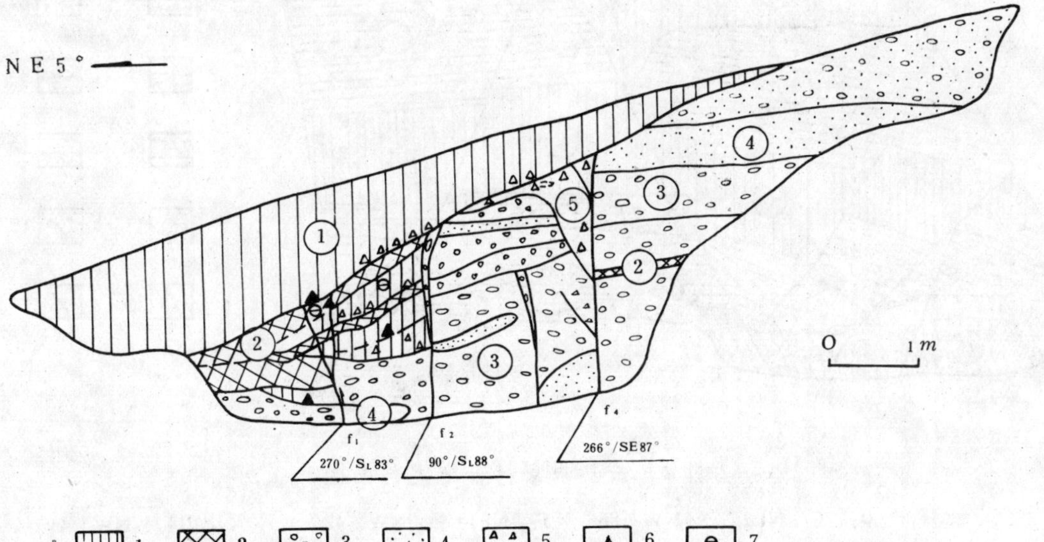

图 *2*　孟家湾 *3* 号探槽东壁素描图

1—黄土；2—古土壤；3—冲洪积砾石层；4—粉细砂层；5—崩积、坡积砾石；6—^{14}C取样点；7—热释光取样点

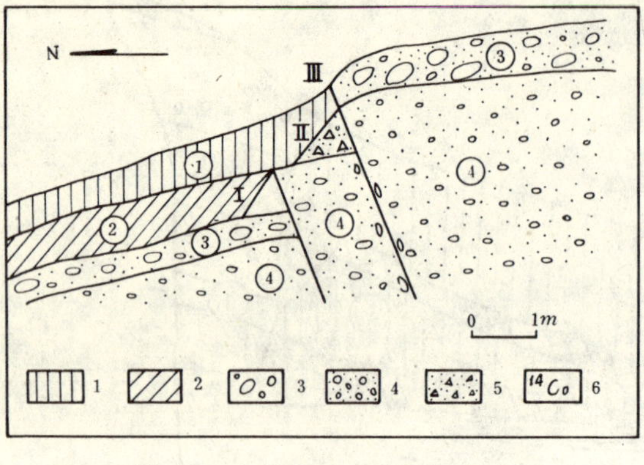

图 3　大堆堆沟探槽东壁素描图

1 —浅灰黑色亚砂土；2 —浅红色亚砂土；3 —粗粒砾石层；4 —细粒砾石层；5 —地震楔体，罗马字为古地震编号；6 —^{14}C取样点

三、地震基本烈度和地震危险性分析

(一)地震基本烈度

地震基本烈度是我国根据自己的具体情况提出的概念，其涵义是"在未来 100 年内，Ⅱ类土可能遭遇的最大地震烈度"。水利水电工程地震工作的深度要求，系根据地震地质条件的复杂程度、地震基本烈度的高低和工程规模大小考虑的。经与国家地震局共同研究，1987 年水电部和国家地震局联合颁发了《水利水电工程地震工作的通知》。《通知》中将水利水电工程分成 3 种类型，即国家级机构审定的；省级审定、国家级核定的；以及由勘测设计单位按《中国地震烈度区划图

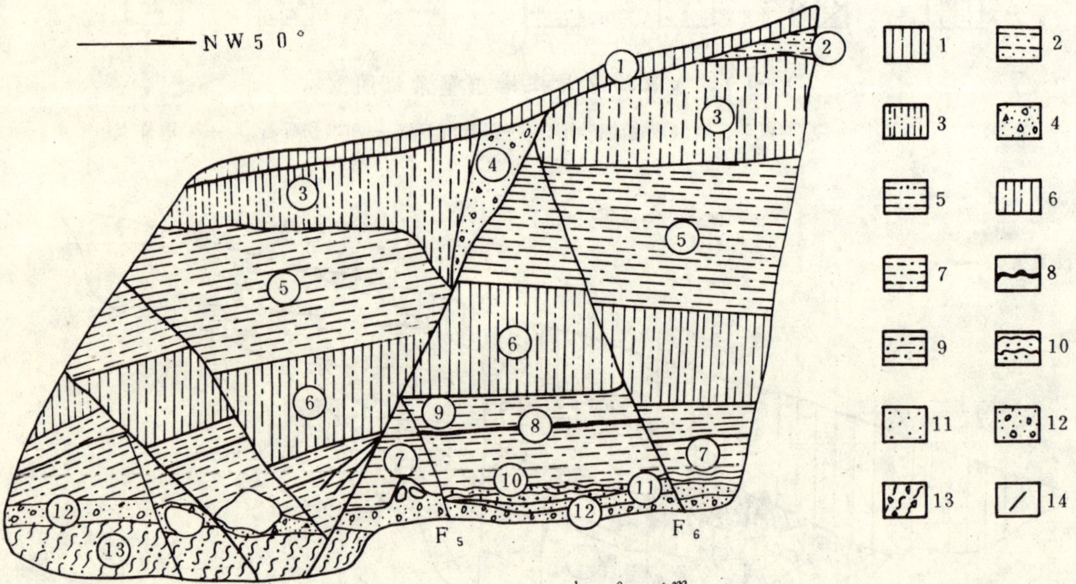

图 4　云县朱家村古地震剖面图

断层产状：F_1 NE25°/NW/86°；F_2 NE15°/NW/42°；F_3 NE10°/NW/43°；F_4 NE35°/SE/75°；F_5 NE20°/NW/68°；F_6 SN/W/83°；

1 —地表土层；2 —浅黄色含砾砂土；3 —黄色砂砾；4 —黄色含砂砾石；5 —黄色含粘土砂砾；6 —深灰色含砾砂质粘土；7 —褐色含砾砂质粘土；8 —深褐色含褐煤泥炭层；9 —褐色砂质粘土；10 —灰褐色砂、粘土层；11 —灰色中细砂层；12 —黄色、灰色砂砾层；13 —灰色、紫红色断层破碎带；14 —断层

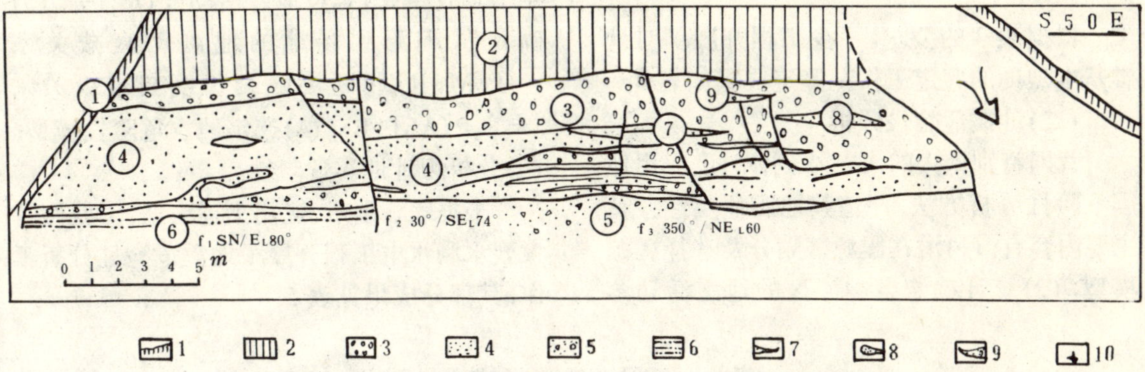

图5　勐撒盆地古地震剖面图

1—风化土壤;2—类黄土;3—褐色砂砾石层;4—灰白、灰黄色细砂;5—细砾砂层;6—细砂层;7—褐色砂砾楔;8—褐色砂透镜体;9—棕红色细砂砾;10—小滑坡

表3　水利水电工程地震工作分类与要求

分项＼委托单位	水利水电勘测设计主管部门	水利水电勘测设计单位	水利水电勘测设计单位按《中国地震烈度区划图(1/300万)》确定
工程规模及地震情况	1.坝高大于200m或库容大于100亿m^3的大(1)型水利水电工程 2.地震基本烈度7度以上地区(含7度区)的坝高大于150m的大(1)型水利水电工程	地震基本烈度7度以上地区(含7度区)的坝高大于100m的大(1)型水利水电工程	1.地震基本烈度7度以上地区(含7度区)的大(2)型及坝高小于100m的大(1)型水利水电工程 2.地震基本烈度6度以下地区(含6度区)的水利水电工程(设防加固按城建部(84)城抗第267号文) 3.中、小型水利水电工程
地震工作的要求	按国家地震局《重大工程场地的工程地震工作大纲(试行稿)》进行 工作成果由国家地震局烈度委员会和有关部门组成的专家委员会审定	根据该地区的地震地质和地球物理等资料校核地震烈度区划图确定建设地区的地震基本烈度 工作成果由承担任务单位学术委员会或烈度委员会审查通过后,报国家地震局烈度委员会和有关部门组成的专家委员会核定	
备注			地震地质条件复杂或勘测、施工过程中发现问题,经报设计审批单位同意可委托地震部门或有关单位进行地震基本烈度复核

(1／300万)》确定并由设计审查单位审定的(见表3)。

根据表3的要求,不少工程开展了对地震基本烈度的鉴定工作。鉴定成果如表4。

(二)地震危险性分析

我国特别重大的水电站(水库)已应用地震危险性分析方法,评定其地震危险性。其主要内容有:(1)潜在震源区划分及选择震源模型;(2)统计确定各震源区的地震活动参数,主要有震级上限(Mu)、下限(Mo)、地震年平均发生率(V_i)、地震活动度(β_i)等;(3)确定从震源到场地的地震动衰减关系 $y=f(M,R)$ 和断层破裂长度与震级关系 $S=E_xP(AM-B)$;(4)选定地震危险性模型;(5)分析坝址地震危险性。

根据表3要求,应用上述方法,对我国特大型水利水电工程开展了地震危险性分析工作,其部分成果见表5。

表4　水利水电工程地震基本烈度

工程名称	地震基本烈度(度)	承担单位	审批单位	审批年月
天生桥一级水电站	Ⅵ	云南省地震局地震研究所	云南省地震局	1982.10
漫湾水电站	Ⅶ	云南省地震局地震研究所	云南省地震局	1982.12
松江河梯级水电站	Ⅵ	东北地震监测中心综合地震大队	东北地震监测中心	1984.12
二滩水电站	Ⅶ	国家地震局地质研究所	国家地震局	1984.12
小浪底水利枢纽	Ⅶ	河南省地震局	国家地震局	1985.8
观音阁水库	Ⅶ	国家地震局工程力学所	国家地震局	1985.12
瀑布沟水电站	Ⅶ	国家地震局地质研究所	国家地震局	1986.3
构皮滩水电站	Ⅵ	云南省地震局	国家地震局	1986.3
临江水电站	Ⅵ	东北地震监测中心综合地震大队	东北地震监测中心	1986.12
龙滩水电站	Ⅶ	广东省地震局	国家地震局	1987.3
百色水利枢纽	Ⅶ	广西地震办	国家地震局	1987.7
五强溪水电站	Ⅵ	国家地震局地壳应力所	国家地震局	1987.9
大柳树枢纽工程	Ⅷ	国家地震局地质研究所	国家地震局	1987.12
拉西瓦水电站	Ⅶ	国家地震局地壳应力所	国家地震局	1989.1

表5　进行地震危险性分析的工程

工程名称	地震基本烈度(度)	加速度(g)	场地土	承担单位	审批单位	审批年月
二滩水电站	Ⅶ		一般土	国家地震局工程力学所	国家地震局	1985.4
小浪底水利枢纽	Ⅶ	0.212	一般土	河南省地震局	国家地震局	1985.8
瀑布沟水电站	Ⅶ	0.211	基岩	国家地震局地质研究所	国家地震局	1986.3
构皮滩水电站	Ⅵ	0.09	基岩	云南省地震局	国家地震局	1986.3
龙滩水电站	Ⅶ	0.23	一般土	广东省地震局	国家地震局	1987.3
拉西瓦水电站	Ⅶ	0.28	基岩地面	国家地震局地壳应力所	国家地震局	1989.1

坝基岩体工程地质特性研究新进展

朱　建　业

一、坝基岩体质量分类

坝基岩体质量分类，在规划选点、可行性研究阶段，用以初定岩体力学参数，并为初选坝型、初估工程量提供依据；指导初步设计阶段按岩体类别进行岩体力学试验；施工期用以确定坝基开挖线和处理措施。

我国过去无坝基岩体质量分类，从1984年起，一些大型工程根据建设需要，研究制订了各自的坝基岩体质量分类（或称工程地质分类），并在实践中发挥了作用。例如：三峡工程采用多因子组合的和差计分法，评价岩体质量；二滩工程根据岩体质量级差，建立系统的岩体工程质量体系，使地质条件与工程紧密结合，进行工程地质综合评价；漫湾工程坝基是镶嵌碎裂结构岩体，运用质量分类，分别确定岩体力学参数和坝基开挖深度；李家峡工程吸取二滩分类的经验，研究综合性分类，把岩体分成6类（含断层），结构面分4类，以下再分级；湖南鱼潭工程，其坝基是层状结构岩体，运用系统工程地质理论进行岩体质量评价。总之，坝基岩体质量分类正在推动水利水电工程地质评价从定性向定量方向发展。

关于坝基岩体质量分类的原则和方法，1988年6月中国水力发电工程学会地质及勘探专业委员会，在兰州召开的“坝基岩体质量分类及参数选择学术讨论会”上，作了研究，确定其原则是：

1.以宏观地质调查为主，辅以描述岩体特征的地质因素定量指标。

2.质量分类要能反映坝基岩体强度、岩体结构等基本工程地质特性，并能用以评价坝基岩体变形和抗滑稳定。

3.坝基岩体质量分类与现行规程、规范的技术要求相一致。

关于坝基岩体质量分类的方法为：

1.区分不同的主要地质因素，制订岩体质量分类总表，把岩体分成稳定性好、较好、中等、较差、差5大类，并对其可处理性分别作出工程地质评价。

2.体现坝基岩体质量的主要地质因素有：岩石饱和抗压强度的类别，岩体结构和结构面间距，结构面发育程度等级划分（发育等级、结构面特征、岩体完整性系数、RQD、风化系数），层状岩层的单层厚度，不同结构面和岩体的抗剪强度与变形模量等。

二、坝基软弱层（带）的研究

“六五”国家科技攻关项目（15-3-1）重点研究坝基岩体中倾角小于30°的缓倾角软弱层（带）的工程地质特性，以19个大型工程为研究对象，还收集了数十个工程关于软弱层（带）的资料，对于软弱层（带）的含义、勘探设备研制、发育规律和试验方法均有所发展。

（一）勘探机具和测试仪器的研究

通过科技攻关，研制了φ 53mm 钻孔彩色电视、大口径全断面钻进、镀铬三层半合管和液压推心器、YCD－Ⅱ－110 型多点随钻定向仪、钻孔六参数记录仪、液动阀式双作用冲击器、XZJ－100 型岩石中型剪力试验机以及软岩流变仪等，这些设备已达到或接近国际上 70 年代末或 80 年代初的水平。

（二）缓倾角软弱层（带）的成因

按软弱层（带）形成条件及地质作用特征进行的成因分类：

1.原生成岩作用。包括沉积型（河湖、潮汐、浅海沉积）、火成型（火山多次喷发轮回间歇期沉积）和变质型（区域性的深、浅变质和接触变质）形成的软弱层（带）。

2.后生改造作用。包括构造型（层间错动、断裂错动）、风化型（夹层状和脉岩带状风化）和充填型（地下水溶滤物质和携带物质充填在断裂与卸荷裂隙中）形成的软弱层（带）。

据 80 个水电工程资料统计：构造型占 50.6 %；充填型占 18.2 %；沉积型占 14.1 %；风化型占 12.1 %；变质型占 3 %；火山型占 2 %。这种分类及总结出来的分布规律性，用于指导地质调查和勘探工作布置，提高了对夹层的预见性。

（三）软弱层（带）物理力学性质的研究

软弱层（带）的起伏差、粗糙度、颗粒组成、颗粒排列、物质成分（矿物的、化学的）、层（带）厚度和时间效应、加载方式及渗透水流作用等，均对软弱层（带）的变形和抗剪强度产生不同程度的影响。

软弱层厚度（t）与起伏差（c）之比称为充填度。多次力学试验证明，充填度愈小，抗剪强度愈高，反之则小。当粗颗粒超过 30 % 时，抗剪强度在相当程度上受粗粒含量和形状的控制，随着粘粒含量的增加，抗剪强度逐渐下降。

位于强、弱风化带中的软弱层，由于构造应力几乎全部释放，岩体回弹、层（带）松弛为地下水渗流提供条件，致使软弱层（带）自由吸水膨胀而改变原有的高密度及低孔隙比状态。因此，地应力引起的应力（围压）变化和地下水渗入是软弱层（带）泥化的根本原因。从龙羊峡水电工程软弱夹泥测定看出，只要夹泥的膨胀力低于围压，则位于微风化或新鲜岩体中的软弱层（带）即或位于地下水位以下也不会泥化。基于这个新的认识，要求对软弱层（带）取样试验，均要符合原有的应力状态，才能取得正确的力学参数。同样，粘粒含量高，又以蒙脱石为主的软弱层（带）泥化以后，其流变试验蠕变速率增大，抗剪强度明显降低和存在时间效应。

研究表明，断层泥的稠度特性可以表征断层泥的变形和强度特征。当断层泥稠度为液态或接近液态时，其摩擦系数接近 0；为塑态时，其摩擦系数在 0.1 ～ 0.2 左右；为固态时，其摩擦系数与凝聚力则分别提高到 0.7 与 0.14MPa。

（四）软弱层（带）试验方法的研究

对于泥化的软弱层（带）进行直剪试验，要求用合适的剪切速率以保证在剪切时不产生明显的孔隙水压力，分别求得屈服强度、峰值强度和残余强度。有明显峰值的软弱层

(带),其屈服强度接近残余强度;无明显峰值的软弱层(带),其屈服强度低于残余强度。

对于重新制备的流限试样,需要较大位移(5～10mm以上)才能进入完全屈服状态,只适合于求残余强度。若软弱层(带)有几个剪切面,则需采用三轴剪力试验。

在一定条件下(如以粘粒为主的软弱层),足够数量的室内原状样直剪试验(或三轴试验),其成果与现场大面积试验成果基本一致。

三、岩体力学参数取值的研究

1.软弱层(带)抗剪强度取值准则是控制坝基稳定的层(带)不出现塑流破坏,并控制随时间增长的变形在工程所允许的范围之内,因此采用屈服强度或流变强度是安全而合理的。而峰值(极限)强度、残余强度是在大位移的情况下获得的,均不宜采用。

2.刚性结构面(节理、裂隙)状态不同,其抗剪(断)强度(f'——摩擦系数,c'——凝聚力)的大小取决于胶结物与岩石胶结强度,以及岩石本身强度和剪断面积的大小。岩滩水电站等试验表明:当结构面起伏差小,平整光滑,f'值不高,c'值很小;当结构面平整粗糙,起伏差不大,无充填物,f'值较高,c'值不太高;当结构面有钙质充填胶结,不很平整,有极小面积或凸起尖被剪断,f'和c'均较高;当结构面有石英、方解石脉或钙质充填胶结,呈混合剪切破坏,f'值高,特别是c'值高。

3.混凝土标号的高低直接影响混凝土与基岩接触面的抗剪(断)强度。在岩性及其他条件相同的情况下,接触面抗剪(断)强度随混凝土标号的提高而增加。大坝混凝土标号可达250号,而试验用的混凝土标号比实际的大坝混凝土标号低。因此,试验成果可根据实际情况适当提高使用。当混凝土标号相同,坚硬岩体的c'值比软弱岩体的c'值高。从岩滩、水口、池潭、白山、新丰江等工程试验资料分析,对新鲜坚硬的岩浆岩,按混凝土标号的6.5%～7.0%估算c'值是可行的。

4.岩体的非均质各向异性日益受到重视,劈理、层理等结构面是岩体强度的控制因素。龙滩试验表明,当结构面与荷载方向成正交时强度高,而与荷载方向成20°～25°交角时,强度最低,其它情况时介于这二者之间。这与理论分析是一致的。在三维应力状态下,岩石的破坏强度随围压的增加而增加。

5.二滩现场岩体长期流变试验表明,除软弱岩(带)具有较明显的减速流变,其他岩体从工程实用角度看意义不大。软弱岩体(E-1级)1个月变形增量约为初始变形量的17%,其后变形不明显,因此,软弱岩(带)变形参数取值可按此百分数进行流变折减。

6.二滩岩体抗剪强度取值以现场原位试验为主,辅以室内岩块三轴剪,重点研究C、D、E三级岩体。以峰值强度为基础,采用"优定斜率法"进行整理,分别求得各岩级相应斜率下凝聚力的上、下限值,原则上以下限值为基础选取凝聚力值。从现场抗剪试验剪切面调查表明,剪切面均已包含相当的细小裂隙,裂隙面占试件面的比例已接近或超过宏观统计的裂隙连通率。剪切面上裂隙大小不等,一般相当于试件边长的40%～65%,若以坝基宽度或假定滑移面长度按比例衡量,则这些裂隙规模已远大于岩体中的一般节理、裂隙,故在坝基稳定分析中不再考虑裂隙连通率的折减。

地下工程岩体稳定和环境地质研究新进展

门　光　永

在1984～1988年间，我国水电地下工程岩体稳定和环境地质研究，取得了一些新进展，主要有以下几个方面。

一、在地下工程山体稳定研究方面

已往布置引水洞线在考虑基本地质条件的同时，主要根据上抬理论来确定压力管道的埋藏深度。近年来我国在开展高水头抽水蓄能电站的勘察工作中，为了保证压力管道地段的山体有足够的稳定性，不致在内水压力作用下产生劈裂和漏水，有的工程如浙江天荒坪和广州抽水蓄能电站，除仍采用上抬理论分析确定压力管道的埋藏深度外，还进行原位水力劈裂试验，实测岩体的最小主应力，按最小主应力应大于内水压力的准则进一步确定压力管道的位置和评价山体稳定条件。

在低地应力地区，我们一般按照上覆岩体厚度为洞室跨度的1～3倍的经验准则来确定无压洞室的位置，判断山体稳定性。但近几年来在高山深谷地区修建水电站的经验说明，在高地应力地区还应当通过研究工程地区初始应力场，分析山体应力状态，评价山体稳定条件，为地下洞室寻找相对有利的地应力环境。这与工程地质条件勘察具有同等的重要性。如在鲁布革、二滩和拉西瓦等水电站地下厂房的勘测中，一方面进行常规的地质勘探，了解基本地质条件，另一方面进行现场地应力测量，并应用三维或二维的有限元回归分析法反演初始地应力场。研究成果表明，山体内初始地应力场大体可分为受河谷地形地质条件影响的谷坡应力变动区和深部正常应力区两类应力状态不同的地区。由应力释放带和应力集中带所构成的应力变动区的水平宽度，在二滩和拉西瓦水电站可达到岸坡内200～250m。在该区内地应力具有较强的各向异性，对岩体稳定不利，因此都将地下厂房布置在正常应力区内。

二、在地下洞室围岩稳定研究方面

1.围岩分类由过去单因素的分类法进化为多因素的分类法。1978年以前，在我国水电工程建设中一直沿用苏联普洛托契雅克诺夫的岩石坚固系数分类法来评价围岩稳定状态。这种单因素分类在理论上和实践上都存在很大的局限性。自1978年以来，我们逐渐采用多因素分类方法，例如《水利水电工程施工地质规程(SDJ18-78)》、《水工隧洞设计规范(SDJ134-84)》等部颁规范所列的围岩分类方法，以及挪威NGI分类法(即巴顿Q系统法)、南非CSIR分类法(即比尼威斯基的RMR分类)和威克海姆的RSR分类法等，都被用于鲁布革、瀑布沟、天生桥二级、漫湾、隔河岩水电站及十三陵抽水蓄能电站等工程。尽管这些分类法仍然带有一定的经验性，但是由于考虑了围岩的强度、结构、地下水和地应力等因素的综合影响，就避免了普氏分类法的局限性，更符合岩石力学理论前提。“六五”期间，国家科技攻关项目之一的“水电站大型地下洞室围岩稳定和支护的研究和实践”课题，对水电工程的围岩分类方法也进行了专门的研究，取得了有益的成果。

2.围岩变形特性研究是自1983年以来首先在二滩和鲁布革水电站，以及后来在天生桥一级、隔河岩、小浪底和十三陵等工程的地下洞室围岩稳定研究中开展的一个新课题。鲁布革地下厂房围岩最大位移量的预测曾采用两类方法。一类是分析计算法，即选用经验公式进行计算，或按有限元方法分析围岩的最大位移量；另一种方法是利用模拟试验洞的位移测量成果，预测原型洞室顶拱、边墙的最大位移值。其基本思路是：(1)在围岩分类的基础上，选择与地下洞室具有类似的工程地质条件和地应力环境的地段，开挖与原型洞室断面成一定比例的模拟试验洞，进行围岩表部及深部的位移测量；(2)分析围岩变形特性，预测原型洞室各部位岩体的最大位移量和允许位移量；(3)评价各类围岩的稳定性，建议合适的支护型式和处理措施。此外，还可以利用实测的收敛变形值反算、校正地应力和围岩等效弹性模量等力学参数。

鲁布革水电站地下厂房开挖的实践说明，模拟试验洞位移测量对围岩稳定分析和建立计算模型，都提供了很有价值的资料。其他工程的经验同样说明，无论是在应力和岩体强度对围岩稳定起控制作用的地区，或者结构面起控制作用的地区，围岩应力应变规律的研究对围岩稳定性的评价和预测，支护方法的合理选用，以及施工监测设计等，都具有很大的实用价值。

3.对岩爆产生的机理和判据的探索，也是近几年在高地应力区水电地下工程围岩稳定研究中的一个新内容。在二滩、天生桥二级、拉西瓦、瀑布沟和太平驿等水电站的勘测或施工中，都出现了岩爆。其中天生桥二级水电站2号支洞0+376～0+936洞段，发生岩爆及劈裂达13次以上，岩爆段长84m，占洞长的15％；岩爆破坏的岩石体积可达17～40m^3，最大厚度可达十几厘米至1～2m不等。考虑到岩爆对支护和施工安全的影响，岩爆研究小组开展了岩爆成因和预测方法的探索。

4.按照块体极限平衡理论分析、预测各类结构面组合体的稳定性，在东风、白山等水电站地下厂房围岩稳定研究中有了进一步的发展。例如，东风水电站在对地下厂房地区节理优势面、断层和夹层等结构面进行组合分析，确定了34种组合型式之后，采用矢量解析法在IBM微机上分析计算各种组合体的几何形状、尺寸、重量、失稳模式、稳定性和所需施加的锚固力，为锚固设计提供较为可靠的依据。

5.从围岩应力和强度分析评价地下洞室围岩的稳定性，在一些工程中也取得了进展。白山水电站地下厂房下游边墙尾水管间的岩壁厚度仅6～7m。为了评价该处围岩的稳定性，曾进行了光弹试验及平面有限元分析，计算围岩切向应力，并用岩石现场抗剪断试验成果，按摩尔－库伦准则确定围岩的压剪破坏强度及允许应力值，分析判断可能出现的压剪破坏区。根据上述成果，采取相应的衬砌设计和施工处理措施，效果较好。

三、地下洞室环境地质研究的进展

广州抽水蓄能电站在初步设计阶段曾于1988年首次进行放射性地质环境的调查和评价。其主要目的是了解地下洞室群所处的花岗岩体内是否存在放射性矿体，以致造

边坡稳定研究新进展

门 光 永

1984～1988年期间，我国在水库滑坡调查和稳定性分类评价，以及对重要边坡的研究等方面，都取得了一些新进展。本文仅就几个有代表性的实例介绍如下。

一、三峡库区边坡稳定性研究

1985～1988年，在三峡工程论证工作中，长江流域规划办公室勘测总队在有关单位协作下，对长江干流长650km的水库第一岸坡内的滑坡体、崩塌体和危害体进行了调查研究。以大量勘察资料为基础，根据岩性及其组合、岸坡结构类型及坡形、坡体变形破坏程度、现有崩滑体的稳定性以及水库运行期间可能的变化程度，将水库库岸按稳定程度分为好、较好、较差和差4级；并运用定量分析方法，对各变形体的稳定性进行了稳定分类评价。分类考虑的主要因素为：(1)目前有无明显变形或复活的征兆；(2)近期产生大规模活动的可能性；(3)地形和坡体结构，包括滑面陡缓及力学强度高低；(4)后缘状态；(5)水文地质条件；(6)稳定计算结果，包括采用传递系数法与萨尔玛法进行灵敏度分析所得的稳定安全系数大小；(7)各种因子向不利方向变化时变形体的稳定状态等情况。根据以上判据，将干流库段体积在100万m^3以上的140个崩塌体、滑坡体和危岩体逐个分析后，按稳定程度划分为稳定的、基本稳定的、稳定性差的和正在发展的4种类型。对后两种类型的变形体，进一步分析它们对三峡工程、长江航运和城镇居民点等可能造成的危害和影响。

在三峡工程库岸稳定研究中，采用了高分辨率航空彩红外摄影、机载侧视雷达扫描、滑坡体深部变形和应力观测、稳定性数值解析和涌浪计算以及模型试验等新技术，使库岸稳定性研究工作的水平提高到了一个新的高度；而对水库边坡进行的库岸稳定分段定性评价和变形体稳定分类定量评价所体现的研究思路，也是一个新的发展。

二、黄龙滩水电站水库滑坡调查

黄龙滩水电站最大坝高107m，水库长97km，库容10.1亿m^3。该电站于1974年下闸蓄水至1985年，水库区发生滑坡73处，总

成周围环境的放射性污染。由放射性伽玛测量、放射性水化学调查和岩石化学测量等工作成果说明，地下厂房探洞深度548～1406m地段岩体的天然放射性核素的有效浓度均不超过2Bq／g，适合建造地下厂房。但是该区的花岗岩放射性伽玛强度比一般花岗岩高，某些断裂中放射性伽玛偏高或存在异常场，局部有微弱铀矿化。因此应加强放射性防护工作，对地下厂房进行放射性伽玛检查，注意通风良好，定期进行测氡监护，防止氡气及氡子体对人体的放射性危害。

体积约9000多万立方米。受滑坡影响，尚需移民11900多人，相当于第一次移民人数的4/5。水电部中南勘测设计院在1985年调查后，对该工程的水库滑坡分布、变形规律和稳定分类进行了总结研究。在调查总结中，根据岩石的片理发育程度、力学强度、片理产状及岸坡走向和坡度的关系、片理与断裂组合关系、松散堆积层状况以及实际发生滑坡的现状，按稳定程度将库岸分为4个库段，其中第三库段为极不稳定区，长达54km，石英片岩及云母绿泥石片岩的片理很发育，岩性软弱，易亲水软化，抗剪强度低，倾角10°～30°。该段沿片理或片理与断层组合产生的大滑坡有17个，大者体积可达1300～1500万m^3；而蓄水后发生的堆积层滑坡有40处，大者达100～420万m^3。

中南勘测设计院根据实际调查资料，分析了各类滑坡的运动规律，将黄龙滩水库的滑坡分为4类：(1)坡崩积层滑坡，由粘土、风化岩屑和块石组成，边坡上缓下陡，多形成牵引式滑坡，滑速较慢；(2)坡积层滑坡，由较均一的粘土夹岩屑组成，易产生瞬时剧烈下滑；(3)弱膨胀粘土滑坡，多属浅层的小滑坡；(4)基岩顺层滑坡，多为老滑坡，水库蓄水后复活，下滑速度小，一般为每天1～3mm，不会发生瞬时下滑。对黄龙滩水库蓄水后滑坡的调查研究，是我国首次对竣工后的工程进行库区岸坡稳定的回访总结，对今后如何加强库区边坡研究，具有重要的启示性意义。

三、龙羊峡水电站近坝库岸稳定研究

位于龙羊峡水电站水库南岸的6、7号地段，由第四系河湖相粘性土层组成的高达300～500m的岸坡，曾经发生过上亿立方米的、滑速很高的滑坡。距大坝仅8.5km范围内的这种土质边坡的稳定性的研究，是国内外少见的复杂课题。水电部西北勘测设计院会同有关科技单位对此开展了研究工作。研究的主要专题有：(1)库区地质特征和滑坡机理；(2)河湖相地层的工程地质特性；(3)不同库水位条件下的岸坡稳定计算分析；(4)滑坡涌浪模型试验；(5)库岸边坡变形监测和报警技术；(6)防范措施的研究和设计等。中心问题是研究产生滑坡的机理，预测蓄水后库岸可能的塌滑地点、滑坡体积、最大滑速和坝前涌浪高度等。具体做法是：首先对河湖相地层的岩性、构造和地应力、水文地质条件及土力学特性进行认真的调查研究，以掌握土体的基本特性，然后选择体积达8000万m^3的龙羊滑坡和1.25亿m^3的查纳滑坡，分析高速滑坡的发展形成过程、形态特征，并对查纳滑坡进行了重力模型试验。另外，还对1983年3月发生在甘肃东乡县的洒勒山滑坡(体积4000万m^3)进行了数学模型计算，对比实际地质调查成果，探索高速滑动的内在原因，建立适合本区特点的滑速计算方法。其次，在地质测绘、滑坡机理分析研究的基础上，确定库岸破坏的基本型式及可能破坏的地段和范围，选取代表性剖面用极限平衡法和有限元法进行岸坡稳定计算，确定下滑体积和计算最大滑速；最后，结合涌浪模型试验成果，分析评价滑坡的危害性。研究结果认为：7号地段的农场、龙西和6号地段的查纳等三处岸坡可能发生塌滑，预测下滑方量达1000～6900万m^3不等；入水滑速16～38m/s；当库水位低于坝顶10m时，坝前涌浪高度可达13～26m不等，有漫坝的危险。

根据上述研究结果，在有关地段设置了岸坡变形监测系统，利用巡视和大地测量系统监测地表变形，并利用布设在重点观测剖面上的遥测变位仪、水位仪等监测岸坡深部的位移情况。为了解决交通困难和及时监测报警，还为监测工作配置了直升飞机。由于采用了先进的技术和方法，获得了极有价值的研究成果，对我国今后进一步开展高边坡稳定性研究具有重要的参考意义。

四、鲁布革水电站溢洪道边坡研究及处理

鲁布革水电站溢洪道位于堆石坝的左坝肩，全长约 510m，净宽 30m，泄流量 4740 m^3/s。水电部昆明勘测设计院在初步设计阶段的勘测工作中，调查了溢洪道地段的白云岩和石灰岩的岩体结构，按其不同规模及对边坡稳定的影响程度，将结构面分为 5 级，并对控制边坡稳定的Ⅱ、Ⅲ级结构面，尤其是层面夹泥裂隙的分布情况、连通性和性状以及边坡可能的变形破坏范围等，进行了重点勘察；然后，按岩体的完整或破碎程度、风化程度、结构面发育特征与结构体型式等，划分为稳定性不同的 5 种岩体结构类型，分区评价边坡的稳定性。在对 7 个楔形体进行稳定计算后，对稳定安全系数偏低的块体提出了工程处理建议，最终设计边坡选定为 1∶0.3，最大永久边坡高 110m。

在施工阶段，对边坡设计经反复比较和优化，采用开挖与锚固相结合的“垂直边坡方案”，即自坝顶高程以上分成两个梯段开挖，每梯段高 20m，梯段间设宽 5m 和 9～6.5 m 的马道；对稳定性差的块体在开挖前以剪力键和长砂浆锚杆加固；对坡面采用预裂爆破技术、喷混凝土和锚杆加以保护，并设置排水沟、排水孔，以排除地下水及地表水；对块体稳定起控制作用的层面、断层和裂隙等，设置收敛观测点、测缝计和多点位移计进行位移监测。鲁布革“垂直边坡方案”的采用，使最大坡高减至 75m，开挖方量减少 25 万 m^3，为我国人工边坡的勘测设计提供了新鲜的经验。

岩溶渗漏勘测技术新发展

刘　效　黎

岩溶渗漏是水电工程主要工程地质问题之一。自 80 年代以来，我国水电岩溶工程地质勘测，在过去 30 多年积累较为丰富经验的基础上，又有新的发展。物探方法应用于探测岩溶已较为普遍：表层岩溶探测应用电法、微重力法、地震法；孔间深部岩溶探测应用无线电波透视法；洞壁浅部洞穴勘查应用地质雷达等，且技术方法的应用也更加广泛和更加成熟。此外，利用各种新的示踪剂进行岩溶地下河示踪试验（即暗河、溶洞的连通试验），大型落水洞抽水及堵溶洞壅水试验在岩溶工程地质勘测中也已应用。下面就其中主要的岩溶探测技术方法作一介绍。

一、用岩性探测仪探测岩溶洞穴位置及地下水位

岩性探测仪是观测地壳中天然存在的低频交变电场，研究和探测地下地质构造、岩溶洞穴、地下水等的一种电法勘探仪器。1986 年水电部与美国国际地球物理公司签

订协议，用该公司研制的岩性探测仪在天生桥二级和东风水电站进行现场地质勘探试验，是从地表进行深岩溶探测的新的尝试。该仪器由电场强度传感器、滤波器、深度控制器、声信号系统及电源等5个部分组成。在天生桥、东风两个水电工地使用的是通用观测岩性探测仪和高分辨率观测岩性探测仪，前者探测深度达6096m，后者探测深度达914m。测点布置有各种型式，原始数据的采集是靠听觉辨别不同地层的音响信号，测定代表岩性特征的类测井曲线。资料解释是根据类测曲线的相对电阻率的变化和特征信号的反映，进行地质对比分析。通过上述测试表明，应用岩性探测仪了解岩层介面、断层破碎带、覆盖层、岩溶及地下水等水文及工程地质问题，有一定效果；若操作人员熟知测区基本地质资料，效果会更好，且具有快速、轻便、成本低及不受地形影响等特点，对岩溶地区隧洞开挖过程中的溶洞预报也是一种有希望的方法。但此种方法还存在着多解性、雨天信号弱、靠收听音响信号采集数据的接收方式不够理想等缺点。

二、应用无线电波透视法进行孔间深部岩溶探测

无线电波透视法又称地下电磁波法，应用于探测钻孔间岩溶洞穴时，不仅可以发现岩溶洞穴，还可确定孔间断面上岩溶洞穴的大致形态，是一种方便、快速、应用效果较好的物探方法。应用的仪器多为国产JWT－Ⅱ型钻孔无线电波探视仪，目前又有JWT－Ⅲ型钻孔无线电波探视仪问世。其原理是根据不同的地质体介质吸收电磁波的能力不同，将无线电发射机和接收机分别置于有一定距离的两个钻孔内，发射机的一个点源发射无线电波，接收机在另一孔内接收无线电波。若透视的两个钻孔间纵剖面上有低阻异常体（溶洞）存在，无线电波的一部分或大部分将被吸收，则在该低阻体对应的部位，形成一个无线电波信号被强烈衰减的阴影，相应在场强曲线上将会出现负异常，应用交会法即可测得被测异常体的位置及大致形态。灰岩和溶洞的电性差异比较明显，故应用无线电波透视法能够较清楚地分辨出灰岩中的溶洞和溶蚀破碎带。进行钻孔间透视时，钻孔间距在100m范围内，孔深200、300m以上，透视效果较好。以乌江渡深部岩溶探测为例，帷幕线及其上、下游共布置13个深钻孔，每孔深度约300m，孔距小于100m，组成21条电测剖面，经透视发现孔深150m以下有23个岩溶异常；沿帷幕线5个钻孔4条电测剖面，发现岩溶异常13处，高2～20m不等，其中凡补打勘探验证孔及有灌浆孔部位，异常均被证实。此外，在洪家渡、彭水、隔河岩、大化等工程中应用的效果亦好，但在猫跳河四级岩溶极为发育、孔间溶洞密集部位，透视效果不佳，在地下水位以上的空间探查效果也差。这种方法在我国岩溶工程中已普遍采用。

三、微重力仪勘测岩溶的研究

用微重力仪勘测岩溶，系利用灰岩与岩溶洞穴岩体密度不同、岩溶部位岩体密度减小使地面重力场出现异常的原理，进行岩溶勘测的一种物探方法。水电系统进口的美国拉柯斯特—隆贝格公司出品的D型微重力仪，目前正由贵阳勘测设计院承担“七五”攻关研究，除对仪器性能进行野外试验、野外量测方法的技术研究外，还对测出的各种重力异常进行解释方法的研究。1988年已对贵州东风水电站进行了现场岩溶洞穴探测试验，收到初步效果。1989年还将结合生产进行探测。

四、岩溶地下水天然同位素示踪法

地下水中天然氚含量测定用于计算岩溶地下水年龄及确定含水层与地表水的水力联系等，已在乌江渡、彭水、隔河岩、岩滩等工程的岩溶水文地质勘察中应用。

氚是氢的一种放射性同位素，是宇宙射线和上层大气组分相互作用而生成，以大气降水方式达到地面，雨水、地表水、海水中都有一定含量的氚，但地下水中氚含量极微。氚的半衰期为12.26年，氚含量一定的降水或河水渗入含水层后，氚的含量就会随时间指数下降，据此可以公式求出地下水的年龄。使用国产CY612A型定深取样器采样，采用电解法进行同位素浓缩，然后用国产FJ-353型双道液体闪烁计算器测定。乌江渡工程利用地下水天然氚浓度的测定，对寻找与库水有直接联系的岩溶管道和了解水库岩溶地基的渗漏特性取得一定效果。岩滩工程坝基辉绿岩之下灰岩承压水经氚值测定，较其他地下水少2～10倍，地下水的相对年龄为76.46～26.73年，表明坝基深部灰岩地下水运动条件缓慢，配合其他地质勘测资料，否定了坝基深部岩溶渗漏问题。

五、连通试验中萤光素和石松孢子示踪剂的应用

地下河连通试验通常采用泥浆、染料、机油、谷糠、食盐等示踪物进行，虽能取得一定效果，但都不够理想。广西电力局设计院在大化和岩滩工程中先后使用染色石松孢子作为示踪剂和使用萤光灯检测萤光素的方法进行地下河连通试验，收到了良好的效果。石松孢子是一种多年生蕨类植物的花粉，比重与水相近，直径约30μm，有通过砂卵石层的能力，使用时染上多种鲜艳颜色，一方面易于检测，另方面可同时进行多点投放和接收。萤光素是一种染料，通常用作连通试验的有水溶性曙红、萤光黄、酸性橙黄、酸性橙红、龙胆紫等。检测方法过去多用肉眼或比色法，精度不高，一般低于1PPm时则检测不出。大化、岩滩水电站连通试验选择了工业染料弱酸红A作示踪剂，并改用萤光灯来检测，效果较好，精度可提高至0.001PPm，且价格便宜。

六、落水洞大型抽水试验

广西电力局设计院为研究大化库区岩溶系统连通情况，取得渗透系数资料，与广西水电基建公司第二工程处协作，对大化工程进行了枯水期2个落水洞中大流量的抽水试验。其中古茶14号洞，自洞口将抽水机用钢丝绳吊装至水面，高度为35m，抽水持续时间12天，抽水降深5.25m，在抽水过程中同时观测周围1～2km范围的落水洞及溶洞、钻孔中地下水位变化。8号洞抽水11天，抽水降深2.48m，观测到的影响范围约1000m。这次抽水试验是成功的，但比较费时费力。

七、大型堵洞试验

彭水水电站为查明岩溶系统的连通情况，对右岸乌江野猫洞(KW21)岩溶系统选择合适位置，进行封堵溶洞的壅水试验。堵洞位置在该洞进口以内200m处，高程220m，洞塞高9m，宽4m，塞底厚4m，全断面封堵。壅水水位高程258m，壅水最大高度38m，形成岩溶地下水库长400～500m，宽约200m。在壅水的同时，对周围钻孔、溶洞、泉水进行同步观测。通过这一堵洞试验，证实乌江野猫洞系统与下游W_2泉连通，存在绕坝渗漏，在高程258m以下不会向郁江漏水；但KW21岩溶系统与钻孔揭露的各深岩溶有水力联系，防渗帷幕深度要考虑封堵深

岩溶。另外还证实右坝肩部位页岩的防渗作用，以及除溶洞漏水外，还有 200 ～ 300m 的裂隙渗漏带等。这一方法近似于水库蓄水的验证，所获得的资料十分宝贵，为防渗设计提供了可靠的依据。

八、岩溶地下水渗流场的研究

在这方面这几年也提出了一些新的观点和见解，并进行了分类。初步建立了岩溶渗漏的地质模型和数学模型，为岩溶渗漏由定性分析到定量分析提供了理论依据。同时，提出了压渗系数计算、地温场分析、同位素分析、渗流网分析以及三维电阻电网络模拟试验等方法，结合实际工程应用，均取得了一些好的效果。

在建和完成初步设计的水

序号	工程名称	所在河流	位　置	坝　型	坝高 (m)	总库容 (亿 m^3)	装机容量 (万 kW)
1	二滩水电站	雅砻江	四川米易	双曲拱坝	240	58	300
2	东风水电站	乌　江	贵州清镇	双曲拱坝	168	10.25	51
3	李家峡水电站	黄　河	青海尖扎	双曲拱坝	165	16.5	200
4	隔河岩水电站	清　江	湖北长阳	重力拱坝	151	34.0	100
5	宝珠寺水电站	白龙江	四川广元	重 力 坝	132	25.5	70
6	漫湾水电站	澜沧江	云南云县 景 东 县	重 力 坝	126	9.2	150
7	岩滩水电站	红水河	广西巴马	重 力 坝	111	24.3	121
8	水口水电站	闽　江	福建闽清	宽缝重力坝	101	23.4	140

利水电工程地质资料汇总表

勘探工作量				地震基本烈度(度)	地质条件及主要工程地质问题
钻探(m)	硐探(m)	井探(m)	坑槽探(m^3)		
34340.55	9729.0	537.8	29750.0	Ⅶ	坝基岩石为正长岩。右坝肩有玄武岩及2条低变模岩体,对变形稳定有一定影响,近坝库岸滑坡,蓄水后局部可能产生塌滑
20743.61	909.5		500.0	Ⅵ	坝基岩石为三叠系灰岩。坝基抗滑稳定受层面、泥化夹层控制,库首右岸存在岩溶管道渗漏,需进行处理
7463.82	4504.69	68.0	64092.3	Ⅶ	坝基岩石为前震旦系混合岩。坝前左右岸均存在滑坡,需进行处理和监测;河床坝基有顺河断层,需处理
37894.17	3961.47	171.91*	1000.0	Ⅵ	坝基岩石为寒武系灰岩,岩溶发育,断层裂隙较多,有缓倾上的夹层,岩体均一性差,坝基坝肩抗滑稳定和压缩变形问题突出。库首罗家坳河间地块存在岩溶裂隙渗漏的可能性
15300.38	1172.6	181.5	1248.0	Ⅵ	坝基岩石主要为奥陶系钙质粉砂岩。右坝肩尚有志留系页岩,泥化夹层发育,与北东、近东西断层组合成滑移体,由于开挖影响,有引起左岸坡失稳的可能,需做护坡。右岸山梁风化较剧,接头开挖较深
11327.81	3748.06	103.57*	11156.0	Ⅶ	坝基岩石为坚硬、块状流纹岩,断层、节理和卸荷裂隙发育。部分岩体裂隙中有高岭土充填,需补强或挖除。左岸为顺向坡,浅部岩体破碎、松动,稳定性差,施工中已发生滑坡
24387.48	2403.3	174.5	1500	Ⅵ	坝基岩石为辉绿岩,岩体均一,坚硬完整,无大的顺河断层,工程地质条件较好。主要是缓倾断裂发育,影响坝基抗滑稳定及左岸边坡稳定,需采取处理措施
11876.0	1251.6		2247.5	Ⅵ	坝基岩石为新鲜、坚硬完整的黑云母花岗岩,构造简单,地质条件良好。河床覆盖层5～10m,最厚18m,需清除。两岸有顺坡节理

序号	工程名称	所在河流	位　置	坝　型	坝高 (m)	总库容 (亿 m^3)	装机容量 (万 kW)
9	西北口水库	黄柏河左　支	湖北宜昌	面板堆石坝	95	2.1	1.6
10	观音阁水库	太子河	辽宁本溪	重力坝	92.8	24.19	2.0
11	南一水库	九龙江西溪支流	福建南靖	重力坝	90.0	1.58	2.0
12	五强溪水电站	沅　水	湖南沅陵	重力坝	87.5	29.9	120.0
13	大山口水电站	开都河	新疆和静	拱　坝	72	0.515	8
14	天生桥二级水电站	南盘江	广西隆林	重力坝	58.7	0.26	88.0
15	天生桥一级水电站	南盘江	广西隆林	面板堆石坝	180.0	10.68	120.0
16	滩坑水电站㊉	小　溪	浙江青田	面板堆石坝	161.0	41.5	60.0
17	小浪底水库	黄　河	河南孟津	斜心墙堆石坝	171.00	126.5	156
18	珊溪水电站	飞云江	浙江文成	沥青混凝土心墙砂砾石坝	146.0	28.68	30.0

续表 1

勘探工作量				地震基本烈度(度)	地质条件及主要工程地质问题
钻探(m)	硐探(m)	井探(m)	坑槽探(m^3)		
7099.08	818.08			Ⅵ	坝基岩石为寒武系泥质白云岩,有页岩软弱夹层,岩溶发育,透水性强,并有断层。左坝肩地形陡峻,右岸岩石破碎,有滑塌体,稳定性较差
24158	618.5		27435.22	Ⅵ	坝基岩石为寒武系灰岩,厚层灰岩风化较浅,岩溶发育,透水性强,右岸岩溶渗漏严重。河床有顺河断层,需采取处理措施
2908.5	651.6		4501.0	Ⅶ	坝基岩石为花岗岩,新鲜完整。左岸地形单薄,断层、节理及缓倾角裂隙发育,岩石破碎,风化深,对边坡、坝肩稳定和渗透稳定不利
12284.59	5039.06	157.0	8100	Ⅵ	坝基岩石为前震旦系板溪群砂岩与板岩互层,各种软弱结构面较发育,与反倾向节理组合,对局部抗滑稳定不利。坝基石英砂岩抗水层埋藏深,左岸边为顺向坡,岩体风化破碎,断层、夹层较多,稳定性较差,表部已蠕动变形
1868.86	145.0	21.2	2487.0	Ⅷ	坝基为泥盆系灰岩、白云质灰岩,渗透性强,断层发育,距建筑物较近,对坝肩稳定不利,右岸地下水位低
14701.0	2344.6	10.0		Ⅵ	坝基为三叠系砂岩、灰岩、泥岩,间夹泥化夹层,抗剪强度低,需采取处理措施。厂房附近有塌滑体,对厂房后边坡不利
26690.83	6380.6	1223.0	45977.0	Ⅵ	坝基岩石为三叠系泥岩、砂岩和薄层灰岩。右岸岩层倾向岸里,软弱夹层发育。层间夹层属非管涌土,不会产生管涌破坏
9413.06	1393.20		1416.71	Ⅵ	坝基岩石为侏罗系火山碎屑岩,裂隙发育,河床覆盖层厚,颗粒级配差,渗透性相差悬殊,局部夹有中细砂层,砂壤土层,可能存在局部渗透稳定问题
41754.97(机钻)	4384.14	3082.67	39872	Ⅶ	坝基岩石为二叠、三叠系砂岩夹薄层粘土岩。有缓倾角泥化夹层,覆盖层厚度最厚达 70 余米,夹有两层可能液化的砂层。河床表层右岸为顺向坡,岩石倾倒,上下游有滑坡;左岸单薄,分水岭存在稳定问题
3751.75	504.2		1366.1	Ⅵ	坝基岩石为侏罗系火山溶岩、火山碎屑岩,岩石强度不均一,左岸存在溢洪道边坡稳定问题,河床覆盖层厚,透水性强,抗水层埋藏较深,需研究防渗问题

序号	工程名称	所在河流	位　置	坝　型	坝高 (m)	总库容 (亿 m^2)	装机容量 (万 kW)
19	江垭水电站	溇　水	湖南慈利	空腹重力坝	130.0	18.3	40.0
20	潘口水电站	堵　河	湖北竹山	面板堆石坝	123.0	24.6	50.0
21	棉花滩水电站⊕	汀　江	福建永定	双曲拱坝或重力坝	115.0	22.14	60.0
22	万家寨水电站⊕	黄　河	山西偏关	重力坝	90.0	8.96	102.0
23	东津水电站	修　河	江西修水	面板堆石坝	82	7.95	6.0
24	碗米坡水电站⊕	酉　水	湖南保靖	重力坝	75.0	6.76	27.0
25	大峡水电站	黄　河	甘肃白银市	重力坝	71.0	0.9	30.0
26	莲花水电站	牡丹江	黑龙江海林	粘土心墙堆石坝	69.3	39.6	44.0
27	飞来峡水利枢纽	北　江	广东清远	重力坝	55.0	20.09	14.0
28	高岭水电站	浑　江	辽宁恒仁	重力坝	31.0	1.38	5.5

注:①序号 1 ~ 14 为在建工程,15 ~ 28 为完成初步设计工程;②打 * 的为大口径钻孔;③打⊕的为待审查工程

续表 2

勘探工作量				地震基本烈度(度)	地质条件及主要工程地质问题
钻探(m)	硐探(m)	井探(m)	坑槽探(m^3)		
15321.0	3712.0	26.0	5746.2	Ⅵ	坝基岩石为二叠系薄、中厚层灰岩，岩溶发育，其管道需回填封堵并进行灌浆处理。坝基抗滑稳定受接触面控制，灰岩下泥盆系石英砂岩中有承压热水
7839.7	1402.0		5030.0	Ⅵ	坝基岩石为元古界石英片岩，钠长片岩。左岸为顺向坡，卸荷裂隙切割，上部岩体松动。左岸基础有软弱结构面分布，在高水头压力作用下有可能导致渗漏与管涌
8057.46	2368.46		12574.96	Ⅵ	坝基岩石为黑云母花岗岩，岩石坚硬，强度高、覆盖层薄，风化与卸荷带较浅，断层规模较小，地质条件较好。如修拱坝，需研究断裂构造对坝肩稳定的影响
6409.09	567.55	32.71		Ⅵ	坝基岩石为寒武系鲕状灰岩，岩体完整。坝基下存在承压水，库区右岸存在岩溶渗漏
3840.15	218.3		303.0		坝基岩石为震旦系砂岩，岩体风化破碎较为剧烈，挤压破碎带发育，两岸地下水位及相对抗水层顶板埋藏很深，右岸低薄山脊，岩层倾向岸里，构造风化破碎，存在渗漏和稳定问题
2102.18	425.86	120.5	4760.0	Ⅵ	坝基岩石为志留系砂岩、砂质页岩。坝基抗滑稳定受混凝土接触面控制。两岸卸荷裂隙发育，局部蠕变松动稳性较差
7002.36	310.9		2156.28	Ⅶ	坝基岩石为前寒武系结晶片岩，构造简单，河床覆盖层较厚，坝基局部岩石风化层较厚，需挖除处理
4469.24	161.8	115.45	17854.5	Ⅵ	坝基岩石为元古界混合花岗岩，河床细砂层偏细，震动液化具敏感性。左岸垭口山体单薄，岩石渗透性较大，稳定性较差，需进行处理
16563.46	292.0	35.50	600.0	Ⅵ	坝基岩石为燕山期中粒花岗岩，中等强度，风化层较厚，有球状风化和槽状风化，且有陡倾角断层需处理。两岸土坝地基为第四系土层，力学指标低，渗透性强
1081.78		11.0	14182.2	Ⅵ	坝基岩石为混合岩，坚硬完整，风化浅，有缓倾角节理分布，但延伸不长，对抗滑稳定影响不大。右岸坡局部裂隙较发育，需注意开挖边坡的稳定

（李祖信供稿，刘效黎审核）

X

水　工

高峡出平湖

篆刻：庄万和

重大水电工程项目设计审查情况介绍

赵 增 凯

自党的十一届三中全会至1988年底的10年中，为了提高设计水平，保证设计质量，加快设计进度，适应水电建设需要，原电力部水力发电建设总局及以后的水电部水利水电建设总局和水利水电规划设计院，不断加强了对前期工作的管理和设计审查工作；组织设计、施工、科研、管理方面的领导、技术人员和专家相结合，共审查了主要的大中型水电工程可行性研究报告20项，计装机容量4240万kW(详附表1)；初步设计43项，计装机容量3045.74万kW，其中有33项计2706.34万kW的工程已开工兴建，有的已投产发电(详附表2)。在审查的工程中，有一些库容100亿m^3以上、洪水泄量30000m^3/s以上、坝高200m以上、装机容量300万kW以上的高坝、大库、大水电站，其中有：240～250m高的双曲拱坝；139m高的重力坝；177m高的重力拱坝；180m高的混凝土面板堆石坝；约200m高的土心墙堆石坝；水头及扬程400～600m、装机容量80～180万kW的抽水蓄能电站；装机容量300～400万kW的地下式厂房；7～9km长的引水隧洞，以及多种的土建和机电工程布置等。经过各设计院不断优化设计和改进设计审查工作，取得了较好的技术经济效果。现将近10年中所做一些主要工作简介如下。

1. 原电力部水力发电建设总局于1981年水电前期工作会议之后，颁发了加强水电前期工作的5个文件：(1)《加强水电勘测设计院技术管理工作的若干规定(试行)》；(2)《加强水电规划工作的几点意见(试行)》；(3)《加强水电地质勘测技术管理工作的若干规定(试行)》；(4)《水电工程水文勘测工作的若干规定(试行)》；(5)《加强水电勘测设计院科研试验工作的几点意见(试行)》。文件中指出关于设计文件的审批，明确划分水电总局与设计院的技术责任，充分发挥设计院的职权。初步设计及其以前各个阶段，包括设计成果中重大原则问题，如规划设计的指导思想和原则、主要技术经济措施和结论等，由总局组织审查，并对审查意见负相应的责任。其他除上级部门有专门规定者外(如重大工程的主要技术专题设计)，凡不违背初步设计批准原则的，由设计院审定，并负技术责任。

2. 根据国家计委《关于颁发建设项目进行可行性研究的试行办法的通知》，水利水电规划设计院于1983年组织编制了《水力发电工程可行性研究报告编制规程SD123-84(试行)》，经水电部批准于1984年9月13日颁发试行。另外，水利水电建设总局于

1985年对《水力发电工程初步设计编制规程》进行了修订，经水电部批准于1986年1月颁发，5月开始试行。

3.为了改进技术管理和设计审查工作，水利水电建设总局于1984年4月印发了《关于改进设计审查工作的几项意见(试行)》的通知。其主要精神在于明确各设计院及总局(以后的水利水电规划设计院)的技术经济职责，加强设计审查工作，精简会议。

4.为加速在建工程建设，确保工程质量，及时解决设计施工中存在的问题，水电建设总局于1985年3月重申加强现场设计代表组的意见。

5.水电部在1985年6月召开电力建设前期工作会议之后，于同年9月向各直属水电设计院印发了贯彻执行《大中型水利水电前期工作程序的暂行规定(试行)》等的通知。规定中明确划分大中型水利水电工程(包括新建、扩建)前期工作为以下4个阶段，并须顺序进行：(1)河流(地区)规划；(2)可行性研究报告；(3)初步设计；(4)技术施工设计。但对不同的工程可按以下规定进行合并或调整：(1)新建装机容量小于25万kW的水电工程和库容小于1亿m^3的水利工程，经主管部门批准，初步设计可与可行性研究报告合并进行。(2)对于特别复杂的工程，经主管部门批准，技术设计宜分两步进行，先编制技术设计文件或专题报告，再编制施工详图。对于实行招标的工程，可在设计工作达到或接近技术设计深度后，编制招标文件。(3)对于利用外资合作设计和进口设备的工程，其程序可视需要作适当调整。另外，对各设计阶段的深度及要求、计划下达、审批程序及审批权限等，也做了明确的规定。

6.为了贯彻中共中央领导关于改进设计指导思想，提高设计质量、水平和效益的指示，水利水电建设总局于1986年7月上旬在鲁布革水电站工地召开了“解放设计思想，推进技术进步座谈会”。会议确定混凝土面板堆石坝、辗压混凝土坝、地下洞室锚喷支护、高边坡开挖等28项新技术为推广项目，并经水电部批转各直属水电设计院。

7.根据国家计委《关于对国家重点建设项目进行设计复查的通知》的精神，在水电部统一部署下，水利水电规划设计院于1987年开展了对30个水电建设项目的设计复查工作。经过1年时间的复查连同初步设计审查后几年来的设计优化，取得了较显著的经济效果，与原审批的概算相比，共可节约投资4.6亿元。

8.为在前期工作中引进竞争机制，提高工程经济效益，水利水电规划设计院于1987年4月～8月，以海南岛大广坝初步设计优化枢纽方案为试点，邀请中南、华东、天津、北京等4个设计院进行了设计招投标，中南院中标。可缩短工期1年，节省投资0.5～0.6亿元(占原概算的10％左右)，取得了明显的经济效果。1988年8～12月，又邀请成都、天津、中南、华东4个设计院对四川雅砻江锦屏二级水电站工程可行性方案招投标，华东和成都两院共同中标，也取得了明显技术经济效果；同时，积累了设计招投标工作一些经验。

9.为考核和提高前期工作中的设计产品质量，在各设计院加强技术经济管理工作基础上，水利水电规划设计院编印了《设计产品质量评定办法(试行)》文件，自1987年开始，对可行性研究报告和初步设计报告进行产品质量评定。并规定在阶段性审查的同时，进行质量评定工作。质量分优秀、良好、及格、不及格4级，在各设计院自评及专业评定的基础上，最后综合评定等级，向全国直属设计院通报。1987年度评定结果：质量优秀的产品是拉西瓦水电站可行性研究报告和十三陵抽水蓄能电站初步设计；质量良好的产品是天生桥一级水电站初步设计和隔河岩水利枢纽修改初步设计。1988年度评定结果：质量优秀的产品是瀑布沟水电站可行性研究报告；质量良好的产品是洪家渡水电站和公伯峡水电站可行性研究报告。

10.开展优秀设计评选。1981年至1988年对水电工程设计进行初评，报经国家建委、国家计委评出全国优秀设计11项，优秀勘察4项，共计15项。在此期间，水利水电建设总局评出局级优秀设计12项，创优设计13项，优秀勘探2项，共计27项。

11.根据国家计委关于勘察设计单位推行全面质量管理的决定，水利水电规划设计院于1987年4月确定成都勘测设计院为试点单位，并部署各直属设计院于1988年1月起全面推行。1988年9月，按标准要求，对成都勘测设计院进行了达标验收，报部批准颁发了达标证书。

12.自50年代末60年代初以来，原水电总局和水电部科研所等单位，即组织力量开始进行水电工程设计规程、规范的编制工作。近10年来，水利水电规划设计院继续组织技术力量，对设计标准的编制和修订做了大量工作。到1988年止，包括通用、规划、勘测、水工、机电、施工、定额方面，已经部颁发45项，在编38项，拟编约有44项。目前已达到各专业在主要方面有章可循，全部完成后可成龙配套，对提高设计质量、节约投资起到了有益的作用。

13.水利水电规划设计院于1988年3月，在西安召开了水利水电勘测设计院施工处长会议，审议通过了《加强施工组织设计质量若干规定》等3个文件。我国第一部水电工程施工组织设计规范将于1989年颁发。

14.近10年来，在推广计算机应用和计算机辅助设计方面进行了大量工作。水利水电规划设计院和各直属设计院，先后引进VAX11－780、750、8300及M－200等计算机10台；装有CALMA CAD系统的APOLLO DN660、3000等20台，及大型分析软件ADINA、FINAL、SAP5等程序，加上国内自编的分析程序FEMWE、试载法程序、土石坝软件包等程序和设备，取得了显著的技术经济效果。

15.经过几年的工作实践，水利水电规划设计院在1988年2月在北京召开了全国水利水电勘测设计工作会议上，研究讨论了《关于改进水利水电规划设计审查工作的意见(讨论稿)》，提出了规划设计程序、各阶段的主要审查内容、设计审批权限和规划、设计审查办法以及作好预审等改进意见。

16.清理了在建项目的重大技术遗留问题。由于各种原因，集中到80年代初期，在建的大型水电工程尚存在许多设计方案性遗留问题。1981年水电前期工作会议上提出“奋战3年，扭转设计被动局面”的号召后，经过几年的努力，一些遗留问题，如铜街子的枢纽布置方案、龙羊峡和安康的基础处理、天生桥二级电站的厂房位置与布置等，通过深化设计和复审，都满足了工程建设的需要。

附表1　已审查的大中型水电站工程可行性研究报告主要项目

序号	工程名称	地　点	所在河流	装机容量（万kW）	设计单位	备　注
1	漫　湾	云南云县	澜沧江	150	昆明勘测设计院	
2	二　滩	四川渡口市	雅砻江	300	成都勘测设计院	初设后定为330万kW
3	十三陵抽水蓄能	北京昌平		72	北京勘测设计院	初设定为80万kW
4	李家峡	青海尖扎	黄　河	200	西北勘测设计院	
5	滩　坑	浙江青田	瓯江支流小　溪	60	华东勘测设计院	
6	龙　滩	广西天峨	红水河	500	中南勘测设计院	按正常蓄水位400m设计装机
7	天生桥一级	广西隆林贵州安龙	红水河南盘江	120	昆明勘测设计院	
8	棉花滩	福建永定	汀　江	60	华东勘测设计院	
9	万家寨	山　西	黄　河	102	天津勘测设计院	
10	松江河梯级	吉林抚松	漫江～松江河	50	东北勘测设计院	
11	天荒坪抽水蓄能	浙江安吉	大　溪	180	华东勘测设计院	
12	广州抽水蓄能	广东从化	东江水系	120	广东水利水电勘测设计院	
13	拉西瓦	青海贵德	黄　河	372	西北勘测设计院	
14	街　面	福建尤溪	闽江支流尤　溪	40	福建水利水电勘测设计院	
15	洪家渡	贵州黔西、织金	乌江北源六冲河	54	贵阳勘测设计院	
16	琅玡山抽水蓄能	安徽滁县	清流河支流小沙河	40	安徽省水利水电勘测设计院	
17	瀑布沟	四川汉源	大渡河	330	成都勘测设计院	
18	公伯峡	青海循化	黄　河	150	西北勘测设计院	
19	三　峡	湖北宜昌市	长　江	1300	长江流域规划办公室	
20	旬　阳	陕西旬阳	汉　江	40	北京勘测设计院	

注：处于选坝（如铜子林等）或开发性研究（如黑山峡曾进行过初步设计，现进行可行性研究）或不是80年代以来审查的主要可行性研究项目均未列入。

附表 2　已审查的大中型水电站工程初步设计项目

序号	工程名称	地　点	所在河流	装机容量（万 kW）	设计单位	备注
1	鲁布草	云南罗平 贵州兴义	南盘江支流 黄泥河	60	昆明勘测设计院	已开工
2	太平湾	辽宁宽甸	鸭绿江	19	东北勘测设计院	已开工
3	岩　滩	广西巴马、都安	红水河	140	广西电力局勘测设计院	已开工
4	天生桥二级	广西隆林 贵州安龙	红水河 南盘江	132	贵阳勘测设计院	已开工
5	白山　一期* 　　　二期	吉林桦甸	第二松花江	90 60	东北勘测设计院	已开工
6	托　海	新疆尼勒克	伊犁喀什河	5	新疆水利水电勘测设计院	已开工
7	大山口	新疆和静	开都河	12	新疆水利水电勘测设计院	已开工
8	东江梯级　东　江 　　　　　小东江	湖南资兴	来　水	51.04 5.5	中南勘测设计院	已开工
9	龙羊峡*	青海共和、贵德	黄　河	128	西北勘测设计院	已开工
10	大　化*	广西巴马、都安	红水河	40	广西电力局勘测设计院	已开工
11	铜街子*	四川乐山市	大渡河	60	成都勘测设计院	已开工
12	水　口	福建闽清	闽　江	140	华东勘测设计院	已开工
13	沙溪口	福建南平市	闽江支流西溪	30	华东勘测设计院	已开工
14	紧水滩	浙江云和	瓯江支流大溪	30	华东勘测设计院	已开工
15	红　石	吉林桦甸	第二松花江	20	东北勘测设计院	已开工
16	石　塘	浙江云和	瓯江支流大溪	7.8	华东勘测设计院	已开工
17	东　风	贵州黔西、清镇	乌　江	51	贵阳勘测设计院	已开工
18	五强溪	湖南沅陵	沅　水	120	中南勘测设计院	已开工
19	宝珠寺	四川广元市	白龙江	70	西北勘测设计院	已开工
20	李家峡	青海尖扎	黄　河	200	西北勘测设计院	已开工
21	漫　湾	云南云县	澜沧江	150	昆明勘测设计院	已开工
22	二　滩	四川渡口市	雅砻江	330	成都勘测设计院	施工准备
23	安　康*	陕西安康	汉　江	80	北京勘测设计院	已开工

续表 2

序号	工程名称	地　点	所在河流	装机容量(万 kW)	设计单位	备注
24	水丰(扩建)	辽宁宽甸	鸭绿江	13.5	东北勘测设计院	已开工
25	渔子溪二级*	四川汶川	岷江支流渔子溪	16	成都勘测设计院	已开工
26	西洱河三级	云南漾鼻	西洱河	5	昆明勘测设计院	已开工
27	葛洲坝	湖北宜昌市	长　江	271.5	长江流域规划办公室	已开工
28	隔河岩	湖北长阳	长江支流清江	120	长江流域规划办公室	已开工
29	南桠河三级*	四川石棉	南桠河	12	成都勘测设计院	已开工
30	大广坝	海南东方	昌化江	20	中南勘测设计院	已开工
31	天生桥一级	广西隆林 贵州安龙	红水河 南盘江	120	昆明勘测设计院	
32	大　峡	甘肃皋兰	黄　河	30	西北勘测设计院	
33	莲　花	黑龙江海林	牡丹江	44	东北勘测设计院	
34	羊卓雍湖(抽水蓄能)	西藏贡嘎	羊卓雍湖	9	成都勘测设计院	
35	金　坑	辽宁宽甸	浑　江	8.4	东北勘测设计院	
36	高　岭	辽宁宽甸	浑　江	5	东北勘测设计院	
37	潘　口	湖北竹山	汉江支流堵河	51	中南勘测设计院	
38	江　垭	湖南慈利	溇　水	40	湖南省水利水电勘测设计院	
39	太平驿	四川汶川	岷　江	26	成都勘测设计院	
40	东　津	江西修水	修　水	6	华东勘测设计院	
41	丰满扩机	吉　林	第二松花江	17	东北勘测设计院	
42	十三陵抽水蓄能	北京昌平		80	北京勘测设计院	施工准备
43	广州抽水蓄能	广东从化	东江水系	120	广东省水利水电勘测设计院	已开工
44	彭　水	四川彭水	乌　江	120	长江流域规划办公室	初审后补作上游长溪坝址可行性报告

注：①表中打“*”系复审；②彭水(补作长溪坝址)装机容量数未计入本文所述数字内

重大水电工程项目的评估介绍

何　格　高

1985年7月国务院批准的国家计委《关于加强中国国际工程咨询公司的报告》规定，今后国家新上的基本建设大中型项目和技术改造限额以上项目，其可行性研究报告和大型工程的设计先由国家委托中国国际工程咨询公司等有资格的咨询机构进行评估，提出意见，然后再由国家计委研究是否列入计划。这种“先评估，后决策”的方法，既是建设项目决策程序上的重要改革，也是提高基本建设经济效益、改善宏观管理的重要措施。

从1986年至1988年，中国国际工程咨询公司受国家计委或其他单位委托，组织了15次大中型水电项目的可行性研究报告或初步设计报告的评估和咨询。这些项目为：南盘江天生桥一级水电站、黄河李家峡水电站、清江隔河岩水电站、雅砻江二滩水电站、北京十三陵抽水蓄能电站、黄河大峡水电站、海南岛大广坝水利水电工程、松江河梯级水电站、广州抽水蓄能电站、汉江王甫洲水电站、西藏羊卓雍湖抽水蓄能电站、乌江洪家渡水电站、浙江天荒坪抽水蓄能电站等。参加评估的有多年从事水电勘测、规划、设计、科学研究、施工、安装、运行、教学等方面的专家、教授、学者共300人次。

专家们在评估中都能坚持公正、科学、可靠的原则，站在国家的立场，从国家利益出发，尊重科学，实事求是，处理好宏观和微观、技术和经济、局部和整体、当前和长远的关系，对项目建设的必要性、可行性、经济性提出意见，供决策部门参考。如根据京津、华南、华东地区能源构成、电力系统负荷特点，认为建设北京十三陵、广州和浙江天荒坪等大型抽水蓄能电站是非常必要的、迫切的、经济的；同时通过全面的财务分析，认为这些电站利用电力系统中的填谷电能供应调峰电能，按填谷、调峰采取不同的、合理的价格，在财务上也是可行的。这些建议已得到地区电力部门同意。又如对南盘江天生桥一级、乌江洪家渡等水电站的评估，不仅着眼于本电站自身的效益，尤其着眼于该电站对其下游各个梯级水电站增加的效益，从战略上肯定了建设这些电站的必要性和合理性。在评估隔河岩水电站时，提出应该加快全河流的规划和开发，要把其下游梯级电站——高坝洲工程作为姐妹工程来考虑；在评估黄河李家峡水电站时，提出应加速开发黄河上游10个梯级水电站(总装机容量1000万kW)，并建议把发展黄河上游地区经济和开发水能资源结合起来考虑，成立黄河上游经济开发公司，计划单列；在评估海南岛大广坝水利水电工程时，不采取只评价其发电效益，而是采取评价其综合效益的方法，肯定建设大广坝工程对海南岛的能源和发展农田灌溉、城市供水等有很大的效益，并建议第一期工程要扩大灌溉效益。这些意见都得到当地政府的赞同。对工程技术方面的评估，除评价其可行性外，还对某些关键性的设计原则、方案选择提出咨询意见。如在评估二滩水电站时，分析了该工程的规模、重要性、水文资料可靠程度，结合我国的具体情况，认为该工程定为一等工程，大坝、泄水建筑物及引水发电系统为一级建筑物是正确的，泄洪标准应按千年一遇洪水设计、万年一遇洪水校核，否定了外国专家特别咨询组的意见。对其木材过坝方案，评估专家分析了木材数量、过坝对枢纽工程施工及运行的影响、成昆铁路运力和下游河道漂流情况，充分听取了各方面意见后，建议采取机械过坝方案，并希望设计院和林业部门共同深入研究，改进设计，务必做到过木设施保证运量、运行安全可靠、不影响大坝泄洪和引水发电。这个建议得到水电、林业两部门同意，解决了几年悬而未决的难题。又如汉江王甫洲枢纽是一个以发电为主兼顾航运的综合利用工程，水电部门与交通部门对货运量及船舶过坝方案有不同意见，评估组充分听取了两方面意见，分析了汉江航运近期和远景发展情况，权衡了不同过坝方案的利弊后，认为船闸方案优于升船机方案，船闸按300吨级设计是可行的，水电和交通部门代表表示接受这个建议。此外，对大多数项目都提出了优化施工管理、减少施工人数、缩短工期、降低造价的具体建议。通过评估和咨询，有些项目从宏观上突出了其必要性和经济性，有些项目肯定或优化了其设计方案，有些项目协调了各有关方面的关系，无论在经济上和技术上都取得了明显的效果，大部分项目已得到国家计委批准列入5年建设计划或年度开工计划。

建设项目评估是属于软科学范畴，是为基本建设决策服务的，搞好这项工作，对我国的社会主义建设必然会带来巨大的经济效益和社会效益。但这是一项新的工作，经验不多，如何站在宏观的角度，结合我国具体情况，从整个国民经济的效益出发，提高建设项目评估质量，乃是我们今后需要认真探讨的课题。

水工施工优化设计新进展

赵增凯　　聂容亮

自80年代以来，在党的改革开放的方针指引下，设计指导思想开始从长期闭关锁国、思想禁锢的状态下解放出来，随着水利水电工程建设的发展，在许多专业方面采用和发展了新技术。1980～1987年，有386项成果获科技进步奖，其中国家奖52项，部级奖269项，局级奖65项。1981～1988年，获全国水电项目优秀设计奖11项；1983～1986年，获局级优秀设计奖12项，创优设计奖13项。

1986年7月，水利水电建设总局在鲁布革水电站工地召开了"解放设计思想，推进技术进步座谈会"，对实践证明行之有效的，能取得较好经济效益的一批先进技术经验，钢筋混凝土面板堆石坝、碾压混凝土筑坝技术、锚喷支护新技术、风化料作高土石坝防渗体、压力隧洞预应力灌浆素混凝土衬砌、压力隧洞采用短钢衬段、地下厂房优化布置等12项设计技术经验，连同其它专业新技术项目，确定为新技术推广项目，并经水电部批转全国水利水电系统应用。本文专就水工施工优化设计新进展中取得的一些成果简要介绍如下。

一、合理确定设计洪水标准

1.二滩水电站装机容量330万kW，双曲拱坝最大坝高240m，正常蓄水位以下库容58亿m^3，属一等工程，主要建筑物为一级。初步设计确定按千年一遇洪水20600m^3/s设计，万年一遇洪水25200m^3/s校核，并计入水电站厂房机组过流能力。成都勘测设计院在优化设计过程中研究认为：该混凝土拱坝有较高的抗洪水能力，坝后无厂房，且设置了水垫塘和二道坝，故将校核洪水标准适当降为5千年一遇洪水，相应洪峰流量为23900m^3/s；同时，考虑到该工程规模大，实测洪水系列不长，水库调洪作用不大，为确保工程安全，在宣泄设计及校核洪水时不计入厂房机组流量和水库调洪作用，使安全和经济得到了合理统一。这项优化设计已经审查批准。

2.西北勘测设计院在深入进行黄河上游梯级水电站联合运行设计中，合理利用龙羊峡水电站“龙头”水库的调节作用，大幅度削减其下游李家峡等梯级电站泄洪建筑物规模及施工期设计洪水，不仅可以大量减少下游梯级的工程投资，同时可缩短工期和多发电。以新开工的李家峡水电站为例，考虑了龙羊峡水库的调节作用，将临时限制水位降低2m，20年一遇施工导流洪水即可由4000m^3/s减为2500m^3/s，仅此一项即可减少石方洞挖和明挖36万m^3、混凝土及钢筋混凝土4.6万m^3，共计节省投资1614万元，连同缩短工期和多发电等，其经济效益十分显著。

3.五强溪水电站的一期施工导流标准，1983年审定为土石挡水围堰，按20年一遇洪水31800m^3/s设计。中南勘测设计院经过优化设计，结合沅水水文特性及枢纽布置特点，认为在32年水文系列中有15年未出现过16000m^3/s以上洪水的情况，采用此流量标准可保证当年9月～翌年4月枯水期不过水，并可能争取全年施工；即使过水，考虑一次损失一个月工期，仍可满足基坑施工工期要求，因此，确定了一期上、下游围堰及纵向围堰均采用混凝土过水围堰和16000m^3/s的导流标准，从而大大减少了工程量和投资。

4.按照《混凝土重力坝设计规范SDJ21－78(试行)补充规定》及《混凝土拱坝设计规范》(SD45－85)中关于消能防冲设计洪水标准可低于大坝防洪标准的有关规定，各设计单位大都已据此对前期工作及在建的大中型水电站工程进行了优化设计。例如，属于一等大型的二滩、漫湾、隔河岩、拉西瓦等水电站大坝消能防冲工程，已分别采用或降低为100年设计和300～500年校核标准。同时，结合《水利水电枢纽工程等级划分及设计标准》(SDJ12－78)(试行)精神，对一些大型电站的坝后式厂房、引水式厂房均采用了低于大坝的洪水标准，一般采用100年一遇洪水设计，千年一遇洪水校核。

二、进行坝型体形和地下工程优化，合理确定建基面标准

1.近10年来，已审查过的53项大中型水电站可行性研究或初步设计的大坝，有土石坝18座(其中混凝土面板堆石坝11座)，

混凝土坝35座(其中拱坝13座);在坝高70m以上的39座高坝中,土石坝有14座(混凝土面板堆石坝占9座),混凝土坝25座(重力拱坝占6座,双曲拱坝占7座)。从上述统计数字看出,混凝土面板(或心墙)堆石坝、双曲拱坝和碾压混凝土坝将成为我国坝工建设的主要发展方向。与此同时,在坝体的体形和地下工程优化、深厚覆盖层的坝基处理技术、坝基开挖建基标准等方面,在工程实践中也都有了革新和突破。

2.东江水电站最大坝高157m,是我国已建工程中最高的双曲拱坝。坝顶宽7m,底宽35m,不设纵缝,厚高比0.223。坝顶中心角82°,内半径302.3m,坝顶弧长438m,最大中心角95°,使坝体作用于拱座上的合力方向指向山里。中南勘测设计院在有关科研单位配合下,进行了多种坝型比较,根据东江工程具体条件,经过和重力坝等坝型比较,最终选定了更为经济、安全的双曲拱坝坝型(比混凝土重力坝坝型可节省工程量40%),并深入进行了体形优化工作。此外,对坝前横河向近坝的F_3断层,在水科院配合研究下,采用了不直接处理的方案,可节省投资约400万元。

另外,东江水电站为坝后式厂房,4条引水管道为坝后背管。背管段及水平管段均采用钢管外包钢筋混凝土结构型式,钢管内径5.2m,外包混凝土厚度2.0m及1.5m,管道最大引用流量$123m^3/s$,正常蓄水位时管道末端最大内水压力1.62MPa;加上华东勘测设计院设计的102m高的紧水滩三心圆双曲变厚拱坝(坝后背管内径4.5m),以及西北勘测设计院设计的165m高的李家峡三圆心单曲拱坝(坝后背管内径8m),是我国目前已建、在建的各有特色的三大拱坝背管工程。还有五强溪重力坝背管工程,钢管直径11.2m,连同上述李家峡拱坝背管,其管径尺寸均居世界前列。

3.二滩是我国目前进行施工准备装机中容量最大的水电站和最高的坝,成都勘测设计院在有关科研单位配合下,进行了深入的优化设计工作:坝体断面普遍减薄,适当加大纵向曲率,拱圈中心线对应的中心角87.09°,各水平拱圈为变厚度拱,拱冠梁底部宽度由初步设计的70.34m减为55.74m(厚高比为0.232);坝顶宽度调整为11m,以增强设置有表孔溢洪道的上部拱圈刚度;坝肩平均水平开挖深度(拱座下游面)由43.2m减为35.85m,坝体混凝土量由474.2万m^3减为426万m^3;坝基两岸建基面除广泛利用了比较完整坚硬的B级(玄武岩及变质玄武岩)和C级(正长岩及各类玄武岩)岩体外,经过灌浆试验,部分利用了D-1级(正长岩,弱偏强风化下段)岩体,并在进一步研究局部利用加以适当灌浆或置换混凝土处理的E-3级岩体(正长岩及各类玄武岩,弱偏强风化上段为主),以取得更好的技术经济效果。

4.贵阳勘测设计院对173m(包括深槽回填混凝土20m)高的东风水电站拱坝体形,在1983年初步设计审定的顶宽8m、底宽33m(厚高比0.22)、中心角102°基础上,在有关科研单位配合下,从“扁平、减薄、少嵌”等方面入手,深入优化,1988年最终确定为抛物线型双曲拱坝,顶宽6m,底宽27m,厚高比0.176,坝顶中心弧长254.35m,最小中心角58.89°,最大中心角92.11°。通过优化,可减少混凝土16.39万m^3、开挖量7.25万m^3,节约投资1471万元。

5.昆明勘测设计院设计的天生桥一级水电站,装机容量120万kW,最大坝高180m(正常蓄水位调整后最大坝高可能降低为178m),最终选定的混凝土面板堆石坝与原设计的心墙堆石坝方案比较,可节省投资1.5亿元,缩短工期1年。该坝坝顶长

1178m,顶宽14m,上游坝坡及下游平均坝坡采用1∶1.4,坝体堆石主要采用溢洪道区的石灰岩,并部分利用枢纽工程开挖的砂岩泥岩混合料。钢筋混凝土面板厚度从上到下为0.3～0.9m,布置有垂直缝、周边缝和止水系统,趾板设置在弱风化岩层上。有关专题已列入"七五"国家重点科技攻关项目,工程已列入国家"七五"建设计划。此外,已经建成的混凝土面板砂砾石坝有新疆41.5m高的柯柯亚,钢筋混凝土面板堆石坝有辽宁58.5m高的关门山;即将建成的钢筋混凝土面板堆石坝有湖北95m高的西北口等。

6.昆明勘测设计院设计的103.8m高的鲁布革大坝,是我国首次采用风化料防渗体的高心墙堆石坝,已于1988年末基本建成发电。该工程在优化设计过程中,经过和原审定的13.7km远粘土料场及粘土掺40%白云岩砂砾石混合料等多种方案比较,最终选用了近坝区3～4km的风化料,取得了加快工期和节省投资300万元的效果。目前,西北勘测设计院设计的坝高133m的公伯峡土石坝及贵阳院和成都院设计的洪家渡(坝高188m)、瀑布沟(坝高188m)等高坝,也在进一步对扩大近坝区料源做深入研究,其中瀑布沟坝基冲积层厚75m,中间分布有中细砂夹层,经研究论证,拟定了混凝土防渗墙的方案。

7.碾压混凝土筑坝技术已有了较快的发展。自从福建省坑口水电站56.8m高的碾压混凝土重力坝于1986年6月建成以来,四川铜街子水电站部分挡水重力坝段、沙溪口水电站开关站边墙、天生桥二级水电站部分挡水重力坝段以及岩滩水电站围堰工程等,均相继采用了碾压混凝土筑坝,技术水平和经济效益不断提高。

广西电力局设计院设计的岩滩水电站混凝土重力坝,最大坝高111m,共分28个坝段。优化设计后,有10个坝段(最大坝高106m)改为碾压混凝土筑坝,碾压混凝土量32.5万m^3,已于1987年审定,1989年施工。它是我国目前设计施工中最高的碾压混凝土重力坝,与原定常规混凝土坝比较,可节省水泥约50%,节省投资约700万元。

8.近年来大型地下洞室工程也有长足的进展。已建的白山、鲁布革以及进行施工准备的二滩等电站,其主厂房开挖尺寸分别为长121.5～192m、宽18～26m、高38.4～72m;天生桥二级和鲁布革的长引水隧洞分别达内径8.7～10.4m、长9.5km和内径8m、长9.4km,都是经过不断优化设计之后,最终确定工程布置和结构措施的。设计研究中的还有规模更大的地下洞室工程,如红水河龙滩水电站500万kW的地下厂房以及雅砻江锦屏二级水电站16～19km的深埋式长引水隧洞等。

三、高坝泄洪消能技术日新月异

1.我国高坝泄洪消能技术发展较快,水平较高。在优化枢纽泄洪布置方面,有泄流量为13200m^3/s的新安江水电站厂坝结合、厂顶溢流式布置,以及泄流量为20940m^3/s的乌江渡水电站厂坝结合、挑越厂房和厂顶过流的重叠式布置及多项建筑物联合泄洪;在挑流消能方面,乌江渡、龙羊峡、安康等工程应用的异形鼻坎,潘家口、安康等工程应用的宽尾墩,以及白山、凤滩等工程应用的差动式高低鼻坎,都是我国近些年发展起来的新的消能布置形式。这些消能布置形式,在二滩、东江、漫湾、隔河岩、五强溪、鲁布革、天生桥一级等工程中又继续有新的发展。

2.二滩双曲拱坝设计及校核流量分别为20600m^3/s和23900m^3/s,泄洪水头达164～186m,河床狭窄,经多年研究定为三套泄洪布置，即大坝表孔溢洪道(7—11×11.5m)、大坝中孔溢洪道(6—6×5.5m)及右岸泄洪隧洞(2—13×13m)的方案。坝后设水垫塘及二道坝(地下厂房布置在左岸)，常年洪水7000～8000m^3/s时均可单独启用，稀遇洪水时，表孔、中孔均投入泄洪，并可使水舌对撞消能。二滩拱坝及泄洪规模居当今世界前列。

3.五强溪混凝土重力坝设计和校核泄洪流量分别达49566m^3/s和57900m^3/s，坝基岩体抗冲能力低，泄洪消能技术难度大，中南勘测设计院在有关科研单位合作下，吸取和发展安康工程的经验，拟定了表孔采用宽尾墩挑射底孔及消力池的联合消能工方案，可较原设计节省投资约4000万元。

4.鲁布革高土石坝的泄洪设施，包括泄洪能力为6460m^3/s的左岸开敞式溢洪道，平面弯道陡槽式布置，槽中部设纵向导水墙，是我国高土石坝泄洪布置首例；泄洪能力分别为1995m^3/s和1638m^3/s的左右岸泄洪隧洞组成了表、中、底三层的泄洪、排沙体系，共同承担可能最大洪水时的泄洪任务。

5.天生桥一级高混凝土面板堆石坝的泄洪工程布置为右岸开敞式溢洪道，陡槽底宽约81～115m，最大泄流量达21750m^3/s，经陡槽到末端挑流入河道。另在右岸下部设放空隧洞，内径9.6m(压力洞)及8×12m(无压洞)，泄流能力为1720m^3/s。

四、高水头大容量抽水蓄能电站的建设

我国抽水蓄能电站的建设起步并不晚，早在60年代就建设过岗南抽水蓄能电站，以后又在密云电厂装过可逆式机组，但发展缓慢。近几年来，随着工农业生产的发展，经济发达地区对调峰电源的需要已十分迫切，从而促进了抽水蓄能电站建设的发展。目前正在施工的有潘家口的装机容量为27万kW(3×9)；开始施工的有广州的120万kW(4×30)和十三陵的80万kW(4×20)；正在进行初步设计的有天荒坪的180万kW(6×30)。另外，西藏的羊卓雍湖、安徽的琅玡山和响水涧、江苏的青石山、辽宁的青石岭、河北的漳河湾等，装机容量从9万kW～200万kW不等，正在进行可行性研究或选点中。

广州抽水蓄能电站由广东省水电设计院承担设计。厂区为花岗岩，引水道全长3751m，水轮机额定水头500m(L/H=7.5)，其中低压段长926.9m，直径9m，高压管采用两级50°斜井布置，洞径8.5m，引水系统采用1洞4机布置。地下厂房长145m，宽21m，高45.6m。安装场设在中间，采用岩壁吊车梁结构，管道至机组为斜向进水的布置。

十三陵抽水蓄能电站由北京勘测设计院承担设计。厂区为砾岩，采用两条引水道的2洞4机(即1洞2机)布置。两条引水道分别长2203m和2234m，水轮机额定水头430m(L/H=5.12/5.2)。引水压力隧洞内径5.2m，高压管道采用两级48°斜井布置。地下厂房长149m，宽20.7m，高44.6m，采用顶拱、边墙锚喷支护及岩壁吊车梁结构。上池采用沥青混凝土简式薄层面板防渗，防护面积为17.8万m^2。

大中型水电站优秀设计、优秀勘察一览

一、全国优秀设计评选情况

自1981年11月至1988年2月，由国家建委和国家计委主持，共计评选过3次全国优秀设计、1次优秀工程勘察。参加评选的大、中型水电站优秀设计项目，均经过设计单位推荐，水利水电建设总局评定、经部批准并上报国家计委，最终由全国评审委员会审定。在以上4次评选中，共评出全国水电优秀设计11项，优秀工程勘察5项，总计16项(见表1)，均为荣誉奖。另外，在1981年11月9日至14日的评选中，还评出石泉、龚嘴、凤滩、猫跳河六级红岩等4座水电站和石门水利枢纽的设计为国家表杨项目。

二、水利水电建设总局评选局级优秀设计、创优设计情况

1983年8月至1986年6月，水利水电建设总局共计评选过3次优秀设计、创优设计、优秀勘探、优质工程等，共评出局优秀设计12项，创优设计13项、优秀勘探2项，总计27项(见表2)。其中创优设计系前期工作中质量优良的阶段性报告，如初步设计报告、可行性研究报告等。此外，1987年5月水利水电规划设计院代部评选出部级优秀工程勘察奖7项(见表3)，并颁发了奖状。

表1　1981年至1987年国家建委、国家计委评选的全国水电优秀设计、优秀勘察项目表

序号	项　目　名　称	获　奖　等　级	设　计　单　位	评　选　时　间
1	刘家峡水电站	国家级优秀设计	原北京勘测设计院，现西北勘测设计院代管	1981年11月9日至14日
2	池潭水电站	国家级优秀设计	华东勘测设计院	1981年11月9日至14日
3	以礼河四级小江水电站	国家级优秀设计	昆明勘测设计院	1981年11月9日至14日
4	丰满泄水洞	国家级优秀设计	东北勘测设计院	1981年11月9日至14日
5	乌江渡水电站	国家级优秀设计	中南勘测设计院	1984年12月5日至7日
6	葛洲坝二江工程(泄水闸、电站)	国家级优秀设计	长江流域规划办公室	1984年12月5日至7日
7	湖南镇水电站	国家级优秀设计	华东勘测设计院	1984年12月5日至7日
8	潘家口水利枢纽	国家级优秀设计	天津勘测设计院	1984年12月5日至7日
9	三门峡特种深水围堰	金质奖	天津勘测设计院	1987年12月1日至4日
10	白山水电站地下厂房工程	金质奖	东北勘测设计院	1987年12月1日至4日

续表 1

序号	项目名称	获奖等级	设计单位	评选时间
11	红石水电站枢纽工程	银质奖	东北勘测设计院	1987年12月1日至4日
12	葛洲坝一、二期工程地质勘察	金质奖	长江流域规划办公室三峡区勘测大队	1987年12月1日至4日
13	乌江渡水电站技施阶段工程地质勘察	金质奖	中南勘测设计院	1987年12月1日至4日
14	潘家口水利枢纽工程勘察	金质奖	天津勘测设计院地质勘探总队	1987年12月1日至4日
15	白山水电站工程一期工程地质勘察	银质奖	东北勘测设计院勘测公司	1987年12月1日至4日
16	大化水电站工程地质勘察	银质奖	广西电力工业局勘测设计院	1987年12月1日至4日

表 2　1983年至1986年水利水电建设总局评选的优秀设计、创优设计项目表

序号	项目名称	获奖等级	设计单位	评选时间
1	乌江渡水电站工程	一级优秀设计	中南勘测设计院	1983年8月25日至9月1日
2	潘家口水利枢纽一期工程	一级优秀设计	天津勘测设计院	1983年8月25日至9月1日
3	碧口水电站右岸泄洪洞工程	二级优秀设计	西北勘测设计院	1983年8月25日至9月1日
4	葛洲坝水利枢纽二江泄水闸工程	二级优秀设计	长江流域规划办公室	1983年8月25日至9月1日
5	二滩水电站可行性研究报告	二级创优设计	成都勘测设计院	1983年8月25日至9月1日
6	水口水电站初步设计	二级创优设计	华东勘测设计院	1983年8月25日至9月1日
7	大藤峡水电站选坝报告	二级创优设计	东北勘测设计院	1983年8月25日至9月1日
8	湖南镇水电站工程	一级优秀设计	华东勘测设计院	1984年11月5日至10日
9	葛洲坝二江电站及开关站	一级优秀设计	长江流域规划办公室	1984年11月5日至10日
10	渔子溪一级水电站沉沙池	二级优秀设计	成都勘测设计院	1984年11月5日至10日
11	岳城水利枢纽抗震加固工程	二级优秀设计	天津勘测设计院	1984年11月5日至10日
12	皋蓝县皮带沟渡槽工程 .	二级优秀设计	兰州水利水电勘测设计院	1984年11月5日至10日
13	红水河规划	一级创优设计	贵阳、中南、广西、东北勘测设计院	1984年11月5日至10日
14	汀江干流水电开发规划报告	二级创优设计	华东勘测设计院	1984年11月5日至10日
15	宝珠寺水电站修改初步设计	二级创优设计	西北勘测设计院	1984年11月5日至10日
16	龙羊峡水电站泄流底孔偏心铰弧形闸门	二级优秀设计	西北勘测设计院	1984年11月5日至10日
17	东风水电站近坝岩溶渗漏研究	二级优秀勘探	贵阳勘测设计院	1984年11月5日至10日
18	铜街子水电站左岸台地土夹石松散体竖井勘探	三级优秀勘探	成都勘测设计院	1984年11月5日至10日
19	白山水电站工程	一级优秀设计	东北勘测设计院	1986年6月17日至21日

续表 2

序号	项 目 名 称	获奖等级	设 计 单 位	评 选 时 间
20	葛洲坝二、三号船闸	一级优秀设计	长江流域规划办公室	1986 年 6 月 17 日至 21 日
21	故县水库过水土石围堰	三级优秀设计	黄委勘测设计院	1986 年 6 月 17 日至 21 日
22	太湖流域治理骨干工程可行性研究报告	一级创优设计	长江流域规划办公室	1986 年 6 月 17 日至 21 日
23	二滩水电站初步设计	一级创优设计	成都勘测设计院	1986 年 6 月 17 日至 21 日
24	天生桥一级水电站可行性研究报告	二级创优设计	昆明勘测计院	1986 年 6 月 17 日至 21 日
25	潘口水电站初步设计	二级创优设计	中南勘测设计院	1986 年 6 月 17 日至 21 日
26	鲁布革水电站地下厂房修改设计	三级创优设计	昆明勘测设计院	1986 年 6 月 17 日至 21 日
27	长江流域水土流失重点县调查综合报告	三级创优设计	长江流域规划办公室	1986 年 6 月 17 日至 21 日

表 3　1987 年水利水电规划设计院代部评选的优秀工程勘察项目表

序号	项 目 名 称	获 奖 等 级	勘 察 单 位	评 选 时 间
1	葛洲坝工程一、二期工程地质勘察	部级优秀工程勘察奖	长江流域规划办公室三峡区勘测大队	1987 年 5 月 25 日至 30 日
2	乌江渡水电站技施阶段工程地质勘察	部级优秀工程勘察奖	中南勘测设计院	1987 年 5 月 25 日至 30 日
3	潘家口水电站工程地质勘察	部级优秀工程勘察奖	天津勘测设计院地质勘探总队	1987 年 5 月 25 日至 30 日
4	白山水电站工程地质勘察(一期工程)	部级优秀工程勘察奖	东北勘测设计院勘测公司	1987 年 5 月 25 日至 30 日
5	大化水电站工程地质勘察	部级优秀工程勘察奖	广西电力工业局勘测设计院	1987 年 5 月 25 日至 30 日
6	红石水电站工程地质勘察	部级优秀工程勘察奖	东北勘测设计院勘测公司	1987 年 5 月 25 日至 30 日
7	乌溪江水库诱发地震监测与预报	部级优秀工程勘察奖	华东勘测设计院勘测公司	1987 年 5 月 25 日至 30 日

(傅华玲、刘效黎供稿)

高拱坝设计技术新发展

郑　顺　炜

新中国成立以来，特别是70年代以来，拱坝发展很快。据1985年末的不完全统计，全国(未包括台湾省，下同)已建坝高15m以上的拱坝超过800座，约占全世界已建拱坝总数的1/4强。其中坝高30m以上的243座，内混凝土拱坝34座，占总数的14%，多系大中型工程；砌石拱坝209座，均系中小型工程。在已建、在建的坝高70m以上的高拱坝中，混凝土的21座，其中1984年以后开工或进行施工准备的5座(见表1)；另有砌石的10座。本文拟着重介绍1984～1988年5年中拱坝及其设计技术的发展情况。

一、5年中高拱坝的发展简况

1984年以前，全国坝高100m以上高拱坝建成的有2座，开工建设的有4座，其中白山(一期)于1986年建成；龙羊峡、东江和紧水滩等3座于1986年下闸蓄水，1987年均开始发电。1984年以后正式开工或开始施工准备工作的有东风、李家峡、隔河岩和二滩等4座，坝高均在150m以上。几年中有这么多高拱坝相继建成或开工，这在我国拱坝建设史上是空前的。

我国拱坝建设坝高已突破200m，逐步迈向世界水平。例如，装机330万kW的二滩水电站，其混凝土抛物线双曲拱坝高240m，按坝高居世界拱坝的第四位，居世界双曲拱坝的第三位。1986年初，二滩初步设计经审查批准，1987年7月开始施工准备工作。这是我国已建、在建中的最高的坝和最大的水电站。与此同时，正在设计的坝高200m以上的高拱坝还有多座，如青海黄河上游的拉西瓦水电站，装机容量372万kW，混凝土抛物线双曲拱坝高250m，其可行性研究报告已于1987年11月经审查通过，现正在进行初步设计。又如贵州乌江上的构皮滩水电站，装机容量200万kW，采用混凝土重力拱坝，高225m，其可行性研究报告已于1988年6月提出，即将于近期内组织审查。此外，正在设计的还有不少高拱坝。所有这些，标志着我国高拱坝建设的勘测设计和科研工作已达到一个新水平，逐步迈入世界先进行列。

二、高拱坝设计新技术

在1984～1988年5年中，随着高拱坝建设的发展，在设计技术方面，也取得了很多新的成就，兹择要简述如下：

(一)枢纽布置和泄洪消能

我国许多河流洪水峰高量大，而拱坝常建于深山狭谷中，加上我国高拱坝又多系大中型水电站，坝址所控制的流域面积较大，这就给枢纽布置和泄洪消能设计带来很大困难，这是我国高拱坝建设的一大特点。通过大量设计研究和科学试验工作，我们已经较好地解决了这一课题，但尚有待于在今后的工程实践中进行检验。

1.拱坝坝身泄洪。与欧洲、日本等国不同，我国多数高拱坝在坝身上设有各种泄洪孔口，且泄量很大。在二滩双曲拱坝上，设置了7个表孔，孔口尺寸为11×11.5m（宽×高，下同），6个中孔，孔口尺寸为6.0×5.5m，表、中孔相间布置，校核洪水情况通过坝身的下泄流量高达16450m^3/s，居世界200m以上高拱坝泄量的第一位。白山和隔河岩重力拱坝，以及东风双曲拱坝，也都采用了类似的表、中（深）孔相间布置方式，相应的坝身最大泄量分别为10470、约24000 m^3/s和约5000m^3/s。

2.在消能方面，多采用挑流消能。表孔常采用自由跌落式、鼻坎挑流式和滑雪道式等。中、深孔则常采用各种挑流鼻坎和滑雪道。除了习用的连续式、差动式和扩散式等挑流鼻坎外，在东江、龙羊峡、东风和隔河岩等高拱坝上，还采用了窄缝式、宽尾墩和多种异形鼻坎等新型消能工。

此外，在高速水流掺气防蚀、挑流雾化及其防护措施、下游消能防冲等方面，也取得了不少新成果。

（二）拱坝的结构型式

5年中我国第一次建成了东江和紧水滩两座坝高100m以上的双曲拱坝。在高拱坝的体型设计方面，出现了“扁平化”的趋势。自白山水电站率先采用三心重力拱坝以后，紧水滩、隔河岩和李家峡等高拱坝相继采用了三心双曲拱坝或三心重力拱坝，二滩和东风水电站则采用抛物线双曲拱坝。在龙滩高拱坝比较方案中，还曾研究过对数螺旋线拱坝。拱坝“扁平化”以后，其最大中心角由以往习用的100°～120°减至80°～90°左右，使拱肩推力方向指向山里，并因而得以改善坝肩拱座的稳定条件，又不会使拱坝的应力状态恶化。这也是这类拱坝日益得到广泛采用的重要原因。

（三）拱坝应力分析

近年来，我国很多单位对常用的拱梁分载法（试载法）进行了研究和改进，主要的有：(1)编制了20多个电算程序；(2)提出了内力平衡法、反力参数法、杆元分载法和动力模态法等新的计算方法；(3)为三心拱坝、抛物线拱坝等编制了电算程序；(4)逐步解决了以往试载法不能计算地震荷载、拱坝分期施工应力等问题。

在拱坝的动、静应力分析中，广泛采用有限元法。常用的单元有壳体单元、四面体组合单元和20结点等参数单元等，同时还引进了SAPV、ADAP等程序。有限元法可以计算位于复杂地基上的拱坝和坝基的应力应变状态以及坝内孔洞应力等。但其应力集中问题不易解决，目前还难以制定应力控制标准，以及需要容量较大的计算机、费用较多等，是其主要缺点。

（四）拱坝体型优化

现已对常用的单心、多心、抛物线和对数螺线拱坝等连续几何模型，根据我国规范的要求确定几何约束、应力约束和抗滑稳定约束条件，以坝的造价（或坝体方量）作为目标函数，采用了有效的近似应力分析方法（如反力参数法、杆元分载法等）和合适的寻优方法

已建和在建的混凝土高拱坝技术特

序号	工程名称	坝　型	坝　高 H(m)	坝顶弧长 L(m)	坝体厚度(m)		厚高比 T/H	弧高比 L/H
					坝顶	坝底(T)		
1	二　滩	抛物线双曲拱坝	240	775	11.0	55.74	0.232	3.23
2	龙羊峡	重力拱坝	178	393.3 [1]	15.0	80.0	0.45	2.21
3	东　风	抛物线双曲拱坝	173	259.35	6.0	27.0	0.176[4]	1.69[4]
4	乌江渡	重力拱坝	165	368	10.0	119.5	0.723	2.23
5	李家峡	三心双曲拱坝	165	430.36	14.0	45.0	0.273	2.61
6	东　江	双曲拱坝	157	442.66	7.0	35.0	0.223	2.82
7	隔河岩	三心重力拱坝	151	648		81.2	0.538	4.29
8	白　山	三心重力拱坝	149.5	676.5	9.0	63.7	0.426	4.525
9	凤　滩	空腹重力拱坝	112.5	487.7		60.74	0.54	4.34
10	紧水滩	三心双曲拱坝	102	350.6	5.0	24.6	0.24	3.44
11	石　门	双曲拱坝	88	260.0	5.0	27.27	0.31	2.95
12	响洪甸	重力拱坝	87.5	367.6	6.0	39.0	0.45	4.20
13	泉　水	双曲拱坝	80	140.34 [1]	3.0	9.0	0.112	1.75
14	流溪河	双曲拱坝	78	255.52	2.0	24.0	0.31	3.275
15	王屋山	双曲拱坝	77.3	105.45	1.6	12.0	0.178[4]	1.567[4]
16	陈　村	重力拱坝	76.3	419.0	8.0	53.25	0.70	5.49
17	雅溪一级	双曲拱坝	75.0	181.0	3.5	25.9	0.345	2.41
18	里石门	双曲拱坝	74.3	264.3	4.0	15.5	0.208	3.46
19	大山口	重力拱坝	71.0	212.0	5.0	25.0	0.347	2.94

注:(1)龙羊峡的坝顶总长度为1223m,这里列出的是顶弧长度,以下同;(2)乌江渡在1972～1973年曾停建;(3)白山二期电站位于左岸坝下,共装2台单机30万kW的机组,建成后白山的总装机容量将达150万kW;(4)按拱圈部分高度计算得出,计算时东风取153m,王屋山取67.3m;(5)广东省龙门县的天堂山混凝土双曲拱坝,高72m,1981年开工,坝基开挖后已缓建。

性表(坝高 70m 以上,按坝高排列)

最大中心角(度)	总库容(亿 m^3)	装机容量(万 kW)	坝体混凝土量(万 m^3)	泄洪方式(孔数—孔口宽×高,m)	建设年代
91.49°	61.8	330	413.8	坝身中孔 6-6 × 5;表孔 7-11 × 11.5;右岸泄洪洞 2 条 13 × 15	1987 年准备
85°01′39″	268.0	128	157	坝内中孔 1-8 × 9;深孔 1-5 × 7;底孔 1-5 × 7;右岸陡槽式溢洪道 2-12 × 17	1976 ~ 1987 发电
94.1°	10.25	51	48.2	坝身表孔 2 ~ 3;中孔 2-5 × 6 和 1-3.5 × 4;左岸溢洪道 1-15 × 20;左岸泄洪洞 1-12 × 20	1984.10 准备
25°24′	23.0	63	188	坝顶表孔 6-13 × 19;中孔 2-4 × 4;左右岸各一泄洪洞φ 9;右岸放空洞φ 7	1970.4 ~ 1983.12
	17.2	200	105	左侧表孔 1-17 × 18;右侧中孔 1-8 × 9 底孔 1-5 × 7	1986 年准备
95°7′20″	91.5	50	~ 9.60	右侧 2 座、左侧 1 座滑雪道式溢洪道 3-10 × 7.5;右岸一级泄洪洞	1978.3 复工~ 1987 发电
	37.7	120	~ 237	坝顶表孔 7-12 × 18.2;深孔 4-4.5 × 6.5	1987 年准备
80°21′	68.1 一期	90^3 一期	163.3	坝上表孔 4-12 × 13;深孔 3-6 × 7	1975 复工~ 1986 末一期完工。二期 90 万 kW 正在施工中
115°	17.15	40	117.0	坝顶表孔 13-14 × 12;中孔 1-6 × 7	1970.10 ~ 1979
83°6′6″	13.93	30	30.0	坝身两侧各设浅孔 1-8.6 × 8 和中孔 1-7.5 × 7	1981 开工~ 1988.5
129°	1.1	4.12	20.0	坝身大孔口 6-7 × 8	1969.10 ~ 1973.3 大坝峻工
117°	26.32	4.0	28.0	右岸泄洪洞φ 7m	1956.4 ~ 1958.7 大坝竣工
101°24′	0.22	2.4	5.7	两岸坝肩溢洪道共 4-9 × 6.5	1970.5 ~ 1979
120°	3.64	4.2	13.0	坝顶 7-11.5m 宽,无闸门,右岸泄洪隧洞	1956.8 ~ 1958.8 大坝竣工
114°	0.694		4.0	右岸溢洪道,宽 50m,无闸门	1971 ~ 1975
	24.76	15.0	70.0	两侧坝顶溢流孔 4-12 × 6;中孔 1 个φ 7m,门 5.5 × 5	1969 复工~ 1978
115°30′	0.29	0.64	13.0	坝顶表孔 6-10 × 3.2	1970.9 ~ 1977
134°	1.99	0.60	12.0	坝顶表孔 8-10 × 5.1;泄洪孔 1-3 × 3	1973.7 ~ 1978.9
100°	0.25	8.0	19.3	坝顶表孔 7-10 × 3.5;底孔 1-5 × 5;泄洪洞	1985 准备,在建

(如快速边界搜索法、罚函数法、复形法和系列二次规划法等)，编制了拱坝体型优化的通用电算程序。这些优化程序在几何模型和求解方法等方面均具有我国特色，并已成功地在20多座拱坝设计中应用，取得了较为满意的效果。我国在拱坝优化的工程应用方面已居领先地位。

(五)高拱坝的最大允许压应力

我国混凝土拱坝的最大允许压应力是随着拱坝设计施工水平的提高而不断提高的。50年代，设计流溪河拱坝时为4.3MPa，60年代和70年代初，一般控制在5～6MPa(石门、白山、泉水等)，近年来已增至7.6MPa(东江)，二滩等200m以上的高拱坝则已超过8MPa。

(六)拱座稳定和坝基处理

确保拱座稳定是拱坝设计中的关键课题之一。设计时常采用刚体极限平衡法来评价拱座的稳定性，并辅以有限元法(从平面线性分析到三维非线性分析)和地质力学模型试验(如二滩、龙羊峡和紧水滩等高拱坝)。在这方面，已编有多种电算程序和拥有一定的模试经验。

在龙羊峡重力拱坝坝基中，共进行了12万m^3的混凝土置换，居我国第一位。同时，还对其坝肩断层破碎带进行了高压灌浆处理，在我国混凝土坝基础断层处理中首次采用了6MPa的高压，总灌浆量约50000m，灌后使断层破碎带的变形模量由1000MPa提高到5000MPa，，单位吸水率一般可降低到0.001L／min.m.m以下，效果良好。

(七)拱坝设计规范

在总结国内外拱坝建设经验的基础上，水电部于1985年正式批准颁发了《混凝土拱坝设计规范》(SD145−85)。它是我国第一本拱坝设计规范。该规范对拱坝的枢纽布置、泄洪消能、坝体应力分析、拱座稳定和温度控制等方面都作了必要的规定，将对今后的拱坝建设起到推动和指导作用。

(八)其他

除了上述七个方面外，需要指出的是，5年中，我国在拱坝抗震分析和抗震模型试验、坝前断层对拱坝应力和变形的影响、原型观测设计及其成果等方面都取得了新的成果；在拱座稳定分析中引进了浮值法；对拱坝的可靠度分析和地应力对拱座稳定的影响等方面也进行了有益的研究和探讨。与此同时，在设计中也已开始进行用碾压混凝土修建重力拱坝的研究。1988年开始进行施工准备的贵州普定水电站的重力拱坝，高75m，是我国第一座碾压混凝土拱坝。

混凝土面板堆石坝设计技术新发展

蒋　国　澄

一、情况概述

混凝土面板堆石坝具有断面小、施工方便、导流简化、安全性好、工期短、造价低等优点，因而受到坝工建设界的日益重视。

早期的面板堆石坝在30年代国外就相当普及，采用的是厚层抛填辅以高压水冲洗的方法填筑堆石体，由于其密实度不高，变形量大，常因面板断裂或接缝张开而引起大量漏水，影响坝的正常运行，因而在40～50年代几乎没有发展。随着振动碾的推广应用，以薄层碾压堆石代替厚层抛填，可以得到密实而较少变形的堆石体；且接缝的止水结构和材料日益完善，基本上消除了面板裂缝及接缝张开所导致的严重渗漏问题，因而在60年代以后又重新兴起，并向高坝发展，成为一种极有发展前途的新坝型。

国外目前已建成的混凝土面板碾压式堆石坝中，坝高在100m以上的有12座，最高的是巴西的阿里亚坝，坝高160m，库容61亿m^3，电站装机容量251万kW。正在设计中的多座面板坝高度达到180～210m。我国建设混凝土面板坝起步较晚，但发展很快。目前正在施工的有7座(见表)，其中最高的是湖北西北口水库大坝，高95m；较早建成的是辽宁关门山水库大坝，1986年6月开工，1988年12月建成。

国内正在设计的混凝土面板堆石坝大型工程为天生桥一级水电站。该电站坝高180m，坝顶长1187m，上下游边坡均为1∶1.4，坝体积1975万m^3，混凝土面板面积为16.8万m^2，水库库容90亿m^3，装机容量为120万kW。坝体堆石主要为灰岩，也利用部分较软弱的砂岩泥岩混合料。这个工程已列入国家“七五”计划，近期即将动工修建。与土质心墙方案相比较，可以节省投资1.5亿元，缩短工期1年，经济效益十分显著。贵州乌江上游的洪家渡(坝高173m，装机容量54万kW)和广西红水河上的龙滩(坝高190～210m，装机容量500万kW)两座大型水电工程，混凝土面板堆石坝分别作为主要方案之一在进行研究比较中。

二、设计技术水平

目前面板坝的设计基本上还是经验性的，很大程度上是以工程类比和工程师的经验与判断为基础的。我国通过第一批面板坝的工程实践，已积累了自己的经验，特别是对关系到工程成败的一些细部构造问题，有了较深的认识，并在设计理论方面做了不少有益的探索。主要归纳介绍如下。

(一)坝体材料

1.坝体堆石料。分层碾压的堆石要求有良好的级配和一定的细料含量，以达到密实而较少变形的堆石体。通过多次爆破试验，已能取得最大粒径不超过 50 ～ 60cm、不均匀系数为 10 左右、小于 5mm 的细料有一定含量的石料。对石料品质要求也不十分严格，抗压强度在 25 ～ 30MPa 的就可以正常使用，软岩石在很好压实并放在适当部位的条件下，也可以尽量使用。坝轴线以下部位的堆石质量可低于坝轴线以上部位。

2.过渡料。将料场开采的堆石毛料中剔除大于 30cm 的大石后，即可作过渡料使用；也可从料场中用微差挤压爆破技术一次爆出符合过渡料要求的毛料。

3.垫层料。垫层料一般要求是最大粒径不超过 8 ～ 10cm，连续级配，细料含量 30％～ 40％，渗透系数为 10^{-3}cm／s量级。铺设后除水平碾压外，还需进行斜坡碾压，使直接支承面板的垫层料压实。

坝体、过渡料、垫层料都可采用天然砂砾料，但要达到一定的质量要求。河床冲积层中如无软弱夹层，本身又很密实，则在坝底下部分可以不挖除。

堆石坝坡一般为 1∶1.4，软岩石和砂砾石一般为 1∶1.5 到 1∶1.6。

(二)趾板及地基处理

趾板的作用主要是防渗，通过趾板将面板和地基中的防渗帷幕连结成一道完整的防渗线。趾板常放在可灌浆的、坚硬的和不冲蚀的岩基上，底部进行铺盖式固结灌浆和帷幕灌浆，并用锚杆锚固在地基上。趾板宽度视地基情况而定，对新鲜坚硬基岩，可采用水头的 1／20 到 1／25，而对风化岩石只能用到水头的 1／6 到 1／9。最小宽度为 2 ～ 3m。

由于面板坝的渗径较短，应特别防止地基中的泥化夹层被冲蚀。如遇到有横穿趾板线的泥化夹层，应采用喷混凝土等方法以延长渗径，下游用反滤层保护，与趾板接触面做混凝土塞等予以妥善处理。

趾板厚度一般为 0.4 ～ 0.6m，配单层双向钢筋，每方向含钢率过去常用 0.4％～ 0.5％，现在有少到 0.3％的。对长度方向的分缝，以前是事先设计好的，现在有的坝是由承包商视施工方便而定。缝面的止水设施现在有简化的趋势，有的只将钢筋通过

国内已建、在建混凝土面板堆石坝主要特征表

序号	坝　名	建设地点	坝　高(m)	坝顶长(m)	坝体积(万 m^3)	面板面积(万 m^2)	堆石料岩性	库　容(亿 m^3)	装机容量(万 kW)	完工年月
1	西北口	湖北宜昌	95	222	172	2.39	白云质灰岩	2.1	2.0	施工中
2	成屏一级	浙江遂昌	75		72	1.58	凝灰岩熔岩	0.52	3.8	施工中
3	株树桥	湖南浏阳	78	279	86		灰岩、板岩	2.3	2.4	施工中
4	沟　后	青　海	70	252	90		砂砾石			施工中
5	小干沟	青海格尔木	60	120	30		砂砾石	0.1	3.2	施工中
6	龙　溪	浙江天台	60	140	30	0.71	熔结凝灰岩、凝灰岩	0.25	1.6	施工中
7	关门山	辽宁本溪	58.5	183.6	44	0.82	安山岩	0.81	0.12	1988.12

缝面，而不设止水，按施工缝处理，运行情况也很好。

(三)混凝土面板及接缝

面板混凝土的耐久性和抗渗性比强度更为重要，一般28天抗压强度20MPa就够了，同时要掺引气剂、减水剂及火山灰等，以改善施工性能及耐久性。

面板用竖向缝分成条块状，一般宽度为12～15m，用滑模沿斜坡滑升浇筑。结构上不要求设水平缝，可按施工需要设置，并将纵向钢筋通过，做施工缝处理。面板厚度一般是顶部厚0.3m，以下按mH的比例增加(m为系数，H为坝高)。以前的抛填堆石坝m值用到0.0067，现代碾压堆石坝已减到0.002～0.003，而且还有减薄的趋势，如中低坝用0.25～0.30m的等厚面板，对100m以上高坝用0.001～0.002的增量。面板配筋过去是双向各0.5%，现减为0.35%～0.4%。配筋是防止温度裂缝，而不是结构需要。对面板最重要的是做好各类接缝的细部构造设计和选用合适的止水材料。面板与趾板连接处的周边缝将承受三向变形，现在的实践是以确保缝面张开后仍能保持止水性能。具体做法是由缝底部的止水铜片、中部的塑胶止水及缝面的柔性封缝材料，组成三道防线，另加上游的粘土铺盖及下游的反滤垫层起辅助防渗作用，因而运行上是安全可靠的，改变了过去常出现的沿周边缝的渗漏问题。面板的竖向缝在靠近岸坡处受张拉，而河床部分受压缩，应做不同处理。张拉缝按周边缝同样处理，而受压缝的止水可以简化。面板坝坝顶设3～5m的防浪墙，现在已成为一项常规的设计，它可以节省堆石量，并使防浪墙底坝体顶部有足够宽度，作为滑模浇筑的场地。

(四)渡汛

施工期渡汛有两种方案。截流后第一个汛期堆石体还达不到挡水高程时，可安排在坝面过水；而在坝体上升到一定高程后，可以在上游面作保护面层后临时挡水。西北口水库面板坝在这两方面都有实际经验。

上游面作喷混凝土保护层，不单是作渡汛挡水之用，也可在施工期保护坝坡不被雨水冲蚀和人工损坏。关门山水库面板坝用低标号砂浆铺设护面，也取得了成功。

(五)设计计算工作

国外面板坝目前都参照已有经验设计，不做或很少做计算工作，国内却对面板坝的静力和动力分析做了不少试验研究：用大型三轴仪等设备测定堆石料的设计参数；用有限元法进行面板坝的动静力分析，并编制了相应的计算程序，可以考虑三向效应、不同材料的刚度差异、实际的应力途径等问题，为设计提供了不少可供应用的成果，但尚缺少实践论证。

(六)原型观测

国内面板坝也很重视原型观测，除一般土石坝原型观测设备外，还专门研制了观测接缝开度的三向测缝计、量测面板挠度的斜面测斜仪等新设备。除监测大坝安全外，还可以积累资料，作为一项直接经验来源，丰富设计实践。

风化料防渗体土石坝技术新发展

杨　荫　华

一、前　　言

什么叫风化料，目前尚没有统一的严格定义。众所周知，土是岩石经受气候、水、生物等的作用逐渐风化而成。在岩石转变为土的过程中，按其风化程度的不同，将风化岩层分为全、强、弱、微四级。风化料一般是指不需爆破或仅用松土器松动或松动爆破后，能够用挖土机、推土机等直接开挖的全风化岩。开挖后形成细粒土和砾石、碎石等混合的松散体，经过压实，渗透性能满足坝体防渗需要的就可作土石坝的防渗料。

自60年代以来，美国、日本等国有一些高土石坝的防渗体是用风化料填筑的，如美国的特里尼提(Trinity)坝和新美浓(New Melones)坝，坝高分别为164m和190.5m；日本的鱼梁濑坝和濑户坝，坝高分别为115m和111m，都是用风化料作的防渗体。在我国，过去有许多坝的坝壳和一些均质坝坝体也使用了风化料，但对高坝防渗体一直没有使用。从1983年起，在鲁布革等高土石坝的设计、研究工作中，才开始考虑采用风化料作防渗体。

鲁布革心墙堆石坝坝高103.5m，最初，心墙土料选用残积红土，运距13.7km，天然含水量高出最优含水量8％～10％，压缩性又稍高。为了解决高含水量土料施工的困难和减小坝体沉陷量，曾考虑采取翻晒土料和掺入40％的风化白云岩砂砾石的措施，但由于运距远，且翻晒和掺料都很费工费钱，实施起来有困难。为此，从1983年开始研究采用坝址附近的风化料作防渗体的可能性。通过一系列室内外的试验研究，认为只要料场选择和施工方法得当，用风化料作坝的防渗体是完全可以满足要求的。因此，于1984年决定放弃原红土料场，改为采用位于坝址上游仅3km的风化料填筑心墙。由于运距短，施工工艺简化，从而大大降低了造价，加快了施工进度。与此同时，天生桥一级高坝和龙滩坝在勘测设计坝型比较过程中，也曾进行了用风化料作防渗体的试验研究工作。

二、风化料的物理力学性质

(一)鲁布革风化料

鲁布革风化料母岩以泥质粉砂岩为主，夹薄层页岩及中厚层石灰岩、石英砂岩。表层为坡残积层，层厚2～3m；以下为全风化岩层，分3个亚层，由上而下，顺序为全风化土状砂页岩，层厚3～5m；全风化碎块状砂页岩，层厚2～5m；全风化块状砂岩，层厚1～3m。各层天然含水量与最优含水量比较见表1。

施工期从坝体固定断面和间隔高程取样，7组试样物理力学性质平均值见表2。

截至1987年，心墙质量控制检验，测得平均压实度(D)为0.977，压实度最大值

表 1　各层土的天然含水量与最优含水量

土　层	天然含水量 w_o(%)	天然干密度 ρ_{do}(t/m^3)	最优含水量 $w_{o\rho}$(%)	最大干密度 ρ_{dmax}(t/m^3)
坡残积层	40.9	1.33	37.3	1.30
全风化土状	34.9	1.44	34.5	1.37
全风化碎块状	28.2	1.58	31.0	1.46
全风化块状	24.7	1.70		
4 层平均	33.2	1.48	32.7	1.42

表 2　鲁布革风化料防渗施工期坝体原状试样试验成果

物理力学性质指标	天然含水量 w(%)	天然干密度 ρ_d(t/m^2)	比重 Gs	液限 w_l(%)	塑限 W_p(%)	塑性指数 I_P(%)	大于 5mm 颗粒含量 (%)	小于 0.005mm 颗粒含量 (%)
平均值	29.7	1.49	2.84	48.4	33.9	14.5	30.1	22.7

击实		渗透系数	压缩系数	抗剪强度			
$w_{o\rho}$ (%)	ρ_{dmax} (t/m^3)	K(cm/s)	a_v(kPa)$^{-1}$ (p=0.1MPa～0.2MPa)	φ_{cu} (°)	C_{cu} (kPa)	φ' (°)	C' (kPa)
27.3	1.53	1.5×10^{-6}	0.0001	12.8	111	31.5	40

1.036，最小值 0.954，压实度大于 0.96 者占 98.3%。

(二)天生桥风化料

天生桥一级高坝在坝型比较阶段曾研究过心墙堆石坝方案。该心墙防渗土料原来也曾选择残积红土，运距达 30～40km。1983 年开始研究使用风化料，料场运距仅 3～5km。其红土和风化料的物理力学性质对比如表 3。

(三)龙滩风化料

风化料分布于坝址 7km 范围内河谷两岸的山坡上，土层自上而下分为 3 层：(1)表层残积土，为含砾粘土，一般层厚 3m；(2)全风化砂页岩，层厚 7～10m，爆破开挖后成为含有大量软弱块体的土石混合料，粗料(大于 5mm)含量 35%～85%；(3)强风化砂页岩，爆破开挖后，一般均为小于 15cm 的碎块，块体抗压强度 21.5～53.4MPa。现将全风化砂页岩的物理力学性质列如表 4。

将(1)(2)(3)3 层土按 2∶5∶3 比例混合，进行击实试验。试验前粗粒含量为 63%，试验后粗粒含量为 48%，最优含水量(wop) 14.7%，最大干密度 1.842t/m^3，渗透系数 2.5×10^{-6}cm/s。

三、结　语

从鲁布革、天生桥、龙滩等 3 个工程的试验研究成果及鲁布革土石坝实际填筑经验

表 3　天生桥红土和风化料的物理力学性质对比表

物理力学性质指标	天然含水量 w_o(%)	天然干密度 ρ_{do}(t/m^3)	比重 G_s	液限 w_l(%)	塑限 w_p(%)	塑性指数 I_p(%)	击实 最优含水量 w_{op}(%)
残积红土	36.1 ~ 48.8	1.15 ~ 1.31	2.72 ~ 2.84	58.6 ~ 84.9	33.0 ~ 40.0	25.6 ~ 44.9	3.05 ~ 42.7
风化料	20.1 ~ 24.2	1.55 ~ 1.67	2.73	25.6 ~ 37.0	17.0 ~ 23.2	9.5 ~ 13.8	17.0 ~ 17.8

击实 最大干密度 P_{dmax}(t/m^3)	粗粒大于5mm含量 P_5(%)	渗透系数 K(cm/s)	压缩系数 a_v(kPa)$^{-1}$ p=(0.1MPa ~ 0.2MPa)	抗剪强度 φ_{cu}(o)	C_{cu}(Kpa)	φ'(o)	C'(Kpa)
1.23 ~ 1.41	0	1.52×10^{-5} ~ 2.57×10^{-7}	0.00011 ~ 0.00033	13.8 ~ 16.0	37 ~ 75	26 ~ 30.5	0 ~ 25
1.75 ~ 1.78	40 ~ 50	1.02×10^{-5} ~ 7.59×10^{-7}	0.00005	30.6	56	35	40

表 4　龙滩全风化砂页岩层平均物理力学性质表

物理力学性质指标	天然含水量 w_o(%)	天然密度 ρ(t/m^3)	比重 G_s	液限 w_l(%)	塑限 w_p(%)	塑性指数 I_p(%)
全风化砂页岩层	11 ~ 22	1.88 ~ 2.05	2.72	29 ~ 36	18 ~ 22	10 ~ 15

击实 最优含水量 w_{op}	击实 最大干密度 ρ_{dmax}(t/m^3)	渗透系数 K(cm/s)	抗剪强度 φ_{cu}(o)	C_{cu}(kPa)	φ'(o)	C'(kPa)
19.5 ~ 14.5	1.80 ~ 1.91	1 ~ 2 × 10^{-5}	21.5	36	34.5	14

看，充分说明这些风化料的防渗性、压缩性和抗剪强度等都能满足作为填筑大坝防渗的要求，是一种优良的防渗料，而且一般具有运距近、天然含水量适宜等优点。过去，我国在土石坝防渗体选料方面，局限于细粒粘性土。这样，在南方广大地区修建土石坝工程经常遇到两个问题：(1)南方地区细粒粘性土主要是地表残坡积土，土层较薄，下部便是风化岩，因此有的坝难以找到足够的防渗土料，有的坝虽有足够防渗土料，但运距很远，高土石坝需要的防渗料方量大，问题就更为突出；(2)南方地区的表层残积土一般天然含水量远高于最优含水量，必须降低含水量才能使用，由于气候潮湿多雨，处理含水量的工作非常困难。但是南方地区由于气温高，雨量充沛，残积土下面的岩体风化较深，一般坝址附近有大量风化料，且多分布于山坡上，本身天然干密度又较高，一般天然含水量比较适宜，没有处理含水量问题。因此，突破采用风化料作防渗体这个禁区，将会促进我国高土石坝技术的进一步发展，且其经济效益也是很显著的。

地下厂房及隧洞设计技术新发展

蔡　为　武

一、地下厂房设计新技术

1983～1988年期间，新建成的地下厂房不多，主要有白山和鲁布革水电站。白山电站装机容量90万kW(3×30)，主厂房开挖尺寸121.5×25×54m；鲁布革电站装机容量60万kW(4×15)，主厂房开挖尺寸125×18×38.4m。但正在施工和设计中的地下厂房却较多，其中施工中的大型地下水电站有8座，设计中的有20多座。施工准备中最大的地下厂房为四川二滩水电站，装机330万kW(6×55)，主厂房开挖尺寸192×26×72m；其次为广东抽水蓄能电站地下厂房，装机120万kW(4×30)，主厂房开挖尺寸145×22.3×45.6m。设计中最大的为广西龙滩水电站，装机350～400万kW。此外，还有不少扩建水电站也大多采用地下厂房。所有这些标志着我国地下厂房设计、施工技术的迅速发展。

地下厂房厂址的选择，一般根据枢纽水力和机电要求、厂顶洞探和钻探成果、地质断裂面统计以及地应力场等选定，一般多避开地应力集中部位(如高山峡谷的岸边等)，选用覆盖岩层较厚而地应力稳定、地质较好的厂址；但也有一些厂房则根据布置要求选用覆盖岩层较薄的厂址。如1969～1972年建设的回龙山地下厂房，装机7.2万kW(2×3.6)，厂房两端均位于半风化岩体内，局部覆盖岩层厚度不到2倍宽度，因距地表很近，仅用19个月即完成开挖与浇筑工作，运行良好。新开工的李家峡电站为重力拱坝坝后窑洞式厂房，有一段在风化带中，最大埋深不超过2.5倍宽度。经论证，拱推力对厂房围岩的影响不大。这种较浅的布置对施工比较方便。

厂房布置一般多为主副厂房、变压器兼开关站洞室、尾水调压井等三排洞室组成。通常颇多利用导流隧洞作为尾水洞。主厂房过去多为正面进水，鲁布革水电站改为斜向进水，使厂房跨度由23m减少至18m。这一新的布置目前正在逐步推广中。

近年来，地应力测量及有限元地应力场回归分析有很大发展。由于地质条件较好，且积累了足够的设计、施工经验和试验计算理论，5年中新建的地下厂房均利用弹(粘塑)性理论，根据实测应力回归分析求得的地应力场，选取合理的洞室群布置、洞形选择、锚喷支护与分期开挖支护顺序，使围岩尽量少受扰动，基本上不再采用混凝土衬砌。

吊车梁布置在70年代前大多采用常规梁柱式，仅回龙山水电站采用岩台式，潭岭和镜泊湖电站扩建新厂采用肋拱悬吊式。80年代，白山水电站尾水闸门室改用锚着式悬臂牛腿支承吊车梁；鲁布革水电站地下厂房主厂房与变电站则更进一步采用悬臂式吊车梁，施工方便，运行安全。

在施工方面，鲁布革电站地下厂房采用多导洞、多工作面、多层次平行作业的大规模机械化施工，仅用2年时间即基本完成厂房洞室群开挖。白山、鲁布革电站利用变形观测及应力观测及时对变形过大部位补加锚固措施，防止了事故，加快了施工进度。关于地下工程的锚固，现在大多采用砂浆锚杆，包括长达10m以上的大锚杆，较国外常用的岩石锚栓、预应力锚束等，施工简便及时，费用低廉，运用安全；但对个别严重部位，也还使用预应力锚束，以策安全。

我国地下厂房设计目前存在的主要问题是：勘测试验与科研工作量偏大，工作周期过长，费用过高；岩石力学理论分析水平很高，但对岩体稳定和地下工程设计施工尚缺少综合经验；总体布置和施工组织设计中对施工干扰（包括洞群间相互干扰、进水口和尾水洞对筑坝的干扰及土建安装干扰等）和简化混凝土模板和浇筑施工等注意不够；地下厂房特有的通风、排水、防潮、防火、防烟等系统布置和细部结构的研究也不够，等等。这些，都需要今后根据设计、施工运行经验不断改进和完善。

二、混凝土隧洞衬砌新技术

白山水电站1#压力管道除下游端钢衬段外，其余均由原设计的钢筋混凝土衬砌改为高压群孔灌浆预应力混凝土衬砌。

预应力混凝土衬砌设计工艺为：在回填灌浆后，自衬砌表面钻深入岩体3m的固结灌浆孔，每排12～14孔，排距2.5～3.0m。灌浆之前，先用清水向群孔同时压水，压力达2.0MPa，使衬砌与围岩脱开；然后降压改灌灰浆，压力达2.0～2.5MPa，灰浆由稀改浓，直至0.6∶1。当吸浆量在0.2l/min以下时改用稀浆，在2.0～2.5MPa压力下并浆2小时结束。经观测：灌浆时衬砌与岩壁间实际作用压力约为灌浆压力60%左右，但分布并不均匀；衬砌所受预应力达不开裂需要预应力的2～3倍；试验洞在3年内预应力基本没有变化，1#洞原型观测在1年内仅因温度变化而松弛8%，预计多年后的预应力仍将超过不开裂所需预应力的1倍以上。灌后内壁干燥，质量良好。

该电站3#引水洞斜管段原为普通钢筋混凝土衬砌，因施工质量欠佳，又距水库较近，漏水颇多。先后用固结灌浆、氰凝灌浆均未见效，最后改用上述群孔高压灌浆工艺，灌浆压力2.0MPa，堵住了所有渗漏，质量良好。1#与3#洞至今已运行4年多，情况良好。

白山水电站这种全圆环高压群孔灌浆预应力混凝土技术，比国外机械式预应力、内外层衬砌灌浆预应力或环形管灌浆预应力技术等，具有施工简单可靠、造价低、结构简单、预应力损失少等优点，达到国际先进水平。

太平哨水电站引水隧洞为方圆形断面，边墙和顶拱采用光面爆破不加衬砌，仅对不够稳定的岩体局部锚喷支护。底板则不再清基，仅清碴至预留底板厚度后，直接在碴床上浇20cm厚的混凝土板。板块尺寸达10.2×40m，与边墙和相邻底板间设联结筋，运行情况良好。既节省了底部清基工作，又节省了超挖引起的超浇混凝土，提前了工期，节约底板造价约40%。

安康水电站三大技术难题的处理措施

林　可　冀

安康水电站设计工作于1970年开始，1973年完成初步设计，1978年正式开工。由于汉江是一条大洪水河道，加之坝址区复杂的地形、地质条件，在工程施工中发现三大技术问题——泄洪消能、高边坡稳定和大坝深层滑动——比预计的更为严重。这就要求设计在导流工程已基本定局的条件下，对有关工程布置作进一步的优化和修改，这对设计和施工均存在相当大的困难。但经过设计、科研和施工三方协同努力，尽量采用国内外先进技术和科研成果，在技术上取得了突破，较满意地解决了上述技术难题，提出了安全有效并可付诸实施的工程措施。

一、采用新型消能工解决泄洪消能问题

安康水电站洪水流量大，设计和校核洪水流量分别为36700m^3／s和45000m^3／s；相应的下游河道单宽流量为150m^3／s和200m^3／s；且河道弯曲，岩性软弱，河槽抗冲能力低，泄洪消能问题很复杂。设计中曾先后研究过挑流、面流、消力戽、戽式消力池以及底流消能等方案，但结果均不理想，主要表现在消能不够充分，下泄水流顶冲右岸，造成右冲左淤以及严重的回流和尾水波动，影响电厂的安全运行和航道的畅通。为解决这一问题，设计和科研做了大量的试验研究工作，从过去的单一性消能措施改为综合手段，在优化布置的同时，大胆采用宽尾墩、折流墩和异型鼻坎等新型消能工，取得较好效果。现分述下。

(一)采用宽尾墩消能

由于表孔溢流坝下游消力池池长受下游围堰的限制，其长度仅为按正常二元水跃计算所需长度的2／3。采用宽尾墩后，过坝水流因受宽尾墩的侧收作用形成一窄高水舌，掺气充分，进入消力池后产生强烈的三轴漩滚，使消力池内消能率提高，下游流速降低，从而大大地减轻了河床冲刷和尾水波动。消力池底板的动水压力也因池内水深增加，水垫的作用使底板荷载和不采用宽尾墩时基本一致。这一新型消能措施可缩短消力池长度1／2～1／3，经济效益甚大。

(二)采用折流墩消能

中孔溢流坝下游消力池中布置有垂直升船机排架，消能问题更为复杂。因为除了要考虑消力池本身的消能效果外，还要兼顾排架结构在水流强紊动区的抗震问题，类似结构在国内外均有破坏实例。这一问题的解决，是研究采用了另一种新型消能设施—折流墩。这是对宽尾墩的进一步发展。过去对过坝水流消能、立足于“顺”，即尽量使水流均

匀平顺，接近理想的二元流，避免急流冲击波的产生；而折流墩的设计思路则是反其道而行之，立足于“乱”。设置折流墩使过坝水流产生侧收、折冲现象：一方面加强池内水跃漩滚；另一方面控制水流折冲波的流向，使之偏离升船机排架基础，减轻动水压力。北京水利水电科学研究院在进行这一消能工的研究时，将优化高速水流的消能布置和升船机排架水弹性振动问题结合在一起研究，在一个模型上同时解决两个不同性质的复杂课题，这在水工模型试验研究的历史上还是第一次，是一项达到国际水平的科研成果。

（三）采用异型鼻坎消能

安康水电站的过坝洪水从河床通过并以消力池消能占 60 % 左右，其余 40 % 仍将通过底孔和岸边溢洪道用挑流消能。这一部分洪水如不采用适当消能措施，仍将造成下游不利的冲刷。我们根据不同的泄流条件进行体型的优化试验，岸边溢洪道采用不对称的窄缝式鼻坎，右底孔采用曲面贴角斜鼻坎。以上两种鼻坎有利于水流的纵向扩散和水舌转向，非常适合狭谷弯道地形，有效地控制了回流。左底孔位在河心，因此采用缩短边墙以利水流横向扩散的鼻坎，效果良好。

二、坝基深层抗滑稳定的处理措施

安康水电站混凝土重力坝最大坝高 128m，按Ⅰ级挡水建筑物设计，坝址地质为震旦纪千枚岩，主要成分为绢云母、绿泥石和少量石英，岩石易风化，质地较软，饱和抗压强度 40 ～ 60MPa，经初步设计的地质勘探和技施阶段所进行的大型过河平硐的补充勘探，查明坝基内存在若干影响大坝稳定的平缓构造，需进行特殊的工程处理。为此，首先对不同典型坝段进行深层抗滑稳定分析，根据地质勘探所提供的坝基断层产状和力学参数，用刚体极限平衡法和平面非线性有限单元法进行计算；此外配合进行光弹和脆材模型试验。根据计算和试验成果，采用如下工程处理措施：

1．厂房坝段深层抗滑稳定采用在坝趾开挖大齿槽以截断众多的缓倾构造面，槽宽 30 ～ 40m，底面深至 210m 高程（见图 1）。

2．表孔坝段采取综合措施，首先结合坝趾断层处理形成小齿槽，其次利用下游消力池底板增加坝的抗滑力，并在平缓断层的帷幕附近设一条宽 5m 的混凝土硐塞（见图 2）。

3．中孔坝段由于布置了导流底孔，对坝基缓倾角断层无法进行明挖处理，设计采用 5 条混凝土硐塞，每条宽 5m（见图 3）。

以上 3 项措施中之 1、2 项已完成。中孔硐塞目前正在紧张施工，计划 1989 年 4 季度工程下闸蓄水前可完成。处理后的坝段均能满足设计要求。整个处理工程难度很大，在我国建高坝的历史上开创了一个复杂软弱地基建坝的先例。

三、高边坡稳定处理

安康水电站坝址河谷狭窄，需在两岸进行大量开挖方能满足溢流坝段和厂房的布置要求。因此形成两岸的高边坡，左岸边坡高度在 80m 以上，右岸则高达 200m。两岸岩石风化较深，构造发育，由于断层裂隙的切割，形成许多不稳定岩体。随着向下劈坡，这些不稳定体的基脚被切断临空，边坡有失稳的危险。根据两岸的不同情况，分别采取以下措施：左岸上部结合开挖清除部分不稳定

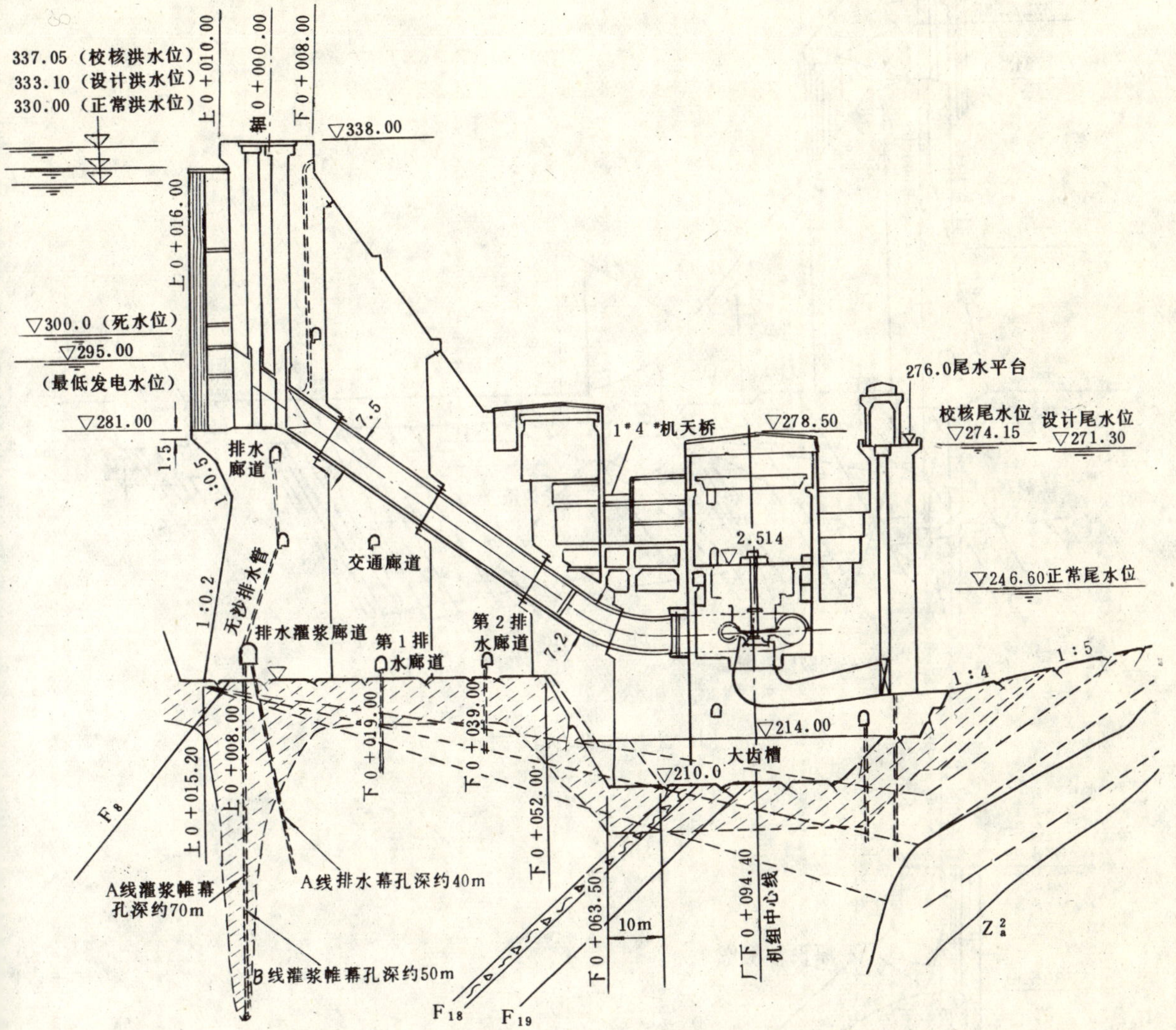

图1　厂房坝段剖面

体，并利用263m高程平台，打设9根直径1m的钢筋混凝土抗滑桩，维持施工期稳定，然后尽快浇筑溢洪道边墙混凝土，并辅以预应力锚索和2条水平锚硐加固边坡，以保证运行期的安全，见图4。

右岸厂房边坡有多处不稳定棱体，尾水渠边坡上还有一个大型滑坡，体积达22万m^3，直接危及厂房基坑和施工混凝土进料线，处理工作十分艰巨。采取的措施是：首先在上部打锚筋桩维持施工期稳定，然后打设大断面的矩形钢筋混凝土抗滑桩60余根及预应力锚索，再辅以护面、排水以及在滑体上部清方减载等综合措施，方使右岸边坡得以稳定。见图5、6。

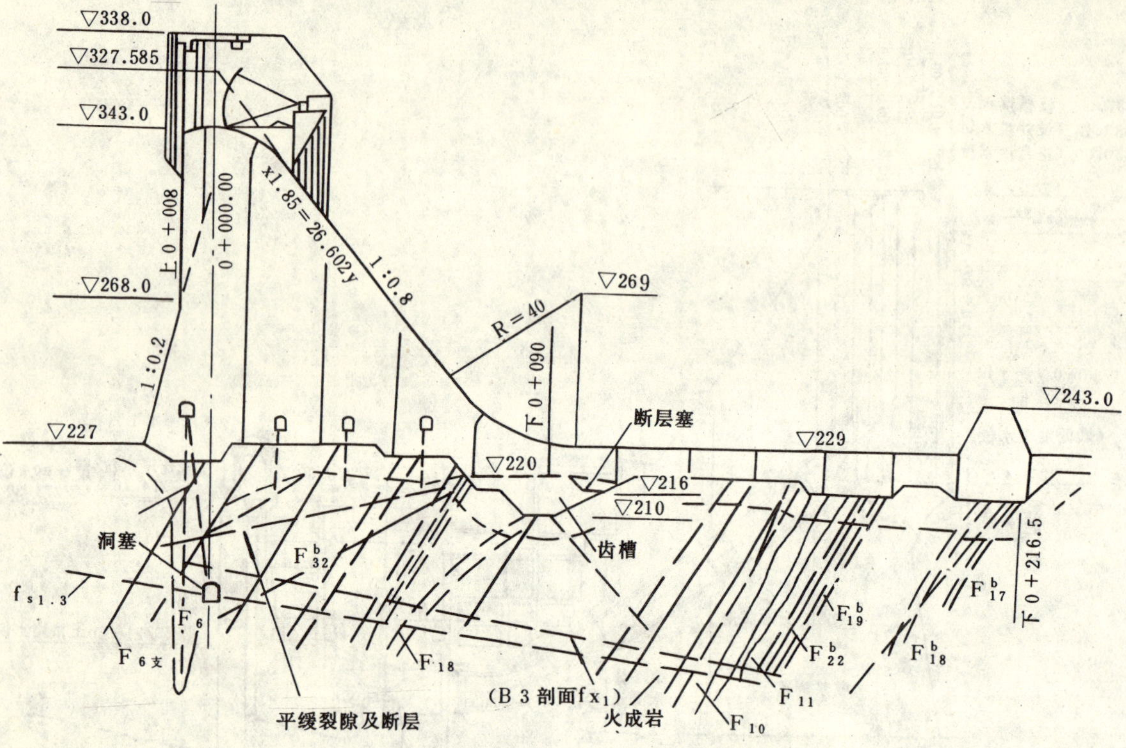

图 2　表孔坝段剖面

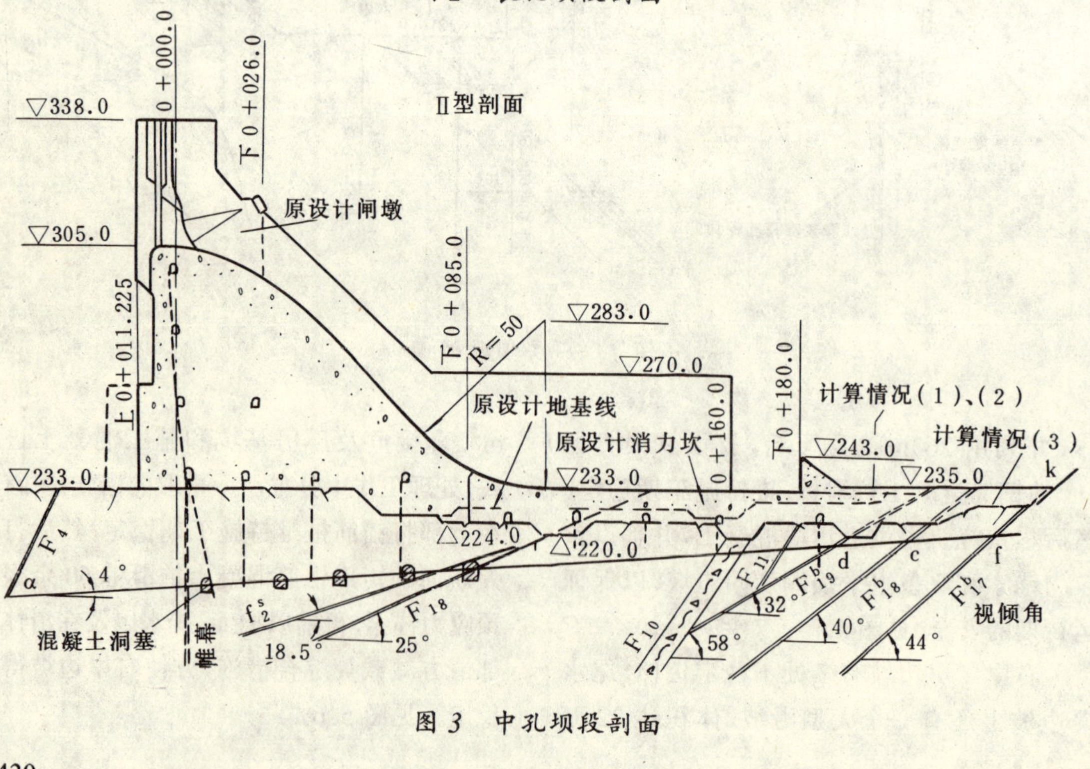

图 3　中孔坝段剖面

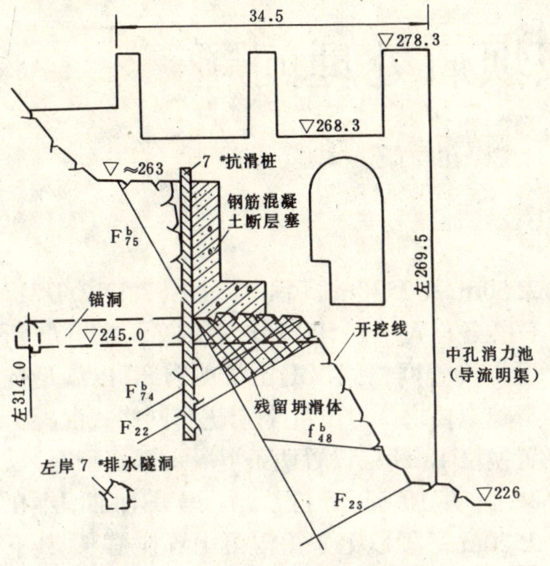

图 4　左岸溢洪道边坡剖面

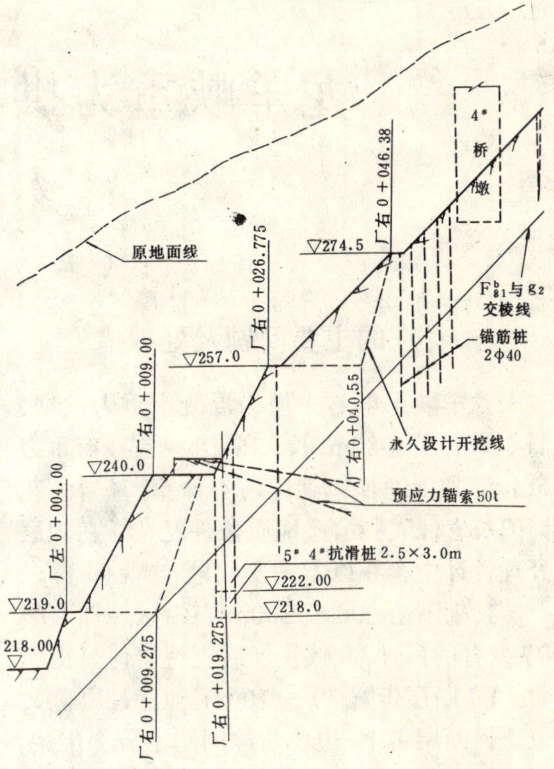

图 5　厂房边坡 *1—1* 剖面

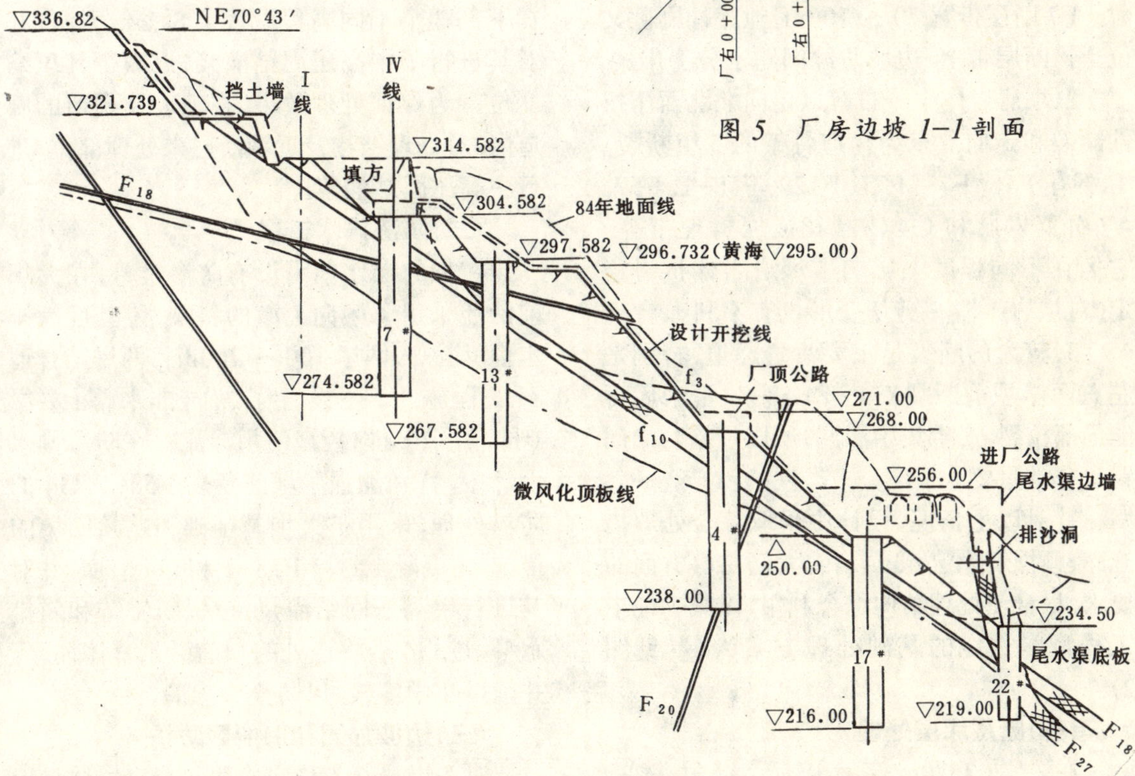

图 6　尾水渠边坡剖面

龙羊峡重力拱坝坝肩处理问题

石瑞芳　庆祖荫

一、存在的主要问题及处理措施

龙羊峡水电站主坝为混凝土重力拱坝，高178m，底宽80m，长396m。两岸设有重力墩和混凝土副坝。坝区河谷深窄，基岩为花岗闪长岩，断裂发育，地质条件复杂。在坝肩处理设计中存在以下主要问题(参见图1)：

1.坝下游200～300m有沿区域性断裂F7发育的深冲沟，致使坝后支持岩体显得单薄。F7断层带宽70～100m，泄流冲刷区又位于该断层带上，边坡防冲问题十分突出。

2.坝肩岩体中分布有以走向北北西压扭性断裂和走向北东为构造骨架的5组断裂，主要有F18、F73、F71、F120、F58-1、F57、A2石英岩脉和G4伟晶花岗岩劈理带等。它们在不同程度上影响了坝肩岩体抗滑稳定，对坝肩压缩－剪切变形也有不利影响。

3.较大的断裂是主要渗透通道，特别是左右两岸坝前断裂G4和F58-1，蓄水后可能局部拉裂，产生集中渗漏，所以坝基防渗问题也非常重要。

针对以上情况，设计中采取综合处理措施，兼顾坝肩稳定、变形、传力、防渗等方面的要求，尽量使处理结构综合利用，以减少地下工程量。选定的基础处理方案为(参见图2)：

(一)断层深层处理

在左岸2570m高程以上，穿过F73、F67、F32断层交汇带，设置传力洞塞。在2550m和2530m高程，穿过F67、F32、F71、F32各设置一层“H”形传力硐塞。在F73断层上设置网格式混凝土抗剪硐塞，以满足抗滑稳定要求。对F71断层进行网格式混凝土置换，F18断层设置两条混凝土置换硐塞，以减少其压剪变位。右岸F18断层在2570m高程以上采用混凝土置换槽塞；其下部沿断层设置了网格式混凝土置换硐塞，以解决传力问题。F120在地表设置传力槽塞；在下部3个不同高程设置了8个传力洞，并对其进行了中高压固结灌浆，以减少其压缩变位。为保证处理效果，在地表及预留的廊道内，对处理结构及近坝断层未处理部位，进行中高压固结灌浆。

(二)防渗排水工程

在坝的档水前沿设有防渗帷幕，在大坝前沿还采用了倾向上游的斜帷幕，其后为排水幕，均深入两岸100～200m。两岸结合地下工程施工，还设置了纵向排水幕(左岸1排，右岸2排)拦截绕坝渗流。在防渗排水设计中，特别加强了坝前断裂F58-1、G4的防渗处理，采用扩大坝基基础和贴角回填的措施，用混凝土封堵F58-1和G4表面，并对其进行中高压固结灌浆；设置斜帷幕和斜排水幕，过G4后将该处的坝前沿帷幕体加厚，并辅以化学灌浆，以防集中渗漏。

(三)边坡加固和消能区防护

对两岸局部不稳定岩体和坝肩岩体采用了预应力锚固及抗剪硐塞处理，岸坡还普遍

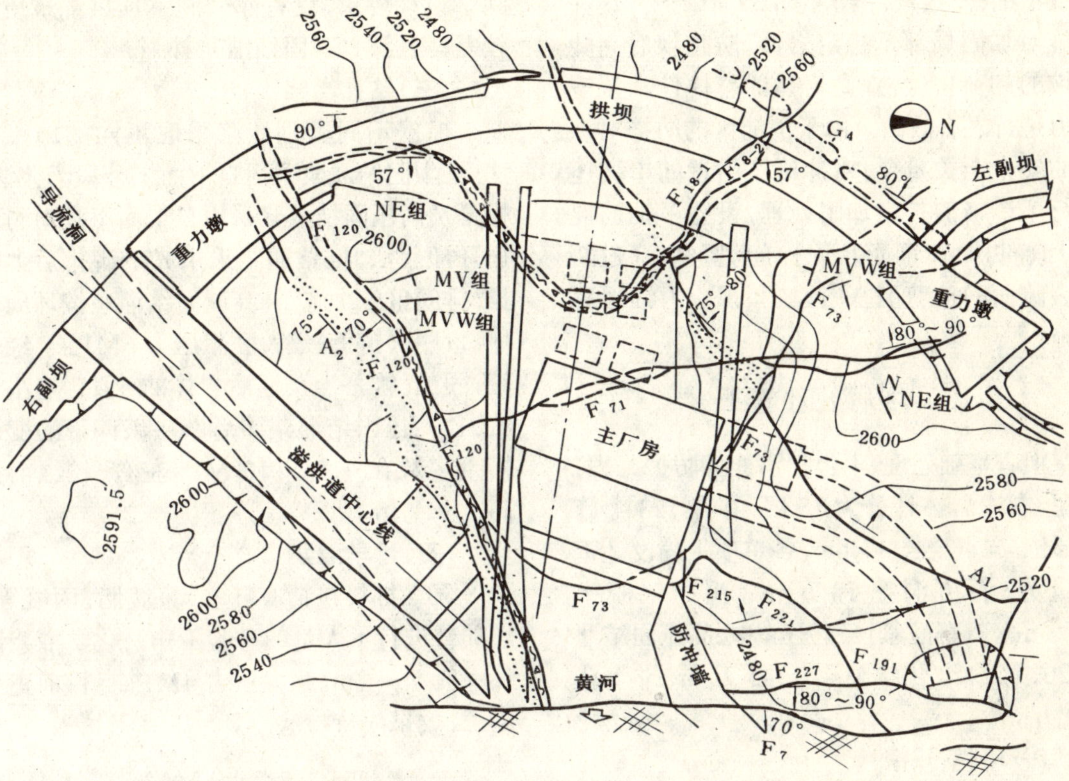

图 *1*　龙羊峡水电站坝区主要断裂分布示意(单位:*m*)

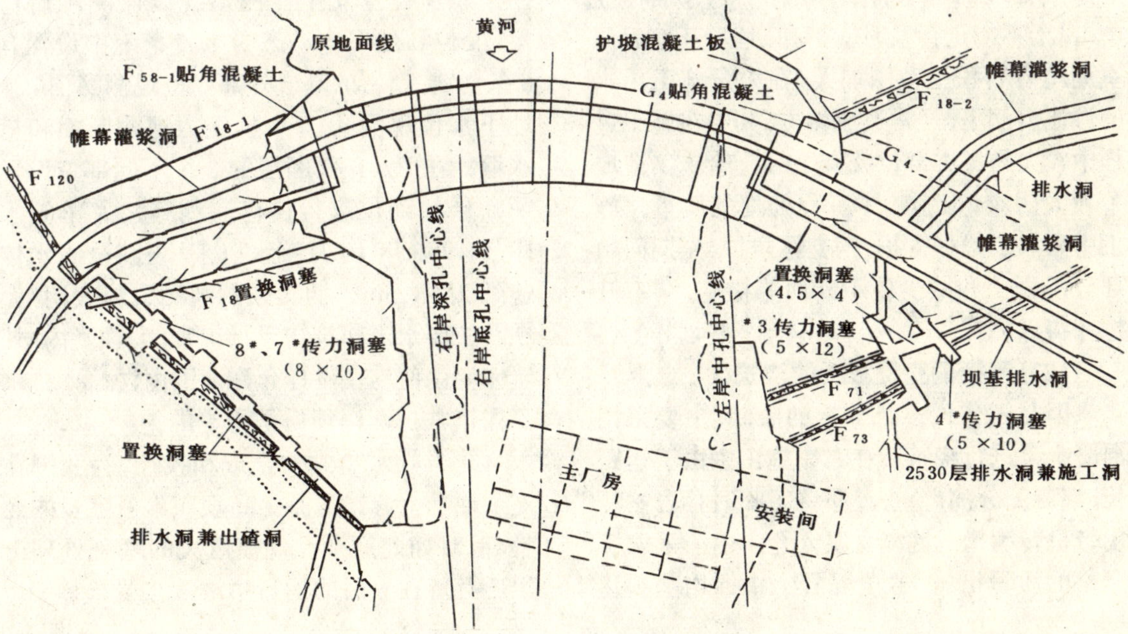

图 2　*2530*层平面处理示意(单位:*m*)

设置了锚杆、锚桩、排水孔和表面砌护。这些措施对加固局部不稳定岩体，防止坝后高陡岸坡的卸荷松驰，提高岩体的整体性和抗震能力是行之有效的。由于消能区的防护对坝肩的安全至关重要，对冲刷坑附近的岸坡还进行了严格的护岸加固处理，设置了钢筋混凝土防冲深墙、钢筋混凝土抗剪竖井、穿过断层裂隙面的抗剪硐塞、护坡和预应力锚固等措施。

二、坝肩处理施工

坝肩基础处理(不包括消能区防护工程)在左、右岸岩体计分为15层，共有123个施工部位，洞室全长8740m，各单项工程设计工程量为：石方洞挖18万m^3；洞内混凝土12万m^3；帷幕灌浆16.4万m；中、高压固结灌浆26.1万m；化学灌浆1.45万m；排水孔5.3万m。

(一)洞室开挖

沿断层掏挖置换和传力洞室是龙羊峡坝肩深层处理的基本特点，在各工序穿插作业中，由于不能进行及时支护和回填，开挖后洞室周边岩石松弛范围加大，在大量施工用水的渗流浸润下，经常造成塌方，其中在施工过程中较大的塌方部位就有15处，给施工造成了较大困难，也影响了工程处理的质量。施工中采取了锚杆支护、钢支撑防护、先期回填部分混凝土和减少施工断面等措施，洞室开挖才得以完成。

(二)置换硐塞混凝土的浇筑

因受工作面多且分散的限制，主要采用混凝土泵进行浇筑。在右岸施工中由于运距长，混凝土分离严重，还布置了临时拌合站经皮带机转溜槽或混凝土泵入仓。由于采取了严格的质量措施，各项混凝土指标均基本达到了设计要求，仅有部分洞室顶拱浇筑质量较差，需经回填、固结灌浆补强。

(三)钻孔灌浆

根据不同类别灌浆采取不同的施工方法：主坝固结灌浆采用自下而上分段灌浆法；帷幕及高压固结灌浆采用自上而下孔口封闭循环灌浆法；帷幕灌浆采用先下游排后上游排、排间Ⅲ序次施工；高压固结灌浆按环向分序，Ⅲ序次施工，最大灌浆压力6MPa。经检查，固结、帷幕灌浆灌后岩体的ω值普遍小于0.01；高压固结灌浆灌后断层破碎带的变形模量多数在4.3×10^3MPa左右，较灌前提高2～7倍。

(四)化学灌浆

灌浆材料包括有环氧、聚胺脂、丙凝等，灌前曾进行了大量的试验工作。化学灌浆段长一般5～7m，最大压力4MPa。目前正在施工，效果尚待检验。

三、大坝水库蓄水后的运行情况

大坝设置安全监测系统以监测坝肩稳定、变位和地下水动态为主。系统中设置有8条锤线、精密的基岩外部变位观测网、36个地下水位观测孔、7个扬压力观测断面和量水堰。在F7、F73断层的3个不同部位设置了断层活动仪进行位移监测等。龙羊峡水库自1986年10月蓄水以来，坝前最高水位曾到2568.5m。两年来的观测资料表明：大坝及主要水工建筑物运行正常；大坝及内、外岩体变位值均在设计允许范围内；帷幕、排水工作正常。两岸坝肩是稳定的。

龙羊峡水电站的建成和投产，为我国在复杂地基上修建混凝土高坝积累了宝贵的经验，但对如此复杂和规模巨大的基础处理工程还有待在今后的运行中继续接受检验。

铜街子水电站深厚覆盖层防渗墙技术

黄　其　愚

一、处理方案的确定

铜街子水电站位于四川省大渡河上，坝址河谷左侧有一条基岩深埋谷（简称左深槽），最大槽深77m，槽顶宽30～40m，两壁大多呈倒悬状，槽内由上更新世晚期和全新世堆积物组成。

铜街子水电站于1977年审定坝址。鉴于在深厚覆盖层上修建50m高的混凝土坝，在国内外尚属罕见，因此采用岩基上建坝。1982年10月批准了补充初步设计，并提出采用堆石坝两岸连接的方案。左岸堆石坝从上游斜向插入牛石溪沟，其坝轴线与左深槽斜交，夹角约为40°。坝体在深槽部位附近的上游坡脚与施工时的导流明渠相接的边墙一并作为坝的组成部分。在坝型方面曾研究了沥青混凝土斜墙、心墙、斜心墙及钢筋混凝土心墙等型式，对左深槽的基础处理也比较了桩基、跨深槽拱形结构及防渗墙等型式。

由于深槽建基面以下3～7m存在一层厚度3～25m的细粉砂层，其承载能力仅0.195MPa，从物理性质、标准贯入试验、同位素实测天然密度及液化判别计算，均说明该砂层在设计地震烈度下存在液化的可能性。心墙方案与斜墙方案，导流明渠左边墙（即堆石坝上游挡墙）及心墙基座均应进行基础处理，在技术上存在很大的困难。而防渗墙方案在造孔技术上是可以达到70m深度的，关键在于能否承重。曾研究采用两道主墙及横隔墙，并考虑墙顶设置软垫层。通过静力计算及线性、非线性有限元分析，得出在施工过程及运行期内防渗墙的最大压应力为14.7～19.6MPa，采用高标号混凝土承重问题是可以解决的。同时，该墙长期处于高应力状态下以及徐变的影响，混凝土弹性模量有所降低，对适应变位也是有利的。为此，于1984年7月在专题审查会上确定，左岸为沥青混凝土斜墙堆石坝，基础处理采用承重式防渗墙。电站枢纽布置及防渗墙位置见图1。

二、防渗墙的布置及其施工技术

左深槽内的防渗墙布置在明渠左边墙，即堆石坝上游挡墙的底部，墙背与沥青混凝土斜墙相接，具有支承上部荷载及防渗的双重作用。设计时采用2道主墙，在主墙间根据上部挡墙分缝，设置5道横隔缝以协调其变位。防渗墙的厚度均为1m，主墙上段按应力要求埋设钢筋笼，在高程429.0m以上扩大断面形成钢筋混凝土格架梁，并与原顶部出露的钢筋相接，构成半整体地下空间格架以承受上部荷载。梁的两端分别插入岩基并按铰接处理，以适应墙体变位。在格架梁的顶部及两侧分别铺填沥青麻片及PVC防水油膏，其具体用量由计算应力－变位进行材料试验来确定，以协调防渗墙与地基的承载能力及其变形。有关布置情况见图2。

防渗墙于1984年5月开工，1985年中

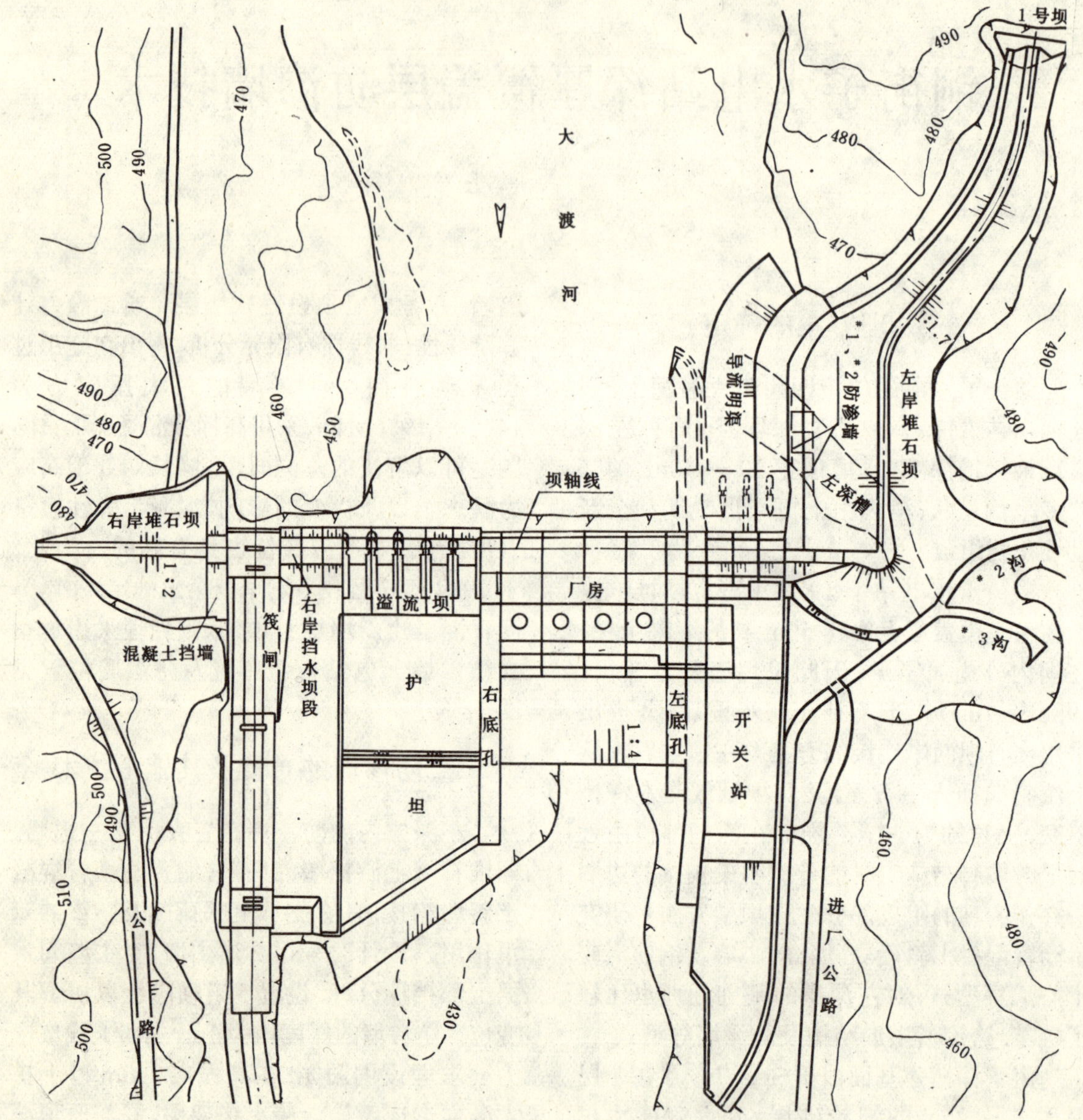

图 *1*　电站枢纽布置及防渗墙位置图

断8个月，1986年6月竣工，总工期为18个月。造孔进尺为10707.09m，浇注混凝土量11585.9m^3，成墙截水面积6896.19m^2；下设钢筋笼21.3个，预埋灌浆管27套，共长549.3m；并于4个部位埋设观测仪器。一期施工造孔深度最大为76.7m，二期降低高程后仍在60m以上。施工中采用CZ-30型冲击钻机造孔、泥浆固壁、抽筒出渣方式。造孔钻具为“十”字钻头，直径1m，重2.2～2.7t。槽孔施工分两期进行：先进行隔墙，槽孔宽1m，长度最大8.5m，最小6.0m；然后进行主墙造孔与之平接，槽孔长度一般

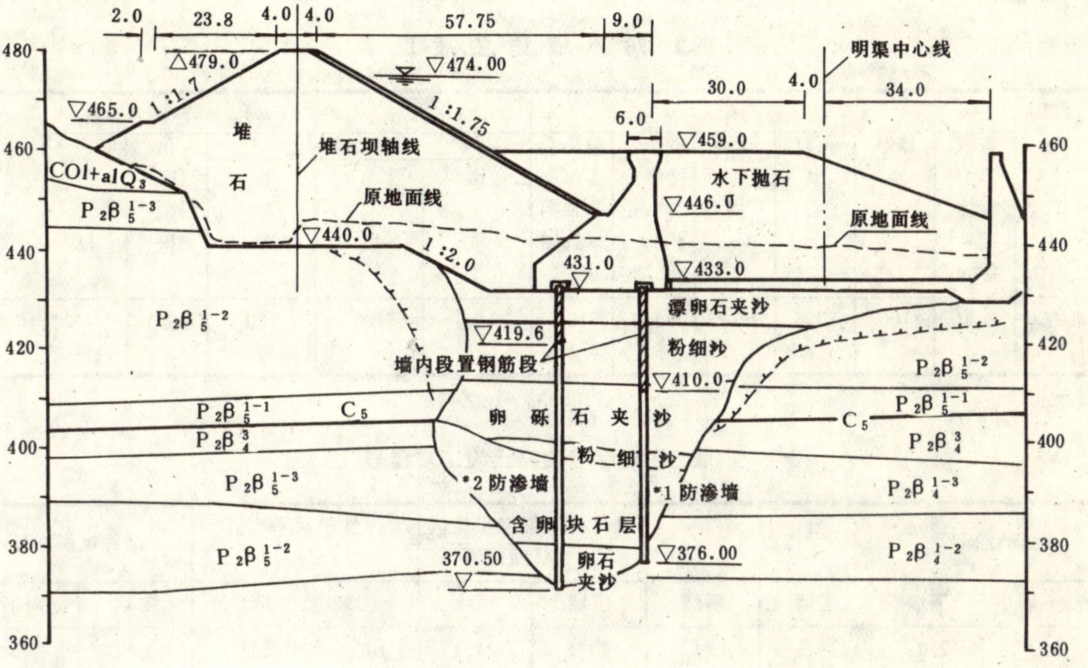

图 2　防渗墙剖面图

表 1　现场泥浆全性能指标

加碱率 (%)	密度 (g/cm³)	粘度 (1/sec)	含砂率 (%)	失水量 (ml/30min)	泥皮厚 (mm)	pH 值	稳定性 (g/Cm³·d)	胶体率 (%)	静切力(Pa)	
									1min	10min
0.4 ~ 0.5	1.8 ~ 1.22	18 ~ 24	0.4 ~ 2.0	10 ~ 20	1 ~ 3	7 ~ 8	0.002 ~ 0.005	＞97	1.96 ~ 4.90	2.94 ~ 5.88

为 6.0m，最大达 13.8m。泥浆配比：水 1200kg，粘土 470kg，碳酸钠 2.7kg，粘土采自钐溪料场。现场泥浆全性能指标见表 1。

预埋灌浆管设在 1 号墙内，预先按设计要求固定在钢筋笼上就位。槽内清孔用抽筒提浆方式进行，接头孔刷洗用刷子钻头按规定要求分段刷洗 25 次，槽孔内混凝土浇注采用泵送方式及泥浆中下直升导管法，套接防渗墙厚度大于 67cm。

三、质量评价及技术经济意义

由于左深槽内地层结构复杂，在施工中曾出现掉钻、埋钻等事故。对存在遗留问题已采取局部灌浆封闭的弥补措施。在质量方面除事故段需处理外，其余各段均达到验收标准。防渗墙施工质量情况见表 2、表 3。

铜街子深厚覆盖层防渗墙技术系国家“六五”科技攻关项目。在技术上解决了防渗墙作为承重结构的关键问题，并在复杂地基的施工中积累了经验，为今后类似工程的设计提供参考。在经济上对比初步设计审定的钢筋混凝土心墙方案，按 1983 年 8 月大渡河铜街子水电站修改概算（“五定”核定本）的单价计算，不包括缩短工期可节约投资 470 万元。

表2　防渗墙施工质量表

项目	造孔						清孔					混凝土浇筑
							泥浆部分			孔底淤积	指标	
	嵌入基岩深度 ＞ 1.0m	墙厚 ＞ 1.0m	孔斜率 ＜ 2‰	孔斜率 ＜ 4‰	最小套接厚度轴向 ＞2/3墙厚	最小套接厚度非轴向 ＞2/3墙厚	比重	粘度	含砂量			
合格率(%)	100	100	87.5	95.23	85.7	100	94.8	100	100	98.1	98.2	尚好

表3　防渗墙混凝土竣工质量表

设计标号		抗渗标号		试件抗压强度平均值(MPa)		弹性模量平均值(MPa)		试件抗渗标号	
主墙	隔墙	主墙	隔墙	主墙	隔墙	主墙	隔墙	主墙	隔墙
350#	250#	＞S_6	S_6	40.5	34.1	3.61×10^4	3.23×10^4	＞S_6	＞S_6

宽尾墩联合消能工

谢省宗

一、概　述

宽尾墩联合消能工是近年来我国在高溢流坝上应用的一项消能新技术。其布置是把溢流坝上的闸墩尾部由常规的尖尾或平尾改为宽尾墩(或称鱼尾墩)，即闸墩的厚度向尾部逐渐扩大，而闸孔的宽度则由B缩小到B’，宽尾墩体型的基本特征如图所示。

采用宽尾墩后，原堰顶的溢流水舌(二元流态)在墩尾的过水宽度骤然收缩，迫使水流沿坝面纵向扩展而成为一股窄而高的收缩射流(三元流态)，并紧贴坝面下泄，从而大大改变了传统闸墩所形成的二元过堰水流的内部结构与水力特性(压力与流速分布)。当这种新形态水流与传统的各种消能工(底流、挑流、戽流等)联合工作时，即形成各种宽尾墩联合消能工。

各种宽尾墩联合消能工均能大大增进传统消能工的消能率，改善下游衔接流态，减少冲刷，尤其是和底流相结合的宽尾墩消力池，以及宽尾墩——底孔——消力池联合消能工，其消能的效果更为显著。

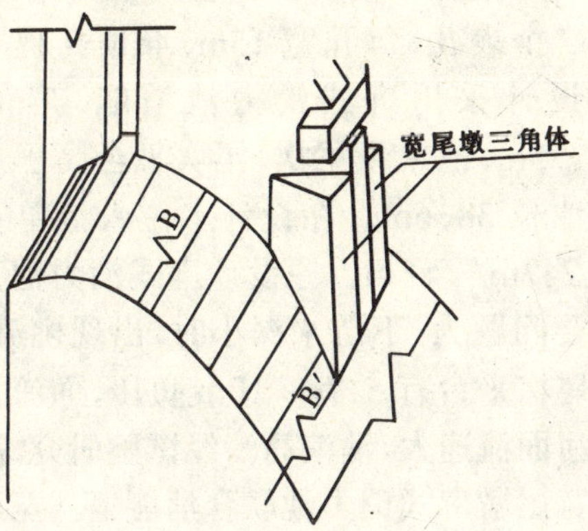

图 1　宽尾墩示意图

$\eta = \frac{B'}{B}$(闸孔收缩比)　$\zeta = 1 - \frac{B'}{B}$(闸孔收缩率)

$\theta = tg^{-1}(\frac{B-B'}{2B})$(墩体收缩角)

宽尾墩联合消能工为我国所独创。这项新技术系 70 年代龚振瀛、林秉南在研究安康的消能设施时，通过试验提出堰顶收缩射流(即宽尾墩)联合消能工的基本结构与原理，到 80 年代，经过许多科技人员的进一步研究、发展和创新，已在我国一些大中型水电工程中得到应用与推广，并获得了巨大的经济效益与社会效益。

二、宽尾墩联合消能工应用实例

目前，我国已建和在建的宽尾墩联合消能工有以下几种。

(一)潘家口水库溢流坝表孔宽尾墩挑流联合消能工

该坝表孔宽 15m，设计库水位 224.8m，挑流鼻坎高程为 158m，单宽流量 $92.9m^2/s$，下游水位 152.5m，河床高程 130m，在溢流坝的右边 3 孔建成了宽尾墩挑流联合消能工。宽尾墩参数 $\eta = 0.533$，$\theta = 14°2'10''$。采用这种联合消能工的效果是：消能有所改善，下游回流有所削弱，避免了左岸淘刷，并节约了左岸护坡工程量。

(二)安康水电站溢流坝表孔宽尾墩消力池联合消能工

该溢流坝高 125m，设 5 个表孔，每孔宽 15m，设计水位 333.1m，堰顶高程 313m，消力池底高程 229.0m，池末端设高 14m 的梯形连续尾坎，下游水位 227.35m，入池单宽流量为 $154.7m^3/s·m$。5个表孔均设宽尾墩，$\eta = 0.40$，$\theta = 20°10'14''$。所采用的宽尾墩形式是把常规的自上而下三角形贴角从上游切去一角，因而闸孔的下游立面呈丫形(故称为“丫”型宽尾墩)。采用宽尾墩消力池联合消能工后，消力池消能率约提高 15 %，消力池长度缩短至 105m(约为常规二元水流消力池长度的 2/3)。

(三)安康水电站溢流坝河床中孔宽尾墩(折流墩)消力池联合消能工

该中孔孔口尺寸为 11 × 12m，堰顶高程 305m，在设计水位 333.10m 时，入池单宽流量高达 $202m^3/s·m$。泄洪中孔位于导流底孔坝段，由于导流建筑物已经完成，消力池末端已经限定，改建后的消力池池长与池深均不能满足常规水跃消能的要求，因而下游冲刷严重，需要在护坦后设防冲工程以策安全。后经试验研究，确定采用宽尾墩技术以改善消能。布置是：在 1# 中孔采用不对称丫型宽尾墩，参数为 $\eta = 0.436$，$\theta = 17.23°$；在 2# 与 3# 中孔因孔间隔墙即为升船机的支承导墙，为了减少水流对导墙的影响，将原宽尾墩一侧的墩体分别下移至导墙的上端，构成差动式宽尾(折流)墩。采用这种新技术后，中孔消力池消能得到很大改善，下游冲刷大为减轻，防冲工程则可简化。

(四)五强溪水电站溢流坝表孔宽尾墩——底孔——消力池联合消能工

溢流坝坝高约 85m，设计库水位 114.2m，溢流表孔共 9 孔(左 6 孔与右 3 孔)，每孔宽 19m，消力池底板高程 42.0m，下游水位 75.79m，入池单宽流量 $268m^3/s\cdot m$，宽尾墩参数$\eta=0.368$，$\theta=33.4°$，消力池池长 120m，约为常规消力池的 2/3。此工程利用宽尾墩形成的坝面大片无水区，在左侧溢流坝段增设 5 个泄洪底孔，孔口尺寸为 3.5 × 7m，底坎高程 67m，孔轴线位置与闸墩的轴线重合，出口挑流鼻坎高程 72.858m，反弧半径 R＝20m。新增底孔充分利用了原来为闸墩所占据的溢流空间，利用新增的 5 个底孔的流量取代了一个溢流表孔（原布置为 10 个溢流表孔）的流量，从而可以减少一个溢流坝段，使坝轴线缩短了 24m。由于底孔水流以挑流方式入池，参与水跃的动量交换，根据附加动量水跃的原理，在水流有较大的入射角条件下，底孔水流的加入虽然使出池的单宽流量增加，不但未引起消能的恶化，而且还可改善消能。这种新型联合消能工是对宽尾墩技术的一个发展与创新。由于坝轴线缩短，经设计估算，两岸开挖约减少 100 万 m^3，直接经济效益约4000万元。

（五）岩滩表孔宽尾墩戽式消力池联合消能工

溢流坝坝高 106m，正常蓄水位 223m，设 7 个表孔，每孔宽 15m，堰顶高程 202m。原设计采用戽式消力池消能，戽池底板 147.5m，池末设尾坎，尾坎平台高程 157m，戽池长 38.6m。在设计水位入池单宽流量达 $242m^3/s\cdot m$。原设计戽式消力池存在的主要问题为：下游水深小时，出现挑流，戽末端尾坎平台有 5.7 ～ 10m 负压，面流消能下游河面流速大，涌浪高。经试验研究，决定采用宽尾墩戽式消力池联合消能工。宽尾墩参数：中间孔$\eta=0.533$，$\theta=17.956°$，边孔为不对称宽尾墩$\eta=0.5\sim0.533$，$\theta=15.124°\sim17.956°$，体型为Y型。采用联合消能工后，戽池内大量掺气，水面升高 9 ～ 13.4m，池底水平段流速减少 43.5％ ～ 23％（13.2m/s ～ 6.7m/s），尾坎平台流速减少 45％ ～ 31％（11m/s ～ 4.2m/s）；下游冲刷减轻，使厂坝之间导墙建基面提高了 3m，节约了工程量；戽后二次跌差由原方案的 9.7m 降至 1.8m（只 20％）；下游波浪平均波高削减 59％ ～ 73％，节约了下游护岸工程量，经济效益显著。

窄缝挑坎在东江、龙羊峡等工程中的应用

高　季　章

一、概　述

窄缝挑流是解决狭窄河谷高坝泄洪消能问题的一项新技术，国外在工程实践中有应用，其中水平较高的是西班牙的阿尔门德拉拱坝的溢洪道，水头为 120m，泄量 $1500m^3/s$，出口宽度2.5m。但国外并未将这种消能形式作系统研究，至今未见到任何研究报告。1975 年 5 月林秉南在《国外高水头泄水建筑物》一文中，介绍了收集到的国外工程图片和资料，将这一消能形式概括为“窄缝式”，并倡导进行研究应用。从 1978 年起，

水利水电科学研究院水力学所在龙羊峡溢洪道的试验中开始探索应用窄缝挑坎的可能性。从1980年开始，水电部中南勘测设计院科研所在东江水电站溢洪道上研究采用窄缝挑坎的可能性，并与水科院水力学所联合进行研究，证实在东江水电站右岸溢洪道采用窄缝挑坎的优越性，中南院在国内首先采用这一成果。从1981年开始，水科院和西北水利科学研究所在龙羊峡工程的试验中继续研究窄缝挑坎，西北水科所提出在溢洪道上采用曲面贴角窄缝挑坎，水电部西北勘测设计院决定在工程中采用。此后，国内许多设计科研单位、高等院校继续对此进行研究，应用实例继续增加，如福建省水利水电设计院在南一水库的溢流坝面上第一个采用窄缝挑流消能。科研成果《窄缝式消能工的研究和应用》(水利水电科学研究院完成，中南勘测设计院协作)获1983年水电部重大科技成果三等奖。

狭窄河谷地区修建高坝的泄洪消能问题，是我国水电建设中急需解决的关键技术问题之一。正在兴建和即将兴建的许多大中型电站处在狭谷地区，坝高100～300m，河谷宽不足100m，泄量常在10000m^3/s以上，采用过去国内外沿用的等宽挑流、底流或面流消能方式，不是工程量过大，就是满足不了技术要求；若采用横向扩散的消能方式，虽可减轻冲刷深度，但横向扩散水流往往冲刷岸坡，对陡峻岸坡的保护不仅工程量和投资增加，而且技术上也有一定难度。

窄缝挑流在消能理论上突破了二维理论而代之以三维理论。过去的消能方式多基于二维理论，以单宽流量作为冲刷的控制指标，国内外的水平都在200～250m^3/s·m左右，再大的单宽流量就不太容易处理。窄缝挑流所采用的窄缝挑坎是使过水断面在泄水建筑物末端突然收缩，使挑射水流在纵向和竖向扩散、掺气，在空间加强了消能作用，减少在单位面积上进入下游河床的动量(或动能)，通过促使水舌掺气和入水时大量掺气来减少介质密度，由于浮力作用改变射流注入下游河道后的潜没深度和消能流态，并由于水流分股增加了水股与水垫之间的剪切面，在下游冲坑形成三维扩散消能形态，下游冲刷比等宽挑坎大大减轻。由于水舌沿河床纵向散开、横向扩散很小，布置得当时，水流不会淘刷岸坡，大大减少了下游的护岸工程量。同时由于过流断面缩窄而空出一部分溢流前沿，为布置重叠式复合泄洪消能创造了条件。

二、东江双曲拱坝右岸溢洪道窄缝挑流

东江水电站的大坝是我国已建成的最高的双曲拱坝，最大坝高157m，坝后式厂房，装机50万kW。坝址及下游地质条件良好，泄洪布置采用左右岸岸边溢洪道及泄洪洞和二级放空洞联合泄洪，校核洪水总泄量6290m^3/s，左岸一条滑雪式溢洪道，消能工为扭曲坎，右岸两条滑雪式溢洪道，消能工为窄缝挑坎，万年一遇洪水位时单孔下泄1430m^3/s。右岸溢洪道剖面如图1。挑坎以上最大水头99.75m，泄槽宽10m，窄缝挑坎采用二次收缩，出口宽度2.5m。大比尺模型试验表明，在大流量时，从原河床算起的冲坑最大深度约为等宽挑坎的1/3，从尾水位算起的冲坑最大深度约为等宽挑坎的60%，冲坑成条状较易适应狭窄河谷，冲坑最大宽度只有等宽挑坎的2/3，对岸坡稳定威胁较小。各级流量泄洪时，水舌均能较好地沿纵向拉开，落入河床预想的位置。

三、龙羊峡重力拱坝溢洪道曲面贴角窄缝挑流

龙羊峡水电站大坝是我国已建成的最高

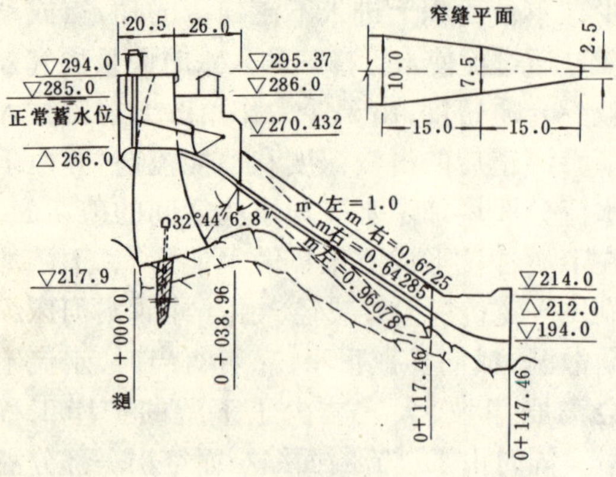

图 1　东江工程右岸溢洪道剖面图

的重力拱坝，最大坝高 178m，坝后式厂房，装机 128 万 kW。坝址及下游地质条件不好，泄洪布置采用岸边溢洪道和中孔、深孔、底孔泄水道，沿高程分 4 层布置。设计及校核流量分别为 $7040m^3/s$和$10500m^3/s$，经水库调蓄以后，控制安全下泄量为 $4000m^3/s$和$6000m^3/s$。

岸边溢洪道布置在右岸，共两孔，单孔宽度 12m，明渠泄槽有中墩将其分开直至挑流鼻坎(见图 2)。窄缝挑坎使出射水流沿纵向拉开，并在横向适当扩散，在单孔泄量为 $1500m^3/s$时，水舌外缘挑距可达195m，内缘水舌可跨越本岸，冲深仅为 8 ～ 12m。

四、结束语

东江和龙羊峡工程采用的窄缝挑流，在水头和泄量上均接近世界最高水平。窄缝挑坎消能由于水舌沿纵向散开，其雾化作用可能较强。因此，需注意电厂及电气设备的合理布置，龙羊峡泄洪区的坡脚岩石条件不好处已做了混凝土保护。窄缝侧墙受力较大，需注意结构稳定问题。试验表明，窄缝内水流压力脉动属急流边界层内的压力脉动，其幅值不大。由于窄缝挑坎消能工在国内尚无原型观测资料，因此，东江和龙羊峡工程运行后将进行窄缝挑坎的原型观察，取得原型观测资料，进一步深化对窄缝挑流的认识并优化设计方法。

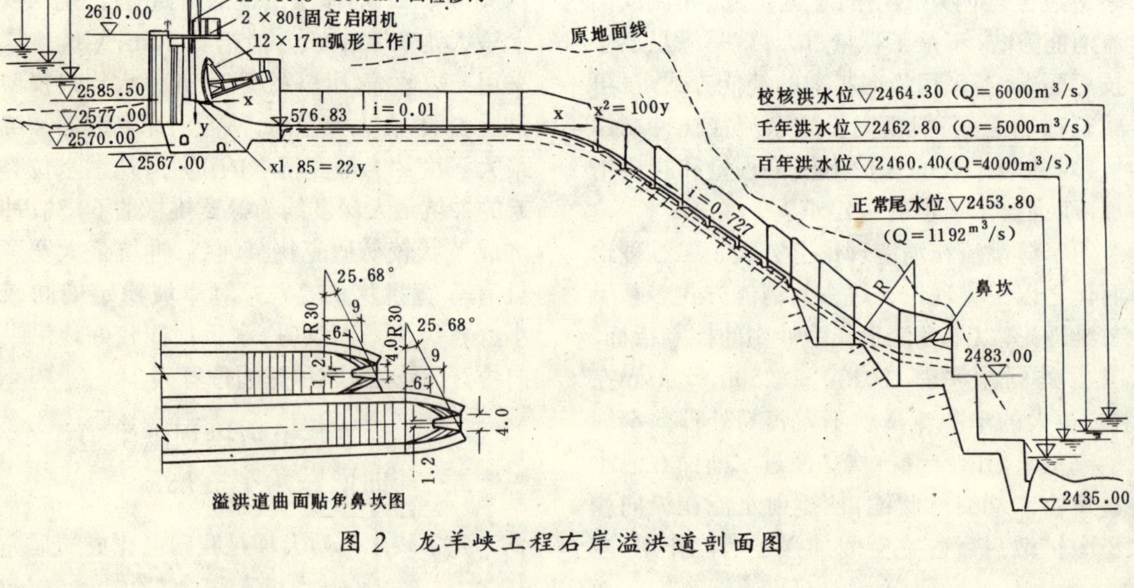

图 2　龙羊峡工程右岸溢洪道剖面图

乌江渡水电站高速水流原型观测*

邵媖媖

乌江渡水电站枢纽采取多层重叠式布置,溢洪道、坝后厂房、开关站布置紧凑,见枢纽布置图。

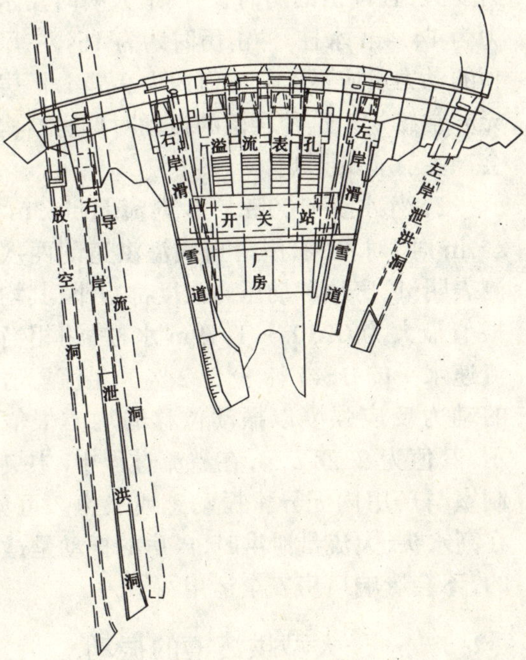

乌江渡水电站枢纽布置图

大坝为混凝土拱形重力坝,坝高165m、坝顶长368m。大坝设有6孔溢洪道(左、右岸厂顶溢流滑雪式溢洪道、中间4孔厂前挑流式溢流孔)。溢洪道最大单宽流量为$201m^3$/s·m,最高流速可达42m/s。左、右岸各设泄洪洞一条,最大单宽流量达240^3/s·m,最高水头达104m,最大流速可达43.1m/s。

为了积累在大流量、窄河谷的河流上修建高坝的经验,提高对高速水流的研究水平,同时,为工程安全运行提供依据,1977年经水电部批准在乌江渡水电站建立高速水流原型观测基地。工程完工后,1982年6月和8月,即乌江渡水电站建成后第一个汛期,就进行了两次规模较大的原型观测。参加观测的有水电部中南勘测设计院、第八工程局、水利水电科学研究院、天津勘测设计院、东北勘测设计院、长办航测队以及天津大学水利系和水电部电影组等9个单位。观测项目共有16项:动水压力(包括时均压力和脉动压力);溢流面上水流底层掺气浓度;溢流面近底层时均流速和脉动流速;通气孔风速;通气槽空腔负压;主副厂房及拱渡槽振动;空穴监听;溢流面水面线;上下游及坝面流态;鼻坎挑流轨迹;下游河床及两岸岸坡冲刷;上下游及尾水渠水位;泄流量;下游雾化状况;导墙振动;人工突体试验和溢流面空蚀调查。另外,还拍摄了彩色电影片和电视录像带。在左、右岸滑雪道,中间溢流孔,左、右岸泄洪洞及厂房和拱渡槽共安装了各类探头和感应器210个。

---

* 乌江渡水电站高速水流原型观测是由科研、设计、施工和运行单位共同协作完成的,前后参加观测工作的多达160余人。本项目获1983年水电部电力工业科技成果二等奖。

1985年和1986年水利水电科学研究院受水电部中南勘测设计院科研所的委托，进行了左、右岸泄洪洞和左岸滑雪溢洪道底部掺气浓度补充原型观测，共安装11个底部掺气浓度探头。

通过上述系统观测，证实了该工程的试验、设计是合理的，工程质量是好的。观测结果阐明了一系列使人们担心的高速水流主要问题，如掺气减蚀、厂房顶溢流的脉动和振动、大型拱渡槽的振动、下游冲刷和雾化等，为高水头泄水建筑物的设计与科研积累了有价值的宝贵资料。现分述如下:

一、掺气减蚀

乌江渡水电站8个主要建筑物上共布置了11个掺气设施。这些设施于1982年、1983年汛期经历了设计水位的考验，两年中累计放水4422h，最大泄水单宽流量达236.11m^3/s·m，反弧以上最大水头为101.8m。原型观测结果证明，掺气减蚀的效果是良好的，设计是成功的。其主要指标见表。

由表可见:(1)左、右岸滑雪道和右岸泄洪洞上的上、下掺气槽在各种水流条件下均有显著的掺气免蚀作用;(2)一般情况下，左岸泄洪洞和2#溢流孔，掺气防蚀效果明显，但当单宽流量很大时，掺气效果减弱，且2.1和3.6 cm的垂直升坎后有空蚀麻面，不能起免蚀作用，不过仍可减轻和延缓空蚀破坏;(3)右岸泄洪洞底板无空蚀，但侧墙有较轻微空蚀，有待进一步研究解决。

1985年和1986年又补充进行了左、右岸泄洪洞和左岸滑雪道的底部掺气浓度原型观测。观测表明:由于掺气槽起到了减蚀作用，对施工不平整的部位，目前不会出现严重的空蚀破坏，且左岸滑雪道在流速高达约40m/s的情况下，仍能安全运行。但对左、右岸泄洪洞，当闸门全开、单宽流量很大时，通气量及底部掺气浓度均急剧减少，因此，应研究大单宽流量、低佛氏数时增加底部掺气浓度的工程措施。

二、厂房顶溢流的脉动和振动

1.由于乌江渡水电站首次采用厂前挑流式溢洪道，人们曾担心当流量小时水舌冲击主厂房顶，影响安全运行。两次观测表明;在溢流孔闸门启闭过程中，当反弧段内有积水时，水舌冲击主厂房顶的压力峰值比无积水时要大，且冲击的历时长，其最大瞬时动水压力为14.4m水柱，冲击历时约为16s，主厂房顶的动力反应最大位移值约为9μm，厂房内无异常感觉。这种轻微的振动对厂房结构不会产生有害的影响。

2.当水头100m、单宽流量163m^3/s·m时，对左、右岸滑雪式溢洪道的两次观测表明:厂房顶脉动压力强度都很小，其均方根值最大为0.30～1.79m水柱，约相当于流速水头的0.43%～2.2%。溢流厂房顶的动力反应强度以振动位移的均方根值表示，其值为2.28μm，在溢流过程中，中央控制室与厂房内无异常振动感或噪声。可见，在高水头，大流量泄洪时，厂房的振动是微小的，不会影响厂房安全运用。

三、大型拱渡槽的振动

连接右岸泄洪洞的72m大跨度拱渡槽，已运行1350h，其中在设计条件下运行131.5h，振动轻微，结构完好。实测槽身的压力脉动强度较小，其均方根值为0.36～1.25m水柱，为流速水头的0.64%～1.54%。脉动压力的空间相关尺度也小，拱梁的最大振动位移均方根值为3.15μm;槽身侧墙的最大振动位移为8.13μm，拱梁的动应力接近于零。观测证明设计是可靠的。

表　乌江渡水电站掺气设施主要指标

泄水建筑物	最大水头(m)	单宽流量(m^3/s.m)	掺气设施特征值				建成年分	开始运行时间	运行总历时	模型比尺	运用效果
			型式	数量	位置	尺寸					
左岸滑雪道	100.8	201	槽坎组合	2	反弧起点 反弧段	上坎:△=61cm, i=1/11.8 下坎:△=58cm, i=1/5	1982年初	1982·6	102	1:50 1:30	无空蚀
右岸滑雪道	100.8	201	槽坎组合	2	反弧起点 反弧段	上坎:△=61cm, i=1/11.8 下坎:△=85cm, i=1/5	1982年初	1982·6	347	1:50 1:30	无空蚀
左岸泄洪洞	104.33	240	槽坎组合	2	反弧起点	△=2.05m θ=3°16′31.9″	1981年	1981·12	808	1:50	高于2.1cm的垂直升坎后有空蚀麻面
右岸泄洪洞	78.3	235	槽坎跌坎	1	斜坡段 平直段	上坎:△=1.3m, θ=4°49′ 下坎:△=1.0m	1982年初	1982·6	3033	1:50	溢流面底板无空蚀侧墙上有轻微空蚀
2#～5#溢流孔	92.0 95.0	201	槽坎组合	1(4)	反弧起点	△=85cm i=1/5	1982年初	1982·6	126	未试验	高于3.6cm的垂直升坎后有空蚀麻面

四、下游冲刷

通过试验，选择了合理的运行调度程序，即先开右洞和左洞，再开左、右岸滑雪道，最后开中间溢流孔，以逐步抬高下游水垫，减小冲刷深度，增加消能效果，同时减小回流和尾水波动。坝下游九级滩岩段的两岸尾水渠冲刷坑，采用混凝土防护墙，保护两岸软弱页岩。

放水试验分两次进行：第一次放水从1982年6月13日至16日，历时4天，泄洪总历时96h；第二次放水从8月21日至26日结束，历时6天。库水位已超过设计水位，达760.57m。

放水前后对下游河床进行了全面测量，并绘制了地形图。比较过水前后的冲刷坑地形图可以发现：第一次放水后在距厂房末端150、170和180m处形成3个冲刷坑，坑深分别为4.8、5.8和10.6m；第二次放水后，也形成3个冲刷坑，其位置比第一次各远10m左右，坑深分别为4.1、1.3和10.5m。冲刷坑都偏向左岸。

由上可知，原型实际冲刷坑比模型试验冲刷坑（当泄放设计洪水时，坑深为14m）浅；同时，冲刷坑距离厂房末端均超过150m，不会对建筑物造成危害。

五、下游雾化

为了观测水流雾化的强度、范围及对建筑物的影响，沿坝下游两岸布设了9个雨量观测站（右岸5个、左岸4个），每个测站放置一个雨量筒，量测放水过程中的雨量。1982年8月进行了雾化观测。观测成果表明，各泄水建筑物单独泄洪时，下游最大雾化强度为263.3mm/h，出现在距右岸泄洪洞出口80m。各泄水建筑物联合泄洪时，雾化强度成倍增长，如溢流坝中间4孔同时泄洪时的雾化强度达到687.4mm/h。各泄水建筑物泄洪时下游雾化严重，影响范围从厂房后80m至450m，升腾高度达到300m，最大雾化区在右岸拱渡槽附近。开关站、高压出线等建筑物因布置上距离较远，均未遭水雾影响。进厂交通洞进口处也只有毛毛细雨，未形成大的降雨。

XI 机电

木刻：吕促寰

我国水轮机设计技术新发展

史航珍　刘书秋

1984～1988年期间，我国投产的大、中型水电机组共51台，总容量474万kW（太平湾的1台4.75万kW的60周波机组未计入），其中：混流式水轮机23台，计262万kW；轴流式水轮机25台，计212万kW（其中：转桨式21台，192万kW，定桨式4台，20万kW）。尚有在建的大、中型水电机组共64台，总容量1290.8万kW，其中：混流式水轮机46台，计1043万kW；轴流转桨式水轮机18台，计247.8万kW。上述已建、在建的大、中型水电机组主要参数见表1、表2。

表1　1984～1988年投产的大中型水电站机组主要参数之一

电站名称	单机容量		水轮机						
	(万kW)	(万kVA)	机　型	最大水头(m)	最小水头(m)	额定水头(m)	额定流量(m^3/s)	比转速(m·kW)	比速系数
鲁布革	15.0	17.14	HL93.5-LJ-344.2	372.5	295.1	312	53.5	93.5	1652
渔子溪二级	4.0	4.71	HL100-LJ-210	302	259	260	17.8	96.75	1560
龙羊峡	32.0	35.56	HLD06A-LJ-600	150	70	122	298	176	1944
东　江	12.5	14.71	HL160-LJ-410	139	80	118.5	123	152.3	1657
白　山	30.0	34.3	HL200-LJ-550	126	86	112	307	189.4	2005
西洱河三级	2.5	2.94	HL160-LJ-210	114	97	101	28.5	166.3	1671
紧水滩	5.0	5.88	HL200-LJ-300	85	60.5	69	84.7	227.2	1887
托　海	1.25	1.56	HLA208-LJ-230	46.17	33.38	38.3	38.1	254	1572
大　化	10.0	11.43	ZZ440-LH-850	39.5	13	22	556	516	2420
葛洲坝(大江)	12.5	14.3	ZZ500-LH-1020	27.0	8.3	18.6	825	578	2493
红　石	5.0	5.88	ZDA190-LH-600	25.6	22.8	23.3	251	473	2283
沙溪口	7.5	8.82	ZZ701-LH-800	24	7	17.5	525	590	2426
太平湾	4.75	5.43	ZZ360a-LH-800	15.5	12.3	12.6	455	642	2278

表1　1984～1988年投产的大中型水电站机组主要参数之二

电站名称	发电机						制造厂	投产年份／台数
	型　式	型　号	额定转速(r／min)	额定电压(kV)	冷却方式	推力负荷(t)		
鲁布革	悬　式	SF150-18／6250	333.3	15.75	空冷	426	挪威西德引进	1983／1
渔子溪二级	悬　式	SF40-12／4250	500	13.8	空冷	220	天津	1986／2,1987／2
龙羊峡	伞　式	SF320-48／1280	125	15.75	空冷	2270	东方	1987／2,1988／1
东　江	伞　式	SF125-36／8900	166.7	13.8	空冷	1000	天津	1987／1,1988／2
白　山	悬　式	SF300-48／1230	125	18.0	空冷	1600	哈尔滨	1984／2
西洱河三级	悬　式	SF25-18／4300	333.3	10.5	空冷	230	重庆、昆明	1987／2
紧水滩	悬　式	SF50-30／6400	200	10.5	空冷	450	杭州	1987／4,1988／2
托　海	悬　式	SF12500-28／550	214.3	10.5	空冷	180	重庆	1988／2
大　化	伞　式	SF100-78／12800	76.9	15.75	空冷	3000	东方	1984／2,1985／1
葛洲坝(大江)	半伞式	SF125-96／1560	62.5	13.8	空冷	3300	哈尔滨、东方	1986／5,1987／6,1988／3
红　石	半伞式	SF50-56／9000	107.1	10.5	空冷	1050	哈尔滨	1985／1,1986／2,1987／1
沙溪口	伞　式	SF75-80／13000	75	13.8	空冷	1800	富春江	1987／1,1988／1
太平湾	半伞式	SF47.5-104／12640	69.2	10.5	空冷	1300	哈尔滨	1985／1,1986／1

注：　比转速 n_s系根据$n_s=\dfrac{n\sqrt{N}}{H^4\sqrt{H}}$ 计算得出。

表2　1988年在建的大中型水电站机组主要参数之一

电站名称	单机容量		水轮机						
	(万kW)	(万kVA)	机　型	最大水头(m)	最小水头(m)	额定水头(m)	额定流量(m^3／s)	比转速(m·kW)	比速系数
天生桥二级	22.0	25.14	HLA339-LJ-450	204	174	176	140	148	1963
李家峡	40.0	44.44	HL200*-LJ-600	135	116	122	367*	197	2176
东　风	17.0	20	HL210-LJ-410	132	95	117	160.5	203	2195
白山二期	30.0	34.3	HL200-LJ-550	126	86	112	307	189.4	2005
隔河岩	30.0	34.45	HL232-LJ-563	121.5	80.7	103	327	232	2355
宝珠寺	17.5	20.00	HLD89-LJ500	103	68.5	84.4	239	225	2067
漫　湾	25.0	28.57	IILD85-LJ-550	100	69.3	89	316	231	2179
安　康	20.0	22.86	HL220-LJ-550	88	57	76.2	304	215	1877
潘家口蓄能	7.0	9.1	HLP／S-LJ-553	85.7 86.22	36.0 36.7	60.0	135.1 85.8	200	1550
岩　滩	30.25	34.57	HLA286a-LH-800	68.5	37	59.4	585	253	1950
大山口	2.0	2.5	HLA112-LJ-230	55	44	51	45.3	262	1873
水　口	20.0	22.22	EE351*-LJ-800	57.8	30.9	47	474*	351	2406
铜街子	15.0	17.65	ZZ440-LH-800	40	28	31	547	472	2628
万　安	10.0	11.43	ZZ440-LH-800	32.3	15	22	556	516	2420
石　塘	2.6	3.06	ZZ500-LH-420	24.21	14.6	22.2	139	507	2389
五强溪	24.0	26.7	HL　待定	59.2	36.27	44.5			

表 2　1988 年在建的大中型水电站机组主要参数之二

电站名称	发电机						制造厂
	型式	型号	额定转速 (r/min)	额定电压 (kV)	冷却方式	推力负荷 (t)	
天生桥二级	半伞式	SF220-30/9050	200	15.75	空冷	550	哈尔滨
李家峡	半伞式	*SSF400-40/11800	125	15.75	待定	待定	未定厂
东　风	半伞式	SF170-32/8940	187.5	13.8	空冷	1000	天津
白山二期	悬式	SF300-48/1230	125	18.0	空冷	1600	哈尔滨
隔河岩	半伞式	待定	136.4	18.0	空冷	1650	加拿大引进
宝珠寺	半伞式	SF175-44/10350	136.4	13.8	空冷	待定	东方
漫　湾	半伞式	SF250-48/12650	125	15.75	空冷	1750	东方
安　康	伞式	SF220-56/12800	107.1	13.8	空冷	1600	东方
潘家口蓄能	半伞变极	WV820/240/42-48	125	13.8	空冷		意大利引进
岩　滩	半伞式	SF302.5-80/1700	75.0	15.75	空冷	2750	哈尔滨
大山口		SF20-24/5500	250	10.5	空冷	200	重庆
水　口	半伞式		107.1	13.8	空冷	4250	哈尔滨
铜街子	半伞式	SF150-68/12800	88.2	13.8	空冷	3000	东方
万　安	伞式	SF100-78/12800	71.9	15.75	空冷	3000	东方
石　塘	悬式	SF26-48/7500	150	10.5	空冷	345	杭州
五强溪	待定	待定	68.2 71.4	15.75 或 18	空冷		待定

注：①“*”为暂定值；②此表不包括扩建工程

表 1、表 2 所列已建、在建的大、中型水电站机组，加上已完成可行性研究和初步设计的水电站项目，与 1983 年以前比较，其高水头、大容量、大尺寸的机组数量增多了，在科研、设计、制造、加工工艺以及参数更新、性能优化和质量提高等方面，都得到较快的发

展。本文仅就设计技术方面的进展情况作些介绍。

一、大型水轮机技术新发展

(一)采用长、短叶片转轮的 300m 水头段大型混流式水轮机

鲁布革水电站安装 4 台单机容量 15 万 kW 的混流式水轮发电机组,电站最大水头 372.5m,最小水头 295.1m,水轮机额定水头 312m,是目前我国在 300 ~ 400m 水头段单机容量最大的水轮发电机组。其水轮机转轮采用长、短叶片各 15 个,这种结构具有振动小、效率高等特点,在我国是第一次采用。该水轮机由挪威克威聂(KB)公司承制,转轮材料选用 16/5 铬—镍合金钢。水轮机比转速(n_s)为93.5m·kW,模型最高效率92.8%,换算到真机为 95 %。

(二)装有筒形阀的大型混流式水轮机

漫湾水电站装有 6 台单机容量为 25 万 kW 的混流式水轮发电机组,电站最大水头 100m,最小水头 69.3m,水轮机额定水头 89m。在水轮机的固定导叶和活动导叶之间增设了筒形阀,这在我国大型水电站上是第一次使用。筒形阀是引进加拿大多米宁公司的技术和图纸,由东方电机厂承制。阀体用 108mm 厚的钢板卷制而成,圆筒外径为 7450mm,筒高 1435mm,重约 28.3t。阀的启闭是靠沿圆周布置的 6 个液压马达操作,传动机构由梯形螺杆和把合在套管上的青铜螺帽组成。该阀可在最大水头下动水关闭,并可在导水叶关闭的情况下开启。

(三)第一个在国际范围内公开招标采购的大型水轮机

天生桥二级水电站装有 6 台单机容量 22 万 kW 的混流式水轮发电机组,电站最大水头 204m,最小水头 174m,水轮机额定水头 176m。电站系利用日本政府海外协力基金(OECF)的贷款,主机设备的采购按规定在日本和发展中国家范围内进行公开招标。当时有 7 个公司(制造厂)参加投标竞争,最后,中国的机械设备进出口公司黑龙江省分公司(制造厂为哈尔滨电机厂)中标。该水轮机的性能采用模型验收方式进行验收,1988 年 5 月 6 日至 12 日,在哈尔滨大电机研究所高水头模型试验台进行,这项工作在我国也是一个新的开端。该水轮机模型转轮的直径为 500mm,能量试验水头为 24m,模型最高效率 92.72 %,换算到真机为 94.48 %,是当前国内效率最高的水轮机。

(四)低水头、大容量的混流式水轮机

岩滩水电站装有 4 台单机容量为 30.25 万 kW 的混流式水轮发电机组,电站最大水头 68.5m,最小水头 37m,水轮机额定水头 59.4m,转轮直径 8m,是我国已建和在建水电站中转轮直径最大、额定水头最低的大型混流式水轮机。为了妥善解决水轮机转轮的运输问题,有关设计院与制造部门曾研究过采用转轮在现场组焊的方案,即将分瓣的上冠、下环和叶片运至现场后组装并加工。此方案技术难度大、费用高,经过多方案比较,最终确定转轮在哈尔滨电机厂的葫芦岛滨海水电大件厂加工成两瓣,再海运至黄浦港,然后转内河和公路运往工地,在现场焊接为整体并车圆。该转轮的叶片和下环材料为 OCr13Ni5Mo 不锈钢,上冠材料为 ZG20MnSi。

(五)大容量轴流转浆式水轮机

水口水电站安装 7 台单机容量为 20 万 kW 的轴流转浆式水轮发电机组,电站最大水头 57.8m,最小水头 30.9m,水轮机额定水头 47m,转轮直径为 8m,是目前国内 50m 水头段最大的轴流式水轮机。该水轮机转轮轮毂直径为 4.5m,已达到铁路运输的最大极限,机组的推力负荷近 4000t,亦属国内目前已建和在建电站机组之最大者。该机组由哈尔滨电机厂与日本日立公司联合制造。

(六)国内第一台大型可逆式水泵水轮机

潘家口水电站为一常、蓄结合的混合式水电站，装机42万kW，其中1台为常规混流式水轮发电机组，其余3台为抽水蓄能机组。蓄能机组单机容量最大为9万kW，电站最大水头为85.7m，最小水头为36m，水轮机额定水头为60m(此时额定容量为6万kW)，水泵工况的最大扬程为86.22m，最小扬程为36.7m。3台蓄能机组系由意大利TIBB公司承制，可逆式水泵水轮机是采用瑞士爱舍维斯(EW)的技术，由意大利的DPEW工厂生产。水泵水轮机转轮直径5.53m。为了适应电站水头变幅大的特点，水泵工况采用两种不同的转速：扬程在60m以上时采用142.8r/min，60m以下时采用125r/min；两种转速的转换由变极式同步电动发电机来实现。水泵的起动方式以变频器为主，背靠背同步起动为备用。设计中为了取得在低水头运行时的较高效率和改善气蚀特性，变频器容量选为6万kW，使其除作起动之用外，还有可能为1台水泵水轮机作变速运行。这一功能如试验成功，将是国内、外第一个将变频器用于旋转电机作变速运行的水电站。

二、水轮机转轮研究的新进展

80年代以前，我国水轮机的转轮研究主要沿用苏联的技术，通过多年的实践，对原苏联的部分转轮进行改型后，于1972年颁布了《水轮机暂行系列型谱》(以下简称《型谱》)，其参数一直作为我国水电站水轮机设计、制造的依据。这个《型谱》中纳入的转轮，与国外先进技术相比，从参数到性能都已显得落后，特别对大型水电站的兴建，限制了经济效益的发挥。为此，从80年代以来，我国制造部门加强了对转轮技术的研究工作，在更新转轮试验研究手段的基础上，研制出了一批参数较高、性能较好的新转轮，使我国水轮机转轮技术的研究进入了一个新的阶段。

1983年以后，哈尔滨电机厂、东方电机厂、水利水电科学研究院、富春江水工厂、天津电气传动研究所等单位都先后改造了50年代修建的水轮机模型试验台，使其达到转速高、稳定性能良好，成为具有国际先进水平的全特性通用试验系统。其中水利水电科学研究院以及哈尔滨、东方两个制造厂的模型试验台已先后通过部级鉴定，富春江水工厂和天津电气传动研究所的试验台亦已进入调试阶段。

模型试验手段的改造与更新，不仅为研究新型转轮(包括可逆式和贯流式等)、提高参数水平打下了良好的基础，更重要的是为电站设计提供了优选水轮机型式与参数的可靠条件，可以说是我国水轮机技术发展中的重要里程碑。几年来，我国在大中型水电站水轮机的设计选型中，已不再套用《型谱》中的老参数，而是根据电站的自然条件和运行中的技术要求，“量体裁衣”地按预想参数和性能要求，然后与制造厂进行技术磋商和交换信息，在初选型式和参数后，通过招、投标方式在选择生产厂家的同时确定具体的技术参数，从而为机组参数的选择最大限度地满足电站技术经济要求提供了更大的可能。

三、水轮机技术参数选择

(一)比转速与比速系数的选择

代表水轮机设计、制造的综合技术参数是比转速，一般表达为：$n_s=3.13n_1'\sqrt{Q_1'\eta}$，比速系数 $k=n_s\sqrt{H}$。过去我国《型谱》中推荐的设计比转速与水头的关系式为：

轴流式　$n_s=\frac{2300}{\sqrt{H}}$ m·kW

混流式 $n_s = \frac{2000}{\sqrt{H}} m \cdot kW$

1983年以后，哈尔滨电机厂与东方电机厂分别推荐的混流式水轮机的关系式为：

$n_s = \frac{57000}{Hr+125} m \cdot kW$；Hr为额定水头

$n_s = \frac{50000}{H_{max}+100} m \cdot kW$；$H_{max}$为最大水头

而目前国外中、高水头有代表性的水轮机比转速水平为：

上限： $n_s = \frac{2500}{\sqrt{H}} m \cdot kW$

(美国大古力水电站)

中限： $n_s = \frac{2250}{\sqrt{H}} m \cdot kW$

(委内瑞拉古里水电站)

下限： $n_s = \frac{2000}{\sqrt{H}} m \cdot kW$

据统计，国外300m以上水头的水轮机比速系数多在1600～1800之间。目前我国100～200m水头段的大型混流式水轮机的比转速选择一般取中限水平，与国外水平相比仍有一定差距。国内几座大型水电站水轮机参数水平见表3。

表3　国内几座大型水电站水轮机参数水平

电站名称	额定水头(m)	比转速(m·kW)	比速系数k	备　注
鲁布革	312	93.5	1652	哈尔滨与挪威KB公司合作
天生桥二级	176	148	1963	哈尔滨电机厂
漫　湾	89	253	2179	东方电机厂
岩　滩	59.4	252	1950	哈尔滨电机厂
隔河岩	103	232	2355	加拿大、中国哈尔滨厂

(二)水轮机效率

效率是转轮能量特性的重要指标，我国原《型谱》中的转轮模型效率一般较低，近几年研制的新转轮效率有较大提高，其中混流式模型水轮机最高效率达92.72%，真机效率的保证值为94.4%。为了提高水电站的电能效益，近几年在水轮机招标文件中，对加权平均效率也在给定加权平均系数的基础上提出了具体要求，并通过模型试验及合同谈判后，力争获得满足。

(三)转轮性能验收

近几年来，在实行招、投标采购机组的同时，实行了水轮机性能验收办法，即在招标及合同文件中规定了水轮机的性能必须经过用户验收，如达不到合同规定的数值，将由供货厂家承担技术及经济责任。由于真机验收受到流量测量精度的限制，水轮机性能验收多采用模型验收方式。从国外引进的鲁布革电站水轮机、潘家口电站的混流可逆式水泵水轮机以及国内厂家承制的天生桥二级、岩滩、漫湾等电站的水轮机性能，均在供货厂的模型试验台上经过用户验收，其中鲁布革电站的水轮机还在合同中规定了采用热效率法进行现场真机验收。实践表明，对水轮机转轮性能进行认真的验收，不仅有利于保证机组的制造质量，而且可以促进我国水轮机技术的进一步发展。表4为经过模型验收后的若干有代表性的水轮机转轮模型参数。

四、水轮机技术标准的制订工作

长期以来，我国水力机械领域没有一套完整的规范与标准，自80年代以来，随着国外设备和技术标准的引进，以及国内设备质量验收和招投标办法的推行，急需制订一套行业管理的技术标准。为此，1984年11月，水电部科技司组建了水电行业的水力机械标准化技术委员会，并着手在水电系统内组织编制除设计规范以外的水力机械行业管理标准共13项。到1988年底，已颁布执行的有2项，其中属于国家标准的1项，即《水轮机调速器与油压装置技术条件》，另1项《水轮发电机组包装运输保管技术条件》为局级标准；已上报主管部门审批的有《反击式水轮机气蚀评定标准》、《水轮机模型验收试验规范》等8项；已完成征求意见稿或正在编制中的有《水轮机现场效率试验规程》等3项。

为了加强水利水电勘测设计的行业管理，1988年水利水电规划设计院制定了“水利水电勘测设计技术标准体系”，并于当年9月由能源部、水利部联合发文正式批准。其中除计划1989年开始修订《水电站机电设计规程》(1985年试行)外，还有水力机械专业设计标准2项，即《水力发电厂技术供、排水系统设计技术规定》和《水力机械辅助设备技术规定》，计划1989年分别完成征求意见稿和初稿。此外，为了适应水电站主、辅机以招标方式进行采购和安装工作的需要，水利水电规划设计院还组织编写了《水轮发电机组及其附属设备招标及合同文件标准格式(试行)》及《水电站机电安装工程国内招标及合同文件标准格式(试行)》两个文件，并于1986年和1987年相继颁发试行。

表4　经过模型验收的若干有代表性的水轮机模型参数表

电站名称	水头 (m)			最优工况			额定工况			额定工况
	H_{max}	H_{min}	H_{rat}	n_1' (r/min)	Q_1' (l/s)	η (%)	n_1' (r/min)	Q_1' (l/s)	η (%)	n_s(m·kW)
鲁布革	372.5	295.1	372	67.1	202	93.5	64.9	256	90.5	97.8
潘家口	85.7	36.0	71.0*	80.3	391	92.2	81.6	563	85.4	177.1
天生桥二级	204	174	176	66.7	472	92.72	67.8	521	91.24	146.3
岩滩	68.5	37.0	59.4	78.5	1020	92.04	77.8	118.6	90.5	253
漫湾	100	69.3	89.0	74.7	995	92.2	72.9	1109	90.3	231

* 为最优工况的水头

我国大型水轮发电机组制造技术新发展

曲述曾　吴新润

80年代以来，继葛洲坝12.5万kW、17.0万kW转桨式机组以及刘家峡、白山30万kW混流式机组投运以来，随着水电建设的发展和改革开放政策的深入，我国水电机组制造业在技术水平和生产能力方面都有很大提高，品种也有很大发展：龙羊峡的32万kW混流式机组、鲁布革的高水头混流式机组、红石的转轮直径为6m的定桨式机组、白垢的1万kW灯泡贯流式机组、江厦的双向发电潮汐机组以及四方洞的高水头冲击式机组等都先后顺利投运；岩滩、漫湾、天生桥、隔河岩等大型混流式机组和水口、铜街子等大型转桨式机组正在设计制造中；对更大容量的三峡巨型机组的设计制造也进行了论证。此外，在剧烈的国际竞争中，我国水电制造行业也初步显示了自己的实力，一些中小型水电机组开始进入国际市场，有些已在加拿大、南斯拉夫等国家投入运行，还在天生桥、水口机组的国际招标竞争中获胜。下面拟就我国水电机组制造技术的新发展作些介绍。

一、水轮机制造技术的发展

(一)测试手段

在水力试验的测试技术方面，我国已先后建成了几座具有国际水平的水力试验台。这些试验台都配置了数据采集和数据处理系统，各主要参数用高精度的传感器测量，并可进行原位率定，其中流量用容积法或秤重法率定，保证了试验结果的高精度，效率测量的综合误差均小于±0.3%，并且都能适应可逆式机组四象限试验的要求。其中哈尔滨大电机研究所的试验台，曾用挪威SINTEF研究所试验台的鲁布革模型验收试验的装置，进行了对比试验，两者能量和汽蚀试验结果的偏差，均限制在试验台的允许误差范围之内。各试验台的主要参数见表1。

表1　水力试验台主要参数表

主要参数＼试验台	哈尔滨大电机研究所	水利水电科研院	东方电机厂
最高试验水头(m)	100 ($Q=0.4m^3/s$)	60	100
最大流量(m^3/s)	1.2	1.2	1.5
测功机功率(kW)	400	300	500
供水泵功率(kW)	400 × 2	550 × 1	700 × 2

此外，富春江水工机械厂及天津电气传动设计研究所的水力试验台也正在调试之中。

(二)水力计算手段和水力性能

在完善水力试验测试手段的同时，也完善了水力设计方法，并在长期实践中积累了经验。在混流式水轮机转轮的水力设计方面，已采用一至三元理论的各种方法进行叶片设计，并由计算机绘制出叶片上的各类截面和生产用的叶片木模图；开始对已设计的转轮进行速度场和压力场的计算，对新设计的方案进行性能预测和优化。在轴流式转轮设计方面，积累了叶片各种几何参数对水力性能影响的资料，并在分析的基础上通过合理调整叶片的几何参数，获得了满足设计要求的转轮，如葛洲坝、红石等一系列转轮已经历了运行的实际考验。此外，对其他通流部件的水力性能影响的计算和试验也有一定程度的进展。带导流环的平行板座环已在龙羊峡、岩滩等机组设计中采用。试验结果表明，当导流环达到一定尺寸后，与带碟形边座环的水力性能是相当的。为便于生产，具有椭圆断面的尾水管肘管已在天生桥机组上得到应用，其水力性能还略优于常用的肘管。为降低导叶区的流速，以减少在多泥沙条件下导叶区域的磨损并计算作用于导叶上的水力矩，求解双列环形叶栅的计算程序也已得到应用。

由于水力试验和计算手段的提高，促进了水轮机水力性能的完善，主要表现在两个方面：一是机组的最优效率和平均效率得到提高。如天生桥、岩滩和鲁布革等机组通过模型验收试验和对比试验表明，其最优效率保证值按合同规定的效率换算公式换算后，都超过了 94 %，比以往的保证值提高了 1 % 左右，达到了当前国际水平。二是机组的比转速提高较快，而一些新开发的混流式转轮较原型谱转轮在最优单位转速的提高方面更为显著。如岩滩和龙羊峡机组在使用新转轮后，机组的比转速分别较原型谱提高了 20 % 和 9 %，获得了明显的经济效益。

(三)机械强度计算手段

为适应大型水轮机发展的需要，SAP−5 等大型有限元静、动力结构分析程序和一些自编程序，已普遍应用于大型机组的大部件刚度、强度和动态特性计算中。为验证计算结果，曾在葛洲坝 12.5 万 kW 机组的一些部件上进行了现场实测，其结果与计算结果基本一致。在岩滩机组设计中，为减轻顶盖重量，使用了专用程序进行结构优化计算，使顶盖在最大应力和最大变形保持不变的情况下，重量比起始方案大为减轻。目前正在把结构优化设计应用到水口等机组的蜗壳、座环及其他大部件中。

有限元法还应用于解决不同材料联合受力以及变形接触等难度较大的问题。由于蜗壳和混凝土基础联合受力的计算，以及在白龙江等电站进行的蜗壳强度实测的验证，使我们能得出机组运行情况下蜗壳的真实应力；在过去的计算中，由于不考虑混凝土基础的作用，致使这种计算结果与运行时的应力实测结果有很大出入。

随着水轮机容量和尺寸的增大，整机和各部件的相对刚度有所下降。为避免由于接近共振而引起机组过大的振动和摆度，以及相应的疲劳破坏，正在进行轴系动态响应方面的试验研究，包括对导轴承径向刚度的系统研究。为搞清红石定桨机组空载条件下主轴摆度偏大的原因，曾在现场用力锤测定法测得了轴系的固定频率。经试验发现，主要原因是由于机组轴系固有频率与空载时机组的水力干扰频率合拍共振引起的，从而找到解决问题的途径。在岩滩、天生桥等机组的模型试验过程中，曾开展了各种补气方式以及稳流片等方案对尾水管压力脉动的影响，为真机选择了较为有效的降低压力脉动的措施。此外，还用有限元法和机械模态分析技术通过计算和试验得到了转轮在空气和水中的固有频率及其振型。

水轮机转轮是一种在随机变化的交变载荷下工作的部件，转轮的失效应属随机疲劳破坏，只有用疲劳强度理论来进行强度设计才能符合实际。为此，哈尔滨大电机研究所与东北工学院合作，在大量水电站运行统计资料的基础上，编制了疲劳载荷谱，并制定了混流式转轮常规疲劳强度设计规范，还针对几个大型转轮进行了实例计算。

（四）耐磨、耐汽蚀新材料

在金属材料方面，由ZGOCr13Ni4-6的不锈钢铸造叶片已在葛洲坝、刘家峡、六郎洞等机组上应用，G817（即OCr13Ni5Mo钢板）已在葛洲坝转轮室中环和白山二期转轮下冠上应用，均取得了较好的使用效果。既具有奥氏体不锈钢的耐腐蚀性能，又具有马氏体不锈钢高强度的17-4PH沉淀硬化马氏体不锈钢，已在多泥沙的渔子溪二级电站上应用，预期会有较好的抗磨和抗汽蚀的综合性能。Cr16Ni5不锈钢钢板和铸件在鲁布革和天生桥机组转轮上的应用，则为我国水轮机行业增添了另一种可供选择的耐磨和耐汽蚀综合性能好的不锈钢材料。由于其含碳量低，而逆变奥氏体含量比Cr13Ni4不锈钢高，因此具有较低的裂纹敏感性和良好的可焊性，在热影响区中不存在氢裂纹的倾向性，使在正常情况下可进行不预热焊接，从而使这种高水头低比速转轮也可采用组焊结构。

堆焊是水轮机防磨措施中广泛应用的办法，已使用的堆277、耐磨1号、耐磨6号等焊条在绿水河、喀什、盐锅峡等应用中取得了一定效果，但焊后可能出现的微裂纹问题尚未很好解决。为寻求解决途径，在鲁布革、天生桥水轮机顶盖和底环的过流表面堆焊316不锈钢的基础上，进行宽带堆焊17Cr不锈钢，其硬度可达300～350HB；另外，还设计制造了耐磨层磨损后可在现场修补的设备。为进一步提高不锈钢的耐磨和耐汽蚀性能，用感应加热的方法进行表面强化处理的研究工作正在进行中，其试样结果表明，材料的抗汽蚀破坏能力大约相当于常规热处理后的3倍。在非金属保护材料方面，目前水电部门研制的环氧金刚砂涂层、复合尼龙涂层和聚氨脂涂层在实际应用中均显示了较好的抗磨效果。

（五）新结构的应用

1.组焊的混流式转轮

近年来国内设计制造的大型混流式转轮都采用了组焊结构，以代替以往的整体铸造或半铸造结构。同时为节省昂贵的不锈钢材料，一批由异种钢焊接的组焊转轮已在刘家峡、龙羊峡等一些机组中得到使用。部分已经或正在设计制造的大型混流式转轮的简要情况如表2。

龙羊峡水轮机是目前国内最大容量的混

表2　部分大型混流式转轮简要情况表

特征＼机组	转轮名义直经 (m)	叶片数 (个)	转轮重量 (t)	材质 上冠	材质 下环	材质 叶片	备注
龙羊峡	6.0	17	136	ZG20SiMn	ZG20SiMo	ZGoCr13Ni6Mo	偏心分半
岩滩	8.0	13	286	ZG20SiMn	OCr13Ni5Mo	OCr13Ni5Mo	偏心分半
隔河岩	5.63(喉管)	13	120	Cr13Ni4	Cr13Ni4	Cr13Ni4	整运
鲁布革	2.28(出口)	30	24	Cr16Ni5	Cr16Ni5	Cr16Ni5 (钢板)	整运
天生桥	4.5	16	47	Cr16Ni5	Cr16Ni5	Cr16Ni5 (电渣溶铸)	整运
白山二期	5.5	14	110	ZG20SiMn	ZG20SiMn	ZG20SiMn	分半

流式水轮机，上冠用螺栓把合，下环在工地焊接。由于叶片数为奇数，采用了偏心分半的办法以减少分半面叶片的切割，两个被切割的叶片在工地焊接。岩滩转轮是正在设计制造的最大尺寸的混流式水轮机，转轮的最大外径为8.6m，重286t，采用了与龙羊峡转轮相仿的结构。为改善其下环区的耐汽蚀性能，下环由数块不锈钢铸造的扇形块焊接而成。为解决这种大型转轮的平衡问题，还配置了以静压球轴承为支撑的平衡装置。为进一步节省这种中、高比速转轮的不锈钢用量，还在白山二期和安康电站机组转轮上采用了由异种钢焊接的叶片，叶片上半部的材质为ZG20SiMn，下半部为不锈钢，并对叶片异种钢焊接接头的焊材和工艺开展了系统试验研究。

鲁布革水轮机是哈尔滨电机厂与挪威克万纳·勃鲁格公司(KB公司)合作设计制造的，其转轮的进水边最大直径为3460mm，转轮出口直径为2280mm，共30个叶片，由15个长叶片和15个短叶片组成。叶片由50mm厚的Cr16Ni5钢板，经铣坡口和厚度后，热弯成型而成。这种叶片既保证了叶片型线的正确性，又避免了以往铸造叶片中可能存在的各种缺陷，有利于进一步提高叶片的耐磨和耐汽蚀性能。为组焊这种叶片长、流道窄的转轮，上冠分为内外环，在套上外环前先焊上所有可能焊接的部位，随后在套上外环后，焊接其余部位。此外，还为鲁布革转轮采用了由铝镍青钢制作的止漏环，这种止漏环在国外已有很好的抗汽蚀运行实践，但在国内尚属初次使用。

2.座环和蜗壳

由于平行板式和带圆孤导流环的箱式座环具有强度好和工艺简单的优点，在近年来设计制造的大部分大型混流式机组中都采用了这种结构，逐步替代了带碟边形的传统座环结构。岩滩电站座环最大外径为12.76m，重255t，按运输条件分6瓣制造。按强度要求，所有座环的平行板均采用抗撕裂的厚钢板制造。鲁布革电站座环按KB公司的工艺要求，须先焊成整体，焊完蜗壳后再割成两半，以便于铁路运输。座环合缝面采用"U"形坡口，在工地再焊成一体。对于天生桥电站的座环，则仅将蜗壳过渡段在厂内预先焊于座环上。由于在座环的焊接艺术上采取了相应措施，已毋需象鲁布革电站座环那样焊后再割成两半，分半面也是在工地焊接的。隔河岩电站座环是哈尔滨电机厂按照加拿大CGE公司提供的通道设计的，固定导叶共23只，按形状沿圆周分为三组，各组之间固定导叶具有不同的厚度和安放角，以便更好地适应蜗壳来流的要求。龙羊峡电站座环为焊接结构，固定导叶12个，除特殊固定导叶采用HT62CF钢板外，其余为ZG20SiMn铸钢，与蜗壳相接的锥形环板采用60mm厚的HT62CF钢板滚压成型，圆孤导流板外径为200mm。

随着机组容量和尺寸的增大，焊接蜗壳的钢板厚度也越来越厚。为减轻蜗壳重量和焊量，近年来，一些可焊性好的高强度钢板已得到广泛应用。龙羊峡蜗壳进口直径6.5m，采用了HL62CF调质钢板，屈服强度$\sigma_s=490MPa$。这种钢板同样具有较低的碳当量和焊接裂纹敏感系数P_{cm}，而且具有很高的抗层状撕裂性能和低温韧性。龙羊峡机组中采用这种钢板后，使该机组蜗壳钢板的最大厚度从原来的56mm(系15MnV钢板$\sigma_s=370MPa$)下降至44mm，蜗壳重量从225t下降至175t。在岩滩、鲁布革、天生桥等机组的蜗壳设计中也采用了与龙羊峡机组相类似的高强度细晶粒62u调质钢板，而在漫湾、安康蜗壳的设计中则采用了OLACEH36C钢板，$\sigma_s\geqslant400MPa$。

3.导水机构

为提高导水机构的抗磨能力，除在新设计制造机组的顶盖、底环过流表面堆焊Cr17之外，还在导叶上采取了措施。鲁布革导叶由ZGCr13Ni4不锈钢铸成，设计中导叶轴颈相对导叶叶面的位置是按轴颈与叶面连接处的圆根尽量集中在叶面压力较高的一侧考虑的，以减少压力较低侧可能引起的脱流。天生桥的导叶则是由Cr16Ni5不锈钢电渣溶铸而成。岩滩导叶采用了钢板焊接结构，为防止泥沙磨损和间隙汽蚀，导叶两端面盖板采用OCr13Ni5Mo钢板，相邻两导叶接触面的两个立面用耐磨不锈钢焊条堆焊，导叶的中下轴承处采用不锈钢镶套。

为防止导水传动机构中剪断销剪断时导叶的摆动，在天生桥、水口和隔河岩等电站的导叶与转臂间采用了摩擦装置，其中水口电站为保证导叶从空载到全关位置能自动关闭，在接力器的关闭方向还加设了弹簧；在鲁布革和天生桥电站的导水传动机构与控制环的销轴处采用了球轴承，以补偿控制环的跳动和装配误差。这些新结构的应用，对传统的导水传动机构起了完善和补充的作用。

4.转轮和主轴的联接方式

为提高转轮的互换性，并简化转轮与主轴间联轴螺钉的加工，在鲁布革、天生桥和漫湾机组的设计中，都采用了利用摩擦力矩传递扭矩的结构，轴孔与联轴螺钉之间有间隙。为使联轴螺钉把紧时能有较大的预紧应力，在鲁布革和天生桥机组中还分别采用了材质为35CrNiMo及34CrNi3Mo锻钢的高强度联轴螺钉，使用应力达700MPa。

5.导轴承及主轴密封

国内大型机组均使用稀油润滑的导轴承，带轴领的分块瓦式和带转动油盆的筒式轴承都在长期使用中得到了考验和完善。由于带斜油槽的自循环筒式轴承在安装中较难调整，因此，分块瓦式轴承的应用日益普遍。在与挪威KB公司合作设计鲁布革机组的过程中，使我们引入了一种新的靠毕托管上油的筒式轴承结构。该导轴承由四块扇形块组成，每块瓦与主轴间的间隙是渐变的，使每个瓦与主轴间形成一油楔。这种结构在高水头机组上使用时可望有较好的径向刚度。天生桥的导轴承也采用了这种结构。

主轴密封曾是水轮机结构中的一个薄弱环节，多年来经制造和运行部分的共同努力，已获得了几种令人较满意的结构。目前使用最普遍的是水压式端面密封，这种密封在调整适当的条件下，摩擦副之间被一层很小的水膜隔开，故而漏水小，磨损也不大。龙羊峡、岩滩等机组均采用水压端面密封。其中龙羊峡机组采用的是“U”型橡胶块水压端面密封结构，密封块在槽内靠水压顶起，中部空腔内开孔通清水润滑；为减小水压密封的水压，在水压密封的下方还加设了水泵密封。

在鲁布革和天生桥机组设计中则采用了挪威KB公司在所有高水头机组上一贯采用的传统结构。其主轴密封为无接触迷宫式径向密封，使迷宫与钨金瓦间间隙略大于轴承间隙，并在转轮上冠上设置泵板，使主轴附近的固定部件与转动部件间在正常运行时处于无水状态；而将泵板排出的水在顶盖上开孔取出，以作发电机冷却用水。这种结构为在多泥沙水流下运行的高水头混流式机组的主轴密封结构提供了又一种新的解决办法。

6.水轮机进水阀门

水轮机进水阀门的结构设计也有新的进展。鲁布革的球阀采用了全焊接结构，阀体由球壳焊接而成，活门粗加工后放入阀体内，两半阀体在活门装入后焊成一体，活门不能从阀体中拆出，但在结构上考虑了轴头加工和置换密封的可能性。这种结构与传统的由螺钉把合的阀体相比，不仅减少了加工量，而且减少了由于把合面把合螺钉在有压情况下变形而引起的轴头漏水问题。

天生桥机组进口装有双平板蝶阀，直径4.2m，当机组紧急关闭时，可借重锤作用使活门越过全开位置，随后靠作用于关闭方向的动水力矩，使活门关闭到接近全关位置，再靠活门与阀门中心之间因偏心而产生的静水力，使活门达到全关位置。这种结构在蝶阀失去电源的情况下仍可手动关闭；同时由于静水力的作用可使密封面紧密靠拢，从而使漏水量降至最小；其操作容量与过去采用的结构相比，可减少约20％。

在漫湾机组固定导叶与活动导叶之间，按从加拿大CGE公司引进的技术设计了筒形阀，当事故发生时，布置在水轮机顶盖上的6个直缸接力器，驱动筒阀下降以截断水流。筒形阀的实施，为今后选择水轮机进水阀门增加了另一种可能方案。

(六)调速器和油压装置

自80年代以来，在调速器的设计方面已采用新的调节理论和新的元件。为实现PID调节规律，制成了PID模拟式电液调速器，并在葛洲坝、龙羊峡等大型电站投入运行。

近年来，一些专业厂除完善和提高模拟电调的技术性能和可靠性外，还与有关大专院校合作，研制成微机型数字式电液调速器，并先后在白莲河、桓仁、凤滩等电站投入运行。这种调速器的静、动态特性的主要技术指标都达到了国际先进水平。

在调速器特性的测试手段方面也进一步得到完善，一些专业厂已开始用微机进行数据处理。水利水电科研院自动化所还引进了美国P-E公司的P-E3260MPS仿真系统，并建成了水轮机调速器的动态试验室，为开发新型电液调速器系统和提高调速器产品质量创造了必要条件。

在油压装置方面，已生产出40MPa等级、容量为40m^{3}的油压装置，并已用于葛洲坝电站。70MPa等级的油压装置正在研制中。

二、发电机设计制造技术的发展

(一)试验手段

1.推力轴承试验台

推力轴承是水电机组的关键部件，其可靠与否直接影响机组的安全运行。随着电机品种的不断发展，对推力轴承的要求也越来越高，如低速大负荷推力轴承、高速推力轴承、可逆转推力轴承等。为了研究在各种复杂工况下的推力轴承性能，推力轴承试验台是不可缺少的试验手段。近年来我国建立了两座推力轴承试验台：一是东方电机厂于1984年建成的1000t推力轴承试验台。其规格为：最大推力1000t；转速范围50～750r／min；拖动电机容量800kW；加载方式为液压加载。该试验台目前正在调试，计划通过热弹流进行润滑理论的研究，并进行铜街子推力轴承试验以及三峡机组推力轴承油路循环和支承结构等模拟试验。二是哈尔滨大电机研究所建立的3000t推力轴承试验台。其规格为：最大推力3000t；转速范围75～600r／min；拖动电机容量3000kW；加载方式为液压加载。这座试验台计划在1989年上半年安装调整，然后结合天生桥电机和岩滩电机的推力轴承，进行有关性能试验；并对轴瓦冷热变形、最小油膜厚度、温度分布以及润滑等各工况的数值进行检测，并与计算值互相校验；还为三峡等电站大型推力轴承进行单瓦全模拟各种性能试验。

2.通风系统水模型试验装置

水模型是用水代替空气，对大型电机通风进行整体模拟试验，特别是对通风损耗的测定。其优点是对大型电机通常采用缩小尺寸的模型进行试验。为确保测量数据的准确性，其模型首先要几何相似，其次是动态相似。由于水的密度远大于空气，因而模型的转速不仅可以降下来，而且比较容易进入转速的模拟区。哈尔滨大电机研究所于1985年制成了葛洲坝12.5万kW水轮发电机的1/10通风水模型，并进行了通风损耗模拟实测。试验结果与真机实测结果比较，误差在±5%以下，比国外资料介绍的误差(在±10%)更精确一些。通过这次对模型的设计、制造和安装试验，使我国掌握了通过水模型实测大型水轮发电机通风损耗的手段。

(二)新技术的应用

1.无风扇通风系统的改进及推广

80年代以来，随着中低速大容量水轮发电机的发展，经试验验证，取消过去贯用的斗形风扇，适当选择磁轭径向通风沟的尺寸及数目，同样可以建立起必要的压头及需要的风量。这种通风结构已在中低速水轮发电机上推广应用，并在葛洲坝、白山、龙羊峡等电站取得了成功的经验。此外，哈尔滨大电机研究所还对大型电机上、下端风道的挡风板结构进行了改进，大大减少了端部的涡流风损。如白山30万kW经改进后，通风损耗为1266kW，与刘家峡原22.5万kW机相比，损耗降低1134kW，电机效率提高约0.5%。

2.氟里昂冷却技术的应用

1981年，东方电机厂与中国科学院电工所合作，为云南大寨水电站研制了2台单机容量为1万kW的氟里昂蒸发冷却发电机，且从1983年投运以来，一直运行良好。这项新技术另有专文介绍，这里不多述。

3.取消水轮发电机下导轴承结构

哈尔滨大电机研究所于60年代在丰满电站进行了取消下导轴承的试验，取得了可以推广应用的试验数据。此后，从7.25万kW新安江型机组开始推广到10万kW、22.5万kW、30万kW等悬式水轮发电机；从80年代开始又进一步推广到17万kW及12.5万kW等平型水轮发电机上。取消下导轴承结构一般可以省掉下机架部件，是我国水轮发电机的一个主要特点。

4.定子线圈空换位的应用

电站实测说明，过去采取的股线360°均匀换位的定子线棒，在定子槽内上下层、铁心两端及中间的温度分布极不均匀，最大温差达40～50℃。产生这种现象的原因，是由于端部漏磁场造成股线电压不同，股线环流引起的。为寻求解决途径，哈尔滨大电机研究所、哈尔滨电机厂及柘溪电厂、湖南电管局和清华大学等单位于1985年作了一系列试验与实测；新安江电厂与浙江大学也作了一系列试验。结果说明，在线棒槽内部分若采用空换位或不完全换位造成的槽内磁链不平衡，可以部分抵消端部漏磁场的影响，使线棒温差明显下降，空换位和不空换位的最大温差为30℃，效果显著。根据以上情况，哈尔滨大电机研究所和浙江大学共同协作，研究采用最佳的空换位长度或不完全换位的角度，可以得到最低的线棒温差。据此编制出的空换位与端部磁场关系计算软件已经在新设计的大型电机上应用。

5.圆盘式结构转子支架的应用

国外大型水轮发电机都采用圆盘式转子支架。与盒形支臂相比，在应用相同材料的情况下，转子的刚度较大，并有利于通风。为适应大型机组发展的需要，哈尔滨电机厂于1987年为红石电站1号机生产了1台圆盘式转子支架。该机架自1987年投运以来，性能良好，为今后生产更大型的圆盘式转子支架积累了经验。

6.机组的电制动试验和推广应用

电制动不仅可以缩短停机时间，还可减少由于高转速机械制动引起的石棉瓦粉尘和降低制动环的磨损。哈尔滨大电机研究所于1984年和1985年，先后在丰满电站的7.25万kW机组和官厅电站1万kW机组上作过电气制动试验；东方电机厂于1983年在丹江电站15万kW机组上也作了电制动试验，都取得了良好的效果。目前正计划在白山二期30万kW等大机组上推广应用。

(三)新工艺的采用

1.定子铁心工地整圆装压

整圆装压定子铁心，可以提高定子铁心的刚度，从而降低由定子分数槽引起的次谐波对定子铁心产生的振动幅值，缓和由铁心热膨胀引起的铁心飘曲，减少定子铁心松动及由于松动引起的噪音等优点。国外大机组都采用工地装压铁心措施，我国在白山、大化等电站也都采用了这种新工艺，效果很好。

2.定子铁心热压新工艺

当电机运行一段时期后，铁心会松动，这是一个很棘手的问题。又由于振动，使定子槽口部分线棒发生磨损，还经常引起烧毁线棒的事故。解决这一问题有两种措施：一是在拉紧螺杆的螺帽下，使用弹性垫圈(包括穿心螺杆)，当铁心松动时，由于弹簧垫圈的弹性，仍可使铁心继续压紧；另一种是对定子铁心使用热压办法，使运行后的铁心难以产生松动。为此，哈尔滨电机厂及天津发电设备厂都作过厂内热压试验，取得了经验，并已推广应用。

(四)励磁系统情况

随着电站容量和单机容量不断增大，远距离输电线路不断增多，对机组励磁控制提出更高的要求。为确保电力系统主机组的可靠运行，我国在励磁系统方面有了很大改进，主要包括：

1.励磁电源

在供电方式上，国外从70年代以来，50万kW以上的大型机组都采用电压源，即可控硅整流器型的励磁系统。我国近年来在龙羊峡、白山等大型机组上也采用了这种励磁方案，并积累了一定的设计和制造经验。在功率整流装置上，国内外均采用可控硅整流元件组成的功率整流器装置；对大中型机组，采用三相桥式接线方式，且大多数是在直流侧并联，通常并联支路数不大于8，串联数不大于2。为简化线路及整流装置，我国推荐选用1650A/4500V，它是目前国内最大容量的可控硅整流元件。

2.自动励磁调节器

目前世界各国的调节器的种类很多，其接线方式也不一样，但就励磁调节器而言，可分为三大类：以高放大倍数为基础的PI型调节器(比例积分器)+PSS(电力系统稳定器)；以低放大倍数为基础的并联PI调节器+PSS；多通道(电压、功率、频率)综合控制型的强力式调节器。这三种励磁调节方式均能满足性能指标的要求，目前我国在大中型机组上较为普遍地采用低放大倍数为基础的并联PI+PSS励磁调节，且模拟型双通道的调节器已在八盘峡电站运行，效果很好。多通道适应型综合控制调节器已处于研制试运行阶段。此外，随着微型计算机的飞速发展，微机型调节器也开始进行研制。除了硬件外，许多功能可以通过软件实现，灵活性大，通用性强，并可通过自检和自诊功能提高装置运行的可靠性。

水电站电工一次技术新发展

黄　贤　鉴

1984～1988年期间，随着大型水电站的建设和投入运行，超高压、大容量、大电流的新设备、新材料和新技术在不断发展。本文简要介绍如下。

一、电气主接线

水电站电气主接线的接线方式，是根据电站装机规模、运行特性、电站在电力系统中的工作方式及系统容量的大小等不同的具体情况，因地制宜、合理选择的，是水电站电气设计的主要依据。随着电力系统的发展，电站装机容量的增大，水电站接入电力系统的最高电压等级已由1983年以前的330kV发展到500kV；电气主接线型式也随之有较大的变化和发展。根据近5年已建和在建的31个大中型水电站（其中大型水电站占84%，中型水电站占16%）的统计，以一级电压与电力系统连接的水电站占71%，两级电压占29%。

发电机与升压主变压器的连接方式，1983年以前采用扩大单元接线和联合单元接线方式的单机容量一般不大于7.5万kW；现在采用扩大单元接线方式的最大单机容量已达22万kW，采用联合单元接线方式的最大单机容量已达30万kW。对已建的葛洲坝水电站，考虑了电力系统容量较大，电站单机容量12.5万kW相对较小，加上受枢纽布置条件限制等因素，因而采用了两个扩大单元组成的联合扩大单元总容量50万kW接入500万kV超高压变电站。据5年来已建和在建的大中型水电站统计，大容量机组采用扩大单元和联合单元接线方式的已超过35%以上。

关于高压侧接线方式，由于大中型水电站主要作用是承担主电网的调峰任务，且电站一般处于山区，输电距离较远，110kV及以下电压已逐步不作为电站主送电压，而仅作为一些水电站对特殊需要的地区用电的次一级送电电压，故其接线方式已趋向简化，一般以单母线及其派生接线或桥型接线为主要接线方式。220kV电压级一般仍以双母线、双母线带旁路为基本接线方式，但也已开始简化，如单母线带旁路、均衡母线、变压器线路组的接线方式等。330kV电压级是目前我国西北地区电力系统的最高电压，对于大型水电站一般采用双母线及其派生接线或1.5倍接线。500kV电压等级，一般出线在4回以上则多采用1.5倍接线，出线回路少的也采用了双母线带旁路隔离开关，进出线各两回者则采用四角型接线。总的趋向是：随着电力系统容量不断增大，电站装机或单机容量占电力系统容量的比重下降，以及电气设备质量的提高，在保证运行安全可靠的前提下，接线方式已开始逐步向简化方式发展，以节省电站投资。

二、升压变压器

水电站选用升压主变压器的型式有三相、单相、组合三相等，主要由枢纽布置场地和运输条件确定。随着大容量机组的发展，升压主变压器单台容量也不断增大，如容量为36万kVA、电压363／15.75kV，以及容量为30万kVA、电压525／13.8kV的强迫油循环水冷式三相双线圈升压主变压器已分别在龙羊峡和葛洲坝水电站投入运行；容量为36万kVA、电压525／242／35kV的三相三线圈有载调压自耦联络变压器也已在葛洲坝大江500kV变电所投入运行。渔子溪二级水电站由于公路运输条件的限制，采用了强迫油循环双线圈内芯式组合三相升压主变压器，其容量为10万kVA，电压242／13.8kV。它是由三个单相箱体和一个三相连接箱顶盖、一个三相底部台车组成。它可分别运输，在现场又可较方便地组合成三相式，是国内新发展的一种变压器型式，对解决水电站运输重量限制和枢纽布置场地困难等问题，具有较大的适应能力，颇有发展前途。

正在兴建的水电站，363kV电压等级的三相双线圈升压变压器容量已达46万kVA。500kV电压等级的单相容量达21万kVA，天生桥二级水电站500／15.75kV单相双线圈升压变压器组总容量50万kVA，其低压侧则采用了双分裂线圈。

水电站多采用干绝缘的厂用变压器，它既有利于防火，又可减少布置面积，对坝内式和地下式厂房尤其适用，目前已投入运行的最大容量达4000kVA。

三、电力电缆

对于坝内式或地下式厂房的水电站，由于升压主变压器或开关站一般多布置在厂房内单独洞室中，高压出线则常采用电力电缆引出至地面开关站或出线场。目前主要以自容式充油电力电缆为主，已在龙羊峡水电站运行的最高工作电压达363kV，额定电流1200A，电缆单相截面达920mm^2，整根敷设的电缆长度最长达420m，这是目前国产已运行的截面最大、整根长度最长的超高压自容式充油电力电缆。正在兴建的水电站地下厂房，500kV引出线也采用了超高压自容式充油电力电缆，其落差达187m。

目前国产的220kV干式绝缘电力电缆已研制成功并投入运行，为发展超高压干式绝缘电力电缆的生产和应用打下基础。正在兴建的水电站地下厂房超高压引出线已在研究采用干式绝缘的电力电缆。

四、大电流离相封闭母线

大型水电站单机容量为20万kW及以上的发电机与升压主变压器的低压线圈间连接母线，一般都采用全链式大电流离相封闭母线，目前已运行的自冷全链式大电流离相封闭母线，其额定电流达1.5万A，最大电压可达24kV。正在兴建的水电站，其离相封闭母线额定电流将达2.2万A以上，因此，为解决大电流母线散热、损耗和减少母线尺寸等问题，近来研制风冷全链式大电流封闭母线的工作正在积极进行。

五、高压配电装置

近年来兴建的大型水电站，多处于深山狭谷，在大多数情况下，电站附近很难寻找一个位置适中、地形合适、可供布置高压或超高压开敞式开关站的大面积场地，一些大型水电站采用了六氟化硫全封闭组合电器(SF_6GIS)。

SF_6全封闭组合电器目前一般采用户内式，它与升压主变压器之间的连接方式采用SF_6管道母线，并通过油、气连接套管直接与变压器高压侧相连接。为使连接的SF_6管道母线最短，一般都尽量将SF_6全封闭组合电器布置在靠近变压器室的单独开关室内。对坝后式厂房的开关室则布置在变压器场的上部或厂坝之间，出线由SF_6管道母线经高压套管引出至出线场。对地下式厂房的开关室通常都布置在变压器洞室的顶部，再经高压电力电缆引出至地面出线场。

目前已经投入运行的有乌江渡、白山、东江、鲁布革等水电站220kVSF_6全封闭组合电器。龙羊峡水电站因处于2600m高海拔地区，采用开敞式常规330kV电器不能满足外绝缘水平，所以也采用了SF_6全封闭组合电器，这是目前国内已投入运行的水电站中，电压等级最高的SF_6全封闭组合电器。

正在兴建中的漫湾、岩滩、二滩、天生桥二级等水电站以及广州抽水蓄能电站等的500kV开关站，也采用了SF_6全封闭组合电器。

SF_6全封闭组合电器虽具有占地面积小，没有敞露的电器和导体，可布置在屋内，并可节省土建开挖的优点，但设备本体价格甚贵，因此，一般只在技术经济合理或水电站处于山高坡陡地区无合适布置开敞式开关站的地形条件下，才考虑采用。

对于有适中位置或经部分开挖平整，可供布置开敞式开关站的水电站，一般高压配电装置均采用开敞式布置。由于超高压电器尺寸大，开关站基本以中型布置方式为主，近年来，为减少开敞式开关站布置面积，普遍采用铝管母线配置单柱式隔离开关的布置方式。还有设计中的开关站，为了进一步减少布置面积，还采用了落地罐式断路器。

已投入运行的有葛洲坝二江220kV开关站，采用单管单跨的铝管母线。在大江500kV开关站，采用整根母线总长达190m的连续多跨四分裂结构的铝管母线，配单柱式隔离开关的布置方式，是国内目前唯一采用这种母线结构的最大升压开关站。其特点是不仅缩短开关站纵向长度，节省土建开挖，节约铝材和母线构架，而且开关站布置清晰、层次分明、维修方便。大江500kV开关站的长190m连续多跨四分裂铝管母线结构型式的整个设计、制作和安装，全部是立足国内自行试验研究完成的，运行情况良好。该母线有如下主要结构特点和技术指标：铝管母线材质为LF_{21y}铝锰合金管，四根母线主管呈矩形排列，宽0.45m、高0.6m、长190m，母线的主管外径45mm、内径25mm，斜管外径25mm、内径19mm，最大通流容量达3464A，电晕消失电压（相对地）为503kV（有效值），在1MH_z频率下距母线B相20m处无线电干扰水平为23dB，母线下部离地1.5m处的空间场强小于8kV／m，母线正常的最大挠度为4.2cm，小于一个跨度(30m)的0.2％。

六、厂　用　电

厂用变压器容量选择的方法，过去沿用负荷统计法，其计算方法复杂，所选定的厂用变压器容量过于偏大。由于计算负荷的确定取决于不同规模电站的辅助设备容量和运行方式，以及检修作业的强度等诸多因素，近年来为使计算负荷的方法尽可能符合实际，在总结设计和运行实践的基础上，对厂用电负荷进行实测分析，按大中型水电站机组自用电、公用电和混合供电3种方式，提出同时率和负荷率的实用数值，以及厂用电最大负荷统计计算方法。同时提出厂用变压器容量选择的简易实用方法——综合系数法，从而简化了计算，提高了设计工作效率，也使厂用变压器容量较接近于水电站实际运行要求。

厂用电1000V以下低压网络的短路电流计算，还需计算低压设备及导体的电抗和电阻，为了使计算的短路电流切合实际，结合国产设备和材料提出了完整的1000V以下低压短路电流实用计算方法和图表、曲线。

水电站枢纽布置需因地制宜，设备布置往往比较分散，因此，厂用电低压动力电缆和

葛洲坝至上海直流输电工程介绍

何　大　愚

一、情况概述

直流输电就是将送端的交流电能用换流站的整流装置变换成高压或超高压直流电能，经输电线路送至负荷地区的受端换流站，再经逆变装置将直流电能再变换为交流电能供给用户的一种输电方式。经过几十年的发展、完善，直流输电技术在国际电工界已被认为是一种较成熟的新型输电技术。我国对直流输电已进行了近30年的试验研究，采用全套国产设备制成并投运了±100kV的舟山海缆高压直流输电工业试验工程，积累了一定的科研、设计、制造和施工方面的经验，为建设更高电压和远距离的工程创立了工作条件。葛洲坝至上海±500kV超高压直流输电工程就是在几十年试验研究工作的基础上，为华东、华中电网联网，实现水、火调剂配合而兴建的。

对葛洲坝至上海直流输电工程，有关规划、设计和科研部门从1982年起即开始进行了大量技术和方案的论证工作。1983年7月又和加拿大的泰西蒙咨询公司签订了合同，以进一步完成工程可行性和主要技术规范的研究工作。1984年12月，经中国技术进出口公司、原水电部对外司(后转到对外公司)与ABB(原瑞士BBC)公司和西德西门子公司签订了主设备进口的合同。与此同时，还签订了为研究工作调试、运行和维修用的直流输电模拟装置的合同。

这条±500kV的超高压直流输电线路(以下简称为葛上线)的送电距离为1044.5km。它起始于距葛洲坝水电站

电线的使用数量较大，一般中型水电站约为5～15km，大型水电站约为10～30km，有的大型水电站已达70km甚至更多。随着100万kW以上大型水电站的建设，正确合理地选择水电站的低压动力电缆和电线，是一项具有很大经济意义的工作。

七、接　地

随着电站容量的增大和电力系统电压等级的提高，接地网的合理设计对人身和设备安全运行，以及接地网本身的经济性日益显得重要。近年来，在大量试验研究的基础上，开始在工频接地均压网的设计中采用不等间距的布置方式，以代替过去传统的等间矩布置方式。它与等间矩布置方式相比，可使地表各网孔的电位分布均匀度达到可能的最佳值，减少了电位分布不均匀的危险，提高了接地网对人身和设备的安全水平。而且，在同一土壤电阻率条件下，可节省均压网钢材达40％以上，经济效益十分显著。据此编制的工频接地网参数的数值计算程序，具有运算速度快、精度高、取值多的特点，能计算任意形状接地网的接地电阻、地电位升高、各导体流散电流分布、均压网的地表上任一点电位(包括接触电势和跨步电势)等数值，为接地网设计提供了高效率的设计手段。这种不等间距工频接地均压网布置方式，已于1986年在渔子溪水电站的二台山220kV开关站实际应用，经实测验证，各指标均达到设计预期的效果。

3.5km 处的宋家坝整流站，经过湖北、安徽、江苏和浙江 4 省到达上海南郊的南桥变电所，其送电功率为 120 万 kW。葛上线具有双重作用：它既是将葛洲坝的电力送往华东地区的输电线，又是将华中、华东两个大区电力系统互联在一起，并可正反方向送电的联络线。这条输电线已由原水电部超高压输变电建设公司总承包，于 1987 年 6 月全线建成(包括长江和汉江 3 处大跨越)。这条直流输电工程的建设，不仅为了满足电网运行的需要，而且为我国以后即将出现的其他超高压直流输电工程提供了经验。

二、主要构成部件简介

葛上线工程主要构成部件有线路、铁塔、换流站及控制与保护系统等。

葛上线的 3 处大跨越，其中一处采用了钢筋混凝土烟囱式跨越塔，另两处采用了铁塔跨越塔。其他耐张、转角、直线塔皆为铁塔(其中直线塔的 60 % 为拉线塔)。塔的横担上以直流瓷绝缘子串挂吊正、负两级的导线，每极导线有四分裂的 LGJQ–300 型导线 4 根，分裂间距为 45cm，导线设计的电流密度为 1A／cm^2。在正常双极满负荷运行时，线路损耗为其额定功率的 6.4 %。当在单极单导线大地、双导线并联大地或一些事故运行情况下，回流将经过大地。接地极连接长度在整流端为 38km，在逆变电端为 32km。线路结构考虑了能允许带电操作检修。线路设计中考虑到的主要因素为：正常运行电压不超过额定电压的 2 % 即 510kV；操作过电压系数为 1.8p.u，当故障发生在线路中间时，操作过电压最大。线路上闪络的概率选为 1／600，即每 600 次冲击下发生闪络的情况不超过 1 次，这相当于非故障极的闪络概率不超过每 50 年 1 次；地面的静电感应在双极运行时的地面电场不超过 30kV／m，考虑单极或同极运行时地面最大电场为 34kV／m，导线表面电压梯度在双极运行时的计算值为 28.4kV／cm，这相当于在好天气条件下开始产生电晕的电压梯度为 14 ～ 18kV／cm；夏季好天气时线路走廊边沿处的无线电干扰水平计算值不超过 58dB，可听噪音在同样条件下不超过 45dB(A)；风速采用了 100 年一

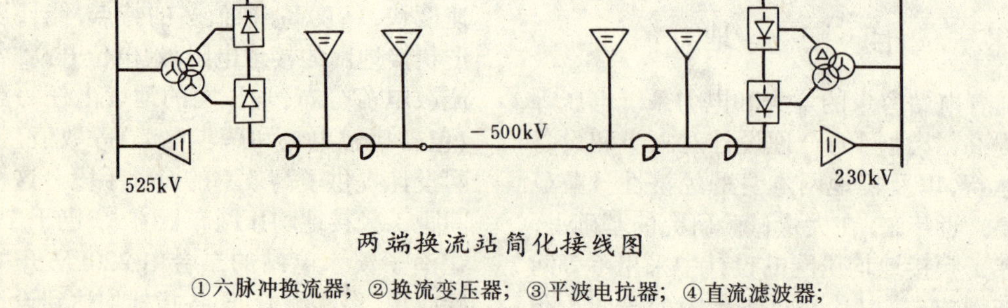

两端换流站简化接线图

①六脉冲换流器；②换流变压器；③平波电抗器；④直流滤波器；
⑤交流滤波器；⑥无功补偿电容器；⑦交流输电线；⑧接地极

遇的大风，即 30m／s。

在葛上线工程的主要构成中，除上述输电线部分外，就是两端的换流站。其专用的换流设备分别接在 500kV（送端）和 220kV（受端）的母线上（见图）。

从上图中可看出换流站的主要设备：直流输电线经过平波电抗器和直流滤波器接入换流设备。每极有 2 台干式空芯电抗器（0.3H 和 0.106 Ω）和 2 组双调谐直流滤波器（调谐频率分别为 12 次、24 次和 12 次、36 次）。

换流阀是换流站的关键部件，正、负两极各设置 1 组 12 脉冲换流器（500kV，1200A），采用了水冷却、空气绝缘、光电触发等技术，还采用了悬吊式结构。两端换流站共有 12 个四重阀（每个高 9.25m，宽 5.4m，厚 4.5m，重 24t），总共 48 个换流阀或 5760 个可控硅元件（正反向阻断电压为 5500V，额定电流 1200A）。当双极输送容量为额定容量时，换流阀的损耗约为换流站额定容量的 0.3％。

换流变压器在两端中均为单相三线圈结构，另配一相备用。

交流滤波器的设计原则是限制谐波造成的电压畸变率。其分组和接线方式是按照滤波和无功调节两方面的要求设计的。它所提供的总无功功率为 402MVAR，占直流输送容量的 33.5％。逆变站中装设 8 组滤波器，所提供的总无功功率为 696MVAR。此外，还装设 1 组 87MVAR 的电容器，可接在任一段 230kV 母线上。因此，逆变站总无功补偿量为 783MVAR，占直流输电容量的 65.2％。

两端换流站的交流和直流避雷器均用无间隙的氧化锌避雷器，分别配置在交流侧、换流阀侧和直流出线侧等部位。

直流输电工程中最重要的是控制和保护系统，这是它的大脑和神经。换流阀的控制是电力系统中速度最快的长期运行设备，其控制和保护系统尤其具有先进性和复杂性。葛上线工程的控制和保护系统采用由高速位片式微处理器及其辅助设备所组成可编程高速控制器（PHSD）以及功能块软件来实现的。其特点是速度快，可靠性高，使用灵活方便。控制系统采用双重化，一套运行，另一套处于热备用，必要时可自动投入；保护系统则按照三取二的原则同时备有 3 套，皆用以提高运行可靠性。

控制系统的主要功能是实现直流输电的起动、停运、正常自动调节和参数的改变、部分故障处理以及改善交流系统的运行性能等。控制系统由站控制、极控制和阀组控制 3 级组成。

换流站的交流部分采用常规保护，如母差、过流、差动以及距离等。直流部分以采用由 PHSC 微机系统实现的专门保护，主要有阀组和极保护、直流线路保护、接地极引线保护、直流滤波器保护（此种保护不用 PHSC 系统实现）等。直流输电的控制系统和保护系统是很难分开的，必须统一进行整定和调试，这是因为直流输电的故障处理是由控制系统和保护系统共同完成的。

葛上线的通信系统采用载波和微波两种，互为备用，以传送直流输电的控制信息和两大区电网的调度指令。微波通信干线长 1300km 共 38 个微波站。主干线采用 2000MHz 频段，总容量为 480 信道（本工程仅用 30 信道）。设备由意大利 Telettra 公司引进。

本工程的第一期为 +500kV 单极运行方式，计划于 1989 年 3 月下旬开始调试；如果一切顺利的话，则在 1989 年下半年可投入运行。整个工程建成后的正常运行方式将是 ± 500kV 的双极运行方式。

水电站电工二次及通信技术新发展

叶钟黎　徐恭禄　皮淑范

一、计算机控制技术

早在60年代初期，我国就已经开始了水电厂采用计算机控制技术的研究工作。70年代前后，有关单位先后在流溪河、新安江水电厂及龙溪河梯级水电厂装设了国产电子计算机进行水电厂安全监控和梯级水电厂集中控制的尝试，取得了一定的经验，但由于当时计算机设备质量没有完全过关，始终未能很好地发挥效益，有的甚至已经停用。这项技术真正发展起来是在党的十一届三中全会以后。1979年在福建古田召开的全国水电厂自动化规划会议上，正式安排了一批关于计算机控制技术的科研试点项目，其中主要的有：(1)浑江水电厂计算机监控系统；(2)富春江水电厂多微机分布控制系统；(3)葛洲坝水电厂计算机监控综合自动化系统；(4)永定河梯级水电厂微机远程信息控制系统。根据这个规划，有关单位相继开展了研制工作；其他还有乌江渡、柘溪、丹江口、猫跳河等水电厂也进行了工作，都取得了较好的成效。此外，许多单位还研究开发了一批微机单功能自动装置，陆续投入了试用。从科研试点逐步走上实用推广阶段是从“七五”计划期间开始。1986年3月，水电部在北京召开了第三次计算机应用工作会议，明确提出了“七五”期间水电厂自动化方面计算机应用的具体奋斗目标。1987年10月在南京召开了全国水电厂自动化技术总结和规划落实工作会议，会议在总结以往工作经验的基础上，制订了《“七五”期间水电厂自动化计算机应用规划》；实现这个规划，将使我国水电厂的自动化水平得到进一步提高。

至1988年底，我国已有富春江、柘溪、乌江渡、葛洲坝等水电厂及永定河、猫跳河、浑江等梯级水电厂采用或部分采用了计算机监控系统设备(顾景芳同志文中已有详细叙述，这里不多谈)；还有一批水电厂采用了微机单功能自动装置，其使用情况参见表1。

从多年来的实践经验表明：

1.只要选择质量可靠的产品，采用合理的硬、软件系统配置，计算机监控系统设备的可靠性是可以做到满足水电站长期安全运行的要求的。

2.计算机用于水电站自动监控系统，可以充分发挥计算机的优势，能够解决许多过去常规设备所不能解决的任务和要求：(1)可以方便地完成事件顺序记录等更有效的安全监视功能，以及自动经济调度运行等需要复杂运算的功能；(2)可以比较灵活地满足多种

表 1　水电厂使用的微机单功能自动装置

装置名称	主要研制单位	使用电厂	装置机型	使用情况	备注
SXJ-I 事件顺序显示记录装置	南京自动化研究所	陆水	M6800	1980.11 投入运行，1982.6 通过鉴定	
SXJ-II 事件顺序显示记录装置	南京自动化研究所	葛洲坝	Inter-8085,8086	1985.6 投入运行，1986.10 通过鉴定	
SJ-110 数据采集装置	南京自动化研究所	黄龙滩	ISBC86／30	1986 年底投入运行	功能包括事件记录、巡回检测
WSJ-200 微机数据检测装置	南京电力自动化设备厂	云峰	Inter-8080	1983.9 投入运行，已通过鉴定	
微机自动巡回检测装置	河北工学院	白山	IBM-286 主机，IMP 分散式数据采集器	1988.12 投入运行，运行稳定	
DJC-I 电量监测装置	南京自动化研究所	葛洲坝	Inter-8085,8086	1986.7 投入运行，1987.9 通过鉴定	
ZJZ-1 水电厂参量监测装置	地勘机电研究所	三门峡	GE-VI 可编程序控制器及 IBM-PC	1988.4 投入运行，1989.3 通过鉴定	
WDK-I 机组单元自动控制装置	南京自动化研究所	丹江口	Inter-8080	1984.11 投入运行，1985.4 通过鉴定	
WDK-II 机组单元自动控制装置	南京自动化研究所	葛洲坝	GE-VI 可编程序控制器	1985 年投入运行	
机组自动控制装置	北京机械工业自动化研究所	安各庄	M6800	1984.10 投入运行，1984.12 通过鉴定	
机组自动控制装置	长办施工试验总队	陆水	5TI-1030 可编程序控制器	1985.4 投入试运行，1986.3 正式投入运行	
水轮发电机单元自动监控装置	北京机械工业自动化研究所	密云	8031,8039 单片机	1986.8 投入运行，1986.12 通过鉴定	
QSA-1 微机自动准同期装置	武汉水利电力学院	陈村等	Z80	1984.9 正式投入运行，1985.1 通过鉴定	
WLT-I、II 微机励磁调节器	南京自动化研究所	池潭	Inter ISBC80／24 单、双 I 型 cpu	1985.11 通过鉴定	
WSST-2 微机双调调速器	南京自动化研究所	富春江	Inter-8085	1985 年投入试运行，1987.11 通过鉴定	
适应式变参数 PID 微机调速器	华中理工大学	欧阳海	Z80	1984.11 投入试运行，1985.4 通过鉴定	
WT-5 双微机调速器	华中理工大学、湖南省水科所	风滩、乌江渡等	Z80	风滩 1987.11 安装投运，1989.3 通过鉴定	
微机电气液压调速器	瑞典 ASEA(电气部分)	葛洲坝、沙溪口	FRVB-1.2	葛洲坝 1988.7 投入运行	
SZY-4 数字式微机综合远动装置	南京自动化设备厂	乌溪江	Inter-8080	1984 年通过鉴定	
MWY 微机远动装置	南京自动化研究所		Inter-8085,8086	已通过鉴定、多厂批量生产	
7400 超声波流量及效率测定装置	南京自动化研究所引进	丹江口	Z80	1984.4 投入运行，1985.11 通过技术验收	

运行方式复杂顺序操作切换的要求; (3)相同的硬件系统配置可以通过软件满足不同的控制要求; (4)具有自适应功能; (5)具有自诊断功能,能及时检测故障部件,只要条件具备,检修恢复时间可以做到很短; (6)调试简单方便。

3.水电站采用计算机监控系统可以提高发电效益。根据国内外经验,一般认为至少可多发电量1～2%,而对于梯级水电站则可以更多一些。这样以一个25万kW的大型水电站为例,实现计算机自动经济运行后可以多发电一两千万度,设备投资不难在一两年内收回,经济效益十分显著。同时还可以提高电站设备的长期安全运行水平,这一点对大型水电站更为重要。此外还可改善运行值班人员的工作条件,适当减少值班人员。

考虑到上述情况,根据水电部第三次计算机应用工作会议的精神,近年来我们已开始在新建水电站设计中考虑采用计算机监控系统的问题。目前首先可以在实际需要而又有可能实现的大型水电站设计中采用。按集中控制设计的梯级水电站,由于经济效益较单独的水电站更为明显,经过技术经济论证后也可逐步采用。其次,系统的主要功能应是自动经济运行及必要的安全监视,以求耗费较小的投资取得最大的技术经济效益。第三,目前阶段计算机系统应主要完成常规设备所不能完成的功能,除少数情况外,常规设备仍需发挥其必要的配合和备用作用,但应尽可能予以简化,以节约投资。

二、励磁系统技术

自70年代以后,我国新建的水轮发电机基本上均采用可控硅静止励磁系统。经过对白山、葛洲坝等工程的分析,认为自并激和自复激两种励磁方式的极限输送容量相差不大,略为提高前者的强励顶值倍数,就可以补偿这一差别。目前自并激可控硅励磁方式不仅在较小的水轮发电机上而且在龙羊峡、天生桥等大型水轮发电机中得到普遍采用。

关于水轮发电机磁场的灭磁,过去普遍采用按短弧原理设计的DM_2型自动灭磁开关,它对通常的电机励磁接近理想灭磁过程,但对近年来普遍采用的可控硅静止励磁系统,由于其励磁绕组两端的电压为灭磁开关端口电压与励磁电源电压之和,而励磁电源电压的幅值及方向随着不同的灭磁情况变化,因此采用DM_2型自动灭磁开关灭磁与理想灭磁过程往往相去很远,效果不佳,并曾发生多次事故。国内70年代从瑞典、法国引进的八盘峡、富春江可控硅静止励磁系统的发电机均采用快速直流开关加碳化硅非线性电阻的灭磁方式。龙羊峡、葛洲坝的水轮发电机从瑞典配套了类似的上述灭磁设备。与此同时,许多单位还研究了多种不同的非线性电阻灭磁方式,其电阻材料均采用性能较碳化硅优越的氧化锌,具体的回路组成有下列几种: (1)DM_2型灭磁开关加非线性电阻灭磁(葛洲坝4号机、潘家口1号机、凤滩3号机采用)。这种方式由于DM_2开关拉弧时间较长,拒跳情况严重,与非线性电阻在特性上配合显得不足。以后在葛洲坝5号机上改用上海立新电器厂试制的快速双断口灭磁开关,效果较好。随后东江、乌江渡、碧口、龚嘴等电站的水轮发电机采用了这种灭磁方式。(2)DM_2型灭磁开关加可控硅人工过零非线性电阻灭磁与过电压保护装置，并辅以快速熔断器作为后备。(3)采用熔丝换流非线性电阻灭磁(白山1、3号机上采用)，其灭磁开关仍用DM_2型。为解决灭磁时快速形成弧压，减轻DM_2型开关负担，利用大熔丝在熔断时形成的高速多级弧压起动非线性电阻，将转子能量转向非线性电阻释放。实践证明，在快速双断口灭磁开关得到解决的情况下，以采用它配合非线性电阻的灭磁方式较好。

为改善系统的静、动态稳定水平和阻尼特性，抑制低频振荡，一些研究单位和大专院校在碧口水电站进行了多参量优化励磁调节器的试验研究，在葛洲坝、凤滩等水电站进行了在电压调节器上附加电力系统稳定器的试验研究，都取得一定成果。1985年4月，南京自动化研究所研制的微处理机型励磁调节器在池潭水电站采用，运行情况良好，这是我国在水电站上采用的第一个微处理机型励磁调节器。

三、通信技术

近年来随着大电站、大机组和超高压输电线路的不断增加和电网规模的扩大，促进了通信事业的发展。目前系统和厂内调度、行政管理的通信，除采用电力线载波、纵横制自动电话交换机、共电式调度总机外，新建的大型水电站采用了如下现代化通信技术:

1 微波通信。葛洲坝、东江、铜街子、天生桥二级、龙羊峡、安康等大型水电站均建设了数字微波通信站，并接入水电系统专用通信网，这对于提高水电系统的调度管理水平及防汛工作起着重要的作用。

2 卫星通信。原水电部建设了以北京为中心的卫星通信系统，安康和天生桥水电站各建有卫星通信地球站1座，安康站天线口径为7m，8条话路；天生桥站天线口径为11m，8条话路。两站的建成为边远山区水电站的建设和运行的调度管理以及防汛通信提供了可靠的通道。

3 光纤通信。由于光纤通信传输容量大，衰减小，而且不受电磁干扰的影响，有优良的绝缘体，能有效地解决电站故障时地电位升高对通信设备及人身的危害，因此发展很快。1984年葛洲坝大江至二江水电站之间架设了我国第一条架空地线复合光缆线路，全线光缆长度4.1km。1987年建设了水丰至太平湾水电站37km光缆线路，它是我国当时敷设成功的一条无中继传输距离最长、传输损耗最低的长波长多模光纤通信线路。东江水电站由大坝至生活区12km，220kV电力线路对通信线的感应纵电动势达7600V以上，为防止电力线对通信线的影响，于1987年11月建成了一条光缆通信线路，使用效果较好。由于光缆通信线路具有抗干扰性强等特点，在水电系统中传送电话、远动、继电保护、计算机通信等信息有着广阔的前景。

4 程控交换机。由于程控交换机具有体积小、功能多、安装方便、使用灵活、噪声小、接续速度快、可靠性高等优点，水电系统正在逐步采用，如葛洲坝、天生桥二级水电站已采用这种交换机作为调度及行政管理通信的设备。

水工金属结构设计技术新发展

沈　德　民

近5年来，随着我国水利水电建设的发展，水工金属结构设计技术水平有很大的提高。本文就这方面的成就和进展情况作如下介绍。

一、闸门及其启闭设备的发展情况

已建和在建水利水电工程的闸门及其启闭设备不仅在规格、种类和数量上有较大的发展，而且在制造安装质量和运行管理水平上都有所提高。今选择部分大型工程中主要闸门及启闭设备的技术参数列如表1、表2。

从表1、2中所列工程的各项技术参数，可分析归纳得到以下概念。

1.泄洪系统闸门的孔口尺寸和设计水头不断增大。泄洪系统工作闸门的门型基本上选用弧形闸门。溢洪道露顶式闸门的挡水面积达300～400m^{2}左右；闸门跨度已从10m左右提高到15m左右，个别工程正研究采用20m左右；闸门高度则因泄洪单宽流量的逐步提高以及受高坝峡谷和溢流前沿宽度的限制，目前已从10m左右提高到20m以上；总水压力达40000～50000kN左右。泄洪深孔闸门的挡水面积虽仍维持在30～80m^{2}左右，但其设计水头已从50～60m提高到80～120m或以上，相应的操作运行水头也有所提高。为了满足高水头下局部开启闸门的要求，首次研制成功了偏心铰弧形闸门，并研究解决了高水头操作闸门带来的一些难题。深孔闸门的总水压力已达64000～78000kN左右。

2.引水发电系统的闸门尺寸和规模，随着水电站单机容量的提高也相应增大。机组进水口快速闸门或事故闸门的挡水面积达60～120m^{2}左右，设计水头已达70～90m左右，总水压力达57000kN左右。

3.在启闭机的设计和研制方面出现两个新情况：一是设计体制在转变；二是开发新机型得到重视。目前水利水电系统的设计单位不仅进行水工启闭机的选型和布置，同时也能配合厂家进行启闭机的非标产品设计和研制工作。由于水利水电设计单位对启闭机的使用情况比较清楚，又便于直接吸取经验和教训，因此对促进产品的改进和发展起到了主导作用。如对QPQ型启闭机改进为QP型，并着手编制了QPL型、QPG型以及QHLY型等启闭机系列产品。根据水利水电工程建设的需要，近年来相继开拓了一些新的机型，如多绳缠绕盘香式、链式、高扬程卷扬式以及双缸液压式等启闭机。同时又在原有基础上提高了某些技术指标的启闭机产品，如大容量的有2×1250kN弧门卷扬式启闭机，及操作快速闸门的800kN液压启闭

表 1　我国较大闸门技术参数表

部位	序号	工程名称	门型	孔口尺寸 宽×高(m)	设计水头 (m)	总水压力 (kN)	闸门自重 (t)
溢洪道闸门	1	东江滑雪道工作门	弧　门	10 × 8.192	26.1	18940	101.4
	2	龙羊峡溢洪道工作门	弧　门	12 × 17	17	17700	152
	3	葛洲坝大江冲沙闸工作门	弧　门	12 × 19.95	24.5	38800	317.5
	4	故县水库溢洪道工作门	弧　门	13 × 16.5	16.5	19170	165
	5	漫湾溢洪道工作门	弧　门	13 × 21	20.4	32900	250
	6	铜街子溢洪道工作门	弧　门	14 × 18.5	18	24080	171
	7	安康溢洪道工作门	弧　门	15 × 19	18.7	26230	~ 190
	8	岩滩溢洪道工作门	弧　门	15 × 22.5	21.5	41900	351
	9	水口溢洪道工作门	弧　门	15 × 22.966	22.266	43080	310.1
	10	沙溪口溢洪道工作门	弧　门	17 × 14.4	14.4	18000	147.1
	11	五强溪溢洪道工作门	弧　门	19 × 23	23	51050	220
泄洪深孔闸门	1	宝珠寺底孔工作门	弧　门	4 × 8	80	~ 37000	~ 153
	2	龙羊峡底孔工作门	偏心铰弧门	5 × 7	120	64000	365
	3	龙羊峡底孔事故门	链轮平面闸门	5 × 9.5	120	65370	120
	4	二滩中孔泄洪道工作门	弧　门	6 × 5	80	~ 29000	135
	5	东江二级放空洞工作门	偏心铰弧门	6.4 × 7.5	115／120	78740	389
	6	紧水滩中孔工作门	弧　门	7.5 × 7	60	39000	129
	7	东江二级放空洞事故门	链轮平面闸门	7.5 × 9	100	76000	201
	8	龙羊峡中孔出口工作门	弧　门	8 × 9	60	45300	199
	9	龙羊峡中孔事故门	定轮平面闸门	8 × 11	60	49560	187
	10	东江一级放空洞工作门	弧　门	8.5 × 8	67.52	55000	195
	11	东江一级放空洞事故门	双胶木滑道平面闸门	10 × 10	67.52	72000	215
导流封堵门	1	龙羊峡导流洞封堵门	胶木滑道平面闸门	7 × 13.1	24／113	103200	160
	2	东江导流洞封孔门	SF−2B 滑块平面闸门	11 × 13	7／80	107770	207.4

续表

部位	序号	工 程 名 称	门 型	孔口尺寸 宽×高(m)	设计水头 (m)	总水压力 (kN)	闸门自重 (t)
机组进水口闸门	1	东江进水口事故门	胶木滑道平面闸门	4.5 × 6.855	71.345	22470	47.8
	2	紧水滩进水口快速门	SF-3A 滑块平面闸门	4.82 × 5.99	42	11760	29.0
	3	沙溪口进水口事故门	定轮平面闸门	6 × 13.295	30.675	19510	62.6
	4	葛洲坝大江电站进水口事故门	胶木滑道平面闸口	7.1 × 17.165	32.17	30000	116.0
	5	龙羊峡进水口快速门	胶木滑道平面闸门	7.5 × 8.5	90	55410	180.4
	6	岩滩进水口快速门	胶木滑道平面闸门	8.2 × 14.1	48	56880	118.0
	7	五强溪进水口快速门	胶木滑道平面闸门	9 × 14	38	39100	153.0

表 2　我国较大容量的各类启闭机技术参数表

序号	工 程 名 称	启闭机型式	启闭容量 (kN)	扬 程 (m)	机 重 (t)
1	碧口溢洪道弧门	弧门卷扬式	2 × 800	20	51
2	宝珠寺溢洪道弧门	弧门卷扬式	2 × 1250	28	70
3	安康溢洪道弧门	多绳缠绕盘香式	2 × 1000	24	53
4	沙溪口溢洪道弧门	双缸液压式	2 × 1300	8.5	20
5	铜街子溢洪道弧门	双缸液压式	2 × 1600	10.5	35
6	漫湾溢洪道弧门	双缸液压式	2 × 2200	8.2	～30
7	水口溢洪道弧门	双缸液压接力式	2 × 1250	2.7	～20
8	葛洲坝大江冲沙闸弧门	平板卷扬式	2 × 2000	22	110
9	葛洲坝大江电站进水口	门式	2 × 2500	35	591
10	龙羊峡电站坝顶	门式	5000／400	140／100	855
11	漫湾电站坝顶	门式	5000／400	120／90	—
12	鲁布革右洞	高扬程卷扬式	1 × 2000	80	65.5
13	碧口右洞进口事故门	高扬程卷扬式	2 × 3600	50	142
14	东江一／二级放空洞事故门	高扬程卷扬式	2 × 4000	80／120	234
15	龙羊峡底孔弧门	液压式	3200／1000	5	17.8
16	龙羊峡机组进水口快速门	液压式	8000／3000	11	52.7

机等。

二、闸门及其启闭设备的设计科研方面的成果

1984年以来，广大专业科技人员结合水利水电工程建设的实际情况，并依据我国2000年前水电科技发展规划纲要的要求，在水工金属结构设计科研和推进科技进步等方面都取得了一定的成果，现分述如下。

(一)新门型的设计和研制

1.龙羊峡水电站底(深)孔偏心铰弧形闸门的设计和研制

龙羊峡底(深)孔弧门水头高，过闸流速大(达41m/s)，并有局开运行要求。其支铰轴采用偏心半径为60mm的偏心轴，轴端装一套偏心操作机构，借以带动门体作沿水流方向前进或后撤运动。这种门型的特点，既能沿弧线作垂直升降运动，又能作前后往复运动。具体操作方式是：当闸门需要垂直升降时，先操作偏心机构，使闸门后撤，脱离固定于突扩门槽内的止水面，并使之有一定间隙，然后操作升降机构，使闸门在垂直升降运动中完全消除止水摩阻力，以减小垂直升降时的启闭力；当要求闸门局开并升降至某一开度时，可再操作偏心机构使闸门前移压紧止水面，并具有一定压缩量，以达到良好的止水效果。根据以上操作要求，闸室上部还设置了两套滑槽式油压启闭机，一台容量2500kN用以操作闸门垂直升降；一台容量3200kN以操作偏心机构用。门槽采用突扩跌槛型。顶板压坡为1:6；两侧突扩宽上下均为600mm；底槛结构设计成箱框型通气道并与两侧壁埋设的通气孔相连结，跌槛高1.5m(深孔2.0m)，下接15%(深孔10%)底坡。上述门槽体型及尺寸是通过3个科研单位(陕西机械学院、西北水科所和水科院)对全开、局开工况和各种不同部位掺气测定等进行大量试验研究，并结合工程实际施工条件优化选定的。

龙羊峡底(深)孔偏心铰弧形闸门的设计主要有以下特点：(1)门叶为纵主梁结构体系，沿纵向对称地分为两节门叶(即两个运输单元)。两节门叶以橡皮隔开用高强螺栓连成整体。门叶与支臂、支臂与活动铰均采用螺栓连接。(2)门叶焊完后，要求整体退火处理，消除内应力，然后在厂内将门叶两单元拼装整体对面板沿门宽方向进行机械加工。(3)主止水采用压紧式止水，辅助止水采用水舌挡板加折流器型式。(4)研究解决了制造安装中的特殊要求和问题，如面板外圆弧加工、侧止水座面内圆弧加工及偏心轴的加工和防腐处理问题等。

龙羊峡底(深)孔偏心铰弧形闸门方案系西北勘测设计院设计。该院于1983年7～8月将弧门二期埋件及弧门全部施工详图交付富春江水工机械厂制造。1987年2月15日底孔弧门提起放水，投入初期运行。经过这两年的运行实践表明，闸门操作自如，止水效果良好。

2.东江水电站二级放空洞偏心铰弧门的设计和研制

东江二级放空洞工作门处孔口尺寸为6.4×7.5m(宽×高)，设计、校核水头分别为119.52m和121.15m，最高水头为124.0m，运行水头100m，总水压力78740kN。由于闸门承受水头高、压力大，又有局部开启的要求，故工作闸门选用偏心铰弧形闸门和突扩式掺气门槽结构及压紧式止水装置。弧门半径为15m，采用偏心半径为50mm的偏心轴。操作要求和方式与龙羊峡

偏心铰弧门相同。闸室上部也设置两套分别操作闸门垂直升降和偏心机构的油压启闭机，其容量分别为 3000／1000kN 和 4000／1000kN。门槽采用突扩跌槛型，顶板压坡 1:10，两侧突扩宽 400mm。孔口前两侧设置左右不对称的渐变型折流器，底板设小挑槛。底槛跌坎高 0.8m，下接 8m 平段，再与 1:5 底坡相接。上述门槽体型及尺寸由中南勘测设计院宜昌科研所试验研究确定的。

从东江偏心铰弧门的设计研制等方面看，无论其尺寸及规模等指标上，已略超龙羊峡同类闸门的技术参数；并在某些技术问题及工艺处理上，除与龙羊峡类似外，尚有以下特点：(1)弧门门叶结构也采用主纵梁式，分两半制作，用 M48 精制螺栓连接，面板纵向接缝宽 10 ～ 15mm，并用巴氏合金灌填。面板外表面要求弧面加工，表面不平度不大于 2mm；厚板焊成的箱形支臂要求进行焊后热处理。(2)弧门结构的制造及安装采用了许多适用于工地现场加工的工艺措施。如门叶弧面加工时，采取了将一半门叶侧立于托滚平台基础梁上，并用假支臂及定心轴加以连接等。(3)箱形支臂系用厚板制作，为防止焊接过程出现裂缝和消除焊后残余应力，采取了一套局部热处理的工艺措施，效果良好。

东江偏心铰弧门于 1983 年底完成设计，1984 年开始由水电八局在东江工地进行制造，1986 年 7 月安装调试完毕。同年 8 月初东江下闸蓄水，弧门即投入小开度供水运行，闸门开度 10 ～ 150cm，运行水头达 67m。至今运行情况良好。

(二)新型启闭机的设计和研制

1.盘香式弧门启闭机

盘香式弧门启闭机与一般固定卷扬式弧门启闭机的主要不同部件为卷筒结构。其卷筒装置由卷筒盘、挡盘、传力螺栓及绳套等零件组成。卷筒盘由半径差为绳径之半的两半圆盘构成，一个吊点上承载钢丝绳支数可随容量加大而多达 14 根(而卷扬式弧门启闭机最多为 4 根)。每根钢丝绳在卷筒盘上进行多层缠绕，形成“盘香状”，由此取名为盘香式。由于一个吊点可布置多根钢丝绳，结构紧凑，有利于工程总体布置，因此这种机型是大容量、高扬程表孔弧门启闭机的较好型式之一。

这种启闭机系 1984 年由成都勘测设计院会同夹江水工机械厂进行设计和研制的。1985 年 6 月在夹江厂对 1 × 400kN 样机的主要零部件进行了测试。从测试成果证实：传力螺栓的受力条件与设计计算原则吻合；挡盘厚度可根据结构需要选定；多层缠绕绳可选取线接触有机芯钢丝绳，并提出了多绳受力不均匀系数的建议值等。1985 年 8 月，这种盘香式启闭机安装在渔子溪二级电站，几年来，运行情况良好。1985 年 10 月通过部级技术鉴定，确定作为非标产品投入生产。

2.表孔弧门双缸液压启闭机

这种机型在国外已有许多工程实例，但在国内 1987 年前尚无工程实践，更缺乏设计、制造和运行等经验。随着我国水利水电建设规模和技术的发展，许多工程溢洪道弧门的孔口尺寸不断增大，其启闭设备的容量和扬程都相应增大，从而使常用机型(即钢丝绳卷扬式)的技术难度加大，经济指标下降，已不能满足客观发展的需要。为此，水电部华东勘测设计院于 1984 年 7 月结合福建沙溪口水电站的工程实际，首次设计研制了大型溢洪道弧门双缸液压启闭机。该机驱动功率小，传动效率高，安全运行的可靠性较卷扬

表 3　沙溪口双缸液压启闭机与卷扬式启闭机经济比较

机型及容量	机单重 / 总重 (t)	单价 (万元 / t)	总价 (万元)	备　注
2 × 800kN 卷扬式启闭机	52 / 832	0.45	374.4	1984 年询价
2 × 1300kN 液压启闭机	20 / 320	0.90	288.0	1984 年合同价

机高。液压启闭机主机结构紧凑，可远距离传动，在水工建筑物上不必专门设置机架桥。机身自重轻，总造价低(见表 3)。

沙溪口水电站溢洪道弧门共 16 孔，孔口尺寸为 17.0 × 13.8m(宽×高)，液压启闭机容量为 2 × 1300kN，全行程 8.5m，吊点距 14.0m。华东勘测设计院于 1985 年底完成全套设计图纸，1987 年 6 月由江苏武进液压启闭机厂制造经测试合格出厂。1987 年 12 月和 1988 年 2 月在现场经安装调试，分两批先后投入运行，运行情况良好。该机于 1988 年 5 月通过部级技术鉴定，并可投入小批量生产。

(三)新材料的研究和应用

1.填充聚四氟乙烯板型支承滑道

自 1984 年开始，水电部成都勘测设计院在化工部晨光化工研究院提供的填充 F-4 板块的基础上，进行了对该材料应用于水工闸门上作为支承滑道的测试研究工作。填充 F-4 滑道是由填充 F-4 板块、钢制夹槽及不锈钢轨道等组成。其中填充 F-4 板块系由聚四氟乙烯树脂及聚苯脂、聚酰亚胺等填充剂合成，将其压入钢制夹槽内形成滑块，安装在闸门上。填充 F-4 板块在夹槽内受到约束，在外力作用下，处于三向受力状态，允许承载能力最高可达 3kN / m，约为约束前的 2 倍以上。板块表面高出夹槽 4mm 作为磨损裕量。

填充 F-4 滑道具有良好的摩擦特性，摩擦系数低且稳定，其数值一般在 0.06 以下，约为胶木滑道摩擦系数的 50％左右，推荐设计采用值为 0.06 ～ 0.1。该滑道在室内进行了抗压、摩擦系数、磨损和蠕变等试验，并在小江电站闸门上经历 1 年多的运行实践证明，启闭机负载减少，闸门升降平稳，运行情况良好。该滑道于 1985 年 10 月通过部级技术鉴定，认为装配工艺简单，综合效益显著，能满足滑道线压强 2kN / m 左右一般闸门的运行要求，可逐步推广使用。

2.GS-2B 材料作为支承滑道材料的研究应用

丹江口水利枢纽大坝中段设 20 孔溢洪道，每孔装有 8.5 × 22.5m(宽×高)平面胶木滑道钢闸门一扇，设计水头 22.5m。该闸门在静水承压提升泄洪时，胶木支承单位压强为 3kN / m，取摩擦系数 0.1 设计，坝顶门机据此选定额定容量为 4000kN。经过长期运行发现，胶木支承的摩擦系数随承压时间增加而增大。1974 年 9 月，丹江口枢纽工程管理局对挡水达 6 年之久的胶木支承滑道闸门进行了提升测试，结果表明，当时库水位 156.5m(即水头 18.5m)，胶木支承闸门进行 3 次提升的启门力测值分别调整为 4500，5000，5400kN，已超过坝顶门机额定容量的 1.12 ～ 1.35 倍，相应换算的摩擦系数为 0.25 ～ 0.27。

为解决坝顶门机超载问题，改善堰顶闸门支承的摩擦性能，从 1981 年起，丹江口管理局与吉林省辽源市科学技术研究所协作，共同试用了一种“承高压—低摩擦”的三层复合材料(GS-2B)。在大量室内模型实验的基础上,1983年试装在原型挡水承压并进行启闭运用实验,发现该材料的摩擦系数最大仅0.08(干)和0.06(原型平均值),有水润滑时则仅0.035左右,磨损、时效指标也好。1984年又陆续增加使用GS-2B作闸门支承材料,并在汛期进行运用监测,结果表明,所有换装GS-2B闸门的提升力,均大大降低。至1987年的3年间,闸门挡水水头达19m(为设计水头的85%),支承压强q=1.7kN/m,凡用GS-2B材料作闸门支承的闸门启门力均不超过2300kN,换算摩擦系数小于0.08。而在此水头下,胶木支承闸门的启门力达3500kN,摩擦系数为0.15。GS-2B闸门的启门力和摩擦系数仅为胶木闸门的65%左右和53%左右。由此可见,GS-2B材料具有承压能力、摩擦系数、复合强度、耐磨耗、耐水性以及时间效应等综合功能优良,不仅解决了丹江口现有门机的超载问题,而且可作为今后在同类运用条件下闸门支承滑块优良材料之一,供选择使用。

3.SF型三层复合材料的应用

系由机械电子部上海材料研究所研制,有SF-1及SF-2两大类。前者系仿英国格拉西公司的产品DU,后者仿DX,但都具有我国的特色。该材料以钢板为基体,烧结青铜网为中间层,并以塑料为表面层的自润滑材料。1979年开始转让由浙江省嘉善复合轴承厂大量生产SF型复合材料及制品。

SF型三层复合材料于1977～1978年间首次使用在浙江乌溪江机组进水口快速闸门上作为支承滑道,但因快速闸门的运用涉及安全发电等条件限制,没有机会进行原型实测,因此无法获得资料与室内试验数据对照。1982年在四川映秀湾电站对无压隧洞进口闸门SF-1支承滑道进行了原型测试数据的分析,其静摩擦系数为0.05～0.06,基本解决了映秀湾进口闸门上节门叶在动水中启闭的要求,但也提出了一些有待今后改进的问题,如表面塑料层较薄,表面硬度较低等。近几年来,全国各水利水电设计单位陆续采用SF型复合材料作为水工闸门的支承滑道、滚轮轴承及支铰轴承等,尚需通过工程的实际使用,进一步检测和总结。

4.玻璃钢在水工闸门上的应用

玻璃钢系玻璃纤维增强塑料的俗称,是一种具有多种优异性能的新型材料。它的比强度高(与高级合金钢相仿),有良好的耐腐性、抗渗性、热性能和工艺性。早在1970年在安徽红山窑水利工程建成了玻璃钢钢丝网水泥双曲薄壳闸门,运转至今效果良好。随后在水利工程上广泛应用于制作各种类型的闸门、输水渡槽和压力管道等。闸门最大跨度12m,最高水头12m。已成批生产的钢丝网水泥压力管道管径一般为0.15～1.0m,最大达2.0m,小管径内水压可达2.5MPa等。实践表明,玻璃钢层不仅能加强结构物的表层,同时也起防护层作用,其耐久性优于其他涂料。

玻璃钢护层应用于水工闸门上,也取得了良好效果。该防护材料是华东水利学院于1978年研究成功的,首先应用于江苏高淳船闸闸门。该闸门宽10m,高8m;过去油漆防腐每两年左右就失效,自采用玻璃钢防护层以来,除局部受船篙撞击部位定期修补外,至今无脱落现象。近几年来,这种玻璃钢涂层受到全国许多水利水电工程建设和管理单位的普遍重视,如在永定河芦沟桥分洪拦河闸弧门,京杭大运河河北段几个船闸等一些工程上都先后使用。过去水工闸门的防腐蚀措施多采用喷锌涂层,虽其效果尚好,但原材料紧缺,造价又高,每平方米喷镀费用达48元或更高,而且有毒,与其它工种不能平行施工等。而采用玻璃钢防腐,可依据水质、温度、湿度和水生物等实际情况进行具体配方，效果更好，且防护年限较长，每平方米造价仅10多元，又无上述各项缺点。由此可见，玻璃钢防护是一种很有发展前途的复合材料，应逐步推广应用。

(四)新技术的发展和应用

近年来，电子计算机已在水工金属结构设计领域广泛应用。起步较早的有水电部西北、上海勘测设计院和安徽省院及有关大专院校，他们首先编制了关于平面闸门、弧形闸门等计算程序。1987年12月水利水电规划设计院在上海组织了计算机程序鉴评会。上海院编制的"主横梁式弧形闸门的优化设计及RGOD-3程序"及西北院编制的"《RGDPP》集成式微机辅助弧形闸门设计程序"等通过技术鉴定。目前，全国各水利水电勘设院的水工金属结构专业设计普遍采用各种计算机的CAD程序，大大提高了设计和计算效率。还有一些设计院正研究开拓并编制计算机绘制闸门、启闭机等图纸的程序，取得了初步成果。这样将大大减轻绘制金属结构非标产品图纸的繁重手工劳动，并将直接推进水工金属结构设计技术的进一步发展及产品质量的提高。

三、高坝通航建筑物主要设备的设计和研究

随着大型水利水电工程建设和高坝通航的需要，在发展大型多级船闸及斜面升船机建设的同时，开始研究并设计大型湿运垂直升船机。目前处于不同设计阶段的有广西大化升船机、湖南五强溪升船机、湖北隔河岩升船机、长江三峡升船机和福建水口升船机等。根据目前设计阶段提供的资料，今将各有关工程垂直升船机的主要技术参数列如表4，并将其中的大化、五强溪、三峡等3个工程的升船机分别简介如下。

(一)大化水电站垂直升船机的设计和研究

大化水电站是以发电为主，兼有航运、电灌效益的低水头迳流式电站，其通航建筑物的选型和方案论证工作自1973年开始，经历了较长时间，最后于1984年选定钢丝绳卷扬平衡重式垂直升船机，并采取提平衡重的下水方案。这个方案较好地适应了大化水电站水文、泥沙等特点，并使下游运转环节少，事故率相应减少，有利于升船机的正常运行。

下水方案的主要特点是当船厢下降到接近下游水面时，电动机自动调节成慢速运行，且随负载增加而增大其转矩，将平衡重提起，使船厢入水至预定深度。

船厢在空气中运行时，船厢侧载荷为14000kN，船厢入水至预定深度，其侧载荷为3700kN；经分析比较选定平衡重重力11000kN。船厢吊点数为64个，卷筒16个，每个卷筒内侧由4根起升绳通过液压平衡装置油缸与船厢相连，每个卷筒外侧由3根平衡绳直接与平衡重相连，构成局部平衡的平衡系统。

主提升机由4台单机容量为150kN直流电动机，分别经由1台高速减速器与2台低速减速器驱动4个卷筒旋转。在高速减速器的低速轴由同步轴装置与换向锥齿轮减速器将4套卷扬机组串在一起，这样可使各卷筒同步旋转；当1台电动机或传动装置某个环节出故障时，在及时消除故障后，升船机仍可继续运行。本机设置4台工作制动器与16台安全制动器。该机的制造最后确定由夹江水工机械厂和杭州机械设计研究所承担。目前正进行技术设计阶段的工作。

(二)五强溪水电站垂直升船机的设计

五强溪水电站垂直升船机的主机是采用以齿轮齿轨爬升为驱动方式和螺母螺杆作

表4　各有关工程垂直升船机主要技术参数表

序号	工程名称 / 主要技经内容	大　化	五强溪	三　峡	隔河岩	水　口
1	过船吨位(t)	250	2 × 500	3000	300	2 × 500
2	承船厢有效尺寸(长×宽×水深,m)	47 × 11 × 1.8	114 × 12 × 2.5	120 × 18 × 3.5	42 × 10.2 × 1.7	120 × 12 × 2.5
3	承船厢加水总重(t)	1300	5800	11500	1374	~ 5000
4	最大提升高度(m)	36.6 / 48.6	58.9 / 60.9	113	40(一级) 82(二级)	57.36
5	驱动方式及安全装置	多钢丝绳卷扬提升,两级制动	齿轮齿轨爬升,大螺杆螺母锁锭	多钢丝绳卷扬提升,两级制动	多钢丝绳卷扬提升,两级制动	多钢丝绳卷扬提升,两级制动,事故单向锁锭
6	驱动功率(kW)	4 × 150	4 × 149	8 × 160	4 × 50(一级) 4 × 80(二级)	4 × 145
7	设计年运量 货(10^4t) 木(10^4m^3)	 180 	 250 45	 350 	 340 	 319.7
8	水位变幅(m) 上游 下游	 2.0 16.7	 18.0 8.7	 109 12	 40 3.5	 10 14.16
9	承船厢在下游入水与否	下水	不下水	不下水	不下水	不下水
10	主机设备总重	1750	5601 (1063)	8600	1513	(860)

注: "主机设备总重"栏内未含钢丝绳重;括号内数字系指提升机构及制动装置(或大螺杆、齿条及爬行与事故机构)的重量

为事故安全装置的结构型式。该机主要由船厢、托架、平衡系统、驱动爬行及事故装置、控制系统等组成。船厢是装载船队垂直升降的U形钢结构,总长122m,宽23.4m。船厢底部由两个托架支承,托架中心距70.5m。托架两侧和装有爬升与事故安全装置4组,并在8处以240根φ60mm钢丝绳与平衡重相连。钢丝绳安全系数取8。每组驱动爬行装置由直流电动机、电磁液压制动器、减速机、球笼式同步万向联轴器及爬行齿轮、齿轨、液压弹簧装置等组成。每组安全保护装置由大螺杆、螺母及锁锭装置等组成。螺杆全长约78.4m,外径500mm,分7段联接。

升船机的设计计算原则及荷载主要参照西德有关规范(DIN 19704)及五强溪具体情况加以规定。正常工况下的荷载主要按船厢误载水深±0.1m考虑,爬行齿轮的总运行阻力为2000kN,每个齿轮上的阻力为500kN。事故工况下的荷载考虑了三种情况:一为船厢满水事故,厢内多载0.8m水体

重 1152t;二为厢内水体全部泄空,即失重 3600t;三为船厢在船池内被淹,失重 4820t。当出现上述三种事故时,平均分摊在每根大螺杆上(下)支承上的荷载分别为 2880(↓)、9000(↑)及 12050(↑)kN。

(三)三峡枢纽工程升船机的研究和论证

三峡升船机的规模和技术参数均属当前世界水平,具有提升重量大、提升高度大、上游水位变幅大和下游水位变率快以及泥沙淤积等主要特点。其研究比选工作始于 1958 年,曾研究过平衡重式、浮筒式、水压式、液压式、半水力式及纵向斜面升船机等。1979 年后又综合研究了带中间渠道的平衡重式垂直、平衡重式纵向、横向斜面及自行式斜面等多种型式升船机。1983 年 5 月国家计委召开三峡可行性研究报告审查会后,又对带中间渠道的二级齿轮齿轨爬升式、二级钢丝绳卷扬提升式及不带中间渠道一级的 3 种垂直升船机进行了研究,并于 1983 年 10 月由国家科委、计委、水电部、机械部和交通部组成 12 人联合考察团,对西德、比利时和法国的各种类型升船机进行了考察后,建议将钢丝绳卷扬平衡重式垂直升船机列为重点方案进行比选。1986 年 9 月三峡工程机电设备论证专家组升船机金属结构小组成立,在过去设计工作的基础上,进行了必要的调研试验和论证分析工作,并于 1987 年 12 月提出可行性研究阶段的论证报告,着重论证了以下问题:

1.根据各科研单位和高等院校的试验成果分析,认为船舶在限定速度进出船厢时,船厢有足够的富裕水深;钢丝绳的受力变化比较明确。

2.对升船机的安全运行问题经分析,三峡多绳提升垂直升船机的钢丝绳安全系数已达 9.8～13.5,远较国外已建或在建的升船机为高。对漏水问题,认为船舶在限速进出船厢、且设有防撞梁措施等情况下,不会撞毁厢门造成船厢大量失水;同时厢门正常漏水量又很小(约 3.6t),因此认为设计中采用船厢失水 1/3 的荷载标准,并在高速轴上设置两套工作制动器,以及在船厢上设置夹紧装置等措施,是能保证升船机运转安全的。当然今后设计中尚应设置必要的监护检测及保护系统等,以确保升船机的安全运行;同时建议继续深入开展设计科研工作,选择国内适当工程进行升船机的中间试验。

龙羊峡水电站32万kW水轮发电机组的安装

张　儒　林

龙羊峡水电站设计安装 4 台 32 万 kW 混流立式水轮发电机组。第一台机组于 1987 年 10 月 4 日正式投产,第二台机组于同年 12 月 4 日投产,第三台机组于 1988 年 7 月 4 日投产,第四台机组于 1988 年 12 月装完,1989 年 6 月投产。

龙羊峡水电站采用 HLD06A-LJ-600 型水轮机,转轮直径 6m,最高水头 148.5m,最小水头 75.5m,额定转速 125r/min,飞逸转速 256r/min。水轮发电机型号为

SF320-48／12800-G，额定电压 15.75kV。

水轮发电机组的出力为：设计水头 122m，发电机功率因数为 0.9，冷却水温为 20 ℃时，机组额定出力为 32 万 kW；当水头 ≥130m 时，发电机功率因数为 0.925，冷却水温不高于 13 ℃时，机组最大出力为 35 万 kW。

龙羊峡水电站机组运行较稳定。第一台机组启动后在上机架中间的保护罩上可立起硬币，证明机组的制造和安装质量是较好的。现将该水轮发电机的结构及安装特点简介如下。

一、水轮机蜗壳

采用进口的 WEL-TENGZCF 调质高强度钢板，这是我国第一次在大型水轮机上使用。蜗壳进口直径为φ 6.7m，钢板最厚为 44mm。安装是在钢管厂拼装组圆成大节，经焊接成型，再正式挂装的。根据试验结果，采用了日本 62U 的焊条，焊前进行预热 120 ℃，起焊温度不低于 80 ℃，焊后采用加温 250 ℃进行消氢处理。经 1 年运行，情况是良好的。

二、水轮机转轮

由于选用 17 个叶片，为运输和安装焊接方便采取了偏分瓣，分瓣面偏心 250mm。小瓣有 7 个完整的叶片，大瓣有 8 个完整的叶片。其转轮上下环均采用 ZG20SiMn 铸钢，叶片采用不锈钢 ZGOCrBNi6M，工地只作上冠用螺栓把合，下环焊接。下环最大焊接厚度为 161.5mm，另加 38mm 厚的止漏环。预热采用履带式远红外线加热器，升温和降温为可控式。焊接第一道焊道时采取单面焊接双面成型分段退步焊，以减少电弧气刨工作量。以后的焊接根据变形情况适当调整电流，以保证水轮机转轮焊成后的质量：(1)探伤无裂纹；(2)下环接头处角变形为零；(3)下环圆度在 0.5mm 以内；(4)上环法兰面水平在 0.05mm 以内，且可控为凹形；(5)上环法兰面合缝处错牙控制为零。

叶片焊接采用不锈钢焊条窄道焊接。

转轮磨圆采用专用的电动工具，只需一人掌握进刀和砂轮磨量即可。尺寸控制以底环和转轮下环圆周长为基准，可保证迷宫环间隙符合设计要求，圆度、精度都较高。

三、发电机转子

中心体采用圆筒带圆盘的锻钢件，圆筒部分刚度较大。支臂为盒形结构，每个支臂上带有 2 个键槽板，键是采用径向大键与轮环胀紧，切向另加 2 对小键固定，以方便施工。磁轭冲片由厚度为 2mm 的钢板制成，分为单“T”尾和双“T”尾两种冲片。堆积方式是交错堆积，顺向堆积 8 层再反向堆积 8 层，堆积高度为 2900mm。轮环下托板为 70mm 厚的钢板，在工地将分块焊接成一圆环，要求焊接保证其圆度、水平度和波浪度，特别是要求保证接头部位的闸板销钉孔距、螺丝孔距与冲片孔的同心性。

轮环热打键是在冲片通风沟中用绳状陶瓷远红外线加热器，其效果较好。

四、推 力 轴 承

为弹性油箱支持厚度为 280mm 镜板和厚度为 200mm 的托瓦加托盘。镜板开有 12 个孔作为自身泵，冷热油分开强循环外冷却的结构。为保证推力轴承的正常工作，在安装过程中，除推力瓦面须仔细研刮外，对瓦背也做了较为细致的修磨，以保证工作油膜的状态最佳和稳定。

葛洲坝大江电厂年装机6台的快速安装经验

张　晔

葛洲坝大江电厂共14台水轮发电机组，每台12.5万kW，总装机容量175万kW。关于机组的安装原计划为“3551”方案(即1986、1987、1988和1989年分别安装投产3台、5台、5台和1台机组)进行。后根据工程实际进度和工农业用电的迫切需要，工程局提出了改“3551”方案为“455”方案(即1986、1987和1988年分别安装投产4台、5台和5台)，比原计划提前1年，但在实际执行中又进一步提前，“455”方案变成“563”方案，即1986年投产5台，1987年投产6台，1988年投产3台。最后一台机组已于1988年12月6日发电，“455”方案已全部实现。3年投产14台大型机组，其中1987年1年投产6台，不仅在国内创造了水电安装新纪录，而且已跻身世界先进行列(详见表1)。由于机组安装方案的一再提前，比国家合同要求累计提前发电31个月(详见表2)，按设计年发电水平计算，多发电16.79亿kW·h，多创发电效益1.09亿元。现将1987年1年投产6台机组所采取的措施介绍如下。

一、应用网络计划进行施工管理

在主机、辅属设备和电气设备安装的整体网络计划编制过程中，着重分析了控制总工期的主机安装网络。根据机组的结构特点和二江电厂机组的安装经验，把大江电厂的机组安装分为水轮机导水机构安装、水轮机转轮组装、发电机定子安装、发电机转子组装等4条平行施工线。并以此为依据，按总体目标编制出装机发电的总网络计划图。在施工中又随着因具体执行的偏差(提前或延后)、机组设备到货期的变化、设备缺陷的处理、设计更改等原因造成的局部计划的变更，借助于电子计算机进行优化调整，及时地为

表1　葛洲坝大江电厂与国外部分大型水电站头两年机组安装投产情况

国　　家	电站名称	装机容量(万kW)	装机台数	机型	第一年投产(台)	第二年投产(台)	两年共投产(台)
苏　　联	古比雪夫	230	20	轴流	1	11	12
加拿大	丘吉尔瀑布	522	11	混流	3	8	11
美　　国	大古力Ⅲ	290	3	混流	1	2	3
加拿大	拉格朗德Ⅲ	523.8	16	混流	4	7	11
苏　　联	布拉茨克	450	18	混流	4	6	10
中　　国	葛洲坝大江电厂	175	14	轴流	5	6	11

表 2　葛洲坝大江电厂安装投产提前天数

机组号	合同要求投产日期	实际并网发电日期	提前天数
13	1987.8.31	1987.6.10	82
14	1987.10.31	1987.6.25	128
15	1987.12.31	1987.9.29	93
16	1988.3.31	1987.9.11	204
17	1988.6.30	1987.12.21	190
18	1988.8.31	1987.12.30	244
总　计			941 天

现场调度指挥和施工管理提供了可靠的依据，使整个施工过程自始至终处于网络计划的控制之中，从而保证了整体目标的实现。

二、合理调配劳力，努力做到均衡施工

根据具体施工特点，对劳力进行合理调配。当时的施工特点是：(1)厂房土建工程未完全结束，只有一个安装场地可供施工；(2)机组到货时间不均衡，往往两台机组到货时间间隔极短，要求投产发电时间相差很近；(3)有较多的安装劳力；(4)由于 1 年内要求投产机组多，试运行任务加重，运行间隔时间较短。针对以上特点，在机电安装工作中组织了两套(部分专业组织三套)人马轮流施工，即前 1 台机组进行部件组装时，后 1 台机组进行安装准备和零件清理；前 1 台机组部件组装完毕吊入机坑总装时，后 1 台机组进行部件组装，形成科学的平行流水作业方法。另外，还专门组织了一套试运行班子负责机组试运行。这样就能够在同一时间内进行不同机组的分部组装、总装和试运行，从而保证了机组连续投产运行。1987 年各机组主要部件实际安装进度见表 3。

从表 3 中可以看出，13 号机虽然试运行时间较长(因推力瓦处理)，但由于有专门班子从事试运行，其余两套安装人员可以进行14 和 16 号机安装，从而保证了该两台机的按期投产。又由于 17 和 18 号机的主要设备不能及时到货，影响了近两个月的装机时间，再加上其他机组到货的时间衔接不理想，1987 年投产的 6 台机组，实际所用的总工期仅为 9 个月。若各方面配合良好，就现在实行的这种施工管理方法，年装机 8 台也是有可能的。如果有两个安装场地，并且有足够多的机组可供安装，进度还可加快，1 年投产的机组还可增多。

三、落实承包经营责任制

葛洲坝二期工程开始建设以来，不断加强了企业内部管理。1985 年开始实行了万元产值工资含量包干的经济责任制。1988 年对各施工单位全面实行工资总额与综合经济效益挂钩的承包经营责任制，使各施工队对承包期内的经济效益全面负责，形成了责、权、利相统一的承包经营责任制。具体做法是：(1)单项工程施工预算包干，并且将经营目标层层分解落实到施工队、班组和个人，保证目标成本降低率；(2)以劳动定额作为内部分配的法定依据，机电安装的定额执行面达 100 %；(3)工资总额与产值、利润挂钩，保证目标利润的实现；(4)严格考核制度，实行对实物工程量和工程质量相结合的验收办法，在分配上根据各项指标的考核结果拉开挡次。由于实行了上述严格的经营责任制，激发了职工的生产积极性，使劳动生产率提高，工期缩短，费用降低。表 4 为各台机组安装成本比较情况。

四、努力推进技术进步，不断提高工程质量

在大江电厂机电安装中，始终坚持努力推进技术进步，总计采用各项合理化建议 400 余条。主要的方面有：(1)合理的整体施

表 3　1987 年各机组主要部件安装进度

项目＼时间＼机组	13	14	15	16	17	18
导水机构安装	87.1.8 ~ 1.25	87.3.5 ~ 4.10	87.7.8 ~ 8.10	87.5.25 ~ 6.11	87.9.29 ~ 11.18	87.11.25 ~ 12.12
定子组装	86.12.27 ~ 87.1.27	3.24 ~ 4.8	7.28 ~ 8.2	5.8 ~ 6.4	10.9 ~ 10.15	11.26 ~ 11.29
定子下线	87.1.18 ~ 3.6	4.9 ~ 5.10	8.3 ~ 8.28	6.10 ~ 7.4	10.16 ~ 11.9	11.29 ~ 12.13
转子组装	86.12.6 ~ 87.2.19	3.8 ~ 4.25	8.10 ~ 9.4	7.12 ~ 8.1	11.25 ~ 12.6	12.8 ~ 12.15
转轮组装	87.1.4 ~ 1.25	3.10 ~ 4.12	8.1 ~ 8.27	6.16 ~ 6.29	11.10 ~ 11.30	12.8 ~ 12.16
转轮吊装	87.1.26	4.12	8.28	6.30	12.1	12.16
转子吊装	3.6	5.12	9.7	8.7	12.7	12.21
上机架吊装	3.11	5.22	9.8	8.9	12.8	12.21
机组盘车	3.16 ~ 3.24	6.4 ~ 6.8	9.10 ~ 9.13	8.11 ~ 8.14	12.8 ~ 12.10	12.22
调速系统安装	2.22 ~ 3.22	5.1 ~ 6.3	9.1 ~ 9.15	7.17 ~ 8.15	11.18 ~ 12.12	12.10 ~ 12.23
调速器调试	3.23 ~ 3.27	6.4 ~ 6.13	9.16 ~ 9.18	8.16 ~ 8.18	12.12 ~ 12.13	12.23 ~ 12.24
机电联调	3.27 ~ 3.30	6.13 ~ 6.15	9.19 ~ 9.20	8.19 ~ 8.21	12.13 ~ 12.14	12.25 ~ 12.26
机组充水	3.31	6.19	9.23	8.25	12.17	12.27
首次启动	4.3	6.19	9.25	8.26	12.18	12.27
并网发电	4.10	6.25	9.29	8.31	12.21	12.30
72 小时运行	6.4 ~ 6.7	7.5 ~ 7.8	9.30 ~ 10.3	9.3 ~ 9.6	12.25 ~ 12.28	88.1.1 ~ 1.4
移交时间	6.11	7.9	10.5	9.11	12.28	88.1.5

表 4　各台机组安装成本比较情况(以 8 号机组成本为 100)

机 组 号	8	9	10	11	12	13	14	15	16	17	18
成本比较	100	81.3	79.8	64.2	71.9	74.4	65.7	56.6	53.4	52.9	53.4

工程序和方法；(2)单项工程施工方法的改进；(3)大量使用风动和电动工具，引入电子设备，并制成一批专用施工机具，提高机械化施工程度；(4)新型设备和引进设备以及新型设计的施工方法和工艺。上述安装技术的改进对加快安装进度起了显著的作用。

为了提高安装职工的素质，我们狠抓了专业技术和科学管理的培训工作。几年中，选送了 200 多名职工去大、中专院校学习，对施工队长和班组长进行全面培训；600 多名职工完成了高、初中文化补习；各类专业技术的培训近 1000 人次；各种系统教育 400 多人次，同时派出多人去国外考察学习。另外，在各班组中推行了全面质量管理，建立了质量管理小组 60 多个；严格安装过程中和各阶段的质量监督，坚持三级检查制度，加上先进技术的保证，使各台机组安装合格率都为 100 %，优良率为 90 % 以上。

葛洲坝二期工程金属结构安装新技术

王　守　运

葛洲坝二期工程金属结构量为35849t，约占一、二期整个工程金属结构总量的72051t的一半，其中大江电厂为26035t，1号船闸为4460t，冲砂闸为5354t。计有各种类型门槽328套，各种门型的闸门286扇，各类启闭机28台。从1984年6月开始安装，到1986年初全部安装完毕，仅用18个月左右时间。与一期工程相比，不仅安装进度加快，而且在质量方面也有所提高，主要是由于采用了一系列新技术和合理的施工方案。现简要介绍如下。

一、采用新型滑道材料

平面滑动闸门的滑块，过去是按苏联规范采用的木质酚醛层压塑料（胶木），其水胀性24h吸水率可达3％～4％左右，施工时先将胶木在石腊内脱水72h后，再用强力将其压入滑道的夹槽中，安装进度较慢，工序复杂。二期工程在大江电厂尾水检修闸门的安装中，改进了这项工艺，采用我国自己的新型SF−3型三层复合材料，它以钢板为底材，上面用粉末冶金方法烧结铜网后再压一层塑料，塑料厚度1mm。这种材料由钢基材承受强大水推力而表层塑料可以大于1.5m／min的速度在门槽的轨面上滑动，具有较小摩擦系数和较好耐磨性的优点。采用新型滑道后，门体自重减轻10％，并简化了制造、安装工艺，可根据闸门不同尺寸做到工厂化生产。实践证明，它将是一种很有前途的滑道材料。

二、采用喷铝防腐工艺

葛洲坝一期工程的金属结构系采用的常规油漆防腐措施，一般不到5年时间就大片锈蚀，有的甚至尚未调试和移交即开始锈蚀，影响闸门的经济、安全运行。二期工程改用喷铝新工艺代替传统的油漆防腐措施，取得良好的效果。这项新工艺先是对金属表面的清洁度和粗糙度按规定达到表面质控标准，然后用高速气喷枪将铝丝热喷到金属表面，喷涂层厚度为150μm左右；最后再以不与金属铝层起化学作用的沥青类或环氧类封闭涂料，在喷铝的涂层金属表面尚未冷却时（40～50℃）将封闭涂料喷完，以保证铝层空隙有效填塞。1983年用此工艺制作的第一批金属结构，至今已使用4年，效果良好，证明这项防腐工艺是成功的。

三、建立金属结构制作质量保证体系

二期工程实行从原材料进厂、金属结构加工到产品检验的生产全过程质量控制，并在闸门的制作工艺设施上进行几项富有成效的改革，使闸门制作质量达到先进水平。如对尾水检修闸门两个方向主要受力工作面采用单节门整体加工方案，是门体加工工艺上的一次突破。平面滑动闸门使用优劣的主要质量控制标准是滑道本身的共面性和闸门节间受力面的严密性，一期工程由于无专用机床加工门体，滑道平面度靠滑道找正后在底部浇注环氧垫料定位，既费工又难以保证质量；节间止水由于闸门边柱端梁用火焰修割，无法保证二侧边栓共面度，安装时往往由于门体倾斜面造成节间漏水。二期工程施工中，在总结过去制作与安装经验的基础上，试制了单节闸门整体加工的龙门铣床。其主要特点是，在同一工作部位先加工滑道基准面，然后加工与其垂直的两边柱平面，依靠铣床本身精度保证边柱平面与滑道基面垂直度。因滑道基准面上安装的三复型塑料滑道已做到标准化商品生产，其尺寸公差可严格保证，因而闸门最终滑道共面度公差可得到控制。

四、埋件安装新的施工组织和新的施工方案

二期工程金属结构埋件多达 5700t、328 套，施工时间不到 18 个月，如按常规组织施工，劳动强度大，平均每天需 300 人参加施工，高峰期甚至可能超过 500 人；而埋件安装开始时又正值工地金属结构制作高峰，显然是无法完成任务的。为了加快安装进度，防止质量事故，施工前对工程量较大的埋件部位都编制了详细的埋件安装工艺卡，明确规定工程任务、施工技术和质量控制标准，使不同工种的技工都能按统一的标准安装工艺卡进行安装施工；同时采用了一些新工艺和新技术，从而保证了任务的完成。

(一)采用分段施工方法

埋件安装惯用的二期混凝土施工方案，是保证施工质量的安装方法。葛洲坝二期工程埋件安装平均高度为 30 ~ 40m 不等，如要等待混凝土浇注达到高程势必推迟安装工期。为此，采用了当混凝土浇注高程到达门楣后，先将底坎到门楣的闸门工作部位门槽安装完毕，浇注二期混凝土后再继续浇注门楣以上的有关混凝土部位。

(二)进口段采用新型两用轨

在大江电厂进口段采用了新型的两用轨埋件，即是将拦污栅槽的主轨与排砂底孔事故检修门槽的反轨设计成为一组埋件，这样可在门槽众多的进口段简化门槽布置和减少安装量。由于进口段结构布置紧凑，门槽结构上未在坝体上布置凹形镶入段，对埋件加固产生困难，影响整体受力，致使施工过程多次处理和返工。如在设计上予以改进，这种组合埋件的方法有望推广。

(三)埋件与混凝土浇注滑升模板结合

葛洲坝船闸的浮式系船柱导轨安装部位，其混凝土壁薄且全系曲线弧面。为了加快导轨安装进度，浇注单位与安装单位联合研制了埋件安装用的滑升钢模板。其特点是导轨与滑升模板相互支靠，系船柱导轨安装时，除了外侧要用一部分加固钢材外，其内侧可利用模板本身的刚度以抵消浇注混凝土的推力。当混凝土初凝后，松开模板调节杆，使外模直径缩小，用吊车提升模板到下一个作业高程。当模板提升时，可利用已浇注的埋件顶端将滑升模板胎具临时固定。这种滑升模板具有明显经济效益，每套系船柱导轨可节约 35m 形状复杂的曲线模板，浇出的混凝土表面光滑，且滑升模板可重复使用。

(四)预制门槽

大江电厂扩散段尾水检修门槽 18 号机右、中门槽进行了埋件预制，即是在预制厂内

将门槽与门槽附近的二期混凝土浇注成一体。在安装埋件的同时，也树立了浇注混凝土的模板，使门槽安装与模板布设同时完成。

五、挡水闸门采用预顶紧措施

葛洲坝电站由于设计水头不高，在挡水初期水压更小，因而闸门往往由于水推力不够，使水封压缩量过小而漏水。一期工程施工时采用楔子块或压机顶紧以增加水封压缩量，施工很不方便，在蓄水后要逐个拆掉顶紧装置。如果压机漏拆会增加闸门的启闭力；但拆早了又会影响止水。为解决这一问题，二期工程施工中，采用在每节门体的上游侧布置4台T40的小型顶紧装置以顶紧闸门。这样挡水后不必取出顶紧装置，起门调试时让其掉入水中。由于顶紧装置的顶紧力很小，也不会影响闸门的启闭力，既可预压闸门水封而不漏水，又不必花费大量劳力拆除压机或楔子板。

六、弧门采用立拼法安装

安装弧门的传统方法，是先安装铰座，再装支臂，待门体拼装完毕后与支臂连接，即所谓卧拼安装法。在大江冲砂闸弧门安装中，为了减少门体在闸室内搬运，采用立拼法安装。因弧门在制造厂已进行预拼，其整体尺寸已得到保证，安装时，在上、下游的各搭设施工脚手架，分段焊接后，用样板严格控制面板弧度。随着门体安装高度的增加，再用相应的支臂与门体连接。这种立拼安装法的特点是，闸门安装完毕后，门体已在永久安装位置，从而加快了安装速度。

七、闸门高强度环氧垫料的使用

葛洲坝船闸人字门高达34m，由于是采用的焊接结构，焊后变形值在门体两个方向可达5mm左右，而人字门的承压块配合间隙仅0.1mm，无法用机械调整方法达到其设计的配合间隙。解决的办法，是在门体承压块背面用高强度环氧垫料。但设计单位对环氧垫料的要求较高，即抗压强度不得小于$90N/mm^2$，硬度值$H_B \geqslant 60$，并要求垫料有良好的流动性。在一期工程施工中，垫料在二、三号船闸试用良好，二期工程继续完善其施工工艺后，最终定型为水工金属结构专用环氧垫料，并已推广到广西桂平船闸人字门使用。

八、启闭机测重及负载试验的改进

传统的门式启闭机在深水中用抓梁吊装门体，起重量只能凭经验估计，往往容易造成门机超载事故。二期工程在门机的主起升机构的定滑轮支座上加装重量传感器，在司机室可直接用数字显示闸门的起吊重量，可防止超载事故的产生。关于门式启闭机的负载试验，通过一、二期工程施工实践的不断摸索，定型为二组定型配重吊架和有关闸门组合成试重负载，使坝顶$2 \times 250t$门机的试验负载组合到625t的规定静载超重试验的负荷，从而解决了大容量门机负载试验的通用问题。

灯泡贯流式水轮发电机组

虢笃恒　余志瑞

低水头水电站采用贯流式机组有很多优点，主要是：贯流式水轮机水流条件好，运行效率比轴流式约高3%；贯流式机组布置在坝体或闸墩内，可以不要专门的厂房，故土建工程量小。因此，国外很多低水头水电站都采用贯流式水轮发电机组。但由于贯流式机组全部处于水下，要求严密的封闭结构和良好的通风防潮性能，制造上具有一定的难度。我国在80年代初，从奥地利引进了3台大型灯泡贯流式机组，安装在湖南马迹塘水电站；自行设计制造的2台灯泡贯流式机组安装在广东白垢水电站。现将这两个电站的概况介绍如下。

一、马迹塘水电站

马迹塘水电站位于湖南桃江县资江干流上，距柘溪水电站86km，控制流域面积26171km^2，年平均流量702m^3/s，安装3台额定容量为18500kW灯泡式贯流机组。该电站由湖南省水电勘测设计院设计，马迹塘工程指挥部施工，湖南省水电安装工程公司安装。电站于1976年11月开工，1980年1月安装机组埋设件，1982年5月机电设备安装，1983年6月至7月3台机组相继投产发电。

机组由奥地利依林（ELIN）和伏依特（VOITH）公司制造，其主要参数是：在净水头6.56m、引用流量310m^3/s时，出力17900kW；当净水头为8.5m时，最大出力为21745kW，转速为75r/min；转轮直径6.3m，定子外径7.2m，发电机连续最大出力为1.95万kVA。该机有以下特点：

1.埋设件数量大，它包括：尾水管、管形壳、墩子盖板、框架、接力器基础、下部支撑基础、侧向基础板等。除管形壳、接力器基础系进口外，其它均按厂家图纸在国内制作，每台重约225t。

2.由于埋设件单件重量大，最重达40t，因此，在配合土建安装预埋时，必须准备起吊半径12m、能吊重40t的起重设备。

3.既要考虑机器设备自重的支撑，又要考虑浮力作用而设置的专用支撑，还要考虑转动部分自重造成的大轴变形和开机后大轴的回复，因此转轮侧导轴承的底部支撑是球形的。

4.为了保证停电后机组能停下来而不会烧瓦，以及在任何情况下油压始终大于水压，因此设置了高位油箱。

5.转子中心体是整体焊接件，磁极用螺钉固定在中心体上。为了在定子铁心整个长度上获得等温分布，因此，定子各叠片段的厚度是沿由冷风到热风方向而递减的。

6.该机有两种制动方式：一是电气制动，即在停机过程中，先断开发电机出口断路器

* 本文原为2篇，由王冰同志综合归纳而成。

和励磁开关，在 90 % 额定转速(η_n)时投入电气制动，当机组转速继续下降至 10 % η_n时投入机械制动，当转速下降至0.75% η_n时电气制动退出，机械制动一直作用到机组全停。其优点是停机时间短，并可减少机械制动所造成的粉尘。二是机械制动，即停机过程中不用电气制动，当机组转速下降至 40 % η_n时，投入机械制动使机组停机。机械制动的压缩空气源有两种，正常时为 1.5MPa；若机组停不下来，导叶挠性连杆断裂等，则再用 3.6MPa 空气制动。

7.随机供应的自动化元件齐备，如浮筒磁吸式液位计、流量信号计、油中混水报警器等。它们的动作可靠、重复性强，在机组调试阶段曾有 13 分钟内连续开停机 6 次的记录，说明自动化元件可靠性较高。

8.水头损失对马迹塘这样的低水头电站是至关重要的，因此在设计、施工和设备选型中要充分考虑。马迹塘电站的拦污栅和拦污栅横梁是由国外设计、国内制造的，整个横梁呈流线形，有如飞机翅膀。为了防止固定栅联的螺母丝生锈，在螺孔板上由内向外埋焊不锈钢螺母套。为了防止漏水腐蚀横梁内部和增加横梁自重，它在出厂时作了 2.45MPa 的空气密封压力试验。栅条的形状也呈流线形，迎水面为φ 25mm 的半圆，向后逐渐变窄，到尾部又是一φ 17mm 的半圆。栅栏与国内的设计也不同，它有一部分称为稳定联，即用φ 30mm 圆钢作为连杆斜向穿过栅条，形成一个稳定结构。这种结构形式是把传统的铆焊变成机械加工件，这虽然会增加费用，但从长远看还是合理的。

马迹塘是我国引进大型灯泡贯流式机组的第一个电站。通过 3 台机组的安装，我们认为有下述几点值得在今后工作中予以充分重视。

1.尾水管有个带法兰的短节是外协作件，出厂前已作了热处理和加工。这个 500mm 长的短节与其他大节组焊后，法兰波浪度大量超差，以后花了很多时间进行校正处理才得到解决。今后可从两方面着手，即留二期混凝土或把这条焊缝留待浇完一期混凝土后再焊。

2.管形壳(管形座或座环)组装后是个 5 × 1.25 × 17m 的庞然大物，其中心线与尾水管是一致的。它同尾水管的距离靠间距管来控制，由于日照情况不同，有太阳时上部温升远比下部快，实测上下部温差达 5 ～ 8 ℃，因温升不同所造成法兰波浪度的变化在 0.5 ～ 0.8mm 之间，而厂家要求的波浪度误差是 ± 0.3mm，致使调整工作无法进行。最后，只好把调整和验收时间定在清晨，才完成这一工作。同时，由于对法兰波浪度要求较高，因此对每条焊缝的焊接必须充分考虑焊缝收缩量的影响，并在焊接过程中用仪器监视，再根据变形情况随时采取措施。在混凝土浇筑过程中也要用仪器监视，以免造成不可收拾的后果。

3.在机组安装中，是把各种散件先行组装成大部件而后吊装。由于这些大部件还要互相插套，因此厂房桥吊起吊高度要仔细考虑。同时，小车行进速度和主钩起降速度也不能过快，以免造成插套中的困难。

4.框架的尺寸应以灯泡头和冷却套组合件能整体吊入为宜。

5.为了防洪的需要，灯泡式机组厂房基本上是封闭式的，四周墙均为挡水构筑物。由于厂内机械摩擦振动、水流脉动、电磁振动、排气等所形成的噪音混响于厂房内部，会危害职工身体健康，因此在设计中一定要合理安排分层、加盖、隔离等措施，以降低噪音。

马迹塘水电站是我国目前已建成的同类电站中单机和总装机容量都最大的。多年运行实践表明，该机组设计合理，结构紧凑，运行安全。

二、白垢水电站

白垢水电站位于西江支流贺江上、广东封开县境内，距县城35km。电站装设2台10000kW灯泡贯流式机组，由广东省水电勘测设计院设计，广东省水电安装公司负责安装。机组由天津发电设备厂设计制造。

水轮机为GZ003-WP-550型，转轮直径5.5m，4个叶片，额定出力10460kW，最大水头10m，设计水头6.2m，最低水头3m，额定流量205m^3/s，额定转速78.9r/min，飞逸转速215r/min。水轮机最高保证效率92.5%。转轮体内为充压(2MPa)式结构，浆叶密封采用人字型和X型两道橡胶密封圈。水轮机轴承最大载荷97t，双油囊动静压结合式自调心整体油膜轴承，在机组起动停机过程中，转速低于60%额定值时，静压顶起装置投入运行，轴瓦不需研刮。调速器采用集成电路调速器，由天津水电控制设备厂生产。导叶关闭采用两段关闭方式，第一段关闭时间10S，全关闭时为30S。

发电机为SFGW10-76/4870型，额定容量10530kVA/10000kW，额定电压3150V，额定功率因数0.95，灯泡比1.018(定子机座外径5.6m)。励磁装置采用可控硅静止励磁装置。定子机座由两瓣组成，在电站组成整圆后，进行铁心叠压和嵌线。发电机设有充压舱，主轴密封为活塞式端面密封，采用密封充压强迫循环轴向通风方式，冷却用压缩空气为1MPa，通过定子机座内壁上的铜叶片将热量传至流道河水。推力轴承和径向轴承共用一油槽，推力轴承为平衡块支承，动压运行；径向轴承采用自调心球面支承，轴瓦为整圆不刮瓦结构，静压启动和停机。停机采用压缩空气制动。发电机采用自动报警CO_2灭火。

第一台机组1983年1月开始座环安装，至1984年5月充水试运行，6月30日并网发电。第二台机组于1987年8月开始安装，1988年9月9日投产发电。

机组安装顺序为：

1.座环安装，浇筑二期混凝土，初步找正基础环和尾水管衬。

2.安装导水机构装配下半部及转轮室下半部。

3.预安装导水机构外环(顶盖)上半部及转轮室上半部。

4.按照调整好的转轮室，最终找正和固定基础环、尾水管里衬并浇筑基础混凝土。拆出顶盖和转轮室上半部，将泄水锥放入尾水管内，安装不带浆叶的主轴、转轮体装配。

5.安装装配好的导水机构上半部和转轮叶片。

6.将发电机转子吊至安装台车上，将转子与水轮机轴连接。

7.将发电机定子吊至安装台车上，找正定子位置与座环连接。

8.安装机架至定子上，然后安装导轴承及镜板。

9.用桥机吊住机架，撤除定子下的安装台车，用千斤顶临时支撑定子后，松开桥机，吊入灯泡头的两只支腿并临时找正固定。

10.安装发电机灯泡头，连接其支腿。

11.安装灯泡头进入道管及流道盖板。

12.机组盘车，进行转轮叶片油压试验，合格后安装转轮室上半部。

大寨水电站10000kW定子绕组氟内冷水轮发电机

李　人　丰

一、氟内冷发电机的优点

随着发电机单机容量的增大，其冷却问题日趋突出。近年来各国均在研究采用高效能的冷却方式，即水冷和氟里昂液体蒸发冷却(以下简称氟内冷)。水冷电机在国内已有制造和运行经验，而氟内冷在国内外都还处于研究试验阶段。该冷却与水冷比较，具有如下的优点：

1.自循环系统是密闭的，避免了水冷电机中一次水系统产生生锈、沉淀、阻塞、电解、电化学等问题，从而免除了水质的纯化处理、水质检查、监视、控制系统以及制造上的特殊工艺处理。

2.取消了外部水处理设备，简化了系统，节省了设备投资及厂房面积。这对于高水头电站或地下厂房具有重要的经济意义，同时减少了维护费用。

3.氟内冷是靠冷却介质的汽化潜热带走热量。在沸腾换热条件下，只要介质不完全汽化，就能保证绕组温度均匀。

4.冷却介质循环动力是由绕组所发热产生的，无需外加动力，整个系统自成独立的密闭自循环系统，一次清理之后，可长期运行，维护方便。

5.冷却系统在给定负荷范围内的各工况下可自行调节，运行方式与空冷电机相似。

6.氟里昂冷却介质具有良好的绝缘性和突出的化学惰性，即使发生泄漏也不会危及绝缘。绝缘管接头只要密封可靠，对耐压要求不高，其结构较为简单。

7.冷却器的换热条件远优于空气冷却器。冷凝器用普通清洁水，不需水处理装置。

另外，氟内冷与强迫通风电机比较，可减少风量，降低噪音及通风损耗，提高了效率。由于绕组工作温度较低，可延长电机的使用寿命。

二、大寨氟内冷发电机结构型式及基本参数

为了给研制大型高速氟内冷水轮发电机提供经验，在原水电部、中国科学院和云南省电力局的支持下，东方电机厂与中国科学院电工所合作，于1981年10月为大寨水电站试制了两台氟内冷定子的发电机。现将这两台发电机的基本参数及结构型式介绍如下。

1.发电机基本参数为：型号SFZ10—6/2410；型式立轴悬吊式；额定容量11765kVA；功率因数0.85；额定功率10000kW；额定电压6300V；额定电流1078A；额定转速1000r/min；飞逸转速1740r/min；额定频率50Hz；转动惯量20t·m^2，定子线圈冷却介质F−133，相数3；转子及定子铁心为空冷。

2.发电机定子线圈的主要参数为：额定工作电流I＝1078A，线圈为Y形连接；定子

线圈损耗 $P_{cu}=72kW$；定子槽数及每槽线棒数 $Z=108, S_n=2$。定子线圈线规：实心股线为 2.1 × 9.3mm，定心股线为 5 × 9.7mm，内孔 2 × 6.7mm；每冷却回路线棒数 $n_s=1$。

3.发电机结构，见图。

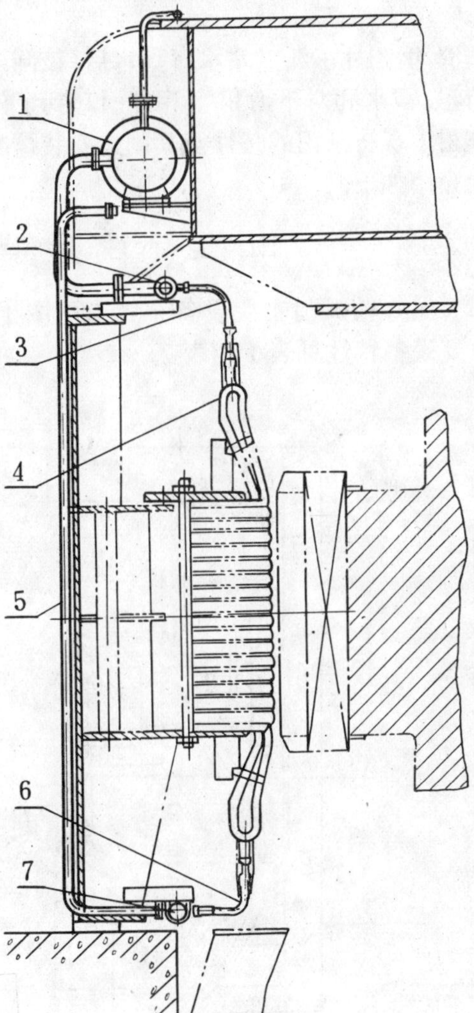

图　1号水轮发电机定子绕组氟内冷系统图

1—冷凝器；2—上汇气管；3—上连接管；4—定子线圈；5—回液管；6—下连接管；7—下汇液管

三、氟内冷发电机的安装与运行

1.发电机安装。该发电机容量和直径均较小，由东方电机厂整体制造发运至工地。安装方法与一般悬吊式发电机基本相同；不同点是连接定子与冷凝器之间的蒸发管和回液管，以及接通冷凝器的进出水管，都要按制造厂规定压力进行耐压试验和泄漏试验。管接头采用的卡套式结构密封接头，其精度要求高，若采用单件大批量加工，精度难于保证。由于当时无检测手段，处理泄漏时间较长。这两台发电机由水电部第十四工程局安装处安装，安装质量优良，于 1983 年 9 月和 12 月相继并网发电。

2.运行情况。1、2 号两台机组投入运行后，曾发现存在以下问题：(1)上环管与上机架油槽间空间位置过小，人进入不了转子上面去；(2)各冷凝器液位不平衡；(3)冷凝器进汽金属软管及少数管接头出现泄漏。针对上述问题进行了如下完善工作：(1)改进了管接头结构；(2)改装了上下环管，并根据试验总结，将上环管直径加大，以减少上端并联段的流体阻力；(3)重新设计制造了冷凝器；(4)在 4 个冷凝器上端增加了并联均压管；(5)改进了氟冷系统外部管路的密封结构。经过以上改进和完善，运行情况正常。

通过大寨水电站 1、2 号机组几年的运行，我们有以下几点看法：(1)研究机理正确。(2)冷却效果好；氟冷与空冷比较，温升比较低、裕度大，在正常情况下最高温度只有 87℃，最高温升 56℃。(3)安全性好。(4)泄漏问题是氟内冷的关键，目前每台机日耗液量虽已降低到 0.43kg(每台机总液量为 100～110kg)，但还需进一步努力，争取再减少泄漏量。

东江水电站偏心铰弧形闸门的制造与安装

年　文　亮

东江水电站二级放空洞工作闸门是国内首次采用的偏心铰弧形门结构。二级放空洞是东江工程最低的泄水建筑物，系放空水库、施工期调节坝前水位、保证安全渡汛、蓄水发电和满足下游供水之用。偏心铰弧门安装在放空洞有压段末端，距进口段325m，门后无压段长270m。闸门由中南勘测设计院设计，水电部第八工程局在工地制造和安装。1986年8月东江电站水库蓄水后，该闸门在防汛、蓄水和对下游供水等方面起到了保证作用。现将闸门的特性及其制造安装情况简要介绍如下。

一、闸门特性

偏心铰弧门主要设备布置参见图1，其主要设备特性见表1和表2。

二级洞弧门设备布置示意

序	名　　称	⑦	迴转油缸
①	偏心铰支座	⑧	提升油缸锁定
②	门槽埋件	⑨	节流器泵站
③	门槽钢护衬	⑩	提升油缸
④	门叶	⑪	桥式起重机
⑤	支臂	⑫	迴转、提升泵站
⑥	迴转油缸锁定	⑬	电气盘柜

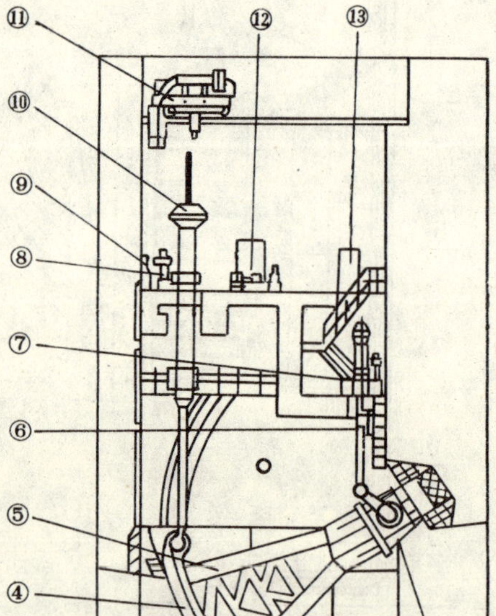

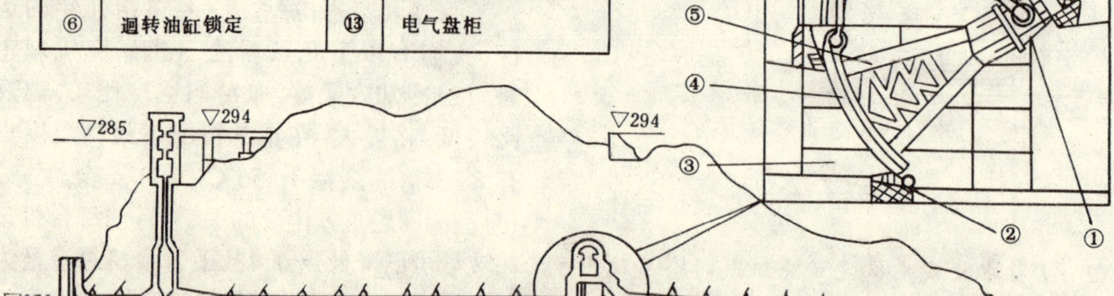

图1　偏心铰弧门设备布置示意

表 1　闸门特性

序号	名　　称	说　　明
1	闸门型式	弧形闸门
2	孔口尺寸(m)	6.4 × 7.5
3	止水尺寸(m)	6.8 × 7.692
4	支承跨度(m)	4.0
5	设计运行水头(m)	100
6	设计挡水水头(m)	119.52
7	校核挡水水头(m)	121.15
8	最高水头(m)	124
9	设计总水压力(kN)	74069
10	支铰型式	偏心轴式
11	支铰高度(m)	12
12	弧面曲率半径(m)	15
13	运行方式	动水启闭
14	吊点间距	单吊点
15	操作设备	3000kN／1000kN; 4000kN／1000kN 启闭机

二、弧门制造与加工

1.控制弧门施焊变形。除了采用正常的焊接工艺外,还采用了门叶反变形方法。东江弧门工艺半径为 R'＝15050mm,在基础上胎模四角又降低了 5～2.5mm,以抵消横向收缩的上翘,使弧面加工达到要求精度。

2.支臂焊接。支臂采用厚 50mm 的 16Mn 钢板制作,在大节点处的支承板厚度为 100mm。为了防止产生焊接裂缝,确定焊前用履带式远红外电加热垫预热 120 ℃。箱形断面 4 条主焊缝,梁内用手工弧焊,外侧用埋弧自动焊。封闭焊缝施焊过程中继续加热保温,保持适当的层间温度,每条焊缝不间断焊接直至完成。然后再在外侧用加热垫保温 1 小时。采用这一工艺措施后,焊接中未出现裂缝。

3.支臂热处理。支臂单件长度 11.87m,断面为 1.0× 0.8m^2,外形高宽为 2.0 × 1.6m,重量约 23t。根据规范要求,焊后须进行消除应力的热处理,以保证支臂结构的设计强度。根据工地条件,采用局部热处理消除焊接残余应力。热处理规范如表 3。经热处理后焊缝残余应力下降了 30％～97％,纵向应力σ_1下降最大值达到 196.4MPa,横向应力σ_2最大下降值达到 154MPa。经热处理后的应力分布曲线峰谷差也减少并趋向均匀,绝对值都较小,说明支臂箱形梁热处理效果明显。

4.门叶弧面加工。东江弧形门面板展开尺寸为 10352 × 3535mm,弧面设计半径为

表 2　油压启闭机性能

序号	项　目	闸门升降	偏心机构回转	射流节制
1	提升力(kN)	3000	4000	200
2	下压力(kN)	1000	1000	
3	油缸活塞行程(m)	10	2.5	0.1
4	提升时油缸油压(MPa)	17.5	16.7	13.7
5	下压时油缸油压(MPa)	5.1	4.1	
6	电动机型号	Y315s−6		Y225M−6
7	油泵型号	轴向柱塞泵 Scy14−1		双向叶片泵 YZB−C129C−JF
8	油缸内径(mm)	φ540	φ630	φ150
9	活塞杆直径(mm)	φ230	φ260	φ50
10	油缸重量(t)	34	32	4
11	泵站重量(t)	15		6

表 3　热处理规范

项　目	规　　范
升温速度	$T<300$ ℃：不限，要求均匀 $T>300$ ℃：60 ℃ /h
最高温度	$T_{max}=650℃\pm25℃$
恒温时间	120min
降温速度	$T>450$ ℃：50 ℃ /h 450 ℃ $>T>$ 330 ℃：60 ℃ /h $T<300$ ℃：自然降温

15m。面板加工前厚度 40mm，加工后要求为 34mm，采用插削方法一次加工成形。加工时应注意环境温度的变化，需采取保温措施。弧门加工后经检测，其平均半径为 15013.46mm，误差 ± 2.5mm，达到设计要求。

三、弧门设备安装

按照网路图组织施工，减少了干扰，加快了安装速度，保证了工程质量。其制作、安装总进度参见图 2。弧门从准备到加工完用了 1 年时间，从支承大梁进场到 688t 设备全部安装完用了半年时间。

在安装技术措施方面，主要的是控制好支铰座的安装。偏心铰枢轴偏心，有 3 个中心点：铰座枢轴中心“O”、门叶脱开止水时的枢轴中心“K”和门叶压紧止水时的枢轴中心“G”。选择以“O”点为基准点，将“O”“K”“G”放样在侧壁的样板点上，门叶及支臂则以 0—0 线为轴心，在上游两侧钢衬上作出大于半径 R 的控制样点来检测安装尺寸，然后以安装好的门叶弧面为基准安装门槽。这样门槽与门叶、门叶与支铰和支承大梁之间的尺寸就有了统一的标准。“G”和“K”点由枢轴的偏心率加工确定，只要“O”点准确，“G”和“K”就能够通过枢轴和拐臂安装来保证。除此之外，启闭机油缸系统、锁锭机构等设备的安装也应严格按照技术要求调试好。在洞内环境温度为 22 ℃时，检测弧门安装质

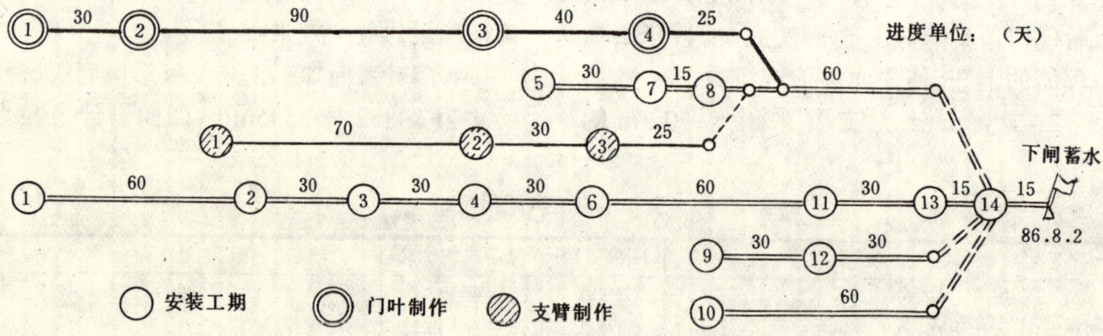

序	①	②	③	④	⑤	⑥	⑦
项目名称	钢衬	支承梁	支铰座	桥机轨道	桥机	支铰轴承	门槽埋件
序	⑧	⑨	⑩	⑪	⑫	⑬	⑭
项目名称	支臂门叶	油缸设备	油泵站	锁定机构	联动调试	结尾	检查验收
序	①	②	③	④	①	②	③
项目名称	门叶拚焊	门叶加工	防锈	试拚	支臂拚焊	支臂加工	防锈

图 2　弧门制作、安装总进度示意图

量，其平均半径 R 为 15013.42mm，误差在 ± 2.5mm 以内，在弧门任意开度的横向水封面上，绝对误差不大于 3mm。二级洞偏心铰弧门自 1986 年 8 月投入运行至 1988 年 3 月闸门停止运行为止，共操作了 36 次，总计运行了 11588h，其间作了 3 次停水检查，除弧门底坎局部水封稍有破损外，闸门总体情况良好。弧门运行工况参见图 3。

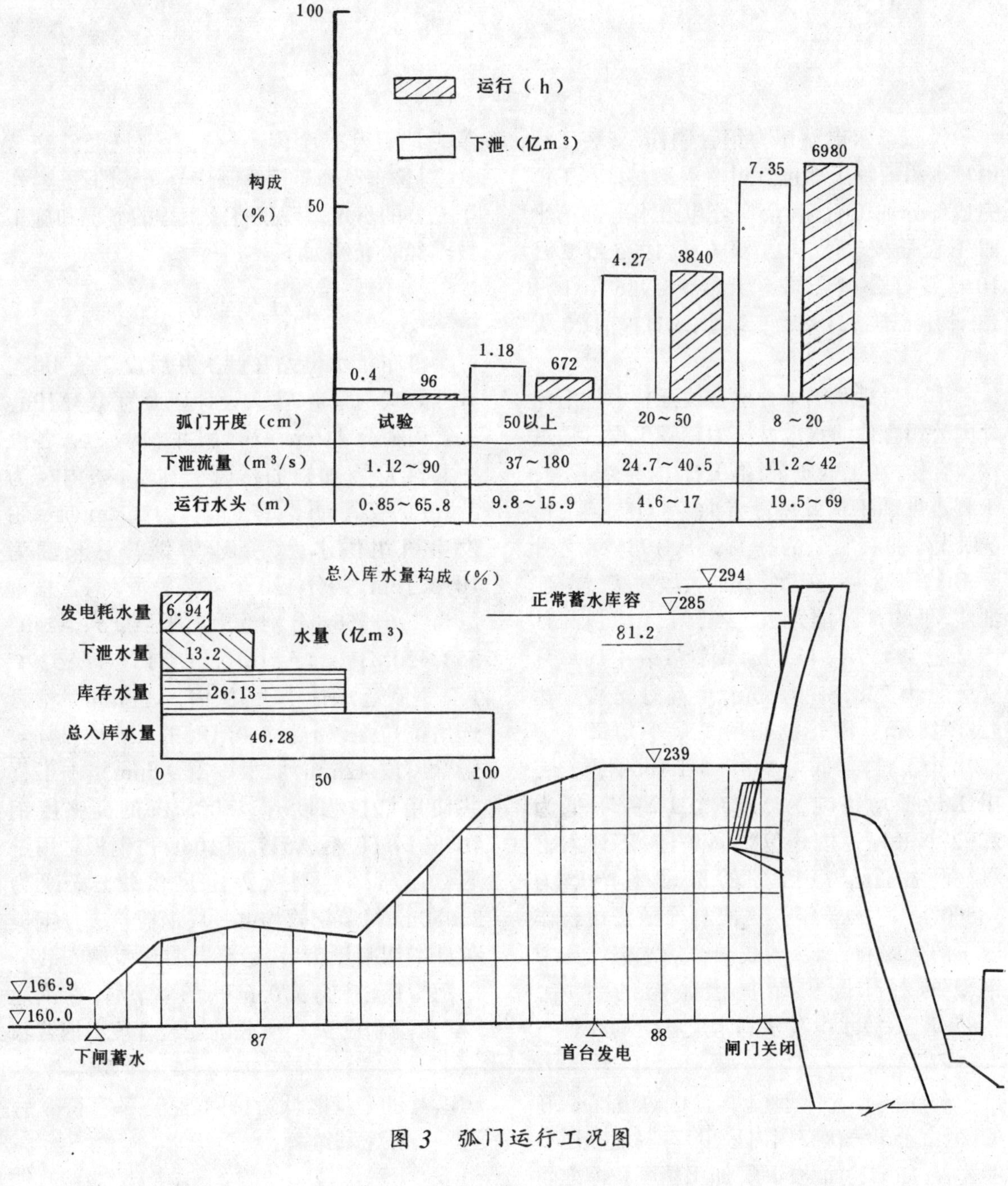

弧门开度（cm）	试验	50以上	20～50	8～20
下泄流量（m³/s）	1.12～90	37～180	24.7～40.5	11.2～42
运行水头（m）	0.85～65.8	9.8～15.9	4.6～17	19.5～69

图 3　弧门运行工况图

鲁布革水电站压力钢管的制作与安装

史　绳　武

鲁布革水电站压力钢管制作、安装工程由日本川崎重工承包。川崎重工在日本工厂完成部分加工后，其余均分包给水电部第十四工程局安装公司。双方于 1985 年 3 月 10 日签订分包合同。工程于 1986 年 1 月 13 日开工准备，1987 年 9 月 25 日提前 20 天竣工。

本项目是我国第一次按国际技术标准与外国公司合作的水电站压力钢管工程。通过这次合作，在工程质量、施工技术、组织管理、工程进度和工作效率等方面，与过去国内情况比较，都有明显的提高。从 1986 年 7 月至 1987 年 8 月，钢管制作的大段对接、焊接、油漆，平均月产量为 207.4t、91.5m，最高月产量达 394.7t、146.4m；钢管安装平均每月安装量为 238.8t、91.5m，最高月安装量达 428t、183m。钢管制作用工量平均每吨为 5.78 个工日，最低为 3.83 个工日；钢管安装用工量平均每吨为 5.27 个工日，最低为 2.92 个工日。按分包合同条件，不计入材料、设备近于净劳务的劳动生产率为 18560 元／人·年。这次与外国公司合作取得的成绩和经验，为我国今后水电站压力钢管的制作与安装提供了新的目标。1987 年 5 月，水电部水利水电建设局在鲁布革工地召开了全国高压钢管现场经验交流会，对鲁布革高压钢管制作与安装的经验，作了充分的肯定。现仅将该工程的概况和施工技术经验介绍如下。

一、工 程 简 况

鲁布革水电站在调压井后设 2 条 48 斜井埋藏式钢管道，最大设计压力为 4.3MPa，主管内径为 4.6m。2 个斜井下弯管后，各设一月牙形内加强肋岔管，分成 4 条内径为 3.2m 的支管，并渐缩至内径为 2.2m 向水轮发电机组供水。2 条压力钢管总长度为 1070.16m，共分 130 个安装管段，钢管总重量为 2961.56t，分别选用屈服强度$\sigma_3 \geqslant 240$、350、420MPa 的 A516、A537C1 · 1、A537C 1.2 钢制造，钢板厚度为 14 ～ 38mm。岔管选用抗拉强以$\sigma_b \geqslant 800$MPa的A517钢制造，管壁厚度 42mm，肋板厚度 90mm。本工程共使用抗拉强度$\sigma_b \geqslant 600$MPa的高强度钢 1088.19t（包括 A517 钢 106t）占钢板总用量的 36.75％。钢板为定尺供货，宽度为 3.050m，每节钢管均由一块钢板卷成。钢板在日本切割压头后，运至昆明浑水塘安装公司钢管厂，制成 3.05m 长的单节管，在工地“A”工场制成 9.15m 长的安装管段。钢管制

东江偏心铰弧形门虽然总的情况是好的，但由于第一次在国内采用，有些地方还不够完善，如结构简化问题、加工精度和标准问题以及进一步降低造价问题等，都有待今后进一步探索和改善。

作阶段的纵、环缝采用埋弧自动焊接，100％x射线透视检查。钢管在斜井焊接的安装环缝采用管内单面手工焊接，100％超声波探伤检查。岔管所有焊缝均为x形坡口，手工焊接，100％超声波探伤检查，另加15％的x射线透视检查。岔管通过1.3倍设计压力的静水压力试验，对A517钢尚需进行严格表面裂纹探伤检查。钢管内表面用厚度为400μm的优质环氧沥青漆防护，外表面用水泥浆临时防护。钢管安装用装备有液压千斤顶的安装台车，配合激光找正仪调整、安装，每安装18.3m浇注一次混凝土。钢管不考虑外水压力，因此，没有加劲环，斜井内不作任何灌浆，仅下水平段要求作少量的回填灌浆。设计上的这些措施为钢管安装提供了很大的方便，尤其有利于防护油漆的保护。

二、施工技术主要经验

（一）高强度钢岔管的制造技术更加完善、合理

1.采用无间隙、内外面不对称的焊接坡口，减少了焊接的收缩量和收缩量分布不均匀的现象；同时结合整体总组装，全部焊缝统一安排焊接工艺，从而有效地控制了焊接变形，使岔管整体外形尺寸得到保证。

2.只对肋板与相邻管壳500mm宽的范围进行焊接后的退火热处理，避免了岔管整体退火热处理的复杂条件和高昂的费用，也避免了局部退火热处理引起的加热区边界应力分布不均匀的现象，效果却与整体退火相同。

3.采用磁粉渗透探伤检查，消除了A517钢过去遇电弧擦伤而产生的表面裂纹。这是针对$\sigma_b \geqslant 800$MPa级钢制定的特殊检查方法，也是保证这类钢结构安全运行的重要措施。

（二）钢管制作从保证每一道工序的加工质量入手，达到整体优质的目标

本工程在制作方面，增加了纵缝焊后局部弧度校正机，卷板机配置了液压可调支承架等加工设施，以及采用了为整体组装可同时调整焊缝错牙、间隙的“组装治具”和合理的焊接工艺，使长期存在的钢管圆度、椭圆度、整体平直度等主要质量指标超差问题得到了解决。

（三）钢管安装中采取的方法

1.用配有液压千斤顶的安装台车和激光找正仪配合来调整钢管中心，操作方便、效率高，并减少了量测过程中的误差。

2.采用了带垫板的单面焊坡口，实践证明有以下优点：(1)焊工只需在管内焊接，就可保证工作质量，并改善了工作条件。(2)坡口间隙调整有较大范围，安装中心偏差一般均可用调整间隙得到校正，不必在安装中切割管口，而最后一个管口中心偏差可达到小于2mm的优良结果。

3.在斜井钢管安装中，采用了安装、焊接、探伤、油漆4个大型作业台车，充分利用了斜井的空间，使作业面积拓宽，工作条件改善，施工安全有切实保障，安装工作按顺序进行，一气呵成，加快了施工总进度。

（四）焊接质量管理的主要特点

1.强调开工前必须针对工程具体条件进行焊接工艺试验，并据此制订焊接工艺。本工程焊接规范中对于坡口的设计、焊接参数，均不同于国内常见规范，而以保证焊接接头综合机械性能，尤以优裕的韧性储备为主，借以保证焊接的内在质量。

2.对施工阶段的管理，通过严密的制度和原始记录，对每一焊工、每一焊条的焊接过程进行监督，坚持做好焊接过程中的详细记录，以保证规范的正确执行。

（五）钢管油漆防护涂层

油漆防护涂层是本工程中最有特色的项目，其质量是国内其他工程从未达到过的。其成功的因素有：(1)使用了优质厚膜油漆，一次喷涂厚度可达 200 μm，二次喷涂可达到设计膜厚(400 μm)；(2)在斜井内使用了先进的真空喷砂设备和 21MPa 压力电动喷漆机，使安装环缝区的去锈、油漆质量达到工厂内喷漆的相同质量；(3)检查仪器先进，尤其是 1600V 针孔检查仪，可有效地保证油漆质量。

(六)材料试验

本工程建立了一座小型材料试验室，首次在我国水电系统使用"V"形却贝冲击试验，并使试验技术达到 ASME 规定的标准。

Ⅻ 施　工

木刻：莫测

水电施工技术的新发展

毛 亚 杰

近几年来，我国水电事业有了较大的发展，与此同时，施工技术也有了较大的提高。例如，碾压混凝土、引水隧洞全断面开挖、全断面衬砌等新工艺、新技术，已逐步用于工程施工；我国技术人员创造的断层高压冲洗、高压固结技术已处于世界领先地位。由于推行竞争体制，再加上技术的发展，加快了工程建设速度，提高了复杂地质条件下的建坝能力，促进了水电事业的发展。本文将主要介绍1984～1988年水电施工技术的发展情况，有的地方也联系到1984年以前的情况。

一、围堰工程

在混凝土围堰工艺、材料、施工速度方面有较大的改进和提高。

岩滩水电站采用碾压混凝土围堰，浇筑碾压混凝土29.6万m^3，最高月浇筑15.8万m^3，最高日浇筑8200m^3。堰高50.3m，日升高1.5m，月升高20m，工期3个月。隔河岩水电站上游围堰堰高42.5m，碾压混凝土12.6m^3，60天建成。

沙溪口水电站二期基坑混凝土围堰，常态混凝土层采用设胀缝板做疏导缝，实现了汽车入仓，通仓浇筑。堰高34.4m的围堰22天浇完，平均日升高1.57m。

紧水滩水电站上游拱围堰采用低热微膨胀水泥混凝土浇筑，简化了温控措施，节约了横缝灌浆，加快了施工进度。浇筑块长宽比达到81m∶8.1m，为坝体减少或取消分缝积累了经验。

混凝土围堰的改进措施，都是为了简化施工，以达到加快施工进度的目的。近几年，在这方面的发展，特别是碾压混凝土的应用，为围堰快速施工闯出一条新路。

二、地下工程

在鲁布革水电站引水隧洞施工中应用了外国先进技术；天生桥二级水电站引水隧洞施工引进了掘进机，从而使我国水电地下工程施工水平有了较大的提高。

鲁布革水电站引水系统由日本大成公司中标承包施工，中方负责提供劳务，日方负责施工组织管理。引水隧洞设计开挖断面60.8m^2，采用钻爆法施工，全断面一次光面爆破成型，平均日爆破3.15次，每次爆破进尺3.12m，日进尺9.36m，平均月进尺231m，最高日进尺14.6m，最高独头月进尺373.7m，是我国以前月进尺最高纪录的1.5～2倍。混凝土衬砌施工中采用了针梁式隧洞钢模板，全断面一次浇筑成形，单头月进尺达到150m左右。这些成绩的取得，对我国隧洞施工技术的进步起到了推动作用。水电部第十四工程局承包漫湾水电站的导流隧洞，上半部宽16m、高8～12m，开挖断面135m^2，采用钻爆法施工。由于采用了鲁布革水电站的施工经验，平均月进尺130m、最高月进尺271.3m，月浇筑混凝土1.9万m^3，达到了国际先进水平。

天生桥二级水电站引水隧洞长 11348m，施工中引进了两台美国罗宾斯公司 10.8m 直径的掘进机，这是继引滦工程使用 5.8m 直径国产掘进机以后我国隧洞开挖中使用掘进机的一次跳跃，目前开挖最高月进尺达 245m。

西洱河三级水电站进行了隧洞新奥法施工试验，取得了在地下水丰富、软弱松散地层及多节理破碎岩层中开挖隧洞的经验，掌握了超前排水、爆破、锚喷支护等施工参数，为推广新奥法打下了基础。

三、基础处理

我国灌浆技术正向高压方向发展，已由传统的对基础进行防渗处理，发展到对断层及其它软弱夹层的力学性质进行改善。强夯技术也开始用于基础处理工程。钢筋混凝土抗滑桩和预应力锚索广泛用于边坡稳定处理。

高压固结灌浆处理断层技术首先用于龙羊峡水电站。经水泥高压固结灌浆后，断层带变形模量由 1000～3000MPa 提高到 5000～8000MPa，接近天然岩石基础变形模量，从而缩小了两岸压缩变形，确保坝体安全。上述数值在设计中已被采用。高压固结灌浆后断层抗剪强度也有一定程度的提高，但对其可靠性尚有不同认识，设计计算时亦未考虑，仅作设计安全储备，留待今后探索。铜街子水电站工程对坝基缓倾角层间错动带 C5 采用高压冲洗、置换处理断层软弱破碎带技术，以提高其变形模量和抗剪强度，解决基础压缩变形和坝体抗滑稳定问题。

化学灌浆也由基础防渗发展到改善基础力学性质，化灌材料由丙凝发展到环氧、聚氨脂等高分子材料。龙羊峡水电站对坝前伟晶岩劈理带 G4 在高压水泥灌浆的基础上又用中华 798 化灌材料进行灌浆，夹泥被化灌材料渗透，胶结牢固，可取出完整的岩心，断层的抗拉强度、抗压强度、弹性模量、抗剪强度、抗渗性能均有大幅度的提高。目前正在用聚氨脂材料做进一步灌浆，以便在 G4 被拉裂时，聚氨脂遇水膨胀并保持一定弹性，以提高 G4 的抗渗能力。

基础强力夯实法在葛洲坝和沙溪口水电站用于处理变电站的堆碴基础，方法和技术都比较简单，效果很好。

坝基保护层经一次爆破开挖即达到质量要求和设计高程的新技术，已在江西万安水电站试验成功，并得到应用。

四、混凝土工程

全国水电行业年浇筑混凝土约 300 万 m^3，葛洲坝水电站混凝土浇筑月最高强度 23 万 m^3，年最高强度180万m^3。

在混凝土原材料中，人工骨料技术已经成熟；普遍掺用减水剂、加气剂和粉煤灰。隧洞混凝土施工普遍使用混凝土泵。坝体混凝土施工普遍使用缆式起重机、高架门机、$4\times3m^3$搅拌楼等大型机械。

在混凝土温控措施方面，以葛洲坝和东江水电站为代表的降温法，采用水冷、风冷骨料和加冰水拌和后，夏季搅拌楼混凝土出机口温度可保持在 7～9℃。以白山和龙羊峡水电站为代表的控制内外温差法，冬季时混凝土表面进行保温，以降低内外温差。以大化和安康水电站为代表的降低发热量法，在混凝土中掺用 20%～30% 或更多的粉煤灰，以降低水泥用量，减少混凝土发热量。以上措施均收到了较好的效果。

工程中普遍采用钢模板。闸墩、溢流面等部位使用了滑模、拉模。水电一局掌握了用滑升模板修建 180m 高建筑物的技术。在坝体和隧洞中已开始使用整体式或组合式模板。

在渔子溪二级水电站隧洞施工中试验成功并列法喷射混凝土工艺，使粉尘和回弹大量减少，喷射混凝土水泥用量减少到每立方米 350 ~ 400kg。东北勘测设计院开始研究在喷射混凝土中掺用硅粉的技术，对减少水泥用量、提高混凝土强度有明显效果。

大面积高标号抗冲耐磨混凝土的施工在葛洲坝水电站获得成功。龙羊峡水电站用环氧材料加固高流速区混凝土面层也取得了成功。

碾压混凝土的研究、试验及主体工程上的应用都取得了较大的进展。闽江工程局首先在沙溪口水电站开关站挡墙工程中浇筑 3 万 m^3碾压混凝土。福建省坑口水电站为我国第一座碾压混凝土坝，坝高 56.8m，施工中坝体薄层通仓连续浇筑，月平均升高 10m，每立方米水泥用量 50 ~ 60kg。铜街子水电站拦河坝正在采用碾压混凝土施工。碾压混凝土的大量室内外试验和应用，加深了我国技术人员对碾压混凝土的认识，为推广应用和发展混凝土快速筑坝技术创造了条件。

近几年我国水电施工技术虽然有了一定的发展，但距国际先进水平和资源开发的要求还有很大差距。目前，火力发电面临煤炭价格上涨、运输紧张、污染日趋严重的事实，因此，为解决电力和能源问题，2000 年以前水电势必有一个大的发展，水电施工技术水平应以较快的速度提高。为此必须：(1)采取鼓励使用施工新技术、新型设备的技术政策；(2)发展高土石坝的施工机械；(3)推广碾压混凝土的应用；(4)推广和发展高压灌浆基础处理技术；(5)研究深覆盖层处理技术；(6)推广隧洞及地下洞室新奥法施工技术。这些技术研究和应用将能使我国水电资源开发的某些禁区被突破，进一步促进水电事业的发展。

系统工程在水电工程施工中的应用

葛文辉　　张鸿茂

系统工程是一门新兴的高度综合性的“社会—技术”科学，它在我国水利水电系统施工中的研究应用始于 80 年代。目前，系统工程中的网络计划技术、线性规划和模拟技术等方法都已在施工中得到应用。此外，系统工程的其它方法，如排队论、图论、决策论、非线性规划、整数规划、0- 1 规划、动态规划、可靠性分析，以及模糊数学等也开始引入施工领域。

在系统工程中，网络计划技术是一个最活跃和应用性最强的重要分支。它是利用网络模型来表达计划任务的进度安排及其组成的各项工作之间的相互关系；在此基础上进行网络分析和计算，寻找控制施工计划的关键工作和关键路线，并利用时差不断地改善网络计划，以求得工期、资源和成本的优化方案。同时，在计划执行过程中，通过信息反馈进行监督和控制，保证以最低的消耗，取得最佳的经济效果。在这方面首先获得成功的是引滦工程。该工程通过编制包括潘家口和大黑汀水库有关水电站工程在内的引滦工程总体网络计划，从全局出发，统筹兼顾，科学地组织施工，保证了时间与资源、时间与成本的最佳结合。

1983年初，葛洲坝工程局开始了网络计划技术研究与应用工作。他们按照"分级控制、逐级编制"原则，采用CPM／PERT方法编制了"葛洲坝二期工程施工总进度网络计划"等42项施工网络计划，据此，明确了主攻方向，处理好了各单位的协作关系，调整了资源分配，控制了施工工期和进度。继而，又将搭接网络、决策网络和随机网络(GERT)等方法用于施工网络计划技术应用的内容，使之更具有活力和适应性。葛洲坝工程施工应用网络计划技术3年渡过了三大难关：(1)1984年为葛洲坝二期工程混凝土浇筑高峰年，根据总控制网络计划的要求，当年必须完成175万m^3的混凝土浇筑任务，强度大，任务重。针对这种情况，葛洲坝工程局一分局用网络计划编制了年度计划，抓住网络计划的关键线路，采取有力措施，结果年终完成了54万m^3的任务；全局全年完成了180.12万m^3的浇筑任务，渡过了二期工程第一个高峰年的难关。(2)1985年是葛洲坝二期工程金属结构安装高峰年，2.4万多吨的坝体闸门金属结构要集中在三、四季度完成安装调试。虽然项目、工序间交叉搭接较多，但由于应用搭接网络，科学、合理地安排了各个项目、工序的工期，终于保证了坝体按时投入挡水运行。(3)1986年是葛洲坝二期工程进入发电机组安装投产的第一年，安装部门通过编制网络计划，对机组安装从宏观到微观进行了全过程的控制，终于在当年完成了5台机组安装的任务，机组和容量62.5万kW；之后又创造了国内年安装6台的新水平。网络计划技术还相继在紧水滩、鲁布革、小浪底、二滩、三峡等大型水电枢纽工程，以及许多中、小型水电站工程中得到了愈来愈广泛的应用。同时，在国内一些编标投标工程及国外投标工程中，也开始应用网络计划技术编制施工进度计划。随着网络计划技术的应用，有关电算程序也日臻完善，从而不断地改善网络模型和扩充功能，使其具有水电建设特色，使用更为方便、灵活。具体表现在：(1)由于具备时间控制的功能，从而适应了水电站施工中某些项目有时间限制的要求，具体地解决了网络计划技术在水电工程中应用的关键问题。(2)由于具备多始点、多终点网络计算功能，一次即可计算若干个同类型网络计划，从而适应了水电工程多单位协作施工和有各自目标的要求，实现了多目标管理。(3)具备绘制具有停工作业特点的网络图及其等效横道的功能，不仅解决了水电工程特有的"停工期"处理问题，而且还针对我国水电工程计划管理人员的现状，能将网络图改绘成与其等效的横道图，以满足管理人员的正常需要。(4)具备各种网络计划优化的功能，适应了水电工程资源因素多且相互制约、需要择优的要求。(5)建立了形成网络结构的计算机算法——逐节生长法，具备了自动编制网络计划的功能，因而只要输入网络的逻辑关系，即可自动绘制出双代号网络图，解除了人工绘制的繁重劳动，适应了水电工程项目、工序繁多以及逻辑关系复杂的要求。(6)设置了动态调整的功能。在引进"实际进度前锋线"和实行"分段控制、分段调整"的同时，解除了节点编号的有序约束，给在网络图中增、删工作带来方便，有利于根据反馈信息进行网络的修改和调整，适应了水电工程施工多变的需要。(7)水电工程施工的可行性方案一般不是唯一的，施工过程中常有随机性问题发生，需要预测或决策。为了适应这一要求，"GERT"和循环网络计划技术已开始引入，且程序研制已初获成功，使用效果良好。

实践充分证明，网络计划技术是一种科

水电施工技术装备新发展

顾斯照　　肖燕生

水电施工队伍的技术装备，是进行水电建设的重要物质基础，集中地反映出水电施工机械化的水平。施工装备技术的发展，对加快水电建设速度，降低工程造价，起着重要的保证作用。近10年来，随着改革开放政策的贯彻，水电施工的技术装备在数量和质量上都有较大的发展。其中前4年，通用施工设备的数量和质量发展较快，而后6年，增长速度虽然放缓，但在新机种、新机型的引进、研制和开发方面取得了较大的进展，提高了机械化施工配套水平，适应了水电施工新技术推广应用的需要。1978～1988年水电施工机械水平情况见表。现将各方面的发展情况择要介绍如下。

一、石方开挖设备

在石方开挖工程中，水电施工所用的钻孔设备从手风钻至潜孔钻，虽经几度更新，但都是以压缩空气为动力。1984年以来，陆续进口了一批全液压履带底盘臂式钻机，分别用在鲁布革、沙溪口、天生桥、漫湾、水口等工程，替代或部分替代了工效低、耗能高的潜孔钻机。这批全液压钻机与沿用的低压潜孔钻机相比，有如下优点：

1.钻进效率高。在孔径为90mm左右的中硬岩石钻孔时，纯钻进速度可达1m／min。每钻一个深度为1.5m左右的孔，包括移位、对位、开口、装拆钻杆等全循环时间，只需20min。其综合工效比一般潜孔钻高3倍左右。

2.能耗低。由于液压的能量转换效率大大高于压缩空气，且由于其能量密集度高，钻进面的单位冲击功大，所以液压钻单位进尺的能耗只有潜孔钻的1／3。

3.钻头寿命长。正常条件下使用，液压钻钻头的使用寿命可为一般潜孔钻的3倍。

学的计划管理方法，远远优于横道计划。但同时也应看到，由于水电工程影响因素多，网络计划技术应用于施工组织管理仅是局部性优化处理，尚需系统工程其它方法的紧密配合与联合运用才能达到水电建设整体优化的目的。二滩和三峡工程在编制总体网络计划的基础上，将系统工程其它方法应用于整个施工组织设计之中，并以此作为编标投标的依据，就是在解决上述问题方面获得成功的例子。此外，线性规划应用于紧水滩水电站砂石料场优化和葛洲坝混凝土生产优化；模拟技术应用于葛洲坝混凝土运输优化、坑口水电站碾压混凝土坝施工优化和鲁布革工程施工组织设计等，都取得了成果。

综上所述，系统工程在水电工程施工中的应用是大有可为的。由于我国水电建设任务十分艰巨，管理水平亟待提高，相信随着改革的不断深入，系统工程必将在水电工程中得到更广泛的推广应用，从而为水电建设事业的现代化做出更大的贡献。

水电施工机械装备水平及增长情况表

年度	设备原值(万元)	净值(万元)	总功率(kW)	技术装备率		动力装备率	
				元／职工	元／工人	kW／职工	kW／工人
1978	129426	92016	1213801	5469	6797	7.21	8.96
1979	158815	124883	1402995	6856	7861	7.70	8.83
1980	174557	147936	1592603	7389	9152	7.95	9.85
1981	201096	161133	1669301	7354	9236	7.83	10.17
1982	204698	157736	1865432	6756	8899	8.05	10.51
1983	208327	158289	1901184	6858	9826	8.23	11.8
1984	212612	161875	1930881	6755	10460	8.08	12.49
1985	227707	173143	1922234	7397	11478	8.20	9.33
1986	240508	179877	2137690	7828	11980	9.30	14.24
1987	250755	186954	2153966	8603	12467	9.90	14.34
1988	254391	183482	2237601	8272	12557	10.08	15.31

4.机体小，重量轻，机动性能好，转移方便。

目前，液压钻机的主机、主要配件和钻杆都要依赖进口，价格较贵。1985年天水风动工具厂已经引进了这种钻机的国外技术。随着国产化程度的逐步提高，主机和配件的价格将随之降低，全液压钻机将得到进一步的推广应用。

二、地下硐室开挖

在地下硐室开挖工程中，自1978年开始引进多臂钻车和侧向装载机后，大断面水电地下硐室工程钻爆法施工所用的设备，已经普遍更新。现一般都已采用多臂钻钻孔，及侧向或前端装载机、自卸汽车装运出碴，并已开始使用锚杆台车和喷混凝土三联机进行喷锚支护。至1988年底，水电施工单位共拥有各种多臂钻车43台，施工效率有很大提高。第十二工程局在紧水滩工程导流洞开挖中，采用的还是老一代的风动多臂钻，但最高月进尺达到176m。第十四工程局在鲁布革和漫湾地下工程施工中，全部使用了多臂钻钻孔。漫湾导流洞开挖最高月进尺达到270.9m；鲁布革引水隧洞全断面开挖(由日本大成公司管理，十四局工人施工)，开挖直径8.8m，平均月进尺231m，最高月进尺373.3m，创国内隧洞施工最高纪录。

在全断面掘进机的研制、引进和使用方面，也取得了新的进展。水电系统自行研制的直径3.4m至6.4m的掘进机共6台，其中1台直径5.8m的掘进机在引滦工程中成功地掘进了2700m，最高月进尺213m，取得了很好的经济效益。在天生桥二级水电站工程施工中，引进了2台美国鲁宾斯公司制造的直径10.8m的旧掘进机，至1988年底，其中首先投入使用的1台已累计掘进了3105m，最高月进尺为258m。

三、竖井、斜井施工

在竖井和斜井施工中，渔子溪二级水电站斜井工程采用了爬罐施工技术。该工程由第十工程局施工，采用的是1台阿立玛克STH－SL型风动爬罐，其装置是以风动马达为动力，沿锚固在一侧井壁上的齿轮升降。

升降机上设有运载人员和工具、材料的罐笼，并能在罐笼的工作平台上进行钻孔、装药、撬岩和安设齿轨等各项作业。爆破时，爬罐可下降至下部平洞安全地带；爆破后，岩块自重下落，稍加清理后，爬罐又可载人上爬，利用设在爬罐上的气水管路进行灭尘、散烟。在下部进行出碴的同时进行下一工作循环的作业。这种装置效率高，施工安全。渔子溪二级斜井工程，共长338m，倾角46°，分三段用爬罐先开挖2×2m的导洞后，再扩大至设计开挖断面。钻孔深1.2m，孔数28个，日进尺一般为1.4～2.6m，最高达3.7m，平均月进尺为70m。另外，在鲁布革水电站施工中，也采用了爬罐施工技术。

四、采砂设备

过去开采水下砂石料，一般都采用链斗式采砂船，并配备砂驳、拖轮、趸船等一整套专用船舶，投资高，通用性差，转场困难。第七工程局首先在铜街子水电站施工中采用液压反铲进行水下砂石料采挖，其后第八工程局、第十二工程局相继在东江和紧水滩等工程中采用，均取得了成功。为了提高反铲采挖效率，他们在铲斗下部加钻了排水孔，并采取将挖出的砂石料就地暂存脱水，再用装载机装自卸汽车运至砂石筛分系统。根据这些工程的实践经验，1台铲斗容量为$3m^3$、整机自重为70t级的液压反铲，水下挖深可达7m，但为了提高生产效率，一般以挖深5m左右为宜，小时生产能力为$250m^3$。用液压反铲采运水下砂石料，与链斗式采砂船相比，同等生产能力的设备投资可节省2/3，单位生产成本降低1倍左右。同时，由于液压反铲、装载机和自卸汽车都是水电施工的通用设备，用途广泛，转移方便，不仅可用于工程各个部位和阶段的施工，而且在后续工程上都能方便地转移使用。而采砂船因专用性太强，在工程一结束，往往由于转场困难或后续工程料源不同，长期被积压闲置，还要花费大量的维护保管费用。

五、混凝土生产设备

在混凝土生产设备方面，经过多年来的研究、开发，目前郑州水工机械厂生产的混凝土搅拌楼型号，从$2\times1m^3$、$3\times1m^3$、$2\times1.5m^3$、$3\times1.5m^3$、$2\times3m^3$、$3\times3m^3$直至$4\times3m^3$，已经形成了系列。产品的性能、质量也不断有所提高。其中$1.5m^3$及$3m^3$系列的搅拌楼都能适应“双掺”和预冷混凝土生产的要求。为了满足东风、五强溪等工程采用混合上料、淋水预冷、二次筛分、料仓风冷、加冰搅拌的混凝土生产预冷工艺的要求，杭州机械设计研究所已经设计完成$2\times3m^3$和$4\times3m^3$两种设有楼顶二次筛分装置，料仓配备国产新一代冷风机的搅拌楼和调频式振动给料机，1989年将分别在东风和五强溪工程中投入使用。在冷混凝土生产中，现已普遍采用片冰。日产5t、15t的国产片冰机已能正常供应。日产30t的国产片冰机亦已研制成功，即将进行鉴定。片冰的贮存技术以及片冰库库内设备的研制，也取得了成果，第一座贮量40t的片冰库，已于1988年6月在安康工程中成功地投入运行，铜街子工程的片冰库也于同年开始使用。

六、混凝土的吊、运和振捣设备

1.缆索起重机的使用数量增长很快，机型和性能参数方面也有较大发展。我国水电施工用的缆索起重机的发展，大致可分3个阶段。第一阶段是1958～1979年。这一阶段主要是为新安江、三门峡、刘家峡等工程共配备了8台（其中3台系从民主德国进口），后又转用于龚嘴、乌江渡、白山、东江和紧水滩等工程，其机型都是属于刚性塔架平移或幅射式的四主索或双主索中低速缆索起重机。第二阶段是1979～1983年，为安康和龙羊峡工程订购了6台新机。除1台系从日本进口的外，另5台都是由大连起重机厂设计制造的，其中前3台仍为四主索，而后3台开始采用单主索结构，小车横移速度450～500m／min，吊钩升降速度125～200m／min，达到了中速水平。第三阶段是1983年以后，这是水电施工用缆索起重机发展最快的时期。其特点之一是数量上增长很快，5年内共新增22台，其中用于岩滩工程4台，宝珠寺工程2台，东风工程2台，漫湾工程3台，隔河岩工程4台，五强溪工程4台，水口工程3台。特点之二是，机型和性能参数都有新的发展，上述新增的22台机中，除东风的2台外，全部采用单主索结构，设计跨度500m、650m、750m、850m等，最大的达1000m。在塔型上，有7台采用新研制的无塔式或半无塔式结构，不仅降低了设备自重和造价，便于安装、转运，而且可以较多地减少基础的土建工程量。五强溪工程的2台高层缆机，由于主塔塔高达70m，为便于装拆，系用A字形柔性塔架型式。在起重量方面，由于前后设备的配套关系，大部分仍都采用20t级。但为配合$9m^3$浇筑系统，起重量为30t级的缆索起重机现已到货，将在水口工程中首先采用。在工作速度方面，有18台属于中速系列。而岩滩工程的2台高层缆机，小车横移速度为640m／min，吊钩升降速度为290～335m／min，是目前世界上缆索起重机最高的速度等级，并采用机外无线电遥控操作，可把司机室设在现场最佳位置上，使司机具有最佳的视野，以充分发挥高速缆机的生产效率。第三个特点是，开创了水电系统内自行设计、制造缆机的新局面。近5年新增的22台缆索起重机中，有13台是由杭州机械设计研究所设计、夹江水工机械厂制造的；另外7台使用国际贷款采购，由国外厂商中标，而全部钢构件和部分机械部件亦均由夹江厂分包制造。经过这一阶段的实践，进一步推动了对缆机技术的研究，今后我国水电建设所需要的缆索起重机，不论何种机型，可以完全立足于水电系统内部自行设计和制造。

2.在混凝土的水平运输方面，过去从搅拌楼向缆机取料点供应混凝土，都是采用有轨机车拖运吊罐的办法。缆机在取料时，先要将空罐放稳在另一辆空平板车上，然后人工上去进行摘钩，机车移动一段距离，使挂钩对准重罐，再人工上去挂钩，进行试吊，确认安全后才能正式吊运。这一过程最少要耗费1分多钟。另外，由于混凝土有时在罐内存放时间较长，或由于运输途中振动，造成罐内下部混凝土趋于密实，待吊运至仓面进行卸料时，往往需辅以人工处理，卸料时间较长。近5年内新开工的大型水电站工程，如岩滩、东风、隔河岩、五强溪、水口等，都已采用或决定采用有轨或无轨侧卸式混凝土运输车，从混凝土搅拌楼接受混凝土，直接将混凝土卸入缆机的空罐内；由于取消了摘、挂钩的环节，同时由于经过一次中间转料，吊罐内的混凝土是松散的，至仓面卸料时，就非常通畅，因而大大节省了缆机的辅助作业时间，可使缆机一次循环作业时间缩短1／3左右。

3.液压蓄能式混凝土吊罐已经研制成功，并已投入使用。近年来，水电施工所用的混凝土吊罐，其开门机构除小部分配用的是充气气动式或电磁式的以外，绝大部分是人力手动方式，开门费力费时，直接影响浇筑速度，并且很不安全。1987年葛洲坝工程局机械厂在吸收国外技术经验的基础上，成功地设计制造了$3m^3$和$6m^3$的液压蓄能式混凝土吊罐，于1988年3月通过了部级鉴定，开始批量生产，并在安康、隔河岩等工程中实际使用。该吊罐系利用罐体及罐内混凝土的自重，使左右两侧吊挂油缸上腔的液压油产生高压，作为罐门启闭的动力，无需补充和外接能源，使用十分方便和经济。这种吊罐的研制成功，为水电施工提供了一个很好的换代产品。

4.混凝土平仓振捣机已进入实用阶段。大坝混凝土大仓面浇筑时的平仓和振捣作业，是一项劳动强度很大的工作。由于这一作业过去主要依靠人力操作，效率低，且容易发生漏振、欠振现象，已成为大坝混凝土快速施工和质量控制的重要制约因素之一；同时，随着低坍落度混凝土的推广应用，要求振动器具有更大的激振力，而手持式振动器又受到自重和耐用寿命的限制，技术上很难再进一步加大功率。为此，杭州机械设计研究所与上海水工机械厂联合研制了混凝土平仓振捣机。该机开始采用国产50马力低比压履带拖拉机为底盘，加装专用的混凝土平仓用推刀，前端振捣臂上装有3台液压振捣器，其直径为152mm，工作长度640mm，振动频率每分钟6500～7000次，全振幅3.5mm，激振力2万N。样机于1982年出厂，经在大化和龙羊峡两工地试验，各项技术参数都达到了设计指标，但底盘的工作可靠性和振动器高速油马达的配油盘结构设计上还存在一些问题。经研究改进后的第二批产品，底盘改用了进口40马力级小型低比压拖拉机，改进设计后的高速油马达，通过较长时间的台架试验，证明工作可靠，性能稳定。第二批共制造4台，已于1988年9月出厂，运往铜街子和东风等工程中使用。另外，为了满足工程需用，1983～1985年，还先后从日本进口了一批回转臂式机械振捣机，分别在龙羊峡、东江、紧水滩、沙溪口等工地使用。该机每机可装挂大功率液压振动器3或4台，不设推平装置，只能依靠振动器组就地以振代平，其技术参数与国产的基本相同。

5.用带式输送机运送混凝土。1986年从美国ROTEC公司引进了一套混凝土带式输送布料机。该机主要由3个部分组成：一是混凝土受料、喂料装置，可接受20t级自卸汽车运来的混凝土，并把它喂送给后续的带机上；二是中转带式输送机，长30.5m，带宽610mm，带速最高可达4m／s，最大升角24°；三是1台可插设在管柱上的带式布料机，带宽、带速与中转机相同，臂长19.8m，可以回转、伸缩和俯仰，布料半径为2.4～19.8m，由象鼻管导向下料。该机的主要特点是结构十分轻巧，装拆方便，带速高，输送能力大，头轮清扫刮板采用硬质合金，刮浆十分干净；经第十二工程局在石塘水电站工程中试用，当混凝土坍落度为5～8cm时，没有分离和跑浆现象，入仓能力为150m^3／h以上。

七、振动碾压设备

自行式振动碾压设备，是近5年来水电施工中新增添的一项重要装备。以往在水电工程土石坝施工中，除第五工程局在碧口水电站施工时研制并开始采用了拖式振动碾以外，其它的碾压设备基本上都是静压的和拖式的。随着碾压混凝土和面板堆石坝的发展，为了适应这一需要，从1983年开始，陆续装备了一批自行式振动碾，共23台，其中有适用于碾压干硬性混凝土的双铁轮自行式振动碾，有适用于碾压堆石体的单铁轮自行式振动碾，也有适用于土料碾压的自行式凸块振动碾。目前，国内半数以上大型水电施工企业已经装备了这项设备。同时，为了检测碾压混凝土的密实程度，曾引进了一批密实仪。现杭州机械设计研究所已研制成功一种ND-50表面型微机核子密实仪，并通过了部级鉴定。

大体积混凝土的温度控制和防裂技术

蔡　为　武

一、温度控制措施

我国在大体积混凝土温控方面的学术见解和控制措施意见比较分歧。现有规范和大多数人的观点是按防止基础贯穿裂缝为主，以基础温差控制入仓温度，辅以适当的表面保护措施，即“降温为主，保温为辅”。另一种观点则认为，基础约束固然存在，但约束应力的产生很缓慢，由于徐变作用可削减大部分，并且基岩有裂隙节理在混凝土收缩时能张开，约束能力比均质弹性体低得多，故基础约束应力并不如理论分析的那样大。实践表明，贯穿全坝高的基础约束裂缝极为稀遇，而更严重的则是随高渗压的上游面裂缝和受气温反复变化的下游面和空腹面的深层表面缝，因此提出“保温为主，降温为辅”的措施。目前，这两种观点有所接近:(1)都认为基础温差可以放宽，但无统一的具体数值;(2)对于闸坝、空腹或支墩坝、大型厂房等暴露面多而较薄的准大体积混凝土，并不存在稳定温度场，应考虑超冷的影响，加强表面保护;(3)对入仓温度及混凝土最高温度都认为应有所控制，但具体控制目标和措施还有很大差距;(4)都认为内表温差特别是寒潮和日气温变幅过大是产生裂缝的初始原因，应采取表面保护措施，但有的重视水平缝面和侧面的寒潮来临前的临时保护，有的重视上游面等侧面的长期保护;(5)大体上寒冷地区较重视保温，降温措施较简易，温和地区较重视降温，保温措施正在发展中。

降温措施最严格的是葛洲坝和东江的预冷骨料和加冰，出机温度可达7℃左右;而寒冷地区的龙羊峡拱坝只采取加片冰拌和，严寒地区的太平哨、太平湾、红石等低坝仅采取夏天加冷水，白天停浇等措施。白山拱坝由于保温较严格，实际上仅采用夏季冷水拌和，夏季浇的混凝土最高温度为40～50℃。

保温措施在北方特别重视，桓仁大头坝后期工程、回龙山低坝和白山拱坝上下游面均采用木丝板长期保护;太平哨低坝采用草垫、喷水泥珍珠岩等长期保护，冬季混凝土不拆模，并加矿棉被保温。南方过去仅于寒潮来临前对水平施工缝面和侧面加以临时保护，效果不够好;以后葛洲坝二期工程采用保温被以防止水平施工缝面受太阳辐射升温;紧水滩和东江拱坝后期在上游面模板内衬以聚苯乙烯板，拆模后仍长期保护;有的工程则采用较简易的双层气垫薄膜。

较多的工程在设计中采用一期冷却，但实际由于管路系统不完善，附属通道设施跟不上，很难及时通水，只是在个别工程的个别部位使用。

对坝体廊道、竖井等孔洞的封闭一般均或多或少做到，但对支墩的侧面和电站蜗壳尾管的侧面保温尚重视不够。

二、大坝裂缝情况分析

50年代末60年代初，由于未重视温度控制，较多工程曾出现了一些裂缝，经过补强处理后，一般运行情况良好。此后一些工程仍陆续有不少裂缝，但严重裂缝极少，如太平湾、太平哨、红石等低坝基本没有裂缝。

出现裂缝较严重的是柘溪大头坝。该坝蓄水7年多后发现1号支墩横向劈裂而严重漏水，采取补强措施后继续正常运行；但7年后2号支墩又发生1条横向劈头裂缝，除采取临时补强措施外，1982年曾用混凝土回填坝腔上游侧，但在1983年2月施工中又发现7个坝段的大头出现水平裂缝，经补修后回填完毕，目前正正常运行。根据分析，柘溪水库较小，仅属季调节，库底水温变幅大而不稳定，坝腔气温也多变化，大头和坝体承受的温度应力很大，与一般大头坝设计准则相差很远，故最靠近廊道入口而腔内气温变化最大的1号坝段先裂，2号坝段随后也裂。1983年的水平裂缝则是因回填混凝土使坝腔气温上升，上游冬季水温很低而产生的。乌溪江梯形坝（与下游不封腔的大头坝相似），也因气温和水温影响使大头和墩内表温差过大而产生较多裂缝（目前初步修补完毕）。其它如潘家口、丹江口大坝的下游斜坡顶部发现近于与斜面正交的深层裂缝，桓仁大头坝的坝顶部发现上下游对应的横向深层裂缝，响水薄拱坝发现下游面10多条竖向和斜向与坝肩正交的裂缝，里石门、欧阳海等薄拱坝发现下游面近于水平的裂缝等。这些都和运行期坝体较薄的下游面温度变幅较大有关。

三、今后意见

我国在温度控制理论分析上有较高水平，但受国外影响，只重视坝块中央垂线上的基础约束应力和层间温度应力，忽略上、下游面的温度应力，并且只计算浇筑期温度应力，忽略蓄水期和运行期温度应力。今后应将温度荷载（包括年、月、日变化）作为施工期和运行期应力分析的主要荷载，必要时采用其它措施。

在施工方面虽然按设计配备了大量设施，但初期常不配套，后期运行效果也不理想。今后应在总体系统布置上进一步研究改善其经济合理性和使用可靠度。在施工组织设计中，从总进度、总布置、导流设计、浇筑机械方面考虑温度控制较差，实际施工中由于资金和器材供应限制，更不能满足需要。例如，浇筑多采用门机栈桥，致使相邻块高差悬殊：导流多采用分期围堰使侧面长期暴露，有的甚至汛期过水，使刚浇筑的基础混凝土骤冷而开裂贯穿；浇筑速度过慢，上下层间歇时间过久，是裂缝较多的原因。因此，今后应在施工组织设计和初期的资金与器材供应方面注意改进。

东江水电站大坝混凝土的温控措施

蔡　诚　寿

东江水电站大坝是国内已建的最高双曲混凝土拱坝，坝高157m，底宽35m，厚高比0.223，坝顶中心弧长438m。大坝分29个坝段，横缝间距18.9m，不设纵缝，最大浇筑面积556m^2。拱坝混凝土总量约96万m^3，90天龄期混凝土标号为350号、300号。坝址区年平均气温17.5℃，年平均相对湿度85%，极端最高气温42℃，极端最低气温−10℃。坝址夏季干热多风，春秋季气温骤降频繁。坝基为新鲜完整的花岗岩，基础约束较强。对东江水电站大坝混凝土，按“全年温控”及“全过程温控”的要求从严制订了标准及相应措施，并在施工过程中使之逐步得到完善。

一、温控标准

根据边界库水温和气温条件，各坝段不同高程的准稳定温度为7.5～17℃。

温度控制标准：平整基础强约束区为19℃，弱约束区为22℃。斜坡坝段分别为17℃、20℃，基础层浇筑温度不大于15℃，内外温差为15～20℃，上下层温差为17～20℃。混凝土内部最高温度按不同时段作相应规定，12月至次年2月25～27℃，3月、11月28～30℃，4月、5月、9月、10月31～33℃，6月至8月35℃。

二、温控措施

1.降低水泥水化热温升

(1)使用湘乡水泥厂专为东江工程生产的接近硅酸盐大坝525号的水泥，将7天的水化热控制在280J／g以内，同时用二水石膏作调凝剂，以适应大坝混凝土掺用外加剂的需要。

(2)掺粉煤灰、减水剂、引气剂，可使最高温升降低3.47℃，出现时间推迟15.3h，有利于薄层表面散热。由于掺外加剂，混凝土用水量降低14%左右，加上用粉煤灰代替部分水泥，使水泥用量比原设计减少34～76kg／m^3，混凝土水化热温升降低6℃左右。

(3)尽量采用四级配混凝土。骨料粒径大，相应水泥用量小，从350号大坝混凝土各种级配试验结果来看，每立方米混凝土三级配比四级配多用胶凝材料20kg，其中水泥多用17kg；二级配较四级配多用80kg胶凝材料，其中水泥多用68kg。因此，严格规定了大坝混凝土最大骨料粒径采用150mm的四级配；对局部钢筋密集或结构尺寸较小的部位需改变级配时，要经过一定的批准手续。

(4)采用低流态混凝土。由于仓内使用

小松 D-30 型平仓机和 VBM-4EH 型液压振捣机，仓内坍落度 4cm 就能满足工作性能的要求。在相同水灰比的条件下，坍落度减少可以减少用水量，坍落度在 4 ～ 10cm 范围内变化时，以 7cm 为基准，坍落度每增减 1cm，每立方米混凝土用水量增减 1.3 %，相应水泥用量增减 2.6 %。

2.散发浇筑块热量

为加速散热以降低混凝土内部最高温度，东江工程采取了以下几项措施：

(1)薄层浇筑表面自然散热。根据试验资料，浇筑层厚 1m，混凝土水化热温峰出现在 3 天以内；浇筑层厚 2m，温峰出现在 5 天以内，因此层间间歇按 5 ～ 7 天控制。350 号混凝土绝热温升 30.81 ℃，据坝体内部观测统计，1m 浇筑层混凝土水化热温升为 8 ～ 10 ℃，2m 浇筑层为 12 ～ 15 ℃。这些数据说明，薄层浇筑可降低大坝混凝土的内部温升。

(2)埋设冷却水管。冷却水管一般按 2.0 × 1.5m(垂直×水平)布置，基础部位为 1.0 × 1.5m；每回路冷却水管长度控制在 200m 以内。混凝土浇筑后即开始通冷水，一般通水温度为 10 ℃左右，通水流量为 1.0m^3／h，通水持续时间15天。15天内控制降温辐度不超过 6 ℃，日降温速度不超过 1 ℃，一期通冷水强迫冷却可削减水化热温升 4 ℃。

(3)加速混凝土表面散热。结合混凝土养护，对表面进行洒水或喷雾，高温季节采用仓面高压喷雾隔离太阳辐射热，可使环境温度降低 8.4 ℃。

3.降低浇筑温度

(1)充分利用低温季节多浇混凝土。每年 12 月至翌年 2 月，月平均气温在 8 ℃以下，自然浇筑温度可满足温控要求。夏季尽量避免在白天高温时段浇筑混凝土。

(2)加冰拌和。以冰代替部分用水，每立方米混凝土加冰 10kg 时，可降低出机温度 1.0 ～ 1.2 ℃，一般加冰 50kg，可降温 6 ℃左右。

(3)骨料预冷。东江工程采用的是以“水冷为主，风冷为辅”的预冷工艺系统。骨料经 4 ℃冷水喷淋后，骨料平均温度降至 7.93 ℃，经脱水、输送到拌和楼骨料仓，骨料温度有所回升，再以冷风进行冷却保温，使骨料在进入拌和机前平均保持在 10 ℃以下。

4.表面保温

为了降低混凝土表面温度梯度，防止早期表面裂缝，经反复试验，用装有粒状聚苯乙稀泡沫编织袋缝制的保温被覆盖混凝土，使混凝土温度梯度从裸露表面 7.5 ℃ ／m 降到 0.36 ℃ ／m(实测值)。在平面部位，当外界气温下降至 -3 ℃时，保温被内的混凝土表面温度仍可保持在 8 ～ 10 ℃，内外温差由 28.7 ℃降至 11.7 ℃。在测面部位，当外界气温降至 0 ～ 3 ℃时，保温被内的混凝土表面温度仍可保持在 3 ～ 6 ℃，内外温差由 25.3 ℃降至 17.1 ℃。坝体上下游面用两层气垫薄膜保温，在浇筑混凝土前贴在模板上，拆模后即贴在混凝土表面，起着永久性保温、保湿作用。

通过东江水电站大坝混凝土温控的实践，我们认为：采取以降温为主的温控措施主要是为了防止混凝土后期温度裂缝；以保温、保湿降低混凝土表面温度梯度主要是为防止早期温度裂缝，当然两者也是互为因果的。实践证明，东江水电站大坝混凝土采用“全年温控”及“全过程温控”、“薄层短间歇、均匀上升”的温控措施是正确的。

碾压混凝土围堰的施工

冯　运　鸾

碾压混凝土技术正在我国逐步推开，在围堰工程中也有较多的应用。目前，较大的碾压混凝土围堰工程有广西红水河上的岩滩水电站上、下游围堰和湖北省清江上的隔河岩水电站上游过水围堰。这两项工程都有不同的特点。

一、岩滩水电站上、下游碾压混凝土围堰

岩滩上、下游围堰都是重力式。上游围堰总长341.8m，最大堰高52.3m，相应底宽44.3m，顶宽7m，迎水面为垂直面，背水面为1∶0.5～0.8的台阶形，混凝土总量为184390m^3，其中碾压混凝土171000m^3。下游围堰总长314.58m，最大堰高39.2m，相应底宽23.38m，顶宽7m，迎水面为垂直面，背水面为1∶0.5～0.66的台阶形，混凝土总量为119500m^3，其中碾压混凝土111000m^3。上、下游围堰都设一道伸缩缝，将围堰分为右岸岸坡试验段和河床段两部分。

上游围堰右岸岸坡试验段长63.57m，1987年4月27日至5月27日浇筑完毕，共浇筑混凝土约10000m^3，实现了月上升20.8m的目标。河床段长278.23m，最大浇筑面积5400m^2，碾压混凝土量162677m^3，共施工103天，平均日浇筑强度1700m^3，最大日浇筑强度8189.86m^3，平均日上升0.53m，创造了日上升1.5m、月上升25.3m的国内外先进水平和月浇筑76333m^{3}的好成绩。根据当地的气温条件，浇筑块长260m不分缝，通仓连续浇筑，也是国内罕见的。

下游围堰右岸岸坡段长54.4m，碾压混凝土8500m^3，1987年11月24日至12月30日施工完毕，为河床段大施工提供了不同暴露时间的层面结合性能、层面处理技术、模板型式、配合比、温升等的依据。河床段长260.25m，混凝土量111000m^3，实际施工天数为72天，平均日浇筑强度1500m^3，最大日浇筑强度3800m^3，平均日上升高度0.5m，一般日上升0.9m，最大日上升1.2m。

上、下围堰所采用的配合比均为水泥45kg／m^3、粉煤灰105kg／m^3，碾压混凝土标号R_{28}为100号，三级配人工骨料最大粒径80mm。上游围堰采用国产3×1.5m^{3}和日本4×3m^{3}的拌和楼各一座；下游围堰采用国产4×3m^{3}拌和楼一座。混凝土采用15～20t汽车直接运输入仓，国产推土机平仓，振动碾为西德BW－200及201AD型、国产YZ10P及YZ10B型，周边采用西德BW－75S手扶型，围堰系全断面碾压混凝土，

不设纵、横缝，不做特殊防渗处理。碾压层厚30cm，采用通仓、薄层、连续铺筑的施工方法。迎水面全部采用悬臂式组合钢模板，但都未能克服快速施工所产生的变形。背水面采用混凝土预制模板，效果较好。此外，还研制了两种摊铺机，对消除骨料分离有良好的效果，但因不配套及数量少，在大规模施工时未能使用。施工中现场碾压混凝土Vc值控制在10～15s之间，压实容重保证率在94%以上，达到或超过设计容重2450kg／m^3。

二、隔河岩水电站碾压混凝土过水围堰

由于工程采用隧洞导流、一次断流的导流方案，上游围堰汛期要过水，并且要保证在一个枯水期建成，因此只有采用碾压混凝土施工方案。上游碾压混凝土围堰轴线为三段平缓圆弧，直径分别为150、300、81m，由于拱的作用很小，围堰仍按重力堰计算。堰顶长292.45m，最大堰高39m，堰顶宽4.64m，最大底宽31.6m，迎水面为垂直面，背水面做成1∶0.71台阶状斜坡，溢流台阶每级高0.6m，宽0.43m，距堰顶25m处设有9.2m宽的消力坎，形成面流消能。混凝土总量为13万m^3，其中碾压混凝土约10万m^3。过水按全年20%最大流量10000m^3／s设计，按全年10%最大流量12000m^3／s校核。

上游碾压混凝土过水围堰全断面不设纵、横缝，迎水侧3m宽范围内采用R_{28}=150号二级配碾压混凝土作为防渗层，水泥用量120kg／m^3，粉煤灰120kg／m^3，主要水泥为425号矿渣大坝水泥。其余内部混凝土为三级配R_{28}=150号的碾压混凝土，水泥用量60kg／m^3，粉煤灰95kg／m^3，基础常态混凝土为R_{28}=200号。下游溢流面台阶有抗冲要求的部位用R_{28}=200号常态混凝土保护，厚度为1～2m。为便于碾压混凝土施工，取消了堰内廊道。

碾压混凝土生产采用两座4×3m^3国产郑州拌和楼，混凝土全部用汽车运送入仓，日本D80、D85推土机平仓，用2台西德BW-201AD型振动碾碾压，碾压层厚30cm，碾压6～8遍即可达到设计容重。

上述围堰的实际施工期仅60天，平均日上升0.64m，一般日上升0.9～1.0m，最高日上升1.5m；平均日浇筑强度为2400m^3，一般日浇筑强度为3000～3500m^3，高峰日强度达7940m^3，2月23日～3月23日，月强度达到了10万m^3(包括常态混凝土)。

隔河岩碾压混凝土围堰采用的是天然砂石骨料，由于砂的生产供应不上，又没有堆放脱水时间，砂的含水量很不稳定，影响混凝土质量。按美国柳溪坝的砂石混合料混凝土和大、中石按级配，小石和砂一起干筛两种方法进行比较，经材料成型试验，认为只有采用干筛分级法才能保证混凝土质量，达到设计标号，汛前才能浇到设计高程，保证安全渡汛。

1988年5月到7月初，共过了5次洪水，最大洪水流量达7300m^3／s，上游碾压混凝土过水围堰安然无恙，溢流面台阶和消力坎都没有被冲刷和气蚀现象。围堰挡水后，背水面有些部位有渗水现象，但不会危及围堰安全和增加基坑抽水量。

大化、岩滩水电工程混凝土施工中减少水泥用量的成果

张　治　文

一、简要情况

在水电站混凝土施工中如何降低每立方米混凝土的水泥用量，是减少工程投资，确保工程质量的关键。我们在大化及岩滩水电站初期混凝土施工中，经过一系列试验研究，采用大量掺用粉煤灰和补加剂(简称“双掺”，下同)等多种措施，使初期每立方米厂坝水泥单耗降到167kg。由于水泥用量降低，混凝土基本不再出现裂缝。其中岩滩水电站左岸30万m^3混凝土，R_{90}200号混凝土水泥单耗为107kg／m^3，这在我国水电工程混凝土施工中是比较先进的。其混凝土配合比见表1。

根据抽样检查，混凝土匀质性C_V值、抗渗标号、抗压抗拉强度均达到设计要求。其抽样检查情况见表2。

混凝土钻孔取岩心检查结果见表3(试验龄期为28天)。

二、减少水泥用量的措施

1.选掺需水性小、活性高、品质稳定的粉煤灰。在大化、岩滩工程混凝土施工中，我们选掺了田东电厂由烟囱中经旋风分离器搜集于灰斗中的原状粉煤灰。这种粉煤灰具有减水性、高活性和品质稳定的特点，其烧失量少于3％，尽管大于80μm、偏粗的颗粒含量约占12％～17％，但小于45μm的颗粒含量却达70％，且分散的玻璃体球状颗粒占40％，因此，在保持混凝土最优砂率与坍落度不变时，掺入50％粉煤灰的混凝土加水量不增加。且田东粉煤灰内含多于10％的氧化钙，具有良好的水硬性，28天龄期的混凝土强度达2.55MPa。

2.以超量取代法进行掺粉煤灰混凝土的配合比设计。在以一定的粉煤灰含量取代水泥的同时，多掺以固定为混凝土用砂重量4％的粉煤灰(同时按重量减少4％的混凝土用砂)进行了超量取代的配合比设计。当按等量取代的计算水灰比、平均掺入20％～25％的粉煤灰去取代同量水泥时，超量取代法的混凝土强度在28天龄期与不掺粉煤灰的强度相等，即超量取代后，其强度损失为零。而等量取代的混凝土强度需在90～120天龄期强度损失才为零。

3.合理利用水泥及粉煤灰的后期活性。混凝土中的粉煤灰活性需在28天后才被激发，生成硅铝酸盐凝胶体的晶簇。因此，在考虑满足混凝土早期强度要求的同时，应尽量采用后期强度作为设计强度，一般可以多节约水泥8％～15％。岩滩水电站计有90％以上的混凝土要用60～90天龄期，对节约水泥起了重要的作用。

4.采用“TF”混凝土减水剂和复合外加剂。根据广西盛产蔗糖的特点，在大化水电站施工中，用糖厂废水(即糖蜜酒精糟)研制

表1　岩滩水电站工程混凝土施工配合比

使用部位	设计标号	级配	配合比参数			材料用量(kg/m^3)										和易性指标					
			$^w/_c$	w	s %	525#普硅	田东煤灰	机制砂	碎石(mm) 8～20	20～40	40～80	80～150	水	外加剂 复合剂	TF	坍落度或稠度	β	外观描述 棍度	含砂	粘聚性	析水
挡水坝身内部	$R_{90}=150^{\#}$	砂浆	0.67	240	100	197	161	1575					240	3.58		4～6					
	S2	三级	0.70	117	32	92	75	681	293	439	732		117	3.34		4～6	1.7	中	中	好	无
	保证率 80 %	四级	0.70	105	29	83	67	632	235	391	391	548	105	3.0		4～6	1.65	中	中	好	无
	$C_v=0.2$																				
坝基上游坝面导墙护坦下部	$R_{90}=200^{\#}$	砂浆	0.57	236	100	269	145	1544					236	4.14		4～6					
	S8	三级	0.60	111	30	120	65	640	302	453	755		111	3.7		4～6	1.6	中	中	好	无
	保证率 85 %	四级	0.60	99	27	107	58	590	242	403	406	565	99	3.3		4～6	1.55	中	中	好	无
	$C_v=0.18$																				

表2　混凝土抽样检查情况

(试验龄期 R90 天)

混凝土标号	$R_{90}150^{\#}S_2$	$R_{90}200^{\#}S_8$
组数(n)	41	140
平均强度(R_m(MPa))	27.6	33.8
匀质系数(C_v)	0.133	0.106
保证率(P)	99.96	99.99
组数(n)		7
抗拉强度×(MPa)		2.94
抗渗标号		$\geqslant S_{18}$

表3　钻孔取岩心检查情况

混凝土标号	取样组数	抗压强度(MPa)	抗拉强度(MPa)	抗渗标号
$R_{90}150^{\#}S_2$	1	17.46	1.71	$>S_9$
$R_{90}200^{\#}S_8$	6	24.72	2.188	$>S_9$

成了以羟基酸盐为主要成分的混凝土减水剂(即“TF”)，并以“TF”为基料，针对水工混凝土的特点，相继研究成功代号为“3FG”、“3FG–2”复合减水缓凝引气剂。“TF”和“3FG–2”两种材料的减水率分别达到8 % ～ 12 % 和12 % ～ 17 %。在岩滩左岸一期工程混凝土施工中，又采用“引气降强，以强换塑”的技术措施，即在掺用“TF”减水缓凝剂的同时，掺用松香热聚物加气剂。掺用量为混凝土胶凝材料用量的0.5／10000，含气量3.5 % 左右。试验结果表明，由于加气剂使混凝土中引进了适量的微型气泡，使混凝土和易性得到明显的改善。

5. 合理选择水泥品种，多采用含有80 ～ 150mm 粒径碎石的四级配混凝土，生产优质的细骨料(灰岩人工砂)和粗骨料，也都是混凝土施工中减少水泥用量行之有效的技术措施。

鲁布革水电站堆石坝施工

侯　岷

鲁布革水电站大坝为风化料防渗心墙堆石坝，坝高 103.5m，坝顶长 217.3m。心墙底宽 38.25m，顶宽 5m，上下游边坡均为 1∶0.175。堆石坝上下游边坡均为 1∶1.8，总填筑量为 213 万 m^3。大坝横断面见图。

坝体填筑采用了大中型、效率高及配套合适的机械化施工，上升速度、填筑质量、填方单价及施工人数等方面都达到较好水平。自 1986 年 3 月开始填筑，至 1989 年 6 月完成，实际净填筑时间为 25 个月。此外，以粗粒土－表层残积粘土同下卧风化砂、页岩的混合料作为心墙料，较多地利用工程开挖料作为堆石料，以及以“施工参数控制法”作为填筑质量检查的主要手段等，都是本工程的特点。

一、坝址条件及坝料特性

坝址处河面宽约 40m，两岸坡约 40°，山顶高出河水面 500m 以上，无台地。据此条件，选用了隧洞一次导流、坝料用自卸卡车直接上坝方式。大坝心墙土料原来选用残积红土，但由于坝址处平均雨量达 1474mm，分月平均日照 3.2～6.6h，相对湿度 75％～86％，难以靠气候条件调整粘土含水量，不利于一般粘性土施工，故于 1984 年改为采用坝上游约 4km 处的风化料作为心墙料。经

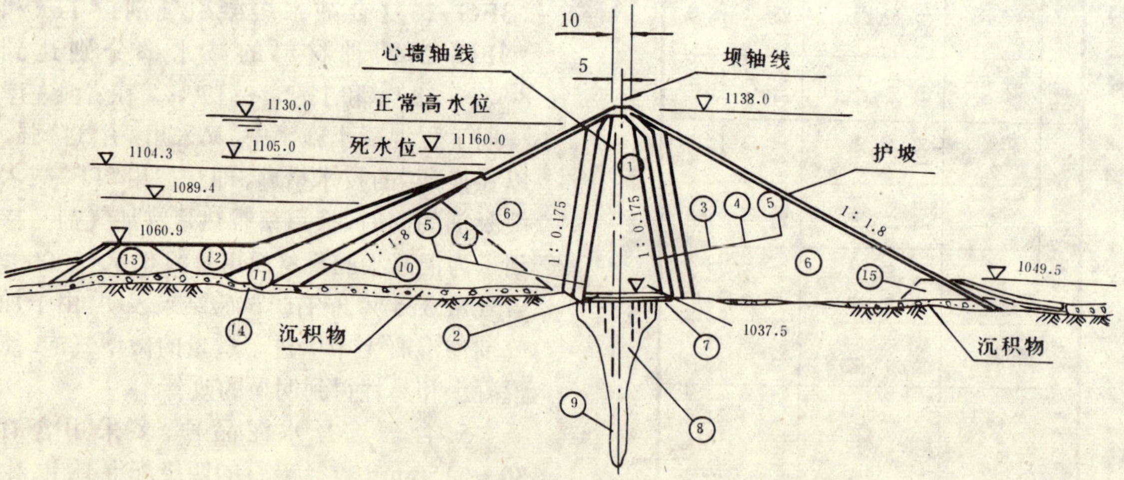

鲁布革大坝横断面图

①－心墙；②－粘土；③－细反滤料，水平宽 5m；④－粗反滤料，上游面水平宽 4m，下游面水平宽 5m；⑤－细堆石料，水平宽 6m；⑥－粗石料；⑦－混凝土垫层；⑧－铺盖灌浆；⑨－帷幕灌浆；⑩－反滤层；⑪－粘土斜墙；⑫－粘土斜墙保护层；⑬－上游围堰；⑭－混凝土垫层；⑮－下游围堰

表1　坝料施工参数及质量指标

坝料种类	铺料厚度(cm)	碾压机械	碾压遍数	>5mm 含量(%)	<0.1mm 含量(%)	含水量(%)	压实标准
心墙料	25	振动凸块碾	8	压前<70 压后<40		wop−1 ~ wop+3	压实度≥0.96
一层反滤料	50	振动平碾	不振动 1 ~ 2	$D_{max}=20mm$	<10		$\gamma_d \geq 1.91t/m^3$
堆石料	80 ~ 100	振动平碾	6	>70	<5	洒水 150L/m^3	$\gamma_d \geq 2.09t/m^3$ n ≤ 25.4 %
心墙与岸坡接触带粘土料	25	轮式装载机汽胎	6 ~ 8	<10		37 ~ 41	$\gamma_d \geq 1.28t/m^3$

过试验,其物理力学及压实性能良好,对不利气候条件适应性强。其物理力学特性为:粘粒含量为23.1 % ~ 45.7 %,碾压后粗粒含量为18.1(3.6 ~ 42.6)%,碾压后粗粒破碎率为10.2 % ~ 58.5 %,塑性指数9 ~ 14,填土含水量31.1(21.7 ~ 37.1)%,最优含水量平均值28.7 %,平均压实度0.976,平均干容重1.54t/m^3,饱和度87.6%~93.1 %。渗透系数:渗流方向与层面垂直时为(0.57 ~ 5.6) × 10^{-6}cm/s;渗流方向与层面平行时为(0.07 ~ 5.88) × 10^{-6} cm/s。渗透试件粗粒含量20.0 % ~ 37.7 %。

心墙下游第一层反滤料主要用人工砂与小石配制,其 D_{15}=0.6mm,干容重=2.07t/m^3。

堆石料的51 %取自工程开挖料,其中大于5mm的颗粒含量占6.5 % ~ 22.3 %,小于0.1mm的颗粒含量占0.5 % ~ 3.1 %,平均干容量2.15t/m^3,平均孔隙率为23.3 %。各种坝料施工参数及质量指标见表1。

二、施工机械及施工水平

全工序、配套合理的施工机械是取得高速、优质、低消耗效果的基本条件。由于填筑总量不大,要求施工强度不高,选用中型容量的设备是合理的。包括土料开采、各种坝料运输、坝面填筑在内,总计主要施工设备49台,总功率14325马力(采石场除供给坝料外还供给混凝土骨料用料,故未计入),直接生产人数310人,平均动力装备系数46.2马力/人。其主要设备见表2。

心墙料施工流程是:人工配合推土机清表土→推土机顺坡采料、集料→挖土机拌匀粗、细料并装车→自卸卡车运至坝面→推土机或平地机铺平→振动凸块碾压实。

各填筑年度坝面上升高度分别为:1986年度4个月57m(临时断面);1987年度5个月48m(临时断面);1988年度39m,1988年11月至1989年2月22m。心墙最大月升高16.8m,最大周升高4.09m,最大日升高0.657m。最高月填筑量106957m^3,最高日填筑8844m^3。

填方成本分别约为:心墙料12.14元,反滤料20.37元,堆石料10.67元,综合填方12.02元。单位填方用工约0.11工日。

三、"施工参数控制法"的质量检查

1.以往填筑质量的控制着重在最终压实

表 2　鲁布革大坝施工主要设备表

设备名称	型　号	台数	用　　途
推土机	D155A-1A	1	心墙料开采、集料
推土机	D85A-18	1	心墙料场辅助作业、备用
挖土机	PC650-1, $4m^3$	1	心墙料拌料、装车
自卸卡车	三菱, 15t	15	心墙料及部分反滤料运输
自卸卡车	小松, 25t	20	运堆石料
自卸卡车	卡特彼勒, 32t	20	运堆石料
推土机	D85A-18	1	铺平心墙料、反滤料
推土机	D155A-1A	2	铺平堆石料
平土机	MG500	1	铺平心墙料，使用不多
自行式振动凸块碾	SDF-84, 15t	2	压实心墙料
自行式振动平碾	BW217D, 17.4t	2	压实堆石料、反滤料
轮式装载机	966D	1	压实心墙接触料、整理坝面
反铲	PC300-3, $1.2m^3$	1	削接头松坡，整理护坡配人工
反铲	PC120-3, $0.5m^3$	1	整理各填料规格线，有时改装为冲击锤破碎超径堆石

指标的检查，对心墙填筑中出现的一些质量现象仅是从表面、静态、微观地加以评价，因而往往提出一些不必要的过高要求，对改善填土质量既无大益，也限制了施工速度。在鲁布革堆石坝施工中，认为施工质量控制重点不应是压实指标的检查，而应当以控制料场取料质量直至碾压遍数所有工序的施工参数为主，如果坝料性质及施工参数都符合规定，就应承认填筑质量为合格。至于通过试验取得的各项检查数据，则作为资料及时整理，通过质量管理图随时监视质量波动，为改善性能指标、施工操作，必要时还对施工参数进行调整提供依据。这种“参数控制法”可以从宏观上保证整体填筑质量达到设计要求，同时简化了生产环节，加快了大坝填筑特别是心墙料填筑的速度。

2. 土料含水量的限制历来较为严格，要求变幅小，有的工程的心墙料成本中调整含水量的费用甚至接近 1／3，而且影响施工速度。鲁布革心墙填土含水量平均值超过最优含水量平均值近 3%，一般变幅达 5%～7%，“过湿”碾压时局部有“弹簧”现象，车辙明显。咨询团认为，这类现象应允许存在，甚至认为，只要运料车辆及碾压机械能正常作业，即使含水量较最优值偏大较多也是允许的。动态地看，施工期局部填土“过湿”及容重不均匀情况将随着时日及上部荷载增加发生水分转移、排出和不同程度的固结而达到相对均匀，因而对运行安全不会造成影响。当然，“过湿”也应有某一限度。

3. 对心墙填土层间结合面是否必须刨毛处理问题，历来也有不同看法。心墙料虽是凸块碾压实，但使用的退铺卸料使下层层面较光滑，通过渗流方向平行或垂直层面的对照渗透试验说明，在填土含水量较高及上下层含水量差异较小的情况下，层面不经刨毛处理仍能较好结合，两种试验的抗渗性及渗透系数相近，结合面不经刨毛处理是可行的。

4.重型车辆在心墙上同一位置行驶较多及填土饱和度高时,填土表面会出现龟裂,咨询团认为,在上部加载后龟裂会自然弥合,无损于填土质量。施工中对严重开裂部分清除,一般情况则只在铺上层土前做适量洒水处理。

5.施工中对下游反滤料及心墙与岸坡的接触带处理质量给予特别重视,尤其是反滤料,因此,上述几点不同于习惯的做法即使可能造成心墙填土的局部缺陷,但只要把住反滤料质量关,坝的运行安全是有保证的。

隧洞开挖技术的新进展

王音辉　葛浩然

在50年代,我国水工隧洞开挖方法一般用手风钻人工钻孔和轻轨斗车出碴,对较大断面的隧洞则采用导洞领先、后扩挖成型的施工程序。这种方法劳动强度高,效率低,一般平均月开挖进展在50m左右。在60年代和70年代,隧洞施工机械有所发展,架钻台车钻孔和短臂挖掘机装自卸汽车出渣得以应用;同时广泛采用光面爆破和预裂爆破等挖掘技术,隧洞开挖平均月进尺可达80～100m左右;然而,由于长期沿袭自营制的施工管理模式,加上设备选型配套又不尽合理,特别忽视投入产出的经济效益,致使隧洞开挖技术发展仍然缓慢。到了80年代,随着液压多臂钻和装载机的广泛应用,隧洞开挖技术有新的发展,鲁布革水电站引水隧洞的开挖和漫湾水电站导流隧洞的施工就是这一新进展的主要标志。现分别介绍如下。

一、鲁布革引水隧洞开挖

鲁布革引水隧洞开挖直径为φ8.8m,全长9354.8m,贯穿抗压强度为80～100MPa的厚层白云岩中。施工中设置了3条施工支洞,开挖施工期总计23个月,单面平均月进尺为222.5m,平均径向超挖16.1cm。开挖中,多次创单面月进尺的高纪录,其中1985年6月为271.9m,1985年8月为281m,1985年10月为357.5m,1986年8月达373.7m,使隧洞机械化快速掘进达到了一个新的水平。其主要开挖技术为:

1.采用圆形断面开挖、一次钻爆成型底拱留碴的办法,以利出碴运输。路况为汽车时速15km,最高约40km。这种圆形断面开挖与过去先挖成马蹄形断面,然后再用混凝土回填的方法相比,可减少石方开挖量和混凝土回填量;比分层开挖法则减少工序。

2.采用"短进尺、多循环"的办法,全断面布孔139个,钻孔深度3.3m,平均每循环进尺3.12m,最高日循环次数为6次。

3.采用激光测量,全串联爆破网路及电动全液压凿岩台车钻孔,以利于简化各道工序和实现隧洞开挖的高速度。

* 本文原为王音辉、葛浩然两同志分开写的,由曹国权同志综合整理为一篇。

4.对施工设备认真选型，合理配套，一机多用：用反向铲撬石、清底和处理欠挖；用钻孔设备登高装药和联线；用 $3m^3$ 轮胎装载机配 11t 自卸汽车装碴运输；用螺旋式鼓风筒抽烟通风；用机械式转向盘解决汽车在长隧洞中的转向问题等，从而构成了隧洞全断面快速施工的完整机械群。

5.采用低电阻、小误差的电雷管，以及早强水泥锚杆、钢箍卡式供水管路等新材料。

6.采用混合工种的劳动组合形式，严格控制作业人数，坚持规格化、制度化的均衡生产。每天三班，每个工作面按 62 人安排组合。

二、漫湾导流隧洞施工

漫湾导流隧洞成洞断面为 15 × 18m（宽×高），开挖断面为 16 × 19m，最大开挖断面为 19.82 × 22.79m。分上、下两层开挖，上层开挖高度 8m，用两台 TH480 四臂液压凿岩台车钻眼，平行直眼掏槽，周边光面爆破，非电毫秒雷管引爆，爆破效率达 80％～90％，爆破方量在 $550m^3$ 以上。平均一次循环时间为 16h。上、下游两个工作面同时开挖。一号导流洞平均月进尺为 237.3m，最高月进尺 270.9m。下部扩挖断面宽 16m，高 11m，为矩形。边墙先用手风钻预裂 4m 深，然后用 ROC712 液压钻车垂直造孔爆破，最后用四臂液压台车修理规格。垂直爆破孔每次爆破 3～9 排，每排 8 孔，一次爆破药量达 600～2500kg。每次爆破方量为 700～$3000m^3$。平均月进尺171.3m，月平均开挖强度达 3.0 万 m^3；最高月进尺259m，最高月开挖强度达 4.4 万 m^3。均用WA600型 $5.4m^3$ 装载机配15t三菱自卸车与HD20t小松自卸车出碴。

关于混凝土衬砌，均采用钢模板。混凝土由 $6m^3$ 搅拌车水平输送经IHI型混凝土泵车入仓。顶拱平均月浇筑 157.76m，最高月浇筑 176.98m；边墙平均月浇筑 187.18m，最高月浇筑 220.5m，强度最高月浇筑达 1.77 万 m^3。关于混凝土质量，经现场取样 300 余组实测，强度均满足设计要求：试块强度离差系数为 0.077～0.134，强度保证率达 84％～87％。泵送混凝土材料配比与实测强度如表。

漫湾导流隧洞衬砌混凝土材料配比情况表

水泥品种	外加剂	水灰比	坍落度	每立方米混凝土材料用量(kg)				
				水泥	砂	小石	中石	强度 R_{28} (MPa)
昆矿/普 525#	木钙/建 I 各 0.02％	0.46	12.45	330	746	448	671	31.3～34.7
昆矿/普 525#	木钙/建 I 各 0.02％	0.55	14.4	282	760	456	683	24.3～28.6
昆普 525#	木钙/建 I 各 0.02％	0.62	15.0	250	771	462	690	19.3～21.0
昆普 525#	木钙/建 I 各 0.02％	0.68	16.0	228	780	468	698	16.5～18.2

注："昆矿"、"昆普"系指昆明水泥厂生产的矿渣水泥和普通水泥。

全断面岩石掘进机技术新发展

阮　强

一、国产直径 5.8m 掘进机的应用

我国全断面岩石掘进机技术从 80 年代初开始由工业性试验转入实用阶段。1981 年，上海水工机械厂在认真总结以前几台掘进机试验的基础上，结合赴美考察成果，将直径 5.8m 的掘进机进行了比较彻底的改装。改装后的掘进机的性能与参数如下：

掘进机掘进直径	5.8m
适应岩石的抗压强度	30 ～ 150MPa
最小转弯半径	150m
总功率	685kW
总推进力	额定 7100kN，最大 9000kN
总支承力	11900kN × 2
刀具	中心刀(双刀盘形滚子)2 把，正刀 34 把，边刀 10 把
外形尺寸	5.8 × 16.86m
全机重量	190t

经改装后的 SJ–58A 掘进机曾在河北丰润县引滦工程中新王庄引水隧洞工地进行工业性试验。该隧洞地层是白云质灰岩，含燧石结核及条带，构造简单，无断层，倾角 20°，坚固系数 f=5 ～ 6，抗压强度为 80 ～ 160MPa。在地下水位以上，排水良好，掘进机从 1981 年 11 月 25 日开始接触掌子面，到 1983 年 3 月 15 日隧洞贯通，历时 477 天，其中因掘进机 3 只刀盘大齿圈损坏停机 127 天。洞长 1444.5m，平均月进尺 92.15m，有效作业率 12％，总消耗刀圈 365 只，刀圈平均寿命 190m／套，耗刀率 0.25 把／m。在完成新王庄引水隧洞后，对该机就地进行修理和调整，然后搬到古人庄引水隧洞工地，开始进行国家重点科技项目“掘进机施工应用技术”的课题研究。

古人庄隧洞长 1302m，地质情况比较复杂，岩层倾角 23°，由泥质页岩、沙质页岩、砂砾岩、石灰岩、石英砂岩组成。其中石灰岩的抗压强度 35 ～ 120MPa；石英砂岩的抗压强度为 150 ～ 200MPa，石英含量 69％，非常坚固完整，抗磨蚀性极强。

施工中遇到塌方 4 次、大溶洞 2 处，溶洞充填物是过饱和黄土和石块，给施工带来了困难。此外，在离上游洞口 55m 处有一条泥石相间的错动带，掘进机无法进行水平支撑，后改用钻爆法施工。

从 1983 年 8 月 25 日开始掘进，至 1983 年 11 月 25 日共掘进 478m(月平均 159.3m)，掘进机利用率达到 30.9％，创造了班进尺 9.03m、日进尺 21.35m、月进尺 213m 的好成绩。同年 11 月 25 日后遇到了 490m 长的石英砂岩，其抗压强度为 200MPa，超过了掘进机和刀具的适应范围，以致掘进机效率大幅度下降，月平均进尺 50m，刀具严重磨损，掘进 1m 耗刀 3 把。至 1984 年 9 月 9 日完成古人庄隧洞，共掘进

1247m，总历时379天，月总平均掘进99.75m（包括强度试验停机10天），总平均掘进机利用率为20.7%，共消耗刀具699把，刀圈平均寿命85.6m/套，耗刀率0.56把/m。

承担古人庄隧洞掘进机施工攻关科题单位之一的东北工学院，对滚刀破岩机理研究提出了新的见解，认为岩石在滚刀作用下的破坏是以拉力为主的，是裂纹扩展的结果。这一观点对改进刀型设计有着直接的影响，由此建立了滚刀间距载荷的计算公式，引起了国内有关学术界的重视。

二、美国罗宾斯直径10.8m掘进机的引进

天生桥二级水电站采用美国罗宾斯公司生产的两台直径10.8m的旧掘进机，1985年4月26日正式投产使用，第二台于1988年7月2日试运行，通过使用逐步消化改进，制造了第二台直径10.8m掘进机的出碴平台、第2台翻车机、25立方码矿车，并逐步投入了试用；同时，滚刀的试验和研究也有进展。

通过与罗宾斯公司在天生桥工地进行大刀盘轴承安装（外径4.267m，重11.2t），进一步了解到：罗宾斯公司对刀盘大轴承安装间隙控制得非常小，是以测定刀盘扭矩大小来确定是否合格的。根据直径10.8m掘进机的规定扭矩为2100～6300磅/英尺。经反算大轴承间隙很小（接近于零），而轴承间隙越小，径向跳动度越小，刀具寿命就越长。据此，曾将国产直径5.8m掘进机刀圈尺寸进行修改，然后装在10.8m掘进机上使用，结果刀圈寿命有所提高，证明大刀盘间隙的大小对滚刀寿命是一个至关重要的因素。上述分析和试验为今后发展国产掘进机提供了重要的技术资料。

三、掘进机施工法与钻爆法施工的比较

实践进一步证明，与钻爆法施工相比，掘进机施工的优点是：(1)适用于长隧洞施工，经济长度是隧洞直径的600倍，越长越经济；而钻爆法施工，单头掘进不能超过3km，否则通风散烟困难。(2)成洞造价低，因掘进机破岩对洞壁的扰动很小，能充分利用围岩承载能力，降低一、二期支护费用，而且又无超挖欠挖，对完整岩石不用进行混凝土衬砌。以新王庄为例，原按钻爆法计算成洞造价为6921.33元/m，而采用掘进机实际为4335.82元/m，节省费用37.36%。单就石方开挖单价而言，则掘进机比钻爆法高57%～66%。(3)掘进机施工所需劳动力少，按天生桥的资料，一个工班只要14人，比大成公司钻爆法施工少一半多。(4)掘进速度快，按天生桥资料，在相同地质条件下，单头掘进平均月进尺掘进机比钻爆法高出1倍。(5)安全性好。从1980年至今在掘进机施工中从未发生过人身伤亡事故。(6)掘进机施工处理溶洞比钻爆法快。根据天生桥施工经验，从1984年4月至1987年6月共遇到大中溶洞15处，总长169.9m（小溶洞未计），洞内充填物都是过饱和黄土和石块。处理第一个溶洞时没有经验，花掉6个月时间，以后缩短到2个月、1个月、两周，小溶洞一天就可以通过。而钻爆法在天生桥遇到大溶洞时，处理时间都在6～11个月。

掘进机施工的缺点有：(1)掘进机除主机外，还包括后配套设备，价格昂贵，影响开挖成本。(2)开挖断面尺寸和形状不能变动，适应性很差。(3)掘进机本身笨重，单件重量和外形尺寸都超过正常规定极限，运输困难，安装工作量大，准备工作时间长。(4)掘进机转弯半径大（一般超过150m）。(5)能源消耗

喷射混凝土新工艺及其应用

姚　其　裕

一、概　述

水泥裹砂法、双裹并列法和潮料掺浆法喷射混凝土施工工艺，是我国近几年研究和发展起来的一项新技术，与传统的干喷工艺或潮喷工艺相比较，具有明显的降尘、减弹效果，以及生产效率高、施工质量稳定、节约原材料和经济效益显著等优点。

水泥裹砂法是将干混合料与经过“造壳”处理后调制的水泥裹砂砂浆，按配比经干、湿两条线路输送至混合管处混合均匀后，风送至喷头并射向作业面，流程如图1所示。

所谓水泥裹砂砂浆，就是将配制混凝土的部分砂料 S_1（一般约为S的一半）投入裹砂机（亦可用强制式拌和机或搅拌运输车），与适量的水 W_1（一般控制 $W_1/C_1=0.2\sim0.3$）拌匀，然后投入水泥 C_1（$C_1=0.9C$）搅拌，使砂粒表面包裹上一层低水灰比的水泥浆壳（这个过程称造壳），再加入拌和用水 W_2、掺合料T和减水剂Ad拌制而成。这种砂浆具有不离析、泌水性小、和易性好、便于泵送等特点，用它调制成的混凝土具有较高的强度。

双裹并列法也是由两条线路输送喷射料物，但在“干混合料”线路上输送的是经“造壳”（水灰比为0.2～0.25）处理过的“潮混合料”，而在“湿混合料”线路上输送的则是经过“裹石”和“裹砂”处理后的高流态双裹混凝土，其工艺流程见图2。

实施双裹并列工艺，要选好材料配比，搞好分料比例设计，配制性能良好的“双裹混凝

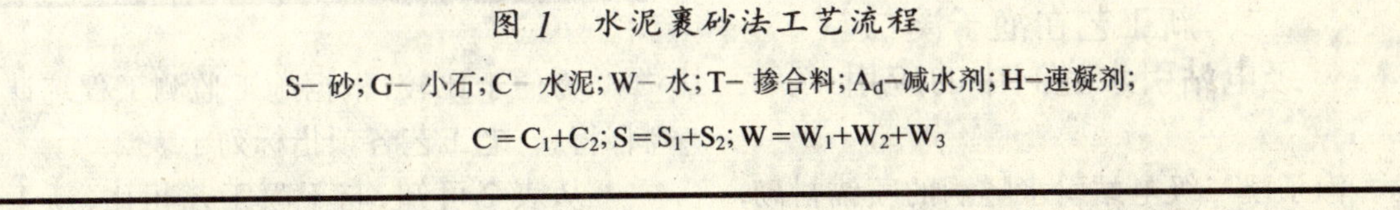

图1　水泥裹砂法工艺流程

S—砂；G—小石；C—水泥；W—水；T—掺合料；A_d—减水剂；H—速凝剂；

$C=C_1+C_2$；$S=S_1+S_2$；$W=W_1+W_2+W_3$

大。为克服这些缺点，国外制造公司已研究出新的掘进机。今后我国长隧洞施工，在地质情况不十分清楚时，适合发展小型掘进机，其施工优点是：(1)遇到溶洞、断层等恶劣地质条件时，容易处理。(2)贯通后再扩大，便于解决通风散烟和改善劳动条件问题。(3)国内制造小型掘进机的技术问题比钻爆法施工中所需液压钻机和钻杆容易过关。

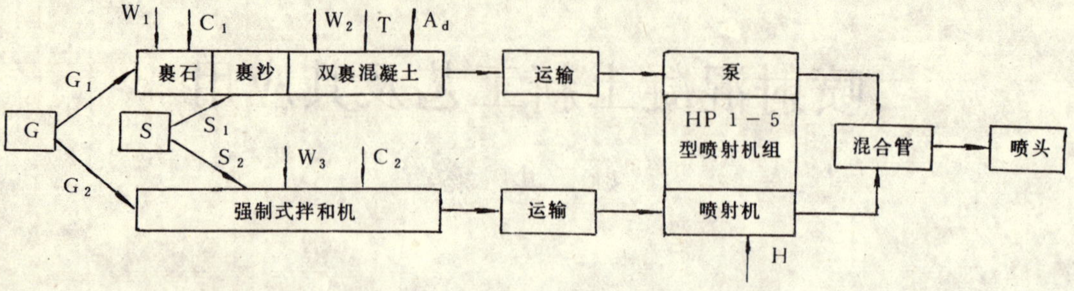

图 2　双裹并列法工艺流程

(图中符号同图 1)

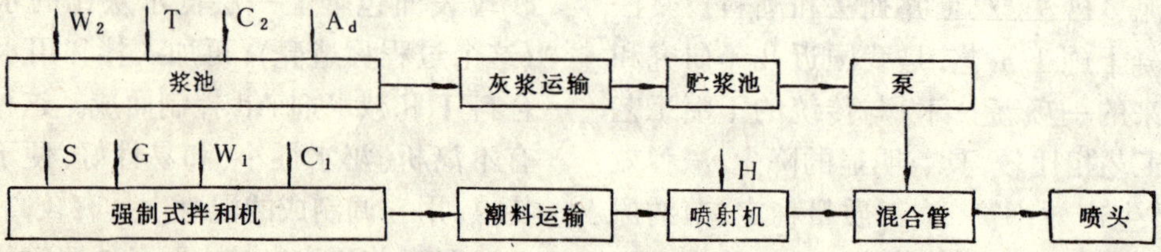

图 3　潮料掺浆法工艺流程

(图中符号同图 1)

土”和“双裹混合料”，并要搞好两条线路的料物匹配，以使其混合后符合设计配比。

潮料掺浆法是在总结潮法和水泥裹砂法实践经验的基础上发展而成的，喷射料物也是由两条线路输送，其中一条路线是全部砂石料通过强制式拌和机“造壳”的潮料($W_1/C_1=0.2\sim0.25$)，用喷射机输送；另一条线路是由离心式水泵输送高水灰比的水泥浆，其工艺流程如图 3 所示。

二、新工艺在渔子溪二级电站引水隧洞中的应用

渔子溪二级电站引水隧洞的喷锚衬砌，设计要求混凝土标号为 200 号，最小喷层厚度为 5～15cm，最大起伏差 20～25cm。在采用干喷法施工时，粉尘大，回弹多，水泥耗量大，施工质量很不稳定。1984 年 7 月开始采用新工艺后，所喷混凝土表面平整，有较好的物理力学性能(见表 1)，实测平均起伏差 5.14cm，平均最大起伏差 15.28cm，经质检部门评定，质量优良率为 77.65％。

表 1　喷射混凝土强度特征值比较

喷射工艺	试件组数	设计标号	$\bar{R}_{28}$ (MPa)	C_v	保证率 (%)
干喷	134	200	21.1	0.325	56.41
新工艺	261	200	28.6	0.154	88.4

为便于比较，根据施工监测工程统计资料，将新、老工艺各项指标列于表 2。

从表 2 可知，与干喷工艺相比，新工艺降尘 94.92％，减弹 56.6％，提高工效 80.92％，节省胶结材料 32.3％，降低成本 16.55％。

自凝灰浆和固化灰浆防渗墙

高　钟　璞

在我国水利水电工程中修建的防渗墙大多是混凝土防渗墙。为此，在“六五”期间，就开展了防渗墙墙体新材料——固化灰浆的试验研究，它是在自凝灰浆的基础上发展起来的。所谓“自凝灰浆”是在防渗墙造孔过程中向固壁泥浆里加入水泥等固化材料及各种外加剂，待造孔完毕后槽孔中的泥浆即自行凝结成墙。而“固化灰浆”则是在单元墙段造孔完毕形成槽孔后再向槽孔中加入水泥等固化材料，砂、粉煤灰等掺合料，水玻璃等速凝剂，以及其它各种外加剂以固化成墙。

深圳大亚湾核电站的厂区一面临海，三面环山。为了保证“核岛”(核反应堆)结构开挖(负挖深度约12m)能采用干法施工，按照设计在围海填筑而成的厂区临海一侧建造了一道厚80cm、长约1004m、平均深度约13m(最大深度为17.5m)的自凝灰浆防渗墙。该墙体的28天抗压强度不低于0.2MPa，渗透系数为10^{-8}cm/s。

自凝灰浆常用的配比是：每立方米固化体需水泥200～300kg，水850kg左右，膨润土30～60kg，也有加掺合料(如砂、粉煤灰、石粉等)者，缓凝剂一般采用木质素磺酸钙。自凝灰浆凝固后无侧限抗压强度0.2～0.4MPa，变形模量40～300MPa，与坝基或坝体砂砾石的变形模量值相近。故自凝灰浆防渗墙体能适应墙后土体的变形，而墙体本身又不易开裂。墙体允许渗透比降大于300，渗透系数为10^{-5}～10^{-7}cm/s。

水电部基础处理公司在进行大量室内配方试验和工艺试验的基础上，于1984年底和1985年初在铜街子水电站左深槽承重混凝土墙的上部槽孔进行了现场施工试验。两次试验所用的槽孔长度分别为7.5m和6.0m，深度分别为15.7m和13m，总计固化灰浆体241m^3。两次试验均获成功。对

表2　各项指标比较

喷射工艺	平均回弹率(%)	小于5μm粉尘含量(mg/m^3)	综合工效(m^3/工日)	喷敷混凝土胶结材料用量(kg/m^3)	喷混凝土经济指标(元/m^3)	备　注
干　喷	24.1	81.5	0.152	622.5	222.2	
新工艺	10.46	4.14	0.275	417.25	185.4	每立方米喷混凝土降低成本36.78元

墙体取样试验结果表明，当每立方米墙体水泥用量为 180 ~ 200kg 时，抗压强度的平均值为 0.94MPa，最大值为 1.45MPa，渗透系数的平均值为 3.4×10^{-8}cm/s，最小值为 7.0×10^{-8}cm/s；弹性模量的平均值为 26.10MPa，最大值为 62.30MPa，最小值为 1.70MPa。

1985 年 7 ~ 10 月，铜街子水电站工程在纵向 DE 段，桩号 0+ 88.199m ~ 0+ 981.38m（总长度为 99.4m）的围堰防渗墙段内首次使用了固化灰浆材料。该墙厚 0.8m，平均深度 18.5m，总截水面积 1839m^2，成墙体积 2250m^3。

1986 年 11 月至 1987 年 3 月又在铜街子下游围堰防渗墙中再次应用固化灰浆墙体材料。该墙厚 0.8m，长 200m，最大深度 25m，成墙面积 5000m^2，承受的最大水头为 30m。该墙已经历 1987 年和 1988 年两次洪水的考验，渗入基坑内的水量甚少，证明防渗性能良好。

尽管固化灰浆防渗墙的强度仅有 0.2 ~ 1.0MPa，但在承受水头不大于 50m 的情况下，证明是安全的。对铜街子下游围堰固化灰浆防渗墙进行的有限元分析计算结果表明，最大竖向压应力出现在堰体部分墙体的下部，与堰体最大应力部位相近，其值为 0.337MPa，经两次水位变化后，在墙顶部出现的最大拉应力为 0.0019MPa。

目前，我国的固化灰浆防渗墙施工一般采用原位气拌法，即在已成的槽孔中，边向槽孔泥浆中加掺合料边用压缩空气对混合料进行气拌。其施工程序为：造孔成槽→清孔换浆→下设风管→气拌泥浆→加水玻璃→继续气拌→加水泥砂浆→继续气拌→起出风管→结束。除造孔成槽外，整个施工过程需 3.5 ~ 4.0 h，施工结束后 3 ~ 6 h 初凝，16 ~ 24 h 可终凝。

影响固化灰浆性质的因素是水泥和水玻璃的品种与掺量、外加剂的掺量、膨润土或粘土的质量与掺量、单位用水量，以及风管的布置、风压的大小和压气搅拌时间等。一般通过现场试拌确定配合比及施工工艺。泥浆固化后不发生固化物的沉降和不发生泌水，是至关重要的；而要做到这一点，水玻璃的掺量是关键因素。经试验证明，当水玻璃的掺量达到膨润土（或粘土）颗粒外自由水的 15 % 以上时，都可使泥浆固化后的体积基本不变。水玻璃掺量多时，固化物初期与长期的抗压强度均较高，而在短期内水玻璃对泥浆固化物强度的影响较大，在半年之内水玻璃对强度的影响依然存在。水泥的掺量对固化物的强度影响最大，掺量越多强度越高。使用矿渣水泥比用普通硅酸盐水泥强度更高。

自凝灰浆和固化灰浆防渗墙与混凝土防渗墙相比，每立方米可节约水泥 150kg，粗细骨料 1m^3，故材料费可节约40%左右。由于工艺较简单，施工速度也较快，又由于槽孔中的泥浆能均匀固化，墙段间没有接缝夹泥，墙底没有淤积带，因而墙体质量均匀，不存在引起集中渗漏的通道或薄弱部位。此外，由于墙体强度不高，在接头孔施工时可大大提高工效、节约工时。对于临时围堰中的防渗墙还有便于拆除的优点。

龙羊峡水电站不良地基的化学灌浆

柳载舟　吴崇博

龙羊峡水电站坝基地质条件相当复杂，在帷幕线上有G4、F120、A2、F7、F18、F73、F71等断裂，大都夹有泥化物。由于仅进行高压水泥灌浆尚达不到要求，故在大部分断裂上又设计有化学灌浆。对一般断裂再做一排丙稀酰胺类化灌，将防渗标准从0.01L/min·m·m提高到0.001L/min·m·m，以免产生管涌导致帷幕破坏。而最突出的是对G4伟晶岩劈理带的设计：在该劈理带上做三排高压水泥灌浆后，居中又做一排呋喃环氧，幕前再做两排LW水溶性聚氨酯灌浆，以提高断裂的抗拉、抗剪和适应变形的能力。其坝址区主要断裂示意见图。

G4位于左岸上游，最近处距坝面仅3～5m，倾角84°，宽约10余米，劈理间距以mm计，劈理面内夹岩屑岩粉，沿陡倾角裂隙发育有3～5cm厚的夹泥，对挖取的试样轻击，即沿劈理面散碎，钻孔取不出岩心。据地

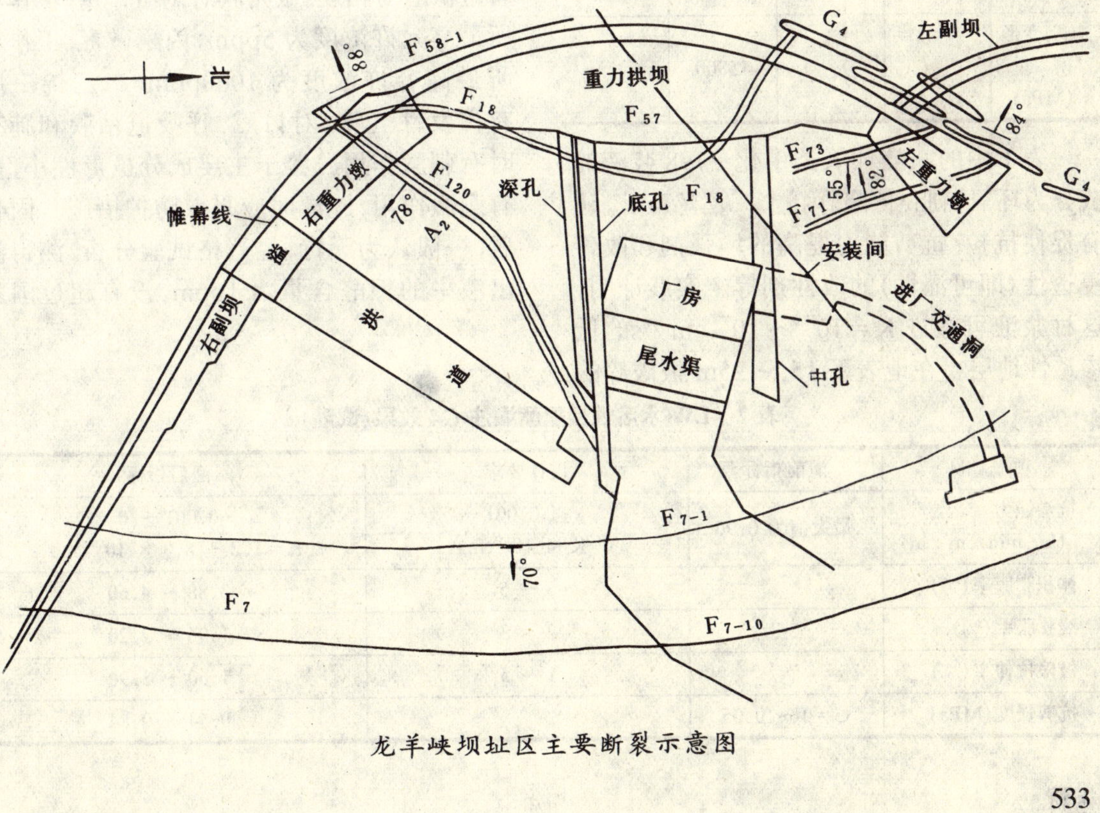

龙羊峡坝址区主要断裂示意图

质力学模型试验和电算成果，蓄水后有开裂、产生集中渗漏、导致断裂带力学性能降低和坝肩岩体渗压提高的趋势。经方案比较，首次采用组合式化灌加强帷幕，避免了大量的地下开挖和浇筑等繁琐的施工程序，缩短了工期，节省了投资，满足了蓄水的进度要求。

为了实施这项新设计，做了大量的试验。现将 G4 的组合灌浆试验资料列如表 1。

表 1 中化 −798 灌注 G4 效果(试灌)

项 目	灌前指标	设计要求	灌后指标	备 注
抗压变形模量(MPa)	900	5000	10000	
抗拉强度(MPa)		>1.5	4.5	
抗剪强度(MPa)	C=0～0.05	>2.0	C=6.7	C=6.7 已是弱面值
抗渗能力(L/min·m·m)	0.058	<0.001	0.000086	高压水泥灌后测值
抗剪变形模量(MPa)			15800	

表 1 中的呋喃环氧类中化 −798 浆液的成分为环氧树脂、糠醛、丙酮、二乙烯三胺，还有促使抗拉、抗剪能力提高的增强剂和改善浸透性(即可灌性)的改性剂等。实践证明，这种浆液可灌进 $K=10^{-6}\sim10^{-8}$cm/s的低渗透性地层。在地表下 15～25m 极破碎的 G4 中试灌时，灌进 1069kg/m 的水泥干灰后，再灌注中化 −798 浆液 17L/m^3，待凝 1 个月，能取出连续性和完整性很好的岩心，取心率在 98% 以上，连粘土也被固结成岩石一样。经电子显微镜观测，0.001mm 极细微缝隙中也有真液充填。在 G4 中共设计 4000 余米呋喃环氧灌浆，水泥灌浆灌压为 7MPa，化灌灌压为 2.5～3.0MPa，段长 5～7m，孔距 1.25m，一般用 25～36h 的时间灌完一段，灌入的浆液为 15～20L/m^3。据取样检测，其变形模量为 7500～16500 MPa；抗拉干湿强度为 7.8 和 5.7MPa；抗剪干湿强度为 11.6 和 9.1MPa，均已满足设计要求。关于中化 −798 的耐老化性能和对环境的影响，中科院鉴定结论是：“由于浆液渗入地层，不受光照，温差小，不存在光、热的老化作用，氧的影响也很小，故其不存在老化问题”。“环氧树脂本身在室温下对人体没有毒害。糠醛对粘膜、眼角膜有刺激作用，工作场所最高允许浓度为 5ppm；丙酮微毒，工作场所最高容许浓度为 1000ppm；二乙烯三胺有挥发性气味，对口腔、呼吸道粘膜和肺有时有刺激作用。鉴于主要成分虽毒性小，但有刺激作用，施灌时应采取防护措施。固化后，一般认为无毒，经严格试验分析，测得浸出液中的糠醛含量为 1ppm，没有超过国家

表 2 LW 水溶性聚氨酯灌注 G4 效果(试灌)

项 目	灌前指标	设计要求	灌后指标
抗渗能力(L/min·m·m)	最大值为 0.96	<0.001 或 $K<10^{-6}$cm/s	0.001～0 $K=1.2\sim8.9\times10^{-8}$cm/s
体积膨胀率(%)		3～5	3.88～4.60
线膨胀率(%)		2～3	1.96～2.20
极限拉伸率(‰)		1～5	1.60～3.90
抗剪强度(MPa)	C=0～0.05		0.54～0.84

高压冲洗置换处理断层软弱破碎带技术

王　志　仁

有一些水电站坝址的地质条件虽较好，但也难免存在一些缺陷，如断层及其破碎带、软弱夹层、糜棱岩或蚀变现象等。其规模虽不大，但若不进行处理，不仅会影响设计中岩石参数的提高，还有可能危及大坝的稳定和安全；而用开挖置换处理的办法，又很不经济。为了寻求一种既简便又经济的方法，于1987年在铜街子水电站C_5层间错动带与F_3及F_3−1断层破碎带，首次采用高压喷射置换处理技术的试验和施工，处理的工程量约2万m，收到了较好的效果。现将这一新技术应用情况简介如下。

一、适用条件

通过铜街子电站试验施工的实践，高压喷射技术一般适用于颗粒组成较细或偏细的、密度较松的构造岩层；否则必须加大喷射能量。糜棱岩颗粒多在2mm以下者，用25.0MPa的压力就可取得较好的效果；如粒径在5～20mm构造岩、且又比较密实者，则要求喷射压力达到100MPa以上。

由于高压喷嘴是与喷管相连接，在喷射过程中还要旋转，这样构造岩的产状最好是水平的。当构造岩与水平有一定倾角时，需打斜孔来处理。对某些粘度较大而含水量不高的硬粘土层，使用此技术有困难，但对灰岩中的溶洞泥，由于其含水量较高，硬度较小，便于冲洗，其效果较好。在乌江渡的左640廊道0+230部位，就曾以13.0～15.0MPa的冲洗压力喷过一段，效果很好。

二、主要设备

高压喷射冲洗技术主要设备有：(1)高压泵。其喷射压力一般在50～100MPa之间，可根据地质情况来选择。高压泵的排量越大效果越好，不能小于50L／min，一般选用100L／min即可。排量过高的设备太贵，不宜采用。(2)喷具。为了尽量减小钻孔直径，一般采用同心式双重管结构，内管进高压水，外管进压缩空气。钻孔直径应大于喷具

规定的地面水中最高允许浓度1mg／L。”

表2列出了LW水溶性聚氨酯在G4中的试灌资料。这种浆材固结体具有高弹性、遇水能自行膨胀的特点。为此，将其灌注在第一排水泥幕前，以求G4受力时组合幕有一定的适应变形能力，抵偿产生的拉伸变形，使其不开裂。试灌时系紧贴地表进行，主试孔的灌压约为0.5～0.9MPa，复灌压为1.1～1.4MPa，平均灌入浆液194L／m，从挖竖井取样试验看已达到设计要求。在G4中设计了3000余米的灌浆，目前正在施工中。

关于LW水溶性聚氨酯的耐久性和对环境的影响，据中国水力发电工程学会1983年全国水电中青年科技干部报告会论文集有关文章指出：经过多次较长期的测验，性能无明显下降。又以18～22g小白鼠做毒性试验，无异常表现，可以认为是无毒的。

10～20mm，以 20mm 最好，以便冲出的残碴能顺利返出孔外。但亦不宜过大，因为过大，一些大颗粒也会返出地面，增加喷洗工作量，也不经济。

三、操作方法

关于高压喷射的操作，首先要找准喷层的具体位置，可先将喷具下到需喷部位的下限以下 10cm 进行试喷，5 分钟内如有大量泥砂喷出，则应再降 10cm，若没有泥砂喷出，则应提高 10cm，直到将需喷层的下限找准后再正式进行高喷冲洗。试喷时只上下提降喷具而不旋转。正式高喷时，冲洗孔应有一个每隔 10 度刻一个刻度的刻度盘，无论从何角度开始，应每 10 分钟转 10 度，直到 180 度，然后将喷具提高 10cm，再向反方向旋转 180 度。如此循环，直至喷射到不再从孔中喷出泥砂，此即需喷层的上限，这叫喷一遍。一般一遍是难于喷好一个钻孔的，最多时需连续喷 2～3 天，才能获得较满意的结果。

在高压喷射时，还应每隔 1 小时用量杯测量返水中的固体颗粒的含量。含泥的沉降时间也以 1 小时为准，一般 1 小时即可澄清。开始含量可能很高，最后可能不再出砂而只出浑水。当返水开始透明即可停止高喷。关于喷洗时间，一般在同一压力下，喷洗半径与喷洗时间的平方根成正比，而喷洗时间又与喷洗孔的孔距成正比。

四、喷射效果

根据铜街子 C_5高压喷射冲洗固结灌浆试验区大口径钻孔及其他测试手段的测试结果来看，取得以下几点成果。

1. 高压喷射冲洗的扩及半径一般与冲洗水压力的大小成正比，但也有一定的限度。这是因为水的射速与介质产生剧烈摩擦而消耗极大的能量，且射束还会随喷射距离的扩大而扩散，也会加大摩擦面积的原故。根据试验室的测试结果，高喷射束的能量衰减曲线如图 1 所示。不同喷射压力的扩及半径如图 2 所示。

从图 2 中可以看出，能量在 1m 外损失最严重。在铜街子高压喷射射束的出口速度达到 400m／s，半径超过 1.0m，以后其射速将不足 100m／s。射束最大半径达 8～10m 远，但大部射束已与空气摩擦成雾化，动能接近于零，起不到冲洗效果。

2. 从打出的大口径钻孔来看，断层或软弱夹层冲洗效果是好的，上下接触面都冲洗的很干净，水泥结石在上下盘都胶结的很好，灌浆结果也非常致密。一些留在夹层中的较大颗粒灌后很象混凝土。

3. 高压喷射冲洗后固结灌浆的物探测试结果：高喷前，C_5层间错动带的原始纵波速度约为 $V_p = 1540m/s$左右，高喷灌浆后：灌后水泥结石的 $V_p = 4160m/s$；C_5与上下盘两个界面的 $V_p = 2940m/s$；灌浆所成的混凝土 $V_p = 4000m/s$。

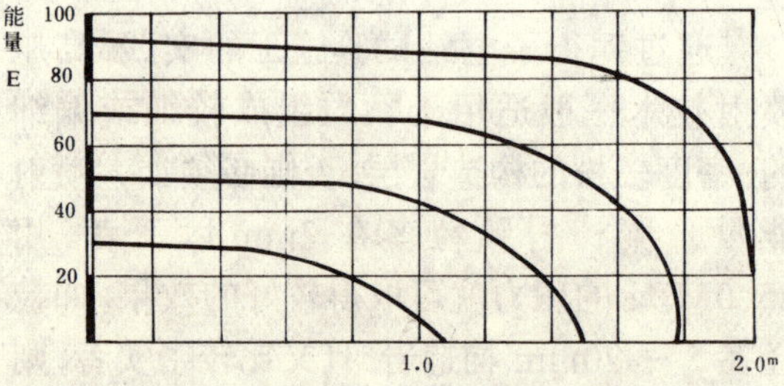

图 1　喷射射束能量衰减曲线

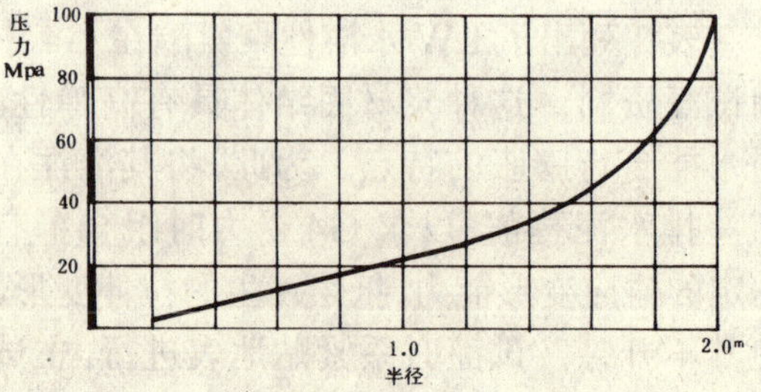

图 2　不同喷射压力的扩及半径

粉煤灰超量取代技术在水工混凝土中的应用

蔡　继　勋

水工混凝土中掺用粉煤灰技术的推广应用，是过去长期未能很好解决的一个问题。其重要原因之一，是过去按“掺淡”理论掺用普通粉煤灰，用以抵消由于使用水泥标号(R_c)高，混凝土设计标号(R)低(R_c/R >2.5)，以及混凝土水灰比受规范限制所存在的超强现象，以达到节约水泥、改善混凝土施工和易性的目的；而这种“掺淡”理论实用问题多(如混凝土干缩大，早期强度低和抗裂性差，碳化与钢筋锈蚀，抗渗、抗冻和耐久性低等)，效果差，致使掺粉煤灰技术难以普遍推广。

针对上述情况，我们在大化水电站混凝土施工中，进行了掺粉煤灰超量取代水泥技术的研究和应用，较好地解决了这个问题。其技术关键是，充分利用粉煤灰的减水性及其水灰比效应，高度重视所掺用粉煤灰的品质，因地制宜地掺用堪称无机减水剂与水泥副胶泥材料的优质粉煤灰。大化水电站整个混凝土工程共掺用这种优质粉煤灰5.25万t，净节约水泥3.88万t，节约工程资金203万元。这项成果获1985年国家科技进步奖三等奖。

这种优质粉煤灰的主要特点是：内含分散的细微玻璃体球形颗粒含量大于40%，小于45μm的颗粒含量大于80%，烧失量小于5%，且有显著的减水性和优良的火山灰质活性。其化学成分及主要矿物成分与颗粒特性见表1。

除上述选用优质粉煤灰外，在选择混凝土配合比时，还应建立以下掺用条件。

(一)建立掺与不掺粉煤灰混凝土的等用水量和等坍落度

在相同骨料级配、基准水灰比(重量比)与最优砂率条件下，建立掺与不掺粉煤灰混凝土的等用水量、等坍落度或工作度，是掌握好这一技术的前提。在大化电站工程条件下，当粉煤灰掺量为40%左右时，可具等坍落度；当掺用55%时，可具等工作度(秒)。此时，掺粉煤灰的混凝土比不掺的混凝土用水量减少，或至少不增加。这是由于粉煤灰的减水效应利用，属混凝土内含自由水控制，以达到最少用水量。上面所提的基准水灰比，是指不掺粉煤灰混凝土配合比的水灰比，其值一般略小于或等于规范限值水灰比或在水灰比限值内，由水灰比－混凝土强度关系查定。

(二)建立掺与不掺粉煤灰混凝土的等龄期和等强度

在第(一)条的前提下，作掺粉煤灰取代混凝土中A重量水泥时，实掺以(1.2～1.8)A重量的粉煤灰(超量取代)，并将因掺粉煤灰超出水泥的绝对体积，由砂的绝对体

表 1　粉煤灰主要矿物、化学成分及颗粒特性(%)

项目 / 名称	化学成分									可溶性	
	SiO_2	Al_2O_3	Fl_2O_3	CaO	MgO	SO_3	NaO	K_2O	烧失量(1000 ℃)	SiO_2	Al_2O_3
田东电厂电除尘粉煤灰	50.52	22.95	7.38	10.39	1.85	0.63	0.86	1.60	3.5	1.54	10.53

项目 / 名称	矿物组成							
	α－石英	莫来石	玻璃体	铁化合物	玻璃体中 SiO_2	玻璃体中 Al_2O_3	颗粒分析(%) 小于 45 μm	颗粒分析(%) 球形颗粒
田东电厂电除尘粉煤灰		10.90	13.60	66.41	6.11	35.81	80	大于 40

表 2　掺粉煤灰超量取代水泥后的混凝土性能(一)

序号	粉煤灰			加水量 (kg/m^3)	坍落度 (cm)	水灰比		总胶凝材料量(kg/m^3)	
	取代水泥率(%)	超量系数(f)	总掺量(%)			基准值	实际值	水泥	粉煤灰
1	0	—	0	168	8.9	0.75	0.75	224	0
2	30	1.57	40	170	9.9	0.75	0.64	159	107

序号	抗压强度(MPa)				抗渗标号(28d)	抗压弹性模量 10^3MPa (28d)	灰骨比
	1d	7d	28d	90d			
1	3.8	15.6	23.3	27.2	—	34.7	1∶9.1
2	3.3	14.1	24.5	32.1	大于 S_8	30.9	1∶7.4

注：1.试验用柳州水泥厂 525 号硅酸盐水泥，灰岩碎石及棒磨机制灰岩人工砂(细度模数 2.85，石粉含量 12 %)，最大骨料粒径 40mm。　2.表中掺粉煤灰，1m^{3}混凝土水泥量＝(170 ÷ 0.75) × (1−0.3) ＝159kg/m^3。粉煤灰量＝(170 ÷ 0.75) × 0.3 × 1.57＝107kg/m^3。以下算法同

积中扣除(保持最优含砂率)，建立掺与不掺粉煤灰混凝土的等龄期、等强度，或不以强度为控制的等抗渗、耐久性标号。掺粉煤灰超量取代水泥后的混凝土性能见表 2、3。

由表 2、3 看出，当掺粉煤灰等量取代混凝土中 30 % 及 50 % 水泥，并取超量系数 f 为 1.57 及 1.24 ～ 1.34 时，即可实现掺与不掺粉煤灰混凝土在等用水量、等坍落度、等 28 天和 120 天设计龄期下的等强度。此时，不掺粉煤灰混凝土基准水灰比为 0.75，掺粉煤灰超量取代水泥后，水灰比降至 0.64 ～ 0.67。该值系因超量取代粉煤灰所引起，故称粉煤灰水灰比。由此而获得等龄期、等设计指标效应，称粉煤灰水灰比效应。

建立上述原则是极为重要的，它既保证了混凝土设计要求的技术性，有效地提高了

表 3　掺粉煤灰超量取代水泥后的混凝土性能(二)

序号	粉煤灰 取代水泥率(%)	粉煤灰 超量系数(f)	粉煤灰 总掺量(%)	加水量(kg/m³)	坍落度(cm)	含气量(%)	水灰比 基准值	水灰比 实际值	总胶凝材料量(kg/m³) 水泥	总胶凝材料量(kg/m³) 粉煤灰	强度(MPa) 抗压 7d	28d	120d	180d
1	0	—	0	120	6.7 ~ 6.1	3.9	0.75	0.75	160	0	18.2 ~ 19.4	25.3	26.5	30.6
2	50	1.24 ~ 1.34	55 ~ 57	120	6.9 ~ 5.2	2.5	0.75	0.67 ~ 0.64	80	99 ~ 107	10.8 ~ 9.6	18.7 ~ 18.2	27.7	32.6

序号	强度(MPa) 抗拉 7d	28d	120d	极限拉伸值 $\times 10^{-4}$ 7d	28d	120d	抗压弹性模量 $\times 10^3$MPa 7d	28d	120d	380d	热膨胀系数 $\times 10^{-6}$/℃ 120d	抗渗标号 90d
1	1.9	2.3	2.8	0.60	0.73	0.80	27.9	31.2	35.1	36.3	5.6	—
2	0.8	1.6	3.0	0.40	0.56	0.86	17.3	25.7	34.2	36.5	5.4	大于 S_3

序号	自生体积变形 (7 ~ 400d) $\times 10^{-6}$ 以龄期 7d 为基准	压缩徐变度(10^{-5}/MPa) τ=7d 30d	90d	365d	τ=28d 30d	90d	365d	τ=91d 30d	90d	365d	τ=380d 30d	90d	365d
1	5 ~ 20(收缩)	3.09	3.76	4.74	2.34	2.96	3.95	1.25	1.70	2.75	1.28	1.52	—
2	5 ~ 30(收缩)	4.32	4.93	6.24	2.21	2.63	3.13	0.75	1.10	1.60	0.48	0.60	—

序号	干缩率 10^{-4} 3d	7d	28d	120d	绝热温升(7d) ℃	龄期 120d 混凝土中砂浆孔隙结构 孔隙容积(cm³/g)	机率最多的孔隙半径 A°(埃)	配合比例(胶凝材:砂:石)
1	−0.19	0.23	1.50	1.77	18.9	0.0745	986.4(大峰值) 493.1(次峰值)	1:5.04:8.69
2	−0.12	0.04	0.97	1.16	12.7	0.1013	220.5(大峰值) 497.6(次峰值)	1:3.55:7.95

注：1.试验用柳州水泥厂 525 号硅酸盐水泥，采用灰岩人工集料，最大骨料粒径 120mm；2.孔隙结构分析为水科院委托建材研究院分析结果(高压测孔试验)；3.试验用水泥及掺粉煤灰水泥水化热(溶解热法)分析结果为：

(1)纯粉煤灰：$Q=\frac{12.547t}{4.276+t}\times 4.184$；(2)水泥：$Q=\frac{78.740t}{2.472+t}\times 4.184$；

(3)掺粉煤灰 40 % $Q=\frac{57.143t}{3.383+t}\times 4.184$；

(4)掺粉煤灰 60 % $Q=\frac{46.512t}{4.884+t}\times 4.184$ 式中：Q= 水化热(J/g)；t= 龄期天数。

4.表中数据为同一配合比及材料，分次成型。徐变度项τ为混凝土养护龄期。其下为持荷时间(d)，试件尺寸φ 15 × 45cm。加荷应力为 0.3 ~ 0.4 倍试验破坏强度。表中混凝土抗渗标号 S_3为未再加压试验。

混凝土施工的和易性及其固化后的物理力学性能，特别是抗渗密实性、低热、干缩、应力与应变等综合抗裂性能，又增大了粉煤灰节约水泥与掺用率(净节约水泥 30 % ~ 50 %)，

表 4 大化水电站混凝土施工配合比(部分)

(水泥品种:525 普通硅酸盐水泥)

工程部位	混凝土设计标号	水灰比		粉煤灰			减水剂(%)	坍落度(cm)	$1m^3$混凝土材料用量(kg/m^3)							混凝土容重(t/m^3)
		基准值	实际值	代水泥掺量(%)	总掺量(%)	超量系数(f)			水	总胶凝材料用量		灰岩人工砂	灰岩碎石骨料(cm)			
										水泥	粉煤灰		8~4	4~2	2~0.8	
坝水上区外部混凝土	R_{90}=250 号	0.70	0.61	25	35	1.61	0.2	4~6	136	146	78	712	554	554	277	2.457
坝水下区外部混凝土	R_{90}=250 号 S6-8	0.67	0.58	25	35	1.58	0.2	4~6	136	152	80	710	552	552	276	2.459
坝水位变化区外部,基础区及厂房钢筋混凝土	R_{90}=250 号 S6-8	0.67	0.58	20	30	1.73	0.2	4~6	136	162	70	709	553	553	277	2.461
坝内及填充性混凝土	R_{90}=200 号 S2	0.75	0.65	35	44	1.45	0.2	4~6	140	121	95	707	551	551	276	2.441

注: 减水剂为"TF"减水剂。

表 5 大化水电站厂、坝混凝土历年掺用粉煤灰效果

浇建时间 19…年…月	混凝土量(万 m^3)	年均单位混凝土材料量(kg/m^3)				平均粉煤灰掺量(%)			经济效果			工程质量	
		总胶凝材料量	净水泥量	粉煤灰代水泥量	粉煤灰超量	总掺量	节约水泥率	煤灰超量系数	粉煤灰总用量(t)	节约水泥量(t)	净节约资金(万元)	厂房	大坝
76.5 ~ 78.12	28.94	274	267	6.6	0	2.4	2.4	/	1910	1910	10.89	p=98.5 %	p=96.5 %
79.1 ~ 12	29.23	231	194	36.5	0	15.8	15.8	/	10669	10669	60.81	C_v=0.15	C_v=0.148
80.1 ~ 12	18.49	219	162	43.0	13.3	26.1	20.0	1.30	10566	8101	35.08	抗渗标号	抗渗标号
81.1 ~ 12	20.13	234	162	47.2	25.0	30.8	20.2	1.53	14538	9502	54.30	合格率	合格率
82.1 ~ 12	17.59	215	175	40.4	28.1	31.8	19.0	1.68	12053	7110	35.35	100 %	100 %
83.1 ~ 12	4.99	235	209	26.5	21.3	20.3	11.3	1.80	2388	1325	6.00		
合 计	119.41								52124	38617	202.44		

注: 1.煤灰:45 元 /t,水泥 102 ~ 126 元 /t(运至工地价); 2.1983 年后经济效果未列表内; 3.P 为混凝土强度保证率,C_v为混凝土强度离差系数。厂房工程混凝土抽样检验试件列入统计量1995组(共19个统计单元,每单元同标号、同配比一批混凝土试件>30 组),大坝工程混凝土抽样试件 1948 组(计 22 个统计单元)。质量统计时间均至 1985 年 12 月,代表混凝土总方量 131 万 m^3。

设计标号：

表 6　大化水电站左岸接头重力坝高掺量富钙粉煤灰混凝土浇筑实例　R_{90}＝150号、S2

工程部位	浇筑日期(1980年)	代表量(m^3)	混凝土施工配合比									
			水泥		水灰比		用水量(kg)	粉煤灰掺量			总胶凝材料量 kg/m^3	
			品种	厂掺混合材(%)	基准值	实际值		取代水量掺量(%)	总掺量(%)	超量系数	水泥	粉煤灰
左重4号坝	7月10日	296	525号硅酸盐水泥	0	0.75	0.65	120	50	57	1.33	80	106
左重5号坝	7月16日	320	525号矿渣水泥	矿渣24％ 烧页岩11％	0.75	0.64	125	25	36	1.67	125	70
左重6号坝	7月7日	275	525号普通水泥	矿渣9％ 烧页岩5％	0.75	0.64	120	40	49	1.44	96	92

工程部位	坍落度(cm)	质量检验与观察结果														
		拌合机出料取样							混凝土原型钻芯取样					坝内混凝土温度观测(℃)		
		强度(MPa)						抗渗标号	龄期(d)	强度(MPa)		抗渗标号	饱和容重(t/m^3)	浇筑温度	观测温度峰值及时间	温升
		抗压			抗拉					抗压	抗拉					
		7d	28d	90d	7d	28d	90d	90d								
左重4号坝	6～9	7.9	19.4	23.2	0.74	2.05	2.5	＞S_3	—	—	—	—	—	29.0	43(5d)	14.0
左重5号坝	4～6	15.5	25.5	29.0	1.5	2.1	2.7	＞S_3	823	20.7	2.22	＞S_7	2.49	28.5	43.0(7d)	14.5
左重6号坝	4～8	10.9	19.9	26.5	1.0	1.94	2.6	＞S_3	823	31.5	1.89	＞S_7	2.50	28.5	44.9(7d)	16.4

注：1.混凝土用骨料为灰岩人工碎石，人工砂掺红水河特细砂，最大骨料粒径 120mm，掺 0.2％"TF"减水剂；2.超量取代取用基准水灰比，为水工混凝土规范规定的限值水灰比；3.左重 4 号坝未钻孔取样。钻芯样直径：φ 162mm。

从而充分发挥了掺粉煤灰混凝土的技术经济性能。对于工业民用建筑有早强要求的结构混凝土，一般掺粉煤灰等量取代水泥 10％，f 取 1.5～1.6，便能实现掺与不掺粉煤灰混凝土等 3～7 天龄期下的等强度，净节省水泥 13％左右。如将上述粉煤灰作进一步风选至过 45μm 筛，筛余量不大于 7％作同等掺用，则可净节约水泥至少 20％(因掺粉煤灰后可获得 11％～14％混凝土减水率)。至于寒冷地区的混凝土，则应注意掺用适量粉煤灰及复合加气剂，并严格掌握规范规定的水灰比限值。

大化水电站工程掺粉煤灰超量取代水泥混凝土施工配合比及其实用效果见表 4、表 5。重力坝坝内填充性混凝土高掺量粉煤灰实用实例见表 6。

硅粉在水工混凝土中的应用

孙　景　进

硅粉是一种新型高活性火山灰质混合材料，来源于生产硅金属时从烟道中回收的尘埃，其颗粒平均粒径约0.1μm，比重为2.2，无定形二氧化硅含量在90％以上。我国对硅粉的开发应用还刚刚起步。1984年以来，我们在室内研究成果的基础上，将硅粉用于水工混凝土工程，取得了良好的技术经济效果。

一、硅粉混凝土的基本特性

(一)需水量

由于硅粉是一种超微细粉状材料，因而在将其掺入混凝土后，如欲保持相同的流动性，则所需的水量要随着硅粉掺量的增加近似呈等率递增(见图)。为此，在掺用硅粉时应掺加适量的高效能减水剂，以充分发挥硅粉潜在的增强效益。

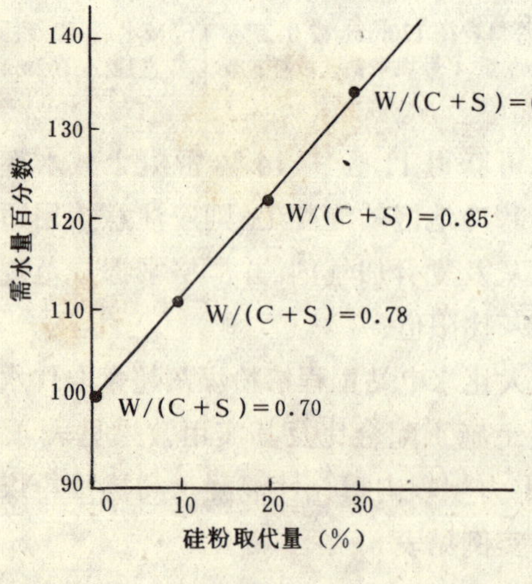

硅粉取代水泥量与需水量的关系

(二)抗压强度

用硅粉取代10％～30％水泥的混凝土，其28天龄期抗压强度的增长幅度达47％～69％(见表1)，也就是说，在抗压强度不变的前提下，用1kg硅粉可代替3～7kg水泥。由此可见，硅粉是一种增强效果显著的混合材料。

(三)抗渗性和抗磨性

硅粉混凝土的结构非常致密，具有很高的抗渗性能和抗冲磨性能。实践表明，用10％～20％的硅粉取代水泥配制成的硅粉混凝土，其抗渗标号达1～10MPa，而抗磨能力则提高近1倍。

二、硅粉在水工混凝土中的应用

(一)硅粉喷射混凝土

1985年以来，渔子溪二级水电站和水丰水电站在本工程引水隧洞喷射混凝土施工中采用了硅粉混凝土(硅粉取代水泥量为10％)，经与传统的“干喷法”相比较，回弹量由30％左右降到7.6％～11.2％(顶拱与边墙平均值)，实喷敷水泥用量由600kg／m^3降到400kg／m^3，喷层混凝土的抗压强度高达26.5～34.3MPa，同时喷射混凝土的工程质量也有显著的提高。

表1　硅粉混凝土的抗压强度

水灰比	硅粉掺量(%)	减水剂掺量(%)	坍落度(cm)	抗压强度(MPa)			
				R_7	强度比	R_{28}	强度比
0.60	0	0.70	6.1	9.33	1.00	15.0	1.00
0.60	10	0.77	7.7	9.96	1.07	22.1	1.47
0.60	20	0.90	6.0	10.64	1.14	23.7	1.58
0.60	30	1.30	7.5	8.42	0.90	25.3	1.69

注：试验用水泥为秦皇岛普硅 425 号，胶结材用量 212kg／m^3

表2　泵送硅粉混凝土施工配合比

水灰比	砂率(%)	减水剂掺量(%)		坍落度(cm)	材料用量　(kg／m^3)					
		NF−2	木钙		水泥	硅粉	砂	小石	中石	水
0.65	41	0.50	0.20	5～10	213	12	835	603	603	147

(二)硅粉泵送混凝土

1986年6月在黑龙江汤原县引汤进水闸泵送混凝土施工中，为了提高混凝土的输送性能，曾掺用5％的硅粉取代水泥，其配合比见表2。

在上述工程施工中使用的混凝土泵为HB−30A型，泵送过程中泵压稳定在2.0～4.0MPa，水平输送距离约150m，垂直高度约15m，在胶结材用量为225kg／m^3的条件下即可顺利压送，显著降低了水泥用量(普通泵送混凝土水泥用量为280～350kg／m^3)，并提高了可泵性。

SK−HOO2型混凝土施工缝表面处理剂

向竞成　　刘洪宾

一、概　　述

目前，在大型混凝土工程施工中对浇筑块施工缝的处理，国外已逐渐采用机械的(主要用于平面)或化学的(主要用于立面)方法；国内也有少数单位进行过类似尝试，但由于种种原因，均未能大面积推广使用。绝大多数单位仍沿用人工打毛、风砂枪和高压水冲毛，或在混凝土初凝前用低压水冲毛等方法处理施工缝。这些方法存在着劳动条件差、工效低、混凝土损失大等弊端。为了解决这些问题，水电部第三工程局于1986年研制出 SK–HOO2 型混凝土施工缝表面处理剂，并通过了鉴定。鉴定认为，该处理剂具有一定的创造性和较高的技术经济效益，建议在水利水电工程中推广使用。该剂于 1989 年 5 月被国家专利局授权为发明专利。

二、组成、用途和机理

该剂是处理混凝土施工缝表面的一种新材料，是由多种外加剂复合，再加入辅剂和水经充分搅拌而成。它不仅适用于水利水电混凝土工程，也适用于铁路、交通、港口及其它工业民用建筑等混凝土工程。

该剂和混凝土作用的机理，主要是利用它在水泥及其水化物表面上的吸附作用和与水泥反应生成不溶层，以达到延缓混凝土表层水泥浆的凝结和硬化来实现对新浇混凝土施工缝表面的处理。

三、主要技术特性

1. 易溶于水，呈中性。

2. 对混凝土各项力学强度均无不利影响。

3. 无毒，无味，不污染环境。

4. 低压水冲毛待凝时间一般可延长到 24h 左右，也可根据需要延长到 48h 左右。

四、使用方法

(一)配制

不管是液剂还是粉剂，只要按规定的比例加入辅剂和水，经搅拌即可制成。

(二)使用

对于立面，一般用棕刷将该剂均匀涂刷在模板内侧，厚度以既能均匀覆盖模板表面，又能使其干燥后不起皮脱落为准。涂刷在模板上的该剂，不论是湿润状态还是干燥状态，效果一样。冲毛前最好使模板表面经常处于湿润状态。对于平面，待混凝土浇完平整后，随即用棕刷将该剂涂刷在混凝土表面上，至均匀为止。冲毛前要求进行“保湿”与“防雨”。当气温高于 15 ℃时，最好用塑料薄膜覆盖涂有该剂的混凝土表面。

五、技术经济效益

经安康工程使用证实，用该剂处理的混凝土缝面，毛面清晰，无乳皮及其它残留物，混凝土损失小，工效高。与常规的方法相比，平面可降低费用 60 % ～ 70 %，立面可降低费用 70 % ～ 80 %，并且可改善劳动条件，减轻劳动强度，加快工程进度，提高混凝土结合面的质量。

XIII

生产运行

科学调度

篆刻：庄万和

水电站经济调度与管理

谷 云 青

1988年底，我国水电装机容量达3269.81万kW，年发电量达1091.77亿kW·h，分别占全国总装机容量和总发电量的28.3%和20%。西北、华中电网水电装机比重在40%左右，广东、广西、福建等省水电装机容量和发电量都在50%左右。水电在电网中不仅担负着重要的发电任务，同时也是电网可靠的调峰、调频和事故备用电源。所以水电站调度的好坏，对于发挥水电效益和保证电网安全、稳定、经济运行起着重大作用。自80年代以来，随着水电事业的发展，水电站群梯级电站逐步形成，水电调度业务也有较大发展。全国2.5万kW以上水电厂历年完成技术经济指标见表。本文重点介绍1980年至1988年期间实行水电站水库经济调度的情况和经验。

一、加强科学管理，进行宏观控制

1978年国家经委批转了水电部制订的《水电站水库经济调度试行条例》。这个条例根据水电站水库过去长期低水位运行的经验教训，主要从控制各时期水库水位，严格按调度设计规定的水库运行水位和发电出力调度，限制超发水电，不得丧失水库调节能力等方面进行控制；同时开展经济调度，采用梯级电站、跨河流水库补偿调节和水、火电互相配合，以及机组经济运行，考核水电发电耗水率等措施。该试行条例经过各级电力部门一年多的认真贯彻，基本扭转了水库低水位运行局面，大多数水库恢复了正常运行状态，为

1982～1988年全国2.5万kW以上水电厂历年完成技术经济指标表

项目 / 年分	年末装机容量(万kW)	发电量(亿kW·h)	发电耗水率(m^3/kW·h)	发电厂厂用电率(%)	发电成本(元/千kW·h)	工业产值(万元)	年末职工人数(人)	全员劳动生产率(万元/人·年)	万kW占用人数
1982	1396.64	536.81	13.17	0.35	20.76	348868	37978	9.18	27.19
1983	1494.84	623.83	11.24	0.30	15.14	398196	37518	10.61	25.10
1984	1543.39	619.17	12.08	0.26	14.65	401548	40036	10.03	25.94
1985	1588.76	625.76	11.28	0.30	21.31	391303	44832	8.73	28.20
1986	1629.92	643.09	12.15	0.28	18.38	338569	46291	7.32	28.40
1987	1802.92	689.48	11.69	0.28	19.42	350256	45747	5.65	25.37
1988	1894.92	722.42	11.00	0.26	20.83	366989	48241	6.15	25.46

(本表由杨金栋、余卫国供稿)

实施经济调度打下了基础。1984年2月,经过对试行条例修改补充,正式作为《水电站经济调度条例》由水电部颁发执行。在这期间,许多电力生产部门同科研单位和高等学校合作,开展了水电站水库经济调度的研究。华中理工大学、武汉水利电力学院、清华大学、河海大学、北京水利水电科学研究院、北京水利电力经济研究所等,积极为生产服务,实行科研与生产相结合,应用动态规划理论等方法研究水电站水库优化调度方案,不仅在理论研究和计算方法的某些方面达到了国际先进水平,而且在生产实践中取得显著经济效益。如柘溪水电站水库优化调度方案实施后,按多年平均计算,比常规调度增加电量3%。四川、福建电力系统中水电站优化调度方案在生产中应用后,分别比常规调度增加电量2%和3%左右。此外,广东的新丰江和枫树坝,江西的柘林和上犹江,黄河上的刘家峡、盐锅峡、八盘峡和青铜峡梯级,以及丹江口水利枢纽综合利用等优化调度方案,也都取得了较好的效果。

二、制订水电站经济调度考核方法

在我国电力系统经济调度管理方面,过去长时期只考核火电厂煤耗率,对水电没有科学的经济调度考核办法,一般是以计划值或历史同期值考核水电调度的优劣。其主要缺陷是不能反映天然来水随机性对发电效益的影响,因此必须建立一套符合水电特点的考核方法,在宏观控制水位限制超发、保持水库正常运行的基础上,对经济调度各项指标进行微观的定量考核,这是开展水电站经济调度的关键所在。1979年底在新安江水电站召开的水库经济调度经验交流会上,提出了用天然实际来水过程按设计调度图操作计算求得的发电耗水率和水量利用率作为考核标准的初步设想。1982年10月在福州召开了"水电站经济调度考核"座谈会,在总结各地开展经济调度考核经验基础上,制订了《水电站经济调度考核暂行办法》,并于1983年1月由水电部颁发执行。这个办法规定了考核指标、考核标准和节能电量计算方法等三个方面的内容。考核指标包括发电耗水率、水量利用率、水库水位、机组可调小时、机组最大出力和短期水文预报准确率等;对不同调节性能的水电站,以及对电网调度所和水电厂的考核内容都有所区别和侧重。考核标准是水电站开展经济调度的核心问题。水电与火电不同,火电厂可核定发电耗煤率进行节能考核,而水电站的发电量、耗水率等指标除与调度方式有关外,受天然来水变化影响很大,不同年份来水量频率及径流年内分配过程不同。上述指标往往相差悬殊,因此,为适合水电这一特点,采用在考核时段结束后,以设计调度图或调度规则按实际来水过程进行调度计算求得的发电耗水率、水量利用率和发电量作为考核标准,从而消除了天然来水变化对考核标准影响的因素。关于节水增发电量计算,理应按水文年度进行,但为了与生产管理工作相协调,可按日历年进行考核计算,即用实际年发电量减去考核年发电量,如为正数即为增发电量。

为了比较各电网和水电站开展水电经济调度的情况,除计算节水增发电量外,还比较发电耗水率和水量利用率,并以相对值来表示。这种新的水电经济调度考核办法,经电网调度所和水电站试行6年来,证明是可行的,适合生产需要,符合水力发电的特点。经有关生产、科研、设计和高等学校各方面的专家、教授评议,认为在理论方法和调度管理等方面都有所发展,是一种科学的水电站调度考核办法,对提高水电经济效益产生了深刻的影响。

三、重新复核水电站调度基本资料，编制统一的考核计算程序

水电站的水文、水能基本特性资料是设计部门提供的，一般与实际运行情况总有一定差异；同时由于水文系列延长和实际运行条件发生变化，有必要对基本资料进行复核校验。其主要项目有：(1)水电站保证出力计算和水库调度图；(2)水电站尾水位～流量关系曲线；(3)水库库容曲线；(4)水轮机运转特性曲线；(5)统计分析及水电站综合出力系数 k；(6)统计分析电站汛期弃水时段发电负荷率 r。其中 k 和 r 两个考核计算参数对于计算考核增发电量影响较大，而许多电站多年运行情况表明，其实际值一般均较设计值偏小，需报主管部审定。其它几项资料由主管电网(省)局、省水利水电厅(局)或流域机构核定。此外，对于泄流设施水位～流量曲线和引水系统水头损失，也应进一步创造条件进行现场测定。

各电站使用统一编制的考核计算程序比较简单方便，比手算省时省力。这个程序运行调度部门、考核管理部门以及财务税务部门都可以使用，所计算求得的考核电量和考核水位过程线是确定的，便于上级主管部门和有关部门检查监督。

四、对节水增发电量进行奖励试点

为了调动水电职工开展经济调度的积极性，把经济效益与个人努力作出的贡献挂钩，国务院 1986 年 1 月颁发的《节约能源管理暂行条例》中，首次把水力发电经济调度降低水耗多发电的内容列入了该条例。据此，原水电部制订了《水力发电节水增发电量奖励试行办法》，与财政部、国家经委联合颁发试行，首先在湖南、福建两省电网试点。对于考核增发电量的办法仍按《水电站经济调度考核暂行办法》执行。增发电量奖金率按分档提取，即增发电量占考核年发电量 3 % 及以下部分，每 1000 千瓦小时提取奖金 2.5 元；增发电量在 3 % 以上部分，每 1000 千瓦小时提 1.5 元。此项奖金计入水电厂发电成本，不征收奖金税。所提奖金按水电厂、有关单位职工贡献大小分配，并要求各网(省)局根据本办法制订考核和奖励细则报部核备。

湖南、福建两省试点情况说明，实行节水增发电量奖励办法后，取得的经济效益是显著的。从 1986 年 6 月至 1988 年 12 月，湖南共增发电量 95000 万 kW · h，平均年增发率为 6.7 %；福建共增发电量 46800 万 kW · h，平均年增发率为 6.1 %。按平均售电价每千瓦时 0.1元计，分别增收 9500万元和 4680 万元，分别提奖金 156 万元和 71.8 万元，对国家和个人都有利。

五、几点经验体会

1.采用水电站水库优化调度方案，是实行水电经济调度的重要措施。它一般可提高发电效益 2 % 左右，并可适当提高灌溉等其他综合效益。当前在电力紧缺形势下，关键是如何控制超发水电，维持水库正常运行。1988 年由于煤炭严重供应不足，有的电网又大量超用超发水电，致使部分水电站水库又出现低水位运行情况。据年末对 10 座大水电站大型水库分析，其中桓仁、新丰江、丰满、刘家峡等水电站运行水位，与调度图允许的最低运行水位比较，分别低 5.29m、4.43m、3.84m、3.22m。对此，必须引起调度部门的充分重视，仍应以优化调度方案为指导，开展经济调度，造成良性循环，防止再度出现大面积低水位运行的局面。

2.开展电站机组经济运行，是实行水电经济调度的另一重要措施。富春江水电厂根据电网调度给定的总负荷，采用微机进行机

组经济负荷分配方案计算，中控室据此调整机组负荷，可提高发电效益 1.5％～2％，证明这项技术措施大有可为。各水电厂需努力改进现场水轮机效率试验方法，普遍进行效率测试，为全面开展机组经济运行创造条件。

3.提高水文预报精度，增长水文预报有效预见期，是搞好水库预报调度的基础，也是提高水量利用率，增加发电量的重要技术措施。许多水库小、没有调节能力的水电站，如富春江、葛洲坝、龚嘴、石泉、西津等，都是靠短期水文预报进行调度，适时增减电站出力，调整电网运行方式而达到多发水电的目的；调节性能好的水电站如丰满、丹江口、刘家峡等，根据水文预报，在次洪调度中采用洪前预泄腾库，洪末拦蓄部分洪水尾部水量，重复利用部分防洪和兴利库容以及汛末短时间抬高蓄水位的措施，在保证防洪安全的条件下，获得了较好的经济效益，一般可增加发电量 1％～2％。因此，今后应进一步做好水文预报调度工作，为更好地挖潜多发电做贡献。

4.合理进行水、火电和水电站群之间的联合补偿调度，是保证实现水电经济调度的中心环节。湖南电网的柘溪和凤滩，福建电网的安砂、池潭和古田梯级，利用电网内不同河流水电站来水的不同步和水库不同蓄水情况，联合补偿调节，取得了很好的成绩。福建自 1984 年实行库群联调后，平均每年增发电 1800 万 kW · h。四川电网采用奖励火电机组汛期调峰的办法，在没有增加火电机组容量的情况下，火电调峰出力由 10.5 万 kW 增加到 30 万 kW。但有的电网还存在水电站弃水调峰，大量损失电量的情况。据丹江口水电站近几年统计，洪水期弃水调峰，平均每年少发电 2 亿 kW · h 左右。这个问题需进一步研究解决。

5.要加强对设备的维修与更新改造。大坝和机电设备完好是开展水电经济调度的基础，但目前水电站设备老化情况较为普遍，可靠性低，效率低，已成为安全运行的潜在威胁，因此，在进行大坝缺陷处理的同时，设备维修与更新改造也是急待解决的问题。

混凝土坝安全监测资料分析成果介绍

储 海 宁

一、概 况

为了监测结构工作状态，保证工程安全，自 50 年代中期以来，就已经在大坝上布设观测设备和观测仪器。但在 1980 年前，许多大坝观测系统积累的大量观测资料，除少数工程经过整理分析外，许多大坝的观测资料未很好进行系统的分析研究，因而未能充分发挥其应有的作用。从 1980 年开始，大坝安全的重要性日益为人们所认识，原水电部采取了不少加强大坝安全管理的措施，也相应地推动了观测资料的整理和分析工作。据 1988 年不完全统计，已有 27 座混凝土坝的观测资料进行了比较系统的分析，其中有些完成了施工期观测资料的计算分析，有些坝则进行了运行期长期观测资料较系统的分析，取得了对指导安全运行、改进设计施工的很有意义的成果。承担这些大坝资料分析任务的有科研单位和高等院校，一般都是与有关设计、施工单位或水电厂、水库管理局的人员共同进行的。

1984年以来，我国大坝资料分析技术有显著的发展：在数据处理手段方面，普遍使用了计算机和各种外部设备，大大提高了数据处理和绘图的速度，节省了很多人力和时间，因而能在较短时间内完成长期观测资料的检验、贮存、计算、分析和输出，以及过去用人力无法完成的大量计算工作；在资料分析方法方面，已不只是根据变量相关和图形特征进行定性分析，而且运用数学模型描述大坝性态的变化规律进行定量分析。80年代国外用于大坝资料分析的3类数学模型，即统计模型、确定性模型和混合模型，均已在国内得到应用。其中比较普遍的是运用"逐步回归分析"方法建立变形、应力和渗流等物理量的统计模型。但这种模型用于水位和温度因子相关性很强的观测资料时，其处理方法需要有所改进，例如参窝等大坝的资料分析就采用了"差值逐步回归方法"。确定性模型的应用尚较少，只在佛子岭连拱坝、新安江重力坝和葛洲坝工程施工期垂直位移的资料分析中进行了研究探索。通过恒山拱坝和新安江大坝资料分析中的应用实践，认为混合模型可能更为优越；因为这种模型的计算工作量和建模费用都较低，而拟合精度和预报效果都较好。

二、分析成果

观测资料分析成果表明，大坝的实际运行性态远比设计考虑的要复杂，只能通过对长期观测资料的系统分析才能正确加以认识和解释，从而对大坝安全作出恰当的评价，并用以指导运行或采取必要的加固措施。综合5年来的观测资料分析成果，对大坝3种性态的变化规律有如下一些认识。

(一)大坝变形性态规律

大坝变形一般作为安全监控的主要指标，但实际变形规律很复杂，只有掌握这种规律后才能对大坝实施有效监控。选择不同坝型的大坝变形分析成果列入下表。从表中看出，可见各种混凝土坝的温度变形分量(或其变幅)占总变形(或其变幅)的36%～85%，比例比较大。一般大坝在夏季的温度变形方向指向上游，与水位变形方向相反，因此夏季高水位时总变形可能向上游变化。而冬季高水位时，温度变形和水位变形方向

各种坝型的大坝水平位移表

坝 名	坝 型	最大坝高(m)	坝厚(m)	坝段编号	水位分量(%)	温度分量(%)	时效分量(%)	裂缝分量(%)	水平位移平均年变幅(mm)
新安江	宽缝重力坝	105	95	13	15	85			10
参 窝	重力坝	50.3	37	23	25*	45*	34*		22
新丰江	单支墩大头坝	105		12	29.4	64.7	5.9		11.1
凤 滩	空腹重力坝	112.5	65.5	12	64	36			12.3
陈 村	重力拱坝	76.3	53.3	18	21.9	42.4	16.3	19.4	13.4
里石门	双曲拱坝	74.3	15.5	12	40*	74*	25*		45.2

* 指位移分量变幅与水平位移年变幅的比值，无 * 的指位移分量与总量的比值

相同,因而有可能出现向下游位移的最大值。在冬季低温时,温度应力和水压应力叠加,还促使裂缝发展,因此认为许多大坝(如佛子岭等)都是以低温高水位为最不利运行条件,需密切注意。

水平位移受各种因素影响有时可能出现反常。例如丹江口重力坝右岸转弯坝段因坝轴线呈反拱曲线,因而使高温变形指向下游。坝体裂缝对位移的影响也较大,例如陈村坝顶位移受到高程105m处的裂缝的影响,其影响值达19.4%,仅次于水位分量。参窝重力坝裂缝严重,其坝高只有新安江、新丰江两坝的一半,而水平位移是这两座坝的1倍。

时效位移是随着大坝运行时间而增长的位移分量,通常作为坝体结构性态是否稳定的重要标志。参窝23号坝段向上游变化的时效位移达7.5mm,分析认为是由于坝体纵向开裂直至贯穿引起应力重分布造成的结果。最大坝高75.9m的佛子岭连拱坝,其7号坝垛在1956年以后的10年运行期中的时效位移达3.68mm,而坝高达105m的新丰江支墩坝,运行16年中时效位移最大的9号支墩也只有2.2mm。造成佛子岭连拱坝坝垛时效位移较大的原因,经分析可能与坝体裂缝的发生和发展有关。

侧向水平位移的数量虽较小,但其变化异常也同样反映出某些问题。例如梅山连拱坝13号坝垛侧向位移突然增大,反映了坝基稳定问题。柘溪大坝2号支墩产生劈头裂缝,在3号支墩测到了8.7mm的侧向位移,超过了上下游的水平位移值。

丰满大坝1959年至1979年的垂直位移资料显示出坝顶有抬高现象,通过资料分析,认为是冰冻导致了水平裂缝的开展。

(二)应力、温度变化规律

温度是大坝应力和变形的主要影响因素,对施工和运行异常重要。观测资料分析成果表明,设计假定往往与实际情况不符,一般大坝的实际稳定温度都比设计值高:刘家峡坝体稳定温度比设计值高出6.5~7.5℃;乌江渡大坝高出3~7℃;丹江口大坝高出3.5~5.0℃。新安江水库实际水温也高于设计值,岸坡非溢流坝段的稳定温度也比设计值高。由于一些大坝实际稳定温度较设计值高,因此坝体下部温度在运行期有所回升,这说明施工阶段二期冷却过甚,影响冷却费用,对工期也是不利的。

桓仁大头坝投入运行后采取了封闭坝腔的措施,资料分析成果表明,这种措施对提高坝温,改善严寒地区大头坝的运行条件很有效,桓仁大坝封闭坝腔后使年平均坝腔温度提高到6.8~8.8℃,温度变幅也减小。

温度变化是形成坝体应力的重要因素,不同坝型温度应力所占比重不同,拱坝一些部位的温度应力达到总应力的60%~80%。在拱坝设计中一般不考虑的非线性温差引起的应力,实际上也相当大,里石门拱坝资料分析成果说明了这一点,认为这是薄拱坝设计中不可忽视的因素。

分析成果还表明,在支墩坝头部应力中,温度应力也是主要成分。由于运行期水压力和温降的作用,使大坝头部表面受压而内部受拉,表面一旦开裂,就易于向内扩展。柘溪大头坝由表面裂缝扩展成为劈裂就是其例。

从一些混凝土拱坝的观测资料分析成果中看出,最大拉应力值往往在施工阶段出现:里石门拱坝在施工阶段有50%的测点出现最大拉应力,其数值超过1MPa。恒山拱坝14个测点中有半数测点的拉应力超过2MPa。因此,拱坝在施工期间易于产生裂缝。在蓄水运行后,由于温度边界条件变化,又有水荷载应力叠加,因而大部分测点的拉应力减小,而且很多部位转变为压应力。重力坝的应力状态也有类似规律。施工期拉应力较大,蓄水后拉应力减小甚至转变为压应力。新安江大坝在施工期间某些部位曾出现过 0.2 ~ 0.5MPa 的拉应力,运行后转变为压应力。刘家峡大坝 4 号坝段施工期间曾出现过 2MPa 的拉应力,运行后有所降低。

重力坝坝踵应力状态是设计和运行方面十分关注的问题,新安江大坝坝踵压应力高达 2 ~ 3MPa,资料分析的结果认为可能是混凝土湿涨变形造成的。丹江口 31 号坝段也有类似情况,受压的原因值得进一步探讨。重力坝坝踵也有受拉情况,丹江口重力坝右岸转弯坝段由于坝轴线呈反拱形曲线,致使坝踵处拉开裂缝开度达 0.2 ~ 0.56mm,深度达上游坝面内 7m。

坝体孔口和水工钢筋混凝土结构的布筋,是为了让钢筋承受拉应力并限制裂缝的进一步开展,但是在刘家峡、乌江渡、大化、龚嘴、渔子溪一级等大坝中埋设的钢筋计出现压应力的占 73.6 %,而完全出现拉应力的只有 8 %。由此可见,水工钢筋混凝土的应力分布以及这些结构的合理配筋问题,还有待进一步研究。

(三)渗流状态的变化规律

渗流观测资料分析成果表明,一些大坝的实际扬压力观测值低于设计值:丹江口大坝许多坝段的扬压力测值约为设计值的 60 %,实测渗流量也远小于设计值;刘家峡大坝幕前扬压力折减系数为 0.8,幕后扬压力测值都低于设计值。其他大坝如龚嘴、大化、乌江渡等大坝也有类似情况。资料分析表明,排水减压措施是这些坝的扬压力小于设计值的主要原因。

黄龙滩大坝内部观测资料分析成果表明,该坝蓄水多年后坝体和坝基的温度还有持续的下降。结合地质资料和施工情况分析认为,这种低温可能是由低温库水通过基岩裂隙渗漏形成的,对此必须加强监测。

绕坝渗流观测对于了解两岸防渗措施的效果是好的。新安江大坝的绕坝渗流观测成果表明,两岸防渗措施有效,但右岸在 70 ~ 80m 高程处有防渗帷幕薄弱地带,因而有的观测孔水位与库水位同步变化。刘家峡大坝左岸绕坝渗流严重。从观测孔水位变化分析认为,库水绕渗途径主要是沿断层 F_{80} 和 F_{152},因此要加长加深防渗帷幕,才能加以解决。

(四)反演分析

通过长期观测资料的系统分析,除了对大坝的运行性态及其变化规律获得较深刻的认识外,还可以通过反演分析获得大坝和基岩的有关重要物理参数,为进一步研究和复核设计提供了有价值的资料。在响洪甸、刘家峡、佛子岭、恒山、新安江等工程的资料分析中,进行了混凝土实际弹性模量和温度膨胀系数的反演。其中恒山拱坝混凝土弹模设计假定值为 2×10^4MPa,而反演的实际弹模值为 3.2×10^4MPa,后者与大量钻孔取样测试结果基本一致,因此在研究提高恒山水库蓄水位可能性时,采用了反演成果进行设计复核,取得满意的结果。佛子岭大坝资料分析工作中还进行了混凝土断裂韧度的反演,由坝体实际裂缝状态反演的断裂韧度比试件测试结果大得多,这一问题值得进一步研究,有助于大坝裂缝稳定性的分析判断。

根据观测资料计算混凝土的实际导温系数以及混凝土自生体积变形,都取得有价值的成果。从恒山拱坝无应力计实测资料分析研究中,发现负温下温度膨胀系数比正温下的大得多,这对研究高寒地区水工建筑物温度应力非常重要。

三、对大坝设计、施工的启示

从以上介绍的成果看出,经过对长期观

测资料的系统分析，不仅可以揭示大坝实际性态的变化规律，为指导运行、评估大坝安全以及除险加固提供了科学依据，也为今后设计和施工新的大坝提供有益的启示。

1.参考已建坝的分析成果，改进设计参数选择，有可能节省工程费用。如一些混凝土坝的温度边界条件设计假定与实际有较大差别，因而使坝体稳定温度偏低，这就增加了二期冷却费用，导致工期延长；有一些混凝土坝设计假定扬压力偏高，可能使断面设计偏大。因此，在今后新坝设计时，应考虑这些情况，改进设计参数选择，是可以节省工程投资的。

2.根据实测成果，改进设计计算方法。如混凝土温度膨胀系数α在负温下有很大变化，这将导致负温下混凝土温度应力更加发展，对严寒地区混凝土温度应力计算应考虑这一因素，并加以改进。混凝土自生体积变形有正有负，其变化量级可能超过温度变形，对应力和变形的影响不能不予以考虑。大坝某些部位裂缝的形成发展，混凝土自生体积变形是不可忽视的影响因素。水工钢筋混凝土结构的合理配筋，更值得探讨研究。实测成果表明，钢筋和混凝土的温度膨胀系数不同，混凝土自生体积变形和混凝土徐变等因素影响钢筋和混凝土之间的应力分配。

3.施工期必须严格进行混凝土的温、湿度控制，防止混凝土裂缝。实测成果已表明一些部位的最大拉应力常在施工期出现，蓄水以后拉应力有所降低，甚至可转变为压应力，因此严格控制早期混凝土的温、湿度，是避免应力恶化的重要措施；否则易于形成裂缝，处理不当即成为运行期的隐患。一些大坝在运行期出现的问题如参窝、柘溪等，实际上和施工期遗留的问题有密切关系。

4.必须在初期蓄水前完成观测系统的施工，否则会给以后的安全监测和资料分析造成不可弥补的损失。因为蓄水过程中的观测资料非常重要，一些重要观测项目还必需以蓄水前的测值作为基准值。如果初期蓄水时，观测系统还不能投入运行，就无法取得这些无法重新弥补的成果，以后的观测资料也只是相对于蓄水后的相对值，不利于对大坝安全作出全面正确的估计。

水电站大坝安全检查与评价

李 圣 铮

我国由能源部直接管辖的水电站大坝共108座。为了加强对这些大坝的安全管理，曾颁发了一批条例、办法、规定、规程、规范等文件和技术标准，对大坝的安全运行起过一定的作用；但是，明确采用立法措施维护坝的安全还是1985年原水电部建立了“水电站大坝安全监察中心”以后。1987年颁发了《水电站大坝安全管理暂行办法》，1988年又颁发了《水电站大坝安全检查施行细则》，提出了以“预防为主、安全第一”的方针，并建立了大坝安全检查与评价制度，从而大大加强了大坝运行的安全管理。

一、大坝安全检查

目前我国对大坝的安全检查分为日常巡查、年度详查、定期检查和特种检查4种类型。各种类型检查的目的、内容和要求如下。

(一)日常巡查和年度详查

日常巡查是由有经验的大坝运行维护专业人员经常性地在现场对大坝及其附属建筑物、闸门、启闭机、电源、通讯及泄洪时的水流形态和库区岸坡等涉及安全的项目进行巡视和检查。这种检查主要是依靠目测巡视和简易工具进行检查,以反映建筑物受荷运行后的工作状况。年度详查是每年汛前、汛后或枯水期(冰冻较严重地区可为冰冻期)对大坝进行详细检查。其内容除一般的巡视检查外,还包括必要的观测资料数据分析,审阅检查运行和维护纪录等资料档案,对大坝各种设施进行全面或专项检查。上述两种检查类型均由水电厂负责,早在50年代起即已普遍实行,特别是结合每年的防汛准备与检查,大多数的运行坝都做得比较深入,收到良好的效果。随着“立法”工作与法制建设的开展,这种制度必将更加完善。

(二)定期检查

它是按照现行规范复查原设计数据、方法及安全度;审议施工方法、施工质量和施工中出现的一些特殊情况及其所带来的影响;对观测资料分析成果进行全面了解和审查;评定大坝的结构性态和安全状态;提出大坝安全检查报告和改进建议。其内容主要有下述4个方面:(1)对设计、施工、运行的评价,包括评定大坝设计是否安全、施工是否符合设计、坝工现状是否满足设计要求等3个环节;(2)现场检查与监测,主要是通过目测和原型观测所发现的征兆、缺陷、损坏或事故,分析其产生的原因、故障程度以及对大坝运行性态的潜在影响来评定建筑物的安全;(3)评定大坝结构性态和安全状况,对大坝安全进行评价;(4)对缺陷和隐患提出补救措施和意见,以作为大坝维护和加固的基础。因此,定期检查不是一种大坝有安全问题时才进行检查,而是一种例行的、全面的大坝安全“健康”检查制度,系按照我国颁发的《水电站大坝安全检查施行细则》所规定的内容和要求进行。按规定检查频次一般每5年一次。但对潜在危险不大、结构完整性有保障的工程,经主管单位同意,可以减少检查频次,但间隔时间不得超过10年。

(三)特种检查

它是一种特殊情况的检查,即当发生特大洪水或暴风雨、强烈地震、重大事故、工程非常运用以及遇有紧急情况而迅速降低水位时,或有异常迹象对大坝安全有怀疑时,应安排特种检查,是一种不定期的偶然检查制度。检查的范围取决于自然事件的严重程度和所担忧的事故后果。

定期检查和特种检查均由主管单位负责组织进行。

二、大坝安全评价

大坝安全评价是在定期检查中对大坝设计、施工、运行评价和现场检查后的基础上进行。按《水电站大坝安全检查施行细则》规定,安全评价分为险坝、病坝、正常坝3级。险坝、病坝和正常坝3种类型的确定,均由安全检查组进行定期检查后,根据细则所列各级坝的条件来评定。评定的等级需经主管单位(或业主)审查认定,对重要的大坝,还需上报行政主管部门审定。

1980～1986年期间,我国有少量大坝开展过类似于定期检查的鉴定,但缺乏明确的要求和严格的制度;而绝大多数的坝建成投产后,从未进行过定期检查。自从1987年

大坝安全监察与监测机构及学术组织

李 圣 铮

我国大坝安全机构分为“监察”和“监测”两个部门,同时为了便于学术活动的开展,还成立了学术组织。现分别简要介绍如下:

一、大坝安全监察机构

大坝安全监察机构分二级设置,部一级大坝安全监察机构为“能源部大坝安全监察中心”,系原水电部批准成立于1985年11月。此后,又先后成立了“西北地区水电站大坝安全监察中心”、“华中地区水电站大坝安全监察中心”、“东北电管局大坝安全监察分中心”、“华东地区水电站大坝安全监察中心”等地区性大坝安全监察机构。计划1989年还将成立其他地区和部分省区的大坝安全监察机构。

1.“能源部大坝安全监察中心”的主要任务是:拟定有关水电站大坝安全管理的规章,经批准后监督其实施;负责编制水电站大坝安全的近期工作计划和远景规划,以及负责组织大坝监测系统更新改造及自动化的规划,并配合主管机构实施;对水电站大坝安全实行监察和巡查;参加主管部门组织的重要大坝的安全检查;对报部的安全检查报告和鉴定报告提出评价;确认部属水电站大坝的险坝项目及其危险程度,经主管部门审批后,监督主管局除险加固;受部委托主持重要水电站大坝的加固设计审查;负责组织建立大中型水电站大坝的安全监察数据库、程序库和档案库,以及大坝安全管理技术的交流和新技术的推广应用;指导各大区安全监察(测)机构的工作;提出大坝安全管理人员的培训计划并组织实施等。

2.地区性安全监察机构的主要任务是:在部大坝安全监察中心指导下,负责本地区水电站大坝的安全监察工作。

二、大坝安全监测工作机构

(一)水工建筑物观测情报网

经原水电部科技情报所批准,于1982年9月在太平哨水电厂成立了“水工建筑物观测情报网”,开始由南京自动化研究所等8个单位为正、副网长单位,1985年改选扩编到14个正、副网长单位。现有网员单位115个,分为东、西、南、北4片活动。其业务范围主要是:(1)开展国内外情报信息和学术交流;(2)负责出版网刊《观测技术》(季

《水电站大坝安全管理暂行办法》颁发以后,各主管单位大都制定了大坝安全检查规划,并进行了定期检查试点。1988年进行了古田一级、上犹江、新丰江、枫树坝、下苇甸5座大坝的定期检查。经检查组按规定条件进行了安全评价,评定上犹江、枫树坝为正常坝;古田一级、新丰江为基本正常坝。对能源部直接管辖的108座水电站大坝,计划1995年前对其中重要的大坝进行一次定期检查,争取2000年以前全部检查一遍。

刊)；(3)出版《观测动态》。

(二)水电站大坝安全监测技术组

1983年9月，在原水电部科技司主持下成立了“混凝土大坝安全监测技术小组”，后改称“水电站大坝安全监测技术组”。该组主要任务是：研究大坝安全监测技术的发展方向，制订发展规划并组织实施，评审和监定本专业的重大科技成果；承担有关大坝安全监测方面的技术标准及规范的修编工作；参与重点水电站大坝安全监测技术问题的研究；对人才培训提出建议。

(三)南京大坝观测资料分析中心

1984年3月，经原水电部批准成立了“南京大坝观测资料分析中心”，设在南京自动化研究所内。其主要工作是：接受委托，系统分析大坝观测资料，提供安全监控所需的各种成果，协助提出安全监控指标；研究改进资料分析方法和安全监控软件，为全国水电站大坝安全监察工作服务；协助有关单位进行老坝观测系统的更新改造及调整观测系统和项目；通过资料分析，建立原型观测资料数据库，并配合进行设计反馈工作。

三、学术组织
——大坝管理与监测分会

中国水力发电工程学会水电站运行管理专业委员会于1986年7月在杭州设立了“大坝管理与监测分会”，以加强专业信息交流、总结新经验，促进新理论、新方法、新成果的应用，推动大坝安全监测工作。

全国2.5万kW以上水电厂

项目 电厂	历年主要技术经 装机容量 台容量 (台×万 kW)	总容量 (万 kW)	发电量 (万 kW·h)	全厂最高负荷 (万 kW)	平均耗水率 (m^3/kW·h)	厂用电量 (万 kW·h)
官 厅	3 × 1.0	3.0	3400	2.8	15.5	11.2
下马岭	1 × 6.5	6.5	9500	5.9	5.0	30.9
下苇甸	2 × 1.5	3.0	5000	3.0	10.0	8.3
密 云	4 × 1.5	8.8	3200	6.5	12.84	25
	2 × 0.3					
	2 × 1.1					
潘家口	1 × 15	15	1900	13	11.74	86.02
岗 南	2 × 1.5	5.86	3600	3.1	15.52	4.3
(含黄壁庄电站)	1 × 1.1					
	1 × 0.16					
	1 × 1.6					
天 桥	2 × 3.6	12.8	36700	9.5		268.67
	2 × 2.8					
桓 仁	1 × 7.25	29.45	50100		8.53	206.0
(含回龙山电站)	2 × 7.5					
	2 × 3.6					
回龙山					15.65	
太平哨	4 × 4.025	16.1	29400	16.7	29.2	128
大伙房	2 × 1.6	3.2	1400	2.8	11.6	35.36
白 山						
丰 满	1 × 6.0	55.40	101000	51.5	7.5	181
	2 × 6.5					
	5 × 7.25					
	1 × 0.15					
云 峰	4 × 10	40/2	114800	40	4.95	447
镜泊湖	2 × 1.8	9.6	17500	9.6	9.1	82
	4 × 1.5					

注：1982～1988 年生产运行情况表均由能源部电力司供稿

1982年生产运行情况表

济 指 标			历 年 水 库 运 行 情 况					
发电单位成本(元／千kW·h)	年末职工人数(人)	全员劳动生产率(元／人·年)	入库水量(亿m^3)	发电用水(亿m^3)	年末水位(m)	年末库容(亿m^3)	水库水位 最高(m)	水库水位 日期(月·日)
	98	22857	6.88	5.3	475.48	4.92	476.01	8 ·
	78	78924	5.65	5.31	348.12	0.1		
	84	38690	5.68	4.99	201.49	0.03		
53.88		10049	12.74	4.05	139.9	14.11	139.9	12 ·
181.67	378	3333	11.52	2.27	197.36	9.74	197.37	12 · 3
59.67	203	11692	8.57	2.68	195.02	6.37	95.03	12 · 31
15.72	452	53907	234.24	97.72	827.94	0.2	834.85	1 · 30
25.50	908	37849	29.87	26.15	296.3	18.59	299.92	9 · 2
			30.95	30.35	220.08	0.82		
30.66	437	44824	35.4	40.52	191.59	1.65	191.89	5 · 25
57.31	63	14762	5.54	34.7	114.38	3.27	120.25	1 · 1
	625		2.57		329.59	2.57	329.59	12 · 3
13.54	1134	58564	76.87	78.01	253.19	50.77	255.99	9 · 25
7.27	933	91571	57.83	56.9	291.68	15.54	308.77	9 · 17
29.26	427	24008	15.5	15.9	346.85	9.91	349.94	9 · 20

项目 电厂	历年主要技术经					
	装机容量		发电量（万 kW·h）	全厂最高负荷（万 kW）	平均耗水率（m^3/kW·h）	厂用电量（万 kW·h）
	台容量（台×万 kW）	总容量（万 kW）				
石　泉	3 × 4.5	13.5	60600	15.9	9.68	69
刘家峡	3 × 22.5 1 × 30 1 × 25	122.5	549000	108.0	4.42	900
盐锅峡	8 × 4.4	35.2	216800	35.5	11.43	246.0
八盘峡	5 × 3.6	18.0	90100	16.1	26.1	337.0
碧　口	3 × 10	30.0	104100	27.4	5.79	116.0
青铜峡	7 × 3.6 1 × 2.0	27.2	105600	21.0	22.32	197.18
葛洲坝	2 × 17.0 3 × 12.5	71.5	327900	72.5	25.68	1462.0
丹江口	6 × 15	90	482100	96.5	7.64	373.7
黄龙滩	2 × 7.5	15	84500	16.0	5.7	50.2
白莲河	3 × 1.5	4.5	10400	4.15	10.3	14.0
陆　水	4 × 0.88	3.52	12500	3.68	20.34	29.36
富　水	2 × 1.7	3.4	13900	3.55	15.66	16.0
柘　溪	1 × 7.25 5 × 7.5	44.75	255200	46.2	7.28	217.05
凤　滩	4 × 10	40	208500	40.0	5.83	218
双　牌	3 × 4.5	13.5	60900	14.2	11.85	49.21
沙　田	3 × 1.8	5.4	28300	5.63	3.06	28.64
三门峡	5 × 5	25	110700	25	12.28	324.7
柘　林	4 × 4.5	18	59800	14.6	13.9	68.9
上犹江	4 × 1.5	6	28700	7.2	8.99	29.4
洪　门	5 × 0.75	3.75	11100	3.75	21.3	17.2
江　口	4 × 0.88	3.52	12400	3.02	28.3	16.42
龚　嘴	7 × 10	70	313300	70.0	8.79	352.38
映秀湾	3 × 4.5	13.5	71700	11.7	8.4	375.0

续表

济 指 标			历 年 水 库 运 行 情 况					
发电单位成本(元/千kW·h)	年末职工人数(人)	全员劳动生产率(元/人·年)	入库水量(亿m³)	发电用水(亿m³)	年末水位(m)	年末库容(亿m³)	水库水位 最高(m)	水库水位 日期(月·日)
8.08	507	81238	93.71	58.65	409.82	4.59	410.05	12·21
4.73	1369	381003	311.0	242.71	1729.97	48.16	1735	11·7
4.29	687	217100		259.62	1619.08		1619.29	10·31
7.80	445	139050	316.67	234.52	1577.5	0.3	1578.03	11·22
10.74	507	156119	78.82	60.22	696.84	2.28	704.94	11·9
7.46	647	108751	341.75	237.18	1156.03	0.57	1156.38	9·9
16.29	1475	161722	4537.22	842.07	60.18	12.15	62.92	8·20
	558	562597	464.56	368.29	153.71	151.5	159.96	10·6
4.91	597	91993	82.2	47.9	237.0	7.3	248.24	7·27
14.00	163	41350	12.2	10.72	99.2	5.15	101.86	9·2
22.69	300	26906	28.28	25.34	52.35	4.48	55.01	8·15
14.41	167	54132	30.5	21.75	51.74	6.11	54.86	1·1
3.92	693	243658	220.33	185.95	167.91	27.87	170.04	9·19
5.00	651	207601	188.48	121.54	197.94	10.94	203.54	8·25
12.52	367	107485	104.88	72.11	165.76	2.79	170.02	8·22
6.55	280	65956		8.98	470.47	0.16	474.28	10·14
10.12	1083	66410	367.06	135.94	310.56	1.48	323.99	4·27
9.75	670	59207	71.21	82.86	47.15	15.6	56.51	4·8
8.75	500	37745	26.7	25.84	195.46	6.0	198.13	3·22
16.20	385	18818	29.67	23.83	91.63	1.57	99.13	6·19
14.73	327	24722	42.74	35.14	65.8	1.87	71.85	6·19
6.60	1123	186982	430.24	275.38	253.9	2.9	528.48	11·9
9.20	936	104197	115.4	60.1	944.0	0.01	945	

电厂＼项目	装机容量		发电量 (万 kW·h)	全厂最高负荷 (万 kW)	平均耗水率 (m^3/kW·h)	厂用电量 (万 kW·h)
	台容量 (台×万 kW)	总容量 (万 kW)				
渔子溪一级	4 × 4	16	75200	16		
龙溪河梯级		13.95	69600	14.97		70.9
其中:狮子滩	4 × 1.2				2.84	
上　硐	1 × 0.3 1 × 0.75					
回龙寨	2 × 0.8					
下　硐	2 × 1.5					
大洪河	4 × 0.875				5.11	
磨房沟	3 × 1.25	3.75	4100	1.26		26.08
以礼河梯级		32.15	124700	29.7	2.78	352.5
其中:毛家村	2 × 0.8					
水槽子	2 × 0.875					
盐水沟	4 × 3.6					
小　江	4 × 3.6					
西洱河梯级		20.5	39900	13.8	1.08	102.7
其中:一级	3 × 3.5					
二级	4 × 1.25					
四级	4 × 1.25					
绿水河	1 × 1.25 3 × 1.5 4 × 2	6.55	37000	6.55	2.10	112.3
六郎洞	2 × 1.25	2.5	15600	2.66		9.9
大　寨	4 × 1	4	13800	3.8		37.17
乌江渡	3 × 21	63	209600	49.9	3.64	168.71
猫跳河梯级		24.05	50400	15.0		82.11
其中:红　枫	2 × 1		4000	2.05	12.7	10.99
百　花	2 × 1.1		5000	2.35	11.3	11.95

续表

济 指 标			历 年 水 库 运 行 情 况					
发电单位成本（元／千kW·h）	年末职工人数（人）	全员劳动生产率（元／人·年）	入库水量（亿m^3）	发电用水（亿m^3）	年末水位（m）	年末库容（亿m^3）	水库水位 最高（m）	水库水位 日期（月·日）
						0.002		
9.33	1380	33480						
			26.08	15.29	345.66	8.13	347.42	10·13
			10.92	7.25	291.47	1.45	293.57	7·30
39.67	335	8372						
13.62	2006	41317						
			3.45	4.09	2209.96	1.96	2216.97	1·1
22.99	1257	21203						
			1.83	4.62	1970.87	21.1	1971.92	1·1
10.70	468	50719		7.64	477.0	0.002		
6.80	137	75185			1084.0		1086.89	9·16
14.59	362	25193		3.31				
6.15	654	214497	171.82	76.38	753.49	18.49	760.57	8·26
21.63	926	35394						
	111	23450	7.8	5.07	1236.90	4.48	1237.72	12·6
	89	36966	6.05	5.75	1192.06	1.63	1192.21	10·3

电厂＼项目	装机容量 台容量 (台×万kW)	装机容量 总容量 (万kW)	历年主要技术经… 发电量 (万kW·h)	全厂最高负荷 (万kW)	平均耗水率 (m³/kW·h)	厂用电量 (万kW·h)
修 文	2×1		6000	2.05	11.9	11.69
窄巷口	3×1.5		5000	4.5	7.9	12.05
红 林	3×3.4		22200	10.2		20.98
红 岩	2×1.5		6800	2.9	12.9	12.25
新安江	4×7.5 5×7.25	66.25	169000	66.1	5.61	642.74
富春江	1×5.72 4×6	29.72	78000	30.4	27.5	272.4
乌溪江梯级						
其中:湖南镇	4×4.25	17.0	34600	17.6	4.4	67.52
黄坛口	4×0.75	3	11100	3.55	15.1	18.78
陈 村 (包括纪村)	3×5 2×1.7	18.4	38100	14.8	10.19	39.66
响洪甸	4×1.0	4.0	7700	4.0	8.54	6.87
梅 山	4×1.0	4	10400	4.5	10.8	12.0
佛子岭 (包括磨子潭1台 1.6万kW机组)	2×0.1 2×1.0 3×0.3 1×1.6	4.7	16100	5.1	13.3	17.2
毛尖山	2×1.25	2.5	3700	2.63	3.74	5.4
花凉亭	2×1.0	2	2400	0.66	18.9	7.86
新丰江	3×7.25 1×8.5	30.25	123500	30.0	6.25	73.62
枫树坝	2×8	16	55800	16	7.14	62.46
牛路岭	4×2	8	15000	6		76.7
南 水	3×2.5	7.5	30000	7.5	34.7	50.97
长 湖	2×3.6	7.2	28900	7.4	13.09	69.67
流溪河	4×1.05	4.2				

续表

济指标			历年水库运行情况					
发电单位成本（元／千kW·h）	年末职工人数（人）	全员劳动生产率（元／人·年）	入库水量（亿 m^3）	发电用水（亿 m^3）	年末水位（m）	年末库容（亿 m^3）	水库水位 最高（m）	水库水位 日期（月·日）
	108	35981	7.24	7.13	1129.59	0.1	1130.97	6·15
	95	37132	8.73	4.29	1085.54	0.05	1092.4	9·27
	99	145668						
	87	51224	9.4	8.8	882.68	0.28	884.56	11·28
8.93	815	140466	89.89	94.84	96.12	116.78	101.75	8·12
13.11	543	94366	227.18	214.19	23.05	4.44	23.97	3·7
16.77	339	66367	20.58	15.22	213.28	9.87	222.24	6·23
16.35	229	30488	17.59	16.67	114.52	0.77	116.11	9·27
15.11	476	51749	24.96	30.73	102.93	6.87	111.72	1·1
29.99	328	15500	13.39	6.6	126.14	14.86	129.16	12·28
26.70		19817	18.32	11.2	128.25	13.71	129.43	12·1
27.46	501	20918	15.88	15.2	104.67	0.84	125.6	4·5
20.93	180	13000	1.4	1.39	357.56	0.09	364.98	7·20
34.19	162	9814	14.4	6.53	64.41	2.69	68.26	7·20
5.95	549	146266	64.98	77.21	105.02	72.3	109.98	1·1
7.60	382	94900	39.1	39.82	152.39	9.36	160.3	9·18
3.79	340	28676			105.96	5.59	106.75	12·13
	319	59321	10.04	10.29	204.67	5.42	210.46	6·16
8.62	289	65453	46.43	37.83	57.44	0.97	62.1	11·28

电厂 \ 项目	装机容量		发电量 (万 kW·h)	全厂最高负荷 (万 kW)	平均耗水率 (m^3/kW·h)	厂用电量 (万 kW·h)
	台容量 (台×万 kW)	总容量 (万 kW)				
潭岭	3 × 1.25	3.75	18700		0.98	39.18
西津	2 × 5.72 2 × 6	23.44	120100	26.1	25.2	252.4
麻石	1 × 2.8 2 × 3.6	10	45000	9.45	24.4	92.66
合面狮	4 × 1.7	6.8	27600	5.8		44.7
恶滩	1 × 6	6	30100	5.7	37.7	120.56
拉浪	3 × 1.7	5.1	23500	5.5	15.6	35.97
洛东	2 × 2	4	27200	4.8	22.0	38.13
澄碧河	4 × 0.65	2.6	11600	2.65	10.1	17.77
古田梯级					4.13	
其中:古田	2 × 0.62 4 × 1.25	6.2	25600	6.15		82.05
龙亭	2 × 6.5	13	27000	10.7		18.49
高洋	1 × 1.6 1 × 1.7	3.3	8200	3.3		16.15
宝湖	2 × 1.7	3.4	9400	3.4		15.19
安砂	2 × 2 1 × 7.5	11.5	62700	11.5	7.06	60.89
池潭	2 × 5	10	54900	10.0	7.8	65.68
华安	4 × 1.5	6	32100	6.0	8.8	71.6
山美	2 × 1.5	3	5700	2.95	11.73	18.24
船场溪	2 × 1.25	2.5	6500	2.0		12.13

(表头续:历年主要技术经……)

续表

济指标			历年水库运行情况					
发电单位成本（元／千kW·h）	年末职工人数（人）	全员劳动生产率（元／人·年）	入库水量（亿 m^3）	发电用水（亿 m^3）	年末水位（m）	年末库容（亿 m^3）	水库水位	
							最高（m）	日期（月·日）
8.57	232	52688	1.71	1.83	631.26	0.51	638.46	6 · 18
5.10	593	136270	462.1	362.72	61.05	10.59	61.81	11 · 12
6.64	353	85437	182	110.0	132.13	1.28	134.07	6 · 15
17.02	376	52947	69.09	35.1	67.34	2.24	88.31	8 · 17
6.92	234	83725		114.0	96.91		105.39	6 · 19
5.48	206	74155	70.33	37.06	176.46	0.98	177.38	10 · 6
4.31	185	95635	124	59.8	115.93	0.57	117.62	9 · 20
8.38	100	77000	7.85		180.12	7.6	180.84	
7.84	936	49986	12.39	10.55				
					373.7	3.06	379.26	8 · 31
					253.06	0.12	254.98	6 · 15
					127.3	0.07	130.35	5 · 10
					99.24	0.06	100.5	3 · 1
4.01	369	115132	54.35	43.49	260.66	5.08	265.07	11 · 30
4.75	318	112318	57.59	42.65	273.7	6.58	275.61	7 · 31
8.99	348	58289	49.84	28.27	94.0	0.03	940	
32.54	251	13116	6.81	6.65	79.94	1.52	85.59	9 · 4
13.62	198	21654	4.03					

全国2.5万kW以上水电厂

电厂＼项目	装机容量 台容量 (台×万kW)	装机容量 总容量 (万kW)	发电量 (万kW·h)	全厂最高负荷 (万kW)	平均耗水率 (m^3/kW·h)	厂用电量 (万kW·h)
官厅	3×1.0	3.0	4100	2.7	15.4	14.1
下马岭	1×6.5	6.5	10800	6.0	5.0	30.1
下苇甸	2×1.5	3.0	5800	3.0	10.0	9.1
密云	4×1.5 2×0.3 2×1.1	8.8	6200	6.5	10.7	33.0
潘家口	1×15	15	13300	15.0	7.2	79.9
岗南 (含黄壁庄电站)	2×1.5 1×1.1 1×1.6 1×0.16	5.86	8900	5.45	10.34	9.2
天桥	2×3.6 2×2.8	12.8	42300	9.8		279.26
桓仁 (含回龙山电站)	1×7.25 2×7.5 2×3.6	29.45	65900		8.09	228.0
回龙山					6.19	
太平哨	4×4.025	16.1	37800	16.8	11.7	120.0
大伙房	2×1.6	3.2	1000	3.44	24.6	34.66
白山	1×30	30	1700	20.0		
丰满	1×6.0 2×6.5 5×7.25 1×0.15	55.40	154000	62.2	6.81	179.0
云峰	4×10	40／2	155300	40.0	4.53	444.0
镜泊湖	2×1.8 4×1.5	9.6	33900	10.4	8.5	87.0

1983年生产运行情况表

济 指 标			历 年 水 库 运 行 情 况					
发电单位成本(元/千kW·h)	年末职工人数(人)	全员劳动生产率(元/人·年)	入库水量(亿m^3)	发电用水(亿m^3)	年末水位(m)	年末库容(亿m^3)	水库水位 最高(m)	水库水位 日期(月·日)
	90	29556	5.87	6.3	474.64	4.16	476.01	3 ·
	80	87875	6.79	6.06	346.89	0.09		
	84	45119	6.35	5.83	201.36	0.03		
31.03	209	19330	4.25	6.63	137.25	11.52	140.39	3 ·
34.69	336	25629	12.51	9.54	201.59	11.52	204.16	12 · 6
23.74	197	28945	5.89	6.35	190.97	4.63	196.13	3 · 21
13.67	483	59349	314.03	107.25	827.05	0.28	834.5	10 · 13
20.25		48264	34.93	34.26	296.32	18.6	300.61	9 · 22
			39.69	38.11	220.46	0.85		
23.38	447	57209	44.4	44.7	191.44	1.63	191.83	4 · 29
123.80	63	10159	17.29	2.42	131.06	13.68	131.06	11 · 28
	715		22.03		379.38	22.03	380.66	11 · 26
9.37		92088	130.3	107.34	254.6	61.64	261.34	
6.13	990	92105	67.44	61.34	300.37	21.19	311.42	9 · 25
16.00	457	45904	40.0	28.8	348.51	11.14	353.91	8 · 9

项目 / 电厂	历年主要技术经					
	装机容量		发电量 (万 kW·h)	全厂最高负荷 (万 kW)	平均耗水率 (m^3/kW·h)	厂用电量 (万 kW·h)
	台容量 (台×万 kW)	总容量 (万 kW)				
石　泉	3 × 4.5	13.5	84500	15.6	9.8	76.0
刘家峡	3 × 22.5 1 × 30 1 × 25	122.5	563000	113.0	4.3	920.0
盐锅峡	8 × 4.4	35.2	221100	36.0	11.92	286.0
八盘峡	5 × 3.6	18	93800	16.8	26.0	350.0
碧　口	3 × 10	30	95000	24.5	5.79	113.0
青铜峡	7 × 3.6 1 × 2.0	27.2	109300	24.1	22.46	205.89
葛洲坝	2 × 17 5 × 12.5	96.5	608800	93.0	27.22	3153.0
丹江口	6 × 15	90	498300	95.5	7.32	376.7
黄龙滩	2 × 7.5	15	90300	16.0	5.4	54.0
白莲河	3 × 1.5	4.5	11300	4.5	9.63	15.0
陆　水	4 × 0.88	3.52	13300	3.86	19.64	29.99
富　水	2 × 1.7	3.4	15900	3.7	13.98	20.0
柘　溪	1 × 7.25 5 × 7.5	44.75	216400	45.7	7.21	199.01
风　滩	4 × 10	40	229200	40.0	5.78	236.0
双　牌	3 × 4.5	13.5	53500	14.4	11.76	55.0
马迹塘	3 × 1.85	5.55	8500	4.28	59.72	81.82
沙　田	3 × 1.8	5.4	26000	5.59	3.08	30.03
三门峡	5 × 5	25	115200	25	12.54	302.01
柘　林	4 × 4.5	18	61400	17.9	12.14	65.3
上犹江	4 × 1.5	6	29600	7.5	8.7	31.9
洪　门	5 × 0.75	3.75	16200	4.14	19.05	17.0
江　口	4 × 0.88	3.52	11500	3.1	28.96	17.59
龚　嘴	7 × 10	70	321320	70.0	8.76	353.54

续表

济 指 标			历 年 水 库 运 行 情 况						
发电单位成本(元/千kW·h)	年末职工人数(人)	全员劳动生产率(元/人·年)	入库水量(亿m³)	发电用水(亿m³)	年末水位(m)	年末库容(亿m³)	水库水位	
							最高(m)	日期(月·日)
6.24	453	113726	216.47	82.84	409.55	4.54	409.9	1·2
4.61	1099	373129	367.11	242.21	1732.25	47.8	1735.49	11·1
4.23	686	215700	376.42	263.53	1618.57		1619.4	9·19
7.78	453	140138	389.34	243.4	1578.0	0.33	1578.25	11·1
12.78	506	122579	93.45	54.97	701.44	2.85	704.98	11·18
7.22	624	114013	409.06	248.68	1155.49	0.48	1156.4	1·28
12.21	1615	236964	4870.06	1657.26	63.3	13.99	63.95	8·22
	564	573274	759.98	364.95	154.9	159.8	160.07	10·7
4.67	600	97800	93.0	49.0	235.95	7.3	249.72	10·7
13.60	165	44485	23.38	10.88	102.18	6.81	104.89	7·5
20.91	300	28868	39.84	26.17	52.82	4.69	56.01	7·8
13.49	170	61412	29.66	22.23	54.19	7.61	58.95	7·16
4.61	702	201092	161.59	156.13	160.39	18.63	169.68	2·5
4.76	630	232401	205.5	132.38	192.33	8.97	204.22	8·12
13.17	370	94559	112.84	62.74	162.62	2.03	170.16	2·17
24.95	318	17445	57.4	38.38	54.47	0.06	55.94	9·21
7.20	287	60558	0.09	8.01	470.18	0.16	474.11	9·29
9.30	1076	69609	522.92	144.5	312.58	1.47	323.73	5·12
9.87	658	59790	114.76	74.58	55.88	26.6	65.31	7·11
9.02	494	38002	33.35	25.73	189.18	3.99	198.95	3·11
11.84	399	26346	33.04	30.82	91.75	1.61	100.07	6·28
16.30	340	22470	35.54	33.44	64.43	1.43	69.63	7·17
7.89	1109	188160	412.38	281.61	526.3	3.21	528.36	1·21

项目 电厂	历年主要技术经					
	装机容量		发电量 (万 kW·h)	全厂最高负荷 (万 kW)	平均耗水率 (m^3/kW·h)	厂用电量 (万 kW·h)
	台容量 (台×万 kW)	总容量 (万 kW)				
映秀湾	3 × 4.5	13.5	71700	11.7	8.4	375.0
渔子溪一级	4 × 4	16	75200	16.0	1.5	
龙溪河梯级		13.95	73700	14.56		88.4
其中:狮子滩	4 × 1.2				2.84	
上　硐	1 × 0.3					
	1 × 0.75					
回龙寨	2 × 0.8					
下　硐	2 × 1.5					
大洪河	4 × 0.875	3.5			5.12	
磨房沟	3 × 1.25	3.75	4200	1.25		26.01
以礼河梯级		32.15	124700	29.7	2.84	346.24
其中: 毛家村	2 × 0.8					
水槽子	2 × 0.875					
盐水沟	4 × 3.6					
小　江	4 × 3.6					
西洱河梯级		20.5	25700	16.5	1.11	71.5
其中: 一级	3 × 3.5					
二级	4 × 1.25					
四级	4 × 1.25					
绿水河	1 × 1.25	6.55	38700	6.55	2.1	84.6
	3× 1.5					
	4 × 0.2					
六郎洞	2 × 1.25	2.5	17000	2.6		10.1
大　寨	4 × 1.0	4.0	17900	4.58	2.4	49.45
乌江渡	3 × 21	63	321700	63.0	3.44	250.78
猫跳河梯级		24.05	81300	16.0		103.12
其中: 红　枫	2 × 1.0	2.0	8000	2.02	11.1	11.98

续表

济　指　标			历　年　水　库　运　行　情　况					
发电单位成本(元／千kW·h)	年末职工人数(人)	全员劳动生产率(元／人·年)	入库水量(亿 m^3)	发电用水(亿 m^3)	年末水位(m)	年末库容(亿 m^3)	水库水位	
							最高(m)	日期(月·日)
9.20	936	104197	116.3	60.4	944.8	0.006	945.2	
			14.0	11.0	1198.8	0.003	1198.8	
10.30	1453	33739						
			19.48	16.38	345.04	7.75	347.22	11 · 15
			9.77	7.66	288.92	0.95	293.49	7 · 14
41.19	330	8302						
13.62	2006	41317	4.67	3.04	2221.74	3.74	2223.7	11 · 18
42.51	1293	12977	5.82	2.98	1672.24	24.4	1972.39	11 · 16
10.29	467	33023	9.98	8.14	477.0	0.002		
6.24	133	82560			1085.0		1087	11 · 15
11.05	669	29664		4.29	1481.6			
6.58	397	309377	195.14	110.65	757.58	20.29	759.61	9 · 24
14.90	985	53672						
	110	47155	8.38	8.89	1235.28	3.98	1239.37	9 · 20

项目 电厂	历年主要技术经					
	装机容量		发电量 (万 kW·h)	全厂最高负荷 (万 kW)	平均耗水率 (m^3/kW·h)	厂用电量 (万 kW·h)
	台容量 (台×万 kW)	总容量 (万 kW)				
百花	2 × 1.1	2.2	8500	2.35	10.9	10.36
修文	2 × 1	2.0	8800	2.2	11.5	12.27
窄巷口	3 × 1.5	4.5	9500	4.5	7.68	20.13
红林	3 × 3.4	10.2	34500	10.2		25.24
红岩	2 × 1.5	3.0	11300	2.9	10.2	20.64
新安江	4 × 7.5 5 × 7.25	66.25	206100	67.0	5.41	856.41
富春江	1 × 5.72 4 × 6.0	29.72	99900	30.7	29.4	313.62
乌溪江梯级						
其中:湖南镇	4 × 4.25	17	67300	18.7	4.07	82.14
黄坛口	4 × 0.75	3.0	18500	3.49	15.7	21.68
陈村 (包括纪村)	3 × 5 2 × 1.7	18.4	40100	15.0	8.86	43.12
响洪甸	4 × 1.0	4.0	7700	4.0	9.13	6.87
梅山	4 × 1.0	4.0	18400	4.6	8.9	19.0
佛子岭 (包括磨子潭)	2 × 0.1 2 × 1.0 3 × 0.3 1 × 1.6	4.7	18300	5.0	13.7	21.6
毛尖山	2 × 1.25	2.5	6000	2.72	3.68	6.22
花凉亭	2 × 1.0	2.0	4000	1.41	19.6	9.31
新丰江	3 × 7.25 1 × 85	30.25	149000	30.0	5.84	77.36
枫树坝	2 × 8.0	16	72100	16.0	1.58	72.65
牛路岭	4 × 2.0	8.0	19800	8.1		86.82
南水	3 × 2.5	7.5	28000	7.5	3.34	55.12
长湖	2 × 3.6	7.2	39800	7.45	12.68	79.41

续表

济　指　标			历 年 水 库 运 行 情 况					
发电单位成本(元/千kW·h)	年末职工人数(人)	全员劳动生产率(元/人·年)	入库水量(亿m^3)	发电用水(亿m^3)	年末水位(m)	年末库容(亿m^3)	水库水位 最高(m)	水库水位 日期(月·日)
	91	60622	9.52	9.28	1193.65	1.63	1193.99	12·5
	98	58136	10.18	10.09	1129.9	0.11	1131.3	7·5
	96	64607	11.85	7.33	1088.98	0.06	1091.9	12·13
	102	19875						
	86	85051	12.07	11.5	883.25	0.29	887.15	7·20
7.62	827	162942	168.32	111.49	101.06	139.39	107.63	6·30
10.78	546	119119	390.77	293.71	22.18	3.98	24.07	8·27
12.48	381	114844	28.79	27.43	210.48	9.05	231.28	7·13
10.32	231	53008	34.26	29.11	114.84	0.79	116.05	6·28
14.55	458	56317	43.56	35.53	102.89	6.85	118.75	7·7
29.99	328	15500	19.29	14.33	128.02	14.14	129.14	1·1
28.10	353	34587	22.57	16.13	128.01	13.59	130.44	7·27
37.11	497	23863	24.1	16.65	109.89	1.38	124.28	10·22
13.15	179	22194	2.59	2.23	350.5	0.08	366.57	7·5
20.83	169	15246	11.67	8.09	69.07	4.31	73.4	7·7
7.62	572	181400	110.02	86.97	107.61	79.77	116.72	6·20
6.25	394	119000	68.8	47.46	138.8	5.16	165.49	3·12
2.99	340	37878			102.49	4.59	106.84	11·8
	315	56911	11.92	9.18	208.54	6.56	219.27	6·17
6.87	294	87999	85.27	50.47	56.15	0.9	62.11	1·10

项目 电厂	历年主要技术经					
	装机容量		发电量 (万 kW·h)	全厂最高负荷 (万 kW)	平均耗水率 (m^3/kW·h)	厂用电量 (万 kW·h)
	台容量 (台×万 kW)	总容量 (万 kW)				
流溪河	4 × 1.05	4.2				
潭岭	3 × 1.25	3.75	19100		0.97	43.85
西津	2 × 5.72 2 × 6.0	23.44	126200	26.6	25.1	238.4
麻石	1 × 2.8 2 × 3.6	10	40300	9.6	23.6	83.88
合面狮	4 × 1.7	6.8	25600	6.2		45.2
恶滩	1 × 6.0	6.0	32700	5.7	38.9	93.57
拉浪	3 × 1.7	5.1	26200	5.3	15.5	33.25
洛东	2 × 2.0	4.0	27300	4.8	21.7	35.57
澄碧河	4 × 0.65	2.6	14600	2.67	9.8	19.56
大化	1 × 10	10	6600	10.8		13.17
古田梯级						
其中:古田	2 × 0.62 4 × 1.25	6.2	31700	6.17	3.94	87.2
龙亭	2 × 6.5	13	33300	10.7		21.22
高洋	1 × 1.6 1 × 1.7	3.3	11400	3.3		17.9
宝湖	2 × 1.7	3.4	11400	3.4		15.78
安砂	2 × 2 1 × 7.5	11.5	61000	11.5	6.91	65.2
池潭	2 × 5	10	61000	10.0	7.22	67.1
华安	4 × 1.5	6	36500	6.0	10.09	63.29
山美	2 × 1.5	3	8800	3.6	9.5	17.56
船场溪	2 × 1.25	2.5	9100	2.05	5.02	13.64

续表

济 指 标			历 年 水 库 运 行 情 况					
发电单位成本（元／千kW·h）	年末职工人数（人）	全员劳动生产率（元／人·年）	入库水量（亿m^3）	发电用水（亿m^3）	年末水位（m）	年末库容（亿m^3）	水库水位 最高（m）	水库水位 日期（月·日）
8.64	224	55205	2.3	1.85	632.74	0.61	643.16	6·19
4.99	167	138419	432.02	376.07	61.60	10.75	61.96	3·1
7.69	345	73886	189	95.2	133.5	1.44	134.38	6·21
17.99	368	49313	85.33	32.76	84.78	1.84	88.12	1·19
6.24	242	87356		127.0	95.13	0.76	108.6	6·24
5.16	208	80832	76.54	40.65	176.9	1.02	177.52	4·9
4.43	203	92592	137.02	59.5	107.16	0.25	120.48	6·23
6.74	108	87600	7.84		179.47	7.39	180.8	10·
	502	8580			144.97	2.32		
6.56	918	61703	14.9	12.5				
					362.91	1.02	382.09	6·24
					252.94	0.11	259.06	16·6
					127.2	0.07	134	6·16
4.22	359	108891	71.23	41.2	96.9	0.05	100.47	11·15
4.40	327	121443	63.48	44.12	254.07	3.55	265	
8.02	329	69853	12.59	8.85	254.51	1.86	276.05	7·2
26.54	251	20280	94.89	34.67	76.1	1.9	92.11	6·20
10.78	195	28274	8.98	4.59	94.0	0.03	94	

全国2.5万kW以上水电厂

项目 电厂	历年主要技术经 装机容量 台容量 (台×万 kW)	 总容量 (万 kW)	 发电量 (万 kW·h)	 全厂最 高负荷 (万 kW)	 平均耗 水率 (m^3/kW·h)	 厂用电量 (万 kW·h)
官厅	3 × 1.0	3	3000	2.7	15.8	17.2
下马岭	1 × 6.5	6.5	7100	6.0	5.0	27.8
下苇甸	2 × 1.5	3	4500	3.0	10.0	9.4
密云	4 × 1.5 2 × 0.3 1 × 1.1	7.7	5300	6.16	11.19	36.0
潘家口	1 × 15	15	12100	15.0	7.64	91.3
岗南	2 × 1.5 1 × 1.1 1 × 1.6 1 × 0.16	5.86	5900	5.01	11.2	5.63
天桥	2 × 3.6 2 × 2.8	12.8	44500	10.3		311.7
桓仁 (含回龙山电站)	1 × 7.25 2 × 7.5 2 × 3.6	29.45	58500	26.9	8.31	246.0
回龙山					16.21	
太平哨	4 × 4.025	16.1	34700	17.1	11.62	152.0
大伙房	2 × 1.6	3.2	3600	3.5	13.5	55.32
白山	3 × 30	90	103600	93	5.22	258.0
丰满	1 × 6 2 × 6.5 5 × 7.25 1 × 0.15	55.40	139000	53.7	7.23	366.0
云峰	4 × 10	40/2	127000	40.0	4.78	432.0
镜泊湖	2 × 1.8 4 × 1.5	9.6	24800	10.1	8.6	87.0

1984年生产运行情况表

济 指	标		历 年	水 库	运 行	情 况		
发电单位成本(元／千kW·h)	年末职工人数(人)	全员劳动生产率(元／人·年)	入库水量(亿m^3)	发电用水(亿m^3)	年末水位(m)	年末库容(亿m^3)	水库水位 最高(m)	水库水位 日期(月·日)
	83	23855	3.72	4.8	472.81	2.64	475.45	4 ·
	88	52500	4.85	3.56	348.62	0.11	348.88	12 ·
	86	54186	4.82	4.52	201.39	0.03	201.83	9 ·
39.64	209	16555	2.12	5.95	132.33	7.72	137.55	2 ·
41.26	327	24067	9.01	9.25	198.53	10.2	201.82	4 · 5
36.24	185	20215	2.29	4.34	181.95	2.08	192.55	2 · 29
13.27	486	61996	549.53	107.36	832.15	0.22	834.9	11 · 29
23.36	1011	40773	30.1	30.37	295.23	17.69	298.64	9 · 1
			35.79	35.49	220.37	0.84		
25.93	465	49845	41.3	40.7	191.52	1.64	191.78	3 · 8
36.12	65	36308	8.85	4.92	126.91	10.39	131.13	5 · 7
17.29	821	98985	19.06	53.99	374.51	19.06	380.4	1 · 20
10.66	1087	83036	95.72	102.77	251.24	47.9	255.41	
6.90	999	89534	53.42	60.76	287.89	13.41	304.32	7 · 18
22.15	476	34530	24.1	24.1	349.8	12.24	352.05	9 · 4

电厂 \ 项目	历年主要技术经					
	装机容量		发电量 (万 kW·h)	全厂最高负荷 (万 kW)	平均耗水率 (m^3/kW·h)	厂用电量 (万 kW·h)
	台容量 (台×万 kW)	总容量 (万 kW)				
石泉	3×4.5	13.5	71500	15.6	9.86	85.0
刘家峡	3×22.5 1×30 1×25	122.5	550000	115.0	4.34	920.0
盐锅峡	8×4.4	35.2	216700	35.2	11.9	317.0
八盘峡	5×3.6	18	95600	16.7	25.6	333.0
碧口	3×10	30	120100	30.4	5.93	134.0
青铜峡	7×3.6 1×2.0	27.2	109900	24.4	22.47	226.0
葛洲坝	2×17 5×12.5	96.5	708400	101.5	24.74	3739.0
丹江口	6×15	90	481300	94.4	7.12	357.5
黄龙滩	2×7.5	15	86200	16	5.3	54.0
白莲河	3×1.5	4.5	8100	4.5	10.6	19.0
陆水	4×0.88	3.52	9200	3.58	21.21	29.96
富水	2×1.7	3.4	12900	3.5	14.78	25.0
柘溪	1×7.25 5×7.5	44.75	191900	45.8	7.61	199.74
风滩	4×10	40	187600	40	5.72	209.0
双牌	3×4.5	13.5	40700	14.6	12.14	61.02
马迹塘	3×1.85	5.55	20100	4.65	63.34	175.44
沙田	3×1.8	5.4	22500	5.7	3.06	33.59
三门峡	5×5	25	107500	25.0	12.19	28.46
柘林	4×4.5	18	60100	16.8	12.3	72.5
上犹江	4×1.5	6	21100	7.21	9.26	32.9
洪门	5×0.25	3.75	13200	3.86	19.2	19.2
江口	4×0.88	3.52	10400	2.88	29.22	19.0
龚嘴	7×10	70	315500	70	8.76	366.94

续表

济 指 标			历 年 水 库 运 行 情 况					
发电单位成本（元／千kW·h）	年末职工人数（人）	全员劳动生产率（元／人·年）	入库水量（亿m³）	发电用水（亿m³）	年末水位（m）	年末库容（亿m³）	水库水位 最高（m）	水库水位 日期（月·日）
7.23	440	104144	137.98	70.49	409.9	4.61	410.15	12·5
4.75	1104	332071	312.17	238.95	1731.02	47.58	1735.57	10·2
4.38	687	208300	327.67	257.74	1619.0		1619.39	12·20
7.83	469	138089	333.24	245.12	1577.93	0.37	1578.29	9·22
9.37	519	176467	111.31	83.06	700.07	2.67	705.45	11·19
7.59	469	115306	346.36	248.9	1156.19	0.59	1156.36	2·18
11.46	2025	250806	4558.83	1752.58	63.71	14.27	64	6·13
8.16	610	548959	564.7	342.97	155.06	160.92	156.98	10·19
5.06	618	90663	74.3	45.7	239.37	7.91	249.98	11·16
22.00	169	31124	9.18	8.6	96.55	4.03	102.18	1·1
26.58	300	20000	23.3	19.59	53.24	4.89	54.39	10·23
19.6	194	43247	20.47	19.06	54.95	8.09	56.49	10·28
5.67	722	175440	162.04	146.07	163.76	22.51	167.01	10·23
6.08	640	194959	139.0	107.25	201.36	12.25	205	7·24
15.25	365	71519	76.21	49.27	165.71	2.78	169.7	5·30
25.71	337	30593	182.29	134.0	55.51	0.12	56.03	9·8
8.67	283	52051	0.06	6.93	468.25	0.16	474.23	8·27
9.93	933	74903	444.85	131.01	310.57	1.42	324.58	8·1
13.10	633	62681	73.97	73.88	55.14	25.0	60.43	7·24
11.95	515	27014	20.2	19.51	190.22	4.28	197.36	10·4
20.06	400	21350	26.3	25.32	93.65	2.22	99.07	6·19
18.20	347	19669	33.91	30.5	65.85	1.89	69.49	9·2
8.15	1135	183737	398.24	276.38	525.66	3.14	528.45	10·20

项目 / 电厂	历年主要技术经					
	装机容量		发电量 (万 kW·h)	全厂最高负荷 (万 kW)	平均耗水率 (m^3/kW·h)	厂用电量 (万 kW·h)
	台容量 (台×万 kW)	总容量 (万 kW)				
映秀湾	3 × 4.5	13.5	153100	11.7	8.3	409.0
渔子溪一级	4 × 4.0	16		16		
龙溪河梯级		13.95	69500	14.74		97.0
其中: 狮子滩	4 × 1.2				2.87	
上　硐	1 × 0.3 1 × 0.75					
回龙寨	2 × 0.8					
下　硐	2 × 1.5					
大洪河	4 × 0.875	3.5			5.18	
磨房沟	3 × 1.25	3.75	14300	3.56	0.96	51.87
以礼河梯级		32.15	134100	3.09	2.91	352.2
其中: 毛家村	2 × 0.8					
水槽子	2 × 0.875					
盐水沟	4 × 3.6					
小　江	4 × 3.6					
西洱河梯级		20.5	50000	17.4	1.08	92.9
其中: 一级	3 × 3.5					
二级	4 × 1.25					
四级	4 × 1.25					
绿水河	1 × 1.25 3 × 1.5 4 × 0.2	6.55	39900	6.55	2.1	92.5
六郎洞	2 × 1.25	2.5	18100	2.65		11.1
大　寨	4 × 1.0	4.0	20800	5.48	2.4	55.82
乌江渡	3 × 21	63	335500	63	3.37	345.13
猫跳河梯级		24.05	79400	20		103.82
其中: 红　枫	2 × 1.0	2.0	6300	2	11.9	14.47

续表

济　指　标			历 年 水 库 运 行 情 况					
发电单位成本（元／千kW·h）	年末职工人数（人）	全员劳动生产率（元／人·年）	入库水量（亿 m^3）	发电用水（亿 m^3）	年末水位（m）	年末库容（亿 m^3）	水库水位 最高（m）	水库水位 日期（月·日）
9.49	1052	102062	110.1	60.4	944.6	0.53	945	
11.15	1472	30945						
			17.06	16.37	344.15	7.23	346.9	10·23
			7.23	5.84	290.52	1.25	291.75	7·7
15.38	323	28589	1.73	1.37				
13.33	1761	45793	4.17	4.06	2222.1	3.81	2223.86	10·24
22.30	1302	24935	6.96	5.23	1973.01	26.33	1973.43	10·30
10.26	474	53219	8.67	8.36	477.0	0.002		
6.00	125	89962		6.83	1084.0		1086.5	7·14
13.48	369	36449		5.0	1481.5			
6.67	726	307053	158.48	113.86	751.8	17.82	760.08	10·3
15.73		51330						
	70	58191	7.63	7.46	1236.21	4.16	1238.87	10·26

项目 / 电厂	历年主要技术经					
	装机容量		发电量 (万 kW·h)	全厂最高负荷 (万 kW)	平均耗水率 (m^3/kW·h)	厂用电量 (万 kW·h)
	台容量 (台×万 kW)	总容量 (万 kW)				
百花	2 × 1.1	2.2	8400	2.2	10.6	15.19
修文			8600	2.1	11.3	9.78
窄巷口	3 × 1.5	4.5	10100	4.5	7.62	21.26
红林	3 × 3.4	10.2	34000	9.4		21.49
红岩	2 × 1.5	3	11400	3	10.3	18.38
新安江	4 × 7.5 5 × 7.25	66.25	172000	65.3	5.51	749.06
富春江	1 × 5.72 4 × 6	29.72	83800	30.5	23.1	289.43
乌溪江梯级						
其中:湖南镇	4 × 4.25	17	45500	17.7	4.37	87.34
黄坛口	4 × 0.75	3.0	14800	3.54	15.3	20.06
陈村 (纪村在内)	3 × 5 2 × 1.7	18.4	25100	11.7	11.03	32.46
响洪甸	4 × 1.0	4.0	14100	4.45	8.69	11.49
梅山	4 × 1.0	4.0	14200	4.5	9.0	19.5
佛子岭 (包括磨子潭)	2 × 0.1 2 × 1.0 3 × 0.3 1 × 1.6	4.7	16900	4.6	16.4	22.9
毛尖山	2 × 1.25	2.5	4000	2.74	3.71	5.49
花凉亭	2 × 1.0	2.0	4100	1.03	19.6	7.59
新丰江	3 × 7.25 1 × 8.5	30.25	133500	29.6	6.47	76.91
枫树坝	2 × 8.0	16	40800	16.0	8.21	54.93
牛路岭	4 × 2.0	8.0	21300	8.3		91.9
南水	3 × 2.5	7.5	27800	7.5	3.59	52.26
长湖	2 × 3.6	7.2	26200	7.3	13.3	77.94

续表

济指标			历年水库运行情况						
发电单位成本(元/千kW·h)	年末职工人数(人)	全员劳动生产率(元/人·年)	入库水量(亿 m^3)	发电用水(亿 m^3)	年末水位(m)	年末库容(亿 m^3)	水库水位	
							最高(m)	日期(月·日)
	94	57888	8.43	8.87	1189.79	1.17	1193.81	1·12
	96	58392	10.39	9.75	1129.99	0.11	1131.2	6·27
	104	63141	12.89	7.7	1086.57	0.05	1092.8	9·25
	107	206250						
	93	79453	14.56	11.74	882.14	0.27	885.91	9·25
9.26	835	135669	94.77	94.74	99.47	131.99	103.74	7·7
13.23	549	99797	243.51	235.86	23.39	4.64	23.94	7·2
18.6	387	76441	20.58	19.9	212.82	9.73	222.17	7·15
	222	42173	22.78	22.61	115.22	0.81	115.88	2·17
23.29	470	35103	28.1	27.65	103.73	7.32	111.44	9·5
30.58	337	27644	11.9	12.23	124.25	11.83	128.32	3·15
33.60	355	26091	12.3	12.71	124.53	11.57	128.08	3·23
40.12	494	22227	17.25	15.99	108.89	1.26	112.69	6·30
29.85	181	14530	1.49	1.5	350.46	0.07	363.2	8·10
22.80	433	6200	11.67	8.09	69.07	4.31	73.4	7·7
6.16	577	150359	67.21	86.42	99.69	58.24	108.75	7·6
11.33	396	66900	32.8	33.49	134.73	4.2	155.32	6·17
8.91	349	39640			99.68	3.88	106.75	11·17
	315	57546	6.99	9.97	196.64	3.31	208.54	1·1
11.10	298	56724	44.91	34.75	57.65	0.98	62.1	4·30

项目 电厂	历年主要技术经					
	装机容量		发电量 (万 kW·h)	全厂最高负荷 (万 kW)	平均耗水率 (m³/kW·h)	厂用电量 (万 kW·h)
	台容量 (台×万 kW)	总容量 (万 kW)				
流溪河	4 × 1.05	4.2				
潭岭	3 × 1.25	3.75	18400		0.9	42.03
西津	2 × 5.72 2 × 6	23.44	109200	26.1	24.6	211.3
麻石	1 × 2.8 2 × 3.6	10	34300	9.25	23.9	108.45
合面狮	4 × 1.7	6.8	19800	6.4		47.4
恶滩	1 × 6	6	33900	5.7	38.4	111.11
拉浪	3 × 1.7	5.1	18500	5.3	15.5	24.6
洛东	2 × 2	4			21.3	
澄碧河	4 × 0.65	2.6	8800	2.26	11.0	18.69
大化	3 × 10	30	93300	20	17.0	344.91
古田梯级						
其中:古田	2 × 0.62 4 × 1.25	6.2	28700	6.19	4.17	81.89
龙亭	2 × 6.5	13	29500	10.7	4.67	19.46
高洋	1 × 1.6 1 × 1.7	3.3	9200	3.3	15.73	15.33
宝湖	2 × 1.7	3.4	10300	3.4	14.82	12.78
安砂	2 × 2.0 1 × 7.5	11.5	54100	11.5	7.28	65.33
池潭	2 × 5.0	10	48600	10	7.54	68.04
华安	4 × 1.5	6.0	35500	6.0	10.06	41.62
山美	2 × 1.5	3.0	8700	3.36	9.3	16.1
船场溪	2 × 1.25	2.5	8100	2.08	4.98	10.81

续表

济 指 标			历 年 水 库 运 行 情 况					
发电单位成本(元/千kW·h)	年末职工人数(人)	全员劳动生产率(元/人·年)	入库水量(亿 m^3)	发电用水(亿 m^3)	年末水位(m)	年末库容(亿 m^3)	水库水位 最高(m)	水库水位 日期(月·日)
10.16	221	53667	1.55	1.8	626.15	0.24	635.43	6 · 10
5.91	627	113254	410.69	282.8	61.07	10.62	61.7	10 · 10
9.09	361	63535	138.0	82.1	123.29	0.33	134.25	5 · 31
19.86	471	35216	50.96	27.6	81.93	1.45	87.53	4 · 6
6.95	240	92220		130.0	92.57	0.61	103.33	6 · 21
7.69	213	56465	54.07	29.4	176.05	0.95	177.31	10 · 27
			90.7	49.8	115.96	0.57	117.52	5 · 4
11.34	168	34000	6.9		171.54	4.98	178.01	1 ·
	631	96128	530.6	158.5	154.08	3.99	155.08	12 · 2
7.48	922	56160						
			13.4	11.8	367.0	1.65	379.22	9 · 21
			13.44	13.76	252.72	0.11	254.82	6 · 1
			15.19	14.48	127.5	0.07	129.95	6 · 1
			15.42	15.3	99.19	0.06	100.82	4 · 11
5.04	359	99263	56.34	37.89	252.06	3.17	265.36	6 · 2
5.71	327	96609	52.93	36.67	263.52	3.59	276.02	7 · 6
9.26	326	70866	10.4	8.73	83.3	1.94	94.99	9 · 15
26.69	245	20284	62.71	33.15	94.0	0.03	94	
12.47	248	25354	6.76	4.06				

全国2.5万kW以上水电厂

电厂 \ 项目	历年主要技术经					
	装机容量		发电量 (万kW·h)	全厂最高负荷 (万kW)	平均耗水率 (m^3/kW·h)	厂用电量 (万kW·h)
	台容量 (台×万kW)	总容量 (万kW)				
官 厅	3×1.0	3.0	2100	2.3	16.6	19.0
下马岭	1×6.5	6.5	6500	6.0		22.96
下苇甸	2×1.5	3.0	3300	3.0		9.4
密 云	4×1.5 2×0.3 2×1.1	8.8	2600	5.22	11.8	31.0
潘家口	1×15	15	6800	15.0	7.68	91.2
岗 南 (含黄壁庄电站)	2×1.5 1×1.1 1×0.16	4.26	1200	3.6	13.87	1.14
天 桥	2×3.6 2×2.8	12.8	55000	12.8	23.55	313.25
桓 仁 (含回龙山电站)	1×7.25 2×7.5 2×2.6	29.45	98000	30.9	7.1	298.0
回龙山					16.87	
太平哨	4×4.025	16.1	54700	16.1	12.7	180.0
大伙房	2×1.6	3.2	7500	3.45	14.0	55.01
太平湾	1×4.75	4.75	1000	4.75	30.97	8.2
白 山	3×30	90	95000	60.0	6.4	280.0
丰 满	1×6 2×6.5 5×7.25 1×0.15	55.40	159400	61.3	6.4	448.0
红 石	1×5	5.0	400	4.1	21.8	4.5
云 峰	4×10	40/2	77900	20.0	4.33	250.0

1985年生产运行情况表

济 指 标			历 年 水 库 运 行 情 况					
发电单位成本(元/千kW·h)	年末职工人数(人)	全员劳动生产率(元/人·年)	入库水量(亿m^3)	发电用水(亿m^3)	年末水位(m)	年末库容(亿m^3)	水库水位 最高(m)	水库水位 日期(月·日)
			6.01	3.12	135.89	10.31	136.26	10·31
40.77	324	13589	13.66	5.24	215.22	16.6	215.22	12·31
140.38	134	5672	4.43	1.63	189.97	4.26	189.97	12·31
11.19	493	74844	240.39	129.6	833.7	0.27	835	4·25
14.53	1031	61814	74.55	50.37	295.52	17.93	303.06	8·30
			91.54	50.29	220.43	0.85	221.11	9·4
16.93	476	74750	95.08	64.23	191.09	1.59	192	8·16
24.22	68	71262	33.32	10.45	130.76	13.62	131.58	9·17
70.60	552	924	20.14	8.84	29.5	1.7	29.53	12·15
37.75	917	85683	57.48	47.36	388.32	28.28	389.29	10·1
10.09	1180	88319	135.43	110.65	255.0	59.52	263.42	9·8
			1.5	0.97	282.02	0.57	283	12·30
5.85	890	113516	76.66	67.34	303.02	22.4	317.74	9·4

电厂＼项目	历年主要技术经					
	装机容量		发电量 (万 kW·h)	全厂最高负荷 (万 kW)	平均耗水率 (m^3/kWh)	厂用电量 (万 kW·h)
	台容量 (台×万 kW)	总容量 (万 kW)				
镜泊湖	2 × 1.8 4 × 1.5	9.6	28600	10.6	8.61	112
石　泉	3 × 4.5	13.5	66000	15.0	9.79	29.0
刘家峡	3 × 22.5 1 × 30 1 × 25	122.5	518800	115.0	4.44	933.0
盐锅峡	8 × 4.4	35.2	208000	35.6	11.88	360.0
八盘峡	5 × 3.6	18	96000	16.9	26.03	350.0
碧　口	3 × 10	30	136000	29.8	5.92	172.0
青铜峡	7 × 3.6 1 × 2	27.2	106700	25.2	22.46	238.0
葛洲坝	2 × 17 5 × 12.5	96.5	728800	101.0	27.82	4006.0
丹江口	6 × 15	90	490400	89.0		462.7
黄龙滩	2 × 7.5	15	96100	16.0	5.26	59.0
白莲河	3 × 1.5	4.5	5100	4.5	10.59	17.0
陆　水	4 × 0.88	3.52	9700	3.68	21.19	29.0
富　水	2 × 1.7	3.4	11400	3.5	15.30	27.0
柘　溪	1 × 7.25 5 × 7.5	44.75	168400	46.4	8.22	196.37
凤　滩	4 × 10	40	201000	40.0	5.59	250.81
马迹塘	3 × 1.85	5.55	21200	4.48	65.59	170.22
沙　田	3 × 1.8	5.4	27600	5.63	3.07	33.07
三门峡	5 × 5.0	25	109300	25.0		241.02
柘　林	4 × 4.5	18	51100	17.8	11.8	74.1
上犹江	4 × 1.5	6.0	24100	7.44	9.25	34.2
洪　门	5 × 0.75	3.75	7900	3.14	21.0	17.0
江　口	4 × 0.88	3.52	8200	3.15	30.0	18.0

续表

济 指 标			历 年 水 库 运 行 情 况						
发电单位成本(元/千kW·h)	年末职工人数(人)	全员劳动生产率(元/人·年)	入库水量(亿m³)	发电用水(亿m³)	年末水位(m)	年末库容(亿m³)	水库水位 最高(m)	水库水位 日期(月·日)	
20.14	506	37980	30.3	24.7	349.27	11.77	353.89	8·10	
	441	97996	93.1	64.7	402.24	2.4	410.18	1·13	
5.03	1106	312521	290.5	230.2	1730.14	47.2	1735.81	10·25	
4.53	694	203876	305.0	247.0	1618.48		1619.44	8·14	
8.02	476	137024	320.7	250.8	1578.02	0.37	1578.2	9·3	
9.80	517	170000	92.3	80.6	702.3	2.96	705.27	10·21	
9.74	635	10920	328.6	239.6	1155.93	0.48	1156.33	1·4	
12.39	2546	159217	4748.7	2027.9	60.17	12.14	64.04	8·20	
		70347							
11.41	641	97426	54.4	50.6	240.31	8.17	248.41	11·11	
36.30	172	19273	9.3	5.4	96.08	3.9	101.08	5·17	
25.98	479	13169	21.2	20.6	45.6	1.91	53.56		
27.60	176	42102	15	17.4	50.23	5.29	54.92	1·1	
6.26	737	153976	136.8	138.5	159.03	17.29	164.75	9·29	
5.92	680	203417	117.9	112.5	196.85	10.52	205.13	7·24	
28.21	354	38619	157.5	134.3	55.71	0.13	55.95	7·26	
8.23	267	66321	9.4	8.5	466.83	0.16	474.37	8·27	
20.49	1720	41298							
17.35	655	52234	64.4	60.2	55.91	26.64	60.67	6·12	
11.97	530	30600	23.2	22.3	191.87	4.76	198.7	9·26	
35.08	395	13139	16.4	16.6	91.84	1.64	95.54	3·3	
24.58	354	15594	25.7	24.5	65.9	1.91	65.95	3·12	

电厂 \ 项目	装机容量 台容量 (台×万 kW)	装机容量 总容量 (万 kW)	发电量 (万 kW·h)	全厂最高负荷 (万 kW)	平均耗水率 (m³/kW·h)	厂用电量 (万 kW·h)
龚嘴	7 × 10	70	362600	70.0	8.84	373.33
映秀湾	3 × 4.5	13.5	74700	11.7	8.23	123.58
渔子溪一级	4 × 4.0	16	88500	16.0	1.58	287.11
龙溪河梯级		13.95	57000	14.19	2.86	113.0
其中:狮子滩	4 × 1.2				7.18	
上硐	1 × 0.3 1 × 0.75					
回龙寨	2 × 0.8					
下硐	2 × 1.5					
大洪河	4 × 0.875	3.5			5.24	
磨房沟	3 × 1.25	3.75	16000	3.6	0.98	81.9
南桠河	3 × 4.0	12.0	65900	12.0	1.62	202.0
以礼河梯级		32.15	134400	30.7	2.82	333.6
其中:毛家村	2 × 0.8					
水槽子	2 × 0.825					
盐水沟	4 × 3.6					
小江	4 × 3.6					
西洱河梯级		20.5	90600	19.1	1.04	112.3
其中:一级	3 × 3.5					
二级	4 × 1.25					
四级	4 × 1.25					
绿水河	1 × 1.25 3 × 1.5 4 × 0.2	6.55	36000	6.55	2.1	87.5
六郎洞	2 × 1.25	2.5	16400	2.66	3.8	10.8
大寨	4 × 1 2 × 0.66	5.32	20900	5.69	2.4	46.7
乌江渡	3 × 21	63	276500	63.0	3.58	387.98
猫跳河梯级		24.05	71700	20.0		88.27

(表头上方跨栏:历 年 主 要 技 术 经)

续表

济　指　标			历年水库运行情况					
发电单位成本(元／千kW·h)	年末职工人数(人)	全员劳动生产率(元／人·年)	入库水量(亿m^3)	发电用水(亿m^3)	年末水位(m)	年末库容(亿m^3)	水库水位	
							最高(m)	日期(月·日)
7.28	1143	208224	496.03	320.39	527.84	3.43	528.5	11·9
			106.2	62.2	943.5	0.004	945	
			18.9	14.0	1118.5	0.002	1200	
14.13	1494	26297						
			12.06	12.65	342.21	6.22	343.21	5·12
			5.96	5.91	289.4	0.91	291.42	11·12
15.70	318	33599	1.7	1.6	1829.64		1829.64	
12.34	414	103493	11.78	10.68	1369.5	0.001	1369.6	12·15
13.39	1760	49964	4.14	3.79	2223.07	4.0	2225.48	
16.18	1374	44478	10.92	9.09	1973.65	27.93	1974.02	10·13
11.31	406	54094	9.44	7.46	477.0		477	
6.77	120	89586		6.25	1084.7			
14.30	362	37465		5.02				
7.79	738	245896	145.57	99.02	741.21	13.84	759.76	9·14
17.49	1028	45314						

项目 电厂	历年主要技术经					
	装机容量		发电量 (万 kW·h)	全厂最高负荷 (万 kW)	平均耗水率 (m^3/kW·h)	厂用电量 (万 kW·h)
	台容量 (台×万 kW)	总容量 (万 kW)				
其中：红枫	2 × 1		7100	2.0	11.8	13.18
百花	2 × 1.1		8000	2.2	10.7	16.09
修文			7600	2.0	11.4	11.04
窄巷口	3 × 1.5		7900	4.5	7.5	14.27
红林	3 × 3.4		30200	10.2	3.5	20.61
红岩	2 × 1.5		10500	3.0	1.2	11.34
新安江	4 × 7.5 5 × 7.25	66.25			5.53	
富春江	1 × 5.72 4 × 6	29.72	78100	31.3	2.72	312.76
乌溪江梯级						
其中：湖南镇	4 × 4.25	17	45600	18.6	4.34	93.99
黄坛口	4 × 0.75	3	14500	3.54	15.42	19.54
陈村 (包括纪村)	3 × 5 2 × 1.7	18.4	31300	15.3	12.2	37.57
响洪甸	4 × 1	4	14200	4.45	8.8	11.65
梅山	4 × 1	4	15000	4.50	8.9	20.0
佛子岭 (包括磨子潭)	2 × 0.1 2 × 1 3 × 0.3 1 × 1.6	4.7	15200	4.57	17.02	26.73
毛尖山	2 × 1.25	2.5	3200	2.61	3.79	5.0
花凉亭	2 × 1	2				
新丰江	3 × 7.25 1 × 8.5	30.25	97300	26.8	7.12	83.66
枫树坝	2 × 8	16	56700	16.0	7.8	78.17
南水	3 × 2.5	7.5	15900	7.0	3.78	63.81
牛路岭	4 × 2.	8	19900	8.3	7.9	103.78

续表

济 指 标			历 年 水 库 运 行 情 况					
发电单位成本(元/千kW·h)	年末职工人数(人)	全员劳动生产率(元/人·年)	入库水量(亿m^3)	发电用水(亿m^3)	年末水位(m)	年末库容(亿m^3)	水库水位 最高(m)	水库水位 日期(月·日)
	62	74167	8.01	8.35	1235.4	3.81	1238.41	7·10
	85	60648	9.8	8.48	1191.07	1.31	1192.12	7·1
	87	57095	11.65	8.71	1129.76	0.10	1131.4	5·16
	93	54927	13.02	5.93	1087.1	0.05	1092.7	7·28
	102	192533	13.04	10.57	1030.0	0.01	1030.7	7·2
	80	84976	13.53	10.16	883.25	0.29	885.1	6·8
			81.07	92.94	95.24	112.86	102.91	3·29
14.53	553	91841	213.54	212.55	23.09	4.46	23.81	2·10
17.06	357	83025	17.71	19.79	205.23	7.65	220.24	7·6
	220	42976	22.41	22.35	114.74	0.78	116.03	
20.14	479	44195	24.07	24.75	102.48	6.63	112.86	7·8
33.35	345	27168	12.98	12.47	122.26	10.71	127.83	4·21
33.38	352	28168	14.9	13.8	122.61	10.5	127.16	5·18
44.46	476	20807	17.33	16.34	111.2	1.54	113.14	10·25
37.61	181	11439	1.22	1.21	351.67		358.86	5·7
9.51	616	106773	56.5	69.52	93.23	43.55	99.69	1·1
9.89	448	87605	46.26	44.19	141.78	5.94	161.99	10·1
22.21	319	32635	7.0	6.0	199.84	4.08	200.33	10·5
10.77	359	36235	21.08	15.68	104.03	5.01	106.93	11·18

项目 电厂	历年主要技术经					
	装机容量		发电量 (万 kW·h)	全厂最高负荷 (万 kW)	平均耗水率 (m^3/kW·h)	厂用电量 (万 kW·h)
	台容量 (台×万 kW)	总容量 (万 kW)				
长湖	2 × 3.6	7.2	27900	7.2	13.6	76.61
流溪河	4 × 1.05	4.2	12600	4.4	4.95	50.0
潭岭	3 × 1.25	3.75	13400	3.65	0.99	38.02
西津	2 × 5.72 2 × 6.0	23.44	107000	28.8	25.8	186.48
麻石	1 × 2.8 2 × 3.6	10	34800	9.6	24.4	96.73
合面狮	4 × 1.7	6.8	26600	7.95	13.0	53.4
恶滩	1 × 6	6	31200	5.8	37.4	112.0
拉浪	3 × 1.7	5.1	18700	5.25	15.0	25.58
洛东	2 × 2	4	23300	4.8		37.5
澄碧河	4 × 0.65	2.6	7700	2.47	10.9	16.86
大化	4 × 10	40	171800	39.8	18.1	400
古田梯级		25.9	80700	23.08		149.0
其中：古田	2 × 0.62 4 × 1.25	6.2			4.16	
龙亭	2 × 6.5	13				
高洋	1 × 1.6 1 × 1.7	3.3				
宝湖	2 × 1.7	3.4				
安砂	2 × 2 1 × 7.5	11.5	66900	11.5	6.97	68.67
池潭	2 × 5	10	40200	10.0	7.68	68.13
华安	4 × 1.5	6	42300	6.0	9.52	52.02
山美	2 × 1.5	3	11000	3.35	9.4	18.12
船场溪	2 × 1.25	2.5	8700		5.3	10.92

续表

济指标			历年水库运行情况					
发电单位成本 (元/千kW·h)	年末职工人数 (人)	全员劳动生产率 (元/人·年)	入库水量 (亿 m^3)	发电用水 (亿 m^3)	年末水位 (m)	年末库容 (亿 m^3)	水库水位 最高 (m)	水库水位 日期 (月:日)
11.76	302	60743	40.72	37.78	59.24	1.09	62.11	4 · 20
20.74	244	33566	6.55	6.29	227.48	2.19	229.21	10 · 3
17.28	227	38977	1.96	1.33	634.2	0.728	635.52	10 · 1
7.18	629	111738	453.0	269.0	60.89	10.30	61.7	11 · 18
10.66	378	59883	120.5	84.98	132.75	1.38	134.12	5 · 27
19.00	477	36263	47.5	35.6	85.09	1.88	88.3	9 · 25
7.62	228	89628		108.29	95.57	0.79	106.17	
9.26	259	51493	50.54	28.6	176.98	1.03	177.47	11 · 18
5.59	207	69539						
5.98	170	39372	9.15	8.35	173.46	5.52	176.9	9 · 22
11.08	707	157923	606.0	300.0	154.19	4.01	155.22	7 · 10
7.74	914	57409						
			13.75	12.15	370.12	2.25	378.54	10 · 6
4.15	374	116367	54.23	46.7	257.83	4.37	265.06	9 · 29
7.29	326	80072	34.57	30.83	269.08	4.96	274.4	10 · 7
7.72	315	87330	11.84	10.48	85.59	2.43	94.58	7 · 11
23.18	241	29696	71.68	39.66	93.32		94.18	12 · 22
14.03	206	25490	10.1	4.64				

全国2.5万kW以上水电厂

项目 / 电厂	历年主要技术经					
	装机容量		发电量 (万kW·h)	全厂最高负荷 (万kW)	平均耗水率 (m^3/kW·h)	厂用电量 (万kW·h)
	台容量 (台×万kW)	总容量 (万kW)				
官厅	3×1.0	3.0	1700	2.55	16.4	16.72
下马岭	1×6.5	6.5	5200	6.0		31.40
下苇甸	2×1.5	3.0	2600	3.0		8.77
密云	4×1.5 2×0.3 2×1.1	8.8				
潘家口	1×15	15	31000	15.0	5.75	136.72
岗南	2×1.5 1×1.1 1×0.16	4.26	3500	3.9	11.6	3.54
天桥	2×3.6 2×2.8	12.8	50100	13.0	23.49	260.4
浑江梯级						
其中:桓仁(包括回龙山)	1×7.25 2×7.5 2×3.6	29.45	103000	30.9	7.57	312.0
回龙山					16.66	
太平哨	4×4.025	16.1	56000	16.7	11.8	175.0
大伙房	2×1.6	3.2	9900	3.66	13.8	56.3
太平湾	3×4.75	14.25	37300	14.25	32.13	288.0
白山	3×30	90	252000	98.0	3.84	397.0
红石	3×5	15	28800	10.8	20.71	128.0
丰满	1×6 2×6.5 1×7.25 1×0.15	55.40	259200	63.7	6.55	461.0

1986年生产运行情况表

济 指 标			历 年 水 库 运 行 情 况					
							水 库 水 位	
发电单位成本（元／千kW·h）	年末职工人数（人）	全员劳动生产率（元／人·年）	入库水量（亿 m^3）	发电用水（亿 m^3）	年末水位（m）	年末库容（亿 m^3）	最 高（m）	日 期（月·日）
			3.93	2.76	474.34	3.75	474.49	11 ·
			2.95		348.29	0.11	348.88	11 ·
			2.95		201.51	0.03	201.86	11 ·
	337	48154	20.6	17.83	222.67	21.06	223.64	11 · 7
60.12	134	11429	1.59	4.06	176.35	1.11	191.46	3 · 7
12.87	487	66926	167.96	117.8	833.1	0.23	834.8	6 · 12
14.74	1054	49573	71.59	52.84	297.43	19.57	303.06	9 · 6
			82.09	55.55	220.65	0.87	221.1	8 · 22
17.16	492	59916	89.0	66	191.38	1.6	192	8 · 22
18.59	68	94568	28.03	12.94	131.47	14.27	131.6	11 · 4
21.16	691	27178	323.54	121.95	28.94	1.45	29.74	7 · 6
	1010	153907	116.9	96.77	405.62	41.19	416.5	9 · 2
			110.0	59.64	290.26	1.54	290.26	12 · 27
7.10	1196	109604	216.0	169.7	258.16	29.78	263.71	9 · 3

项目 电厂	历年主要技术经					
	装机容量		发电量 (万 kW·h)	全厂最高负荷 (万 kW)	平均耗水率 (m³/kW·h)	厂用电量 (万 kW·h)
	台容量 (台×万 kW)	总容量 (万 kW)				
云 峰	4 × 10	40/2	181300	40.0	4.39	447
镜泊湖	2 × 1.8 4 × 1.5	9.6	44900	10.6	8.54	108
石 泉	3 × 4.5	13.5	45500	15.5	10.0	79
刘家峡	3 × 22.5 1 × 30 1 × 25	122.5	500300	116.0	4.25	960
盐锅峡	8 × 4.4	35.2	188500	35.3	11.88	379
八盘峡	5 × 3.6	18	88494	16.5	25.6	340
碧 口	3 × 10	30	116000	30.0	6.0	242
青铜峡	7 × 3.6 1 × 2	27.2	97400	24.7	22.2	240
葛洲坝	2 × 17 9 × 12.5	146.5	891300	149.6	24.26	4214
丹江口	6 × 15	90	345900	79.0	8.15	427
黄龙滩	2 × 7.5	15	78000	16.0	5.7	64
白莲河	3 × 1.5	4.5	7900	4.6	10.25	18
陆 水	4 × 0.88	3.52	7500	3.68	21.66	21.17
富 水	2 × 1.7	3.4	10000	3.5	15.34	22
柘 溪	1 × 7.25 5 × 7.5	44.75	182200	48.3	8.32	213.44
风 滩	4 × 10	40	181300	40.0	5.92	263.64
马迹塘	3 × 1.85	5.55	23200	4.53	62.39	174.25
沙 田	3 × 1.8	5.4	22100	5.58	3.06	31.96
三门峡	5 × 5.0	25	103000	25.0	13.98	216.07
柘 林	4 × 4.5	18	53300	16.6	12.9	82.8
上犹江	4 × 1.5	6.0	22800	7.37	9.59	35.5
洪 门	5 × 0.75	3.75	8000	3.62	20.3	19.5

续表

济　指　标			历年水库运行情况					
发电单位成本（元／千kW·h）	年末职工人数（人）	全员劳动生产率（元／人·年）	入库水量（亿m^3）	发电用水（亿m^3）	年末水位（m）	年末库容（亿m^3）	水库水位 最高（m）	水库水位 日期（月·日）
5.37	878	104528	113.65	79.6	306.68	26.06	319.39	9·17
15.04	519	5392	55.1	38.4	349.71	12.16	353.96	9·2
11.87	452	65420	55.87	45.6	408.05	3.54	410.06	11·8
5.30	1130	235734	226.43	212.77	1714.9	24.58	1735.55	10·16
5.11	696	142842	250.0	224.0	1618.78		1619.5	5·1
8.97	467	101413	263.1	228.31	1576.63	0.3	1578.31	2·27
12.40	503	118310	74.53	69.89	697.19	2.35	704.04	10·28
9.24	646	98015	278.62	216.22	1156.0	0.48	1156.28	4·9
11.21	2758	169263	3963.05	2162.0	64.03	14.47	65.99	7·19
	4363	51528	232.84	271.31	142.84	89.28	151.79	1·1
14.33	655	59566	42.6	44.1	230.43	5.77	247.28	7·26
30.35	160	25125	14.3	8.1	99.32	5.2	104.13	7·23
33.89	479	7954	20.73	16.25	49.4	3.2	53.72	7·24
29.86	176	28903	16.4	15.36	51.49	5.98	54.86	7·25
6.90	771	125281	153.22	151.7	148.08	9.39	170.11	7·6
7.90	707	134661	137.05	107.4	178.67	5.03	205.1	7·28
28.54	366	32213	162.75	144.68	55.7	0.13	55.93	6·17
11.03	291	41242	7.7	6.78	476.52	0.05	474.22	7·4
22.43	1765	29636	282.7	128.23	310.48	1.61	322.63	2·20
19.18	684	51567	61.88	69.95	50.85	17.06	59.14	7·24
14.52	539	21913	21.0	21.88	186.0	0.18	198.64	7·13
40.37	412	9808	16.49	16.17	91.7	1.6	97.29	5·4

项目 / 电厂	历年主要技术经					
	装机容量		发电量 (万 kW·h)	全厂最高负荷 (万 kW)	平均耗水率 (m^3/kW·h)	厂用电量 (万 kW·h)
	台容量 (台×万 kW)	总容量 (万 kW)				
江口	4 × 0.88	3.52	7100	3.01	30.26	15.8
龚嘴	7 × 10	70	337500	70.0	8.78	366.03
映秀湾	3 × 4.5	13.5	69000	11.6	8.07	110.27
渔子溪一级	4 × 4.0	16	81400	16.0	1.57	291.18
渔子溪二级	2 × 4.0	8.0	18800	8.0	1.65	49.14
龙溪河梯级		13.95	67300	14.57		123.58
其中：狮子滩	4 × 1.2				7.05	
上硐	1 × 0.3 1 × 0.75					
回龙寨	2 × 0.8					
下硐	2 × 1.5					
大洪河	4 × 0.875				5.18	
磨房沟	3 × 1.25	3.75	16000	3.6	1.01	74.6
南椏河	3 × 4.0	12	60800	12.0	1.62	174.42
以礼河梯级		32.15	152000	31.2	0.35	364.5
其中：毛家村	2 × 0.8					
水槽子	2 × 0.875					
盐水沟	4 × 3.6					
小江	4 × 3.6					
西洱河梯级		20.5	95000	20.5	1.03	116.5
其中：一级	3 × 3.5					
二级	4 × 1.25					
四级	4 × 1.25					
绿水河	1 × 1.25 3 × 1.5 4 × 0.2	6.55	41000	6.55	2.1	100.0
六郎洞	2 × 1.25	2.5	18000	2.62	3.8	12.6

续表

济　指　标			历年水库运行情况					
发电单位成本（元／千kW·h）	年末职工人数（人）	全员劳动生产率（元／人·年）	入库水量（亿m³）	发电用水（亿m³）	年末水位（m）	年末库容（亿m³）	水库水位 最高（m）	水库水位 日期（月·日）
33.35	364	10000	22.47	21.43	65.6	1.8	69.7	7·8
8.12	1163	147276	380.03	296.45	526.34	3.22	528.36	2·1
10.09	1185	75106	97.2	55.7	943.5	0.004	945	
10.09			16.0	12.8	1187.4	0.0003	1200	
12.01			15.4	13.1				
13.74	1415	24305						
			16.49	14.97	343.09	6.66	346.62	9·15
			7.44	6.87	287.65	0.67	292.04	7·4
17.20	327	32996	1.6	1.7	1829.64		1829.64	
14.08	414	73502	12.69	9.73	1869.5		1369.60	11·17
13.21	1887	44270	5.14	5.2	2220.0	4.36	2227.29	
16.06	1416	34513	10.47	9.7	1973.73	28.13		
10.62	422	51445	13.0	8.6	477.0			
6.46	118	77372		6.83				

电厂＼项目	历年主要技术经					
	装机容量		发电量（万 kW·h）	全厂最高负荷（万 kW）	平均耗水率（m^3/kW·h）	厂用电量（万 kW·h）
	台容量（台×万 kW）	总容量（万 kW）				
大　寨	4 × 1 2 × 0.66	5.32	22000	5.5	2.4	29.9
乌江渡	3 × 21	63	298000	63.0	3.46	486.77
猫跳河梯级		23.9	57100	23.9		89.1
其中：红　枫	2 × 1			2.0	11.3	12.6
百　花	2 × 1.1			2.2	10.5	15.23
修　文	2 × 1			2.0	11.3	11.77
窄巷口	3 × 1.5			4.5	7.7	14.41
红　林	3 × 3.4			10.2	3.5	24.51
红　岩	2 × 1.5			3.0	10.7	7.27
新安江	4 × 7.5 5 × 7.25	66.25	142800	66.5	5.96	769.7
富春江	1 × 5.72 4 × 6	29.72	72000	30.5	2.69	321.81
乌溪江梯级						
其中：湖南镇	4 × 4.25	17	34100	16.3	5.01	107.12
黄坛口	4 × 0.75	3	12400	3.29	15.3	20.26
陈　村 (包括纪村)	3 × 5 2 × 1.7	18.4	36100	18.6	11.1	55.9
响洪甸	4 × 1	4	12400	4.55	9.28	11.3
梅　山	4 × 1	4				
佛子岭 (包括磨子潭)	2 × 0.1 2 × 1 3 × 0.3 1 × 1.6	4.7	11800	4.78	16.06	22.4
毛尖山	2 × 1.25	2.5	4000	2.68	3.72	4.78
花凉亭	2 × 1	2	4727	1.25	18.25	6.16
新丰江	3 × 7.25 1 × 8.5	30.25	71000	24.9	7.88	102.1
枫树坝	2 × 8	16	32900	15.7	10.12	68.5

续表

济 指	标		历 年 水 库 运 行 情 况					
发电单位成本 (元／千kW·h)	年末职工人数 (人)	全员劳动生产率 (元／人·年)	入库水量 (亿 m^3)	发电用水 (亿 m^3)	年末水位 (m)	年末库容 (亿 m^3)	水库水位 最高 (m)	水库水位 日期 (月·日)
14.98	356	32584		5.28				
7.16	759	201648	156.03	103.24	756.3	19.67	760.16	10 · 14
23.51	1139	24527						
	59	39516	6.2	5.19	1237.85	4.91	1238.83	11 · 20
	76	37885	6.35	5.97	1193.57	1.62	1194.3	4 · 30
	100	32400	7.37	7.24	1130.14	0.11	1131.1	2 · 1
	73	36364	9.35	4.06	1087.72	0.06	1092.35	6 · 2
	86	150997	9.35	8.96	1029.99	0.007		
	78	58366	10.09	9.65	883.37	0.3	885.22	6 · 2
11.62	808	97676	74.76	88.05	90.57	90.99	99.02	7 · 14
16.50	553	68545	196.3	193.98	23.15	4.5	23.91	10 · 20
22.85	572	41340	14.12	17.09	190.84	4.63	213.91	
	480	41582	19.04	18.97	115.12	0.8	115.81	
19.48	480	41582	28.37	27.92	103.33	7.1	117.12	7 · 8
38.14	344	19133	10.39	12.39	114.11	6.8	123.41	4 · 3
54.99	481	12549	13.63	12.11	109.79	1.37	115.99	7 · 18
32.92	170	11599	1.55	1.5	351.32	0.08	364.88	6 · 30
15.78	416	5831	15.21	8.63	71.71	5.46	76.73	7 · 1
13.55	656	24447	48.25	55.96	88.71	34.40	96.51	7 · 23
18.01	584	34795	30.41	33.26	128.38	2.92	149.45	7 · 22

项目 电厂	历年主要技术经					
	装机容量		发电量 (万 kW·h)	全厂最 高负荷 (万 kW)	平均耗 水率 (m^3/kW·h)	厂用电量 (万 kW·h)
	台容量 (台×万 kW)	总容量 (万 kW)				
牛路岭	4 × 2	8	26900	8.2	6.97	98.14
南　水	3 × 2.5	7.5	18900	7.0	3.65	61.58
长　湖	2 × 3.6	7.2	27200	7.3	13.2	76.53
流溪河	4 × 1.05	4.2	13200	4.4	4.82	88.0
潭　岭	3 × 1.25	3.75	16000	3.65	0.98	38.98
西　津	2 × 5.72 2 × 6.0	23.44	116000	25.5	27.43	173.67
麻　石	1 × 2.8 2 × 3.6	10	34000	9.6	24.5	78.68
合面狮	4 × 1.7	6.8	24400	7.5		50.67
恶　滩	1 × 6	6	30300	5.8	35.9	108.37
拉　浪	3 × 1.7	5.1				
洛　东	2 × 2	4	20400	4.85	21.3	46.07
澄碧河	4 × 0.65	2.6	11400	2.92	9.26	18.85
大　化	4 × 10	40	178900	40	18.87	458.14
古田梯级		25.9	74200	22.82	4.34	143.0
其中:古田	2 × 0.62 4 × 1.25	6.2				
龙亭	2 × 6.5	13				
高洋	1 × 1.6 1 × 1.7	3.3				
宝湖	2 × 1.7	3.4				
安　砂	2 × 2 1 × 7.5	11.5	55000	11.5	7.26	80.6
池　潭	2 × 5	10				
华　安	4 × 1.5	6	32200	6.0	9.3	48.4
山　美	2 × 1.5	3	9300	3.33	9.69	17.22
船场溪	2 × 1.25	2.5	6900			13.31

续表

济指标			历年水库运行情况					
发电单位成本(元/千kW·h)	年末职工人数(人)	全员劳动生产率(元/人·年)	入库水量(亿m³)	发电用水(亿m³)	年末水位(m)	年末库容(亿m³)	水库水位 最高(m)	水库水位 日期(月·日)
7.00	361	37970	19.92	18.73	101.0	4.2	106.8	11·15
22.11	352	30601	6.21	6.15	199.1	3.9	205.81	7·23
12.58	335	41164	40.85	35.93	58.56	1.06	62.14	5·13
22.37	243	27335	6.06	6.34	224.18	1.81	229.6	7·24
13.44	226	36606	1.26	1.57	627.47	0.29	635.4	7·18
7.73	620	121593	628.4	318.1	61.21	1.08	61.73	10·29
11.93	366	59586	117.75	94.41	131.7	1.21	133.97	7·5
20.63	490	32862	52.03	32.48	86.04	2.03	88.08	7·17
9.35	233	84613	771.0	109.0	94.68	0.74	105.14	7·29
9.23	244	42266	85.27	43.34	115.92	0.57	117.45	
12.29	162	50116	13.12	10.49	181.06	7.94	185.04	9·13
14.17	725	125332	655.78	18.48	152.72	3.6	155.18	11·
11.31	929	40599						
			10.59	11.69	353.95	0.23	375.03	7·14
7.40	366	78119	49.6	39.5	246.27	2.3	265	6·17
10.90	349	64122	53.26	29.92	93.06		94.49	7·16
26.71	240	22342	8.32	8.98	96.81	1.18	94.51	7·14
		16226	52.3					

全国2.5万kW以上水电厂

电厂 \ 项目	装机容量 台容量（台×万kW）	装机容量 总容量（万kW）	发电量（万kW·h）	全厂最高负荷（万kW）	平均耗水率（m^3/kW·h）	厂用电量（万kW·h）
	历	年	主	要	技	术经
官厅	3×1.0	3.0	2000	2.5	14.6	14.8
下马岭	1×6.5	6.5	5913	6.0	5	26.3
下苇甸	2×1.5	3.0	3100	3.0	10	9.0
密云	4×1.5 2×0.3 2×1.1	8.8	3626	6.22	9.91	31
潘家口	1×15	15	25800	15.0	5.41	155.4
岗南	2×1.5 1×1.1	4.1	518	2.45	15.55	0.66
天桥	2×2.8 2×3.6	12.8	35701	12.8	25.59	210.66
浑江梯级		29.45	75332	29.1		287
其中:桓仁	1×7.25 2×7.5	22.25	48703	21.9	8.25	170
回龙山	2×3.6	7.2	26629	7.8	16.35	117
太平哨	4×4.25	16.1				
大伙房	2×1.6	3.2	7500	3.7	13.5	51.6
太平湾	4×4.75	19.0	86224	14.25	29.5	301
白山	3×30	90	301360	95.5	3.96	690
红石	4×5.0	20	57000	16.4	17.18	270
丰满	1×6.0 2×6.5 5×7.25 1×0.15	55.40	259675	63.8	6.67	503
云峰	4×10	40/2	161700	40.0	4.61	445
镜泊湖	2×1.8 4×1.5	9.6	36568		8.42	103

1987年生产运行情况表

济 指 标			历 年 水 库 运 行 情 况					
							水 库 水 位	
发电单位成本(元/千kW·h)	年末职工人数(人)	全员劳动生产率(元/人·年)	入库水量(亿m^3)	发电用水(亿m^3)	年末水位(m)	年末库容(亿m^3)	最 高(m)	日 期(月·日)
	68		3.33	2.92	474.48	3.86	475.05	10·12
	86		3.49	2.96	348.18	0.11	348.88	2·16
	83		3.42	3.11	200.97	0.02	202.09	11·24
	209		6.07	3.60	143.24	17.8	143.24	12·31
28.66	298	44918.26	19.0	13.80	221.92	20.57	223.08	10·4
417.23	130	3231	1.94	0.81	177.69	1.31	180.16	7·23
19.3	489	36869	102.4	84.2	833.4	0.25	834.95	11·27
21.99	1063	36936						
			42.49	40.16	299.26	21.27	302.13	10·26
			43.70	43.53	220.19	0.83	221.26	4·22
25.01	520	36936	49.59	49.60	191.18	1.60	191.59	1·31
21.26	60	63150	18.39	10.15	130.88	13.73	131.70	4·23
22.02	749	58275	263.84	254.21	29.07	1.57	29.88	2·20
17.0	1069	131446	40.99	90.01	405.52	41.09	411.40	9·11
23.41	340	83555	99.58	99.20	289.55	1.42	290.40	1·8
19.94	1308	107383	175.02	173.29	257.85	68.63	262.81	9·1
10.13	871	93185	72.57	74.56	303.45	23.49	310.70	10·12
20.44	520	36515	54.66	28.8		12.12	354.11	

电厂＼项目	历年主要技术经					
	装机容量		发电量 (万 kW·h)	全厂最高负荷 (万 kW)	平均耗水率 (m^3/kW·h)	厂用电量 (万 kW·h)
	台容量 (台×万 kW)	总容量 (万 kW)				
石　泉	3 × 4.5	13.5	58866	15.2	9.85	93
刘家峡	3 × 22.5 1 × 30 1 × 25	122.5	678089	114.0	4.74	970
盐锅峡	8 × 4.4	35.2	161200	35.1	11.72	380
八盘峡	5 × 3.6	18	80761	16.3	23.6	345
碧　口	3 × 10.0	30.0	93200	29.0	6.14	270
青铜峡	7 × 3.6 1 × 2.0	27.2	78700	23.3	21.86	246
龙羊峡	2 × 32	64	47500	42.0	4.73	192.77
葛洲坝	2 × 17 15 × 12.5	221.5	1218640	221.8	22.29	5735
丹江口	6 × 15	90	299800	92.0	7.94	4.52
黄龙滩	2 × 7.5	15	77430	16.5	5.55	16.1
白莲河	3 × 1.5	4.5	11158	4.55	10.3	18
富　水	2 × 1.7	3.4	12266	3.5	14.89	24.9
陆　水	4 × 0.88	3.52	12514	3.75	20.52	24.0
柘　溪	1 × 7.25 5 × 2.5	44.75	197400	50.5	7.97	204.8
风　滩	4 × 10	40	196100	42.4	5.55	236.81
双　牌	3 × 4.5	13.5	58700	14.8	11.47	72.78
马迹塘	3 × 1.85	5.55	22368	4.44	65.37	174.16
花木桥	3 × 1.8	5.4	23300	5.59	3.05	33.47
三门峡	5 × 5	25	96030	25.0	12.77	280.14
柘　林	4 × 4.5	18	46262	18.0	11.5	88.3
上犹江	4 × 1.5	6	18976	6.36	9.72	35
洪　门	5 × 7.5	3.75	9399	3.68	19.0	21.7
江　口	4 × 0.88	3.52	9000	3.03	30.15	19.9
罗　湾	3 × 0.6	1.8	4233	1.8	2.75	34

续表

济　指　标			历年水库运行情况					
发电单位成本(元/千kW·h)	年末职工人数(人)	全员劳动生产率(元/人·年)	入库水量(亿 m^3)	发电用水(亿 m^3)	年末水位(m)	年末库容(亿 m^3)	水库水位 最高(m)	水库水位 日期(月·日)
13.94	465	64492	103.03	58.0	409.36	3.84	410.06	12·8
7.39	1120	179510	172.56	179.28	1705.54	16.94	1730.21	8·30
6.39	714	120304	189.21	188.93	1619.16		1619.84	9·12
10.98	487	86733	205.20	203.73	1576.10	0.38	1577.95	7·24
18.4	502	103367	62.16	57.22	703.83	3.24	704.1	11·12
13.25	630	63301	198.39	173.27	1156.06	0.44	1156.31	12·11
19.69	874	28800	176.88	23.08	2537.58	67.30	2540.61	11·29
11.39	2833	215383	4452.81	2716.31	65.93	15.78		
15.68	2682	56693	377.72	238.45	152.58	143.74	153.28	11·15
13.68	679	69087	56.03	42.97	240.49	8.22	247	8·27
27.75	175	33289	15.48	11.53	101.06	6.13	103.95	8·31
30.34	186	934	19.61	18.27	52.56	6.58	54.0	6·15
26.38	303	20980	31.79	25.68	52.71	4.64	55.19	10·29
7.22	817	132500	179.99	153.98	166.85	26.39	170.33	10·11
8.1	710	140142	169.50	108.90	203.55	13.21	205.25	8·28
13.35	366		84.79	64.21	163.99	2.34	170.23	7·29
32.01	370	30478	170.17	146.23	55.76	0.13	55.90	10·2
11.51	309	41210	8.56	6.94	468.52	0.06	474.27	11·3
27.3	1823	27940	200	122.54	313.61	2.48	323.73	4·9
25.06	694	33896	70.05	46.87	57.75	30.72	62.47	6·24
19.4	636	15748	21.07	18.45	193.86	5.40	197.87	8·7
39.68	420	11342.86	19.2	17.85	94.63	2.57	97.68	5·23
31.15	389	12123	31.12	27.11	65.17	1.65	69.98	10·11
57.27	367	6837	1.52	1.16	362.59	0.42	365.78	8·1

项目 / 电厂	历年主要技术经					
	装机容量		发电量 (万 kW·h)	全厂最高负荷 (万 kW)	平均耗水率 (m^3/kW·h)	厂用电量 (万 kW·h)
	台容量 (台×万 kW)	总容量 (万 kW)				
龚嘴	7 × 10	70	326800	70.0	8.75	363.7
映秀湾	3 × 4.5	13.5	66974	12.0		110
渔子溪一级	4 × 4	16	80156	16.0		281
渔子溪二级	4 × 4	16	52796	12.0		245
龙溪河梯级		13.95	51882	14.65		128
其中: 狮子滩	4 × 1.2				7.25	
上硐	1 × 0.3					
	1 × 0.75					
回龙寨	2 × 0.8					
下硐	2 × 1.5					
大洪河	4 × 0.875				5.23	
磨房沟	3 × 1.25	3.75	19000	3.84	1.22	70
南桠河	3 × 4	12	52287	12.0	1.61	100
以礼河梯级		32.15	160348	30.9	0.353	371.9
其中: 毛家村	2 × 0.8					
水槽子	2 × 0.875					
盐水沟	4 × 3.6					
小江	4 × 3.6					
西洱河梯级		25.5	89491	20.5	1.026	108.7
其中: 一级	3 × 3.5					
二级	4 × 1.25					
三级	2 × 2.5					
四级	4 × 1.25					
大寨	4 × 1	5.32	15900	5.0		20.3
	2 × 0.66					
绿水河	1 × 1.25	6.55	33500	6.55		87.1
	3 × 1.5					
	4 × 0.2					

续表

济 指 标			历 年 水 库 运 行 情 况					
发电单位成本(元/千kW·h)	年末职工人数(人)	全员劳动生产率(元/人·年)	入库水量(亿m³)	发电用水(亿m³)	年末水位(m)	年末库容(亿m³)	水库水位 最高(m)	水库水位 日期(月·日)
	1241	139480	411.33	285.83	524,30	2.95	528.60	11·30
			90.57		944.5	0.005		
			17.21		1190.0	0.001		
20.70	1436	18620						
			11.71	12.63	340.36	5.35	343.81	10·23
			5.46	4.34	287.31	0.63	292.31	7·21
16.64	337	29379	2.51	2.32				
17.54	448	62673.8	11.77	8.43	1368.7		1369.5	10·27
13.13	1739	46977						
			3.46	5.66	2214.24	2.52	2225.02	1·1
26	1602	32968						
			7	9.02	1972.93	26.23	1973.73	1·1
22.61	344	22976		3.81				
14.48	437	39603	7.5	6.85				

项目 电厂	历年主要技术经					
	装机容量		发电量 (万 kW·h)	全厂最高负荷 (万 kW)	平均耗水率 (m^3/kW·h)	厂用电量 (万 kW·h)
	台容量 (台×万 kW)	总容量 (万 kW)				
六郎洞	2 × 1.25	2.5	17000	2.68		10.9
乌江渡	3 × 21	63	292399	63.0	3.54	495.8
猫跳河梯级		23.9	72437	19.0		91.85
其中: 红 枫	2 × 1		5311	2.0	11.1	11.69
百 花	2 × 1.1		6814	2.2	10.8	11.73
修 文	2 × 1		7839	2.0	11.3	13.69
窄巷口	3 × 1.5		7614	4.5	7.7	14.94
红 林	3 × 3.4		33081	10.0	3.3	27.34
红 岩	2 × 1.5		11044	3.0		7.69
新安江	4 × 7.5	66.25	132975	68.5	5.67	711.04
	5 × 7.25					
富春江	1 × 5.72	29.72	87632	30.3	27.9	340.98
	4 × 6					
乌溪江梯级		20				
其中: 湖南镇	4 × 4.25	18.0	40643	18.0	4.16	111.34
黄坛口	4 × 0.75	3.0	13308	3.5	15.5	20.57
紧水滩	4 × 5.0	20	34424	15.3	6.23	121.29
陈 村	3 × 5.0	18.4	40646	18.0	10.15	62.87
(包括纪村)	2 × 1.7					
响洪甸	4 × 1.0	4.0	9400	4.4	8.36	7.3
梅 山	4 × 1.0	4.0	18760	4.6	8.6	21
佛子岭	2 × 0.1	4.7	17508	4.7	16.06	30.16
(包括磨子潭)	2 × 1.0					
	3 × 0.3					
	1 × 1.6					
毛尖山	2 × 1.25	2.5	4300	2.57	3.77	4.66
花凉亭	4 × 1.0	4.0	9400	2.46	15.2	13.08
新丰江	3 × 7.25	30.25	56894	28.5	7.06	86.70
	1 × 8.5					

续表

济 指 标			历 年 水 库 运 行 情 况					
							水 库 水 位	
发电单位成本 (元／千kW·h)	年末职工人数 (人)	全员劳动生产率 (元／人·年)	入库水量 (亿 m^3)	发电用水 (亿 m^3)	年末水位 (m)	年末库容 (亿 m^3)	最 高 (m)	日 期 (月·日)
7.47	120	72521		6.46				
8.35	751	196146	131.15	103.6	252.08	17.93	760	9 · 30
22.03	1197	31655						
	61		5.85	5.88	1237.78	4.80	1239.50	10 · 25
	81		7.02	7.37	1190.04	1.21	1193.97	3 · 4
	121		8.99	8.86	1129.97	0.11	1131.35	7 · 28
	84		11.24	5.86	1088.53	0.06	1092.35	10 · 27
	93		11.24	10.92				
	81		12.23	11.73	882.36	0.28	885.03	10 · 12
13.82	818	91539	113.60	75.41	97.72	124.03	102.56	8 · 3
14.82	556	80479	270.08	244.8	22.84	4.33	23.95	4 · 27
21.6								
	344	60737	23.56	16.93	217.71	11.26	226.00	9 · 13
	251	27012	20.62	20.01	114.71	0.78	115.87	11 · 16
11.67	456	45027	28.80	21.43	171.29	6.58	178.95	12 · 20
20.47	506	46347	34.14	28.74	111.42	12.42	115.88	9 · 15
50.50	349	13728	14.92	7.83	126.61	13.26	126.61	12 · 30
33.26	353	31076	24.17	16.23	125.65	12.2	129.84	8 · 31
43.37	478	18734	13.63	12.11	109.79	1.37	115.99	7 · 18
34.22	191	11456	1.61	1.63	348.55	0.06	365.27	6 · 29
17.94	433	10705	18.75	14.31	72.1	5.65	78.38	8 · 30
			60.12	40.15	97.25	52.42		

项目 / 电厂	历年主要技术经					
	装机容量		发电量 (万 kW·h)	全厂最高负荷 (万 kW)	平均耗水率 (m^3 / kW·h)	厂用电量 (万 kW·h)
	台容量 (台×万 kW)	总容量 (万 kW)				
枫树坝	2 × 8	16	35187	16.0	8.17	70.10
牛路岭	4 × 2	8	14536	8.1	9.28	78.82
南水	3 × 2.5	7.5	18800	7.5	3.59	67.28
长湖	2 × 3.6	7.2				
流溪河	4 × 1.05	4.2				
潭岭	3 × 1.25	3.75	10480	3.65	2.99	44.47
西津	2 × 5.72 2 × 6.0	23.44	95600	24.9	25.7	151.4
麻石	1 × 2.8 2 × 3.6	10	39000		24.0	59.28
合面狮	4 × 1.7	6.8	30100	7.5	13.3	49.83
恶滩	1 × 6.0	6	34700	5.8	35.2	128.43
拉浪	3 × 1.7	5.1	19523	5.25	16.0	33.31
洛东	2 × 2.0	4	22241	4.85	21.0	53.87
澄碧河	4 × 0.65	2.6				
大化	4 × 10	40	188100	40	17.4	454.80
古田梯级		25.9	93600	23.6	4.02	155.9
其中:古田	4 × 1.25 2 × 0.62					
龙亭	2 × 6.5					
高洋	1 × 1.6 1 × 1.7					
宝湖	2 × 1.7					
安砂	2 × 2.0 1 × 7.5	11.5	54100	12.5	7.18	73.42
池潭	2 × 5.0	10	40000	11.0	7.75	66.14
华安	4 × 1.5	6	37303	6.0	9.06	47.07
山美	2 × 1.5	3	7500	3.02	10.62	15.96
船场溪	2 × 1.25	2.5	7949	2.14	5.74	10.98

续表

济 指 标			历 年 水 库 运 行 情 况					
发电单位成本 (元/千kW·h)	年末职工人数 (人)	全员劳动生产率 (元/人·年)	入库水量 (亿 m^3)	发电用水 (亿 m^3)	年末水位 (m)	年末库容 (亿 m^3)	水库水位 最高 (m)	水库水位 日期 (月·日)
18.86	417	65539	31.29	28.77	138.94	5.20	153.58	8·13
	339		10.25	13.49	81.23	1.23		
23.01	317	30032	8.20	6.74	203.64	5.13	207.93	8·18
15.97	214	20095	1.47	1.02	632.91	0.62	634.98	7·5
10.29	694	71436	272.81	245.65	61.38	11.08	61.52	11·27
11.1	367	55153	136.14	95.26	133.37	1.49	134.22	6·15
19.91		35061	53.8	38.9	86.96	2.17	88.22	11·5
9.33	232	75726	606.6	122.30	94.06	0.70	105.92	7·5
11.36	258	3025	67.69	34.99	176.43	0.98	177.31	
9.81	249	45264.7	100.03	47.66	116.49	0.60	117.44	11·20
13.99	782	121867	492.52	327.49	154.14	4.01	155.35	8·25
11.69	930	51398						
			15.12	13.09	365.93	1.47	382.39	2·27
8.16	349	77495	43.23	38.81	262.02	5.46	264.84	5·29
10.99	298	88101	35.69	31	272.99	6.3	275.82	12·3
9.99	343	55177	52.31	33.78	93.38		94.4	5·12
33.84	243	15733	8.91	8.01	82.31	2.00	87.91	9·30
								10·15
19.43	245	17683	5.33	4.57				

全国2.5万kW以上水电厂

电厂 \ 项目	装机容量 台容量 (台×万 kW)	装机容量 总容量 (万 kW)	历年主要技术经… 发电量 (万 kW·h)	全厂最高负荷 (万 kW)	平均耗水率 (m^3/kW·h)	厂用电量 (万 kW·h)
官 厅	3 × 1.0	3	1800	2.45	14.4	16.0
下马岭	1 × 6.5	6.5	4920	6.0	5.0	17.5
下苇甸	2 × 1.5	3	2800	3.0	10.0	9.7
密 云	4 × 1.5	8.8	4304	8.0	9.4	36.0
	2 × 0.3					
	2 × 1.1					
潘家口	1 × 15	15	19817	15.0	5.6	51.51
岗 南	2 × 1.5	4.1	564	4.3	8.85	3.64
(含黄壁庄电站)	1 × 1.1					
天 桥	2 × 2.8	12.8	42756	12.8	23.64	226.02
	2 × 3.6					
浑江梯级		29.45	53429	26.4		272
其中:桓 仁	1 × 7.25		33339	21.0	9.38	159
	2 × 7.5					
回龙山	2 × 3.6		20090	2.8	16.29	113
太平哨	4 × 4.025	16.1	31400	16.4	11.80	169
大伙房	2 × 1.6	3.2	5600	3.66	13.6	40.4
太平湾	4 × 4.75	19	67004	14.25	29.70	300
白 山	3 × 30	90	259000	94.5	4.15	815
红 石	4 × 5.0	20	53000	21.2	17.34	347
丰 满	1 × 60	55.40	119800	54.5	6.74	501
	2 × 6.5					
	5 × 7.25					
	1 × 0.15					
云 峰	4 × 10	40/2	138100	38.0	5.00	437
镜泊湖	2 × 1.8	9.6	31433		8.79	96
	4 × 1.5					

1988年生产运行情况表

济 指 标			历 年 水 库 运 行 情 况						
发电单位成本(元/千kW·h)	年末职工人数(人)	全员劳动生产率(元/人·年)	入库水量(亿m^3)	发电用水(亿m^3)	年末水位(m)	年末库容(亿m^3)	水库水位		
							最高(m)	日期(月·日)	
	70		3.42	2.65	474.99	4.28	475.15	10·31	
	50		2.79	2.46	348.48	0.06	348.82	12·14	
	45		3.13	2.81	201.33	0.03	201.95	8·4	
	216		5.96	4.03	144.61	19.45	144.84	11·8	
32.51	352	30420	10.81	10.98	221.01	20.00	223.81	3·19	
37.6	128	23516	21.20	4.99	198.63	8.14	199.34	8·18	
21.75	517	42783	122.56	101.09	833.5	0.26	835.2	11·23	
31.98	1075	25912							
			24.37	31.26	289.91	13.74	299.28	1·1	
			32.90	32.72	220.01	0.81	220.96	1·5	
37.05	527	30816	37.28	37.26	191.15	1.59	191.44	3·31	
30.24	64	40875		7.62	121.24	6.60	130.88	1·1	
32.90	897	37764	197.87	198.70	29.01	1.55	29.61	10·6	
21.3	1069	115000	16.22	85.39	372.92	16.20	405.43	1·1	
25.65	366	69922	93.01	92.71	289.22	1.37	290.22	4·21	
10.76	1319	81215	118.3	137.40	250.16	45.04	257.85	1·1	
12.73	944	78933	55.39	69.29	278.45	9.08	306.52	7·19	
26.09	543	29264	28.8	27.6		11.76	351.50		

电厂 \ 项目	历年主要技术经					
	装机容量		发电量 (万 kW·h)	全厂最高负荷 (万 kW)	平均耗水率 (m^3/kW·h)	厂用电量 (万 kW·h)
	台容量 (台×万 kW)	总容量 (万 kW)				
石泉	3 × 4.5	13.5	65239	15.1	10	82
刘家峡	3 × 22.5 1 × 30 1 × 25	122.5	328557	112.0	4.97	970
盐锅峡	8 × 4.4	35.2	152687	35.6	11.60	383
八盘峡	5 × 3.6	18	82195	16.2	26.41	34.5
碧口	3 × 10	30	145000	30.3	5.59	326
青铜峡	7 × 3.6 1 × 2	27.2	83100	24.4	22.13	280
龙羊峡	3 × 32	96	286700	67	5.24	1290.7
葛洲坝	2 × 17 19 × 12.5	271.5	1462866	272.5	21.42	6060
丹江口	6 × 15	90	367800	93.0	7.74	488
黄龙滩	2 × 7.5	15.0	50516	17.0	6.22	94
白莲河	3 × 1.5	4.5	8761	4.6	10.8	24
富水	2 × 1.7	3.4	15177	3.75	14.57	24
陆水	4 × 0.88	3.52	12282	3.66	20.52	23.3
柘溪	1 × 7.25 5 × 7.5	44.75	242900	50.4	7.27	216.97
风滩	4 × 10	40	154100	42.4	5.80	257.51
双牌	3 × 4.5	13.5	51300	14.8	11.67	67.02
马迹塘	3 × 1.85	5.55	24935	4.44	62.10	188.4
花木桥	3 × 1.8	5.4	23300	5.77	2.98	34.07
三门峡	5 × 5	25	92670	25.0		322.81
柘林	4 × 4.5	18	75535	18.0	11.6	90.2
上犹江	4 × 1.5	6	24692	7.11	9.46	40.6
洪门	5 × 0.75	3.75	15721	4.06	18.5	24.8
江口	4 × 0.88	3.52	9100	3.03	30.76	18.4
罗湾	3 × 0.6	1.8	7983	1.8	2.67	33

续表

济 指 标			历 年 水 库 运 行 情 况					
发电单位成本(元/千kW·h)	年末职工人数(人)	全员劳动生产率(元/人·年)	入库水量(亿m³)	发电用水(亿m³)	年末水位(m)	年末库容(亿m³)	水库水位 最高(m)	水库水位 日期(月·日)
14.77	414	76564	102.71	65.26	409.86	3.93	410.13	10·26
9.02	1165	153339	186.04	163.3	1721.91	31.67	1725.59	11·30
7.45	717	107908	184.04	177.09	1619.22		1619.84	9·12
12.13	513	84331	227.82	217.14	1576.52	0.29	1578.35	2·7
14.2	588	128469	87.59	82.21	704.63	2.78	705.22	10·17
14.23	671	62712	210.04	183.81	1156.05	0.23	1156.16	6·16
20.56	925	166300	163.40	150.27	2543.70	79.68	2547.32	11·17
12.27	3200	250037	4269.5	3133.3	66.23	16.15	66.96	10·31
14.41	2000	93290	309.37	284.49	153.55	150.40	154.74	11·21
21.02	682	37558	33.66	31.40	238.95	7.81	247.54	9·20
32.6	175	25362	10	9.46	96.01	3.83	101	1·1
29.93	186	41451.6	22.75	22.11	49.97	5.15	56.8	9·17
35.32	149	51054	31.18	25.21	49.38	3.19	55.87	9·3
7.19	831	150533	206.07	176.64	156.48	14.99	169.94	9·15
11.67	770	101521	101.68	89.55	190.62	8.41	205.20	9·17
15.81	358	67693.48	75.15	59.49	159.94	1.57	170.20	9·2
31.2	380	33504	238	162.37	55.75	0.13	55.94	8·27
13.38	291	39081	8.23	6.83	468.67	0.06	474.28	3·29
32.5	1863	25875						
17.66	732	50634	92.29	87.36	58.27	31.78	64.98	9·10
17.15	557	22520	21.54	23.36	186.09	3.20	196	
27.08	418	19075.84	29.27	29.07	91.98	1.67	99.94	6·25
31.44	381	12108	29.06	28.06	64.00	1.31	69.48	9·6
32.6	296	12824.2	1.95	2.13	353.12	0.22	365	9·17

电厂 \ 项目	装机容量 台容量（台×万 kW）	装机容量 总容量（万 kW）	历年主要技术经 发电量（万 kW·h）	全厂最高负荷（万 kW）	平均耗水率（m³/kW·h）	厂用电量（万 kW·h）
龚嘴	7 × 10	70	340400	74.9	8.70	608.03
映秀湾总厂		45.5	235730			606.43
其中:映秀湾	3 × 4.5		72970	11.6	8.18	114.96
渔子溪一级	4 × 4.0		81830	16.0	1.56	291.70
渔子溪二级	4 × 4.0		80930	16.0	1.64	199.77
龙溪河梯级		13.95	50046	14.41	2.88	146.1
其中:狮子滩	4 × 1.2				7.10	
上硐	1 × 0.3 1 × 0.75					
回龙寨	2 × 0.8					
下硐	2 × 1.5					
大洪河	4 × 0.875				5.22	
磨房沟	3 × 1.25	3.75	18000	3.94	1.02	79.0
南桠河	3 × 4	12	56827	12.0	1.63	115
以礼河梯级		32.15	123200	30.4	0.35	391.6
其中:毛家村	2 × 0.8					
水槽子	2 × 0.875					
盐水沟	4 × 3.6					
小江	4 × 3.6					
西洱河梯级		25.5	63800	25.5	0.91	112.9
其中:一级	3 × 3.5					
二级	4 × 1.25					
三级	2 × 2.5					
四级	4 × 1.25					
大寨	4 × 1 2 × 0.66	5.32	19300	5.4	2.4	24.4
绿水河	1 × 1.25 3 × 1.5 4 × 0.2	6.55	34900	6.55	2.1	82.3

续表

济指标			历年水库运行情况					
							水库水位	
发电单位成本(元/千kW·h)	年末职工人数(人)	全员劳动生产率(元/人·年)	入库水量(亿 m^3)	发电用水(亿 m^3)	年末水位(m)	年末库容(亿 m^3)	最高(m)	日期(月·日)
9.00	1324	136564	447.04	296.29	527.29	1.15	528.46	3 · 16
12.80	1236	98713						
11.07			117.83	59.70	941.7	0.002	945	
			19.74	12.77	1196.1	0.002	1183.2	6 · 3
16.1			18.98	13.27	1486.1	0.0001	1501.0	6 · 23
								12 · 29
23.05	1422	18003.55						
			13.15	11.59	342.80	6.512	345.57	9 · 18
			6.16	5.49	289.71	0.964	291.54	9 · 14
19.44	337	27744	1.88	1.83				
16.44	448	64742	12.03	9.25	1368.9		1369.5	1 · 20
17.88	1746	36391						
			3.39	4.31	2209.51	1.92	2212.34	
34.32	1144	32559						
			2.95	5.30	1971.99	23.775	1972.92	
20.38	312	16828		4.6				
13.91	433	41186	7.29	7.28	476.48			

项目 / 电厂	历年主要技术经					
	装机容量		发电量 (万 kW·h)	全厂最高负荷 (万 kW)	平均耗水率 (m^3 / kW·h)	厂用电量 (万 kW·h)
	台容量 (台×万 kW)	总容量 (万 kW)				
六郎洞	2 × 1.25	2.5	16700	2.63	4.0	9.9
乌江渡	3 × 21	63	292137	63	3.53	500.99
猫跳河梯级		23.9	79680	22.0		100.00
其中：红　枫	2 × 1		6817	2.0	11.6	13.8
百　花	2 × 1.1		7136	2.2	11.5	11.53
修　文	2 × 1.0		8427	2.0	11.38	18.38
窄巷口	3 × 1.5		8678	4.5	7.72	20.73
红　林	3 × 3.4		36637	10.2	3.4	28.02
红　岩	2 × 1.5		11989	3.0	10.7	7.53
新安江	4 × 7.5	66.25	157912	66.7	5.74	792.97
	5 × 7.25					
富春江	1 × 5.72	29.72	83888	30.8	28.1	336.54
	4 × 6					
乌溪江梯级		20				
其中：湖南镇	4 × 4.25	17.0	70644	18.7	4.13	122.82
黄坛口	4 × 0.75	3	19472	3.55	15.80	24.64
紧水滩	6 × 5	30	57272	20.85	6.28	233.52
陈　村	3 × 5	18.4	29756	16.9	10.27	48.24
(包括纪村)	2 × 1.7					
响洪甸	4 × 1	4	13300	4.5	8.35	11.75
梅　山	4 × 1	4	13340	4.6	9.4	15.0
佛子岭	2 × 0.1	4.7	15272	5.03	14.6	29.56
(包括磨子潭)	2 × 1					
	3 × 0.3					
	1 × 1.6					
毛尖山	2 × 1.25	2.5	4300	2.57	3.77	4.54
花凉亭	4 × 1	4	8700	2.61	17.2	13.51
新丰江	3 × 7.25	30.25				
	1 × 8.5					

续表

济 指 标			历 年 水 库 运 行 情 况					
发电单位成本（元／千kW·h）	年末职工人数（人）	全员劳动生产率（元／人·年）	入库水量（亿m^3）	发电用水（亿m^3）	年末水位（m）	年末库容（亿m^3）	水库水位 最高（m）	水库水位 日期（月·日）
7.62	122	71695		6.66	1080.16			
9.04	781	194679	135.33	102.99	747.19	16.03	760.0	8·26
22.52	1279	32581						
	83		7.87	7.9	1236.63	4.34	1240.10	9·14
	85		9.11	8.24	1192.98	1.54	1194.47	9·14
	109		10.34	9.59	1129.36	0.10	1131.21	8·29
	82		13.17	6.69	1086.92	0.05	1093.20	9·12
	97		13.18	12.46	1029.76	0.007	1033.10	9·2
	90		14.57	12.88	882.41	0.28	885.22	9·12
13.18	833	99259.95	90.19	90.57	96.07	116.56	103.07	7·17
16.79	571	77149	265.73	235.32	22.33	4.06	23.90	5·10
14.64	345	106817	28.37	29.16	207.87	8.34	229.95	6·20
	260	38591	35.04	30.79	114.61	0.77	116.02	6·15
15.22	502	62582	35.13	35.98	166.08	5.35	181.28	6·29
20.89	498	45569	23.68	30.04	101.39	6.05	113.26	7·1
40.71	346	19454	8.36	11.15	117.03	8.08	128.17	3·22
41.69	354	23051	9.90	12.47	113.66	6.3	126.80	3·26
51.33	483	16054	19.63	17.28	111.55	1.58	115.85	7·5
46.14	191	11456	1.61	1.63	348.55	0.06	365.27	6·29
24.23	430	10231	14.79	14.95	67.8	3.83	78.52	6·30

电厂 \ 项目	装机容量		历年主要技术经			
	台容量 (台×万 kW)	总容量 (万 kW)	发电量 (万 kW·h)	全厂最高负荷 (万 kW)	平均耗水率 (m^3/kW·h)	厂用电量 (万 kW·h)
枫树坝	2×8	16	41137	16.0	8.66	72.69
牛路岭	4×2	8				
南水	3×2.5	7.5	21400	7.5	3.60	69.71
长湖	2×3.6	7.2				
流溪河	4×1.05	4.2				
潭岭	3×1.25	3.75	14880	3.65	0.98	58.14
西津	2×5.72 2×6	23.44	83100	25.4	24.6	124.3
麻石	1×2.8 2×3.6	10	37000	9.45	24.3	72.86
合面狮	4×1.7	6.8	31700	7.25	13.0	51.27
恶滩	1×6	6.0	34972	5.9	34.6	132.92
拉浪	3×1.7	5.1	17950	5.25	15.5	36.97
洛东	2×2.0	4.0	19162	4.8	20.72	50.05
澄碧河	4×0.65	2.6				
大化	4×10	40	162700	40.0	15.4	495.26
古田梯级		25.9	65200	23.6	4.06	134
其中:古田	4×1.25 2×0.62					
龙亭	2×6.5					
高洋	1×1.6 1×1.7					
宝湖	2×1.7					
安砂	2×2 1×7.5	11.5	61000	12.5	7.23	78.83
池潭	2×5.0	10.	62800	11.0	7.29	80.81
华安	4×1.5	6.0	38911	6.0	9.15	46.96
山美	2×1.5	3.0	9900	3.25	9.41	19.50
船场溪	2×1.25	2.5	9189	2.15	5.56	12.95

续表

济指标			历年水库运行情况						
发电单位成本（元／千kW·h）	年末职工人数（人）	全员劳动生产率（元／人·年）	入库水量（亿 m^3）	发电用水（亿 m^3）	年末水位（m）	年末库容（亿 m^3）	水库水位		
							最高（m）	日期（月·日）	
18.64	423	89452	34.88	35.63	134.91	4.24	154.80	5·28	
23.69	311	34887	7.61	7.72	202.37	4.77	207.93	8·18	
28.84	231	33766	1.59	1.45	631.83	0.55	636.95	5·30	
12.65	695	60746	241.47	217.09	60.58	9.96	61.48	1·6	
12.97	377	49755	203.20	89.3	133.03	1.43	134.24	6·28	
21.25	508	39975	57.6	41.7	83.72	1.69	88.05	9·17	
10.05	229	77286	569.35	121.09	93.98	0.69	112.87	8·31	
13.17	263	40500	75.68	28.55	176.13	0.96	177.34	8·28	
10.87	246	39562	119.98	40.69	116.47	0.59	120.15	8·30	
21.17	767	106719	464.20	277	154.57	4.10	159.91	8·30	
14.56	918	36120							
			13.0	9.74	371.36	2.52	377.22	8·1	
8.13	331	91605	58.51	44.15	247.22	2.42	265	6·16	
8.24	299	106636	55.59	45.79	252.63	1.59	276.13	6·28	
10.23	319	61889	65.22	35.58	93.68		94.4	5·12	
33.93	240	20901	11.48	9.31	88.10	2.79	96.01	9·27	
19.80	235	20885	6.36	5.04					

《中国电业》简介

《中国电业》(原《人民电业》) 是能源部主办的电力行业以管理为主的综合性期刊。它以电业部门的干部为主要读者对象，同时面向广大电业职工，并为各级经济主管部门、技术研究部门及电力用户服务。其任务是宣传党和国家关于电力工业的方针政策，研讨电力工业发展和管理的问题，交流电力企业经营管理和生产技术管理的经验，传播国内外有关电力工业信息。

《人民电业》于 1950 年创刊，至今已有 40 年的历史，其间曾一度停刊。经李鹏同志提议于 1983 年复刊。为了适应新的形势需要，《人民电业》于 1987 年改刊名为《中国电业》，公开发行。

《中国电业》辟有“电力开发”、“电网内外”、“电与社会”、“农电”、“改革探讨”、“经营管理”、“领导科学”、“队伍建设”、“电力科技”、“信息与服务”、“世界电力”、“博览”等栏目。

本刊为月刊，16 开本 48 页，配有彩色中心插页，现每册定价 1.10 元，全年 13.20 元。自 1990 年起自办发行，订户可通过银行或邮局直接向中国电力报社汇款订阅。

收款单位：中国电力报社

地　　址：北京市宣武区白广路 2 条 1 号　　邮政编码：100761

开户银行：北京市工商银行广安门分理处　　帐　　号：891100—94

XIV

科学技术与情报

苦战能过关

篆刻：庄万和

1984～1988年我国水电科学技术新发展

陈 宗 梁

一、基本概况

1984～1988年，我国水电科学技术在过去30多年发展的基础上，又有了新的发展。在这期间，随着科技工作和科技体制改革的不断深化，广大科研人员和工程技术人员在党中央确定的“依靠科技振兴经济”的根本战略思想指引下，坚决贯彻“经济建设必须依靠科技，科技工作必须面向经济建设”的方针，紧密结合工程实际，解决工程建设中的技术关键问题，在努力完成国家和部的水电科技项目的同时，积极广泛地开展横向科技活动，科技成果商品化、市场化，科技工作更加活跃，经济效益和社会效益也更为显著，使水电科技工作进入了一个新的全面深化的时期。在这期间，除制订了2000年电力工业科技发展纲要、中长期规划等宏观决策科研课题外，还着重抓了以下几方面的工作。

1.抓了福建坑口全断面碾压混凝土坝和江厦潮汐试验电站等国家工业性试验项目，这两项工程已全面胜利完成并发挥了显著的经济效益。另外，西北口混凝土面板堆石坝也按计划进行施工，预计1989年可以完成。

2.抓了“六五”国家和部的科技攻关项目。至1985年底，国家科技攻关项目提出了340项成果，其中27项为新仪器和新设备。在部攻关项目中，也提出了一批成果和有价值的技术论文，并经专家组鉴定全部通过。上述成果的经济效益十分显著，仅考虑攻关结合工程的研究阶段粗估达6000万元，随着今后的全面推广运用，将取得更大的效益。

3.抓了“七五”国家和部的科技攻关项目。目前已全面开展攻关的有：长江三峡工程重大科学技术研究；国家重点成套装备研制中的三峡工程重大装备科学技术研究；水电工程筑坝技术研究，以及部的水电3年滚动攻关项目等。

4.结合“八五”水电建设工程的具体情况，研究提出了一批“八五”国家、部的攻关项目，其中包括水电科技发展基金项目，由专家组先审议，最后由国家、部和基金领导小组确定。

5.抓了科技成果评奖、汇编和交流。1985～1988年，获国家科技进步奖水电科技成果28项(见表1)；获部科技进步奖水电科技成果124项(见表2)和水电科技论文、研究报告22项(见表3)。为了把攻关成果更广泛地用于生产，除了组织经验交流会外，还组织成果汇编，主要有：《1980～1985水力发电科学技术成果汇编》(第1集、第2集)；《“六五”水力发电科学技术攻关成果汇编》。此外，为配合“七五”水电科技重点攻关，还组织陆续出版了一批具有重大参考价值的国外水电专题科技文献。例如《国外混凝土面板堆石坝译文集》；《法国大坝安全监测技术》；《碾压混凝土坝(第16届国际大坝会议论文译文集)》；《混凝土面板堆石坝

表1 1985～1988年获国家科技进步奖水电科技成果表

序号	成果名称	获奖等级	获奖年分
1	在岩溶峡谷地区建设乌江渡水电站	一等奖	1985
2	丰满水电站泄水洞进水口水下岩塞爆破	一等奖	1985
3	中华人民共和国水力普查成果	一等奖	1985
4	福建坑口碾压混凝土筑坝技术	一等奖	1988
5	SDMQ1260／60型门座起重机	二等奖	1985
6	宽尾墩窄缝挑坎新型消能工及掺气减蚀的研究和应用	二等奖	1985
7	深厚砂卵石复盖层金刚石钻进与取样技术研究	二等奖	1987
8	水电站大型地下洞室围岩稳定和支护的计算分析和测试技术的研究	二等奖	1987
9	江厦潮汐试验电站设计与研究	二等奖	1987
10	拱坝优化方法、程序与应用	二等奖	1988
11	SJ－58A掘进机的研制及在快速施工中应用	三等奖	1985
12	SGT－1型水电站功率自动调节装置	三等奖	1985
13	拱坝计算技术	三等奖	1985
14	四川电力系统水电站群水库优化调度的研究	三等奖	1985
15	DH型混凝土高效减水剂的研制与应用	三等奖	1985
16	粉煤灰的超量取代技术在水工混凝土中的研究与应用	三等奖	1985
17	葛州坝一号"自浮式检修沉柜"	三等奖	1985
18	水工钢筋混凝土结构设计规范	三等奖	1985
19	水利水电工程设计预算定额	三等奖	1985
20	红水河综合利用规划	三等奖	1985
21	HwLw型水溶性聚氨酯化灌材料	三等奖	1985
22	水泥裹砂喷射混凝土在渔子溪二级水电站的试验与应用	三等奖	1985
23	WLT－1型微处理机型励磁调节器	三等奖	1987
24	软岩风化料基本特性及作高土石坝防渗材料工程特性的研究	三等奖	1987
25	防渗墙墙体新材料——固化灰浆的研究	三等奖	1987
26	葛洲坝工程大江上游围堰混凝土防渗心墙水下爆破拆除技术	三等奖	1988
27	钢闸门面板试验研究	三等奖	1988
28	喷射混凝土施工新工艺	三等奖	1988

表2 1986～1988年获水电部科技进步奖水电科技成果表

序号	成果名称	获奖等级	获奖年分
1	水电站大型地下洞室围岩稳定和支护的计算分析及测试技术的研究	一等奖	1986
2	深厚砂卵石复盖层金刚石钻进与取样技术研究	一等奖	1986

续表 2

序号	成 果 名 称	获奖等级	获奖年分
3	软岩石风化料基本特性及作高土石坝防渗材料工程性质		1986
4	WLT-1 型微处理机型励磁调节器	一	1986
5	新安江水电厂 TS 854-156/40 型 1 号水轮发电机定子线棒股线换位方式	等	1987
6	福建坑口碾压混凝土筑坝技术	奖	1987
7	喷射混凝土施工新工艺		1987
8	葛洲坝工程大江上游围堰混凝土防渗心墙水下爆破拆除技术		1987
9	水轮机调速器动态特性测试系统		1988
10	高精度水力机械模型通用试验台		1988
11	江厦潮汐试验电站 700kW 灯泡贯流式潮汐机组的研制		1986
12	金刚石岩心钻探技术在水电工程地质钻探中的推广应用		1986
13	水电地下工程围岩分类研究		1986
14	YZJ-100 型程控刚性电液伺服中型直剪试验机		1986
15	HB60 型液压混凝土泵		1986
16	水电站洪水优化控制		1986
17	GZ-1 型振柱仪	二	1986
18	白山水电站大跨度高边墙的地下厂房及交叉洞室群采用喷锚支护结构设计		1986
19	富春江水电厂多微机分布控制系统(一期工程)		1986
20	应用于大型水轮发电机组高能氧化锌非线性电阻灭磁及转子过电压保护装置		1986
21	江厦潮汐试验电站工程设计与研究	等	1986
22	基岩保护层开挖一次爆除技术		1986
23	防渗墙固化灰浆的研究		1986
24	龙羊峡工程上游混凝土心墙堆碴围堰设计及监测成果分析		1986
25	复杂地基(软弱夹层缓倾角)工程地质研究	奖	1987
26	防渗墙接头孔施工机具的研制和施工工艺的研究		1987
27	钢闸门面板试验研究		1987
28	拱坝应力分析和试荷载法程序		1987
29	水电站地下厂房岩台式及悬吊式吊车梁设计		1987
30	多分区电力长期规划模型及其在长江中上游(四川)电力规划的运用		1987
31	高压大型土工试验配套设备研制		1987
32	拱坝优化方法、程序与应用		1987
33	SXJ-2 型多微机事件记录装置		1987
34	地下洞室光测模型试验和在工程实践中的应用		1988
35	西南(四川)西北联网补偿研究		1988

续表 2

序号	成果名称	获奖等级	获奖年分
36	重力坝断面优化设计方法、程序和应用	二等奖	1988
37	WSST-2 型微机型双调节水轮机调速器		1988
38	混凝土变形观测的数学模型研究及其应用——安全监测与预报		1988
39	DBQ 3000 型塔式起重机		1988
40	官厅水电站 1 万 kW 水轮发电机电气制动停机试验研究	三等奖	1986
41	水电站水轮发电机主变压器和油罐水喷雾灭火试验研究		1986
42	QSA 型快速自动准同期微机控制装置		1986
43	WDK- 1 型单元自动控制装置		1986
44	黄河龙羊峡近坝库岸高边坡稳定研究(施工期)		1986
45	SLP-20 型片冰机研制		1986
46	BNE-1 型大坝内部仪器自动检测装置		1986
47	大型复杂空间结构的强度和稳定性分析		1986
48	CJS-1 型钻孔三向应变计		1986
49	重力—液动式混凝土吊罐研制		1986
50	三维光弹性全场斜射技术		1986
51	中小型水电站长有压引水系统合理调节参数研究		1986
52	真空滑模研制及在水工建筑物溢流面施工中的应用		1986
53	沙溪口水电厂坝基岩石开挖控制爆破试验研究		1986
54	碾压混凝土技术研究		1986
55	刘家峡、盐锅峡、八盘峡、青铜峡梯级水电站水库优化调度		1986
56	白山水电站水库淹没处理技施设计		1986
57	铸石砂浆及铸石混凝土作为水工泄水建筑物抗冲耐磨材料的研究		1986
58	网络计划“GKD- 87”电算程序		1987
59	轻型化灌浆泵的研究		1987
60	激光散斑法在结构模型试验中的应用——龙羊峡拱坝坝肩稳定地质力学模型试验		1987
61	澜沧江中下游河段开发方案优化补偿调节研究		1987
62	低水头径流式小型水电站规划设计阶段微机 CAD 系统		1987
63	安康水电站复杂地基折线型整体式混凝土重力坝变弹模整体光弹试验及应力稳定研究		1987
64	节间充水平压利用水柱加压事故闸门设计在电站进水口的应用		1987
65	混流式水轮机顶盖取水利用研究		1987
66	DS- 30 型动态水位仪		1987
67	DYS- 1 型电液振动扭剪三轴仪		1987
68	大型三维电网络渗流试验装置及其在复杂岩基渗流分折中的应用		1987

续表 2

序号	成 果 名 称	获奖等级	获奖年分
69	水利电力部标准(大中型水轮发电机静止整流励磁系统及装置技术条件)(SD135-85)试行		1987
70	RZ-50 型电容感应式垂线座标仪		1987
71	ZX40 t 盘香式弧门启闭机		1987
72	水轮发电机组振荡抑制装置	三	1987
73	水利电力部标准 SD197-86(周期式自动化混凝土搅拌搂型式与参数系列),SD198-86(周期式自动化混凝土搅拌搂技术条件)		1988
74	古田、安砂、池潭水电站库群年联合优化调度		1988
75	RGDPP 集成式微机辅助弧形闸门设计程序	等	1988
76	硅粉混凝土特性的研究及其应用		1988
77	混凝土拱坝设计规范 SD145-85 试行		1988
78	DST150-40 型电液调速器		1988
79	SK-H002 型混凝土缝面处理剂	奖	1988
80	转子堆积台车的设计		1988
81	柘林水电站泄洪洞掺气分流墩		1988
82	高频感应钎焊大直径硬质合金钎头		1988
83	东江水电工程环境影响评价研究		1988
84	湖南镇大坝横河向抗震及观测分析		1986
85	东江拱坝全级配混凝土力学性能试验研究		1986
86	直径 40mm 高强度低合金钢筋联合弯曲机		1986
87	手持式风动凿岩机干湿两用捕尘装置		1986
88	粗粒料强度试验尺寸效应	四	1986
89	大坝内部观测仪器编号的鉴别与恢复技术		1986
90	电站进水口快速事故闸门采用低门楣的布置		1986
91	混凝土搅拌楼由全风动系统改为全液压控制系统		1986
92	DJC-2 型隧洞混凝土搅拌运输车	等	1986
93	半湿喷新工艺试验及减水剂在喷混凝土中的应用		1986
94	聚醚型合成橡胶筛网在葛洲坝工程混凝土骨料筛分生产中的研究和应用		1986
95	水电站技术供水自动减压阀		1986
96	旧中小型水电设备更新改造提高出力研究的实践	奖	1986
97	轴流转浆式水轮机降低水压上升和转速上升的新方法		1986
98	下马岭水电站机组增容的技术改造		1986
99	白龙定向爆破堆石坝剖析		1986
100	PDM- 2/4 型磁带记录仪		1986

续表 2

序号	成 果 名 称	获奖等级	获奖年分
101	小型水力发电站设计规范 GBJ71-84	四等奖	1986
102	抗冲耐磨混凝土的研究及应用		1987
103	T20 液控双仓式混凝土运输车		1987
104	WL 型微动力矩限制器		1987
105	常温快速固化氯丁胶粘剂		1987
106	PVC 止水带		1987
107	深厚复盖层混凝土防渗墙原型观测仪器埋设技术研究		1987
108	YW-10 型液压稳压装置		1987
109	太平湾水电站坝基断层处理设计		1987
110	SK-E 浆材及应用		1987
111	CA 型气压式混凝土含气量测定仪		1987
112	二滩水电工程砂石料场优选程序		1987
113	水力机械抗磨抗气蚀聚氨脂橡胶与金属高效粘合剂		1987
114	金属高效粘合剂		1987
115	MAT-1 型四十线流速自动测试仪		1987
116	EPL-1 型滚动阀式双作用冲击器		1987
117	JDZ-CAD 机电二次微机辅助设计软件包		1988
118	SCY-1 型钻孔压水试段测压仪		1988
119	PWE 系列水工建筑金属防腐涂料		1988
120	针梁钢模		1988
121	以水玻璃为主剂的灌浆材料的研究		1988
122	集中制浆供浆系统		1988
123	SJ-60 型三轴剪切仪		1988
124	水工建筑物在随机荷载激励下的动力反应计算		1988
125	CM-A 混凝土薄膜养护剂的研制与应用		1988

表 3 1986 ~ 1988 年获水电部科技进步奖水电科技论文、研究报告成果表

序号	成 果 名 称	获奖等级	获奖年分
1	地下工程新奥法设计的非线性方法及软件的推广应用	一等奖	1988
2	梯级水电站兴建程序优化动态规划模型		1988
3	水力发电管道通气量的理论计算		1988
4	红水河梯级水电站和有关水电站投产顺序优化数学模型和类梯度筛选算法		1988

续表 3

序号	成 果 名 称	获奖等级	获奖年分
5	水工建筑物泄流振动的弹性模型过水试验法及模态参数识别的数字处理方法		1988
6	拱坝静动力分析程序 ADAP-CH84 和二滩抛物线拱坝抗震分析研究	二等奖	1986
7	新安江水电站厂房顶溢流观测		1986
8	混凝土断裂力学研究及其在水工结构中的应用		1986
9	大体积混凝土温度徐变应力研究		1987
10	水轮机耐磨材料多测点全部位试验方法		1987
11	混凝土断裂力学研究		1987
12	地下洞室岩爆与围岩		1987
13	应力的关系贴体座标法在水利机械内部流动分析中的应用		1988
14	大坝安全监测变形预报研究	三等奖	1986
15	弧形闸门主纵梁式支承框架计算方法的研究报告		1986
16	关于弹性扁薄壳问题		1986
17	动力空化流压力脉动的统计特性研究		1986
18	水轮发电机组承担轧钢冲击负荷的分折计算		1986
19	刚果英布鲁水电站枢纽三维渗流数学模型计算		1987
20	论非线性系统出流洪水模型的卡尔曼滤波预报		1987
21	重力坝可靠度分折		1988
22	下游坝面压力管道的优化设计		1988

的设计与施工》;《苏联水工建筑物设计手册》;《坝基研究和基础处理工程实例(译文集)》。与此同时,有关单位还组织出版了《中国拱坝》、《中国大坝》(英文版)和《1988 年全国水电青年科技干部学术报告交流论文集》等。

6.建立了标准化技术委员会。根据国家要求和水电部批准,为加强对技术标准和规程规范的宏观领导(包括代部审批)和及时将科研成果和先进技术纳入到规程规范中去等工作,分阶段组建了各专业标准化委员会。至 1988 年底已组建的有:(1)水轮机标准化技术委员会;(2)水轮发电机标准化技术委员会;(3)水电站自动化设备标准化技术委员会;(4)水电金属结构及启闭机标准化技术委员会;(5)水工建筑物标准化技术委员会;(6)岩土工程标准化技术委员会。这些委员会已经或正在逐步开展工作。

二、主要科技成果

1984～1988 年间已取得一大批重大水电科技成果。下面仅简单介绍一部分新的具有一定代表性的成果。

1.在岩溶地区建水电站的技术。乌江渡工程是我国岩溶地区建成的第一座大型水电站,具有水头高、单宽流量大、岩溶发育、地质条件复杂等特点,针对这些难题,经攻关取得的成果为:(1)高压水泥灌浆新技术。采用高压水泥灌浆处理该电站岩溶坝基的防渗问题,防渗帷幕线长达 1175m,防渗面积约 18.9 万 m^2,最大灌浆压力6MPa,灌入水泥 5.5 万 t,经检查优良率达 98.2%,在长期高水头运行考验下，实测帷幕总渗水量仅 $30.7m^3$／天，坝基幕后扬压力系数为0.1，远小于设计采用值。(2)新颖重叠式枢纽布置，即溢洪道、主副厂房、开关站等建筑物多层重叠布置，最大重叠高度达98m，枢纽最大泄量达 $20590m^3/s$，厂顶泄洪落差为100.8m。(3)高速水流掺气技术。泄洪最大流速42m／s，坝体单宽流量 $210m^3/s$，经多年泄洪考验，各部位基本无气蚀发生。如此大规模通气减蚀措施居国内首位。

2.碾压混凝土筑坝技术。以碾压混凝土代替常态混凝土是筑坝技术上的重大突破，采用此种方法施工，可以降低水泥用量，简化温控措施，加快施工速度，与常态混凝土相比，单价少8％～15％，工程总造价可降低20％～40％。我们已取得的攻关科技成果为：(1)福建坑口大坝和广西岩滩上下游围堰，均是不设分缝、全断面连续碾压混凝土筑坝，省去分缝模板及并缝混凝土冷却系统和灌浆系统，加快了速度，降低了造价。其中坑口大坝还首次采用了沥青砂浆作为上游坝面防渗层。(2)研究了碾压混凝土配合比设计理论及物理力学变形、热学性能、碾压混凝土的施工工艺和方法，包括了施工机具和质量控制管理的研究，并已采用50％～60％的高粉煤灰掺量碾压混凝土。(3)较全面地掌握了碾压混凝土筑坝的施工技术，对层间间隔时间、施工水平缝处理、拌和物的抗分离措施、压实机理、浇筑层厚控制因素、原材料质量控制等方面，都取得了较为系统的技术数据。

3.用软岩风化料作高土石坝防渗体材料。这是结合鲁布革、天生桥等高土石坝的防渗材料问题进行攻关的项目。主要攻关内容包括研究土料的矿化成分、强度和变形特性、抗渗和裂缝自愈性能、反滤料基本特性、动力特性、计算分析方法、施工工艺和有关的施工参数等，以解决利用风化料代替常规用的粘土料，降低工程造价。通过大量室内试验、现场试验和计算分析，全面系统地论证了以风化料作高土石坝防渗材料的科学依据，提出了可供实用的结论：(1)压实风化料有良好的力学性质，压力可高达3.2MPa，其压缩性均属中低，抗剪强度也较高，经动力特性试验证实，具有良好的抗震性；(2)用保持一定湿度的风化料压实后，其粗料的破碎率较高，且结构紧密，均匀性也较好，解除了对粗料架空的疑虑；(3)鲁布革、天生桥风化料渗透系数一般小于 $10^{-6}cm/s$，最大一组也小于 $10^{-4}cm/s$，完全可以满足防渗要求，且裂缝自愈能力也较强；(4)由于母岩成分不同，直接影响压实参数的确定，故料场以用立采混合开挖、堆存后再混装上坝为宜；(5)经不同功能比较试验，证明加大击实功能收效不大，选用 $86.3t\text{-}m/cm^2$ 标准功能进行击实试验是合适的。

4.深覆盖层取样和处理技术。结合铜街子、太平驿水电站坝基深覆盖层的实际问题，着重对河床漂卵覆盖层取样技术和建坝技术进行了研究，已取得如下重大成果：(1)成功地掌握了无固相冲洗液护壁配合金刚石钻进技术，可以在砂卵层中取出圆柱状薄砂层、夹泥层等的近似原状样品，采取率可达70％以上，不仅解决了覆盖层随机取样的难题，还可以提高钻进技术，减少金刚钻头的磨损，具有重大的经济价值。其中新研制成的SM植物胶是一种理想的适用于覆盖层金刚石钻进的无固相冲洗材料，也是一种多功能的泥浆处理剂，性质指标优越，无毒性污染；同时原材料来源广，加工容易，价格低廉，仅为My-1A型的1／3。(2)在深覆盖层建坝方面，结合铜街子水电站左深槽处理在国内第一次开展了巨型离心机模型试验，证明以承重式防渗墙堆石坝代替深挖覆盖层的方案，在技术上是可行的，经济上是节省的。

5.地下工程设计和施工的关键技术。结合鲁布革和西洱河三级地下厂房工程，进行了包括地下工程围岩分类、地下洞室围岩稳定和支护技术、围岩应力应变特性及其测试技术、各类模型试验技术、多种数学分析方法、新奥法实践及机械化施工技术等大量攻关研究，已取得的重大成果主要有：(1)地下工程围岩和差累计评分的综合评价法，它吸取了国内外各家围岩分类的优点，结合国内水电站地下工程特点，通过35个工程地质围岩分类，已初步反馈应用。(2)有限元及应力函数回归分析方法和原位试洞的反演计算等，为分析地应力场提供了合理的方法。此方法应用于鲁布革工程，合理地调整了地下厂房的位置并在厂区地下工程中采用全部喷锚结构支护，节省了较多的投资。(3)新奥法在西洱河三级地下厂房进行试验和应用，成洞1044m，比常规办法节省投资约186万元，为今后新奥法的推广应用打下了良好基础。(4)在机械化施工方面，通过引进和消化国外施工机械，不断提高了我国的隧洞施工技术水平，在鲁布革创造了断面$65m^2$隧洞下部扩挖平均月进尺245m(开挖量$14500m^3$)、混凝土月浇筑$9840m^3$的新记录。

6.掘进机应用技术。用国内自制直径5.8m的掘进机，结合引滦工程古人庄隧洞施工，重点研究掘进机的施工工艺，全面考虑掘进机的性能和掘进机后配套出碴系统的合理性。经过模索和不断总结经验，已达到平均月进尺超过150m、最高月进尺达213m的好成绩。在节理发育、岩层构造平缓的岩体条件下，显示出掘进机速度快、成本低、超欠挖少、施工安全等优越性。

7.复杂地基的勘探和处理技术。结合多项水电工程进行了攻关，主要项目包括勘测机具、含软弱层(带)的成因分类和分布规律、物理力学性质，工程地质评价等，已取得的重大成果有：(1)大口径全断面钻进技术，包括钻机机具的配套，适用于中硬度岩石的BH_{24}型焊齿滚刀和井下深水电磁打捞器，已成功地在葛洲坝和太原水井工程中应用，并可广泛应用于施工基础处理和凿井工程。(2)研究成功直径53mm的钻孔彩色电视录相设备，通过鲁布革、飞来峡、响洪甸、狗皮滩等10几个工程的实际应用证明，这种录相设备图象清晰稳定，分辨力强，效果好，有广泛的使用价值。(3)在复杂地基处理方面，先后结合龙羊峡和安康水电站重点研究了以灌浆为主的多种方法处理，并研制了150／150新型液压灌浆泵、液压灌浆钻孔机、单孔单机自动灌浆系统以及为龙羊峡灌浆工程使用的日耗干灰400t、可供35台灌浆机同时使用的水泥浆集中制浆系统，仅最后一项成果即可为龙羊峡灌浆工程节省投资200万元左右。

8.修建潮汐电站技术。通过江厦潮汐电站的建成，主要成果有：(1)成功地研制了两种新型多功能潮汐试验机组，机组运行性能良好；(2)积累了海工建筑物设计、施工、运行，以及机组防污、防腐等方面的经验；(3)基本掌握了电站库内外泥沙淤积规律及防淤措施，该电站运行以来，库内外无明显淤积发生。

三、“七五”国家水电科技攻关

“七五”国家水电科技攻关项目分解成的课题、专题(见表4)。这些攻关项目，由于技术上难度较大，牵涉的范围也广，因此组织了全国同行业的有关科研、设计、施工以及高等院校和制造等单位，集中优势力量进行，并由国家和水电部聘请各方面专家组成多个专家组作具体指导和帮助。到1988年底已提出了部分阶段性的科技成果，尚待各专家组最后作出鉴定。

表 4 "七五"国家重点科技攻关水电科技攻关项目、课题、专题表

项目名称	课题名称	专题序号	专题名称
长江三峡工程重大科学技术研究	泥沙和航运关键技术研究	1	三峡水库来水来沙条件的分析研究
		2	三峡回水变动区泥沙冲淤、河床演变及对防洪和航运的影响及其对策研究
		3	坝区泥沙及通航条件的研究
		4	原型观测及原型观测新技术的研究
		5	三峡水库下游冲刷引起的水位降低及其对下游和河口地区的可能影响
		6	泥沙数学模型及糙率的研究
		7	航运经济和营运研究
		8	两坝间(葛洲坝～三峡)通航水流技术标准试验研究
	库坝区地质和地震问题研究	1	坝区及外围地壳稳定性研究
		2	坝区高边坡和建基岩体工程问题研究
		3	水库诱发地震的研究
		4	库岸稳定性研究
		5	环境地质评价与预测
	水工建筑物关键技术研究	1	枢纽总体布置的优化
		2	多层大孔口坝段的结构分析优化和安全度研究
		3	引水钢管和厂房水下结构分析
		4	船闸水力学和结构问题的研究
		5	泄水建筑物水力学问题的研究
	施工关键技术研究	1	三峡工程二期深水高土石围堰施工技术研究
		2	三峡工程三期混凝土围堰高强度施工技术研究
		3	三峡工程花岗岩人工砂应用技术研究
		4	三峡工程坝体混凝土快速施工技术研究
		5	三峡工程陡高边坡开挖、加固技术研究
	电力系统规划及关键技术研究	1	电源规划及能源平衡发展研究
		2	三峡电力系统网络结构
		3	长江上、中游干支流及邻近地区水电站优化开发及对三峡电站影响
		4	多大区电力系统互联及运行特性分析
		5	水库群优化补偿调节和三峡优化调度
		6	三峡梯级电站短期优化运行
		7	三峡交直流混合输电仿真系统
		8	提高三峡电力系统安全稳定运行综合技术措施
		9	电力系统对三峡电站大型电力设备运行参数的要求及可靠性研究
		10	三峡工程的重大动能经济问题
	生态与环境的影响和对策研究	1	三峡工程对长江沿岸地区陆地生态的影响及其对策研究
		2	三峡工程对长江及沿岸水域生态的影响及其对策研究
		3	三峡工程对长江中下游湖泊环境及洪涝地区的影响研究
		4	三峡工程对河口区生态与环境的影响及对策研究
		5	三峡工程对库区环境污染及人群健康的影响
		6	三峡库区水土流失现状、趋势及对策研究
		7	三峡库区移民环境容量与环境规划原则的研究

续表 4

项目名称	课题名称	专题序号	专题名称
	防洪问题和工程综合利用效益	1	长江水文水情研究
		2	长江防洪系统研究
		3	三峡工程综合利用效益研究
		4	三峡地区开发规划研究
国家重点成套装备研制	长江三峡工程重大装备科学技术研究	1	大型专用施工机械
		2	三峡电站机电设备选型及参数计算优化研究
		3	发电机参数优选
		4	电气主结线及主要电气设备参数优选及可靠性技术研究
		5	水轮机及迳流部件优化计算及运行性能的研究
		6	水轮机同台对比试验及模型验收技术
		7	三峡超大型机电设备安装技术研究
		8	水轮机过渡过程与最佳调节方式的研究
		9	三峡水电站综合自动化系统工程试验与研制
		10	水轮发电机组的技术研究的研制
		11	发电机关键技术研究
		12	发电机励磁装置的研究
		13	水轮机调速器、油压装置的自动化元件研究
		14	电站自动化技术研究
		15	大型水工及施工设备、起闭机、船闸等的研制
		16	三峡升船机及超大型金属结构关键技术
水电工程筑坝技术研究	高土石坝技术研究	1	混凝土面板堆石坝研究
		2	土质防渗体高土石坝的研究
		3	土工离心模型试验技术的研究
		4	高土石坝原型观测的研究
	高混凝土坝技术研究	1	高混凝土坝的裂缝及其防治
		2	高混凝土坝的设计计算方法与准则
		3	高混凝土坝的快速施工技术
		4	自动安全监控微系统及仪器研制
		5	高坝安全监测技术及反馈
		6	高混凝土坝泄洪和消能的研究
		7	碾压混凝土筑坝技术在大型水电主体工程中的应用
	高坝坝基技术研究	1	勘探新技术研究
		2	岩体力学测试及高坝地基原位监测技术研究
		3	高坝地基岩体稳定性评价及可利用标准的研究
		4	高坝地基处理技术研究
	定向爆破筑高坝研究	1	定向爆破筑坝的枢纽设计及施工新工艺
		2	定向爆破设计理论及计算方法
		3	爆破坝体的结构特性和防渗问题的研究
		4	爆破安全与施工
		5	定向爆破筑高坝中间试验坝的现场试验研究

水电站计算机监控系统科研试点及运行效果

顾 景 芳

自80年代以来,随着改革开放方针的深入贯彻,我国水电站自动化计算机应用研究工作提到了一个新的水平,一批科研试点在生产中陆续投入运用,取得了一定的经济效益和安全监控效果,并初步形成了推广应用模式。本文重点介绍1984～1988年的10项主要成果,其中一至七为已形成系统并正式投运和鉴定的项目;八至九为已投入运行但尚待鉴定的项目;第十项为专用装置成果。

一、富春江水电站多微机分布式监控系统(一期工程)

富春江是一座低水头径流式电站,总装机容量为29.72万kW,共5台机组,其中2台为法国机组,1台为上海电机厂机组,1台为苏联机组,1台为富春江水工机械厂机组。因此,机组运行特性差异较大,加之又担负系统调峰任务,更增加了运行的复杂性。为了为水电站自动化积累经验,1980年10月水电部和华东电管局确定在该厂进行计算机监控系统的科研试点,并由水利水电科学研究院自动化所和富春江水电厂共同承担这一研制任务。1983年完成了硬、软件设备的研制,1984年11月投入运行,1985年7月通过鉴定,至今运行良好,并取得了年增发电量约为1%～2%的经济效益,获水电部1986年度科技进步二等奖,国家科技进步三等奖。其系统配置结构、功能和技术指标、运行效果及可靠性见表1。

二、永定河梯级水电站微机远程控制系统

永定河梯级由官厅、下马岭、下苇甸3座水电站组成,分别为3台1万kW机组、1台6.5万kW机组、2台1.5万kW机组,总容量为12.5万kW。该梯级电站以供水为主,兼有蓄水防洪和调峰任务。为了梯级电站集中管理和调度,提高发电效益,减少值班人员,由华北电管局和水电部科技司安排为试点项目。该系统由机械电子部天津电气传动研究所和石景山发电总厂共同承担这一研制任务,于1984年4月完成装置及系统的研制工作,1984年9月对下马岭电站进行遥控,1986年11月下马岭电站端正式投入运行,1987年7月下苇甸电站投入运行,1988年1月官厅电站投入运行,并于1988年12月通过鉴定。该系统计算机配置结构、功能和技术指标、运行效果及可靠性见表2。

三、猫跳河一、二级梯级电站多微机远程控制系统

描跳河一、二级梯级由红枫和百花两水电站组成,其中红枫电站有2台各1万kW机组,百花有1台1万kW和1台1.2万kW机组,总容量为4.2万kW。另外,该梯级还有修文、窄港口、红林、红岩等电站。贵州省电力局为了提高梯级电站自动化

水平，实现集中控制，减少运行值班人员，因而确定一、二级电站为试点项目，由机械电子部天津电气传动研究所和红枫电厂共同承担研制任务。该系统于1981年11月签约，1985年进行设备的安装调试，1987年4月红枫站四遥正式投入运行，1987年12月百花站两遥投入运行，1988年9月百花站遥控、遥调正式投入运行，并于1989年3月通过鉴定。该系统配置结构、功能和技术指标、运行效果及可靠性见表3。

四、乌江度水电站微机型安全监测事故录波系统

乌江渡电站总容量为63万kW，共3台21万kW机组，并与四川省联网。该电站自投产以来，由于发生了几次大的故障和事故，而用常规自动化装置对故障和事故进行分析有一定困难，致使供电延迟。为此，贵州省电力局于1983年12月委托重庆大学、贵州省电力局中心试验研究所、乌江渡电厂共同研制微机型安全监测和事故录波系统的任务。该系统于1984年8月陆续安装调试和投入试运行，1985年11月正式投入运行，1986年8月通过鉴定，并由国家教委评为科技进步二等奖。该系统配置结构、功能和技术指标、运行效果及可靠性见表4。

五、三门峡水电站参量监测装置

三门峡水电站装有5台5万kW机组，总容量为25万kW。为了提高该电站自动监测水平，由水电部水管司和黄河水利委员会确定为科研试点项目，于1985年6月由水电部地勘机电研究所、三门峡水利枢纽管理局、水力发电厂共同承担研制任务。该系统于1988年4月投入运行，1988年2月通过鉴定。其配置及结构、功能和技术指标、运行效果及可靠性见表5。

六、黄龙滩水电站水情测报和防洪调度自动化系统

黄龙滩水电站装有2台7.5万kW机组，总装机容量为15万kW。该电站位于鄂西北山区堵河下游。堵河发源于陕西省镇坪县和川鄂边境大巴山，经黄龙镇至堵河口注入汉江。干流全长343km，总流域面积11725km^2，坝址控制流域面积11140km^2，占全流域面积的95%。该流域属大山区，山顶海拔高度一般在1500～2000m，最高到3000m以上，河道狭窄，滩多流急，雨量丰沛，降雨多集中在4～10月分，较大暴雨多出现在7～9月分，最大日降雨量为129mm，洪水传播时间短，从新洲、官渡到达竹山约为4～5h，竹山至坝前约2～3h，雨量过程线陡峻。1980年6月23～24日由于洪水猛涨，降雨量单站最大为201mm，由于当时报汛手段落后，电话线杆倒塌，20个人工雨量站和水位站仅有4个向电厂报讯，未能提前采取措施，造成水淹厂房、停发电50天、少发电量2亿kW·h的重大事故。根据1981年3月水电部在南昌召开的“全国重点水电厂和在建水电工程防讯会议”精神，为了改变黄龙滩水电站水情测报的落后局面，确保大坝和电厂安全，湖北省电力局、水电部生产司和科技司于1983年批准列为重点科研项目，并由水利水电科学研究院自动化所和黄龙滩水电厂共同承担这一任务。1987年5月完成设备研制、现场安装调试和试运行，1988年5月正式投入运行，1988年11月通过鉴定。该系统通讯布点、功能和技术指标、运行效果及可靠性见表6。

七、柘溪水电站经济运行计算机实时控制系统

柘溪水电站共6台机组，其中1台为

7.25万kW,5台为7.5万kW,总容量为44.75万kW。为了提高该电站经济运行水平和实时闭环控制,1980年2月湖南省电力局下达了科研任务,1985年5月湖南省科委正式列入科研试点项目。该任务由柘溪水电厂、湖南省计算技术研究所、华中理工大学共同承担,于1986年7月完成安装调试和试运行,1986年元月正式投入运行,1988年9月通过鉴定。该系统配置及结构、功能和技术指标、运行效果及可靠性见表7。

八、葛洲坝二江电站计算机监控系统

葛洲坝二江电站共7台机组,其中2台为17.5万kW机组,5台为12.5万kW机组,总容量为96.5万kW。为了改善该电站常规设备难以监控的功能,以及为今后三峡水电站提供运行经验,水电部于1980年将该项目列为部科研重点项目,并确定由南京自动化所、葛洲坝二江电厂、长江流域规划办公室共同承担试点任务。1985年至1987年陆续完成了成套装置的研制工作,部分专用功能装置投入运行,其中SXJ-2型多微机事件记录装置于1985年9月投入运行,1986年9月通过鉴定,据1985～1986年统计,其可用率达到99.87%,获水电部1987年度科技进步二等奖;DJC-1型电量监测装置于1986年7月投入运行,1987年9月通过鉴定,获水电部1988年度科技进步三等奖。其他设备于1987年四季度出厂,因运输事故烧毁,于1988年重新生产,将于1989年初投入运行,但尚未鉴定。该系统配置及结构、功能和技术指标、运行效果及可靠性见表8。

九、浑江梯级电站自动化系统

浑江梯级目前已建成桓仁、回龙山、太平哨3座水电站,分别装有(1×7.25+2×7.5)万kW、2×3.6万kW、4×4.025万kW机组,共9台机组,总容量为46.55万kW。为了实现该梯级电站集中控制和统一调度,水电部和东北电管局将其列为科研试点项目。一期工程为先实现3个站的四遥功能,于1979年初正式投入运行,同年10月通过鉴定,并获水电部科技重大改进奖。在此基础上,1982年开始进行二期浑江调度自动化工程。该任务由南京自动化所、东北勘测设计院、东北技改局、桓仁梯级电厂等单位联合承担,于1983～1986年间进行设备研制、安装调试和试运行,1988年初基本完成原设计任务,但尚待鉴定。该系统的配置及结构、功能和技术指标、运行效果及可靠性见表9。

十、WLT-1 微型机励磁调节器

该装置由水电部南京自动化所研制,并于1985年4月在福建省池潭水电站5万kW机组上投入运行,同年11月通过鉴定,并获水电部1986年科技进步一等奖、国家科技进步三等奖。该系统配置及结构、主要功能、运行效果及可靠性见表10。

表 1　富春江水电站计算机监控系统及运行效果

电站名称	系统配置及结构	实现功能和技术指标	运行效果及可靠性
富春江水电站	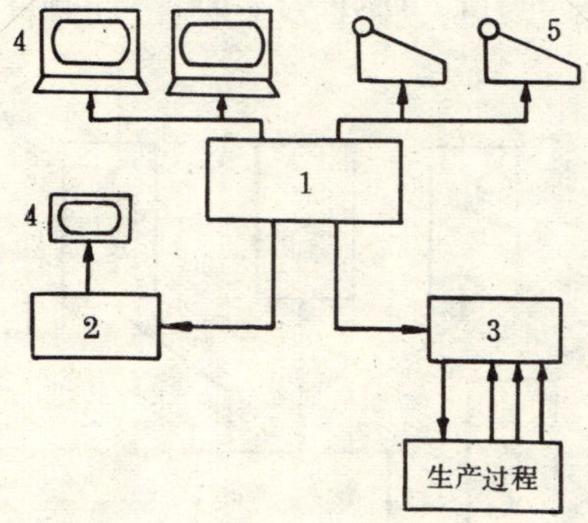 1 — 管理机。采用 Intel ISBC 80／24-4、ISBC 534、ISBC 517 等单板机组成 2 — 运行方式机。采用 Zilog 公司 MCZ 1／51 型微机，内存 64K，以及具有 500K 字节的双软盘驱动器 3 — 安全监测与事件记录机。采用 Intel 80／24-4 单板机 1 台 4 — CRT。为国产的 20 英寸彩色屏幕显示器并带 CPU 5 — 132 行针式打印机 6 —设置 1 台 5kVA 不间断电源 7 —采用独立接地方式	**功能**: 1.最优发电控制开环指导 2.事件顺序记录和操作记录 3.运行参数巡检与越限报警 4.机组运行状态统计 5.电度量累计并分别计算出高低峰电度量 6.彩色汉字图形 CRT 显示和键盘人机联系 7.随机打印和定时制表打印 **技术指标**: 1.通讯方式采用异步通讯波特率为 2400 位／s 2.数据更新为 2 秒 1 次 3.事件记录分辨率为 1 ms 4.CRT 显示 16 幅划面	**运行效果**: 1. 最优负荷分配可获年增发电 9.23 亿 kW·h，价值 60 万元 2. 提高了人工监视水平，发现过联变过负荷 3. 定时制表打印，已全部代替人工抄表，诫轻了劳动强度，提高了记录的准确度 4. 操作自动记录，使运行人员重视操作的正确性，并及时发现设备缺陷 5. 事件顺序记录，加快了事故处理恢复时间 6. 机组运行状态统计，随时提醒运行人员撑握机组情况，并按时给机组顶转子充油等 **可靠性**: 1985 年 3 月 27 ～ 7 月 10 日统计为: MTBF　MTTR　A(可用率) 2564h　0　100 % 两年中最长的无故障连续运行时间 8913 h，累计停机时间 247 h，主要原因是因接地问题和雷击干扰。应总结研究，采用可靠接地方式

表 2　永定河梯级水电站计算机监控系统及运行效果

电站名称	系统配置及结构	实现功能和技术指标	运行效果及可靠性
永定河梯级水电站	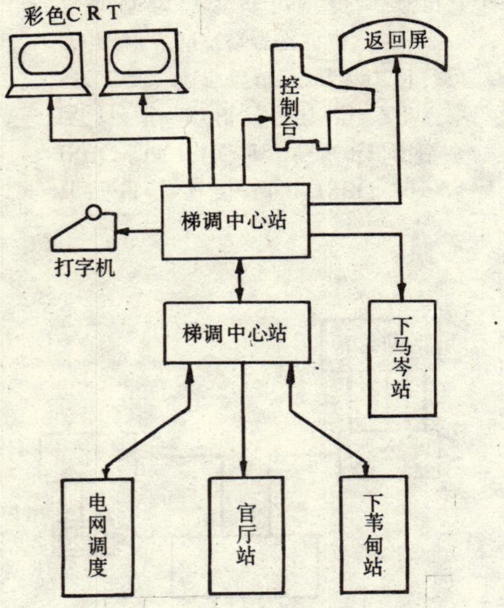 1.梯调中心。设置 2 台 M6800 CPU 2.下马岭.下苇甸.官厅 3 个站各设置 3 台 M6800 CPU 3.电网调度设置 1 台 M6800 CPU 4.返回屏。数字显示 5.控制台。自行设计 6.20 英寸彩色 CRT	**功能**: 1. 在梯调中心对各被控站进行四遥,以及对 10.5KV 开关站进行遥控倒闸操作 2.监视各站运行状态,显示实时参数 3. 对操作、越限、事故顺序记录,以及正常运行参数和趋势分析制表打印 4.CRT 彩色汉字,图形显示 5.人机对话可进行参数整定和限值修改 6. 按日负荷曲线或调度命令进行机组运行方式的自动转换和控调 7.开停机过程跟踪监视 **技术指标**: 1.遥测量。每站 24 个,更新时间不大于 3 s 2.遥调量。每站 8 个 3.遥控量。每站 24 个 4. 事故开入每站 144 点,状态开入 128 点,常测量 12 点,模拟量 192 点 5.事故顺序记录分辨率为 2 ms 6.1∶3 四遥 7.串行通讯速率为 1200 bit 8.巡检速度 200 点 / s	**运行效果**: 1. 采用该系统开机,并网加快,减少了机组空转耗水时间 2. 减轻了运行人员劳动强度,机房做到无人值班 3.取得了空转节水的经济效益: 按每年 585 次统计,约节约水 87.75～131.63 万 m^3,多发电16.56～24.83万kW / h **可靠性**: MTBF　MTTR　A(可用率) 8000h　1h　99.9 % 微机远动开停机并网全过程成功率为: 1986.11 ～ 1988.7 统计,下岭电站达到 97.4 % 1987.7 ～ 1988.6 下苇甸电站达到 98 % 1988.1 ～ 1988.6 官厅电站达到 94 % 该系统维护工作量较大

表 3　猫跳河一、二梯级水电站计算机监控系统及运行效果

电站名称	系统配置及结构	实现功能和技术指标	运行效果及可靠性
猫跳河一、二级梯级水电站	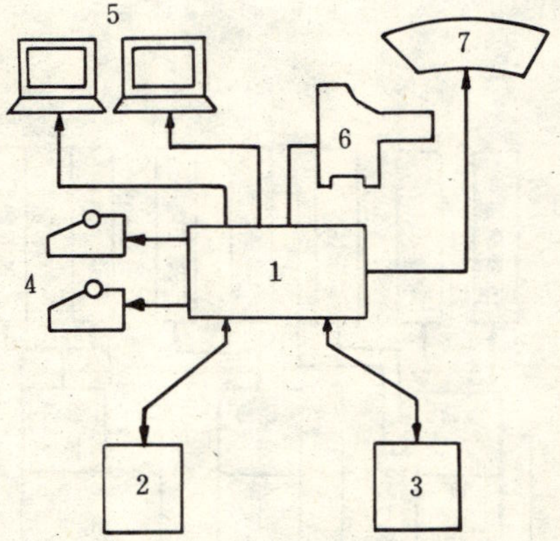 1—梯调中心,采用 1 台 M6800 单板机 2—红枫电站,采用 2 台 M6800 单板机 3—百花电站,采用 2 台 M6800 单板机 4—打印机 5—彩色 20 英寸 CRT 6—操作台(自行设计) 7—数字返回屏	**功能**: 1. 在梯调中心,可进行被控站的四遥(遥控.遥调.遥测.遥信) 2. CRT 可显示电站主接线、主要参数和运行状态以及开停机过程跟踪显示、报警显示等 3. 定时制表打印和操作打印以及事故顺序记录打印 4. 被控站能就地巡检、数据处理及事故采集和处理,并送至梯调中心 5.具有在线和离线监控调试功能 **技术指标**: 1. 遥信量 100 点;遥测量 96 点;遥控遥调量,红枫 47 点,百花 56 点,事故遥信量 144 点 2. 巡检量不大于 256 点(实际为 96 点),开机跟踪信号 96 点,脉冲量 8 点,数字量 1 点 3.事故顺序记录分析率为 10ms 4.通道误码率小于 10^{-5} 5.巡检速度为 100 点 / s 6. 传送速率:遥信.遥测为 1200 bit;遥控、遥调为 75 bit	**运行效果**: 1. 红枫实现了四遥,达到运行人员监视值班 2. 百花站因为通道可靠性问题,目前仅实现了遥测、遥讯功能 3. 事件顺序记录,发现了红枫 1 号机过负荷及油开关操作回路断线故障 **可靠性**: 1. 根据 1988 年 10 月 11 日统计遥控成功率为 95.4 % 2. 正式投运 6000 多小时,连续运行 5000 多小时。 该系统通讯,梯调中心至百花站待改进,遥控成功率待提高

表 4　　乌江渡水电站计算机监控系统及运行效果

电站名称	系统配置及结构	实现功能和技术指标	运行效果及可靠性
乌 江 渡 水 电 站	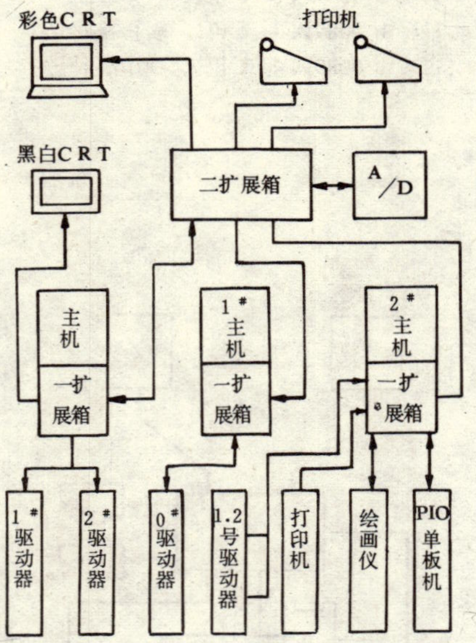 1.3 台主机均采用 Z80 CPU 2.打印机为 8510 和 1550 型 3.A/D 为两套 8105 型 4.绘图仪为 SR-6602 型六笔彩色绘图仪	**功能**: 1. 对全厂 45 个交流量、14 个直流量进行数字录波，并打印开关动作顺序和 1、3、5 次谐波以及正、负、零序分量 2. 巡检 81 个模拟量、120 个开关量的顺序动作，并记录打印 3. 彩色屏幕显示电气主接线、设备运行状态、参数、保护动作状态及越限报警等 **技术指标**: 1. 录波采样周期，第一暂态为 2ms，0.2s 后为 3.33ms 2.开入采样时间为 183 μs 3.模入采样时间为 1802.5 μs 4.基波误差＜0.06 %，三次谐波误差＜0.01 %，五次谐波误差＜0.01 % 5.事件记录分辨率为 2 ～ 3.3ms	**运行效果**: 1. 正确记录事故录波 16 次，无误动和拒动，为分析事故、处理事故提供了可靠依据，缩短了处理时间 2. 事故分析处理取得的直接经济效益约 20.5 万元 3.提高了安全监视水平 **可靠性**: 1985 年 11 月 1 日至 1986 年 8 月 31 日共 273 天统计: MTBF　MTTR　A(可用率) 6538h　14h　99.8 % 希今后研制增加测距功能

表 5　三门峡水电站计算机监控系统及运行效果

电站名称	系统配置及结构	实现功能和技术指标	运行效果及可靠性
三门峡水电站	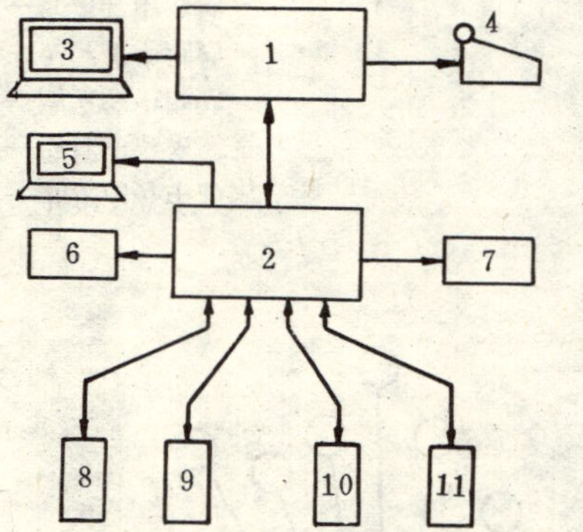 1 — 上位机。采用 IBM- PC 工业控制机，内存 640K、2 台 5 英寸软盘驱动器 720K × 2 2 —可编程序控制器。GE6-6000 系列型 3 — 19 英寸彩色 CRT 带操作键盘 4 —打印机 5 — OIT。12 英寸 CRT、带操作键盘 6 —声光报警 7 —运行日志 8 —温度量和保护信号 9 —电气量 10 —断路器开关量 11 —保护开关量 另设有 1 台 UPS 并采用浮空地方式	**功能**: 1.模拟量、开关量自动监测和越限报警 2.运行日志定时制表打印 3.操作及事件记录打印 4.任意 8 点的趋势记录 5.运行参数及电气主接线 CRT 彩色显示 **技术指标**: 1.扫描周期。电量 3 s，非电量 30 s，开关量 20 ms 2.事件顺序记录分辨率为 5 ms 3.电量精度为 1 % 4. 采集量：断路器开关量 23 点；电气量 56 点；温度量 52 点(仅 4 号机)；保护信号 32 点；保护开关量 7 点	**运行效果**: 1. 1988 年 10 月 27 日从趋势记录画面和越限报警信号发现了 3 号机三相定子电流严重不平衡(由于电气铁路负荷引起)，及时进行处理，避免了一次停机事故 2. 减轻了运行人员劳动强度，提高了安全监视水平。如断路器的操作，运行人员不去现场便可从画面了解开关状态 3. 事件记录，有利故障分析 4. 在 1 台机上实现了开环监控 **可靠性**: 1988 年 4 月 26 日～ 1988 年 12 月 30 日统计： MTBF　MTTR　A(可用率) 5976h　24h　99.6 % 定子线圈温度磁场干扰问题待解决，汉字系统待加强

表 6　　黄龙滩水电站计算机监控系统及运行效果

电站名称	系统配置及结构	实现功能和技术指标	运行效果及可靠性
黄龙滩水电站	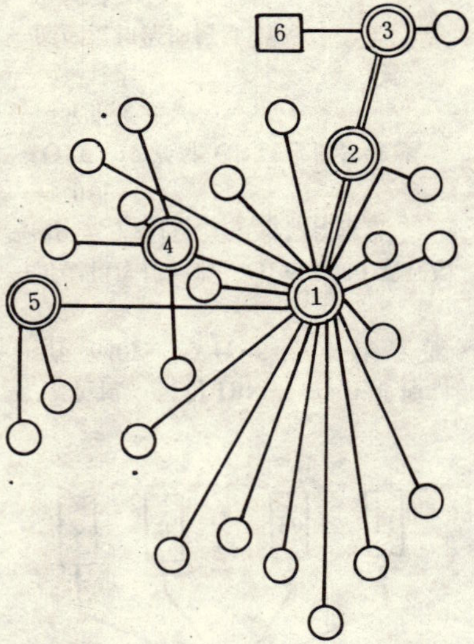 1 —九华山分中心站 2 —前坪中继站 3 —陶家坡中继站 4 —天宝盖中继站 5 —红崖寺中继站 6 —黄龙滩调度站 ○ 为 22 个雨量站	**功能**: 1.收集处理 22 个雨量站和坝前水位站数据 2.打印各种报表,并存入指定文件 3.进行洪水预报,并显示洪峰曲线 4.CRT 显示雨量分布图和等值线分布图 **技术指标**: 1. 数据传输时间小于 300ms,两次数据发送时间间隔最小时间为 15s 2. 雨量分辨率为 1mm ± 0.01,水位为 ± 1cm 3.控制部分守候电流小于 70 μA 4.可用于环境温度为 −20 ～ + 50 ℃ 5.通讯频率采用 150 ～ 160MH$_z$频段 6.洪水预报预见期为 12h,偏差约为 10 % 7.通讯误码率优于 10^{-4} 8.22 个雨量站全部收齐时间为 1min	**运行效果**: 1.自动测报来报率比人工高,达到 87 % 2. 1988 年 9 月两次小洪峰,发挥了自报快、资料好的优势,其洪峰预报误差为 3.4 % ～ 0.9 % 3. 经过雨量计的清扫和增补合理布点后,洪水预报精度达 90 %。预见期为 11h,为合理安排洪峰赢得了时间 4. 1988 年 9 月 13 日按洪峰预报开启闸门,发挥了自动测报的优势 **可靠性**: 整个测报系统 MTBF 运行两年统计达到 11640 ～ 16680h 遥测站可用率为 99.96 % 九华山分中心站可用率为 99.94 % 中继站可用率为 99.94 % 调度站可用率为 99.94 %

表 7　柘溪水电站计算机监控系统及运行效果

电站名称	系统配置及结构	实现功能和技术指标	运行效果及可靠性
柘溪水电站	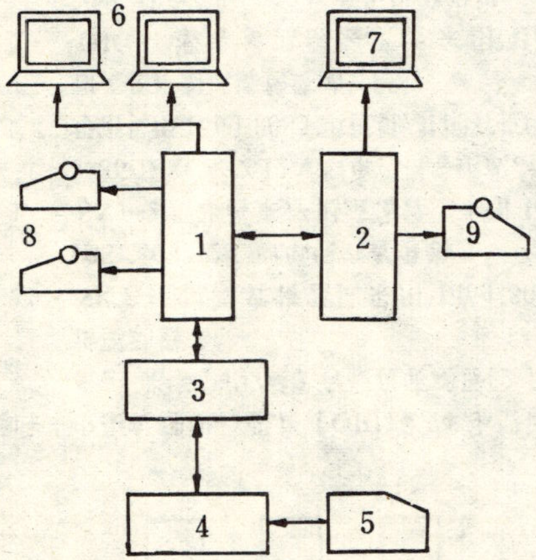 1 — 主控计算机，采用 CROMEMCO CS- Ⅲ型，CPU 为 Z80-A，64K 内存，8 英寸软盘驱动器 2 台 2 —辅助计算机。选用 CS- Ⅲ型计算机 3 —过程通道 4 —中间继电器盘 5 —控制室操作台 6 — CRT 7 — CRT 8 —打印机 9 —打印机	**功能：** 1.经济运行总表，开停机最优计划制定 2.数据采集处理 3.按经济目标进行负荷分配和调节 4. 功率 – 流量与功率 – 接力器行程特性参数辨识 5.调频调压控制和相互切换 6.运行工况参数报表等，8 个画面显示和打印 7.事故、故障和越限报警及趋势分析 8.操作和事件记录 **技术指标：** 1.采样周期分别为 1s 和 2s，控制周期为 25s 2. 采样速度为：高模 10000 点 /s，低摸 100 点 /s 3.功率调节死区 2.5MW 4.总功率调节稳定时间 20 ～ 60 s 5.参数辨识曲线精度为 1 % 6.屏幕刷新周期 5s，召唤显示等待时间小于 1s 7. 模拟量采样误差小于 0.5 %(不包括变送器误差)	**运行效果：** 1. 采用经济运行平均约增发电量 1.76 %，每年可增发电 3608 万 kW · h 2. 减轻了运行人员劳动强度，如自动执行中调调功命令 4700 次 3. 功率调节反应速度快、准确 **可靠性：** 1988 年元月 2 日～ 6 月 13 日共运行统计 131 天 MTBF　MTTR　A(可用率) 3138.5h　5.5h　99.8 %

表 8　葛洲坝二江电站计算机监控及运行效果

电站名称	系统配置及结构	实现功能和技术指标	运行效果及可靠性
葛洲坝二江电站	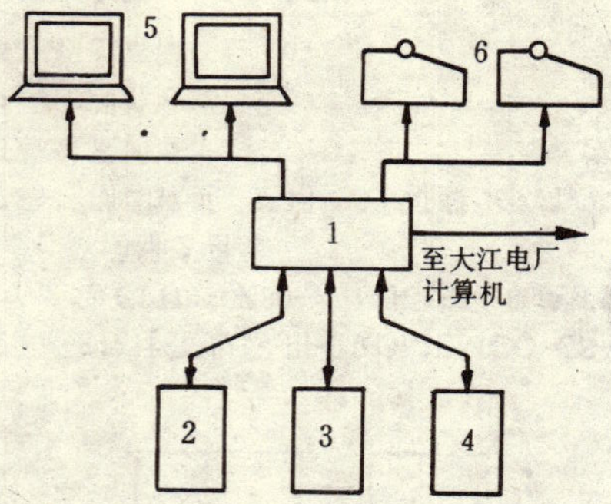 1 — 中央处理机。采用 POP11／24 小型计算机、1 兆字节内存、2 台硬盘驱动器、2 台软盘驱动器 2 — SKT 控制调节装置。采用 Intel 8086、IBSC86／12A 型单板机等组成 3 — SXJ–2 型事件顺序记录装置。采用 Intel 8086 IBSC86／12A 型单板机等组成，其信号箱采用 Intel 8085 单板机，并配有打印机和 CRT 调试维护终端 4 — DJC–1 型电量监测装置。采用 IIntel 8086 IBSC 86／12A 单板机等组成 5 — CRT 显示器。1 台为 VT–100AB 型；1 台为彩色 20 英寸 CRT 6 — 打印机 2 台。1 台为 LA–120 型；1 台为汉字打印机	**功能**： 1. 数据采集和安全监测。由中央处理机对全厂出力、发电机运行状态、水系统、母线电压、开关位置、继电保护自动装置、厂用公用设备等进行监视并记录，并对事件和事故追忆记录进行监视 2. 电量监测。对全厂 128 点模拟量输入、64 点脉冲量输入进行监视处理，对 15 路交流量进行事故录波和越限报警 3. 事件顺序记录。对全厂 832 点状态量进行检测，分出正常操作、事故或故障、记录状态发生变化的时间以及报警等 4. CRT 显示。显示全厂电气主结线、机组负荷实时运行参数、操作和运行处理指导、越限值设定等 5. 制表打印。对表计指示、电量统计、操作票、事件记录、机组状态、机组运行日报等制表打印 6. 控制。对机组开、停，开关投切以及有功、无功调节，并根据自动发电控制(AGC)、自动电压控制(AVC)进行控调，且具有同期控制功能 **技术指标**： 1. 事件记录分辨率为 1ms；输入容量 1024 点 2. 数据传输速率为 9600 bit／s	**运行效果**： SXJ–2 型多微机事件记录装置和 DJC–1 型电量监测装置投入运行后，提高了安全监测水平和事故分析能力，为电网分析事故提供了依据，使运行人员能正确分析判断事故的起因，尽快做出处理决策；同时也对断电保护设备动作整定的正确性作出评价 **可靠性**： 1985 ～ 1986 年统计，其可用率达到 99.87 %

表 9　浑江梯级水电站计算机监控及运行效果

电站名称	系统配置及结构	实现功能和技术指标	运行效果及可靠性
浑江梯级水电站	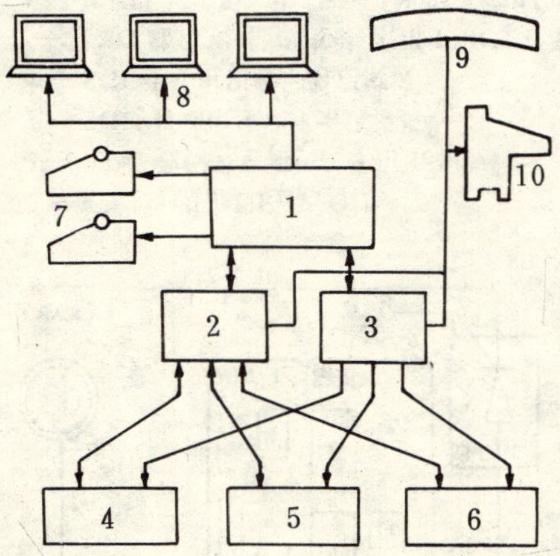 1 — 调度端中央处理机。采用 PDP11／23 小型计算机 2、3 — 调度端远动装置。采用 SZY-30 型 4、5、6 — 桓仁、回龙、太平哨水电站端远动装置采用 SZY-30 型 7 —打印机。采用 LA120-RA 型矩阵打印机 8 — CRT 显示器。采用带功能键 VT-100 和 SDX-Ⅱ型 9 —返回屏 10 —操作台	**功能**: 1. 数据采集和监控。具有数据采集和处理、事件顺序记录、控调操作、画面显示、打印记录、事故追忆、在线人工置数等功能 2. 自动发电控制(AGC)。根据用水计划和电网调度给出的负荷曲线进行水和电的平衡后,进行各厂站内各时段的最佳负荷分配,各厂站再确定当前水头下的最佳运行机组台数 3. 自动电压控制(AVC) 4. 水情预报及水库群的联合经济调度 5. 三个梯级水电站的四遥控制 6. 与总调计算机进行信息交换 **技术指标**: 1. 单站遥信 120 点,遥测 54 点,遥控双位器对象 119 个,遥调 14 点 2. 事件顺序记录可分辨 256 点以及 32 个开关量 3. 通讯信测速率为 1200 bit,控、调传输速率为 200 bit 4. CRT 显示 15 幅划面 5. 打印 15 种表格	**运行效果**: 1. 已实现了 3 个电站四遥 2. 自动发电控制 1985 年通过了闭环试验 3. CRT 显示及打印报表改善了运行监控手段和劳动强度 **可靠性**: 基本正常,但尚未鉴定

表 10　WLT−1 型微机励磁调节器

电站名称	系统配置及结构	实现功能和技术指标	运行效果及可靠性
WLT−1 型微处理机励磁调节器	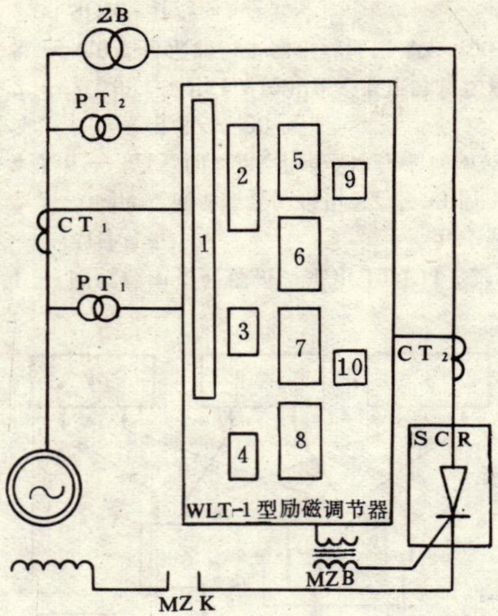 1 —变送器: UF_1, UF_2, P, Q, f 2 — ADC 数据采集模块。采用 ISBC711 3 — SGU 自动电压数字给定模板 4 — SGI 手动电压数字给定模板 5 —1/O 输入 / 输出模板,采用 ISBC556 型 6 —主机。采用 Intel 8085 CPU 的 ISBC80/24 微机 7 — SCR 自动触发模板 8 — SCR 手动触发模板 9 — XK 数字显示控制板 10 — WP 稳压电源	**功能:** 1. PID、PI、PD、P 4 种励磁调节规律; 2. 最大励磁电流限制; 3. 强励反时限限制; 4. 过励延时限制; 5. 欠励瞬时限制; 6. 可控硅支路退出工作时的励磁电流限制; 7. 保护检测; 8. 无功补偿; 9 电力系统稳定器 (pss); 10. 恒无功或功率因素运行; 11, 自诊断、自恢复; 12. 在线修改运行参数和显示; 13. 多种 I/O 接口; 14. 设有手、自动跟踪; 15. 能与计算机通讯 **技术指标:** 1. 模数转换分辨率为 2×10^{-12} 2. 脉冲容量可触发 3000A 以下额定励磁电流 3. 调差采用软件,大小任选,每级差为 ± 0.33 % 4. 频率特性小于 ± 0.1 % 5. 调压精度小于 ± 0.5 % 6. 调压范围: 从残后到 130 % 发电机额定电压 7. 动态品质,其超调量小于 10 %,振荡次数小于 2 次,调节时间小于 5s 8. 可控硅控制角分辨率为 0.233 度 / 位码 9. 自恢复时间小于 100 ms 10. 参量显示精度为 2^{-16}	**运行效果:** 1. 解决了池潭电站原励磁调节器可靠性低、故障多的问题 2. 该装置稳定可靠,精度高,反应灵敏,抗干扰能力强 3. 原可控硅对称度较差,使用该调节器后,对称性较好,解决了原来不对称产生的问题 4. 附加功能较全 **可靠性:** 自 1985 年 4 月投入,一次成功,至今未发生任何故障,或被迫机组停运,其可用率达到 100 %

我国大坝安全监测技术新发展

原水电部科技司水电处①

自80年代以来,随着我国建坝数量的增加、规模的扩大以及早期所建大坝“老化”现象的日渐暴露,因而迫切需要加强大坝安全监测工作。从1981年起原水电部着重抓了这项工作。1983年9月,水电部科技司在北京召开了“大坝安全监测科技发展规划讨论会”,会上决定由14名专家、学者组成“大坝安全监测技术组”作为科技司的参谋咨询机构,并负责制订了《1984～1990年混凝土坝安全监测科技发展规划》。此规划中的部分项目纳入国家和水电部的“六五”和“七五”攻关项目中,另一部分项目则列入国家自然科学基金会、水电科学基金会和水利开发基金会的计划内,从而使《科技发展规划》得到了落实。为了保证大坝安全监测工作的开展,自1982年以来还先后建立了不同层次的专业配套机构(见表1)。由于有《规划》作指导,从组织上又有了保证,从而使我国大坝安全监测工作由较落后状态,迅速走上全面发展的轨道,取得了一批有价值的科学技术成果。据统计,仅1981～1988年获国家、省、部级成果奖的即达40项(见表2)。

表1　大坝安全监测专业技术组织

名　　称	成立年月	主　管　部　门
水工建筑物观测情报网	1982.9	水电部科技情报研究所
大坝安全监测技术组	1983.9	水电部科技司
南京大坝观测资料分析中心	1984.3	水电部科技司、生产司
大坝安全监察中心	1985.11	能源部电力司
大坝管理与监测专业分会	1986.4	中国水力发电工程学会水电站运行管理专业委员会
水利大坝安全监测中心	1987.12	水利部水管司

表2　1981～1988年大坝安全监测项目获奖成果一览表

序号	成　果　名　称	获奖等级	获奖时间	主要获奖单位
1	高土石坝筑坝关键技术问题研究的子项——原型观测研究成果	大专题获“六五”国家科技攻关一等奖	1986	南京水利科学研究院
2	水电站大型硐室围岩稳定及支护的研究和实践——岩体应力场的回归分析	大专题获国家科技进步二等奖	1987	天津大学
3	差动电阻式应变计6项国家标准	国家科技进步三等奖	1984	南京电力自动化设备厂等

①本文由赵志仁、叶丽秋、储海宁执笔(叶丽秋最后修改)。

续表 2

序号	成果名称	获奖等级	获奖时间	主要获奖单位
4	佛子岭连拱坝原型结构性态分析	安徽省一等奖	1988	河海大学
5	JCS—1 型大坝内部参数自动检测及计算机处理系统	四川省三等奖	1981	中国科学院成都计算站等
6	有缝重力坝的内部连接及其工作状态	四川省三等奖	1984	成都勘测设计院
7	大坝渗流量水位遥测仪	安徽省四等奖	1986	龙河口水库管理处
8	新滩滑坡监测预报	湖北省表彰	1985	长江流域规划办公室勘测总队
9	混凝土重力坝的弹性接触方法及其在龚嘴大坝上的应用	水电部二等奖	1982	成都勘测设计院
10	乌江渡水电站高速水流原型观测研究	水电部二等奖	1984	中南勘测设计院等
11	混凝土坝变形观测量的数学模型研究及其应用—安全监测与预报	水电部二等奖	1988	河海大学
12	龙羊峡工程上游混凝土心墙堆碴围堰设计及监测成果分析	水电部二等奖	1986	水电部第四工程局
13	新安江水电站厂房顶溢流观测(论文)	水电部二等奖	1986	水利水电科学研究院等
14	黄河龙羊峡近坝库岸高边坡稳定研究(施工期)	水电部三等奖	1986	西北勘测设计院等
15	YZ—1 型引张线遥测仪	水电部三等奖	1982	南京自动化所、厂
16	GS—1 型数字指示仪	水电部三等奖	1982	南京自动化所
17	BNE—1 型大坝内部仪器自动检测装置	水电部三等奖	1986	南京自动化所、葛洲坝电厂等
18	RZ—50 型电容感应式垂线座标仪	水电部三等奖	1987	南京自动化所
19	SDY—1 型数字多用应变仪	水电部三等奖	1985	南京自动化所
20	QX—10 型遥测倾斜仪	水电部三等奖	1984	南京自动化所
21	CJS—1 型钻孔三向应变计	水电部三等奖	1986	长江水利水电科学研究院
22	电子式大坝水位巡检系统	航空航天部三等奖	1986	哈尔滨工业大学等
23	TY—25 型应变计	水电部三等奖	1985	南京自动化所、南京自动化设备厂
24	钢弦式孔隙水压力仪	交通部三等奖	1982	南京水利科学研究院
25	BW—10 型变位计	水电部三等奖	1985	南京自动化所
26	DGB—1 型电感比指示仪	水电部三等奖	1985	南京自动化所
27	大坝安全监测变形预报研究(论文)	水电部三等奖	1986	长江水利水电科学研究院 长办勘测科研所
28	胶口水库底孔闸门振动的原型观测研究	水电部三等奖	1986	南京水利科学研究院
29	病险水库土石坝隐患分析方法	水电部三等奖	1986	南京水利科学研究院
30	铁山坝的原型观测	水电部三等奖	1987	南京水利科学研究院

续表 2

序号	成果名称	获奖等级	获奖时间	主要获奖单位
31	DS—30 型动态水位仪	水电部三等奖	1987	水利水电科学研究院
32	真空激光测坝体变形系统	水电部四等奖	1984	东北勘测设计院等
33	大坝内部观测仪器编号的鉴别与恢复技术	水电部四等奖	1986	天津勘测设计院等
34	SBQ—4 型水工比例电桥	水电部四等奖	1984	南京自动化设备厂
35	BC 型电阻应变片式测斜仪	水电部四等奖	1986	南京自动化设备厂、南京水利科学研究院
36	CT—1 型沉降仪	水电部四等奖	1986	南京自动化设备厂、武汉水电学院水科所
37	深厚覆盖层混凝土防渗墙原型观测仪器埋没技术研究	水电部四等奖	1987	水电部地勘基础处理公司
38	恒山拱坝结构性态分析及高水位蓄水安全监控研究	水电部四等奖	1988	河海大学等
39	黄龙滩大坝变形渗流观测资料分析研究	水电部四等奖	1988	武汉水电学院
40	超声波空穴探测仪	水电部科技成果三等奖	1983	天津勘测设计院

本文着重介绍 1984～1988 年 5 年间在制订规程规范、开展学术交流、研制仪器设备、革新观测技术、资料分析应用等方面所做的主要工作和取得的主要成果。

一、制订规程规范

关于大坝安全监测规程规范，过去只在 60 年代颁布过一种测压管和渗流量的单项规程规范。这项工作真正取得进展是在 80 年代以后，特别是 1984 年以后进展更加迅速。1982 年制订了《差动电阻式观测仪器的 6 项国家标准》和《土工测试仪器系列型谱》。1984～1988 年 5 年间先后制订和颁布的有：《岩石测试仪器系列型谱》、《混凝土坝观测仪器系列型谱》、《水电站大坝安全管理暂行办法》、《水电站大坝安全检查实施细则》、《土石坝观测仪器系列型谱》等。特别是从 1985 年起，历经 3 年时间，由水电部组织编制完成的《混凝土大坝安全监测技术规范》，对设计、施工、运行三个阶段的工作范围和技术要求，以及对大坝的变形、渗流、应力监测、资料整理分析、现场检查等，都作了明确的规定，这是新中国成立以来的第一部大坝安全监测技术规范，对我国大坝安全监测技术的普及与提高，将起重要的指导和推动作用。总之，由于上述一系列规程规范和技术标准的颁布和完善化，大大促进了我国大坝安全监测工作向正规化、制度化和科学化方向发展。

二、开展学术交流

随着水利水电系统各级领导对大坝安全监测工作的重视，以及不同层次专业配套组织的建立，学术交流和研究活动广泛开展了起来。据初步统计，1984～1988 年期间共召开各种学术会议 11 次、成果评审会 3 次、仪器鉴定会 6 次。其中重要的有："大坝外部观测技术交流会"、"大坝内部观测的作用及评价学术讨论会"、"大坝观测设计专题讨论会"、"拱坝变形观测技术交流会"、"大坝安全监测及资料分析学术讨论会"、"坝基及坝肩渗流观测研讨会"等。这些会议收到来自设计、施工、运行、科研、制造以及高等院校等方面的研究论文和技术报告数百篇，在一定程度上反映了我国大坝安全监测工作的新进展、新经验和新水平，并推荐了一批到有关专业杂志发表，《水力发电》、《水利水电技术》杂志还于1988年出版了“大坝安全监测专号”。所有这些，对促进我国大坝安全监测技术水平的提高，起了重要的作用。

另外，在这期间还举办了各种培训班5次，培训了一批专业人才。还派遣了各类观测人员赴日、美、法、意等国参加专业会议，或进行考察和学习，增强了国外信息交流。

三、仪器设备的研制

仪器设备是大坝安全监测的手段，但在1980年以前，我国采用的大都是差动电阻式，基本靠人工观测，设备和手段都较落后。自80年代以后，在《混凝土大坝安全监测科技发展规划》的指导和推动下，新的仪器设备的研制进展较快，至1988年，重要观测项目的观测仪器都已得到更新，在实现安全监测系统自动化方面取得重要突破。

自动化观测系统装置是经过不断改进、逐步求得完善的。1981年中国科学院成都计算站研制了我国第一台JCS—1型大坝内部参数自动检测及计算机处理系统的大型自动化观测装置在龚嘴水电站投入运行；由于受当时材料器件和技术水平的限制，可靠性较差。1985年南京自动化所研制了BNZ—1型内部观测仪器自动检测装置用于葛洲坝电站，其性能优于龚嘴电站的自动化系统，但微型机机型较差；1984～1987年，该所在此基础上作了改进，为东江拱坝研制了BZC—A型大坝自动测量系统，其自动化观测设备应用了微型计算机，实现了数据自动采集和自动处理，能够消除接触电阻和长导线电阻的影响，实现差动电阻式高精度测量，在东江拱坝施工期和第一次蓄水中，及时迅速地取得了观测成果，较好地发挥了安全监测作用，是目前国内最好的一种大型自动化观测装置。

在应力观测、变形观测、基岩观测等仪器的研制方面，1984年南京电力自动化设备厂研制了一种能够消除接触电阻和长导线电阻影响的SBQ—4型电桥；与之相应配套的，有天津勘测设计院研制的YKJ—1型遥控集线箱和SJ—900型检测仪，由此组成的便携式小型遥控集测系统，轻便可靠，已于1985年在葛洲坝等工程中得到应用。此外，1987年南京自动化所研制的ZJ型电阻比检测仪，也比较轻便灵活。

福州水电仪器研究所于1985年经鉴定投产的WYC—100B型微机遥测垂线仪和WYY—100B型微机遥测引张线仪，都是步进电机式的和非接触式的，实现了微机控制、自动打印记录观测结果，并可同时观测垂直和水平位移，已在太平湾、流溪河、池潭等工程中应用。1986年南京自动化所研制、并经过鉴定的非接触式的RZ—50型电容感应式垂线仪，其传感部件结构简单，可以长期在高温度条件下稳定工作，并可用数字直接显示位移量，已成功地用于梅山拱坝和葛洲坝船闸上。此外，南京自动化所研制的差动电感式仪器，如QX型电感式倾斜仪、BW型变位仪等，可用于大坝变形测量，已分别在梅山、恒山、响洪甸等工程以及龙羊峡滑坡监测中使用。还有，成都勘测设计院科研所研制的ZDSIZO型电感式多点伸长计，以及水利水电科学研究院研制的DWC—40型差动变压器式多点位移计，可用于观测坝基深层位移，填补了国内基岩监测仪器的空白。

利用激光测量大坝变形，已进入实用化、自动化阶段。长江流域规划办公室勘测总队研制的JZB—800型激光准直仪，可数字显示并打印结果。东北勘测设计院等单位研制的丰满激光真空管道测坝变形装置，已于1988年通过鉴定，其长度为1000m，有52个测点，可同时测量水平和垂直位移，其精度达$\pm 10^{-7}$，也实现了自动化记录。长江流域规划办公室勘测技术研究所和武汉地震研究所共同研制的VAMS型大坝垂直位移自动监测系统，于1988年通过鉴定，精度可达±0.1mm。此外，许多单位还研制了新型光学仪器、钢弦式仪器、土石坝和基岩监测仪器等，也都为大坝安全监测提供了更多的手段。

四、监测技术的提高

自80年代以来，我国大坝监测技术取得了显著的进步。在变形监测方面，长江流域规划办公室勘测总队结合葛洲坝的安全监测，采用专用边角网和连续引张线法，对引张线和倒垂线进行整体连系，还进行了倾斜引张线试验，从而扩大了引张线的适用范围。对于拱坝及其他曲线形的结构，水平位移观测比较困难，过去采用的边角导线法精度不高，为此，东北勘测设计院从1983年开始，研究出弦矢导线法，并在白山、东江拱坝上得到应用。此外，河海大学在白山拱坝还研究了引张弦线法等。在应力监测方面，由于前述大型自动检测装置的研制成功，为实现应力安全监控创造了条件。水电第七工程局在铜街子工程中，对碾压混凝土坝的监测技术问题进行了试验研究，取得了较好的效果。长江水利水电科学研究院等单位在葛洲坝工程中试验研究了观测预应力和基岩变形的方法。还有一些单位根据钢筋计实测成果进行研究分析后，提出了正确使用钢筋计和改进水工钢筋混凝土设计的意见。

由于大坝运行条件的改变和坝龄的增长，需对大坝的监测系统进行技术改造，目前已对刘家峡、丰满、桓仁、潭岭等大坝提出了全部或局部的监测系统的技术改造方案，正在得到实施。

五、资料分析应用

随着大坝观测仪器设备的更新和监测技术的提高，我国大坝观测资料分析工作已从过去的简单统计、对比和简单的物理量计算，发展到对观测量的变化规律进行数学描述，建立观测量与各有关因素之间因果关系或相关关系的数学方程式，即数学模型，包括统计模型、确定性模型和混合模型。通过观测分析，取得了一些重要成果。

在实现数据处理自动化方面，南京水科院、长办科学院、甘肃电力试验研究所、大坝安全监察中心都编制了大坝监测数据处理的软件推广应用。河海大学、长江流域规划办公室、南京大坝资料分析中心、水利水电科学院、天津勘测设计院、武汉水电学院等单位都研究开发了多种类型的微机观测数据管理系统。

利用对观测资料的分析成果，我国陆续开展大坝的安全鉴定工作。例如，1987年对古田大坝，1988年对新丰江、枫树坝、上犹江大坝都进行了安全鉴定，全面评价和掌握了大坝的运行工况，取得明显经济效益。如陈村拱坝已将原限制运用水位提高到正常水位，刘家峡重力坝和牛路岭空腹坝将运行水位提高了0.5～1.0m。有少数坝，通过资料分析查明了存在的问题，如丰满、柘溪、葠窝等，进一步提出了加固处理意见。

大坝施工期的资料分析结果，指出了在基坑内适当充水及控制入仓温度的重要性。选择合适的混凝土原材料及利用其自生变形，对改善温控效果作用显著。分析结果还表明，泥沙淤积有提高坝体稳定温度的作用，在龙羊峡施工中，参考了刘家峡观测结果，将灌

水利水电系统电子计算机应用新进展

陈际明　　徐德谦

1984～1988年是我国水利水电系统计算机应用得到迅速发展的5年，主要表现是：应用范围向深度和广度发展；应用软件进一步配套和完善。现将5年来应用发展的情况简要介绍如下。

一、计算机的装备和应用已初具规模

（一）设备的数量和质量有明显改善

5年来，部各直属勘测设计单位先后引进了一批性能好、功能强的计算机，主要有：VAX11型机11台，M-220D机1台；计算机辅助设计系统——高档CAD工作站50台；各省（区、市）水利水电设计院配置了VAX型4台，PC-1500袖珍机1664台，从而使各水利水电设计单位在计算机硬件的性能方面，步入了80年代的先进行列，为进一步提高计算机的应用水平提供了条件。各设计单位人员、设备配置情况见表1。

（二）人员的素质有很大提高

至1988年底，部属各设计单位都成立了处一级的计算机应用机构，现有计算机软硬件专职人员157人。另外各单位的专业处（室）都拥有一批计算机应用业余骨干力量，总人数约在1000人以上。这是一批宝贵的计算机应用力量，他们大多是边学习、边工作，付出了辛勤劳动，才把这门先进技术掌握起来的。回顾水利水电计算机应用所取得的每一个成绩，都有他们的一分功劳。

（三）应用软件的数量和质量也有很大提高

计算机应用软件的数量和质量，直接反映计算机的应用水平。5年中，围绕水利水电工程设计应用软件包的开发进行了大量工作，到1988年底为止，已有一批应用程序通过了审查和鉴定，其中“土石坝设计应用程序包”和“水工建筑物复杂地基非线性软件包”分别被评为1986年全国计算机应用展览优

浆温度提高3～4℃。此外，一些单位还根据实测资料对水库水温分布以及混凝土坝温度分布进行分析，确定温度边界条件，提供改进温控设计和施工的意见。

根据许多大坝的观测结果，表明河床部位坝基扬压力普遍低于设计值，坝前淤积也有一定的防渗减压效果。也有个别的大坝观测的扬压力和渗流量较大，甚至发生突然变化。例如湖南镇大坝，经分析认为坝与地基接触的上游部位已开裂，为此，1983年10月进行灌浆处理，从而使渗流大大减少，仅灌浆廊道就从1560L／s降至30L／s，保证了大坝的安全应用。

1985年长办根据监测资料分析，成功地预报了长江西陵峡新滩滑坡，避免了人员伤亡和减少了损失。1986年西北勘测设计院对龙羊峡库区滑坡的监测和分析，提供了保证大坝蓄水和发电运行安全的重要资料。

表 1　水利水电勘测设计单位计算机人员、设备情况表

单　位	电算处(室)人员	计算机	微型机(台)	CAD(站)	PC-1500(台)	其他
水利水电规划设计院	27	VAX11/780	20　(PC/XT)	2　(ON-660)		
成都勘测设计院	37	VAX11/780	43　(PC/XT 等)	3　(DN-660)	145	TQ-16
西北勘测设计院	27	VAX11/750	14　(PC/XT)	2　(DN-660)	108	TQ-16
华东勘测设计院	33	VAX11/750	10　(PC/XT)	4　(DN-660)	50	
中南勘测设计院	33	VAX11/750	30　(PC/XT)	3　(DN-660)	100	
昆明勘测设计院	22	VAX8350	11　(PC/XT, GW)	3　(DN-660, 4000)	100	TQ-16
北京勘测设计院	17	MICRO VAXI, POP11-23	13　(PC/XT, GW)	2　(DN-660)	50	
贵阳勘测设计院	22	M-220D	5　(PC/XT)			
上海勘测设计院	20	PDP11, SOLAR,	7　(PC/XT)	3　(IGS-500, 4000)	60	
长江流域规划办公室	100	VAX11/780, 750	50　(PC/XT)	7　(Intergraph)	200	DJS-108
黄河水利委员会(设计院)	70	VAX11/780	127　(PC/XT)	7　(Intergraph)		TQ-16
东北勘测设计院	26	VAX8350	25　(PC/XT)	2　(DN-4000)	100	TQ-16
天津勘测设计院	30	M-6800	13　(PC/XT)	3　(DN-660, 3000)		
珠江水利委员会(设计院)	13	VAX11/750	30　(PC/XT, GV)			
治淮委员会(设计院)	3	M-68000	2　(北极星)			
北京市水利规划研究院	4		3　(PC/XT)		22	
河北省水利勘测设计院	7		4　(PC/XT)		50	
天津市水利勘测设计院	3		2　(PC/XT)		22	
江苏省水利勘测设计院	4		1　(PC/XT)		23	
浙江省水利水电勘测设计院	3		2　(PC/XT)		47	
福建省水利水电勘测设计院	4		2　(PC/XT)			
山东省水利勘测设计院	15		2　(PC/XT)		48	

续表 1

单　位	电算处(室)人员	计算机	微型机(台)	CAD(站)	PC-1500(台)	其他
江西省水利勘测设计院	3	PDP11／73	4 (PC／XT)			
辽宁省水利水电勘测设计院	19		4 (PC／XT)		40	TQ-16
吉林省水利勘测设计院	5	MC-68000	1 (PC／XT)		40	
黑龙江省水利勘测设计院	8	Nicro VAX Ⅱ	3 (PC／XT)		50	
新疆水利水电勘测设计院	6			2 (Apollo 3000)	37	
广东省水利电力勘测设计院		VAX11／750		2 (DN-3000)		
广西电力局勘测设计院	21	VAX11／750	4 (PC／XT, GW)	4 (DN-3000)	33	TQ-16
河南省水利勘测设计院	5		1 (PC／XT)		33	TQ-16
湖南省水利水电勘测设计院	17		4 (PC／XT)		80	CJ-707
湖北省水利勘测设计院	3		4 (PC／XT, 5550)		20	
山西省水利勘测设计院	6	VAX11／730	4 (PC／XT)		36	
陕西省水电土木建筑勘测设计院	7	D-68000	1 (PC／XT)		14	
四川省水利水电勘测设计院	3		1 (PC／XT)		75	
云南省水利水电勘测设计院	3		1 (YEE 8100)			
贵州省水利水电勘测设计院	4		3 (GW, APle)		24	
上海市水利工程设计研究院	3				12	
内蒙古水利勘测设计院	3		6 (PC／XT)		25	
青海省水利水电勘测设计院	1		1 (PC／XT)		20	

秀成果二等奖和三等奖。另外，土石坝、重力坝、拱坝、闸门等专业的分折计算，也都有了一批比较成熟的应用程序。规划、厂房、隧洞、管道等专业的应用程序，还有待进一步配套和完善，争取再用两年左右时间，基本上建立一套比较完整的、使用方便灵活的应用软件包，以满足设计工作的需要。已鉴定的程序应用见表2。

表2 水利水电工程设计部分鉴定程序汇总表

程序名称	主要功能	编制单位	负责人	鉴定单位	鉴定时间
稳定和非稳定渗流计算程序	能计算坝体和坝基的渗流场，能适应复杂排水的边界条件；采用三角形及四边形单元能进行自动剖分	南京水利科学研究院、黄河水利委员会科研所	李祖贻 杨静熙	水利水电建设总局	1984.11.
稳定渗流计算程序	能计算坝体及坝基的稳定渗流场，能适应复杂排水边界条件；采用三角形及四边形等参单元能自动形成网格	水利水电科学研究院	李春华	水利水电建设总局	1984.11.
土石坝边坡稳定分析程序(Ⅰ)	能计算施工期、运行期、库水骤降期、地震期的稳定分析；可进行圆弧形和任意形滑裂面的严格法和简化法分析，包括有效应力法和总应力法	水利水电科学研究院	陈祖煜	水利水电建设总局	1984.11.
土石坝边坡稳定分析程序(Ⅱ)	能计算施工期、运行期、库水骤降期、地震期的稳定分析。它包括了国内外所有稳定分析的主要方法，并首次采用优化法和模糊约束条件	昆明勘测设计院	孙君实	水利水电建设总局	1984.11
土石坝边坡稳定分析程序(Ⅲ)	本程序工程概念明确。它包括了瑞典法、毕肖普法、改良瑞典法等	西北勘测设计院	王复来	水利水电建设总局	1984.11
土石坝应力应变分析程序(Ⅰ)	采用有限无四边形四节点等参单元、分层加荷模拟土石坝的填筑过程和邓肯一张模型；非线性处理采用中点切线模量法；单元破坏时采用荷载转移办法，有接触面单元	西北勘测设计院	郭俊仃	水利水电建设总局	1984.11
土石坝应力应变分析程序(Ⅱ)	采用有限元四边形四节点等参单元和邓肯一张模型；非线性处理采用切线模量法	南京水利科学研究院	沈珠江	水利水电建设局	1984.11
固结计算程序(比奥理论)(Ⅰ)	采用四边形等参单元和三角形单元进行耦合的有限元计算	南京水利科学研究院	沈珠江	水利水电建设总局	1984.11
固结计算程序(比奥理论)(Ⅱ)	采用四边形等参单元和三角形单元进行耦合的有限元计算	华东水利学院、黄河水利委员会科研所	殷宗泽 朱泽民	水利水电建设总局	1984.11
固结计算程序(太沙基理论)	用边界元法进行太沙基固结计算，采用四边形等参单元和三角形单元	黄河水利委员会科研所	朱泽民	水利水电建设总局	1984.11
拱坝试载法应力分析程序	能用于对称或不对称、单曲或双曲、单心或多心、等原或变原等情况，考虑了各类荷载，河床中可布置多根悬臂梁，能计算分期施工和分期蓄水	水利水电规划设计院	姜军凯	水利水电建设总局	1987.6

续表 2

程序名称	主要功能	编制单位	负责人	鉴定单位	鉴定时间
重力坝断面优化设计及 GDOD-4 程序	采用复合形法进行优化，以坝体总工程量或总投资作为目标函数，具有多种荷载组合的优选功能	上海勘测设计院	刘世康	水利水电规划设计院	1987.12
重力坝材料力学法应力分析及 GDGA-3 程序	用于实体重力坝和宽缝重力坝的挡水段和溢流段，能计算多种荷载组合	上海勘测设计院	刘世康	水利水电规划设计院	1987.12
重力坝深层抗滑稳定分析的实用方法及 GDGA-2 程序	用于不同深层滑裂面的几何形状，可任选抗剪或抗剪断公式，自动进行荷载计算。程序包括刚体极限平衡法中的被动抗力法、等稳定法、剩余推力法、广义文克尔法，可一次完成计算	上海勘测设计院	刘世康	水利水电规划设计院	1987.12
主横梁式弧形闸门的优化设计及 RGOD-3 程序	用于深孔或中深孔弧门的优化设计，以闸门总重量作为目标函数，强度、刚度、稳定和几何条件作为约束条件，采用变形法进行优化	上海勘测设计院	刘世康	水利水电规划设计院	1987.12
(RGOPP) 集成式微机辅助弧形钢闸门设计程序	用于表孔和深孔的弧形闸门分析，前后处理功能较强，具有图形及文件输出格式	西北勘测设计院	庄文中	水利水电规划设计院	1987.12
混流式水轮机选择及动能经济研究专用程序 CATS-F	可对国内常用的 14 种混流式水轮机的选择和计算，能绘制特性曲线，能寻找最不利吸出高程和安装高程，能计算年平均效率和年发电量，能用抵偿年限法和年费用法进行经济分析	上海勘测设计院	吕崇扑	水利水电规划设计院	1987.12
二维结构分析 CAD 软件	能进行网格自动剖分、单元网格编辑、荷载约束信息自动形成，可绘图，需完善	华东勘测设计院	张宗相	水利水电规划设计院	1987.12
财务换算全科目程序	具有记账、汇总功能，一次输入后即可自动生成各项会计数据，使用方便，具有屏幕汉字提示的人机对话方式	北京勘测设计院	杨瑞菊 张　新	水利水电规划设计院	1987.12

(四)计算机应用的经济效益更加明显

计算机在工程设计中应用所产生的经济效益，主要反映在工程设计的水平、质量和工作效率的提高上。例如：(1)西北勘测设计院对李家峡水电站的设计，在初设审查时选定为拱形重力坝，坝底宽为 125m，坝体混凝土量为 218 万 m^3；但经过用计算机对120多种情况的组合进行计算比较和优选，并考虑地质、稳定、施工等各种因素后，将拱形重力坝改为单曲拱坝，可减少混凝土 75 万 m^3，还可提前工期 1 年，总计节省投资约 1 亿元。(2)成都勘测设计院对铜街子工程的齿墙设置方案，采用电算进行研究，坝体齿墙设计更加合理，可减少开挖量 8.7 万 m^3、混凝土量8万 m^3，总计节省投资940万元。(3)成都勘测设计院采用电算对二滩拱坝体型进行了优化，使混凝土从 449 万 m^3减少到400万m^3，节省 49 万 m^3；基岩开挖由315万m^3减少到282万 m^3，节省33万m^3；另外还节省钢筋1127t，总计节约投资 5946 万元。(4)东北勘测设计院在太平湾大坝设计中应用电算，仅基础处理一项就节省投资 310 万元。

二、CAD的引进、开发和应用

计算机辅助设计(Computer Aided Disign简称CAD)是把设计人员的经验和计算机的特殊功能结合起来的一项新技术,是使勘测设计技术现代化的重要手段之一,CAD的广泛应用,将使传统设计技术受到一次冲击。1986年后,水利水电系统先后引进了一批高档CAD系统,共计50个工作站(包括尚未到货的部分)。已先后为四川二滩、海南大广坝、内蒙河套灌区扩建以及对外合作的索马里巴尔德拉等工程,设计和绘制了一批工程图纸,显示出它具有成图速度快、质量高、便于修改和存储等优点。

微机CAD近年来发展也很快。它价格低廉,使用方便,对一些稍简单的问题,如机电一次、二次回路和闸门设计等,已能满足要求,因此较适于省一级的设计院。当然,即使有了高档CAD系统的直属院,也应考虑高档与低档CAD系统相结合,能用微机CAD的就不要用高档CAD,这更符合我国的国情。部直属中南、北京勘测设计院以及广西、辽宁等省院,在微机CAD的开发和应用方面已做了大量工作,取得了比较好的成果。

三、计算机辅助管理、辅助监控开始发展

将计算机应用于管理,在水利水电系统尚处于起步阶段。但它对提高管理水平具有重要意义,需要大力提倡。1986年水利水电建设总局选定第三工程局作为试点,对“水电工程施工微机局部网络管理系统”组织了调研和讨论,经过半年多的工作,于1987年1月在昆明召开了审查会,对以成都勘测设计院为主编制的《水电工程局计算机管理信息系统的可行性报告》、《网络选型报告》、《软件开发需求说明书》等3个文件进行了审查,并给予了充分肯定。后由于第三工程局人员变动等原因,此项工作未能进行到底,但它对其他方面开展计算机辅助管理工作,具有借鉴意义。目前正在水利水电规划设计院机关开发的信息处理管理系统,一俟完成,将是水利水电系统第一个比较完整的管理系统。

用计算机对水电站的运行进行管理和监控,近年来也得到了加强,以水电部机电研究所为主进行开发的三门峡水电站运行参数采集和监控系统,已通过了鉴定。得到水利水电规划设计院和与会同志的肯定,将在实践中总结经验,推广应用。

四、在统一规划下协调发展

为了总结计算机应用工作的经验,讨论今后进一步发展的规划,水利水电规划设计院于1987年3月召开了“水利水电勘测设计计算机应用工作会议”。会议除总结“六五”期间的经验,讨论“七五”期间的发展规划外,还制订了《水利水电勘测设计应用软件管理办法》等,并采取了按大区建立协作网、统一机型等措施。该《办法》规定:在水利水电工程设计中使用的应用程序,必须经过审查鉴定,未经审查鉴定的程序,原则上不能推广应用。今后凡申请购置计算机,都必须经过需求分析,系统设计和可行性论证,所选机型符合统一机型的要求,并需经有关主管部门审查批准;要严格岗位责任制、机房值班制、加强设备的维修和管理,保证设备的正常运行,以充分发挥现有设备的作用。

坑口碾压混凝土工业性试验坝介绍

张　　志

一、概　况

碾压混凝土筑坝技术是70年代末80年代初国际上发展起来的一种筑坝新技术。由于这种筑坝技术可以大幅度地节约水泥用量,加快施工进度,缩短建设周期,因而它一经问世,即引起了国际坝工界的普遍关注,日本和美国等率先在80年代初建成了自己的碾压混凝土坝。我国也于80年代初开始了这种筑坝技术的研究,并由水电部报请国家计委批准,在坑口水电站进行了工业性试验。坑口水电站位于福建省大田县南城约18km处、闽江支流尤溪的源头,是一座中型水库。水库控制流域面积84.5km^2,多年平均径流量8400万m^3,总库容2700万m^3,梯级电站总装机1.46万kW。坝型为重力坝,最大坝高56.8m,坝体断面上游面铅直,下游坝坡为1:0.75。坝顶全长122.5m,其中溢流段长37m,设三扇10×6.3m的弧形闸门。该大坝工程于1985年11月开盘碾压,1986年6月建成蓄水,投产2年多来,运行情况良好。

该工程设计,为了施工方便,尽量减少坝体不同品种和标号的混凝土分区,以减少施工干扰,除基础垫层、坝背坡做为模板的预制块、溢流段面层和坝顶细部结构为常态混凝土外,其余均为100号三级配碾压混凝土,工程量约占坝体总工程量的73%。根据温控计算,大坝不设纵、横缝,建成整体式重力坝。坝体剖面见下图。

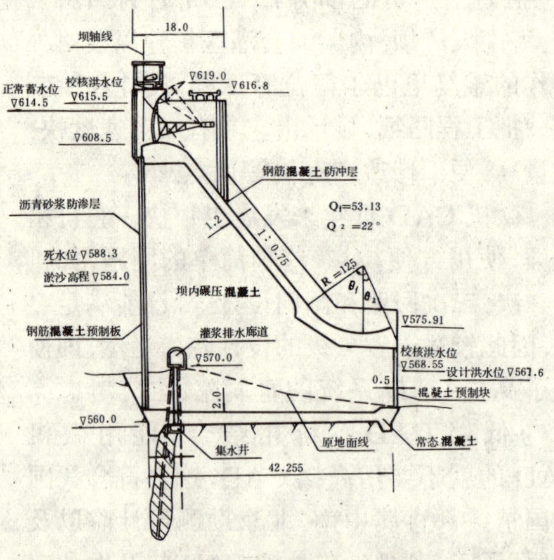

二、试验研究情况

国内外大量资料表明,在室内试验条件下,采取合理配比的碾压混凝土,具有良好的防渗性能。坑口试验坝所用配合比的混凝土,其抗渗标号可达到S_9～S_{12}。为了大坝的防渗安全,采用了在大坝上游面设防渗结构的方案,即在大坝基本建成后,于上游面敷设了6cm厚的沥青沙浆防渗层,并以6cm厚预制混凝土板做为沥青沙浆浇筑模板。实践证明,沥青沙浆用于水工建筑物防渗,具有防渗性能好,延展性能可以适应毫米级的裂缝,并可以滞后施工、减少与坝体施工干扰等优点;同时还具有较好的热稳定性与耐久性。沥青沙浆的配合比见表1。

表 1

材料	石油沥青		粉煤灰	石棉粉	石灰岩砂
	普通 55 号	道路 200 号			
配合重量比(%)	10.8	7.2	19.8	1	61.2

表 2 (单位:kg)

材料	水泥	粉煤灰	水	砂	碎石	木钙
人工砂	60	80	98	798	1370	0.28
天然砂	60	120	104	617	.1474	0.36

混凝土的配合比是碾压混凝土质地优劣的关键条件。坑口试验坝100号碾压混凝土配比试验,其配制强度按下式进行:

$$Rp = Rs + t_6 + \triangle R$$

Rp——配制强度　　MPa

Rs——设计强度　　10MPa

б——强度均方差,取 3.5MPa

t——与保证率80%相应的概率度系数,取　0.842

$\triangle R$——试验条件与材料差异的强度差值,取 5MPa

据此,配制强度 Rp=18MPa(龄期为90天)。按照上述配制强度经过大量试验选定的配比如表2。

上述两种配比的混凝土,粉煤灰掺量分别达到了57%和67%。试验证明,这种高掺粉煤灰的混凝土,其后期强度增长较大,90天龄期的强度相当于28天强度的2倍以上,360天强度则达到3倍,这是常态混凝土远远不可比拟的。

由于混凝土中大量掺用了粉煤灰,其热学性能与常态混凝土相比发生了很大变化。首先,因水泥用量仅及常态混凝土的1/3左右,水化热温升较常态混凝土大幅度降低;水化热的散发速度也大幅度减小,在温升公式 $\theta = \theta_0(1-e^{-mt})$ 中,m值一般混凝土约为0.24(天$^{-1}$),而坑口的碾压混凝土经实测换算约为0.06(天$^{-1}$)。由于这两项主要因素的变化,使混凝土的最高温升出现在浇筑后的90～100天,以后才开始降温。混凝土在降温过程中出现的温差所产生的拉应力,已完全可以为已达到设计强度的混凝土所承受。因此,将大坝建成为不分纵、横缝的整体式重力坝,并且采用了薄层通仓不间断连续浇筑的新工艺,使大坝在搅拌系统生产能力不足的情况下,实现了月上升最高13m的速度。

三、施工情况

工程的实施,根据福建省大田县的气候特点,选在1985年11月至1986年3月为大坝碾压混凝土的主要浇筑时间。这期间最高旬平均气温在15℃以下,而最低气温却遇到了两次-6.5℃的寒流,不过每次低温都只在早晨数小时时段内,其他时间大都0℃以上,是最好的施工温度。但2月分以后的连绵雨天,却给施工带来许多困难。

大坝碾压混凝土总方量约6万m^3。关于混凝土如何上坝的问题,基于施工设备短缺的现实情况,采用了由上游左岸修筑5层不同高程的公路，用自卸汽车直接运送混凝土入仓的方案。

在施工过程中，采用的施工设备比较简单，主要包括下列四个方面：(1)在混凝土生产设备方面，采用 2 × 1000 升常态混凝土搅拌楼 1 台，额定平均生产能力 48 ～ 60 m^3 / h。由于是超干硬性混凝土，经试验，确定搅拌时间由一般混凝土所用 90s 延长至 150s，而且搅拌容量从 1000 升降至 800 升，加上频繁发生故障，因而生产能力大幅度下降，严重影响了施工进度，甚至也影响了施工质量。(2)在混凝土运输方面，为了与搅拌楼相配套，采用了 8t 自卸汽车直接上坝。由于搅拌楼距坝址仅 700 余米，混凝土运输由两部汽车承担，其运输能力已有余量。(3)在混凝土平仓方面，采用了以履带式拖拉机改装的平仓机进行，但缺少激光测平设备，全由平仓机驾驶员根据仓面树立的层厚标志仔细操作平仓。(4)在混凝土碾压方面，采用了 1 台 Bomag 厂生产的 BW－200 型振动碾进行碾压。该振动碾为双轴四轮串联自行式，自重约 7t，振频 43Hz，振幅 0.86mm，激振力 32t。对坑口坝厚 50cm 的碾压层，经试验后，采用无振压 2 遍，然后有振压 10 遍，再无振压 2 遍。经检测证明，完全达到设计密实度的要求。该振动碾尺寸较小，长 1.98m，宽 2.52m，且可以就地转向，因之比较适用于狭小仓面施工。为了照顾角、边部位的碾压，另配备了 1 台 BW－ 75S 型手扶小型振动碾。

对碾压混凝土层面的处理，是施工中的一个重要环节。在坑口坝以碾压混凝土初凝时间做为层面处理的一个控制依据。根据室内试验，在气温 13 ℃的情况下，所采用配比碾压混凝土的初凝时间为 24h。在施工中，为了安全起见，作出如下规定：当气温 13 ℃以下、层面间隔时间在 16h 以内，不做任何处理，直接在碾压层面上铺筑上层混凝土；当间隔时间超过 16h、但在 24h 以内时，层面铺筑 1.5cm 厚的水泥沙浆，再铺筑上层混凝土；当间隔时间超过 24h，则用低压水冲除混凝土层面光面，并铺筑 1.5cm 厚沙浆后，再铺筑上层混凝土。

不同品种混凝土的接合是施工中的又一个重要环节。坝体与两岸接触处的部位，采用了常态混凝土做基岩的找平层。常态混凝土与碾压混凝土的接合，按碾压混凝土施工规定，可以先浇常态混凝土，后浇碾压混凝土，也可以先浇碾压混凝土，后浇常态混凝土。在坑口坝施工中，考虑到常态混凝土初凝时间短、碾压混凝土初凝时间长，和碾压混凝土生产能力低两个因素，采取了先浇碾压混凝土后浇常态混凝土的方案。即在碾压混凝土与山坡交接处预留凹槽，在碾压混凝土浇完而未初凝前，在凹槽内浇筑常态混凝土，并增加接触带的碾压。

四、经济效益和科技成果

坑口作为我国第一座碾压混凝土试验坝，圆满地完成了上级下达的试验研究和工程建设任务，取得了显著的经济效益和丰硕的科技成果。从经济效益方面看，根据混凝土半成品和综合单价分析，与常态混凝土相比，综合造价降低 16 % 以上，水泥用量节约 44 %(3500t)，木材用量节约 25 %，劳动力节约 25 %，建设工期缩短一半。从科技成果方面看，通过国家级鉴定认为，坑口试验坝就其高度而言，在当时世界上已建成的碾压混凝土坝中居第二位。采取高掺量粉煤灰混凝土，全断面碾压、连续浇筑等新工艺，达到国际水平。主要成果有以下几点：

1.采用的高掺粉煤灰不分缝连续浇筑，可满足坝体温控与强度的要求。这种方式既不同于国外的薄层分块、低掺量粉煤灰混凝

西北口混凝土面板堆石坝的科研攻关

董　育　坚

一、概　　况

为了积累修建混凝土面板堆石坝的实践经验，水电部和湖北省决定以西北口为科研试验基地，由水电部科技司和水利水电规划设计院组织全国科研、设计、施工单位进行联合攻关，并于1986年纳入国家“七五”科研攻关项目。

西北口水库位于湖北省宜昌地区葛洲坝水利枢纽上游65km，为黄柏河流域的骨干工程；具有灌溉、发电和防洪效益。水库正常蓄水位322m，最高洪水位330.29m，总库容2.1亿m^3。设计洪水标准为500年一遇，洪峰流量4800m^3／s，下泄3580m^3／s，校核洪水为万年一遇加20％，洪峰流量8908m^3／s，下泄6060m^3／s。面板堆石坝最大坝高95m，坝基岩石为白云质石灰岩，岩层倾向下游，倾角10°～12°，河床砂砾石覆盖层深约20m，右岸岸坡1∶1左右，左岸陡峻，岩石较右岸完整。右岸设有2孔12×14m的岸边溢洪道，左岸设导流洞（后期改建为泄洪洞及引水洞），发电厂房设于左岸坝脚，装机2×8000kW。其枢纽布置见图1。

西北口面板堆石坝上、下游坝坡均为1∶1.4，由混凝土面板、垫层、过渡层和主堆石Ⅰ区、Ⅱ区组成。上游260m高程以下回填3m厚的粘土铺盖，其上设砂卵石保护层；下游坝坡设有块石护坡，253.5m高程以下为反滤坝及反滤层。大坝剖面见图2。

坝顶长度222m，两岸开挖边坡：右岸1∶0.8，左岸1∶0.5。混凝土面板厚度顶部为0.3m，底部为0.6m。面板断面中间设含钢率为0.4％的钢筋网，面板只设有顺河流方向的横缝。横缝间距：坝中部13块面板为12m，左岸4块、右岸7块均为6m；面板的基础趾板，宽4～6m，厚0.6m，建于基岩之

土加常态混凝土防渗的方式，也不同于用低胶凝材料碾压混凝土的方式，具有我国自己的特色。

2.高掺量粉煤灰、低水泥用量碾压混凝土的应用，使混凝土的物理力学性能，如温升速度、凝结时间、干缩变形、后期强度的增长规律以及水泥潜在能力的发挥等，发生了重大的变化，从而简化了混凝土坝传统的复杂温控措施，取得了整体通仓薄层浇筑连续上升新工艺的成功。

3.在坝上游面采用的沥青沙浆防渗层，能适应坝体一旦发生的微小变形和裂缝，可保证坝体的正常运行，为坝体不分横缝，建成整体式重力坝提供了条件；同时摆脱了多种类型防渗设施对施工的干扰。

4.基于碾压混凝土施工过程中侧压力较少的特点，在大坝下游面采用了预制混凝土块做模板，基础灌浆廊道也采取了混凝土预制块做模板，节约了模板材料，又减少了施工干扰，为今后推广碾压混凝土筑坝技术提供了借鉴。

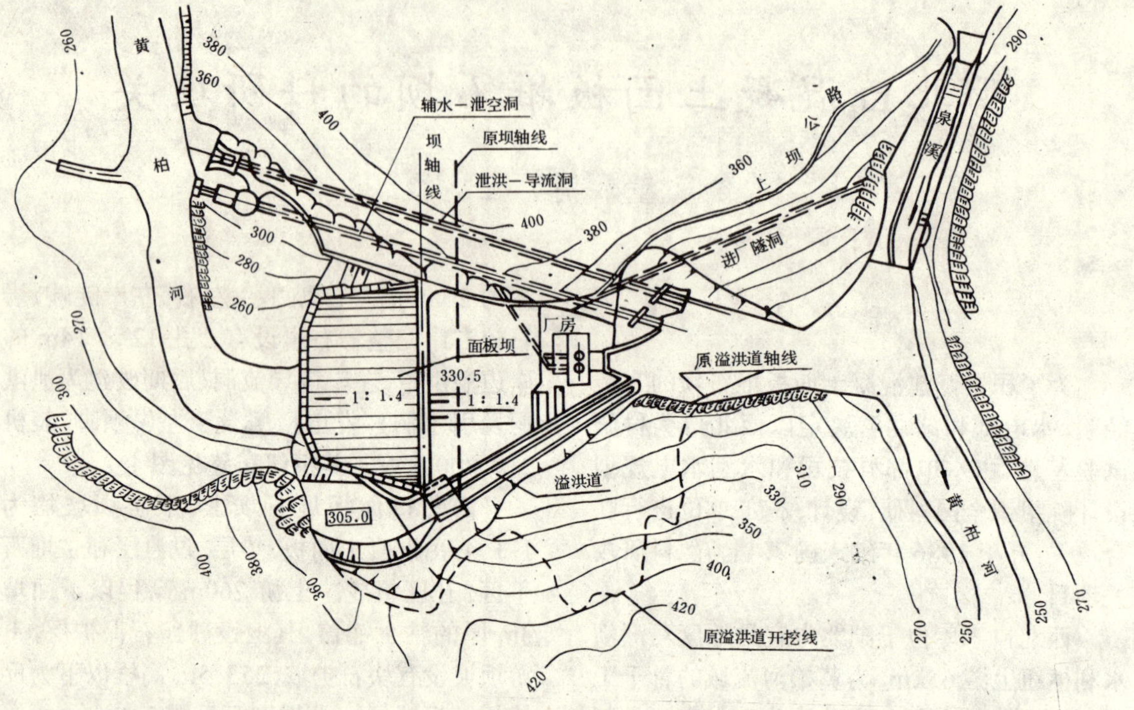

图 1　西北口水库枢纽工程平面布置图

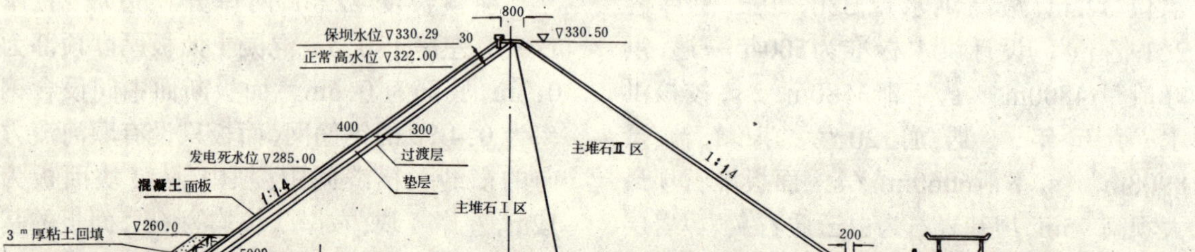

图 2　西北口面板堆石坝剖面图

上；面板与趾板间的周边缝设有三道止水（止水铜片、塑料止水带和橡胶材料制成的嵌缝止水），面板横缝内不设填缝材料，只用沥青乳胶涂刷，底部设一道塑料止水，缝顶部设嵌缝止水。河床覆盖层经挖深坑、取样试验，证实密实度高，无夹层，决定除挖靠近趾板的50m范围及反滤坝下的覆盖层外，其余均保留在坝下。垫层料厚4m，最大粒径100mm，由人工轧制掺合而成。过渡料厚3m，最大粒径300mm。主堆石Ⅰ区最大粒径600mm，Ⅱ区最大粒径可以稍超过600mm。各区石料由料场爆破和合格的开挖料取得。大坝堆石体积172万m^3，其中垫层料约7万m^3，过渡料约6万m^3。面板混凝土13163m^3，趾板混凝土2180m^3。

西北口工程于1986年11月30日截流，

1987年2月大坝开始全面填筑，原计划同年5月底大坝填到300m高程，达到坝体垫层档百年一遇洪水的要求，后因料源供应不足等原因，被迫修改施工计划和渡汛方案，汛前大坝填至260m左右不再上升，准备坝体过水渡汛。1987年8月28日洪峰流量350m^3/s，大坝坝体过流约120m^3/s，未遭损害，1987年汛后恢复正常施工。截至1988年汛前，大坝已修到档百年一遇洪水高程，预计1989年汛前大坝可以建成。

二、试验研究工作

西北口面板堆石坝的科研攻关是与设计和施工紧密结合进行的，进行的试验研究工作主要有以下几点：

(一)筑坝材料的研究及现场碾压试验

北京水利水电科学研究院、南京水利科学研究院对垫层料、过渡料和主堆石三种筑坝材料，应用大型土工试验仪器进行了压缩，大三轴等试验研究，为设计和三向有限元计算提供了初步数据。其中1986年10月至1987年3月北京水科院在西北口工地进行了现场碾压试验，提出了三种坝料的填筑标准和碾压参数；同时还在1∶1.4的斜坡上进行了国内第一次斜坡碾压试验。建议的碾压参数如表1。

(二)坝体变形及应力分布的研究

北京水科院、南京水科院、河海大学等单位对之进行了三向有限元的分析计算，得出了坝体变形、应力量级和分布规律；但对周边缝的变形，三单位所得结果相差悬殊，有待进一步研究。

(三)施工期坝体档水渡汛的研究

根据国外报导，混凝土面板堆石坝可以在未修面板之前，利用垫层档水渡汛。这一技术可大大简化面板坝的施工渡汛措施，具有很大的经济效益。为了验证这一技术的可靠性及施工措施和工艺，南京水科院在现场修建了8.5m高的小试验坝，进行了喷混凝土(干喷法)、喷乳化沥青、土工膜三种垫层防护措施的工艺试验，并进行了档水试验和观测研究；此外，还进行了离心机模型试验和室内渗流稳定试验。北京水科院和武汉水电学院共同在现场进行了喷混凝土(湿喷法)和喷乳化沥青的试验。根据上述试验研究结果，认为坝体垫层用5cm厚喷混凝土层保护，挡水渡汛是安全可靠的，并可抵挡风浪和暴雨的破坏。该项措施经受了1987年汛期和小洪水过流的考验，初步得到了证明。

(四)堆石坝料开采技术研究

北京水科院在现场进行了爆破试验，提出了根据地质条件和岩石特性确定开采过渡料、主堆石料的方法和爆破参数，满足了西北口工程施工需要。值得提出的是，按照这个方法可以一次爆破取得级配良好、最大粒径300mm的过渡料，有一定的参考价值。

(五)垫层料制备工艺的试验研究

垫层料需具有很好的颗粒级配，渗透系数在10^{-3}cm/s左右。葛洲坝工程局西北口工程处对之进行了制备工艺的研究，建议采

表1　水科院建议的碾压参数表

坝　料	碾　型	铺料厚度(cm)	碾压遍数	行车速度(km/h)	加水量(%)
堆石料	TZP—12	80	8	1.8～2.12	25～50
过渡料	BW217D	40	6	1.8～2.12	25～50
垫层料	BW217D	40	6	1.8～2.12	0

注：* 结合施工质量控制，正拟进一步开展用面波仪快速检测堆石碾压质量的研究

用分级轧制、分层铺料、挖土机立采掺合的制备工艺。该工艺通过施工实践证明,可以满足设计的级配要求。

(六)新型嵌缝材料和新型塑料止水带的研究

北京水科院以再生丁基橡胶为主要材料研制成的新型嵌缝材料GB,根据其抗老化、拉伸、冻融、流淌、与新砂浆粘结、渗透、耐化学浸蚀等项试验,其性能均达到国外使用的IGAS的技术要求;且可以冷施工,施工简便、无毒,造价便宜,已为设计采用。另外北京水科院还研制成一种H2—861型塑料止水带,其抗拉、伸长、耐碱溶液浸蚀和耐老化性都达到或接近美国、日本同类型产品的技术指标。经抗渗、变形试验表明:当试验构件的接缝变形 x=99mm、y=24mm、z=20.7mm、水压1MPa时,仍未渗水。H2—861型止水带用红外线电热器熔接,操作方便,已为施工采用。

(七)混凝土面板施工工艺的研究

水电部地质勘探基础处理公司科研所、葛洲坝工程局施工科学研究所、北京水科院配合进行了混凝土面板施工方案、混凝土配合比和浇筑工艺、新浇混凝土对模板的浮托力、滑动模板的结构设计和轨道结构与锚固、钢筋网施工工艺及机具等项研究,并于1988年4月在坝面上进行了混凝土面板施工试验。该试验是在左岸6m宽的L7号面板上进行的,滑动模板起滑高程为252.45m,滑升至287.24m,沿斜坡滑升59.8m;混凝土浇筑面积358.8m^2,浇筑混凝土180m^3,绑扎钢筋约25t。4月23日16时开始面板混凝土浇筑,至4月26日15时浇完,共用71h。滑模平均滑升速度0.83m/h,最大3.85m/h,接近国外2.5m/h水平。混凝土采用溜槽输送入仓,浇筑质量良好。试验施工中曾发生过6次小的故障,排除时间最长不超过半小时;但也发现不少有待改进之处,如施工准备时间过长,共用了20多天,今后需加强施工组织,改善工艺。

(八)仪器的埋没及观测

南京水科院已在坝内埋设了三层水管式沉陷计和水平位移计,并已取得观测数据,证明坝体填筑密实,初估变形模量80~100MPa。现正研制和准备埋设面板倾斜仪和周边缝三向测缝计。

西北口面板堆石坝的施工和科研攻关还在紧张进行,预计大坝建成蓄水后,将会取得更丰硕的科研成果和筑坝的经验。

可靠度理论在水工结构设计中的应用

吴世伟　　张思俊

一、概　　述

自1985年成立全国工程结构基础技术标准委员会以来,可靠度理论在工程结构中的应用发展得很快。建设部正在组织建筑、铁道、港口、水工与公路的有关设计部门,按照国际标准ISO/DIS2394《结构可靠度总原则》和我国实际情况,分三个层次制定各类工程结构的可靠度设计标准。第一层次为《工程结构可靠度设计统一标准》,指导各类专业结构可靠度标准的制定；第二层次有《建筑结构设计统一标准》、《铁道工程结构设计统一标准》、《港口工程结构设计统一标准》、《公路工程结构设计统一标准》和《水工结构设计统一标准》等，是对具体专业规范的结构可靠度标准的共性问题做统一规定；第三层次是各种具体结构的设计规范，如钢筋混凝土结构设计规范、混凝土重力坝设计规范等。第二层次中的《水工结构设计统一标准》是在原水电部水利水电规划设计院的主持下，从1985年开始组织进行研究工作，并开展了水工钢筋混凝土设计规范和混凝土重力坝设计规范的修订工作。

二、水工结构可靠度应用简况

水工建筑物中有许多变量由于存在着较大的不确定性，过去设计时往往引入各种系数进行层层打折，致使所设计的建筑物既不经济，又不能达到预期的安全度。为改变这种情况，人们开始了可靠度理论在水工结构设计中应用的研究工作。同建筑结构相比，水工结构由于规模大、变量多，其上、下结构涉及固体、流体和岩土体等方面的复杂问题，因此，不仅在可靠度分析方法方面有其特殊性，而且在随机变量的统计量以及破坏准则、模式和对应的极限状态方程等问题，都有其特殊性和复杂性。近年来，国内许多高校及科研设计单位开展了此项研究工作，参考建筑结构中行之有效的可靠度分析方法，在搜集了水工结构的大量随机变量的实际观测、试验资料的基础上，对水工建筑物的可靠度进行了校准。河海大学可靠度科研组研究了小子样统计方法，初步完成了各种随机变量的统计量，并开始了一些实际水工结构可靠度的校核工作，先后完成了南岳、柿竹、大江边、黄岭和新安江等10余座重力坝的可靠度核算工作，同时完成了三峡升船机塔柱可靠度分析、恒山拱坝重力墩可靠度分析等工作；对与水电站厂房结构紧密有关的连续梁和排架结构可靠度分析方法方面也做了初步的探讨，提出了利用假定塑性铰位置，及在已出现塑性铰条件下寻找结构失效模式的方法和相应的可靠度计算。此外，还开始了“弹性、逐段线弹性弹——塑性分析法”寻找一维、二维及三维结构失效模式的研究工作。

随着《水工结构设计统一标准》研制工作的加紧进行，水利水电规划设计院及几个部属勘测设计院和有关高等院校进行了从原始资料分析到实际工程结构可靠度的校核，并将完成一部为各种水工结构设计规范共同的统一标准。这对我国水电事业现代化，提高水工结构设计水平将具有深远意义。

三、几个有关技术问题的讨论

结构可靠度理论的广泛应用，将促使本学科理论的拓宽、加深，集中表现在随机变量的统计方法、荷载组合、结构破坏模式及极限状态方程、可靠度计算方法等方面。现分述如下。

(一)随机变量及统计量

随机变量及其统计量是结构可靠度分析的基础工作，随机变量统计量可靠与否，直接影响到最终计算成果的可靠性，因此几乎一切可靠度分析工作都离不开这项基础工作。在水工结构可靠度分析中，影响其可靠度的随机因素都应考虑为随机变量，一般有荷载、坝体形状尺寸、材料性能、地基特性及沉陷、抗剪参数等，其中荷载包括有水压力、自重、温度、扬压力、淤沙压力、浪压力、冰压力、地震力等。关于拱坝坝肩岩体滑移、岩体边界结构产状要素、岩体抗剪强度等，也是稳定分析中要考虑的重要随机变量。

随机变量的统计量为均值、标准差(或用变异系数)和分布类型。在常规设计方法中，对一个量的反映一般用1个值(设计值),而在可靠度设计中,随机变量则用3个值来考虑变量的大小和变化规律。正因如此,随机变量的统计比常规设计方法要复杂。随机变量的分布类型,一般依靠其子样分析得到,而在水工结构中,变量的子样往往很少,有的样本容量n不到10个,这样就存在着小子样(即n <20 ~ 30)的统计方法问题。对此,目前国际上有7种方法,根据对其中较好的5种方法进行分析比较,得出了对于小子样统计分析,以A–D法(即A^2法)收敛快、反应灵、分辨力强的结论。一般来说,对于子样容量n <20,可用A–D法检验;当n>20,可用K–S法检验;当n >60,可用x^2法(皮尔逊法)检验。

对于水位随机变量的统计分析,河海大学可靠度科研组从1982年以来,对国内87座具有19年以上(最多的有45年)的大型水库水位年峰值进行了统计;为使成果更有代表性,后又扩大到230座大型水库,最后提出了在正常运转下水库上游水位年峰值的统计量。此外,对材料性能、抗剪参数、扬压力等变量,与水电部北京、华东、上海等勘测设计院一起搜集了大量的资料,并进行了全面的统计,得出了各自的统计量。

(二)荷载效应组合问题

作用在水工结构上的荷载一般是随机过程,因此结构在有效使用期间(即基准期)内,它们会相遇,但不一定都在其达到最大值时相遇,即所有荷载都达到其最大值相遇的机率是非常小的,因此工程可靠度设计就存在着荷载效应的组合问题。对这个问题,在水工结构方面研究甚少,在工民建筑方面研究较多,主要方法有JCSS法、Turkstra法和Y. K. Wen法。JCSS法的原则和Turkstra法原则一般是立足于变量为平稳二项随机过程模式上,而Y.K.Wen原则是建立随机变量服从于泊松过程的基础上。相比之下,前两方法的原则有较强的工程性,而后者则在数学处理上较严密。在计算方面,从难易程度看,以Y. K. Wen原则最繁,JESS原则次之,Turkstra原则最简单;从组合最终值看,在相同的组合条件下,Turkstra原则得到的失效概率偏小,因此其所得到的结果偏于危险。但当参加组合的荷载随机过程变量少,且这些过程遇到的机会少的条件下,采用Turkstra组合原则,不但计算简单,而且可以得到满意的结果。水工结构的随机变量中,虽然变量很多,但大部分可以不作随机过程看待,需要作随机过程的变量一般认为只有洪水和地震2项,它们在设计基准期内发生的概率都很小,相遇的机会是极少的,因此对于水工结构荷载效应组合方法以Turkstra法为佳。

(三)水工结构失效模式及极限状态方程

结构极限状态方程是把抗力和荷载效应联系起来,求解结构可靠度的基本方程;而极限状态方程又是建立在结构失效模式的基础上的。在一维(杆系)问题中,结构的失效模式比较明确,不是产生延性流动变形就是发生脆性拉断或压坏;二维(板)相对来说比较复杂,三维(块体、壳)则很不明确。而水工结构大部分属于二维、三维问题,其失效模式相当复杂,大部分结构至今尚未搞清。其设计规范规定的失效,一般建立在弹性极限基础上。一点应力状态达到弹性极限,并不意味着结构的破坏,而只是控制指标,因此采用规范法算出的可靠指标偏小,只能作为判断结构可靠度的相对值,实际并非是结构的真正可靠度。

一个结构真正的失效模式应是一点的强度到达、开裂、开裂长度发展直到结构完全丧失承载能力的过程。近来国内外都在集中力量寻找实际存在的失效模式,寻找的方法大体上有以下几种：(1)假定塑性铰位置及在已出现塑性铰条件下寻找失效机构，它适用于延性材料杆件系统可靠度的计算。(2)弹性、逐段线性弹——塑性分析法。本法不但适用于杆系结构，而且对于二维、三维结构，利用随机有限元可以寻找出结构的失效途径，从而建立结构的强度和稳定条件的极限状态方程。

(四)结构可靠度计算方法

构件可靠度计算方法很多，最通用的方法是J C法。JC法的基础是一次二阶矩法。一次二阶矩法要求随机变量为正态分布，统计量用到均值(一次原点矩)和方差(二次中心矩)，对极限状态方程在验算点处线性化，这是其不足之处。为此，国际结构安全度委员会(JCSS)推荐一种适用一般分布类型的方法，即JC法。因为它可以求出结构可靠指标和验算点值，故又称验算点法。JC法通俗易懂，计算精度一般情况下能满足工程需要，因而深受国内外设计人员的欢迎。但由于水工结构中随机变量数目过多，分布类型复杂，变异系数过大，极限状态方程非线性程度高，以及失效概率过小等，因此，J C法在迭代计算中往往遇到收敛上的问题，有时还遇到验算点值不合理等问题。为此，人们研究出许多JC法的改进法，如实用分析法、变量分布截尾下可靠度计算的JC法、几何法等。

可靠度计算的另一方法是数值解法。数值解法是把变量离散成离散型变量求解，为适应多变量的情况，通常对功能函数进行变量分离求解、有序化等处理，以提高计算效率。数值解法的优点是可以避免由于分布类型复杂而带来计算不收敛的问题。其缺点是计算工作量大，当失效概率很小时，很难达到要求的计算精度；全数值解法一般难以得到检算点值。

可靠度计算的再一个方法是蒙特卡罗法(又称随机抽样技巧法)，是相对精确法。它是对随机变量通过大量的随机取样，然后把抽样值一组一组地代入功能函数式，以确定结构失效与否，最后累计求得结构的失效概率。该法的关键是抽样要真正做到“随机”与“大量”。随机一般利用随机产生技术得到，大量抽样就是抽样次数n越多，结果精度越高，但这样会大量耗费计算机时，因此有人建议次数 $n \geqslant 100/Pf$。式中Pf是预先估计的失效概率，而结构的Pf一般很小，因此对模拟次数往往要求很多，以致使该法很不适用。为克服这一缺点，人们寻找到模拟次数n基本保持在某一定值的改进方法。改进的蒙特卡罗法主要技术在于缩小了抽样区域，即通过数学处理后，不再对一个以可靠指标β为半径的m维球体(部分概率空间)内进行抽样，从而大大减少抽样次数，明显提高了抽象效益。当结构的可靠指标β在5以下时，改进的蒙特卡罗法可以在2～3万次抽样，便可求得结构的可靠指标；当失效概率太小时(如对应的β在6以上)，则计算次数将会显著增加，而且往往难以达到所需的精度。蒙特卡罗法在结构可靠度分析中的另一种应用，是利用抽样技术把多个随机变量组成的抗力或荷载效应，合成为一个综合变量。这种综合变量技术可以很方便地求结构可靠指标。

四、结 束 语

水工结构可靠度同其它工程结构部门相比，虽然起点迟，但由于水电部科技司、水利水电规划设计院等有关部门的重视，对工作加强了领导，因此在短短的几年内已取得相当大的成果；同时经过对《水工结构设计统一标准》的编制，进一步促进了本学科在水工结构设计中的应用。通过研究表明：(1)可靠度理论在水工结构设计中的应用方法是可行的；(2)能对水工结构 (下转第678页)

高精度水力机械模型通用试验台

水利水电科学研究院科技管理处

水利水电科学研究院水力机电研究所研究建成的高精度水力机械模型通用试验台(以下简称试验台),是一项集精密机械、计算机自动采集和处理系统以及高精度电子仪器群组成的现代化技术综合体。该试验台可以按照国际电工委员会(IEC)有关规程进行各种型式的水轮机、水泵、蓄能机的水力特性试验,包括能量、汽蚀、飞逸转速、压力脉动、运行稳定、运行力特性、水流内特性、四象限过渡过程等特性的综合性多功能试验。试验水头可达60m,流量范围0.2～1.2m^3/s,转轮直径范围250～400mm。该试验台的建成,改变了我国依靠国外试验室进行模型验收的局面,为我国大型水轮机招标、模型验收提供了强有力的技术装备;同时为发展我国新型水轮机、水泵及蓄能机,以及为解决已建水电站、水泵站运行中的关键问题和进行技术更新改造,提供了有力的科研手段,对提高我国水力机械科技水平,将产生重大的推动作用。

1987年9月11日至22日,由水电部主持并邀请全国水力机械行业专家组成鉴定委员会和专家工作组,对该试验台进行了部级鉴定。鉴定认为,该试验台实测能量试验的综合效率误差小于0.25%(实际考核时误差0.17%),达到了80年代国际先进水平(国内外先进试验台水平一般为0.3%);效率测点不重复性小于±0.1%。这说明:试验台的稳定性和重复性好;汽蚀试验结果与鉴定文件提出的曲线吻合,汽蚀试验准确可靠;试验数据采集和处理系统技术先进,自动化水平较高;自行开发的应用软件功能齐全,测试、运算处理(包括自动绘制各种试验曲线和综合特性曲线)迅速准确。

水利水电科学研究院水力机电研究所在研究建立该试验台过程中,贯彻执行"自力更生、择优引进国外先进技术"的方针,没有采取较省事、但耗资昂贵的整套引进的方式,而是自己进行试验台总体设计、单件择优购进国外先进的计算机、测功机以及各种精密的传感器等关键仪器设备,自己进行配套和开发应用软件;同时组织科技人员攻关研制国内空白的刀口滑轮、自动加载机、快速偏流器、水力平衡器等一系列配套设备。尤其是该所首次研制的高精度110t测重桶流量计校正系统和采用的天平称重方法,确保了流量的高精度测定,这在水力机械行业中处于国际领先地位。引进的关键设备仅花了60多万美元,节约外汇近100万美元的投资;同时通过该试验台的研究建设,培养了一批掌握先进技术、科学管理的专业人才。

大型高性能三向振动台

水利水电科学研究院科技管理处

一、前　言

我国是一个多地震国家，地震区几乎遍及全国各省(区)，近年来又进入一个新的地震活跃期，频繁发生强震。而已建、正建和近期拟建的重点能源建设工程，特别是水电工程，大多建在地震频度高、强度大的地震危险区内，有不少抗震问题亟待解决。这些工程一旦受到地震破坏，将会引起严重的次生灾害，其后果不堪设想。对于象水工建筑物这类复杂的工程结构，抗震分析难度很大，即便在电子计算机已很普及的今天，结构动力试验仍然是解决这类工程结构抗震问题必不可少的手段。而大型模拟地震振动台是进行结构抗震试验研究的主要设备，它可以按照人们所需的任意实测或人工地震波模拟地震的再现，从而可以研究建筑物在真实地震作用下的反应。为满足工程抗震研究的需要，水利水电科学研究院于 1988 年 3 月建成了我国第一座三向(6 自由度)宽频域电液式模拟地震振动台。这项设备的部分关键设备，是由我国提出技术指标和要求，由西德申克公司设计制造的。经过严格的测试验收和试运行，完全达到设计要求。

二、振动台的参数及其结构组成

振动台的主要技术参数为：

台面尺寸：　5m × 5m
最大载重量：　20t
工作频段：　0.1 ~ 120Hz
振动方向：2 个水平向和竖向的平动及绕 3 个主轴的转动共三向 6 个自由度
振动波形：各种规则波、随机波、模拟地震波
最大加速度：水平向 1g　竖向 0.7g
最大速度：　水平向 ± 400mm / s　竖向 ± 300mm / s
最大位移：　水平向 ± 40mm　竖向 ± 30mm
最大倾覆力矩：　35t-m

该系统由以下几个部分组成：

(一)油源部分。采用 7 台 PP165B 型流量各为 165l / min 的油泵组成，总流量为 1155l / min，工作压力为 28Mpa。配有分油器、连接阀、起停阀、限压阀、自动检测控制油温等装置。

(二)机械部分。有 4 个垂直向推力各为 160 / 200kN 的加振器、水平 x 向 2 个推力各为 270 / 340kN 的加振器及水平 y 向推力为 470 / 590kN 的 1 个加振器，共 7 个加振器支撑面积 5m × 5m、重 23t 的台面。为实现三向 6 个自由度振动，加振器两头采用无间隙可调万向接头。

(三)模控部分。在线模控是振动台的主要控制部分，通过它对振动台各个自由度的传递函数进行优化。模控可采用位移或加速度两种方式控制，由三参量输入和反馈组成

宽频域闭环控制系统。

(四)数控部分。数控部分由POP11/24计算机(内存1兆字节,外存40兆字节)和FPS-100高速阵列处理机(内存32k字)以及14位的DATE256型数采系统组成。配有传递函数迭代补偿(Interative transfer function compensation,简称ITFC)的控制软件。另外,还配有时间信号生成(Time Signal Generation,简称TSG)软件和DATS信号处理软件。TSG软件可以生成确定性的各类正弦、三角形、矩形、锯齿形和梯形波以及满足某些统计参数要求的随机波,特别是可以按给定的反应谱生成人工地震波。DATS软件具有数字滤波、相关、谱分析、ZOOM(细化技术)、各类概率分析、时间信号生成、曲线拟合以及各类二维和三维的多种绘图功能。

(五)数据采集系统。为对模型和试件进行测试,配有100通道的PCM数据采集系统。其特点是输入放大器具有自动调零功能,最高采样速率可达1200kbit/s,经编码器采集的信号可纪录在磁带上或直接输入计算机,有专用的人机对话方式的采集软件。

(六)程控部分。由于振动台整个控制系统较为复杂,为使其操作自动化,并能监测出现的各类故障和系统失控时保护被试件的安全,采用了西门子公司数字式程控装置。该装置包括控制和监测两方面的功能。控制方面包括自动起停、预载控制、台面自动置零位、快速及紧急停机、确定及在运动中改变按位移或加速度控制方式等功能;监测方面包括7个加振器的28个固定的控制参数是否超限、6个自由度的48个可调的控制参数是否超限以及检查液压系统和其他系统的工作情况是否正常的30个参数。

三、已进行的抗震试验工作

该振动台建成开放一年来,已进行了如下抗震试验研究:(1)高压输变电设备,如50万V高压隔离开关、50万V高压断路器等进行抗震性能考核试验;(2)工程建筑消能减震试验;(3)民用高层新型大楼抗震试验;(4)贮油罐模型抗震试验;(5)中央电视台电视发射塔模型抗震试验,已准备就绪。即将进行的试验研究有:(1)二滩拱坝抗震性能试验研究;(2)三峡大坝抗震试验研究;(3)秦山核电厂30万kW反应堆控制棒继动系统抗震试验研究;(4)秦山核电厂安全壳模型抗震试验;(5)秦山核电厂安注泵、停堆泵的抗震试验研究。

(上接第675页) 的安全度给出更科学更系统的评价;(3)能设计出更经济合理的结构。但为了使可靠度理论在水工结构设计上更加完善,还需进一步开展以下几个方面工作:(1)加强对随机变量资料的搜集及统计量的推求,特别是洪水荷载、地震荷载、扬压力及摩擦系数和凝聚力等统计量的准确确定。(2)针对水工结构可靠度计算方法的进一步完善,搞出一套具有水工结构可靠度特点的切实可行的方法。(3)加强对水工结构破坏模式的研究。因为可靠度计算是基于破坏模式的,而大部分水工结构破坏模式目前尚未搞清,因而加强这项研究工作十分必要。利用随机有限元寻找二维、三维水工结构破坏模式可能是一个很有前途的方法。(4)加强对动力可靠度和把水工结构作为系统的可靠度的研究工作。这是把问题扩大到水流破坏如渗流、消能,甚至梯级水库群的系统可靠度分析。

高速循环水洞简介

潘 水 波

为了适应我国水利水电建设发展的需要，研究解决高水头泄水建筑物中经常遇到的空化空蚀问题，水利水电科学研究院水力学研究所于新近建成一座高速循环水洞。这座大型水洞的建立，为开展这方面的研究创造了良好的条件。它除能直接用来试验研究水工建筑物的空化问题外，还可对水力机械和工业水力学中的空化问题进行研究，亦可对空化试验比尺影响及空化机理等学科性问题开展专门研究。

其主要组成部分包括洞体本身、动力系统、加压减压系统、水质处理系统及自控、资料采集处理系统等。下图为高速循环水洞上水平段。

图 高速循环水洞上水平段

一、洞　　体

洞体本身由上、下水平段及左右两个直立段组成。上、下水平段中心线间高差10.0m，左右两直立段中心线间水平长度18.5m。上水平段设有蜂窝器稳水段、收缩段、工作段及扩散段。收缩段用来均化来流速度，长3.0m，断面由1.2 × 1.2m收缩至0.3 × 0.3m，收缩比为1:16。工作段是进行试验的核心部位，长2.0m，断面为0.3 × 0.3m，最高流速可达35m／s，压力可在－0.1～＋0.4MPa之间调整，两侧装有有机玻璃观测窗，顶盖设有供照相照明的透明窗，底部设有供固定模型及量测设备的孔洞。扩散段主要用来平顺连接下游洞体，以减少水头损失，回收能量，其长度为7.3m，断面由0.3 × 0.3m渐变恢复至1.2 × 1.2m，由曲线扩散和直线扩散两部分组成，中心扩散角为7°。下水平段除与动力驱动系统连接的部分外，还设有一巨型重溶器，长12.7m，由直径分别为3.6m、2.6m及1.5m的3个同心圆组成往复式环路，这样可使水流在重溶器中有足够的时间在较高压力下重新溶解由于空化而产生的气泡。在重溶器出口处装有蝴蝶阀，可根据需要接通或切断重溶器，并可比较有或无重溶器对气泡重溶的效果。重溶器中最高可加压至1.2 MPa。

二、动 力 系 统

动力系统包括水泵、电机、磁涡流变速器及齿轮箱。水泵为两级混流式水泵，扬程20.73m，流量3.55m^3／s，由交流电动机驱动，功率932kW。通过固定齿轮变速箱及电磁涡流变速器可进行无级调速，达到改变水洞工作段试验流速的目的。

三、加压减压系统

为了直接调整控制工作段的压力，使流速与压力均能成为相互独立的变量，专门设置了加压及减压系统。加压系统包括一台17kW空气压缩机、冷凝器、油水分离器、稳压罐及加压筒，加压可在1.2 MPa以下范围内调节。减压系统包括一台17 kW真空泵和真空箱，最小压力可调至接近－0.1MPa。

四、水质处理系统

水质在空化试验中是一个非常重要的参数，因此，设有机械过滤器来改善试验用水的浑浊度、透明度及色度。机械过滤器的直径为1.5m，每小时可过滤水10m^3。为了控制水中含气量，还设有除气塔，塔径1.5m，高8m，并与真空系统相联，每小时可喷淋处理水50m^3。

五、自控及数据采集处理系统

本系统由计算机集中控制，包括动力系统及辅助设备的起动、调整、运行及停机，工况及参数显示，自动报警及继电保护，资料采集及数据处理等。

1984～1988年水电科技情报工作新进展

林 明 华　　吕 玉 英

1984～1988年5年间，随着改革开放方针的深入贯彻，我国水力发电科技情报工作取得了新的进展，具体表现在：进一步完善了情报工作体系，搜集了丰富的文献资料；加强了国际联机检索；开展了多种形式的情报服务与交流活动，为生产实践提供了许多有价值的情报成果，其中有些分别被评为国家级、部级、省级优秀科技情报成果，促进了水电事业的发展。

一、积极开展信息资源情报效果显著

水力发电科技文献资源十分丰富，种类繁多。其中科技期刊因其信息量大、报道迅速、发行范围广而受到广大科技人员的重视。据初步调查，国内70余种主要水利水电科技刊物仅1986年的报道量就达3800篇，从各刊物创刊开始报道量约25000篇。此外，还有许多科研成果、工程资料以及国外书刊等等。随着科技发展和信息交流的日益扩大，文献和视听资料量不断增加。

5年来，各级情报部门围绕水电建设的需要，广泛开展了情报调研和其他各种形式的情报服务与交流活动，为制定水电发展规划、研究技术经济政策、进行体制改革、确定重大科研课题提供了重要依据和参考资料，也为工程建设和企业更新改造，采用新技术、新设备、新的施工方法开辟了有效的途径。为此，不少服务项目获得了各级情报成果奖，在1986年召开的第七次全国情报工作会议上水利水电系统有2项情报成果获奖。其中长江流域规划办公室情报室为葛洲坝水利枢纽工程设计连续进行了长达10多年的情报服务，共提供120项、约370万字的情报成果，对正确选择大江截流、三江航道底宽方案和保护中华鲟鱼等都起了很好的作用，同时为国家节约投资近1亿元，获国家科技情报成果一等奖。水利电力科技情报研究所从1984年以来，围绕降低水电工程造价和缩短建设工期，防御特大洪水措施，以及水资源的开发利用等重大课题，开展情报调查、分析、研究工作，提供了68项成果(详见表)，其中《国外水电工程降低造价和缩短工期》的研究成果获水电部科研论文二等奖，《国外水利水电建设和重大政策调研》成果获国家情报成果三等奖。

为适应水电建设发展的需要，充分发挥情报工作的信息作用，各专业技术情报网和一部分地方网站活动比较活跃，活动范围也有所扩大，服务形式多种多样，其中包括组织技术交流会、信息发布会、开展情报调研、推动新技术推广工作，以及举办外语和专业学习班、研讨会和组织现场参观、技术咨询等。据不完全统计，1985～1987年水利水电专业情报网组织的情报交流活动约50余次，近3000人次参加，交流资料2000余份，编辑网刊共100余期；此外，还编译了不少专题资料，组织有关专家编写了情报调研综述等。

1984～1988年水利水电科技情报所主要专题一览表

序号	专 题 名 称	完成时间	备 注
1	提高水轮发电机组经济效益的对策	1984.1	
2	水轮机组当前的世界水平与水电发展趋势的分析	1984.3	
3	新技术革命资料汇编	1984.4	
4	全国科技情报工作会议文件汇编	1984.4	
5	国外灌溉工程经济评价方法	1984.7	
6	水电部农田水利和排灌技术考察组赴美考察技术报告	1984.7	
7	水电工程降低造价和缩短工期的措施	1984.7	获水电部1984年科研论文二等奖
8	国内外水利水电技术发展概况	1984.7	获全国水利电力科技情报成果二等奖
9	国外非工程防洪措施	1984.8	
10	系统工程在国外水利工程中的应用	1984.9	
11	一些国家的水价政策	1984.10	
12	干旱半干旱地区的灌溉排水	1984.10	
13	苏联水资源综合利用和保护	1984.10	
14	国际联机情报检索终端的建立及其检索策略	1984.10	获1984年水电部科研成果三等奖
15	国外微型计算机的发展和在电力工业中的应用	1984.10	
16	日本的水库移民和库区建设	1984.11	
17	国外水资源管理资料之一、二、三、四	1984	获1984年水电部科技进步三等奖，获1986年全国水利电力情报成果二等奖
18	1983年国外水利水电建设情报调研成果选编	1985.1	
19	苏联几条河流规划和水工科学试验	1985.1	
20	美国、加拿大图书情报现代化管理	1985.6	出国考察报告
21	印度灌溉排水及其与我国对比	1985.8	
22	水利水电方面的某些优化问题	1985.11	
23	国外省水节能灌溉方法介绍	1985.11	
24	国外水利水电建设水平和重大政策调研		获1986年全国科技情报成果三等奖
25	国外水利机构及其职能	1985.12	
26	节约大坝混凝土水泥用量的技术措施	1985.12	
27	土工薄膜和土工织物在坝工中的应用	1985.12	
28	国外灌溉省水节能及管理	1985	获1985年水电部科技成果三等奖
29	国外水利水电发展动向	1985	获1986年全国水利电力情报成果一等奖
30	国外水利经济调研	1985	获1986年水电部科技成果奖
31	水利水电分类表	1985	获1986年水电部科技成果奖
32	国外水电工程降低造价和缩短工期的措施	1985	获1986年水电部重大科技成果二等奖

续表

序号	专题名称	完成时间	备注
33	中国小水电(中、英文版)	1986	获1986年全国水利电力情报成果二等奖
34	美国水利水电	1986	水电部情报所、长江流域规划办公室合编
35	巴西水利水电	1986	水电部情报所、长江流域规划办公室合编
36	水轮发电机组运行可靠性及更新、改造	1986.7	
37	2000年一些国家水资源紧缺情况及节水对策	1986.9	
38	国外水污染防治措施	1986.10	
39	美国加利福尼亚州的水管理	1986.10	
40	国外十大河流的开发和大型水利水电工程		三峡工程论证参考资料之一
41	碾压混凝土筑坝和特种混凝土与沙浆材料	1986.12	
42	苏联水利水电	1986.12	水电部情报所、黄河水利委员会合编
43	中国水利水电科技文摘文摘量须知	1987.2	
44	中国水利电力科技文献机读数据著录规则	1987.3	
45	被拦蓄的河流——生态管理前景	1987.9	三峡工程论证参考资料之二
46	美国和加拿大图书情报现代化概况	1987.9	
47	巴基斯坦水利水电	1987	水电部情报所、海河水利委员会合编
48	中国水工隧洞和地下厂房	1987.4	
49	水利水电科学技术主题词典	1987.6	获1986年全国科技情报成果一等奖和水电部科技进步三等奖
50	图书馆自动化管理系统——运行报告	1987.7	
51	图书馆自动化管理系统——研制总结报告	1987.7	
52	美国加州的水资源管理	1987.8	出国考察报告
53	一些国家防洪工程的经济评价	1987.9	
54	委内瑞拉古里水电站的施工管理和质量控制	1987.10	三峡工程论证参考资料之三
55	水利水电科技文献主题词标引规划	1987.10	
56	国外抽水蓄能机组概况	1987.10	
57	国外水泥灌浆新技术	1987.11	
58	法国水资源开发利用	1987.12	
59	日本水资源	1987	
60	中国农田水利(中、英文版)	1987	
61	中国水利水电(英文版)	1987	
62	澳大利亚水资源	1988.9	
63	国外大中型水电建设经济管理方面的几个问题	1988.10	
64	干旱半干旱地区河流的水资源开发	1988.10	

续表

序号	专题名称	完成时间	备注
65	国外混凝土面板堆石坝的设计和施工	1988.10	水电部情报所、水电部科技司合编
66	国外已成水利工程的经济评价方法	1988.12	
67	加拿大水利水电	1988	水电部情报所、淮河水利委员会合编
68	日本水利水电	1988	水电部情报所、松辽水利委员会合编
69	伊泰普水电站设计和施工	1988.10	三峡工程论证参考资料之四

各水利水电专业情报网结合本专业生产中的关键技术问题，进行了情报调研，并通过各种形式及时传播、互通情报信息，基本上掌握了本专业国内外的技术水平和动态，对提高水电建设勘测、设计、施工和科研技术水平起到了尖兵作用，收到了显著的效益。例如：中南勘测设计院在设计五强溪水电站泄水建筑物时，参考了高速水流情报网网刊上介绍的安康水电站泄洪消能布置，受到了启发，在设计中采用了新型宽尾墩与消力池联合的消能工，节约投资约4万元；东北勘测设计院科研所在研究白山水电站溢流坝掺气减蚀和消能防冲问题以及太平湾溢流坝试验中，都参阅了高速水流情报网提供的资料，在此基础上通过试验研究，提出了大空腹溢流剖面和高低坎大差动防蚀消能方案及消能掺气墩新型消能工，分别节约投资330万元和300万元。

水轮机汽蚀是水电厂生产进行中普遍存在的一个关键技术问题，直接影响机组的安全运行和检修周期。为此，水电厂生产技术情报网华东分网一成立，就把解决水轮机汽蚀问题作为重点交流的课题，先后举办了专题交流会，并对华东地区43个水电厂、119台水轮机的汽蚀情况组织了调查研究；同时还举办了汽蚀专题讲座，从理论和实践上进行探索，提出了初步解决汽蚀的综合措施，并在水电厂中得到了推广和应用。华东地区40多个水电厂对水轮机的叶片进行了不同程度的处理后，汽蚀情况大有好转，其中新安江水电厂采用修叶型、埋补气管等综合措施后，汽蚀程度显著下降，使水轮机检修周期由原来的3～5年延长到8～10年。

二、加强国外情报交流引进新技术

为了适应对外开放形势发展的需要，很多单位加强了与国外的情报交流与合作，广辟国际情报交流渠道。水利电力科技情报研究所从1980年以来，先后派员赴美国、日本、法国、英国、加拿大等国考察，并与美国加利福尼亚州水资源局、美国俄亥俄大学、日本海外电力调查会、南斯拉夫水资源情报研究所等单位建立了交流关系，定期互访。通过这些活动，收集到了许多宝贵资料，参观了许多具有世界先进水平的图书情报管理现代化的设备；同时，还积极参加了联合国教科文组织召开的“水利信息现代化研讨会”、“国际水资源局管理会议”，并邀请有关专家来华讲学，与同行专家就防洪工程、城镇供水工程经济评价方法和水电厂优化调度运行等有关问题进行了技术座谈，从而为进一步畅通情报交流渠道奠定了基础，使我们的科技情报收集服务工作逐步进入了国际市场。

各水电勘测设计单位情报部门，密切配合本单位工作，在引进外国先进技术、设备，开展与国外联合设计，参加国际学术交流活动中均承担了大量的译校任务。如中南勘测设计院近年来完成了与加拿大、法国联合设计龙滩水电站有关合作的技术报告、图纸以及初步设计报告的译校工作。

1987～1988两年间，水利电力科技情报研究所组织水电系统及其他部门的专业技术人员参观了在北京举办的“国际水电展览会”，并先后与美国、英国、法国、加拿大、西德、瑞士、日本等7个国家和香港地区18个公司(厂、商)进行了25次技术座谈，参加人员近700人次。“国际能源设备材料及供应”展览会在北京举行期间，该情报研究所又组织有关设计、科研、大专院校、施工及运行单位的工程技术人员，与法国、西德及日本等国近10个公司举行14次技术座谈，使广大科技人员获得了有关能源、水电、火电方面的最新技术信息资料，并增强了与有关国家的相互了解，为今后开展对外交流活动创造了方便条件。

世界各国在水资源、水能资源的开发利用中对防洪、发电、航运、灌溉、跨流域调水以及水资源保护等方面十分重视，并且都有了较大的发展。为了借鉴国外先进技术及管理经验，加快水电建设步伐，水利电力科技情报研究所分别与六大流域机构编写了美国、苏联、日本、加拿大、巴西、巴基斯坦、印度等7个国家的水利水电建设概况，分7册陆续出版。目前，正在组织有关专家编辑出版世界各国水利水电建设概况。

为了开展对外宣传和交流我国水利水电建设的成就，水利电力科技情报研究所还陆续编辑出版了英文版的《中国电力工业》、《中国水利水电》、《中国小水电》等专辑。

多年来，有关部门在充分发挥情报优势、积极引进新技术方面也做了很多工作，取得显著的成效。例如，1958年将修建长江大桥基础处理的先进技术用于山东月子口水库坝基处理获得成功，以后在密云水库建坝中又根据这个经验，收集西欧混凝土防渗墙的资料，并发展了这项新技术。至1988年底，全国已在60多座大坝的基础处理中采用了这项新技术，都获得成功。关于近几年来我国碾压混凝土坝和混凝土面板堆石坝的兴建也经过了类似的过程。

为收集碾压混凝土坝的资料，华东勘测设计院利用IBM-PC建立了碾压混凝土专题数据库，已存储文献200多篇。水利电力科技情报研究所组织水利水电系统部分单位选译了国外碾压混凝土坝技术资料，出版了《碾压混凝土筑坝技术》，较详细地介绍了日本和美国碾压混凝土筑坝的设计、施工、试验研究情况和成果。这些资料对发展我国碾压混凝土筑坝技术起到了一定的积极作用。

从60年代以来，钢筋混凝土面板堆石坝在国外发展较快，目前已建100m以上的钢筋混凝土面板堆石坝达20余座，其中最高的是巴西的佛士度爱利坝，坝高160m，1980年建成以来运行情况良好。为此，水电部中南勘测设计院、黄河水利委员会和辽宁省水利水电设计院等单位情报部门及时组织翻译了这方面的专题；土石坝工程情报网也及时组织了这方面的技术交流会，具体介绍了国外钢筋混凝土面板堆石坝的发展水平、动态以及有关设计与施工技术情况；原水电总局的同志在会上介绍了钢筋混凝土面板堆石坝的试点设想。会后湖北省水利设计院将西北口水库的坝型改为钢筋混凝土面板堆石坝(坝高95m)，水利水电建设总局，决定将该坝作为试验坝，经过两年多来的实践，已提出了不少室内、外试验成果。此外，1988年在辽宁省建成了我国第一座钢筋混凝土面板堆石坝——关门山钢筋混凝土面板堆石坝(坝高58.5m)，并已通过了施工技术成果鉴定。目前，我国正在施工的这种面板堆石坝有7座，正在设计的有14座，其中最高的是岩滩混凝土面板堆石坝，最大坝高达210m。

三、利用计算机检索实现图书情报管理现代化

随着科学技术迅速发展，科技文献数量剧增，而且语种繁多，内容交叉渗透，查找资料日趋困难。鉴于这种情况，水利电力科技情报研究所从1980年初开始，逐步开展了计算机情报检索工作，同时建立了国际联机情报检索终端，并已与美国DIALOG、BRS和欧洲宇航中心(ESA)等情报系统联通，可检索世界可检文献量的75%以上，可为用户进行联机追溯检索、定题检索，并能定购原文。截止到1988年，已检索了3000多个课题。此外，长江流域规划办公室、华中电管局、黄河水利委员会等11个单位也相继建立了国际情报检索分终端，并与水利电力科技情报研究所的终端联通投入使用，可检索各类情报。为适应发展的需要，1987年水利电力科技情报研究所的国际终端改为微机IBM · PC／AT，为缩短检索时间、降低检索费用，在微机上配备了检索策略处理软件、分终端自动化管理软件、联机检索培训软件和检索后处理软件，并在微机上建立了检索课题数据库。

在发展国际联机情报检索业务的同时，水利电力科技情报研究所于1988年还开始了自建中西文文献数据库的筹建工作。根据国家科技情报计算机检索系统“七五”计划的要求和原水电部的安排，在“七五”期间内要建成一个由1台中型计算机和十几台微型计算机组成的检索系统网络，在系统内建立水利水电中文文献数据库、水资源西文数据库、中外文期刊联合目录以及一些事实和数值型数据库；同时通过系统还可以检索美国DIALOG和BRS以及欧洲ESA联机检索系统中心的400多个数据库。

上述检索系统由水利电力科技情报研究所组织原水电部六大流域机构和六大网局以及部直属勘测、设计、科研单位和高等院校情报部门共同建设；建成后分层次开展各项服务工作，通过计算机网络实现情报资源共享。

水利电力科技情报研究所通过招标引进的法国布尔公司的中型计算机系统PPS_7／717已于1987年5月投入运行。在这个系统上建立了水资源西文数据库，存储了从1983年到1987年的3万余条记录，涉及国外水资源规划与管理、水循环和水质等业务范围的文献。使用MISTRAL情报检索软件可对此库进行定题检索服务和追溯检索服务。

为适应建设中文文献数据库的需要，由水利电力科技情报研究所主持，对文献加工制订了标准和规划。1986年编制出版了《水利水电科学技术主题词典》；随后陆续制订了《中国水利水电科技文献机读数据著录规则》(试行)、《水利水电文摘主题标引规则》(试行)。

1986年以来，水电系统各有关单位积极开展了情报图书管理自动化工作，据初步统计，水利电力系统各种类型微机约3000台(包括火电)，文献数据管理的机型主要是DBASE－Ⅱ和DBASE－Ⅲ。其中华东勘测设计院已在DBASE－Ⅱ型机上进行程序的编制工作，并已投入运行，实现了图书的采、编、流管理，可输出馆藏目录、新书通告、统计馆藏总量、订购册数、金额、入库册数，以及统计借、还书总人次，各书借阅次数等，还可实现图书查询及情报检索。该软件的检索方式灵活，用户可在一无所知的情况下找所需要的资料。

水利电力情报研究所从1986年开始，对部分有价值的馆藏文献进行了鉴定和整理，按国家标准进行了文献著录和分类，目前已

建立了水利水电中外文题录数据库、书目数据库1万余条，其中中文期刊题录数据库，从1984～1988年共选用214种核心期刊，对期刊中主要论文经过著录和分类后，录入了计算机。关于历届国际水利水电会议书目数据库，从1989年开始，逐步建立国际论文题录数据库。

四、深化改革把情报工作搞活

为了适应经济体制改革和科技体制改革的需要，在1984年4月召开的全国水利电力科技工作会议和其他有关会议上，传达贯彻了第六次全国科技情报工作会议和全国科技情报体制改革座谈会精神，并将会议主要文件汇编成册印发各单位执行。同年6月原水电部发出《关于加强水利电力科技情报工作的通知》，从情报工作方针、组织管理体系、文献基础工作、建设计算机检索系统、提高情报人员素质、改善情报经费及工作条件等方面提出了要求，要求各单位认真贯彻落实；随后并决定建立部系统的情报职能管理机构，以加强情报工作的组织协调和系统管理。1985年，水利电力情报研究所召开了全国地方水利水电情报工作座谈会，总结交流了情报工作改革的经验，研究制定了加强地方水利水电情报工作的意见和地方水利水电情报工作条例，由部转发有关单位实行。为了深入进行情报体制改革和开展情报学术研究，1986年12月成立了水利电力情报研究会。该研究会首先把情报体制改革问题作为1986年学术年会的中心议题，并提出了体制改革方案的建议。1986年底，由水电部科技司主持召开了全国水利电力科技情报工作会议，总结交流了情报工作经验，研究讨论了情报工作的改革和发展规划，表彰了一批优秀情报成果和先进工作者。由于认真贯彻中央关于科技体制改革和情报体制改革的精神，水利水电情报单位大都实行了所长负责制、干部任期制、职务聘任制、经费包干制和有偿服务合同等一系列改革措施，从而大大调动了职工的积极性，促进了情报工作的开展。

水利水电情报工作改革虽取得较大成绩，但改革还须进一步深化。第一，要进一步突破传统观念，用适应新形势的思想观念研究情报工作的改革。在改革中要坚持情报工作的服务方向，并为情报工作的开展提供必要的资金保证，即实行情报经费包干制。第二，要进一步改革现实情报体制的弊端，通过改革逐步建立起一个充满活力、适应新形势需要的新的情报体制。第三，要改革情报服务的方式，扩展服务范围，开拓情报市场，逐步增加有偿服务的比重，搞好收益分配，妥善处理国家、集体和个人之间的关系，进一步打破“大锅饭”、“铁饭碗”，充分调动情报人员的积极性。我们相信，水电科技情报工作在深化改革中一定会越做越好。

（法文彩色广告请见第882页）

XV

技术标准

木刻：莫测

水利水电建设技术标准的发展过程及现状

张 余 祥

水利水电建设技术标准，是水利水电建设规划、勘测、设计、施工和组织现代化生产的重要手段，是保证工程建设质量、组织工程验收的主要技术依据。随着水电建设的发展和经济体制改革的不断深化，越来越显示出技术标准在搞好宏观决策、调控及加强基本建设全过程管理等方面的重要作用。

新中国成立初期，我国水利水电建设基本没有自己的技术标准，主要是套用或借鉴苏联等国家的技术标准。随着水电建设事业的发展，1953年至1955年期间，当时的燃料部及后来的电力部、水利部先后颁发了《测量规范试行草案》、《精密水准测量细则》、《水文资料整编方法》、《钻探技术保安试行规程》、《大中型水力发电站初步设计和技术设计编制暂行规程》、《水工建筑物土方工程施工技术规范(试行)》、《水工建筑物混凝土及钢筋混凝土工程施工技术规范(试行)》等一些具体的专业规程或规范。1958年以后，我国先后建成了新安江、三门峡、柘溪等一批大中型水利水电工程，积累了一些实践经验，为进一步制订符合我国国情的技术标准创造了条件。1960年开始，水电部先后开办了一批水利水电建设的规程规范研究班，制订了一批规程规范。这些规程规范中，有些后来虽未正式颁发施行，但实际上起到了规程规范的作用。

十年动乱期间，由于极"左"路线的干扰破坏，已颁发的技术标准不能贯彻执行，而技术标准的编制、修订工作处于停滞状态。水利水电技术标准编制和修订工作真正全面系统地开展，是在1978年党的十一届三中全会以后。1979年7月31日，国务院发布了《中华人民共和国标准化管理条例》，强调执行标准化是国家的一项重要技术经济政策，各类工程建设应当统一技术要求，制订技术标准，并认真贯彻执行。据此，当时的水电部水利水电建设总局和水利水电规划设计院等单位，全面地开展了对勘测、设计、施工等方面技术标准的编制和修订工作。经过近10年的努力，截至1988年底的初步统计，已正式颁发的有关国家标准2项，部标准70项，司局级标准13项。其中勘测设计部分已初步形成技术标准体系(另文介绍)。这些标准的颁发施行，对促进水利水电科技进步，提高经济效益，起了重要作用。例如，1978年颁发的《水工钢筋混凝土结构设计规范》，采取了按极限状态设计等先进理论，不仅使水工混凝土的安全度保证率有所提高，而且钢筋用量比过去延用的方法可节约5%～10%，按全国水利电力部门一年耗用钢筋100万t计，则可节约钢筋5～10万t，这个数字是很可观的。又如，1982年颁发的《水工混凝土施工规范》中，规定在拌制水工混凝土中要掺用粉煤灰和外加剂，这样，可使水工混凝土中耗用的水泥节约15%左右，其节约潜力也是很大的。总之，水利水电建设技术标准的制订，给水利水电工程建设带来的直接和间接的经济效益是十分显著的。

(下转第699页)

水利水电勘测设计技术标准体系介绍

张 余 祥

为加强水利水电勘测设计行业管理，使技术标准的编制、修订工作逐步走向正轨，我们在清理已经颁发和在编的技术标准的基础上，于 1988 年上半年制订了《水利水电勘测设计技术标准体系》(见下图)。该体系已于 1988 年 9 月 9 日经能源部、水利部批复，原则同意按此体系进行水利水电勘测设计技术标准的编制、修订工作。

这个体系主要按行业通用、专业通用、专业标准 3 个层次列项，少数专业标准之下

表 1 水利水电勘测设计技术标准体系有关统计特征数据表

专业分类	标准数量	标准类别			标准编修情况		
		国标	部标	局标	已颁	在编	拟编
通用	14	3	10	1	6	5	3
规划	17		17		6	4	7
勘测	15	2	13		8	1	6
水工	24		19	5	8	10	6
机电	31		20	11	8	15	8
施工	14		2	12		1	13
定额	12		12		9	3	
总计	127	5	93	29	45	39	43

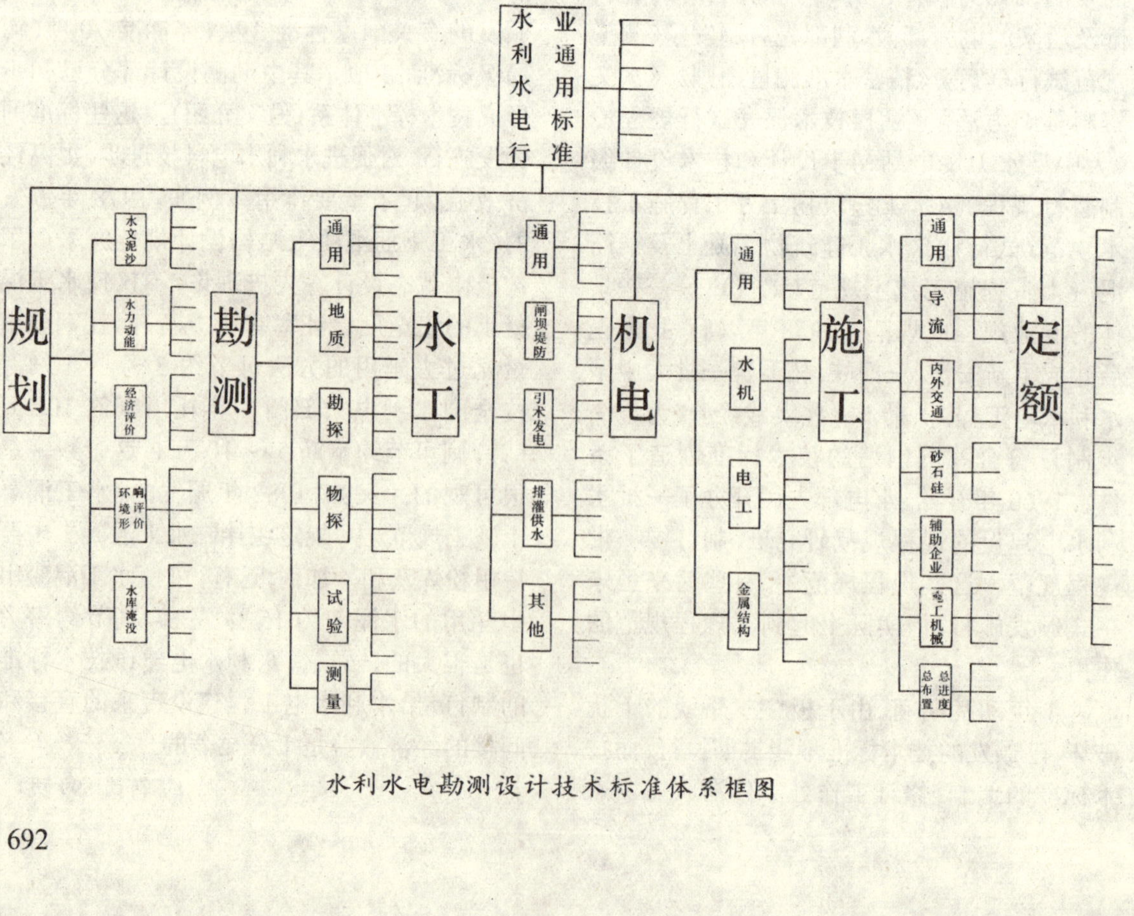

水利水电勘测设计技术标准体系框图

又列了子专业标准。体系表中所列项目分别注明了已颁、在编、拟编 3 种情况，这样，就为今后有计划、有步骤地按体系表的要求编制、修订技术标准创造了条件。体系表中所列技术标准主要适用于大中型水利水电工程的勘测设计工作，对小型水利水电工程，只考虑了其主要技术标准，部分中型水利水电工程，根据实际情况，经过论证和主管部门批准，也可按小型水利水电工程的技术标准进行勘测设计工作。

该体系有关统计特征数据表见表 1。

行业通用及规划、勘测、水工、机电、施工、定额等 7 个技术标准体系见表 2 至表 8。

表 2　水利水电勘测设计行业通用技术标准体系表

序号	标准号	标准名称	类别	编修情况	说明
1		水利水电工程等级划分及洪水标准	部标	已颁	原标准名称为 SDJ12-78 水利水电工程等级划分及设计标准(山区、丘陵区)，在修订，今后拟与现正在报批的水利水电工程等级划分及设计标准(平原、滨海区)合并成一个标准，并将其中的设计标准部分内容移到其他专业规范中，本标准保留等级划分及洪水标准部分
2		水利水电工程名词术语标准	部标	在编	
3		江河流域规划编制规范	部标	已颁	原名为已颁的 SLJ5-81 江河流域规划编制规程
4		河流水电规划编制规范	部标	在编	
5		水利水电工程可行性研究报告编制规范	部标	已颁	原名为 SDJ123-84 水力发电工程可行性研究报告编制规程，修定后包括水利工程部分
6		水利水电工程初步设计编制规范	部标	已颁	原名为 SDJ169-85 水力发电工程初步设计编制规程，修订后包括水利工程部分
7	GBJ71-84	小型水力发电站设计规范	国标	已颁	
8		防洪设计标准	国标	在编	
9		水工结构设计统一标准	国标	在编	
10		水工建筑物荷载设计规范	部标	拟编	
11		水利水电工程防火设计规范	部标	在编	水力发电站防火设计规定部分在编
12		水利水电工程工程量计算规定	局标	拟编	内容包括水工、施工、金属结构等方面的计算
13		水利水电工程招标文件编制规程	部标	拟编	内容包括机电、土建、施工组织设计等部分
14		水利水电工程制图标准	部标	已颁	原名为 SDJ209-82 水利水电工程制图标准，修订后分为土建、勘测、机电 3 个分册

表 3　水利水电勘测设计规划专业技术标准体系表

序号	标准号	标准名称	类别	编修情况	说明
1	SDJ214－83	水利水电工程水文计算规范(试行)	部标	已颁	
2	SDJ22－79	水利水电工程设计洪水计算规范(试行)	部标	已颁	拟进行修订
3		水利水电工程库区泥沙淤积计算规范	部标	在编	
4		水利水电工程河道水力学计算规范	部标	拟编	视编制情况，如不够成熟可降为手册
5		水利水电工程水情测报及自动化设计规定	部标	在编	
6		水利工程水利计算规范	部标	拟编	
7		水电工程水利计算规范	部标	拟编	
8		水利水电工程动能设计规范	部标	拟编	同时适用于水利工程中的大中型水电站
					以上 6、7、8 三项规范颁发后，将取代现行的 SDJ11－77 水利水电工程水利动能设计规范(试行)
9		水利工程经济评价规范	部标	已颁	为已颁 SD139－85 水利经济计算规范修订后的名称
10		水电工程经济评价规范	部标	拟编	包括水电站电能成本计算等内容
11		江河规划环境影响评价规范	部标	在编	
12		水利水电工程可行性研究环境影响评价规范	部标	在编	
13		水利水电工程初步设计环境保护设计规范	部标	在编	
14	SDJ130－84	水利水电工程淹没处理设计规范(试行)	部标	已颁	本规范下还有序号(15)一项规定
15		水利水电工程淹没实物指标调查规定	部标	已颁	原名为水利水电工程淹没实物指标调查细则(试行)，局标
16		水利水电工程移民安置规划编制规范	部标	拟编	
17		水利水电工程水库库底清理规定	部标	已颁	原名为水利水电工程水库库底清理办法

注："环评"为"环境影响评价"简称

表 4　水利水电勘测设计勘测专业技术标准体系表

序号	标准号	标准名称	类别	编修情况	说明
1	SDJ14－78	水利水电工程地质勘察规范	国标	已颁	原为部标，修订后上升为国标，主要适用于大型工程
2		中小型水利水电工程地质勘察规范	部标	拟编	
3	SDJ17－78	水利水电工程天然建筑材料勘察规程	部标	已颁	
4	SDJ18－78	水利水电工程施工地质规程	部标	已颁	
5		水利水电工程地质测绘规程	部标	拟编	颁发后将取代现行的 SDJ15－78 水利水电工程测绘规程和 SDJ19－78 水利水电工程地质勘察资料内业整理规程
6		水利水电工程地质观测规程	部标	拟编	本规程包括水文地质工程地质观测与监测等内容
7	DLJ205－81 SLJ3－81	水利水电工程钻探规程	部标	已颁	在修订
8		水利水电工程山地勘探规程	部标	拟编	
9	DLJ203－81 SLJ1－81	水利水电工程抽水试验规程	部标	已颁	
10	SDJ16－78	水利水电工程钻孔压水试验规程	部标	已颁	
11		水利水电工程物探规程	部标	拟编	本规程包括地震勘探、电测勘探、测井勘探等 3 个规定，颁发后将取代现行的 DLJ206－82、SLJ7－82 水文地质工程地质物探规程
12	DLJ204－81 SLJ2－81	水利水电工程岩石试验规程	部标	已颁	
13		岩石试验方法标准	国标	在编	
14		水利水电工程水质分析规程	部标	拟编	
15		水利水电工程勘测设计测量规范	部标	已颁	为已颁规范 SLJ3-81、DLJ202-81 水利水电工程测量规范(规划设计阶段)的变更名称

表 5　水利水电勘测设计水工专业技术标准体系表

序号	标准号	标准名称	类别	编修情况	说明
1	SDJ20-78	水工钢筋混凝土结构设计规范	部标	已颁	在修订
2	SDJ10- 78	水工建筑物抗震设计规范	部标	已颁	
3		水工建筑物抗冻设计规范	部标	在编	
4	SD133- 84	水闸设计规范	部标	已颁	
5		溢洪道设计规范	部标	在编	
6	SDJ21- 78	混凝土重力坝设计规范	部标	已颁	已有补充规定，现在进一步修订，其内容最终将包括在编的碾压混凝土设计导则
7		碾压混凝土设计导则	局标	在编	
8	SD145- 85	混凝土拱坝设计规范	部标	已颁	拟修订
9	SDJ218- 84	碾压式土石坝设计规范	部标	已颁	
10		砌石坝设计规范	局标	拟编	
11		混凝土面板堆石坝设计导则	局标	在编	为序号 9 的子规范
12		沥青混凝土面板坝和心墙坝设计导则	局标	拟编	为序号 9 的子规范
13		小型水利水电工程土石坝设计导则	局标	拟编	其内容包括坝下埋管设计、水坠坝设计
14		堤防设计规范	部标	拟编	
15		水电站引水渠设计规范	部标	拟编	
16		水电站进水口设计规范	部标	在编	
17	SD144-85	水电站压力钢管设计规范	部标	已颁	
18		水电站调压室设计规范	部标	在编	
19		水电站厂房设计规范	部标	在编	
20	SDJ217- 84	灌溉排水渠系设计规范	部标	已颁	
21		泵站设计规范	部标	在编	
22		水利水电工程沉沙池设计规范	部标	拟编	
23	SDJ134- 84	水工隧洞设计规范	部标	已颁	
24		水工预应力锚固设计规范	部标	在编	

表 6　水利水电勘测设计机电专业技术标准体系表

序号	标准号	标准名称	类别	编修情况	说明
1	SDJ173-85	水力发电厂机电设计规范	部标	已颁	原名为水力发电厂机电设计技术规范，拟修订
2		水力发电厂自动化设计规范	部标	在编	
3		小型水力发电站自动化设计规定	部标	在编	
4		水轮机基本技术规范	部标	拟编	
5		水轮机进口阀基本技术规范	部标	拟编	
6		水轮机模型验收试验规程	部标	拟编	
7		水力机械辅助设备设计规定	局标	在编	包括技术供排水、压缩空气、水力监测、供油维护系统设计规定
8	SDJQ1-84	水力发电厂采暖通风和空气调节设计规定	部标	已颁	原为局标
9		水轮机调速器油压装置基本技术规范	部标	在编	
10		水轮发电机基本技术规范	部标	在编	
11		水轮发电机静止整流励磁系统及装置基本技术规范	部标	在编	
12		高压电器设备基本技术规范	部标	拟编	
13	SDJ5-85	高压配电装置设计规程	部标	已颁	水、火电共用，由水电、电力两规划院共同组织编制
14	SDJ7-79	电力设备过电压设计规程	部标	已颁	水、火电共用，由水电、电力两规划院共同组织编制
15	SDJ8-79	电力设备接地设计规程	部标	已颁	水、火电共用，由水电、电力两规划院共同组织编制
16		发电厂变电所电缆选择与敷设设计规程	部标	在编	水、火电共用，由水电、电力两规划院共同组织编制
17		导体与电器选择设计规定	局标	拟编	水、火电共用，由水电、电力两规划院共同组织编制
18		短路电流计算规定	局标	拟编	水、火电共用，由水电、电力两规划院共同组织编制
19	SDJ9-87	电测量仪表装置设计技术规程	部标	已颁	水、火电共用，由水电、电力两规划院共同组织编制
20		电力设施抗震设计规程	部标	在编	水、火电共用，由水电、电力两规划院共同组织编制

续表 6

序号	标准号	标准名称	类别	编修情况	说明
21		水力发电厂计算机监控系统基本技术规范	局标	在编	
22		水力发电厂厂用电系统设计规定	局标	在编	
23		水力发电厂照明系统设计规定	局标	在编	
24		水力发电厂继电保护设计规定	局标	在编	
25		水力发电厂二次结线设计规定	局标	在编	
26		水力发电厂计算机监控系统设计规定	局标	在编	
27	SDJS8－84	水力发电厂通信设计规定	局标	已颁	原名为水力发电厂通信设计技术规定
28		高压母线设计规定	局标	拟编	
29	SDJ13－78	水利水电工程钢闸门设计规范	部标	已颁	包括闸门孔口尺寸和设计水头系列标准，补充适应水电站船闸闸门部分
30		水利水电工程启闭机设计规范	部标	在编	
31		闸门启闭机系列标准	部标	拟编	

表 7　水利水电勘测设计施工专业技术标准体系表

序号	标准号	标准名称	类别	编修情况	说明
1		水利水电工程施工组织设计规范	部标	在编	
2		小型水利水电工程施工组织规划导则	局标	拟编	
3		施工导流设计导则	部标	拟编	
4		围堰设计导则	局标	拟编	
5		对内对外交通运输设计导则	局标	拟编	
6		砂石料系统设计导则	局标	拟编	
7		混凝土系统设计导则	局标	拟编	
8		施工辅助企业设计导则	局标	拟编	
9		风、水、电系统设计导则	局标	拟编	
10		施工制冷、制热设计导则	局标	拟编	
11		施工机械选择及计算导则	局标	拟编	
12		施工总平面布置设计导则	局标	拟编	
13		混凝土坝施工进度设计导则	局标	拟编	
14		土石坝施工进度设计导则	局标	拟编	

表8　水利水电勘测设计定额专业技术标准体系表

序号	标准号	标准名称	类别	编修情况	说明
1		水利水电工程设计概算编制规定	部标	已颁	原标准名称为水利水电基本建设工程设计概算编制规定
2		水利水电工程投资估算编制规定	部标	已颁	原标准名称为水利水电基本建设工程投资估算编制简则
3		水利水电工程项目划分规定	部标	已颁	原标准名称为水利水电基本建设工程项目划分
4		水利水电工程设计概算几项具体工程和费用编制规定	部标	已颁	
5		水利水电建筑工程予算定额	部标	已颁	
6		水利水电设备安装工程预算定额	部标	已颁	
7		水利水电建筑工程概算定额	部标	在编	
8		水利水电设备安装工程概算定额	部标	已颁	
9		水利水电工程投资估算定额	部标	在编	
10		水利水电建筑安装工程间接费定额	部标	已颁	原标准名称为水利水电基本建设工程建筑安装工程间接费定额
11		水利水电工程其他费用定额	部标	已颁	原标准名称为水利水电基本建设工程其他费用定额及计算办法
12		水利水电工程淹没处理投资概算编制规定	部标	在编	

(上接第691页)

水利水电技术标准的编制、修订工作虽然取得较大成绩，但总的来说，进展还不快，还存在一些急需解决的问题，主要有：

1.技术标准尚不配套，还没有形成完整的体系，一些重要环节仍存在无章可循的情况；

2.有些技术标准在内容上原则性的规定较多，指标性的规定较少，致使规范的指导性、权威性与法律约束性不强；

3.管理机构跟不上形势发展的要求，管理体系不够健全，未能把各种技术标准的管理工作统一抓起来。同时也缺乏相应的机构和技术力量系统地研究分析国外有关水利水电建设方面技术标准的情报、动态等情况；

4,少数已颁发的技术标准执行近10年了，有些条文已妨碍新技术的发展，亟待抓紧进行修订；

5.对于技术标准立法工作的重要性、迫切性及现实意义和深远影响认识还不够一致，管理制度不够健全，技术标准的编制、修订工作很难落实，经费、人力和物力困难很大。

上述问题，一方面需有关领导部门给予高度重视，积极设法解决，另一方面有些问题则有待在深化改革中逐步加以解决。

水利水电施工技术标准一览

专业分类	序号	标准号	标准名称	类别	编修情况	说明
通用	1		水利基本建设工程施工质量检验办法(试行)	部标	已颁	
	2		水利水电基本建设工程质量管理若干规定(试行)	部标	已颁	
	3		关于施工定额暂行规定及管理办法	部标	已颁	
	4		水利基本建设竣工工程决算编制办法	部标	已颁	
	5		水利水电建筑安装工程工、料、机械施工指标第 1 ~ 10 册合订本: (1)土方工程; (2)石方工程; (3)砌石工程; (4)钢筋工程: (5)模板工程: (6)混凝土工程; (7)砂石备料工程; (8)钻孔灌浆工程; (9)临时建筑工程; (10)水力发电设备安装工程	部标	已颁	
	6		水电站基本建设工程验收规程	部标	已颁	
	7	SD184-86	水利基本建设工程验收规程(试行)	部标	已颁	
	8	SDJ222-87	水泥土材料试验方法	部标	已颁	
	9	SD267-88	水利水电建筑安全技术工作规范			
	10	SDJ249-88	水利水电基本建设工程单元质量等级评定标准(一)	部标	已颁	
	11	SDJS11- 86	水利水电工程投、招标文件格式	局标	已颁	
	12		水利水电工程施工质量检查规定	部标	在编	送审稿
	13		水利水电工程质量通病分类及防范处理规定	部标	在编	
	14		水利水电工程质量抽样检查统计规定	部标	在编	送审稿
土建	1	SD105- 82	水工混凝土试验规程	部标	已颁	
	2	SD108- 83	水工混凝土外加剂技术标准	部标	已颁	
	3	SD120- 84	浆砌石坝施工技术规定(试行)	部标	已颁	
	4	SD122- 84	水坠坝设计及施工暂行规定	部标	已颁	
	5	SD220- 87	土石坝碾压式沥青混凝土防渗墙施工技术规范	部标	已颁	
	6	SD266-88	土坝坝体灌浆技术规范	部标	已颁	
	7	SDJ82-79	水利水电工程混凝土防渗墙施工技术规范	部标	已颁	
	8	SDJ201-83	水工建筑物水泥灌浆施工技术规范	部标	已颁	
	9	SDJ207-82	水工混凝土施工规范	部标	已颁	
	10	SDJ211-83	水工建筑物岩石基础开挖工程施工技术规范	部标	已颁	
	11	SDJ212-83	水工建筑物地下开挖工程施工技术规范	部标	已颁	
	12	SDJ213-83	碾压式土石坝施工规范	部标	已颁	
	13	SDJ / SG715-65	土坝裂缝处理试行技术规范	局标	已颁	
	14	SDJS7- 85	水利水电地下工程锚喷支护施工技术规范	局标	已颁	
	15	SDJS9- 85	水利水电工程施工测量规范	局标	已颁	
	16	SDJS10- 86	水工碾压混凝土试验规程	局标	已颁	

续表

专业分类	序号	标准号	标准名称	类别	编修情况	说明
	17	SDJS14-86	水工碾压混凝土施工暂行规定	局标	已颁	
	18	SDJS01-79	土工试验规程(上、下册)	部标	已颁	
土	19		水中填土筑坝施工技术暂行规定	部标	已颁	
	20		水工建筑物砌石工程暂行施工技术规范	部标	已颁	1987年10月
	21		水工混凝土掺用粉煤灰技术暂行规定	局标	已颁	1982年3月
	22	SLJ202-82	疏浚工程施工技术规范(试行)	部标	已颁	正在修改
	23		水工建筑物滑动模板施工技术规范	部标	在编	
	24		水闸施工规范	部标	在编	
	25		预应力锚固设计与施工技术规范	部标	在编	
建	26		水工混凝土面板坝施工技术规范	部标	在编	
	27		水利水电工程回弹仪法检测试验规程	部标	在编	
	28		水利水电工程超声波检测试验规程	部标	在编	
	1	SD113-83	6～1000吨水利平面闸门液压启闭机基本参数	部标	已颁	
	2	SD114-83	6～1000吨水利平面闸门快速闸门液压启闭机基本参数	部标	已颁	
	3	SD136-85	大中型水轮发电机静止整流励磁系统及装置导则	部标	已颁	
	4	SD150-85	水工金属结构平面闸门制造技术条件	部标	已颁	
	5	SD200-86	水轮发电机组安装技术规范	部标	已颁	
机	6	SLJ201-80 DLJ201-80	水工建筑物金属结构制造安装及验收规范	部标	已颁	
	7		水轮发电机电气部分接交试验规程(试行)	局标	已颁	1958年11月
	8		辐向轴流式水轮机及附属设备安装规程(试行本)	局标	已颁	1958年11月
	9		悬吊式水轮发电机安装规程	局标	已颁	1958年11月
	10		水力发电设备安装及验收技术规范	部标	已颁	1958年11月
	11		水电站成套设备起动试验程序(试行)	局标	已颁	1958年11月
	12		充油高压电缆施工工艺导则	部标	在编	
电	13		水轮机电液压调整器及油压装置电源调试导则	部标	在编	
	14		自并激静止整流励磁系统及装置的安装调试导则	部标	在编	
	15		水轮机组验收规程	部标	拟编	
	16		水轮机组现场效率试验规程	部标	拟编	
	17		水轮发电机励磁装置基本验收规程	部标	拟编	
	18		水轮发电机定子工地组装工艺规范	部标	拟编	
	19		推力轴承安装工艺规程	部标	拟编	
	20		水轮发电机转子工地组装工艺规范	部标	拟编	

注:施工技术标准体系正在拟订中

(葛文辉、张严明供稿)

部分重要技术标准简介

《水利水电工程钻探技术规程》

我国第一部水电钻探技术标准，是1954年电力部制订颁发的《水力发电钻探操作规程(试行)》。该规程是以铁砂钻进、硬质合金钻进为主，另外还有覆盖层钻进等，技术标准要求简单明了，反映了当时水电钻探技术发展的水平。第二部是1981年电力部、水利部联合编制颁发的《水利水电钻探规程(试行)》。这部规程是在总结吸收建国20多年来生产实践成功经验的基础上，新增加了不少较先进的技术和方法，其内容主要有：(1)在钻探技术工艺方面，主要有小口径金刚石钻进、硬质合金钻进、钢粒钻进、大口径(直径1m)竖井钻进(取心)、覆盖层钻进(有土层、砂层、砂砾石层)等；(2)在钻进冲洗液方面，主要有清水、乳化液、泥浆液等；(3)在钻探质量标准方面，主要有取心和取样、方法和要求、钻孔弯曲度、校正孔深、岩心编录与保管、封孔与水文地质测试、原始报表、竣工验收等；(4)在特殊条件下的钻探方面，主要有船上水下钻探、钢索吊桥钻探、冰上钻探、高山陡坡险区钻探等；(5)孔内事故预防与处理；(6)钻探机械使用与维护等。上述两部规程对促进水利水电钻探技术进步、提高钻探质量、加快钻探速度等方面，起了积极的作用。

自1982年后的十几年中，水利水电钻探技术和装备基本上实现了更新换代，手把式钻机和铁砂钻进已被淘汰，全部更换成油压金刚石钻机，岩心钻探基本实现了金刚石钻进；新技术、新方法、新材料不断涌现。为适应技术发展的需要，能源部和水利部共同修订了第三部《水利水电工程钻探技术规程》，预计1989年颁发实行。本规程是在总结吸收新经验、新方法、新科研成果，并广泛征求各水利水电勘测设计单位意见的基础上，经补充、修订而成的。其内容主要有：(1)在岩心钻探技术工艺方面，包括金刚石钻进、金刚石绳索取心钻进、液动冲击回转钻进、硬质合金钻进、套钻取心钻进、随钻岩心定向钻进、钢粒钻进以及大口径(直径1m以上)竖井全断面钻进等；(2)在覆盖层钻探技术工艺方面，包括SM植物胶冲洗液金刚石钻进砂砾石层与取样(新技术)、砂卵石层跟管爆破钻进、砂砾石层跟管管钻钻进以及土层、砂层钻进与取样等；(3)在钻进冲洗液方面，包括清水、乳化液、SM植物胶冲洗液、低固相冲洗液、泡沫液及泥浆冲洗液等；(4)在钻探质量方面，包括坝基软弱夹层及风化破碎等复杂地层钻进取心方法、防止钻孔弯曲度、孔深校正、钻孔原始记录和竣工验收标准、钻孔水文地质测试要求等；(5)在特殊条件和特殊要求的钻探方面，包括岩溶地层钻探、陡坡和滑坡险区钻探、坝基监测倒垂孔钻进、地应力测试孔钻进等；(6)在水上钻探方面，包括船上水下钻探、峡谷钢索吊桥钻探、冰上水下钻探、水中桁架钻探以及近海(浅水)钻探等；(7)钻孔事故预防与处理；(8)钻探机械使用与维护等。这部新的钻探技术规程内容十分丰富，充分体现了水利水电工程钻探的特点，反映了当前我国水利水电钻探技术的发展水平，对不断促进水利水电钻探技术的更新、提高钻探工程的质量、加快钻探速度等将起到指导作用。

(段文钰供稿)

《水工钢筋混凝土结构设计规范》

我国水工钢筋混凝土结构设计方面的技术标准是1966年由水电部编制的《水工钢筋混凝土结构设计规范(试行)》(以下简称试行本)。从1973年4月开始由水电部西北勘测设计院主持对之进行修订,参加修订的共26个单位,于1978年11月修订完成,并经水电部批准正式颁发施行。

本规范共有7章,130条和11个附录,与试行本相比,修改和补充的主要内容有:(1)调整和补充了混凝土、钢筋的设计强度;(2)修改了结构安全度的表达方式;(3)修改了按应力图形配筋的计算方法;(4)简化了截面抵抗矩塑性系数的计算方法;(5)修改了钢筋混凝土构件斜截面强度的计算公式;(6)明确了最小配筋率的数值及其应用范围;(7)修改了裂缝宽度计算公式;(8)修改了刚度计算公式;(9)补充了有关的构造要求。除以上各点外,还对试行本中一些比较烦琐的内容进行了修改。例如:在混凝土结构中,计算轴心受弯构件的纵向弯曲系数时,取消了考虑长短期荷载的公式;计算偏心受压构件的φ时,取消了C值;在大偏心受压构件计算中,取消了偏心距修正系数K_1等。

由于本规范采用了单一安全系数表达的极限状态设计方法,摒弃了试行本中采用的允许应力法和破坏阶段理论计算方法,从而使本规范的设计理论有所改进,与原国家建委1974年颁发的工民建《钢筋混凝土结构设计规范》(TJ10−74)① 相一致;与美国1983年颁布的《钢筋混凝土建筑规范》(ACI318−83)② 和苏联1977年颁布的《水工建筑物混凝土及钢筋混凝土结构设计规范》(CHₙПⅡ−56−77)③的设计理论相接近。其基本内容是采用构件强度极限状态和正常使用极限状态作为建立计算公式的力学模型,材料设计强度采用具有97.73%保证率的强度,另外采用一个比试行本小的安全系数来考虑其他因素对安全度可能产生的影响。本规范按水工建筑物等级规定不同的安全系数,提出的关于大体积混凝土配筋的计算方法,水工混凝土构件截面抵抗矩塑性系数、水工厚板抗剪强度计算和偏心拉压构件的裂缝宽度计算等,都是结合水工混凝土和钢筋混凝土的特点制订的,为同类规范所没有,属国内首创。

在本规范修订过程中,编写组同志还会同大连理工大学、河北水利水电学院、郑州工学院等单位先后进行了以下4项科研工作:(1)混凝土、少筋混凝土、钢筋混凝土受弯构件受力特性的对比试验;(2)水工钢筋混凝土偏心受压及偏心受拉构件的裂缝试验;(3)水工钢筋混凝土结构仅配弯筋梁(或板)的斜截面抗剪强度试验;(4)水工混凝土梁及钢筋混凝土梁的抗裂试验。

此外,还对一些主要问题进行了专题调查研究,并写出数十篇专题报告,经精选其中8篇汇编成册。这些专题报告主要介绍了国内外动态、重要试验和研究成果,阐述了规范有关规定的依据和理由,对尚存在的问题和今后的科研工作提出了建议等。

由于本规范采用极限状态理论代替了试行本中的容许应力法和破坏阶段法理论,工程实践证明,它比试行本可节约钢筋约5%～10%,最高可达15%。按部属大、中型工

①基本理论为单一安全系数的极限状态设计方法

②基本理论为两系数的极限状态设计方法

③基本理论为多系数的极限状态设计方法

程7年(1978～1985年)来的初步估算,可节约钢筋用量约7万余吨,折合人民币6000余万元。如将省、地、县所属一大批中小型工程计算在内,其经济效益更为可观。本规范曾受到国家计委的通报表扬,并获得1984年水利水电建设总局科学技术进步三等奖。1985年10月又获国家科学技术进步三等奖。

本规范的施行已取得显著成绩,但与国内外新技术的迅速发展水平相比还有一定差距。为了适应新的形势,近几年来,我们对规范中存在而急需解决的问题进行了科学试验研究,目前已完成的课题有:大体积混凝土结构的配筋计算、水工厚板抗剪性能试验、水工大保护层钢筋混凝土构件裂缝开展及耐久性研究、带形牛腿配筋计算和构造研究,以及水工钢筋混凝土构件抗裂及裂缝宽度计算研究等;同时结合水利水电工程的特点,开始对本规范进一步进行全面的修订。首先对水工钢筋混凝土结构可靠度进行研究,以《水工结构设计统一标准》为依据,以可靠度理论为基础,采用以工程经验与概率计算相结合的分项系数极限状态设计法,向国际先进标准靠拢,以进一步提高本规范的水平。

(张钟禄供稿)

《水工隧洞设计规范》

我国第一部水工隧洞设计方面的技术标准是1966年水电部编制颁发的《水工隧洞设计暂行规范》(以下简称《暂行规范》)。至70年代末,我国水工隧洞设计理论和计算方法都有很大改进和提高,积累了很多的新的经验,为了使这些新理论、新方法、新经验能及时纳入到规范中去,1979年水电部规划设计管理局下达了修订《暂行规范》的通知,确定由水电部成都勘测设计院主持修订,参加协编的有水电部西北、天津、东北、贵阳等勘测设计院,以及陕西省水利设计院、水科院、清华大学和陕西机械学院等,共同组织编修组,于1980年12月正式开始修订工作。经过几年的努力,修订工作于1985年初完成,定名为《水工隧洞设计规范》(以下简称新规范),并经水电部于1985年3月批准颁布施行。

新规范共9章、119条和10个附录。新规范与《暂行规范》相比,主要补充或增加了以下内容:(1)层状岩体及高地应力区隧洞线路布置和洞型选择的原则;(2)隧洞断面尺寸的计算原则和方法;(3)水力学计算原则和高速水流的防蚀设计;(4)最小围岩覆盖厚度;(5)隧洞进出口布置;(6)衬砌静力计算公式的修订;(7)衬砌静力计算通用程序;(8)不衬砌隧洞设计;(9)喷锚衬砌设计;(10)光面爆破的质量要求;(11)围岩分类参考表等。

在规范的修订过程中,除收集了国内水工隧洞设计资料和经验外,还广泛搜集和研究了国外如加拿大、奥地利、苏联、日本、英国、南斯拉夫等国的同类规范和资料,作为修订规范时的参考。

规范编修组根据调查研究、科学试验资料和科研成果,去粗存精,去伪存真,共编写了50余篇专题报告,经精选共汇编了13篇专题报告:(1)发电引水隧洞设计中的几个问题;(2)水工隧洞围岩工程分级;(3)水工隧洞线路选择;(4)水工隧洞进水口的工程布置;(5)高流速泄水隧洞水力设计中防蚀与通气问题;(6)压力隧洞围岩承担内水压力的能力;(7)水荷载作用下水工隧洞应力分析;(8)圆型和圆拱直墙型水工隧洞衬砌静力计算公式的补充和更正;(9)圆拱直墙型衬砌静力计算问题;(10)非圆型断面有压引水隧洞;(11)喷锚衬砌隧洞;(12)白山水电站引水隧洞应力灌浆素混凝土衬砌设计小结；(13)在隧洞设计中如何考虑地应力的问题。本专题报告集的基本论点，大多数已编入规范中，但也有个别资料，因使用还不广泛，缺乏实践经验，虽未纳入规范，但其发展前途大有可为，有很强的生命力，因此也列入本汇编中，可不受其规范的约束，以便在使用中充实、提高和完善。

主编单位成都勘测设计院应用新规范对已建的渔子溪一级水电站有压引水隧洞和龚咀水电站地下厂房无压尾水隧洞进行试设计，与过去采用《暂行规范》的原设计对比，其经济效益是显著的，证明了新规范的实用性和合理性。

1.渔子溪一级水电站有压引水隧洞节约投资 94.4 万元，相当于总造价的 8.5 %，详见表 1。

2.龚嘴水电站地下厂房的无压尾水隧洞，其中 0+ 111.55 ～ 0+ 186 桩号共长 74.55m 洞段节约投资 34 万元，相当于该段总造价的 22.6 %，详见表 2。

后来成都勘测设计院渔子溪二级设代组又用新规范对该电站的引水隧洞进行对比修改，并得到水电部第十工程局的支持和在施工中实施，他们认为新规范较合理，且施工方便，在经济效益上可节约投资 246 万元，详见表 3。

表 1

	原设计		试设计		节约值		节约造价百分数
	工程量	造价(万元)	工程量	造价(万元)	工程量	造价(万元)	(%)
开挖量(万 m^3)	21.15	634.61	20.16	604.74	0.995	29.88	4.7
混凝土(万 m^3)	2.92	277.42	2.22	211.25	0.70	66.17	2.9
喷混凝土(万 m^3)	0.21	33.11	0.53	82.55	−0.32	−49.45	增 49.3
钢筋(t)	536.5	44.91	378.2	31.66	158.3	13.25	29.5
回填灌浆(万 m^2)	4.02	120.55	2.87	86.02	1.15	31.93	26.5
合计	1110.59(万元)		1016.21(万元)		94.38(万元)		8.5

表 2

工程项目 \ 单价 \ 比较项目		原设计		试设计		节约量		节约百分数
		工程量	造价(万元)	工程量	造价(万元)	工程量	造价(万元)	(%)
开挖量	30 元 / m^3	2.56 万 m^3	76.69	2.43 万 m^3	73.02	0.12 万 m^3	3.67	4.8
混凝土	120 元 / m^3	0.59 万 m^3	70.36	0.35 万 m^3	42.50	0.23 万 m^3	27.88	39.6
钢筋	900 元 / t	34321t	3.09	7.362t	0.66	26959t	2.43	78.5
合计(万元)			150.13		116.18		33.96	22.6

注：表 1、2 中试设计，系根据两个工程的枢纽总布置、引水隧洞工作条件、沿线工程地质情况，按新规范送审稿中所规定的条款与原设计进行对比，并进行了水力学、衬砌结构及工程量计算

表 3

	原设计			修改后设计		
	长 度 (m)	百分数 (%)	造 价 (万元)	长 度 (m)	百分数 (%)	造 价 (万元)
钢筋混凝土	2382.48	31.5	910	1618.20	21	545
衬 砌 段	5182.82	68.5	1244	1174.92	15.2	278
喷混凝土段	0	0	0	4282.17	55.5	858
不喷不衬段	0	0	0	638.48	8.3	227
合 计			2154			1908
降低造价(万元)	246					

(张钟禄供稿)

《水工混凝土施工规范》

《水工混凝土施工规范 SDJ207-82》是1963年部颁《水工建筑物混凝土及钢筋混凝土施工技术暂行规范》修订后的名称，自1982年10月1日执行后，有效地指导了水工混凝土的施工，节省了原材料，提高了水工混凝土的质量，取得了显著的经济和社会效益，曾于1984年获得水利水电建设总局科技进步三等奖。

本规范包括总则、模板工程、钢筋工程、混凝土工程、混凝土温度控制的措施、低温季节混凝土的施工、止排水、伸缩缝和预埋件的施工，共7章28节，以及大体积混凝土模板支架的计算荷载(附录1)、钢筋的主要机械性能(附录2)、工地混凝土强度保证率和匀质性指标计算方法(附录3)3个附录。规范的适用范围为水利水电工程中1、2、3级水工建筑物混凝土和钢筋混凝土的施工，并以闸、坝、厂房现浇的大体积混凝土为主要对象。规范中的所有规定，都是为了保证浇筑的水工混凝土能够满足所需的抗压强度、抗渗、抗冻、抗裂、抗冲耐磨等设计要求。

“模板工程”一章，包括材料、设计、制作、安装、拆除与维修等方面的规定。考虑到我国木材资源少的实际情况，不再沿用以木模板为主的体系，而是强调“应优先选用钢、混凝土和钢筋混凝土等材料，尽量少用木材”。同时，增列了“特种模板”一节，包括永久性混凝土模板、滑模与拉模及钢模台车等，并在附录1中推荐了根据我国有关工程实际试验资料提出的模板侧压力计算公式。

“钢筋工程”一章，包括材料、加工、接头、安装4节。根据我国新的钢筋系列，有关部分均重新作了规定。同时针对水工钢筋混凝土的特点，删去了“钢筋冷处理”及“钢筋网和钢筋骨架的焊接”，也不包括水工预应力钢筋混凝土的有关规定；增列了已广泛采用的“钢筋接头接触电渣焊”的有关条文，明确了钢筋除锈的要求，比较严格地规定了钢筋接头的要求和有关检验标准。

“混凝土工程”一章，包括混凝土的各种原材料、混合材和外加剂、混凝土的配合比及混凝土的拌和、运输、浇筑、养护、质量控制与检查等，另外还列入了“特种混凝土的施工”一节。本章内容的变动主要有以下几个方面：

1. 根据现行的水泥标准调整了有关规定，提出了选择水泥品种的原则及有条件时应优先采用散装水泥的要求。

2.增列了使用人工砂石料的有关规定,修改了粗细骨料质量的技术要求。

3.删去了原规范中有关"填充性混合材"的规定,要求在水工混凝土中掺加活性混合材(粉煤灰)及外加剂,并规定在有抗冻要求的混凝土中必须掺用加气剂。

4.列出了按保证率及离差系数选择混凝土配制强度的公式,并按地区和部位规定了混凝土水灰比的最大允许值。

5.删去了原规范中小型工程可按体积配料的规定,规定了配制混凝土的原材料的称量允许误差和混凝土的最少拌和时间,要求在混凝土拌和过程中应保持砂石骨料含水率稳定,并应定期对拌和设备进行检验。

6.根据我国水工混凝土施工的具体情况,规定了基岩面混凝土的浇筑仓及老混凝土上的迎水面浇筑仓,在浇筑第一层混凝土前,需铺水泥砂浆以及对工作缝处理的要求,引入了以"重塑"方法鉴定混凝土初凝的标准。

7.规定了混凝土均匀性指标以离差系数 C_v 表示,并列出了具体评定的指标。考虑到已颁发的《水工钢筋混凝土结构设计规范 SDJ20—78》采用的钢筋混凝土结构试件抗压强度统计保证率以及水工钢筋混凝土工程的实际施工情况,本规范中试件抗压强度统计保证率仍采用 90 %。

8.删去了"块石混凝土的浇筑"一节,将"压浆混凝土"、"混凝土真空作业"、"水下混凝土"的内容简化后列入"特种混凝土的施工"中。

9.混凝土温度控制是防止水工混凝土产生裂缝的有效措施,是大体积水工混凝土施工的主要特点之一,因此本规范将这部分内容专列一章,取代原规范中的"大体积混凝土的浇筑"及"混凝土夏季施工"两部分内容。

10.以"低温季节混凝土的施工"取代了原规范中的"混凝土冬季施工",并按照寒冷地区及温和地区分别规定了进行低温施工的温度标准,规定了混凝土允许受冻的临界强度和低温混凝土的浇筑温度。

与本规范密切相关的主要规范有:(1)《水利水电枢纽工程等级划分及设计标准》(山区、丘陵区部分)SDJ12—78(试行)》;(2)《水工钢筋混凝土设计规范 SDJ20—78(试行)》;(3)《混凝土重力坝设计规范 SDJ21—78(试行)》及《混凝土重力坝设计规范 SDJ21—78(试行)补充规定》;(4)《水工混凝土试验规程 SD105—82》。

(张余祥供稿)

《水工碾压混凝土试验规程》

本规程的试验项目和试验要求系参照《水工混凝土试验规程》(SD105—82)要求拟定的,凡未列入本规程的试验项目和试验要求仍按《水工混凝土试验规程》(SD105—82)执行。

本规程共分三章。第一章原材料,重点对胶凝材料水化热的测定,对砂、石料振实容重及孔隙率的测定也作出了规定。因为碾压混凝土掺加了大量的粉煤灰,粉煤灰的发热量是一个不能忽视的参数;而砂、石料的振实容重和孔隙率与压重、振时及表面含水状态有关。这是与常态混凝土不同的地方。第二章碾压混凝土拌和物,包括室内拌和方法、稠度(VC 值)及容重和含气量的测定。关于室内拌和,规程针对碾压混凝土的特点,规定了预拌和(水泥和粉煤灰预先干拌均匀,外加剂事先与水混匀)、投料顺序和拌和时间。有关碾压混凝土稠度的测定,规程规定用维勃稠度仪进行,并对仪器设备试验步骤和实验结果处理作了具体规定。对容重和含气量的测定,也分别规定了相应的仪器设备、试验步骤和试验结果处理要求。第三章碾压混凝土试验。由于碾压混凝土试验与常规混凝土试验的主要不同在于试件成型,所以规程对碾压混凝土各种试验的试件成型分别作了规定,同时明确碾压混凝土的性能实验仍按《水工混凝土试验规程》(SD105-82)进行。

《水工碾压混凝土施工暂行规定》

本规定仅针对碾压混凝土施工的特点作了规定,凡未列入本规定的施工要求,仍执行《水工混凝土施工规范》(SDJ207-82)。

本规定共分五章。第一章总则,明确了在碾压混凝土施工之前,应通过现场碾压试验,选定混凝土配合比及施工工艺参数,才能确保质量。第二章原材料,由于碾压混凝土的基本特性与常态混凝土没有多大差别,所以仅对细骨料的级配、细度模数和≤0.15mm的微粒含量以及粗骨料的级配、最大粒径、掺合料料源的调查研究和试验提出了要求。第三章配合比的选定,主要对碾压混凝土的稠度VC值、粉煤灰掺量、外加剂的使用、总胶凝材料用量、水胶比、粗骨料级配和砂率作出了规定;至于配合比的设计方法,明确可用常态混凝土的设计方法,仅需针对碾压混凝土的特点,对参数作适当调整。第四章碾压混凝土施工,这是本规定的核心部分,基本按工序做了逐项规定,内容包括:铺筑前准备、拌和、运输、御料与摊铺、碾压、缝面处理、异种混凝土浇筑、养生与防护、埋设件施工、特殊气象条件下的施工等。由于碾压混凝土属于正在发展和推广中的新技术,所以不少施工工艺和参数未作硬性规定,施工时可根据实际情况研究确定;但对直接影响碾压混凝土质量的施工工艺,均作了严格的规定,例如规定"同一仓号内常态混凝土与碾压混凝土的浇筑顺序,可依施工条件而定,但必须连续地进行,相接部位的压实工作,必须在先浇的混凝土初凝前完成"等。第五章是质量管理和评定。这一章包括原材料和新拌混凝土的检测与控制,碾压混凝土压实质量检测与评定、质量评定与验收四节。在前两节中,列有原材料和混凝土的检测项目和取样次数,并对细骨料的含水率和级配控制、粗骨料的超逊径和表面含水率控制、配料称量误差检验、混凝土拌和均匀性检测、VC值波动范围和混凝土含气量变动范围等,都订出了标准。第三节列有碾压混凝土铺筑现场检测项目和标准。第四节规定以90天龄期的抗压强度作为碾压混凝土质量的评定指标,混凝土质量分大样本和小样本两种方法评定和验收,并相应列出了评定验收及标准;此外还对钻孔芯样的评定内容和标准作出了规定。

由于碾压混凝土筑坝技术在我国应用时间尚短,工程数量也不多,这两个规程、规定还应在实践中不断修订补充,以臻完善。

(冯运骞供稿)

《水利水电地下工程锚喷支护施工技术规范》

《水利水电地下工程锚喷支护施工技术规范》(SDJS7-85)是1985年1月由水电部水利水电建设总局以(85)水建技字第2号通知颁布实行的。

锚喷支护技术,在我国从60年代开始应用于冶金、煤炭、交通、水电等部门的地下工程建设,70年代广泛推广,对高效、经济、安全地进行地下工程的建设,提供了科学的、先进的设计方法和施工技术。随着锚喷支护技术的广泛应用，迫切需要统一的技术法规来指导其设计和施工，以推动这项技术的进一步应用与发展。

《水利水电地下工程锚喷支护施工技术规范》是在国家计委于1982年组织冶金、煤炭、铁道、水电、国防等部门开始编写的国家技术标准《锚杆喷射混凝土支护技术规范》(GET86-85)(1986年7月1日开始施行)的同时，由水利水电建设总局组织的部属有关部门编制的更适用于水利水电地下工程建设的技术标准。这部规范是在编制单位系统地总结了水利水电地下工程中锚喷支护施工经验的基础上，吸收了奥地利、挪威、日本等8个国家和国内其它部门技术标准的精华，更具体地反映出水利水电工程的洞室尺寸大、运行时间长、要求高、并承受内水压力等特点，可以和国家技术标准《锚杆喷射混凝土支护技术规范》及部颁技术标准《水工隧洞设计规范》(SD134-84)配套使用。

这部规范在喷射混凝土的原材料选择上做出了更为科学的、严格的规定，通过总结大量的工程实践经验给出了最佳骨料级配的范围，因此，喷射混凝土的强度和其它力学指标都比较容易满足水利水电工程的要求，而且回弹少、节省原材料。此外，这部规范还纳入了预应力锚索的施工内容，这也是我国现行规范中首次对预应力锚固技术做出的技术规定。这部规范颁布实行后，对于水利水电地下工程的建设，对于锚喷支护的应用起了很大的推动作用。例如：鲁布革和二滩两水电站的地下厂房、渔子溪二级水电站的引水隧洞、水丰水电站扩建工程的引水隧洞等工程均采用了锚喷支护进行设计和施工，收到了较好的技术经济效果。此外，这部规范还指导了大量中、小型工程喷射混凝土支护的施工，深受施工单位的欢迎。

这部规范由水电部东北勘测设计院科研所为主编单位，严克强副总工程师为主编，参加编写的单位有武汉水利电力学院、水电部第五工程局及水电部成都勘测设计院。这部规范由水利水电建设总局审定批准。

(赵长海供稿)

关于购买

《中国水力发电年鉴》的通知

《中国水力发电年鉴》第二卷（1984-1988）现已出版，除过去已预订的册数外，尚留有少量册数供零售。凡过去未预订到本书而又需要的单位和个人，从现在起，可向年鉴编辑部发行组购买。每册定价30元，另加邮寄费2元，共32元。请按所需册数，将款由邮局汇寄北京德胜门外六铺炕水利水电规划设计总院内:《中国水力发电年鉴》编辑部发行组即可；或由银行汇寄：北京中国工商银行樱桃园分理处（帐号034023—37）中国水力发电工程学会科技咨询服务中心亦可。报销单据随书一起寄去。

如需要配套补购第一卷年鉴（1949～1983）的，现尚有少数余存，每本20元，另加邮寄费2元，共22元。订购手续同上。

《中国水力发电年鉴》编辑部发行组

地　　址：北京德胜门外六铺炕水利水电规划设计总院内

邮政编码：100011

电　　话：4011177转2723

XVI

教育与出版

读书万卷

篆刻：庄万和

在改革中发展的水利水电教育事业

周　凤　瑞

1984年以来，水利水电教育经过改革和建设，取得了一定的成绩，有了新的发展。现简要介绍如下。

一、高　等　教　育

(一)发展概况与主要成就

1984年以来，新成立的高等专科学校有东北水利水电专科学校、南昌水利水电专科学校、浙江水利水电专科学校、黑龙江水利专科学校、山东水利专科学校和江苏水利工程专科学校等6所；新恢复和设置的水利水电专业高等学校有山东工业大学和漳州职业大学等两所。1988年，全国已有独立设置的水利水电高等学校10所；设有水利水电类专业的高等学校41所。其中属能源部和水利部共管的6所，中央其它部委主管的15所，地方主管的30所。全国有28个省、自治区、直辖市设有水利高等学校或设有水利水电类专业的高等学校。为了给开发西南和西北地区丰富的水利水电资源培养人才，原水电部于1985年与成都科技大学和陕西机械学院实行联合办学，分别成立了成都科技大学水利电力学院，陕西机械学院水利水电分院，增设水利水电专业，扩大招生规模。至此，水利水电高等学校和水利水电专业在地区上有了比较合理的布局。

1983年以前，水利水电高等学校主要培养本科学生。1983年以后，除新成立的6所专科学校外，许多本科院校也设置了专科专业，招收专科学生，使水利水电专科专业招生人数达到当年本、专科招生总数的30％左右。特别是专科有较大的发展，使人才内部结构得到了合理的调整。

在专业设置方面，1985年国家计委和国家教委联合公布了高等工科本科专业目录，以后又公布了农、林科本科专业目录。列入上述目录的水利水电类本科专业有水利水电工程建筑、农田水利工程、水利水电工程施工、水利水电动力工程、陆地水文、河流泥沙与治河工程、水资源规划及利用、水土保持、水资源利用与管理等9个。对水利水电类专科专业国家没有颁发统一目录。原水电部于1985年曾召开过专门会议，讨论制订了水利电力专科专业目录供各校试行。现设的专科专业名称除与本科相同者外，还有水利工程管理、水利工程经营管理、水文与水资源、电力工程等专业。除上述本、专科专业外，在水利部和能源部共管的高等学校中，还设有水文地质与工程地质、地球物理勘探、工程测量等配套专业。为了培养水利电力工程管理人才，原水电部于1983年成立了北京水利电力经济管理学院，现设技术经济、物资管理和财务会计等专业。1984～1988年全国共培养水利水电类专业本、专科毕业生19340人。1988年全国高等学校水利水电类专业设置情况见表1。

(二)招生和毕业生分配制度的改革

为了保证边远和工作环境比较艰苦的国

家重点水利水电工程单位能分配到一定数量的毕业生，改善和提高水电职工队伍的素质，原水电部从1983年起在葛洲坝水电工程学院试行“定点招生，定点分配”的办法。其主要作法是：将国家计划内招生的一定名额直接分配到有关水电工程局，招收该局的青年职工和子女入学，毕业后回原单位工作。实行这一办法不仅保证了水电工程局能得到一定数量的毕业生，而且给在边远地区工作的职工子女提供了一个上大学的机会，因而受到各工程局的欢迎。为了提高“定点分配”入学学生的质量，原水电部从1986年起又在部属高校中试行“多点招生，定点分配”的办法，并试行“水利水电建设奖学金”制度。这种办法的主要之点是：在教育比较发达、考生质量比较好的省(市)招收一部分“定点分配”的学生，入学前，学校代表用人单位和考生签订“定点分配”合同；学生在校学习期间，除享受国家规定的普通高等学校全日制在校学生一切待遇外，同时享受用人单位提供的平均每人每月30元的“水利电力建设奖学金”；学生毕业后到定点单位工作。这个办法受到教育比较发达、考生比较多的省(市)的欢迎。

随着国家经济体制改革的深入和承包制的广泛推行，水电高等学校招生也由完全是国家任务改革为由国家任务、委托培养和自费生三部分组成，其中委托培养和自费生的经费，由委托单位和学生个人负担。由国家任务培养的毕业生，过去完全由国家统一分配，经过改革，从1987年起，逐步实行在一定范围内由毕业生选择用人单位和用人单位按需择优录用的双向选择办法，从而使学校培养和社会需要更好地结合起来。

(三)简政放权，扩大学校自主权

原水电部从1984年起对部属高等学校采取了下列改革措施：(1)学校在完成国家指令性人才培养计划和科研任务的前提下，有权接收委托培养本、专科学生和研究生，举办短训班，接受委托科研任务等，为社会多做贡献。(2)部只管校级党政领导干部，校内其它各级领导干部均由学校任免和管理。学校有权设立系、处、所级机构，并在学校总编制范围内确定各基层单位编制，聘任和调出教师、职工。(3)实行学校事业费包干使用办法，超支不补，节约归学校使用。超编人员所在单位要缴纳超编费；不缴纳超编费的，其工资实行逐步递减的办法。(4)对学校基本建设试行单项工程承包责任制。学校对单项工程可在投资额度内自行设计或者招标，节约的投资归学校支配，大部分仍用于基本建设。(5)扩大系一级权限。系是教学行政组织，不仅应有教学、科研自主权，而且应有相应的人事任用、经费支配和设备使用等权限。(6)改革后勤管理工作，建立服务公司，试行各种形式的承包责任制，实行半企业化管理，逐步使学校后勤工作向社会化方向发展。通过这些改革措施，大大增加了学校的活力，较好地发挥了学校的智能优势，提高了管理水平和办学效益。

二、中等专业教育

1984年以来，全国新成立的水利水电中等专业学校有葛洲坝水电学校、吉林水电学校、武警水电学校、贵州黔西南水电学校、宁夏水电学校和新疆喀什水利学校等6所。至1988年底，全国有水利水电学校46所，分布在除河北、上海、海南和西藏以外的26省、自治区、直辖市内。其中水利部管理2所，能源部管理4所，其余40所由地方政府管理，四川省管理的水利水电学校有9所。

水利水电中等专业学校目前设置的专业有水工建筑、农田水利工程、陆地水文、水电站动力设备、水电站电力设备、水利工程管理、水土保持、工程测量、工程地质、水利经济管理等10个。1988年全国水利水电中等专业学校专业设置情况见表2。

为了开展教学研究活动，促进教学改革，搞好教学文件和教材建设，原水电部于1986年在原水工建筑和农田水利工程、陆地水文、水电站机电设备专业3个教学研究会的基础上，组建了中等专业学校水利水电类专业教学研究会，下设水工农水专业、水文专业、水动专业、工业与民用建筑工程专业、水电站电力设备专业、工程地质与水文地质专业、工程力学等7个教学研究组。3年来，教学研究会在探索水利水电中等专业学校的教学规律、研究提高教学质量的措施、组织交流教学经验、组织修订教学计划教学大纲、进行教材建设等方面做了卓有成效的工作。

三、水利水电职工教育

(一)职工大学

1988年全国共有水利水电职工大学11所。其中安徽、山西两所水利职工大学成立于1984年，其余9所分别成立于1982和1983年。职工大学招收有5年工龄、具有高中毕业文化水平的职工，经考试合格后入学，学制3年。合格毕业生可获得相当于高等专科的毕业文凭。目前设置的专业有水工建筑、农田水利工程、水电站动力设备、工程测量、水资源利用、水利工程管理、水土保持等。1988年全国水利水电职工大学专业设置情况见表3。

(二)职工中专

1988年，水利部和能源部直属单位共有12所水利水电职工中专。其中1983年成立的有松辽委职工中专、长江水文职工中专、水电十二局职工中专和黄河水利职工中专等4所；1984年成立的有天津勘测设计院职工中专、葛洲坝水电职工中专等两所；1985年成立的有丹江口管理局职工中专、闽江工程局职工中专、成都水电职工中专、西北勘测设计职工中专等6所。设置的专业有水文、水工建筑、水电工程施工、施工机械、物资管理和党政文秘等。

(三)高等函授教育

1984年成立水利电力函授学院，在籍学生有6000人。开设水利施工机械、水利工程建筑和工业与民用建筑等3个专业。在此以前，河海大学、武汉水利电力学院和华北水利水电学院先后恢复了“文化大革命”中停办的函授教育，在籍学生约4000人。

表1　1988年全国高等学校设置水利水电类专业情况

序号	学校名称	主管部门	专业名称	学制(年)
1	清华大学	国家教委	水利水电工程建筑 水资源工程	5 5
2	北京农业工程大学	农业部	农田水利工程 农田水利工程	4 2
3	北京林业大学	林业部	水土保持	4
4	天津大学	国家教委	水利水电工程建筑	4
5	华北水利水电学院	水利部	水利水电工程建筑 水利水电工程建筑 农田水利工程	4 3 4

续表 1

序号	学校名称	主管部门	专业名称	学制(年)
5	华北水利水电学院	水利部	水利水电动力工程	4
			水利水电动力工程	3
6	河北水利专科学校	河北省	水利水电工程建筑	3
			农田水利工程	3
			陆地水文	3
			水利工程管理	3
7	河北农业大学	河北省	农田水利工程	4
8	太原工业大学	山西省	水利水电工程建筑	4
			农田水利工程	4
9	内蒙古农牧学院	内蒙古自治区	农田水利工程	4
			水资源利用与管理	4
10	内蒙古林学院	内蒙古自治区	水土保持	4
11	沈阳农业大学	农业部	农田水利工程	4
12	沈阳大学	辽宁省	农田水利工程	3
13	大连理工大学	国家教委	水利水电工程建筑	4
14	东北水利水电专科学校	能源部	水利水电工程建筑	3
			水电站动力设备	3
15	黑龙江水利专科学校	黑龙江省	陆地水文	3
			水利水电工程建筑	3
			农田水利工程	3
			水文地质与工程地质	3
			水利经济管理	3
16	东北农学院	黑龙江省	农田水利工程	4
17	上海农学院	上海市	农田水利工程	2
18	南京农业专科学校	江苏省	农田水利工程	2
			水利工程管理	3
19	河海大学	水利部	水利水电动力工程	4
			水利水电动力工程	3
			陆地水文	4
			陆地水文	3
			海洋工程水文	4
			水质监测与管理	2
			水资源规划及利用	4
			水资源规划及利用	2
			水利水电工程建筑	4
			农田水利工程	4
20	江苏农学院	江苏省	水利水电动力工程	4
			农田水利工程	4

续表 1

序号	学校名称	主管部门	专业名称	学制(年)
21	江苏水利工程专科学校	江苏省	水文与水资源	3
			水利工程	3
			水利经济管理	3
22	浙江大学	国家教委	水利水电工程建筑	4
23	浙江水利水电专科学校	浙江省	水利水电工程建筑	3
			水电站动力设备	3
			水利水电经营管理	3
24	合肥工业大学	机械电子部	水利水电工程建筑	4
			农田水利工程	4
25	福州大学	福建省	水利水电工程建筑	4
26	福建林学院	福建省	水土保持	3
27	漳州职业大学	福建省	水利水电工程建筑	3
28	江西工业大学	江西省	水利水电工程建筑	4
29	南昌水利水电专科学校	水利部	水利水电动力工程	3
			水利水电工程建筑	3
			水土保持	3
			水利工程管理	3
			水利工程经营管理	3
30	山东水利专科学校	山东省	水文与水资源	3
			农田水利工程	3
			水利工程管理	3
			水利经济与财务管理	3
31	山东工业大学	山东省	水利水电工程建筑	4
32	郑州工学院	化工部	水利水电工程建筑	4
			农田水利工程	4
33	葛洲坝水电工程学院	能源部	水利水电工程建筑	4
			水利水电工程施工	4
			工程概预算	3
34	武汉水利电力学院	能源部	水利水电动力工程	4
			水利水电工程建筑	4
			水利水电工程施工	4
			水利水电工程施工	3
			农田水利工程	4
			排灌系统工程管理	3
			水资源规划及利用	4
			河流泥沙与治河工程	4
35	湖北工学院	湖北省	水利水电工程建筑	3

续表 1

序号	学校名称	主管部门	专业名称	学制(年)
36	湖南省水利水电学校大专班	湖南省	水利水电工程建筑	3
			水电站电力系统	3
			农田水利工程管理	3
			水利工程规划与管理	3
			水电站机电设备	3
37	华南理工大学	国家教委	水利水电工程建筑	4
			水利水电工程建筑	2
38	广西大学	广西自治区	水利水电工程建筑	4
			水利水电工程建筑	2
39	广西水电学校大专班	广西自治区	水利水电工程建筑	3
40	成都科技大学	国家教委	陆地水文	4
			陆地水文	3
			水资源规划及利用	4
			水利水电工程建筑	4
			农田水利工程	4
41	贵州工学院	贵州省	水利水电工程建筑	4
42	云南工学院	云南省	水利水电动力工程	4
			水利水电动力工程	3
			水利水电工程建筑	4
			水利水电工程建筑	3
43	云南农业大学	云南省	水利水电工程建筑	4
			水利水电工程建筑	3
44	西北农业大学	农业部	水资源规划及利用	4
			农田水利工程	4
			水土保持	4
45	陕西机械学院	机械电子部	水利水电动力工程	4
			水利水电动力工程	3
			陆地水文	2
			水利水电工程建筑	4
			水利水电工程建筑	2
			水利水电工程施工	4
			水利水电工程施工	2
			农田水利工程	4
46	西北林学院	林业部	水土保持	4
47	甘肃农业大学	甘肃省	农田水利工程	4
			农田水利工程	2
			水土保持	2
48	青海大学	青海省	农田水利工程	4
			农田水利工程	2

续表 1

序号	学 校 名 称	主 管 部 门	专 业 名 称	学制(年)
49	宁夏农学院	宁夏自治区	农田水利工程	4
50	新疆八一农学院	新疆自治区	水利水电工程建筑 农田水利工程	4 4
51	新疆大学	新疆自治区	陆地水文	4
52	石河子农学院	农业部	农田水利工程	4
53	塔里木农垦大学	农业部	农田水利工程	2

表 2 1988 年全国水利水电中等专业学校专业设置情况

序号	学 校 名 称	建校时间(年)	主 管 部 门	专 业 设 置
1	北京水利水电学校	1952	北京市	水工建筑、工程机械
2	天津市水利学校	1974	天津市	水工建筑、水利工程管理
3	山西省水利学校	1958	山西省	水工建筑、水利工程、水土保持
4	内蒙古自治区水利学校	1956	内蒙古自治区	水工建筑、农田水利工程
5	临河水利学校	1981	内蒙古自治区	农田水利工程、工业与民用建筑
6	辽宁省水利学校	1951	辽宁省	水工建筑、水利工程、农田水利工程、陆地水文、水利工程管理
7	东北水利水电专科学校中专部(水利水电部分)	1953	能源部	水利水电工程建筑、农田水利工程、水电站动力设备
8	吉林水电学校		能源部	水工建筑、水电站动力设备
9	黑龙江水利工程学校	1956	黑龙江省	水工建筑、农田水利工程、陆地水文、水利工程管理、水土保持
10	江苏扬州水利学校	1950	江苏省	水利工程、工业与民用建筑、陆地水文、财务会计
11	浙江水利水电学校	1975	浙江省	水工建筑、水电站电力设备、工程机械
12	安徽省水利电力学校	1952	安徽省	水工建筑、陆地水文、农田水利工程
13	福建水利电力学校	1929	福建省	水工建筑、陆地水文、水利工程管理、发电厂及电力系统、水电站电力设备
14	江西水利水电学校	1956	江西省	水工建筑、工程测量、工程地质与水文地质、陆地水文、水电站动力设备
15	山东省水利学校	1958	山东省	农田水利工程、机电排灌、陆地水文
16	黄河水利学校	1951	水利部	水工建筑、工程机械、工程测量、陆地水文、水土保持、水质检测
17	郑州水利学校	1955	河南省	水工建筑、农田水利工程、水土保持、淡水渔业

续表 2

序号	学校名称	建校时间(年)	主管部门	专业设置
18	周口水利学校	1979	河南省	水工建筑、农田水利工程
19	葛洲坝水电学校	1987	能源部	水工建筑、工程机械、水利工程管理
20	长江水利水电学校	1974	水利部	水工建筑、无线电
21	湖北省水利学校	1952	湖北省	水工建筑、陆地水文、水电站电力设备、水利工程管理与经济管理、治河与防洪
22	黄冈地区水利电力学校	1979	湖北省	水工建筑
23	宜昌地区水利电力学校	1979	湖北省	水工建筑
24	湖南省水利水电学校	1956	湖南省	水工建筑、农田水利工程、水利工程规划与管理、陆地水文、水电站电力设备
25	广东省水利电力学校	1952	广东省	水工建筑、水电站电力设备、陆地水文、水利工程管理
26	广西水电学校	1956	广西自治区	水工建筑、发电厂及电力系统、水电站机电设备、工程机械
27	武警水电学校		武警部队	水工建筑、工业与民用建筑
28	四川省水利电力学校	1956	四川省	水工建筑、水电站电力设备、工程地质与水文地质
29	成都水力发电学校	1917	能源部	水工建筑、陆地水文、水电站动力设备
30	重庆市水利电力学校	1964	重庆市	水工建筑、水电站电力设备
31	四川省水利机电学校	1964	四川省	水电站电力设备
32	四川省水利经济管理学校	1964	四川省	水利工程管理、水利水电计划统计
33	绵阳地区水利电力学校	1964	四川省	水工建筑、水电站电力设备、工业与民用建筑
34	四川省内江水利电力学校	1964	四川省	水工建筑、水电站电力设备、工业与民用建筑
35	四川省达县水电学校	1964	四川省	水工建筑、水电站电力设备
36	四川省万县水电学校	1978	四川省	水工建筑、水电站电力设备
37	四川省涪陵水电学校	1964	四川省	水工建筑,水电站电力设备
38	贵州省水利电力学校	1956	贵州省	水工建筑、陆地水文、工程地质与水文地质
39	贵州黔西南州水电学校	1978	贵州省	农田水利工程、水工建筑
40	云南省水利水电学校	1956	云南省	水工建筑、陆地水文、水电站电力设备、工程地质与水文地质
41	陕西省水利学校	1952	陕西省	水工建筑、陆地水文、农田水利工程、水土保持、机电抽水、工程地质

续表 2

序号	学校名称	建校时间(年)	主管部门	专业设置
42	甘肃省水利学校	1956	甘肃省	水工建筑、水利工程管理、陆地水文、水土保持
43	宁夏水利学校	1985	宁夏自治区	农田水利工程
44	青海省水利学校	1981	青海省	水工建筑、农田水利工程
45	新疆乌鲁木齐水利水电学校	1981	新疆自治区	水工建筑、陆地水文、农田水利工程、水文地质与工程地质、水电站动力设备
46	新疆喀什水电学校	1986	新疆自治区	水工建筑、农田水利工程

表 3　1988 年全国水利水电职工大学专业设置情况

序号	学校名称	成立时间(年)	主管部门	专业设置
1	水利电力部丹江口工程管理局职工大学	1982	水利部	水利工程管理、水利工程经营管理
2	水利电力部成都勘测设计院职工大学	1982	能源部	水文工程建筑、水文工程地质、物资管理
3	水利电力部第十二工程局职工大学	1982	能源部	水利水电工程建筑、工程机械、工业与民用建筑
4	水利电力部长江葛洲坝工程局职工大学	1982	能源部	水利水电工程建筑、水利水电工程施工、工程机械、工业电气自动化、财务会计
5	长江职工大学	1982	水利部	陆地水文、水利水电工程建筑
6	黄河职工大学	1982	水利部	工程机械、陆地水文、工程测量、水工建筑、水土保持
7	内蒙古水利职工大学	1983	内蒙古自治区	水工建筑、水资源利用
8	山东省水利职工大学	1982	山东省	农田水利工程
9	江苏省水利职工大学	1982	江苏省	水利工程、水资源利用、工业与民用建筑
10	安徽省水利职工大学	1984	安徽省	水利工程建筑
11	山西省水利职工大学	1984	山西省	农田水利工程、水利经济管理、计划统计

水利电力出版社出版的水电重要图书一览

序号	书　　名	著(译)者	出版年月
1	水工设计手册(第二卷) 地质·水文·建筑材料	华东水利学院主编	1984.2
2	水工设计手册(第三卷) 结构计算	华东水利学院主编	1984.8
3	水工设计手册(第四卷) 土石坝	华东水利学院主编	1984.12
4	水工设计手册(第五卷) 混凝土坝	华东水利学院主编	1987.12
5	水工设计手册(第六卷) 泄水与过坝建筑物	华东水利学院主编	1987.12
6	水工设计手册(第八卷) 灌区建筑物	华东水利学院主编	1984.11
7	水利水电工程地质手册	水电部水利水电规划设计院主编	1985.4
8	水利水电工程施工组织设计手册(第3卷) 施工技术	水电部水利水电建设总局	1987.12
9	小型水电站发电设备手册	白林　主编	1987.6
10	水电站机电设计手册·电气二次	手册编写组	1984.12
11	水电站机电设计手册·金属结构	手册编写组	1988.5
12	俄汉水利水电工程词典(第二版)	华东水利学院	1987.4
13	日汉水利水电工程词典	本词典编写组	1988.5
14	中国水利史纲要	姚汉源	1987.12
15	现代中国水利建设	水电部办公厅宣传处	1984.9
16	中国水资源评价	水电部水文局	1987.12
17	水资源规划经济学	〔美〕L.D.詹姆斯　R.R.李　常锡原、赵宝璋、谢安国等译	1984.11
18	中国大坝(英文版)	中国大坝委员会编	1987.4
19	重力坝设计	潘家铮	1987.12
20	拱坝设计	美国垦务局　著 拱坝设计翻译组译	1984.6

续表

序号	书　　名	著（译）者	出版年月
21	水工建筑物(上卷)	〔苏〕M.M.格里申主编 水利水电科学研究院译	1984.9
22	水工建筑物(下卷)	〔苏〕M.M.格里申主编 水利水电科学研究院　译	1986.10
23	结构优化设计原理与应用	朱伯芳、黎展眉、张壁城　编著	1984.12
24	土石坝施工	许四复、郭诚谦	1986.8
25	大坝基础灌浆(第二版)	李茂芳、孙　钊	1987.7
26	堤坝防浪护坡设计	余广明	1987.9
27	水力发电——我国能源的优势	中国水利学会、中国水力发电工程学会科普工作委员会编	1988.2
28	中国小水电(中、英文版)	水电部科技情报所、农村电气化司	1986.3
29	水电站厂房设计	顾鹏飞、喻光远	1987.7
30	水电站有压引水系统非恒定流	丁　浩	1986.4
31	水力机组振动	华东水利学院 王珂斋	1986.10
32	中小型水电站的优化运行和管理	鄢建华、张俊华	1985.6

(水利电力出版社总编室供稿)

水利水电系统报、刊名录

报刊名称	报刊期	发行范围	编辑单位	详细通讯地址
中国电力报	周　二	公开	中国电力报社	北京市宣琥区白广路2条1号
中国水利报	周　二	公开	中国水利报社	北京市宣武区白广路2条1号
中国水利	月　刊	公开	《中国水利》编辑部	北京市白广路5号
中国电业	月　刊	公开	《中国电业》编辑部	北京市白广路2条1号
水力发电	月　刊	公开	《水力发电》编辑部	北京市六铺炕
水利水电技术	月　刊	公开	《水利水电技术》编辑部	北京市六铺炕

续表

报刊名称	报刊期	发行范围	编辑单位	详细通讯地址
国外水利水电消息	月刊	公开	《国外水利水电消息》编辑部	北京市六铺炕
水力发电工程学报	双月刊	公开	《水力发电学报》编辑部	北京市海淀区清华大学水利馆
水利学报	月刊	公开	中国水利学会、水利学报编辑委员会	北京市车公庄西路10号
河海大学报	双月刊	公开	《河海大学学报》编辑部	江苏省南京西康路1号
长江科学院院报	季刊	公开	《长江科学院院报》编辑部	湖北省汉口赵家条九万方
岩土工程学报	双月刊	公开	南京水利科学研究院	江苏省南京市虎踞关34号
人民长江	月刊	公开	《人民长江》编辑部	湖北省武汉市汉口解放大道1155号
人民黄河	双月刊	公开	《人民黄河》编辑部	河南省郑州市金水路11号
泥沙研究	季刊	公开	《泥沙研究》编辑部	北京市东公庄西路10号
大坝观测与土工测试	双月刊	公开	《大坝观测与土工测试》编辑部	江苏省南京市323信箱
水利水运科学研究	季刊	公开	《水利水运科学研究》编辑部	江苏省南京市虎踞关34号
电力系统自动化	双月刊	公开	《电力系统自动化》编辑部	江苏省南京市323信箱
四川水力发电	季刊	公开	《四川水力发电》编辑部	四川省成都市青羊宫成都院内
中国水力发电史料	不定期	内部	《中国水力发电史料》编辑部	北京市六铺炕情报所内
江西水利	双月刊	内部	《江西水利》编辑部	江西省南昌市北京西路省水利厅内
江西水利科技	季刊	内部	《江西水科科技》编辑部	江西省北京东路省水科所内
人民珠江	双月刊	内部	《人民珠江》编辑部	广东省广州市瘦狗岭
治淮	双月刊	内部	《治淮》编辑部	安徽省蚌埠市凤阳西路499号
海河科技	季刊	内部	《海河科技》编辑部	天津市王串场民权门外河北省水利水电勘测设计院内
松花江	季刊	内部	水电第一工程局	吉林省口前县永吉大街113号
华东电力报	周刊	内部	华东电管局	上海市南京东路201号
鸭绿江水电报	周刊	内部	水电第六工程局	辽宁省宽甸县太平湾
岷江水电报	周刊	内部	《岷江水电报》编辑部	四川省都江堰市浦阳路水电十局
水电建设报	周刊	内部	水电第八工程局	湖南省资兴县东江
安康电站报	周刊	内部	《安康电站报》编辑部	陕西省安康市张岭水电三局
白山水电报	周刊	内部	《白山水电报》社	吉林省前口县永吉大街113号
大渡河水电报	旬刊	内部	《大渡河水电报》社	四川省乐山17号信箱
三门峡工程报	旬刊	内部	《三门峡工程报》编辑部	河南省三门峡市水电第十一工程局
东北水力发电学报	季刊	内部	大连理工大学土木系	辽宁省大连市凌水河
昆明院报	月刊	内部	昆明勘测设计院	云南省昆明市白塔路14号
开拓者报	周刊	内部	水电第十三工程局	山东省德州市东风东路34号
红水河	季刊	内部	《红水河》编辑部	广西南宁市建政路10号
鸭绿江之声	不定期	内部	水电第六工程局	辽宁省宽甸县太平湾水电六局内
水利电力机械	双月刊	内部	《水利电力机械》编辑部	河南省郑州市陇海西路57号

续表

报刊名称	报刊期	发行范围	编辑单位	详细通讯地址
水利电力劳动保护	季刊	内部	《水利电力劳动保护》编辑部	湖北省宜昌市望洲岗水利电力劳动保护所内
水利电力施工机械	季刊	内部	《水利电力施工机械》编辑部	浙江省杭州北落马营6号
山东水利科技	季刊	内部	《山东水利科技》编辑部	山东省济南市历山路87号
广西水利水电科技	季刊	内部	广西区水电厅、区水利学会	广西南宁建政路12号区水电厅内
闽江水电科技	季刊	内部	《闽江水电科技》编辑部	福建省南平市西芹
水利水电勘测设计	季刊	内部	北京勘测设计院	北京市东郊定福庄
北京水利科技	季刊	内部	《北京水利科技》编辑部	北京市海淀区车公庄西路老虎庙6号北京市水利科技情报站内
水利水电工程	季刊	内部	《水利水电工程》编辑部	天津市河西区洞庭路60号
辽宁水利	双月刊	内部	《辽宁水利》编辑部	辽宁省沈阳市和平区光荣街二段一里2号省水电厅内
上海水利水电技术	季刊	内部	上海勘测设计院	上海市逸仙路180号
华东工程勘察	不定期	内部	华东勘测设计院勘测公司	浙江省杭州市上塘路
华东水电技术	季刊	内部	华东勘测设计院	浙江省杭州市上塘路
江苏水利科技	季刊	内部	《江苏水利科技》编辑部	江苏省扬州市三元桥江苏水专内
大坝与安全	季刊	内部	《大坝与安全》编辑部	浙江省杭州市上塘路
华东水电科技	半年刊	内部	华东勘测设计院科研所	浙江省杭州市上塘路
水电站施工	季刊	内部	水电第十二工程局	浙江省金华市白龙桥
江西水利志通讯	季刊	内部	《江西省水利志》总编室	江西省南昌市江西水利厅内
中南水电	季刊	内部	《中南水电》编辑部	湖南省长沙市圭塘中南院内
水能技术经济	季刊	内部	《水能技术经济》编辑部	湖南省长沙市圭塘中南院内
动能技术经济动态	半月刊	内部	《动能技术经济动态》编辑部	四川省成都市青羊宫成都院内
西北水电	季刊	内部	《西北水电》编辑部	陕西省西安市南大街西北院内
云南水利水电	季刊	内部	云南省水利厅、省水利学会	云南省昆明市五华山
甘肃水利水电技术	季刊	内部	甘肃省水电设计院	甘肃省兰州市平凉路182号
岷江水电	季刊	内部	水电第十工程局	四川省都江堰市十局
贵州水利水电	半年刊	内部	贵州省水利电力厅	贵州省贵阳市西湖巷32号
天生桥建设	不定期	内部	武警部队水电第一总队	广西隆林县天生桥
万安水电	不定期	内部	武警部队水电第二总队	江西省万安县
贵州水利志通讯	不定期	内部	《水利志》编辑室	贵州省贵阳市西湖巷32号
新疆水利水电	不定期	内部	新疆勘测设计院科技情况处	新疆乌鲁木齐市黑龙江路19号
宁夏水利	季刊	内部	《宁夏水利》编辑部	宁夏银川市解放西街188号

注　本表所列名录系根据各省(区)、各单位报来的资料整理。

水利水电情报网网刊名录

网刊名称	主办刊物的情报网名称	创刊日期	刊期	责任编辑单位（或编辑部所在单位）
水利水电施工	水利水电施工技术情报网	1982 年	季刊	葛洲坝工程局图书情报中心
岩石力学	水利水电岩石力学与工程情报网	1976 年	2～3 期 / 年	水利水电科学研究院岩土所
水利工程管理技术	水利工程管理情报网	1983 年底	6 期 / 年	水利部工程管理培训中心
工程与冻土	水工建筑物抗冻情报网	1976 年	4 期 / 年	吉林省水科所
水电厂自动化	水电厂自动化技术情报网	1980 年	4 期 / 年	水电部南京自动化研究所
观测技术	混凝土坝建筑物观测情报网	1982 年底	4 期 / 年	水电部南京自动化研究所
岩石混凝土断裂与强度	岩石混凝土断裂力学情报网	1980 年	不定期	水利水电科学研究院结构所
砌石坝技术	砌石坝情报网	1978 年	季刊	山东省水利勘测设计院
水工钢筋混凝土情报网通讯	水工与混凝土钢筋情报网	1987 年	不定期	水利水电科学研究院结构所
混凝土工程及修补	混凝土建筑物病害修补和处理情报网	1987 年底	不定期	水利水电科学研究院结构所
计算技术与计算机应用	水利水电计算技术与计算机应用情报网	1988 年	3～4 期 / 年	水利水电科学研究院结构所
水文科技情报	水文科技情报网	1977 年	4 期 / 年	长江流域规划办公室水文局
水能技术经济	水能技术经济情报网与中国水力发电工程学会水能规划及动能经济专业委员会合办	1981 年	4 期 / 年	中南勘测设计院
水利水电测量	水利水电测量技术情报网	1982 年	4 期 / 年	天津勘测设计院
工程物探	水利电力物探情报网	1977 年	2～3 期 / 年	黄委会物探队
水利水电钻探	水利水电钻探情报网	1983 年	3～4 期 / 年	松辽委

续表

网刊名称	主办刊物的情报网名称	创刊日期	刊期	责任编辑单位(或编辑部所在单位)
工程地质	水利水电工程地质情报网	1983 年	3～4 期 / 年	西北勘测设计院等
高速水流	水利水电泄水建筑物高速水流情报网	1975 年	2～3 期 / 年	松辽委科研所
地下工程技术	水利水电地下工程建筑物情报网	1982 年	2～3 期 / 年	成都勘测设计院
混凝土坝技术	水利水电混凝土坝情报网	1977 年	2 期 / 年	成都勘测设计院
水利机械技术	水利机械设计情报网	1979 年	6 期 / 年	中南勘测设计院
施工组织设计	水利水电施工组织设计情报网	1984 年	4 期 / 年	天津勘测设计院
土石坝工程	水利水电土石坝情报网	1984 年	4 期 / 年	黄河水利委员会情报站
金属结构	水利水电金属结构设计情报网	1979 年	4 期 / 年	中南勘测设计院
水电暖通空调技术	水利水电暖通空调情报网	1978 年	2 期 / 年	西北勘测设计院
水电站机电技术	水电机电技术情报网	1978 年	4 期 / 年	水电部机电研究所
水电电气设计	水电电气设计技术情报网	1981 年	不定期	华东勘测设计院
水利水电通讯技术	水电系统通讯技术情报网	1985 年	2～3 期 / 年	北京勘测设计院
水利水电电工二次设计通讯	水利水电电工二次设计情报网	1984 年	不定期	长江流域规划办公室

（本资料由苏欣陶提供）

XVIII

学术团体及主要活动

提高经济效益

篆刻：庄万和

1984～1988年中国水力发电工程学会工作新进展

邹 范 湘

5年来，中国水力发电工程学会在中国科协和挂靠部门的领导和支持下，结合水电科学的特点和新时期新任务，坚持把改革开放放在首位，以开拓创新精神，在转变学会功能、拓展服务领域、理顺各方关系、提高运行机制等方面进行了探索，使各项工作有了一定进展，为水电建设服务做出了一定贡献。在组织建设上，截止1988年底，成立地方学会21个，发展会员3.5万余名。

(一)组织科学考察，为领导部门决策民主化、科学化提供了论证

5年间，我学会联合中国国土经济学、中国能源、中国水利经济等研究会以及有关省、自治区共同组织考察团进行了3次水电经济综合考察活动，即1986年7月10日至8月4日进行的黄河上游水电经济综合考察、1987年4月20日至5月16日进行的乌江流域水电经济综合考察以及1988年4月17日至5月17日进行的澜沧江流域水电经济综合考察等。这3次考察都是从宏观战略观点出发，以开发水电为"龙头"，着眼于发展地区经济政策、体制改革，提出了考察的论证成果和意见，并向国务院先后呈送了《黄河上游水电经济开发综合考察报告》、《乌江流域水电经济开发综合考察报告》和《澜沧江流域水电经济开发综合考察报告》等3个文件，得到了国务院领导的重视和支持，并均作了重要批示。

另外，1986年11月，我学会还与中国电机工程学会共同倡议，联合中国国土经济学、中国能源和中国水利经济3个研究会以及水利水电建设总局等，在北京举办了"水电开发战略研讨会"，除100多名有关专家、教授和科技人员参加外，还邀请了中国经济学团体联合会的部分专家参加了座谈，从而使水电经济开发战略研讨第一次走向社会，扩大了范围，增加了透明度。这次会议对改革水电建设体制，引入竞争机制，调整经济政策，制订长远规划，起了很好的作用。

(二)重视中型水电开发，推动多形式、多渠道、多层次集资办电

我国办电的方针是大、中、小并举，但在贯彻的实践过程中，却存在两头大、中间小的情况。据1988年底统计，全国水电装机容量3239万kW，大、中、小型比重分别为43%、20%和37%。中型水电发展缓慢的原因，主要是思想上重视不够，缺乏有效的发展政策；国家财力有限，着重保了大型，难以顾及中型；而地方在中央"扶持让利"政策推动下，办了大量小型水电，却办不起中型。我国有丰富的中型水电资源，积极开发中型水电，不仅对加快整个水电建设有现实意义，而且对解决国家能源紧缺问题，也有重要的战略意义。为此，我学会于1986年9月在长沙召开了"开发中型水电技术经济研究讨论会"，100多名水电、能源、经济、政策研究等方面的专家、学者，认真总结研究了过去中型水电开发缓慢的原因，提出了加快开发中型水电在经济政策、体制改革等方面的措施和建议。接着又委托全国水能技术经济咨询部对之进行了专题研究，于1988年第一季度提出了《我国中型水电资源合理开发利用问题》的阶段研究报告，1988年5月组织了讨论会，对该报告进一步补充完善。在上述一系列工作的基础上，1988年7月，我学会理事长李鹗鼎向国务院领导呈送了《关于积极扶持建设中型水电站的建议》的报告。目前，水电、能源界的决策部门已充分认识到中型水电的地位和作用，能源部提出的《我国能源工业中期（1989～2000年）发展计划纲要（修改稿）》中，特别强调近期要抢建一批中型水电项目，并提出在12年内新增中型水电装机1000万kW的目标。

（三）开展了一些带全局性的或超前性的专题技术研究，为政府决策提供高层次的参考依据

1986年，我学会承担了《2000年水电科学技术发展纲要》的调查研究、论证和组织编写的任务。我们围绕水力发电领域中的主要学科开展了专题研究，邀请了包括众多的专业专家、高级科技人员组成编写组，在广泛搜集和分析国内外基本资料的基础上，撰写出各专题的科技发展纲要草稿，然后又集中组织了不同层次的多次审改，历时2年多，经过五六次增删后定稿，做到了内容充实、准确和精炼。

为了为中国科协计划于1989年召开的“全国江河流域综合开发治理学术讨论会”作准备，中国科协责成我会与中国航海学会、中国水利学会共同牵头，有22个学会、研究会参加了准备工作。我会除从事论文征集、遴选和推荐工作外，还指派专人广泛搜集资料，并深入典型河流重点地作专题调查研究，同时参与了河流综合开发论证的研究，为因时因地制宜地正确处理防洪、灌溉、发电、通航等各方面的综合利用关系，提出了可行的建议。

（四）把科学技术转化为生产力，为发展水电建设服务

5年来，我会积极引导各专业委员会，就各自的学科和专业领域，密切结合水电建设中的关键技术课题组织攻关。对技术上、经济上都成熟的项目，促其早日推广应用，使之迅速转化为生产力；对技术上成熟而经济效益不好的项目，则进行改革或转变学术思想。据1988年底统计，各专业委员会共举办学术活动近60项次，其中结合水电建设中的“热点”项目49项次，占总项次的80％。其中水能规划及水库专业7项，地质勘探7项，水工结构及水力学7项，施工技术3项，电气及自动化4项，水力机械4项，金属结构6项，定额预算2项，水电站运行管理及大坝安全监测7项，计算机应用2项。此外，还开展了一系列有关规程规范、技术标准的编审，新产品新设备的评议，以及科学技术讲座和培训活动等，都收到一定的效果。

（五）培养、发现人才，为中青年科技干部提供学术讲坛

5年来，我学会为培训在职水电科技人员举办了多形式、多层次的知识更新讲习班、短训班50余期，受培训人员达2500人次以上。其中施工专业举办了“混凝土、水泥快速测强”的培训班多期，传授了快速控制混凝土质量的新技术、新方法，为高精度、快速度预测和发现混凝土潜在的重大质量事故提供了条件，具有明显的经济效益；工程定额预算专业采取主动上门办班的办法，派教员前往要求办班的地区，分期分批地培训了一批专业人员，填补了该专业长期存在的人才缺口；水电站运行管理专业举办了模糊数学基本理论研究班，为寻求水电站水库运行调度新方法提供了新的探索。总之，这种多形式、多层次的培训班，见效快，不仅提高了在职专业人员的技术水平，有的甚至还填补了大专院校没有设置对口专业的空白。

为中青年科技干部提供学术讲坛，是发现、培养人才的一个重要方式。继1983年在成都召开的第一次全国水电中青年科技干部学术报告会之后，1988年11月又在北京举办了第二次学术报告会。这次会议经过一年多时间的广泛征文，收到论文217篇，经专家评审后，遴选出85篇汇编成辑，在会上进行了交流。这次会与第一次会议比较，更紧密地结合了实际，水平有所提高，扩大了范围，增加了深度，发现了人才，激发了广大中青年科技干部的积极性和创造性。

为了从多方面发现人才，我们还加强了对优秀论文的评选和奖励工作。1986年成立了评选委员会作为学会的常设工作机构，制订了评优条例，并确定每两年评选一次。第一次从1980年到1986年底交流的，数千篇论文中评选出优秀论文43篇，其中一等奖1篇，二等奖12篇，三等奖30篇。此外，自学会"二大"以来，还为70多位从事水电事业50年以上的老专家颁发了表彰证书；向"工程师名人大全"、"名人录"编撰单位推荐了一批卓有贡献的科技人员；向中国科协举办的第一届"青年科技奖"推荐的罗高荣同志已被批准获奖。

(六)加强了对学术期刊、年鉴、丛书的编辑出版工作，积极开展科普活动

目前，由学会举办的出版物有《水力发电学报》(季刊)、《定额与预算》(季刊)、《金属结构》(双月刊)、《水能技术经济》、《中国水力发电年鉴》、《水力发电史料》等6种，其中：《学报》已出版23期，从1987年起国内外公开发行，已开始形成自己的特色；《定额与预算》已出版44期，内容逐步充实；《史料》已出版4期，积累了一批珍贵的历史文献资料；《年鉴》自1985年首卷本问世后，得到了国内外水电界的好评，现正进行《年鉴》第二卷(1984～1988年)的编辑工作，计划1990年出版。

科学普及工作从一开始就被作为学会的重要任务之一。首先是组织编写了《水电技术知识丛书》，全套25个分册，至1988年已出版11个分册。其次，1986年我们还参加了全国电力工业优秀科普读物联合评审工作，计评选出优秀科普读物21种，优秀科普短文19篇。于1987年举行了发奖大会，颁发了证书并授了奖。1988年我们又与中国水利学会联合组织编辑了《水力发电科普画册》。随着形势发展的需要，1987年7月学会正式成立了"科普工作委员会"，科普活动有新的扩展，形式也更加多样化。1987年8月，与中国水利学会在密云水库联合举办了水利水电科技青少年夏令营，选派了水利水电系统职工子弟49名中学学生参加，激发青少年从小爱科学、学科学，为水电事业培养后备力量。此外，还组织编写了青少年科普丛书，以及开展全国水电录相片评优工作等。

(七)开展科技咨询，进行多渠道有偿服务

在原水电部有关司局的支持下，学会从1986年末起，开展一些咨询服务工作，承担了《2000年水电科技发展规划》的组编、《水利百科全书》(水力发电部分)的编写，以及"2000年电力发展纲要"(水力发电部分)、"中型水电站经济合理开发利用"、"乌江流域经济综合开发战略研究"等专题的研究论证工作。

关于科技咨询活动，重点是组织各专业委员会按各自的专业开展。目前已有水工水力学、水电站运行管理、水库经济、工程经济定额预算、计算机应用、水电站自动化等专业委员会开展了科技咨询服务活动。为帮助解决生产建设中的一些疑难问题，推广新技术、新产品，以及编制技术标准等方面，作出了一定贡献，同时也为学会学术活动经费补充了财源，增强了活力。此外，一些地方学会还组成了多形式、多功能的科技联合体，扩大横向联系，逐步形成科技开发研究的力量。

（八）更新工作方法，推进学会自身改革

为了使学会工作能适应改革、开放全面深化的形势，我们狠抓了学会自身的改革。首先是观念的转变，即学会的功能由传统活动方式向开放搞活转变，实行民主办会，克服行政化倾向；由管理型向服务型转变，致力于为会员服务，为科技工作者服务，为振兴地方经济服务；由封闭型向开放型转变，打破学科、部门和系统的界限，使水电事业渗透到社会、政治、经济等各个领域。为了保证这些“转变”的贯彻实施，切实加强了学会自身的“立法”工作。自1984年以来，除原有的学会章程外，还制订了《理事会组织简则》、《学会工作人员岗位责任制》、《专业委员会工作简则》、《学术活动组织办法》、《科学普及工作委员会组织简则》、《科学技术咨询服务中心章程》等规章、制度和办法，从而大大提高了工作效率，扩大了影响范围，增强了学会对广大科技人员的吸引力和凝聚力。

中国水力发电工程学会会徽

本会徽（见右图）由木刻画家莫测同志设计，于1983年提请一届常务理事会通过。其含意是：以圆环联接2道水波纹与闪电，象征着水力发电是水与电的结合的整体。

会　徽

国家体改委关于成立中国水力发电工程学会的批复

水电部：

经中国科协审查，国家体改委同意成立中国水力发电工程学会。关于学会领导人选名单，请按照干部管理权限，分别由干部的主管部门审批。

中华人民共和国国家经济体制改革委员会

*1985*年*1*月*28*日

中国科协关于接纳中国水力发电工程学会为团体会员的批复

经中国科协 1984 年 11 月 27 日二届十四次常务委员会审议通过，接纳中国畜牧兽医学会、中国园艺学会、中国植物病理学会、中国植物保护学会、中国作物学会、中国热带作物学会、中国蚕学会、中国心理卫生协会、中国麻风防治协会、中国声学学会、中国计算机学会、中国汽车工程学会、中国营养学会、中国病理生理学会、中国药理学会、中国针灸学会、中国食品科学技术学会、中国岩石力学与工程学会、中国水土保持学会、中国粮食油脂学会、中国抗癌协会、中国消防协会、中国电工技术学会、中国劳动保护科学技术学会、中国电影电视技术学会、中国科学学与科技政策研究会、中国城市科学研究会、中国农业工程学会、中国野生动物保护协会、中国有色金属学会、中国烟草学会、中国水力发电工程学会为中国科协团体会员。

中国科学技术协会

1985 年 *3* 月 *20* 日

中国科协给中国水力发电工程学会第二次全国会员代表大会的贺信

中国水力发电工程学会：

在你们第二次全国会员代表大会召开之际，特向大会表示热烈的祝贺！中国水力发电工程学会成立以来，团结了广大水电科技工作者，面向经济建设，不断开拓前进，加强了学会的组织建设，开展学术活动，组织咨询服务，举办人才培训，普及科学技术，为促进我国的水电事业的发展做了大量的工作。

希望你会在新的理事会领导下，继续紧密结合生产建设中的重大问题，按照中央制定的“七五”计划建设中要加强能源建设的要求，进一步在改革中开创新局面，为积极开发我国的水能资源，提高水力发电科学技术水平，加快水电建设做出新的贡献。

预祝大会取得圆满成功。

中国科学技术协会

1985 年 *11* 月 *9* 日

中国水力发电工程学会第二次全国会员代表大会纪实

中国水力发电工程学会于1985年11月9日至13日在南宁召开了第二次全国会员代表大会，到会代表276人。会上，施嘉炀理事长作了第一届理事会的工作报告，各省、自治区、直辖市的地方学会及各专业委员会分别作了工作汇报。国务院副总理李鹏给会议发了贺信；水电界的老领导、中央顾问委员会委员李锐，水电部副部长陆佑楣，广西自治区人大常委会主任甘苦，参加了会议并讲了话。中国科协派代表出席了会议并致了祝词。出席这次会议的代表有从事水电事业四五十年以上的老专家、老教授和学者，有50年代初期参加水电建设工作的各级领导和科技工作者，更多的是50～60年代以后的中青年科技骨干，可说是“四世同堂”，人才济济，充分显示出水力发电工程学会这个群众组织具有巨大的凝聚力和生命力，表明我国水力发电事业后继有人、兴旺发达的可喜景象。

代表们以饱含自豪的激情，畅叙了我国30多年来水电建设事业在艰苦曲折前进中所取得的巨大成就。建国前，我国水电事业的底子很薄，建国初期水电装机容量和年发电量只分别占世界的第20位和第21位，现在已分别上升到第6位和第8位。这是全体水电工作者长期不懈、辛勤劳动的结晶，是值得引为自豪的。但是，多年来，由于各种原因，特别是由于对水电的投资缺乏长期的战略眼光，迁就眼前的困难多，限制了水电的发展。为了真正实现2000年水电翻两番的目标，代表们重温了建国以来水电发展的历史，对“七五”计划并联系本世纪末水电发展计划安排向国务院领导提出了《关于加快水电建设的建议》的报告。

代表们畅谈了学会工作中所取得的成绩。在组织建设方面，已成立了“水能规划及动能经济”、“水工及水电站建筑物”、“施工机械化及施工管理”、“地质及勘探”、“水力机械”、“金属结构”、“水电站电气及自动化”、“水电站运行管理”、“工程经济定额预算”、等9个专业委员会，以及广西、四川、青海、新疆、云南、浙江、东北地区、陕西、湖南、甘肃、广东、贵州、江苏、福建等16个省、区的14个地方水力发电工程学会；同时还建立了中国人民武装警察部队水力发电工程学会。另外，江西、湖北等省已成立了学会筹备组；安徽、山东、上海等省、区、市正在酝酿成立学会组织。5年来，全国学会及各专业委员会和地方学会做了大量工作，开展了许多学术活动，为水电的近期和长远发展提出了一些有益的建议，帮助解决了许多关键技术问题，并取得了一定的经济效益，对促进水电生产建设和科学技术的发展，起了很好的作用。此外，还开展了国际学术交流，编辑出版了学术刊物和丛书，生气蓬勃，欣欣向荣。代表们对第一届理事会的工作一致表示满意。

会上选举了新的理事会，选举李鹗鼎为第二届理事会理事长，陆佑楣、张铁铮、黄文熙、覃修典、徐洽时、贺毅、罗西北、潘家铮、梁益华为副理事长。大会还表彰了38名从事水电事业50年以上的会员，表扬和奖励了54名学会工作积极分子。新的理事会推选了施嘉炀为名誉理事长及47名名誉理事，聘请了李锐、汪胡桢等10名顾问。为了对名誉理事长施嘉炀从事水电事业近60年所作的贡献表示敬意，大会通过了对他的致敬信，并祝他健康长寿。通过这次会议，代表们坚信，在第一届理事会工作的基础上，新的理事会将会取得更优异的成绩，对促进水电建设和科学技术的发展，必将作出更大的贡献。

中国水力发电工程学会会章

(1985年11月11日第二次全国会员代表大会通过)

第一章 总 则

第一条 中国水力发电工程学会(以下简称本会)是中国共产党领导下的水力发电科学技术工作者自愿结合的学术性群众团体。本会是中国科学技术协会(以下简称中国科协)的组成部分,挂靠水利电力部。

第二条 本会坚持辩证唯物主义,坚持实事求是的科学态度。认真贯彻科学技术为社会主义建设服务的方针和"百家争鸣"的方针,充分发扬民主,开展学术讨论和咨询服务。团结广大水力发电科学技术工作者,积极开发我国水能资源,提高水力发电科学技术水平,加快水电建设,并充分发挥其经济效益,为加速实现我国四个现代化做出贡献。

第三条 本会的主要工作

一、对国家能源政策、水力发电科学技术经济政策及措施提出建议。

二、围绕水力发电生产建设中的问题,开展学术交流活动,组织重点学术课题和重大技术经济问题的探讨和科学考察活动。对已建成水电站的扩建、增容、革新、挖潜、自动化和改进运行管理进行探讨和交流。

三、开展咨询服务活动。

四、编辑出版《水力发电学报》和其它学术刊物。

五、普及科学技术知识,推广科技成果和先进生产技术经验。

六、开展国际学术交流活动,加强向国外有关的科学技术团体和科学技术工作者的友好联系。

七、开展培训教育工作,提高会员的科学技术和管理水平,发现和推荐水力发电科技人才。

八、加强同国内有关的科学技术团体、科学技术工作者的联系与协作,交流成果。

九、开展为水力发电科技工作者服务的活动。

第四条 本会会址设在北京。

第五条 本会会徽以两道水波纹与闪电用圆环联接为标志。

第二章 会 员

第六条 凡承认本会会章,并具有下列条件之一者,可申请为会员。

一、从事水力发电工作的助理研究员、讲师、工程师、经济师、会计师以上科技人员。

二、高等院校本科毕业,在研究、教育、生产单位或有关技术管理部门从事水力发电科学技术工作三年以上,具有一定学术水平和独立工作能力的人员,或虽非高等院校本科毕业,但已具有相当工作经验和学术水平的科技人员或管理人员和工程技术革新能手。

三、热心和积极支持学会工作,并从事水力发电事业的领导干部。

四、海外侨胞、外籍人士中从事水电科技工作的专家、教授、高级科技人员,可发展为本会通讯会员。

第七条 会员入会须由本人申请,本会会员介绍或单位推荐,经所在地方学会批准,报本会备案。尚未建立水力发电工程学会的地方,可由本人提出申请,所在单位签署意见,直接报本会审批。

对于著名科学家或在水力发电科学技术工作中有一定贡献者,本会常务理事会可直接吸收为会员。

通讯会员须由本人申请,本会会员介绍,经常务理事会批准,并报中国科协学会部备案。

第八条 会员的权利和义务

权利:

一、有选举权和被选举权;

二、对本会工作有建议和批评权;

三、参加本会的学术活动及其它有关活动;

四、优先取得与本会有关的学术资料。

义务:

一、遵守本会会章;

二、执行本会的决议和做好所委托的工作;

三、撰写学术论文和参加科普活动;

四、缴纳会费

第九条 凡企事业、部队、科研、教学单位和学术团体,可向本会或地方学会申请,经批准后,成立学会组织为团体会员,受本会或地方学会领导。

第十条 会员可声明退会。

第十一条 会员的会籍管理,由地方学会负责。北京和未建立地方学会的会员,暂由本会秘书处直接管理。

第三章 组 织 机 构

第十二条 本会最高领导机构是全国会员代表大会。全国会员代表大会每四至五年召开一次。

会员代表大会的职责:

一、决定本会的工作方针和任务;

二、审查理事会工作报告;

三、选举新的理事会;

四、制定和修改本会会章。

第十三条 理事会是全国会员代表大会闭幕期间的领导机构。

理事会的职责:

一、执行全国会员代表大会的决议;

二、制订本会工作计划;

三、领导所属机构开展活动;

四、总结学会工作,召开下届全国会员代表大会;

五、评选和奖励优秀学术论文、优秀科普作品及其作者,表彰学会的优秀工作人员,向有关部门推荐优秀科技人材。

第十四条 理事会推选理事长一人、副理事长若干人、秘书长一人及常务理事若干人组成常务理事会。理事会任期四至五年,理事会一至二年召开一次。理事会成员连续任职不得超过二届,但隔届可重新当选。

理事会根据需要,可设立名誉理事长、名誉理事,聘请顾问。

在理事会休会期间,常务理事会负责行使理事会的职责。常务理事会聘任副秘书长若干人,协助秘书长主持日常工作。

理事会下设秘书处办理日常工作。

第十五条 本会根据工作需要,经理事会或常务理事会决定,可设立各种专业委员会和工作机构。专业委员会的设立须报中国科协批准,其成员由常务理事会聘任。

一、各专业委员会负责组织各专业的学术活动,并协调和沟通本会和其它学会之间的学术联系和交流。

二、科学普及工作委员会,开展面向生产的科学技术普及和经验交流。

三、学报编辑委员会。

四、国际学术交流部，作为国际间学术交流和联系通讯会员等有关工作的办事机构。

五、科学技术咨询服务中心。

第四章 地方学会

第十六条 省、自治区、直辖市的水力发电工程学会为地方学会，是本会的组成部分，受当地科协领导。地方学会可参照本会章及当地科协的学会工作条例，制定有关实施条例。

第五章 经 费

第十七条 经费来源

一、中国科协拨款；

二、有关业务部门补助；

三、学会举办的各种事业或咨询服务的收入；

四、团体会员会费；

五、会员会费；

六、个人或单位捐赠。

第六章 附 则

第十八条 本会章程经全国会员代表大会通过后生效，并报中国科协备案。

第十九条 本会章的解释权属于本会理事会。

中国水力发电工程学会组织机构

中国水力发电工程学会是在党的十一届三中全会以后，在国家加强电力工业、优先开发水电的新时期中，为了加快我国水电建设，促进水电科技进步，开展学术交流，发掘人才，多出成果，使我国极其丰富的水能资源在"四化"建设中发挥更大作用的客观需要的新形势下应运而生的。自1980年6月学会成立以来，随着形势的发展和工作开拓的实际需要，组织机构已逐步趋于完善。整个组织机构体系如图1所示

一、全国会员代表大会

全国会员代表大会是本会的最高领导机构，其职责为：

1. 决定本会的工作方针和任务；
2. 审查理事会工作报告；
3. 选举新的理事会；
4. 制定和修改本会会章。

按照会章规定：每四、五年召开一次。代表名额、条件和产生方式由理事会视具体情况与各方面协商研究确定。1980年6月在新安江召开成立大会，到会代表150多名。1985年11月在南宁召开第二次代表大会，到会代表276人。

二、理 事 会

理事会是全国会员代表大会闭幕期间的领导机构。其职责为：

1. 执行全国会员代表大会的决议；
2. 制订本会工作计划；
3. 领导所属机构开展活动；包括聘任和监督各工作委员会、专业委员会的主任委员、委员及其工作；
4. 总结学会工作，召开下届全国会员代

* 本材料由中国水力发电工程学会秘书处供稿

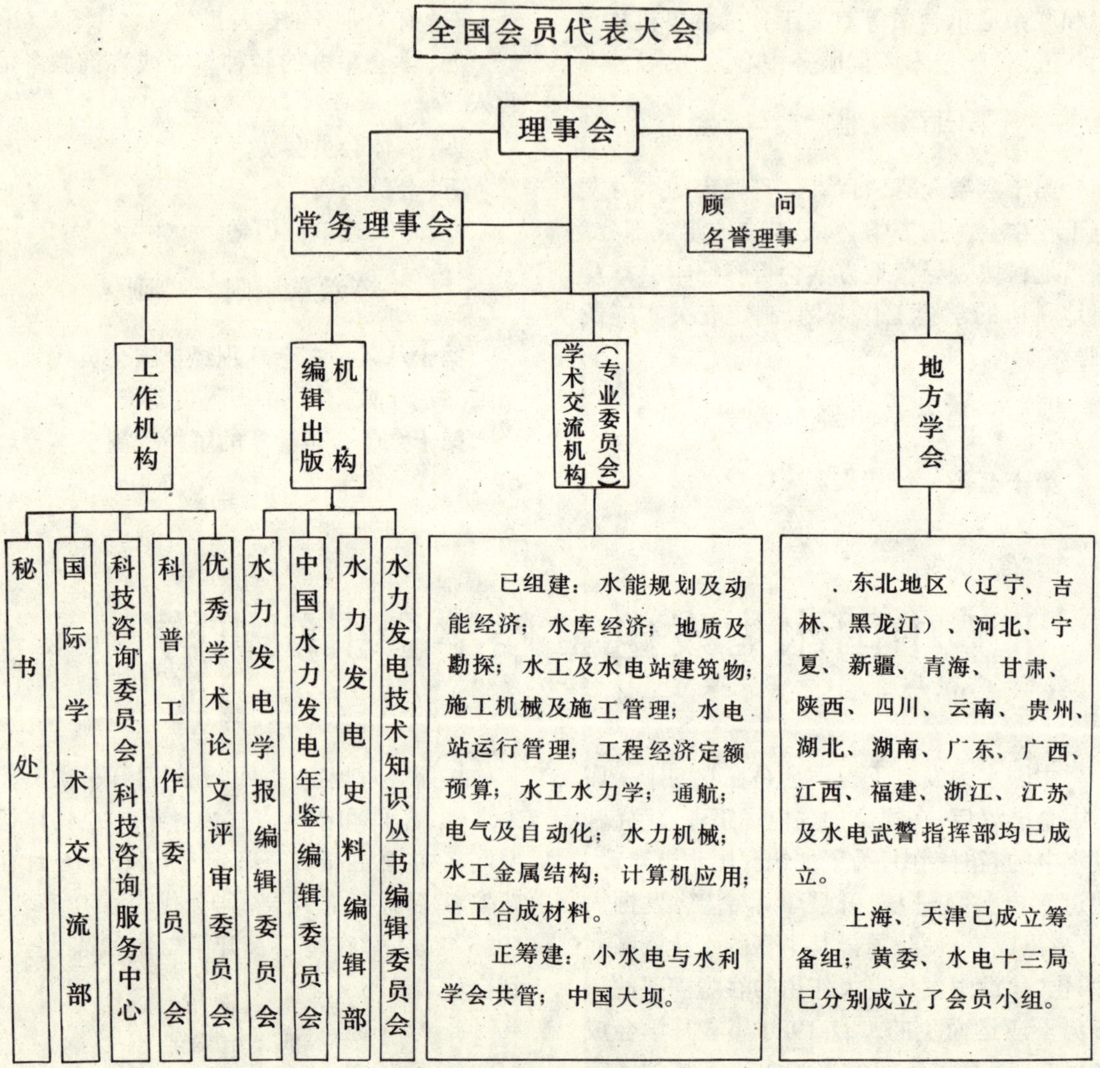

图 *1*　中国水力发电工程学会组织机构体系图（截止 *1988* 年底）

表大会；

5.评选和奖励优秀学术论文、优秀科普作品及其作者，表彰学会的优秀工作人员，向有关部门推荐优秀科技人才。

理事会每四、五年为一届，一般情况下每二、三年举行一次理事会，理事会成员连任不超过二届，隔届可再当选。

理事会推选理事长1名，副理事长若干名，秘书长1名和常务理事若干名组成常务理事会，在理事会休会期间负责行使理事会的职责。常务理事会设有秘书处办理日常工作事务，聘任副秘书长和若干人协助秘书长主持日常工作。

为了继续与老一辈有名望的专家和前届理事保持联系，确保学会的学术性、群众性、民主性，增加学会工作开拓面，增大凝聚力，根据需要，理事会可设立名誉理事长、名誉理事，聘请顾问。

本会第一届理事会，最初由理事80名和名誉理事2名组成，选举了常务理事23名，后增补了理事34名，理事长为施嘉炀、副理事长有：李鹗鼎、黄文熙、张铁铮、张昌龄、覃修典、谷德振、沈信祥、徐洽时、伍正诚、贺毅，秘书长是梁益华，2名顾问为汪胡桢、黄育贤。第二届理事会选举理事100名，常务理事会成员27名，顾问10名，名誉理事47名，推举施嘉炀为名誉理事长。由李鹗鼎担任理事长，陆佑楣、张铁铮、黄文熙、覃修典、徐洽时、贺毅、罗西北、潘家铮、梁益华任副理事长，秘书长由梁益华兼。

三、工作部和工作委员会

本会先后设立了各种工作部和工作委员会，作为学会的执行机构，协助开展工作，其工作职责是：

1.在理事会领导下，归口管理和承办学会理事会所赋予的工作任务，推动学会工作计划目标的实施；

2.向理事会及有关业务决策部门提出本部门工作的规划、计划、方针、政策性建议；

3.组织协调所经营范围的工作，对推进科学技术进步和学会工作的措施向理事会提出应采取的行动和建议，及提出修改章程和细则的建议；

4.就所从事的业务范围，代表学会对外开拓工作；

5.定期向理事会报告工作，提出本部门本业务领域的过去一年的工作总结。

学会至今已组建的常设工作机构有：秘书处，科普工作委员会，国际学术交流部、优秀学术论文评审工作委员会和科技咨询服务中心。

学会根据章程有关规定，视实际需要可建立临时性质的工作委员会或工作组，以完成既定的任务。如原优秀论文评审委员会、专题调研考察组，新一届会员代表大会筹备组等。

(一)秘书处

为学会综合性工作机构，办公地址设在北京白广路2条2号能源部、水利部南院，是理事会与其它各工作机构、编辑委员会、专业委员会及地方学会的联系的重要纽带；对于领导决策部门和理事会成员的信息传递起着桥梁作用，对学会组建、会员管理、计划和财务物资管理及学会工作计划活动的综合协调起着把关作用。

秘书处在秘书长领导下，目前由专职副秘书长、秘书和专业办事人员共八人组成。主要负责人有学会秘书长梁益华、专职副秘书长兼秘书处长邹范湘。

(二)科普工作委员会

担负着学会科普材料编撰、青少年夏令营活动、影视音响电化宣传等的归口组织工作。于1987年7月正式成立，挂靠在水利电力科技情报研究所。委员会由委员34名、顾问6名组成。主任委员为情报所所长林明华，副主任委员有：陈秉堃、唐集尹、王宝基、朱成章、李春敏、叶丽秋。

(三)国际学术交流部

为国际间学术交流和联系通讯会员等协外有关工作的办事机构，负责与国外学术组织和国外专家的联系，经办参加国内外有关国际性学术交流活动事宜，扩大国际科学技术合作，开展向国外的宣传；归口从事与主管部门联系提出国际学术交流计划、申报、组织、交流推广等工作。于1986年组建，原挂靠在水电部外事司，由杨定原任主任，谭艾辛、熊思政任副主任，吕志章任秘书。1988年水电部分部以来，得到能源部对外合作司、水利部外事司的支持。现由中国电力企业联合会国际合作部归口管理。

(四)科学技术咨询委员会

1987年3月经二届四次常务理事会决定组建。由李鹗鼎任主任,罗西北、潘家铮、游吉寿、杨德晔、王宝基、纪云生为副主任,设立科技咨询服务中心,为学会非盈利性科学技术开发咨询服务性事业组织。面向经济建设,接受委托对全国性、地区性开发水能资源的有关技术方针、政策、发展规划方面进行咨询研究与论证;组织编订、修改技术标准、规程、规范;对在建和已建工程的咨询研究,提供有关信息及科学技术情报。办公地点在北京白广路二条二号本学会内服务中心主要负责人由游吉寿、王宝基兼任。

(五)　优秀学术论文评审委员会

由1987年3月二届四次常务理事会决定成立,委员以各有关专委会主任为主,聘请少数专家共17人组成,李鹗鼎为主任委员,马君寿、赵人龙、赵政声为副主任委员,办公地址在本会。

四、编辑出刊机构

(一)《水力发电学报》编辑委员会

于1980年6月本学会成立大会上决定组建。于1982年3月出创刊号,1986年9月被批准为季刊,自1987年起公开出版,向国内外发行,编辑部设在清华大学水利系。

第一届编委会由第一届理事长施嘉炀教授主持,聘请编委38人组成,副主任委员为陆钦侃、周太开、张宪宏,由周太开兼任总编辑。第二届编委会由名誉理事长施嘉炀教授主持,聘请编委40人,副主任委员有陆钦侃、周太开、张宪宏、赵政声,由张宪宏兼任总编辑。

(二)《中国水力发电年鉴》编辑委员会

首卷在原水电部水电总局、部科技司、生产司、农电司和基建工程兵水电指挥部的积极支持下,于1985年出版发行,编辑部设在原水电总局。是新中国第一部汇集了大量水电文献资料的有价值的工具书,时段截止到1983年止。第二卷改由本学会和水利水电规划设计院共同负责牵头经办,编辑部设在水利水电规划设计院。编委会由委员138名、顾问8名,共146人组成,编辑委员会主任为李鹗鼎,副主任为潘家铮、陆钦侃;顾问为:钱正英、李锐、施嘉炀、李鹗鼎、陈赓仪、刘书田、张铁铮、王干国。编辑部由常流、王波任主编。

(三)《水力发电史料》编辑部

根据1985年11月本学会"二大"代表的提案组建,于1986年3月二届二次常务理事会通过成立,由罗西北、常流等共17名成员组成征集小组,编辑部设在水利电力科技情报研究所内,由常流、陆茂竹等主持日常工作。

(四)《水力发电技术知识丛书》编辑委员会

本学会成立时决定组建的。整套丛书全部系列,包括各主要专业的内容,计划出25个分册。施嘉炀任编辑委员会主任委员,陆钦侃、舒扬棨、刘颂尧任副主任委员,有编委19人。有关出版办公事宜由水利电力出版社负责。

五、专业委员会

是以学科划分组建的学术机构,在其专业领域内推动学会工作的开展

专业委员会的工作职责是:

1.在学会学术会议的总计划内,组织本专业的学术交流活动,团结科技专业人员,推进本专业的科技进步;

2.对本专业有关的科技课题,重大技术经济问题,重大工程项目的关键性问题的解决措施,提供咨询;

3.向有关业务决策部门，提出本专业的规划、方针、政策性建议或进行评论；提出有关推广、应用新技术的意见；

4.组织和参加国际学术活动；

5.协助办好学报，向学报推荐本专业的学术论文、科技论著，协助征、审稿，提出本专业领域的优秀论文及作者；

6.组织本专业的科学技术知识的普及活动；

7.推动本专业中青年科技干部的业务培训工作，发现并推荐人才；

8.报告过去一年的活动总结，编制本专业委员会学术活动计划，批准后付诸实施；

9.完成理事会或常务理事会委托的其它工作任务。

专业委员会的设置由常务理事会或理事会审议决定。专业委员会设主任委员一名，副主任委员 3～5 人，委员人数一般在 30 名上下，由理事会聘任。各专业委员会一般每年举行一次会议。

水力发电是综合性、多科性、应用性学科，随着科学技术发展，学科越分越多，越分越细，为适应发展需要，本学会的专业委员会由 1980 年成立时的 7 个，发展到 16 个(见表 1)。

六、地方学会

按照本学会章程规定，省、自治区、直辖市的水力发电工程学会为地方学会，是本学会的组成部分，受当地科协领导。至 1988 年底在水能资源较丰富和水电科学技术人才较集中或专业单位较多的地区，基本上都组建了省、自治区、直辖市一级的水力发电工程学会。各地方学会情况列如表 2。

表 1　中国水力发电工程学会各专业委员会情况表

序号	专业委员会名称	成立时间	委员人数	主任委员	副主任委员姓名	挂靠办公地址	出版物
1	水能规划及动能经济	1980 年 11 月	33 (外顾问 10 名)	罗西北	朱铁铮 曾　念 陈望祥 叶焕庭	水利水电规划院	《水能技术经济》、《水能技术经济动态》
2	地质及勘探	1982 年 11 月	35 (外顾问 10 名)	朱建业	林荣惠 徐建立 王泗康 吴锡贤 张桂芳	水利水电规划院	
3	水工及水电站建筑物	1980 年 11 月	33 (外顾问 9 名)	董育坚	陈道周 李浩钧 甄永严 石瑞芳 吴奠清 许百立	水利水电规划院	
4	施工机械化及施工管理	1981 年 10 月	36 (外顾问 9 名)	方　松	朱云祥 康世荣 吴来峰 岳荣寿	水利水电规划院	
5	水电站电气及自动化	1980 年 11 月	30 (外顾问 10 名)	杨德晔	马经国 王　冰 刘建勋 段士航	水利水电规划院	
6	水力机械	1981 年 11 月 1984 年 11 月	34 (外顾问 5 名)	沙锡林	刘玉民 姚志民 陈直哉 史毓珍(女)	水利水电规划院	
7	水工金属结构	1981 年 11 月 1984 年 11 月	32 (外顾问 9 名)	欧阳金	张得山 越志伟 沈德民 胡辛酉 姚寿祥	水利水电规划院	《水工金属结构》
8	水电站运行管理	1981 年 11 月	41 (外顾问 12 名)	赵振民	谷云青 沈　磊 汝乃华 周志远 杨金栋	水电部生产司能源部	

续表 1

序号	专业委员会名称	成立时间	委员人数	主任委员	副主任委员姓名	挂靠办公地址	出版物名称
9	通航	1986 年 11 月	48 (外顾问 3 名)	王作高	王书华 刘书伦 李思敏 董士镛 丁行蕊	交通部水运规划院	
10	水工水力学	1986 年 10 月	30 (外顾问 5 名)	李桂芬	赵增凯 柴恭纯 石瑞芳	水利水电科学研究院	
11	工程经济定额预算	1985 年 1 月	38 (外顾问 7 名)	杨睦九	何永康 金洪生 田宝昌 李治平 王开祥	水利水电规划院	《定额预算》 《水利水电概算信息》
12	水库经济	1987 年 12 月	41 (外顾问 7 名)	曾　念	刘兰桂 赵人骥 安申义 王继奎 林　仙(女)	水利水电规划院	
13	计算机应用	1987 年 9 月	30	谢邦泽	班效侯 张　科 朱伯芳 张金城 郦凤山	水利水电科学研究院	
14	土工合成材料	(1984 年 10 月) 1988 年 10 月校纳为我会专业委员会	(待定)	刘宗耀	杨灿文 王延熹 陈　环 陈镇威 徐伯孟 倪　鸣 金泰镇	河北省水利厅水电勘测设计院	《土工合成材料》通讯
15	小水电(筹备组)		邓秉礼 (负责人)				

表 2　省、区、市地方水力发电工程学会情况表

序号	地方学会(或筹备组、会员小组名称)	成立时间	理事长姓名	副理事长姓名	秘书长姓名	办公地址	出版物名称
1	广西壮族自治区水力发电工程学会	1980 年 12 月	雷　开	冯大彬 吴胜光 陈明琛 许秀方	鲁定国	广西电力工业局	《红水河》
2	四川省水力发电工程学会	1981 年 5 月	王尊相	李子铮 吴持恭 杨渭汶 黄敬信	黄敬信(兼)	西南电业管理局	《四川水力发电》
3	中国人民武警部队水力发电工程学会	1981 年 11 月 (1985 年 1 月)	崔　军	汪成杰 张贞镐 李庸定 林万华 邱方鹏		武警部队水电指挥部	
4	新疆维吾尔自治区水力发电工程学会	1982 年 1 月	刘笃德	唐其钊 国兆强 杜本立 谢致刚 洪淑玉(女)	谢致刚	新疆水利水电勘设院	《新疆水利水电》
5	青海省水力发电工程学会	1982 年 7 月	雷文第	李其友 张云芗 素铭(女) 孙钦义	李东山	青海省电力工业局	《龙羊水电》
6	云南省水力发电工程学会	1983 年 7 月	岳世华	吴奠清 王开弼 冯志先 杨家骏 张玉生 高　洁	高　洁	云南省电力工业局	《云南水力发电》

续表 2

序号	地方学会(或筹备组、会员小组名称)	成立时间	理事长姓名	副理事长姓名	秘书长姓名	办公地址	学报、学刊名称
7	浙江省水力发电工程学会	1983 年 12 月	徐治时	邹思远 朱水林 寻 明	冯世京	浙江省水利厅	
8	东北地区水力发电工程学会	1984 年 9 月	杨耀邦	王庆华 吴振中 董毓新 王初铭 郭奉祖	沈 磊	辽宁沈阳东北电业管理局	《东北水力发电学报》
9	陕西省水力发电工程学会	1984 年 10 月	王宝基	石瑞芳 沈 晋 余光夏 郭立人 程 山	干 城	水电部西北勘测设计院	《陕西水力发电》
10	湖南省水力发电工程学会	1985 年 6 月	徐镇国	陈贤桂 汪亮城 罗绍基 谭靖夷 吴永和	莫泽民	水电部中南勘测设计院	《湖南水电》
11	甘肃省水力发电工程学会	1985 年 7 月	李文忠	李功受 陈焕然 曹鹍	张禄勋	甘肃省电力工业局	《甘肃电力技术》(合办)
12	广东省水力发电工程学会	1985 年 9 月	罗绍基	蔡瑶忠 谭文奎 翁义孟 邓启棠 黄征帆 黄伟森	黄伟森	广东省电力工业局	
13	贵州省水力发电工程学会	1985 年 9 月	王世昌	梁 炎 秦保荪 蒲正中 刘 颖 陈文滔 吴焕德	韩沛昌	贵州省电力工业局	《贵州水电》
14	江苏省水力发电工程学会	1985 年 10 月	左东启	马经国 柴恭纯 徐松达	沈祖诒	河海大学	
15	福建省水力发电工程学会	1985 年 10 月	马钟珩	任继忠 张贵生 徐大成	徐大成	福建省电力工业局	
16	湖北省水力发电工程学会	1986 年 4 月	王宏硕	叶守泽 王梅地 岳荣寿 李昌化 郭际康 程良骏 廖 怡	张文昌	武汉水利电力学院	《湖北水力发电》
17	江西省水力发电工程学会	1986 年 5 月	金关兴	刘政民 熊大丹 赵寿元 徐家鑫	徐家鑫	江西省电力工业局	
18	河北省水力发电工程学会	1986 年 10 月	张镜剑	张抚存 颜继明 刘建勋	吴本陵	华北水利水电学院	
19	宁夏回族自治区水力发电工程学会	1987 年 9 月	礼荣勋	童尔勋 张 明 李德天	王寿昌	宁夏自治区电力工业局	
20	上海市水力发电工程学会筹备组	1985 年 2 月	徐祖德(召集人)	筹备组成员 刘世康 张德旺	张德旺(办事负责人)	上海勘测设计院	
21	天津水力发电工程学会筹备组	1985 年 4 月					
22	黄委会员小组	1985 年 10 月	林镜瀛(组长)	(副组长) 张 实 高善良	徐福坤(干事)	黄委勘测设计院	
23	第十三工程局会员小组	1988 年 2 月	张天存(组长)	(副组长) 戴仁光 周一之 李 森	李国勇(秘书)	水电部第十三工程局	

1984～1988年中国水力发电工程学会、各专业委员会召开的主要学术会议一览表

序号	会议名称	内容提要	主办单位	主持人	会议地址	日期
1	河流水电规划梯级开发问题学术讨论会	总结河流规划实践经验，推动河流水电规划，研讨关于加强水电规划工作的意见和改进措施	全国学会水能规划及动能经济专委会	程学敏	浙江省杭州市	1984年10月
2	水电站效益评价学术讨论会	就水电站建设集资、电力系统电价、水电站效益评价等问题展开讨论，以搞好宏观决策，加快水电建设	全国学会水能规划及动能经济专委会	罗西北	浙江省杭州市	1985年9月
3	做好第二篇文章，加快水电建设学术讨论会	针对我国严重缺电形势，就如何加快水电建设速度，加速体制改革进程，制订一套合理优惠政策进行研讨，并向国务院领导提出了《关于加快水电建设的建议》报告	全国学会理事会	李鹗鼎	广西自治区南宁市	1985年11月
4	黄河上游水电经济开发综合性科学考察与讨论会	就加速黄河上游水电开发利用，优化程序和经济合理性及体制改革进行研究，促进我国经济开拓重点向大西北作战略转移的综合考察和学术讨论	全国学会与中国国土经济学研究会、中国能源研究会、中国水利经济研究会，会同有关省区联合举办	林　华 罗西北	龙羊峡—青铜峡沿河考察，论证讨论会在宁夏银川举行	1986年8月
5	开发中型水电站技术经济论证研讨会	中型水电站效益论证和在水电能源开发中的地位和作用、中型水电效益分配和电价政策、集资办电和其它技术经济政策问题的研讨	全国学会	张铁铮 梁益华	湖南省长沙市	1986年9月

续表

序号	会议名称	内容提要	主办单位	主持人	会议地址	日期
6	水电经济开发战略研讨会	讨论水电开发在国民经济建设中的作用，探讨水电开发战略设想，研究提出相应的经济技术和体制改革的建议	全国学会与中国国土经济学研究会、中国电机工程学会、中国能源研究会和中国水利经济研究会联合举办	张铁铮 毛鹤年 李鹗鼎	北京市	1986年11月
7	水力发电长远规划学术研讨会	总结经验，就水电长远规划的理论、模式及优化原则，具体方针政策开展学术交流	全国学会、水能规划及动能经济专委会	罗西北	四川省成都市	1986年12月
8	乌江流域水电经济开发综合考察与论证会	以促进水电开发为主，振兴乌江流域和地区经济发展的综合考察和加速乌江综合开发的战略措施和建议讨论会	全国学会与中国国土经济学研究会、中国能源研究会和中国水利经济研究会会同贵州省联合举行	林　华 罗西北	贵州省贵阳市	1987年7月
9	澜沧江流域水电经济开发综合考察论证会	对澜沧江流域中下游资源情况进行综合考察，研讨水电经济开发对富民兴滇的战略意义和提出有关体改方针联合集资经济政策的建议的研讨	全国学会与中国国土经济学研究会、中国能源研究会和中国水利经济研究会会同云南省联合举行	林　华 罗西北	云南省昆明市	1988年7月
10	河流规划经验及规程编制学术交流会	以总结河流规划为中心内容进行学术交流，并就《河流水电规划编制规程》的大纲草案进行讨论	水能规划及动能经济专委会	程学敏	湖南省长沙市	1984年12月
11	《我国中型水电资源合理开发利用》阶段研究报告专题讨论会	论证中型水电站的作用、效益，交流经验，审议阶段研究报告，并对体制改革、集资渠道、经济政策及开发方针提出建议	水能规划及动能经济专委会、全国水能技术经济情报网、福建省水力发电工程学会联合举办	朱铁铮	福建省福州市	1988年5月
12	水库经济学术讨论会	结合我国已建和在建工程，从正、反两面总结经验、探索开发性移民安置的有关问题	水库经济专委会	曾　念	江西省南昌市	1987年12月

续表

序号	会议名称	内容提要	主办单位	主持人	会议地址	日期
13	水利水电工程地质遥感技术应用学术讨论会	研讨遥感技术在水电工程地质中的应用和交流先进经验，以加快水电前期工作	地质及勘探专委会	朱建业	北京市	1984年4月
14	水利水电第二次钻探技术学术交流会	交流历年钻探技术研究成果、动态和经验、有关钻探新技术研究应用、研讨山地坑探新设备等	地质及勘探专委会	朱建业	甘肃省兰州市	1984年9月
15	全国岩溶渗漏学术讨论会	结合湖南、贵州岩溶地区的工程实际成果，对岩溶渗漏、岩溶发育基本规律及其勘测方法等进行探讨	地质及勘探专委会(与中国地质学会岩溶专业委员会合开)	朱建业	贵州省贵阳市	1984年12月
16	全国水利水电测量第二次技术学术交流会	交流小型计算机应用于测量内、外业，程序编制，交流关于光电测距仪的使用、验定和保养，搞好新设备技术引进的消化吸收工作	地质及勘探专委会和全国水利水电测量技术情报网合开	王泗康	陕西省西安市	1985年5月
17	第二届地质及勘探技术学术交流讨论会	关于地勘技术新经验、新成果的交流，提高水电工程的地勘速度	地质及勘探专委会	朱建业	浙江省杭州市	1986年12月
18	水电工程物探经验交流及技术研讨会	配合水利水电工程物探规程修订总结经验、成果，并对若干重大技术问题进行研究交流	地质及勘探专委会	张桂芳	河南省郑州市	1987年8月
19	公伯峡绳索取芯技术现场交流会	在现场就绳索取芯技术，压水试验的配套设施及进尺、效率、工艺、质量等进行评议	地质及勘探专委会和水利水电规划院合开	朱建业	公伯峡水电站勘探现场	1987年8月
20	大坝岩石地基处理学术讨论会	研讨交流关于大坝复杂地基的处理和筑坝技术	全国学会的水工、地勘、施工三个专委会联合召开	赵佩钰	浙江省杭州市	1984年12月
21	混凝土坝钢衬钢筋混凝土压力管道设计科研讨论会	交流经验，推广先进成果，着重对坝后背管的应用进行了讨论	全国学会的水工及水电站建筑物专委会、中国水利学会水工结构专委会联合举办	赵佩玉	湖北省武汉市	1985年4月

续表

序号	会议名称	内容提要	主办单位	主持人	会议地址	日期
22	第三届岩石混凝土断裂力学与强度学术讨论会	用断裂力学理论,计算混凝土力学强度的研究成果进行学术交流	水工及水电站建筑物专委会、中国水利学会水工结构专委会和岩石、混凝土断裂力学情报网共办	于骁中	安徽省屯溪	1985年10月
23	水工钢筋混凝土座谈会	总结交流水工钢筋混凝土研究成果、研讨今后发展方向	水工及水电站建筑物专委会、中国土木工程学会、中国水利学会水工专委会联合召开	赵佩钰 李浩钧 于骁中	河南省洛阳市	1985年10月
24	土石坝学术讨论会	就土石坝的坝型、防渗、应力计算及抗滑稳定分析,以及对已建坝的缺陷处理、原型观测和碾压技术进行研讨	水工及水电站建筑物专委会和施工机械化及施工管理专委会合开	赵佩钰	浙江省杭州市	1984年12月
25	第三届全国水工结构学术讨论会	会议对大坝抗震、结构优化、温度应力与控制坝基、坝肩稳定、基础处理、厂坝联接压力管道、船闸结构和坝体应力分析及结构可靠度等方面开展学术交流	水工及水电站建筑物专委会、中国水利学会水工结构专委会、云南省水利学会和水力发电工程学会联合举办	赵佩钰	云南省昆明市	1986年10月
26	全国水工钢筋混凝土学术讨论会	对水工钢筋混凝土的极限强度、抗裂度、耐久性可靠度理论研究及优化设计、特殊结构的设计和应用非线性有限元分析等进行了交流和研讨	水工及水电站建筑物专委会与水利学会水工专委会、新疆水力发电工程学会及水利学会、水工钢筋混凝土情报网等合开	赵佩钰	新疆自治区乌鲁木齐市	1987年9月
27	河流开发的综合效益和水运通航在国民经济中的作用学术讨论会	对于河流开发综合效益中通航的作用、地位、对高水头水利枢纽过坝通航建筑物的关键技术,以及河床淤积对航运影响等进行研讨交流	通航专业委员会	王作高	湖北省宜昌市	1986年12月

续表

序号	会议名称	内容提要	主办单位	主持人	会议地址	日期
28	安康水电站泄洪消能技术评议会	对安康水电站工程的消能工方案及重大技术措施进行评仪	水工水力学专委会及陕西省水力发电工程学会合开	李桂芬 王宝基	陕西省西安市	1986年10月
29	全国面流消能学术讨论会	总结面流消能工程调查成果，研究各种面流消能的特性和适用条件以及其他建筑物的配合设施	水工水力学专委会	李桂芬	广西自治区大化	1987年11月9日
30	全国高速水流学术讨论会	交流我国近年来高速水流的科研成果	本学会水工水力学专委会与中国水利学会水力学专委会合开	李桂芬	四川省成都市	1987年11月29日
31	全国水利水电工程施工导流、截流学术交流会	交流围堰快速施工及围堰新型式大流量狭窄河道的导流、截流技术	施工机械化与施工管理专业委员会	吴师德	湖北省宜昌市葛洲坝	1984年11月
32	大坝及水工建筑物病害处理及混凝土耐久性学术讨论会	针对我国一些混凝土坝的老化问题，探讨其老化原因及老化、病害的发生发展规律，提出防止措施	施工机械化与施工管理、水工及水电站建筑物、水电站运行管理等专委会以及浙江省水力发电工程学会联合召开	方　松	浙江省建德	1986年4月
33	混凝土坝新技术学术交流会	探讨碾压混凝土，高、低流态混凝土及补偿收缩混凝土筑坝新技术，推广先进经验	施工机械化及施工管理专委会	方　松	浙江省淳安	1987年5月
34	水电站高压配电装置和主结线学术交流会	讨论交流水电站主结线可靠性计算准则及高压配电装置的设计、运行问题	本学会电气及自动化专委会与全国水电电气设计情报网合开	杨德晔	湖南省长沙市	1984年4月
35	水电站计算机控制技术应用学术讨论会	研讨水电站应用计算机自动控制技术，介绍国外考察成果，研究我国的发展方向	电气及自动化专委会	杨德晔	河南省郑州市	1985年10月

续表

序号	会议名称	内容提要	主办单位	主持人	会议地址	日期
36	水电厂计算机监控系统研讨交流会	结合富春江多微机分布控制系统的具体实践，总结交流计算机在水电厂监控系统技术的新发展，提高水电站自动化水平，还邀请了部分外国专家举行座谈	电气及自动化专委会	杨德晔	北京市	1987年6月27日
37	第三次全国水电站电气学术交流会	就水轮发电机参数选择、水电站机电设备防火、大型水电站厂用电源及六氟化硫管道线和电缆应用等专题展开讨论	本学会电气及自动化专委会与全国水电电气设计情报网联合召开	杨德晔	广西自治区南宁市	1987年7月22日
38	华北地区抽水蓄能电站学术讨论会	就抽水蓄能电站的规划、经济分析，混流式水轮机的参数选择，电气主结线、机组运行方式进行交流探讨，提出华北地区抽水蓄能电站建设的建议	本学会水力机械专委会与中国电机工程学会水电设备专委会联合召开		北京市怀柔	1984年9月
39	提高水电站设备运行经济性和可靠性学术讨论会	对于合理选择水电站机组参数、已建电站设备的技术革新和技术改造措施、提高水电设备的设计，制造质量等进行研讨，并对大型转轮机裂缝和调速器不稳定性提出处理意见	本学会水力机械专委会和中国电机工程学会水电设备专委会联合召开		广西自治区南宁市	1985年3月
40	大型混流式水轮机组关键技术学术讨论会	对大型混流式水轮机（直径6m以上），发电机（单机50万kW以上）的设计、制造、安装技术开展讨论，并结合三峡、二滩、，龙滩等大型机组的参数提出建议	本学会水力机械专委会和中国电机工程学会水电设备专委会联合召开	沙锡林	湖北省宜昌	1986年
41	水电站设备设计优化与技术更新学术研讨会	对设计优化包括参数优化、结构优化，以及老厂水电机组的更新改造等，进行经验交流	水力机械专委会与运行管理专委会	沙锡林 谷云青	福建省厦门	1987年7月

续表

序号	会议名称	内容提要	主办单位	主持人	会议地址	日期
42	全国水利水电工程拦污栅清理机技术经验交流讨论会	交流关于拦污栅清理机的技术经验，实地考察三门峡回转栅式清污机的试验，研讨存在的问题，分析发展方向	水力机械及金属结构专委会	李毓芬	河南省三门峡	1984年8月
43	深孔闸门止水支承结构材料和弧门失事分析学术讨论会	对高水头深孔闸门止水结构支承形式及材料进行研讨，寻求新材料、新结构、新形式；并对低水头弧形闸门的失事原因进行分析	水力机械及金属结构专委会	李毓芬	河南省三门峡	1984年9月
44	全国水工金属结构科研、设计及启闭机系列学术交流研讨会	就全国水工金属结构的科研设计和启闭机等方面总结经验，进行学术研讨和交流，并提出建议	水力机械及金属结构专委会	李毓芬	江苏省常州	1984年11月
45	龙羊峡水电站偏心铰弧门及链轮门技术鉴评会	对此型式闸门的设计制造质量和技术难关的解决开展现场观察、检验和评议	本学会金属结构专委会与水电总局企业管理协会联合召开	沈德民 仲晓峰	浙江省富春江	1985年5月
46	水工金属结构专题研讨学术交流会	围绕本专业主要关键技术问题开展学术交流，对水工钢闸门设计规范、水工金属结构制作，安装及验收规程进行研讨修改	本学会水工金属结构专委会和全国水利水电工程金属结构设计专业情报网合开	欧阳金	江苏省常州	1986年5月
47	水工金属结构设计专题座谈会	交流有关闸门面板试验成果、弧门柱有效长度研究成果，弧门主纵梁框架内力分布试验及轮压试验成果，以及对《水利水电工程钢闸门设计规范》的修订和有关专题进行研讨	本学会金属结构专委会和水电规划设计院合开	欧阳金	山东省烟台	1986年11月
48	模糊数学在水电站水库调度的应用研讨会	利用模糊数学理论为水库调度探索新方法	水电站运行管理专委会		上海市	1984年2月

续表

序号	会议名称	内容提要	主办单位	主持人	会议地址	日期
49	水电站经济调度学术讨论会	就水库及水电调度管理经验进行交流，研讨有实效的联调及优化调度方案，以及水电站经济管理和调度工作的改革建议	水电站运行管理专委会		云南省昆明市	1985年
50	水工建筑物安全监测学术讨论会	就坝工建筑物观测新技术、新仪器、新方法，大坝安全监测自动化及观测设计成果、经验以及观测资料整理分析方法、电子计算机应用等方面进行学术交流	水电站运行管理专委会、大坝安全监测技术小组、水工建筑物观测情报网联合召开		葛洲坝	1985年11月
51	水电厂水文预报技术经验交流会	就短期洪水预报技术、计算机应用、水情自动测报系统、利用中长期水文气象预报为防洪调度服务及提高预报精度等方面进行了交流研讨	本学会水电站运行管理专委会和水电部生产司合开	谷云青	葛洲坝	1986年11月
52	全国水电站运行调度管理学术讨论会	交流水电站水库调度的研究成果、洪水预报与控制技术的发展情况、多沙河流水库淤积和排沙措施以及水库优化调度等方面经验	水电站运行管理专委会		福建省厦门	1987年3月
53	大坝安全监测及资料分析学术讨论会	围绕大坝安全管理、监测技术与资料分析监测规范编制等进行学术交流	本学会水电站运行管理专委会与水电部科技司、水工建筑物观测情报网联合举办		福建省厦门	1987年11月
54	工程经济定额预算第一次学术交流会	交流概预算专业经验，研讨水利水电概预算制度的改革方案	工程经济定额预算专委会	杨睦九	广西自治区南宁市	1985年1月
55	水利水电工程招标与投标问题研讨会	对关于在水利水电工程招标、投标和工程报价等有关问题作专题学术讨论	工程经济定额预算专委会	王开祥	山东省烟台	1985年11月

注：①本表序号1～9为有关宏观决策发展战略方面的会议，10～55为专题方面的会议；②专题方面的会议系按专业次序排列。

（中国水力发电工程学会秘书处供稿）

与水力发电学术活动有关的学术团体一览表

序号	学术团体名称	应届领导人名单			挂靠单位	办公地址	主要出版物名称
		理事长	副理事长	秘书长			
1	中国能源研究会	朱亚杰	杨纪珂、李宝恒、吕应中、雷树萱、王庆一	石定环	中国科协	北京三里河路54号国家科委大楼内	《能源政策研究通讯》(月刊)《世界能源导报》(半月刊)《能源信息跟踪》
2	中国水利学会	严　恺	杨振怀、陈赓仪、张光斗、林秉南、陶鼎来、黄家权	戴定忠	水利部	北京白广路2条2号水利部、能源部南院	《水利学报》《岩土工程学报》《泥沙研究》《农田水利与小水电》《水利经济》
3	中国电机工程学会	张凤祥	赵明生、史大桢、高景德、赖　坚、丁舜年、王平洋、韩祯祥	都兴有	能源部	北京白广路2条2号能源部、水利部南院北楼320号	《中国电机工程学报》(双月刊)《农村电气化》(双月刊)《高电压技术》(季刊)《供用电》(季刊)《电力环境保护》(季刊)
4	中国机械工程学会	陶亨咸	陆燕菊、应崇福、孙大涌、郭树信、许绍高、潘际銮、姚福生	程瑞金	国家机械工业委员会	北京复兴门外三里河国家机械委内	《机械工程学报》(季刊)《铸造》月刊《焊接学报》(季刊)《热处理学报》(月刊)
5	中国自动化学会	胡启恒	扬嘉墀、黄泰翼、吕勇哉、孙伯林	黄泰翼(兼)	中国科学院自动化研究所	北京中关村自动化研究所	《自动化学报》(双月刊)《信息与控制》(双月刊)《自动化》(双月刊)《机器人》
6	中国土木工程学会	李国豪	肖　桐、张辛泰、于　刚	李承刚	原城乡建设环境保护部(现建设部)	北京百万庄建设部内	

续表

序号	学术团体名称	应届领导人名单			挂靠单位	办公地址	主要出版物名称
		理事长	副理事长	秘书长			
7	中国水土保持学会	杨振怀	董智勇、陈耀邦、阎树文、张有实、杨治文	阎树文（兼）	林业部	北京海淀区肖庄北京林业大学内	《水土保持学报》（季刊）《水土保持报》
8	中国岩石力学与工程学会	陈宗基	牛锡倬、王武林	梅剑云	中国科学院地球物理所	北京清华东路中科院地球物理所内	《岩石力学与工程学报》（季刊）《岩石力学与工程动态》（季刊）
9	中国地质学会	程裕淇	马杏垣、王鸿祯、朱国平、刘崇礼、李廷栋、夏国治、郭令智、翟光明	王泽九	地质矿产部	北京百万庄26号中国地质科学院	《地质学报》（季刊）《地质论评》（双月刊）《中国岩溶》（季刊）《岩矿测试》（季刊）
10	中国力学学会	郑哲敏	王　仁、黄克智、何友声、张涵信、胡海昌、韩　林	吴承康	中国科学院力学研究所	北京海淀区中关村中国科学院力学所	《力学学报》（双月刊）《固体力学学报》（季刊）《力学与实践》（双月刊）《爆破与冲击》（季刊）《岩土工程学报》（季刊）《实验力学杂志》（季刊）
11	中国地球物理学会	顾功叙	翁文波、傅承义、朱大绶、方　俊、朱岗昆、赵文津	傅承义（兼）	国家地震局地球物理所	北京市海淀区清华东路农机学院内	《地球物理学报》（双月刊）
12	中国矿物岩石地球化学学会	涂光炽	程榕琪、徐克勤、叶连俊	李心瑞	中国科学院地球化学研究所	贵州省贵阳市91号信箱	《地球化学》（季刊）《矿物学报》（季刊）《岩石学报》（季刊）
13	中国海洋学会	罗钰如	严　恺、任美锷、文圣常、钱志宏、刘瑞玉、刘光鼎、关定华、陈吉余	关定华（兼）	国家海洋局	北京复兴门外大街1号	《海洋学报》（双月刊）《海洋工程》《海洋环境科学》《水处理技术等》
14	中国地震学会	陈远泰	丁国瑜、胡聿贤	陈鑫连	国家地震局地球物理研究所	北京清华路国家地震局地球物理研究所内	《地震学报》（季刊）

续表

序号	学术团体名称	应届领导人名单			挂靠单位	办公地址	主要出版物名称
		理事长	副理事长	秘书长			
15	中国系统工程学会	许国志	刘　豹、陈　珽、汪应洛、郭树杭	顾基发	中国科学院系统科学研究所	北京海淀区中关村中科院系统科学研究所内	《系统工程学报》(双季刊)《系统工程理论与实践》(季刊)
16	中国电工技术学会	高景德	赵明生、赖　坚、丁舜年、韩　朔、黄新民、周鹤良、张本鸿、邹　洵	俞宗瑞	国家机械重工业委员会	北京西城区三里河机械工业委员会内7004房间	《电工技术学报》(季刊)《电工技术杂志》(月刊)《电气时代》(月刊)
17	中国制冷学会	宋克仁	关德忠、洪朝生、张西藩、陈幼年、丛子明、冷　庆、关元伟	吴德忠(兼)	商业部	北京阜成路11号商业部设计院内	《制冷学报》(季刊)
18	中国电子学会	孙俊人	谢高觉、卢克勤、蒋世玑、李　力、李志坚	边　拱	电子工业部	北京海淀区翠微路甲20号北楼5层	《电子学报》(双月刊)《电子科学技术》(月刊)《电子世界》(月刊)《无线电》(月刊)《半导体学报》《电子测量与仪器学报》
19	中国计算机学会	胡启恒	王湘浩、刘世骅、吴几康、洪民光、郭平欣、徐家福、陈力为、陈仁甫、莫根生、冯　康、张效祥、张辛昌、慈仁桂、蒋世玑	陈树楷	中国科学院	北京中关村中科院计算技术研究所	《计算机学报》(双月刊)《计算机技术》(双月刊)《计算机工程与应用》(双月刊)《小型微机计算机系统》(月刊)《计算机》(季刊)《计算机应用与软件》(双月刊)
20	中国仪器仪表学会	王大珩	王　润、琅　楣、苏　天、李守仁、吴钦炜、杨嘉墀、唐统一	饴延杰	国家机械工业委员会	北京月坛南街26号	《仪器与未来》(月刊)《仪器仪表学报》(季刊)《自动化仪表》(半月刊)《光学仪器》(半月刊)
21	中国测绘学会	王之卓	陈俊勇、喻　沧、孙秀文、许厚泽	杨　凯	国家测绘局	北京百万庄国家测绘局内	《测绘学报》(季刊)

续表

序号	学术团体名称	应届领导人名单			挂靠单位	办公地址	主要出版物名称
		理事长	副理事长	秘书长			
22	中国航海学会	彭德清	钱永昌、张序三、林祖乙、贺崇升、罗钰如、冯洪达、方嘉德、高　原、周启新、陈德鸿、卓友瞻、沈志成	王志远	交通部	北京复兴路10号交通部内	《中国航海》(双季刊)《航海技术》(双月刊)
23	中国核学会	姜圣阶	朱光亚、周　平、彭仁禄、伍绍祖	吕广义	原核工业部(现能源部)	北京西城区三里河原核工业部大楼	《核科学与工程》(季刊)《核动力工程》等
24	中国石油学会	侯祥麟	闵　豫、申力生、朱　夏、沈　晨、张皓若、孙　枢		原石油工业部(现能源部)	北京六铺炕原石油工业部内	《石油学报》(季刊)《石油知识》(季刊)
25	中国煤炭学会	叶　青	范维唐、沈季良、王志远	潘惠正	原煤炭工业部(现能源部)	北京安定门外和平里煤炭科学研究院内	《煤炭学报》(季刊)《当代矿工》(双月刊)
26	中国太阳能学会	王补宣	龚　堡、贺德馨、李汶滋	龚　堡(兼)	北京太阳能研究所	北京海淀区花园路三号北京市太阳能研究所内	《太阳能学报》《太阳能》
27	中国通信学会	李玉奎	朱高峰、吴佑寿、崔　伦	李玉奇	邮电部	北京西长安街13号	《通信学报》(双月刊)《电信科学》(月刊)《现代通信》(月刊)
28	中国硅酸盐学会	严东生	丁　原、王燕谋、祁　峻、王毅之、徐卓然、于福熹、刘清河	徐卓然(兼)	国家建筑材料工业局	北京百万庄国家建材局	《硅酸盐学报》(双月刊)《硅酸盐通报》(双月刊)
29	中国建筑学会	戴念慈	阎子祥、许溶烈、王华彬、吴良镛	许溶烈(兼)	原城乡建设环境保护部(现建设部)	北京百万庄建设部内	《建筑学报》(月刊)《建筑结构学报》(双月刊)《建筑知识》(双月刊)
30	中国土壤学会	李庆逵	朱祖祥、曾昭顺	文启孝	中国科学院南京土壤研究所	江苏南京市北京东路71号	《土壤学报》(季刊)《土壤通报》(双月刊)

续表

序号	学术团体名称	应届领导人名单			挂靠单位	办公地址	主要出版物名称
		理事长	副理事长	秘书长			
31	中国林学会	吴中伦	王　恺、王庆波、冯宗炜、陈陆圻、吴　博、周　正、陈统爱、	唐午庆	林业部	北京海淀区万寿山后中国林业科学研究院内	《农业科学》(季刊)《森林与人类》(双月刊)
32	中国环境科学学会	李景昭	曲格平、马世骏、陈西平、蔡宏道	曲格平(兼)	国家环保局	北京西直门内南小街115号	《中国环境科学》(双月刊)《中国环境管理》(双月刊)《环境工程》(双月刊)《环境导报》(双月刊)《噪声与振动控制》(双月刊)
33	中国自然资源研究会	侯学煜	孙鸿烈、阳含熙、陈述彭、王慧珂、李文彦、李文华	郭绍礼	中科院、国家计委自然资源综合考察委员会	北京安定门外917大楼	《自然资源学报》
34	中国农业工程学会	朱　荣	张季高、陶鼎来、余发泰、曾德超、王荫坡	董需强	中国农业工程研究设计院	北京农展馆南路农牧渔业部大楼内	《农业工程学报》(季刊)《农村实用工程技术》(双月刊)
35	中国化学会	唐有祺 田昭武 黄维垣 徐光宪 (轮流执行一年)		崔孟元	中国科学院化学研究所	北京海淀区中关村化学研究所	《化学学报》(月刊)《高分子学报》(双月刊)《高分子科学》(季刊)《应用化学》(双月刊)《化学通讯》(双月刊)
36	中国气象学会	陶诗言	章基嘉、黄土松、曾庆存、周秀骥、王锡友	章基嘉(兼)	国家气象局	北京白石桥路46号国家气象局大院	《气象学报》(季刊)《气象知识》(双月刊)
37	中国空间科学学会	吕保维	肖　佐、王希季、鲍城志	张立秉	中国科学院空间科学技术中心	北京海淀区中关村西五道口1号	《空间科学学报》(季刊)

续表

序号	学术团体名称	应届领导人名单			挂靠单位	办公地址	主要出版物名称
		理事长	副理事长	秘书长			
38	中国地理学会	黄秉维	吴传钧、任美锷、张兰生、王恩涌、程　潞、施雅风	瞿宁淑	中国科学院地理研究所	北京沙滩917大楼	《地理学报》(季刊)《环境遥感》(季刊)《冰川冻土》(季刊)《经济地理》(季刊)
39	中国海洋湖沼学会	曾呈奎	赫崇本、文圣常、毛汉礼、刘建康、刘瑞玉、施成熙	刘瑞玉(兼)	中国科学院海洋研究所	山东青岛市南海路7号	《中国海洋湖沼学报》(季刊)《海洋湖沼通报》(季刊)
40	中国科学技术情报学会	武　衡	林自新、汪廷炯、李永新、胡安群	刘昭东	中国科学技术情报研究所	北京复兴路15号中国科学技术情报所研究所内	《情报学报》(双月刊)《学术年会论文选》(年刊)
41	中国科学学与科技政策研究会	钱三强	田　夫、吴明瑜、罗　伟、李铁映、聂禹龙	吴明瑜(兼)	国家科委中国科技促进发展研究中心	北京海淀区白石桥路44号414房间北京8102信箱	《科学学研究》(季刊)《科学学与科技管理》(月刊)
42	中国劳动保护科学技术学会	何　光	刘世杰、张存恩、汤双振、赵全福	苏毅勇	劳动人事部	北京北三环东路西坝河甲1号	
43	中国国土经济学研究会	于光远	吕克白、耿一凡、郑　重、李德仁、石　山、徐　青	李德仁 吴传钧 秦定超	中国社会科学院技术经济研究所	北京建国门内五号	《简讯》(不定期)
44	中国经济学团体联合会	(理事团体执行主席团体代表制)本届代表:许　毅	(执行主席团体代表制)现届代表:朱　川、刘与任、谷书堂、施正一、林　凌	冯兰瑞 董辅礽 李正文		北京东四北大街175号	《经济学周报》《经济学文摘》《国外经济学文摘》《经团联通讯》
45	中国水利经济研究会	张季农	王　平、叶永毅、柯礼丹、朱承中、杨睦九、刘　航	李文治	水利部	北京宣外白广路2条2号	《水利经济》(季刊)

(中国水力发电工程学会秘书处供稿)

国际大坝委员会和中国大坝委员会介绍

沈 崇 刚

一、国际大坝委员会

国际大坝委员会为一民间组织，最早于1925年在法国格兰诺伯尔市(Grenoble)举行的第五次水力发电和科学发展会议上由一个小组提出，目的是开辟一个专门讨论大坝工程内容的场所。

1926年在瑞士巴塞尔(Basle)举行的世界动能会议(WPC)专题讨论会上，法国代表团建议成立一个国际大坝委员会，并提出了章程草案。会议投票赞成并接受法国为此进行必要的准备。

1928年5月7日，法国大坝委员会发出公函送交奥地利、西班牙、美国、意大利、挪威、波兰、罗马尼亚、瑞典和瑞士提出建议。同年7月10日在电力生产和分配国际会议闭幕式上宣布对这新组织给予支持，10月3日在伦敦举行的世界动力会议执行会议上赞成并承认国际大坝委员会。

1931年6月1日在伦敦举行了第一届执行会议，到会8个成员国，两个观察员国。1933年在瑞典斯德哥尔摩举行了第一届大会。

1967年在土耳其伊斯坦布尔召开的第九届大会前的第35届执行会议上，认为国际大坝委员会已经成长到完全可以独立的组织，随即在巴黎重新组织了中心办公室，完善了秘书系统，脱离了世界动力会议。

到1989年，参加国际大坝委员会的成员国有77个，它们是：中国、阿尔巴尼亚、阿尔及利亚、阿根廷、爱尔兰、埃及、澳大利亚、奥地利、巴基斯坦、巴拉圭、巴西、保加利亚、比利时、冰岛、波兰、玻利维亚、朝鲜人民民主共和国、丹麦、德意志联邦共和国、德意志民主共和国、多米尼加共和国、厄瓜多尔、法国、菲律宾、芬兰、哥伦比亚、哥斯达黎加、荷兰、洪都拉斯、加拿大、加纳、捷克斯洛伐克、津巴布韦、科特迪瓦、肯尼亚、莱索托、黎巴嫩、卢森堡、马达加斯加、马来西亚、美国、孟加拉国、摩洛哥、墨西哥、南非、南斯拉夫、尼泊尔、尼日利亚、挪威、葡萄牙、日本、瑞典、瑞士、塞浦路斯、斯里兰卡、苏联、泰国、突尼斯、土耳其、危地马拉、委内瑞拉、乌拉圭、西班牙、希腊、新西兰、匈牙利、叙利亚、伊拉克、伊朗、意大利、印度、印度尼西亚、英国、赞比亚、智利以及南朝鲜。

按1982年修改后的章程，国际大坝委员会的宗旨是：通过汇集情报及研究有关问题，推动大坝以及有关的土木工程(包括与坝相连的水电站)的设计、施工、运行维护和技术改造。

国际大坝委员会每年组织一次执行会议，除1940～1944年因战争停开外，1933、1936和1963年各举行了两次。迄今共举行过57次执行会议。1990年5月将在澳大利亚悉尼和1991年6月将在奥地利维也纳举行下两届执行会议。执行会议上各成员国国家委员会可派4人参加。主要任务是吸收或开除会员国，修订会章，选举正副主席，确定开会地点，听取所属专业委员会的活动报告，更改组织，以及有关行政、财务方面的问题，并审议主席提出的建议等。执行会议期间，东道国可组织一天的专题技术讨论。

为了解决大坝建设中技术问题，每三年组织一次大会，各国大坝建设者均可参加，不限人数。每次大会讨论4个技术问题。除受战争影响停开3次外，已举行过16次大会。下一届大会将于1991年6月在奥地利维也纳举行。大会的论文一般规定在会前10个月提交，通讯论文在8个月前提交。由总报告人汇总写出报告，讨论时不能重复论文内容。每人有6分钟的发言，每题讨论1天。

国际大坝委员会设主席1人，副主席6人。副主席按以下原则分配，欧洲2人，亚洲1人，非洲大洋洲1人，美洲1人，不属于任何洲但不与主席同一洲的1人。每位主席任职3年，每次执委会改选2名副主席，大会前的执行会议改选主席。另设秘书长1人主持巴黎中心办公室的工作。

国际大坝委员会下设若干专业委员会，由主席建议，副主席附议，执行会议通过。一般由12人到20人参加，每届6年。如主席认为必要，执行会议通过也可延长数年。当前专业委员会共有以下19个，其名称如下：(1)大坝设计分析计算委员会；(2)大坝设计地震现象委员会；(3)大坝水力学委员会；(4)混凝土坝材料委员会；(5)土石坝材料委员会；(6)大坝施工工艺委员会；(7)环境委员会；(8)大坝安全委员会；(9)已有大坝监测委员会；(10)水库淤积委员会；(11)大坝老化委员会；(12)工矿尾矿坝委员会；(13)设计洪水委员会；(14)图书情报委员会；(15)世界大坝登记委员会；(16)字典词汇委员会；(17)边界河流委员会；(18)大坝失事统计特别委员会；(19)主席辅助委员会。

各委员会出版公报，报告和各种技术文件反映了本专业的水平。每次大会有5卷论文集。还有执行会议期间的论文集。

二、中国大坝委员会

中国大坝委员会是1973年参加西班牙主办的第11届大会后于同年秋季成立。1974年5月在希腊雅典第42届执行会议上一致通过中国为会员国。除两届执行会议外，中国代表参加了历次执行会议和大会。

中国大坝委员会主席为严恺，副主席为李鹗鼎、张泽祯、赵传绍、潘家铮，秘书长为沈崇刚，副秘书长张文正。中国大坝委员会受中国水利学会和中国水力发电工程学会的双重领导。

自从中国参加国际大坝委员会以来，就受到重视。共发表论文45篇，进行过4次大坝登记，两次被选为副主席：李鹗鼎(1981～1984年)，沈崇刚(1988～1991年)。1次总报告人钱宁(1982)、3次讨论专题的专家和3次选题委员会的委员。目前还担任8个专业委员会的委员。

通过国际大坝委员会，我国的大坝建设成绩为世界所了解，建坝数目之多居世界总数的一半以上，特别是最近一些超过200m的高坝正在陆续设计、施工，给国外大坝建设人员以深刻印象。中国大坝委员会编辑的《群众建坝》(1979)、《中国大坝——历史、成就和未来》(1987)和《地震与大坝国际讨论会文集》，均受到国际上的好评。

1987年5月18至23日在北京举行了第55届执行会议，到会50个国家480人。是水利水电界的一次盛会。会前后组织了6条参观路线，给与会者以深刻印象。许多专家学者还针对中国大坝建设问题提出不少宝贵意见。通过大坝委员会，增加了国际往来的途径。已有6个技术考察团组出国访问，并促进了我国与一些国家间的国际合作。

XVIII

中外技术合作

友好合作

篆刻：庄万和

中国对外经济技术合作和我国水电利用外资情况

温梦龄　刘福鉴

自1984年以来,随着改革开放方针的深入贯彻,我国对外经济技术合作(包括对外劳务合作),以及我国水电利用外资,都有较大的发展。这里分别简要介绍如下。

一、对外经济技术援助项目

1.尼兰比(Nilambe)水电站。位于斯里兰卡中央省的尼兰比河下游,距康提市12km,为日调节引水式,设计水头110m,装机容量3200kW。枢纽工程由拦河坝、引水渠道、压力钢管、发电厂房及升压变电站组成。坝型为混凝土闸坝,有效库容4.6万m^3,引水渠道总长2540m。钢管直径1.3m,主厂房内装2台卧轴混流式水轮发电机组,单机容量1600kW。升压变电站有2台2000kVA主变压器。工程于1985年4月开工,1988年3月发电,总造价人民币1800万元,由中国政府提供无息贷款和设备器材,先后派出工程技术人员110人。

2.哥马(Goma)水电站。位于塞拉利昂东方省多布耶河中游,利用瀑布落差发电,为引水式电站,首部建低坝形成季调节水库,坝址控制流域面积283km^2,多年平均流量10.5m^3/s,水库总库容190万m^3,设计水头77m,最大引用流量7.12m^3/s,总装机容量4000kW。枢纽工程由拦河坝、溢洪道、引水钢管、发电厂房及升压变电站组成。土坝高15m,引水道为露天钢管,直径1.61～1.72m,总长754m,地面厂房内装4台横轴混流式水轮机及相应的发电机,单机容量1000kW,升压站设2台2500kVA主变压器,升压至33kV输出。工程1983年10月开工,1986年6月蓄水发电,工程总造价4000万元人民币,由中国政府提供无息贷款和设备器材。为交钥匙工程。

3.鲁蒙盖(Rumonge)水电站。位于布隆迪西库维亚耶河上,为引水式电站,设计水头236m,总装机容量2880kW,建筑物包括溢流坝、引水隧洞、压力钢管和地面厂房。全部工程由联邦德国复兴银行贷款。土建工程由中国水利电力对外公司承包,于1985年2月开工,1987年8月完工。土建工程造价320万美元。

4.吉依拉(Kishila)水电站。位于卢旺达塞贝亚河上,为引水式电站,设计水头66m,装机总容量1620kW,建筑物包括砌石坝、引水钢管、沉沙池、地面厂房。工程由联邦德国复兴银行贷款。土建工程由中国水利电力对外公司承包,机电部分由联邦德国公司承包。土建工程于1983年10月开工,1984年10月竣工。土建工程造价195万美元。

5.马相迪(Mazandi)水电站。位于尼泊尔马相迪河上，为引水式电站。建筑物包括拦河闸、引水隧洞、引水钢管、调压井、地下厂房等，装机容量8万kW。工程由联邦德国拉米尔设计公司设计、咨询。

拦河闸由南朝鲜一家公司承包。水轮发电机组和金属结构由联邦德国的公司承包，资金由世界银行和德国复兴开发银行提供。引水隧洞、调压井、厂房等土建工程由中国水利电力对外公司与日本大成建设株式会社组成的联营体承包，总工期3年。引水隧洞、厂房、调压井的土建工程造价6000万美元。

二、对外劳务合作情况

为在国外修建水电站，我对外劳务合作情况大体分为两类。

第一类：向我国援外项目（已建成的水电站）派遣技工和技术专家指导水电站的运行和检修，并帮助受援国培训技术人员，1984～1988年5年中先后向喀麦隆拉格都水电站、刚果布昂扎水电站、布隆迪穆杰雷水电站、赤道几内亚毕科莫水电站、塞拉利昂哥马水电站、索马里费诺力水电站、斯里兰卡尼兰比水电站等派出技术人员200人。这些电站中的当地技术工人、干部在中国专家指导下，保证了电站的正常运行、供电和检修，受到当地政府和人民的好评。

第二类：派出成建制的技术队伍，以劳务方式在国际上承包水电建设工程，为国家创汇。这些项目有：伊拉克摩苏尔水电站、尼泊尔库里卡尼二级水电站、尼泊尔马相迪水电站机组安装等，先后共派出技术人员和技工800余人次。通过派劳务不仅为国家创外汇，而且也锻炼了队伍，提高了管理和技术水平。

三、为外国工程提供咨询

中国有关的设计院和咨询公司先后为斯里兰卡、尼泊尔、索马里等国的水电站进行技术咨询，其中包括勘测、设计和施工监理等业务，概况如下。

1.斯里兰卡小水电站。斯里兰卡种植园部在所属的茶业种植园修建小水电站，电能用于茶业加工，我国先后为Lonach、Campion、Loiworn、Tillyrie等11座小水电站进行可行性研究，编写招标文件，编制技术文件，绘制施工详图，并在施工阶段派监理工程师监理咨询，自1984年元月开始历时18个月全部完成，由中国水利电力对外公司与斯方签订协议，由湖南水电设计院实施，咨询费用由世界银行提供。建成后效益显著，深受业主的称赞。

2.尼泊尔小水电站。由联合国发展基金会资助尼泊尔政府在北部山区修建了Tapiejung、Okhaldhunga、Bhojpur、Khandbari、Ramechhap等5座小水电站，总装机容量575kW，由中国水利电力对外公司与尼泊尔政府签订咨询合同，由水电部北京勘测设计院负责实施。其工作内容包括勘测可行性研究、技术设计和施工详图设计，并派监理工程师进行施工监督和咨询，先后历时40个月。电站安装的水轮发电机组由中国提供，运行证明，设计合理，设备性能良好。

3.索马里巴尔德拉(Bandena)水电站。该电站设计为碾压混凝土坝，由一家意大利咨询公司设计，由于造价偏高，索马里朱巴河开发部提出了对坝型进行经济比较的意向，经与中国国际工程咨询公司协商，由该公司负责编制土坝设计方案，并提供土坝方案招标文件。枢纽工程包括拦河土坝(高74m)、泄洪隧洞、溢洪道、发电引水隧洞、地面厂房、升压变电站等，装机容量14万kW。土坝方案的勘测工作自1987年12月开始，1988年12月完成招标文件。勘测设计费用共100万美元，由中国政府提供无息贷款。

四、我国水电利用外国贷款赠款项目情况

1.鲁布革水电站利用外资情况。鲁布革水电站是我国水电系统第一个对外开放的"窗口",采取了多渠道利用外资,主要有世界银行贷款1.45亿美元,挪威政府赠款9000万克朗,澳大利亚政府赠款790万澳元,还有国家提供用于购买水轮发电机设备的自由外汇几千万美元。同时,采用了多层次聘请外国专家咨询,有挪威、澳大利亚两个咨询组常驻工地,世行高级咨询团每半年一次定期进行决策性咨询。引水系统工程实行国际公开招标,日本大成公司中标,承包了施工任务。此外,还采购了7个国家20多家外商的施工机械和机电设备,如挪威的水轮机、西德的发电机、日本的高压电器,以及美国、日本、瑞典等公司的施工机械。

鲁布革水电站利用外资的效果是很显著的:(1)节省了投资。一方面通过国际竞争性招标,日本大成公司以8463万元中标,比标底1.5亿元,节省了6500多万元;另一方面,由于外国咨询专家提出了上100条建议,例如,地下厂房跨度由24m改为18m,溢洪道边坡由1:0.3改为台阶式垂直边坡,土坝心墙土料性质的改变和料场运距由13.7km减为4km等等,累计可节省投资3600多万元。(2)加快了施工进度。大成公司承包、中国职工施工的引水隧洞于1984年11月开工,于1986年10月30日隧洞开挖全线贯通,比合同计划提前5个月完成,创造了综合平均单头月进尺231m和最高单头月进尺373.7m的先进纪录。(3)引进了新技术、新工艺和先进的管理经验。例如,厂房岩壁吊车梁、溢洪道台阶式垂直高边坡、岩石Q系统分类法等新技术已在国内设计中推广使用;还有全断面钻爆开挖、针梁式模板全断面衬砌、早强水泥锚杆,长隧洞转盘调车等新工艺、新方法也在国内施工中推广使用。此外,还引进了一整套国际承包合同管理新体系。(4)培训了新的管理人才。为了适应国际招标和国外承包合同管理的需要,1983年组建了鲁布革工程管理局,对外代表业主,并作为工程师机构负责合同的实施。通过几年的实践,已逐步熟悉了国际承包合同管理的范围和内容,初步掌握了国际合同管理的主要业务程序和方法,培养和锻炼了一批既懂技术,又懂经济的综合性管理人材。

2.水口水电站利用外资情况。计划分两期贷款,第一期为1.40亿美元,第二期尚未商定。世界银行贷款主要用于全部土建工程的国际招标,并采购部分永久设备和施工机械。土建工程通过公开的国际招标,共有10家投标商展开竞争,9家为联营体,1家为独立包商。最后,由华田联营体(包括华东水利水电公司、闽江水电工程局、水电部第四工程局和日本前田建设株式会社)以5.51亿元中标,仅为"工程师概算"基本价的35.2%。主体工程已于1987年开工,计划1994年投产发电。

3.岩滩水电站利用外资情况。土建工程实行多种形式的国内招标承包或议标承发包,由葛洲坝工程局和广西水电建设公司中标,中标价比基本价可节省15%左右。此外,还利用了世界银行贷款5200万美元,进行了国际招标,购买了设备和钢材,中标者有美国、日本等国的厂商。主体工程已于1985年3月开工,预计1993年7月第一台机组投产发电。

4.天生桥二级、五强溪、潘家口蓄能、沙溪口等电站利用外资情况。天生桥二级水电站由日本政府向我贷款754亿日元,主要用于采购工程所需的发电、输变电设备、施工机械和材料,以及聘请外国咨询专家。本工程

于1984年正式开工,计划1990年第一台机组投产。1988年8月,日本政府又向我国提供第三批日元贷款,其中,包括水电项目3项,即五强溪、天生桥二级水电站和十三陵抽水蓄能电站,总贷款金额600多亿日元。1984年科威特阿拉伯经济发展基金为沙溪口水电站提供了部分长期低息贷款,主要用于采购发电设备、施工机械和材料,以及聘请外国咨询专家之用。1984年意大利政府为潘家口水电站提供了一笔混合贷款,用于引进3台抽水蓄能机组,单机容量为7万kW。此外,加拿大、挪威、澳大利亚、日本、美国等还提供了一批无偿赠款,主要用于鲁布革、天生桥、岩滩等水电站的技术咨询,以及长江三峡、广西昭平水电站的可行性研究等工作。

通过几年的实践,我们看到利用外资对加速我国水电事业的发展,已起到了积极的作用:(1)补充了国内建设资金的不足。目前,全国缺电情况仍很严重,由于基建投资有限,不能满足电力发展的需要。在这种情况下,我们借用部分外资,可以弥补国内资金的不足,争取一些水电项目早日上马。(2)解决了水电建设所需的设备材料。由于电力事业的迅速发展,国内生产的设备和材料不足,难于满足建设的需要。利用外资项目大都用贷款购买了国内供应紧缺的设备和材料;缓解了国内供应短缺的矛盾。(3)引进了国外的先进技术和管理经验。通过出国考察和聘请咨询专家,我们引进了许多国外设计、施工等方面的新技术、新方法,例如,高面板堆石坝、碾压混凝土坝、全断面钻爆开挖、针梁式模板全断面衬砌、长隧洞转盘调车等等。(4)促进了水电建设体制的改革。利用外资项目,广泛采用国际竞争性招标的办法,可以提高劳动生产率,缩短工期,降低造价,保证质量。它与我们以往采用的“自营制”相比优点较多。为了加快水电事业的发展,必须改革“自营制”体制,在选择设计、施工、供货单位时,要逐步推行招标承包制。

中朝两国联合对鸭绿江、图们江进行全面开发

俞　介　刚

在鸭绿江干流上继水丰、云峰两水电站建成之后,1984年至1988年间,又有太平湾、渭源两水电站和水丰扩建水电站相继投入发电。在这些电站开发的基础上,中朝两国又对干流上可能建大中型水电站的两个坝址——临江水电站和义州水电站坝址开展了初步设计阶段的勘测设计和试验研究工作。在这期间,图们江干流上的流域规划工作也已全面展开。

一、太平湾水电站建成

1974年12月中朝鸭绿江水力发电公司理事会27次会议决定,太平湾电站和渭源电站由两国共同投资,均建设成为50周波和60周波的共用电站。渭源电站的建设由朝方负责,太平湾电站的建设由中方负责。双

方相互积极协助建设。

太平湾水电站位于鸭绿江干流的下游，距上游水丰水电站29.5km，距下游丹东市40km，在辽宁省宽甸县境内，为低水头大流量电站，多年平均流量为800m^3/s，混凝土重力坝长1185m，最大坝高36.5m，总库容2.7亿m^3，电站装机容量19万kW，多年平均发电量7.7亿kW·h。工程的土石方开挖量为161.2万m^3，混凝土浇筑量71万m^3。该电站于1974年开始勘测设计，1977年底由水电部东北勘测设计院编制出初步设计及概算文件，1980年12月第33次理事会批准初步设计及概算，水电部第六工程局于1981年做施工准备，1982年10月主体工程开工，1983年10月截流，1985年12月18日第1台机组发电，1987年11月工程全部建成。

二、渭源水电站第一台机组发电

渭源水电站位于鸭绿江中游，在朝鲜慈江道渭源郡和中国吉林省集安县境内。混凝土重力坝长627m，最大坝高55m，总库容6.26亿m^3。电站共装6台机组，总装机容量39万kW，多年平均发电量12亿kW·h。工程土石方开挖量125.4万m^3，混凝土浇筑量95.9万m^3。该电站从1965年开始由平壤电力设计事务所设计，1978年中朝水电公司理事会批准初步设计和概算，并立即开始施工，1988年7月第一台机组发电，同年底有5台机组安装完毕。

三、水丰扩建电站长甸水电站建成发电

1971年3月中朝理事会、监事会第四届第六次会议提出，为加强战备，有必要在水丰水库两侧修建地下水电站，并决定中朝双方在自已境内各自修建一座装机容量为15万kVA的地下电站。电站由中朝两国各自投资，建成后也不纳入公司财产。关于电站建成后的有关运行问题，另行商定。

根据我国的国情，后来将中方侧的地下电站改为地面电站，主要用于调峰。并将水丰扩建电站定名为长甸电站。工程的地下开挖量为21.0万m^3，明挖土石方量为22.3万m^3，混凝土浇筑量为9.3万m^3。

长甸电站由东北勘测设计院设计，第六工程局施工，开始施工时间为1986年，1988年7月第一台机组发电。

四、临江、义州两水电站开始初步设计

1985年6月中朝鸭绿江水力发电公司第38次理事会上决定合作兴建鸭绿江上的临江和义州两水电站，并决定临江电站由中方负责建设和运行，义州电站由朝方负责建设和运行。临江电站坝址位于吉林省浑江市临江镇上游12km处，在云峰电站上游，电站装机容量30万kW，多年平均发电量8.8亿kW·h。义州电站位于辽宁省丹东市上游8km处，装机容量10万kW，多年平均发电量约4亿kW·h。这两座电站由中朝联合设计组开展勘测设计工作，至1988年底已开过4次联合设计组会议，定了一些主要参数，初设文件仍在编制中。

五、图们江干流规划工作开始

1985年6月38次理事会决定将原有的中朝鸭绿江干流规划工作小组改名为中朝鸭绿江、图们江干流规划小组，要求加速图们江干流水能资源的规划、开发工作，尽快做出规划和选定电站建设地点。据此，在干流规划小组第14次会议上，双方编制了中朝图们江干流规划任务书和勘测大纲。1986年1月，双方对图们江下游河段进行联合踏勘，开展

中苏两国共同进行黑龙江水资源综合利用规划

周德亮

黑龙江流域面积184.3万km^2，其中在我国境内的占48％，在苏维埃社会主义共和国联盟(以下简称苏联)境内的占50％，在蒙古人民共和国(以下简称蒙古)境内的占2％。河流全长4324km，河源为额尔古纳河和石勒喀河。额尔古纳河为中、苏两国界河，石勒喀河在苏联境内，均发源于蒙古。两河汇合后始称黑龙江。从两河汇合口到左侧支流结雅河汇入口长900km，为黑龙江上游；从此到右侧支流乌苏里江汇入口长949km，为中游；以下为下游，在黑龙江湾出海。黑龙江全长2 821km。上、中游为中、苏两国界河，下游全在苏联境内。

黑龙江流域水量充沛。在漠河坝址处的多年平均流量为880m^3/s，在黑河市处为1590m^3/s，在太平沟为4720m^3/s，在哈罗夫斯克为8600m^3/s，在出海口为11000m^3/s。

一、1956～1960年合作进行的综合考察

根据中、苏两国政府于1956年8月18日在北京签订的《关于中华人民共和国和苏维埃社会主义共和国联盟共同进行调查黑龙江自然资源和生产力发展远景的科学研究工作及编制额尔古纳河和黑龙江上游综合利用规划的勘测设计工作的协定》，中、苏两国科学家和专家进行了科学考察和勘测设计工作。

中、苏双方综合考察的总负责人是中国科学院副院长竺可桢教授和苏联科学院生产力研究委员会主席B.C.涅姆奇诺夫院士。双方考察队队长是中国水电部冯仲云副部长和苏联科学院C.B.克洛波夫博士。综合考察分自然条件、地质、水利水能、交通运输和经济5个组进行。从1956年到1959年进行野外考察，1960年进行总结。其中于1957年3月、1958年3月和1959年4月分别在莫斯科和北京召开了3次中苏联合学术会议。会上双方科学家、专家提出并交流了大量学术报告和论文。原计划在1960年4月于北京进行第4次总结性会议，但因两国关系变化没能召开，综合考察工作就此暂告结束。

了预选坝址的测量、地质、水文等资料的勘测工作；1988年1月编出了下游河段主要是庆荣、荒山坡、回龙峰3个水力枢纽的规划报告。关于图们江中游芦果～三合河段的规划问题，双方从地形图上初选了坝址，交换了意见，进行了踏勘。目前规划报告尚在编制过程中。

在上述三次学术会议后，我国相继刊印出版《黑龙江流域综合考察学术报告》第一、二、三集，另外还出版了《黑龙江流域综合考察队自然条件组学术报告汇编》两集、《中国东北自然地图集》和《黑龙江流域综合考察学术总报告》7卷。总报告分别提出了黑龙江流域及其毗邻地区的生产力发展远景设想、自然条件研究、农林牧渔资源研究、地质与矿产资源研究、水利资源研究、经济研究、交通研究等。其中对黑龙江水资源的评价是：上游段建水电站条件良好，可由3～5座电站组成梯级，其中以漠河、鸥浦、黑河三级开发较好，装机430万kW，年发电量216亿kW·h。中游段水量充沛，但开发条件较差，较好的坝址仅太平沟一处，该处若正常蓄水位定为90～100m（考虑淹没损失限制），则装机容量为130～190万kW，年发电量65～95亿kW·h。关于第一期工程则认为以修建黑河（或鸥浦）较为有利。

与科学考察工作相平行，中、苏双方于1956到1959年还开展了黑龙江上游综合利用规划设计；在中游进行过查勘和勘测。1956年中国电力部和苏联电站建设部各自指定长春水力发电设计院和列宁格勒水电设计院承担规划设计。两设计院分别组建了黑龙江勘测总队和阿穆尔勘测大队。M.B.菲尔索夫和唐季友为设计总工程师。双方勘测设计人员曾于1956年8月和1958年9月联合查勘了上游和中游各坝址。从1956年到1959年在漠河、连崟、双合、桂花、鸥浦、四克金、黑河、太平沟等坝址进行了测量和地质勘探工作，同时做了水文、水库淹没区的调查研究工作。在这期间，冯仲云副部长、水电设计总院田忠副院长、长春水电设计院姜国亭副院长曾几次和苏联电站建设部巴甫连科副部长、列宁格勒水电设计院雅诺夫斯基院长就勘测设计工作计划和分工等进行交谈。1959年4月，长春水电设计院派出以曹维恭为代理设计总工程师、曹学敏为设计组长等8人组成中方设计小组，到列宁格勒水电设计院参加编写综合利用规划报告，于同年11月提出报告，待审查。

两国对开发利用黑龙江的要求基本一致，即发电、防洪和航运，但在程度上有所差别。我国把发电放在第一位，而苏联则更重视防洪，因而对第一期工程的选择意见分歧。苏联科学院在开始考察时曾认为连崟可作为第一期工程，但经过一定勘测工作后，发现漠河的地质条件优于连崟，因此列宁格勒水电设计院推荐漠河为第一期工程。当时我国专家从与我国用电中心的距离考虑，因从漠河和连崟到用电中心过远，认为选四克金为第一期工程较好；同时希望扩大规划范围，研究太平沟作为第一期工程的可能性。后经勘测工作查明，四克金地质条件相对较差，而鸥浦地质条件较好。考虑到既要满足防洪要求，又要离中国用电中心近些，经过经济指标比较，由列宁格勒水电设计院为主编写的《黑龙江上游综合利用规划报告》（列宁格勒水电设计院雅诺夫斯基院长向我方设计人员说明，这报告暂还不能作为正式文件）建议第一期工程为鸥浦电站。为使其能具有足够的防洪库容，鸥浦的正常蓄水位采取淹没连崟的298m高程。报告还建议黑龙江上游梯级由漠河（400m）、鸥浦（298m）、黑河（191m）3级电站组成，总装机容量430万kW，年发电量220亿kW·h。为避免苏方水电站装机容量积压，报告还建议在结雅河先建结雅水库（与黑龙江上游电站在同一时期建设）以调蓄洪水，暂不配电站。至于中游河段的太平沟电站，因不在两国政府协议的规划范围之内，有待两国政府补充协议后再研究。1959年11月，苏联水电设计总院内部讨论了这个规划报告，认为：（1）黑河电站的地质条件还可研究，可考虑采用混凝土溢流坝和挡水土坝结合，电站的经济指标将变好，其规模与中、苏两国用电要求比鸥浦较适应，不致影响结雅电站建设；(2)鸥浦库容过大，蓄水时间过长，造成投资积压，又影响结雅电站建设。1960 年 3 月，冯仲云副部长指示，由水电部规划局等有关司局讨论这份报告。1961 年 8 月，由水电部规划局成润局长、技术委员会高镜瀛主任、水利水电科学院谢家泽副院长、水电总局朱承中处长(代表局长)、东北勘测设计院姜国亭副院长组成的 5 人小组讨论了报告并提出了如下意见：上游梯级以漠河(400m)、连崟(298m)、鸥浦(253m)、黑河(191m)4 级开发为好。第一期工程选黑河，但因在黑河坝址地勘工作不多，不宜说得太死。并认为因中、苏双方对梯级和第一期工程选择的意见不一致，难于统一，政府不宜组织审查。1961 年以后，因规划工作中止，报告未经审查。

二、1986 年以后合作进行综合利用规划

时隔 20 多年，1984 年苏联部长会议第一副主席阿尔希波夫访华，建议中、苏两国继续共同进行黑龙江水资源综合利用规划。1986 年 4 月 20 日到 24 日，以水电部外事司司长赵传绍为团长的中国专家代表团与以 B.K.亚当为团长的苏联专家代表团在苏联哈巴罗夫斯克市就组建中苏联合规划委员会问题进行了磋商。1986 年 10 月 23 日在苏联莫斯科由中国驻苏大使和苏联土壤改良水利部部长签订了《中华人民共和国政府和苏维埃社会主义共和国联盟政府关于组建中苏指导编制额尔古纳河和黑龙江界河段水资源综合利用规划委员会的协定》。1986 年 12 月 11 日至 18 日在中国北京举行了第一次规划委员会会议，中方参加会议的有：中方委员会主席、水电部副部长扬振怀，委员赵传绍、曾念、罗西北、周德亮、李秀峰、姚培生和联络秘书崔佰勋；苏方有：苏方委员会主席、土壤改良水利部第一副部长 Л.А.波拉德—扎德，委员 А.М.沃尔罗夫、В.М.克拉柯维茨、М.П.库尔巴茨、Г.В.沃罗巴耶夫、В.А.达维多夫、Н.В.罗日柯夫、В.А.麦列和夫。会议签署了第一次委员会会议纪要，其主要内容有：根据平等互利、互不干涉内政和互相尊重领土主权的原则编制界河段综合利用规划；规划任务是选择河段开发方案和第一期工程；规划应满足国民经济各有关部门要求，其中最主要的是水力发电、防洪和市政供水；规划应根据双方经济上互利和费用对等的原则，中方指定水电部松辽水利委员会、苏方指定土壤改良水利部全苏水利和土壤改良工程勘测设计科学研究总院为设计牵头单位，中方周德亮、苏方 В.С.斯末尔诺夫为设计总工程师。1987 年 6 月中方建立了洛古河、上马厂和卡伦山水文站，同年 12 月苏方建立了鸥浦、库玛拉和太平沟水文站，相继开始水文观测工作。1987 年 6 月 15 日到 7 月 7 日，中、苏双方设计总工程师及有关专业专家在黑龙江上、中游联合进行了查勘，踏勘了漠河、连崟、鸥浦、四克金、黑河、太平沟等重点坝址，并商定了 1987 年工作计划。1987 年 10 月，中、苏两国专家在中国长春市会晤，共同编写了《额尔古纳河和黑龙江界河段水资源综合利用规划任务书》和《调查、勘测、规划工作大纲》。1987 年 11 月，在莫斯科举行了第二次规划委员会会议，会议批准了规划任务书和工作大纲，同意在上游从漠河到呼玛之间选择第一期工程，并考虑中游太平沟。根据第二次委员会会议意见，双方勘测设计单位在鸥浦和太平沟选择了新的坝线进行勘探。鸥浦新坝线的地质条件比旧坝线好得多，避免了旧坝线存在的深达 30 余米

的石海(山麓石碴堆积)缺点;太平沟新坝线位于旧坝线的下游,河谷较开阔,有利于水工布置和施工导流,又可淹没碍航的兴东浅滩,较好地解决发电调峰和航运间的运行方式不同要求的矛盾。在第二次到第三次规划委员会会议之间,中、苏双方不同专业专家进行了多次专业性会晤,互检勘测工作质量,交换基本资料,商讨研究设计工作方法等。1989年1月,中、苏规划委员会在中国北京举行了第三次会议,因机构人事的变动,委员会双方部分成员有调整,中方委员会主席改由水利部副部长张春园担任,委员为赵传绍、周小谦、朱尔明、周德亮、李秀峰(第三次会议后改由张文科担任),卢忠诚和联络秘书崔佰勋。会议通过了双方设计单位共同编写的《1988年度规划工作报告梯级方案及第一期工程的设想》,除有部分细节问题有待进一步协商外,基本选择漠河和连崟为第一期工程。漠河的正常蓄水位400m,连崟为反调节水库。太平沟为中游的第一期工程,在规划中为减少对生态的不良影响,必须对几个正常蓄水位进行研究。

关于额尔古纳河和黑龙江界河段水资源综合利用规划工作尚在积极进行中,计划1992年结束。

XIX 大事记

木刻：莫测

中国水力发电40年大事记

(1949～1988)

编 写 说 明

1．编写《中国水力发电大事记》的目的，主要是为了把40年来我国水电建设的起步、发展、成就及其曲折的历程作个记载，作为“前事不忘，后事之师”的镜鉴，以促进水电建设事业的加快发展；同时也为今后编史工作提供资料、索引。内容主要来源于档案、文献和报刊资料。

2．编写《中国水力发电大事记》的原则是：按照历史唯物主义的观点，尊重历史，尊重事实，客观加以记录，力争反映事情的本来面目；记述的事件、材料和数字，力求准确可靠；对一些重大事件的情况，力求表达清楚。

3．什么叫大事?很难划出一个明确的界限。本大事记选材的标准，凡是对我国水电建设事业起过一定影响、促进和推动作用的，均择要登载。具体标准主要有以下几点：(1)党中央、国务院有关水电建设的方针政策，党和国家领导人视察水电站或水电站工地以及有关指示或题词；(2)部和总局颁发的重要文件，以及召开的有关重要会议；(3)大、中型水电站建设及建设过程中发生的重要事件；(4)重要的科学技术活动和学术活动；(5)重要的中外技术经济合作活动；(6)改革开放及其他重要事件。

4．为了使本大事记能反映建国以来水电建设事业发展的基本脉络，在编写方法上，尽量注意前后呼应、衔接；对大、中型水电站的开工、第一台机组发电和竣工，除重要的大型水电站外，一般在一条里交代清楚；从1952年起，每年末对新增水电装机容量和年发电量及其在电力工业中的比重作一条记录，每个五年计划末有一条简要的小结性记载。

5．有关小水电的统计数字，系引用原水电部农电司的统计材料。其统计范围：50年代500kW以下；60年代3000kW以下；70年代至1986年1.2万kW以下；1987年至现在2.5万kW以下。1970年以前无小水电发电量的统计。

6．本大事记暂缺我国台湾省水电建设的大事及有关统计数字。

7．本大事记最初稿写于1982年，由王波、赵国庆两同志编写。1987年3月，曾以“征求意见稿”的形式发表于《中国水力发电史料》内部刊物第1期，收到许多同志寄来的宝贵意见。这次年鉴刊载的稿子是在广泛征求意见和重新搜集资料的基础上，由王波同志重新改写，并由年鉴编辑部组织有关同志集体审查定稿。在重新编写过程中，梁益华、常流、陈牧天、陈宗梁、宋延福、丁正乾、江志歧、于冰等同志提供或帮助搜集了资料，在此表示感谢。但由于编写人受水平和收集资料的限制，错误和遗漏之处在所难免；同时对什么是大事，也还可能有仁者见仁、智者见智之处，一并欢迎广大读者批评指正。

——编 写 者

中华人民共和国成立以前

▲中华人民共和国成立以前，在中华民国政府统治的 37 年中，只建过一些小水电站，总装机容量约 1 万 kW。

日本帝国主义侵占东北、台湾和海南岛期间建过一些大、中型水电站，总计装机容量约 90 万 kW，但在战争中遭到国民党军队很大破坏，能发电的机组很少。

至中华人民共和国成立时，不包括台湾省的水电站，中国大陆仅有水电装机容量 16.3 万 kW，当年发电量 7.1 亿 kW·h，分别占当时电力总装机容量和发电量的 8.8% 和 16.5%。

▲中国的第一座水电站是建筑在云南省昆明市郊螳螂川上的石龙坝水电站(原名昆明石龙坝耀龙电灯厂)。

该电站由昆明商会募股集资，于 1908 年 7 月开工，1912 年 4 月发电。开始安装由德国西门子厂生产的 240kW 的水轮发电机组 2 台，用 22kV 输电线路向昆明供电。以后不断扩建，至解放前夕，总装机容量为 2920kW。

▲在解放区修建的较大水电站，是建筑在河北省滹沱河支流险溢河上的沕沕水水电站。该电站装机容量 196kVA，于 1947 年 7 月 1 日开工，1948 年 1 月 25 日由朱德总司令剪彩、并亲自启动进水闸门发电，为当时兵工厂生产、西柏坡党中央驻地照明及新华社对外广播提供了电力。

1949 年

5 月　华东军管会经济部接管了国民党南京政府资源委员会水力发电工程总处。该总处原有职工 100 余人，主要为工程技术人员。经过我地下党的工作，总处处长黄育贤和大部分技术人员留了下来，先后参加了新中国的水电建设工作。

10 月 1 日　中华人民共和国成立，在中央人民政府领导下，设立了燃料工业部，管理全国煤炭、电力(包括水电)和石油工业。

1950 年

2 月 14 日　中、苏两国签订协议，规定"苏联应将在中国东北从日本手中获得的财产，也就是一批工厂、矿山及其机器设备无偿地移交给中国"，其中包括苏联红军 1945 年 11 月 7 日运走的丰满水电站 2、6、7、8 号机组(总容量 29 万 kVA)及其附属设备共四台半机器，但以后几经交涉，一台也未归还。

7 月 13 日　丰满水电站大坝抢修工程基本完成。丰满水电站是 1948 年 3 月为我人民政府接收的，由于日本侵略者原来施工质量极其低劣，加上国民党军队的破坏，大坝岌岌可危，电厂破烂不堪，严重威胁下游人民生命财产的安全。自该电站为我接收后，立即进行了大坝紧急抢修工作；在此期间，苏联专家对抢修大坝提出了积极的意见和建议。大坝抢修任务的基本完成，使大坝转危为安。

7 月 7 日至 22 日　在北京召开了中国电业工会第一次代表大会，成立了中国电业工会。

8 月 7 日至 9 日　燃料工业部在北京召开了第一次全国水力发电工程会议，朱德总司令亲临大会做了重要指示。会议在分析当时水电事业现状的基础上，提出了有计划、有步骤地发展我国水电事业的方针任务，并作出决议报告了政务院。

8 月　成立燃料工业部水力发电工程局，黄育贤、张铁铮分任正、副局长。

11 月 17 日　政务院第 59 次政务会议通过了《全国水力发电工程会议决议》。《决议》指出：要加速完成丰满水电站的恢复改建工程和其他中小水电站未完的工程，健全组织机构，大量培养技术干部，为发展我国水电事业创造条件。

1951 年

3 月　新中国成立后第一座新建的水电站——福建古田溪一级水电站开工。第一期工程装机 1.2 万 kW(2 × 0.6)，1956 年 3 月第一台机组发电。

9 月　四川龙溪河第二级上硐水电站复工。该电站于 1946 年 3 月动工兴建，1949 年 5 月停工，仅完成工程量约30%。电站装机1.05万kW(1×0.3+1×0.75),1953年12月第一台机组发电,1956年9月竣工。

9月 朱德总司令视察镜泊湖水电站。

10月 浙江黄坛口水电站开工。它是我国自己最早建设的中型水电站,装机3万kW(4×0.75)。由于开工前勘测工作做的不够,在施工过程中发生西山地质滑坡,并发现原设计的洪水流量偏小,必须进行勘测补课,修改设计,因此工程被迫于1953年3月停工。1954年1月复工后,又因当时用电对象不明确,于1955年3月再次停工,至1956年4月第二次复工。1958年5月第一台机组发电,1958年10月竣工。黄坛口工程的教训,对我们今后重视水电前期工作特别是工程地质工作的重要性,起了重要的促进作用。

12月 旧中国遗留下来的水电技术力量十分薄弱,在勘测方面仅有1名专业地质技术人员,专业测量人员也很少。为了迅速改变这一状况,燃料部除建议教育部若干大、专院校设立水力发电工程系、科帮助培养专业人员外,于本年度招收一批高、初中毕业生,举办了一期测绘人员训练班。1952年又接着举办了一期,共计培养了100余名测绘人员。

本年 燃料部水力发电工程局组成以李鹗鼎为总队长,以第一期测绘人员训练班学员为基本队伍的新中国第一支水电测量队,第一次开赴黄河中游内蒙托克托县柳青村地区进行有关河段的查勘工作,取得一批地形和水准资料。这次查勘进行到次年春节前结束。1952年春暖以后又对柳青村往下至河曲龙口,往上至托克托县,进行第二次黄河的查勘。

1952年

1月 安徽佛子岭水库工程开工。坝型为连拱坝,最大坝高75.9m,是我国自己设计和修建的第一座轻型坝。水库总库容4.96亿m^3,电站装机3.1万kW,其中2台单机容量为1万kW的机组于1954年11月发电。

4月4日 东北地区负荷增长迅速,已达到设备可能供给的最高点。为此,燃料部与朝鲜电气局双方签订《1952年电力供受协定》及《关于将水丰发电厂60周波专用发电机改为50周波供应中国用电议定书》两个文件,由水丰发电厂将其经常闲置的60周波、50周波两用的容量为10万kW的6号水轮发电机组1台,改为50周波向东北地区供电。

6月23日 美国发动侵朝战争后,飞机轰炸鸭绿江上的水丰水电站,大部分机组遭到严重破坏。

8月 四川下硐和桃花溪两水电站修复工程全部完成。1949年12月2日长寿解放,重庆市人民政府迅速于1950年1月17日组成了“长寿水电工程修复委员会”,负责下硐和桃花溪两电站的修复工程。桃花溪电站3台机组总容量867kW于1950年7月修复发电;下硐电站4台机组总容量3040kW于本月全部装完。

10月3日 政务院任命李锐为燃料部水力发电工程局局长,原局长黄育贤改任总工程师,张铁铮仍为副局长。

10月31日 毛泽东主度在河南对黄河进行了两天的视察,听取了治理黄河和修建三门峡工程等汇报,并作出指示:要把黄河的事情办好。

12月31日 经过3年的恢复和改建工作,全国水电装机容量增至18.8万kW(其中小水电0.55万kW),年发电量为12.6亿kW·h,分别占整个电力装机容量和年发电量的9.6%和17.4%。

1953年

1月1日 《人民日报》发表题为《迎接1953年的伟大任务》的社论。社论指出:“1953年将是我国进入大规模建设的第一年”,第一个五年计划期间的电力建设方针,“将以建设火力电站为主,同时利用已有的资源条件,进行水力电站的建设,并大力进行水力资源的勘测工作,为今后积极开发水电建设准备条件。”

3月19日 毛泽东主席视察长江,听取长江水利委员会关于开发和治理长江的汇报。

3月25日 我国和苏联在莫斯科签订了关于苏联帮助中国扩大现有电站和建设新电站的协定。

4月6日 经政务院批准,燃料工业部水力发电工程局改为燃料工业部水力发电建设总局,李锐、张铁铮分任正、副局长,黄育贤任总工程师。总局的成立,加强了对规划、计划、勘测、设计、施工、科研、教育等方面的组织领导，使我国水电建设进入有计划全面发展的时期。

4月10日 根据水力发电建设总局统计，全国水电职工已由新中国成立时的约4000人发展到22700人。总局所属机构有：华东水力发电工程局(包括古田、黄坛口工程处和新安江勘测处)、西南水力发电工程处(包括云南水力发电工程处和西南水力发电勘测处)、中南水力发电工程处、兰州水力发电工程筹备处、吉林丰满水电工程公司。

4月 我国水电专业测量队进行第三次黄河勘察。这次勘察上自龙羊峡至大柳树段，下自龙门(禹河口)至龙口段。通过前后三次勘察，获得了黄河上、中游地段几乎所有比较坝址的大比例尺地形图和相应的小比例尺水库地形图等，为今后编制黄河技术经济调查报告提供了第一批比较完整的测绘资料，同时锻炼和扩大了队伍。

4月27日 吉林丰满水电站恢复改建工程任务基本完成，第7号7.25万kW机组投产发电。其他8、6、2、5、3号5台机组分别于1953年8月、1954年9月、1955年3月、1956年8月、1959年3月投产，连同原有机组，总装机容量55.4万kW，担负了“一五”期间东北地区电网最高负荷的31%～55%。丰满水电站恢复、改建、扩建任务的完成，不仅为促进东北地区工农业发展及支援全国解放战争和抗美援朝战争作出了贡献，而且它是我国培养水电建设人才的第一所学校，大批技术干部和技术工人成为以后水电建设中的骨干。

5月15日至25日 水力发电建设总局在北京召开全国水力发电勘测会议。会议在总结经验教训的基础上，着重强调了水电建设中勘测工作特别是工程地质工作的重要性，并对水电勘测工作的具体要求、工作方向、步骤、项目等作了较明确的规定，为以后水电勘测工作的发展打下了基础。

9月10日 经过几个月的筹备，北京水力发电工程学校正式成立并举行开学典礼。学校设水文、水工建筑和工业民用建筑等3个专业，学生总数1200余人。这是水力发电建设总局创办的、也是中国第一所水力发电中等专业学校。

10月16日 我国第一个规模巨大的电机制造厂——哈尔滨电机厂建筑工程完工。

12月10日 我国第一台容量6000kW水轮发电机组在哈尔滨电机厂制造成功。这台机组安装在福建古田水电站。

12月31日 水力发电建设总局统计，总局所属系统已有干部5060人，其中工程技术干部1315人。

12月31日 全年新增水电装机容量14.5万kW，年末水电装机总容量33.3万kW(其中小水电0.56万kW)，年发电量15.4亿kW·h，分别占整个电力装机容量和年发电量的14.2%和16.7%。

1954年

1月 政务院决定成立黄河流域规划委员会，由邓子恢副总理任主任，水利部李葆华副部长和燃料部刘澜波副部长任副主任，下设办公室负责具体规划工作，水力发电建设总局副局长张铁铮兼任办公室主任。办事机构设在燃料部。水利部和水力发电建设总局均派出了大批技术人员参加黄规会的工作。

2月 应我国政府邀请，以柯洛略夫为首的苏联综合专家组一行7人来到北京，帮助黄河综合利用规划的工作。从2月至6月，由有关部门领导及中、苏专家共同组成黄河考察团，从甘肃的刘家峡到黄河河口，行程1200km，进行了大规模的查勘工作。

3月 水力发电建设总局局长李锐向中共华东局汇报新安江河流开发方案问题。华东局领导很重视，谭震林书记听了汇报后，对新安江水电站的兴建持肯定态度，并指示上海、浙江、江苏、安徽、江西等四省一市积极支持，从而为国家计委批准兴建新安江水电站和加快工程开工，起了促进作用。

4月5日 官厅水电站开工。坝型为粘土心墙坝，最大坝高45m，总库容22.7亿m^3，装机3万kW(3×1)。官厅水库工程开始兴建时未考虑发电，其电站部分是在水库枢纽建成后增建的，因此在布置上不尽合理。电站第一台机组于1955年12月26日发电，1956年9月竣工。

4月 大伙房水库工程开工。坝型为粘土心墙坝，最大坝高52.3m，总库容21.8亿m^3，电站装机3.2万kW(2×1.6)，1959年5月竣工。

7月15日 《水力发电》杂志创刊，国内外公开发行。这是中国第一分水电专业杂志，编辑部设在水力发电建设总局。

8月1日 我国最早实现河流梯级开发的四川

龙溪河最上游的一级——狮子滩水电站开工。坝型为堆石坝,最大坝高 51m,是我国建造的第一座大型堆石坝。水库总库容 10.28 亿 m^3,具有多年调节性能,为龙溪河梯级的"龙头"水库。电站装机 4.8 万 kW(4 × 1.2)。

8 月 水力发电建设总局决定,将总局勘测、设计两个职能处全并,成立勘测设计局,代表总局管理全国水电勘测设计技术业务工作。人、财、物仍由总局统一管理。

10 月 水力发电建设总局召开各工程局(处)长会议。会议在总结一年多来勘测、设计和施工经验教训的基础上,着重提出水电队伍必须树立"不怕困难,不叫苦,不埋怨,顽强战斗"和"不怕负责任,独立负责解决问题"的作风。

12 月 16 日 以刘澜波为团长、李锐为副团长的电站访苏团前往苏联学习水、火电建设的经验,在苏联作了为期 3 个多月的访问。通过访问,学习了解了苏联在水、火电建设方面的经验教训,带回一批规程资料。代表团共 21 人,其中水电 12 人,于 1955 年 3 月 24 日回国。

12 月 继北京水力发电工程学校成立之后,至本年底又先后建立了杭州、成都、长春和武昌等四座水力发电工程学校。

本年 国务院决定成立长江流域规划委员会,由周恩来总理兼任主任,李葆华、刘澜波任副主任,长江水利委员会主任林一山任办公室主任。技术力量除长江水利委员会外,电力部长沙水电设计院、交通部规划设计院等参加。

12 月 31 日 全年新增水电装机容量 7.6 万 kW,年末水电装机总容量 40.9 万 kW(其中小水电 0.65 万 kW),年发电量 21.82 亿 kW · h,分别占整个电力装机容量和年发电量的 15.7 % 和 19.9 %。

1955 年

3 月 5 日 江西上犹江水电站开工。坝型为重力坝,最大坝高 67m,总库容 8.2 亿 m^3,为我国第一座坝内式厂房,装机 6 万 kW(4 × 1.5)。1957 年 10 月第一台机组发电,1961 年 5 月竣工。

4 月 17 日 中华人民共和国政府全权代表李富春与朝鲜民主主义人民共和国政府全权代表朴昌玉在北京签订《关于鸭绿江水丰水力发电厂的决定》。

7 月 18 日 邓子恢副总理代表国务院在第一届全国人大第二次会议上,作《关于根治黄河水害和开发黄河水利的综合利用的报告》。《报告》指出:黄河规划委员会所提出的黄河综合利用规划,规划在黄河干流上建 46 座梯级水电站,装机 2300 万 kW,年平均发电量 1100 亿 kW · h。并指出这个规划经过国家计委审查同意,中共中央和国务院也研究了这个规划,认为规划的原则和基本内容是正确的。第一届人大第二次会议通过了关于这个规划的决议。

7 月 30 日 第一届全国人大第二次会议通过决议,撤销燃料工业部,设立煤炭工业部、电力工业部和石油工业部。刘澜波为电力工业部部长。水力发电建设总局悉属电力工业部。

8 月 8 日 黄河规划委员会根据国家批准的黄河综合利用规划,上报《黄河三门峡水力枢纽(包括水电站)设计任务书》和《初步设计编制工作分工》两个文件,提出三门峡作为治黄的第一期工程。

9 月 15 日 中、朝鸭绿江水丰水力发电公司第一届理事会第一次会议在平壤召开。会议选举了第一届理事会成员:理事长崔在河(朝鲜),副理事长王林;理事:李代耕、李平、崔载宇(朝鲜)、孙台植(朝鲜)。

9 月 19 日 新疆乌鲁木齐乌拉泊水电站建成投产,装机 2400kW(3 × 800)。这是新疆建成的第一座水电站,以 35kV 与苇湖梁发电厂并列运行。

10 月 8 日 电力部召开水电勘测设计和工程局(处)长会议,刘澜波部长在会上作报告,主要谈到水电建设任务十分繁重,应该从现在起,为第二个五年计划早做准备,把工作做好。要加强对技术方面的领导,大胆把优秀青年干部提拔到领导岗位上来,同时要注意采用新技术,以适应水电发展的需要。

12 月 历经两年(1954 年至 1955 年)的新中国第一次水能资源普查工作结束。这次普查是在收集全国各种地形图和水文资料的基础上进行量算,量算到三级支流,共量算大小河流 1598 条,累计河道长 22.7 万 km,统计水能资源为 5.4 亿 kW。

12 月 31 日 全年新增水电装机容量 8.9 万 kW,年末全国水电装机总容量 49.8 万 kW(其中小水电 0.69 万 kW),年发电量 23.6 亿 kW · h,分别占整个电力装机容量和年发电量的 16.6 % 和 19.2 %。

1956年

1月25日　电力部和水利部联合召开的全国水力、水利资源普查会议闭幕。会议确定今后两部共同进行河流的普查工作，并就普查的性质、普查规程、组织领导等问题作出决定。

4月14日　根据国家建设委员会关于在基本建设工程中节约水泥的指示原则，电力部发出《节约金属、水泥及木材的指示》，要求部属各单位在新建、扩建及改建工程中贯彻执行。

4月　安徽响洪甸水库工程开工。大坝为重力拱坝，最大坝高87.5m，总库容26亿m^3，装机4万kW(4×1)，1959年9月第一台机组发电，1961年4月竣工。

6月　第五届世界动力会议在维也纳召开，我国应邀派代表团参加，出席会议的有水力发电建设总局总工程师黄育贤和工程师程学敏等。大会参加国有53个。会议主题是：从最近的技术和经济的发展看世界的动力资源问题。

6月　电力部水力发电建设总局组织对湖南沅水较大规模的查勘。经研究，初步选定以鹭鹭滩和五强溪为主的开发方案。

7月23日　电力部颁发《水力发电站起动验收暂行规程》。

7月　水力发电建设总局决定，撤销勘测设计局，分别成立水电设计总院和北京水电勘测设计院。总院代表总局管理全国水电勘测设计的技术业务工作；北京勘测设计院主要负责华北地区的水电勘测设计工作，并支援其他水电设计单位的勘测设计工作。

与此同时，水力发电建设总局还正式宣布成立了上海、长春、兰州、广州、武汉、成都、昆明等水电勘测设计院。另外，还成立了新疆水电勘测处。

7月　电力部水电科学研究院成立，覃修典任院长兼总工程师。该院是水电总局于1954年在北京东郊定福庄筹建的水电科学研究所的基础上建立起来的，当时设土工、结构、电气、水工4个室和1个水工试验厅。从此，水电勘测、设计、科研等前期工作有了一套较完整的机构。

7月　跨流域引水开发的云南以礼河梯级第二级水槽子水电站开工。水槽子水电站大坝是跨流域引水的首部工程。电站装机1.75万kW(2×0.875)，1958年8月第一台机组发电，1960年3月竣工。

8月　由于水电系统伤亡事故严重，水力发电建设总局颁发《关于加强安全技术工作的命令》。接着，总局于10月在北京召开第一次全国水电安全技术工作会议。

8月　广东流溪河水电站开工。大坝为双曲拱坝，最大坝高78m，总库容3.64亿m^3，装机4.2万kW(4×1.05)，1958年8月第一台机组发电，1959年1月竣工。

9月15日　近年来在长江规划工作上存在着不同意见，一些报刊先后发表有关长江规划问题的文章，主张规划以三峡工程为中心，主张三峡建200m以上的高坝大库，并主张工程尽快上马等。为了贯彻党中央提出的“双百”方针，开展学术讨论，为国家决策提供参考依据，《水力发电》杂志出版了“长江规划问题专号”。专号中的文章大都从技术经济上论证，认为长江规划在开发顺序上应该先支流后干流，并认为三峡建200m以上的高坝大库和要求工程很快上马是不现实的。

9月　朱德副主席视察云南石龙坝水电站。

10月　狮子滩水电站第一台机组(1号机)较计划提前1年发电，及时解决了重庆地区的紧迫用电问题。工程于1957年3月峻工。

12月1日　西藏夺底水电站建成发电。电站装机660kW。这是在西藏建成的第一座水电站。

本年　水利部在福建省永春县举办南方8省小水电技术培训班，培养了一批农村小水电技术人才。

12月31日　水力发电建设总局统计，全国水电勘测设计人员总计19252人，其中：北京院3223人，上海院2321人，长春院1658人，兰州院1637人，广州院1713人，武汉院3246人，成都院3043人，昆明院1993人，新疆勘测处418人。

12月31日　全年新增水电装机容量39.86万kW，年末全国水电装机总容量89.66万kW(其中小水电1万kW)，年发电量34.6亿kW·h，分别占整个电力装机容量和年发电量的23.1％和20.9％。

1957年

2月　中国水利水电专家140多人与苏联专家一

起，在北京审查我国委托苏联设计的三门峡水电站初步设计。

2月21日 水力发电建设总局在北京召开的全国水电勘测设计会议闭幕。会议确定1952个勘测设计项目，其中包括年度施工项目、“二五”期间可能开工项目以及远景查勘项目。

3月 电力部在京召开动力科学研究会议。刘澜波部长在会上作了报告，着重指出科学研究工作必须与生产结合，既要为当前生产服务，也要为发展计划服务；要有自由讨论的民主空气。

4月1日 我国第一座自行设计、自制设备、自行施工的大型水电站——浙江新安江水电站开工。坝型为宽缝重力坝，最大坝高105m，水库总库容220亿m^3，具有多年调节性能。厂房为厂顶溢流式，装机66.25万kW(4×7.5+5×7.25)。

4月13日 三门峡枢纽工程开工。该工程原设计为高坝蓄水方案，坝型为重力坝，最大坝高106m，总库容159.35亿m^3，装机120万kW(8×15)。工程于1958年11月25日截流，1960年蓄水。

5月 电力部邀请湖南省人委、水利部、交通部及电力部有关单位审查湖南资水流域规划。

7月 安徽梅山水电站开工。坝型为连拱坝，最大坝高88.2m，是当时世界上最高的连拱坝。水库总库容22.7亿m^3。水库工程于1954年3月开工，1956年4月竣工。电站是在水库工程竣工后增建的，装机4万kW(4×1)，1959年12月竣工。

7月 以礼河三级盐水沟水电站开工。该电站引水隧洞长2740m，最大发电水头629m，装机14.4万kW(4×3.6)，是我国已建水电站中水头最高的水电站和容量最大的冲击式水轮机。工程于1962年停工，1964年复工，1966年12月第一台机组发电，1971年7月竣工。

7月 古田溪一级古田水电站第二期工程开工。二期工程装机5万kW(4×1.25)，于1959年12月竣工。

7月 龙溪河四级下硐水电站开工。电站装机3万kW(2×1.5)，1958年6月第一台机组发电，1959年3月峻工。至此，龙溪河4座梯级水电站全部建成。

8月28日 水利部在北京召开全国中小河流流域规划会议。会议对中小河流流域规划的综合利用指导思想及规划的方针、目的、方法、深度和组织领导等问题，进行了研究讨论。

10月1日 电力部水力发电建设总局在北京北海公园展出的全国水力发电建设成就展览会开幕。展出时间2个多月，参观人数达30余万人，其中有周恩来、朱德、宋庆龄、林伯渠、彭德怀、贺龙、陈毅、李富春、邓子恢、聂荣臻、谭震林、薄一波、郭沫若、徐向前等党和国家领导人，以及中央委员和各部部长100多人。很多领导人都题了词，周恩来总理的题词是：“为充分利用中国五亿四千万千瓦水力资源和建设长江三峡水力枢纽的远大目标而奋斗”。朱德副主席的题词是：“依靠群众力量，大力发展大中小型水电事业。”

12月31日 全年新增水电装机容量12.24万kW，年末全国水电装机总容量101.9万kW(其中小水电2万kW)，年发电量48.2亿kW·h，分别占整个电力装机容量和年发电量的22%和24.9%。

1953年至1957年“一五”计划期间，水电建设总投资5.23亿元，占整个电力建设投资的15.5%。5年中新建和改建的水电站19座，新增水电装机总容量83.1万kW，新增发电量35.6亿kW·h，年平均增长率分别为40.2%和30.8%。

“一五”计划期间开工的一批大、中型工程，由于前期工作做的较好，选择对象合理，施工比较扎实，因此，工期较短，造价较低，完成和超额完成了国家计划。

1958年

1月 中共中央召开南宁会议。会上首次提出“水主火辅”作为我国发展电力工业的长远建设方针；在组织上确定电力部和水利部合并。

2月3日 国务院副总理兼国家经济委员会主任薄一波在第一届全国人大第五次会议上谈1958年国民经济各部门发展计划的安排。电力工业有119个项目，电站100个，其中水电站24个，主要有浙江的新安江和百丈漈、云南的以礼河、辽宁的桓仁和大伙房、湖南的柘溪、四川的紫坪铺、北京的下马岭、福建的古田、广东的流溪河、安徽的梅山和响洪甸等水电站。

薄一波指出，1958年电力工业建设应坚决贯彻执行中央提出的“水主火辅”的长远建设方针，并提出中央有关部门应帮助地方建设中、小型水电站。关于长江三峡枢纽工程，应从 1958 年起，积极进行流域规划和勘察设计等各项准备工作。

2 月 11 日 第一届全国人大第五次会议通过关于调整国务院所属组织机构的决定，水利部和电力部合并成立水利电力部，并任命傅作义为水利电力部部长。

3 月初 为了治理开发长江，周恩来总理率领大批干部和中外专家乘船从武汉到重庆，视察长江。同行的领导干部有：国务院副总理李富春、李先念；湖北、湖南、四川三省的领导同志；国务院有关部委的领导同志。一路上看了荆江大堤、三峡坝址，听了沿江地方党政负责同志的汇报，还在船上进行了讨论。5 日船抵重庆，6 日周总理做了总结，为中共中央在成都会议上起草《关于三峡水利枢纽和长江流域规划的意见》作了准备。

3 月 5 日 周恩来总理和李富春、李先念副总理在水电部刘澜波副部长陪同下，视察狮子滩水电站。周总理挥笔题词："为综合利用四川水力资源树立了榜样，为全面发展四川经济开辟了道路。"两位李副总理也题了词。后来长寿水电厂建立六角亭刻碑留念。

3 月 在中共中央政治局成都会议上，毛泽东主席主持讨论周恩来总理关于三峡水利枢纽和长江规划的报告。会议同意这个报告，起草并通过了《关于三峡水利枢纽和长江流域规划的意见》的文件，指出要正确处理远景与近期，干流与支流，上、中、下游，大、中、小型，防洪、发电、灌溉与航运，水电与火电，发电与用电等 7 种关系。

3 月 30 日 毛泽东主席由重庆乘船东下，视察了三峡。

4 月 4 日 水电部决定：原水利部工程总局与原电力部水力发电建设总局合并，成立水利电力部水利水电建设总局。原水力发电建设总局局长李锐调任水电部副部长。水利水电建设总局由黄宇齐、朱国华先后任局长，黄育贤任总工程师。

4 月 21 日 周恩来总理、彭德怀副总理视察三门峡水电站工地。周总理对工程建设作了重要指示：(1)三门峡工程要以防洪为主，其他为辅，不能损害西安；(2)要做好三个规划，即水土保持规划、河道整治规划和黄河干、支流规划；(3)要妥善解决三门峡水库的泥沙控制等问题。

4 月 26 日 朱德副主席视察佛子岭水电站。

5 月 在中共中央"八大"二次会议上，李葆华、刘澜波两位副部长作了联名发言，指出电力工业是当前我国工业中最薄弱的环节，需要更快的发展；提出依靠地方，大、中、小并举，贯彻以水电为主、火电为辅的长远建设方针；并提出到第二个五年计划末争取做到水、火电装机容量基本相等。

6 月 1 日 中国科学院水工研究室、原水利部水利科学研究院和原电力部水电科学研究院合并，组成水利水电科学研究院。

7 月 北京下马岭、安徽陈村、广东南水、湖南柘溪和广东新丰江等 5 座水电站相继开工。

8 月 1 日至 9 日 全国第一次农村小水电会议在天津召开。会议交流了经验，讨论研究了有关农村水电建设各方面的问题，并提出了"以小型为主，生产为主，社办为主"的建设方针。

8 月 15 日 为庆祝流溪河水电站发电，陈毅副总理题词："流溪河水电站的建成，是广东省综合治理一条河流的开始。这是很好的开始，我们希望继续前进，完成整个河流的综合利用。"林伯渠副委员长于 8 月 1 日也作了"改造世界，大放光明"的题词。

8 月 浙江富春江、辽宁桓仁、江西柘林、宁夏青铜峡、湖北白莲河及云南以礼河梯级第一级毛家村等 6 座水电站相继开工。

8 月 21 日 水电部在郑州召开全国中型水利水电工程经验交流会议。会议要求因地制宜大力推广水中倒土筑坝、干砌卵石、草土混合围堰、木质压力水管、松动爆破、定向爆破等设计和施工方法。

8 月 27 日 原水利部北京勘测设计院和原电力部北京水电勘测设计院合并，组建水利电力部北京勘测设计院。

9 月 甘肃的刘家峡和盐锅峡、湖北丹江口、北京密云、湖南双牌及云南以礼河梯级第四级小江等 6 座水电站相继开工。

9 月 毛泽东主席在最高国务会议上提出发展国民经济两个"先行官"：一个是铁路；一个是电力。

10 月 作为长江三峡工程的试验电站——陆水水电站开工。坝型为混凝土砌石重力坝，最大坝高 49m，总库容 7 亿 m^3，装机 3.52万kW(4×0.88)，1969 年第一台机组发电，1974 年 12 月竣工。

10 月 17 日 水电部与中国科学院在上海联合召开潮汐发电会议。会议在初步摸清情况的基础上，制订了《潮汐资源普查工作要点(草案)及近期建设潮汐电站的意见》，并提出了初步试点项目。

10 月 1 日至 11 月 28 日 以水电部副部长李锐

为团长的中国水电专家代表团访问苏联。代表团考察了斯大林格勒水电站截流工程及古比雪夫、克里门楚克等水电站工地，还参观考察了一些水电设计和科研单位。

10月　广西西津水电站开工。坝型为宽缝重力坝，最大坝高41m，总库容30亿m^3，装机23.44万kW(2×5.72+2×6)，是在广西区兴建的第一座大型水电站。

工程于1960年11月18日截流，设计截流流量1300m^3/s，是当时国内最大的。

11月20日　国务院第81次会议批准了《中、朝鸭绿江云峰水电站建设筹备委员会的决议》。

11月　《中国水利》杂志的技术部分与《水力发电》杂志合并，改名为《水利水电建设》，至1960年底停刊；从1962年1月起又改名为《水利水电技术》出刊。

12月1日　国家经委和水电部在旅大市联合召开全民办电现场会议，《人民日报》就此发表《全民办电》的社论。

12月4日　《人民日报》发表题为《能发电的水利工程都要发电》的评论员文章。文章中指出：不少水利工程修了大坝而没有充分发挥发电的效益，今后要坚决贯彻中共中央"力求农田灌溉、水力发电、航运尽可能互相结合"的指示。

12月　水电部技术委员会公布水利电力重大科学技术成就项目，其中水电方面主要有：大体积混凝土坝高块连续浇筑和埋块石、水库异重流资料分析、混凝土坝坝体观测仪器制造等。

12月　历时3年(1956年至1958年)的第二次全国水能资源普查工作结束。这次普查共实地查勘了主要干、支流1000余条。根据这些勘查资料，修正了1955年的量算数字，得到全国水能资源蕴藏量为5.8亿kW。

12月18日至28日　中、朝鸭绿江水丰水力发电公司第二届理事会第一次会议在平壤召开。中方选派程明升、贺光华、季诚龙三人为理事，朝方选派李智灿、卢泰锡、石七保三人为理事。理事长为程明升。

12月31日　全年新增水电装机容量19.69万kW，年末全国水电装机总容量121.59万kW(其中小水电7.7万kW)，年发电量41.05亿kW·h，分别占整个电力装机容量和年发电量的19.3%和14.9%。

1959年

2月24日　水电部同意并转发了水利水电建设总局写的《为胜利完成1959年水利水电建设任务必须狠抓的六个环节》的文章。"六个环节"是：(1)抓当地材料坝；(2)抓新筑坝方法；(3)抓自力更生；(4)抓节约水泥和钢材；(5)抓质量安全；(6)抓速度。

3月19日　从上月23日至今天，新丰江水电站三战洪水，胜利修复了被冲垮的上、下游围堰，取得很大成绩。

4月23日　周恩来总理视察新安江水电站工地，并作了"为我国第一座自己设计和自制设备的大型水力发电站的胜利建设而欢呼！"的题词。

4月26日　盐锅峡水电站截流施工中成功地采用了我国传统的草土围堰，为右岸基坑开挖和浇筑创造了条件。该截流流量440m^3/s，最大落差4.4m，最大流速2.5m/s。此后，在青铜峡等水电站的施工中也成功地采用了这种围堰。

5月　中、朝两国合建的位于鸭绿江上的云峰水电站开工。坝型为宽缝重力坝，最大坝高113m，总库容39亿m^3，装机40万kW(4×10)，中、朝各半。1965年9月第一台机组发电，1967年4月竣工。

5月14日　哈尔滨电机厂制成我国第一台7.25万kW水轮发电机组。这台机组安装在新安江水电站。

5月31日　全国水利水电设计工作会议闭幕。会议总结了去年的工作，讨论、修订了9种规程、制度草案。

6月26日　由水电部、水利水电建设总局、水利水电科学研究院的同志，直属工程局和设计院的党委书记、局长、总工，以及大专院校的教授和苏联专家参加的水利水电工程质量检查组，开始对三门峡、丹江口、新安江、古田、刘家峡、盐锅峡、青铜峡等工程进行质量检查工作。

8月17日　水电部发出《关于继续鼓足干劲，克服右倾情绪，进一步开展增产节约运动，迎接新的生产高潮的指示》；接着于8月23日又召开了《反右倾，鼓干劲，掀起电力建设新高潮》的电话会议。

9月　我国建成第一座小型潮汐电站。该电站位于浙江省临海县汐桥村，2台机组共容量60kW。

10月 周恩来总理第二次视察三门峡水电站工地。视察中指示工程局负责同志,要注意改善工人的劳动条件,事后并亲自批示,要求有关部组织调查,解决水电施工工人的职业病问题。

11月4日 水电部在北京召开的大型水利水电工程会议闭幕。65个施工单位和12个设计单位的235名代表参加了会议。会议对1958年"大跃进"以来高指标、浮夸风的经验教训总结的不够,却不适当地进行了"反右倾"。

12月 水电部在"反右倾"运动中,集中地批判斗争主管水电的副部长李锐同志及其他长期从事水电工作的6名同志,并错误地作出组织决定为"以李锐为首的右倾机会主义反党集团"。批判的内容主要是对长江三峡工程的兴建和水利、火电工作中的一些不同看法,以及所谓"大水电主义"等。受牵连被批判打击的还有全国水电系统的一大批同志,对我国水电事业造成了不应有的损失和长期的严重影响。

12月31日 全年新增水电装机容量40.45万kW,年末全国水电装机总容量162.04万kW(其中小水电15万kW),年发电量43.6亿kW·h,分别占整个电力装机容量和年发电量的17%和10.3%。

1960年

2月9日 水电部在北京召开第一次全国水利电力系统教育工作会议。

2月 朱德委员长视察猫跳河一级红枫水电站。

3月 云南六郎洞水电站竣工。该电站是在岩溶地区利用地下暗河水流修建的引水式水电站,引水隧洞长3375m,洞径2.3m,装机2.5万kW(1×1.25),系1958年2月开工。

3月 河北岗南水电站第一台机组发电。坝型为粘土斜墙坝,最大坝高63m,总库容15.7亿m^3,装机4.2万kW。工程于1958年3月开工,1968年5月竣工。

3月8日 国家副主席董必武视察丹江口水电站工地。本月1日董副主席曾视察了陆水水电站工地。

3月 邓小平同志、彭真同志视察梅山水电站。

4月23日 刘少奇主席视察三门峡水电站工地。

4月 新安江水电站第一台机组发电,这是我国建成的第一座大型水电站。从开工到第一台机组发电仅3年时间,比原计划提前1年8个月,速度快,质量好。工程于1965年12月竣工。

5月 猫跳河一级红枫水电站第一台机组发电。大坝为木斜墙堆石坝,最大坝高52.5m,总库容6.42亿m^3,装机2万kW(2×1)。工程于1958年8月开工,1960年9月竣工。

5月 浙江百丈漈一级水电站第一台机组发电。电站装机2.5万kW(2×1.25)。工程于1958年7月开工,1961年8月竣工。

6月 刘澜波副部长在《红旗》杂志第13期发表《实现农村电气化的道路》的文章。

7月18日 新丰江水电站水库区发生6度地震。为保证大坝安全,于1962年3月至同年5月进行了第一期加固工程,解决横向稳定,设防度为8度。1963年3月19日4时18分,又发生6.1级地震,震中烈度为8度。以后继续进行第二期加固,解决纵向稳定,设防度为9.5度。

8月 10年中我国水利水电系统共聘请了182名苏联专家,由于苏联单方面撕毁合同,本月苏联专家全部撤退完毕。

9月26日 浙江省第一条新安江—杭州—上海220kV高压输电线路建成投产,全长335.5km。

9月 广东新丰水电站第一台机组发电。坝型为大头坝,最大坝高105m,总库容139亿m^3,装机29.25万kW(1×7.5+3×7.25)。工程于1969年竣工。

10月24日 陈云副总理视察三门峡水电站工地。

10月26日 广东省第一条新丰江—广州220kV高压输电线路建成,以110kV降压运行,至1963年1月17日升压至220kV运行。

10月 四川大洪河水电站竣工。电站装机3.5万kW(4×0.875)。工程系1958年8月开工。

11月 北京密云水电站第一台机组发电。主坝有2座,均为斜墙土坝,最大坝高分别为66m和56m,总库容41.9亿m^3,装机8.8万kW(4×1.5+2×1.1+2×0.3)。工程于1976年竣工。

12月25日 广东南水水电站大坝采用定向爆

破技术筑坝成功。爆破用药量1397.5t,平均筑坝高度为62.3m,是当时国内最大规模的定向爆破筑坝。

本年 西藏自治区纳金水电站建成发电。电站装机容量7500kW。

12月31日 全年新增水电装机容量32.02万kW,年末全国水电装机总容量194.06万kW(其中小水电25万kW),年发电量74.12亿kW·h,分别占整个电力装机容量和年发电量的16.3%和12.9%。

1961年

2月8日 朱德委员长、最高人民法院谢觉哉院长视察古田水电站,并赋诗留念。

2月 北京下马岭水电站第一台机组发电。为引水式电站,引水隧洞全长7633m,洞径5.62m,装机6.5万kW(1×6.5)。工程于1966年12月竣工。

3月2日 邓小平总书记视察三门峡水电站工地。

3月6日 湖南柘溪水电站大坝上游1.55km处发生坍岸,滑坡体方量达165万m^3,有64名职工死亡,24人受伤。

3月27日 朱德委员长视察三门峡水电站工地。

6月 水电部在北京召开电力工业座谈会,对停建和推迟进度的一批工程,提出维护保管的技术措施。

10月8日 周恩来总理、陈毅副总理陪同尼泊尔马亨德拉国王和王后陛下,参观三门峡水电站工地。

10月13日 三门峡水电站第一台15万kW水轮机分瓣转子焊接成功。该转子因外形尺寸过大,受运输条件限制,系分瓣制造,在工地组装焊接成为整体。由于当时苏联专家撤退,转子焊接在国内是第一次,没有经验,又无厂家的试验研究资料和有关规程,因而是一个很大的难题。在周恩来总理的亲自关怀下,指定一机部副部长沈鸿下现场指导,组成安装技术领导小组,进行了一系列试验研究工作,终于攻克难关,取得成功。

11月9日 郭沫若副委员长视察流溪河水电站,并题词赋诗留念。

11月 甘肃盐锅峡水电站第一台机组发电。从工程开工到第一台机组发电仅3年2个月。该电站坝型为宽缝重力坝,最大坝高55m,总库容2.2亿m^3,装机35.2万kW(8×4.4),1970年12月竣工。

本年 根据中央"调整、巩固、充实、提高"的方针,调整了水电基本建设速度,继前两年南水、柘林、毛家村和小江等水电站停工之后,今年又有刘家峡、湖南镇、陆水和西洱河四级等水电工程相继停工。

12月31日 全年新增水电装机容量39.21万kW,年末全国水电装机总容量233.27万kW(其中小水电21.6万kW),年发电量74.07亿kW·h,分别占整个电力装机容量和年发电量的18.1%和15.6%。

1962年

1月11日 中共中央、国务院批转水电部《关于停建、缓建项目设备保管问题的报告》。

1月 湖南柘溪水电站第一台机组发电。从工程开工到第一台机组发电为3年半时间。该电站坝型为单支墩大头坝,最大坝高104m,总库容35.7亿m^3,装机44.75万kW(1×7.25+5×7.5)。工程于1964年竣工。

3月 水电部发出《关于当前电力工业的几点指示》,要求电力工业严格按照基本建设程序办事,切实做好保证工程质量的工作,建立、健全预算和概算制度。

4月4日 李富春副总理视察三门峡水电站工地。

5月22日 水电部发出《关于1962～1965年水、火电勘测设计工作规划(草案)》的通知,要求对勘测设计工作作出一个较长期的安排,按照轻重缓急,分期分批地首先把一些已建和在建的大、中型电站建设条件弄清楚,其次把一些可能用得上的电源点的建设条件弄清楚。

5月26日 水利水电建设总局在北京召开混凝土坝质量座谈会。这次座谈会是在三个检查组对刘家峡等7个混凝土坝质量检查的基础上,提出了加强这些大坝工程质量的意见和措施。

6月2日 周恩来总理和邓颖超同志视察丰满水电站。周总理指示:"要取长补短,改造洋设备,赶超世界先进水平。”

6月24日 刘少奇主席视察镜泊湖水电站。

8月18日 国务院批准水电部《关于收回一批大型水利水电工程和施工、安装力量及调整安排方案的请示报告》。据此，水电部决定收回在“大跃进”中下放给地方的水电设计、施工单位的总人数为16897人，其中：(1)施工13898人；(2)勘测设计1142人；(3)安装1857人，全国成立6个安装处。

11月 为进一步缩短基本建设战线，丹江口、桓仁、陈村、盐水沟等水电站先后停工。

12月31日 全年新增水电装机容量4.6万kW，年末全国水电装机总容量237.87万kW(其中小水电22.7亿kW)，年发电量90.42万kW·h，分别占整个电力装机容量和年发电量的18.2%和19.7%。

1958年至1962年“二五”计划期间，水电建设总投资24.85亿元，占整个电力工业基建投资的28%。5年新增水电装机总容量135.97万kW，新增发电量42.22亿kW·h，平均年增长率分别为18.5%和13.4%(其中1958年、1961年为负增长，分别为−14.8%和−0.1%)。

在“二五”计划期间1958年的“大跃进”中，匆促上马一大批大、中型水电工程，由于前期工作没有做好，采用边勘测、边设计、边施工，使工期开工后发现一系列问题；又由于基建战线太长，与当时国力不相适应，资金和“三材”严重不足，不少工程被迫下马，停建缓建，造成很大经济损失。据统计，仅瓯江青田、闽江建溪、岷江鱼嘴和紫坪铺等工程，因规划不当或因停工太久、库区费用增加太大，以致无法恢复施工而使工程废弃，浪费的资金即达4亿元。

1963年

2月1日至19日 水电部在北京召开全国电力工业会议，刘澜波副部长在会上做了总结报告。报告指出：自1958年以来，在电力工业的生产和建设中，积累的经验是极为丰富的，有正面的，也有反面的；有近几年实践中新的体会，也有经过几次反复后需要重新肯定的问题。报告中还提出了“水、火并举，因地制宜”、“大、中、小并举，因时因地制宜”的方针。

3月 水利水电建设总局在北京召开大型工程勘测设计施工会议。会议讨论研究了水电建设战线过长、要求过急、规划不当、质量不好、管理松弛等问题，总结了六点基本经验：(1)必须重视规划，走好工程建设的第一步；(2)必须做到勘测设计先行，认真做好设计方案；(3)合理安排施工总进度，并根据总进度的要求，确定年度施工方案；(4)充分做好施工前的准备工作；(5)依靠专业施工队伍与群众施工队伍共同进行大型工程建设；(6)加强党的领导，贯彻群众路线。

3月30日 水电部在北京召开全国电力规划会议。毛泽东、周恩来、邓小平等党和国家领导人接见了与会代表并合影留念。

4月23日 朱德委员长视察狮子滩水电站，并与电站职工合影留念。

10月 湖南双牌水电站第一台机发电。坝型为双支墩大头坝，最大坝高59m，总库容6.9亿m^3，装机13.5万kW(3×4.5)。工程于1966年竣工。

12月31日 全年新增水电装机容量5.11万kW，年末全国水电装机总容量242.98万kW(其中小水电25.5万kW)，年发电量86.9亿kW·h，分别占整个电力装机容量和年发电量的18.2%和17.7%。

1964年

3月4日 下马岭水电站高压管道混凝土衬砌开裂，电站停止运行。经过对该管道进行补强加固后恢复运行。

3月5日 三门峡水电站原设计安装的第一台15万kW水轮发电机组发电。但由于水流含沙量太高，水库淤积，机组损坏，于同年5月1日停止运行。该机组随即移往丹江口水电站。

3月25日 国家副主席董必武视察新安江水电站。

4月 湖北白莲河水电站第一台机组发电。坝型为粘土心墙坝，最大坝高69m，总库容11亿m^3，装机4.5万kW(3×1.5)。工程于1973年竣工。

6月6日 广西西津水电站第一台机组发电。该机组系苏联供货，由于苏联专家撤退，我们是首次安装直径达8m的卡普兰式水轮发电机组，缺乏经验，因而安装时间较长，从1962年8月开始，历时21个月。电站工程于 1966 年 7 月竣工。

6 月 11 日 三门峡枢纽工程增建泄洪排沙洞设施审查会在河南三门峡市举行。会议除着重讨论了增建泄洪排沙洞设施外,对利用钢管泄流、低水头发电、人造洪峰等问题,也进行了研究。

6 月 水利水电建设总局颁发了《水利水电枢纽工程初步设计编制规程(试行)》、《水利水电工程施工质量责任制度(试行)》等 5 个规程规范和制度。

6 月 24 日 国家计委、国家统计局和水电部对电力工业新增生产能力计算方法进行修改:设备进行满负荷 72 小时试运行合格,并确定从移交生产之日起开始计算其新增生产能力。

7 月 6 日 朱德委员长和国家副主席董必武视察丰满水电站。

8 月 陈毅副总理视察福建古田水电站。

8 月 13 日 水电部批准,将刘家峡水电站工程停建前浇筑的质量不合格的主、副坝混凝土全部挖除,挖除总量约 10 万 m^3。

9 月 江西江口水电站第一台机组发电。坝型为均质土坝,最大坝高 33m,总库容 8.9 亿 m^3,装机 3.52 万 kW(4 × 0.88)。工程于 1958 年 8 月开工,1970 年 12 月竣工。

11 月 毛泽东主席发出关于开展群众性的设计革命的号召,水电建设战线随即掀起了设计革命运动。在这场运动中,由于不按科学办事,瞎指挥,广大设计人员受到压抑,一些人受到批判,造成某些设计的不合理。

12 月 5 日至 18 日 三门峡水库自 1960 年蓄水后,由于含沙量太高,泥沙淤积严重,并向上游延伸,严重威胁关中平原。为此,周恩来总理在京亲自主持召开治黄座谈会,决定在左岸增建 2 条泄流排沙隧洞,并将厂房左侧 4 条引水钢管改为泄流排沙钢管。在坝前水位 315m 时,下泄流量为 6000m^3/s。1966 年 7 月 4 条钢管投入运用,1、2 号隧洞也分别于 1967 年 8 月和 1968 年 8 月投入运用。这两项设施的运用,库区淤积有所缓和,80 % 泥沙排除库外,但仍有 20 % 淤积在库内,必须继续改建。

12 月 刘家峡、丹江口、毛家村、盐水沟等水电站工程于今年陆续复工。

12 月 31 日 全年新增水电装机容量 25.31 万 kW,年末全国水电装机总容量 268.29 万 kW(其中小水电 28.5 万 kW),年发电量 105.96 亿 kW · h,分别占整个电力装机容量和年发电量的 19.1 % 和 18.9 %。

1965 年

3 月 福建古田溪三级高洋水电站第一台机组发电。电站装机 3.3 万 kW(2 × 1.65)。工程于 1958 年 9 月开工,1973 年 12 月竣工。

6 月 国家副主席董必武陪同越南胡志明主席参观新安江水电站。

9 月 9 日 为庆祝云峰水电站第一台机组发电,以朝鲜电力工业部副部长李玉成为首的朝鲜代表团,和以中国水电部副部长程明升为首的中国代表团齐集云峰电站举行庆祝仪式。

9 月 四川映秀湾水电站开工。为引水式电站,引水隧洞长 3842m,断面尺寸 8 × (5,8)m,装机 13.5 万 kW(3 × 4.5),1971 年第一台机组发电,1972 年 5 月竣工。

12 月 15 日 陈毅副总理视察西津水电站。

12 月 31 日 全年新增水电装机容量 33.67 万 kW,年末全国水电装机总容量 301.96 万 kW(其中小水电 33 万 kW),年发电量 104.14 亿 kW · h,分别占整个电力装机容量和年发电量的 20 % 和 15.4 %。

1963 年至 1965 年 3 年调整期间,水电建设总投资 6.86 亿元,占整个电力工业基建投资的 31.7 %。3 年中新增水电装机总容量 64.09 万 kW,新增发电总量 13.72 亿 kW · h,平均年增长率分别为 8.3 % 和 4.8 %(其中 1963 年和 1965 年发电量为负增长,分别为 −3.9 % 和 −1.7 %)。

3 年调整期间,经过调整、巩固、充实、提高,总结正、反两方面的经验,原来停建的工程大部分复工,且有几个新的中型工程开工;同时又强调了按基建程序办事,恢复、建立了一些规章制度,我国水电建设又开始沿着正常的轨道发展。

1966 年

2 月 20 日 全国电力工业增产节约和“双革”展

览会在北京开幕。水利水电建设部分展出项目计420项，其中较大的有20项。

3月 四川龚嘴水电站开工。坝型为重力坝，最大坝高85.5m，总库容3.3亿m^3，装机70万kW(7×10)，是四川省修建的第一座大型水电站。1972年2月第一台机组发电，1978年12月竣工。

4月 邓小平总书记和李富春、薄一波副总理在刘澜波副部长陪同下，视察刘家峡水电站工地和盐锅峡水电站。

7月 自中共中央发出“五·一六”通知后，“文化大革命”运动迅猛开展。水电建设战线和全国各条战线一样，开始出现混乱形势，水利水电建设总局停产闹革命，《水利水电技术》杂志被迫停刊。

8月 水电部成立基建工程兵办公室，着手部队整编工作，将原四川省水电局改编组建为基建工程兵第61支队。

8月 李宗仁先生偕夫人郭德洁女士参观西津水电站。

9月 渔子溪一级水电站开工。为引水式地下厂房。引水遂洞长8600m，洞径4.7～5m，是当时我国最长的引水隧洞。电站装机16万kW(4×4)，1972年7月第一台机组发电，1975年12月竣工。

10月 新疆铁门关水电站第一台机组发电。电站装机4.375万kW(5×0.875)。工程于1960年3月开工，1963年停工，1964年7月复工，1971年12月竣工。

10月 广西拉浪水电站开工。电站装机5.1万kW(3×1.7)，1971年4月第一台机组发电，1974年12月竣工。

12月31日 全年新增水电装机容量61.72万kW，年末全国水电装机总容量363.78万kW(其中小水电38万kW)，年发电量126.17亿kW·h，分别占整个电力装机容量和年发电量的21.4%和15.3%。

1967年

5月 湖南欧阳海水电站开工。坝型为双曲拱坝，最大坝高58m，总库容4.2亿m^3，装机3.6万kW(3×1.2)，1975年8月第一台机组发电，同年12月竣工。

6月8日 雅砻江右岸唐古栋山发生大滑坡(位于四川雅江县孜河雨日村)，形成天然拦河坝和水库。坝体体积约6800万m^3，右岸坝高355m，左岸坝高175m，库容6.85亿m^3，堵断雅砻江达9天。垮坝最大流量5500m^3/s，下游水位猛涨，与金沙江汇合处上涨16.5m。中国科学院、水电部、地质部联合组织科学考察队于7月6日至29日对滑坡现场进行了调查研究。

7月11日 中共中央、国务院、中央军委、中央文革小组发布对水电部实行军事管制的决定，成立了以陈德三为主任的水电部军管会，于今日进部，12日正式办公。随之，军管会派出军代表进驻水利水电建设总局。

12月 宁夏青铜峡水电站第一台机组发电。坝型为重力坝，最大坝高42.7m，总库容5.65亿m^3，装机27.2万kW(7×3.6+1×2)。工程于1978年竣工。

12月31日 全年新增水电装机容量20.12万kW，年末全国水电装机总容量388.9万kW(其中小水电44万kW)，年发电量131.37亿kW·h，分别占整个电力装机容量和年发电量的21.3%和17%。

1968年

5月 我国第一台抽水蓄能机组在河北岗南水电站建成投产，从此岗南由一个季节性水电站变成为冀南电网的主调峰电站。机组系由日本进口，容量1.1万kW。

7月 辽宁桓仁水电站第一台机组发电。坝型为单支墩大头坝，最大坝高78.5m，总库容35.3亿m^3，装机22.25万kW(1×7.25+2×7.5)，为浑江梯级开发的“龙头”电站。工程于1958年8月开工，1962年停工，1965年复工，1972年5月竣工。

7月 广东泉水水电站开工。坝型为双曲拱坝，最大坝高80m，坝顶宽2.5m，坝底宽9m(连同加厚2m在内)，厚高比0.112，是当时我国最薄的拱坝。电站装机2.4万kW(4×0.6)，于1972年5月发电。

10月 湖北丹江口水电站第一台机组发电。坝型为宽缝重力坝，最大坝高 97m，总库容 209 亿 m^3。工程于1958年9月开工，1962年停工，1964年复工，1974 年 12 月竣工。

12 月 浙江富春江水电站第一台机组发电。坝型为重力式坝，最大坝高 47.7m，总库容 9.2 亿 m^3，装机 29.72 万 kW(1 × 5.72+4 × 6)。工程于 1858 年 8 月开工，1962 年停工，1965 年 10 月复工，1977 年竣工。

12 月 31 日 全年新增水电装机容量 54.86 万 kW，年末全国水电装机总容量 438.76 万 kW(其中小水电 50 万 kW)，年发电量 115 亿 kW · h，分别占整个电力装机容量和年发电量的 22.9％和 16.1％。

1969 年

3 月 甘肃刘家峡水电站第一台容量 22.5 万 kW 机组发电。坝型为重力坝，最大坝高 147m，总库容 57 亿 m^3，装机116万kW，是我国第一座超过 100 万 kW 的水电站。工程于 1958 年 9 月开工，1961 年停工，1964 年复工，1974 年 12 月竣工。

3 月 古田溪二级龙亭水电站第一台机组发电。为引水式电站，引水隧洞长 5241m，洞径 6.4m，装机 13 万 kW(2 × 6.5)。工程于 1973 年 9 月竣工。

4 月 2 日 随着刘家峡水电站第一台机组发电，甘肃省第一条刘家峡至龚家湾 220kV 高压输电线路建成投产。线路全长 45km。

5 月 甘肃碧口水电站开工。坝型为心墙土石坝，最大坝高 101m，是当时我国最高的土石坝。水库总库容 5.2 亿 m^3，装机30万kW(3×10)，1976年3月第一台机组发电，1977 年 6 月竣工。电站经受了 1976 年平武、松潘地震的考验。

5 月 15 日 浑江梯级第二级回龙山水电站开工。坝型为重力坝，最大坝高 35m，总库容 1.26 亿 m^3，装机7万kW(2×3.5)，1972年10月第一台机组发电，1975 年竣工。

6 月 13 日至 18 日 为进一步解决三门峡水库泥沙淤积问题，在三门峡市召开陕、晋、豫、鲁 4 省会议，决定对三门峡工程进行第二次改建。改建的原则是：在确保西安、确保下游的前提下，实现合理防洪，排沙放淤，径流发电。在坝前水位 315m 时，下泄流量 10000m^3／s。改建规模是：打开原封堵的1～8号底孔；电厂右侧 1 ～ 5 号钢管下卧 13m；装机改为 25 万 kW(5 × 5)。改建工程于 1969 年 12 月动工，1970 年 6 月至 1971 年 10 月 8 个底孔先后打开过水。1973 年 12 月第一台机组发电，1978 年 12 月竣工。

7 月 1 日 随着丹江口水电站第一台机组发电，湖北省第一条丹江口至汉口 220kV 高压输电线路建成投产。线路全长 343km。

7 月 流溪河水电站在大坝坝顶 7 个溢流孔加装橡胶坝，设计高度为 2m。这是我国第一个在大坝溢流孔上加装的充气式橡胶坝。

8 月 28 日至 9 月 9 日 水电部军管会在北京召开全国电力工业“抓革命，促生产，促工作，促战备”座谈会。这是“文化大革命”期间，在水电部系统以军管会名义，正式领导运动和生产的第一次会议。

10 月 镜泊湖水电站扩建工程开工。扩建装机 6 万 kW(4 × 1.5)，1977 年第一台机组发电，1978 年 9 月竣工。

10 月 水电部军管会宣布撤销水利水电建设总局、水利水电科学研究院等在京单位。总局大部分干部下放到宁夏青铜峡“五七”干校。总局所属的北京、上海、西北、长沙、昆明等勘测设计院都相继被撤销和下放，大量资料被毁，人员下放到工程局或流入外系统，水电建设事业遭受重大损失。

12 月 31 日 全年新增水电装机容量 66.58 万 kW(其中小水电 72.9 万 kW)，年发电量 160.12 亿 kW · h，分别占整个电力装机容量和年发电量的 24％和 17％。

1970 年

1 月 云南省第一条以礼河至昆明 220kV 高压输电线路建成投产。

1 月 广西合面狮、洛东两水电站开工。合面狮坝型为宽缝重力坝，最大坝高 54m，总库容 3 亿 m^3，装机 6.8 万 kW(4 × 1.7)，1974 年 9 月第一台机组发电，1979 年 1 月竣工。洛东坝型为宽缝重力坝，最大坝高 46m，总库容 1.3 亿 m^3，装机4万kW(2×2)，1971 年 4 月第一台机组发电，同年 12 月竣工。

4月　广东南水水电站第一台机组发电。坝型为粘土心墙堆石坝(定向爆破筑坝),最大坝高81.3m,总库容12.1亿m^3,装机7.5万kW(3×2.5)。工程自1958年7月开工后,1959年7月停工,1965年复工,1971年8月竣工。

4月　贵州乌江渡水电站开工。坝型为拱形重力坝,最大坝高165m,总库容23亿m^3,装机63万kW(3×21),是我国在西南岩溶地区建设的第一座大型水电站。

4月25日　丹江口水电站至平顶山贾庄变电站220kV高压输电线路投入运行。这是湖北、河南两省第一次联网。

8月广东枫树坝水电站开工。坝型为空腹宽缝重力坝,最大坝高95m,总库容19.4亿m^3,装机16万kW(2×8),1975年12月竣工。

10月　安徽陈村水电站第一台机组发电。坝型为拱形重力坝,最大坝高76.3m,总库容24.7亿m^3,装机15万kW(3×5)。工程自1958年开工之后,1962年停工,1969年复工,1975年竣工。

10月　湖南凤滩、陕西石泉两水电站相继开工。

10月　以礼河梯级第四级小江水电站第一台机组发电。为引水式电站,引水隧洞长2335m,洞径3m,装机14.4万kW(4×3.6)。工程自1958年开工后,1959年停工,1969年复工,1972年10月竣工。至此,以礼河4座梯级水电站全部建成。

12月　福建安砂水电站开工。坝型为宽缝重力坝,最大坝高92m,总库容7.4亿m^3,装机11.5万kW(2×2+1×7.5),1975年10月第一台机组发电,1978年12月竣工。

12月24日　凤滩水电站施工大桥断塌,18人死亡,100多人受伤。

12月26日　毛泽东主席对地处湖北宜昌市长江干流上的葛洲坝工程作出批示。批示内容是:"赞成兴建此坝,现在文件设想是一回事,兴建过程中将要遇到一些想不到的困难,那又是一回事,那时要准备修改设计。"在批示前,有人提出不同意兴建此坝。这个批示决定了工程的匆促上马。

12月30日　葛洲坝工程开工。该工程主体建筑物包括闸坝、船闸、电站厂房及冲沙闸等。电站总装机271.5万kW,一期装机96.5万kW(2×17+5×1.25),二期装机175万kW(14×12.5)。由于施工中出现一些重大技术问题,需要重新修改设计,工程开工1年多后被迫停工。

12月31日　全年新增水电装机容量118.16万kW,年末全国水电装机总容量623.5万kW(其中小水电101.9万kW),年发电量204.58亿kW·h,分别占整个电力装机容量和年发电量的26.2%和17.7%。

从1966年至1970年的"三五"计划期间,水电建设总投资19.27亿元,占整个电力工业基建投资28.2%。5年中新增水电装机总容量321.53万kW,新增发电总量100.44亿kW·h,平均年增长率分别为15.6%和14.5%(其中1968年发电量为负增长−12.5%)。

"三五"计划期间正处于"文化大革命"浩劫时期,水电建设工作特别是前期工作,遭到极大的破坏,工作秩序被打乱,工程质量降低,工作效率也降低,但由于有过去长期工作的基础和广大职工的自觉努力,水电建设仍然取得一定成绩。

1971年

1月　北京下苇甸水电站开工。为引水式电站,引水隧洞长2401m,断面尺寸5.4×5.4m,装机3万kW(2×1.5),1981年4月第一台机组发电,1983年12月竣工。

3月18日　刘家峡水电工程局在吊装我国第一台330kV大型变压器时,钢丝绳滑脱,砸在正在运行的22.5万kW水轮发电机上,使两者都受到了损坏。

5月　古田溪四级宝湖水电站第一台机组发电。电站装机3.4万kW(2×1.7),1972年12月竣工。

5月　广西洛东水电站工地大桥脚手架被洪水冲垮,死10人。

8月19日　郭沫若副委员长陪同柬埔寨宾努亲王到刘家峡水电站参观,并即兴赋《满江红》词一首,歌颂我国水电建设的成就。

9月　猫跳河六级红岩水电站开工。自1958年8月第一级红枫水电站开工以来,二级百花、三级修文、四级窄巷口、五级红林已分别于1960年4月、1950年1月、1965年8月、1965年12月开工。其坝型,一级为木斜墙堆石坝,二级为钢筋混凝土斜墙堆石坝(高48.7m),三级为拱坝(高49m),四级为双拱坝(高54.8m),五级为重力坝(高30m),六级为双曲拱坝(高60m),因地制宜,各具特色。电站总装机容量为23.9万kW。6个梯级电站的竣工时间是:一级1960年9月;二级1966年12月;三级1961年7月;四级1965年8月;五级1980年2月;六级1974年12月。

9月 四川南桠河三级水电站开工。为引水式电站,引水隧洞长7016m,洞径5.4m,装机12万kW(3×4),1983年12月竣工。

10月 福建华安水电站开工。为引水式电站,引水隧洞长2766.5m,洞径6.7m,装机6万kW(4×1.5),1979年第一台机组发电,1980年竣工。

10月 云南毛家村水电站竣工。该电站为以礼河跨流域梯级开发的第一级,坝型为粘土心墙土坝,最大坝高82.5m,总库容5.53亿m^3,装机1.6万kW(2×0.8)。工程自1958年开工后,于1960年停工,1964年复工。

11月8日至21日 周恩来总理在重病期间,连续三次听取了关于葛洲坝工程的汇报,历时12个小时25分钟。周总理对工程指挥部负责人严肃指出:"长江出了乱子,不是一个人的事,是整个国家、整个党的事,是要载入党史的问题。我对这个问题是战战兢兢,如临深渊,如履薄冰。"并当机立断决定主体工程停工,重新修改设计,在设计批准后才能复工。

12月26日 云南西洱河四级水电站第一台机组发电。为引水式电站,引水隧洞长1960m,装机5万kW,1966年开工,1972年竣工。其他一、二、三级亦均为引水式电站,装机依次为:10.5万kW、5万kW、5万kW,引水隧洞长依次为8171m、2148m、3266m,分别于1972年1月、1972年5月和1980年开工;分别竣工于1980年12月、1980年12月和1988年6月。至此,整个梯级水电站全部建成,总装机容量为25.5万kW。

12月 四川磨房沟水电站第一台机组发电。为引水式电站,引水隧洞长1919m,装机3.75kW(3×1.25)。工程于1966年8月开工,1973年竣工。

12月 从70年代起,我国小水电建设发展迅速,去、今两年全国建成小水电80万kW(今年为51.7万kW),超过1949年至1969年20年建设的总和(72.9万kW)。其中最多的是广东省,其次是四川、湖南等省。

12月31日 全年新增水电装机容量156.9万kW,年末全国水电装机总容量780.4万kW(其中小水电153.6万kW),年发电量250.59亿kW·h(其中小水电29.6亿kW·h),分别占整个电力装机容量和年发电量的29.7%和18.1%。

1972年

3月 云南大寨水电站开工。为引水式电站,引水隧洞长1280m,洞径3.8m,装机5.59万kW(4×0.85+2×1.045),1977年3月第一台机组发电,1983年竣工。本电站机组为新型的氟内冷水轮发电机组。

6月16日 我国第一条刘家峡至关中330kV超高压输电线路建成投运,从此陕、甘、青3省实行联网。这条线路西起刘家峡水电站,经天水秦岭变电站(容量24万kVA),东至陕西汤山峪变电站(容量36万kVA),全长534km,是1970年春正式开工的。

7月19日至21日 著名数学家华罗庚到丹江口水电站工地推广优选法、统筹法。

8月 江西柘林水电站第一台机组发电。坝型为粘土心墙土坝,最大坝高为63.5m,总库容79.2亿m^3,装机18万kW(4×4.5)。工程自1958年开工后,1960年停工,1970年复工,1975年竣工。

10月 国家计委、国家建委、水电部、交通部、一机部、农林部联合工作组到葛洲坝工地审查施工组织设计和二江泄水闸技术设计,对工程建设中存在的质量问题提出了严肃的批评。

11月10日 以朝鲜民主主义人民共和国建工省管理局局长辛容为团长的电站大坝考察团一行15人,考察广西西津、洛东、拉浪等水电站。

本年 我国援建阿尔巴尼亚的伐乌代耶水电站(原名毛泽东水电站)全部建成。该电站位于阿国德林河上,装机容量25万kW。该电站的投人,使阿全国电网容量增加1倍。

12月31日 全年新增水电装机容量89.6万kW,年末全国水电装机总容量870万kW(其中小水电 183 万 kW)，年发电量 288.2 亿 kW · h(其中小水电 33.5 亿 kW · h)，分别占整个电力装机容量和年发电量的 29.5 % 和 18.9 %。

1973 年

1 月 14 日　水电部值班简报反映：近来东北电网发电量超过计划，由于火电燃料不足，水电超发过多，造成水电站水库水位急剧下降。其他地区也有类似情况。

2 月 11 日　柬埔寨国家元首西哈努克亲王和夫人在中央军委副主席、人大常委会副委员长徐向前陪同下，到流溪河水电站参观。

6 月　中国代表团参加在西班牙举行的第十一届国际大坝会议，并向会议提供了《中国水利事业中的坝工建设》和《新丰江水库地震及其对大坝的影响》两篇论文。

11 月 15 日　我国自制的第一台抽水蓄能机组(1.1／1.35 万 kW)在密云水电站投产。由于制造上的问题，运行一段时间后，全部损坏。

12 月　三门峡水电站经过改建后的第一台机组发电，其他 4 台机组分别于 1976 年 2 月、1976 年 11 月、1977 年 10 月、1978 年 12 月投产。机组容量均为 5 万 kW。

12 月　陕西石泉水电站第一台机组发电。坝型为空腹重力坝，最大坝高 65m，总库容 6.5 亿 m^3，装机 13.5 万 kW(3 × 4.5)。工程于 1975 年 7 月竣工。

12 月　辽宁葠窝水电站第一台机组发电。坝型为重力坝，最大坝高 50.3m，总库容 7.9 亿 m^3，装机 3.72 万 kW(2 × 1.7+1 × 0.32)。工程于 1970 年 10 月开工，1976 年 4 月竣工。

12 月　湖南花木桥水电站第一台机组发电。坝型为拱坝，最大坝高 38.7m，总库容 0.17 亿 m^3，装机 5.4 万 kW(3 × 1.8)。工程于 1970 年 10 月开工，1974 年 12 月竣工。

12 月 31 日　全年新增水电装机容量 159.9 万 kW，年末全国水电装机总容量 1029.9 万 kW(其中小水电 200 万 kW)，年发电量 389 亿 kW · h(其中小水电 40.5 亿 kW · h)，分别占整个电力装机容量和年发电量的 30.4 % 和 23.3 %。

1974 年

5 月　湖北黄龙滩水电站第一台机组发电。坝型为重力坝，最大坝高 107m，总库容 11.8m^3，装机15万 kW(2 × 7.5)。工程于 1969 年 4 月开工，1976 年 12 月竣工。

6 月　广东长湖水电站竣工。坝型为宽缝重力坝，最大坝高 54m，总库容 1.53 亿 m^3，装机7.2万 kW(2 × 3.6)。工程于 1969 年开工，第一台机组发电为 1973 年 3 月。

7 月　国际大坝委员会主席托兰到响洪甸水电站参观。

7 月　云南绿水河水电站竣工。为引水式电站，引水隧洞长 1982m，洞径 3.3m，装机 5.75 万 kW，第一台机组发电为 1972 年 10 月。

12 月 30 日　刘家峡水电站最后一台容量为 30 万 kW 机组投产发电。

12 月 31 日　全年新增水电装机容量 151.8 万 kW，年末全国水电装机总容量 1181.7 万 kW(其中小水电 259 万 kW)，年发电量 441.4 亿 kW · h(其中小水电 46.68 亿 kW · h)，分别占整个电力装机容量和年发电量的 31 % 和 24.5 %。

1975 年

1 月 17 日　钱正英任水利电力部部长。

4 月　云南省水电工程局与昆明水电勘测设计院共同研制成功我国第一个无梁岔管。

5 月 1 日　吉林白山水电站开工。坝型为重力拱坝，最大坝高 149.5m，总库容 64.31 亿 m^3，装机 150 万 kW，一期装机 90 万 kW(3 × 30)；二期装机 60 万 kW(2 × 30)。地下厂房高 52.75m，长 121.5m，跨度 25m，是我国当时最大的水电站地下厂房。

5 月　河北潘家口水电站开工。坝型为宽缝重力坝，最大坝高 107.5m，总库容 29.3 亿 m^3，装机15万 kW，1981 年 4 月 15 日第一台机组发电，1983 年 12 月竣工。

7月25日 为加快发展电力工业，迅速解决电力供应不足的问题，国务院发出114号文件《关于加快发展电力工业的通知》。《通知》要求：抓紧完成1975年装机400万kW、1976年装机500万kW的任务；贯彻水、火并举和大、中、小并举的方针；严格计划用电，坚决克服浪费；确保用电安全，提高供电质量；加强电网的统一管理。

8月2日 淮河水系的汝河、沙颍河连日特大暴雨(简称"75·8"暴雨)，板桥、石漫滩两座大型水库垮坝，竹沟、田岗等中型水库和多座小型水库也相继失事，中下游河道堤防到处漫决，积水面积达1.2万km^2，造成的损失极为严重。"75·8"暴雨后，水利水电工程设计洪水标准不恰当地一再提高。

8月13日至19日 为贯彻国务院114号文件，水电部在北京召开全国电力工业会议。在这之前，水电部已撤消军管。

8月 甘肃八盘峡水电站第一台机组发电。电站装机18万kW(5×3.6))。工程于1968年10月开工，1980年2月竣工。

8月 水电部开始恢复"文化大革命"中被撤销的机构，成立了规划设计院、科学研究院、科技情报所和出版社等单位。

10月 广西大化水电站开工。坝型为重力坝，最大坝高78.5m，总库容3.54亿m^3，装机40万kW(4×10)，是在红水河上建设的第一座大型水电站。

10月 海南岛牛路岭水电站开工。坝型为空腹重力坝，最大坝高90.5m，总库容7.79亿m^3，装机8万kW(4×2)，是当时海南岛最大的水电站。1979年12月第一台机组发电，1982年竣工。

12月31日 全年新增水电装机容量161.1万kW，年末全国水电装机总容量1342.8万kW(其中小水电308.32万kW)，年发电量476.3亿kW·h(其中小水电66.86亿kW·h)，分别占整个电力装机容量和年发电量的30.9%和24.3%。

从1971年至1975年的"四五"计划期间，水电建设总投资42.59亿元，占整个电力工业基建投资的35%。5年中新增水电装机总容量719.3万kW，新增发电总量271.72亿kW·h，平均年增长率分别为16.6%和18.4%。

"四五"计划期间仍处在10年动乱时期，虽然"左"的思想仍占统治地位，但由于邓小平同志主持国务院工作，水电部军管撤销，过去被撤销的水电设计、科研等机构开始恢复，工作秩序逐渐好转。

1976年

3月 全国小水电建设经验交流会议在广州召开。广东是小水电建设最多的省，至1975年底，全省共建成中小水电站12735座，总装机容量达62.3万kW。

5月 陕西石门水电站第一台机组发电。坝型为双曲拱坝，最大坝高88m，总库容1.05亿m^3，装机4.12万kW。工程于1969年开工，1979年12月竣工。

5月至7月 应西藏自治区党委的邀请，水电部派出由水利水电专业技术干部组成的工作组，在拉萨、日喀则等地区实地考察了已建、拟建的水电站和坝址，以及农田水利的建设情况，为西藏发展水利水电事业获得第一手情况资料。

9月 浑江梯级第三级的太平哨水电站开工。坝型为重力坝，最大坝高44.2m，总库容2.09亿m^3，装机16.1万kW(4×4.025)，1979年12月第一台机组发电，1981年9月竣工。该电站2条引水隧洞全长1051m，在施工中大部分采用光面爆破、不喷不衬的施工方法。

10月 黄河干流上天桥水电站(位于山西保德县)第一台机组发电。坝型为闸墩式，最大坝高42m，总库容0.74亿m^3，装机12.8万kW(2×2.8+2×3.6)。工程于1970年6月开工，1977年竣工。

12月31日 全年新增水电装机容量122.7万kW，年末全国水电装机总容量1465.5万kW(其中小水电360万kW)，年发电量456.4亿kW·h(其中小水电71.4亿kW·h)，分别占整个电力装机容量和年发电量的31.1%和22.5%。

1977年

3月 福建池潭水电站开工。坝型为宽缝重力坝，最大坝高78m，总库容8.53亿m^3，装机10万kW(2×5)，1980年5月第一台机组发电，1982年竣工。该电站在工程设计上，应用电子计算机技术进行坝体最优断面选择;在施工中,部分坝体采用通仓薄层浇筑,工程质量良好。

5月 水电部在乌江渡水电站工地召开了全国水电建设技术革新经验交流会议。会议总结交流了水电八局及全国水电系统技术革新成果和经验,展出几百项革新项目。会议还研究讨论了如何搞好前期工作、加快水电建设的措施。

11月29日至12月12日 水电部在北京召开全国电力工业会议。会议要求以最快的速度把电搞上去。中共中央副主席李先念,国务院副总理余秋里、谷牧等党和国家领导人接见会议全体代表,并作了重要讲话。

12月 广西麻石水电站第一台机组发电。坝型为大头坝,最大坝高54.5m,总库容2.7亿m^3,装机10万kW(1×2.8+2×3.6)。工程于1970年6月开工,1977年竣工。

12月 由水电部和中央气象局联合编制的《全国可能最大暴雨等值线图(试用稿)》,正式批准试用。

12月31日 全年新增水电装机容量111万kW,年末全国水电装机总容量1576.5万kW(其中小水电431.5万kW),年发电量476.48亿kW·h(其中小水电85亿kW·h),分别占整个电力装机容量和年发电量的30.6%和21.3%。

1978年

1月6日 中共中央副主席李先念、国务院副总理谷牧等到葛洲坝工地视察。李先念指示:“要多装机,哪怕多装10几万kW也好。”

1月 1975年成立的水电部科学研究院撤销,恢复水利水电科学研究院和电力科学研究院。

3月 湖南东江水电站开工。由于温控和管理等问题,浇筑的基础混凝土曾出现裂缝,经采取相应措施后,问题得到解决。

4月14日 水电部在北京召开全国电力基建扭亏增盈经济核算会议。会议交流了基建战线扭亏增盈经验,研究了有关条例和规定。

4月14日至20日 水电部在武汉召开农电管理座谈会。会议主要交流了整顿农电企业的经验,研究提出了1978年进一步加强农电管理工作的要求。

5月29日 经过9年零3个月的工作,我援建阿尔巴尼亚的菲尔泽水电站第一台机组投产。该电站位于阿国德林河上,总库容26.2亿m^3,装机50万kW(4×12.5),是我国援助外国修建的最大水电站。该水电站的建成,使阿全国电网容量由50万kW增加到100万kW。

5月 湖南凤滩水电站第一台机组发电。坝型为空腹重力拱坝,是我国第一座这样的坝型。最大坝高112.5m,总库容17.15亿m^3,装机40万kW(4×10)。该电站在施工中,正值10年动乱时期,正常施工秩序被打乱,至1978年,灌浆工程量仅完成37%就下闸蓄水,在高水头情况下进行基础帷幕灌浆,给灌浆工作带来被动。工程于1980年竣工。

5月30日 国务院副总理方毅到葛洲坝工地视察。

6月13日 水电部、一机部、四川省电力局在映秀湾水电厂联合召开关于渔子溪水电站机组技术改造现场会。会议研究讨论提出的改造方案,后经实践,使全厂主要设备完好率由73.6%上升到94.4%。

7月15日 《水利水电技术》杂志停刊12年后复刊。

7月21日 从1977年7月7日阿尔巴尼亚《人民之声报》发表《革命的理论与实践》的反华文章后,中、阿两国关系进一步恶化,我援建菲尔泽水电站最后一批技术人员被迫撤退,于本日回到北京。

8月1日 山东乳县白沙口潮汐电站1、2号机组建成投产,装机容量2×160kW。

9月16日至28日 水电部和中国人民银行总行联合召开小水电工作会议。会议总结交流了经验;讨论了《关于小水电建设若干问题的规定》,并对《关于加强社队小水电贷款工作的意见》(讨论稿)提出了修改意见;落实了今、明两年小水电的建设任务。李先念副主席在反映这次会议情况的简报上作了三点指示:(1)要规划好,不要等到电站建成后再改建;(2)要讲求质量,防止垮了又建,建了又垮,劳民伤财;(3)要提高科学技术水平,哪怕是很小的水电站,总有一个科技问题。

9月17日 中共中央副主席邓小平视察长春时,接见东北电管局召开的东北三省小水电会议的全体代表,并合影留念。

10月 水电部基建工程兵办公室改称为中国人

民解放军基建工程兵水电指挥部。同年12月在东北通辽组建第62支队(1981年撤销),在江西万安将原水电部第十四工程局改编组建为63支队,在四川成都将水电部成都勘测设计院部分人员改编组建为607大队。

10月 浙江紧水滩和四川渔子溪二级两水电站相继开工。

10月20日 李先念副主席给葛洲坝工程局党委并全体职工写了一封信,勉励同志们要加强科学管理,以"三老"、"四严"的作风搞好施工,迅速建立一支拖不垮、打不烂的水电队伍。

11月29日 水电部在北京召开"科学规划水利水电专业组"、"水利工程学学科组"扩大会议,审查修订了《1978年到1985年水利水电科学技术发展规划》和《1978年至1985年水利工程学学科规划》。

12月 国家经委批转水电部《水电站水库经济调度试行条例》,开始逐步扭转多数水电站长期低水位运行的不合理状态。

12月 陕西安康水电站开工。坝型为折线型整体重力坝,最大坝高120m,总库容25.85亿m^3,装机80万kW(4 × 20)。该工程在施工中,遇到泄洪消能、大坝深层稳定和高边坡稳定等技术难题,经过设计、科研、施工三方协同努力,采用国内外先进技术和科研成果,较圆满地得到解决。

12月31日 全年新增水电装机容量151.24万kW,年末全国水电装机总容量1727.74万kW(其中小水电526.65万kW),年发电量446.32亿kW·h(其中小水电99.73亿kW·h),分别占整个电力装机容量和年发电量的30.2%和17.4%。

1979年

1月5日 《人民日报》发表题为《水电建设要加快》的评论员文章。文章中指出:"开发水力,不单纯是个电力问题,也是国民经济对能源的合理利用问题,要象开发煤炭和石油一样来建设水电站。"

2月 经国务院批准,撤销水利电力部,成立电力工业部和水利部。刘澜波任电力工业部部长,主管水电的副部长为李锐。

4月19日 中共中央副主席叶剑英到葛洲坝工地视察。

5月15日至29日 电力部在北京召开全国电力工作会议。会议研究和部署了电力工业的调整、整顿和改革工作,进一步落实了电力生产和基建任务,提出了贯彻执行"调整、改革、整顿、提高"方针的初步方案。

5月19日 刘澜波部长在《人民日报》上发表题为《电力工业必须变落后为先行》的文章。文章指出:从我国实际情况出发,应该多搞水电。

5月28日 丰满水电站增建的泄洪洞,在经过几年试验研究的基础上,采用水下岩塞爆破成功。其底部岩塞尺寸为:直径11m,厚18.5m(包括3.5m覆盖层),爆破水深19.8m,总爆破方量3794m^3,总装药量4075.6kg,是我国采用的最大水下岩塞爆破,在当时占世界第二位。

7月 我援建刚果人民共和国的布昂水电站全部建成。电站装机7.4万kW,是广东省水电设计院和广东省水电厅负责设计和施工的。

7月 经上级批准,电力部恢复建立水力发电建设总局,统一领导全国水电建设勘测、设计和施工。张铁铮任局长,张昌龄任总工程师。

12月27日 乌江渡水电站第一台容量21万kW机组发电。此机组投产后,由于推力轴瓦运行温度偏高及其他原因,曾多次发生烧瓦事故,后经制造厂家和电厂共同改进,逐步转入正常运行。

乌江渡水电站在设计、施工中,成功地解决了岩溶地质勘探、水库防渗处理、高深峡谷枢纽布置、大流量泄洪消能等一系列技术难题,标志着我国坝工技术达到一个新的水平。

12月 青海龙羊峡水电站工程开工。坝型为重力拱坝,最大坝高178m,总库容247亿m^3,装机128万kW(4 × 32),是目前我国已建、在建工程中坝最高、库容最大、单机容量最大的水电站,是黄河梯级开发中的"龙头"电站。

本年 电力部根据我国水能资源的分布情况、开发现状和开发条件,从战略考虑出发,提出并编制了10大水电基地开发的设想方案,规定从1979年起的一段时期内,集中开发黄河上中游、红水河流域、金沙江、雅砻江、大渡河、乌江、长江上游、澜沧江、湖南和闽浙赣等10大水电基地。这10大水电基地的总装机规模为19143～19715万kW,年发电量为10048.6～101062.6亿kW·h。

12月31日 全年新增水电装机容量183.3万

kW，年末全国水电装机总容量 1911.04 万 kW(其中小水电 632.9万 kW)，年发电量 501.2亿 kW·h(其中小水电 119.2 亿 kW·h)，分别占整个电力装机容量和年发电量的 30.3％和 17.8％。

1980 年

2月27日 为了加强企业管理，水力发电建设总局在京开办了第一期企业管理研究班。学习内容：(1)经济理论；(2)企业管理知识；(3)党的经济工作方针政策。参加第一期学习的有总局所属各单位领导干部 56 人。以后又陆续举办了两期研究班。

3月6日 国务院领导同志视察丰满水电站。

3月6日 电力部李锐副部长在《人民日报》上发表题为《必须优先发展水电——我国能源政策中的一个重要问题》的文章。文章指出："30 年来我国水电建设之所以没能多搞快上，没有优先发展，主要是由于缺少一个合适的能源政策，没有把水电纳入一次能源的组成部分。"

4月15日 中、朝鸭绿江水力发电公司成立 25 周年，电力部组成以李鹏为团长的代表团一行 7 人去朝鲜参加庆祝活动。

5月 朝鲜电力部副部长李忠成率领代表团至云峰水电站参加中朝鸭绿江水力发电公司成立 25 周年庆祝活动。

5月 浙江江厦潮汐试验电站第一台容量 500kW 机组发电。该电站总装机容量 3200kW，是国家重点科研攻关项目，也是我国目前最大的潮汐电站。

5月26日 胡耀邦总书记在西藏考察期间，接见西藏自治区水电局领导同志，在询问西藏小水电发展情况后，对西藏水电建设的发展方针和供电方向作了指示。

6月16日 经验收委员会批准，刘家峡水电站正式移交水电厂管理运用。该电站自 1969 年第一台机组发电以来，已共发电 359.6 亿 kW·h，创产值 23.7 亿元，相当于电站建设总投资的 3.6 倍。

6月17日至20日 从 17 日起，乌江流域普降暴雨，至 19 日 20 时，乌江渡水电站入库流量达 9000m^3/s，库水位不断升高，非溢流坝段泄洪，高速水流流态紊乱，致使导墙倒塌，水流涌进厂房，20 日厂房最高水位达 639.91m，造成厂房被淹的严重事故。

6月23日至24日 黄龙滩水电站库区上游连降大雨，洪水量大势猛，坝址洪水达 11500m^3/s，厂房内除中央控制室、继电保护室、蓄电池、油化验室等外，其余全部被淹，发电机层水深 3.9m，全厂停电 49 天，少发电 2 亿 kW·h；电站内外交通和通讯中断，下游沿岸农田破坏，房屋倒塌，造成严重损失。

6月25日 中国水力发电工程学会在新安江水电站召开成立大会。电力部刘澜波部长发了贺信，李锐副部长参加大会并讲了话。会议选出第一届理事会和常务理事会，施嘉炀教授当选为理事会理事长，李鹗鼎等 10 位同志当选为副理事长。

7月3日至7日 美国北美水电开发联合公司主席、国际工程公司总经理理查德·科恩等一行 9 人(包括 4 家公司，其中加拿大 2 人)考察龙滩水电站坝址和大化水电站。

7月12日 中共中央副主席邓小平视察葛洲坝工地。

7月12日 《水力发电》杂志复刊。它以新的面貌重新与广大读者见面。

9月 电力部与福建省人民政府会同审查水口水电站初步设计，李锐副部长参加了审查会议。随后电力部批准水口水电站初步设计，国家计委于 1985 年批准该电站作为利用世界银行贷款、进行全部工程国际招标的工程。

9月28日 全国人大常委会副委员长班禅额尔德尼·却吉坚赞视察刘家峡水电站。随后于 11 月 8 日又到龙羊峡水电站工地视察。

10月 国务院领导同志在听取国家能源委员会工作汇报时，对加快发展我国水电建设的战略意义作了如下重要讲话："能源问题，从长远看，我国要把水电多搞一些。这个好处太大了，也是给子孙后代做了一件好事。水电跟煤炭、石油不同，水电是再生能源，不是一次消耗能源，又没污染，要作为战略措施来搞。欧美各国水电开发的程度都很高，我们国家水能资源这么好，要每年克服一些困难，给水电挤出一点投资，甚至影响一些别的也要上，并把方针政策落实到年度计划上来。10 年能有个看得见的变化，20 年有个大变化，这是要有个战略眼光的。不能一年一年地迁就眼前困难，把时间耽误了，将来回头一看，我们犯了一个大错误。"

10月24日至11月1日 电力部水力发电建设

总局在北京召开水电企业经营管理会议。会议要求各施工和勘测设计单位提高对企业经营管理工作的认识，加强领导；逐步建立经济核算制；切实加强基础工作；贯彻精神和物质鼓励相结合的原则；逐步扩大企业经营管理的自主权；搞好民主管理。会议着重介绍了池潭水电站的管理经验。

10月25日 电力部水力发电建设总局在成都召开第三次全国水能资源普查总结验收会议。这次普查是由水电部于1977年4月开始布置的。参加这次普查的省属以上水利水电单位计46个、2700余人，共查勘大小河流(段)1400余条，计算河道长38万km，得出普查新成果：水能资源蕴藏量6.8亿kW(未包括台湾省，下同)，其中可开发利用的(按单站装机容量500kW以上统计)为3.78亿kW，年发量为1.92万亿kW·h。

10月28日 第二次国际小水电技术应用与发展讨论会第一阶段会议在我国杭州召开。会议是由联合国工业发展组织发起、委托我国水利部筹办的。出席会议的有来自国际组织和25个国家的46位代表。会议交流了小水电规划、设计、施工和运行方面的经验。

12月8日 浙江湖南镇水电站竣工。坝型为梯形支墩坝，最大坝高129m，总库容20.6亿m^3，装机17万kW(4×4.25)。工程于1958年8月开工，1961年停工，1970年复工，1979年12月第一、二两台机组发电，1980年9月第三台机组投产。

本年 电力部从1978年开始，经过几年的筹备，逐步恢复和重新组建了西北、华东、北京、中南等勘测设计院，为加强水电勘测设计工作打下了基础。

12月31日 自1979年各地贯彻执行《水电站水库经济调度试行条例》以来，大多数水电站基本恢复了正常水位运行，加上来水较丰，今年全国水力发电量比去年增加了81亿kW·h。

12月31日 全年新增水电装机容量120.76万kW，年末全国水电装机总容量2031.8万kW(其中小水电692.55万kW)，年发电量582.11亿kW·h(其中小水电127亿kW·h)，分别占整个电力装机容量和年发电量的30.8%和19.4%。

从1976年至1980年的“五五”计划期间，水电建设总投资69.94亿元，占整个电力工业基建投资的34.64%。5年中新增水电装机总容量689万kW，新增发电总量105.81亿kW·h，平均年增长率分别为8.6%和4.5%(1976、1978两年发电量为负增长，分别为-4.2%和-6.3%)。

“五五”计划期间，1976年粉碎“四人帮”，“文化大革命”宣告结束，经过调整、改革、整顿、提高，特别是党的十一届三中全会后，水电战线拨乱反正，调整了各级领导班子，恢复和重建了被撤销的机构，恢复建立了必要的规章制度，水电建设得到进一步发展；各水电站过去长期低水位运行，也从1980年起基本恢复了正常运行。

1981年

1月1日 电力部与财政部商定，从本日起在直属水电站电费收入中，按每千瓦小时电提取1厘钱作为库区维护基金，用于移民生产、生活困难补助以及提灌工程、交通设施和防护工程等的维护。

1月4日 葛洲坝工程大江截流合龙。合流流量4720m^3/s，最大落差3.23m，最大流速7m/s。截流前夕，国务院领导同志于1日至3日视察葛洲坝工地，检查截流前的准备工作，并观看二江泄水闸第一次过水和大江截流戗堤合龙演习，对工程作了指示。胜利合龙后，中共中央、国务院向工地发了贺电。

1月 福建沙溪口水电站开工。坝型为重力坝，最大坝高40m，总库容1.54亿m^3，装机30万kW(4×7.5)，1987年12月第一台机组发电。

2月15日 电力部水力发电建设总局从本日开始，在北京举办了为期3个月的、以全面质量管理为主要内容的研究班。参加学习的有23个直属单位的局(院)长、总工程师及有关处长126人。

2月17日 电力部刘澜波部长接受中央电视台记者采访，在回答有关电力工业的调整和发展问题时指出：要加快水电建设，争取在20年内把水电比重由目前的19%提高到20%或30%。

3月6日 全国人大第五届常委会通过任命李鹏为电力工业部部长，免去刘澜波的电力工业部部长职务。这是刘澜波部长向中央要求退出领导岗位、并推荐李鹏接替自己的职务的。

3月16日 电力部李锐副部长在中外记者招待会上介绍中国电力工业发展的情况时指出：1980年全国发电量近3000亿kW·h，占世界第7位；1981年国家对电力工业的投资占各行业基建投资的第一位，在建工程规模 2000 万 kW，其中水电 940 万 kW。现有电力工业的组成为：25 万 kW 以上的大型水电站 73 座，其装机容量占总容量的一半以上。

4 月 28 日 红水河上的第一座水电站—恶滩水电站建成发电。该电站位于广西忻城县，是利用已建的航运枢纽壅水发电。现在建成的为第一期工程，装机 6 万 kW(1 × 6)，年发电量 3.2 亿 kW · h。

5 月 29 日 国际大坝委员会在瑞典斯德哥尔摩召开的第 49 届执行委员会议上，李鹗鼎当选为国际大坝委员会副主席。

6 月 电力部在京召开了全国水电规划工作座谈会。会议总结了 32 年来特别是 10 年动乱期间水电规划工作的经验教训，讨论制订了加强规划工作的措施。

6 月 27 日 葛洲坝工程的 2、3 号船闸正式通航，中断半年多的汉渝线恢复客、货轮运输。

7 月 19 日 葛洲坝地区出现 1896 年以来的最大洪水，洪峰流量 $72000m^3/s$，工程经受了严竣考验，胜利完成抗洪任务。

7 月 浙江紧水滩水电站开工。坝型为双曲拱坝，最大坝高 102m，总库容 13.93 亿 m^3，装机30万 kW(6 × 5)。该电站是全国第一个实行投资包干的水电工程，水电部第十二工程局为建设承包单位，并和浙江省电力局、水电部华东勘测设计院联合签订包保合同，共同保证在包干总投资范围内，按照国家批准的工程规模、内容和工期，保质保量地完成工程建设任务。

9 月 13 日 自 8 月下旬以来，黄河上游连续降雨，今日龙羊峡入库流量达 $5500m^3/s$，接近200年一遇洪水，远远超过有记载以来的最高记录。龙羊峡水电站围堰已拦蓄洪水近 10 亿 m^3，堰前水位达 2494.74m 的顶峰，严重威胁着电站本身和下游地区的安全。今日国务院再次向 4 个省、区和工程局发出紧急通知，要求广大军民全力以赴，务求取得抗洪斗争的全胜。

9 月 15 日 电力部李鹏部长亲临龙羊峡水电站工地指挥抗洪工作。经过全体军民 10 昼夜的奋战，于 9 月 19 日堰前水位逐渐下落，胜利完成抗洪任务。为此，中央防汛总指挥部发了贺电。

9 月 8 日至 21 日 电力部水力发电建设总局在北京召开水电前期工作和工程质量管理会议。会议的任务是总结建国以来水电建设的经验教训，进一步清理“左”的影响，研究如何加快水电前期工作、提高工程质量的问题。在会议讨论的基础上，总局颁发了《加强水电勘测设计院技术管理工作若干规定》、《水电站建筑安装工程施工质量管理工作若干规定》等 8 个试行文件。

10 月 1 日、12 月 5 日和 12 月 26 日国务院几位领导同志先后视察了潘家口枢纽工程。

10 月 6 日至 13 日 国家计委、国家能委在北京召开红水河规划审查会。参加会议的除广西、广东、贵州 3 省、区领导人外，还有中央 8 个部委的负责同志和专家、教授。会议肯定了红水河规划是一个比较好的规划，并对红水河的开发方针、梯级开发方案和近期开发程序取得了基本一致的意见。

10 月 9 日至 14 日 国家建委在北京召开第一次全国优秀设计评选会议，刘家峡、池潭、以礼河四级小江等水电站设计，以及丰满水电站泄水洞工程设计获国家设计荣誉奖。

11 月 24 日 国务院作出加快开发红水河的批示：“开发红水河的丰富水能资源，是解决华南地区能源的一项战略性措施，应当列入“六五”计划和长远规划，有计划、有步骤地进行。红水河的开发方针，总的以发电为主，兼顾防洪、航运、灌溉、水产等综合利用效益。”

12 月 11 日 电力部李鹏部长表示，电力部欢迎地方各级政府、厂矿企业和农村社队在国家计划指导下集资办电，以加快电力建设步伐，改变各地缺电局面。

12 月 27 日 葛洲坝二江电站 1、2 号机组(容量均为 17 万 kW)发电。这两台机组是我国自己研制的最大的低水头转浆式水轮发电机组。其他 5 台容量均为 12.5 万 kW 的机组，分别于 1981 年 12 月 31 日、1982 年 8 月 28 日、1982 年 12 月 3 日、1983 年 2 月 1 日、1983 年 7 月 29 日投产。电站总容量 96.5 万 kW。

12 月 电力部第十四工程局安装处积极帮助农村兴建小水电站，从 1979 年至本年底 3 年间，共为社队建成小水电站 13 座，总装机容量 36240kW；另外还为地方电站培训了技术骨干 1000 多名。

12 月 31 日 全国水电发电量在去年比前年多发电 81 亿 kW · h 的基础上，今年又比去年多发电 56 亿 kW · h。丰满、新安江、龚嘴等 10 座大型水电站的每千瓦小时的平均耗水量比 1980 年降低 23.5 %，这是运行管理水平进一步提高的体现。

12 月 31 日 全年新增水电装机容量 161.54 万 kW,年末全国水电装机总容量 2193.3 万 kW(其中小水电 757.36 万 kW),年发电量 655.46 亿 kW·h(其中小水电 144.4 亿 kW·h),分别占整个电力装机容量和年发电量的 31.7 % 和 21.2 %。

1982 年

1 月 位于黔、桂边界南盘江上的天生桥二级(坝索)水电站开工。为引水式电站,2 条引水隧洞各长 9520m,洞径 8.7m,一期装机 88 万 kW(4 × 22)。

1 月 12 日 《水力发电》杂志发表电力部科学技术委员会写的《水能在我国能源中的地位及其开发政策》的文章(连载三期)。文中全面论述了我国水能资源的优越性,评价了我国水能资源在能源中的地位及其开发的前景,提出了促进加快发展水电的 5 项技术经济政策,即:(1)综合利用和投资分摊;(2)减少水库淹没损失和合理补偿;(3)水电站设计标准和规程规范;(4)根据水电的特点合理调整电价;(5)水电站所在地和供电地区以及上下游之间的效益分摊。

3 月 5 日 中国共产党十一届中央委员会委员、国务院顾问、原电力工业部部长刘澜波因病逝世,终年 78 岁。刘澜波同志对我国电力工业和水电事业的发展作出了卓越的贡献。

3 月 7 日 国务院决定水利、电力两部重新合并为水利电力部,钱正英任部长,李鹏任第一副部长。

3 月 8 日 《人民日报》发表题为《特别重视开发水电》的社论,指出:水能是再生能源,水电站是一次能源和二次能源同时完成的一种工程,等于火电建设加上相应的煤炭开发和运输建设的总和,应更多地开发和利用水电,逐步以水电代替一部分煤、油。

4 月 2 日 乌江渡水电站水库区小黄崖滑坡体第二期洞室爆破顺利完成。该滑坡体位于库区左岸,距大坝约 400m,总体积近 100 万 m^3。为保证电站正常运行,决定对之进行洞室爆破,第一期爆破于 1981 年 5 月完成。这次进行的第二期爆破总装药量为 52008kg,爆除总方量 10 万 m^3,达到设计的预期效果。

4 月 20 日至 27 日 水电部在北京召开全国电力工业会议。会议中心内容是:贯彻全国工交会议精神,在安全第一方针的前提下,以提高经济效益为中心,进行企业整顿,全面完成和超额完成全年生产、基建计划,并编制电力发展的规划。会议还表彰了一批优秀项目,其中水电项目 41 项。

4 月 电力部水力发电建设总局、水利部规划设计管理局和基建局联合发出关于贯彻中共中央、国务院《关于国营工业企业全面整顿的决定》的通知,部署直属水利水电勘测设计、施工单位和修造企业开展全面整顿工作。

4 月 26 日 经国务院批准,决定把原电力部水力发电建设总局,原水利部基本建设总局和规划设计院合并,成立水电部水利水电建设总公司(总局)。刘书田任总公司党委书记,陈赓仪任总经理。

6 月 3 日至 9 日 水利水电建设总公司在北京召开全国水利水电建设工作会议,钱正英部长到会讲了话,指出这次会议的中心指导思想是:在完成水利建设任务的同时,更好地集中力量把水电建设搞上去。

6 月 26 日 水电部颁发《施工企业盈亏包干办法》。

7 月 8 日 胡耀邦总书记视察葛洲坝工程工地,接见了工程局中层以上领导干部,并和大家合影留念。

7 月 12 日至 17 日 亚洲及太平洋地区小水电专家会议在我国杭州召开。来自亚太地区 10 个国家的代表和观察员出席了会议。会议就建立亚太地区小水电网等问题进行了研究和磋商。

7 月 13 日至 17 日 国家科委在北京主持召开水口水电站环境影响讨论会。会议基本同意水电部华东勘测设计院《水口水电站建设对环境影响调查报告》的分析和结论,总的认为对环境不会产生严重影响。

7 月 21 日 国务院领导同志视察龙羊峡水电站工地正在紧张施工的主坝混凝土浇筑现场和去年经受特大洪水考验的上游挡水围堰。领导同志高度赞扬水电四局广大职工艰苦奋斗的精神,并就水电前期工作、认真总结经验和搞好技术培训等,作了指示。

8 月 14 日 为庆祝《水力发电》杂志出版 100 期,水电部在人民大会堂广西厅举行隆重的庆祝座谈会。到会的有各有关部门领导、专家、教授、学者及新闻单位记者 200 余人;同时《水力发电》出版了"100 期纪念专号",钱正英部长为专号写了《更好地集中力量把水电搞上去》的重要文章。

8月21日至25日　水利水电科学研究院、中南勘测设计院和水电八局等单位在乌江渡水电站进行了高速水流原型观测，电站全面经受了相当500年一遇设计洪水的泄流考验。这次原型观测是我国水电建设中最大规模的一次，为工程验收、水电科研以及在石灰岩地区修建大型水电工程提供了大量依据和资料。

8月　水利水电建设总公司在北京召开了水工混凝土掺粉煤灰技术讨论会。会上介绍了大化、池潭、大黑汀、湖南镇等工程的经验和效果。根据大化等的实践经验，平均每立方米混凝土可掺用粉煤灰30％。

9月19日　胡耀邦总书记等中央领导同志在水电部李鹏副部长等陪同下，视察了二滩、桐子林两水电站坝址。在听取有关同志汇报后，胡耀邦指出：象这样丰富集中的水能资源，是得天独厚的，应尽快开发。

9月　位于白山与丰满水电站之间的红石水电站开工。坝型为重力坝，最大坝高46m，总库容1.49亿m^3，装机20万kW(4×5)。该电站在施工中，采用梯级开发、投资包干、分项承包、流水作业的组织施工方法。

10月7日　至本日为止，全国水电发电量已达550亿kW·h，提前85天完成年度发电计划，比去年同期多发电60多亿kW·h。

10月12日　水电部在北京召开全国电力计划工作会议，提出今后18年电力发展规划，其中水电是重点开发黄河上中游、红水河、长江上游等水能资源，加快建设一批大型骨干水电站。

10月25日　在北京召开的全国科技奖励大会上，水电系统获得项目有："低热微膨胀水泥"获国家发明二等奖；"水工混凝土温度应力研究"、"水电站调压阀的液压联琐控制装置"、"水力机械复合尼龙抗泥沙磨损涂层"、"水力机械环氧金刚砂抗泥沙磨损涂层"等获国家自然科学三等奖。

10月27日　中、朝两国合建的太平湾水电站开工。坝型为重力坝，最大坝高31.5m，总库容2.8亿m^3，装机19万kW(4×4.75)，中、朝各半，由中方运行管理。它是中、朝两国在鸭绿江上合建的第四座水电站。

10月　水利水电建设总公司在葛洲坝工程局召开企业整顿工作座谈会。会议强调整顿的重点是：按照革命化、年轻化、知识化、专业化的原则，整顿和建设好领导班子；同时要坚决抓住完善经济责任制这一中心环节，在"包"字上下功夫。

11月3日　以水电部成都勘测设计院技术人员为主组成的西藏水能资源考察队于今年5月14日进藏，对雅鲁藏布江、澜沧江及其支流的已建、拟建和规划的水电站进行较全面的考察，历时约半年，于本日返回成都。

11月20日　胡耀邦总书记在水电部李鹏副部长等陪同下，视察了福建省永春县小水电建设，并在农村电气化座谈会上指示要搞与我们的小康水平相一致的农村电气化，并提出"自建、自管、自用"的方针和100个县进行中国式基本上电气化的试点。

12月4日　乌江渡水电站竣工。根据竣工决算，取得良好经济效果：工程总投资概算为6.05亿元，实际为5.8762亿元，节约1738万元，降低2.9％；总造价概算为5.3448亿元，实际为4.9968亿元，节约3480万元，降低6.5％。这是我国近年来大型水电工程没有突破概算、并实现了节约的好典型。

12月15日至19日　水利水电建设总公司在浙江金华召开水利水电系统基地工作会议。会议明确了建设和管理好施工单位基地的重要意义、方针任务和措施。会上还交流了三门峡、刘家峡、葛洲坝以及浙江金华、吉林口前等基地的建设和管理经验。

12月　根据对全国156个海湾、33个河口的普查结果，我国沿海潮汐资源(未包括台湾省)装机容量500kW以上的站点共191处，总计可开发的装机容量为2158万kW，年发电量为619亿kW·h。

12月31日　全年新增水电装机容量102.59万kW，年末全国水电装机总容量2295.93万kW(其中小水电807.97万kW)，年发电量743.99亿kW·h(其中小水电172.23亿kW·h)，分别占整个电力装机容量和年发电量的31.7％和22.7％。

1983年

2月1日　水利水电建设总公司在北京召开水利水电工作会议。会议总结了近年来水利水电系统开展企业整顿、加强经营管理所取得的成绩：1982年计划盈利单位超额完成了上缴利润指标，窝工单位减少了亏损，全公司系统摘掉了亏损帽子，实现了扭亏为盈的奋斗目标，全年盈利约 250 万元。

2 月 12 日 钱正英部长在《水力发电》杂志上发表《我国水电建设的战略目标、战略重点和战略步骤》的重要文章，提出从 1980 年起的 20 年内水电装机翻两番的奋斗目标，即到 2000 年力争水电总装机容量达到 7000 ～ 8000 万 kW。

3 月上旬 葛洲坝水电站至武汉的 500kV 超高压输电线路架通。至此，葛洲坝二江电厂 7 台机组的发电量可全部外送。该线路工程系 1981 年 12 月破土动工，全长 330km。

3 月 15 日 水电工程兵 00613 部队在“引还入陡”工程施工中，首次使用国产 SJ-5.8A 隧洞掘进机，成功地掘进了全长 1445m 硅质灰岩的新王庄隧洞，创日进 19m、月进 202m、年进 1040m 的全国新纪录，工程质量达到优良标准。

3 月 水利水电规划设计院召开水利水电工程环境影响评价工作座谈会。会后发出通知，要求各直属设计院、流域机构、各省(市、区)水利水电设计院，在进行建设项目可行性研究的同时，必须编制环境影响报告书；并建议采取措施，调配专业人员，组建环保机构。至 1988 年，已有 15 个单位建立了环保机构，总计专业技术干部 379 人。

3 月 教育部同意葛洲坝工程学院从今年起定向招生，即面向全国大型水利水电施工基地招生。学生毕业后回原施工单位工作。

4 月 12 日至 17 日 水电部在凤滩水电站召开第一次全国 40 万 kW 以上的 10 座大型水电厂竞赛评比会议。会议在总结抓企业全面整顿、搞好经营管理、提高经济效益的基础上，评出云峰和丹江口两水电厂为 1982 年优胜单位。

5 月 水电部委托 12 所高等院校为农村电气化试点县举办农村小水电干部专修科，培养具有大学专科水平的小水电建设技术人才，并确定今、明两年在试点县招收 900 余名学员。

5 月 23 日 亚太地区小水电培训班在杭州开学，有 20 个国家的小水电官员和专家接受培训，培训期为 1 个月。

5 月 国家计委在北京主持召开长江三峡工程可行性研究报告会，参加会议的有水电部及中央有关部委领导和专家 200 余人。会议经过研究讨论，原则同意长江流域规划办公室提出的正常蓄水位 150m、坝顶高程 165m 的低坝建设方案，并向国务院作了报告。

5 月 参加“开发西北能源学术讨论会”的 100 余名专家、教授、学者呈书党中央、国务院，提出“加速开发西北地区能源，把西北建成能源基地”的建议，受到党中央的重视，中央负责同志亲自审阅了建议书，并作了重要批示。

6 月 11 日 国务院、中央军委批准水电部基建工程兵《关于基建工程兵水电部队移交水电部领导管理的实施方案》。

6 月 水电部原第一副部长李鹏出任国务院副总理。

6 月 20 日 中国水力发电工程学会在成都召开全国水电中青年科技干部学术报告会，到会代表 200 人。会议交流了论文 301 篇。李鹏副总理给会议发了贺信，称赞“这是一个创举”。

6 月 国务院 1983 年第 9 期公报指出：根据国民经济和社会发展第六个五年计划要求，继续开发黄河上中游、长江中上游干支流和红水河流域，建设一批大型水电站，安排一批中型水电站，因地制宜地开发东北、华东、广东等缺电地区的小型水电站。计划安排：5 年中电站建设总规模为 3660 万 kW，其中水电 1560 万 kW；竣工投产总装机 1290 万 kW，其中水电 320 万 kW。

6 月 为协调设计、施工、生产管理等方面的关系，水电部驻葛洲坝代表处成立。国家对葛洲坝二期工程实行投资包干，代表处作为发包单位，执行承包关系中的甲方职能。葛洲坝工程局为承包单位。

7 月 20 日 湖南马迹塘水电站 3 台机组分别于 6 月 4 日、7 月 7 日、7 月 20 日并网发电。该电站是当前我国装有灯炮式机组最大的电站，总装机容量为 5.55 万 kW(3 × 1.85)。工程于 1976 年 12 月开工，1983 年 12 月竣工。

7 月 23 日 胡耀邦总书记视察龙羊峡水电站工地，并作了“向根治黄河、造福中华民族的同志们致敬!”的题词。

8 月 2 日 胡耀邦总书记视察刘家峡水电站。

8 月 21 日 国务院领导同志视察新疆时，指示“要发展水力和火力电站，近期内先上伊犁喀什河上托海水电站。该电站装机容量 5 万 kW(4 × 1.25)。

8 月 22 日 水电部对第三水电工程局职工在抗洪抢险中作出的贡献发出通令嘉奖。汉江上游于 7 月末发生 100 年不遇的特大洪水，安康地区最大流量达 31000m^3/s,但由于三局雨洪预报较准确,同时全局职工积极参加抢险,大大减少了人民生命财产的损失。

8 月 23 日 水电部颁发《直属基本建设施工企业利改税实施办法》。

8 月 25 日至 9 月 1 日 水利水电建设总公司在潘家口工程工地召开全国质量管理工作会议,制订了《水利水电工程质量等级评定办法(试行)》,并对26 个创优项目和单位进行了表彰、命名和授奖。

9 月 20 日 胡耀邦总书记在水电部《关于提高电力投资比重的报告》上作了批示。批示的主要内容是:"在我看来,发展电力问题,要有两篇文章,而且同等重要。一篇是提高电力投资的比重,这是要国家计委认真考虑的;另一篇是一定要降低建设造价,选择最优方案,缩短建设周期。"

10 月 4 日至 9 日 水电部在北京召开 6 省 10 县农村电气化试点县座谈会。会议总结交流了试点县电气化规划和自力更生办电的经验,研究了实现农村电气化需要解决的政策问题。李鹏副总理到会讲了话。

10 月上旬 我国第一次参加国外水电工程投标承建的布隆迪卡因集水电站(装机 800kW)按期完成土建工程,通过了验收并交付安装机组。该工程为广西电力局承担,经过援外人员 16 个月的努力,为国家获取了 70 万美元的外汇利润。

10 月 29 日 国务院领导同志视察沙溪口水电站工地。

11 月 2 日 中共中央政治局委员、中央党校校长王震接见在党校学习的部分水电工程技术人员,仔细询问了红水河梯级电站的规划和建设情况,指出要把水电列为能源建设的重点。

11 月 13 日 李鹏副总理视察葛洲坝水电站工地。

11 月 广西大化水电站第一台机组发电,1986 年 6 月竣工。大化水电站的建成,为全面进行红水河梯级开发积累了经验。

11 月 由水电部机械制造局主持研制的 5kW、8kW、12kW 三种新型微型水轮发电机组在湖北陆水水电站通过会议鉴定。这 3 种微型机除安装在湖北、新疆等地外,还出口美国、哥伦比亚、马来西亚和巴拿马等国。

12 月 12 日 国务院批转水电部《关于积极发展小水电、建设中国式农村电气化试点县的报告》的通知。报告指出:农村电气化是 8 亿农民的大事,应在那些水能资源较好的地方,提倡以地方和群众自力更生为主,有关部门给以指导和帮助。对已选定的 100 个电气化试点县,要加强领导,及时总结经验,起示范模范带头作用,为推进中国农村电气化事业作出贡献。

12 月 白山水电站第一台机组发电,1984 年末一期装机 90 万 kW(3 × 30)全部建成投产。

12 月 闽江工程局安装公司从 1979 年至本年底的 5 年间,帮助福建省的建阳、建瓯、宁化等 15 个县建设小水电站 16 座,总装机容量 10.25 万 kW。

12 月 31 日 全年新增水电装机容量 120.53 万 kW,年末全国水电装机总容量 2416.46 万 kW(其中小水电 850.47 万 kW),年发电量 863.57 亿 kW · h(其中小水电 199.29 亿 kW · h),分别占整个电力装机容量和年发电量的 31.6 % 和 24.6 %。

1984 年

1 月 5 日 《中国电力报》公布国务院批准的全国 100 个农村电气化试点县名单。

1 月 7 日 胡耀邦总书记在贵州省干部大会上,谈到建设西南能源基地时指出:贵州和西南 3 省能源资源十分丰富,其中水能资源加上西藏占 85 % 以上。应该利用这一优势,从"七五"计划开始,用 15 ~ 20 年时间,把西南 3 省(西藏除外)建成为一个可以独立存在的、又能支援全国建设的现代化基地。

1 月 8 日至 15 日 水利水电建设总公司在天津杨村召开全国工作会议。会议中心内容是研究贯彻胡耀邦同志要求水电部做好"第二篇文章"的批示,并安排 1984 年的工作任务。钱正英部长到会作了"我们要认真做好第二篇文章"的重要讲话。

1 月 8 日 水利水电建设总公司负责人在全国水利水电工作会议上所作的报告中指出:总公司直属水利水电单位在 1982 年摘掉亏损帽子之后,1983 年又出现了全系统无一亏损单位的好形势,实际成本比预算成本降低 8.7 %,节约成本 848 万元。

1 月 15 日 中国水力发电工程学会为贯彻落实胡耀邦总书记关于做好"第二篇文章"的批示,邀请在京理事、各专业委员会负责人及水电界专家、教授等 140 余人,在京举行座谈。会上围绕做好"第二篇文章"的问题,从不同角度提出了许多好的意见。

1月17日 水电部发出《关于成立北京水利电力经济管理学院和长沙水利电力师范学院的通知》,同意两院于今年开始招生。

2月2日 胡耀邦总书记到广西视察工作,在南宁接见各界代表时,对开发广西水能资源问题作了指示。

2月16日 国家计委发出《关于华中~华东高压直流输电工程技术任务书和引进设备技术的批复》,批准建设葛洲坝至上海的直流输电工程。电压±500kV,规模120万kW,一期工程规模60万kW,全长1044.5km。为了协调保证全面完成此项任务,水电部于6月14日决定成立"葛洲坝至上海直流输电工程建设总指挥部"。

2月16日 中央和国务院领导同志对《水电简报》第6期上刊登的《美国农村电力合作的经营方式很值得我们借鉴》一文作了重要批示。

2月中旬 水电部第十工程局与山东省水科所共同研制的水泥裹沙喷射混凝土在渔子溪二级水电站进行工业试验。鉴定结果表明,这一新工艺可大大降低粉尘浓度,减少回弹量,降低成本。

2月23日 我国帮助喀麦隆建设的装机容量为7.2万kW的拉格都水电站最后一台机组投入运行。该电站由水电部昆明勘测设计院设计,第十四工程局和昆明水电工程公司联合施工。工程于1978年8月开工,十四局和昆水公司派出1400余人参加施工。

3月5日 水电部党组向部属各单位转发了胡耀邦总书记等对钱正英关于访问美国、巴西报告上的批示。钱正英部长报告中着重提出我国水电建设中技术上存在保守问题。

3月12日 中国驻美国大使章文晋代表中国政府在关于鲁布革水电站利用世界银行1.54亿美元贷款的协议上签字。这是我国第一个利用外资兴建的水电站。

3月20日 胡耀邦总书记对有关水口水电站工程的建设作了批示:"这个工程要下决心快上才好,无论从哪方面看,早上一年就有利一年。个别环节要价太贵,要实地去考察,并要搞承包制,更可要军队干,不宜坐在家中扯皮。"

3月26日至29日 受西南电管局委托,云、贵、川3省水力发电工程和电机工程等5个学会在成都联合召开"西电东送"学术讨论会。会议分析了西南地区西电东送的现实意义和战略意义,提出了1990年至2000年西电东送的可行步骤,并向上级机关推荐了西南电管局编制的《西南地区西电东送的规划》。

3月5日至10日 水电部在北京召开农电管理工作会议。会议的中心目的是:改革、整顿农电管理体制,提高队伍素质,把农电工作转到以提高经济效益为中心的轨道上来。整顿、改革的核心是:农电要靠地方办,县电力局要成为有活力的、能自我发展的经济实体。

4月 水电部昆明勘测设计院自1958年建院以来至本月底,为云南省勘测设计小水电站145座,总装机容量51.3万kW,其中已建成的85座,总装机容量21.5万kW,遍布云南省的70多个县。

4月 中央顾问委员会常务委员王首道对湖南省小水电建设进行两个多月的实地调查后,于本月写出《湖南省小水电建设中几个问题的调查》,对有关小水电建设政策和管理方面的几个问题提出了意见。

4月 国务院原则批准三峡工程正常蓄水位150m低坝建设方案的可行性报告。但重庆市政府和交通部对此提出了意见,认为低水位方案不能满足未来长江航运的需要,建议将正常蓄水位抬高至180m,使万吨级船队可从武汉直达重庆。在此期间,三峡工程引起全国人民的关注,全国政协和社会上各方面专家对该工程的建设提出质疑。工程上与不上、快上与缓上、高坝与低坝、先支流后干流等各种意见、方案相继提出,争论激烈。

5月7日 水电部颁发《关于筹集电力建设资金的暂行规定》,欢迎中央各部门、地方政府、国营和集体企业等单位投资参加建设电站工程,并对工程建成后的经营方式,集资建设的项目分电、分利润或分担亏损,以及筹集资金的来源和投资安排、资金的拨付办法等,作出了规定。

5月13日 水电部决定从内地抽调159人支援西藏自治区加快水电建设,第一批33人于今日离京赴西藏。

5月14日 党和国家领导人胡耀邦、杨尚昆等视察白山水电站工地。在视察中,胡耀邦指出:中国水力甲天下,这是战略重点;不要轻视水电,因为水电没有污染,一次性投资,应该多搞;要加快建设速度,搞好梯级开发;设计要择优搞投标,下决心搞承包责任制,用两个电站的投资建三个电站。胡耀邦还作了"中国水力甲天下,电业排头奔四化"的题词。

5月16日 水电部颁发《水利电力施工企业百元产值工资含量包干试行规定》，对实行产值工资含量包干的范围、基础和基数的核定、考核与计算等方面，做了明确的规定和说明。

5月30日 贵州猫跳河下游发生大暴雨，猫跳河第四、五、六级电站淤积沙石8万m^3，停电3天。

6月3日 我国大坝观测资料分析中心成立。该中心设于南京自动化研究所内，将为大坝安全运行和改进坝工设计提供依据。

6月中旬 国家批准白山水电站二期工程建设。二期工程安装2台容量30万kW的机组，采用成本低、建设速度快、经济合理的常规机组方案。该二期工程于1984年9月开工。

6月30日 中央和国务院领导同志视察龙羊峡水电站工地。

7月2日 水电部利用我国发射的通讯卫星频道，开通了水电部与西南电管局(北京至成都)之间的水电调度和业务通讯联系试验获得成功。这是我国工业部门第一次使用通讯卫星指挥生产。

7月7日 水利水电建设总公司批准华东、中南两勘测设计院的改革方案，实行企业化和社会化的试点。两院都实行院长负责制。

7月14日 我国首次利用世界银行贷款、并进行国际招标试点的大型水电工程项目——鲁布革水电站的引水隧洞施工项目招标揭晓，日本大成公司以8460万元人民币的最低标价中标。该电站位于云、桂两省交界的黄泥河上，坝型为风化料防渗体堆石坝，最大坝高101m，总库容1.1亿m^3，装机60万kW(4 × 15)。招标项目引水隧洞工程长9380m，直径8m。

7月20日 水电部水电科学基金会成立。水电部于8月1日颁发了《水利水电科学基金试行条例》和《水利水电科学基金试行条例实施办法》。

7月24日至28日 水电部在北京召开全国水利电力科技工作会议，就如何开创水利电力科技工作新局面的问题，着重讨论了科研体制改革以及重视知识、重视人才等问题。

7月29日 全国人大常委会委员长彭真视察丰满水电站。

8月6日至13日 水利水电建设总公司在北京召开水利水电系统改革工作座谈会，交流了近年来的改革经验，研究了进一步深入的改革工作，并提出在今、明两年内争取直属水利水电工程都实行投资包干。

8月28日 陆佑楣任水电部副部长，主管水电建设工作。

8月31日 乌江渡水电站工程获国家质量银质奖。

9月11日 水电部掘进机技术攻关领导小组、科技司、机械制造局和基建兵水电指挥部在唐山古人庄联合召开SJ-58A型全断面隧洞掘进机应用现场会。会议认为，这台由上海水工机械厂研制的我国目前最大的掘进机，适用于抗压强度为30～150MP_a的中硬岩中掘进，在古人庄隧洞中硬岩段掘进中，最高月进尺达213.4m，应用是成功的。

10月6日 水电部在成都召开电价政策座谈会。会议研究了电价原则、如何衡量电价水平、电价的科学分类及电价管理体制改革等方面的问题。

10月12日 为庆祝建国35周年，《水力发电》杂志出版了庆祝专号，较系统地总结了我国35年来水电建设的成就和基本经验，展望了发展的前景。钱正英部长为专号撰写了《立志改革，开拓前进》的重要文章。文章中着重指出了由生产管理型变为经营管理型的转轨变型问题。

10月17日 由水电部天津勘测设计院设计、三门峡水利枢纽管理局组织施工的钢叠梁围堰沉放试验获得成功，5节150t的钢梁顺利地沉放到底孔底槛，从而为三门峡枢纽工程泄流建筑物的改建和大修解决了关键技术难题。

11月5日至10日 水利水电建设总公司在葛洲坝工地召开全国科技进步经验交流会议。会议总结了近年来水利水电科技的成就和经验，提出了今后要突破的一些关键技术问题。会议还表彰、奖励了一批优秀科技项目。

11月12日至13日 李鹏副总理视察三峡，并在船上听取了全国三峡科研工作会议的汇报。

11月20日 浙江石塘水电站土建工程开标仪式在杭州举行。这是我国在全国范围内采用公开招标选择施工队伍搞水电建设的第一次尝试。石塘水电站位于浙南瓯江大溪河上，装机7.8万kW(3 × 2.6)。经过评议，水电部第十二工程局以5345.75万元最低标价中标。华东勘测设计院作为勘测设计部门多功能的试验，接受华东电管局的委托，承担石塘水电工程的业主代理人，负责该工程项目管理的全部工作。

11月22日至30日 水利水电建设总公司在北

京召开全国勘测工作会议，中心内容是如何在水利水电勘测方面做好“第二篇文章”。会议在总结近几年经验的基础上，本着改革精神，制订了《水利水电地质勘测工作管理基本要求》等文件。

12月5日至7日 国家计委在北京召开第二次全国优秀设计评选委员会会议，乌江渡水电站、葛洲坝二江工程(泄水洞、电站)、湖南镇水电站、潘家口水利枢纽等4项工程设计被评为国家优秀设计，并于1985年1月在全国设计工作会议上发了奖。

12月10日至16日 水电部在北京召开全国水利电力系统劳动模范、先进集体代表大会。会议表彰了特等劳动模范25名，先进企业(单位)和先进集体246个。党和国家领导人万里、王震、郝建秀、李鹏在人民大会堂接见了全体代表并合影留念。李鹏在闭幕和发奖仪式上讲了话。

12月23日 经国务院批准，中国三峡开发总公司筹建处成立，陈赓仪任主任。

12月31日 水电部颁发了《水利水电工程淹没处理设计规范》，于1985年2月1日起施行。该规范对水库淹没处理的技术标准、补偿标准、水库工作程序、库区综合利用开发等，作了原则规定。

12月31日 全年新增水电装机容量143.51万kW，年末全国水电装机总容量2559.97万kW(其中小水电906.66万kW)，年发电量867.84亿kW·h(其中小水电208.36亿kW·h)，分别占整个电力装机容量和年发电量的32%和23%。

1985年

1月1日 中国人民解放军基建工程兵水电指挥部划归武警部队序列，改称为中国人民武装警察水电指挥部，下辖一、二两个总队，一个独立支队，一个水电指挥所，一个水电学校，总编制2万人。水电指挥部成立20年来，建成了映秀湾水电站和潘家口枢纽一期工程，参加或支援了葛洲坝、龙羊峡、大山口、二滩、向家坝、桐子林、溪罗度等工程的施工或勘探。目前正承担天生桥二级、万安和潘家口枢纽二期等水电工程的施工。

1月5日 钱正英部长和科威特石油兼财政大臣阿里·哈里法·隆巴赫在北京正式签订关于沙溪口水电站工程项目的贷款协定。这是科威特阿拉伯经济发展基金会向我国提供的第二批长期低息优惠贷款的第一个项目，贷款金额为900万科威特第拉尔(折约3000万美元)。

1月5日至11日 水利水电建设总公司在北京召开管理体制改革座谈会。会议确定当前改革的方向是：立足水电，面向社会，积极参加竞争，努力开展多种经营，使水利水电勘测设计和施工单位逐步实行企业化、社会化，发展成为独立核算，自负盈亏，具有法人地位的经济实体。

1月 水电部党组对水利水电建设总公司领导班子进行调整，任命朱尔明为总经理，王干国为党委书记，潘家铮为总工程师。

1月 四川宝珠寺水电站开工。该电站位于四川广元县境、白龙江下游，坝型为重力坝，最大坝高132m，总库容25.5亿m^3，装机70万kW(4×17.5)。

1月 四川铜街子水电站工程开工。该电站位于大渡河上，距上游龚嘴水电站33km，是龚嘴电站的反调节工程。坝型为重力坝，最大坝高80m，总库容2亿m^3，装机60万kW(4×15)。

2月6日 水电部和中国科协分别转发国家经济体制改革委员会文件，同意成立中国水力发电工程学会。

2月 广西岩滩水电站开工。该电站位于大化水电站上游83km，是在红水河上继大化水电站之后建设的第二座大型水电站。坝型为宽缝重力坝，最大坝高106m，总库容33.8亿m^3，一期装机121万kW(4×30.25)。

2月 水电部西北勘测设计院根据胡耀邦总书记关于做好“第二篇文章”批示精神，对宝珠寺水电站采取优化措施，重新编制初步设计，工程投资由1983年“五定”审查审定的10.62亿元降为9.38亿元，降低12%。

3月17日 国家主席李先念视察乌江渡水电站。

3月28日 水电部和云南省人民政府合资建设漫湾水电站的协议在昆明签订，水电部总工程师李鹗鼎、云南省副省长朱奎分别在协议上签字。协议规定：电站业主为云南省电力局，云南省投资3亿元，其他投资由水电部安排。

3月 国家科委、国家计委和国家经委联合组织编制的《中国技术政策·能源卷》(国家科委蓝皮书第4号)出版。书中包括“电力工业技术政策”和“水电开发技术政策”两章。在“电力工业技术政策”章中提出：为减轻发电能源对矿物燃料需求的压力，应尽可能多开发水电，逐步把电力建设重点放在水电上，使水电发电量的比重维持在20％以上。

4月1日至4日 应日本通产省、国土厅的邀请，钱正英部长率领中国水电代表团访问日本，考察了佐久间、广野、福岛、高宾等水电站。

4月13日 根据中、美水电协议书的安排，以广西自治区人民政府副主席甘苦为团长的我国水电专家代表团一行8人前往美国，参加在美国田纳西州举行的中、美第三次河流综合利用开发技术讨论会。

4月15日 位于东江水电站下游9km的反调节工程——小东江水电站开工。坝型为重力坝，最大坝高34m，装机5.5万kW。

4月 水利水电建设总公司组织部分直属工程局、勘测设计院的总工程师和施工组织人员，到鲁布革水电站工地学习施工技术和管理经验，历时半个月。

4月16日至27日和5月12日至23日 为庆祝中、朝鸭绿江水电合作协定的签订和鸭绿江水力发电公司成立30周年，以钱正英部长为团长的中国政府水电代表团和以朝鲜电力工业部部长李智灿为团长的朝鲜政府水电代表团进行互访。

中、朝鸭绿江水力发电公司成立30年来，已由1座水丰水电站发展到4座水电站。其中：水丰、云峰两水电站总装机容量103万kW，截止1984年底，累计发电1280多亿千瓦小时，中、朝各半分配；渭源、太平湾两水电站，两国共同投资，正在紧张施工。胡耀邦总书记对朝鲜同志说：30年来我们在水电方面合作得很好，是两国经济合作的典范。他希望双方根据平等互利原则，继续密切合作，力争本世纪末把鸭绿江、图们江上可供合理开发的水能资源都开发出来，为两国社会主义建设服务。

4月18日至19日 葛洲坝二江、三江工程通过国家验收。二、三江工程包括12个单项工程，1981年通航、发电，1983年建成。经过几年运行，证明设计合理，质量达到设计要求。

5月14日 潘家口枢纽二期工程开始浇筑。二期工程包括在坝址下游6km处的黄石哨修建一座拦河坝形成的下池及3台单机容量各8万kW的抽水蓄能机组。二期工程于1984年4月27日开工。该工程建成后，每年可供给华北电网5.7亿kW·h的调峰电量。

5月20日 承担天生桥二级水电工程的江南水电工程公司从美国引进的2台直径10.8m的罗宾斯全断面掘进机，于1985年3月18日开始使用，至本日已掘进219m。

6月10日和12日 位于湖北省姊归县境内、西陵峡新滩镇的姜家坡至广家崖滑坡体，两次发生大面积崩滑，塌方量约50～60万m^3，江中涌浪高达80多米，摧毁新滩镇房屋2411间。由于观测点报险及时，群众提早撤离，仅死亡1人。

6月14日 水电部发出关于贯彻执行国务院批转国家经委等部门《关于鼓励集资办电和实行多种电价的暂行规定》的通知。《规定》中对丰水弃水期、枯水期的水电电价作了不同的规定。

6月 在密云水库召开第一届国家科技进步奖水利电力组评审会，推荐一等奖，评定二等奖。经国家科技进步奖评审委员会批准，水电系统“在岩溶峡谷地区建设乌江渡水电站”、“丰满水电站泄水洞进水口水下岩塞爆破”、“全国水能资源普查成果”获一等奖，“SDMQ1260／60型门座起重机”、“宽尾墩窄缝挑流”及“掺气减蚀的研究和应用”获二等奖。

6月30日 1979年停建的、位于湖南澧水干流上的三江口水电站复工。电站装机6.25万kW(5×1.25)。1988年12月第一台机组发电。

7月 国家“七五”科技攻关项目的西北口钢筋混凝土面板碾压石渣试验坝开工。该坝位于湖北省宜昌县境内，设计坝高95m，总库容2.1亿m^3，装机1.89万kW。计划总工期3.5年，要求1989年底竣工。

7月 浙江石塘水电站开工。坝型为重力坝，最大坝高38.9m，总库容0.83亿m^3，装机7.8万kW(3×2.6)，1988年12月第一台机组发电。

8月23日 新疆喀什附近的疏附县和乌恰县发生7.4级强烈地震。位于震中附近的喀什一级水电站遭到严重破坏，构架强烈摇晃，避雷器全部倒塌，造成110kV母线短路，整个电网停电。26日全部恢复发电。

8月 水电部西藏电力发展规划咨询组于今年5月进藏，经过两个多月的调查研究，于本月向国务院西藏经济工作组提交了《西藏电力发展规划建议书》。《建议书》提出以发展水力和地热为主，在缺乏水力和地热的地方，可考虑以柴油机发电用于生活，并加快利用太阳能发电的方案。

8月 经中央财经领导小组决定，从本年起在直属水电站的电费收入中，按 1985 年供电量每千瓦小时增提 4 厘钱作为库区建设基金，用于直属水电站库区维护，扶持库区移民发展生产和处理移民遗留问题。

9 月 中国人民建设银行投资调查部、投资研究所在《投资信息》增刊①上发表了《重新评价水电的经济性》的文章，以不切实际的数据，用水、火电对比的形式，全盘否定我国水电建设的经济性。为了澄清是非，《水力发电》杂志于 1985 年第 9 期开辟了"关于水电经济性评价问题的讨论"专栏。本期发表了水利水电规划院等单位写的《应该实事求是地评价水电的经济性》文章。嗣后，水电系统内外许多同志纷纷发表文章，不同意中建行文章的片面观点。

9 月 29 日至 10 月 6 日 世界银行水电咨询团一行 6 人，由水电部总工程师李鹗鼎陪同，到广西龙滩水电站坝址考察。

10 月 7 日至 21 日 钱正英部长率领中国电力考察团访问加拿大，与加拿大对外关系部签署了谅解备忘录，与蒙特利尔银行签署了备忘录。其中规定：对三峡工程可行性研究，加方将提供 160 万加元的资助。

10 月 8 日至 31 日 临江水电站和虎山水电站中、朝联合设计小组第一次会议、鸭绿江和图们江干流规划小组第 14 次会议在平壤举行。会议对鸭绿江干流和图们江干流的规划编制了文件和报告，并对临、虎两电站设计任务的编制原则与内容交换了意见。

10 月 10 日 水利水电建设总公司对在建的葛洲坝、龙羊峡、白山、岩滩、大化、紧水滩、天生桥二级、安康、鲁布革、铜街子、万安、东江、红石、太平湾、渔子溪二级、西洱河三级、沙溪口、故县和丰满扩建等 19 项水利水电工程，重新核定其建设规模、产品方案、工程内容、总投资额、建设工期和竣工日期（简称"五定"）。此项工作从 1982 年 6 月 15 日开始至本日结束。上述 19 项工程原投资总额为 125.62 亿元，经过"五定"审定为 193.23 亿元，增加 67.61 亿元，从而保证了工程的顺利进行。

10 月 11 日 新疆当前最大的水电站——大山口水电站开工。该电站位于新疆巴州开都河峡谷出口处，是开都河流域 11 个梯级中的第 9 级，装机容量 8 万 kW。

10 月 13 日 我国水电建设第一部大型文献资料工具书《中国水力发电年鉴》首卷本出版发行。《年鉴》记载了新中国成立以来至 1983 年 34 年水电建设的重要文献、发展情况和建设经验。

10 月 13 日 美国白宫原能源顾问、田纳西流域管理局董事长费里曼到广西考察水电，高度评价了龙滩水电站的优越建设条件，并同自治区主席韦纯束商谈了关于龙滩工程引进外资的问题。

10 月 17 日 采用集资方式兴建的中型水电站——范厝水电站开工。该电站位于福建将乐县，装机容量 3.6 万 kW（3 × 1.2），由福建省电力局、将乐县人民政府和水电部闽江工程局三方集资兴建，总投资 6630 万元。集资比例为：省电力局 50 %，将乐县 35 %，闽江工程局 15 %。为了保证工程顺利进行，成立了董事会，按集资三方各自的优势分工：闽江工程局负责施工；将乐县负责征地和移民；省电力局负责送变电工程、配套建设和电站的运行调度。

11 月 1 日 阿根廷、玻利维亚、巴西等 17 国及联合国工发组织的拉美小水电考察组，到浙江省金华、缙云、天台、临海等地参观考察。

11 月 9 日 中国水力发电工程学会第二次会员代表大会在广西南宁召开。李鹏副总理给会议发了贺信，中央顾问委员会委员李锐、水电部副部长陆佑楣等出席了会议。目前全国学会下已成立 16 个省、区地方水力发电工程学会及 9 个专业委员会。大会向国务院领导提出了《关于加快发展水电的建议》的报告。李鹗鼎当选为理事长，施嘉炀当选为名誉理事长。

11 月 13 日 李鹏副总理视察位于晋西北黄河峡谷中的天桥水电站。

11 月 20 日 水电部电力科技成果展览会在北京开幕。共展出新成果 446 项，其中水电 152 项。这次展出的项目绝大部分获得国家、部或各省（市、区）重大科技成果奖，且在生产中取得较大经济实效。

11 月 28 日 经国家教育委员会批准，成都科技大学水利水电学院成立。该学院以培养开发西南地区水能资源所需的技术人才为主要目的，共设 10 个专科、2 个研究所，学生 2000 人，其中 1000 人是定向培养的。

11 月 为了加强对部直属水电站的大坝管理，水电部批准成立了"水电站大坝安全监察中心"。该中心与华东勘测设计院为一个单位、两块牌子，对部负责并报告工作。

12 月 15 日 中、朝合建的太平湾水电站第一台机组发电,1988 年竣工。

12 月 21 日至 25 日 水电部在北京召开红水河开发领导小组第一次会议,国家计委、国家经委、农牧渔业部、贵州省人民政府等单位的代表参加了会议。会议决定成立红水河流域水电开发领导小组,并确定了领导小组的任务。

12 月 24 日 天生桥二级(坝索)水电站库首土质边坡突然滑坡,造成在混凝土挡土墙浇筑作业面上施工的 48 人死亡、1 人重伤、6 人轻伤的重大事故。中央安全检查团专程到天生桥工地,对滑坡事故和施工安全进行了检查,并作了重要指示。

12 月 25 日 红石水电站第一台机组发电。红石与太平湾两电站装机容量基本相同,从开工到第一台机组发电,都仅 3 年 3 个月时间。缩短了周期,节约了投资,为做好"第二篇文章"提供了两份优良答卷。

12 月 南京水利科学研究院成立 50 周年。它的前身为中央水工试验所,成立于 1935 年 12 月,1942 年 1 月改名为中央水利实验处,1950 年 5 月改名为南京水利科学研究所,1984 年 1 月改名为南京水利科学研究院。该院早在 40 年代曾进行龙溪河上硐、广东滃江等水电站水工模型试验工作;50 年代承担黄坛口、富春江、新安江、柘溪等大中型水电站的试验研究工作;近 20 多年来,对西津、碧口、乌江渡、潘家口、葛洲坝、鲁布革、东江、水口、二滩及三峡等大中型工程进行了许多试验研究工作。

12 月 水电部"六五"期间承担的国家重点水电科技攻关项目已按计划完成,提出的 340 项科技成果、27 项新仪器和新设备已全部鉴定通过,仅在攻关研究阶段转化为生产力所取得的经济效益,粗估约为 6000 万元,社会效益也很显著。主要项目有:"新能源开发技术"、"高土石坝筑坝关键技术"、"深厚覆盖层建坝技术"、"大型地下洞室围岩稳定和支护技术"、"加速地下工程建设关键技术"、"掘进机应用技术"、"复杂地基勘探与工程地质研究"、"复杂地基基础处理的设计和施工"等。

12 月 为了贯彻全国标准化工作会议和全国工程建设标准规范工作会议精神,进一步做好"第二篇文章",几年来,水利水电建设总局组织有关单位对一批重要的规程规范进行了编制、修订工作,至本年底,经部、总局批准、颁发的水利水电规划、勘测、设计、施工等方面的技术标准(规范)已有 52 项。

12 月 31 日 全年新增水电装机容量 81.53 万 kW,年末全国水电装机总容量 2641.5 万 kW(其中小水电 952.1 万 kW),年发电量 923.74 亿 kW·h(其中小水电 241.34 亿 kW·h),分别占整个电力装机容量和年发电量的 28.3% 和 22.5%。

从 1981 年至 1985 年的"六五"计划期间,水电建设总投资 82.35 亿元,占整个电力工业基建投资的 27.5%。5 年中新增水电装机容量 609.70 万 kW,新增水电发电量 341.63 亿 kW·h,平均年增长率分别为 5.4% 和 9.8%。

"六五"计划期间,随着改革、开放方针的贯彻落实,水电建设勘测、设计、施工、科研和生产运行等方面的改革工作有了初步进展,前期工作有所加强;在吸引外资和集资办水电方面,也取得初步成效。

1986 年

1 月 在全国计划会议和经济工作会议上,水电部第十二工程局的企业全面整顿工作受到表彰,由国务院命名为"全国企业整顿先进单位",并颁发了金质奖章。随后,葛洲坝工程局和富春江水工机械厂由部命名为"水电部企业整顿先进单位";中南勘测设计院和夹江水工机械厂由总公司命名为"水利水电建设总公司企业整顿先进单位"。

1 月 27 日 水电部对外公司召开各驻外机构负责人会议。杨振怀副部长提出:要求对外公司在二三年内能跻身于世界 250 家大承包公司之林。

1 月 为适应基本建设管理体制改革的需要,水利水电建设总公司制订的《水利水电基本建设工程项目划分》等 5 项编制设计概算的规定,以及《水利水电工程投资估算编制办法》等文件颁发试行。

2 月 8 日 胡耀邦总书记视察天生桥二级水电站工地。

2 月 澳大利亚雪山公司、挪威 FHS 公司的咨询专家和由中国、美国、加拿大、澳大利亚等国专家组成的特别咨询团,对鲁布革水电站工程原设计进行了咨询,提出不少修改意见,初步估算可节约投资 2339 万元。

2 月 20 日至 25 日 水利水电建设总公司在北京召开工作会议,研究和部署了今年水利水电系统继续推进改革和提高经济效益等方面的工作任务，并决定今年重点抓好完成国家计划、增强企业活力等7项工作。

2月 水电部聘请了有国际大坝会议主席参加的4人特别咨询组对二滩水电站工程设计进行了较全面的技术咨询。通过咨询，专家们对工程总体布置、坝轴线位置、坝基开挖深度、导流标准等，提出了一些有价值的建议，将对优化二滩工程设计起重要作用。

3月10日至14日 全国100个农村电气化试点县工作会议在北京召开。李鹏副总理接见了全体代表和讲了话，并向提前达到农村电气化初级标准的福建省光泽县、四川省汶川县和荥经县、广东省仁化县和龙门县颁发了证章和证书。

3月11日至19日 应钱正英部长邀请，以美国能源部部长约翰·赫斯特为首的美国代表团来我国参观访问，中、美两国就能源领域的合作事项进行了讨论。赫斯特部长一行还参观了三峡坝址和葛洲坝工程。

3月26日 我国水电建设史上第一个大型"沉井群"——铜街子水电站23个沉井全部建成。该"沉井群"是为防止大坝左测横向2500m、纵深700m的滑坡体下滑而建造的大型水工建筑物。建成后的23个沉井，连成一座长500m、宽10多m、最大深度40多m的混凝土墙。它既是抗滑坡设施，又是导流明渠的内导墙。

4月1日至4日 由我国亚太地区小水电研究培训中心和英国《水力发电与大坝建设》杂志联合举办的第二届国际小水电会议在杭州召开，参加会议的有30多个国家的250名中外代表。会议宣读了36篇论文。

4月25日 葛洲坝工程局开挖分局承包的岩滩水电站左岸导流明渠开挖工程全部竣工。该工程是岩滩水电站的关键施工项目，明渠全长1030m，土石方开挖量235万m^3，其中石方117万m^3，设计施工期为3年，投资概算7000万元。葛洲坝工程局以3495万元中标，于1985年2月28日开工，工期提前1年10个月，全员劳动生产率35900元/人年，创国内水电系统的先进记录。

4月 贵州东风水电站工程开工。坝型为双曲拱坝，最大坝高166m，总库容10.25亿m^3，装机51万kW(3×17)，是在乌江干流上继乌江渡水电站之后建设的第二座大型水电站。

5月1日 云南漫湾水电站工程开工。该电站位于云南省云和县境内、澜沧江中游，坝型为重力拱坝，最大坝高126m，总库容9.2亿m^3，装机150万kW(6×25)，是在澜沧江干流上兴建的第一座大型水电站，也是目前云南省最大的水电站。

5月5日至13日 陆佑楣副部长带领工作组赴湖南省与陈邦柱副省长研商关于五强溪水电站建设管理体制的问题，决定：(1)五强溪业主为湖南省电力局，并负责组建五强溪工程建设公司行使建设单位职责，工程实行招标投标，部分已开工项目实行按概算包干建设；(2)由部、省领导联合组成五强溪工程建设领导小组，协调解决工程建设中的重大问题。

5月 水电部颁发《关于降低水利水电工程水泥用量的几项规定(试行)》。《规定》中规定一般重力坝和大体积混凝土工程单位水泥用量不能超过200kg，轻型坝工程不能超过250kg。

5月 四川渔子溪二级水电站第一台机组发电。为引水式电站，引水隧洞长7750m，洞径(5，6.5)m，装机16万kW(4×4)。工程于1988年竣工。

6月2日 中共中央、国务院发出《关于长江三峡工程论证工作有关问题的通知》。《通知》指出："这一工程还有一些问题和新的建议，需要从经济上、技术上深入研究，整个工程的可行性研究报告尚待进一步论证和补充，以求更加细致、精确和稳妥"，要求水电部广泛组织各方面的专家，进一步论证修改原来的三峡工程可行性报告。

6月9日 葛洲坝二期土建工程基本竣工，大江电厂第一台12.5万kW机组发电，通过右岸500kV超高压输电线路送往华中电网。

6月17日至21日 水利水电建设总公司在北京召开水利水电系统质量管理工作会议。会议表彰了9项优秀设计和创优设计，其中一级优秀设计2项，三级优秀设计1项；一级创优设计2项，二级创优设计2项，三级创优设计2项。

6月23日至24日 水电部在北京召开三峡工程论证领导小组第一次会议，就如何贯彻执行中共中央、国务院《关于长江三峡工程论证工作的通知》作了研究。会议确定了领导小组的工作目标、方法、内容、阶段划分及组织机构等。

7月10日至8月4日 由中国水力发电工程学会、中国国土经济学研究会、中国水利经济研究会联合组织的黄河上游水电经济综合开发考察团，考察了龙羊峡至青铜峡河段已建、在建和待建的水电站现场及有关工厂和灌溉工程。考察认为，黄河上游是水能资源的“富矿”，已建电站经济效益和社会效益很大，待建电站开发条件十分优越，建议国家尽快作出决策，加速开发，并建议成立黄河上游水电联合开发公司，争取在2000年前后把龙～青段水电站全部建成。

7月21日 水电部下达《关于加强水电建设领导和管理力量的通知》。《通知》要求各有关电管局、省电力局配备1名主管水电的副局长，并增设水电处，直接归口负责水电站管理和建设过程中的组织协调工作。

7月 经国务院批准，湖南五强溪水电站列入“七五”计划项目并复工。本电站以发电为主，兼顾防洪和航运。坝型为宽缝重力坝，最大坝高87.5m，总库容42亿m^3，装机120万kW。工程建设资金采用集资方式，水电部安排16亿元，湖南省承担补偿移民费4亿元。电站建成后，湖南省按集资占总投资比例20%分利。

7月 国务院办公厅转发水电部《关于抓紧处理水库移民问题的报告》，以后水电部又于1987年发出了《关于加强水库移民工作的通知》。上述两个文件明确指出：应将水库淹没处理和移民安置列为工程建设的组成部分，在工程建设时，移民工作应与主体工程同步进行；并要求从过去单纯补偿的传统性移民做法改为积极创业的开发性移民。

7月 水利水电建设总公司在鲁布革水电站工地召开“解放思想，推进技术进步座谈会”。会上确定混凝土面板堆石坝、碾压混凝土坝、地下洞室锚喷支护、高边坡开挖等28项新技术为推广项目，并由水电部批转各直属勘测设计院执行。

7月31日 福建水口水电站国际招标在福州开标。该电站是利用世界银行贷款兴建、我国首次对大型水电站全部土建工程实行国际招标投标的项目，有中、日、意、法、美等国的10家厂商参加投标，华田联营公司以5.5亿元人民币标价中标。

8月 为加强对勘测设计单位的资格管理，根据国家计委有关规定制订的《水利水电行业工程设计证书分级标准》、《水利水电行业工程勘察证书标准》两个文件由水电部颁发实行。

9月 中国水力发电工程学会在湖南长沙召开“开发中型水电站技术经济讨论会议”。会议分析了我国能源形势，总结了水电建设经验，研究了加快开发中型水电站的战略意义和现实意义，并提出了多层次和多模式联合办电、集资办电、改革电价、降低税率、放宽政策、投资分摊等开发政策的意见。尔后又组织了关于合理开发我国中型水电站的专题研究。

9月 由华东电管局主持，鉴定通过了“新安江水电站TS854／154-40型1号水轮发电机定子线棒股线新换位方式”科研成果。这项科研工作由新安江水电厂、浙江大学、华东电力试验研究所联合攻关，从1973年开始，历时13年，揭开了水轮发电机定子线棒长期局部温升过高的原因。按新换位的定子线棒，可提高出力12%左右，各种水轮发电机都可推广应用，有重大经济效益，被评为水电部1987年科技进步一等奖。

10月1日 水电部决定撤销水利水电建设总公司（总局），成立水利水电建设局（部内局）和水利水电规划设计院。

10月15日 龙羊峡水电站下闸蓄水成功。李鹏副总理、国家计委、国家经委和水电部分别致电祝贺。

10月 湖北隔河岩水电站工程开工。该电站位于湖北省长阳县境内，是长江支流——青江干流下游的第二座梯级水电站。坝型为空腹重力坝，最大坝高151m，总库容34亿m^3，装机120万kW（4×30）。

10月30日 水电部颁发了《水利水电建筑工程预算定额》文件。内容包括施工机械台班费以及土石方、混凝土、砌石、基础处理、疏浚、临建工程等预算定额，共9章、382节、3190个子目，比1980年编制的预算定额增加了81节、862个子目，总水平提高6.6%。另外，水电部还于同年9月30日颁发了《水利水电设备安装工程预算定额》。上述两个文件均于颁发日起执行。

10月31日 由日本大成公司承建的、我国职工施工的鲁布革引水隧洞工程采用钻爆法全断面一次开挖的施工方法，本月创开挖月进尺357.4m的新纪录。

11月1日 福建坑口水电站碾压混凝土筑坝技术工业性试验项目通过国家级技术鉴定，认为这是一次成功的试验。坑口水电站坝高56.8m，坝体混凝土方量6.06万m^3，其中碾压混凝土方量4.2万m^3，于1985年11月开始浇筑碾压，1986年6月基本建成。与常规混凝土相比，节约水泥44%，综合造价降低16%，工期缩短一半。

11月18日 国务院领导同志视察鲁布革水电站工地。

11月19日 国务院领导同志到天生桥二级(坝索)水电站工地视察。领导同志指示:高坝(指天生桥一级)一定要上,否则经济效益不高。领导同志还指示:要把武警水电部队建成象美国陆军工程师团那样的部队,既会搞设计、会管理,又会技术。

11月20日至25日 中国水力发电工程学会、中国国土经济学研究会、中国能源研究会、中国水利经济研究会联合在北京召开水电经济战略研究讨论会。会议认为,水能资源是一次再生能源,有多方面的优越性,必须把水电开发放到整个国民经济发展中去论证,纳入能源系统,同整个电力工业发展、水资源综合利用及地区经济发展结合起来,才能显示出其优先发展的战略意义。

11月 为了贯彻国务院《节约能源管理暂行条例》,水电部、财政部、国家经委联合发出了《水力发电节水增发电量奖励试行办法》的通知。《通知》要求本办法先在福建、湖南两省试行,以便总结经验,为在全国实行创造条件。

11月 国家制订出"七五"重点科技攻关项目,其中水电项目有:《长江三峡工程重大科学技术研究》(其中分解为"泥沙和航运关键技术"、"坝区地质和地震问题"、"水工建筑关键技术"、"施工关键技术"、"电力系统规划及关键技术"、"生物与环境影响和对策、"防洪问题和综合利用效益"等7项);《水电工程筑坝技术研究》(其中分解为:"高土石坝技术"、"高混凝土坝技术"、"高坝坝基技术"、"定向爆破筑高坝技术"等4项;《长江三峡工程重大装备科学技术研究》(重点是三峡升船机及金属结构)。

11月 为了总结30多年来所取得的水电科技成果,水电部科技司组织出版了有重大参考价值的科技图书,主要有:《1980～1985年水力发电科学技术成果汇编》(一、二集,1986年11月出版);《"六五"水力发电科技攻关成果汇编》(1987年7月出版);《中国拱坝》(1987年7月出版);《中国大坝》(英文版,1987年出版)等。

12月31日 全年新增水电装机容量112.74万kW,年末全国水电装机总容量2754.24万kW(其中小水电1009.51万kW),年发电量944.80亿kW·h(其中小水电244.24亿kW·h),分别占整个电力装机容量和年发电量的29.4%和21%。

1987年

1月5日 水电部在北京召开工作会议,确定"奋斗一年半(1987年至1988年上半年),装机1000万kW,其中大中型水电装机27台,总装机容量268.25万kW"的奋斗目标。这是电力基建计划制度的一项改革,可以逐步扭转过去年末集中投产的被动局面。

1月13日至16日 水电部水利水电建设局、规划设计院、科技司和物资局在北京联合召开"七五"期间节约水泥的规划及经验交流会议。经过讨论,基本落实了"七五"期间水泥用量比设计概算定额降低7%,节约水泥40万t的任务。

2月6日至14日 中国水利水电工程咨询公司受中国国际工程咨询公司的委托,对十三陵抽水蓄能电站可行性进行评估。评估认为,本电站距负荷中心近,起动快,爬坡能力强,建议国家尽早安排建设。该电站位于十三陵水库左岸,拟建上池位于蟒山背后的寺沟峡,下池即为十三陵水库,地下厂房内装4台可逆式蓄能机组,总装机容量80万kW(4×20),年发电量12亿kW·h。

2月18日至28日 水电部成都、西北勘测设计院及电力科学研究院合作的"西北、西南(四川)联网补偿研究"成果鉴定会召开。鉴定认为,本课题结合两大区特点,从合理利用能源出发,首次提出大规模利用弃水电能、重复容量,可大幅度地提高两网的水电经济效益和综合效益,建议尽快开展联网工程的前期工作,争取早日建成。

2月 水电部科技司组织制订了《1986～2000年电力工业科学技术发展纲要(草案)》,内容包括有水电发展目标、主要技术政策、近期科技攻关项目和技术储备等。

2月22日至3月2日 世界银行代表前来我国就二滩水电站工程利用世行贷款问题进行首次接触。世行代表赴二滩工地现场考察后,回京与水电部正式进行了商谈。双方初步商定二滩工程1989年至1992年间运用世行第一期贷款,工程进行国际招标。

3月9日 华东地区最大的水电站——水口水电站土建工程开工。该电站位于闽江干流、福建省闽清县境内，以发电为主，兼有航运效益。坝型为宽缝重力坝，最大坝高 101m，总库容 26 亿 m^3，装机140万 kW(7 × 20)。

3 月 20 日 《中国水电发电史料》内部刊物出版。出刊的目的，是为了对水电系统职工进行传统教育，同时征集、积累水电建设史料，为今后撰写《中国水力发电史》一书作准备。

3 月 25 日至 4 月 1 日 水电部生产司在厦门召开水电厂运行管理学术讨论会议。会议总结了自 1978 年执行《水电站水库经济调度试行条例》以来 8 年中所取得的主要成绩，并研究了今后的工作方向。据统计，1979 年至 1986 年全国大中型水电站平均每年节水 20 亿 m^3左右，共增发电量180亿kW·h。

3 月 28 日 李鹏副总理在中外记者招待会上回答关于长江三峡工程的提问时说：三峡是一项重大的、复杂的工程，我们对此持积极而慎重的态度。我们组织了一个有许多专家学者参加的论证委员会对各种问题进行科学论证，在论证工作未了之前，我们不会开工。

3 月 30 日 水电部向各直属勘测设计院、流域机构勘测设计院，各工程局、学校、科研等单位附属的勘测设计机构，以及按行业归口管理的地方甲级证书单位，颁发了水利水电工程勘测设计证书。

3 月 在五强溪水电站设计复查中，水电部中南勘测设计院将水利水电科学研究院提出的“宽尾墩——底孔挑流一消力池”新型联合消能工方案应用于溢流坝工程，使溢流坝长度由原设计的 269m 缩短至 245(缩短 24m)，土石方开挖量减少 109 万 m^3，初估可节约投资 4000 万元。

4 月 3 日和 6 日 浙江紧水滩水电站 1、2 号机组（容量均为 5 万 kW）相继发电。这两台机组 1986 年底已具备发电条件，只因逢瓯江上游为枯水年，水库未蓄到最低发电水位，所以推迟到本月才发电。1988 年 11 月 28 日最后一台机组投产。

4 月 18 日 水电部发出《关于加强水库移民工作的通知》。《通知》要求各流域机构和电管局、电力局都要加强对水库移民工作的领导，把移民工作纳入正常业务范围；搞好移民规划；加强移民管理，搞好投资效果；加强与地方政府配合协作；加强调查研究，及时总结经验。

4 月 第二届国家科技进步奖水利电力组评审会在天津召开。经过评审会评定，并经过国家科技进步奖评审委员会批准，水电项目“深厚砂卵石覆盖层金刚石钻进与取样技术研究”、“水电站大型地下硐室围岩稳定和支护的计算分析与测试技术研究”、“江厦潮汐试验电站设计与研究”获国家科技进步二等奖。

4 月 20 日至 5 月 16 日 应贵州省人民政府的邀请，中国国土经济学研究会、中国水力发电工程学会、中国能源研究会和中国水利经济研究会联合组织考察团(40 余人)，对乌江流域进行了以水电经济开发为主的综合经济考察。考察团行程 2000 多公里，实地考察了已建、待建的 8 个水电站和坝址，提出了《加快对乌江流域水电综合开发的建议》。

5 月 15 日 水电部转发国家计委关于同意成立中国水利水电建设工程咨询公司的批复，规定该公司为企业性质，实行独立核算，自负盈亏。

5 月 17 日至 23 日 国际大坝委员会第 55 届执行会议在北京召开，51 个国家近 480 名大坝专家和陪同人员参加了会议。

5 月 20 日至 6 月 9 日 应美国陆军工程师团的邀请，水电部杨振怀副部长率代表团赴美国考察。代表团考察了丹佛工程、中央亚利桑那等工程和研究中心，与有关部门和专家进行了座谈讨论；还考察了美国在大江大河治理和管理方面的经验。

5 月 为了便于对外交流，由中国大坝委员会提出，经水电部批准，由水利水电规划设计院、水利水电科学研究院和科技情报研究所共同编辑的《中国大坝——历史、成就和展望》一书英文版由水电出版社出版。

5 月 25 日至 30 日 水利水电规划设计院在北京召开优秀工程勘察评选会议，代部评选出葛洲坝、乌江渡、潘家口、白山一期、大化、红石等工程地质勘察，及“乌溪江水库诱发地震监测与预报”等 7 项为部级优秀工程勘察奖。

5 月 30 日至 6 月 4 日 国家计委在北京召开全国施工工作会议。会议主要是贯彻国务院领导同志的指示，推广鲁布革水电站工程管理的经验，深化施工管理体制改革等。水电部鲁布革工程管理局和第十二工程局在大会上介绍了经验。

6 月 10 日 水电部发出通知，将原“杭州小水电开发设计研究所”更名为“水利电力部农村电气化研究所”。该所除原有任务外，还承担我国农村电气化方针、政策的研究，农村电网的技术改造与技术进步，组织国内外农村电气化的技术情报交流，以及其他有关农村电气化的专项委托研究任务。

6 月 15 日至 7 月 15 日 根据中、苏指导编制额尔古纳河和黑龙江界河段综合利用规划委员会第一次会议决定，中、苏专家（中方 20 人，苏方 16 人）对黑龙江自洛古河到街津口段进行联合查勘。中方团长是松辽委周德亮副主任，苏方带队人是全苏水利设计总院设计总工程师斯米尔诺夫。

6 月 16 日至 24 日 李鹏副总理在水电部杨振怀副部长等陪同下，视察了丰满水电站和二龙山等水库工程。在视察丰满水电站时，李副总理指示：丰满大坝已运行了 40 多年，到了衰老期，要不断掌握情况，加快大坝的加固改造工作。

6 月 由水电部科学技术情报研究所主编的《水利水电科学技术主题词典》出版。这部词典共收录专业术语 6760 条，计 120 万字，是一部综合性的情报检索工具书。

7 月 14 日 李鹏副总理在水电部召开的“加快发展与改革座谈会”部分代表的讲话中提出：“政企分开，省为实体，联合电网，统一调度，集资办电”的办电方针（简称“20 字方针”）。

7 月 16 日至 8 月 5 日 中、朝水力发电公司理事会第 40 次会议在北京举行。会议通过了 5 项决议。会议结束前，李鹏副总理接见了全体成员，并对中、朝水电合作给予较高的评价。

7 月 17 日 经国务院批准，国家批复同意将二滩水电站列入“七五”计划，由水电部和四川省合资兴建，并决定组建二滩水电站开发公司，实行计划单列，1987 年列为预备项目，进行“三通一平”的施工准备工作。

7 月 27 日至 31 日 水电部在北京召开长江上游水土保持座谈会。会议拟将长江上游列为全国水土保持的重点，并明确以防为主，加强预防监督的指导思想。当前选择金沙江下游、嘉陵江上游和中下游、三峡库区为治理重点。

8 月 25 日 为充分发挥水利水电规划设计院在归口管理规划设计方面的职能作用，水电部同意在水利水电规划设计院增挂“水利电力部水利水电规划设计管理局”的牌子。对部内使用“院”、对部外使用“局”的名义开展工作。

8 月 25 日至 26 日 水利水电规划设计院在北京召开设计复查工作会议。会议安排进行设计复查的水利水电工程项目 34 项，其中水电工程 30 项。会议要求通过设计复查，促进设计改革。

9 月 1 日至 22 日 水利水电科学研究院研制成功的我国第一台高精度水力机械模型通用试验台通过部级鉴定。鉴定认为，它是一项集精密机械、计算机自动采集和处理系统以及高精度电力仪器群组成的现代化技术综合体，性能达到国际先进水平。该试验台可按国际电工委员会有关规定进行各种型式水轮机、水泵、蓄能机的水力特性试验，将为我国大型水轮机招标、模型验收等，提供强有力的技术装备。

10 月 鸭绿江图们江电力公司成立。成立该公司的目的，是为了加快开发鸭绿江、图们江水能资源，加强中朝水力发电公司中方一侧电站的统一管理。该公司为独立经营、独立核算、以电养电的经济实体，受水电部直接领导，并代表中方处理中朝水力发电公司有关具体业务事宜。

10 月 中、朝联合设计，朝鲜施工的老虎哨（渭源）水电站第一台机组发电。该电站位于鸭绿江上，最大坝高 55m，总库容 6.26 亿 m^3，装机 39万 kW（6 × 6.5）。工程于 1979 年开工。

10 月 湖南东江水电站第一台机组发电。坝型为双曲拱坝，最大坝高 157m，总库容 81.2 亿 m^3，装机 50 万 kW（4 × 12.5），是湖南已建水电工程中库容和装机容量都最大的水电站。

10 月 海南岛大广坝水电工程设计招标在北京揭晓。这是国内第一次进行的水电工程设计招标。参加投标竞争的有水电部中南、华东、天津、北京等 4 个勘测设计院，中南勘测设计院中标。这次设计招标获得明显的经济效果，据初步估算可节约投资 0.5 ～ 0.6 亿元，占原编概算总投资 10 % 左右，整个工期可减少 1 年。

11 月 13 日至 14 日 国家工程建设质量评审委员会会议在北京召开，大化水电站获工程质量银质奖。

11 月 15 日 庆祝太平湾水电站建成大会在该水电站隆重举行。水电部副部长、中朝水力发电公司中方理事长张凤祥，朝鲜电力工业委员会副委员长、中朝水力发电公司朝方理事长李忠成，共同为庆祝会剪彩。该电站装机容量 19 万 kW，年发电量 7.7 亿 kW · h，共 4 台机组，1、2 号机向中方供电，3、4 号机向朝方供电。

11 月 《论三峡工程的宏观决策》一书出版。对三峡工程，从 50 年代起就有各种不同意见；自 80 年代初以后，意见的广泛性已远远超出水利水电系统的范围。《宏观决策》一书即是几位全国政协委员及国内外专家、学者对三峡工程不同意见的论文集。书中的主要意见是：论证三峡应放到长江上中游整个流域规划中去论证、比较，而不应就三峡论证三峡；在开发顺序上主张先支流、后干流。另外，对水电部正在组织进行的三峡工程论证工作的民主性、科学性提出疑义。

11月28日 水电部、国家经委、国家物价局联合发出《关于多种电价实施办法的通知》，要求各省从1988年1月1日起施行。

11月 《三峡工程水工建筑关键技术研究》、《三峡工程电力系统规划及关键技术研究》两项课题进行部分单项招标，择优考虑科研项目的承包单位。这是我国水电科研项目第一次实行招标，是水电科技管理工作改革的一次尝试。

11月 全国水电站自动化技术总结及"七五"自动化计算机应用规划落实工作会议在南京召开。会议安排了27座水电厂的"七五"期间实现不同程度的计算机监控和经济运行。

12月1日至4日 国家计委在北京召开第三次全国优秀设计评选委员会会议。水电系统"三门峡特种深水围堰设计"、"白山水电站地下厂房工程设计"获优秀设计金质奖，"红石水电站枢纽工程设计"获银质奖；"葛洲坝一、二期工程地质勘察"、"乌江渡水电站技施阶段工程地质勘察"、"潘家口水利枢纽工程地质勘察"获优秀勘察金质奖，"白山水电站一期工程地质勘察""大化水电站工程地质勘察"获银质奖。

12月1日至19日 水电部水利水电建设局委托福建省水电工程局等单位在福州举办全国水电系统碾压混凝土培训班。参加学习的有24个省(市)80多个单位的127名专业人员。学习班的中心内容是：为推广应用碾压混凝土筑坝技术，指导今后工程建设中正确执行《水工碾压混凝土试验规程》和《水工碾压混凝土施工暂行规定》。

12月4日 龙羊峡水电站第二台容量32万kW机组投产，加上今年9月29日投产的1号机组，1年共投产64万kW。随着第二台机组的投产，使全国电力装机总容量突破1亿kW。这标志着我国电力事业跃上一个新的台阶。

12月 水利水电规划设计院安排的30个水电设计复查项目，到本月底已完成28项。通过复查，加上各工程项目优化设计工作的效果，共可节约投资4.6亿元。其中二滩、五强溪、隔河岩、李家峡、水口、漫湾等9座水电站节约的投资达3.811亿元。

12月 武警水电部队坚持改革，实行独立核算，自负盈亏，经济效益有了明显提高，本年全员劳动生产率提高到9745元／人，为1983年的247.3％，创该部队组建以来的最高水平。

12月31日 全年新增水电装机容量265.08万kW，年末全国水电装机总容量3019.32万kW(其中小水电1110.63万kW)，年发电量1002.29亿kW·h(其中小水电290.45亿kW·h)，分别占整个电力装机容量和年发电量的29.3％和20.2％。

1988年

1月5日 中国国际工程咨询公司与索马里民主共和国签订关于承担索国巴尔德位水坝工程土石坝方案的补充勘测设计及招标文件编制的合同。该水坝坝高54m，库容约32.8亿m^3，装机10.5万kW，是索马里全国最大的建设项目，具体工作由中国水利水电建设工程咨询公司负责。至同年12月初，该工程土石坝方案和招标文件已经过世界银行专家组审定。这是我国水利水电勘测设计人员首次全面进入国际咨询市场，得到索马里民主共和国官员和世界银行专家的好评。

1月23日 水电部党组向部属各单位党组、党委发出《关于对"李锐反党集团"平反的决定》。《决定》指出：水电部党组在1959年定的"以李锐为首的右倾机会主义反党集团"是完全错误的，应当彻底平反。其结果，不仅使这些同志长期蒙受不白之冤，身心受到不同程度的摧残，遭到不公正的待遇，也使水利电力事业(主要是水电建设)受到不应有的损失。对于这个沉痛的历史教训，应该永远引以为戒。

1月 水电部直属的8个水电勘测设计院，已有华东、上海、中南、北京、西北、成都等6个院实行院长负责制，其余两个院计划在半年内做好准备，力争第三季度实行。

1月 青海李家峡水电站工程开工。坝型为三心圆拱坝，最大坝高165m，总库容16.5亿m^3，一期装机160万kW(4×40)，最终装机200万kW，是黄河上游河段的大型骨干水电站之一。

1月 国家计委正式批复广州抽水蓄能电站项目建议书。该电站第一期装机120万kW(4×30)，由水电部、核工业部、广东省三家合资建设，联合组成联营公司，负责电站建设和经营。工程实行全国跨行业招标投标，与广东核电站同步建设。工程于

1988年7月动工兴建。

2月 水利水电规划设计院在北京召开全国水利水电勘测设计工作会议，讨论了《关于改进水利水电规划设计审查工作的意见》(讨论稿)，提出了规划设计程序、各阶段主要审查内容、设计审批权限和规划设计审查办法，以及作为预审等改进意见。

3月2日 水口水电站第三次国际招标开标仪式在福州举行。参加投标的有中国、意大利、加拿大、日本和南斯拉夫的6家投标商。这次招标内容是7台机组中的第1、2号水轮发电机、励磁机及其配套的辅助设备。前两次的土建工程和水轮机的国际招标分别于1986年7月和1987年12月进行。

3月13日至18日 柘溪大头坝加固工程竣工验收委员会验收会议在湖南安化举行。会议认为，柘溪大头坝加固采用前堵、后排和空腔内回填混凝土等综合措施是合理的，用加压法粘贴环氧砂浆水下堵缝技术具有先进水平，空腔回填混凝土施工质量优良，大坝已解除险情，同意竣工验收。

3月15日 天生桥水力发电总厂与华南电网办公室签署联营协议，在各自作为独立经营实体的前提下，组成发供电联营公司，对总厂送华南部分及天广输变电系统的发供电实行联营。天生桥水力发电总厂是武警水电指挥部于去年底根据水电部的决定组建的，并负责工程的贷款、还款。该厂下属的天生桥一、二级电站总装机规模252万kW，其中二级电站一期工程88万kW，从1990年起陆续投产后，将向华南、贵州供电。联营公司的成立，将有助于一、二级电站及天广输变电系统发挥最大经济效益。

3月 第三届国家科技进步奖水利电力组评审会在密云水库召开。会上推荐一等奖，评定二等奖。经国家科技进步奖评审委员会批准，“福建坑口碾压混凝土筑坝技术”获一等奖，“拱坝优化方法程序与应用”获二等奖。

3月 国家计委正式批准水电部、北京市人民政府上报的建设十三陵抽水蓄能电站项目建议书。该电站由水电部与北京市合资兴建，工程总投资约8.92亿元。

4月1日至7日 西藏自治区电力行业工作会议在拉萨召开。会议根据西藏经济发展战略，确定以发展水电为主，地热、风能、太阳能多能互补的电力建设方针，发挥国家、地方、集体多方办电的积极性。

4月2日 我国第一个以培养农村电气化专业人才为主旨的农村电气化学院在南京河海大学宣告成立。该学院将面向全国招生，目前开设农村电力系统及自动化、农村水力动力、农村电气化计算机应用、管理工程、农村通讯工程等5个专业，以4年制本科生为主，同时招收部分专科生。

4月5日 水电部颁发《水利水电建筑工程概算定额》。这个文件以预算定额为基础，根据概算层次要求，将施工过程中的超挖、填挖和施工附加量计入定额，经过综合、扩大，共9章375节，比1975年编制的概算定额增加189节，总水平提高4.73%。另外，水电部还于同年9月3日颁发了《水利水电设备安装工程概算定额》。上述两个文件均于颁发日起执行。

4月11日 七届全国人大第一次会议决定，原水电部的水电、火电部分与煤炭、石油、核电合并组成能源部，同时组建新的水利部。任命黄毅诚为能源部部长，任命杨振怀为水利部部长。

4月11日至16日 “混凝土面板堆石坝研究”部分成果技术鉴定会在湖北宜昌市召开。鉴定的项目有面板堆石坝止水、嵌缝材料试验研究、坝料试验方法研究、渡汛挡水研究、堆石料开采控制爆破试验研究、坝料填筑碾压试验研究、垫层级配堆石料制备试验研究等。鉴定认为，成果具有一定的指导和借鉴作用，可在实际工程中应用。

4月19日至5月16日 应云南省人民政府邀请，中国国土经济学研究会、中国水力发电工程学会、中国能源研究会和中国水利经济研究会组织有关专家、学者和云南省同志，对澜沧江流域中下游资源情况进行综合考察，研讨了“富民兴滇”的战略和措施。考察认为，澜沧江水能资源具有突出的优势，在滇省境内的中、下游河段从功果桥到南阿河口规划了8个梯级，总装机容量1370万kW，年发电量708.6亿kW·h，移民少，造价低，以开发澜沧江水电为“龙头”，电力先行，矿电结合，把资源优势转化为经济优势，可促进滇西地区脱贫致富和推动云南省整个经济的发展。并建议尽快组建澜沧江水电开发股分公司。

4月 根据国家要求和水电部批准，分阶段组成水电各专业标准化技术委员会。已组成的有水轮机标准化、水轮发电机标准化、水电站自动化设备标准化、水电金属结构及启闭机标准化、水工建筑物标准化、岩土工程标准化等6个技术委员会。其主要任务是：从客观方面研究有关水电技术标准和规程规范，不断把科技新成果纳入到规范中去，并协助部进行标准、规范的技术把关，及部交下的有关方面的技术审查工作。

5月7日 广西岩滩水电站厂坝基坑上下游碾压混凝土重力式围堰提前建成。该围堰最大堰高54m，碾压混凝土工程量30.2万m^3。岩滩工程于1987年11月胜利截流之后，于1988年1月21日开始上游围堰河床段碾压混凝土的施工。此围堰的碾压混凝土工程与常规混凝土工程相比，节约水泥2.1万t，节约投资20%，工期缩短60%。

5月26日 世界银行对二滩水电站工程的预评估工作圆满结束。自国务院于去年7月批准该工程项目以来，世界银行先后派代表团到成都，在四川省电力局主持下，曾召开过两次预评估准备会议。这次预评估，省电力局和成都勘测设计院提供了有关的各项资料，如工程概算、前期施工准备、输变电工程、环境问题以及移民安置、电力需求和经济评价等，世界银行表示满意。

5月 我国第一台大型高性能三向(6自由度)模拟地震振动台建成，并开始投入科技试验。该振动台是水利水电科学研究院从联邦德国引进的，是我国水电建筑物结构抗震试验的大型设备，台面尺寸5×5m，最大加速度水平向和竖向分别为1g和0.7g，可以高水平地完成各类工程、设备的抗震试验和检测任务。

6月1日 水利水电科学研究院成立30周年庆祝大会在北京召开。该院现有1700人，其中高级工程师184人，工程师368人。自1978年恢复建院以来，共完成科研成果2846项，其中获国家奖励的18项，获部级奖励的91项。

6月7日至18日 由能源部、国家能源投资公司及广东、广西、贵州、云南4省(区)负责同志组成的能源联合考察团，考察了广西、贵州、云南的能源资源条件，就合作开发南盘江、红水河、澜沧江的水能资源向华南送电问题进行了会谈，并分别签订了《关于合作开发云南水能资源向广东送电的协议》、《关于合资建设天生桥水电站的协议书》和《关于合资建设龙滩水电站的意向书》。根据上述协议，澜沧江中游梯级水电站的部分电力将以直流输电送广东，广东承担小湾水电站可行性研究费的40%，能源部承担60%；天生桥一级(120万kW)、二级二期(44万kW)，将由广东、广西、贵州3省(区)及能源投资公司4方按股50%、20%、10%和20%合资兴建；龙滩水电站按正常蓄水位400m设计、375m建设，初设审批后合资兴建。

6月23日 能源部在北京举行首次记者招待会，黄毅诚部长在介绍能源部情况时说：能源部成立后，对一次能源和二次能源统一规划，同步开发。对电力工业，今年计划装机850万kW，明、后两年力争每年投产1000万kW。对发展水电，要采取扶持政策，能否采取“滚雪球”的办法，即一个水电站建成后，实行独立核算，赢利的钱再投资建新水电站。

7月15日 经国务院批准，国家能源投资公司正式宣告成立，姚振炎为公司总经理(副部级)。该公司是国务院领导下的一个企业性质的投资公司，由国家计委归口领导，能源部进行指导；是从事煤炭、电力(包括水电)、节能以及核电、石油的国家投资部分的固定资产投资、开发和经营活动的企业，既具有控股公司的职能，又具有承担国家政策性投资的职能。

7月 水口水电站自初步设计批准以来，经过国内外专家多次咨询和设计人员的不断努力，设计方案不断优化和完善，共改进了13项设计，取得显著经济效果。与初设审定的方案相比，约可节约投资2945万元；与招标合同相比，约可节约投资1600万元。

7月20日 中国水力发电工程学会理事长李鹗鼎向李鹏总理提出《关于积极扶持建设中型水电站的建议》。《建议》指出：加速中型水电站开发，对振兴地方经济，缓解当前能源、电力紧张局面，有重要的战略意义和现实意义，建议国家尽快制定合理政策，采取有效措施，在以大型水电站为骨干和开发小水电的同时，积极扶持加快中型水电站的建设；同时提出了加快中型水电站建设的政策和组织措施的意见。

7月28日 黄毅诚部长在能源部会见挪威王国新任驻华大使霍尔维克，就两国在能源领域的合作问题进行了交谈。黄部长说：能源部成立后，决定加快水电发展，我们愿意与挪威进一步合作。霍尔维克大使表示，挪威政府对加强与中国在能源领域，尤其是水电开发方面的合作有很大兴趣。

7月 水利电力对外公司同阿尔及利亚水利部签署关于建设贝尼·哈龙水坝的承包合同。该坝位于阿国东部君士坦丁市西北40km的克比尔河上，坝高119m，总库容10亿m^3，造价10.72亿第纳尔(约合2.1亿美元)，是阿国全国迄今为止最大的水坝工程，也是我国目前对外承包的最大水利水电工程项目，工期计划为6年。

7月 水丰扩建电站——长甸水电站第一台机组

发电。该电站系 1971 年 3 月中朝理事会、监事会第四届第六次会议决定，在水丰水库两侧，由中、朝双方各自修建一座装机容量为 15 万 kVA(2 × 7.5)的地下电站。电站由中、朝两国各自投资，不纳入公司财产。根据中国情况，后来将中方侧的地下电站改为地面电站，并定名为长甸水电站，主要用于调峰。1988 年底已投产发电。

8 月 1 日 能源部发出第一号指令——安全生产指令。指令要求能源部所属各单位进一步落实“安全第一，预防为主”的方针，明确领导责任，真正把安全工作放在第一位，认真搞好能源工业的安全生产，杜绝重大恶性事故的发生。

8 月 25 日至 26 日 水利部在北京主持召开关于《乌江干流规划报告》审查会议，国家计委、能源部、交通部、能源投资公司的领导和有关部门同志参加了会议。会议认为，乌江是我国水能资源“富矿”之一，具有许多优越条件，应该有计划有步骤地进行综合开发。会议同意《规划报告》推荐的 11 级开发方案。

8 月 能源部、水利部颁发新的水电工程验收规程，并确定 1989 年 1 月 1 日执行。新规程是对原水电部 1963 年颁发试行的验收规程进行修订，除保留“阶段验收”和“竣工验收”外，增加了“单位工程验收”。在阶段验收中，增加了工程截流前的验收；在竣工验收中，规定了一般要进行初验工作。本规程适用于大中型水电工程的验收，也适用于水利枢纽工程中水电站部分的验收。

8 月 26 日 水利部在北京召开农村小水电座谈会，强调小水电从建设开始就要把经济效益放在首位。会议向 1987 年验收的 12 个农村初级电气化试点县、21 个优秀地方电网和 47 个优秀电站的代表颁发了奖牌、奖状和证书。

9 月 9 日 能源部、水利部批准颁布《水利水电勘测设计技术标准体系》。该体系表主要按行业通用、专业通用、专业标准 3 个层次列项，分别注明已颁、在编、拟编 3 种情况，为今后逐步实施水利水电勘测设计全面技术立法创造了条件。

9 月 12 日 以全国政协副主席周培源为团长的视察团赴三峡地区考察。视察团由 128 名政协委员组成，分 5 个分团，对三峡库区 12 个市、县进行了为期 12 天的视察，并与有关部门就三峡工程进行了座谈。根据考察情况，周培源副主席于同年 11 月 9 日致中央领导同志一封信，建议中央尽快对三峡工程作出缓上的决定，并发布安民告示，以利于这些地方已经耽误了 30 多年的经济建设。

9 月 13 日至 16 日 原水电部 1988 年度科学技术进步奖评审委员会会议在北京召开，水电方面有 40 个项目获奖(其中应用成果 31 项，研究论文 9 项)。获应用成果一等奖的为水利水电科学研究院研究完成的“水轮机调速器动态特性测试系统”和“高精度水力机械模型试验台”2 项。

9 月 水电部颁发了《水电站大坝安全管理暂行办法》，内容包括“总则”、“大坝安全管理职责”、“大坝的安全管理”、“大坝的维护、修复、加固和改善”、“险情预计及处理”、“奖励与惩罚”、“附则”等 7 章、46 条。水电部要求本“暂行办法”先在部属水电站实行，待取得经验后再广泛推行。

10 月 7 日 有关单位专家对辽宁关门山混凝土面板堆石坝的施工技术进行鉴定，认为大坝选型正确、施工技术先进、工程质量良好。该坝高 58.5m，总库容 8100 万 m^3。工程于1986年6月开始填筑坝体，至 1988 年 10 月完成混凝土面板面积 8200 万 m^2，占设计总面积 98 %。

10 月 8 日 国家能源投资公司、华东电管局以及上海、浙江、江苏、安徽三省一市人民政府对天荒坪抽水蓄能电站的集资协议在杭州签订。该电站位于浙江省安吉县，平均利用水头 560m，而引水系统长度仅 1390m，L／B＝2.5，开发条件十分优越。电站建设规模为 180 万 kW(6 × 30)。目前该工程正在积极进行初步设计。

10 月 20 日 中国水利水电工程总公司在北京宣告成立。该总公司是管理 18 个全民所有制大型水利水电施工企业和水工机械制造企业的具有法人地位的自主经营、自负盈亏的经济实体，是组织成员企业从事工程建设和生产经营活动以及负责工程总承包的企业性公司。

11 月 15 日至 18 日 国际高坝水力学学术讨论会在北京召开。中国及来自联邦德国、美国、日本等 14 个国家和地区的 165 名专家、学者在会上广泛交流了高坝水力学近期研究的成果。会议收到论文 150 余篇。中国提出的宽尾墩、大差动式消能、利用换气分流墩消能以及大量原型观测资料，得到大会的好评。

11 月 19 日至 22 日 中国水力发电工程学会在北京召开第二次水电中青年科技干部学术报告会。会议共收到论文 412 篇，选出其中 85 篇编印成册。与 1983 年在成都召开的第一次学术报告会相比，这次会议论文水平有所提高，涉及的范围更为广泛，讨论的问题也更为深入。能源部副部长陆佑楣到会讲了话，提出这样的会今后应每两年召开一次，论文可以评奖，同时应与评定晋升职称挂钩。

11月30日　长江三峡工程论证领导小组第九次扩大会议在北京召开，历时近两年半的论证工作基本结束，全部14个专题的专家论证报告均已完成。这次论证的初步方案是：正常蓄水位175m，装机容量1768万kW，年发电量840亿kW·h，工程总投资361.1亿元(1986年价格)，从正式开工到第一台机组发电的工期为12年，全部建成的总工期为18年。按1985年底指标迁移人口72.55万人，淹没耕地43.13万亩。会议责成长江流域规划办公室根据论证结果，尽快编制出可行性报告，以便提交国务院三峡工程审查委员会审查。但在论证过程中，有一些专家和政协委员仍对兴建三峡工程提出不同意见，一些专家拒绝在论证报告上签字。

12月6日　葛洲坝大江电厂最后一台机组发电，至此，总容量为271.5万kW的水电站全部建成投产。

12月20日　中国电力企业联合会在北京召开成立大会。该联合会是协助能源部加强对电力工业的行业管理，为广大电力单位提供信息、咨询和服务。联合会内设有科技工作部，有关电力工程包括水电工程在科技领域内完成上述任务。

12月21日　鲁布革水电站第一台机组提前发电。从1982年11月主体工程开工到第一台机组发电的工期为6年。该电站是我国水电建设项目第一个管理体制改革和对外开放的“窗口”。在工程设计施工中，采用了一系列新技术，主要有：采用风化料作大坝防渗体；地下厂房采用岩臂吊车梁代替常用的排架式吊车梁；左岸溢洪道采用垂直开挖技术等，从而使工程缩短了建设周期，降低了造价。

12月　自1982年开始建立水电施工基地以来，至目前为止，已建基地86个，基地建房465.8万m^2，其中住宅面积288.5万m^2，有5.4万户职工搬进了基地永久性住房，占职工总户数的49%。

12月　今年由于全国用电愈益紧张，火电煤炭供应严重不足，迫使系统大量超用超发水电，部分水电站又出现低水位运行的不正常情况。据年末对全国10大水电站大型水库分析，其中桓仁、新丰江、丰满、刘家峡等水电站实际水位，与调度图规定的允许最低运行水位相比，分别低5.29m、4.43m、3.84m和3.22m。

12月31日　全年新增水电装机容量250.49万kW，年末全国水电装机总容量3269.81 kW(其中小水电1206.94万kW)，年发电量1091.77亿kW·h(其中小水电331.90亿kW·h)，分别占整个电力装机容量和年发电量的28.3%和20%。

XX

组织机构名录

加强企业管理

篆刻：庄万和

在京单位

单位名称	行政领导	总工程师	通讯地址	电报挂号	电话	邮政编码
中国电力企业联合会	张凤祥		北京市白广路2条1号		365331	100761
能源投资公司	姚振炎	张　全	北京市海淀区五棵松91号		8213355	100039
华能(集团)公司	王传剑		北京市二里沟西苑饭店7号楼		80222171	100046
水利水电工程总公司	王高亮	王圣培	北京市白广路2条1号		367931	100761
水利水电规划设计总院	朱尔明	董育坚(代)	北京市六铺炕	3065	4011177	100011
中国人民武装警察部队水电指挥部	贺　毅		北京市广安门外水口子村51号	7628	362301	100055
水利水电科学研究院	杨德晔		北京市海淀区车公庄路10号	1172	8415522	100044
水利电力科技情报所	林明华	高又生	北京市六铺炕	4175	4012244	100011
中国水利电力对外公司	朱敬德	赵振民	北京市六铺炕	0520	4015511	100011
成套设备局	陈　震	吕鸿达	北京市六铺炕	0521	4013804	100011
水利电力出版社	陈秉堃		北京市三里河路6号		898031	100044

大 区 电 管 局

单 位 名 称	行政领导	总工程师	通 讯 地 址	电报挂号	电 话	邮政编码
华北电业管理局	张绍贤	陈鼎瑞	北京市宣武区枣林前街 32 号	1738	3063377	100053
东北电业管理局	郎成伟	花成文	辽宁省沈阳市南五马路 5 段 7 号	2468	366570	110006
华东电业管理局	周祥根	钱忠伟	上海市南京东路 181 号	2032	211010	200002
华中电业管理局	黄 芳	虞庆麟	湖北省武昌东湖梨园	5902	711113	430077
西北电业管理局	刘春茂	陈彦钧	陕西省西安市尚德路 57 号	7193	715061	710004

流 域 机 构

单 位 名 称	行政领导	总工程师	通 讯 地 址	电报挂号	电 话	邮政编码
长江流域规划办公室	魏廷铮	王家柱	湖北省武汉市汉口解放大道 1155 号	3271	27911	430010
长江流域规划办公室科学院	陈济生	刘大明(副)	湖北省武汉市汉口黄浦路 23 号	3271	27911	430010
黄河水利委员会	钮茂生	吴致光	河南省郑州市金水路 11 号	7806	22971	450003
黄河水利委员会勘测规划设计院	张 实	成 建	河南省郑州市金水路 109 号	6016	22971	450003
黄河水利委员会水利科学研究所	姚传江	钱意颖	河南省郑州市宋河路		22971	450003
淮河水利委员会	袁国林	吴本瑞	安徽省蚌埠市东风路	3112	27081	233001
珠江水利委员会	戴良生	翁义孟	广东省广州市沙河瘦狗岭	4016	705644	510611
珠江水利委员会勘测设计院	范锦春	范锦春	广东省广州市沙河瘦狗岭	4016	705644	510611
珠江水利委员会科研所	何国桢	陈文彪	广东省广州市沙河瘦狗岭	4016	705644	510611
海河水利委员会	张泽鸿	姚勤农	天津市河东区龙潭路 15 号	1890	415861	300170
松辽水利委员会	陈明致	蔡为武	吉林省长春市工农大路 6 号	2766	53281	130021

直属科研院（所）及设计院

单位名称	行政领导	总工程师	通讯地址	电报挂号	电话	邮政编码
南京水利科学研究院	窦国仁		江苏省南京市广州路 223 号	5710	633662	210024
西北水利科学研究所	吴培安		陕西省杨陵镇车站南	9776	2383	712100
南京自动化研究所	马经国	刘　觉(副)	江苏省南京市蔡家巷 24 号	6300	636374	210003
南京水文水资源研究所	吴正平	刘国纬(副)	江苏省南京市西康路 1 号	2460	305233	410024
南京水利水文自动化研究所	吴金信	陈明英	江苏省南京市华门外铁心桥街	1601	626220	210012
农村电气化研究所	沈纶章		浙江省杭州市教工三路	7030	884424	310012
亚太地区小水电研究培训中心	朱效章		浙江省杭州市教工三路	7030	884424	310012
水电能源研究所	张勇传		湖北省武昌喻家山华中理工大学内	7122	870154	430074
郑州机械设计研究所	刘明华	高建生	河南省郑州市陇海西路 57 号	8300	48160	450052
杭州机械设计研究所	朱谓定	翁　秉	浙江省杭州市 801 信箱	8010	663044	310008
劳动保护科学研究所	万海明	李庚年(副)	湖北省宜昌市	6233	25649	443002
机电研究所	杨　清	曹洪恩	天津市蓟县第 858 信箱	0522	912383	301900
长春机械研究所	杨金叙	刘　俊	吉林省长春市南湖大路 1 号	5010	53225	130012
地质勘探基础处理公司	牛昌民(代)	高钟璞	天津市武清县	2894	931551	301700
水力机械研究所	李志云	宋兆光	浙江省桐庐县富春江镇	1381	23050	311504
北京勘测设计院	刘连希	林可冀	北京市东郊定福庄	1091	5009990	100024

续表

单位名称	行政领导	总工程师	通讯地址	电报挂号	电话	邮政编码
天津勘测设计院	高雪涛	王宏斌	天津市河西区洞庭路 60 号	7111	840581	300222
东北勘测设计院	陈明致	蔡为武	吉林省长春市工农大路 6 号	2766	53281	130021
华东勘测设计院	张发华	许百主	浙江省杭州市上塘路	0198	882824	310014
上海勘测设计院	曹士杰	高伟刚	上海市逸仙路 180 号	88288	427100	200434
中南勘测设计院	袁保平	王三一	湖南省长沙市圭塘	6411	32647	410014
成都勘测设计院	杨培柏	王洪炎	四川省成都市青羊宫浣花北路 1 号	0423	669023	610072
昆明勘测设计院	董槐三	方大凤	云南省昆明市白塔路 14 号	8008	22043	650011
贵阳勘测设计院	鲁慎吾	王柏乐	贵州省贵阳市解放路 78 号	0522	26919	550002
西北勘测设计院	石瑞芳	陈　飞	陕西省西安市南大街	0554	701627	710001
北京勘测设计院科学研究所	谭　颖		北京市东郊定福庄	1091	5009990	100024
天津勘测设计院科学研究所	印文豪	夏毓常	天津市河西区洞庭路 60 号	7111	843941	300222
东北勘测设计院科学研究所	赵长海	林兰生	吉林省长春市北安路 74 号	1733	827000	130061
华东勘测设计院科学研究所	马树群	华庆嘉	浙江省杭州市上塘路	6996	885738	310014
中南勘测设计院科学研究所	买长孝	孙恭尧	湖南省长沙市圭塘	6411	32647	410014
成都勘测设计院科学研究所	梁邦河		四川省成都市外西罗家碾	4317	668557	610072
昆明勘测设计院科学研究所	冯家和		云南省昆明市五华区虹山东路 62 号	4064	81852	650033
贵阳勘测设计院水利科学研究所	王世玲		贵州省贵阳市老阴关	3261	42040	550008
西北勘测设计院科学研究所	刘文雪	董荣彬	陕西省西安市西影路 10 号	3603	53145	710043

直属工程局与武警部队

单位名称	行政领导	总工程师	通讯地址	电报挂号	电话	邮政编码
第一工程局	金　涛	雷翔云	吉林省永吉县口前镇	7193	2918	132200
第二工程局	苏　众	肖中兴	北京市六铺炕	9941	2019994	100011
第三工程局	刘纪仁	张宏义	陕西省安康市张岭	3499	2766	725011
第四工程局	李玉民	李其友	青海省龙羊峡	7893	587	811800
第五工程局	杨景星	吴静山	四川省广元市三堆镇	3796	22573	628007
第六工程局	高连志	梁玉轲	辽宁省宽甸县	1132	23535	118216
第七工程局	林　椿	向庆阳	四川省乐山市沙湾区新华乡	6894	23471	614907
第八工程局	刘松深	陈世其	湖南省长沙市南大路 2 号	1485	31806	410007
第九工程局	柳克勤(副)	刘　颖	贵州省清镇县鸭池河	7193	28953	551408
第十工程局	陈瑞峰	钟永为(副)	四川省都江堰市蒲阳路	0577	996	611830
第十一工程局	段子印	李武纶	河南省三门峡市湖滨区	0005	22648	472000
第十二工程局	张介中	郭文敏	浙江省金华市白龙桥	4101	23171	321027
第十三工程局	袁　鉴	潘国良	山东省德州市	3030	21400	253009
第十四工程局	王开弼	陈伯之	云南省昆明市东华小区春登里 19 号	6080	24216	650041
长江葛州坝工程局	乔生祥	孔祥千	湖北省宜昌市清波路	5514	21089	443002
闽江工程局	章椿宝	吴　澄	福建省南平西芹	0004	25922	353001
鲁布革工程管理局	杨克昌	侯　岷(代)	云南省昆明市 27 号信箱	7627	29580	650041
漫湾工程管理局	贺　恭	张玉生	云南省昆明市江岸小区	4425	21747	650223
中国人民武装警察部队水电第一总队	张大清	方平德	广西隆林县天生桥二级水电站	6700	2059	533409
中国人民武装警察部队水电第二总队	陈方枢	唐绥东	江西省万安县			343800
中国人民武警水电独立支队	王华僧		四川省成都茶店子	0300	68547	885738
中国人民武警水电工程指挥所	方长铨		四川省成都茶店子		68129	885738

各省、市、自治区电力局

单位名称	行政领导	总工程师	通讯地址	电报挂号	电话	邮政编码
天津市电力工业局	李志强	魏承朴	天津市河北区进步道 39 号	0619	240382	300010
河北省电力工业局	邵德志	赵盛山	河北省石家庄市裕华路富强大街		48921	050011
山西省电力工业局	卞学海	沈忠民	山西省太原市南肖墙 12 号	8245	223511	030001
内蒙古自治区电业管理局	崔振祥	陈文孝	内蒙古呼和浩特市锡南路	4619	27211	010020
吉林省电力工业局	李宝全	李宝全	吉林省长春市斯大林大街 95 号	1610	887702	130021
黑龙江省电力工业局	赵希正	赵蜀亨	黑龙江省哈尔滨市南岗区红军街 39 号	7682	35431	150001
江苏省电力工业局	顾智鹏	谢　杰	江苏省南京市北京西路 20 号	2382	637312	210024
浙江省电力工业局	张口诚	朱吉灿	浙江省杭州市金祝南路 2 号	0100	554941	310007
安徽省电力工业局	何安良	刘源焕	安徽省合肥市芜湖路	7193		230061
福建省电力工业局	陈朝柱	陈柽育	福建省福州市五四北路	8196	572916	350003
江西省电力工业局	金关兴	哈志德	江西省南昌市永外街 13 号	7193	221810	330006
山东省电力工业局	查克明	徐福田	山东省济南市经二路 150 号	7193	611919	250001
河南省电力工业局	林孔兴	王扬注	河南省郑州市嵩山南路	0626	49982	450052
湖北省电力工业局	马秀山	陈先定	河北省武汉市武昌徐东路 48 号	5887	814712	430077
湖南省电力工业局	吴海青	候　堃 (副)	湖南省长沙市韶山路 64 号	7176	32211	410007
广东省电力工业局	陈　岗	吴希荣	广东省广州市东风东路 757 号	7193	775911	510080
广西壮族自治区电力工业局	罗宏格	陈明琛	广西南宁市民主路 6 号	1001	23414	530023
四川省电力工业局	刘金龙	林浩垣	四川省成都市东风路二段	0500	441212	610061
贵州省电力工业局	张家琦	王长敏 (副)	贵州省贵阳市滨河路	5904	25904	550002
云南省电力工业局	李德港	吴乐嘉	云南省昆明市东风东路 157 号	8877	25908	650041

续表

单位名称	行政领导	总工程师	通讯地址	电报挂号	电话	邮政编码
西藏自治区工业电力厅	多　吉	樊元湘	西藏拉萨市林廓北路 16 号	0074	23646	850000
甘肃省电力工业局	李成久	李文治	甘肃省兰州市西津东路 306 号	3619	34311	730050
青海省电力工业局	朱达忠	张云芗	青海省西宁市胜利路 47 号	0500	53356	810008
宁夏回族自治区电力工业局	何　潜	易震林	宁夏银川市南环路	7193	24133	750001
新疆维吾尔自治区电力工业局	黄学贤	肖昌基(副)	新疆乌鲁木齐市建设路 5 路	6850	22971	830002
海南省电力公司	王守年	毕兆岳	渤海海口市海府大道 34 号	2456	43312	570003

各省、市、自治区水利水电厅（局）

单位名称	行政领导	总工程师	通讯地址	电报挂号	电话	邮政编码
北京市水利局	颜昌远	滕书堂	北京市海淀区翠微路甲 3 号		8213366	100036
天津市水利局	张志森	张永平	天津市河北区海河东路 71 号	4061	24406	300010
河北省水利厅	郑德明	张宝峰	河北省石家庄市富强街 2 号		46307	050011
山西省水利厅	郝永和	姜　凯	山西省太原市新建路 26 号	8693	220811	030002
内蒙古自治区水利局	胡樊昭	王信平	内蒙古呼和浩特市		22955	010020
辽宁省水利电力厅	周文智	顾柏林	辽宁省沈阳市和平区光荣街二段一里 2 号		362771	110003
吉林省水利厅	李　森	冯允伦	吉林省长春市斯大林大街 56 号		824355	130051
黑龙江省水利厅	王　才	何宪斌	黑龙江省哈尔滨市南岗区文中街 4 号		225553	150001

续表

单位名称	行政领导	总工程师	通讯地址	电报挂号	电话	邮政编码
上海市水利局	朱家玺	顾鹤皋	上海市铜仁路257号		536230	200040
江苏省水利厅	孙　龙	沈日迈	江苏省南京市上海路9号	0784	643102	210005
浙江省水利厅	陈绍沂	童达琳(副)	浙江省杭州市梅花碑7号	4800	776153	310016
安徽省水利厅	郝朝德	胡廷洪	安徽省合肥市青年路东陈岗		63522	230022
福建省水利厅	黄柏荣	张　志	福建省福州市东大路89号	3055	552325	350001
江西省水利厅	钟积贤	张崇董(副)	江西省南昌市北京东路12号	3055	64703	330046
山东省水利厅	马　骥	孙贻让	山东省济南市历山路89号	0144	4493	250013
河南省水利厅	马德全(副)	吴天镛	河南省郑州市纬五路		56426	450003
湖北省水利厅	童文辉		湖北省武昌中南路15号	3816	811094	430071
湖南省水利水电厅	王明湘	上官能(副)	湖南省长沙市韶山路62号	3055	31195	410007
广东省水利电力厅	关宗技	刘瑞祥	广东省广州市多宝路39号		815362	510150
广西壮族自治区水利电力厅	吴锡瑾	廖世浩(副)	广西南宁市建政路12号	0448	22596	530023
四川省水利电力厅	续俊海	杨　健	四川省成都市新华东路401号		27921	610000
贵州省水利电力厅	李天碧	吴焕德	贵州省贵阳市西湖巷24号		23684	550002
云南省水利电力厅	孙有寿	袁绩康	云南省昆明市五华山		26031	650021
西藏自治区水利局	哈旺罗布		西藏拉萨市札基路1号	3055	22232	850003
陕西省水利厅	刘枢机	毛光启	陕西省西安市尚德路134号		715301	710004
甘肃省水利厅	李佐栋	王钟浩	甘肃省兰州市南昌路684号		21630	730000
青海省水利厅	刘英杰	陈俊林	青海省西宁昆仑路82号	3055	43349	810001
宁夏回族自治区水利厅	沈也民	李识海	宁夏银川市西门外	3055	34964	750001
新疆维吾尔自治区水利厅	维吾尔		新疆乌鲁木齐市黑龙江路10号	8693	53900	830000

各省、市、自治区水利水电设计院与科研所

单位名称	行政领导	总工程师	通讯地址	电报挂号	电话	邮政编码
北京市水利规划设计研究院	刘延恺	杨新民	北京市车公庄西路老虎庙 6 号	4144	8411155	100044
天津市水利勘测设计院	李凤翔	任铁如	天津市河西区马场道 217 号	8276	312174	300204
河北省水利水电勘测设计院	屠　本	刘大庸	天津市河北区金钟河大街 238 号	8249	621704	300251
山西省水利勘测设计院	仝立功	辛　拯	山西省太原市色泽桥西大街 7 号	4320		030024
内蒙古水利勘测设计院	蔡振中	王连坤(副)	内蒙古呼和浩特市		23270	010020
辽宁省水利水电勘测设计院	慈常治	李贵智	辽宁省沈阳市和平区南五马路五段 2-1 号	0448	360443	110006
吉林省水利勘测设计院	陈彦刚	邓慧明	吉林省长春市解放大路 82 号	1001	823806	130021
黑龙江省水利勘测设计院	刘家仁	韩友邦	黑龙江省哈尔滨市南岗区清滨路 16 号	0118	64951	150080
上海市水利工程设计研究院	陈美发(副)	杨富春	上海市汉口路 193 号	3583	210490	200002
江苏省水利勘测设计院	许荫桐	经纬良	江苏省杨州迎新路 31 号	4164	24211	225001
浙江省水利水电勘测设计院	言隽达	金文志	浙江省杭州市镇东楼 46 号		661017	310002
安徽省水利水电勘测设计院	陈萌青	徐昭国	安徽省合肥市曙光路 1 号	0522	6352	230022
福建省水利水电勘测设计院	徐在民	应模章	福建省福州市东大路 20 号	7902	555469	350001
江西省水利规划设计院	李金瑞	廖近仁	江西省南昌市北京东路 12 号	3767	331803	330029
山东省水利勘测设计院	沈家珠	黄　玲(副)	山东省济南市历山路 87 号	0522	47561	250013
河南省水利勘测设计院	金惠民	蔡笃怡	河南省郑州市纬五路	5500	52517	450003
湖北省水利勘测设计院	王培元	冯训文	湖北省武昌武珞路 4 巷	6080	713964	430070
湖南省水利水电勘测设计院	曾广略	艾克明	湖南省长沙市劳动路 284 号	2111	33011	410007

续表

单位名称	行政领导	总工程师	通讯地址	电报挂号	电话	邮政编码
广东省水利电力勘测设计院	蓝标磷	谭文奎	广东省广州市荔湾路陈家祠道 48 号	6933	814623	510180
广西壮族自治区电力局勘测设计院	赵　俊	谢德浚	广西南宁市建政路 10 号	6080	22655	530023
广西壮族自治区水电设计院	刘逸群	岑　淳	广西南宁市民主路 1—5 号	8057	24992	530023
四川省水利水电勘测设计院	周德福	戴晓文	四川省成都市青羊宫青华路	1813	669071	610072
贵州省水利水电勘测设计院	沈谦迟	赵瀚章	贵州省贵阳市外环城东路 69 号	3055	623604	550002
云南省水利水电勘测设计院	张代钦	吴有书	云南省昆明市青年路 42 号	9896	28739	650021
西藏自治区水利电力勘测设计院	仁　真	谭时祥	西藏拉萨市夺底路 15 号	7193	24424	850000
陕西省水利电力土木建筑勘测设计院	马德骥	蒋镇国	陕西省西安市东大街 57 号		714711	710001
甘肃省水利水电勘测设计院	唐胜德	谭绍才	甘肃省兰州市平凉路 181 号		417121	730000
青海省水利厅水利水电勘测设计院	郭怀芳	乐嘉川	青海省西宁市园树庄 65 号		44603	810012
宁夏回族自治区水利水电勘测设计院	刘汉忠	宋大田(副)	宁夏银川市南门外陈家寨		32663	750001
新疆维吾尔自治区水利水电勘测设计院	刘笃德		新疆乌鲁木齐市 10 号	0340	54639	830000
海南省水利电力勘测设计室	张雄中		海南省海口市海府大道 46 号	1322	42279	570003
北京市水利科学研究所	刘延恺	徐金城	北京市车公庄西路老虎庙 6 号	4144	8411155	100044
天津市水利科学研究所	曹希尧	吕庆浩	天津市河西区友谊路 60 号		285781	300061
河北省水利科学研究所	李洪书	夏云程	河北省石家市陵园街 28 号		745389	050051
山西省水利科学研究所	赵文明	张国祥	山西省太原市桃园四巷 28 号	0960	440344	030002
内蒙古自治区水利科学研究所	高维跃	钟金声	内蒙古呼和浩特市呼伦南路 5 号		25310	010020
辽宁省水利水电科学研究所	钱佩杰	续振嘉	辽宁省沈阳市和平区光荣街二段一里 1 号	0358	363878	110003
吉林省水利科学研究所	施庆镛	陈关庆	吉林省长春市斯大林大街 140 号		885901	130022

续表

单位名称	行政领导	总工程师	通讯地址	电报挂号	电话	邮政编码
黑龙江省水利科学研究所	周兴武	谢荫琦	黑龙江省哈尔滨市南岗区延兴街 12 号	0076	65661	150000
江苏省水利科学研究所	沈日迈	严思成	江苏省南京市上海路 9 号		629790	210005
浙江省水利水电科学研究所	吕文献	张克健	浙江省杭州市华家池 36 号		42539	310004
安徽省水利科学研究所	路观平	金光炎	安徽省蚌埠市治淮路 110 号		24240	233040
福建省水利水电科学研究所	王克群	黄霖恩	福建省福州市东大路 28 号		555303	350001
江西省水利科学研究所	王南海	林孟程	江西省南昌市北京东路 12 号	0500	333779	330029
山东省水利科学研究所	巩效禹	吴士宁(副)	山东省济南市历山路 87 号	4216	43030	250013
河南省水利科学研究所	郝进宝	方崇仁	河南省郑州市纬五路		56426	450003
湖北省水利水电科学研究所	肖友堂	谷梅生	湖北省武昌珞狮路 40 号	6872	874842	430070
湖南省水利水电科学研究所	雷世达		湖南省长沙市韶山路 62 号		31195	410007
广东省水利电力科学研究所	张纬林	陆培元	广东省广州市沙河瘦狗岭		705644	510611
广西壮族自治区电力局设计院科研所	荣权华	蔡继勋	广西南宁市桃源路 82 号	4430	24402	530021
广西壮族自治区水利科学研究所	肖振中(副)		广西南宁市民主路		27700	530023
四川省水利电力研究所	周天佑	郭发明	四川省成都市外西罗家碾		23680	610066
贵州省水利科学研究所	丁文亮		贵州省贵阳市西湖巷 24 号			550002
云南省水利水电科学研究所	唐明智		云南省昆明市呈贡县环城北路 4 号		23144	650500
甘肃省水利科学研究所	朱　强	朱　强	甘肃兰州市南昌路 684 号		25064	730000
青海省水利科学研究所	邹文明	李恒茂	青海省西宁市昆仑路 82 号	3055	43819	810001
宁夏回族自治区水利科学研究所	尚德福	张存济	宁夏银川市新市区西夏西路 9 号		77989	750021
新疆维吾尔自治区水利水电研究所	陈树林	陈鑫逊	新疆乌鲁木齐市燕尔窝	3056	26064	830049

物资公司与修造厂

单位名称	行政领导	总工程师	通讯地址	电报挂号	电话	邮政编码
中国水利电力物资总公司天津公司	王　骐		天津市河东区七纬路 5 号	1527	246248	300012
中国水利电力物资总公司上海公司	牛　茂		上海市江西中路 367 号	2711	290793	200002
中国水利电力物资总公司沈阳公司	翟　锋		辽宁省沈阳市光荣街 3 号	3351	27783	110003
中国水利电力物资总公司武汉公司	张铮鹗		湖北省武汉市汉口胜利街 210 号	2004	26454	430014
中国水利电力物资总公司成都公司	杨永齐		四川省成都市三圣街 33 号	0108	28082	610021
中国水利电力物资总公司西安公司	王永录		陕西省西安市尚德路 48 号	1890	27342	710004
吉林水工机械厂	李考山	李考山	吉林省吉林市江南吉石公路 20 号	7766	61781	132011
郑州水工机械厂	陈文韬	孔宪卓	河南省郑州市棉纺路 22 号	0208	48366	450052
三门峡水工机械厂	张　银	卢希敬	河南省三门峡市建设路	0120	22701	472000
杭州市钻探机械制造厂	王金桥	毛昭伦	浙江省杭州市青春门外凯旋路 104 号	1631	771414	310016
上海水工机械厂	周德生	张一直	上海市广中路 1001 号	2970	650088	200072
富春江水工机械厂	李志云	宋兆光	浙江省桐庐县富春江镇	1381	23050	311504

续表

单位名称	行政领导	总工程师	通讯地址	电报挂号	电话	邮政编码
夹江水工机械厂	刘沛然	王维鄂	四川省夹江县	3055	61611	614100
刘家峡水工机械厂	周守良	何志远	甘肃省永靖县刘家峡镇	0617		731600
北京市水工机械厂	雷　魁		北京市昌平沙河镇巩华城大街 88 号	9748	2913640	102206
山西水工机械厂	王更生		山西省太原市并南 18 号	1031	773307	030012
长春发电设备总厂	刘兆俊	孙家淮	吉林省长春市二道河子区怀仁路 11 号	2193	42951	130031
杭州发电设备厂	姚子康	刘幼藩	浙江省杭州市郊萧山城厢镇	2894	551337	311200
福建省水电机械修造厂	高宏毅		福建省福州市洪山桥原厝村	8910	551287	350002
山东省水电设备厂	高玉伦		山东省曲阜市	0271	412796	273100
湖北省水利厅白莲发电设备厂	余锡州	盛文炎	湖北省浠水县白莲河镇	7081	6135	436218
湖南省水工机械厂	梁　干	王西平	湖南省长沙市南湖路 44 号	1473	31991	410007
广西水工机械厂	林汉明	梁景超(副)	广西宜山县洛东	6644		546304
广西桂林水电设备厂	万桂荣		广西桂林北郊八里街		223741	541200
广西玉林水电设备厂	陈荣祥		广西玉林市火车站八道	0360	2975	537001
广东水利水电机械厂	郑桃生	王春桐	广东省广州市永福路	4144	777981	510500

XXI

国外水电资料

绘画：庄万和

国外水电建设的发展趋向

高　又　生

1980年以来,各国水电建设又有了新的进展,全世界水电站的总装机容量和发电量均有增加(见附表)。从附表中可见,在1980～1986的6年期间内,水电装机容量增长额在500万kW以上的国家有美国、苏联、加拿大、巴西和日本,我国也在此列。这6个国家水电装机容量的增长情况各有不同。

美国6年内新增容量750万kW,其中包括新增的抽水蓄能电站容量309万kW;其余的新增容量来自新建水电站或原有水电站的扩建、改建以及机组更新换代。苏联6年内新增容量984万kW;按原计划在1980～1985年期间要新增容量1 240万kW,而实际上这一计划到1986年底还未完成。苏联最近35年来,每个5年计划的水电投资基本上都处在同一水平上,而物价和水电站造价均有增长,以致第十一个5年计划的水电建设任务未能完成。第十二个五年计划(1986～1990年)计划增加900万kW,前3年投产的容量只有200万kW,预计1990～1995年期间的投产不会超过1250万kW。这表明苏联水电建设正处在停滞时期。苏联计划在2005年前使水电站装机容量比目前增加1～2倍,任务十分艰巨,按目前在建规模有可能完不成。加拿大1980～1986年期间新增加的容量为903万kW,全为普通水电站的新增容量。巴西同期新增的水电容量1043万kW,也是普通水电站的新增容量。日本1980～1986年间增加水电容量572万kW,其中384万kW属于抽水蓄能电站的容量。

综观各国水电建设情况,可以看出下面一些趋向。

(一)在全世界水电站总装机容量中发展中国家的比重在逐步增加

据统计,1980年全世界水电装机容量46725万kW,其中发达国家33973万kW,占72.4%,发展中国家占27.6%。1986年全世界水电装机容量56682万kW,其中发达国家39199万kW,占69%,发展中国家占31%。在1980～1986年期间全世界增加的水电容量9 957万kW中,发展中国家占47.5%。现在全世界水电建设重点已逐步向发展中国家转移。例如,1980年时全世界已建和在建100万kW以上的水电站94座(包括中国),其中发展中国家42座,占44.5%;1986年全世界已建和在建100万kW以上的水电站143座,其中发展中国家80座,占56%,发展中国家的大水电站数在全世界的比重明显上升,而且世界上一些最大的水电站均在发展中国家。预计在下世纪初，发展中国家水电装机容量将超过发达国家。

目前，许多发展中国家正在结合水资源的综合利用，大规模地兴建水电站。例如，哥伦比亚1986年全国电力装机容量650万kW，其中水电装机容量595万kW，占91%；在建电站340万kW也主要是水电站。如契伏(100万kW)和圣卡洛斯(155万kW)大型水电站，已经完工；瓜维奥水电站(160万kW)在建设中，预计1989年将完成第一期工程(100万kW)。又如土耳其经济上可开发的水能资源有1100亿kW·h/年，1985年水电装机容量达380万kW，发电量达140亿kW·h；现在在建的水电站装机容量有600余万kW，这些水电站完工后，水能资源开发率可达50%。在建的大型水电站有阿塔丘尔克(240万kW，预计1992年发电)；卡拉卡亚(180万kW)。这两座水电站及已建成的凯班水电站都具有灌溉效益，是土耳其东南部阿拉托利亚灌溉发电综合体的一部分。综合体灌溉面积170万ha，其中幼发拉底河流域110万ha，底格里斯流域60万ha。综合体年发电量270亿kW·h，其中190亿kW·h由幼发拉底河各水电站发出；80亿kW·h由底格里斯流域3座水电站发出。

(二)抽水蓄能电站建设受到发达国家的重视

1986年底全世界有30个国家和地区有抽水蓄能电站，总计225座，总装机容量6576万kW，相当于世界水电总装机容量的14.2%；在建的抽水蓄能电站有29座，总容量1516万kW。美国是拥有抽水蓄能电站最多的国家，已建成35座，共1635.6万kW，相当水电总容量的18.2%。其次是日本，有30余座，共1465.5万kW，相当于水电总容量的41%。美国、日本和欧洲各国之所以注意建设抽水蓄能电站，是由于经济可开发水能资源的利用程度已达50%～90%，余下的水能资源不多，那里水电建设的全盛时代已经过去。由于进一步开发大水电受环境和经济合理性的限制，目前多注意建设中小型水电站和改建现有水电站；同时根据电力系统的需要，配合核电站建设，兴建一些运行灵活的大型抽水蓄能电站。在发展中国家，由于水能资源开发利用程度尚不高，目前正是水电建设的全盛时期，除个别地区外，电力系统内水电比重还低，尚未进入必须建设核电站和抽水蓄能电站的时期。

(三)小水电站建设开始受到重视

全世界有小水电资源1亿kW(不包括中国)。小水电站建设投资小、工期短，无需国外贷款，在高通货膨胀率下，投资风险小，并可替代进口燃料，所以许多国家开始重视小水电站的建设。到1983年全世界小水电站装机容量已达1000万kW，到1992年可能达到2900万kW。

印度、尼泊尔、巴基斯坦自己制造小型水轮机、发电机、高压输水管道，小水电站每千瓦造价仅1000～2000美元，只有那些依靠进口设备材料、按西方工程标准设计的水电站造价的1/3。

印度有水电资源9000万kW，其中小水电资源6000万kW，至1986年已建成83座小水电站，共装机14万kW；在建的小水电站有43座，总容量12万kW；正在设计的小水电站有100座。印度小水电站造价中土建费用占28%。

印度尼亚已建成小水电站6座，他们采用定型设计，使造价降低了20 %。6座小水电站分两个合同发包施工，使投资节约25 %。

尼泊尔已建成的小水电站共有2.5万kW。

西欧、东欧及美国和日本等发达国家把开发小水电视为开发替代能源的措施，重视小水电站的建设，曾开过几次国际会议。他们发展小水电的途径是，或在现有坝上增建小水电站，或利用开发剩余的水能资源。

(四)重视现有水电站的改造和机组的更新

据美国电力研究协会计算，美国水电站可用率提高1 %，每年可增加纯收入1.25亿美元。现在水电站的可用率为94.8 %，抽水蓄能电站为85 %。在美国更新水电站设备的目的不仅在于提高可用率，而且要求提高出力和效率。如皮克维克水电站将水轮机更换为转浆式，效率提高1 %，出力增加15 %，其更新费用的年利润率高达22 %～25 %。为了提高发电机的出力和可靠性。美国采取的主要措施是更换绕组，用新的树脂绝缘，这样可增加发电机的寿命，同时还可增加出力。田纳西河流域管理局更换6台发电机绕组，使总容量增加了19.3万kW。美国1984年作出了更新胡佛坝水电站设备的决定，计划将17台机组在1985～1992年期间更换完毕，计划每年用8个月时间更换4台。新转轮由艾利斯查尔默斯公司制造，预计效率可提高6 %，出力可提高30 %，全电站容量可增加50万kW。

埃及阿斯旺水电站装机12台，计划更换转轮，将导叶轴承改用自润滑轴套，将机械式调速器改为电液式调速器，同时还要增加测点和控制仪，重新安装发电机，用环氧煤焦油涂刷蜗壳、尾水管、水轮机座环及顶盖。计划在1985～1990年间完成机组的更新。

苏联1979年建成的努列克水电站，从1987年起开始对其9台发电机绕组进行更换，拟在1989年完成全部机组的改造，届时电站容量将由原来的270万kW增至300万kW。苏联目前正在对伏尔加河上的诸水电站的设备进行改造。苏联计划将改建扩建21座水电站，其总容量为1220万kW，改建后容量可增加105万kW。

巴基斯坦塔贝拉水电站将扩建，到1991年容量将由目前的175万kW增至347.8万kW。

世界上许多水电站已运行二三十年以上，与当代技术相比，设备技术指标已显陈旧。为此，1987年在法国斯特拉斯堡召开了水电站增加出力及设备改造的国际会议。

(五)水电站建设技术不断进步

进入80年代，随着各国水电建设的新进展，水电技术也不断有所进步。关于这方面的情况，本卷年鉴“国外水电资料”篇目中另有《国外水电技术的新进展》专文介绍，这里不再赘述。

附表　一些国家1980年和1986年的水力发电发展情况

国家	经济可开发水能资源(亿kW·h)	1980年		1986年	
		水电装机容量(万kW)	水电发电量(亿kW·h)	水电装机容量(万kW)	水电发电量(亿kW·h)
美国	7015	7665	2777	8415	2946
苏联	10950	5231	1839	6214	2157
日本	1280	2934	921	3515	866
加拿大	5352	4777	2510	5680	3107
巴西	12000	2727	1269	3770	1826
中国	19200	2032	582	2754	945
法国	650	1940	699	2280	609
挪威	1210	1936	840	2342	959
意大利	506	1585	490	1786	412
瑞典	950	1486	618	1581	603
西班牙	675	1350	312	1443	263
印度	2800	1233	469	1597	538
瑞士	320	1110	336	1151	326
奥地利	492	794	291	1042	312
澳大利亚	245	652	171	703	155
西德	218	640	184	671	167
南斯拉夫	636	633	282	700	268
墨西哥	994	532	162	660	275
新西兰	552	393	163	465	218
朝鲜	800	350	225	450	290
罗马尼亚	241	330	121	443	121
阿根廷	1910	327	152	622	210
哥伦比亚	3000	318	138	410	197
委内瑞拉	980	292	146	443	213
葡萄牙	178	272	80	316	84
埃及	150	255	96	270	102
英国	42	245	52	419	40
捷克	120	214	42	290	40
土耳其	653	213	113	388	119
全世界	98000	46725	17550	56682	20271

国外80年代完工的几座巨型水电站

高　又　生

80年代，国外伊泰普、古里(扩建)、图库鲁伊和萨扬舒申斯克等巨型水电站相继完工。这些巨型水电站各有特点，在一定程度上反映了当今世界水电建设的水平。现将工程情况分别简介如后。

(一)伊泰普水电站

伊泰普水电站位于巴西与巴拉圭两国的界河——巴拉那河上，由两国合建。工程于1975年10月正式开工，1984年11月2台70万kW机组开始发电，预计1990年装完全部18台机组，达到设计发电容量1260万kW。该电站以上流域面积82万km^2，多年平均径流量2840亿m^3。由于伊泰普电站以上已有和正在建设35座有水库的大水电站，对径流已进行了调节，故来流比较平稳，可使保证电能达619亿kW·h，接近多年平均发电量710亿kW·h。

该工程由双支墩主坝、单支墩翼坝、导流控制坝段、岸边溢洪道、左岸土坝和堆石坝、发电厂房等组成(见图1)。坝址地区基岩主要为厚层玄武岩，杂有多孔的杏仁状玄武岩和角砾岩互层，河床覆盖层厚仅20m。工程

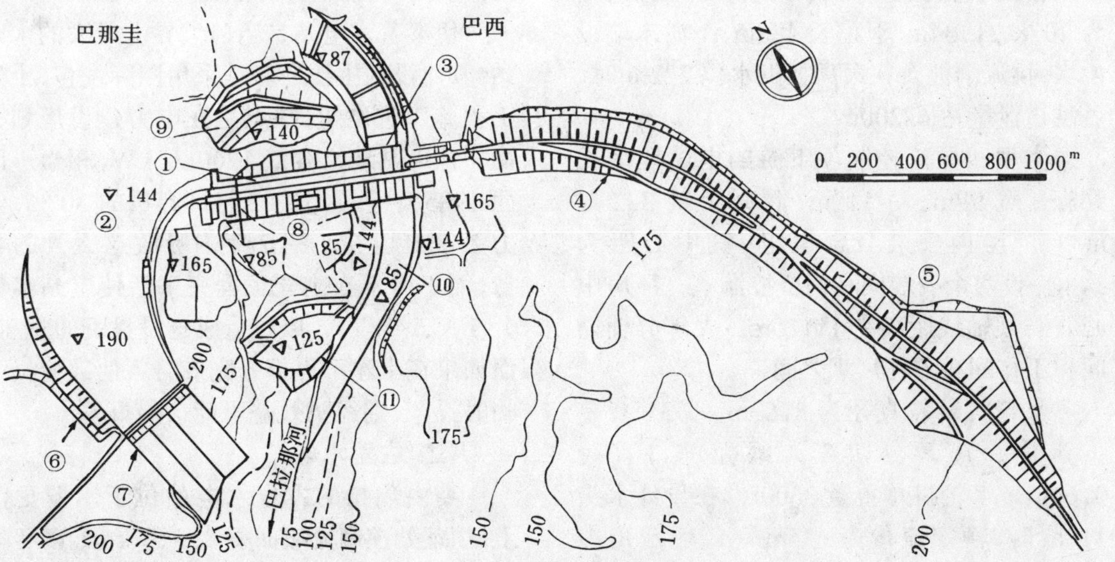

图1　伊泰普水电站平面布置

①—双支墩主坝；②—单支墩翼坝；③—导流控制坝段；④—左岸堆石坝；⑤—左岸土坝；
⑥—右岸土坝；⑦—岸边溢洪道；⑧—发电厂房；⑨—上游围堰；⑩—导流明渠；⑪—下游堰

挡水前沿总长 7760m，形成水库总库容 290 亿 m^3、有效库容190亿m^3。

双支墩主坝长 1064m，高 196m，空心式。混凝土量为 526 万 m^3。主坝内设14个发电进水口，内设 6.7 × 16.35m 定轮闸门，下与紧贴下游坝面的直径 10.5m 的高压输水管连接。高压输水管采用内衬钢板，外包钢筋混凝土的结构。

单支墩翼坝平面上呈弧形，长 986m，最大坝高 64.5m，混凝土量 78 万 m^3。导流控制坝长 170m，高 162m，为重力坝型，混凝土量 210 万 m^3。下部设12个导流底孔，尺寸为 6.7 × 22m。上部设 4 个进水口，供导流结束后引水发电用。

左岸堆石坝长 1984m，高 70m，体积 1280 万 m^3。左岸土坝长2294m，高30m，体积 420 万 m^3。右岸土坝长872m，高25m，填土方 40 万 m^3。

岸边溢洪道宽 390m，堰顶高程 200m，比正常高水位低 20m，设 14 孔弧形门，尺寸为 20 × 21.34m，泄槽长 483m，下游末端设挑坎，挑流消能。在最高拦洪水位 222m 时，溢洪道泄量达 62200m^3／s。

主坝和导流控制坝下游的电站厂房长 968m、宽 99m、高 112m，混凝土量 332 万 m^3。厂房内安装18台机组，其中心距为 34m。设两个安装间和两个控制室。厂房中心线与坝轴线距离为 111.5m。大部分辅助间和工作间布置在厂坝之间。

水轮机转轮直径为 8.67m，重 315t，整体运输。座环分四瓣。蜗壳进口直径 9.64m。水轮机总重量 3300t。在设计水头 118m 时，额定流量为 645m^3／s，额定出力 71.5 万 kW。最大工作水头 124m 时，出力可达 74 万 kW。机组最高保证率为 94％～95％。

向巴西送电的 9 台 60Hz 发电机，功率为 73.7 万 kVA，总重量 3520t，转子重为 1564t；向巴拉圭送电的 9 台 50Hz 发电机，功率为 82.36 万 kVA，总重 3754t，转子重 1706t。每台机组与一组单相变压器结线，升压比为 18／500kV。考虑远景航运，在右岸预留有带错船渠的多级船闸的位置。

伊泰普水电站的工程量总计土石方 9245 万 m^3，混凝土量1229万m^3，共耗用水泥 252 万 t，钢材 39 万 t，粉煤灰 30 万 t。工程由两国公司发包给巴西与巴拉圭的由 10 余家营造厂组成的联合公司承担。施工中的混凝土生产系统包括分设于两岸的两组骨料破碎筛分系统、6 座拌和楼，还有两个制冷系统。混凝土浇筑，以缆机为主，配合高架门机。有 7 台 20t 的缆机、8 台高架门机。吊罐有 3m^3和6m^3两种。施工强度：日高峰开挖强度达 125.5 万 m^3；高峰混凝土日浇筑强度达 14896m^3，月强度达 339441m^3，年强度 303 万 m^3。工地施工高峰职工人数 31318 人，包括服务行业共 4 万人。

伊泰普水电站是当前世界上最大的水电站，其建设的主要经验是采用国际发包，土建工程施工进度快；缺点是在电力建设规划方面。该电站装机容量 1260 万 kW，相当于巴西 1985 年全国电力总装机容量的 30％，电力系统难以在 1～2 年内吸收这么大的容量，而不得不在土建工程完工后使电站容量分 5～6 年投入，以致造成建设投资的积压；而如果在土建工程部分完成时就使部分机组临时投产，则经济效益可能会更好些。

(二)古里水电站

委内瑞拉的古里水电站位于卡罗尼河上，坝址处控制流域面积 8.5 万 km^2，多年平均径流量 1540 亿 m^3。该电站是分期建成的。第一期工程于 1963 年开工，1977 年完成，共装 10 台机组，总容量 266 万 kW。1978 年开始扩建，预计 1986 年底完成大坝加高52m和新建第二电厂工程，接着将使电站总容量增至1030万kW，年发电量达510亿kW·h。

第一期工程将大坝修建至220m高程，最大坝高110m。一期工程包括的主要建筑物有：(1)混凝土重力坝，高110m，长662m，坝体方量112.7万m^3；(2)右侧堆石坝和一座副坝，总方量208.9万m^3；(3)坝顶溢洪道长184m，设9孔，尺寸为15.24×20.76m，泄流能力为30000m^3/s，混凝土量为32.7万m^3，溢洪道分3道泄槽，中间有混凝土墙隔开；(4)一条自溃式溢洪道，可宣泄流量10000m^3/s；(5)电站厂房，长245m，内装10台机组，混凝土量24万m^3。

二期扩建工程包括将重力坝加高52m，使坝高达162m，在右岸加长重力坝，并增设第二厂房，内装10台73万kW的机组；同时因水位抬高，第一厂房内的10台机组的总容量也增至300万kW，从而使扩建后的水电站的总容量达1030万kW。扩建后古里水电站的枢纽布置见图2。

扩建工程的具体项目是：(1)将原重力坝加高52m，为此需在原有坝与厂房之间增浇混凝土，加厚加高坝体，并在左右两侧加长坝体，使混凝土坝全长由662m增至1426m，需新浇混凝土528万m^3。(2)加高溢洪道堰顶55m，并要保证扩建期原有电厂安全运行。为此采用3条泄洪槽分8期错开施工，共需浇筑74.6万m^3混凝土。(3)修建左右岸联结土石坝，右岸联接坝长4000m，高97m，坝体填筑量4743万m^3；左岸联接坝长2000m，最大坝高102m，坝体填筑量2170万m^3。

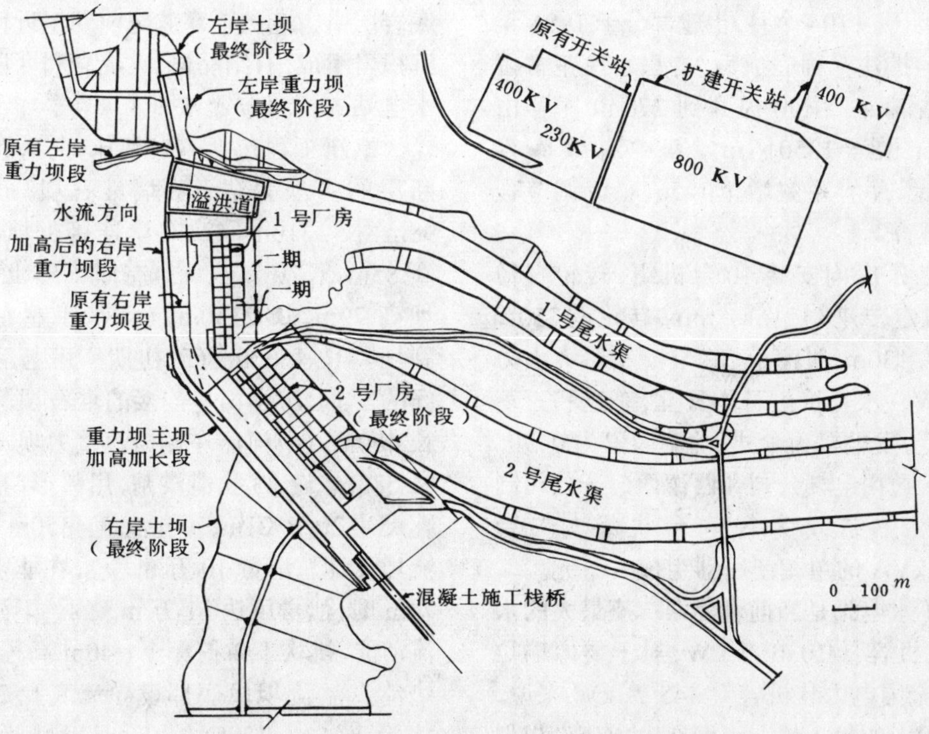

图2 扩建后的古里水电站枢纽布置

(4)增建2号厂房，其长度为392m，机组间距28m，位于右侧加长混凝土坝的下游，内装10台73万kW的水轮发电机组。(5)兴建水库垭口副坝，总长32km，共需填筑1349万m^3。(6)开挖2号电厂下游长3070m、底宽150m的尾水渠，共需开挖1141.6万m^3。所有开挖料均用于填筑堆石坝，或作混凝土骨料。总计全部扩建工程有混凝土671万m^3，填筑量8543万m^3，开挖量1433万m^3。

扩建工程开始由巴西Camargo-Correa公司和三家委内瑞拉公司组成的联合公司承担，后由委内瑞拉卡罗尼电力公司EDELCA接管，分别由美国Atkinson公司、委内瑞拉三家公司承担混凝土施工、骨料生产和左右岸土石坝填筑。1980年以后施工顺利。第二厂房内的第一台机组于1983年11月投产发电。整个扩建工程从1978年2月开始，历时104个月，土建部分于1986年底完成。扩建工程完成后，古里水库正常蓄水位由原来的215m提高到270m，库容由170亿m^3增至1350亿m^3，其中有效库容854亿m^3，库容系数增至0.56，径流调节程度大大提高。

第二厂房内安装10台机组，转轮直径7.2m，额定转速112.5r/min，转轮重250t，设计水头130m，过流量512m^3/s，最大出力73万kW。水轮机由日本日立、东芝和三菱公司制造。发电机为伞式，功率因素为0.90，由加拿大通用电气公司和西德西门子公司制造。电气主结线为每一台机组与3台26.8万kVA的单相变压器组成一单元。

古里水电站是当前世界第二座最大的水电站，装机容量1030万kW，对于委内瑞拉1984年全国电力装机容量443万kW来说，这是个很大的投入量。该国在电力建设规划上，规定本工程分期施工，分期投产，从而避免了投资积压。这是大型工程建设中经常遇到的问题，本工程解决的办法较好。对于分期建设的水电站工程，第一期工程设计要为后期大坝加高、泄水建筑物改建创造方便条件；同时又要使后期加高改建施工不妨碍第一期设施的正常安全运行。古里水电站工程设计注意了这个问题，二期工程进展顺利。

(三)图库鲁伊水电站

图库鲁伊水电站位于巴西北部经济很不发达的亚马孙地区托坎廷斯河下游。它为开发当地丰富的铁矿、铝矾土矿和铝厂及新兴的贝伦市提供电源。电站最终装机容量为796万kW，年发电量324亿kW·h；第一期装机400万kW，年发电量183亿kW·h。工程于1975年开工，1984年开始发电，将于1989年完成第一期工程。图库鲁伊坝址控制流域面积75.8万km^2，平均年径流量3450亿m^3，坝址以上河谷地形比较开阔，基底岩层由古老的下寒武纪前期至近代第四纪沉积岩组成，有结晶岩、火成岩和变质岩。该水电站的枢纽布置见图3。

枢纽工程包括：(1)河床部分，跨过顺河断层的主坝为粘土心墙堆石坝，最大坝高98m，长1310m。(2)右岸连接土坝，最大坝高85m，长2611m。(3)左岸丫形土坝，最大坝高70m，长2330m。(4)水库左右岸垭口副坝共长4563m。(5)初期厂房与后期厂房间的、与上游小山包连接的堆石坝，高73m，长460m。(6)河床左侧溢流重力坝，高86m，长580m；设23孔泄洪闸，用弧形门控制，门孔尺寸20×21m，每孔泄量4350m^3/s。溢流坝设计总泄量10万m^3/s，在非常洪水位74m时，泄量可达11万m^3/s。下游采用挑流消能，挑坎下游挖深至-40m高程，形成水垫池。溢流坝段底部设导流底孔20个，尺寸为6.5×13m，长92m，用平板闸门控制。底孔总过水量51000m^3/s。施工后期，底孔用混凝土封堵。(7)紧接溢流坝左侧的

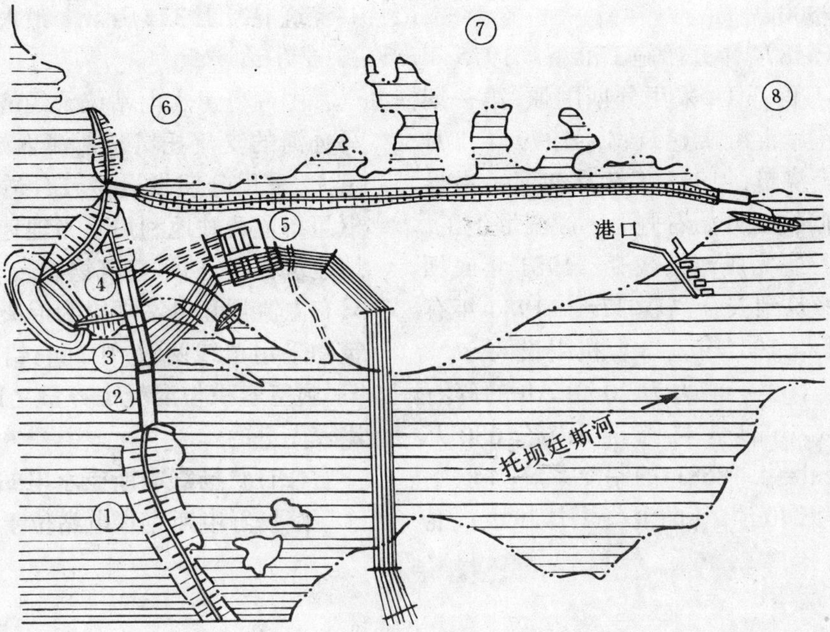

图 3　图库鲁伊水电站大坝及船闸布置

①—河床堆石坝；②—溢流坝段；③—初期厂房坝段；④—预留后期厂房坝段；

⑤—开关站；⑥—上级船闸；⑦—中间航渠；⑧—下级船闸

初期厂房坝段也是重力坝，长 400m，最大坝高 77m，内设 12 台机组的进水口和 2 台厂用机组的进水口。进水口底高程为 27m，内设拦污栅和快速闸门，门宽 9m，高 13.5m，每孔最大过流量 $600m^3/s$。拦污栅和快速闸门由坝顶的 250/50t 门机操作。(8) 发电厂房，包括副厂房和安装场，全长 528m，内装 12 台 33 万 kW 的机组，机组中心距 31.6m。水轮机转轮直径 8.1m，额定转速 83.7r/min，额定水头 60.8m 时，出力 31.6 万 kW，过流量 $576m^3/s$；最大工作水头 67.2m 时出力 33 万 kW。供水钢管直径 10.4m。发电机额定容量 35 万 kVA，功率因素为 0.95，电力周波为 60Hz。每台发电机与一台容量 35 万 kVA 的三相变压器相联。电厂出线电压为 500kV。厂房内 2 台厂用机组容量各为 2 万 kW。它们各有较小的进水口及压力钢管，管径为 2.9m。预留的后期厂房在初期厂房的左边。后期扩建时需拆除初期与后期厂房间的上游顺河堆石坝，并扩宽尾水渠。(9) 过坝船闸，图库鲁伊大坝抬高水头 67m，船闸分两级。上级船闸在丫形土坝中间，下接长 5463m、宽 140m 的中间渠，下级船闸靠河边。下游引航道长 1500m。两级船闸闸室尺寸均为 33 × 210m，上级升程为 37.8m，下级为 35m。上级船闸的上闸首用人字门，下游闸首用带有平衡重的平板门。下级船闸上下闸首均用人字门。上下船闸闸室的充水时间分别为 13 和 14min；放水时间分别为 15 和 16min。船闸工程量，开挖土方 586.6 万 m^3，石方157.7万m^3，填筑渠堤 758.5 万 m^3，浇筑混凝土135.6万m^3，安装机械设备 9800t。

工程于 1874 年开始施工准备。1975 年 11 月主体工程开工，采用分期围堰，第一期围堰内为左岸混凝土建筑物。1979 年 1 月开始混凝土浇筑。1981 年 7 月初河水由导流底孔下泄，同时开始右侧上下游围堰施工，1981 年 7 月底完成河道截流。1981 年底坝体和围堰修筑到安全高程 37m。1984 年有 2 台机组投入，1985 年有 3 台机组投入。

工地设有生产能力为 2050t / h 的碎石系统，860t / h 的骨料筛洗系统，680 万 kcal / h(1cal＝4.1868J)的制冷系统，4 座生产能力各为 240m^3 / h的混凝土拌和楼。混凝土浇筑采用数十台不同容量的吊车。从 1979 年 1 月至 1982 年 1 月底的 3 年时间内共浇筑混凝土 374 万 m^3，最大月浇筑强度达 22.5 万 m^3。

图库鲁伊水电站位于经济尚不发达的亚马孙河的支流托坎廷斯河下游地区，装机容量大，采用分期投运是较合适的。本工程的枢纽布置巧妙地利用了当地地形和丰富的当地建筑材料，挡水建筑物以当地材料坝为主，只有溢流坝和电站坝段为混凝土坝。通航建筑物采用单线两级、中间有错船渠的船闸方案，闸室容积与混凝土方量之比为 1:1.5，是比较先进的。

(四)萨扬舒申斯克水电站

萨扬舒申斯克水电站位于苏联叶尼塞河

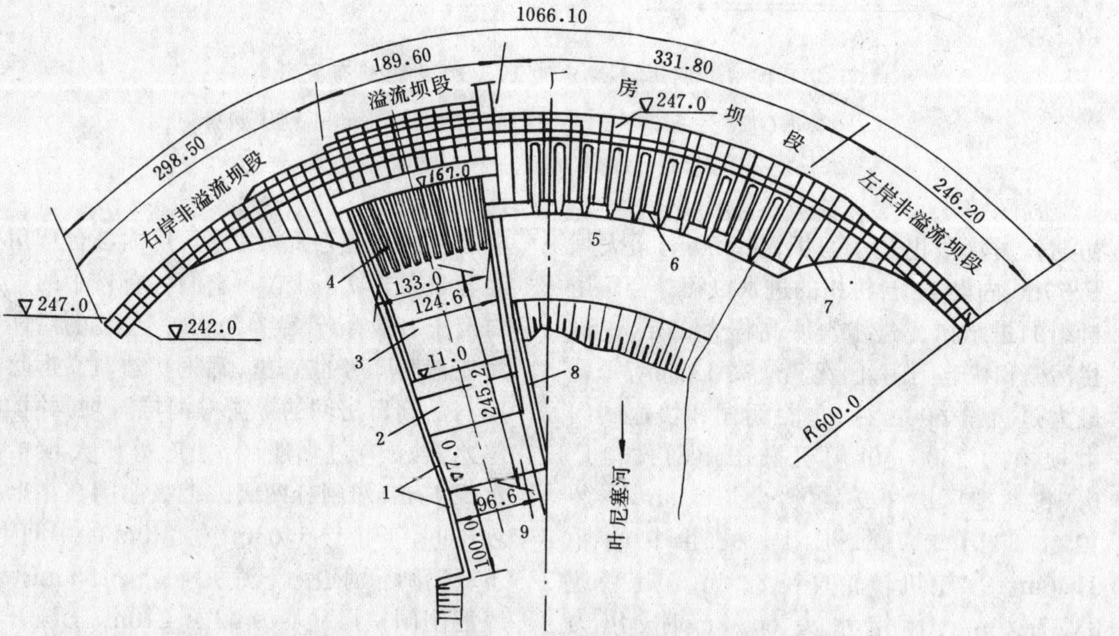

图 4　萨扬舒申斯克水电站平面布置

(图中高程为假定标高)

1 —护坦板；2 —消力池末端二道坝；3 —消力池；4 —泄洪槽；5 —电站厂房；

6- 压力输水管；7 —非溢流坝段；8 —溢洪道边墙

上，在早先建成的克拉斯诺雅尔斯克水电站上游 550km 处，坝址以上流域面积 18 万 km^2，平均年径流量467亿m^3。坝址基岩由坚硬的结晶片岩组成。水电站枢纽包括混凝土重力拱坝和坝下游厂房；远景规划拟增建升船机(见图 4)

大坝最大坝高 242m，坝顶长 1066m，坝基宽 100m，坝体混凝土方量 850 万 m^3。大坝迎水面垂直，下游面采用变坡，从坝顶的 1∶0.5 变到下部的 1∶0.7。大坝平面上呈弧形，半径 600m。大坝由辐射状伸缩缝分为 67 个坝段，每个坝段长 15.8m，各分 4 个柱体进行浇筑，柱状体宽 25 ~ 27m。大坝由 4 个部分组成：河床右侧溢流坝，长 189.6m，分 11 孔，设计泄量 13600m^3/s；河床厂房坝段，长 331.8m；两岸接头非溢流坝段共长 561.6m。溢流坝下游设消力池，池长 130m，水深 44m，池底板原厚 2.5m，由于水头太高，在泄洪时曾被冲坏。大坝按重力坝方式承受 60 % 的静水压力，其余 40 % 的水压力通过拱作用传至两岸坝肩。大坝形成的水库总库容 313 亿 m^3，水库消落深度40m，相应有效库容 153m^3，径流调节系数0.33。

电站厂房设在大坝下游，在平面上随拱坝下游轮廓呈弧形，连安装间共长 288m。压力钢管内径 7.5m，是外包钢筋混凝土、内衬钢板的露天管道，布置在坝下游面。厂房内共安装 10 台机组，在设计水头 194m 下单机额定容量 64 万 kW，在最大工作水头 212m 时机组出力可达 73.5 万 kW。电站设计总容量 640 万 kW，平均年发电量 238 亿 kW · h。

主结线采用扩大单元结线，每两台机组与一组总容量为 160 万 kVA 的单相升压变压器相联。变压器出线电压为 50 万 V。

水轮机型号为 PO230/833 — 677，平均转轮直径 6.77m，重 156t，额定转速 142.8r/min，额定过流量 358m^3/s，在工厂机械加工和热处理后整体运至现场。

发电机为伞型，额定出力 71.5 万 kVA，最大出力 73.6 万 kVA。转子重 935t，采用强制风冷；定子采用水内冷，发电机总重 1860t。

工程从 1963 年起进行施工准备，1968 年 9 月开始第一期围堰施工，1972 年 10 月开始浇筑第一期围堰内泄洪坝段混凝土，1975 年开始修建第二期围堰，当年 10 月截流。1976 年着手浇筑第二期围堰内厂房坝段混凝土，至 1977 年底共完成 202 万 m^3。1978年内混凝土浇筑量最大，达120万 m^3。1978年底头两台机组采用临时转轮，利用临时进水口引水在 60m 水头下发电。其余 8 台机组均为正常机组，正常工作水头在 175 ~ 220m 之间，但可在 120m 水头下开始工作。为在施工期增加发电收入，对 3 ~ 6 号机组也设临时进水口。3 号机组临时进水口高程比永久进水口低 81.0m，4 ~ 6 号机组临时进水口低 52.5m。当大坝升高，永久进水口建成后，这 6 个临时进水口均用混凝土封堵。

萨扬舒申斯克水电站初期投产时，整个工程的建安工作量仅完成 38 %，混凝土工程仅完成 1/3。由于采用低水头、低进水口临时发电措施，在 1978 ~ 1987 年施工期内共发电 972 亿 kW · h，相应发电收入 14.6 亿卢布，相当于整个工程造价 10.26 亿卢布的 142 %。

萨扬舒申斯克水电站施工时，仅配备连续式拌和楼、分批式拌和楼各一座，其年生产能力分别为 120 万 m^3和60万m^3。混凝土浇筑主要利用 1000m · t 塔吊和 8m^3吊罐。工地施工高峰期有 6000 名职工。

萨扬舒申斯克水电站的挡水坝是当今世界上最高的重力拱坝，其电站是苏联最大的

国外水电技术的新进展

水电部科技情报研究所水情室

进入80年代,许多发达国家的水电开发已进入后期,但在水电技术方面仍有不少新的进展,主要表现在新设备、新材料的出现,以及由此带来的施工方法的变革。现择要分项介绍如后。

一、双排水轮发电机组的布置

为缩短水电站厂房所占的宽度,对机组采用沿河流的双排布置方式,如苏联的托克托尔和契尔克水电站均采用了这种布置方式。这两座水电站的装机台数均为4台,由于采用了双排布置方式,使电站厂房宽度缩短为两台机组的宽度,其前后两台机组的尾水管采用上下层布置方式。

水电站机组双排布置方式适合于下游尾水较深,要求缩短厂房宽度的水电工程。厂房宽度的缩短,给枢组布置和非电厂段的大坝施工带来了方便,但也增加了引水管和尾水管设计和施工的复杂程度。

苏联叶尼塞河支流下通古斯河上的土鲁汉斯克水电站,装机容量2000万kW,单机容量100万kW,经苏联动力电气化部科技会批准,电站厂房也拟采用双排机组布置方案。

二、碾压混凝土筑坝技术

70年代末,美国最先将碾压混凝土用于大坝填筑,至今,一些国家已建成了一批碾压混凝土坝,有的最大坝高已经超过100m,坝体最大碾压方量达107万m^3。由于碾压混凝土技术简化了施工程序,减少了水泥用量,因此大坝的造价大幅度降低,工期大为缩短。碾压混凝土筑坝技术主要涉及碾压混凝土配合比、运输、碾压方法、坝体防渗措施、温度应力问题、混凝土养护和质量控制等方面,就目前来说,配合比设计、碾压方法和坝体防渗措施是碾压混凝土技术的关键问题。

就配合比类型来说,目前碾压混凝土一般分为三种,即贫碾压混凝土、日本采用“金包银”法施工的碾压混凝土和高灰浆碾压混凝土。最早兴建的碾压混凝土坝多采用贫碾压混凝土,其水泥加粉煤灰用量一般低于100kg/m^3,采用这种混凝土容易发挥碾压施工的优势;但坝体水平施工缝渗漏问题较

电站,设计施工有许多先进之处:如钢板内衬的钢筋混凝土高压输水管设在坝下面;水轮机蜗壳采用普通钢板与厂房大体积钢筋混凝土联合受力的结构;露天开关站采用向空间发展的布置适应了场地小的条件等。本工程工程量大,工期长,采取在大坝未建成前先以临时进水口、临时转轮初期发电的措施,使工程仅在完成总投资38%的条件下开始发电,减少了投资积压损失。但该工程由于初期投资不足,施工准备工程做得不够,库区未很好清理,混凝土生产系统没有按计划建立,拖长了工期。

为严重，混凝土质量较差。日本式的碾压混凝土的水泥加粉煤灰用量一般在120～140kg／m^3之间，其质量也较好。为提高碾压的密实度，可以增加粉煤灰用量，以提高碾压混凝土中灰浆与砂浆的体积比，由此可得到高灰浆碾压混凝土。这种混凝土的施工一般采用较厚的碾压层。以上三种类型的碾压混凝土很难严格区分，但从近期施工的碾压混凝土坝来看，水泥加粉煤灰用量有提高的趋势。

碾压混凝土的碾压方法与配合比有很大关系，就施工方法而言，主要分为美国和日本两类。美国采用的施工方法的碾压层厚多为30～60cm，不设横缝，上下游面的处理采用多种方式进行，如滑模式护面构件法、预制混凝土面板法、传统模板法和无模板护面法等。日本的“金包银”施工方法也称RCD方法，其上下游均为采用常规模板的普通混凝土，宽度约为3～5m，坝体内部采用碾压混凝土。施工时，先用推土机把混凝土铺成3～4个铺料层，然后在碾压前或碾压后用液压切缝机切出横缝。碾压层厚度一般为50～70cm。

目前，大多数碾压混凝土坝都是在上游面采用某种形式的常规混凝土来达到防渗要求，也有部分工程在坝体上游面喷弹性防水层或设置防水膜，如在温彻斯特坝的施工中，先在上游预制混凝土板背面浇了一层1.7mm的聚氯乙烯衬砌，然后在塑料层后现浇0.46m厚的常规混凝土。实践表明，这种方法防水性极强。但是如何消除或控制坝身的渗漏仍是碾压混凝土筑坝面临的一个主要技术问题。

碾压混凝土筑坝技术还在发展之中，已建成的碾压混凝土多为中型工程，对在高坝中使用碾压混凝土还缺乏经验。

三、钢筋混凝土面板堆石坝技术

60年代以后，随着大功率光滑振动碾薄层碾压施工法的出现，使碾压堆石体达到了较高的变形模量，从而基本上解决了早期面板堆石坝的面板由于坝体变形较大而出现的严重渗漏问题。由此各国高混凝土面板堆石坝在土石坝中的比重又有增加。据统计，在已建成的坝高超过50m的混凝土面板堆石坝中，有一半以上是1980年以后建成的，其中最高的面板坝是巴西的佛士度爱利坝，高度已达160m。

钢筋混凝土面板堆石坝具有施工简单快速、填筑量小、施工不受气候影响、基础灌浆处理与大坝施工互不干扰等优点，在施工导流和抗地震方面也具有一定的优势，因为采用这种坝型成为经济快速进行大坝施工的一条新的途径。目前，钢筋混凝土面板堆石坝技术主要涉及堆石体、面板和基础处理三个方面，其重点在于面板的设计和施工。

高混凝土面板堆石坝的坝体需要达到较高的变形模量，实践证明，通过对新鲜、坚硬、级配良好的较细粒石料进行薄层碾压，或采用较多的碾压次数就可得到较高的模量。坝体剖面一般分为垫层区、过渡区、主要堆石和下游区；各区域要求达到的模量不同，在有的区域甚至可以考虑采用抛填法或任意料施工。对于较高的混凝土面板堆石坝，多在上游1／3～1／2坝高以下，面板上面增设一薄防渗斜墙，以降低面板承受的水力坡降，并能弥合面板上可能出现的微小裂缝。钢筋混凝土面板堆石坝的上下游边坡一般可达1:1.3(垂直:水平)。钢筋混凝土面板堆石坝的基础处理主要采用开挖和灌浆方法，坝体上游基础范围内变形的大小直接影响面板的变形，因此对上游约1／3范围内的基础，要求开挖至坚硬的基岩。

目前，尽管坝体变形引起的面板裂缝及周边缝的张开已经不再阻碍高面板坝的兴建，但它仍是高面板坝，特别是200m以上面板坝面临的主要技术问题。各国经过大量研究，对周边缝和垂直缝的处理提出了许多有效的设计和施工方法，以保证适合面板的变形，但对上述问题仍无可靠的计算和评价方法。

钢筋混凝土面板趋向采用薄面板、低配筋率设计，目前配筋率多为0.4％，有的工程采用0.35％。

四、水工混凝土骨料生产的简化工艺

在水利水电枢纽建设中，混凝土工程费占整个枢纽工程建筑安装费用的70％～80％，而骨料开采——运输——加工——运输费用又占混凝土工程费的30％～50％，因此简化水工大体积混凝土骨料生产工艺具有重大意义。英、法、美和加拿大的混凝土骨料在大多数情况下采用砂砾石混合物，其用量占全部骨料用量的60％～70％。为使混凝土中水泥用量较小，国内外历来重视骨料级配。根据国外经验，在骨料最大粒径为80mm的情况下，最优的骨料级配是粒径5mm以下的砂占19％～38％。因此，可将砂砾石原料去泥后堆在混凝土拌和楼附近，使用时将原料中粒径大于80mm的部分用移动式粉碎机粉碎成砂，使骨料中的砂含量达到设计要求后，即可入拌和机。这样，可以不必在现场设置不同粒径的骨料堆，然后又按级配要求进行混合，从而大大简化混凝土骨料的生产工艺。

五、泵送混凝土

泵送混凝土是通过专用的混凝土输送泵和输送管道，一次性地完成水平和竖直运输，将混凝土直接送到浇筑地点。这种施工技术适用于高层建筑物的施工，尤其对一些工作面狭窄、地形复杂的地下工程，其优越性更为突出。采用泵送效率高、质量好、费用低、适应性强，具有较好的技术经济效益，是近年来发展较快的一种施工工艺。泵送混凝土的主要施工机械是混凝土泵。混凝土泵问世已有70多年的历史，联邦德国是创始国，并获得专利权。随后，美、英、法、苏、日等国相继推广应用。特别是在日本，泵送混凝土技术是从50年代初开始的，但发展十分迅速，目前已成为混凝土泵普及率最高的国家。

泵送混凝土大多用于浇筑混凝土建筑物各钢筋部位和难以达到的部位。泵送混凝土使用的最大骨料粒径已达80mm，日本在修建三国川坝辅助溢洪道时采用的就是这种粒径的骨料。水平输送距离目前可达1000m以上，竖向输送高度可达300m，联邦德国修建电视塔和苏联修建发电厂烟囱时，混凝土供料高度曾分别达到310m和320m。

混凝土泵输送管径一般是混凝土最大骨料粒径的3倍左右。通常使用的输送管的直径为100～125mm，最有效的范围是浇筑骨料粒径不超过40mm的混凝土薄壁加筋结构。如果需要浇筑骨料粒径大于80mm的大体积，则必须生产输送管径在250mm以上的大功率混凝土泵。

六、定向爆破工艺

定向爆破用于筑坝已有30年的历史。苏联正在研究用定向爆破法修复康巴拉津斯基水电站大坝。最近苏联又成功地用定向爆破法拆除了库列雅水电站导流洞前作为围堰的预留石坎，使石碴全部抛到河中而不致被水流带进隧洞。办法是在石坎临水侧趾脚处布置第一排药卷,在石坎内近底部打坑道,埋设第二排第三排药卷。采用相间 50 μs 的延迟爆破,依次引爆第一、第二及第三排炸药。其中第一排炸药用于掀开石坎临水面的水体,为第二、第三排炸药爆破创造无水的最小抵抗线。按上述秩序引爆,使全部石碴抛到河中,在导流洞引渠前形成设计所预期的进口轮廓。苏联曾径在列宁格勒市防洪工程围堰、越南和平枢纽围堰、努列克工程导流洞引水渠进口围堰的拆除过程中均采用过定向爆破法,但因未在围堰临水侧趾脚处设一排药卷,并首先引爆,以消除水体的阻抗,而未成功,常需第二次拆除松散的石碴。

定向爆破拆除围堰法适用于水深大于6m、不宜用松动爆破、随后利用反铲清碴的场合。

七、高压喷射灌浆技术

高压喷射灌浆(Jet Grouting)是 70 年代日本首先提出的,被称为 CCP 法。随后,意大利、西德、瑞典等国相继引进,经过试验、施工,使这种技术很快发展,1980 年前后国外开始普遍应用。

喷射灌浆方法主要是利用喷嘴边旋转边注射水泥浆(或辅以高压水或气)。由于极高的喷嘴口压力使水泥浆液与附近土体颗粒就地搅动混合凝固成一稳定的混合物。还有一种喷射灌浆方法是在喷射水泥浆前先喷射气与水,将地基中部分细颗粒从管嘴周围处冲走,使喷嘴口附近土体中出现部分空隙,这样可进一步改善灌浆效果。两种喷灌的原理是:第一种方法中的水泥浆液既作为孔口周围土体的搅动介质,又作为与周围土体颗粒的胶凝剂;第二种方法则是用气与水作为搅动冲洗剂,而水泥浆液主要作为胶凝剂。

喷射灌浆方法的主要特点,是可适用于任何性质的土壤,可使水泥浆液与孔口附近的地基颗粒就地混合胶结凝固成直径 1m 左右的混凝土柱体,其强度可达数兆帕。喷射法灌浆具有方向性,能在计划的区域内造成凝固体,有效地改善软弱地基。这种方法适用范围广泛,设备简单,原材料来源方便,工效高,已引起各国的重视。

高压喷射灌浆的出现,大大减少了软基处理的难度,加速了施工进度,使一些工程得以实现。例如意大利的普列生扎诺蓄能电站为一引水式高水头(490m)的蓄能电站,厂房是半露天式,座落在软基上,且地下水位很高。若采用深开挖或在厂房四周修建高档墙的方法均非易事,由于采用高压喷射灌浆方法施工,帮助排除了软基中开挖厂房竖井的困难。日本截止 1984 年底采用旋喷法施工的总长度达到 274 万延米。在数千个地基加固和防渗止漏工程中都取得了良好的效果。

八、超细水泥灌浆材料

1. 日本于 80 年代初首先研制出磨细水泥灌浆材料(简称 MC)。超细水泥灌浆材料是由极细的水泥颗粒组成,其粒径平均为 4 μm,最大粒径直径约等于 10 μm,比表面积在 $8000cm^2/g$以上。这一性质使超细水泥具有很好的可灌性。其可灌性与化学浆液相似,而结石强度却大大高于化学浆液,且对地下水和环境无污染,因此超细水泥浆液在日本已得到广泛的应用。1982 年以来,美国从日本引进了 MC-500 超细水泥,先后用于封堵地下水流,加固大坝基础、隧洞边墙,大坝防渗,以及各种地下建筑物开挖前的预处理等方面。用超细水泥制备浆液,经过充分搅拌后具有如下较好的物理力学性质:(1)浆液粘度低,稳定性好;(2)超细水泥中粒径小于 4 μm 的颗粒占 50 %,比普通水泥中的含量高5倍;(3)超细水泥颗粒化学活性高,能较快地获得高的早期和后期强度,龄期3天的结石强度达25MPa以上,91天龄期的可达62MPa;(4)超细水泥浆液的胶凝时间可以用掺入硅酸钠调整,在45s至2.5min的范围内;(5)超细水泥浆液的灌入能力明显高于普通水泥和胶体水泥,与AC-400化学浆液接近,能灌入渗透系数为10^{-3}~10^{-4}cm/s的细砂,灌后砂体的渗透系数可降到10^{-5}cm/s。日本用超细水泥浆液处理上越新线隧洞破碎岩石和柏奇原子能电站工程的一条隧洞,在掘进过程中用于加固遇到的松散细砂;美国在赫尔姆斯抽水蓄能电站地下厂房的开挖过程中遇到断层破碎带强烈透水,用超细水泥灌浆,均取得了较好的效果。

2.为了提高水泥浆液的可灌性,近年来日本电力公司还研制出一种湿磨水泥制浆方法(简称WMC),用这种方法制成的水泥浆可获得类似粘土浆液的稳定性。湿磨水泥设备是带有高速旋转叶轮的鼓形磨,其中盛有小钢球,通过高速旋转,浆体中水泥颗粒被进一步磨细。湿磨水泥颗粒的分散性大大优于普通水泥浆,仅次于膨润土浆。研磨2min,小于5μm的颗粒占70%,研磨10min,小于5μm的占95%。湿磨水泥浆液具有明显的宾汉体流动性质,比超细水泥浆液稳定性好,在压力作用下滤出多余水分形成强度较好的结石。据室内进行试验,用湿磨水泥浆液灌注平均粒径为0.6mm的砂体后,砂体完全不透水。在冲积层内进行现场试验,把冲积层渗透系数从10^{-3}~10^{-5}cm/s改进到2×10^{-5}~10^{-6}cm/s。采用湿磨水泥制浆工艺,可以把普通水泥浆液在现场改成细度更好的水泥浆液,避免超细水泥在运、储过程中的麻烦,收到好的经济效果。用这种工艺制成的细颗粒水泥浆比用工厂生产的超细水泥制浆便宜得多。

3.法国索留旦斯公司新近研制出一种超细水泥浆液(名为微容胶Microsol),其粘度和水接近,结石强度为2.11~2.81MPa,为硅胶强度的3倍。目前,微溶胶正在法国的3个工程上应用:一是在巴黎凯旋门基础中用于替补原灌浆结石中被溶滤掉的水泥;二是用于加固维也纳一个地铁工程的隧洞导洞;三是用于封堵马里的一个大坝基础裂缝。

九、稠水泥浆灌浆

澳大利亚灌浆专家A.C郝斯伯近年来在进行灌浆实例资料中发现,采用水灰比为3.3∶1的浆液灌浆有许多失败的例子,如布伦克坝、克匹特坝、胡木坝的帷幕等。而采用水灰比小于2∶1的浆液建成的帷幕,如柯培通坝、特努巴坝、格兰雷昂坝等帷幕都取得了良好的效果。经分析和试验证实,过去传统的大水灰比的浆液不稳定,灌浆后发生沉淀析水,使帷幕内形成空囊和通道,而且大水灰比浆液形成的结石密实性差,易于溶融。所以采用大水灰比浆液灌浆是帷幕发生耐久性问题的主要根由。郝斯伯认为,采用小水灰比的稠浆灌浆是确保帷幕耐久性的关键。为此,他在80年代初首先提出合理的水泥浆水灰比变级范围应该是2∶1,1.33∶1,0.66∶1或更小。目前,许多国家的大坝灌浆工程师与郝斯伯持同样观点,如巴西和巴拉圭兴建伊泰普水电站工程,采用水灰比0.66∶1的水泥浆进行帷幕灌浆;洪都拉斯的高洪拱坝采用水灰比0.47∶1的浆液灌浆;泰国高兰坝采用1.33∶1水灰比浆液;阿根廷里格兰德一级采用2∶1~0.66∶1的水灰比;土耳其凯班坝采用2.66∶1的水灰比浆液。由此可见,国外帷幕灌浆采用稠水泥浆的发展趋势是比较明显的。西德W·维特科等人在80年代还发展了一种用水灰比为0.47:1的稠水泥浆灌浆新技术。这种浆体在制备时仅加入水泥硬结所必须的水量，浆体具有宾汉体的流动性质，在灌浆过程中既不扩散到不需要到达的范围，又不需要花费时间稳压排除浆中多余的水分，因此是一种既节约材料又节约时间的灌浆新技术。这种浆液有足够的稳定性，3～4h析水终止，析水量不超过初始加水量的1%。浆液在管道和地基内传播过程中压力损失小。W·维特克提出稠浆的各主要成分的适宜比例范围为：水灰比0.40～0.47；膨润土与水泥比为0.01～0.03；减水剂与水泥比为0～0.15，其中水泥还可以由粉煤灰取代1/3。西德用上述稠浆在瓦恩森坝的高透水性砂岩的基础中进行灌浆后取样，看到充填水泥浆的厚度在0.1～20mm范围内；在塔本地区萨尔河道网的不均质的松散地基中灌浆后取样，可清楚地看到各截面都被水泥结石充填。制备水泥稠浆一般需要用高速搅拌机，以1500～3000r/min的转速进行搅拌。对水灰比小于0.4的稠浆，在制浆时需掺入少量的减水剂；对水灰比大于0.4的稠浆，可考虑掺入1%～2%的膨润土。瑞典D·隆巴迪根据流变理论研究和工程实践总结，提出稠水泥浆有以下优点：(1)稠水泥浆基本不析水，灌后可使被灌体充实完好，并能形成强度高、密实性好的结石，有较高的抗化学和物理溶融能力，从而可提高灌浆帷幕的耐久性；(2)由于稠水泥浆的灌浆范围可以控制，而且没有多余水分排出，所以灌浆过程中抬动岩体的危险性比使用稀浆大大减小，灌浆作业不会造成有害后果；(3)稠浆扩散距离有限度，可避免不必要的浆液流失，节约灌浆材料；(4)稠浆在作业中不需闭浆排水，可大大缩短灌浆工时。

十、土工薄膜与土工织物的应用

土工薄膜与土工织物总称为土工聚合物，近年来使用发展很快。土工聚合物的采用对方便施工、节省工程造价和加快施工速度作用很大。

1.土工薄膜。用于水工建筑物表面衬护或内部防渗的不透水薄膜称为土工薄膜。土工薄膜主要用作水库库盘防渗层、土石坝的直立防渗层或倾斜防渗层、坝上游的防渗铺盖和混凝土坝迎水面防渗层等方面。土工薄膜的基本材料为聚合物和沥青，其渗透系数为10^{-12}～10^{-11}cm/s。常用的聚合物主要有热塑塑料、结晶热塑塑料、热塑塑料合成橡胶和合成橡胶。除上述基本材料外，土工薄膜内还有填充料、纤维、过程助剂、增塑剂和稳定剂等几种添加剂。土工薄膜的设计主要包括选择薄膜类型，确定薄膜厚度，设计合理的过渡层等。对于薄膜厚度，苏联经过试验研究，提出了从地基类型、薄膜受压情况和地基土粒计算粒径来确定非加筋的聚乙稀薄膜厚度的方法，但目前在工程设计中，还需要参考已建成的工程实例，并结合具体情况加以采用。土工薄膜的过渡层具有保护薄膜不受损坏的作用，目前一般采用壤土或中粗砂过渡层，也有一些工程采用土工织物作为过渡层。土工薄膜的现场粘接主要有加热法焊接、加热法粘接或热压硫化工艺粘合。薄膜粘接以后，应检查接缝质量。

2.土工织物。土工织物在坝工中的使用主要分为两大类：一类是作为永久性坝体材料，包括作为上下游坡薄膜层护面、坝体排水或反滤等；另一类是方便施工的临时性手段，包括临时性运输道路、临时性溢洪道护面等。用于制造土工织物的材料最普通的有聚丙烯、聚脂、尼龙、聚酰胺和聚氯乙烯等。根据制造方法，土工织物主要分为纺织型、针织型和非纺型，此外还有复合织物。一些国家为测定土工织物的物理力学性能、水力特性和耐久性，已制定了专门的试验标准。

把土工织物用于坝体排水或反滤，以替代传统的砂层，是土工织物带来的变革之一。设计中，既要保证水能自由通过织物，防止反滤系统发生堵塞，又要防止周围发生管涌。工程实践证明，只要设计施工合理，土工织物是完全可以达到要求的。也有的工程用土工织物修筑防渗墙，取得了良好的效果，如西德在巴伐利亚一座高 30m 的土坝上，利用土工织物构筑了一种能自动弥合裂缝的柔性防渗墙。

目前，土工织物与土工薄膜在使用中存在的最大问题是耐久性问题。土工聚合物在光、热和大气的长期作用下会老化，但目前还不能准确确定土工聚合物的安全使用期。各国学者对老化时间的看法也不一致，因此把土工聚合物用于大型工程永久性结构的还不多见。

十一、磁性推力轴承

磁性轴承的原理是将发电机转子悬浮在固定的电磁铁磁场中，转子位置通过电子控制元件，改变输入电流来控制。磁性推力轴承被分为几个电磁扇形区域。电子控制元件是一个复杂装置，它的功能是利用位置传感器探测转子的位置，将信号转成直流信号，与转子应处位置的基本信号进行比较，得出误差信号。误差信号经放大、过滤和调制，最后驱动电源放大器，增加或减小轴承线圈电流，以维持转子处于平衡位置。磁性推力轴承的优点是，省去润滑油和油泵，没有机械磨损，轴承寿命延长，降低维修费用，可靠性提高，可供常规发电机组和可逆式机组采用。

这种磁性轴承最初由法国发明，后来在美国和加拿大得到应用。据英刊《水力发电及坝工建设》1985 年第 10 期报道，目前已有用于 1.3 ～ 33.5 万 kW 抽水蓄能机组的磁性推力轴承的研究成果。

十二、变转速发电－电动机

日本关西电力公司与日立制作所共同研制出一种新型变转速发电电动机，其定子绕组与普通同步发电机基本相同，转子的构造类似于感应电动机的线绕转子，由一特有频率的三相交流电流对转子进行励磁。励磁电流由循环换流器提供。由于转子磁场是随励磁电流频率而变化的，对应于定子磁场的旋转频率即电网频率是旋转频率与励磁频率之和。因此，取励磁电流频率等于额定转速与实际转速所对应频率之差，都可以使电网频率保持恒值。

第一台这种结构的变转速水轮发电机将安装在日本成出试验水电站上。该电站目前正在施工，原订于 1987 年并网发电。机组参数如下：

水轮机：出力 1.85 万 kW，转速 190 ～ 210r／min

发电机：容量 2.2 万 kVA，电压 11kV，频率 60Hz，磁机 17 对

励磁机：容量 3830kVA 型式循环换流器

日本 Ogouti 抽水蓄能电站的 30 万 kW 可逆机组将采用这种变转速发电电动机。这种变转速发电电动机是很有前途的，它特别适用于水头变化较大的情况，能保证机组在任何水头下均可在高效率区运行。

世界银行集团的组成与任务简介

丁　照

世界银行为国际复兴开发银行(International Bank for Reconstruction and Development — IBRD)的简称。国际开发协会(International Development Association — IDA)、国际金融公司(International Finance Corporation — IFC)和国际复兴开发银行三者一起称为世界银行集团(World Bank Group)。世界银行主要向发展中国家提供中、长期贷款,利率低于市场利率。国际开发协会专门向低收入的发展中国家提供长期免息优惠贷款。国际金融公司则负责向发展中国家的私人企业提供贷款或直接投资,利率一般高于世界银行贷款的利率。这三个机构的具体任务虽各不相同,但按协定规定,都要为会员国的经济发展提供资金和技术援助,以提高会员国人民的生活水平。世界银行集团也是联合国中专营国际金融业务的三个专门机构,成立已来,业务不断发展,对发展中国家的经济建设起到了一定的支援作用。

国际货币基金组织和世界银行是同时(1945年12月)成立的两个国际金融姊妹机构,彼此起着相互配合的作用。前者主要负责国际货币事务方面的问题,主要任务是向会员国提供解决国际收支暂时不平衡的短期外汇资金,以消除外汇管制,促进汇率的稳定和国际贸易的扩大。中国是世界银行的创始会员国之一。但新中国成立后,由于人所共知的原因,在很长一段时间里未能行使代表权。1971年第26届联合国大会以压倒多数票通过决议,恢复了我国在联合国的合法席位。1973年9月,我国外交部致电世界银行集团和国际货币基金组织,要求这四个组织立即执行联大决议,恢复我代表权。一直到1980年3、4月间,世界银行和国际货币基金组织才先后派代表来我国商谈。由于双方共同努力,并得到许多友好国家的热情支持,只经过一次谈判就达成协议,迅速恢复了我国的代表权。从此以后,我国在国际货币基金组织和世界银行的组织机构里开始行使合法权力,并担任了理事和副理事、执行董事和副执行董事。

(一)世界银行贷款(Loans)简介

世界银行的贷款有以下特点:

1.贷款期限较长,最长可达30年,宽限期4年左右。

2.贷款利率一般低于市场利率,从1982年7月1日起,改固定利率为浮动利率。此外,所收杂费较少,只对签约后未支用的贷款额收取0.25%的承诺费(Commitment Fee)。

3.贷款一般须与特定的工程项目相联系。一般说,银行只提供该项目所需全部资金的30%,其余为当地货币支付。

4.借款国要承担汇价变动的风险。银行贷款以美元计,借款国必须以同样的货币还本付息。因此,借款国就需承担汇价变动的风险。

5.贷款必须如期归还,不能拖欠或改变还款日期。

6.手续严密,需时较长。从提出项目,经过选定、评定等阶段到取得贷款,一般要一年半到两年。

世界银行贷款的程序,一般称为项目周期(Project Cycle),系由六个程序阶段组成,即项目的选定、项目的准备、项目的评估、项目的谈判、项目的执行和监督、项目的总结和评价。

1.项目选定(Identification)。世界银行为了保证贷款确实有助于借款国的经济发展,并能如期收回,选定好项目是前提。一般先由申请贷款国根据本国情况选择有助于本国发展、并符合世界银行投资政策的项目,提交世界银行,供其进一步筛选。

2.项目准备(Preparation)。世界银行同意申请贷款国所选定的项目之后,借款国即可对所选定的项目进行可行性研究,包括技术、经济、财务、体制、社会等各方面的可行性,然后提出项目报告。项目报告为世界银行进行项目评估、审定和最后批准项目贷款奠定基础,也为以后项目的执行和监督提供基本资料。

3.项目评估(Appraisal)。这是世界银行"项目周期"中最重要的阶段。项目评估完全由世界银行的专家和工作人员负责。其审查内容包括经济、技术、经营管理、采购和财务等方面。由于世界银行参加项目的选定和准备工作,因而对项目的评估一般可在短期内完成。评估完成后,世界银行将提出两份报告,即"绿皮书"和"灰皮书",前者为评估报告,经执行董事会批准后交出;后者为世界银行同意贷款的通知。

4.项目谈判(Negotiation)。一般由世界银行发出邀请,请借款国派出代表团到华盛顿就贷款协议举行谈判。由于前期工作踏实严谨,正式谈判一般均能在短期内较顺利地达成协议。需说明的一点是,在项目谈判以前,国际招标工作也已开始平行进行。在项目谈判计算贷款额时,可参考招标中较低标价的外资部分,并考虑"价格上涨预备费"(Price Contingeney)和"有形预备费"(Physical Contingeney,如工程量估计不准等)两种因素加以确定。由于贷款国政府代表并不直接负责项目的实施,因此除贷款协议书外,还需由借款者(即项目负责实施单位,通常称业主 Owner)代表同世界银行代表再共同签订一分"项目协议书"。该协议书和贷款协议书同时签订,同时生效。

5.项目的执行和监督(Implementation and Supervision)。借款国负责项目的执行和管理,世界银行负责对项目进行监督。项目执行主要包括建立管理机构、制定技术措施、安排进度计划、进行招标和签订合同、聘请咨询专家和进行人员培训等。项目监督主要包括各项用款是否符合世界银行的有关规定和指南(Guide-Line),如设备采购、咨询公司的选定以及提款、支付等手续。

6.项目总结和评价(Evaluation)。一般先由项目借款人准备一个项目完成报告(PCR),然后由世界银行对报告进行审查,并提出一分《项目执行情况审核备忘录》(PPAM)。

(二)国际开发协会信贷(Credits)简介

国际开发协会成立于1960年9月,它是发展中国家长期斗争的产物。国际开发协会的开发信贷最主要的特点是具有高度的优惠性,其贷款期可长达50年,在整个贷款期限中免收利息,只对已拨付部分每年收取0.75%的手续费(Servise Charge)。头10年为宽限期,不必还本。从第二个10年起,每年还本1%,其余30年每年还本3%。开发信贷实际上具有援助性质,通过国际上其它途径很难得到如此优惠的贷款。

开发信贷的特点及程序,如必须与项目联系等,都与世界银行的贷款相同,不再赘述。

国际开发协会的开发信贷,实际上只贷给世界上最贫穷的国家用来发展农业、运输和电力。

以上两种贷款,对 Loans 一般称为硬贷款,对 Credits 一般称为软贷款。世界银行对发展中国家往往采用软、硬混合贷款的方式,并根据借款国的人均收入水平来确定软、硬贷款的比例。借款国代表机构(我国为财政部)向世界银行借入混合贷款后,再转贷给有关部门或主持项目的经济实体。其转贷利率一般要根据世界银行的贷款利率、软硬贷款的比例以及该项目是否赢利或赢利多少来确定。为了满足项目评估中经济分析的需要,转贷利率往往需预先同世界银行初步商定。

我国自从使用世界银行贷款以来,主要是使用软硬混合贷款。一般说,软贷款主要用于项目的前期工作,主要是聘请咨询公司帮助业主做些技术研究、出些招标文件等。项目进入实施阶段后主要使用硬贷款。

截至 1988 年,我国在电力建设上使用世界银行贷款的项目主要有鲁布革水电站、水口水电站、岩滩水电站、北仑港火电厂机组、吴泾火电厂机组及 500kV 的徐州至上海超高压输变电线路。

(三)外国技术咨询简介

世界银行与借款国签署的贷款协议一般都规定:“为了帮助借款国实施项目,借款国应在满足世界银行所要求的条件基础上,聘用世界银行同意的咨询人员。”这一规定的目的在于通过咨询协助借款国特别是发展中国家顺利实现贷款项目的预期效果。

借款国同意聘请咨询专家或咨询公司后,即可以办理聘用手续,签订合同,并负责监督咨询人员的工作。世界银行在这方面的监督任务是:认可借款国聘用的咨询人员及其职权范围和聘用条件,并检查他们的工作。在许多项目中,对业主人员培训也是咨询人员的重要任务之一,其所需的费用及具体培训内容也应列入咨询合同内。

咨询方式一般有两种:(1)雇用外国公司进行咨询;(2)聘用外国咨询专家个人进行咨询,或由咨询专家组成咨询团进行咨询,如世界银行的特别咨询团(Special Board of Consultants)。咨询专家也可以是为世界银行所认可的国内技术专家。

咨询内容一般如下:(1)对已完成的设计文件进行评阅;(2)编制招标文件,包括国际竞争性的土建招标文件、国际竞争性的设备和货物采购的招标文件;(3)编制费用预标,即上述招标的标底;(4)施工合同管理,包括财务管理、质量管理、进度管理等;(5)世界银行特别咨询,一般 2 ~ 4 人,包括该工程所需几个主要专业的专家,以保证项目按质按量安全经济地完成。

与我国有过来往的和有水电业务的国外咨询公司有:

1. Morrison-Knudsen Engineers, INC.
   180 Howard Street
   San Francisco, CA94105,
   U.S.A.
   Telex: (ITT) 470040
2. Bechtel Civil, Inc.
   Fifty Beale Street
   San Francisco, CA94119. U.S.A.
   Telex: 184907 Watek UT
3. Harza Engineering company
   150 South Wacker Drive
   Chicago, ILLINOG 60606
   U.S.A.

4. Snowy Mountains Engineering Corporation
NSW 2630. Australia
Telex: 61153

5. Sir Alexander Gibb & Partners
427 London Road, Earley.
Reading RG6 IBL U.K.
Telex: 848061

6. Hydro-Quebec International
800, boul, de Maisonneuve est
Montreal (Quebec) Canada
421, 4L8
Telex: 055-61385

7. Swedpower
S-101 20 Stockholm, Sweden
Telex: 810 6225 Swedpower

8. Electricite de France
68, rue du Faubourg Saint Honore
75008 Paris Telex:
EDFAE660 434F

9. Statkraft (State Power Board)
P. O. Box: 5091 Maj N-0301 Oslo 3
Norway Telex. 8180403 STAON

10. 日本工营公司
日本国东京都千代田区麹町 5-4
电传: J24557 KOEICO

11. 电源开发株式会社
日本国东京都千代田区丸の内 1-8-2
电传: EPDCTOK J26716

12. SARGENT & LUNDY(火电)
MID CONTINENTAL PLAZA
55EAST MONROE STREET
CHICAGO ILLINOIS 60603
TLX: 280603 SARLUN UD

13. EBASCO(火电)
TWO WORLD Trade Center,
New York
NY10048
Telex: 233094 — EBAS

国外水轮机、发电机制造厂一览表

国家	制造厂名称			通讯地址	电话 电传
	中文名称	外文名称	缩写		
苏联	动力机械出口公司	Энергомашэкспорт	ЭМЭ	19, Kalinin Prospect 121019 Moscow USSR	411965A ENEK SU
	列宁格勒金属工厂	Ленинградский Металический Завод	ЛМЗ		542–4504 121425 TURBO SU
	列宁格勒“电力”工厂	Ленинградсий Электросила	ЛЭ		298–20–75 121588 MOTOR SU
	哈尔科夫水轮机制造厂	Харьковский Турбинострои–тельный Завод	ХТЗ		
	哈尔科夫电机制造厂	Харьковский Электро маши–ностроительный Завод	ХЭТЗ		
	哈尔科夫重型电机厂	Харьковский Завод 《Электротяжмащ》	ХЗЭ		
	动力机械出口公司	Энергомашэкспорт	ЭМЭ		
	新西伯利亚电机厂	Новосибирский Турбо– Гене–раторный Завод	НТГЗ		
	乌拉尔重型电机厂	Уральский Завод 《Электротяжмащ》	УЗТЗ		

续表

国家	制造厂名称			通讯地址	电话 电传
	中文名称	外文名称	缩写		
日本	日立公司	Hitachi Co.	Hitachi	6 Kanda Snrugadai 4 Chome chiyoda-ku. Tokyo 101, Japan	8132581111 J22395 Hitachy
	三菱电机公司	Misubishi Electric Co.	MIE	5-1 Marunouchi 2-Chome Chiyoda-ku Tokyo Japan	+832123111 J22443 或 J22282
	东芝电气公司	Tokyo Shibaura Electric Co.	Toshiba	1-1 Shibaura 1-Chome Kinato-ku Tokyo Japan	4813457 4813 J22587
	富士公司	Fuji Electric Co.	Fuji	New Yurakucho Bldg Yarakucho 1-Chome Chiyoda-ku, Tokyo 100, Japan	+813211-7111 211-7111
瑞士	爱雪维斯公司	Escher Wyss	EW	CH-8023 Zurich Switzerland	01444451 53906
	霞米公司	Charmilles	Ch	Hardsir 319, CH-8023 Zurich, Swizerland	1 / 246221 82290011
	费韦工程公司	Vevey Engineering Works Ltd.	Vv	CH-1800 Vevey Switzerland	+4121 / 9257111 451104
	苏尔寿公司	Sulzer	S	8023 Zurich Swizerland	+411278 2211 822900 11 sech
	贝尔工程公司	Bell Engineering Co.		CH-6010, Kriens Switzerland	4141495111 78167 Bell CH
法国	奈尔皮克公司	Neyrpic	N	75 rue General Mangin Bp75 38041 Grenoble Cedex, France	+3376393000 320750F
	犹曼特公司	Jeumont	J		
	阿尔斯托姆公司	Alsthom	A	38, Avenue Kleber paris, France	
	布维埃工厂	Ateliers Bourier	AB	53 rue pierre semara 38000 Grenoble France	76 / 96、63、36 320194 bouvier
	勒鲁瓦索美公司	Leroy Somer	Ls	Department Hydrolec 16015 Angouleme France	(45)919111 790044

续表

国家	制造厂名称			通讯地址	电话 电传
	中文名称	外文名称	缩写		
加拿大	多米宁工程公司	Dominion Engineering Works	DEW	795 1st Avence Lachine, Quebec Canada H8S 2S8	(514)634-3411 05-821673
	加拿大通用电气公司	Canaclian General Electric Co.	CGE		
	玛林公司	Marine Industries Ltd.	MIL		
美国	威斯汀豪斯(西屋)电气公司	Westinghous Electric Co.	WH		
	通用电气公司	General Elecric Co.	GE		
	北方工业工程博尔公司	Northern Engimeering Industries Pecbles Ltd.	NEIP		
	克维聂水电	Kvaerner Hydropower		Po.Box 7067.666 Howard Street San Francisco CA 94105 U.S.A.	+1415777 3800 330422 Khp Sfo
	伏依特水电公司	Voith Hydro		Po.Box 712 York.PA17405 U.S.A	+1717292 3511 4764013 Voithui
英国	博文公司	Boving Co.	B	Villier House 41-47 Strand London WC2 N5113 Engiand	+4418392401 28444 Boving G
	英国电气公司	English Electric Co.	EE		
	通用电气公司	General Electric Co.	GEC	Mill Road Rugby Warwichire England CV21 IBD	(0788)2121 31671 GECMCRG
	吉尔博特公司和戈登公司	Gilbert Gilkes and Gordon		Kendal, Cumbria LA9 7B2, UK	(0539)20028 65125
西德	勃朗、鲍威利公司	Brown Boveri and Cie	BBC		
	伏依特	Voith	V	Department tvv, st.Poeltener Str.43 Po. Box 1940, D-7920 Heidenheim west Germaany	(07321) 370 71479920 VHP

续表

国家	制造厂名称			通讯地址	电话 电传
	中文名称	外文名称	缩写		
西德	西门子	Siemens Schuckerwekke Aktiengesellschaft	SS	D–8000 Miinchen–2 Wittelsbacherplatz 2 GFR	(089)234–1 52312
	通用电气公司－德雷风根	Allgemeine Elektricităts Gesellschaft–Telefonken	AEG–Telefonken	Theoder–Stern–kail D–6000 Frankfurt 70 GFR	(0611)600–1
	苏尔寿－埃雪维斯	Sulzer–Escher Wyss GmbH		Po. Box 1380 D7980 Ravensburg	+49751832426 FRG, 732901
瑞典	诺哈费	Nohab	NO	Po. Box 925 S–46129. Trollhatfan Sweden	46520 18410 42247 noturbs
	通用电气公司	Allemanna Svenska Elektriska Aktiebolaget	ASEA	ASEA Relay Division S–721 83 Vasteras Sweden	+4621 100000
	卡斯塔兹机械厂	Karlstads Mekanniska Werksted	KMW	S–68101 Kristinehamn Sweden	0550／15200 66050 KMWKSN
意大利	安萨多公司	Ansaldo San Giorgio Compagnia·Generale	ASGEN	Piazz Carignano, 2 16128 GENOVA	010／28551 216596
	法兰柯托西工厂	Franco Tosi	FT	Piazza Monumento, 12 20025 LEGNANO(milano) Italy	0331／547690 330661
	水力机械厂	Hydroart	Hyd	Via stendhal 34, Milauo Italy	+392479104 332281 HY ARTI
	里瓦工厂	Riva Calzoni	RC	Via Stendhal, 34, 20144 MILANO Italy	02／479151 332292
奥地利	弗埃斯特公司	Vŏest Alpine	VA	Postfach 5. A–4031, Lin2, Austria	+43732 2208–616VAA
	埃林公司	Elin	E	Penzinger Strasse 78 4–1141 WIEN–Austria	82 900–0 112763–3
	伏依特公司	J.M. Voith AG		Po. Box 168 A–3100, St. Pŏlten Austria	+432743 62501 015516 Jmvspa

续表

国家	制造厂名称			通讯地址	电话 电传
	中文名称	外文名称	缩写		
挪威	克维聂公司	Kvaerner Brug	KB	Po.Box 3610 Gb, N-0135 OSIO1 Norway	+472666666 71650 Kbn
挪威	索勒姆桑德	Sorumsand Verksted	SV	N-1920 S φ rumsand, Norway	(475)727200 16539 SANDNN
比利时	埃赛克沙城电气制造厂		ACEC	B.P.4, B6000, Charleroi, Belgium	+3271442799 51227 ACECB
南斯拉夫	姆梅塔尔纳	Mmetalma			
南斯拉夫	利托斯特罗	Litostroj		Po.Box.308 Side Track, Yugoslavia	
罗马尼亚	布加勒斯特重型机械厂	Heavy Machine Works	HMW	ROMANIA, BUCHAREST, Colea Victorle 1 194-sectorl	506682 011525 romeng
罗马尼亚	罗门内戈	Romenergo			
捷克	布朗斯柯水电设备厂	CKD Blansko		Zavdy Jiriho Dimitrova, Koncernovy podnik, Blansko, PSC 67818, Czechoslovakia	
印度	珀勒德重型电气公司	Bharat Heary Electricals Lts.	BHE	Piplani, Bhopal, India	+91705 / 61965 0705-264 / 265
印度	珀鲁卡动力有限公司	Bhoruka Power Co.	BP		
西班牙	西班牙苏尔寿公司	Sulzer-Espana		Po.Box 1429, 28.080 Madrid Spain	+34517 3356 46728 sulze e
西班牙	梅卡尼恰	Mecanica de la SA		Aita Gotzon kalea s / n^{o}-Urduliz Vizcaya Spain	+34676 1011 32201 和 32601 MELPEE

续表

国家	制造厂名称			通讯地址	电话 电传
	中文名称	外文名称	缩写		
阿根廷	佩斯卡蒙纳冶金公司水轮机部	Industrias Metalurgicas Pescarmona Salcf Hydraulic turbines Division	IMPS		
跨国集团	英国博文和瑞典诺哈弗、卡斯塔兹联合公司	BNK–Boring, Nchab and KMW			
	巴西与德国和法国的机电工业联合公司	CIEM–Consocio Industrial Electro Mecanico			
	克维聂水电集团(包括澳大利亚、英国、挪威、瑞典和美国)	Kvaerner Hydro Group			
	苏尔寿－爱雪维斯(包括瑞士、西德苏尔寿和西班牙苏尔寿及瑞士爱雪维斯)	Sulzer–Esher Wyss Lts.			
	伏依特集团(包括奥地利、巴西、西德、美国)	Voith Group			

(赵士云　供稿)

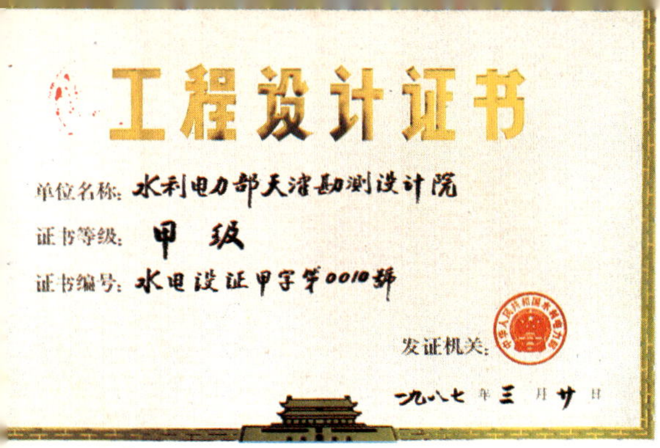

获奖证书

天津勘测设计院

天津勘测设计院为我国水利水电建设行
的甲级勘测设计单位。本院现有专业技术人
1150 人。其中高级专业技术人员153人，中
专业人员489人；拥有多种专业人才和一批
名专家。

本院技术力量雄厚，设备先进，具有丰富
水利水电及土木工程勘测设计经验和解决重
技术难题的能力。本院曾荣获国家优秀工程
奖、国家优秀工程设计金奖、国家优秀工程
察金奖、国家技术进步奖及国家发明奖等奖
40多项。

本院以质量第一、用户第一、信誉第一、
效益第一为宗旨，重视采用先进技术，注重工
经济效益，确保勘测设计质量。

本院业务范围

△大中型水利水电工程

△港口、码头、公路、桥梁工程

△金属结构、压力容器、自动化与电气、通讯工程

△大中型水利水电工程规划设计技术咨询服务。

△航空航天遥感技术应用

△水工、土工、岩石、结构、材料，水力抗磨等科学试验研究

△电子计算机软件开发及辅助设计

竭诚欢迎国内外同行与我院建立业务联系与合作关系。

地址：天津市河西区洞庭路60号　电挂：天津7111　电话：840581　邮政编码：300222

院长　高雪涛

天津勘测设计院大楼

潘家口水利枢纽工程

科研所进行的水工模型试验

成都勘测设计院
简　　介

成都勘测设计院是部属独立、完整、现代化的设计院。1955年建院以来，已有33年的勘测、设计历史。目前有职工约3400人，工程技人员占1/3以上，其中高级工程师205名、工程师543名、助理工程师数百名和其他各级各类技术人才。我院技术力量雄厚，设备精良，有建设大、中、小型各种类别的水利水电工程及其他工程的丰富的实践经验。

30多年来，本院完成了我国西南地区一百多条大、中型河流的水能资源普查；完成了金沙江、雅砻江、岷江、大渡河等流域的开发规划；经本院勘测、设计的水电工程中，建成发电的有大渡河上的龚嘴水电站，系坝后式地面及地下厂房；有装机13.5万kW的映秀湾引水式水电站；有装机各为16万kW的渔子溪一、二级引水式水电站和南桠河二、三级水电站；有50年代建成发电的狮子滩堆石坝枢纽工程及龙溪河梯级水电站等。正在建设中的有装机60万kW的铜街子水电站。由我院设计已被列入国家"七·五"建设计划的具有世界水平的二滩水电站。我院还将于年内完成嘉陵江上的东西关寨工程初步设计；完成装机300万kW、坝高180m、建在深70m的深厚复盖层上的大渡河瀑布沟工程可行性研究报告。正开展的还有金沙江上的溪落渡工程、大渡河上的龙头石、南桠河上的冶勒水库、拉萨河上的直孔等工程，其装机总容量约达1800万kW。

我院以水利水电工程勘测、设计为主，同时可担负输配电、工业民用建筑、环境评价、压力容器设计及公路交通等工程的勘测、设计、科研试验等。可完成从规划选点、可行性研究、初步设计、技施设计到招标文件的编制、施工监理等工程勘测、设计工作；亦可对各类工程进行预评估、技术咨询或与工程施工单位联合承担交钥匙工程。30多年的工程实践，我们已积累了一套完整的水利水电及其他工程建设的丰富经验。1978年以来共获得国家级科技奖励 5 项，省、部级科技奖励46项。目前我院作为第一负责单位，承担了"七·五"国家重点科技攻关项目第17项水电工程筑坝技术中 4 个专题的科技任务。

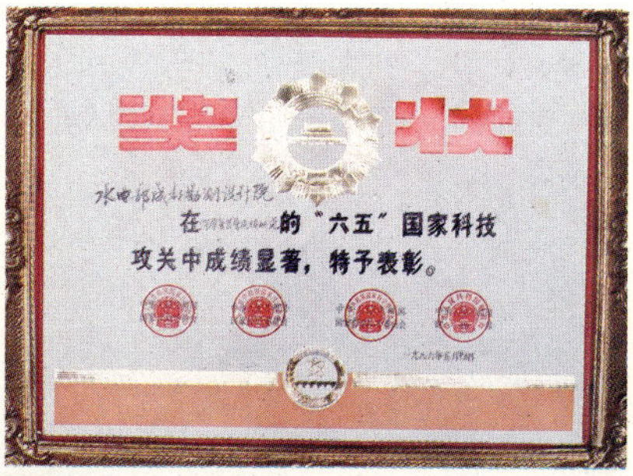

地址：四川省成都市青羊宫　花北路 1 号

电话：669023—669026、669994—669996

电挂：0423　电传：60158　CSDI　CN

广西电力工业局勘测设计院

Investigation and Design Institute Guangxi Bureau of Electric Power Industry

本院创建于 1958 年，现有职工 800 余人，其中高、中级工程技术和专业人员 600 人，是一个主要从事流域规划、大中型水利、水电、火电工程、送变电工程、电力系统规划以及各类土建专业勘查测量、设计及科研的全能机构。

本院曾先后完成西津、澄碧河、青狮潭、洛东、拉浪、大化等大中型水电站工程和南宁、桂林、柳州、梧州、合山、田东等大中型火电厂与 220kV 送变电工程。目前，由本院设计的装机容量为 121 万 kW 的岩滩水电站，是全国大型水电站之一。近年来，科研、设计勘测取得获奖成果 42 项，其中获国家奖 7 项。本院设计的 220kV 合（山）柳（州）输电线路工程荣获 1983 年国家优质工程银质奖，大化水电站枢纽工程获国家优秀设计金质奖、优秀勘察银质奖和国家优质工程银质奖。

院长：赵　俊　　**邮政编码：530023**　　**电挂：6080**

地址：南宁市建政路 10 号　　**电　　话：22655**　　**电传：48136 GXEPB CN**

大化水电站厂房是[illegible]目前最高、承压最大的河床式[illegible]

合山电厂

院办公大楼

西津水电站

电算站

TCB 水电第三工程局

本局是从事水电建设达30年之久的大型国营企业，是六斩黄河、三斩汉江的主力军，是一支实力雄厚、技术先进、经验丰富的施工队伍。

本局设计、施工、科研配套，专业工种齐全，现有职工14000人，其中技术干部高级职称128人，中级340人，初级1534人；主要施工机械：大中型设备1806台（套），总功率16万马力，人均装备11.25马力，年产值1.6亿元；年施工强度：混凝土100万m^3，土石方200万m^3。

本局自1957年成立以来，先后单独和参与修建的有三门峡、陆浑、刘家峡、盐锅峡、八盘峡、青铜峡、石门、石泉和正在施工的安康等水电工程；以承包或支援的有葛洲坝、红石、乌江渡、密云等水利水电工程；以投标方式先后承建的有漫湾、射洪、资中水电工程及平朔矿山工程等；还以经援或劳务方式到阿尔巴尼亚、索马里、突尼斯、伊拉克等国家承建工程，正在承建施工中的有阿尔及利亚的布库尔丹水坝工程。

凡经本局承建的工程均达到国家验收标准，其中三门峡枢纽工程在全国名列前茅，石门水库获部优工程，石泉水电站获国家银质奖。

本局可承建各类水电工程、水下工程、送变电工程、铁路、桥梁、河道港口、工业民用建筑、金属结构制作与安装、工程设计技术咨询、冶金及产业开发等。本局竭诚为国内外单位提供最佳服务。

地　　址：中国·陕西·安康·张岭
电　　话：2766，2767
电　　挂：3499　电传：70060 TCB CN
邮政编码：725011

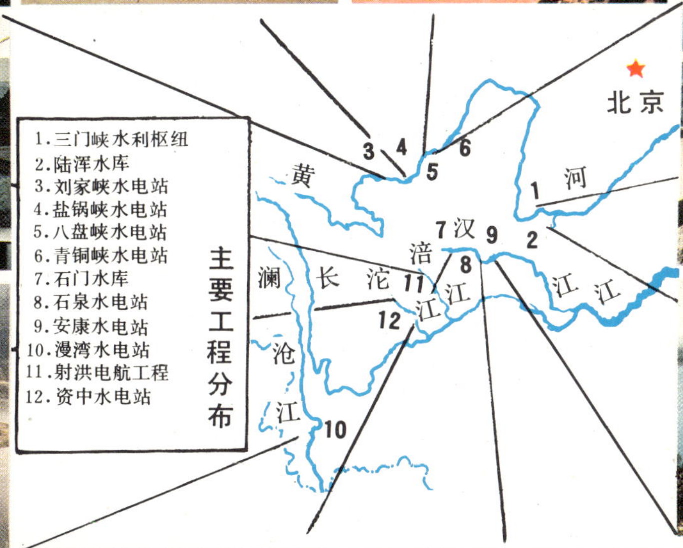

吉林
水工机械厂概况

地址：吉林省吉林市江南吉石公路20号　电挂：吉林7766　电话：61781　邮政编码：132011

吉林水工机械厂 是一个为我国水利电力事业生产各种大型专用起重设备的主要厂家，现有职工1843人，固定资产原值3449万元，净值2257万元，工厂占地面积28万m^2，主要生产设备382台，主要产品有DBQ3000型塔式起重机、SDMQ1260/60型门座起重机，DMQ540/30型门座起重机，年生产能力为6000t。

本厂有50年的历史。在修筑丰满水电站的同时建成了这个工厂。新中国成立以后，本厂发展很快，到目前为止，已为国家生产出12种机型、19种规格、252台电站施工专用起重机。这些产品遍布于我国各水、火电站工程，国内市场占有率达88.4%，已经成为我国电站施工专用起重机的生产基地。部分产品已打入国际市场，为国家争创外汇。

本厂坚持质量第一的方针。在生产经营过程中，强化质量意识，狠抓全面质量管理，努力提高产品质量。本厂是国家质量管理先进单位，是省、部质量奖获得单位。三种主导产品全部是优质品，其中一种获得国家金牌奖，一种获得国家银牌奖，一种获省、部优质品奖。

为满足“七五”期间我国电力建设容量大机组形势的需要，本厂积极开发新产品，如DBQ3000型塔式起重机，DBQ1500型塔式起重机，DLQ5042型龙门吊等。其中DBQ3000型塔式起重机由于技术性能好，达到了国际先进水平，成为安装20—60万kW机组的关键性施工设备，得到了国家的重视，受到了用户的欢迎。

1983年以来，企业坚持以改革精神总揽全局，对领导体制、管理机构、经营方式、劳动人事制度等，进行了大胆改革，使企业发生了巨大变化，1988年成为国家二级企业；厂长李考山荣获能源部优秀企业家，省、部劳动模范光荣称号。

厂门

DBQ3000型塔式起重机（获国家金牌奖）

灯泡贯流式发电机组

BULB TYPE TURBINE GENERATOR SETS

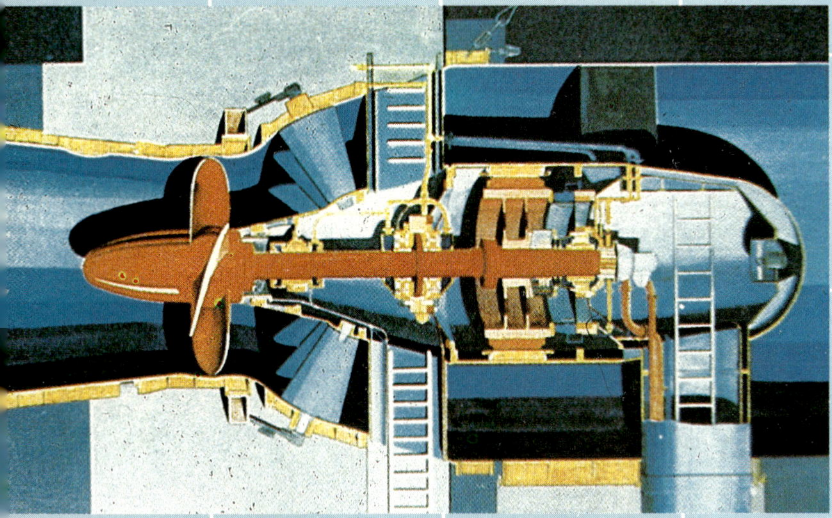

700kW灯泡机获国家科技攻关二等奖

700KW bulb-type tarbine had won the national II-class prize of the technical

富春江水工机械厂

FU CHUN JIANG HYDRAULIC MACHINERY WORKS

本水轮发电机组为双向可逆式水泵水轮发电机组，具有正反向发"电"正反向泄水及正反向水泵等六种运行工况。由于其流道平直，适用于潮汐电站采用。水轮机为卧轴转浆式。机组采用上游灯泡式布置。转轮叶片为4片。机组成套供应JDST-100型电液调速器，HXZ 1.0型油压设备及自动化元件，励磁装置为自并激可控硅静止式励磁。

As the diagram shows is a reversible pumpturbine type unit It can operate in six ways: double-direction generating, double-direction sluicing and double-direction pumping It is widely used in tidal power station because of its plane and straight conduct This water turbine is of horizontal shaft and movable blade propeller type witn four runner blades. The assemblage of the unit is with the bulb nose faced the upper reservoir For a complete set, we supply JDST-100 eleootro-hydraulic governor, HXZ-1.0 pressure oil supply system, automatic control elements and S C R static excitation system.

单位名称：富春江水工机械厂
单位法定人：李志云
职工人数：2286
电　　话：181

单位地址：浙江桐庐富春江
经营负责人：朱富春
占地面积：36.5万m^2
电　　挂：1381

山西省定襄县变压器厂

我厂是机械电子工业部变压器专业定点企业，历史悠久，技术力量雄厚，产品质量可靠，供货及时，价格合理，代办托运。主要产品技术指标达到国际80年代先进水平。产品畅销28个省市、自治区。1986年以来连续三年创省优4次，部优1次，1988年又获山西省“质量管理奖”，并连续三年被评为省地先进企业。真诚欢迎全国各地客户来我厂恰谈。

主 要 产 品

品 名	型 号	电 压	容 量	备 注
低损耗电力变压器	S7、SL7	6kV级，10kV级 35kV级，110kV级	10—31500kVA	各种变压器及特种变压器
低损耗矿用电力变压器	KS7	6kV	50—630kVA	
隔爆型煤电钻变压器装置	KSGZ	660—1140kV	2.5、4kVA	
隔爆型干式变压器	KSG	660kV	2.5—4kVA	
隔爆型岩石电钻变压器装置	KBSGY-Z-4	0.66kV		

厂 长：赵仁儒　　**联系人**：樊天龙　魏如存

厂址：山西省定襄县朝阳路2号　**开户**：工商行定襄支行　**帐号**：47013

水利部松辽水利委员会简介

水利部松辽水利委员会是水利部派出在东北地区的流域机构，是具有国家甲级勘测、设计证书及国家级环境影响综合评价证书的单位。现有职工3000余人，科技人员约占一半，其中高级工程师234人，工程师约800人。大部分技术人员具有近20年从事水利水电工程建设、管理的工作资历，是一支专业齐全、经验丰富、实力雄厚的专业队伍；并拥有国内外先进水平的大型电子计算机、各种试验仪器设备及较大规模的试验厅。

本委员会已经历了35年的发展历史。通过进行黑龙江、嫩江、松花江、鸭绿江、辽河、图们江等江河流域规划（总面积100万km^2）；复建和新建丰满、云峰、桓仁、回龙山、太平哨、白山、太平湾等90余座水电站和水利工程（总装机420万kW）；以及与朝鲜民主主义人民共和国合作进行的鸭绿江水能资源开发，与苏联合作进行的黑龙江规划，与阿尔巴尼亚、尼泊尔、几内亚、刚果、喀麦隆、伊朗、阿尔及利亚等国家的技术合作项目实践中，取得显著成绩，积累了丰富的经验。

本委员会曾荣获全国科学大会奖12项，国家科技进步奖、攻关奖12项，国家优秀设计奖2项，国家及水电部优秀勘察奖3项，水电部及吉林省优秀科技成果奖、科技进步奖35项。此外，还曾在国际大坝会议、国际隧道学会、国际冻土学会上进行了论文交流，并派员多次去美国、苏联、日本、加拿大、葡萄牙及其他一些国家进行技术考察。

本委员会下辖单位有东北勘测设计院（水利部、能源部共管），东北水利水电开发总公司、东北岩土工程公司、松辽水利实业开发公司等开发集团。本委员会除本身实力雄厚，经验丰富外，还与50余个科研、设计、施工、大专院校、设备制造单位有紧密的合作关系，有能力承担：江河流域综合利用规划；水资源综合利用、保护及评价；水利水电工程，输变电工程和通讯工程；土木建筑、市政规划、道路桥梁、给排水、人防和地下工程；岩体原型观测和岩体加固；特殊结构的计算分析与加固、化学灌浆、水下爆破、控制爆破等特种工程；地质测绘、航测、陆地摄影、工程变形观测和仪器检修；陆地和近海工程地质勘察、钻探和试验、特殊工程地质问题的研究与处理、钻探机具的设计和制造；陆地和近海水文、气象观测及分析；水工、结构、岩土、冻土、冷冻、建筑材料、电测等工程试验、观测及科学研究；以及电子计算机、技术情报和出版印刷、复制、录相、摄影等方面的服务。服务方式：总包、合作承包、分包、提供技术咨询、培训工程技术人员，及其他经双方协商认可的方式，欢迎国内外客户前来洽谈业务。

主　　任：陈明致
电　　话：53281
电报挂号：长春 2765

地　　址：吉林省长春市工农大道6号
邮政编码：130021

长春发电设备总厂简介

长春发电设备总厂建于1950年，是能源部重点骨干企业，又是国家机械行业骨干企业。占地24万余平方米，职工2100余人，固定资产原值4500余万元，技术力量雄厚，可自行设计、制造、检测、安装大型机械设备。年综合产量8000余吨。

本企业主要为大中型火力发电厂提供电站备品配件、辅机设备及施工机械；同时也为港口、码头、冶金、焦化、矿山及大型水利工程等工矿企业的散装物料作业、储料场作业提供理想的堆取料和装卸机械。

本企业主要产品有：

——天光牌DQ系列悬臂式斗轮堆取料机，其中DQ8030斗轮机为国优产品；

——天光牌MDQ系列门式滚轮机，其中MDQ15050滚轮机为国家专利产品；

——天光牌FM系列风扇磨煤机，为省优、部优产品；

——天光牌DC系列电气除尘器，为20万kW以上发电机组配套的净化设备。

本企业产品质量达到70年代末、80年代初国际先进水平、企业管理达到国内同行业先进水平，1986年获吉林省质量管理奖单位，1988年获能源部质量管理奖单位；企业标准化、计量管理、节能管理、档案管理、环保管理为国家二级单位；1988年评为省级先进企业，1989年国家二级企业考评合格。欢迎国内外客户前来洽谈业务。

厂　　长： 刘兆俊	**地　　址：** 吉林省长春市二道河子区怀仁路11号
电　　话： 42951	
电报挂号： 长春2193	**邮政编码：** 130031

众多项目中选出几个令人赞扬的
水电站设备
苏尔寿-爱雪维斯有限公司
水力机械部门
自1984年以来在国际上的成就：
在水力发电机世界市场上的地位
越来越重要
瑞士
《兹尔麦格尔》
2台蓄能水泵
（单机 22.7MW）
联邦德国
《爱特灵》
3台灯泡机
（单机 4527KW）
西班牙
《爱萨罗》
2台反击水轮机
（单机 50.3MW）
智利
《罗斯启罗斯》
1台冲击水轮机
（单机 12MW）
美国
《科丽尔维尔》
2台冲击水轮机
（单机 117MW）
哥伦比亚
《古阿维优》
5台冲击水轮机
（单机 260.8MW）
巴基斯坦
《泰尔培拉 11-14》
4台反击水轮机
（单机 440MW）
墨西哥
《康梅德柔》
2台反击水轮机
（单机 61.8MW）
加拿大
《马克楂》
3台转桨水轮机
（单机 15MW）
中华人民共和国
《潘家口》
3台抽水蓄能机
（单机 90MW）
土耳其
《阿塔吐尔克》
8台反击水轮机
（单机 323.7MW）
多哥
《南佩艳》
2台转桨水轮机
（单机 32.8MW）
匈牙利
《拿其马洛斯》
3台灯泡机
（单机 24.4MW）
西班牙
《爱尔佩豹尔》
3台灯泡机
（单机容量 6700KW）
奥地利
《库拉尔沛》
1台冲击水轮机
（单机 55.1MW）
意大利
《萨脱利阿诺》
1台反击水轮机
（单机 27.1MW）
葡萄牙
《西纳斯》
3台锥轮灯泡机
（单机 767KW）
加拿大
《达尔都西港》
2台传动-灯泡机
（单机 3882KW）
智利
《阿尔发尔发尔》
2台冲击水轮机
（单机 85MW）
摩洛哥
《麻脱马拓》
3台反击水轮机
（单机 90.5MW）
ESCHER WYSS
美国
《克尔坞》
1台冲击水轮机
（单机 45.7MW）
中华人民共和国
《马迴》
2台灯泡机
（单机 25.7MW）
印度
《普格尔 1+2》
2 S-水轮机
（1640/746KW）
瑞士
《劳芬堡》
10 Straflo 水轮机
（单机 11.6MW）
斯里兰卡
《辣坦姆贝》
2台反击水轮机
（单机 27.6MW）
墨西哥
《阿刮波丽泰》
2台冲击水轮机
（单机 120MW）
西班牙
《斐特罗》
1台冲击水轮机
（单机 126.1MW）
奥地利
《拉本施泰因》
2台灯泡机
（单机 6462KW）
苏尔寿 爱雪维斯有限公司
水利机械部
苏尔寿 爱雪维斯公司
CH-8023 苏黎世，瑞士
电话 01/278 2211
电传 882 90011 sech
传真 01/278 2261
贝尔机械有限公司
CH-6010 Kriens 瑞士
联合公司及
专利承受者：
苏尔寿一爱雪维斯公司
拉文斯堡，联邦德国
狄勃里头一爱雪维斯公司
斯其友，意大利
苏尔寿西班牙有限公司
马德里，西班牙
DBS 爱雪维斯有限公司
蒙特利尔，加拿大
安德利兹机械有限公司
格拉茨，奥地利
涡轮机械有限公司
莫瑞利亚，墨西哥
60.10 prcH

(中译文见第 688 页)